ENCYCLOPÉDIE DES MARCHÉS FINANCIERS

★

Chez le même Éditeur

ENCYCLOPÉDIE DE GESTION

Sous la direction de
Yves SIMON et Patrick JOFFRE

2e édition entièrement revue, actualisée et augmentée

3 volumes 181 auteurs
183 articles 3600 pages

495 F TTC

ISBN 2-7178-3042-1

9 782717 830422

Yves SIMON, éd.

ENCYCLOPÉDIE DES MARCHÉS FINANCIERS

★

ECONOMICA
49, rue Héricart, 75015 Paris

Avant-propos

Les marchés financiers connaissent aux Etats-Unis depuis 1970 et en France depuis 1985 un essor remarquable. La théorie financière qui a accompagné, voire précédé, la progression de ces marchés a elle aussi connu un développement spectaculaire, illustré par l'attribution en 1990 du Prix Nobel d'économie à Harry Markowitz, Merton Miller et William Sharpe.

Il nous est donc apparu nécessaire de saisir l'opportunité de la réédition, actualisée et profondément remaniée, de l'*Encyclopédie de gestion* pour réunir un nouvel ensemble de contributions au sein d'une *Encyclopédie des marchés financiers*. Cette dernière a pour objectif de fournir un panorama, sinon exhaustif du moins complet, des marchés financiers et de la théorie financière afférente.

Le contenu et la nature de ces contributions sont diversifiés. Notre souhait est, en effet, que celui qui recherche dans cette *Encyclopédie* une description des marchés financiers et des actifs qui y sont négociés découvre également que la théorie financière est indispensable à la bonne compréhension de la réalité et que cette théorie a fait des progrès considérables depuis deux décennies. L'opérateur sur les marchés ne peut plus se permettre aujourd'hui de faire l'impasse sur la théorie financière. Dans le même temps, notre souhait est que les lecteurs pour qui le lemme d'Ito et les probabilités forward neutre ne présentent pas de difficulté particulière n'oublient pas que la théorie et la modélisation ont également pour finalité une meilleure appréhension et une plus juste valorisation des actifs négociés sur les marchés financiers, ce qui ne peut *in fine* qu'améliorer et faciliter la gestion des banques, des entreprises, des institutions financières, des fonds d'investissement et des portefeuilles de valeurs mobilières.

Notre objectif était d'avoir 100 contributions. Il n'a pas été parfaitement atteint (*Nobody is perfect*). En dépit de délais plusieurs fois repoussés avec – je crois – la courtoisie diplomatique requise par ce type de situation, le risque de défaut s'est en effet manifesté. Il était alors malheureusement trop tard pour y remédier. Tout opérateur sur les marchés financiers sait que de tous les risques auxquels il est exposé celui-ci est le plus difficile à couvrir.

Pour chacun des articles nous avons procédé, quand cela nous semblait judicieux, à des renvois à d'autres contributions de cette *Encyclopédie*. Ces renvois ayant été réalisés après que les auteurs eurent donné leur « Bon à Tirer », nous sommes évidemment seul responsable des éventuels oublis et erreurs qui pourraient s'être manifestés.

De nombreuses personnes ont collaboré à cette *Encyclopédie*. C'est un très grand plaisir de les remercier.

A tout seigneur, tout honneur. Jean Pavlevski, notre éditeur, nous a donné une liberté totale pour mener à bien la conception, la rédaction et la réalisation de cette *Encyclopédie*. Nous lui sommes très reconnaissant de la confiance qu'il n'a pas cessé de nous manifester.

Nos chaleureux remerciements s'adressent à l'évidence aux rédacteurs des différents articles. Cette *Encyclopédie* n'aurait pu voir le jour sans leur contribution. Nous avons trouvé auprès de chacun un accueil enthousiaste et une acceptation immédiate à notre sollicitation de participer à ce travail collectif. Par la suite, la parfaite coopération qui s'est établie a permis d'aboutir à un texte final de grande qualité. Ce fut à la fois un plaisir et un honneur pour le coordonnateur de travailler avec les différents contributeurs.

Avant la mise en chantier effective de l'*Encyclopédie*, Didier Folus et Jean Salvati ont effectué un remarquable travail préparatoire pour sélectionner les thèmes et les auteurs potentiels des différents articles. La compétence de Jean Salvati et celle d'un illustre collègue qui souhaite conserver l'anonymat ont permis de suggérer à plusieurs auteurs certaines modifications destinées à clarifier et à améliorer la présentation de leurs textes.

Catherine Hersent a assuré un suivi administratif efficace et a largement contribué par sa minutieuse lecture des manuscrits et des épreuves à la mise en forme définitive de l'*Encyclopédie*.

Nathalie Robin a procédé à un ultime contrôle et éliminé les coquilles qui avaient réussi à passer au travers des différentes relectures.

La qualité de la composition, de la mise en page et de la typographie de cet ouvrage est due au travail minutieux de Marie-Jeanne Simon et de Colette Candille.

Cette *Encyclopédie* a été réalisée dans le cadre du CEREG et de l'Institut Finance Dauphine. Je voudrais profiter de cet avant-propos pour remercier chaleureusement le professeur Jacques Hamon, directeur du CEREG, et les professeurs Elie Cohen et Ivar Ekeland, respectivement président du conseil d'administration et directeur général de l'Institut, ainsi que Maguy Doat. Les uns et les autres nous ont offert les conditions de travail idéales pour mener à bien cette publication.

Merci, enfin, à Françoise, Aude, Albane et Axelle d'avoir accepté avec bonne humeur (et parfois avec résignation) l'encombrante présence de cette *Encyclopédie* dans le cercle étroit de la vie familiale.

Y.S.

Plan de l'Encyclopédie

Avant-propos VII

Tome 1 1

Tome 2 1061

Biographies des auteurs 2045

Index par titres 2067

Index des auteurs 2071

Index thématique 2077

Table des matières 2105

Actions : modélisation, évaluation, gestion

1

Didier Folus

L'origine des marchés d'actions est liée à l'émergence des sociétés de capitaux au XVIIe siècle. Des marchés de titres négociables se sont organisés entre les XVIIe et XIXe siècles en Angleterre, aux Etats-Unis, en France, prenant progressivement la forme de bourses de valeurs dotées de règles de fonctionnement et d'autorités de tutelle. L'action est le titre représentatif du droit de propriété d'un associé, auquel elle procure un revenu variable. Les actions sont omniprésentes dans les circuits économiques et en particulier dans le financement de l'entreprise (section 1). L'importance et la nature même des actions justifient leur analyse en termes de modélisation, d'évaluation et de gestion. La définition générique de l'action comme droit de propriété recouvre plusieurs catégories de titres et des modes d'émission et de cotation variés (section 2). L'étude de l'action en tant que titre financier repose sur la modélisation de l'évolution temporelle de son prix (section 3) et sur l'analyse de sa valeur à la lumière des modèles de la théorie financière (section 4). Cette étude est essentielle tant pour les échanges d'actions au comptant, que pour les échanges à terme ferme ou à terme conditionnel. Enfin, la finance moderne a engendré des outils et des méthodes de gestion des portefeuilles d'actions (section 5).

1. Les actions dans le financement de l'entreprise

L'activité d'une entreprise nécessite des investissements, impliquant eux-mêmes un financement. Ce financement est externe (choix d'un instrument de financement : capitaux propres ou emprunts)[1] ou interne (autofinancement résultant du cash-flow d'exploitation). Le financement par capitaux propres, concrétisé par l'émission d'actions, matérialise le rôle et les droits des investisseurs-actionnaires à la naissance de l'entreprise et au cours de sa vie (Ginglinger, 1991). La manière dont les actions s'inscrivent dans le financement externe de l'entreprise est décrite par le schéma 1.

---

1. Le choix d'une structure financière renvoie à la notion d'effet de levier, à la thèse de Modigliani et Miller (1958, 1963), ainsi qu'aux théories de l'agence et du signal (Jacquillat et Levasseur, 1984 ; Charreaux, 1987 ; Harris et Raviv, 1991).

Schéma 1

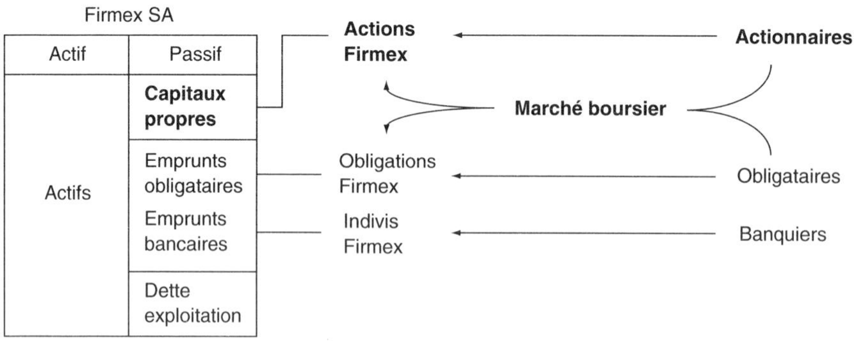

L'entreprise Firmex SA a trois sources de financement externe : les actions – titres représentatifs du droit de propriété des actionnaires matérialisé au bilan par les capitaux propres –, les obligations – titres représentatifs du droit de créance de prêteurs matérialisé au bilan par des emprunts obligataires – et les emprunts indivis auprès des banques. Les actions comme les obligations peuvent être négociées de gré à gré[2] ou sur un marché organisé (marché boursier).

2. Les différentes catégories d'actions et leur mode de cotation

La nature des actions et leur importance dans le financement des entreprises imposent de présenter une typologie de leurs formes, de leurs techniques d'émission et des modalités de leur échange sur les marchés organisés.

2.1. La classification des titres représentatifs d'un droit de propriété

L'émission du capital d'une société entraîne la remise d'actions d'une durée de vie de 99 ans qui confèrent au bénéficiaire, en sa qualité d'associé, un revenu variable. L'actionnaire – propriétaire de l'entreprise – se voit attribuer trois droits fondamentaux : un droit aux revenus tirés de l'exploitation de l'entreprise, un droit d'accès à l'information (documents comptables, rapport de gestion) et de vote aux assemblées (l'actionnaire contrôle ainsi les agissements des dirigeants), et un droit à la liquidation (remboursement du capital).

Une action est négociable – elle permet la transmission des droits incorporés dans l'action – et fongible ; tous les titres d'une même émission se valent. Une action est « nominative » – la société connaît l'identité de l'actionnaire – lorsque la société n'est pas cotée en bourse ou dans certains cas particuliers[3] ; elle est « au porteur » lorsque la société est cotée en bourse. La valeur nominale d'une action est la quote-part du capital social représentée par cette action (capital social divisé par le nombre d'actions émises).

---

2. La grande majorité des entreprises d'une économie (petites entreprises, sociétés familiales) est constituée de sociétés par actions non cotées en bourse.

3. C'est le cas des titres détenus par les dirigeants des sociétés cotées, par les mineurs, etc.

Il existe plusieurs catégories d'actions et de titres assimilés répartis sur les différents marchés de cotation, ou échangés de gré à gré[4].

Les *actions ordinaires* sont des titres financiers, illustratifs du droit de propriété, qui confèrent à l'actionnaire un droit aux dividendes et un droit de vote aux assemblées. La valeur de l'action reflète les valeurs respectives de ces deux droits. Le dividende, généralement annuel, est payé aux actionnaires en numéraire ou en actions (Jacquillat, 1994)[5]. A une action ordinaire est attaché un droit de vote.

Les *actions privilégiées* jouissent de certains avantages : les *actions de priorité* donnent un droit d'antériorité sur les bénéfices, ou un pourcentage plus grand des bénéfices, ou encore un droit de priorité pour le remboursement du capital en cas de dissolution de la société ; les *actions à droit de vote double* (ou même à *droit de vote plural*) constituent une prime (facultative) donnée aux actionnaires fidèles depuis deux ans au moins. Exceptionnelles, elles doivent être détenues en nominatif et ont la faculté de compliquer la prise de contrôle de l'entreprise.

Les *actions à dividendes prioritaires* comportent un dividende majoré, en contrepartie de l'abandon du droit de vote (au maximum le quart du capital social). Peu communes en France, elles sont courantes dans les pays anglo-saxons et constituent un apport de capital qui ne dilue pas le contrôle préexistant.

Les *certificats d'investissement* sont des actions sans droit de vote ni dividende majoré. Ainsi, à un instant donné, l'action d'une société vaut plus cher que le certificat d'investissement correspondant (lorsque ces deux titres coexistent). Des titres de ce type ont notamment été créés en 1983 par les sociétés françaises nationalisées qui avaient besoin de fonds propres, mais n'étaient pas autorisées à diluer le pouvoir de contrôle de l'Etat en accueillant des actionnaires privés.

Les *certificats de droit de vote* sont des titres représentatifs de la valeur du droit de vote lorsque celui-ci est détaché de l'action correspondante. Il est égal à la différence du cours de l'action et du cours du certificat d'investissement d'une même société.

Les *parts de fondateur* sont des actions sans valeur nominale ni droit de vote, mais elles donnent droit à une quote-part fixe ou proportionnelle des bénéfices et participent à la liquidation des actifs. Servant à rémunérer des «services rendus», elles sont interdites depuis 1966 et aujourd'hui presque toutes sont converties en actions.

Les *parts sociales* sont des titres représentatifs du fonds de réserve (capital) d'une société mutualiste.

En plus de ces catégories de titres purs, existent des titres composés ou des titres obligataires proches des actions. Les *actions à bons de souscription d'actions*[6] (action à laquelle est attaché un droit de souscrire dans le futur à

---

4. Voir dans l'***Encyclopédie de gestion*** l'article de N. Mourgues, «Fonds propres et quasi-fonds propres».

5. Le dividende ou coupon est une quote-part du bénéfice de l'année, dont les termes sont prévus dans les statuts de la société et éventuellement par l'assemblée des actionnaires.

6. Un bon de souscription d'action est un actif conditionnel, matérialisé par une valeur mobilière, qui permet à l'entreprise de planifier une levée de fonds ultérieure (Ginglinger, 1991). Voir dans cette ***Encyclopédie*** l'article de P. Chollet, «Bons de souscription d'actions», p. 218, tome 1.

des actions de la société), les *obligations convertibles en actions*[7] (le détenteur d'une obligation convertible a la faculté de la transformer en actions selon certaines modalités), ou encore les *titres participatifs* (rentes perpétuelles dont le revenu dépend en partie des résultats de la société émettrice).

Enfin, les *indices boursiers* sont des constructions statistiques réalisées à partir des actions, généralement des moyennes pondérées des cours des actions. Ces indices sont représentatifs des mouvements de groupes d'actions, par catégorie, par secteur ou par pays, et constituent de véritables paniers de titres sur lesquels les investisseurs peuvent prendre des positions. Acheter un indice, c'est acheter un peu de chacune des sociétés qui le composent. Les indices les plus utilisés en France sont le CAC 40, le SBF 120, le SBF 250 et le MIDCAC.

Aux Etats-Unis, les capitaux propres, ou *stockholder's equity*, sont composés de différentes catégories d'actions, regroupées en deux familles : les *preferred stocks* (actions privilégiées en termes de dividendes et de liquidation de la société) et les *common stocks*[8] (actions ordinaires).

2.2. Les techniques d'émission des actions

Une émission d'actions, domestique ou internationale, peut se faire contre un apport en numéraire, c'est-à-dire contre des espèces, ou contre un apport d'actifs en nature.

2.2.1. Les émissions domestiques

Les sociétés anonymes et les sociétés en commandite par actions ont la capacité juridique d'émettre des actions négociables sur le marché primaire[9]. Il leur suffit d'obtenir l'aval de leurs actionnaires, de respecter le délai de validité de l'autorisation d'émission et de produire certains documents contractuels (auprès des actionnaires et des autorités de contrôle) et informatifs (*Bulletin des Annonces Légales Obligatoires*), que le lecteur trouvera dans l'ouvrage de Daguet et Planche (1994).

Les techniques de placement se répartissent en trois familles. La première utilise le droit préférentiel de souscription – valeur mobilière à durée de vie courte – représentant l'avantage accordé aux actionnaires anciens en contrepartie de la dilution de leur participation au capital après l'émission. La deuxième famille prévoit de réserver un délai de priorité aux actionnaires anciens. La troisième n'accorde aucun avantage aux actionnaires anciens. Les deux premières familles sont très utilisées en France, la troisième aux Etats-Unis. Les statuts d'une société américaine indiquent le montant maximum autorisé du capital, contrairement aux statuts d'une société française qui stipulent le montant souscrit (Pilverdier-Latreyte, 1989). De ce fait, les sociétés américaines précisent le nombre d'actions dont l'émission est autorisée par les statuts, *authorized shares*, le nombre d'actions émises, *issued shares*, le nombre

---

7. Voir dans cette ***Encyclopédie*** l'article de G. de Nercy, « Obligations convertibles », p. 1298, tome 2.

8. Il existe plusieurs catégories d'actions et de titres assimilés, en particulier les *non voting stocks*, correspondant aux certificats d'investissement.

9. Voir dans cette ***Encyclopédie*** l'article de J.M. Planche, « Syndication et placement sur le marché des actions », p. 1833, tome 2.

d'actions non encore émises, *unissued shares*, et le nombre d'actions en circulation, *outstanding shares.*

Le prix d'émission, qui ne peut être inférieur au nominal, est un compromis entre le besoin de l'émetteur et le cours de bourse de ses actions. Ce dernier, résultante des échanges entre les offreurs et les demandeurs du titre, est un bon indicateur de la valeur du flux de résultats futurs d'une entreprise, actualisée au taux requis par les investisseurs.

Le placement auprès des souscripteurs des actions émises prend plusieurs formes – offre publique de vente, mise en vente et placement garanti – qui reposent sur la syndication. Un *pool* de banques, emmené par une banque appelée chef de file, se charge, moyennant rémunération, d'assurer le bon déroulement de l'émission de titres et leur placement dans le public (conseil, calendrier, évaluation, confection des documents légaux, « vente » des titres et éventuellement garantie de leur placement). L'offre publique de vente se caractérise par la fixation d'un prix de vente préalable (l'ajustement se fait par les quantités, des coefficients de réduction, des quotas), alors que la mise en vente propose un prix d'offre minimum (l'ajustement se fait par les prix et la première cotation peut être reportée). Le placement garanti est la procédure réservée aux institutionnels.

2.2.2. Les émissions internationales

Une offre internationale d'actions, *international equity offer*, est caractérisée par le fait que le placement des titres se déroule dans le cadre de plusieurs législations boursières. Il existe des offres domestiques avec syndication internationale, des offres domestiques avec placement privé international, des offres sur l'euromarché (grands institutionnels internationaux) ou encore un placement global (offre sur plusieurs marchés simultanément)[10].

Le marché des euro-actions distingue les titres ayant les caractéristiques des actions, *equity securities*, et ceux donnant accès à terme au capital de l'émetteur, *convertibles* et *debt securities with equity warrants*. Les valeurs mobilières assimilables à des actions regroupent les actions ordinaires, *ordinary shares*, les actions préférentielles, *preferred shares*, et les actions préférentielles convertibles en actions ordinaires, *convertible preferred shares*. Une dernière variété de titres revêt une grande importance, les *depositary receipts*, qui correspondent à des certificats représentatifs de titres et sont généralement libellés en une devise autre que celle de l'émission des actions correspondantes et échangés sur un marché différent de celui d'origine.

Cependant, la distinction traditionnelle entre marché domestique et marché international (marché « euro ») est de moins en moins pertinente car l'offre d'actions est de plus en plus globalisée (Simon, 1993 ; Leroux, 1994).

2.3. Microstructure et organisation d'un marché d'actions

L'organisation des cotations et les règles gouvernant les échanges de titres ne sont pas identiques sur tous les marchés boursiers et influencent la formation des prix d'équilibre.

---

10. Voir dans cette ***Encyclopédie*** l'article de F. Leroux, « Actions internationales », p. 26, tome 1.

2.3.1. Les systèmes d'organisation des cotations

Les échanges d'actions se font sur un marché organisé ou sur un marché de gré à gré. Un marché organisé reçoit de l'épargne publique et présente des caractéristiques connues en matière de qualité, de sécurité et de garantie de bon fonctionnement. Un marché de gré à gré comprend un petit nombre d'intervenants et fonctionne sans autorité de tutelle, avec tous les risques d'un lieu d'échange non réglementé. Sur les marchés d'actions organisés, on rencontre deux modes principaux de cotation : la cotation périodique et la cotation continue[11].

La cotation périodique (cotation à la criée, cotation par casier) consiste à acheminer les ordres sur le parquet où il seront stockés avant de faire l'objet d'une transaction multilatérale.

La cotation en continu suppose qu'une transaction peut avoir lieu à tout instant à condition que deux ordres de sens opposé se rencontrent à un même prix. On distingue plusieurs systèmes selon le degré d'intervention des intermédiaires dans la cotation. Sur un marché continu *avec spécialiste*, il existe pour chaque valeur un « teneur de marché » (*market maker*) qui, à l'aide de fonds propres suffisants, assure la contrepartie des ordres d'achat et de vente qui lui sont passés[12]. Sur un marché sans teneur de marché (cotation par carnet, cotation par tableau), les ordres d'achat et de vente sont exécutés immédiatement s'ils sont au prix du marché et dès qu'il existe une contrepartie s'ils sont à cours limité (système de cotation assistée en continu à Paris). Chaque système de cotation présente des avantages et des inconvénients en termes de liquidité, de rapidité, de transparence, de coût de fonctionnement, de stabilité des cours, etc.

Dans chaque bourse de valeurs, les actions sont inscrites dans différents compartiments (cote officielle, second marché et hors cote à Paris) et les cotations sont soumises à des règles différentes selon la liquidité des titres (trois classes de liquidité à Paris).

2.3.2. Le principe de formation des prix d'équilibre sur le marché français

Les prix d'équilibre se forment à partir de la confrontation entre l'offre et la demande de titres à un instant donné. Les ordres d'achat et de vente émanent des agents économiques, qui passent des ordres « à cours limité » (c'est-à-dire en fixant une limite de prix) ou des ordres « au prix du marché » (c'est-à-dire en acceptant de payer ou de vendre à n'importe quel prix)[13]. A Paris, la formation des prix d'équilibre obéit à une série de règles précises (Hamon et Jacquillat, 1992), dont le principe est de permettre la fixation d'un cours d'ouverture qui maximise la quantité de titres pouvant être échangés. Par exemple, le tableau 1

---

11. Voir dans cette ***Encyclopédie*** l'article de J. Hamon, « Microstructure des marchés », p. 1140, tome 2.

12. Voir dans cette ***Encyclopédie*** l'article de S. Mannaï, « Market making », p. 1075, tome 2.

13. Les agents qui donnent des ordres à cours limité sont des investisseurs pour lesquels il est essentiel de connaître les conditions de prix d'acquisition ou de cession de leurs titres. En revanche, les agents qui passent des ordres au prix du marché cherchent à négocier leurs titres quel qu'en soit le prix, leur objectif étant soit de contrôler un capital (acheteurs), soit un besoin immédiat de liquidités (vendeurs).

Tableau 1 – Carnet d'ordres Firmex à l'ouverture de la séance

Cours limite* (en F)	Nombre de titres à l'achat		Nombre de titres à la vente		Règle de décision
	à la limite	cumul (1)	à la limite	cumul (2)	max min (1) (2)
520	800	2 200	300	300	300
530	500	1 400	800	1 100	**[1 100]**
540	400	900	800	1 900	900
550	500	500	500	2 400	500

* Pour simplifier l'exposé, la cotation de Firmex est supposée se faire de 10 francs en 10 francs.

reproduit le carnet d'ordres[14] de la société Firmex à l'ouverture de la séance.

Pour un cours donné, la confrontation ne peut porter que sur le plus petit des deux nombres de titres offerts et demandés (d'où min (1) (2)). Pour fixer le cours d'ouverture, la règle prévoit de choisir le prix qui permet de maximiser la quantité de titres échangeables (d'où max min (1) (2)). La règle conduit à retenir une transaction de 1 100 titres (le maximum de la dernière colonne du carnet), correspondant à un cours de 530 francs. A ce prix, l'ensemble des offres est servi ; les demandes sont intégralement servies pour les prix inférieurs à 530 francs ; à 530 francs, seuls $(1\,100 - 900)/500 = 40\ \%$ des ordres d'achat sont exécutés (ou encore $4\,400 - 1\,100 = 300$ non exécutés sur 500). Le cours d'ouverture étant déterminé, de nouveaux ordres entrent dans le carnet et permettent la détermination du cours d'équilibre de l'instant suivant.

3. La modélisation de l'évolution du prix des actions

Les marchés financiers permettent une fixation consensuelle du prix des actifs qui y sont échangés. Ces prix sont le reflet des anticipations des différents agents économiques qui interviennent sur les marchés. La qualité des anticipations des agents s'apprécie par le caractère efficient (*i.e.* efficace) ou non de l'utilisation de l'information disponible. Ces considérations et l'observation de l'évolution des cours boursiers impliquent une modélisation particulière du prix des actions.

3.1. Processus déterministes d'évolution du prix d'une action

En univers certain, la formalisation de l'évolution des cours boursiers utilise des processus déterministes. On considère un investisseur achetant en $t = 0$ une action pour un montant S_0. Par souci de simplification, cette action est supposée être un titre de capitalisation (pas de dividende). Comment évolue la valeur S_0 dans le temps ?

3.1.1. Modèle déterministe discret d'évolution

En contrepartie de son investissement, qui le prive d'une consommation immédiate, l'actionnaire exige une rémunération – le montant de l'intérêt –

14. Le carnet d'ordres représente l'ensemble des offres et des demandes concernant un titre donné à un instant donné, en fonction des limites de prix. Il se modifie au fur et à mesure que les ordres affluent.

qui vient accroître la valeur de son titre après une période de détention[15]. En notant r_n ($n = 0, 1, 2, ..., T$) le taux d'intérêt exigé par l'investisseur au cours de la période $[n-1, n]$, la valeur de l'action à la date n se déduit de sa valeur à la date $n-1$ selon l'expression :

$$S_n = S_{n-1}(1 + r_n) \qquad [1]$$

On en déduit que :

$$S_n = S_0 \prod_{k=1}^{n} (1 + r_k) \qquad [2]$$

Ainsi, la valeur de l'action après n périodes de détention est la valeur S_0 capitalisée aux taux des différentes périodes.

3.1.2. Modèle déterministe continu d'évolution

En supposant que le prix de l'action croisse au taux continu μ_t, avec $t \in [0, T] \subset \Re^+$, sa valeur à l'instant $t + \Delta t$ s'écrit $S_{t+\Delta t} = S_t + \mu_t S_t \Delta t$ (accroissement de valeur proportionnel au temps écoulé et à la valeur du titre). En passant à la limite, on obtient l'équation différentielle[16] :

$$dS_t = \mu_t S_t \, dt \qquad [3]$$

La solution de [3] est :

$$S_t = S_0 \exp\left\{ \int_{s=0}^{t} \mu_s \, ds \right\} \qquad [4]$$

Cette expression se ramène à $S_t = S_0 \, e^{\mu t}$ lorsque $\mu_t = \mu, \forall t$. Devolder (1993) propose un modèle général d'évolution qui intègre les modèles discrets et continus déterministes pour souligner la coexistence d'une tendance continue et de sauts dans l'évolution du prix d'une action (plus-value, détachement de dividende).

3.2. Processus stochastiques d'évolution du prix d'une action

En univers aléatoire, il est possible de modéliser l'évolution erratique du prix d'une action en utilisant des processus stochastiques.

3.2.1. Normalité des rentabilités et lognormalité des prix

L'évolution aléatoire du prix de l'action peut être décrite par un processus binomial (évolution par sauts sur une échelle de temps discrète) ou un processus de Poisson (évolution par sauts sur une échelle de temps continue) (Devolder, 1993). Mais le prix d'une action est soumis à un grand nombre de

15. Le détenteur d'une action est sensible à l'éloignement ou au rappochement dans le temps de l'encaissement du dividende : la valeur actuelle d'un revenu futur dépend donc de la préférence pour le présent (ou impatience) des agents économiques. Cette préférence pour le présent implique l'existence d'un taux d'intérêt qui permet d'accorder un prix au temps.

16. La fonction $\mu(\,.\,)$doit être continue par morceaux sur l'intervalle $[0, T]$.

chocs exogènes, c'est pourquoi la loi normale a été envisagée pour le modéliser. Cette loi présente cependant deux inconvénients : elle autorise des valeurs négatives, incompatibles avec la notion de prix, et suppose la stationnarité des prix, ce que la pratique contredit. De ce fait, la loi lognormale[17] semble mieux adaptée à la description du comportement du prix d'une action. Si S_n est le prix de l'action à l'instant n, sa rentabilité[18] vaut $X_n = (S_n - S_{n-1})/S_{n-1}$ entre les instants $n-1$ et n, ce qui revient à écrire $\ln\,(1 + X_n) = \ln\,(S_n/S_{n-1})$. Généralement, X_n est proche de zéro (période courte), donc $\ln\,(1+X_n)$ peut être approximé par X_n (développement de Taylor-Young limité à l'ordre 1). Ainsi, lorsque le prix suit une loi lognormale, la rentabilité $X_n = \ln\,(S_n/S_{n-1})$ suit une loi normale. La rentabilité est une grandeur stationnaire. La variabilité de la rentabilité d'une action, encore appelée volatilité, est quantifiée par son écart type.

L'observation des prix sur un marché boursier permet de supposer qu'ils suivent une marche aléatoire. La formalisation des cours boursiers à partir de l'idée de marche aléatoire et de la notion de martingale caractérise un marché efficient au sens de Fama (1970) : l'information disponible (les prix passés) est instantanément reflétée dans le prix actuel ; lorsqu'on connaît le prix actuel, la séquence des prix passés n'enrichit pas la prévision de la loi du prix futur. Bachelier (1900) a développé le premier modèle stochastique continu (modèle brownien additif), partant de l'intuition que, sur un marché dynamique, les variations de prix des actions sont la conséquence d'un grand nombre de phénomènes indépendants, chacun d'entre eux étant de faible amplitude[19].

3.2.2. Temps discret : marche aléatoire

En temps discret, Samuelson (1965) a proposé de représenter le processus du prix d'une action par une marche aléatoire. Y_n désignant la variation du prix de l'action entre les instants $n-1$ et n (Y_n indépendantes, $n \in \aleph$), en posant $X_0 = \ln\,S_0$, il vient :

$$X_n = X_{n-1} + Y_n \qquad [5]$$

Sur un intervalle $[0,\ t]$ divisé en N sous-périodes de longueur $h = t/N$ (délai séparant deux cotations), il est supposé que le prix de l'action varie d'un montant $Y_n = \sigma(h)$ à la hausse ou $Y_n = -\sigma(h)$ à la baisse de façon équiprobable. Moyennant certaines hypothèses sur les moments de X et de Y, Merton (1982) montre que $\sigma(h) = \sqrt{h}$ constitue une approximation raisonnable de la réalité (variations de cours de l'ordre de $h^{1/2}$ dans un intervalle de temps de longueur

---

17. La variable aléatoire réelle continue $\exp\,S$ suit une loi lognormale si S suit une loi normale.

18. La rentabilité d'un titre est égale à la somme du revenu et de la plus-value divisée par le prix d'achat du titre. Dans le cas d'une action, le détachement du dividende entraîne un ajustement du cours selon un mécanisme d'arbitrage évident (sans cet ajustement, il suffirait à un opérateur d'acquérir l'action juste avant le détachement du dividende et de la revendre juste après pour réaliser un gain sans risque, ce qui contredit l'hypothèse d'absence d'opportunité d'arbitrage, admise sur un marché boursier). Le rendement d'un titre correspond au rapport entre le revenu (hors plus-value) et le prix d'achat du titre.

19. Le mouvement brownien décrit l'observation faite par le botaniste britannique Brown au XIXe siècle des trajectoires très irrégulières de graines de pollen dans un liquide, à cause des chocs multiples avec l'environnement. De la même façon, les cours des actions ont des trajectoires erratiques, car le flot continu d'informations arrivant sur le marché modifie sans cesse ces cours.

h). Il est donc possible de décrire le processus du logarithme des prix de l'action par :

$$X_n = X_{n-1} + U_n h^{1/2} \quad [6]$$

où U_n prend équiprobablement les valeurs 1 et – 1, les U_n étant indépendantes, $n \in \aleph$. Sans perte de généralité, on peut poser $S_0 = 1$, soit $X_0 = 0$, faisant de X_n la rentabilité de l'action.

La suite $(X_n,\ n \in \aleph)$ décrite par [6] est une chaîne de Markov[20] puisque X_n ne dépend que de X_{n-1} et U_n, mais pas de la trajectoire suivie pour arriver à X_{n-1}. Si $\{\mathcal{F}_n\}$ est la filtration naturelle du processus $\{X_n,\ n \in \aleph\}$, la suite $(X_n,\ \mathcal{F}_n,\ n \in \aleph)$ est une martingale, puisque U_n prend deux valeurs de façon équiprobable :

$$E(X_{n+1} \mid \mathcal{F}_n) = X_n \quad [7]$$

Lorsque le marché est efficient, l'information connue à l'instant n, résumée par la filtration $\mathcal{F}_n$, n'apporte pas de renseignement déterminant sur l'évolution future du prix de l'action. Samuelson (1973) a proposé d'appliquer l'idée du mouvement brownien au processus des rentabilités plutôt qu'au processus des prix, pour éviter l'existence de prix négatifs : l'évolution des cours dépend du niveau de prix atteint, ce qui conduit à redéfinir l'accroissement de cours comme :

$$Y_n = h\mu_{n-1} + h^{1/2}\sigma_{n-1}U_n,\ n \in \aleph \quad [8]$$

où μ_n et σ_n^2 représentent respectivement l'espérance et la variance de l'accroissement instantané du cours.

3.2.3. Temps continu : processus de Wiener, brownien géométrique

Le passage au temps continu s'effectue en rendant infinitésimal l'intervalle de temps séparant deux cotations : lorsque $N \to \infty$, $X_N = Y_1 + Y_2 \ \cdots + Y_N$, où Y_n défini en [8], converge vers un processus de Wiener général $\{X_t,\ t \in \Re\}$ défini sur $[0,\ t]$ par :

$$X_t = X_0 + \int_{s=0}^{t} \mu_s \, ds + \int_{s=0}^{t} \sigma_s \, dZ_s = \mu t + \sigma Z_t \quad [9]$$

où Z_t est le processus de Wiener standard[21]. La différentielle stochastique du processus d'évolution de la rentabilité de l'action s'écrit :

$$dX_t = \mu \, dt + \sigma \, dZ_t \quad [10]$$

---

20. Les notions de chaîne de Markov, de martingale et de filtration sont expliquées dans Roger (1991). Voir également dans cette ***Encyclopédie*** l'article de P. Roger, « Processus stochastiques, calcul stochastique et optimisation dynamique », p. 1556, tome 2.

21. Le processus de Wiener standard Z_t est défini comme la limite de $h^{1/2}(U_1 + \cdots + U_N)$ quand $N \to \infty$. $\{Z_t,\ t \geq 0\}$ est à accroissements indépendants et stationnaires, à trajectoires continues mais dérivables en aucun point et, pour $0 \geq s \geq t$, la variable $Z_t - Z_s$ suit une loi normale centrée de variance $t - s$.

Le lemme d'Itô (Duffie, 1994) permet d'utiliser cette spécification de la dynamique des rentabilités pour exprimer la dynamique du prix d'une action. Le prix de l'action, qui vaut $S_t = S_{t-1}\ \exp(X_t)$, est alors un mouvement brownien géométrique dont la différentielle stochastique s'écrit :

$$dS_t = S_t \left(\mu + \frac{\sigma^2}{2}\right)\ dt + S_t\sigma\ dZ_t \qquad [11]$$

La solution explicite de [11] est donnée par :

$$S_t = S_0\ \exp\left\{\mu t + \sigma Z_t\right\} \qquad [12]$$

Les paramètres μ et σ, ici considérés comme constants, s'écrivent plus généralement $\mu_{X_t,\ t}$ et $\sigma_{X_t,\ t}$. Il existe de nombreuses variations de modélisation du processus de cours permettant d'introduire une modélisation des sauts (composante de Poisson), une volatilité non constante, ou d'endogénéiser certains paramètres (Devolder, 1993). Ces spécifications du processus de prix d'une action sont très utiles, en particulier pour mettre en œuvre les méthodes d'évaluation des contrats à terme sur indice boursier et des options sur actions et sur indices boursiers. Cependant, modéliser l'évolution du prix d'une action ne renseigne pas sur la valeur de ce titre : il convient donc de s'intéresser à l'évaluation des actions.

4. L'évaluation des actions

L'évaluation des actions, titres représentatifs de la valeur de l'entreprise, est fondée sur la théorie néo-classique de la firme, selon laquelle l'objectif de la gestion d'une entreprise est la maximisation de sa valeur (en accroissant au maximum le surplus monétaire créé par son activité), étant entendu que les demandes des parties prenantes autres que les actionnaires constituent des contraintes à cette maximisation[22]. L'évaluation d'une action est donc fondée sur la valeur du flux de liquidités, le cash-flow, que l'entreprise est capable de générer au profit de ses actionnaires : la valeur d'une action est égale à la somme des montants actualisés des revenus monétaires distribuables (les dividendes) que l'activité de l'entreprise génère. L'évaluation d'une action est envisagée selon trois approches : les prix contingents, la théorie financière et les modèles des praticiens.

4.1. L'approche en termes de prix contingents

Toutes les situations économiques sont supposées être répertoriées dans un ensemble. Chaque situation, appelée état de la nature, décrit l'ensemble des déterminants du dividende d'une action quelconque. Cette description de l'incertitude permet de qualifier l'action de titre contingent, c'est-à-dire un titre dont le prix S_t à la date t est égal à la somme des revenus auquel

22. Cette approche n'évalue pas explicitement le pouvoir de contrôle détenu par l'actionnaire, puisqu'elle considère l'action comme un instrument de pur placement. Cependant, l'exercice de ce pouvoir de contrôle a des conséquences sur les résultats de l'entreprise et donc, implicitement, influence la valeur des actions.

le titre donne droit à chaque date et dans chaque état de la nature futurs, pondérés par un vecteur de coefficients d'actualisation positifs appelés prix contingents[23]. Arrow (1953) explique qu'un prix contingent est le prix d'une unité de consommation disponible dans un état du monde et à une date donnés. Dans une économie unipériodique $[t,\ t+1]$, on représente l'incertitude par un ensemble fini $\{1,\ ...,\ \Omega\}$ d'états de la nature et par D_{t+1}, vecteur de dimensions $1 \times \Omega$, les dividendes versés en fin de période par l'unique action de l'économie. $D_{t+1,\ \omega}$ représente le nombre de francs[24] versés par l'action en $t+1$ si l'état ω se réalise. Le vecteur des prix contingents, ψ, de dimension $\Omega \times 1$, est tel que $S_t = D_{t+1}\psi$. En normalisant cette expression par $\psi_0 = \psi_1 + \cdots + \psi_\Omega$ et en posant $\hat{\psi} = \psi/\psi_0$, on obtient :

$$S_t = \psi_0 D_{t+1}\hat{\psi} = \psi_0 \sum_{\omega=1}^{\Omega} \hat{\psi}_\omega D_{t+1,\ \omega} = \psi_0 \hat{E}(D_{t+1}) \qquad [13]$$

Le prix normalisé d'une action est donc égal à l'espérance du revenu futur auquel elle donne droit, sous une probabilité particulière[25], dite « neutre au risque » (d'où la notation $\hat{E}(\,.\,)$ pour l'opérateur d'espérance mathématique). L'approche en termes de prix contingents est extrêmement riche et permet toutes les généralisations : économie multipériodique, dynamique, stochastique, nombre infini d'états de la nature (Duffie, 1994). Conceptuellement très satisfaisante, l'évaluation en termes de prix contingents nécessite néanmoins de pouvoir énumérer tous les états de la nature, ce qui est impossible en pratique. La théorie financière a développé des modèles dont l'objet est d'évaluer n'importe quel actif financier à partir d'actifs négociés. Le lien entre le modèle d'équilibre général (Arrow-Debreu) et les modèles d'évaluation de la théorie financière tient à ce que la valeur des actifs financiers sont des formes linéaires de leurs paiements (Kast et Lapied, 1992 ; Duffie, 1994).

4.2. Les modèles d'évaluation des actions issus de la théorie financière

La théorie financière recèle trois méthodes applicables à l'évaluation des actions : l'équilibre, l'arbitrage et l'approche par les actifs conditionnels.

4.2.1. Le modèle d'équilibre des actifs financiers

Dans une économie à une période, les investisseurs sont supposés être dotés d'une fonction-objectif du type « moyenne-variance » (axiomatique de von Neumann et Morgenstern et choix d'une fonction d'utilité). La richesse initiale de chaque investisseur étant donnée, la fonction-objectif ne dépend que de l'espérance mathématique et de la variance de la rentabilité du portefeuille de titres choisi. A l'équilibre, on montre (voir par exemple Duffie, 1994 ; Dumas

---

23. Dans les conditions d'efficience, l'absence d'opportunité d'arbitrage assure l'existence d'un vecteur de prix contingents.

24. Ou, plus généralement, le nombre d'unités de compte.

25. Normaliser par ψ_0 permet de pondérer les dividendes futurs par les facteurs strictement positifs $\hat{\psi}_n$, dont la somme vaut $\hat{\psi}_1 + \cdots + \hat{\psi}_N = 1$. $\hat{\psi}$ peut donc être interprété comme le vecteur de probabilités attachées aux différents états de la nature possibles.

et Allaz, 1995) que la rentabilité R_j de l'action j dépend linéairement de sa covariance avec le portefeuille de marché[26] :

$$E(\tilde{R}_j) - r_f + \eta \text{ cov } (\tilde{R}_j,\ \tilde{R}_m) \qquad [14]$$

où R_m désigne la rentabilité du portefeuille de marché et r_f la rentabilité de l'actif sans risque[27] de l'économie (dont la covariance avec le marché est nulle). η est le coefficient d'aversion pour le risque de l'investisseur moyen et peut être réécrit comme $\eta = (E(\tilde{R}_m) - r_f)/\text{var } (\tilde{R}_m)$, prenant le nom de « prix du risque unitaire ». Il est alors possible de réécrire [14] comme :

$$\underbrace{E(\tilde{R}_j) - r_f}_{\substack{\text{prime de risque} \\ \text{de l'action } j}} = \underbrace{\eta}_{\substack{\text{prix du} \\ \text{risque unitaire}}} \times \underbrace{\text{cov } (\tilde{R}_j,\ \tilde{R}_m)}_{\substack{\text{risque systématique} \\ \text{de l'action } j}} \qquad [15]$$

Traduction de l'anglais *Capital Asset Pricing Model*, le modèle d'équilibre des actifs financiers (MEDAF), formalisé par Sharpe (1964) à partir de l'idée de Markowitz (1952), stipule que seul le risque systématique de l'action est rémunéré à l'équilibre : toute autre composante du risque de l'action n'est pas rémunérée[28]. L'équation fondamentale du MEDAF s'écrit encore :

$$E(\tilde{R}_j) = r_f + \underbrace{\underbrace{(E(\tilde{R}_m) - r_f)}_{\text{prix du risque}}\ \beta_j}_{\substack{\text{prime de risque} \\ \text{de l'action } j}} \qquad [16]$$

où :

$$\beta_j = \text{cov } (\tilde{R}_j,\ \tilde{R}_m)/\text{var } (\tilde{R}_m) \qquad [17]$$

Le coefficient bêta défini en [17] mesure la sensibilité de l'action j aux fluctuations du marché. Cet indicateur est supposé stable dans le temps par la théorie, au moins pour une firme qui ne modifie pas significativement son portefeuille d'activités[29]. Ainsi, l'espérance de rentabilité exigée pour une action est égale à la somme du taux de rentabilité sans risque et d'une prime de risque proportionnelle au coefficient bêta. En remplaçant dans [15] les rentabilités par leur expression en termes de prix, soit $\tilde{R}_j = (\tilde{S}_j - S_j)/S_j$, on établit la valeur d'équilibre de l'action j :

$$S_j = \frac{E(\tilde{S}_j)}{1 + r_f + \eta \text{ cov } (\tilde{R}_j,\ \tilde{R}_m)} \qquad [18]$$

où S_m désigne le prix de l'indice de marché. Le prix actuel de l'action j est donc égal à l'espérance de son prix futur actualisée à un taux qui incorpore une prime de rique quantifiée par η cov $(\tilde{R}_j,\ \tilde{R}_m)$. Le MEDAF se généralise à un contexte multipériodique (Merton, 1973).

---

26. Le portefeuille de marché a la même composition en valeur que le marché dans son ensemble (pondération par les capitalisations boursières).

27. L'actif sans risque correspond aux emprunts d'Etat.

28. Voir également dans cette ***Encyclopédie*** l'article de R. Cobbaut, « Théorie du marché financier », p. 1954, tome 2.

29. Il convient de remarquer que le prix du risque, ou prix du risque de marché, est égal à la prime de risque du marché, car le coefficient bêta du portefeuille de marché vaut 1.

4.2.2. Le modèle d'évaluation par arbitrage

Le modèle d'évaluation par arbitrage de Ross (1976), ou *Arbitrage Pricing Theory* (APT), propose de formaliser le taux de rentabilité d'une action comme une fonction linéaire d'un nombre H de facteurs explicatifs[30]. Pour l'action j on a :

$$\tilde{R}_j = E(\tilde{R}_j) + \sum_{h=1}^{H} \beta_{jh}\tilde{X}_h + \tilde{\varepsilon}_j \qquad [19]$$

où X_h est la rentabilité d'un actif ou indice parfaitement corrélé avec le h-ième facteur ayant une influence sur la rentabilité de l'action j ; β_{jh} est la sensibilité de j à ce facteur et ε_j est un terme d'innovation mesurant la rentabilité non anticipée due aux facteurs spécifiques à j. L'APT, qui ne fait pas d'hypothèse sur la fonction d'utilité des investisseurs, ni sur la distribution des rentabilités des actions, suppose qu'un certain nombre de facteurs, indépendants les uns des autres, expliquent le risque systématique d'un portefeuille. La relation fondamentale de l'APT s'écrit :

$$E(\tilde{R}_j) = r_f + (E(\tilde{X}_1) - r_f)\ \beta_{j1} + \cdots + (E(\tilde{X}_H) - r_f)\ \beta_{jH} \qquad [20]$$

où $\beta_{jh} = \text{cov}\ (\tilde{R}_j,\ \tilde{X}_h)/\text{var}\ (\tilde{X}_h)$. L'intuition de la démonstration de la relation [20] repose sur la notion d'arbitrage, c'est-à-dire la combinaison d'opérations financières visant à produire un profit sans prendre de risque. Il est possible de constituer un portefeuille d'actions dépourvu de risque total, en combinant les différents titres judicieusement pour que la moyenne pondérée des composantes de risque systématique du portefeuille soit nulle et en incluant un nombre de titres suffisant pour qu'un effet de diversification (voir *infra*) fasse disparaître les composantes de risque spécifique. A l'équilibre, sur un marché qui exploite toutes les opportunités d'arbitrage, un tel portefeuille non risqué et de valeur nette nulle doit avoir une rentabilité espérée nulle. C'est pourquoi, selon l'APT, la rentabilité espérée de l'action j ne peut s'écarter durablement de celle préconisée par [20], sinon des opérations d'arbitrage rétabliraient l'équilibre.

Le MEDAF apparaît comme un cas particulier de l'APT avec des hypothèses supplémentaires. Cependant, l'APT ne dit pas combien de facteurs sont nécessaires, ni ce que sont ces facteurs. Leur identification est compliquée ; Chen, Roll et Ross (1986) spécifient un modèle dont les facteurs sont les variations non anticipées de l'inflation, la prime de risque sur le marché financier, la pente de la structure par terme des taux d'intérêt et l'indice de production industrielle.

4.2.3. L'application de la théorie des options à l'évaluation d'une action

La responsabilité des actionnaires d'une firme est, en général, juridiquement limitée au montant des fonds propres. Tant que la valeur de réalisation A des actifs est supérieure à la valeur de remboursement L de la dette (situation nette

30. Voir également dans cette ***Encyclopédie*** l'article de P. Batteau et V. Lasgouttes, « Modèles multifacteurs des rentabilités boursières », p. 1221, tome 2 et celui de P. Fontaine, « Modèles d'arbitrage et multifactoriels internationaux », p. 1164, tome 2.

positive), les actions ont une valeur positive. Sinon (faillite), les actions ont une valeur nulle en vertu de la responsabilité limitée des actionnaires et les créanciers deviennent propriétaires des actifs de l'entreprise. A l'échéance T de la dette de l'entreprise, la valeur des fonds propres détenus par les actionnaires est donc égale à :

$$S_T = \max\ (A_T - L_T,\ 0) \qquad [21]$$

Le graphique 1 décrit la valeur de l'action à l'échéance T, selon que l'on prend en compte (graphique 1b) ou non (graphique 1a) la responsabilité limitée de l'actionnaire (l'origine des schémas correspond en abscisse à $A_T = L_T$ et en ordonnée à $S_T = 0$).

Graphique 1

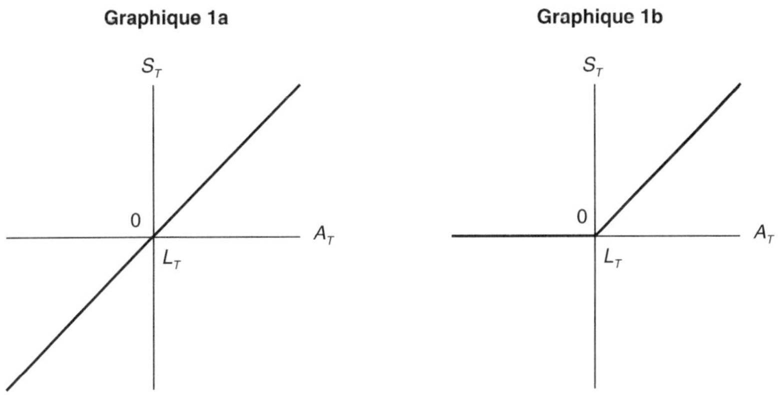

Clairement, le graphique 1b (équation [21]) fait référence au profil de gain à l'échéance d'une option d'achat dont le support vaut A_T.

Le cadre conceptuel de la théorie des options fait donc apparaître une analogie entre l'action et l'option d'achat. Evaluer les fonds propres (c'est-à-dire les actions) d'une entreprise financée par l'émission d'actions et d'emprunts revient à considérer que les actionnaires détiennent une option d'achat sur l'actif économique de l'entreprise. Le prix d'exercice de l'option est égal à la valeur de remboursement de la dette (principal et intérêts) et son échéance est celle de la dette. Black et Scholes (1973) ont établi la valeur à une date $t < T$ de l'option d'achat[31], c'est-à-dire ici de l'action :

$$S_t = A_t \Phi(d_1) - L_T\ e^{-r_f(T-t)}\ \Phi(d_2) \qquad [22]$$

avec

$$d_1 = (\sigma_A \sqrt{T-t})\ (\ln\ (A_t/D_T) + (r_f + \sigma_A^2/2)\ (T-t))$$

et

$$d_2 = d_1 - \sigma_A \sqrt{T-t}$$

31. Voir dans cette ***Encyclopédie*** l'article de F. Quittard-Pinon, « Options : le modèle binomial, le modèle de Black et Scholes et leurs extensions », p. 1355, tome 2.

σ_A^2 désigne la variance des rentabilités du portefeuille formant l'actif économique de l'entreprise et $\Phi(.)$ la fonction de répartition de la loi normale centrée et réduite. Malgré d'évidents problèmes d'adaptation (Parienté, 1995), cette transposition recèle trois enseignements intéressants : les actions valent d'autant plus cher que la maturité de la dette de l'entreprise est grande, que la volatilité de l'actif économique est grande (l'entreprise a une activité plus risquée), et que le taux d'intérêt sans risque est élevé, ce dernier résultat contredisant les résultats des modèles de cash-flow actualisé (voir *infra*). En outre, il conviendrait d'envisager le moyen de transposer l'approche des options à un horizon infini pour évaluer une action.

4.3. Les modèles des praticiens : cash-flow actualisé en univers certain

En univers déterministe, l'investisseur qui place la somme S_t à la date t souhaite recouvrer à la date $t+1$ un capital égal à $S_{t+1} = S_t(1+r_{t+1})$, où r_{t+1} est le taux d'intérêt de la période $[t,\ t+1]$, taux qui reflète la valeur du « sacrifice » consenti, la somme S_t étant épargnée au lieu d'être consommée. La valeur d'une action définie par la suite de dividendes futurs D_{t+1}, D_{t+2}, ..., D_∞ est égale à la somme de ces flux actualisés aux taux requis par le marché à chaque date :

$$S_t = \frac{D_{t+1}}{(1+r_{t+1})} + \frac{D_{t+2}}{(1+r_{t+1})\,(1+r_{t+2})} + \cdots = \sum_{\tau=t+1}^{\infty} \left(\frac{D_\tau}{\prod_{s=t+1}^{\tau} (1+r_s)} \right) \quad [23]$$

La possibilité d'évaluer une action dépend donc de la capacité de l'évaluateur à estimer correctement le flux de revenus futurs et à choisir un taux d'actualisation adéquat pour chaque période, ce qui nécessite de connaître la structure par terme des taux d'intérêt. En pratique, cette difficulté est contournée en remplaçant les taux r_s par leur moyenne géométrique[32] r, d'où l'expression classique de la valeur d'une action :

$$S_t = \sum_{\tau=t+1}^{\infty} \frac{D_\tau}{(1+r)^\tau} \quad [24]$$

Le poids des dividendes les plus proches est prépondérant et une variation du montant des dividendes proches aura une influence plus grande sur la valeur de l'action que la même variation du montant des dividendes lointains. L'estimation des dividendes futurs s'obtient à partir de l'analyse financière de l'entreprise, en utilisant des méthodes de prévision fondées sur l'élaboration de plans d'investissement et de financement et des tableaux de flux associés.

---

32. La moyenne géométrique r est définie par $r = \left(\prod_{s=t+1}^{\tau} (1+r_s) \right)^{1/\tau} - 1$.

4.3.1. Le modèle de Gordon et Shapiro

Le plus célèbre des modèles déterministes d'évaluation des actions est le «modèle de croissance perpétuelle» de Gordon et Shapiro (1956), dont les hypothèses sont les suivantes :

– la firme génère une série de bénéfices B_t, B_{t+1}, ..., B_∞,

– la firme verse aux actionnaires la série de dividendes D_t, D_{t+1}, ..., D_∞,

– le taux de croissance des bénéfices est $g = ib$, où $i \in [-1,\ 1]$ est le taux de rentabilité des investissements de la firme et $b \in [0,\ 1]$ le taux de rétention des bénéfices ; g est donc le taux de croissance annuelle du dividende. Une partie des bénéfices est réinvestie dans la firme de telle sorte que sa croissance est entièrement autofinancée (pas d'emprunt) et, logiquement, $g < i$.

A la date $\tau > t$, on a $B_\tau = B_t(1+g)^{\tau-t}$ et $D_\tau = (1-b)\ B_\tau = D_t(1+g)^{\tau-t}$; en notant r le taux d'actualisation, le prix théorique de l'action à la date courante t est donné par :

$$S_t = \frac{D_t(1+g)}{1+r} + \frac{D_t(1+g)^2}{(1+r)^2} + \cdots + \frac{D_t(1+g)^\infty}{(1+r)^\infty} = D_t \sum_{s=t+1}^{\infty} \left(\frac{1+g}{1+r}\right)^s \qquad [25]$$

Pour qu'il y ait croissance, il faut que la rentabilité i des fonds investis dans l'entreprise soit supérieure au coût r des fonds propres (voir *infra*) ; si tel n'est pas le cas, l'entreprise n'est pas assez rentable pour satisfaire au taux r exigé par le marché : donc $r < i$. De plus, g doit être inférieur à r pour que la valeur de la firme ne soit pas infinie. Ainsi, $(1+g)/(1+r) < 1$, donc la série de terme général $[(1+g)/(1+r)]^s$ converge[33] vers $(1+g)/(r-g)$. Par conséquent, l'équation [25] devient :

$$S_t = \frac{(1+g)\ D_t}{r-g} = \frac{D_{t+1}}{r-g} \qquad [26]$$

Cette expression signifie qu'à une date quelconque il suffit d'estimer le prochain dividende et de disposer d'un taux d'actualisation $r - g$ pour connaître la valeur de l'action. L'action vaut d'autant plus cher que l'entreprise est rentable (i est élevé) ou qu'elle distribue une part importante de son bénéfice (g est élevé). En revanche, *ceteris paribus*, une baisse du coût des fonds propres r renchérit le prix de l'action.

4.3.2. L'utilisation du *price earning ratio* : le modèle de Bates

Le *price earning ratio* (PER) est le rapport du cours de l'action au bénéfice par action (BPA) : le PER indique, en années, la durée minimale de détention

---

33. Lorsque $-1 < a < 1$, la série de terme général $(a)^n$ converge : on montre que

$$\sum_{n=p+1}^{\infty} a^n = \frac{a^{p+1}}{1-a},\ p \geq 0$$

du titre nécessaire pour en obtenir le remboursement par le biais du BPA[34]. *A priori*, un PER faible indique un titre bon marché, puisque le BPA, et donc le dividende, permet au détenteur d'un titre d'être rapidement remboursé de son investissement. A l'inverse, un PER élevé indique une action chère[35]. Cet indicateur, simple à calculer, est très utilisé en pratique, mais décrié par les théoriciens de la finance parce qu'il associe deux valeurs, dont l'une est comptable (le BPA) et l'autre est un prix de marché (cours de l'action), qui le rendent hétérogène et lui ôtent une grande part de sa signification. Néanmoins, il est intéressant de connaître les modalités de son utilisation dans le cadre de l'évaluation des actions. Le modèle de Bates (1962) utilise le PER pour répondre au problème suivant : compte tenu du PER actuel d'une action et d'un taux de croissance prévisionnel de son BPA, à quel prix doit-on vendre l'action après T années de détention pour obtenir une rentabilité r fixée à l'avance ? Les notations du modèle précédent sont reprises, et :

- la firme génère une série de bénéfices par action $\text{BPA}_t, \text{BPA}_{t+1}, \ldots, \text{BPA}_T$,
- $d = 1 - b$ est le taux de distribution des bénéfices,
- BPA_τ est le bénéfice en $\tau > t$, on a $\text{BPA}_\tau = \text{BPA}_t(1+g)^{\tau-t}$,
- S_T^* est le prix de l'action à la date T qui procure la rentabilité annuelle r.

A la date initiale, $\text{PER}_t = S_t/\text{BPA}_t$ et le PER qui permet d'obtenir la rentabilité annuelle r après T années s'écrit $\text{PER}_T^* = S_T^*/\text{BPA}_t(1+g)^{T-t}$. Le modèle de Bates indique comment calculer ce PER « seuil de vente » en explicitant le prix S_T^* comme la capitalisation au taux r du prix initial sur $T-t$ années (équation [27]) et comme le PER en T multiplié par le BPA en T (équation [28]) :

$$S_T^* = S_t(1+r)^{T-t} = \text{PER}_t\text{BPA}_t(1+r)^{T-t} \qquad [27]$$

$$S_T^* = \text{PER}_T^*\text{BPA}_T = \text{PER}_T^*\text{BPA}_t(1+g)^{T-t} \qquad [28]$$

$$[27] = [28] \Rightarrow \text{PER}_T^* = \text{PER}_t\left(\frac{1+r}{1+g}\right)^{T-t} \qquad [29]$$

Cette équation donne le PER auquel l'investisseur doit vendre son titre pour réaliser une rentabilité annuelle égale à r. Cette expression considère que l'entreprise réserve les dividendes pour son activité. Lorsque les dividendes sont versés à l'actionnaire, il obtient la rentabilité r à la fois en termes de plus-value sur l'action et grâce au réinvestissement des dividendes au même taux. Ainsi, la valeur exprimée par l'équation [27] doit être réduite du montant cumulé des dividendes actualisés au taux r, ce qui conduit à :

$$\text{PER}_T^* = \text{PER}_t\left(\frac{1+r}{1+g}\right)^{T-t} + d\left(\frac{1+g}{r-g}\right)\left[1-\left(\frac{1+r}{1+g}\right)^{T-t}\right] \qquad [30]$$

L'équation [30] donne le PER minimum de vente pour obtenir la rentabilité r, compte tenu du versement des dividendes. L'équation [30] généralise le modèle

34. Le BPA est égal au résultat net de l'entreprise divisé par le nombre d'actions qui composent son capital. Le BPA représente le dividende maximum que peut obtenir l'actionnaire.

35. Le PER est supposé permettre la comparaison de titres d'un même secteur d'une même économie.

de Gordon et Shapiro ; il suffit de remplacer PER par S/BPA et de remarquer que $D = d \times \text{BPA}$. Le défaut de ce modèle est de raisonner en horizon fini pour évaluer une action. Le modèle de Bates fournit des résultats dont la qualité dépend fortement de la bonne estimation de ses paramètres et en particulier de la connaissance des bénéfices futurs. Par souci de réalisme, Bates, puis Molodovsky, May et Chottiner (1965) ont utilisé un taux de croissance des bénéfices, un taux de distribution des dividendes et un taux d'actualisation différents à chaque période, et ont proposé une tabulation des résultats.

4.3.3. Le modèle de Holt et le délai de recouvrement

Inspiré par Holt (1962), le délai de recouvrement est le nombre T^* d'années nécessaires pour que la somme des bénéfices futurs, actualisés au taux d'intérêt sans risque r_f de l'économie, égale le prix de l'action. En reprenant les notations précédentes, S_t est la somme des T^* termes d'une progression géométrique de premier terme BPA_t et de raison $(1+g)/(1+r_f)$, d'où l'expression :

$$S_t = \text{BPA}_t \, \frac{1 - \left(\dfrac{1+g}{1+r_f}\right)^{T^*-t}}{r_f - g} \, (1+r_f) \qquad [31]$$

d'où

$$T^* = t + \ln\left[1 - \left(\frac{r_f - g}{1+r_f}\right) \text{PER}_t\right] \left[\ln\left(\frac{1+g}{1+r_f}\right)\right]^{-1} \qquad [32]$$

Cette formulation suppose que la totalité des bénéfices est distribuée ; elle est donc moins souple que celle de Bates. De plus, elle limite l'horizon de prise en compte du flux de bénéfices, ce qui contredit les fondements théoriques de l'évaluation des actions. Enfin, on peut remarquer le rôle prépondérant du taux de croissance du bénéfice : de deux titres ayant le même PER, celui qui a le taux de croissance des bénéfices le plus élevé aura le délai de recouvrement le plus court, et sera considéré comme étant le moins cher. Cependant, comme le PER, le délai de recouvrement semble être un indicateur *ad hoc*, ce qui limite sa portée.

5. Les implications des modèles pour la gestion d'un portefeuille d'actions

Les modèles de la théorie financière ont des implications concrètes sur l'évaluation et la gestion d'un portefeuille d'actions.

5.1. Le taux d'actualisation et le coût du capital d'une entreprise

Modéliser l'évolution du prix d'une action en utilisant un processus stochastique revient à expliciter un processus d'actualisation[36]. Par exemple, sur $[0, t]$, l'équation [4] conduit au processus d'actualisation $\varphi_t = \exp\{-\mu t\}$ lorsque $\mu_t = \mu, \ \forall t$. Dans le cas stochastique, l'équation [12] donne $\varphi_t =$

36. Processus qui détermine le montant actuel à placer pour obtenir une unité de l'action à une date future.

$\exp\{-\mu t - \sigma Z_t\}$. Dans les modèles déterministes en temps discret du paragraphe 4.3., le processus d'actualisation se réduit au taux d'intérêt constant r, appelé coût des fonds propres, qui correspond à la rentabilité exigée par les actionnaires. De même, les prêteurs (banquiers, obligataires) qui financent une entreprise exigent un taux d'intérêt i appelé coût des fonds empruntés. Une firme financée par actions et emprunts, à l'exclusion des autres formes de financement, aura à payer un coût égal à la moyenne pondérée des coûts spécifiques de ses ressources en capital, soit :

$$k = r\ \frac{S}{S+l} + i\ \frac{L}{S+L} \qquad [33]$$

où S désigne la valeur des actions et L la valeur de marché des emprunts. $S/(S+L)$ et $L/(S+L)$ sont les proportions respectives des actions et des emprunts dans les capitaux permanents de l'entreprise. Le coût du capital k désigne le coût des capitaux permanents (fonds propres et dettes à long terme) : il est le reflet de la rentabilitée exigée par les bailleurs de fonds (actionnaires et prêteurs)[37].

En pratique, la formulation [31] est délicate à utiliser, car si la détermination du coût des emprunts est raisonnablement aisée, celle du coût des fonds propres l'est beaucoup moins. Cependant, les modèles d'évaluation présentés plus haut peuvent être utilisés pour calculer le coût des fonds propres. En particulier, l'équation [26] de Gordon et Shapiro évalue ce coût à $D_{t+1}/S_t + g$ et l'équation [16] du MEDAF donne $r_f + (E(\tilde{R}_m) - r_f)\ \beta_j$.

5.2. La politique de dividende et la valeur des actions

La mise en œuvre d'un modèle d'évaluation d'une action par le cash-flow dépend de la possibilité de déterminer le flux de revenus futurs et la politique de distribution des bénéfices de l'entreprise. Pour cela, les analystes financiers procèdent à l'étude des comptes de l'entreprise, de son secteur d'activité et assistent aux réunions d'information organisées par les dirigeants de l'entreprise. Les anticipations des analystes, révisées en permanence, participent à l'évolution du prix des actions, en particulier par le biais du consensus de marché[38]. S'il est admis que la perspective de bénéfices futurs valorise le cours d'une action, Modigliani et Miller (1961) montrent cependant que, sur un marché financier parfait, le taux de distribution et le montant des dividendes n'affectent pas la valeur de l'action ; que les bénéfices soient distribués ou mis en réserve, ils appartiennent aux actionnaires. Seuls les investissements de la firme influencent ses bénéfices et donc sa valeur.

---

37. Voir dans l'***Encyclopédie de gestion*** les articles de M. Albouy, « Structure financière et coût du capital » et de P. Vernimmen, « Politique financière de l'entreprise ».

38. Le consensus est une moyenne des prévisions de bureaux d'analyse financière : il permet aux gérants de portefeuille d'accéder, pour un coût raisonnable, à des prévisions de résultats peu sujettes au risque de manipulation de la part des firmes analysées (Grandin, 1995 ; Associés en Finance, 1986-1991). Jacquillat, Roger et Grandin (1990) montrent qu'un consensus révèle les révisions de prévisions plus rapidement que les prévisions de chaque analyste et que l'erreur de prévision du consensus est à la fois plus faible et moins variable que celle des prévisions individuelles, grâce à la diversification du risque spécifique. Voir également dans cette ***Encyclopédie*** l'article de P. Grandin et B. Jacquillat, « Mesure de performance des analystes : méthodologie et tests », p. 1108, tome 2.

La politique de dividende[39] des entreprises est fondée sur les principes de prudence et de régularité : les dirigeants lissent leurs dividendes dans le temps en ajustant progressivement le taux de distribution des bénéfices, afin de pouvoir maintenir le montant du dividende dans les conjonctures défavorables[40]. L'existence même de dividendes trouve son fondement dans la théorie des signaux et la théorie de l'agence (Albouy et Dumontier, 1992). La théorie des signaux postule que grâce aux versements de dividendes, les dirigeants, mieux informés que quiconque sur les potentialités de leur entreprise, transmettent leurs anticipations à la communauté financière, réduisant ainsi l'asymétrie d'information sur le marché financier[41]. La théorie de l'agence stipule que dans les entreprises dites managériales (grandes firmes où les dirigeants peuvent être tentés de maximiser leur propre satisfaction plutôt que celle de leurs actionnaires), la politique de dividende, souvent plus généreuse, sert à résoudre le conflit potentiel entre actionnaires et dirigeants. Cette plus forte distribution des bénéfices contraint l'entreprise à faire plus fréquemment appel au marché, rendant plus sévère le contrôle des investisseurs, des actionnaires ou des prêteurs[42] sur les dirigeants, pour le meilleur intérêt des actionnaires.

5.3. La diversification d'un portefeuille d'actions

La variabilité totale d'une action ou d'un portefeuille d'actions se décompose en une partie due à l'influence du marché (risque systématique) et une partie due aux caractéristiques propres de l'action (risque spécifique). Il est possible de relier linéairement la variation périodique des cours d'une action à la variation, de même périodicité, de l'ensemble du marché (indiquée par un indice général représentatif). Cette relation statistique, inspirée par le *modèle de marché* de Sharpe (1963), s'exprime par une équation de régression :

$$\tilde{R}_{jt} = \alpha_j + \beta_j \tilde{R}_{mt} + \tilde{\varepsilon}_{jt} \qquad [34]$$

où $\tilde{R}_{jt}$ désigne le taux de rentabilité de l'action j à la date t, $\tilde{R}_{mt}$ celle du marché et β_j le coefficient de volatilité de l'action j (α_j est la constante de la régression). L'élément $\tilde{\varepsilon}_{jt}$ exprime une caractéristique de risque propre à l'action. Le risque total d'une action est mesuré par sa variance $\sigma_j^2 = \text{var}\ (\tilde{R}_j)$ qui, d'après [34], s'écrit :

$$\underbrace{\sigma_j^2}_{\substack{\text{risque total}\\ \text{de l'action } j}} = \underbrace{\beta_j^2 \sigma_m^2}_{\substack{\text{risque systématique}\\ \text{de l'action } j}} \times \underbrace{\sigma_{\varepsilon_j}^2}_{\substack{\text{risque spécifique}\\ \text{de l'action } j}} \qquad [35]$$

39. Voir dans l'***Encyclopédie de gestion*** l'article de R. Cobbaut, « Politique de dividende ».

40. Il convient de remarquer que le jour du détachement du dividende, le cours de l'action baisse d'un montant approximativement égal au montant de ce dividende. Si tel n'était pas le cas, il suffirait à un arbitragiste d'acheter l'action la veille du paiement, d'encaisser le dividende et de revendre l'action immédiatement après, pour réaliser un profit sans risque ; mais le caractère efficient du marché annihile cette possibilité.

41. Voir dans cette ***Encyclopédie*** l'article de M. Albouy, « Signaux et prix des actions », p. 1746, tome 2 et dans l'***Encyclopédie de gestion*** l'article de P. Raimbourg, « Asymétrie d'information, théorie de l'agence et gestion de l'entreprise ».

42. Il existe un conflit d'intérêt possible entre prêteurs et actionnaires lorsque le niveau du dividende fait supporter aux prêteurs un risque jugé trop important. La politique de dividende sert à résoudre ce conflit.

où $\sigma_m^2 = \text{var}\ (\tilde{R}_m)$ désigne le risque du marché. Lorsque l'on s'intéresse à un portefeuille d'actions, cette décomposition a une implication sur la diversification. Le risque total d'un portefeuille P comportant N titres s'écrit $\sigma_P^2 = \beta_P^2\sigma_m^2 + \sigma_{\varepsilon_P}^2$. Le risque d'un portefeuille d'actions dépend de trois facteurs : le risque propre à chaque action, le degré d'interdépendance des variations des prix des actions et le nombre d'actions du portefeuille. En supposant les variables $\tilde{\varepsilon}_j$ indépendantes entre elles et indépendantes de $\tilde{R}_m$, il est simple de montrer que :

$$\beta_P = \frac{1}{N}\sum_{j=1}^{N}\beta_j \neq 0 \text{ lorsque } N \to \infty \text{ et } \sigma_{\varepsilon_P}^2 = \frac{1}{N^2}\sum_{j=1}^{N}\sigma_{\varepsilon_j}^2 = \frac{1}{N}\,\overline{\sigma}_\varepsilon^2 \xrightarrow[N\to\infty]{} 0 \qquad [36]$$

L'accroissement du nombre de titres du portefeuille fait diminuer le risque spécifique du portefeuille. Asymptotiquement, le risque du portefeuille tend vers son risque systématique : $\sigma_P^2 \xrightarrow[N\to\infty]{} \beta_P^2\sigma_m^2$ (graphique 2).

Graphique 2 – Diversification d'un portefeuille d'actions

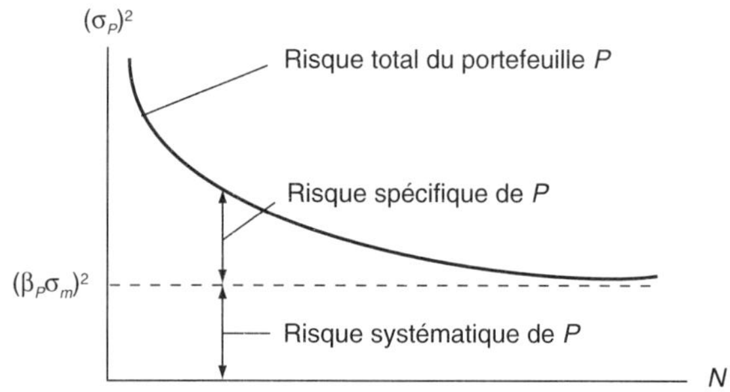

En pratique, le modèle de marché permet plusieurs applications : fixer un objectif de risque pour un portefeuille, mesurer le caractère efficient d'un portefeuille en calculant la part de risque spécifique qu'il contient ou encore éliminer la composante de risque spécifique en diversifiant les actions contenues dans le portefeuille (Jacquillat et Solnik, 1989).

5.4. Les applications du MEDAF : la droite de marché et la mesure de performance

Le MEDAF est probablement le modèle le plus célèbre de la théorie financière et, quoique sa confrontation aux données réelles puisse être discutée, il a donné lieu à deux applications utiles : évaluer le couple risque-rentabilité d'une action (droite de marché) et mesurer la performance de gestion d'un portefeuille d'actions.

5.4.1. La droite de marché des actions

Dans le plan $(E(R),\ \beta)$, l'équation [16] du MEDAF est une droite appelée droite de marché des actions (*Security Market Line*). Utilisé pour connaître le niveau de rentabilité requis pour un titre de risque donné (voir *supra*), cet outil normatif permet d'apprécier la sur- ou sous-évaluation des actions. A l'équilibre, le prix d'une action doit être tel que son taux de rentabilité ajusté du risque se situe sur la droite de marché (graphique 3).

Une action dont la rentabilité espérée se situe au-dessus de la droite de marché est sous-évaluée (son taux de rentabilité est trop élevé, donc son prix est trop faible) et inversement pour une action se situant au-dessous de la droite. La pente de la droite de marché, ou prix du risque, vaut $E(\tilde{R}_m)-r_f = \eta$ var $(\tilde{R}_m)$ (η est le prix du risque unitaire défini au paragraphe 4.2.1.). Dans une économie donnée, la droite est d'autant plus pentue que l'écart entre le couple rentabilité-risque des actions et celui des emprunts d'Etat est grand.

Graphique 3 – Droite de marché des actions

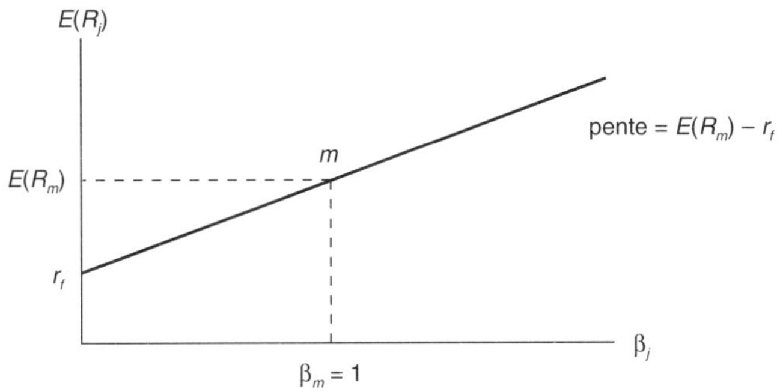

5.4.2. Mesurer la performance de gestion d'un portefeuille d'actions

Mesurer la performance d'un portefeuille d'actions est une opération plus complexe qu'il n'y paraît[43]. Treynor (1965), Sharpe (1966) et Jensen (1968) ont proposé des méthodes de mesure (Jacquillat et Solnik, 1989)) dont le principe est d'ajuster la rentabilité d'un portefeuille par son risque pour homogénéiser la quantification. Par exemple, l'indice de Sharpe $(\overline{R}_P - \overline{r}_f)/\overline{\sigma}_{P-f}$ mesure la performance d'un portefeuille d'actions en rapportant la rentabilité moyenne du portefeuille en excès du taux sans risque moyen de la même période à l'écart type de cette rentabilité moyenne excédentaire. D'après le MEDAF, la valeur maximale de cet indice est la rentabilité du portefeuille de marché, ce qui exclut toute possibilité de « battre » le marché en gérant un portefeuille d'actions. Selon Roll (1977), la difficulté de la mesure de performance réside dans l'identification du portefeuille de marché.

*

* *

L'action est l'actif risqué par excellence. Elle procure à son détenteur un revenu variable lié aux aléas qui pèsent sur l'activité de l'entreprise : variation du chiffre d'affaires, coût des matières, salaires, etc. Cette incertitude est à l'origine du caractère variable du prix de l'action. C'est pourquoi les processus stochastiques sont utilisés pour formaliser les évolutions du prix d'une action.

---

43. Voir dans cette ***Encyclopédie*** l'article de J. Salvati, « Mesure de performance et gestion de portefeuille », p. 1122, tome 2.

La théorie financière considère, quant à elle, que les aléas qui affectent les variations du prix d'une action sont de deux ordres : ceux qui, communs dans des proportions diverses à toutes les entreprises de l'économie, sont source de risque systématique, et ceux qui, propres à l'entreprise considérée, sont source de risque spécifique. Il en résulte que la valeur d'une action dépend de la mesure dans laquelle la firme est affectée par ces deux types de risque et que la rentabilité espérée d'une action est égale à la rentabilité sans risque, accrue d'une prime de risque qui rémunère le risque systématique. Les modèles d'évaluation des actions, théoriques ou pragmatiques, constituent des outils de gestion puissants : détermination du coût du capital, détection des titres sur- ou sous-évalués, mesure de performance, diversification d'un portefeuille d'actions, etc. Cependant, le présent article, volontairement synthétique, n'aborde pas ou peu certains thèmes importants liés aux actions, notamment : les choix de portefeuille, l'efficience des marchés d'actions, la prévisibilité des cours des actions et les modes de la gestion de portefeuille. Le lecteur trouvera ces sujets dans d'autres articles de l'Encyclopédie ou dans les articles et ouvrages cités en références[44].

Références

ALBOUY M., DUMONTIER P., *La politique de dividende des entreprises*, Paris, PUF, 1992.

ARROW K., « Le rôle des valeurs boursières pour la répartition la meilleure des risques », Cahiers du Séminaire d'Econométrie, Colloque international, Centre National de la Recherche Scientifique (vol. 40, 1953), p. 41-48.

ASSOCIÉS EN FINANCE, « Service du consensus de marché », Paris, 1986-1991.

BACHELIER L., *Théorie de la spéculation (1900)*, Paris, Editions Jacques Gabay, 1995.

BATES G.E., « Comprehensive Stock Value Tables », *Harvard Business Review* (1962).

BLACK F., SCHOLES M., « The Pricing of Options and Corporate Liabilities », *Journal of Political Economy* (vol. 81, n° 3, 1973), p. 637-654.

CHARREAUX G., « La théorie positive de l'agence : une synthèse de la littérature », *in De nouvelles théories pour gérer l'entreprise*, Paris, Economica, 1987.

CHEN N.F., ROLL R., ROSS S.A., « Economic Forces and the Stock Market », *Journal of Business* (vol. 56, 1986), p. 383-403.

DAGUET P., PLANCHE J.M., *Les émissions d'actions et d'obligations – Concepts et techniques*, Paris, Economica, 1994.

DEVOLDER P., *Finance stochastique*, Bruxelles, Editions de l'Université de Bruxelles, 1993.

DUFFIE D., *Modèles dynamiques d'évaluation*, Paris, PUF, 1994.

DUMAS B., ALLAZ B., *Les titres financiers*, Paris, PUF, 1995.

FAMA E.F., « Efficient Capital Markets : a Review of Theory and Empirical Work », *Journal of Finance* (vol. 25, 1970), p. 383-417.

GINGLINGER E., *Le financement des entreprises par les marchés de capitaux*, Paris, PUF, 1991.

GORDON M.J., SHAPIRO E., « Capital Equipment Analysis : the Required Rate of Profit », *Management Science* (vol. 3, October 1956), p. 102-110.

GRANDIN P., *Production d'informations privées et gestion de portefeuille*, Paris, PUF, 1995.

HAMON J., JACQUILLAT B., *Le marché français des actions – Etudes empiriques 1977-1991*, Paris, PUF, 1992.

HARRIS M., RAVIV A., « The Theory of Capital Structure », *Journal of Finance* (vol. 46, n° 1, 1991), p. 297-355.

HOLT C.C., « The Influence of Growth Duration on Share Prices », *Journal of Finance* (vol. 27, September 1962).

JACQUILLAT B., « Le paiement du dividende en actions », *Centre de Recherches sur la Gestion*, Université de Paris IX-Dauphine, 1994.

---

44. Voir dans cette ***Encyclopédie*** les articles de J. Hamon, « Efficience faible. Efficience semi-forte », p. 408, tome 1 et de G. Charest, « Rendement, risque et portefeuilles », p. 1608, tome 2.

JACQUILLAT B., LEVASSEUR M., « Signaux, mandats et gestion financière : une synthèse de la littérature », *Finance* (n° 1, avril 1984), p. 5-83.
JACQUILLAT B., ROGER P., GRANDIN P., « The Informational Advantage of a Consensus Forecast of Earnings and Stocks Market Returns : the French Evidence », Centre de Recherches sur la Gestion, Université de Paris IX-Dauphine, 1990.
JACQUILLAT B., SOLNIK B., *Marchés financiers, gestion de portefeuille et des risques*, Paris, Dunod, 1989.
KAST R., LAPIED A., *Fondements microéconomiques de la théorie des marchés financiers*, Paris, Economica, 1992.
JENSEN M., « The Performance of Mutual Funds in the Period 1945-1964 », *Journal of Finance* (vol. 23, 1968), p. 389-416.
LEROUX F., *Marchés internationaux des capitaux*, 2e éd., Paris, Eska, 1994.
MARKOWITZ H.M., « Portfolio Selection », *Journal of Finance* (vol. 7, n° 1, 1952), p. 77-91.
MERTON R.C., « On the Mathematics and Economics Assumptions of Continuous Time Models », *in Financial Economics : Essays in the Honor of P. Cootner*, Englewood Cliffs, Prentice Hall, 1982, p. 19-51.
MERTON R.C., « An Intertemporal Capital Asset Pricing Model », *Econometrica* (vol. 41, n° 5, 1973), p. 867-887.
MODIGLIANI F., MILLER M., « Dividend Policy, Growth, and the Valuation of Shares », *Journal of Business* (vol. 34, October 1961), p. 411-433.
MOLODOVSKY N., MAY C., CHOTTINER S., « Common Stock Valuation – Principles, Tables and Application », *Financial Analysts Journal* (vol. 20, March-April 1965).
PARIENTÉ S., *Techniques financières d'évaluation*, Paris, Economica, 1995.
PILVERDIER-LATREYTE J., *Analyse des états financiers américains*, Paris, Economica, 1989.
ROGER P., *Les outils de la modélisation financière*, Paris, PUF, 1991.
ROLL R., « A Critique of Asset Pricing Theory's Tests : on Past and Potential Testability of the Theory », *Journal of Financial Economics* (vol. 4, March 1977), p. 129-176.
ROSS S., « The Arbitrage Theory of Capital Asset Pricing », *Journal of Economic Theory* (December 1976).
SAMUELSON P.A., « Mathematics on Speculative Prices », *Siam Review* (vol. 15, n° 1, 1973), p. 1-42.
SAMUELSON P.A., « Proof that Properly Anticipated Prices Fluctuate Randomly », *Industrial Management Review* (vol. 6, Spring 1965), p. 41-50.
SHARPE W.F., « Mutual Fund Performance », *Journal of Business* (vol. 39, 1966), p. 119-138.
SHARPE W.F., « Capital Asset Prices : a Theory of Market Equilibrium under Conditions of Risk », *Journal of Finance* (vol. 19, 1964), p. 425-442.
SHARPE W.F., « A Simplified Model for Portfolio Analysis », *Management Science* (vol. 9, 1963), p. 277-293.
SIMON Y., *Techniques financières internationales*, 5e éd., Paris, Economica, 1993.
TREYNOR J., « How to Rate the Management of Investment Funds », *Harvard Business Review* (vol. 43, 1965), p. 63-75.

Mots clés

Action, actualisation, APT, bénéfice par action, Bates, cash-flow, certificat d'investissement, coût du capital, délai de recouvrement, dividende, dividende prioritaire, droit de vote, efficience, émission de titres, flux de revenus futurs, Gordon-Shapiro, instrument de financement, marche aléatoire, MEDAF, option, *price earning ratio*, prix contingent, processus stochastique, taux de rentabilité, valeur.

Actions internationales

2

François Leroux

L'internationalisation des marchés des capitaux s'est effectuée par phases successives et le phénomène de globalisation ne s'est pas manifesté sur tous les segments à la même vitesse. L'accord est général pour situer au début des années 1970 le décollage de l'internationalisation des marchés à l'occasion de la crise pétrolière et grâce à la croissance spectaculaire des eurodollars, mais c'est surtout le segment des euro-crédits bancaires syndiqués qui a profité de cette envolée[1].

A la même époque, les émetteurs internationaux ont commencé à collecter des fonds par le biais d'euro-obligations et d'obligations étrangères ; mais il a fallu attendre 1983 pour que le marché obligataire international fournisse plus de fonds que celui des crédits bancaires internationaux[2].

Au milieu des années 1980 s'ouvrirent avec succès le segment de l'euro-papier commercial puis celui des euro-notes à moyen terme, qui révélaient une préférence nouvelle pour les titres négociables et flexibles et qui témoignaient de la sophistication plus grande des investisseurs internationaux.

Le marché des actions internationales s'ouvre parallèlement avec une certaine timidité, et pour des volumes nettement moins importants ; il ne connaît un véritable essor qu'avec le début de la décennie 1990.

1. Euro-actions ou actions internationales

Il est un peu vain de mener une longue bataille de sémantique pour savoir si le terme d'euro-actions est préférable à celui d'actions internationales pour parler des instruments qui nous intéressent ici. Le marché que l'on veut cerner est celui des actions et des titres participatifs aux fonds propres des entreprises qui sont répartis sur une base internationale, le plus souvent parallèlement ou

---

1. Voir dans cette ***Encyclopédie*** l'article de J.L. Herrenschmidt, « Déréglementation et innovations financières internationales », p. 279, tome 1.

2. Voir dans cette ***Encyclopédie*** l'article de H. de La Bruslerie, « Marchés financiers internationaux », p. 945, tome 1.

conjointement à la détention ou au placement des titres sur le marché domestique de l'émetteur.

L'OCDE, qui présente les statistiques les plus fiables sur les marchés des capitaux, divise les actions internationales au sens large du terme en deux catégories : les euro-actions et les autres actions internationales, en réservant le terme d'euro-actions aux nouvelles actions qui sont placées sur un marché autre que le marché domestique de l'émetteur ; c'est la portion la plus importante des nouvelles émissions internationales. Les autres titres retenus par l'OCDE sont essentiellement associés à des placements privés ainsi qu'aux émissions secondaires et aux placements directs auprès des fonds mutuels internationaux.

On peut préférer des divisions plus fines en distinguant les actions émises sur des marchés étrangers spécifiques de celles qui sont distribuées internationalement sans marché cible et sans distribution parallèle sur le marché domestique ; selon la terminologie traditionnelle, elles constitueraient seules de véritables euro-actions.

Cette dispute de sémantique n'est pas essentielle, et pour les données statistiques nous respecterons la nomenclature adoptée par l'OCDE.

1.1. Les titres émis

Les actions internationales sont d'abord et avant tout des actions ordinaires des entreprises[3]. Les autres titres sont des actions privilégiées, des obligations convertibles en actions, des obligations avec droits d'achat d'actions (warrants) et des titres participatifs assimilables à des actions.

1.2. L'inscription sur des bourses étrangères

La phase préliminaire à l'internationalisation du capital d'une entreprise a longtemps été caractérisée par la cotation de ses actions sur une bourse étrangère. Le but recherché est double : tout d'abord diversifier l'actionnariat (sans entraîner une émission nouvelle de capital), ensuite bénéficier des effets positifs liés au prestige de cette opération. Une introduction en bourse dans un pays important pour les activités commerciales a des retombées positives en termes de visibilité. D'un point de vue financier, la notoriété ainsi obtenue prépare le terrain pour une éventuelle nouvelle émission.

L'inscription sur une ou plusieurs bourses étrangères constitue néanmoins une opération nécessitant une bonne planification. Elle contraint en fait l'entreprise à se plier à des règles différentes en matière de divulgation. Ce peut être, sur certains marchés, une opération coûteuse dont le succès n'est pas automatique. On a vu, par exemple, au cours des dernières années plusieurs entreprises multinationales retirer leur inscription sur les bourses japonaises à cause du volume très faible des transactions dont elles étaient l'objet.

1.3. L'offre internationale d'actions

L'inscription sur une bourse étrangère sans augmentation du capital est en fait une opération essentiellement technique. L'offre d'actions internationales,

---

3. Voir dans cette ***Encyclopédie*** l'article de D. Folus, « Actions : modélisation, évaluation, gestion », p. 1, tome 1.

quant à elle, est de nature bien différente : elle vise à trouver sur une base internationale les premiers actionnaires d'une entreprise ou à renforcer les fonds propres de l'émetteur et à élargir son actionnariat. Si cette opération se fait par le biais d'une offre publique (*initial public offering*), elle nécessite la mise en place d'une structure de placement des titres. Il est fréquent qu'elle s'accompagne d'une demande d'inscription dans plusieurs bourses simultanément.

Bien souvent une émission d'actions internationales constitue une tranche d'une opération qui comporte également un volet domestique. La simultanéité des émissions pose des problèmes de coordination qui nécessitent une très grande maîtrise.

1.4. Les autres placements internationaux de titres

A côté des offres publiques d'actions, les entreprises d'envergure peuvent augmenter internationalement leurs fonds propres par le biais de placements privés. Les Etats-Unis, la Suisse et le Japon, en particulier, ont toujours offert cette possibilité. De plus, au cours des dernières années, la multiplication de fonds de placement collectifs spécialisés et de grande taille a permis à des entreprises d'augmenter directement leurs fonds propres, sans avoir recours au mécanisme de la syndication. Les nouvelles actions émises sont directement livrées à des investisseurs institutionnels et à des fonds sans qu'il y ait une offre publique. La volonté de diversifier les portefeuilles et la capacité de gérer des risques de change[4] ont facilité ce genre d'opérations qui, néanmoins, portent encore sur des montants relativement modestes.

1.5. Le phénomène des American Depositary Receipts

Le développement du marché international a largement bénéficié de l'existence des *American Depositary Receipts* (ADR). Rappelons que les actions étrangères sont transigées sur les marchés américains depuis les années 1920 et que c'est la Guaranty Trust Company de New York qui, à l'origine, a développé ce concept. Pour l'essentiel, les ADR sont des reçus libellés en dollar pour des actions de compagnies étrangères et déposés en fiducie auprès d'une banque américaine. La valeur en dollar d'un reçu représente une fraction ou un multiple de la valeur de l'action dans sa devise d'origine, le but étant de se rapprocher de la fourchette habituelle du prix des titres négociés à New York.

Les reçus ne sont pas des actions proprement dites, mais ils permettent à l'investisseur de recevoir ses dividendes en dollar et surtout ils facilitent grandement les problèmes de transfert de titres et de paiement. L'investisseur américain peut ainsi prendre une participation dans une compagnie étrangère qui aura respecté un certain nombre de règles spécifiques aux marchés américains, en particulier en matière de divulgation de l'information. Bien sûr il reste exposé au risque de change puisque la valeur des ADR dépend de la valeur des titres sur le marché local, même si parfois la liquidité des ADR est plus forte que la liquidité des actions qu'ils représentent sur leur marché d'origine.

---

4. Voir dans l'***Encyclopédie de gestion*** l'article de C.A. Vailhen, « Risque de change ».

Trois banques dominent pour la mise en place des ADR. En effet Citibank, Bank of New York et Morgan Guaranty ont globalement une part de marché supérieure à 85 %.

Depuis 1990, les ADR ont vu leur popularité augmenter de façon significative. En 1994, 285 nouvelles compagnies, originaires de 43 pays, ont eu recours à différentes formes d'ADR. Au cours de cette même année, les ADR ont représenté 7,5 % de la valeur des transactions au New York Stock Exchange.

2. Le processus d'émission des actions internationales

Le placement d'actions sur le marché international nécessite la mise en place d'un syndicat d'émission dont la mission est de rejoindre les investisseurs internationaux dans les meilleures conditions possibles. Ce syndicat, dirigé par un ou plusieurs chefs de file ou coordonnateurs, a une structure qui reflète les objectifs que l'on se donne et les conventions habituelles entre les participants.

2.1. Les fonctions du syndicat

Quelle que soit la structure retenue pour le syndicat d'émission, trois fonctions essentielles doivent être remplies par les maisons de titres ou les banques. La première est une fonction de coordination de l'émission, la deuxième est une fonction de garantie ou de prise ferme, la troisième est une fonction de placement. Dans le syndicat, certains intermédiaires participent aux trois fonctions, d'autres seulement aux deux dernières et quelques-uns ne participent qu'à la fonction de placement. Les liens entre les différents groupes d'intervenants sont matérialisés par des contrats préparés par le chef de file.

Le choix du chef de file (ou du coordonnateur) constitue un élément crucial de toute émission. Ce choix est largement influencé par la nature des relations que l'émetteur entretient avec les leaders potentiels, par les objectifs de placement et le degré de dispersion souhaité de l'actionnariat. Même si le chef de file joue le rôle de chef d'orchestre une fois qu'il a obtenu le mandat de l'émetteur, ce dernier participe habituellement à la sélection des coordonnateurs régionaux (s'il y en a) et à l'établissement de la liste des maisons appelées à faire partie du groupe de garantie (*underwriters*).

La fonction de garantie assure à l'émetteur que, quelles que soient les conditions du marché, il obtiendra la totalité des fonds qu'il espère lever. La taille du groupe de garantie dépendra directement de la taille de l'émission et du risque perçu ; celui-ci augmente avec la durée de toute l'opération.

Dans un syndicat d'émission, on s'adjoint un groupe de placement dans le but de faciliter la mobilisation des investisseurs finals. Plus on vise à placer l'émission auprès d'investisseurs individuels et plus le rôle du groupe de placement sera crucial.

2.2. La rémunération du syndicat

La rémunération du syndicat se fait par des commissions payées par l'émetteur. Cependant, le montant effectif reçu par chaque banque et chaque maison de titres impliquée dans le placement dépend du mode de distribution et du rôle joué par les différents participants. De plus, ce montant varie en fonction de l'état général du marché, du degré de compétition entre les intermédiaires potentiels et du risque associé à l'émetteur ; mais en règle générale, la commission de placement (*selling concession*) représente 60 % de l'ensemble.

2.3. *Une structure évolutive*

La structure du syndicat et le mode de placement des actions internationales lors d'une émission ont été largement inspirés par la pratique du marché euro-obligataire. Mais, comme pour celui-ci, le mode de distribution et les rôles confiés aux différentes composantes du syndicat ont été soumis à des changements et à des adaptations qui résultent de l'évolution des rapports de force entre les différents participants et de la transformation du marché et de son environnement.

En fait, au moment du lancement d'une émission, l'émetteur a le choix entre deux façons d'aborder le marché : le mode «européen» (ou traditionnel) et la méthode du *bookbuilding*.

2.4. *Le mode de placement européen*

Ce mode de placement est caractérisé par deux éléments : l'existence d'une période de préplacement et la mise en place d'un groupe de garantie dès le début de l'opération. Avec cette méthode, l'accent est surtout mis sur la certitude du placement d'un volume déterminé, quelles que soient les conditions du marché. C'était la structure communément retenue jusqu'au début des années 1990 pour les émissions dirigées depuis Londres.

2.4.1. La fixation du prix d'émission

Dans cette structure, le chef de file et l'émetteur s'entendent sur la taille de l'émission et sur le prix auquel les actions seront offertes aux investisseurs. L'émetteur et le chef de file vont choisir un prix qui assurera le succès de l'émission. Cette détermination est plus délicate dans le cas d'un premier appel au marché. S'il s'agit d'une augmentation de capital, l'émetteur se sert du prix du marché pour déterminer la fourchette de prix *a priori* acceptable : une tendance naturelle est d'offrir un prix de souscription légèrement inférieur au prix courant. Il y a en fait toujours un arbitrage à réaliser entre la volonté d'obtenir le meilleur prix possible pour l'émetteur et la volonté de satisfaire les investisseurs finals, surtout si l'on a l'intention de faire des émissions subséquentes.

2.4.2. La répartition des titres

Après avoir déterminé la popularité de l'émission durant la période de préplacement, les membres du groupe de placement transmettent leurs demandes. Le groupe de direction procède alors à la répartition des titres (*allotment*). Une fois les titres distribués, les actions sont transigées sur le marché secondaire et le syndicat est dissous.

2.4.3. Les problèmes associés au mode de placement européen

Le mode de placement européen présente certaines difficultés. Elles sont de trois sortes.

Tout d'abord, du fait de la longueur de la période de préplacement, la méthode du placement européen engendre une incertitude liée aux fluctuations des marchés boursiers entre la date de lancement de l'opération et la date de livraison effective des titres. Il peut s'ensuivre la mise en place d'un marché gris (*grey market*) qui vient perturber le placement des titres.

Deuxièmement, on reproche à la commission de garantie d'être trop élevée si tout se passe bien et d'être dérisoire si l'émission se heurte à de grandes difficultés. Cette critique a été particulièrement mise en évidence lors du placement de British Petroleum en 1987.

Troisièmement, on reproche à cette technique d'engendrer un manque de précision dans la distribution parce que le chef de file ne peut apprécier le pouvoir effectif de distribution des membres du groupe de placement. Ces derniers peuvent surévaluer leur demande de titres dans le seul but de recevoir la commission de placement et se débarrasser de leurs surplus d'actions sur le marché secondaire.

2.4.4. Quelques aménagements

Face à ces difficultés, le mode de placement européen a connu quelques aménagements.

Tout d'abord, dans les émissions mondiales on a créé la fonction de coordonnateur régional, en espérant que l'on pourrait ainsi mieux évaluer le pouvoir de placement effectif de chacun des membres du syndicat.

De même, la pratique du *ring fencing* a permis de délimiter des zones d'exclusivité et d'exclusion pour les membres des différents groupes de placement, sur une base géographique.

Enfin, on a eu tendance à généraliser le recours à la technique dite *greenshoe* (en référence à la première utilisation qui en a été faite lors de l'émission de la Green Shoe Company) qui vise à limiter les effets dévastateurs des positions à découvert ; elle consiste à permettre aux preneurs fermes d'obtenir de l'émetteur des actions additionnelles pour couvrir des positions prises durant la période de stabilisation.

2.5. *La technique du* bookbuilding

Les ajustements apportés au mode de placement traditionnel visaient essentiellement à maintenir un mode de distribution qui acceptait le principe de la segmentation géographique des marchés, bien adapté au morcellement du marché européen ; ces ajustements permettaient aussi de préserver la volonté de rejoindre la clientèle de détail. Mais ces ajustements ne tenaient pas compte du fait que la demande du marché américain pour les titres étrangers était croissante, et que le mode traditionnel n'était adapté ni à la réalité new-yorkaise ni à l'accélération des modes de placement et des transactions en général.

De plus, comme bien des produits sur les marchés internationaux de capitaux sont de plus en plus souvent l'objet d'adjudication par le biais de soumissions compétitives ou de quelque forme que ce soit de mise aux enchères, la tentation était forte de transposer ces pratiques au marché des actions.

Enfin, la demande d'origine institutionnelle était croissante (ne serait-ce qu'à cause des fonds mutuels) ; il était sans doute inutile de maintenir une structure pour préserver l'accès au marché des particuliers au moment où ils se détournaient des titres spécifiques en faveur des fonds mutuels.

L'ensemble de ces facteurs explique l'apparition au niveau international de la technique du *bookbuilding* au début des années 1990, sous l'impulsion des maisons de titres et des banques américaines.

2.5.1. Les caractéristiques de la méthode du *bookbuilding*

Cette méthode consiste à contraindre toutes les maisons qui participent au placement des titres à obtenir de leurs clients des soumissions de prix pour les actions qu'ils veulent souscrire. L'ensemble de ces soumissions est réuni sur le livre des coordonnateurs (les chefs de file). En créant ainsi une tension entre les investisseurs potentiels, on obtient pour l'émetteur un prix qui reflète plus fidèlement les conditions de la demande au moment de l'émission.

La méthode du *bookbuilding* vise aussi à mieux contrôler le pouvoir de placement effectif des maisons participant à l'opération. En centralisant les soumissions, les coordonnateurs disposent d'informations permettant d'apprécier le travail effectué par chaque membre du groupe et de se faire une idée assez précise sur les intentions exactes des investisseurs. On peut de cette façon limiter l'entrée de souscripteurs seulement attirés par des opérations d'arbitrage au cours des premiers jours suivant l'émission : le travail de stabilisation est ainsi facilité. Par ailleurs, on peut facilement repérer si certains investisseurs finals apparaissent simultanément sur les listes de plusieurs maisons, ce qui gonfle artificiellement la demande.

Les coordonnateurs ont par ailleurs été capables d'imposer la pratique de la liste d'exemption et de revoir la répartition de la commission de placement. Comme d'une opération à l'autre, certains investisseurs institutionnels sont systématiquement intéressés aux nouvelles émissions, les coordonnateurs se réservent pour eux-mêmes ces clients et établissent une liste de souscripteurs qui ne peuvent être approchés par les autres membres du groupe de placement. De plus, comme les coordonnateurs mettent en avant que le placement des titres est largement facilité par le travail de recherche et de publicité qu'ils font au nom de tout le syndicat, dans la pratique la commission de placement est maintenant divisée en deux : une partie est versée automatiquement, l'autre dépend de l'appréciation par l'investisseur institutionnel de la qualité du service rendu.

2.5.2. Les problèmes associés à la méthode du *bookbuilding*

La méthode du *bookbuilding* a gagné en popularité depuis que SG Warburg l'a utilisée pour la deuxième tranche de la vente de British Telecom. Mais elle est critiquée par les banques et les maisons de titres qui n'ont pas accès au statut de coordinateur. En effet, elles avancent que cette méthode exige une très grande transparence qui revient à partager avec les chefs de file de l'information sur leur clientèle, sans bénéficier de la réciprocité. Ces mêmes maisons (parmi lesquelles on retrouve en tête de file les maisons allemandes) se plaignent que la nouvelle division de la commission de placement leur est préjudiciable et que la faible rentabilité de ces opérations conduit à un renforcement de la concentration, voire même à des tendances de cartellisation.

3. Les principales caractéristiques du marché des actions internationales

Ces caractéristiques essentielles concernent la taille du marché et le volume des émissions.

3.1. La taille du marché des actions internationales

Les émetteurs internationaux ont levé 2,4 milliards de dollars de fonds propres additionnels en 1985 (la quasi-totalité de ces fonds venant d'euro-actions) et environ vingt fois plus en 1994. En effet, pour cette dernière année, on enregistra un volume de 36,9 milliards de dollars auxquels sont venus s'ajouter 8 milliards de dollars par le biais d'autres titres internationaux.

Ainsi, en une décennie, ce segment du marché international des capitaux a connu une croissance remarquable. De nombreux signes laissent présager une expansion soutenue dans les années à venir, tout au moins tant et aussi longtemps que les principales bourses dans le monde afficheront des résultats favorables.

Il faut en effet noter que la nature des actions rend ce marché fort sensible à des changements dans l'environnement économique et financier, comme en témoignent la contraction très significative du volume des nouvelles émissions après le krach boursier de 1987, les hésitations enregistrées durant la guerre du Golfe ou la disparition des émetteurs d'Amérique latine lors de la crise mexicaine du début de l'année 1995.

Tableau 1 – Le marché des actions internationales

Années	Euro-actions	Autres actions internationales	Total	Pourcentage des financements internationaux
1985	2,3	0,1	2,4	1,0 %
1986	8,0	0,4	8,4	3,0 %
1987	15,5	0,6	16,1	4,6 %
1988	4,5	1,2	5,7	1,7 %
1989	5,3	1,2	6,5	1,2 %
1990	3,2	4,1	7,3	1,7 %
1991	11,6	11,8	23,4	4,4 %
1992	10,7	12,8	23,5	3,9 %
1993	30,6	10,1	40,7	5,0 %
1994	36,9	8,0	44,9	4,7 %

Unité : Milliard de dollars.

Source : OCDE, *Tendances des marchés des capitaux.*

Quand on considère les parts du marché recueillies par chaque type d'instrument sur les marchés internationaux des capitaux, on constate que, malgré la croissance fulgurante des dernières années, les actions internationales ne représentent aujourd'hui qu'a peine 5 % de tous les financements ; ainsi les sommets atteints en 1994 restent bien loin des 428 milliards qui, la même année, ont été levés sur l'ensemble des marchés obligataires internationaux. Cependant il y a lieu de mettre en perspective cette comparaison dans la mesure où les obligations (comme les crédits bancaires et les différents instruments à court terme) arrivent à échéance et entraînent des refinancements, ce qui n'est pas le cas pour les actions et les autres titres de participation aux fonds propres.

3.2. La taille des émissions

La taille des émissions est extrêmement variable, mais avec le temps elle a eu tendance à augmenter. On peut lier ce phénomène à l'accroissement de la demande, mais il s'explique surtout par l'importance et la multiplication des opérations de privatisation dans de nombreux pays, opérations qui ont porté sur d'énormes entreprises dans le domaine de l'énergie, des transports ou des télécommunications. Le placement a porté sur des volumes considérables, ce qui d'ailleurs justifiait et expliquait le recours au marché international. Malgré l'appétit évident manifesté par le marché dans ces opérations de privatisation, certaines difficultés ont mis en évidence qu'il y a des limites à ce que le marché peut absorber en une seule opération. Le fiasco de l'émission de British Petroleum (en pleine crise boursière il est vrai) a conduit les émetteurs et les courtiers à faire preuve d'une plus grande prudence ; c'est ainsi qu'il est devenu fréquent pour les grandes opérations de privatisation d'avoir recours à des émissions par tranche.

4. Les facteurs explicatifs de la croissance du marché

La croissance de ce marché est due à la conjonction de plusieurs facteurs ; les uns ont affecté l'offre, les autres la demande de titres.

4.1. Les facteurs tenant à l'offre de titres

Quatre facteurs ont favorisé l'offre de titres : la vague de privatisations, l'apparition de firmes très performantes dans les nouvelles économies, les opérations de restructuration et le rôle des intermédiaires.

– A la fin des années 1980, plusieurs pays se sont lancés dans de vastes programmes de privatisation de leurs entreprises publiques. Le phénomène a été surtout sensible en Amérique latine, dans les économies en transition, mais aussi dans les pays industrialisés (principalement en Grande-Bretagne, en France et en Italie). Le succès de nombreuses opérations a incité d'autres gouvernements à se départir de leurs entreprises publiques, d'autant plus que ces ventes d'actifs aidaient à pallier des problèmes sérieux d'endettement. Le tableau 2 met bien en évidence l'importance de ce phénomène.

Tableau 2 – Part des émissions liées à des opérations de privatisation en pourcentage du total des euro-actions

1985	1986	1987	1988	1989	1990	1991	1992	1993	1994
4,3 %	22,5 %	48,4 %	31,1 %	32 %	(–)	33,6 %	11,2 %	30,4 %	36,9 %

Source : OCDE, *Tendances des marchés des capitaux.*

– De nouvelles firmes à croissance très rapide apparaissent dans de nombreux pays. Pour maintenir leur vitesse de croisière, elles ont besoin de capitalisation additionnelle et elles trouvent leurs marchés financiers domestiques trop étroits.

– La vague de restructuration des entreprises et les nombreuses opérations de fusion ou acquisition s'accompagnent parfois d'un appel au marché pour l'accroissement des fonds propres, principalement quand la restructuration a entraîné un endettement excessif.

– Pour les maisons de titres et les banques d'affaires, les opérations d'émissions internationales génèrent des commissions et permettent de développer des relations avec de nouveaux clients. Elles ont donc joué un rôle important d'incitation, surtout en conseillant les gouvernements voulant s'engager dans des programmes de privatisation.

4.2. Les facteurs tenant à la demande de titres

Cinq facteurs ont favorisé la demande de titres : la baisse tendancielle des taux d'intérêt, la performance des marchés boursiers, la diversification des fonds de pension et des caisses de retraite, la multiplication des fonds de placement collectifs et les changements démographiques.

– Même si l'année 1994 constitue une exception à cet égard, un mouvement généralisé de baisse des taux d'intérêt a été enregistré au cours des dernières années un peu partout dans le monde. Dès lors l'attrait pour les actions a augmenté, comme a pu en témoigner l'évolution de la composition des portefeuilles.

– Les résultats très positifs obtenus sur la quasi-totalité des bourses dans le monde (avec la notoire exception du Japon) ont créé un climat d'optimisme qui a aidé au placement des nouvelles émissions.

– Une source de demande majeure pour les titres internationaux vient des fonds de pension et des caisses de retraite qui, traditionnellement ou pour des raisons réglementaires, avaient tendance à investir leurs fonds sur les marchés domestiques. Or cette attitude a beaucoup changé au cours des dix dernières années, en particulier aux Etats-Unis.

– Dans la même veine, les fonds de placement collectifs internationaux et en particulier ceux spécialisés sur les marchés émergents ont été des demandeurs naturels pour les nouveaux titres émis.

– Derrière les deux causes précédentes se cache aussi le rôle joué par le vieillissement de la population mondiale qui s'accompagne d'un allongement de l'espérance de vie. Ce changement démographique entraîne un accroissement de l'épargne à la recherche de placements plus rémunérateurs.

5. Les émetteurs, les investisseurs et les intermédiaires

Si, dans un premier temps, les entreprises des pays de l'OCDE ont profité de ce marché (avec en tête de file le Royaume-Uni, les Etats-Unis et la France), celui-ci s'est largement ouvert, dès le début des années 1990, à d'autres zones géographiques, en particulier aux pays d'Amérique latine (essentiellement le Mexique et l'Argentine) et aux pays asiatiques (principalement l'Inde, l'Indonésie, Hong Kong et la Chine). Cependant on constate que les parts de marché sont très instables. Il est vrai que les opérations de privatisation portent sur des entreprises généralement de grande taille et qu'ainsi une seule opération suffit pour faire varier de façon importante le volume de fonds collectés en une année. Par ailleurs, ce segment du marché des capitaux est extrêmement sensible et l'engouement passager pour un groupe de pays peut immédiate-

Tableau 3 – Actions internationales

Pays	1990	1991	1992	1993	1994
I. Euro-actions					
France	0,6	1,0	0,7	2,4	3,7
Etats-Unis	0,5	3,5	5,6	8,5	3,2
Danemark	0,1	0,2	–	–	2,9
Pays-Bas	0,2	0,6	–	0,4	2,8
Inde	–	–	–	0,3	2,7
Italie	–	0,1	0,5	0,4	2,1
Suède	0,3	–	–	0,3	1,3
Allemagne	–	0,7	–	0,2	1,3
Royaume-Uni	–	1,9	–	3,7	1,0
Espagne	0,1	0,1	0,2	1,4	0,8
Canada	0,1	0,3	0,2	0,5	0,6
Divers	1,3	3,2	3,5	12,5	14,5
Sous-total	3,2	11,6	10,7	30,6	36,9
II. Autres placements internationaux d'actions					
Etats-Unis	1,1	1,5	1,3	1,4	1,4
Espagne	0,3	0,6	0,3	1,3	0,4
France	0,1	0,7	1,0	1,3	0,1
Royaume-Uni	–	4,5	3,3	0,7	–
Australie	–	0,2	–	0,6	–
Italie	–	0,4	–	0,1	0,2
Suisse	–	–	0,4	–	–
Allemagne	–	–	0,2	–	1,4
Divers	2,5	3,9	6,3	4,7	4,5
Sous-total	4,0	11,8	12,8	10,1	8,0
Total	7,2	23,4	23,5	40,7	44,9

Unité : Milliard de dollars.

Source : OCDE, *Tendances des marchés des capitaux.*

ment être suivi par un tarissement complet de cette source de fonds, comme les pays d'Amérique latine en ont fait l'expérience au début de l'année 1995.

Comme c'est le cas pour tous les instruments sur les marchés internationaux des capitaux, il y a une grande asymétrie d'information en ce qui concerne les émetteurs et les investisseurs, et ce d'autant plus que le développement des fonds de placement à vocation internationale rend le repérage des investisseurs quasiment impossible. Au mieux, on peut repérer que s'est imposée dans les émissions globales une certaine segmentation en trois grandes zones de placement : les Etats-Unis, le Japon et l'Europe.

Comme la variable dominante dans ce marché est le pouvoir de distribution, ce sont les intermédiaires dotés de la plus grande expertise dans ce domaine qui dominent. Cependant un certain flou entoure les données statistiques ; il circule de nombreuses listes donnant des parts de marché, mais elles sont loin de concorder.

Deux phénomènes émergent de ces informations statistiques. Le premier est la forte concentration dans l'obtention des mandats ; le second est la forte domination exercée au cours des dernières années par les maisons américaines, ce qui est le résultat logique du succès des ADR, de la puissance des fonds mutuels américains et de l'adoption de la technique du *bookbuilding* d'origine new-yorkaise.

Tableau 4 – Les banques et les maisons de titres les plus actives pour les émissions d'actions internationales en 1994

Goldman Sachs	Lehman Bros.
Merrill Lynch	CS First Boston
Morgan Stanley	BZW
SG Warburg	Baring Bros.
Paribas	Deutsche Bank

Source : International Financing Review, Global Financing Directory.

*

* *

Les euro-actions connaissent une très grande vogue, au point que certains commentateurs parlent déjà de la décennie 1990 comme de celle des actions, au même titre que la décennie précédente fut celle de la dette. Certes, les volumes collectés sur les marchés des capitaux sont impressionnants, mais les acquis pourraient être vite remis en cause si les marchés boursiers mondiaux prenaient une orientation baissière ou si l'on assistait à une remontée spectaculaire des taux d'intérêt.

Références

Botkin D., Ahern M., « Easy Access to Global Securities », *Pension World* (August 1994).

Brady S., « Why Equities will Dominate the 1990s », *Euromoney* (July 1993).

Davis S., « The Allure of ADRs », *Institutional Investor* (September 1994).

Daguet P., Planche J.M., *Les émissions d'actions et d'obligations – Concepts et applications*, Paris, Economica, 1994.

Geist C.R., *Investment Banking in the Financial System*, Englewood Cliffs, Prentice Hall, 1995.

Hannam I., « Underwriting vs Bookbuilding », *Corporate Finance* (June 1993).

Lee P., « The Start of a Global Bulge Bracket », *Euromoney* (April 1993).

Lee P., « Who Needs Syndicates ? », *Euromoney* (March 1995).

Marr M.W., Trimble J.L., Varma R., « On Integration of International Capital Markets : Evidence from Euroequity Offerings », *Financial Management* (Winter 1991).

Marray M., « The US Welcomes an Alien Invasion », *Euromoney* (April 1994).

Stern S., « Prospects on Foreign Exchange », *Corporate Finance* (August 1992).

The Economist, « Selling the World » (May 8th 1993).

Mots clés

Action internationale, *American Depositary Receipt*, *bookbuilding*, émission, euro-action, *greenshoe*, mode de placement européen, *ring fencing*.

Actualisation et prix des actifs financiers

Jean-Marcel Dalbarade

3

Les méthodes d'évaluation des actifs financiers se sont récemment complexifiées, au rythme de l'innovation financière et du développement rapide des produits dérivés : *futures,* options ou swaps. La technique de base demeure toutefois celle de l'actualisation qui repose elle-même sur des calculs classiques de taux, sujet auquel est consacrée la première section de cet article. On applique, dans la deuxième section, ces méthodes générales aux cas précis constitués par les instruments financiers les plus importants et les plus représentatifs.

1. Définitions et principes

L'opération financière la plus simple est constituée de deux flux de paiement, de sens opposé, à deux dates distinctes. Cette opération, par exemple un prêt et son remboursement, ou l'achat d'un actif « zéro-coupon »[1] et sa revente (graphique 1), sert de support principal à l'exposé des définitions de base, toutes relatives au vocabulaire des taux.

Graphique 1 – L'opération élémentaire « zéro-coupon »

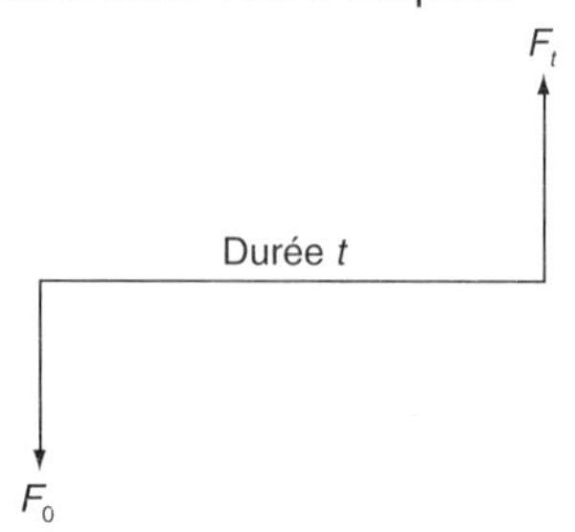

1. Voir dans cette ***Encyclopédie*** l'article de A. de Clermont-Tonnerre et M.A. Lévy, « Obligations à coupon-zéro », p. 1323, tome 2.

1.1. Le taux d'intérêt

Dans l'opération élémentaire à deux flux, la différence entre le deuxième flux de remboursement et le premier flux du prêt est appelée intérêt. Ce montant d'intérêt, payé par l'emprunteur, se calcule généralement à l'aide d'un pourcentage annuel du montant de l'opération, le taux d'intérêt i, appliqué sur sa durée, exprimée en années.

De très nombreuses conventions, liées en particulier au calcul de cette durée t, correspondent à autant de méthodes d'évaluation de ce montant, qui permet de déduire soit le deuxième flux à partir du premier, soit, à l'inverse, le paiement initial à partir du remboursement.

Les formules [1] et [2] sont deux exemples classiques où le remboursement est calculé à partir du montant emprunté, soit par un calcul d'intérêt simple, proportionnel au temps, soit par un calcul d'intérêt composé, la croissance du deuxième flux par rapport au temps étant alors exponentielle :

$$F_t = F_0(1 + it) \quad [1]$$

$$F_t = F_0(1 + i)^t \quad [2]$$

Ce deuxième mode de calcul présente un avantage important sur le premier, celui de permettre la composition sur plusieurs périodes successives (d'où son nom) des flux reçus, placés à un même taux d'intérêt annuel. Si, en effet, après avoir prêté un montant F_0 pendant une durée t_1, on réinvestit le premier remboursement F_1 pendant une durée t_2, on reçoit un deuxième flux de remboursement F_2 tel que :

$$F_2 = F_1(1 + i)^{t_2} = F_0(1 + i)^{t_1}\ (1 + i)^{t_2} = F_0(1 + i)^{t_1 + t_2} \quad [3]$$

résultat [3] qui équivaut strictement au placement du flux initial F_0 sur la durée totale $t_1 + t_2$.

Le calcul d'intérêt simple ne conduit évidemment pas au même résultat, puisque le terme $(1 + it_1)(1 + it_2)$ n'est pas égal à $1 + i(t_1 + t_2)$. La définition d'un taux d'intérêt simple reste ainsi fondamentalement liée à la durée de son application (indépendamment de toute complication liée à la courbe des taux).

Pour des opérations dont la durée est supérieure à un an, plusieurs paiements ont généralement lieu entre le début et la fin du remboursement. Ces paiements correspondent en pratique soit à des flux d'intérêts intermédiaires, soit à des remboursements partiels du capital. Il est alors utile, pour comprendre ces calculs, de décomposer l'opération globale en plusieurs opérations élémentaires (à deux flux), quelquefois en les enchaînant dans le temps, ou encore en superposant, à la date d'origine, plusieurs opérations zéro-coupon simultanées.

1.2. Le taux continu

Le taux d'intérêt continu, noté r, est un taux d'intérêt simple, annuel, applicable sur une période infiniment courte dt, pour lequel on suppose un réinvestissement continu des intérêts produits.

La croissance d'un flux initial F_0 est telle que, à chaque instant t :

$$dF_t = F_t r\ dt$$

soit, après intégration :

$$F_t = F_0 \; e^{rt} \tag{4}$$

(e est la base du logarithme népérien).

La formule [4] est proche de celle du taux composé [2], le terme e^{rt} remplaçant $(1+i)^t$. Ces notations en taux d'intérêt continu sont d'un usage courant dans la littérature financière théorique.

1.3. Le taux actuariel

Le taux actuariel (ou taux de rendement actuariel) d'une opération financière est le taux d'intérêt, composé, annuel, qui permet de reconstituer ses flux de paiement.

En pratique, la date du premier flux étant choisie comme origine, il est toujours possible de supposer que tous les flux ultérieurs sont chacun des flux de remboursement d'une opération zéro-coupon dont le premier flux est payé à la date d'origine. L'équation [5] exprime alors que le flux initial connu F_0 est la somme de tous les premiers flux, calculés à partir des flux de remboursements, également connus, et du taux actuariel inconnu.

Graphique 2 – Une opération quelconque à plusieurs flux

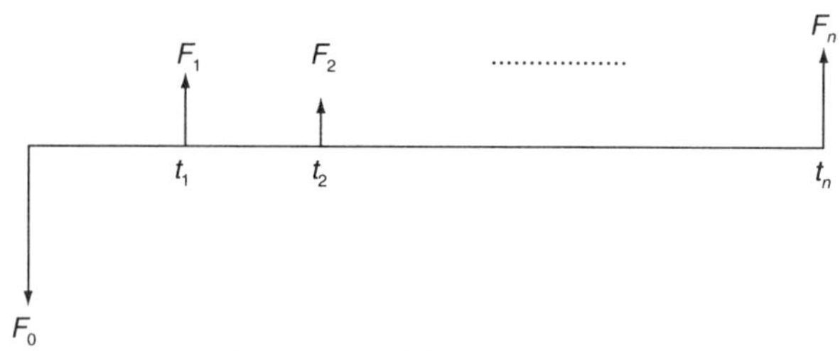

$$F_0 = \frac{F_1}{(1+i)^{t_1}} + \frac{F_2}{(1+i)^{t_2}} + \cdots + \frac{F_n}{(1+i)^{t_n}} \tag{5}$$

De cette équation [5] on déduit, par des méthodes itératives, la valeur de l'unique inconnue, le taux actuariel i.

1.4. Le taux de rentabilité

Les transactions financières ne sont pas les seules à pouvoir être représentées par un schéma de flux décalés dans le temps. Des investissements d'entreprise, avec acquisition de biens durables ou de stocks, suivis de recettes d'exploitation, sont des opérations qui répondent à une même logique et qui peuvent, par conséquent, faire l'objet des mêmes calculs.

Le taux de rentabilité, également désigné « taux interne de rentabilité » est ainsi l'équivalent, chez les économistes ou les gestionnaires d'entreprise, du taux de rendement actuariel des financiers.

1.5. Le taux d'actualisation

Le taux d'actualisation mesure le degré de préférence pour le présent (ou, inversement, le coût de l'attente) d'un agent économique, cette préférence étant *a priori* exprimée de manière subjective, en comparant des variations de revenus dans le temps.

Par définition, si a est le taux d'actualisation annuel, 1 franc reçu aujourd'hui est équivalent à $(1 + a)$ francs dans une année, lui-même équivalent à $(1+a)^2$ francs dans deux ans et, par transitivité des préférences à taux constant, à $(1 + a)^t$ francs reçus au bout d'une durée de t années.

Inversement, et c'est l'usage normal du taux d'actualisation, 1 franc reçu au bout d'une durée t n'est équivalent aujourd'hui qu'à $\frac{1}{(1+a)^t}$ francs, montant également appelé « 1 franc actualisé ».

On peut ainsi évaluer l'équivalent aujourd'hui, c'est-à-dire valoriser un montant quelconque F_t, reçu à une date future t (même non entière), par la formule :

$$F_0 = \frac{F_t}{(1+a)^t}$$

Dans cette égalité, F_0 représente cet équivalent, c'est-à-dire le montant F_t actualisé. Ce peut être le prix à payer aujourd'hui pour recevoir le montant F_t dans le futur.

1.6. La relation entre le taux d'actualisation et le taux d'intérêt

Indépendamment de facteurs économiques (inflation, risques) ou personnels (sérénité, angoisse), le taux d'actualisation d'un individu dépend, à richesse constante, de la répartition de ses revenus dans le temps. Une chronique de revenus croissante conduit à un taux d'actualisation fort (celui qui s'enrichit est impatient), alors qu'une suite de revenus décroissante s'accompagne d'un taux faible (il n'y a pas d'urgence pour celui qui s'appauvrit).

L'existence d'un marché financier parfait, sur lequel les agents économiques peuvent emprunter et prêter à un taux d'intérêt i, conduit alors à une convergence des taux d'actualisation et du taux d'intérêt vers une valeur commune. En effet :

– les agents qui ont initialement un taux d'actualisation supérieur au taux d'intérêt i sont emprunteurs (ils préfèrent 1 franc emprunté à $(1 + i)$ francs remboursés), et ils modifient la répartition de leurs revenus dans le sens qui conduit à la baisse du taux d'actualisation (chronique décroissante) ;

– les agents qui ont initialement un taux d'actualisation inférieur au taux d'intérêt i sont prêteurs (ils préfèrent $(1+i)$ francs remboursés à 1 franc prêté), et ils modifient la répartition de leurs revenus dans le sens qui conduit à la hausse du taux d'actualisation (chronique croissante).

Ainsi, tout en définissant le niveau du taux d'intérêt selon la loi de l'offre et de la demande, les mouvements de prêts et d'emprunts entraînent la convergence des taux d'actualisation vers ce taux d'intérêt.

En réalité, l'imperfection des marchés financiers conduit non pas à une valeur unique du taux d'intérêt, mais à la coexistence d'une multiplicité de valeurs différentes. Le résultat précédent n'est cependant pas invalidé et, pour estimer son taux d'actualisation, chacun peut faire référence, selon sa qualité, la nature et le sens de ses opérations, à une valeur particulière du taux d'intérêt.

2. Application aux problèmes d'évaluation

Les techniques d'évaluation sont présentées, dans cette deuxième section, en examinant successivement les principaux actifs financiers auxquels elles s'appliquent. Ces exemples sont suffisamment représentatifs pour permettre de comprendre la plupart des applications concrètes qui peuvent en être déduites, soit par simple analogie, soit, dans des cas plus complexes (et principalement lorsqu'il existe des clauses conditionnelles), par addition de plusieurs composantes, dont l'ensemble constitue le prix total.

2.1. Les titres à revenus fixes

Le graphique 2 présenté au paragraphe 1.3. convient parfaitement pour décrire un instrument quelconque dont les revenus fixes sont les flux F_1, F_2, ..., F_n perçus aux dates t_1, t_2, ..., t_n.

Dans ces conditions, l'équation [5] qui est associée à ce graphique peut être comprise, non comme la définition implicite du taux actuariel, mais comme la formule d'évaluation du flux initial F_0 en fonction du taux d'actualisation i, lequel – on l'a vu au paragraphe 1.5. – peut être lui-même un taux d'intérêt de référence.

Dans cette catégorie d'instruments se trouvent bien entendu les obligations à taux fixe, les plus classiques, qui permettent de percevoir un coupon (flux d'intérêt) périodique jusqu'à l'échéance du titre et à son remboursement[2]. Si c est le taux fixe des n coupons annuels à percevoir, le premier paiement ayant lieu dans une durée t (fraction d'année), le remboursement s'effectuant au pair (100 %), l'application de la formule [5] permet la détermination du prix total (qui inclut le coupon couru) :

$$P = \frac{c}{(1+i)^t} + \frac{c}{(1+i)^{t+1}} + \cdots + \frac{100+c}{(1+i)^{t+n-1}} \qquad [6]$$

On retrouve, dans cette relation, la dépendance négative du prix d'un emprunt à taux fixe, vis-à-vis du taux d'intérêt.

Cette formule [6] peut se transformer en :

$$P = \frac{c}{i}\left[1 - \frac{1}{(1+i)^n}\right] + \frac{100+c}{(1+i)^{t+n-1}} \qquad [7]$$

On vérifie alors que, le jour de l'émission, pour $t = 0$, si l'obligation vaut le pair ($P = 100$), son taux de coupon c doit être égal au taux d'actualisation i.

Dans le cas particulier d'une rente perpétuelle (n infini), la formule [7] se réduit à :

$$P = \frac{c}{i} \qquad [8]$$

Il est courant aujourd'hui de ne plus faire l'hypothèse de la constance du taux d'intérêt, donc du taux d'actualisation, selon la durée de la période à laquelle il se rapporte. Le concept de courbe des taux est introduit pour repré-

2. Voir dans cette ***Encyclopédie*** l'article de M. Piermay, « Obligations », p. 1283, tome 2.

senter une possible variation de ce taux actuariel i_k appliqué à un zéro-coupon d'une durée t_k[3].

Si l'on fait à nouveau référence à un instrument quelconque à taux fixe (graphique 2), la formule d'actualisation la plus générale est alors :

$$P = \frac{F_1}{(1+i_1)^{t_1}} + \frac{F_2}{(1+i_2)^{t_2}} + \cdots + \frac{F_n}{(1+i_n)^{t_n}} \quad [9]$$

2.2. Les emprunts à taux variable

Schématiquement, un emprunt à taux variable, sur une durée quelconque, peut être assimilé à une succession d'emprunts à court terme (d'une durée correspondant à la période de paiement du coupon), l'emprunt étant reconduit selon cette périodicité avec une nouvelle valeur du taux d'intérêt, fonction d'un indice de marché[4]. Selon cette image, le nominal de l'emprunt remboursé et réemprunté à chaque paiement d'intérêt reste bien entendu constant, et cette valeur s'avère indépendante du taux d'intérêt.

Cette caractéristique permet de comprendre la différence fondamentale entre :

– l'emprunt à taux fixe, dont la valeur s'adapte, en fonction du taux d'intérêt du marché, au montant remboursé connu,

– l'emprunt à taux variable dont la valeur est fixe, le montant remboursé s'adaptant au taux du marché.

La réalité est, cependant, plus compliquée. L'emprunt à taux variable ne doit retrouver sa valeur d'émission qu'à la date exacte du paiement du coupon. Auparavant, à une date quelconque, le premier paiement attendu, dont le montant est connu, constitue bien un flux fixe de remboursement, analogue à celui d'un zéro-coupon dont la valeur actuelle doit être évaluée comme celle d'un emprunt à taux fixe.

Bien d'autres difficultés viennent encore modifier ce résultat. Les emprunts évoqués ci-dessus sont dits à références prédéterminées, le taux étant fixé au début de la période sur laquelle il s'applique (c'est le cas pour les références Libor ou Pibor). Il existe au contraire des emprunts à références post-déterminées, lorsque le taux n'est connu qu'à la fin de cette période (par exemple T4M ou TAM). Il existe encore des emprunts dont la référence possède une période d'application différente de celle de l'emprunt, des emprunts dont la référence peut être corrigée d'une marge additive ou multiplicative, plafonnée ou minorée par des seuils ou d'autres indices.

Les méthodes d'évaluation de tels instruments utilisent des techniques plus complexes qui consistent à estimer, le jour du calcul, les valeurs futures des flux d'intérêts payés, puis à actualiser ces flux calculés comme s'il s'agissait d'un instrument à taux fixe.

---

3. Voir dans cette ***Encyclopédie*** l'article de J.P. Gourlaouen, « Théorie des taux d'intérêt », p. 1979, tome 2 et celui de J.P. Gourlaouen et B. de Séverac, « Structure par terme des taux d'intérêt : les nouvelles théories », p. 1758, tome 2. Voir également dans l'***Encyclopédie de gestion*** l'article de R. Ferrandier, « Taux d'intérêt et gestion financière ».

4. Voir dans cette ***Encyclopédie*** l'article de A. François-Heude, « Obligations à taux variable », p. 1343, tome 2.

– La méthode d'estimation des flux futurs la plus simple est celle de la «cristallisation» qui consiste à figer les valeurs des taux servant aux calculs des indices futurs.

– La méthode rigoureuse passe par le calcul précis des taux à terme à partir de la courbe des taux zéro-coupon. Elle sort du cadre de notre exposé.

2.3. Les swaps

Les swaps de taux d'intérêt sont des échanges de flux de remboursement d'un même nominal emprunté, les uns étant payés, les autres reçus ; ces flux sont calculés selon des références de taux différentes[5].

Le swap le plus classique permet d'échanger un taux fixe contre un taux variable. Il existe aussi des swaps permettant d'échanger deux structures variables (les *basis swaps*).

La valorisation d'un swap de taux d'intérêt peut s'effectuer en séparant les deux «jambes» du swap, c'est-à-dire en reconstituant les structures de flux des deux emprunts échangés, puis en valorisant chacun d'eux selon les méthodes évoquées aux paragraphes 2.1. et 2.2. et, enfin, en faisant la somme algébrique de ces valorisations[6]. Cette méthode permet de comprendre qu'aucun complément d'analyse n'est nécessaire pour passer de l'évaluation des emprunts classiques, à taux fixes ou variables, à celle des swaps. Mais en pratique, bien sûr, cette décomposition est inutile. Il suffit de reconstituer l'ensemble des flux associés au swap, payés et reçus, fixes ou variables, en utilisant pour ces derniers les techniques d'estimation qui utilisent la courbe des taux zéro-coupon, pour finalement appliquer la formule d'actualisation générale du type [9].

Les swaps de devises ajoutent une complexité supplémentaire : les deux structures échangées sont libellées dans deux devises différentes. La décomposition des deux «jambes» est, cette fois, obligatoire, chacune étant évaluée avec sa courbe des taux zéro-coupon (relative à sa devise), la somme algébrique étant faite après l'application du cours du change au comptant sur l'un des deux montants.

2.4. Les actions

Le principe d'actualisation peut également s'appliquer à la valorisation des actions, schématisées comme des actifs permettant de recevoir des flux de dividendes[7]. La formule [9] est à nouveau utilisable, en comprenant la définition des flux F_n comme des estimations des dividendes futurs, reçus aux dates t_n.

Dans la pratique des modèles d'évaluation appliqués au marché des actions, on fait souvent les hypothèses suivantes :

– les dividendes sont perçus annuellement et les dates de paiement sont les années entières 1, 2, ..., n, la dernière échéance pouvant ne pas être spécifiée (horizon infini) ;

---

5. Voir dans cette ***Encyclopédie*** l'article de V. Lauwick, I. de Dinechin, C. Lorin et P. Gourmet, «Instruments de gestion du risque de taux», p. 654, tome 1.

6. Voir dans cette ***Encyclopédie*** l'article de P. Navatte, «Swaps de taux d'intérêt : évaluation», p. 1819, tome 2.

7. Voir dans cette ***Encyclopédie*** l'article de D. Folus, «Actions : modélisation, évaluation, gestion», p. 1, tome 1.

– l'estimation des dividendes futurs est faite, à partir d'une valeur initiale D, en faisant l'hypothèse d'une croissance régulière à un taux constant g ;

– le taux d'actualisation est constant, égal à i.

La formule de valorisation est alors[8] :

$$P = \frac{D(1+g)}{(1+i)} + \frac{D(1+g)^2}{(1+i)^2} + \cdots + \frac{D(1+g)^n}{(1+i)^n} + \cdots$$

ce qui s'écrit, après simplification :

$$P = D\,\frac{1+g}{i-g} \qquad [10]$$

Cette formule est à la base de nombreux développements qui peuvent conduire à l'analyse de la rentabilité i du titre en fonction de son prix P, ou à celle du rapport entre le prix du titre et le bénéfice par action (*price earning ratio* ou PER).

2.5. Les instruments à terme

Commençons par bien distinguer, pour les instruments à terme, le prix à terme de la transaction (que ce soit un cours ou un taux), de la valeur du contrat, qui est son prix de négociation sur un marché secondaire. Lors de la transaction à terme initiale, ou de l'émission du contrat *futures*, sa valeur actuelle est nulle, pour le prix à terme fixé. Par la suite cette valeur actuelle se modifie, selon les mouvements des marchés. C'est l'estimation de cette valeur *mark to market* qui est le sujet de ce paragraphe.

Une opération d'achat à terme d'un instrument financier peut être intégralement décrite par le système des flux qui s'y rapportent.

Graphique 3 – Une opération d'achat à terme

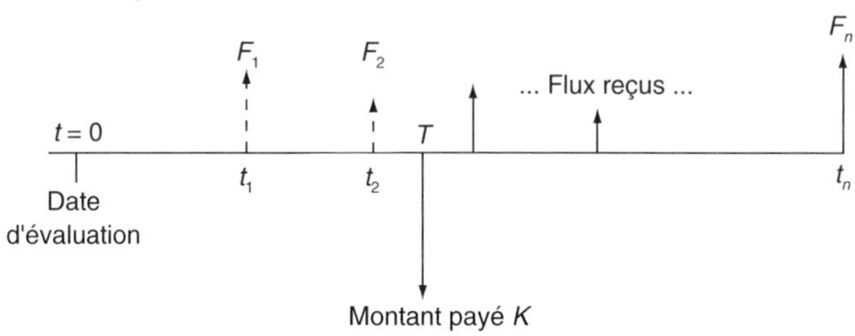

Dans le graphique 3, l'achat à terme concerne un instrument quelconque dont les flux, fixes ou estimés, sont les montants F_k payés aux dates t_k. L'acheteur à terme paye le montant K à la date T et ne reçoit, bien entendu, que les flux F_k postérieurs à la date T. La valeur actualisée de son contrat, à la date $t = 0$, est alors :

$$P = \frac{-K}{(1+i_T)^T} + \sum_{t_k > T} \frac{F_k}{(1+i_k)^{t_k}}$$

8. Il convient ici de faire l'hypothèse $g < i$ pour que la valeur de l'action ne soit pas infinie.

On peut introduire le prix comptant S (à la date $t = 0$) de l'actif qui fait l'objet du contrat. Celui-ci est la somme actualisée de tous les flux F_k y compris, cette fois, ceux qui sont antérieurs à l'échéance T.

On obtient alors :

$$P = S - \frac{K}{(1+i_T)^T} - \sum_{0<t_k<T} \frac{F_k}{(1+i_k)^{t_k}} \qquad [11]$$

Cette formule [11] est quelquefois obtenue par d'autres raisonnements, en introduisant par exemple des opérations de *cash and carry* (achat de l'actif au comptant S et portage jusqu'à l'échéance T). Elle trouve de multiples expressions adaptées aux cas particuliers des nombreux marchés à terme auxquels elle peut s'appliquer[9].

Evoquons seulement le cas de l'actif sous-jacent qui ne distribue aucun revenu, pour lequel le troisième terme disparaît. En utilisant, pour varier l'écriture, un taux d'actualisation continu r, le prix du contrat à terme est :

$$P = S - K\ e^{-rT}$$

2.6. Les options

Les actifs conditionnels présentent une forte originalité par rapport aux actifs jusqu'ici étudiés : les flux associés sont non seulement inconnus avant l'échéance, mais incertains dans leur existence même (l'option n'est pas exercée) ou dans leur date de paiement (option américaine). On ne peut plus, comme dans le cas des emprunts à taux variables ou dans celui des actions, raisonner en valeur estimée (moyenne), puisque des discontinuités et de fortes asymétries apparaissent dans les paiements. Il faut impérativement prendre en charge une description complète d'un modèle probabiliste d'évolution du prix du sous-jacent, et déduire les espérances de paiements futurs de cette représentation.

Deux ensembles de modèles se distinguent, selon que la description de l'évolution du prix du sous-jacent est faite de manière discontinue, sur un arbre parcouru aléatoirement, pendant la période optionnelle, jusqu'à ses branches terminales (modèles de type Cox-Ross-Rubinstein), ou qu'au contraire, on suppose un cheminement aléatoire continu pendant cette période (modèles de type Black et Scholes)[10].

Dans les deux cas, l'évaluation de l'option se fait en associant à chaque valeur possible du sous-jacent à l'échéance (connue seulement en probabilité),

---

9. Voir dans cette ***Encyclopédie*** les articles de J.L. Alexandre, « Marchés à terme de taux d'intérêt », p. 1026, tome 1, de M. Bellalah et Y. Simon, « Marchés à terme sur indices boursiers », p. 971, tome 1, de J.P. Danthine et N.S. Tuchschmid, « Couverture optimale et équilibre sur les marchés à terme », p. 261, tome 1, de M. Bellalah et Y. Simon, « Prix au comptant. Prix à terme », p. 1518, tome 2.

10. Voir dans cette ***Encyclopédie*** les articles de F. Quittard-Pinon, « Options : le modèle binomial, le modèle de Black et Scholes et leurs extensions », p. 1355, tome 2, de M. Chesney, B. Marois et R. Wojakowski, « Options de change : évaluation », p. 1398, tome 2, de H. Loubergé, « Options sur indices boursiers et options sur contrats à terme d'indices boursiers », p. 1438, tome 2, de J.C. Augros, « Options de taux d'intérêt », p. 1456, tome 2.

la valeur de l'option à cette date, égale à sa valeur intrinsèque. On calcule alors l'espérance du prix de l'option à cette date d'échéance, puis, en actualisant cette espérance, la valeur de l'option à la date d'origine.

Cette méthode d'évaluation, présentée ici de manière schématique, s'adapte à la plupart des types d'options et à l'ensemble des actifs conditionnels ou comportant des clauses conditionnelles. Il faut, dans ce dernier cas, isoler l'option pour intégrer sa valeur dans le total du prix. Ainsi, par exemple, l'évaluation d'une obligation convertible se fait en ajoutant la «valeur nue» de l'obligation à la valeur de l'option que représente le droit de conversion.

*
* *

On achève ici l'examen des principales techniques d'évaluation des actifs financiers, toutes construites, on l'a vu, autour des méthodes d'actualisation. Leur mise en œuvre peut être quelquefois délicate, ou alourdie par la quantité de calculs nécessaires, mais les références à ces bases fondamentales doivent toujours permettre leur bonne application à l'ensemble des instruments financiers.

Références

AUGROS J.C., *Finance : options et obligations convertibles,* Paris, Economica, 1985.

CHAZOT C., CLAUDE P., *Les swaps – Concepts et applications,* 2e éd., Paris, Economica, 1995.

DALBARADE J.M., *Mathématiques des marchés financiers,* Paris, Eska, 1994.

FABOZZI F.J., FABOZZI T.D., *Bonds Markets, Analysis and Strategies,* Londres, Prentice Hall International, 1989.

HULL J., *Options, Futures and other Derivative Securities,* Toronto, Prentice Hall International, 1995.

Mots clés

Action, actualisation, basis swaps, Black et Scholes, *cash and carry,* contrat *futures,* courbe des taux, Cox-Ross-Rubinstein, cristallisation, emprunt à taux fixe, emprunt à taux variable, instrument à terme, intérêt composé, intérêt simple, obligation, option, référence prédéterminée, référence post-déterminée, rente perpétuelle, swap, swap de devises, swap de taux d'intérêt, taux actuariel, taux d'actualisation, taux continu, taux d'intérêt, taux de rentabilité, taux interne de rentabilité, zéro-coupon.

Analyse technique : fondements théoriques et méthodes

4

Eric Bertrand

Peu d'activités humaines ont été autant analysées, par autant d'auteurs et sous autant d'angles différents, que l'activité boursière. L'achat et la vente de titres négociables constituent une activité passionnante à étudier, d'autant plus que l'étude peut déboucher sur des conclusions particulièrement rentables.

Si l'investissement boursier peut être considéré selon divers points de vue, les deux approches les plus pratiquées sont l'approche fondamentale et l'approche technique.

Cette dernière demeure certainement la plus décriée, probablement par manque de compréhension : ses détracteurs la présentent souvent comme relevant du domaine de la divination. Et pourtant, l'analyse technique est la plus ancienne méthode pratiquée pour analyser le comportement d'un marché. En effet, ses origines remontent à une centaine d'années, quand l'information fondamentale était inexistante, interdisant ainsi toute analyse quantitative.

Toute intervention ponctuelle sur un marché financier se solde par l'un des quatre résultats suivants : un gain important, un gain faible, une perte faible ou une perte importante. Pour l'investisseur professionnel, seul ce dernier résultat est inacceptable. En effet, sur une vie d'activité boursière, les pertes et les gains limités se compenseront et, s'il n'y a jamais eu de perte conséquente, le résultat final sera un gain important.

La clé du succès réside donc dans la capacité de chacun à éviter les grosses déconvenues. Cet objectif est suffisamment ambitieux pour que l'on prenne le temps de considérer toutes les méthodes possibles, même celles qui, au départ, semblent aller à l'encontre des raisonnements habituels.

Loin d'être une solution cabalistique au problème de la prévision des cours, l'analyse technique apparaît alors comme un instrument particulièrement utile au processus décisionnel, fondé sur des bases conceptuelles tout à fait acceptables.

1. La philosophie de l'analyse technique

L'exposé des principes de base et la définition de l'analyse technique permettent de dégager la philosophie de cette méthode d'analyse des comportements d'un marché boursier.

1.1. Définition de l'analyse technique

De nombreuses définitions ont été élaborées par les praticiens eux-mêmes. Elles sont assez proches les unes des autres, et celle donnée par Murphy est parfaite : « L'analyse technique est l'étude de l'évolution d'un marché, principalement sur la base de graphiques, dans le but de prévoir les futures tendances ». Cette définition comprend trois éléments essentiels.

1.1.1. L'évolution d'un marché

L'analyse technique s'intéresse et peut s'appliquer à toutes les situations de marché, c'est-à-dire de confrontation d'une offre et d'une demande. Si elle a d'abord été appliquée aux marchés d'actions, elle s'est rapidement étendue à tous les autres : taux d'intérêt, matières premières, contrats à terme, indices, options, etc. C'est d'ailleurs la récente multiplication de ces marchés modernes, concrétisation du phénomène dit de *securitization*, qui est à l'origine d'un certain regain d'intérêt pour une approche qui a subi une féroce concurrence de l'analyse fondamentale dans les années 1960 et 1970.

Il est préférable de parler d'une étude de l'évolution d'un marché plutôt que de l'évolution des cours, car l'analyse technique considère comme également important chacun des trois paramètres d'un marché : le cours, le volume et la position de place. Il s'agit donc d'une démarche globale, donnant de meilleurs résultats que celle s'intéressant aux seuls cours.

1.1.2. Une étude graphique

Pendant longtemps, analyse technique et analyse graphique ont été synonymes ; c'est un peu moins vrai aujourd'hui.

En effet, le premier outil de l'analyse technique est le graphique, le fameux *chart* américain qui a donné son nom à l'analyse chartiste. Le graphique est le meilleur moyen de représenter l'évolution dans le temps d'une variable (cours, volume ou position ouverte) de manière à repérer certaines configurations. Le tracé d'une courbe est infiniment plus parlant qu'une série de nombres. La plus ancienne méthode d'analyse technique, connue sous le nom de *Point and Figure Charting,* qui remonte à la fin du siècle dernier, n'était d'ailleurs au départ qu'une façon de représenter les cours successifs sur un graphique, plutôt que d'enregistrer des historiques de prix sous forme de tableaux de chiffres.

Ces analyses graphiques présentent un inconvénient : elles ne permettent guère de quantifier le résultat des observations pratiquées et laissent donc une part importante à l'habileté (certains diraient la subjectivité) du pratiquant.

Depuis de nombreuses années, s'est développée une autre branche de l'analyse technique, qualifiée (faute de mieux) de statistique, par opposition à graphique. Elle part des mêmes principes que cette dernière, mais elle cherche à quantifier, à tester et à optimiser de manière à générer des systèmes d'intervention automatiques. L'avènement de cette deuxième branche de l'analyse technique est très lié à celui de l'ordinateur qui permet de traiter rapidement un nombre important de données numériques.

L'avantage évident du traitement automatique est la disparition totale du caractère subjectif lié au graphique. L'ordinateur n'a pas d'états d'âme ! Il n'est ni viscéralement optimiste, ni furieusement pessimiste, il n'est pas de mauvaise humeur quand il doit payer ses impôts, ni d'excellente humeur en apprenant qu'il est papa. En éliminant l'élément humain (nécessairement subjectif), il dote l'analyse technique d'un vernis scientifique qui lui faisait défaut.

On peut donc parler aujourd'hui d'une analyse technique graphique et d'une analyse technique statistique. Certains analystes se réclament de l'une, d'autres de l'autre, quelques-uns des deux à la fois. Si tous les chartistes sont des analystes techniques, tous les analystes techniques ne sont pas des chartistes. Mais le graphique reste le premier outil de l'analyste technique.

1.1.3. Une prévision des tendances futures

Le but avoué de l'analyse technique est la prévision. Si la part consacrée à l'étude du passé est indispensable, c'est pour en tirer de meilleures conclusions quant aux tendances à venir. L'analyste technique est donc plus proche du futurologue que de l'historien et ne trouve sa justification que dans sa capacité à annoncer (avec plus ou moins de succès) ce qui va arriver.

Il s'agit là de toute évidence d'un objectif ambitieux. Il déclenche souvent les sarcasmes des critiques qui comparent l'analyse technique à l'astrologie ou à la cartomancie. Pourtant, dans certains domaines, l'homme est capable de prévoir le futur avec une précision étonnante, comme par exemple en astronomie.

L'analyste technique ne prétend pas obtenir d'aussi brillants résultats, mais il ne cesse d'améliorer ses méthodes pour tendre vers ce but.

1.2. Les principes de base de l'analyse technique

Le problème de la décision boursière peut être approché de deux façons :
– se poser la question : « Faut-il acheter le papier XYZ ? »,
– se poser la question : « Quand acheter le papier XYZ ? ».

L'analyste fondamental se pose la première question, l'analyste technique la seconde.

L'analyse technique se concentre sur ce qui est, et non sur ce qui devrait être. Elle s'intéresse au marché en lui-même, non aux facteurs externes qu'il reflète : elle décrit les mouvements du marché, pas les raisons qui sont derrière.

L'analyse technique relève donc d'une démarche très différente de l'analyse fondamentale. Cette dernière tourne entièrement autour de la notion de valeur intrinsèque et de cours théorique. L'analyste fondamental s'appuie sur des données statistiques relatives au domaine qu'il étudie. Dans celui des actions, il s'intéresse aux informations fournies par les rapports annuels (comptes de résultat, bilans, tableaux de financement...) et par ses contacts avec les dirigeants d'entreprises (stratégie, concurrence...). Muni de ces renseignements, l'analyste fondamental procède en trois étapes.

– Dans un premier temps, il essaie à partir du passé de se faire une idée de ce que pourront être les résultats futurs de la firme étudiée, tâche ô combien difficile !

– Dans un deuxième temps, il doit déterminer le taux de capitalisation à appliquer à ces bénéfices futurs pour obtenir un cours théorique de l'action ; cette deuxième étape est au moins aussi complexe que la précédente, si ce n'est plus.

– Enfin, dans un dernier temps, l'analyste compare ce cours théorique au cours effectivement coté sur le marché, et intervient en conséquence ; si le cours coté est inférieur, il achète (ou recommande l'achat) ; s'il est supérieur, il vend (ou recommande la vente).

L'analyse fondamentale est donc une démarche normative, alors que l'analyse technique est une approche descriptive.

L'analyste fondamental rentre les paramètres de vol dans le système de navigation autonome d'un missile pour en définir la course ; l'analyste technique étudie la trajectoire dudit missile sur son radar pour en estimer le point d'impact.

L'analyse technique s'appuie sur cinq principes de base, dont trois à caractère «philosophique» et deux à caractère «technique».

1.2.1. Premier principe : le marché prend tout en compte

Il s'agit là du point fondamental, de la clé de voûte de tout l'édifice technique. Pour l'analyste technique, tout ce qui peut influencer la valeur d'un bien est à tout moment reflété par le prix de ce bien sur le marché. Dès lors, il suffit de s'intéresser à l'évolution du prix, puisque celui-ci est la résultante de tout le reste.

Il est clair pour tout le monde – fondamentalistes et techniciens – que le prix de marché est déterminé par le jeu (que l'on souhaite aussi libre que possible) de l'offre et de la demande. L'offre et la demande, pour leur part, sont fonction d'un nombre considérable de facteurs, dont certains sont objectifs (par exemple les éléments d'information évoqués plus haut : résultats d'entreprise, taille d'une récolte...), d'autres purement subjectifs (mode, engouement ou désaffection...). Le marché compose en permanence et automatiquement tous ces facteurs dans sa «main invisible». Quand la demande excède l'offre, les prix montent. Quand l'offre est supérieure à la demande, ils baissent. L'analyste technique qui constate que les cours montent, en conclut que la demande excède l'offre, quelles que soient les raisons de cette supériorité.

L'analyste technique ne se préoccupe pas du «pourquoi ?, mais plutôt du combien ?», «comment ?» et «quand ?». Il pense qu'en étudiant comment les prix se sont comportés, on apprend plus sur leur évolution future qu'en essayant de savoir pourquoi ils se sont comportés ainsi.

Pourquoi chercher midi à quatorze heures ? Si le cours est la résultante de toutes les forces en présence, en observant le cours on est certain de n'avoir rien oublié. Toutes les méthodes développées par les analystes techniques ont donc pour but d'analyser ces évolutions de marché. L'analyste technique sait parfaitement qu'il y a des raisons pour lesquelles les cours montent ou baissent ; il pense seulement que les connaître ne lui apporte rien pour la prévision. Pour déterminer le point d'impact du missile, l'homme au radar n'a pas besoin de savoir pourquoi son homologue l'a envoyé, mais seulement d'étudier la course du mobile sur son écran.

1.2.2. Deuxième principe : les cours suivent des tendances

L'analyste technique ne croit pas beaucoup (pour ne pas dire pas du tout) à une évolution erratique des cours. Au contraire, il constate que :

– abstraction faite des fluctuations mineures, les cours évoluent en tendances,

– ces tendances durent toujours un certain temps avant d'être modifiées.

Ces deux observations sont (ou devraient être) des évidences premières pour quiconque a consacré plus d'une demi-seconde à l'observation d'un marché quelconque. L'analyste technique ne nie certainement pas l'existence de mouvements plus ou moins aléatoires. Il affirme seulement que ceux-ci sont d'importance secondaire par rapport à un mouvement de plus longue période.

Comme tout physicien étudiant expérimentalement un système matériel, l'analyste technique se trouve en présence de signaux de la forme :

M	$=$	X	$+$	B
valeur mesurée		valeur réelle inconnue		bruit affectant la mesure

Les bruits, par définition, présentent un caractère aléatoire. Le caractère des signaux utiles (ou valeurs réelles) est plus ambigu. En effet, ils comprennent en général :

– une partie certaine (c'est-à-dire non aléatoire) pouvant normalement être calculée à l'avance en fonction des conditions initiales et d'une loi d'évolution,

– une partie aléatoire due à l'influence des bruits agissant sur le système.

Le signal utile peut donc être décomposé de la façon suivante :

X	$=$	Xc	$+$	Xa
		partie certaine ou prévisible		partie aléatoire

Un missile fonctionnant correctement n'ira pas n'importe où. Sa trajectoire théorique peut être calculée exactement en fonction des conditions de départ et de diverses lois (aérodynamique, thermodynamique, guidage...). Sa trajectoire réelle s'écartera plus ou moins de sa trajectoire théorique en fonction des petites variations d'un grand nombre de paramètres externes (vent, température, poussée, etc.).

La tâche de l'analyste technique consiste donc à faire une estimation (aussi bonne que possible) de la valeur réelle X, c'est-à-dire, dans son domaine, à identifier les tendances (le plus tôt possible pour en bénéficier plus longtemps) et à repérer les points de retournement qui marquent les changements de tendance. Un vieux dicton dit d'ailleurs à l'analyste technique : « La tendance est ta meilleure amie ».

1.2.3. Troisième principe : l'histoire a tendance à se répéter

Dès lors que l'on définit un marché comme un mécanisme d'échange d'anticipations, on reconnaît l'importance de la psychologie humaine dans le processus de formation des prix.

Les configurations graphiques qu'utilisent les analystes techniques depuis une centaine d'années ne sont que la traduction sur papier d'une psychologie de marché : haussière ou baissière selon les cas. Ces configurations ont donné de bons résultats dans le passé et on fait l'hypothèse qu'il en sera de même dans le futur. En effet, elles sont fondées sur l'étude de la psychologie humaine, qui s'est révélée plutôt stable jusqu'à présent.

Sans être totalement déterministe, l'analyste technique considère que la meilleure clé du futur se trouve dans le passé. Cette attitude lui est d'ailleurs souvent reprochée, ce qui ne le gêne pas du tout (voir *infra*).

1.2.4. Les deux principes techniques

– *Principe d'accumulation-distribution* : les prix n'évoluent pas d'eux-mêmes. Avant une phase de hausse, un titre connaît généralement une période dite « d'accumulation », pendant laquelle le papier passe des « mains faibles » aux « mains fortes » (qui ont une information), avant que la demande n'excède véritablement l'offre. De même, avant qu'un titre n'entreprenne de baisser, il passe par une phase de « distribution » par les mêmes informés. Quand le support est retiré, l'offre prend le pas sur la demande et la baisse commence.

Ces phases d'accumulation et de distribution peuvent parfaitement se dérouler sans tendance particulière autre que la stabilité, les cours évoluant horizontalement dans une sorte de canal. L'analyste technique cherchera alors à déterminer dans cette absence de tendance le signe annonciateur du prochain mouvement : hausse ou baisse.

– *Principe de relation entre les tendances* : en général, l'ampleur et la durée des phases successives d'un marché sont liées entre elles. C'est ainsi qu'une phase d'accumulation qui dure longtemps laisse présager un mouvement haussier de grande ampleur. De même, il n'est pas rare de constater qu'après une forte variation de cours (dans un sens ou dans l'autre), le marché semble reprendre son souffle pendant plus longtemps : la durée de la phase de consolidation est souvent liée à l'ampleur du mouvement qui l'a précédée.

Tels sont les grands principes sur lesquels repose l'analyse technique. Ils sont à la fois simples et logiques et constituent le cadre indispensable à la compréhension des méthodes d'analyse.

2. Défense critique de l'analyse technique

L'analyse technique présente en elle-même de nombreux avantages, et comble les principales lacunes de l'analyse fondamentale. En revanche, certaines critiques qui lui sont adressées paraissent avoir quelque fondement.

2.1. Les forces de l'analyse technique

2.1.1. L'importance des tendances courtes

Pour gagner sa vie sur un marché financier, les fluctuations à court terme sont plus importantes que les tendances de longue période. En effet, un opérateur qui pourrait acheter à chaque creux et vendre à chaque sommet de mouvements courts réaliserait un profit supérieur (même après frais de transactions) à celui réalisé par l'opérateur qui ne bénéficierait que du mouvement long.

Sans prétendre obtenir ce résultat idéal, l'analyse technique est tout de même capable de discerner des tendances courtes dans un mouvement long et, dans certaines conditions, d'en annoncer l'alternance.

2.1.2. L'anticipation de l'information

L'analyste technique considère que l'information de type fondamental arrive en général trop tard pour générer du profit. En effet, l'analyste fondamental doit attendre les informations sur les ventes, les résultats, les dividendes... Quand ces informations sont devenues publiques, le marché a probablement déjà réagi, en hausse ou en baisse. L'analyste technique, au contraire, peut agir dès qu'il a repéré un signal sur le marché, même si l'information qui est à l'origine du mouvement n'est pas encore publique, mais seulement connue d'une poignée d'initiés (*insiders*).

L'analyste technique considère donc que le mouvement du marché précède celui des autres séries économiques, plutôt que l'inverse. Cette attitude est d'ailleurs celle du National Bureau of Economic Research (l'INSEE américain) qui a placé l'évolution de l'indice boursier Standard and Poor's 500 parmi les douze indicateurs avancés (*leading indicators*) de l'économie américaine.

2.1.3. La prise en compte de l'irrationnel

Seule l'analyse technique permet de prendre en considération les éléments irrationnels qui « font » les marchés. Certains analystes fondamentaux sont capables de prévoir très correctement l'évolution des résultats des sociétés, mais ceci est très souvent insuffisant : les évolutions du marché sont fonction de facteurs psychologiques, au moins autant que de facteurs économiques. Quiconque a travaillé quelque temps sur un marché financier sait qu'il n'est pas rare de voir se développer une tendance que personne n'est capable d'expliquer rationnellement. On fait alors appel à des pseudo-explications telles que « nouvelle catégorie d'investisseurs » ou « folie spéculative »...

Les éléments qui influent sur le prix d'un actif financier sont trop nombreux pour qu'il soit possible, en pratique, de les analyser séparément et de donner à chacun son propre poids sur l'évolution du cours. Le plus souvent, l'information essentielle n'est connue que de certains initiés et inutilisable à des fins de profit une fois rendue publique.

Heureusement il n'est pas nécessaire de savoir pourquoi un titre se comporte de telle ou telle façon pour pouvoir en tirer profit. Le marché lui-même ne cesse d'enregistrer et de pondérer les effets de toutes les informations – positives et négatives – relatives à un titre particulier.

L'initié ne peut tirer profit d'une information privilégiée qu'en achetant ou en vendant le titre. Dès que ses ordres d'achat ou de vente sont suffisamment importants, ils induisent des variations de cours : le marché commence alors à prendre en considération une information qui n'est pas encore publique. Et l'analyste technique réagit en conséquence, alors que l'analyste fondamental en est encore à se demander pourquoi les cours varient.

2.1.4. L'universalité des méthodes

Le caractère inventif des analystes techniques n'ayant jamais été pris en défaut, il existe plusieurs méthodes (ou familles de méthodes) d'analyse. Malgré cette multiplicité, il reste que la matière première est unique : historiques de cours, de volumes et de positions ouvertes.

L'analyste technique n'a pas à courir après les rapports annuels, les entretiens avec les dirigeants et les publications officielles sur l'évolution de la masse monétaire ou de la production d'oranges en Floride. Il lui suffit de recevoir régulièrement les historiques de cours des actifs qu'il étudie.

L'analyste technique peut ainsi suivre simultanément un grand nombre de marchés très différents, puisque la matière première est unique. L'analyste fondamental est, en revanche, nécessairement spécialisé, cette spécialisation étant parfois très poussée : aux Etats-Unis, les analystes financiers qui suivent IBM ne suivent en général que ce titre ! L'analyste technique peut au contraire donner un avis sur les taux de change, les taux d'intérêt, les matières premières, les actions, etc., dès lors qu'il dispose des cours.

Ceci permet aussi de se jouer des frontières. L'analyste fondamental spécialisé sur les sociétés a beaucoup de mal à comparer une société américaine (ou pire encore japonaise) à une firme française. En effet, les comptabilités sont fort différentes et nécessiteraient, en toute orthodoxie, des retraitements à la fois très longs et très compliqués. En revanche, il est très facile de comparer les évolutions des cours des deux sociétés, et d'en tirer des conclusions sur l'attrait relatif de l'une ou l'autre valeur.

Le fantastique développement des bases de données boursières et l'accroissement des capacités de traitement des micro-ordinateurs ont largement reculé les limites de l'analyse technique qui constitue certainement aujourd'hui l'outil le plus pratique dans le domaine de la décision boursière.

2.2. Les faiblesses de l'analyse fondamentale et de l'approche par la valeur intrinsèque

2.2.1. La qualité de l'information financière

L'analyse fondamentale ne vaut que ce que valent les informations financières. Un analyste financier, aussi génial soit-il, ne peut aboutir à des conclusions correctes si on lui fournit des informations fausses (*garbage in, garbage out*).

Or, force est de reconnaître qu'en général la qualité de l'information financière disponible est plutôt médiocre (surtout en France) dans le domaine de l'information sur les sociétés, malgré de réels efforts et une certaine amélioration au cours des dernières années. Il y a encore des sociétés qui, bien qu'étant cotées sur le marché à règlement mensuel de Paris, ne fournissent pas de compte de résultat consolidé (ou en tout cas tellement réduit qu'il est inutilisable) ; rares sont les sociétés qui indiquent la ventilation du résultat par branches d'activités ; certaines refusent catégoriquement de recevoir les analystes financiers... La liste des griefs est longue.

L'information fondamentale sur le passé est donc parfois peu fiable, alors que l'information sur les cours est incontestable.

2.2.2. Le problème du *timing*

L'analyse fondamentale ne règle pas le problème du *timing* de l'intervention boursière.

Certes l'individu disposant d'une information fondamentale privilégiée interviendra sur le marché plus tôt que l'analyste technique qui attendra que les cours aient bougé après l'intervention de l'initié. Cette supériorité de l'analyse fondamentale n'est qu'apparente. L'initié ou l'analyste fondamental aura beau avoir évalué correctement la valeur intrinsèque du titre, cela ne sera pas suffisant pour que le cours bouge. Pour ce faire, il faut que d'autres investisseurs partagent l'opinion du premier et affectent leurs ressources sur le titre dans le même sens. Cette convergence d'opinions peut mettre un certain temps à s'établir et l'initié « aura eu raison trop tôt ». Avoir raison trop tôt peut coûter très cher, au moins en termes de coût d'opportunité, et parfois directement.

C'est notamment le cas sur les marchés d'options où le *timing* est primordial, puisque l'option est un actif fondant, dont la valeur diminue au fur et à mesure que l'on s'approche de l'échéance du contrat. L'acheteur d'un *call* à la veille d'une baisse de l'actif support y laissera une véritable fortune, l'effet de levier jouant contre lui.

A l'opposé, l'analyste technique n'entrera sur un marché qu'une fois le soutien de celui-ci bien défini ; ce qui diminue sérieusement les risques de mauvais *timing*.

2.2.3. Le problème de l'irrationnel

Par construction, l'analyse fondamentale ne prend pas en considération l'irrationnel, puisqu'elle est tout entière fondée sur l'hypothèse que l'investisseur est un être rationnel, constamment guidé par les principes du calcul économique.

Pourtant, la théorie moderne des marchés financiers, notamment le modèle d'équilibre des actifs financiers (MEDAF), met en évidence cette part d'irrationnel et d'exagération. En effet, dans le MEDAF, si tous les actifs étaient correctement évalués (c'est-à-dire rationnellement), ils seraient tous sur la droite de marché, ce qui est très loin d'être le cas, l'investisseur n'étant pas toujours aussi rationnel qu'on le suppose[1].

Tant que l'activité boursière sera une activité humaine (par opposition à automatique), il faudra compter avec l'irrationnel propre à l'individu, ce que l'analyse fondamentale fait très mal.

2.3. Les faiblesses de l'analyse technique

L'analyse technique n'est certes pas la panacée. Elle présente aussi quelques faiblesses, certainement moins graves que ne cherchent à le faire accroire ses détracteurs. Ceux-ci adressent en général quatre critiques.

2.3.1. Les données passées ne peuvent servir à prévoir le futur

Si cette critique est fréquemment reprise, c'est probablement la plus mauvaise. En effet, toutes les méthodes de prévision, dans quelque domaine que ce soit, depuis la météorologie jusqu'à l'analyse fondamentale, reposent entièrement sur l'étude des données passées. Que peut-on utiliser d'autre ?

L'analyste technique peut aussi arguer de la grande stabilité des configurations auxquelles il recourt. Certaines méthodes datent de la fin du siècle dernier. Depuis lors, les changements d'environnement – d'ordre politique, législatif, fiscal, économique, etc. – ont été innombrables et d'ampleur fantastique. Pourtant, les configurations graphiques employées par les analystes techniques sont restées les mêmes sans perdre de leur efficacité. Ce qui donnait de bons résultats sur les marchés du coton en 1885 fonctionne toujours en 1995 sur le titre *Apple Computer*.

---

1. Voir également dans cette ***Encyclopédie*** les articles de G. Charreaux, « Théorie financière », p. 1897, tome 2, de R. Cobbaut, « Théorie du marché financier », p. 1954, tome 2 et de G. Charest, « Rendement, risque et portefeuilles », p. 1608, tome 2.

2.3.2. L'auto-accomplissement des prévisions

Selon cette critique, les analystes techniques, en agissant conformément à leurs études, auraient tendance à provoquer les mouvements de cours qu'ils prétendent prévoir.

Cette critique est exacte, mais dans une certaine mesure seulement. En effet, elle s'applique tout autant aux analystes fondamentaux. Or, ceux-ci étant beaucoup plus nombreux (au moins sur les marchés d'actions), l'influence des analystes techniques devrait être relativement plus faible. D'autre part, même si tous les analystes techniques devaient tirer les mêmes conclusions d'un même graphique, ils n'agiraient pas pour autant de la même façon. Certains, plus agressifs, anticiperaient les tendances, alors que d'autres plus prudents se contenteraient de suivre les tendances déjà repérées. Certains interviennent pour le long terme, tandis que les « scalpeurs » (*scalpers*) restent en position quelques minutes à peine. Ainsi, la probabilité de voir tous les analystes techniques intervenir de la même façon au même moment frôle le zéro.

Enfin, si cette critique était fondée, elle porterait en elle sa propre contradiction. En effet, les analystes techniques, sachant qu'ils interviendraient tous au même moment, chercheraient à prendre de l'avance, ou bien cesseraient même d'utiliser leurs graphiques.

Finalement, cette critique de l'analyse technique pourrait passer pour un compliment. Pour qu'une méthode obtienne un succès tel qu'elle devienne capable d'influer sur les marchés, il faut qu'elle soit « sacrément bonne », non ? On peut se demander pourquoi cette critique n'est jamais adressée à l'analyse fondamentale.

2.3.3. Le caractère subjectif

L'analyse technique aurait un caractère totalement subjectif, donc non scientifique. Ceci est parfaitement exact et les analystes techniques n'ont jamais prétendu le contraire. Ils se délectent même du caractère contradictoire entre cette critique et la précédente, pourtant fréquemment associées. En effet, si l'analyse technique est une activité empreinte d'une totale subjectivité, on voit mal comment les analystes pourraient tous agir dans le même sens.

Il reste qu'un même graphique de cours peut être interprété différemment par divers analystes techniques, chacun réagissant en fonction de sa propre subjectivité et de son expérience personnelle. A ce titre, l'analyse technique ne peut prétendre être scientifique. Tout comme la médecine, elle est plus proche de l'art que de la science, même si elle se fonde (parfois) sur des techniques scientifiques. Combien de fois des médecins différents n'auront-ils pas émis des diagnostics totalement différents (voire contradictoires) sur un même cas ? Ils n'en sont pas moins consultés chaque fois que nécessaire, le malade comptant sur l'expérience du praticien.

La part de subjectivité dans l'interprétation des graphiques risque toutefois de diminuer dans un avenir proche, du fait de l'utilisation croissante de l'ordinateur dans la génération de diagnostics techniques. Pour l'instant, l'art l'emporte encore sur la science.

2.3.4. La disparition des opportunités de profit

Selon cette dernière critique, l'analyse technique, gagnante à tous les coups, ferait disparaître toute opportunité de profit.

Tout d'abord, aucun analyste technique sérieux n'a jamais prétendu avoir découvert un système infaillible, une espèce de « martingale ». Et quand bien même un génie de l'analyse technique aurait découvert le système du siècle, il se garderait bien de le divulguer et serait incapable, tout seul, de faire disparaître les opportunités de profit. En outre, l'analyse technique demande du temps et de l'argent, actifs que tout le monde n'est pas prêt à dépenser dans ce but spécifique, de sorte que les opportunités de profit sont toujours là pour ceux qui sont prêts à réaliser les efforts et les investissements nécessaires.

2.4. L'analyse technique et la marche au hasard

La théorie de la marche au hasard (*Random Walk Theory*) est le cheval de bataille de la communauté financière universitaire. Popularisée en 1964 par le livre de Cootner *The Random Character of Stock Market Prices,* cette théorie nie l'inertie des cours en postulant que le passé de la bourse n'a aucune influence sur son avenir ou, en d'autres termes, que la différence entre deux cours successifs est totalement aléatoire. Elle conclut donc que la meilleure stratégie boursière consiste à « acheter et conserver », car il n'existe aucun moyen de battre le marché.

L'analyste technique ne nie pas l'existence d'une partie aléatoire (voir *supra,* le bruit) dans l'évolution des cours. Il prétend seulement que le mouvement n'est pas majoritairement aléatoire.

Depuis 1964, de nombreux tests très scientifiques ont été réalisés pour tenter de confirmer ou d'infirmer cette théorie. Mais ces tests peuvent être interprétés dans tous les sens possibles ; ils ne font donc pas beaucoup avancer le débat. En 1978, Rousselle et Llorens réalisèrent une expérience intéressante sur le marché parisien des actions, explicitant en termes statistiques le désaccord des professionnels. Ils ont en effet montré, d'une part, que les séquences de hausses (ou de baisses) successives de cours sont trop longues pour être dues au seul hasard, d'autre part, qu'il est possible d'isoler la part totalement aléatoire et imprévisible des cours, mais que celle-ci peut avoir une importance suffisante pour masquer l'inertie des mouvements.

Le débat académique sur la question amuse l'analyste technique, pour qui l'existence de tendances n'a pas à être démontrée : elle constitue la réalité de son travail quotidien. Un partisan de la théorie du cheminement aléatoire aura probablement beaucoup de mal à convaincre l'opérateur que les tendances n'existent jamais (graphique 1).

Toujours est-il que l'idée d'une marche au hasard est aux antipodes des prémices de l'analyse technique. Pourtant, cette idée est fondée sur l'hypothèse d'efficience des marchés financiers qui, comme le fait remarquer Murphy, « est très proche du postulat de l'analyse technique selon lequel le marché prend tout en compte ». C'est l'interprétation qui diffère. « Ceux-qui-marchent-au-hasard » affirment que toute l'information étant reflétée par le marché, il n'y a aucun moyen de tirer profit d'une quelconque information. « Ceux-qui-regardent-où-ils-mettent-leurs-pieds », au contraire, affirment que les informations sont reflétées par le marché avant qu'elles soient publiques.

Pour Murphy, ce fameux hasard que certains veulent voir dans le marché n'est que le reflet de leur incapacité à reconnaître des formations systématiques. Et de citer l'exemple de l'électrocardiogramme, dont le tracé pourrait apparaître comme le fait du hasard au non-averti, tandis qu'il est lourd de sens pour le médecin entraîné.

On sait aujourd'hui que les deux approches (aléatoire et tendancielle) ne sont pas aussi opposées qu'elles le paraissent. En effet, la théorie dite de l'arc-sinus démontre mathématiquement que, contrairement à une opinion largement répandue, il y a des tendances dans le hasard : un phénomène purement aléatoire fera apparaître une persistance de certains événements ou résultats. Même si la théorie de la marche au hasard est fondée, les analystes techniques sont autorisés à rechercher des tendances dans l'évolution des cours !

Pour l'analyste technique, il ne fait aucun doute qu'il existe une certaine inertie des cours. L'objectif de l'analyse technique est alors d'éliminer les fluctuations de deuxième ordre traduisant les hésitations des investisseurs afin de révéler les mouvements significatifs. Pour ce faire, un certain nombre de méthodes, plus ou moins évoluées, ont été développées.

Graphique 1 – Indice CAC 40

Source : Metastock.
Qui osera prétendre que les cours de l'indice CAC 40 n'ont pas évolué sur une tendance baissière pendant un an ?

3. Un aperçu des méthodes d'analyse technique

En un siècle de pratique, les analystes techniques ont élaboré un grand nombre de méthodes, la plupart du temps complémentaires. Toutes ces méthodes partagent les mêmes buts : déterminer les tendances en vigueur, repérer les zones de congestion (accumulation-distribution) et signaler les changements de tendance à venir[2].

2. La description détaillée des diverses méthodes d'analyse technique occuperait un gros volume dont la lecture demeure indispensable pour qui veut les pratiquer correctement. Le lecteur peut se reporter à l'ouvrage de T. Béchu et E. Bertrand, *Analyse technique,* 2e éd., Paris, Economica, 1995.

3.1. L'analyse technique traditionnelle

Il s'agit de l'analyse graphique mentionnée plus haut. Sur la base de graphiques de cours, l'analyste cherche à faire ressortir les tendances les plus évidentes.

3.1.1. Les graphiques

L'analyse technique traditionnelle utilise principalement trois types de graphiques, l'un d'entre eux étant particulièrement travaillé.

Les deux premiers mettent en relation les cours et le temps. Il s'agit des graphiques en continu et des graphiques en bâtons (*bar charts* en anglais).

Le graphique en continu est simplement constitué par une courbe reliant les valeurs d'une grandeur au cours du temps : un cours de clôture par exemple. Le graphique en bâtons fait figurer pour chaque intervalle de temps une barre verticale reliant le plus haut au plus bas, ainsi qu'une marque transversale pour indiquer le cours de clôture. Ce graphique, non continu par construction, est de loin le plus utilisé car il contient plus d'informations que le précédent (trois contre une). Ces graphiques sont généralement dessinés sur des échelles arithmétiques ou semi-logarithmiques (logarithmiques sur l'axe des cours), selon les cas. Ces dernières sont en général réservées aux graphiques à long terme.

L'originalité du graphique «Points et Figures» tient à l'absence d'échelle temporelle. Dans ce graphique, l'axe vertical reflète les cours cotés, l'axe horizontal n'ayant aucune signification. Sa construction est plus complexe que celle des deux autres et permet de mettre en évidence très facilement les tendances et les zones de congestion : elles seules apparaissent sur le graphique. En effet, dans ce type de graphique ne sont enregistrées que les fluctuations qui contribuent au développement d'une tendance (les autres sont automatiquement éliminées).

3.1.2. Les tendances et les configurations

Des années de pratique ont permis de repérer certaines configurations revenant souvent et dont l'issue est assez bien déterminée à l'avance. Alliées au repérage des tendances, elles constituent l'arsenal de base de l'analyste technique.

Les droites de tendance qui définissent les tendances en cours sont tracées en joignant une succession de points bas ou de points hauts selon les cas. Elles constituent des guides, des sortes de rails pour le mouvement, ainsi que des zones de soutien ou de résistance à la tendance qui se développe. Ainsi, dans une tendance haussière, caractérisée par une courbe de cours évoluant au-dessus de la droite de tendance (oblique vers le nord-est), tout franchissement à la baisse de la droite constitue un signal d'alarme, éventuellement annonciateur d'un renversement de tendance.

Les configurations sont des figures réalisées par des courbes de cours : par exemple un  (double-sommet), un 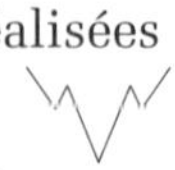 (tête-épaules inversée), un 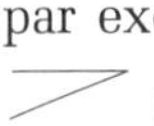 (triangle ascendant)... Chacune est définie par un certain nombre de caractéristiques qui permettent de les identifier et ces figures permettent elles-mêmes d'anticiper l'évolution à venir. Un double-sommet annonce 95 fois sur cent une tendance baissière, dont l'amplitude peut d'ailleurs être mesurée sur la figure (ce que les analystes techniques appellent le calcul d'objectifs).

3.1.3. Les momentums et les oscillateurs

Ces indicateurs ont pour but de quantifier la puissance d'une tendance, une fois celle-ci repérée, et donc de fournir un signal avancé de retournement quand celui-ci doit avoir lieu.

L'idée, en effet, est qu'une tendance se renverse rarement sans signe annonciateur. Une bille lancée sur un plan incliné, mais contre la pente de celui-ci, montera jusqu'à ce qu'elle ait transformé toute son énergie cinétique initiale en énergie potentielle, puis elle retombera. En analysant sa vitesse de déplacement (décroissante dans ce cas), on peut anticiper le point de retournement. Par analogie, les oscillateurs et les momentums mesurent une sorte de vitesse des cours cotés sur le marché. La pratique a en outre montré que ces vitesses sont en fait bornées supérieurement et inférieurement, de sorte qu'un indicateur très excité dans la zone positive (après une hausse rapide par exemple) annonce un retournement de tendance à la baisse.

Ces indicateurs sont en général obtenus en mesurant les différences des cours sur une période donnée (le cours du jour moins le cours d'il y a dix jours), ou bien en faisant le rapport des cours (le cours du jour divisé par le cours d'il y a dix jours). De nombreux tests statistiques ont été effectués pour optimiser ces indicateurs, selon le marché utilisé.

3.1.4. Les moyennes mobiles

Le procédé de la moyenne mobile est une technique mathématique permettant de « lisser » les aspérités des variations de cours et ainsi de dégager plus facilement la courbe de tendance. Elle est établie sur des périodes variables en fonction de l'horizon de gestion de l'opérateur : 3 ou 200 jours par exemple. Elle s'obtient simplement en additionnant chaque jour les cours étudiés sur le nombre de jours en question, puis en divisant cette somme par le nombre de jours. Par construction, cette moyenne mobile a un certain retard sur le dernier cours utilisé dans le calcul. Dans une tendance baissière, la moyenne mobile est située au-dessus de la courbe des cours, mais elle passera en dessous quand une tendance haussière verra le jour.

Par construction, la moyenne mobile dégage l'allure générale d'une tendance. Par ailleurs son intersection avec la courbe des cours bruts est souvent interprétée par l'analyste technique comme autant de signaux automatiques d'achat ou de vente.

3.1.5. Le volume et la position de place

Dans un certain nombre de cas, l'analyse d'une courbe de cours seule ne permet pas d'obtenir une image très claire de ce qui se prépare, notamment lors d'une phase de consolidation horizontale. Dans une telle situation, l'étude des volumes ou du rapport du nombre de titres en hausse au nombre de titres en baisse peut donner des indications sur la tendance à venir.

Dans tous les cas, l'analyste technique cherche dans le volume et la position de place une confirmation de son opinion sur la tendance en cours. Ainsi, de nouveaux sommets obtenus avec des volumes déclinants sont plutôt mauvais signe.

3.1.6. L'analyse technique philosophique

Certains analystes sont allés plus loin que la seule observation des graphiques et ont cherché à relier l'analyse du marché boursier à l'ensemble des activités humaines. Le plus connu d'entre eux, Elliott, a ainsi identifié un schéma d'évolution du marché constitué par un emboîtement de vagues, chacune constituée de huit phases. Ce schéma, qui se retrouve dans de nombreux phénomènes naturels, constituait pour Elliott une preuve de l'adhésion de sa théorie du marché financier aux lois universelles régissant le monde. L'application de cette théorie permet notamment de repérer les prochains points de retournement et leur niveau approximatif.

Ce style de méthode paraîtra sans doute ésotérique et totalement farfelu au néophyte. Pourtant, ceux qui la maîtrisent s'en sortent particulièrement bien. Depuis quelques années aux Etats-Unis, le roi des analystes techniques, Prechter, n'utilise que cette méthode à laquelle il a rendu sa popularité.

3.2. L'analyse technique moderne

Les méthodes rapidement évoquées ci-dessus constituent le cœur de l'analyse graphique, ensemble de procédés de représentation des mouvements de cours permettant de concentrer l'attention sur l'essentiel : la tendance de fond et son éventuelle mise en cause. Néanmoins, comme le font remarquer Rousselle et Llorens (1978), « ces analyses graphiques traditionnelles ne méritent pas vraiment l'épithète "technique", car elles ne permettent guère de quantifier le résultat des observations pratiquées ».

Cette faiblesse a été en grande partie corrigée par les méthodes modernes d'analyse technique, généralement dérivées de la statistique ou de la mathématique. Ces nouvelles méthodes relèvent de l'analyse des séries temporelles et du filtrage numérique. Elles sont impossibles à mettre en œuvre sans un outil informatique puissant, ce qui explique leur usage encore peu fréquent.

L'application pratique du filtrage numérique aux cours de bourse consiste à isoler la tendance significative des cours d'une valeur ou d'un marché, comme l'illustre le graphique 2.

Un système moderne d'analyse technique se caractérise donc essentiellement par deux propriétés :

– il est fondé sur un calcul mathématique, le filtrage numérique qui ne doit rien à la recherche empirique,

– il conduit à la détermination de mesures instantanées décrivant le mouvement des cours.

Ces systèmes modernes présentent de nombreux avantages par rapport aux techniques graphiques traditionnelles, liés à la quantification des résultats : il est par exemple possible de comparer des vitesses (obtenues par dérivation des tendances) ou de les additionner. Leur principal inconvénient réside dans la lourdeur de l'outil mathématique et la nécessité de recourir à un ordinateur, qui rendent leur utilisation peu pratique pour bon nombre d'investisseurs. En revanche, l'analyse technique traditionnelle ne demande qu'une règle et un crayon. Le micro-ordinateur étant le crayon de demain, il y a fort à parier que ces méthodes modernes vont se répandre rapidement.

Graphique 2 – Indice Reuter : matières premières

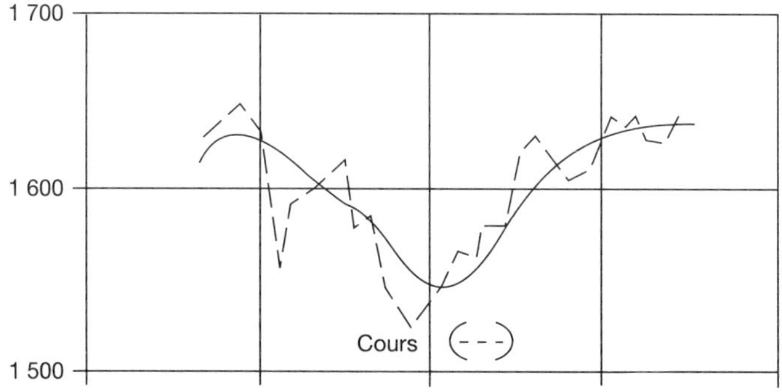

Source : Meeschaert-Rousselle et Cie.

La courbe en pointillés représente l'évolution des cours cotés, tandis que la courbe en trait plein représente la tendance filtrée. Comme il fallait s'y attendre, les cours cotés «s'enroulent» autour de leur tendance.

*

* *

Même si elle est fondée sur des bases conceptuelles difficilement discutables, l'analyse technique reste une activité très empirique qui demande beaucoup de pratique pour donner de bons résultats. Elle mérite en tout cas une place de choix parmi les méthodes d'analyse des marchés financiers qu'elle est loin d'avoir aujourd'hui en France. Les investisseurs qui l'utilisent y trouveront une source de grandes satisfactions et militeront pour qu'elle soit reconnue comme une discipline à part entière de la science financière.

Références

BÉCHU T., BERTRAND E., *Analyse technique,* 2e éd., Paris, Economica, 1995.

COHEN A.W., *How to Use the Three-Point-Reversal Method of Point and Figure Stock Market Trading,* Larchmont, Chartcraft Inc., 1985.

FROST A.J., PRECHTER R.R., *Elliott Wave Principle, Key to Stock Market Profits,* Chappaqua, New Classics Library, 1978.

KAUFMAN P.J., *Commodity Trading Systems and Methods,* New York, John Wiley & Sons, 1978.

MURPHY J.J., *Technical Analysis of the Futures Markets,* New York, New York Institute of Finance, 1986.

PRING M.J., *Technical Analysis Explained,* New York, McGraw-Hill, 1985.

RADIX J.C., *Introduction au filtrage numérique,* Paris.

ROUSSELLE R., LLORENS A., «La nouvelle analyse technique», *Analyse Financière* (4e trimestre 1978), p. 55-61.

SHAW A.R., «Technical Analysis», *Financial Analyst's Handbook*, Homewood, Ill., Dow Jones Irwin, 1975.

WEISS RESEARCH, *Timing the Market,* Chicago, Martin Weiss, 1986.

WILDER J.W., *New Concepts in Technical Trading Systems,* Greensboro, Trend Research, 1978.

Mots clés

Accumulation, analyse technique, distribution, filtrage numérique, graphique, initié (*insider*), irrationnel, momentum, moyenne mobile, oscillateur, *Point and Figure, Random Walk Theory,* tendance (*trend*).

Arbitrage et équilibre dans les modèles discrets

5

Jean-Charles Rochet

Dans le vocabulaire de la finance, le mot « arbitrage » désigne une série d'opérations qui fournissent un profit certain sans mise de fonds initiale. Bien que de tels arbitrages existent dans la pratique (de nombreux établissements financiers emploient même des arbitragistes, dont la seule fonction est de tirer profit de ces arbitrages), on comprend qu'ils ne puissent être ni durables, ni substantiels. Comme nous allons le voir, le principe d'absence d'opportunité d'arbitrage (qui est donc vérifié dans la pratique avec un bon degré d'approximation) entraîne des relations étroites entre les prix des actifs financiers.

Dans les modèles discrets, il est possible de montrer de façon élémentaire que l'absence d'opportunité d'arbitrage implique (il s'agit en fait d'une équivalence) que l'on peut calculer le prix d'un titre quelconque en actualisant convenablement les flux futurs que ce titre doit rapporter. Une interprétation alternative est donc de considérer que la formule de la valeur actuelle probable est valable, à condition de corriger les probabilités pour tenir compte du risque.

Confronté à un problème de choix optimal de portefeuille, tout agent économique rationnel (au sens de la théorie de la décision[1]) sélectionne un portefeuille qui maximise l'espérance de l'utilité de sa richesse à la date future qu'il a choisie comme horizon. Les conditions du premier ordre (qui caractérisent la solution de ce problème d'optimisation) impliquent que le prix de chacun des titres qui composent le portefeuille optimal peut s'écrire comme la somme pondérée des valeurs de liquidation possibles de ce titre à la date d'horizon. Les coefficients de pondération, proportionnels aux utilités marginales de la richesse dans les différents états du monde, peuvent s'interpréter comme l'actualisation de probabilités corrigées pour tenir compte du risque[2]. Ceci provient simplement du fait que l'existence d'un portefeuille optimal implique, bien sûr, l'absence d'opportunité d'arbitrage.

---

1. Voir dans cette ***Encyclopédie*** l'article de T. Granger, « Axiomatique des choix dans l'incertain », p. 186, tome 1.

2. Pour ne pas alourdir le texte, et pour se conformer à l'usage, on parlera simplement de « probabilités corrigées du risque ».

L'observation des choix de portefeuille des différents agents économiques fournit donc de l'information sur les coefficients d'actualisation (pour le temps et pour le risque) que ceux-ci utilisent. L'écriture des conditions d'*équilibre* des marchés financiers donne des informations supplémentaires sur ces coefficients d'actualisation, qui reflètent de façon complexe et intrinsèquement mêlée les préférences des agents et leurs anticipations de prix futurs. L'hypothèse d'anticipations rationnelles permet de préciser ces relations. En particulier, quand les marchés financiers sont complets, l'allocation des risques dans l'économie est Pareto-optimale et l'on peut utiliser le paradigme de l'agent représentatif. L'on obtient alors des relations précises entre les variables macroéconomiques et les rendements des actifs financiers, comme par exemple dans le modèle de Lucas, que nous présentons dans la dernière section de cet article.

1. L'arbitrage sur les marchés financiers : quelques exemples

« On peut tromper tout le monde pendant quelque temps ; on peut tromper certains tout le temps ; mais on ne peut pas tromper tout le monde tout le temps. » Winston Churchill

Un arbitrage désigne une série d'opérations qui fournissent un profit certain sans mise de fonds initiale. L'exploitation de tels arbitrages constitue une activité à part entière pour certains établissements financiers (banques d'arbitrage). Néanmoins, on comprend aisément que ces arbitrages ne peuvent persister de façon durable. Le principe d'absence d'opportunité d'arbitrage (AOA dans la suite) implique, comme on va le voir, des relations entre les prix des actifs financiers. Nous allons en donner quelques exemples simples.

1.1. Les marchés à terme

Dans une transaction à terme, l'acheteur s'engage à acheter (et le vendeur à vendre) un bien économique (marchandise ou titre) à une date future. Toutes les caractéristiques de la transaction – prix, quantité et date – sont fixées à l'avance, mais tous les échanges – livraison du bien et paiement – se font à la date choisie comme terme. Dans la plupart des cas, il existe parallèlement un marché au comptant pour le même bien : cela va naturellement impliquer des relations très précises entre le prix au comptant et le prix à terme.

Pour fixer les idées, prenons un exemple concret. Désignons par τ le taux de change dollar/franc français sur le marché à terme des devises. Ce taux signifie donc qu'en achetant 1 dollar à terme aujourd'hui j'ai la garantie de recevoir 1 dollar au terme du contrat (pour simplifier les calculs, supposons qu'il s'agit d'un an) en échange du paiement (dans un an) de τ francs. *A priori*, ce taux à terme reflète les anticipations des opérateurs sur les valeurs futures du taux de change au comptant, ce qui le rend très difficile à apprécier. Pourtant, comme nous allons le voir maintenant, τ est complètement déterminé par les valeurs courantes du taux de change au comptant t, du taux d'intérêt r_1 sur le franc français et du taux d'intérêt r_2 sur le dollar (pour la même durée que l'opération à terme, c'est-à-dire un an).

Supposons en effet que l'on monte la série d'opérations suivantes (à la date d'aujourd'hui) :

– emprunt de t francs (sur un an),
– achat au comptant d'un dollar,
– prêt d'un dollar (sur un an).

Cette série d'opérations est autofinancée, et fournit la garantie de recevoir $(1+r_2)$ dollars dans un an (remboursement du prêt en dollar) contre le paiement de $t(1+r_1)$ francs (remboursement de l'emprunt en franc). Comme on le sait, le marché à terme peut également nous donner la garantie de recevoir $(1+r_2)$ dollars dans un an, contre le paiement de $\tau(1+r_2)$ dollars dans un an. On voit donc que si $t(1+r_1) \neq \tau(1+r_2)$, il existe une opportunité d'arbitrage. Plus précisément :

– *si* $t(1+r_1) < \tau(1+r_2)$: on est en position de *cash and carry* (ou portage). En achetant le dollar au comptant et en le « portant » jusqu'au terme (en fait, comme on l'a vu, on le « place »), la vente à terme permet de réaliser un profit sans risque et sans mise de fonds initiale ;

– *si* $t(1+r_1) > \tau(1+r_2)$: c'est le cas symétrique (*reverse cash and carry*). L'arbitrage consiste à acheter à terme et à vendre au comptant. Notons toutefois que certaines contraintes réglementaires (par exemple sur les ventes à découvert) peuvent rendre un tel arbitrage plus difficile à réaliser.

Résultat 1. *En l'absence d'opportunité d'arbitrage, on a la relation suivante :*

$$t(1+r_1) = \tau(1+r_2)$$

avec
τ : *le taux de change à terme USD/FRF,*
t : *le taux de change au comptant USD/FRF,*
r_1 : *le taux d'intérêt en franc français pour le même terme,*
r_2 : *le taux d'intérêt en dollar pour le même terme.*

1.2. Les marchés d'options

L'acheteur d'une option européenne se garantit la possibilité de réaliser une transaction (typiquement, un achat ou une vente de biens ou de titres) à une date et à un prix fixés à l'avance, appelés respectivement date et prix d'exercice de l'option. Il y a deux différences importantes avec les marchés à terme : l'acheteur de l'option doit débourser de l'argent (la prime de l'option) à la signature du contrat ; par contre, il n'est pas obligé d'exercer l'option. Il est donc certain de ne pas faire de perte à l'échéance.

Pour bien comprendre ces différences, considérons par exemple une option d'achat et une option de vente de mêmes caractéristiques : même échéance T, même prix d'exercice K, et même sous-jacent (par exemple une action), dont le prix futur est noté $S(T)$. Il est facile de comprendre que, à l'échéance T, les conditions d'exercice de ces options seront exactement antagonistes :

– l'option d'achat sera exercée exactement si $S(T) > K$ (en achetant au prix K une action qui vaut $S(T)$, l'acheteur de l'option obtient un profit $S(T) - K$),

– l'option de vente sera exercée exactement si $S(T) < K$ (en vendant au prix K une action qui vaut $S(T)$, l'acheteur de l'option obtient un profit $K - S(T)$)[3].

On en déduit immédiatement qu'en achetant l'option d'achat et en vendant l'option de vente, on se garantit pour la date T un profil de gain égal à $S(T) - K$

3. Remarquons bien sûr qu'un vendeur d'option d'achat et un acheteur d'option de vente ont des profils de gain très différents. Voir également dans cette ***Encyclopédie*** les articles de F. Quittard-Pinon, « Options : le modèle binomial, le modèle de Black et Scholes et leurs extensions », p. 1355, tome 2, et de F. Roure, « Options sur actions », p. 1377, tome 2.

(dans tous les cas de figure) : si $S(T) > K$, l'option d'achat rapporte $S(T) - K$ et l'option de vente n'est pas exercée ; si au contraire $S(T) < K$, l'option d'achat ne vaut rien et l'option de vente coûte $K - S(T)$. Or ce profil de gain total $S(T) - K$ est exactement le même que celui d'un portefeuille comprenant une action (on suppose qu'il n'y a pas de distribution de dividendes pendant la période considérée) et une position à découvert de K bons du Trésor (de nominal 1). Par absence d'opportunité d'arbitrage, les prix de ces deux portefeuilles doivent aujourd'hui être égaux.

Résultat 2. *L'absence d'opportunité d'arbitrage implique la relation de parité option d'achat-option de vente :*

$$C - P = S - KB$$

avec
C : *la prime de l'option d'achat,*
P : *la prime de l'option de vente,*
S : *le cours actuel du sous-jacent,*
K : *le prix d'exercice (commun) des 2 options,*
B : *le prix d'un bon de même maturité que les options.*

1.3. Les marchés de l'argent

Nous ne parlerons pas des caractéristiques institutionnelles des différents marchés de l'argent (marchés interbancaire, monétaire et obligataire)[4], et nous nous concentrerons sur les fonds d'Etat classiques, qui promettent une suite de remboursements certains à des dates fixées à l'avance[5]. Par exemple, un bon du Trésor promet un remboursement unique (la valeur nominale du bon) le jour de son échéance. De même, une obligation à coupon annuel c et remboursée *in fine* promet un versement annuel c jusqu'au terme, date à laquelle le nominal de l'obligation est également remboursé.

D'une façon abstraite, nous appellerons *échéancier* d'un titre d'Etat le tableau donnant la suite des dates et des montants des paiements futurs auxquels ce titre donne droit. La forme générale d'un échéancier (qui caractérise complètement le titre d'Etat) est donnée par le tableau 1.

Tableau 1 – Forme générale de l'échéancier d'un titre d'Etat

Dates	T_1	T_2	...	T_n
Flux	c_1	c_2	...	c_n

4. Voir dans cette ***Encyclopédie*** les articles de P. Claude, « Marché monétaire et titres de créance négociables », p. 847, tome 1 et de M. Piermay, « Obligations », p. 1283, tome 2.

5. Les obligations du secteur privé (qui présentent *a priori* un risque de défaut) ainsi que les obligations à taux variables (dont les paiements futurs sont aléatoires) sont plus difficiles à étudier. Voir également dans cette ***Encyclopédie*** l'article de A. François-Heude, « Obligations à taux variable », p. 1343, tome 2.

Le cas le plus simple est celui d'un seul flux futur : on a alors affaire à une obligation zéro-coupon[6]. Nous désignerons par $A(T)$ le prix courant d'un titre d'Etat à zéro-coupon rapportant 1 F à la date T.

Il est assez facile de voir que l'AOA implique des relations entre les prix des différents titres d'Etat, et ce d'autant plus que ces titres sont nombreux et de caractéristiques variées. Supposons par exemple qu'il existe des zéro-coupons pour toutes les dates T_1, ..., T_n de l'échéancier donné dans le tableau 1. Il est alors immédiat que l'obligation en question peut être «synthétisée» par un portefeuille de zéro-coupons comprenant exactement c_i bons zéro-coupon d'échéance T_i (pour $i = 1, ..., n$). Dans ce cas, le prix P de l'obligation dont l'échéancier est donné par le tableau 1 est exactement égal au prix du portefeuille de zéro-coupons qui la synthétise.

Résultat 3. *L'absence d'opportunité d'arbitrage implique que le prix d'une obligation est donné par la somme actualisée de ses paiements futurs :*

$$P = \sum_{i=1}^{n} c_i A(T_i) \qquad [1]$$

avec

P : *le prix de l'obligation versant les coupons c_i aux dates T_i ($i = 1, ..., n$),*

$A(T_i)$: *le facteur d'actualisation, égal au prix d'un bon zéro-coupon rapportant exactement 1 F à la date T_i.*

Bien souvent, le résultat 3 est exprimé sous une forme beaucoup plus simple :

$$P = \sum_{i=1}^{n} \frac{c_i}{(1+r)^{T_i}} \qquad [2]$$

où le facteur d'actualisation $A(T_i)$ a été remplacé par $\frac{1}{(1+r)^{T_i}}$.

La formule [2] n'est correcte que si les taux d'intérêt sont égaux pour toutes les échéances, ce qui est manifestement réfuté sur le plan empirique. Comme nous allons le voir, les taux d'intérêt aux différentes échéances reflètent les anticipations des opérateurs sur l'évolution future des variables économico-financières jusqu'à ces différentes échéances. Ces taux n'ont donc aucune raison d'être identiques pour des échéances différentes.

2. La valorisation par arbitrage dans un monde incertain

Le principe d'absence d'opportunité d'arbitrage nous a donc fourni quelques relations entre les prix d'actifs financiers très proches. Ces relations, valables en toute généralité, sont cependant en nombre très limité. Pour en obtenir d'autres, il est nécessaire de faire des hypothèses sur le modèle statistique qui décrit les fluctuations des prix des actifs. Nous obtiendrons alors des formules de valorisation, donnant le prix de certains actifs (dits dérivés) en fonction du prix de certains autres actifs (dits primitifs). Remarquons toutefois que la validité de ces formules est subordonnée à celle du modèle statistique sous-jacent.

---

6. Voir dans cette ***Encyclopédie*** l'article de A. de Clermont-Tonnerre et M.A. Lévy, «Obligations à coupon-zéro», p. 1323, tome 2.

2.1. L'exemple le plus simple

Il s'agit de la version statique du modèle binomial utilisé par Cox, Ross et Rubinstein (1979) pour trouver un équivalent discret à la formule de valorisation d'option de Black et Scholes (1973). Ce modèle comporte deux dates ($t = 0, 1$) et deux actifs primitifs :

– un bon du Trésor (ou actif sans risque) qui rembourse 1 F à la date 1,

– une action dont le rendement (brut)[7] est une variable aléatoire binomiale, qui ne peut donc prendre que deux valeurs ; ces valeurs seront notées u (comme *up*) et d (comme *down*) avec, bien sûr, $d < u$.

Le prix de l'action à la date 0 sera noté S. Du fait de notre hypothèse sur son rendement, le prix de l'action à la date 1 peut donc valoir uS ou dS. Enfin, on notera R le rendement brut du bon, c'est-à-dire l'inverse de son prix à la date 0.

Il est facile de voir que, dans ce cadre, l'AOA implique que R est compris entre d et u :

$$d < R < u \qquad [3]$$

En effet, si l'on avait $R \geq u$, on pourrait vendre une action à découvert et investir le montant de la vente dans le bon du Trésor. Cette opération constituerait bien un arbitrage puisque, sans mise de fonds initiale, on se garantirait un gain $R - u \geq 0$ ou $R - d > 0$. Une suite d'opérations symétriques fournirait un arbitrage pour le cas où $d \geq R$.

La relation [3] équivaut bien sûr strictement à dire qu'il existe un nombre $q \in]0, 1[$ tel que :

$$R = qu + (1 - q)\ d \qquad [4]$$

ou, autrement dit, à dire qu'il existe une distribution de probabilité $(q,\ 1 - q)$ sous laquelle l'espérance de rendement de l'action (le second membre de [4]) est égale au rendement de l'actif sans risque. Il s'agit bien sûr d'une distribution de probabilité fictive (rappelons que nous n'avons fait aucune hypothèse sur la « véritable » probabilité d'avoir un rendement u ou d), qui doit être considérée uniquement comme un instrument de calcul. La formule [4] montre que cette probabilité est « corrigée » (pour tenir compte) du risque, en ce sens que le rendement moyen de l'action (qui est un actif risqué) est égal (sous cette probabilité $Q = (q,\ 1 - q)$) au rendement sans risque. Dans tout ce qui suit, on appellera Q la probabilité corrigée du risque. Nous allons montrer maintenant que l'AOA implique que la formule [4] est vraie pour n'importe quel actif. Pour cela, il est utile d'introduire la matrice A des paiements terminaux des différents actifs primitifs dans les différents états du monde à la date 1 (que nous noterons u et d) :

Tableau 2 – La matrice des paiements dans le modèle de Cox, Ross et Rubinstein

$$A = \begin{pmatrix} uS & 1 \\ dS & 1 \end{pmatrix} \begin{matrix} \leftarrow & \text{état } u \\ \leftarrow & \text{état } d \end{matrix}$$
$$\begin{matrix} \uparrow & \uparrow \\ \text{action} & \text{bon} \end{matrix}$$

7. Il est défini comme la valeur de liquidation (y compris les dividendes ou coupons éventuels) divisée par le prix d'acquisition. Le rendement net s'obtient en retranchant 1.

Cette matrice est manifestement inversible, car son déterminant, $(u - d)\ S$, est différent de zéro. Ceci implique que n'importe quel vecteur de paiements aléatoires à la date 1

$$X = \begin{pmatrix} X_u \\ X_d \end{pmatrix}$$

peut être obtenu au moyen d'un portefeuille comprenant Δ actions et B bons (on dit alors que les marchés sont complets, voir plus loin). Il suffit en effet de résoudre le système linéaire :

$$\begin{cases} (uS)\ \Delta + B = X_u \\ (dS)\ \Delta + B = X_d \end{cases}$$

Considérons maintenant un titre financier quelconque[8] dont la valeur de liquidation à la date 1 est précisément donnée par le vecteur X. Le portefeuille $(\Delta,\ B)$ a la même valeur de liquidation dans tous les états du monde (on dit qu'il « synthétise » le titre) : l'AOA implique donc qu'il doit avoir le même prix à la date 0. On a ainsi :

$$X_0 = \Delta S + B$$

Calculons maintenant le rendement espéré du titre X sous la probabilité corrigée du risque Q. Il est facile de vérifier (c'est une propriété générale) que le rendement d'un portefeuille est égal à la moyenne pondérée des rendements des titres qui le composent. Comme l'action et le titre sans risque ont le même rendement espéré sous Q, il en est ainsi également du portefeuille qui synthétise X (ou, autrement dit, de X lui-même).

Résultat 4. *Dans le modèle de Cox, Ross et Rubinstein, l'AOA implique l'existence d'une distribution de probabilité Q (dite corrigée du risque) sous laquelle tous les actifs ont la même espérance de rendement.*

Mathématiquement, ce résultat s'écrit :

$$\frac{qX_u + (1 - q)\ X_d}{X_0} = R$$

ce qui équivaut à une formule de valorisation :

$$X_0 = q\ \frac{X_u}{R} + (1 - q)\ \frac{X_d}{R} \qquad [5]$$

dont le membre de droite s'interprète comme l'espérance de la valeur actualisée du titre X.

Résultat 5. *Le prix d'un titre quelconque est égal à l'espérance, corrigée du risque, de sa valeur actualisée.*

---

8. Cox, Ross et Rubinstein ont étudié le cas d'une option d'achat sur l'action mais leur exemple peut être généralisé à n'importe quel titre.

Nous allons voir maintenant comment ces résultats se généralisent à un modèle discret quelconque, en commençant par le cas statique, avec un nombre arbitraire d'états du monde.

2.2. Le modèle statique

Comme précédemment, le modèle ne comprend que deux dates ($t = 0, 1$), mais nous considérons maintenant un nombre M arbitraire d'états du monde ($m = 1, \ldots, M$) à la date 1. On notera $\Omega = \{1, \ldots, M\}$ l'ensemble de ces états du monde. Il y a N actifs financiers ($n = 1, \ldots, N$), caractérisés par leurs prix p_n à la date 0 et par le vecteur :

$$a_n = \begin{pmatrix} a_{1n} \\ \vdots \\ a_{Mn} \end{pmatrix}$$

de leurs valeurs de liquidation possibles à la date 1. La matrice des paiements terminaux s'écrit donc :

Tableau 3 – La matrice des paiements dans le cas général

$$A = \begin{pmatrix} & & a_{1n} & & \\ & & \vdots & & \\ a_{m1} & \cdots & \boxed{a_{mn}} & \cdots & a_{mN} \\ & & \vdots & & \\ & & a_{Mn} & & \end{pmatrix} \leftarrow \text{état } m$$

$$\uparrow$$
$$\text{actif } n$$

Par définition, un portefeuille de titres est représenté par un vecteur :

$$\theta = \begin{pmatrix} \theta_1 \\ \vdots \\ \theta_N \end{pmatrix}$$

où θ_n désigne (pour $n = 1, \ldots, N$) le nombre de titres n compris dans le portefeuille. La valeur de liquidation du portefeuille dans les différents états du monde est alors donnée par le vecteur :

$$v = \begin{pmatrix} v_1 \\ \vdots \\ v_M \end{pmatrix}$$

avec :

$$v_m = \sum_{n=1}^{N} a_{mn}\theta_n \qquad m = 1, \ldots, M$$

Ou encore, sous forme vectorielle :

$$v = A\theta$$

De même, le prix du portefeuille à la date 0 est donné par le produit scalaire de θ par le vecteur des prix :

$$\langle p,\ \theta\rangle = \sum_{n=1}^{N} p_n\theta_n$$

Quand un vecteur v a toutes ses composantes positives, on note : $v \geq 0$. Nous autorisons les θ_n à être éventuellement négatifs (pour représenter les ventes à découvert), ce qui entraîne que le prix du portefeuille θ pourra lui aussi être négatif. On a cependant le principe d'absence d'opportunité d'arbitrage, que nous allons prendre comme première hypothèse.

Hypothèse 1. *Un portefeuille de valeur de liquidation positive ou nulle dans tous les états du monde a forcément un prix positif ou nul.*

Mathématiquement, cette hypothèse s'écrit :

$$(\forall\theta \in \mathbb{R}^N, \quad A\theta \geq 0 \quad \Rightarrow \quad \langle p,\ \theta\rangle \geq 0) \qquad [6]$$

Nous allons maintenant explorer les conséquences de ce principe.

2.3. La valorisation par arbitrage

Il existe un résultat mathématique qui va nous permettre d'exploiter l'AOA : c'est le lemme de Farkas.

Lemme de Farkas : la propriété [6] équivaut à

$$\exists\lambda \in \mathbb{R}_+^M, \quad p = {}^tA\lambda \qquad [7]$$

où ${}^tA$ désigne la transposée de la matrice A[9].

Si l'on explicite la formule [7] composante par composante, on obtient :

$$\forall n \quad p_n = \sum_{m=1}^{M} \lambda_m a_{mn} \qquad [8]$$

formule qui a une interprétation naturelle.

Résultat 6. *L'absence d'opportunité d'arbitrage équivaut à l'existence d'un vecteur λ de poids positif tel que le prix de n'importe quel titre ($n = 1,\ ...,\ N$) est égal à la somme pondérée (au moyen du vecteur λ) des sommes qu'il rapporte dans les différents états du monde.*

9. Pour une démonstration du lemme de Farkas, voir par exemple Demange et Rochet (1992).

Il reste évidemment à déterminer ce vecteur de pondérations λ. Par exemple, si l'on revient au modèle du paragraphe 2.1., la formule [8] est bien sûr une généralisation de la formule [5] que nous avions obtenue dans le modèle binomial. Dans ce modèle, les pondérations λ_m s'obtenaient comme des probabilités (corrigées du risque) actualisées au taux sans risque. Nous allons voir que cette interprétation se généralise.

2.4. L'actualisation par les prix d'états

Le lemme de Farkas ne garantit pas l'unicité du vecteur λ ; cette unicité requiert une hypothèse supplémentaire qui permet également de calculer λ.

Hypothèse 2 *(marchés complets). Tout vecteur v de paiements aléatoires à la date 1 peut s'obtenir comme valeur de liquidation d'un certain portefeuille θ.*

Mathématiquement, cette hypothèse s'écrit :

$$\forall v \in \mathbb{R}^M \quad \exists \theta \in \mathbb{R}^N, \quad A\theta = v \tag{9}$$

Ceci équivaut exactement à dire que le rang de la matrice A est égal à M, et implique en particulier que $N \geq M$. Quand $N = M$, l'hypothèse 2 revient à dire que la matrice A est inversible. Pour simplifier, nous nous placerons dans ce cas ($N = M,\ A$ inversible). La propriété d'absence d'opportunité d'arbitrage devient alors très facile à caractériser. En effet, si v est un vecteur quelconque de $\mathbb{R}_+^N$, $\theta = A^{-1}v$ est l'unique portefeuille qui admet v comme valeur de liquidation. La propriété d'AOA signifie alors exactement :

$$\forall v \in \mathbb{R}_+^N, \quad \langle p,\ A^{-1}v\rangle \geq 0 \tag{10}$$

Par ailleurs, on a :

$$\langle p,\ A^{-1}v\rangle = \langle {}^tA^{-1}p,\ v\rangle$$

Un vecteur qui a un produit scalaire positif avec tous les vecteurs positifs est évidemment lui-même positif. Par conséquent la propriété [10] équivaut à dire que

$$\lambda =^t A^{-1}p \geq 0 \tag{11}$$

ce qui achève la démonstration du lemme de Farkas dans le cas particulier où les marchés sont complets.

Remarquons la similarité entre la formule [8] et la formule d'actualisation, qui donne le prix d'une obligation comme somme actualisée de ses coupons futurs. Dans la formule [8], il ne s'agit pas d'actualisation pour tenir compte du temps (puisqu'il n'y a qu'une seule date future) mais pour tenir compte du risque. La formule [11] montre que le coefficient λ_m s'interprète comme le prix du portefeuille $A^{-1}e_m$ (où e_m est le m-ième vecteur de la base canonique de $\mathbb{R}^M$) qui rapporte 1 F dans l'état m et 0 dans tous les autres états. Un tel portefeuille est appelé titre contingent au sens de Arrow-Debreu. Le vecteur λ des prix de ces titres contingents est appelé *vecteur des prix d'états*.

Résultat 7. *Quand les marchés sont complets, il existe un vecteur de prix d'états ($\lambda = ^t A^{-1}p$) unique tel que le prix de n'importe quel titre (ou portefeuille) est égal à la somme de ce qu'il rapporte dans les différents états du monde, actualisée par les prix d'états. L'absence d'opportunité d'arbitrage garantit par ailleurs que ces prix sont positifs.*

2.5. La probabilité corrigée du risque

Quand il existe un titre sans risque (c'est-à-dire un titre dont la valeur de liquidation est la même dans tous les états du monde), on peut exprimer le résultat [5] sous une formule équivalente.

Résultat 8. *On suppose l'AOA et l'existence d'un titre sans risque dont le rendement brut est noté $R = 1 + r$[10]. Alors, il existe une distribution de probabilité $Q = (q_1, \ldots, q_M)$ sur l'ensemble Ω des états du monde telle que l'une des propriétés équivalentes suivantes est satisfaite.*

a) Le prix de n'importe quel titre est égal à l'espérance sous Q de sa valeur de liquidation actualisée au taux r.

b) L'espérance sous Q du rendement (net) de n'importe quel titre est égale au taux sans risque r.

Si de plus les marchés sont complets, la probabilité Q est unique.

Comme précédemment, on dit alors que Q est la probabilité corrigée du risque.

Démonstration. La propriété a) découle de la relation [8] en posant : $q_m = R\lambda_m \quad m = 1, \ldots, M.$

Par définition de R on a :

$$\frac{1}{R} = \sum_{m=1}^{M} \lambda_m$$

ce qui implique que $Q = (q_1, \ldots, q_M)$ est bien une probabilité. Par ailleurs, la relation [8] peut se réécrire :

$$\forall n \quad p_n = \sum_{m=1}^{M} \frac{q_m}{R} a_{mn} \qquad [12]$$

ce qui achève la démonstration de a).

La propriété b) s'obtient immédiatement en multipliant [12] par $\dfrac{R}{p_n}$. Cela donne :

$$R = \sum_{m=1}^{M} q_m \frac{a_{mn}}{p_n}$$

ou encore :

$$r = \sum_{m=1}^{M} q_m \left(\frac{a_{mn}}{p_n} - 1 \right) \qquad [13]$$

---

10. r est donc son rendement net, que l'on appelle le taux sans risque.

$\dfrac{a_{mn}}{p_n} - 1$ n'est rien d'autre que le rendement (net) de l'actif n dans l'état m. Le membre de droite de la relation [13] est donc l'espérance sous Q du rendement net du titre n, ce qui établit la propriété b).

2.6. L'extension à plusieurs périodes

Elle ne comporte que des difficultés de notation. La façon la plus simple de procéder consiste à reproduire T fois le modèle statique à l'identique, ce qui se représente sous forme d'un arbre.

Schéma 1 – Le modèle de l'arbre (cas général)

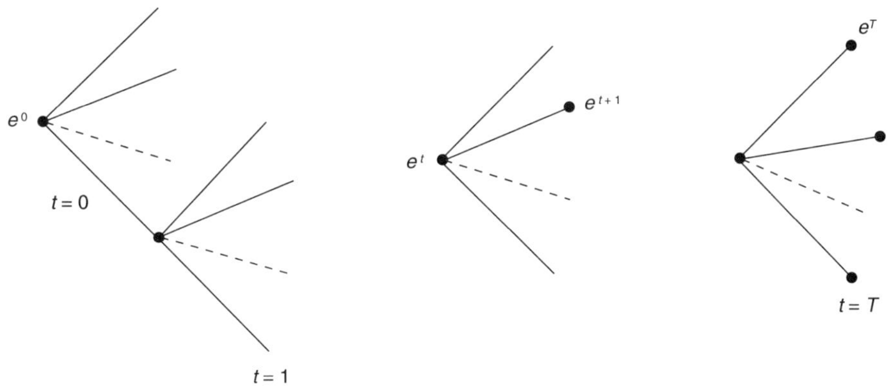

Nous avons donc T périodes (et $T+1$ dates $t = 0, \ldots, T$) et chaque sommet de l'arbre est repéré par un vecteur $e^t = (e_1, \ldots, e_t)$ décrivant le chemin (unique) qui joint le sommet initial (que l'on peut noter e^0) au sommet e^t. C'est-à-dire que $e_1, \ldots, e_t$ sont des nombres compris entre 1 et M donnant les numéros des branches successives qui ont été parcourues. Pour fixer les idées, nous avons explicité complètement le cas où $M = T = 2$ (schéma 2).

Schéma 2 – Le modèle de l'arbre dans le cas particulier où $M = T = 2$

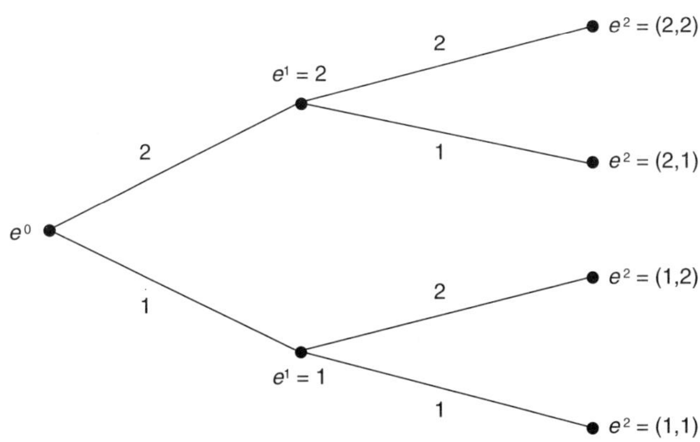

Dans le modèle binomial (voir par exemple Cox-Ross-Rubinstein, 1979, ou Ho-Lee, 1981), on identifie les états comportant les mêmes nombres de 1 et de 2, ce qui diminue considérablement le nombre total d'états du monde. Nous ne procéderons cependant pas de cette manière, car cela compliquerait la présentation des résultats. De même, nous donnerons une version simplifiée de l'hypothèse d'absence d'opportunité d'arbitrage (pour la version générale, voir Demange-Rochet, 1992, chapitre B2).

Définition. *On dit qu'il y a une opportunité d'arbitrage (instantanée) à la date t et dans l'état du monde e^t si l'on peut trouver un portefeuille $\theta \in \mathbb{R}^N$ tel que son prix à la date t et dans l'état e^t est négatif et sa valeur de liquidation à la date $t+1$ (y compris les dividendes auxquels il donne droit) est positive pour tous les successeurs immédiats de e^t.*

Pour traduire cette définition en termes mathématiques, nous avons besoin de trois notations :

– $p(e^t)$[11] $\in \mathbb{R}^N$: vecteur des prix des actifs dans l'état e^t ;

– $d(e^t) \in \mathbb{R}^N$: vecteur des paiements intermédiaires (que nous appellerons dividendes) auquel chaque titre donne droit dans l'état e^t. Par convention, les échanges de titres ont lieu après le versement des dividendes. Les prix $p_n(e^t)$ sont donc dits « ex-dividendes » ;

$e^{t+1} > e^t$ signifie que e^{t+1} est l'un des successeurs de e^t. Grâce à nos conventions, deux états différents à la date t ne peuvent jamais avoir le même successeur à la date $t+1$.

Par ailleurs, nous avons supposé que chaque sommet non terminal e^t a exactement M successeurs ; nous les noterons ainsi :

$$e^{t+1} = (e_1, \ ..., \ e_t, \ m) = (e^t, \ m) \quad m = 1, \ ..., \ M$$

Nous pouvons donc calculer, pour chaque actif et pour chaque successeur immédiat de e^t, le revenu total procuré par la vente de cet actif n dans l'état (e^t, m) :

$$a_{mn}(e^t) = p_n(e^t, \ m) + d_n(e^t, \ m) \qquad [14]$$

La matrice ainsi obtenue est notée $A(e^t)$. Nous dirons que les marchés sont dynamiquement complets si, pour tout e^t, cette matrice est de rang M.

Nous sommes maintenant en mesure d'expliciter la version dynamique de l'hypothèse *H1* (AOA) :

$$\forall t \leq T-1, \ \forall e^t, \ \forall \theta \in \mathbb{R}^N, \quad A(e^t)\,\theta \geq 0 \quad \Rightarrow \quad \langle p(e^t), \ \theta \rangle \geq 0 \qquad [15]$$

Cette hypothèse ne fait que requérir la condition *H1* à toutes les dates $t = 0, \ ..., \ T-1$ et dans tous les états e^t.

Par une application immédiate des résultats 6 et 7, il découle alors le résultat 9.

---

11. On devrait repréciser également qu'on se place à la date t. Comme il n'y a pas d'ambiguïté, nous omettrons cette mention.

Résultat 9. *La version dynamique de l'hypothèse d'AOA implique l'existence, pour tout sommet non terminal* e^t *(avec donc* $t \leq T-1$*), d'un vecteur* $\lambda(e^t)$ *de poids positifs* ($\lambda(e^t) \in \mathbb{R}_+^M$) *tel que :*

$$\forall n \quad p_n(e^t) = \sum_{m=1}^{M} \lambda_m(e^t)\, a_{mn}(e^t) \qquad [16]$$

Quand les marchés sont (dynamiquement) complets, ce vecteur est unique pour tout e^t.

La notion de marchés dynamiquement complets appelle un commentaire. Dans un modèle à T périodes et M branches par sommet non terminal de l'arbre, le nombre total d'états terminaux est M^T. De même, le nombre total de sommets de l'arbre est $\{1 + M + \cdots + M^T\}$. Le nombre minimum d'actifs contingents nécessaires pour avoir des marchés complets est donc ce nombre moins un, c'est-à-dire $\{M + \cdots + M^T\}$, ce qui peut être astronomique. Toutefois, Arrow (1953) a montré que le même résultat peut être atteint par l'échange répété (en chaque sommet non terminal de l'arbre) d'un petit nombre (en l'occurrence M) de titres indépendants. C'est la notion de marchés dynamiquement complets. La question délicate est alors la vérification de l'indépendance des titres puisque leurs prix sont endogènes. Cette question a été résolue par Bajeux (1989).

Il est facile de voir que, si l'on connaît l'ensemble des vecteurs $\lambda(e^t)$ pour tout sommet non terminal e^t, il est possible d'établir une formule d'actualisation comme dans le cas déterministe. $\lambda_{e_{t+1}}(e^t)$ s'interprète en effet comme le prix dans l'état e^t du bien contingent qui donne 1 F dans l'état $e^{t+1} = (e^t,\ e_{t+1})$ et rien ailleurs. Pour trouver le prix à la date 0 de ce même bien contingent, que l'on va noter $\Lambda(e^{t+1})$, il suffit de composer les λ comme des probabilités de transition :

$$\Lambda(e^{t+1}) = \lambda_{e_1}(0)\ \lambda_{e_2}(e^1)\ \cdots\ \lambda_{e_{t+1}}(e^t) \qquad [17]$$

On peut alors voir aisément, par récurrence sur les formules [16] et [14], que l'on a :

$$\forall n \quad p_n(e^0) = \sum_{t=1}^{T} \sum_{e^t} \Lambda(e^t)\, d_n(e^t) \qquad [18]$$

Autrement dit, le prix du titre n à la date 0 est égal à la somme actualisée de ses « dividendes » futurs, l'actualisation portant à la fois sur le temps ($t = 1, \ldots, T$) et sur le risque (e^t). On a donc obtenu une synthèse entre la formule [1] (actualisation temporelle en univers certain) et la formule [8] (actualisation pour le risque dans un modèle statique).

3. Les choix de portefeuille en temps discret

L'hypothèse d'absence d'opportunité d'arbitrage ne permet d'obtenir que des *relations* entre les prix des actifs financiers : typiquement, le prix d'un actif dérivé en fonction du prix de son sous-jacent. Si l'on veut aller plus loin, et par exemple analyser les déterminants des prix des actifs « de base », il nous faut étudier l'équilibre des marchés financiers. La première étape dans l'étude de cet équilibre est l'analyse des comportements individuels des investisseurs, c'est-à-dire les choix de portefeuille. C'est l'objet de cette section. Nous allons, pour cela, étendre le modèle discret défini dans la section précédente, en spécifiant les comportements individuels. Nous commencerons par le modèle le plus simple, qui ne comprend qu'une seule période. Nous étendrons ensuite ce modèle à plusieurs périodes, et conclurons par un exemple simple de modèle d'équilibre des marchés financiers : le modèle de Lucas (1978).

3.1. Le cas d'une seule période

Rappelons les caractéristiques du modèle statique du paragraphe 2.2. Il comprend 2 dates ($t = 0, 1$) et M états du monde ($m = 1, \ldots, M$) à la date 1. Il y a N actifs financiers ($n = 1, \ldots, N$), caractérisés par leurs prix p_n à la date 0 et par le vecteur

$$a_n = \begin{pmatrix} a_{1n} \\ \vdots \\ a_{Mn} \end{pmatrix}$$

de leurs valeurs de liquidation possibles à la date 1. Comme précédemment, un portefeuille de titres est représenté par le vecteur

$$\theta = \begin{pmatrix} \theta_1 \\ \vdots \\ \theta_N \end{pmatrix}$$

où θ_n désigne (pour $n = 1, \ldots, N$) le nombre de titres n présents dans le portefeuille.

Considérons un investisseur qui désire investir une richesse initiale W_0 (à $t = 0$) et dont les préférences vis-à-vis du risque sont représentées par une fonction d'utilité de Von Neumann et Morgenstern u (supposée croissante, concave et deux fois dérivable)[12]. Le problème de choix de portefeuille peut alors être représenté par le programme d'optimisation sous contrainte suivant :

$$(\mathcal{P}_1) \begin{cases} \max\limits_{\theta \in R^N} \sum\limits_{m=1}^{M} \pi_m u(W_m) \\ \text{sous les contraintes :} \\ W_m = \sum\limits_{n=1}^{N} a_{mn}\theta_n \qquad m = 1, \ldots, M & [19] \\ W_0 = \sum\limits_{n=1}^{N} p_n \theta_n & [20] \end{cases}$$

Dans ce programme, π_m désigne la probabilité d'occurrence de l'état du monde m et W_m la richesse de l'investisseur dans l'état m. Plutôt que de considérer le vecteur $W = (W_1, \ldots, W_M)$ comme une variable supplémentaire, nous allons reporter chacune des contraintes [19] dans la fonction objectif de

12. Pour les justifications axiomatiques de cette fonction d'utilité, voir par exemple Laffont (1983) ou Henriet et Rochet (1991).

$\mathcal{P}_1$, ce qui nous permet de calculer la fonction d'utilité indirecte de l'investisseur :

$$U(\theta) \stackrel{d}{=} \sum_{m=1}^{M} \pi_m u \left(\sum_{n=1}^{N} a_{mn} \theta_n \right) \qquad [21]$$

La fonction U doit alors être maximisée sous la seule contrainte budgétaire [20], ce qui permet d'exprimer le problème de choix de portefeuille sous une forme analogue au choix de consommation en théorie micro-économique. Remarquons toutefois une différence importante : si les ventes à découvert sont autorisées, le vecteur θ peut avoir des composantes négatives et l'ensemble des θ admissibles, déterminé par la seule contrainte [20], n'est pas borné. L'existence d'une solution au problème $\mathcal{P}_1$ n'est pas garantie sans hypothèse supplémentaire (pour un exemple de problème de choix de portefeuille qui n'a pas de solution, voir Leland, 1972). Toutefois, si l'on suppose que $\mathcal{P}_1$ admet bien une solution θ^*, le théorème de Lagrange permet de caractériser cette solution de manière simple.

Résultat 10. *Si le problème $\mathcal{P}_1$ admet une solution θ^*, associée au vecteur W^* de richesse aléatoire à la date 1 $\left(W_m^* = \sum_{n=1}^{N} a_{mn} \theta_n^*,\ m = 1, ..., M \right)$, il existe un nombre positif μ tel que :*

$$\forall n \quad p_n = \frac{1}{\mu} \sum_{m=1}^{M} \pi_m u'(W_m^*)\, a_{mn} \qquad [22]$$

Démonstration. Désignons par μ le multiplicateur de Lagrange associé à la contrainte [20]. Le lagrangien du problème $\mathcal{P}_1$ s'écrit :

$$\mathcal{L}(\theta) = U(\theta) + \mu \left(W_0 - \sum_{n=1}^{N} p_n \theta_n \right)$$

En utilisant l'expression de $U(\theta)$ donnée par [21], il est possible de calculer les dérivées partielles du lagrangien au point θ^* :

$$\frac{\partial \mathcal{L}}{\partial \theta_n}(\theta^*) = \sum_{m=1}^{M} \pi_m u'(W_m^*)\, a_{mn} - \mu p_n$$

A l'optimum, toutes ces dérivées partielles sont nulles, ce qui donne bien [22].

Une conséquence immédiate du résultat [10], qui s'obtient en comparant [22] et [8], est que l'existence d'un portefeuille optimal θ^* implique l'absence d'opportunité d'arbitrage[13]. Il suffit de prendre le vecteur λ de prix d'états défini par :

$$\forall m, \quad \lambda_m = \frac{\pi_m u'(W_m^*)}{\mu} \qquad [23]$$

13. Ceci n'a rien d'étonnant : s'il existait une possibilité d'arbitrage, notre investisseur pourrait l'exploiter sans limite et obtenir ainsi une espérance d'utilité infinie.

S'il existe un actif sans risque, on peut définir comme précédemment une probabilité corrigée du risque en posant :

$$\forall m, \quad q_m = \frac{\lambda_m}{\sum_{s=1}^{M} \lambda_s}$$

ce qui donne :

$$\forall m \quad q_m = \frac{\pi_m u'(W_m^*)}{\sum_{s=1}^{M} \pi_s u'(W_s^*)} \qquad [24]$$

On est donc en mesure de comparer la probabilité corrigée du risque q (implicite dans les choix de portefeuille de l'investisseur) avec la véritable probabilité π. La formule [24] ci-dessus montre que q_m/π_m est proportionnel à $u'(W_m^*)$ et donc que q charge (relativement) plus les états du monde m où l'utilité marginale de l'investisseur $u'(W_m^*)$ est élevée, c'est-à-dire (du fait que u est concave et donc que u' est décroissante) les états du monde où W_m^* est faible. Il y a coïncidence entre q et π uniquement lorsque $u'(W_m^*)$ est une constante, ce qui veut dire, soit que l'investisseur est neutre au risque (u est linéaire), soit qu'il a réussi à obtenir une assurance complète (W_m^* est constante). Remarquons également que, en général, deux investisseurs différents ont des probabilités implicites q différentes, sauf dans le cas où les marchés sont complets. Dans cette situation, en effet, il existe un seul vecteur de prix d'états possible :

$$\lambda =^t A^{-1} p$$

Par conséquent, les vecteurs d'utilités marginales de ces deux investisseurs différents j et k dans tous les états du monde à la date 1 seront tous deux proportionnels au vecteur λ. Ceci veut dire que les taux marginaux de substitutions entre W_m et W'_m sont égaux pour tous les investisseurs, quels que soient les deux états m et m'. On a alors une allocation optimale des risques dans l'économie (voir par exemple Laffont, 1983).

3.2. Les choix de portefeuille sur plusieurs périodes

Nous reprenons les notations du paragraphe 2.6. : on a T périodes (et $T + 1$ dates $t = 0, \ldots, T$) et l'incertitude est représentée par un arbre dont les différents sommets sont repérés par des vecteurs $e^t = (e_1, \ldots, e_t)$. Ces nombres $e_1, \ldots, e_t$, compris entre 1 et M, donnent les numéros des branches successives qui ont été parcourues. Les caractéristiques des N titres échangés ($n = 1, \ldots, N$) sont données par :

– $p(e^t) \in \mathbb{R}^N$, le vecteur des prix des actifs dans l'état e^t,
– $d(e^t) \in \mathbb{R}^N$, le vecteur des « dividendes » versés par ces titres dans l'état e^t.

Une *stratégie de portefeuille* pour l'investisseur correspond à la donnée, pour chaque sommet non terminal e^t, du vecteur $\theta(e^t)$ déterminant les nombres

$\theta_n(e^t)$ de titres $n = 1, ..., N$ détenus par l'investisseur. Le revenu procuré par cette stratégie de portefeuille dans chacun des états e^t est donné par :

$$W_\theta(e^t) = \sum_{n=1}^{N} \{\underbrace{(\theta_n(e^{t-1}) - \theta_n(e^t))\, p_n(e^t)}_{\substack{\text{valeurs nettes} \\ \text{des transactions effectuées}}} + \underbrace{\theta_n(e^{t-1})\, d_n(e^t)}_{\substack{\text{dividendes} \\ \text{reçus}}}\} \qquad [25]$$

Désignons maintenant par $\pi(e^t)$ la probabilité de l'état e^t, pour tout sommet de l'arbre, et par $\delta < 1$ le facteur d'actualisation psychologique de l'investisseur. Sa fonction objectif s'écrit alors :

$$U = \sum_{t=1}^{T} \sum_{e^t} \delta^t \pi(e^t)\, u(W_\theta(e^t)) \qquad [26]$$

L'investisseur cherche la stratégie θ qui maximise U sous la contrainte budgétaire initiale :

$$W_0 = \sum_{n=1}^{N} \theta_n(e^0)\, p_n(e^0) \qquad [27]$$

les contraintes budgétaires ultérieures étant données par [25]. Comme dans le cas statique, une solution à ce problème ne peut exister qu'en cas d'absence d'opportunité d'arbitrage.

On peut alors utiliser les facteurs d'actualisation obtenus dans la formule [17] et montrer que les contraintes [25] et [27] impliquent la relation :

$$W_0 = \sum_{t=1}^{T} \sum_{e^t} \Lambda(e^t)\, W_\theta(e^t) \qquad [28]$$

Autrement dit, la somme actualisée des revenus procurés par la stratégie de portefeuille est égale à la richesse initiale de l'investisseur : on voit bien l'importance sous-jacente de l'hypothèse d'absence d'opportunité d'arbitrage.

Si maintenant on suppose également que les marchés sont (dynamiquement) complets, on a *équivalence* entre la contrainte budgétaire unique [28] et les contraintes décentralisées [25] et [27]. Autrement dit, tout processus de revenu $W(e^t)$ vérifiant la contrainte :

$$W_0 = \sum_{t=1}^{T} \sum_{e^t} \Lambda(e^t)\, W(e^t) \qquad [29]$$

peut être obtenu par une stratégie de portefeuille $\theta(\,.\,)$ vérifiant [25] et [27]. Dans ce cas, le problème intertemporel de choix de portefeuille (qui relève *a priori* de techniques complexes d'optimisation dynamique) peut se ramener au problème très simple d'optimisation statique suivant :

$$\mathcal{P}_2 \begin{cases} \max \displaystyle\sum_{t=1}^{T} \sum_{e^t} \delta^t \pi(e^t)\, u(W(e^t)) \\ \displaystyle\sum_{t=1}^{T} \sum_{e^t} \Lambda(e^t)\, W(e^t) = W_0 \end{cases}$$

Désignons par $V(W_0)$ la valeur de ce programme et par μ le multiplicateur de Lagrange associé à la contrainte budgétaire (unique) ; μ s'interprète comme l'utilité marginale de la richesse $V'(W_0)$ pour l'investisseur dans l'état e^0. La condition du premier ordre, qui caractérise la solution $W^*(\,.\,)$ du problème $\mathcal{P}_2$, s'écrit alors simplement :

$$\forall t,\ \forall e^t, \quad \delta^t \pi(e^t)\, u'(W^*(e^t)) = \mu \Lambda(e^t),$$

ou encore :

$$\Lambda(e^t) = \delta^t \pi(e^t)\, \frac{u'(W^*(e^t))}{V'(W_0)} \qquad [30]$$

Cette formule met bien en évidence les trois composantes du facteur d'actualisation :

– la préférence pour le présent de l'investisseur représentée par le terme δ^t,
– la probabilité de l'événement e^t,
– le taux marginal de substitution de la richesse entre e^0 et e^t.

Ayant ainsi déterminé le comportement individuel des investisseurs, nous allons maintenant pouvoir étudier la détermination des prix à l'équilibre des marchés financiers.

3.3. La détermination des prix à l'équilibre des marchés financiers

Nous étudierons, dans le dernier paragraphe de cet article, l'exemple le plus simple, dû à Lucas (1978), d'un modèle d'équilibre général intertemporel dans lequel les prix des actifs financiers sont complètement déterminés par les caractéristiques exogènes de l'économie réelle, à savoir la technologie et les préférences des consommateurs. Nous irons donc bien au-delà de la valorisation par arbitrage qui, comme nous l'avons vu, ne fournit que des *relations* entre les prix des actifs financiers. Le prix à payer pour obtenir cette valorisation d'équilibre est le recours à des hypothèses simplificatrices que certains peuvent considérer comme trop restrictives[14].

C'est le cas par exemple de l'hypothèse d'existence d'un agent « représentatif », c'est-à-dire dont les choix de consommation et d'épargne sont identiques aux choix agrégés de l'ensemble des agents de l'économie. Comme la théorie du consommateur nous l'a appris, cette hypothèse n'est raisonnable que si l'on fait des restrictions considérables sur les préférences individuelles et la distribution des richesses. Nous allons ici plutôt postuler la complétude des marchés financiers qui, comme nous l'avons vu, implique la Pareto-optimalité de l'allocation des risques dans l'économie. Par un argument classique de convexité, cette allocation d'équilibre peut donc s'obtenir par la maximisation d'une somme pondérée des utilités individuelles. Cette astuce technique nous permettra de simplifier considérablement les calculs. Venons-en maintenant au modèle de Lucas proprement dit.

La façon la plus simple de décrire ce modèle est d'utiliser l'apologue des « pommiers » : on a une économie d'échange où K consommateurs ($k = 1$,

14. Nous adopterons, en ce qui nous concerne, l'approche méthodologique de Friedman, qui consiste à juger les modèles non par le réalisme de leurs hypothèses, mais par celui de leurs conclusions.

..., K) vivent de l'exploitation de N pommiers ($n = 1, \ldots, N$) fournissant des récoltes aléatoires. Pour simplifier, on considère un modèle markovien stationnaire où toute l'information pertinente à la date t est résumée par l'état du monde $e_t (e_t \in \{1, \ldots, M\})$. Cet état du monde détermine à la fois la récolte $d_n(e_t)$ de chacun des pommiers ($n = 1, \ldots, N$) et les probabilités de transition $\pi(e_t, e_{t+1})$ vers l'état e_{t+1} à la date $t+1$. On a un seul bien de consommation (les « pommes ») qui est pris comme numéraire. Ce bien est supposé non stockable et on néglige les coûts d'exploitation des pommiers. Consommateurs et pommiers ont une durée de vie infinie. Enfin, les titres de propriété des pommiers sont parfaitement divisibles et sont échangés sur des marchés financiers parfaits et concurrentiels. Si la matrice

$$D = (d_n(e))_{\substack{n \leq N \\ e \leq M}}$$

des dividendes des différents titres dans les différents états du monde est de rang M, on peut montrer que les marchés sont dynamiquement complets en tout équilibre markovien stationnaire en anticipations rationnelles. Un tel équilibre est défini par N fonctions de prix $e \to p_n^*(e)$ qui donnent les prix des N actifs en fonction de l'état du monde courant et qui sont telles que, si les K consommateurs anticipent cette loi de formation des prix (qui ne dépend que de l'état du monde courant – d'où l'adjectif markovien – et ne varie pas au cours du temps – d'où l'adjectif stationnaire) alors les marchés financiers seront effectivement en équilibre (d'où le terme d'anticipations rationnelles).

Comme nous l'avons vu, l'équilibre de marchés financiers (dynamiquement) complets conduit à une allocation Pareto-optimale des risques, qui peut donc être obtenue par la maximisation d'une somme pondérée des utilités individuelles sous les contraintes de réalisabilité.

On suppose que les préférences individuelles sont du type suivant :

$$U_k(\tilde{c}_k) = E\left[\sum_{t=0}^{+\infty} \delta^t u_k(\tilde{c}_{kt})\right] \quad k = 1, \ldots, K \qquad [31]$$

où $\tilde{c}_k = (c_{k0}, \tilde{c}_{k1}, \ldots, \tilde{c}_{kt}, \ldots)$ désigne la suite infinie (aléatoire) des consommations de l'agent k, $u_k(\,.\,)$ désigne sa fonction d'utilité de Von Neumann-Morgenstern et $\delta < 1$ est le facteur d'actualisation psychologique.

Dans une telle économie, tout optimum de Pareto peut s'obtenir par la maximisation d'une somme pondérée des utilités individuelles sous les contraintes globales de réalisabilité :

$$(\mathcal{P})\begin{cases} \max \displaystyle\sum_{k=1}^{K} \lambda_k U_k(\tilde{c}_k) \\ \forall t, \quad \displaystyle\sum_{k=1}^{K} \tilde{c}_{kt} = \sum_{n=1}^{N} d_n(\tilde{e}_t) \end{cases} \qquad [32]$$

Du fait de la séparabilité et de la stationnarité du modèle, on voit aisément que $(\mathcal{P})$ peut se décomposer. On définit ainsi la fonction auxiliaire :

$$\mathcal{P}_1 \begin{cases} v(c) = \max \sum_{k=1}^{K} \lambda_k u_k(c_k) \\ \sum_{k=1}^{K} c_k = c \end{cases} \qquad [33]$$

que l'on interprète comme la fonction d'utilité d'un agent représentatif. La solution de $(\mathcal{P}_1)$ est notée $(c_1^*(c), \ldots, c_K^*(c))$. Elle est caractérisée par les conditions du premier ordre :

$$\forall k \quad \lambda_k u_k'[c_k^*(c)] = \mu(c) \qquad [34]$$

où $\mu(c)$ est le multiplicateur de Lagrange associé à la contrainte [33], qui est aussi égal à $v'(c)$, l'utilité marginale de l'agent représentatif.

La solution du problème $\mathcal{P}$ s'obtient alors simplement par les relations :

$$\forall k, \ \forall t \quad \tilde{c}_{kt} = c_k^* \left(\sum_{n=1}^{N} d_n(\tilde{e}_t) \right)$$

On voit donc que, en un optimum de Pareto, les décisions de consommation individuelles ne dépendent que de la « récolte » totale :

$$d(e) = \sum_{n=1}^{N} d_n(e)$$

En particulier, s'il n'y a pas de risque agrégé, au sens où $d(e)$ est constante pour tout e, alors les consommations individuelles sont constantes : le risque individuel a été complètement diversifié. C'est aussi le cas si l'un des agents est neutre au risque, car alors son utilité marginale est constante, ce qui implique que le multiplicateur $\mu(c)$ est constant.

Les prix d'équilibre des marchés financiers peuvent alors s'obtenir simplement comme ceux qui permettent de décentraliser un tel optimum, c'est-à-dire comme les prix qui conduiraient un agent représentatif (de fonction d'utilité $v(\,.\,)$, définie par le programme $\mathcal{P}_1$) à détenir un portefeuille constitué de l'ensemble des titres disponibles dans l'économie.

On peut donc se ramener au problème du choix d'un portefeuille individuel étudié plus haut. Une adaptation immédiate de la formule [22] nous donne alors les prix $p_n^*(e)$[15] des différents actifs $(n = 1, \ldots, N)$ dans les différents états du monde possibles $(e = 1, \ldots, M)$. On obtient :

$$\forall n, \ \forall e \quad p_n^*(e) = \sum_{e'=1}^{M} \delta\pi(e', e) \frac{v'(d(e'))}{v'(d(e))} (d_n(e') + p_n^*(e')) \qquad [35]$$

15. Il s'agit du prix « ex-dividendes », c'est-à-dire que l'on se place après la distribution des dividendes courants.

Si l'on veut exprimer les prix p_n^* de manière explicite, il suffit de résoudre la formule [35] par itération. On obtient :

$$\forall n, \ \forall e \quad p_n^*(e) = \sum_{t=1}^{+\infty} \sum_{e_t=1}^{M} \delta^t \pi_t(e_t | e_0 = e) \, \frac{v'(d(e_t))}{v'(d(e))} \, d_n(e_t) \qquad [36]$$

où $\pi_t(e_t|e_0 = e)$ désigne la probabilité de transition entre l'état e à la date 0 et l'état e_t à la date t.

*

* *

Cet article a permis de passer en revue les principales méthodes de valorisation d'actifs financiers qui utilisent des modèles discrets. Nous avons vu successivement la valorisation par absence d'opportunité d'arbitrage (qui requiert peu d'hypothèses, mais a un champ d'application limité) et la valorisation d'équilibre (beaucoup plus lourde à appliquer, mais conceptuellement plus satisfaisante). Bien que les modèles continus[16] soient plus populaires auprès des théoriciens et de nombreux praticiens, les modèles discrets ont le double avantage d'être élémentaires sur le plan mathématique et plus faciles à appliquer à des actifs dérivés complexes. Ils ont sans doute encore un bel avenir.

Références

ARROW K.J., « Le rôle des valeurs boursières pour la répartition la meilleure des risques », *Cahiers du Séminaire d'Econométrie* (1953), p. 41-47, Paris, CNRS.

BAJEUX I., « Modèles discrets de gestion de portefeuille et de valorisation d'instruments financiers », Thèse de doctorat, Université de Paris IX-Dauphine, 1989.

BLACK F., SCHOLES M., « The Pricing of Options and Corporate Liabilities », *Journal of Political Economy* (81, 1973), p. 637-659.

COX J.C., ROSS S., RUBINSTEIN M., « Option Pricing : a Simplified Approach », *Journal of Financial Economics* (7, 1979), p. 229-263.

DEMANGE G., ROCHET J.C., *Méthodes mathématiques de la finance*, Paris, Economica, 1992.

HENRIET D., ROCHET J.C., *Microéconomie de l'assurance*, Paris, Economica, 1991.

HO T.S.Y., LEE S.B., « Term Structure Movements and Pricing Interest Rate Claims », *Journal of Finance* (61, 1986), p. 1011-1028.

LAFFONT J.J., *Cours de théorie microéconomique*, vol. 2, Paris, Economica, 1983.

LELAND H., « Existence and Diversification of Optimal Portfolio Policies », *Journal of Economic Theory* (4, 1977), p. 35-44.

LUCAS R., « Asset Prices in an Exchange Economy », *Econometrica* (46, 1978), p. 1429-1445.

Mots clés

Actualisation, arbitrage, bien contingent, choix de portefeuille, formule de Cox-Ross-Rubinstein, marché à terme, marchés complets, marchés dynamiquement complets, modèle binomial, modèle de Lucas, modèle discret, option, partage des risques, probabilité corrigée du risque, relation de parité put-call, valorisation d'équilibre, valorisation par arbitrage.

16. Voir dans cette ***Encyclopédie*** l'article de M. Jeanblanc-Picqué et R.A. Dana, « Arbitrage et équilibre en temps continu », p. 86, tome 1.

Arbitrage et équilibre en temps continu

6

Monique Jeanblanc-Picqué et Rose-Anne Dana

Grâce aux techniques du calcul stochastique, l'étude des marchés financiers en temps continu a connu une forte expansion depuis les travaux de Merton. Dans ces quelques pages, nous désirons initier le lecteur à ces méthodes et nous énonçons les résultats importants. Nous nous adressons à un public possédant quelques notions de calcul des probabilités. Il est bien sûr impossible de donner des démonstrations, et ce n'est d'ailleurs pas le but de cet article. Le lecteur peu au fait du vocabulaire trouvera la définition des mots en italique dans l'annexe. Nous avons donné une importante bibliographie, en nous limitant aux articles parus au moment où nous écrivons ces lignes. Pour ne pas alourdir la présentation, certains des énoncés restent volontairement imprécis quant aux hypothèses requises ; le lecteur pourra consulter les références citées pour de plus amples précisions.

Une opportunité d'arbitrage est définie généralement comme une stratégie auto-finançante qui ne nécessite pas de mise de fonds au départ, et qui rapporte un gain positif dans tous les états du monde. L'absence d'opportunité d'arbitrage (AOA) se traduit généralement par l'existence d'une probabilité, appelée mesure martingale, équivalente à la probabilité de départ, sous laquelle les prix actualisés sont des martingales.

Cette définition et ce résultat, séduisants par leur simplicité, appellent immédiatement des remarques. Comment définir en temps continu une stratégie auto-finançante, et qu'appelle-t-on état du monde ? Comment actualiser ? L'existence d'une mesure martingale est-elle équivalente à l'AOA ? Cette nouvelle probabilité est-elle un artifice mathématique ou un outil de calcul ? Quelles sont les conséquences mathématiques d'une telle hypothèse ? En temps discret, on relie la complétion des marchés à l'unicité d'une telle probabilité[1]. Ce résultat reste-t-il valable en temps continu ? Comment aborder le problème de la gestion de portefeuille ? Comment justifier la dynamique des prix dans un cadre d'équilibre général ? Nous allons essayer de répondre à ces différentes questions.

---

1. Voir dans cette ***Encyclopédie*** l'article de J.C. Rochet, « Arbitrage et équilibre dans les modèles discrets », p. 64, tome 1.

Dans un premier temps, nous évoquons la notion de stratégie auto-finançante. Puis, nous consacrons quelques développements à la notion d'arbitrage, en lui donnant un équivalent mathématique et en étudiant ses conséquences sur la modélisation. La notion de système complet de marchés et les techniques de valorisation dans les systèmes de marché de ce type sont ensuite introduites, en se restreignant au cas où les prix des actifs sont continus. Nous étudions ensuite un problème de gestion optimale de portefeuille pour terminer sur le problème de l'équilibre général.

1. La modélisation stochastique

1.1. Les prix des actifs

En temps continu, les prix des actifs sont supposés pouvoir prendre toute valeur positive, ou tout au moins une infinité non dénombrable de valeurs positives, et doivent être définis à tout instant t. Le prix d'un actif est modélisé par un *processus aléatoire* dont on cherchera à décrire la loi. Il s'agira de préciser non seulement la loi de probabilité du prix d'un actif à chaque instant t, mais également les lois jointes du prix de cet actif à différents instants. Il faudra pour cela préciser la dynamique du prix de l'actif ou, en d'autres termes, l'équation différentielle qu'il vérifie. La dynamique des prix de plusieurs actifs sera représentée le cas échéant par un système d'équations différentielles.

1.2. L'espace de probabilité

Pour modéliser les prix, on se place sur un espace de probabilité $(\Omega,\ \mathcal{F},\ P)$ sur lequel on construit toutes les variables aléatoires, $\mathcal{F}$ désignant la *tribu* de référence. On spécifie quels sont les ensembles que le marché considère comme impossibles en les regroupant dans une famille dite des négligeables. Cette famille comporte les ensembles de probabilité nulle, et dépend fortement de la probabilité choisie. Il est nécessaire de préciser quelles sont les variables connues par les agents à l'instant t, et l'on introduit pour cela une tribu, notée $\mathcal{F}_t$, représentant l'information révélée à l'instant t ; en particulier, les prix de la date t sont connus à cette date, ce qui se traduit formellement par l'hypothèse selon laquelle le processus $(S_t,\ t \geq 0)$ est $(\mathcal{F}_t,\ t \geq 0)$-adapté, c'est-à-dire que pour tout t la variable aléatoire S_t est $\mathcal{F}_t$-mesurable. Si le processus de prix admet des sauts, il est naturel de penser que ces sauts ne sont pas connus à l'avance et on prend généralement le processus *continu à droite, pourvu de limites à gauche*, ceci essentiellement pour des raisons techniques.

Il est supposé que l'information n'est jamais oubliée (les intervenants gardent en mémoire les prix du passé), ce que l'on traduit en termes formels par $\mathcal{F}_s \subset \mathcal{F}_t$ pour $s \leq t$. Sous cette condition, la famille $(\mathcal{F}_t,\ t \geq 0)$ est appelée une filtration. Des hypothèses techniques sur la filtration, regroupées sous le nom d'hypothèses habituelles, sont requises :

- la tribu $\mathcal{F}_0$ est engendrée par les ensembles négligeables,
- la filtration est « continue à droite », c'est-à-dire que $\mathcal{F}_t = \bigcap_{t \leq s} \mathcal{F}_s$.

La probabilité P est qualifiée de probabilité historique. Les lois des prix des actifs sont relatives à cette probabilité.

Nous travaillerons, dans ce qui suit, sous les hypothèses très générales suivantes : les processus de prix sont définis sur un espace de probabilité filtré $(\Omega, \mathcal{F}, \mathcal{F}_t, P)$; ils sont adaptés *càdlàg* ; la filtration vérifie les hypothèses habituelles.

Pour que les objets utilisés soient définis, on impose souvent des conditions d'intégrabilité, la plus fréquente étant que les processus θ appartiennent à $L^2(\Omega \times \mathbb{R}^+)$; plus précisément, un processus $(\theta(t),\ t \geq 0)$ est dit de carré intégrable dans $\Omega \times \mathbb{R}^+$ si :

$$\forall t \geq 0,\ E\left(\int_0^t |\theta(s)|^2\, ds\right) < \infty$$

Nous supposerons également qu'il existe un actif, appelé actif sans risque, dont le prix suit l'équation différentielle ordinaire suivante :

$$dS^0(t) = S^0(t)\ r(t)\ dt \qquad [1]$$

avec la condition initiale $S^0(0) = 1$, ce qui conduit à $S^0(t) = \exp \int_0^t r(s)\ ds$. Le rendement instantané $r(t)$ de cet actif est un processus sur lequel on est amené à faire quelques hypothèses techniques. Par exemple, r est un processus adapté, continu, positif et borné (mais il est possible de travailler avec des hypothèses moins restrictives). Bien que r puisse être aléatoire, cet actif est appelé sans risque, car sa valeur à l'instant t est donnée explicitement en fonction des valeurs de $r(s)$ entre 0 et t : il n'y a pas de source extérieure de hasard.

1.3. Auto-financement

Nous avons évoqué, dans l'introduction, le concept de stratégie auto-finançante. Nous allons définir cette notion dans un contexte de temps continu, ce qui nous amène à introduire de nouveaux concepts mathématiques.

On se place sur un marché comportant $d+1$ actifs, dont un actif sans risque[2], et on note $S^i(t)$ le prix à l'instant t du i-ième actif risqué (avec $1 \leq i \leq d$). Considérons un agent qui détient, à l'instant t, $\theta_i(t)$ parts du i-ième actif. Aucune condition de signe n'est imposée sur le nombre de parts détenues (qui n'est pas nécessairement un entier) : les ventes à découvert sont autorisées.

On étudie le cas simplifié d'un marché sans coûts de transaction.

1.3.1. Les stratégies élémentaires

Nous allons tout d'abord présenter les stratégies élémentaires, qui sont des stratégies où le réajustement n'a lieu qu'à un nombre fini d'instants. Considérons donc un agent financier qui recompose son portefeuille aux instants $(t_k,\ 0 \leq k \leq N)$ avec $0 = t_0 < \cdots < t_k < t_{k+1} < \cdots < t_N = T$, T jouant le rôle d'un horizon, fini ou non. Entre les instants t_k et t_{k+1}, l'agent détient θ_i^k parts de l'actif i. On notera θ^k (resp. $S(t)$) le vecteur de dimension $d+1$, de composantes θ_i^k (resp. $S^i(t)$). Pour $t \in]t_k,\ t_{k+1}]$, le portefeuille θ^k de composantes $(\theta_i^k,\ 0 \leq i \leq d)$ a pour valeur $V_t(\theta) = \theta^k \,.\, S(t) = \sum_{i=0}^{d} \theta_i^k S^i(t)$.

2. La présence de l'actif sans risque n'est pas essentielle pour la définition.

Lorsque l'agent choisit son portefeuille, il le fait en tenant compte de l'information qu'il connaît. Il ne peut en aucun cas disposer d'informations sur l'évolution future des prix. On est conduit à supposer que les variables θ_i^k sont $\mathcal{F}_{t_k}$-mesurables. Le processus

$$\theta_i(t) = \mathbb{1}_{[0,\,t_1]}(t)\ \theta_i^0 + \mathbb{1}_{]t_1,\,t_2]}(t)\ \theta_i^1 + \cdots + \mathbb{1}_{]t_{N-1},\,t_N]}(t)\ \theta_i^{N-1}$$

est alors $\mathcal{F}_t$-adapté car, pour tout t dans l'intervalle de temps $]t_k, t_{k+1}]$, $\theta_i(t) = \theta_i^k$ est $\mathcal{F}_{t_k}$-mesurable. Il est continu à gauche, et par suite *prévisible*. Parmi les hypothèses dont on a besoin sur les portefeuilles figurent des hypothèses d'intégrabilité.

Définition 1. *On dit qu'un processus vectoriel $(\theta(t),\ t \geq 0)$ est élémentaire s'il existe une suite de réels t_k, $0 \leq t_0 \leq t_1 \ldots \leq t_n$ et une suite de vecteurs aléatoires $(\theta^k,\ 0 \leq k \leq n-1)$, tels que θ^k soit $\mathcal{F}_{t_k}$-mesurable et appartienne à $L^2(\Omega)$ (soit $E(||\theta^k||^2) < \infty$), et tel que $\theta(t) = \theta^k$ pour tout $t \in]t_k, t_{k+1}]$ (soit $\theta(t) = \sum_{k=0}^{n-1} \theta^k \mathbb{1}_{]t_k,\,t_{k+1}]}(t)$).*

L'agent conserve le portefeuille θ^k entre les instants t_k et t_{k+1} ; sans apport extérieur et sans perte, il répartit sa richesse d'une autre façon dès qu'il connaît les nouveaux prix en t_{k+1}. Son nouveau portefeuille est θ^{k+1}. La richesse de l'agent doit être la même avant et après la recomposition du portefeuille, ce qui s'écrit :

$$\forall k,\ 0 \leq k \leq n-1,\ \sum_{i=0}^{d} \theta_i^k S^i(t_{k+1}) = \sum_{i=0}^{d} \theta_i^{k+1} S^i(t_{k+1})$$

Cette propriété s'écrit aussi, en utilisant la définition de la valeur $V_t(\theta)$ du portefeuille,

$$\forall t \in]t_k,\, t_{k+1}],\ V_t(\theta) = V_{t_k}(\theta) + \sum_{i=0}^{d} \theta_i^k\,(S^i(t) - S^i(t_k))$$

ou, en utilisant une notation intégrale, $V_t(\theta) = V_0(\theta) + \sum_{i=0}^{d} \int_{]0,\,t]} \theta_i(s)\ dS^i(s)$ où l'intégrale qui figure dans le membre de droite est égale à

$$\sum_{j=0}^{k-1} \theta_i^j (S^i(t_{j+1}) - S^i(t_j)) + \theta_i^k (S^i(t) - S^i(t_k))$$

pour $t_k < t \leq t_{k+1}$.

Les processus actualisés sont souvent utilisés. Si on actualise les prix par rapport à l'actif sans risque, le prix actualisé de l'actif i est $S^{i,\,a}(t) = S^i(t)/S^0(t)$, le prix actualisé de l'actif sans risque est constant, égal à 1. La valeur actualisée du portefeuille θ est $V_t^a(\theta) = V_t(\theta)/S^0(t)$ et la propriété d'autofinancement s'écrit :

$$V_t^a(\theta) = V_0^a(\theta) + \sum_{i=1}^{d} \int_{]0,\, t]} \theta_i(s)\, dS^{i,\,a}(s)$$

Pour généraliser ce concept d'auto-financement en temps continu, il est nécessaire de pouvoir définir une intégrale par rapport à un processus.

1.3.2. L'intégrale stochastique

Nous allons donner un sens à l'intégrale $\int_{]0,\, t]} \theta_i(s)\, dS^i(s)$ pour une plus grande classe de stratégies. Si θ est un processus élémentaire à valeurs réelles, et $S(t)$ un processus à valeurs réelles, on a défini, pour $t \in]t_k,\, t_{k+1}]$:

$$(\theta \,.\, S)_t = \int_0^t \theta(s)\, dS(s) = \sum_{j=0}^{k-1} \theta^j (S(t_{j+1}) - S(t_j)) + \theta^k (S(t) - S(t_k))$$

On désignera par $K(S)$ l'ensemble des processus $((\theta \,.\, S)_t,\ t \geq 0)$ quand θ décrit l'ensemble des processus élémentaires. On prolonge cette définition à la fermeture de l'ensemble des processus élémentaires, pour une topologie bien choisie. La famille des processus pour lesquels il est possible de définir, par passage à la limite, une intégrale stochastique dépend du comportement du processus S. L'idée est simple : si θ est « limite » d'une suite de processus élémentaires θ_n, on définit $\int_0^t \theta(s)\, dS(s)$ comme la limite de $\int_0^t \theta_n(s)\, dS(s)$.

Si $(S_t,\ t \geq 0)$ est un processus *à variation finie*, on a recours à l'intégrale de Stieljes, et l'on construit l'intégrale trajectoire par trajectoire, c'est-à-dire en définissant pour tout ω l'intégrale $\int_0^t \theta(s,\ \omega)\, dS(s,\ \omega)$, lorsque θ est un processus mesurable adapté borné. Cette méthode est utilisée par exemple si S est un *processus de Poisson*.

Mais l'exemple fondamental de processus stochastique continu à valeurs réelles, le *mouvement brownien*, que l'on désigne par $(B_t,\ t \geq 0)$, n'est pas à variation finie. On est conduit à définir une notion d'intégrale, dite intégrale stochastique par rapport au brownien. Pour cela, on montre que tout processus *prévisible* de carré intégrable est « limite » d'éléments de $K(B)$, et que l'application qui à un processus de $K(B)$ associe son intégrale stochastique est une isométrie dans des espaces « bien » choisis. Il est ainsi possible de définir un processus $M(t) = \int_0^t \theta(s)\, dB(s)$ pour cette nouvelle famille de processus, comme limite (en probabilité ou dans L^2) d'intégrales stochastiques portant sur des processus élémentaires[3]. Le résultat important est que ce processus $M(t)$ est une *martingale* (en particulier $E(M(t)) = 0$), dont on connaît (par isométrie) le moment d'ordre deux, soit $E([M(t)]^2) = E\left(\int_0^t |\theta(s)|^2\, ds\right)$.

---

3. Pour plus de détails, le lecteur pourra consulter l'ouvrage de Øksendal (1985), qui est élémentaire, ou ceux de Karatzas et Shreve (1986) et de Revuz et Yor (1994).

Si le processus $S(t)$ est une martingale continue (par rapport à la filtration d'un mouvement brownien), on peut se ramener au cas du brownien en utilisant le *théorème de représentation*. Cette propriété est constamment utilisée lorsque $S(t)$ est une intégrale stochastique par rapport à un brownien : si $S(t) = \int_0^t \sigma(s)\ dB(s)$, il est possible de définir, pour des processus θ vérifiant des hypothèses d'intégrabilité, une martingale $\int_0^t \theta(s)\ dS(s) = \int_0^t \theta(s)\ \sigma(s)\ dB(s)$.

Ceci étant fait, il est possible de définir, par linéarité, une notion d'intégration par rapport à une classe de processus appelés semi-martingales, qui sont la somme d'une martingale et d'un processus à variation finie. On verra plus loin l'intérêt qu'il y a à se concentrer sur ce type de processus.

Signalons que, pour définir une intégrale par rapport à un brownien, on peut affaiblir les conditions d'intégrabilité sur θ, par exemple en considérant des processus tels que $\int_0^T \theta^2(s)\ ds < \infty$ p.s., mais cela conduit à des propriétés plus faibles pour l'intégrale stochastique. En particulier, la propriété de martingale se modifie. On parle alors de martingale locale, et nous renvoyons le lecteur aux ouvrages généraux cités plus haut.

Si θ et S sont des processus vectoriels $(d+1)$-dimensionnels, on note $\int_0^t \theta(s)\ dS(s)$ le processus $\sum_{i=0}^{d} \int_0^t \theta_i(s)\ dS^i(s)$.

1.3.3. L'autofinancement et la consommation

Soit S un processus vectoriel représentant les prix et $(\theta(t),\ 0 \leq t \leq T)$ un processus vectoriel adapté, tel que l'intégrale stochastique $\int_0^t \theta(s)\ dS(s)$ est définie pour tout t. On note $V_t(\theta) = \sum_{i=0}^{d} \theta_i(t)\ S^i(t)$ la valeur en t de cette stratégie.

Définition 2. *La stratégie θ est auto-finançante si, pour tout t,*

$$V_t(\theta) = V_0(\theta) + \int_0^t \theta(s)\ dS(s)$$

Si la stratégie n'est pas auto-finançante, on appelle processus de coût associé le processus

$$C_t(\theta) = V_t(\theta) - V_0(\theta) - \int_0^t \theta(s)\ dS(s) \qquad [2]$$

Lorsqu'il s'écrit $C(t) = \int_0^t c(s)\ ds$, avec $c(s) \geq 0$ pour tout s, le processus de coût est interprété comme un processus de consommation cumulée.

Si les prix ont été actualisés par l'actif sans risque[4] l'intégrale

$$\int_0^t \theta_0(s)\, dS^{0,a}(s)$$

étant nulle, et $V_0^a(\theta)$ étant égal à $V_0(\theta)$, on obtient que la stratégie est auto-finançante si :

$$V_t^a(\theta) = V_0(\theta) + \sum_{i=1}^{d} \int_0^t \theta_i(s)\, dS^{i,a}(s)$$

Il est facile de voir que, si $\theta = (\theta_i,\ 1 \leq i \leq d)$ est élémentaire, toute expression de la forme $x + \sum_{i=1}^{d} \int_0^t \theta_i(s)\, dS^{i,a}(s)$ est la valeur d'une stratégie auto-finançante. Cette propriété reste vraie pour des stratégies générales si S est un *processus d'Itô*, ce que l'on démontre en utilisant les règles du *calcul stochastique*[5].

2. Opportunité d'arbitrage

2.1. Définition

Définition 3. *Une opportunité d'arbitrage est une stratégie auto-finançante θ telle que*

a) $V_0(\theta) = 0$,

b) $V_T(\theta) \geq 0, \quad P(V_T(\theta) > 0) > 0.$

En temps continu, même dans des modèles simples, il est possible de trouver des processus θ, correspondant à une stratégie auto-finançante, qui fournissent des opportunités d'arbitrage. Par exemple, dans un marché comportant un seul actif risqué, modélisé par un mouvement brownien réel, si le taux sans risque est nul, il est possible de construire un processus θ vérifiant $V_T(\theta) = 1$ et $V_0(\theta) = 0$.

Pour que la modélisation d'un marché financier soit pertinente, il est nécessaire que l'ensemble des stratégies utilisées soit assez riche, sans l'être trop pour éviter les opportunités d'arbitrage.

Par la suite, une stratégie auto-finançante qui n'est pas une opportunité d'arbitrage sera appelée admissible. L'ensemble des stratégies admissibles est supposé contenir les stratégies élémentaires et être stable par « recollement » : un agent utilisant une stratégie θ jusqu'à l'instant t peut utiliser une stratégie ψ après t, pour peu que les deux stratégies aient la même valeur en t. Les ensembles admissibles utilisés dans la pratique diffèrent selon les auteurs, et les hypothèses requises portent souvent sur des conditions d'intégrabilité. Il est possible, par exemple, de se restreindre aux stratégies prévisibles dont la valeur $V_t(\theta)$ est bornée inférieurement.

---

4. Dans tout cet article, l'expression prix actualisés correspondra à ce cas, sauf si un numéraire particulier est précisé.

5. Voir dans cette ***Encyclopédie*** l'article de P. Roger, « Processus stochastiques, calcul stochastique et optimisation dynamique », p. 1556, tome 2.

2.2. Conséquences

Plusieurs conséquences sont immédiates et sont valables en toute généralité. En particulier, dans un modèle sans opportunité d'arbitrage :

– deux stratégies admissibles qui ont la même valeur terminale (égalité en tant que variables aléatoires) ont la même valeur à chaque instant,

– une stratégie admissible qui a une valeur terminale positive a une valeur positive à chaque instant.

2.3. Mesure martingale

En temps discret, en particulier dans le modèle binomial de Cox-Rubinstein, il est facile de montrer que l'hypothèse d'AOA entraîne l'existence d'une probabilité pour laquelle les prix des actifs actualisés sont des martingales. Cette probabilité est unique dans le cas d'un modèle binomial, mais il en existe plusieurs (une infinité) dans un modèle monopériodique à trois états du monde.

En temps continu, ce problème est beaucoup plus complexe.

2.3.1. Changement de probabilité

Soit Q une probabilité, définie sur la tribu $\mathcal{F}_T$, *équivalente* à P. (On travaille uniquement avec des probabilités équivalentes pour garder les mêmes ensembles négligeables.) D'après le théorème de Radon-Nikodym, cette probabilité admet une densité strictement positive par rapport à P, ce qui veut dire qu'il existe une variable aléatoire L_T, $\mathcal{F}_T$-mesurable, telle que $L_T > 0$ et $Q(A) = E_P(\mathbb{1}_A L_T)$ pour tout $A \in \mathcal{F}_T$. Soit L_t la densité restreinte à la tribu $\mathcal{F}_t$. Le processus $(L_t,\ 0 \leq t \leq T)$ est alors une martingale. On aura $E_Q(X) = E_P(L_t X)$ pour toute variable X intégrable et $\mathcal{F}_t$-mesurable. Il est également possible d'établir une formule liant les espérances conditionnelles[6] sous P et sous Q d'une variable aléatoire.

Définition 4. *Une mesure martingale est une mesure de probabilité, définie sur l'espace de probabilité de départ, équivalente à la mesure de probabilité historique telle que les prix actualisés sont des martingales. Une telle probabilité est aussi appelée probabilité risque-neutre.*

2.3.2. Le lien entre l'arbitrage et la mesure martingale

Il est facile de montrer que, s'il existe une mesure martingale, il n'existe pas d'opportunité d'arbitrage. La réciproque est beaucoup plus difficile à établir. Evoquons quelques résultats.

La démonstration de l'équivalence entre l'absence d'opportunités d'arbitrage et l'existence d'une mesure martingale a été entreprise par Harrison et Kreps (1979) et Harrison et Pliska (1981) en temps discret et avec un ensemble Ω de cardinal fini. Ce résultat a été généralisé par Dalang, Morton et Willinger (1989) aux modèles à temps discret et horizon fini. Le problème en horizon infini a été étudié par Schachermayer (1992).

En temps continu, les résultats sont complexes et nous renvoyons aux articles cités pour des énoncés précis. Le livre de Müller (1987) fournit une bonne approche du problème. Dalang *et al.* (1989) ont montré qu'il existe

6. Voir, par exemple, Dana et Jeanblanc-Picqué (1994) pour des explications plus détaillées.

une mesure martingale de densité bornée si et seulement si, il n'existe pas d'opportunité d'arbitrage prévisible élémentaire bornée. Divers auteurs se sont intéressés à des modèles dans lesquels les prix sont gouvernés par des semi-martingales, et ont été conduits à introduire une nouvelle classe de processus, appelés simples, où les réajustements ont lieu non plus à des dates fixes mais à des temps d'arrêt. De façon très grossière, il y a équivalence entre l'existence d'une mesure martingale et l'absence d'opportunité d'arbitrage dans la classe des processus qui sont limites de processus simples[7].

3. Incidence sur la modélisation

3.1. Semi-martingales

En utilisant des résultats du calcul stochastique, il est possible de montrer que, le processus de prix actualisé étant une martingale sous une probabilité équivalente à la probabilité de référence, le processus de prix S est nécessairement une *semi-martingale* sous la probabilité historique. Si l'on admet que la filtration est engendrée par un brownien, et sous l'hypothèse que les prix sont continus, la partie martingale est alors nécessairement de la forme $\int_0^t \sigma(s)\, dB(s)$, où B est un mouvement brownien (théorème de *représentation*).

Dans ce qui suit, nous allons nous placer dans le cas le plus classique, celui où, sous la mesure martingale équivalente Q, les prix actualisés par l'actif sans risque $S^{i,a}(t) = S^i(t) \exp - \int_0^t r(s)\, ds$ sont des Q-martingales et vérifient :

$$dS^{i,a}(t) = S^{i,a}(t)\, \sigma^i(t)\, d\hat{B}(t)$$

où le processus $\sigma^i(t)$ (appelé volatilité) est de carré intégrable et le processus $\hat{B}$ est un brownien (vectoriel) sous la probabilité Q. Les prix $S^i(t)$ sont alors des *processus d'Itô* et vérifient[8] :

$$dS^i(t) = S^i(t)\, (r(t)\, dt + \sigma^i(t)\, d\hat{B}(t)) \qquad [3]$$

Dans ce cas, un processus V_t représente la valeur d'un portefeuille auto-finançant admissible si et seulement si il existe un processus θ tel que :

$$dV_t = V_t r(t)\, dt + \theta(t)\, \sigma(t)\, S(t)\, d\hat{B}(t) \qquad [4]$$

Le processus actualisé est une Q-martingale, on aura donc :

$$V_t^a = E_Q(V_T^a | \mathcal{F}_t) \qquad [5]$$

7. Le lecteur peut consulter l'article de Delbaen et Schachermayer (1993), qui résout le problème en toute généralité, ainsi que l'ouvrage de Dana et Jeanblanc-Picqué (1994), où il trouvera d'autres références.

8. Dans le second membre, $S(t)$ est en facteur afin que les prix soient des exponentielles, donc toujours positifs. Bachelier (1900) avait considéré des modèles très proches, sa seule maladresse a été d'utiliser des prix de la forme $dS(t) = b\, dt + \sigma\, dB(t)$. Avec cette modélisation, il a obtenu une formule du même type que celle de Black et Scholes.

On peut mener à terme des études analogues dans le cas où les processus de prix admettent des sauts, que l'on modélise souvent au moyen de processus de Poisson. Sur cette question, le lecteur peut consulter Jeanblanc-Picqué et Pontier (1990) ainsi que Shirakawa (1994).

3.2. Prime de risque

Nous avons affirmé à plusieurs reprises que, sous la probabilité risque neutre, les prix actualisés sont des martingales. Cela nous a conduits à une modélisation de la forme [3] sous la mesure martingale. Cette assertion a de grandes conséquences sur la modélisation des prix, sous la probabilité historique. En effet, le changement de probabilité se fait au moyen d'une densité strictement positive que l'on peut mettre sous la forme d'une exponentielle[9] d'un processus faisant intervenir un vecteur adapté $\lambda(t)$ appelé prix du marché du risque ou prime de risque. Cette densité est perçue comme une mesure de l'aversion pour le risque car, sous la probabilité historique, le vecteur des prix est alors nécessairement modélisé par :

$$dS(t) = S(t)\ [(r(t)\ \mathbb{1} + \sigma(t)\ \lambda(t))\ dt + \sigma(t)\ dB(t)] \qquad [6]$$

où $\mathbb{1}$ est le vecteur dont toutes les composantes sont égales à 1 et $B(t)$ est un P-mouvement brownien. Sous la probabilité P, le rendement instantané de S est $r(t)\mathbb{1} + \sigma(t)\lambda(t)$. Cette dernière égalité montre que les rendements des actifs risqués sont (dans le cas λ et σ positifs) plus grands que celui de l'actif sans risque. Le risque est ainsi rémunéré.

Réciproquement, si les prix vérifient [6], on peut montrer, sous certaines hypothèses sur la matrice σ, qu'il existe au moins une mesure martingale. Si le processus à valeurs matricielles σ est borné inversible, d'inverse borné, il existe une seule mesure martingale, donnée par le *théorème de Girsanov*. Ceci ne peut se produire que si le nombre des actifs risqués est égal à la dimension du brownien. Si la dimension du brownien est plus grande que d, il y a une infinité de mesure martingale que l'on sait caractériser (voir El Karoui et Quenez, 1995).

Cette remarque est souvent énoncée en disant que si le nombre d'aléas est le même que le nombre d'actifs, la mesure martingale est unique. Cette propriété d'unicité est étroitement liée à la complétion des marchés comme nous l'étudierons plus loin. S'il y a plus d'actifs non redondants que de sources d'aléa, il existe des opportunités d'arbitrage.

3.3. La courbe des taux

Une obligation zéro-coupon de maturité T est un instrument financier qui rapporte une unité monétaire à la date T quel que soit l'état du monde qui se réalise à cette date. On fait l'hypothèse, qui n'est pas vérifiée en pratique, qu'il existe des zéro-coupons pour toute maturité. L'étude de la courbe des taux est l'étude des prix des zéro-coupons. Plus précisément, il s'agit de déduire des prix des zéro-coupons à la date 0, le prix d'un zéro-coupon à la date t. Dans un marché sans opportunités d'arbitrage, et sous des hypothèses de régularité et de continuité, l'étude précédente implique que les prix des zéro-coupons

9. Voir Lamberton et Lapeyre (1991) ou Dana et Jeanblanc-Picqué (1994) pour plus de détails.

vérifient une équation analogue à l'équation [3] avec une volatilité qui dépend de la maturité :

$$dB(t,\ T) = B(t,\ T)\ (r(t)\ dt + \Sigma(t,\ T)\ d\hat{B}(t))$$

soit (*formule d'Itô*) :

$$\frac{B(t,\ T)}{B(0,\ T)} = \exp\left(\int_0^t r(s)\ ds + \int_0^t \Sigma(s,\ T)\ d\hat{B}(s) - \frac{1}{2}\int_0^t \Sigma^2(s,\ T)\ ds\right)$$

où $\hat{B}(s)$ est un brownien sous la probabilité risque neutre Q. En éliminant $r(t)$, nous pouvons obtenir une relation précisant la « déformation de la courbe des taux » ; pour $t \leq T$:

$$B(t,\ T) = \frac{B(0,\ T)}{B(0,\ t)} \exp\left[\int_0^t (\Sigma(s,\ T) - \Sigma(s,\ t))\ d\hat{B}(s)\right.$$
$$\left. + \frac{1}{2}\int_0^t (\Sigma^2(s,\ t) - \Sigma^2(s,\ T))\ ds\right]$$

D'autre part, sous la mesure martingale Q, les prix actualisés des obligations zéro-coupons ont des martingales, ce qui implique, compte tenu du fait que $B(T,\ T) = 1$, que :

$$B(t,\ T) = E_Q\left(\exp - \int_t^T r(s)\ ds\,|\mathcal{F}_t\right)$$

Ces relations sont à la base de nombreux travaux sur la modélisation de la courbe des taux[10]. Deux voies sont envisageables : il est possible de se donner une modélisation du taux $r(t)$ et d'en déduire[11] les prix des zéro-coupons, ou de se donner la forme de l'équation suivie par les prix des zéro-coupons et d'en déduire la forme de r. Cette dernière approche est celle de Heath-Jarrow-Morton (1990).

3.4. Le taux de change

Le principe d'absence d'opportunité d'arbitrage a, comme nous l'avons vu, des conséquences sur la modélisation des prix des titres. Nous allons en donner une nouvelle application. Plaçons-nous dans le cas d'actifs échangés dans deux pays différents. Dans le pays étranger, nous allons modéliser un actif en utilisant une prime de risque[12] étrangère, le taux étranger et un brownien unidimensionnel, soit :

$$dS^f(t) = S^f(t)\ [(r^f(t) + \sigma^f(t)\ \lambda^f(t))\ dt + \sigma^f(t)\ dB(t)] \qquad [7]$$

---

10. Voir dans cette ***Encyclopédie*** l'article de J.P. Gourlaouen et B. de Séverac, « Structure par terme des taux d'intérêt : les nouvelles théories », p. 1758, tome 2.

11. On pourra consulter Dana et Jeanblanc-Picqué (1994) où l'on trouvera les détails du calcul et une abondante bibliographie.

12. Si la volatilité ne s'annule pas, il est toujours possible de donner à la prime de risque une forme multiplicative, ce qui simplifie les calculs.

et nous ferons la même chose pour le marché domestique, en utilisant des quantités que nous indexerons par d. Le taux de change peut être considéré comme un titre domestique versant un dividende r^f, de volatilité σ, et a pour dynamique :

$$dX(t) = X(t)\ [(r^d(t) - r^f(t) + \sigma(t)\ \lambda^d(t))\ dt + \sigma(t)\ dB(t)]$$

En utilisant le taux de change, on transforme un titre étranger S^f en un titre domestique $S^d(t) = X(t)\ S^f(t)$ et l'on obtient, par la formule d'Itô :

$$d(S^d(t)) = S^d(t)\ ([r^d + \sigma\lambda^d + \sigma^f\lambda^f + \sigma^f\sigma\ (t)]\ dt + [\sigma^f + \sigma]\ (t)\ dB(t))$$

En identifiant cette équation à l'équation [7] écrite pour des prix domestiques, on obtient en particulier que les primes de risque domestiques et étrangères sont liées par la relation :

$$\lambda^d(t) - \lambda^f(t) = -\sigma(t)$$

Ces remarques sont à la base des formules de valorisation d'options quanto, c'est-à-dire d'options sur un marché étranger. On pourra consulter le cours de El Karoui (1995).

3.5. Changement de numéraire

Dans toute la partie précédente, on a travaillé avec des prix actualisés par l'actif sans risque, ce qui correspond à compter en unité monétaire de la date 0. Ce choix paraît bien arbitraire, et il est possible d'en faire d'autres.

Définition 5. *Un numéraire est un processus adapté à valeurs strictement positives.*

Il est facile de vérifier que la notion de portefeuille auto-finançant ne dépend pas du numéraire choisi et que si l'un des actifs S^0 est choisi comme numéraire, toute intégrale stochastique $x + \int_0^t \theta(s)\ d\ \frac{S(s)}{S^0(s)}$, où θ est un processus élémentaire, est la valeur d'un portefeuille auto-finançant. Par ailleurs, une stratégie qui est un arbitrage dans un numéraire reste un arbitrage quand on change de numéraire.

Que se passe-t-il si l'on décide de compter en unités monétaires de la date T ? Soit $B(t,\ T)$ le prix à la date t d'une obligation zéro-coupon de maturité T. Si l'on prend cet actif comme numéraire, on obtient, dans un modèle sans arbitrage, l'existence d'une probabilité Q_T telle que les processus $S(t)/B(t,\ T)$ soient des martingales. Cette remarque est à la base de nombreux travaux sur la valorisation de produits dérivés tels que les swaps, les caps et les floors. La probabilité forward-neutre est également utilisée pour valoriser des contrats forward. Pour plus de détails, on peut consulter El Karoui *et al.* (1995).

4. Marché complet

Un actif contingent H est une variable aléatoire $\mathcal{F}_T$-mesurable, de carré intégrable. On dit que H est simulable s'il existe une stratégie auto-finançante admissible, dite stratégie de duplication, telle que $\theta(T) . S(T) = H$.

Définition 6. *On dit qu'un marché est complet si tout actif contingent est simulable.*

4.1. Marché complet et mesure martingale

Harrison et Pliska (1981) ont montré que, dans le cas d'un marché complet sans opportunité d'arbitrage, il existe une seule mesure martingale. La recherche de la stratégie de duplication est liée au théorème de représentation, puisqu'il s'agit d'écrire la martingale représentant le prix actualisé de l'actif contingent comme une intégrale stochastique.

4.2. La valorisation d'un actif contingent

Dans un marché complet sans opportunité d'arbitrage, il est possible de valoriser tout actif contingent. Cette valorisation peut se faire de façon très efficace au moyen de la mesure équivalente. Soit H un actif contingent et soit θ une stratégie de duplication de cet actif contingent. Considérons un numéraire tel que les prix exprimés dans ce numéraire, que nous notons avec un exposant a, soient des martingales par rapport à la mesure martingale Q associée. Le processus $V_t^a(\theta)$ est une Q-martingale de valeur terminale H^a. Il en résulte que $E_Q(H^a|\mathcal{F}_t) = V_t^a(\theta)$ et que, en particulier, la valeur actuelle de H est donnée par $V_0^a = E_Q(H^a)$. Ces formules sont identiques à celles de l'équation [5], mais ne font pas appel à un actif sans risque. Il n'est pas nécessaire, pour faire ce calcul, de connaître la stratégie de réplication. En notant L_T la densité de Q par rapport à P, il est possible d'écrire la valeur d'un flux terminal H en utilisant la probabilité historique :

$$V_t^a = E_Q(H^a|\mathcal{F}_t) = \frac{E_P(H^a L_T|\mathcal{F}_t)}{E_P(L_T|\mathcal{F}_t)}$$

ou encore en utilisant la propriété de martingale de L_t :

$$\frac{L_t V_t}{S^0(t)} = E_P\left(\left.\frac{H L_T}{S^0(T)}\right|\mathcal{F}_t\right)$$

4.2.1. Les prix d'états

En utilisant le processus $Z_t = L_t/S^0(t)$, le prix $V(t)$ d'un actif contingent H est donné par la formule :

$$V(t)\ Z_t = E_P(H Z_T\,|\mathcal{F}_t)$$

On dit souvent que Z_t est la densité des prix d'états, par analogie au cas discret, où la connaissance du prix d'état permet de valoriser un actif contingent.

4.2.2. Un exemple : la formule de Black et Scholes

Reprenons le cas étudié en [6] où, sous la probabilité historique, les prix des d actifs risqués sont donnés, après un changement de notation évident, par :

$$dS^i(t) = S^i(t)\left(b^i(t)\ dt + \sum_{j=1}^{d} \sigma_j^i(t)\ dB^j(t)\right) \qquad [8]$$

où le nombre de browniens est égal à celui des actifs risqués, et supposons qu'il existe un actif sans risque. Sous réserve que, pour tout t, le vecteur des rendements $b(t)$ soit borné et que la matrice $\sigma(t)$ soit bornée et inversible d'inverse borné, on peut montrer qu'un tel marché est complet, sans opportunité d'arbitrage.

Prenons l'actif sans risque comme numéraire. Pour mener à terme la valorisation de H, il est nécessaire de connaître la loi de H^a sous cette probabilité Q, c'est-à-dire la loi du couple $(H,\ r(t),\ t \geq 0)$.

Lorsque le taux est déterministe, ce calcul se réduit à celui de l'espérance de H. C'est le cas dans le modèle de Black et Scholes, où, sous Q, le sous-jacent vérifie :

$$S(t) = S(0) \exp\left(rt + \sigma \hat{B}_t - \frac{1}{2}\, \sigma^2 t\right)$$

les coefficients r et σ étant constants. Le problème de valorisation d'un call de prix d'exercice K et de maturité T correspond au cas $H = (S(T) - K)^+$. Le prix de l'option est $E_Q(H^a) = E_Q(e^{-rT}(S(T) - K)^+)$, soit :

$$e^{-rT}(E_Q(S_T \mathbb{1}_{S(T) \geq K}) - K E_Q(\mathbb{1}_{S(T) \geq K}))$$

et la formule explicite s'obtient par un calcul simple sur la loi normale[13].

4.2.3. La formule d'Itô

Le type de calcul évoqué ci-dessus est utilisé dans de nombreux problèmes de valorisation, de la formule de Black et Scholes aux options avec barrières, en passant par les options sur les taux de change.

Il est plus difficile d'obtenir la valeur du portefeuille de duplication, car il n'existe pas de formule explicite permettant d'exprimer une variable aléatoire sous forme d'une intégrale stochastique. Cependant, dans certains cas, la formule d'Itô permet de donner le résultat. Supposons que le prix de l'actif risqué vérifie [3]. Dans le cas où r est constant et sous l'hypothèse que le prix V_t de l'actif contingent n'est fonction que du temps et de la valeur du sous-jacent, soit $V_t = f(t,\ S(t))$, on montre (*lemme d'Itô*) que :

$$dV_t = \frac{\partial f}{\partial t}(t,\ S(t))\ dt + \frac{1}{2}\ \frac{\partial^2 f}{\partial x^2}\ (t,\ S(t))\ S^2(t)\ \sigma^2(t)\ dt + \frac{\partial f}{\partial x}\ (t,\ S(t))\ dS(t)$$

Le second membre de cette égalité s'écrit :

$$\left(\frac{\partial f}{\partial t}\ (t,\ S(t) \quad + \quad \frac{\partial f}{\partial x}\ (t,\ S(t))\ b(t)\ S(t)) + \frac{1}{2}\ \frac{\partial^2 f}{\partial x^2}\ (t,\ S(t))\ S^2(t)\ \sigma^2(t)\right)\ dt$$
$$+ \quad \frac{\partial f}{\partial x}\ (t,\ S(t))\ \sigma(t)\ S(t)\ dB(t) \qquad [9]$$

13. Voir également dans cette ***Encyclopédie*** l'article de F. Quittard-Pinon, « Options : le modèle binomial, le modèle de Black et Scholes et leurs extensions », p. 1355, tome 2.

et en identifiant le coefficient de $dB(t)$ avec celui obtenu dans [4], on obtient que le portefeuille $\theta(t)$ est donné par $\frac{\partial f}{\partial x}(t,\ S(t))$. Il reste à expliciter la fonction f. Pour cela, on peut utiliser une équation aux dérivées partielles. Nous y reviendrons dans un instant.

Black et Scholes utilisent, dans leur article primordial de 1973, une méthode qui paraît très différente pour valoriser une option, puisqu'ils démontrent que le prix de l'option vérifie une équation aux dérivées partielles dite équation de valorisation. Nous allons montrer que cette méthode est en fait intimement liée au calcul stochastique.

Soit un processus de prix modélisé par un processus d'Itô de la forme :

$$dS(t) = S(t)\ (b(t,\ S(t))\ dt + \sigma(t,\ S(t))\ dB(t))$$

où $B(t)$ est un brownien. Supposons, comme dans le modèle de Black et Scholes, que le taux sans risque est constant. La particularité de cette modélisation est que les coefficients ne dépendent que de t et de la valeur du processus en t, soit $S(t)$. Ils ne dépendent pas des valeurs prises par S avant t. On parle alors de modélisation markovienne.

La formule d'Itô (voir [9]) montre que, dans ce cas, un processus de la forme $e^{-rt}\ f(t,\ S(t))$, où f est une fonction deux fois dérivable vérifiant des conditions d'intégrabilité, est une martingale si et seulement si :

$$b(t,\ x)\ \frac{\partial f}{\partial x}\ (t,\ x) + \frac{1}{2}\ \sigma^2(t,\ x)\ \frac{\partial^2 f}{\partial x^2}\ (t,\ x) + \frac{\partial f}{\partial t}\ (t,\ x) = rf(t,\ x)$$

La méthode est alors très simple : si l'on désire valoriser un produit de valeur $\Phi(S(T))$ à l'instant T, on recherche une solution de l'équation aux dérivées partielles précédente, telle que $f(T,\ S(T)) = \Phi(S(T))$. Malheureusement, il est souvent très difficile de résoudre une telle équation. De plus, si le taux r est lui-même stochastique, cette méthode se complique très vite.

4.3. La probabilité forward-neutre

Les calculs précédents exigent de connaître la loi du processus bidimensionnel $(r,\ H)$, ce qui est parfois difficile, par exemple quand le taux r est aléatoire. Si l'on choisit comme mesure martingale équivalente la probabilité forward-neutre Q_T, on obtient : $\frac{V_t}{B(t,\ T)} = E_{Q_T}(H|\mathcal{F}_t)$. Une application classique de ce résultat est la formule de Black qui permet de valoriser un call européen, quand le taux r est aléatoire, et quand $S(t)/B(t,\ T)$ a une volatilité déterministe.

La probabilité forward-neutre est également utilisée avec succès pour valoriser des options sur obligations à coupons par El Karoui *et al.* (1995). Considérons une option de maturité T sur une obligation de valeur O_t en t, dont le coupon C_i est versé à l'instant T_i, après l'échéance de l'option $T < T_2 < T_2 < \ldots < T_n$. On obtient :

$$C_0 = \sum_{i=1}^{n} B(0,\ T_i)\ C_i Q_{T_i}(\varepsilon) - KB(0,\ T)\ Q_T(\varepsilon)$$

où ε est l'événement $\{O_T \geq K\}$ correspondant à l'exercice de l'option.

4.4. Les marchés incomplets

Dans un marché incomplet, il existe plusieurs mesures martingales. Une autre caractérisation de ce type de marché est qu'une replication parfaite est impossible pour certains actifs. On définit alors une fourchette de prix en considérant :

$$\left[\inf_{\mathcal{Q}} E_Q(H),\ \sup_{\mathcal{Q}} E_Q(H)\right]$$

où $\mathcal{Q}$ décrit l'ensemble des mesures martingales. On peut montrer, dans le cas de processus d'Itô, que les bornes sont atteintes (voir, par exemple, El Karoui et Quenez, 1994). On peut aussi étudier la stratégie de sur-réplication minimale.

Il est également possible de chercher à minimiser le coût d'une réplication ; c'est la technique utilisée par Föllmer et Schweizer (1991). Un autre problème est de caractériser les actifs contingents qui sont réplicables. On consultera à ce sujet l'article de Monat et Stricker (1994).

5. Arbitrage et choix optimal de portefeuille

Il est bien connu qu'en dimension finie, un problème de choix optimal de portefeuille et de consommation admet une solution si et seulement si les prix des actifs vérifient l'hypothèse d'AOA. Malheureusement, en temps continu, il n'en est pas de même. Dans leur article sur le lien entre arbitrage et martingales, Harrison et Kreps (1979) montrent un résultat en ce sens, à savoir que lorsqu'un prix vérifie l'hypothèse d'AOA, on peut construire une fonction d'utilité et un problème de choix optimal de portefeuille qui admet une solution. Dans ce qui suit, nous allons montrer que les méthodes de martingale n'en demeurent pas moins extrêmement efficaces, car elles permettent à la fois de trouver des conditions à imposer sur les prix, outre l'hypothèse d'AOA, pour qu'il y ait une solution optimale. Par ailleurs, ces méthodes permettent de résoudre facilement le problème dans le cas d'une fonction d'utilité additivement séparable et de marchés complets.

5.1. Le problème

Nous nous plaçons dans le cadre d'un marché financier complet comportant $(d+1)$ actifs : d actifs risqués modélisés comme en [8], et un actif sans risque vérifiant l'équation [1].

Nous étudions le problème de Merton (1971) de choix optimal de portefeuille en horizon fini. Un agent dispose d'un capital x à l'instant 0, et désire, en choisissant au mieux ses placements, maximiser en espérance une fonction de son processus de consommation $(c(t),\ 0 \leq t \leq T)$ et de sa richesse terminale notée ζ, variable aléatoire positive $\mathcal{F}_T$-mesurable.

Par définition, un couple consommation-richesse terminale est admissible s'il existe une stratégie admissible θ telle que la richesse initiale x, la richesse V_t, la richesse terminale ζ et la consommation c soient liées par la relation [2] qui s'écrit :

$$V_t = x + \int_0^t \theta(s)\ dS(s) - \int_0^t c(s)\ ds \qquad [10]$$

et par la condition terminale $V_T = \zeta$. L'agent est soumis à la contrainte de richesse positive $V_t \geq 0$ pour tout t. Cette contrainte est difficile à maîtriser, car elle porte sur une infinité d'instants t.

L'agent est confronté au problème suivant : maximiser sur tous les couples consommation-richesse terminale admissibles une utilité de la forme :

$$J(x\,;\ c,\ \zeta) = E\left(\int_0^T U_1(c(t))\ dt + U_2(\zeta)\right) \qquad [11]$$

où U_1 et U_2 sont des fonctions d'utilité strictement croissantes et strictement concaves, sur lesquelles on fait certaines hypothèses de régularité.

Il existe deux méthodes pour résoudre ce problème : une approche programmation dynamique, utilisée à l'origine par Merton (objet du paragraphe 5.2.), particulièrement pertinente dans un cadre markovien quand les coefficients sont déterministes, et une approche martingale (objet du paragraphe 5.3.) qui a l'avantage de pouvoir s'adapter à des situations très générales (marchés incomplets, contraintes sur les portefeuilles, coûts de transactions[14]), mais qui ne permet pas, sauf dans le cas de coefficients déterministes, d'expliciter les portefeuilles optimaux.

5.2. La programmation dynamique

Nous nous plaçons dans le cas où la dynamique des prix est markovienne, c'est-à-dire en se limitant à un seul actif risqué, dans le cas où :

$$dS(t) = S(t)\ \ [b(t,\ S(t))\ dt + \sigma(t,\ S(t))\ dB(t)]$$

et on suppose que le taux sans risque est déterministe. Dans ce cas, la richesse associée à une stratégie de portefeuille θ et à un processus de consommation c vérifie (comparer à [4]) :

$$dV(t) = [V(t)\ r(t) - c(t)]\ dt + \sigma(t)\ \theta(t)\ S(t)\ dB(t)$$

Le principe de la programmation dynamique dit qu'une stratégie optimale entre les instants t et T reste optimale entre s et T pour tout instant s plus grand que t. De plus, une stratégie optimale entre t et T est obtenue[15] en optimisant sur toutes les stratégies entre t et s suivies d'une stratégie optimale entre s et T. Plus précisément, si on note $\Phi(t,\ x) = \sup\ J(t,\ x\,;\ c,\ \zeta)$ avec :

$$J(t,\ x\,;\ c,\ \zeta) = E\left(\int_t^T U_1(c(s))\ ds + U_2(\zeta)\right)$$

la richesse de l'agent étant égale à x à l'instant t, on a :

$$\Phi(t,\ x) = \sup\ E\left(\int_t^s U_1(c(u))\ du + \Phi(s,\ V^{x,\,t,\,c}(s))\right)$$

14. Voir les articles de Cvitanić et Karatzas (1992 ; 1996).

15. Le caractère markovien des processus est primordial pour obtenir ce principe. En particulier, la fonction de valeur entre t et T, notée plus loin Φ, ne dépend que du niveau de richesse à l'instant t, soit x, et est donnée par une espérance et non une espérance conditionnelle.

où $V^{x,\,t,\,c}$ est la richesse d'un agent qui consomme c, en disposant d'une richesse x à l'instant t. On en déduit que :

$$0 \geq E\left(\int_t^{t+h} U_1(c(u))\,du + \Phi(t+h,\ V^{x,\,t,\,c}(t+h)) - \Phi(t,\ x)\right) \qquad [12]$$

avec égalité à l'optimum. En remplaçant $E[\Phi(t+h,\ V^{x,\,t,\,c}(t+h)) - \Phi(t,\ x)]$ par son expression donnée par le lemme d'Itô, en divisant les deux membres de [12] par h, et en faisant tendre h vers 0, on obtient la célèbre équation d'Hamilton-Jacobi-Bellman dont la fonction $\Phi(t,\ x)$ est solution sous réserve de certaines conditions de régularité :

$$\Phi_t(t,\ x) + \sup_{(\theta,\,c)} \left(D^{c,\,\theta}\Phi(t,\ x) + U_1(c)\right) = 0$$

où $D^{c,\,\theta}$ est le générateur infinitésimal lié à la diffusion [10], c'est-à-dire :

$$D^{c,\,\theta}\Phi(t,\ x) = (xr(t) - c + \theta x[b(t,\ x) - r(t)])\ \Phi_x(t,\ x) + \frac{1}{2}\ (\theta x\sigma(t,\ x))^2\ \Phi_{xx}(t,\ x)$$

avec les conditions aux bornes :

$$\begin{aligned} \Phi(T,\ x) &= U_2(x), & x \geq 0 \\ \Phi(t,\ 0) &= 0, & t \in [0,\ T] \end{aligned}$$

Cette méthode se généralise au cas multidimensionnel sans difficulté. Elle a l'avantage de donner immédiatement la consommation et le portefeuille optimal, comme valeur où le sup est atteint, en fonction de Φ. Si les coefficients sont constants, on trouve :

$$U_1'(c) = \Phi_x(t,\ x) \quad \text{et} \quad \theta x = -(\sigma\sigma^t)^{-1}\ (b - r\mathbb{I})\ \Phi_x(t,\ x)\ (\Phi_{xx}(t,\ x))^{-1}$$

Ces formules montrent que le contrôle optimal est « feedback » (la consommation optimale à l'instant t est donnée en fonction de la richesse optimale à cet instant, il en est de même pour le portefeuille).

Le portefeuille optimal est proportionnel au vecteur $(\sigma\sigma^t)^{-1}\ (b - r\mathbb{I})$ ne dépendant pas des fonctions d'utilité. Cela s'interprète comme un théorème de fonds commun de placement.

L'équation d'Hamilton-Jacobi-Bellman est cependant d'un emploi délicat, car il n'est pas aisé de montrer que cette équation a une solution, ni que la fonction de valeur satisfait aux conditions de régularité requises.

5.3. *L'approche martingale*

Nous allons présenter une approche probabiliste, qui repose sur une écriture bien adaptée de la contrainte[16]. Pour cela, nous utilisons un concept dont

---

16. Cette méthode se généralise aux cas de contraintes sur les portefeuilles, ou de marchés incomplets. Voir Cvitanić et Karatzas (1992).

l'utilisation est récente, celui d'équation rétrograde. En travaillant avec les processus actualisés et en éliminant x entre les valeurs courante et terminale de la richesse, nous pouvons écrire [10] sous la forme :

$$V_t^a = \zeta^a - \int_t^T \theta(s)\, dS^a(s) + \int_t^T c^a(s)\, ds \qquad [13]$$

Sous la probabilité risque-neutre Q, le prix actualisé $\int_0^t \theta(s)\, dS^a(s)$ est une martingale. En prenant l'espérance conditionnelle des deux membres de [13], on obtient :

$$V_t^a = E_Q\left(\zeta^a + \int_t^T c^a(s)\, ds | \mathcal{F}_t\right) \qquad [14]$$

Cette quantité est positive si ζ et c le sont.

Cette égalité donne la richesse nécessaire pour pouvoir financer un plan consommation-richesse terminale $(c,\ \zeta)$ (remarquer l'analogie avec la valorisation d'actifs contingents). L'existence d'une stratégie associée résulte du théorème de représentation. La forme exacte de cette stratégie s'obtient dans les cas simples par le lemme d'Itô, comme dans la section 4.

La contrainte de positivité de la richesse va pouvoir se transformer en une contrainte de budget : l'agent peut trouver une stratégie lui permettant d'obtenir une richesse terminale ζ et une consommation c, s'il dispose à l'instant initial d'une richesse x supérieure ou égale à la valeur présente V_0 de $(c,\ \zeta)$, soit :

$$x \geq V_0^a = E_Q\left(\frac{\zeta}{S^0(T)} + \int_0^T \frac{c(s)}{S^0(s)}\, ds\right) \qquad [15]$$

On est ainsi ramené à un problème de maximisation sous la contrainte d'inégalité [15]. On utilise alors une méthode de multiplicateurs de Kuhn-Tucker et on exhibe un couple (vérifiant les conditions de premier ordre) dont il reste à vérifier qu'il est optimal, ce qui se fait assez facilement[17]. On trouve que le couple optimal $(c^*,\ \zeta^*)$ est donné par :

$$U_1'(c_t^*) = \lambda\, \frac{L_t}{S^0(t)}, \qquad U_2'(\zeta^*) = \lambda\, \frac{L_T}{S^0(T)}$$

où $(L_t,\ t \geq 0)$ est la densité permettant de passer de la probabilité historique à la probabilité risque-neutre, et λ le multiplicateur de Kuhn-Tucker, qui est tel que le couple $(c^*,\ \zeta^*)$ associé sature la contrainte de budget [15] :

$$E_Q\left(\frac{\zeta^*}{S^0(T)} + \int_0^T \frac{c^*(s)}{S^0(s)}\, ds\right) = x$$

L'existence d'un tel λ est assurée par des conditions d'intégrabilité sur les prix qui dépendent de la fonction d'utilité, et par des conditions aux limites portant sur cette fonction.

17. Voir Karatzas et Shreve (1988) ou Dana et Jeanblanc-Picqué (1994) pour les détails.

Cette caractérisation montre que les prix d'états $\frac{L_t}{S^0(t)}$ sont égaux à l'utilité marginale de la consommation de l'individu à l'optimum, le coefficient λ jouant le rôle d'une normalisation.

La richesse associée est donnée par [14], où l'on remplace c^* et ζ^* par leurs valeurs. Le portefeuille optimal associé s'obtient par le théorème de représentation, ce qui est difficile en général. La richesse optimale est obtenue à partir du couple optimal par [14]. Il est important de souligner, dans ce type d'étude, le rôle de l'existence d'une mesure martingale unique.

Cette approche est également utilisée comme méthode de valorisation d'actifs. Supposons que le rendement de l'actif sans risque soit déterministe. Le prix d'un actif de valeur H en T est obtenu par $H^a(t) = E_Q(H^a|\mathcal{F}_t)$ et en revenant sous la probabilité historique $\frac{H(t)\ L(t)}{S^0(t)} = E_P(HL(T)/S^0(T)|\mathcal{F}_t)$. En utilisant les fonctions d'utilité, on obtient, par élimination de L_t :

$$H(t) = \frac{E_P(HU_1'(c^*(T))|\mathcal{F}_t)}{U_1'(c^*(t))} \qquad [16]$$

Cette méthode se prolonge au cas de marchés incomplets et est utilisée, par exemple, pour valoriser des options en présence de coûts de transaction.

Comme nous l'avons remarqué, le calcul du portefeuille optimal est en général difficile par la méthode de martingale. Dans le cas où la dynamique des prix est markovienne, nous allons proposer une autre méthode qui permet d'exprimer simplement, à un facteur multiplicatif près, ce portefeuille optimal, indépendamment de la fonction d'utilité (théorème du fonds commun de placement).

6. L'équilibre général

Dans les sections précédentes, nous avons supposé que la dynamique des prix était une donnée exogène, et nous avons exploré les conséquences de l'hypothèse d'AOA. Est-il cependant possible d'expliquer la dynamique des prix (des taux d'intérêt, de la volatilité...) ? Cette question – au cœur de la théorie dite de l'équilibre général – trouve sa source dans les travaux de Walras qui explique la formation des prix des biens économiques par l'égalisation de l'offre et de la demande. La théorie de l'équilibre général fournit un cadre conceptuel remarquable, car tout y est clairement spécifié (caractéristiques des agents, comportements, concept d'équilibre), mais elle ne répond pas aux questions pour lesquelles elle a été élaborée : comprendre quel est l'impact des variations des caractéristiques des agents sur la formation des prix et savoir si certains prix seront observés plutôt que d'autres. En effet, en ce qui concerne la première question, dès que les agents sont hétérogènes, il peut, d'une part, exister plusieurs équilibres et, d'autre part, l'effet des variations des caractéristiques des individus sur les prix est ambigu, sauf cas très particulier. En ce qui concerne la seconde question, étant donné un système de prix, on peut toujours construire un modèle dont c'est le prix d'équilibre.

Cependant, dans le cas particulier d'un modèle « d'équilibre à un agent », on peut relier les prix aux caractéristiques des individus : supposons qu'un agent soit décrit par un processus de ressources e et une fonction d'utilité telle que celle définie par l'équation [11]. On dit que l'on est à l'équilibre si la consommation optimale de l'agent est égale à ses ressources (équilibre sur le marché des biens, $c = e$) et si sa demande de portefeuille est nulle (soit $\theta = 0$, équilibre sur le marché des titres). En utilisant la formule [16], on en déduit le prix d'un actif contingent :

$$H(t) = \frac{E_P(H(T)\ U_1'(e(T))|\mathcal{F}_t)}{U_1'(e(t))} \qquad [17]$$

Les prix d'état sont, dans ce cas particulier, égaux à l'utilité marginale des ressources, d'où des propriétés particulières du taux de rendement des actifs.

Comme on va le montrer, lorsqu'on a des agents hétérogènes, on a une formule du même type, car on peut, «à l'équilibre», remplacer les différents agents par un unique agent dit «représentatif». Malheureusement, comme on l'a expliqué, il peut y avoir plusieurs équilibres et, même dans le cas d'unicité, il faut pouvoir calculer l'équilibre pour trouver l'agent représentatif, ce qui rend cette formule peu maniable.

6.1. Le modèle

On considère une économie d'échange avec des marchés financiers et un seul bien de consommation que l'on prend comme numéraire. Le marché financier, construit sur un espace $(\Omega,\ \mathcal{F},\ \mathcal{F}_t,\ P)$, comporte $d+1$ actifs, le premier est sans risque. On suppose[18] qu'il existe une mesure martingale Q risque-neutre, de densité ξ par rapport à P. Les m agents économiques consomment le bien de consommation et sont caractérisés par :

– un processus e_i de ressources exogène ; on supposera que $e(t) = \sum_{i=1}^{m} e_i(t)$ est un processus d'Itô : $de(t) = \mu_e(t)\ dt + \sigma_e(t)\ dB(t)$,

– une fonction d'utilité additivement séparable

$$U_i(c) = E_P\left[\int_0^T u_i(c(t))\ dt\right]$$

où $u_i(\,.\,)$ est strictement concave et strictement croissante et suffisamment dérivable.

6.2. Les couples admissibles

L'agent i détient un portefeuille d'actions θ_i.

Etant donné le processus de prix S pour les actions, on dit que le couple $(\theta_i,\ c_i)$ est admissible pour l'agent i s'il vérifie (voir [10]) :

$$(\theta_i\,.\,S)_t = \int_0^t \theta_i(s)\ dS(s) - \int_0^t [c_i(s) - e_i(s)]\ \ ds \qquad [18]$$

$$(\theta_i\,.\,S)_T \geq 0 \qquad [19]$$

18. Pour tout ce paragraphe, on peut consulter l'ouvrage de Dana et Jeanblanc-Picqué (1994) pour des détails et des références bibliographiques.

On dira que c est admissible s'il existe θ tel que le couple $(c,\ \theta)$ soit admissible. On montre que c_i est admissible si et seulement si (comparer à [15]) :

$$E_P \int_0^T \frac{\xi(s)}{S^0(s)}\ [c_i(s) - e_i(s)]\ ds \leq 0$$

L'équation [18] signifie que la richesse à la date t est la somme des pertes ou des gains provenant des échanges d'actions et de ceux provenant des échanges d'un bien de consommation. L'équation [19] présuppose qu'aucune dette ne subsiste en fin de période. On remarquera qu'on n'exige pas que la richesse de l'agent soit positive à chaque date.

6.3. L'équilibre de Radner. L'équilibre Arrow-Debreu contingent

La liste $\{(\theta_i,\ c_i),\ (i = 1,\ ...,\ m)\ ;\ S\}$ est un équilibre de Radner si :
– pour tout i, le couple $(\theta_i,\ c_i)$ est optimal parmi les couples admissibles,
– les marchés des titres et du bien de consommation s'équilibrent, c'est-à-dire que :

$$\sum_{i=1}^{m} \theta_i = 0 \quad \text{et} \sum_{i=1}^{m} c_i = \sum_{i=1}^{m} e_i$$

La liste $[c_i,\ (i = 1,\ ...,\ m)\ ;\ p]$ est un équilibre Arrow-Debreu contingent si :
– c_i maximise l'utilité de l'agent i parmi les consommations vérifiant

$$E_P \int_0^T p(s)\ [c_i(s) - e_i(s)]\ ds \leq 0\ ;$$

– $\sum_{i=1}^{m} c_i = \sum_{i=1}^{m} e_i = e.$

6.4. Le lien entre les deux concepts d'équilibre

Si $((\theta_i,\ c_i),\ i = 1,\ ...,\ m;\ S)$ est un équilibre de Radner, alors $(c_i,\ i = 1,\ ...,\ m;\ \xi/S^0)$ est un équilibre Arrow-Debreu contingent.

Réciproquement, supposons que $(c_i,\ i = 1,\ ...,\ m;\ p)$ soit un équilibre Arrow-Debreu contingent. On peut montrer qu'il existe S^0, prix d'un actif sans risque et ξ, densité de probabilité, uniques, tels que $p = \xi/S^0$. De plus, pour toute Q-martingale S, il existe θ tel que $((\theta_i,\ c_i),\ i = 1,\ ...,\ m;\ S)$ est un équilibre de Radner.

6.5. L'existence et la caractérisation des équilibres

Soit α un vecteur de $\mathbb{R}^m$ de composantes positives, de somme égale à 1, et $c > 0$. Notons :

$$u(c,\ \alpha) = \max \left\{ \sum_{j=1}^{m} \alpha_j u_j(x_j) \,\middle|\, \sum_{j=1}^{m} x_j \leq c,\ x_j \geq 0\ \forall j \right\},$$

$$(C_i(c,\ \alpha))_{i=1}^{m} = \arg\max \left\{ \sum_{j=1}^{m} \alpha_j u_j(x_j) \,\middle|\, \sum_{j=1}^{m} x_j \leq c,\ x_j \geq 0\ \forall j \right\}.$$

Etant donné un équilibre Arrow-Debreu $((c_i)_{i=1}^m,\ p)$, on dit qu'il y a un agent représentatif s'il existe α tel que :

$$c_i(t,\ \omega) = C_i(e(t,\ \omega),\ \alpha) \qquad \text{pour tout} \quad i = 1,\ ...,\ m$$

et $p(t,\ \omega) = \dfrac{\partial u}{\partial c}\ [e(t,\ \omega),\ \alpha]$.

On montre sous des hypothèses assez faibles qu'il existe un équilibre Arrow-Debreu, et que tous les équilibres Arrow-Debreu admettent un agent représentatif car ils sont Pareto optimaux.

6.6. Valorisation, taux d'intérêt et Consumption based Capital Asset Pricing Model

La théorie de l'équilibre général permet de retrouver les résultats du modèle à un agent de Cox-Ingersoll-Ross pour le calcul du taux d'intérêt, une version continue et en horizon fini du modèle à un agent de Rubinstein et Lucas, et le modèle CCAPM (*Consumption based Capital Asset Pricing Model*) de Breeden.

Dans ce qui suit, on suppose qu'on a un équilibre de Radner $(\theta_i,\ c_i,\ i = 1,\ ...,\ m)\,;\ S)$. On considère la probabilité Q équivalente à P de densité $\xi_t = S^0(t)\ \dfrac{\partial u}{\partial c}\ (e(t),\ \alpha)$.

Remarquons que pS^0 est une martingale ; si on l'écrit comme un processus d'Itô, sa dérive est nulle. La formule d'Itô montre alors que $r_t = -\dfrac{\mu_p(t)}{p(t)}$.

On considère un actif qui donne un processus de dividende D, modélisé par un processus d'Itô de dérive $\mu_D(t)$. Son prix d'arbitrage est donné par (voir [17]) :

$$V_t = \frac{1}{u_c(e(t),\alpha)}\ E_P\left[\int_t^T u_c(e(s),\ \alpha)\ dD(s)|\mathcal{F}_t\right]$$

Le processus V_t est un processus d'Itô qui s'écrit :

$$dV(t) = \mu_V(t)\ dt + \sigma_V(t)\ dB(t)$$

Le terme $\dfrac{\mu_V(t)}{V_t}$ est considéré comme l'espérance du taux de rendement réel instantané. En exprimant que $V_t u_c(e(t),\ \alpha) + \displaystyle\int_0^t u_c(e(s),\ \alpha)\ dD(s)$ est une martingale, on obtient :

$$\frac{\mu_V(t) + \mu_D(t)}{V_t} - r_t = -\frac{u_{cc}(e(t),\ \alpha)\ \sigma_V(t)\ \sigma_e(t)}{u_c(e(t),\ \alpha)\ V(t)}$$

D'où le fait que le taux de rendement excédentaire des actions est proportionnel à la covariance instantanée entre le taux de rendement réel et la consommation agrégée, d'où une formule du « bêta », sans l'hypothèse d'utilité moyenne-variance.

*

* *

Les outils mathématiques utilisés dans les modèles à temps continu sont délicats à manipuler pour peu que l'on s'attache à travailler avec rigueur. Nous avons donné ici des rudiments qui doivent être approfondis par la lecture des ouvrages cités en bibliographie. Nous n'avons pas abordé les méthodes statistiques et numériques sans lesquelles on ne peut procéder à la validation d'un modèle mathématique, ceci constituant un autre domaine.

Si l'on sait résoudre, au moins théoriquement, les principaux problèmes liés aux mathématiques financières dans le cas de marché complet sans opportunités d'arbitrage, le cadre des marchés incomplets et/ou avec imperfections est, au moment où nous écrivons ces lignes, encore mal connu. Parmi les thèmes actuellement étudiés on trouve les marchés avec asymétrie d'information, les coûts de transaction, l'équilibre en marché incomplet, cette liste n'étant pas limitative[19]. Dans toutes ces études, le calcul stochastique est utilisé de façon intensive. Il est donc nécessaire d'en maîtriser les principales idées. Nous avons essayé de donner au lecteur l'envie de le faire.

Références

BACHELIER L., *Théorie de la spéculation,* 1900, réédité par les éditions Gabay, 1995.

CVITANIĆ J., KARATZAS I., « Convex Duality in Constrained Portfolios », *Annals of Applied Probability* (32, 1992), p. 767-818.

CVITANIĆ J., KARATZAS I., « Hedging and Portfolio Optimization under Transaction Costs : a Martingale Approach », *Mathematical Finance* (6, 1996), p. 133-165.

DALANG R.C., MORTON A., WILLINGER W., « Equivalent Martingale Measures and no Arbitrage in Stochastic Securities Market Models », *Stochastics and Stochastics Reports* (29, 1989), p. 185-202.

DANA R.A., JEANBLANC-PICQUÉ M., *Marchés financiers en temps continu : valorisation et équilibre,* Paris, Economica, 1994.

DELBAEN F., SCHADERMAYER W., « A General Version of the Fundamental Theorem of Asset Pricing », *Math. Annal.* (300, 1994), p. 463-520.

DUFFIE D., *Modèles dynamiques d'évaluation,* Paris, PUF, 1994.

EL KAROUI N., *Cours de l'Ecole Polytechnique,* 1995.

EL KAROUI N., QUENEZ M.C., « Dynamic Programming and Pricing of Contingent Claims in an Incomplete Market », *Siam Journal of Control and Optimization* (33, 1995), p. 29-66.

EL KAROUI N., GEMAN H., ROCHET J.C., « Changes of Numeraires, Changes of Probability Measure and Option Pricing », *Journal of Applied Probability* (32,1995), p. 443-458.

FÖLLMER H., SCHWEIZER M., « Hedging of Contingent Claims under Incomplete Information », *in* M.H.A. Davis, R.J. Elliott (éd.), *Applied Stochastic Analysis,* Stochastics Monographs, vol. 5, 1991, p. 389-414, Londres, New York, Gordon and Breach.

HARRISON J.M., KREPS D.M., « Martingales and Arbitrage in Multiperiod Securities Markets », *Journal of Economic Theory* (20, 1979), p. 381-408.

HARRISON J.M., PLISKA S., « Martingales and Stochastic Integrals in the Theory of Continuous Trading », *Stochastic Processes and their Applications* (11, 1981), p. 215-260.

HEATH D., JARROW R., MORTON A.J., « Bond Pricing and the Term Structure of Interest Rates. A Discrete Time Approximation », *Journal of Financial and Quantitative Analysis* (25, 1990), p. 419-440.

JEANBLANC-PICQUÉ M., PONTIER M., « Optimal Portfolio for a Small Investor in a Market Model with Discontinuous Prices », *Applied Mathematics and Optimization* (22, 1990), p. 287-310.

KARATZAS I., SHREVE S., *Brownian Motion and Stochastic Calculus,* Berlin, Springer-Verlag,1988.

LAMBERTON D., LAPEYRE B., *Introduction au calcul stochastique appliqué à la finance,* Paris, Ellipses, Mathématiques et Applications, 1991.

---

19. Voir dans cette ***Encyclopédie*** l'article de E. Jouini, « Arbitrage et imperfections de marché », p. 112, tome 1.

MERTON R., « Optimum Consumption and Portfolio Rules in a Continuous Time Model », *Journal of Economic Theory* (3, 1971), p. 373-413.

MONAT P., STRICKER C., « Fermeture de $G_T(\Theta)$ et de $L_2(\mathcal{F}_0) + G_T(\Theta)$ », Séminaire de Probabilités, Lecture notes 1583, Berlin, Springer, 1994, p. 189-194.

MÜLLER S., *Arbitrage Pricing of Contingent Claims,* Lecture Notes in Economics and Mathemetical Systems 254, Berlin, Springer-Verlag, 1987.

ØKSENDAL B., *Stochastic Differential Equations,* Berlin, Springer-Verlag, 1985.

REVUZ D., YOR M., *Continuous Martingales and Brownian Motion,* 2e éd., Berlin, Springer-Verlag, 1994.

SCHACHERMAYER W., « Martingale Measures for Discrete Time Processes with Infinite Horizon », *Mathematical Finance* (4, 1994), p. 25-56.

SHIRAKAWA H., « Interest Rate Option Pricing with Poisson-Gaussian Forward Rate Curve Processes », *Mathematical Finance* (4, 1994), p. 77-94.

Mots clés

Auto-financement, choix optimal de portefeuille, courbe des taux, équation d'Hamilton-Jacobi-Bellman, équilibre de Radner, équilibre Arrow-Debreu, équilibre général, intégrale stochastique, marché complet, martingale, mesure martingale, mouvement brownien, numéraire, obligation à zéro-coupon, opportunité d'arbitrage, probabilité forward neutre, probabilité risque-neutre, semi-martingale.

Annexe

1. Une *tribu* (en anglais σ-algebra) est une famille de parties stable par union dénombrable et par passage au complémentaire.

2. Une mesure de probabilité Q est *équivalente* à P si les ensembles négligeables sont les mêmes pour ces deux mesures.

3. Un *processus stochastique* est une famille de variables aléatoires, indexées par t où t décrit un intervalle de $\mathbb{R}^+$. On dit que le processus est *continu* (resp. continu à droite, continu à gauche, pourvu de limites à gauche, borné, à variation finie, etc.) si pour presque tout ω (relativement à la mesure de référence) l'application $t \to X_t(\omega)$ (la trajectoire de ω) est continue (resp. continue à droite, continue à gauche, pourvue de limites à gauche, etc.). Les processus dont les trajectoires sont continues à droite pourvues de limites à gauche sont les plus utilisés. On les désigne par l'acronyme *càdlàg.*

Un processus $(X_t,\ t \geq 0)$ est dit *prévisible* si l'application $(t,\ \omega) \to X_t(\omega)$ est mesurable par rapport à la tribu sur $\mathbb{R}^+ \times \Omega$ engendrée par les processus continus à gauche.

4. Un *temps d'arrêt* est une variable aléatoire T telle que :

$$\forall t,\ \{T \leq t\} \subset \mathcal{F}_t$$

Il est important de remarquer que la notion de temps d'arrêt est fortement liée au choix de la filtration.

5. Une *martingale* par rapport à la filtration $\mathcal{F}_t$ est un processus M_t, tel que M_t est adapté, intégrable, et $E(M_t|\mathcal{F}_s) = M_s,\ \forall s \leq t$.

Une *semi-martingale* est la somme d'une martingale et d'un processus à variation bornée.

6. Le processus $(B_t,\ t \geq 0)$ est un *mouvement brownien* (standard) si :

a) $P(B_0 = 0) = 1$ (le mouvement brownien est issu de l'origine) ;

b) $\forall s \leq t,\ B_t - B_s$ est une variable réelle de loi gaussienne, centrée de variance $(t - s)$;

c) $\forall n, \quad \forall t_i,\ 0 \leq t_0 \leq t_1 \ldots \leq t_n$, les variables $(B_{t_n} - B_{t_{n-1}},\ \ldots,\ B_{t_1} - B_{t_0},\ B_{t_0})$ sont indépendantes.

Le mouvement brownien est à trajectoires continues. On peut alors démontrer que les processus B_t et $B_t^2 - t$ sont des martingales.

Un processus vectoriel $B(t) = (B^i(t),\ i \leq n)$ est un mouvement brownien n-dimensionnel si ses composantes sont des mouvements browniens indépendants.

7. Un *processus d'Itô* est un processus $X(t)$ qui s'écrit sous la forme :

$$X(t) = x + \int_0^t \mu(s)\, ds + \int_0^t \sigma(s)\, dB(s)$$

où B est un brownien et où les coefficients μ et σ sont tels que les intégrales sont définies, ce que l'on écrit sous la forme :

$$dX(t) = \mu(t)\, dt + \sigma(t)\, dB(t) \qquad [20]$$

Le coefficient $\mu(s)$ est la *dérive*. Un processus d'Itô est une martingale si et seulement si sa dérive est nulle. Un cas particulier est le cas où les coefficients dépendent eux-mêmes de X, ce qui conduit à la notion d'équation différentielle stochastique, dont un exemple est :

$$dX(t) = X(t)\ [b(t)\, dt + \sigma(t)\, dB(t)]$$

La solution de cette dernière équation s'exprime explicitement :

$$X(t) = X(0) \exp \left[\int_0^t b(s)\, ds + \int_0^t \sigma(s)\, dB(s) - \frac{1}{2} \int_0^t \sigma^2(s)\, ds \right]$$

La *formule d'Itô* exprime que si X est un processus d'Itô vérifiant [20] et f une fonction réguliére, $Y(t) = f(t,\ X(t))$ est un processus d'Itô qui vérifie :

$$dY(t) = f'_t(t,\ X(t))\, dt + f'_x(t,\ X(t))\, dX(t) + \frac{1}{2}\ f''(t,\ X(t)\ \sigma^2(t)\, dt$$

8. Le *théorème de Girsanov* permet de donner la loi d'un processus particulier après changement de mesure de probabilité. Dans le cas d'un mouvement brownien, il s'énonce : soit $B(t)$ un P-mouvement brownien et $\phi(t)$ un processus prévisible ; soit

$$L_T = \exp \left[\int_0^T \phi(t)\, dB(t) - \frac{1}{2} \int_0^T \phi^2(t)\, dt \right]$$

et soit Q la probabilité définie sur $\mathcal{F}_T$ par $\dfrac{dQ}{dP} = L_T$. Sous Q le processus $\hat{B}(t) = B(t) - \displaystyle\int_0^t \phi(s)\, ds$ est un mouvement brownien.

9. Soit T_n une suite croissante de variables aléatoires. On définit le processus de comptage associé à la suite T_n par :

$$N_t = \begin{cases} n & \text{si} \quad t \in [T_n,\ T_{n+1}[\\ +\infty & \text{sinon} \end{cases}$$

Le *processus de Poisson standard* est un processus de comptage tel que les variables $(T_{n+1} - T_n,\ n \geq 0)$ sont indépendantes, équidistribuées de même loi exponentielle de paramètre λ avec $\lambda > 0$. Le processus $N_t - \lambda t$ est une martingale. On peut définir, pour tout processus C_t mesurable, adapté borné :

$$\int_0^\infty C_s\, dN_s = \sum_{i=1}^\infty C_{T_n},\ \int_0^t C_s\, dN_s = \sum_{i=1}^\infty C_{T_n} \mathbb{1}_{T_n \leq t}$$

10. Soit M_t une martingale et $\mathcal{F}_t$ sa filtration canonique. On dit que M_t possède la *propriété de représentation prévisible* si, pour toute $\mathcal{F}_t$-martingale Z_t, il existe un processus $\theta(t)$ prévisible tel que $Z_t = Z_0 + \displaystyle\int_0^t \theta(s)\, dM(s)$. Le mouvement brownien et le processus de Poisson possèdent cette propriété.

Arbitrage et imperfections de marché

7

Elyès Jouini

La théorie de l'évaluation des actifs financiers prend ses origines dans le modèle d'Arrow-Debreu (Debreu, 1959, chap. 7) et dans la formule de Black et Scholes (1973)[1]. Les différents modèles qui formalisent cette théorie dans un cadre général (Harrison et Kreps, 1979 ; Harrison et Pliska, 1979, 1983 ; Kreps, 1981), supposent que les marchés financiers sont parfaits en ce sens qu'il n'y a ni coûts de transaction, ni contraintes ou coûts de vente à découvert, ni taxes, ni écart entre les taux prêteurs et les taux emprunteurs... Le principal résultat qui se dégage alors de ces modèles est qu'un processus de prix compatible avec l'absence d'opportunité d'arbitrage (ou, de manière équivalente, compatible avec l'équilibre dans au moins une économie) est, moyennant une normalisation appropriée, une martingale pour au moins une loi de probabilité (appelée mesure-martingale) équivalente à la loi de probabilité initiale. La théorie de l'évaluation par arbitrage en découle[2]. Les actifs contingents peuvent être évalués en considérant la valeur espérée de leurs paiements futurs par rapport à l'une des mesure-martingales. Si cette valeur est indépendante du choix de la mesure-martingale, l'actif est dit évalué par arbitrage. En d'autres termes, la valeur trouvée est la seule que l'on puisse assigner à l'actif sans engendrer des opportunités d'arbitrage. En effet, à ce prix, il existe une stratégie sur les actifs de référence dupliquant le profil de l'actif à évaluer. Si le prix de marché et le prix de duplication ne coïncident pas, dupliquer l'actif et le vendre en même temps constitue un arbitrage.

Deux questions se posent cependant. Tout d'abord, que devient la caractérisation de l'absence d'opportunité d'arbitrage dans un modèle comportant certaines imperfections ? Ensuite, quelle signification attribuer à la valeur espérée

---

1. Voir dans cette ***Encyclopédie*** l'article de F. Quittard-Pinon, « Options : le modèle binomial, le modèle de Black et Scholes et leurs extensions », p. 1355, tome 2.

2. Voir dans cette ***Encyclopédie*** les articles de M. Jeanblanc-Picqué et R.A. Dana, « Arbitrage et équilibre en temps continu », p. 86, tome 1, de J.C. Rochet, « Arbitrage et équilibre dans les modèles discrets », p. 64, tome 1 et de P. Roger, « Processus stochastiques, calcul stochastique et optimisation dynamique », p. 1556, tome 2.

des paiements futurs d'un actif lorsque les différentes mesure-martingales (ou ce qui en tient lieu) ne conduisent pas à la même valeur ?

On remarquera que lorsque les marchés sont incomplets et s'il n'existe aucune autre imperfection, seule la deuxième question se pose. En effet, l'incomplétude des marchés ne modifie pas la caractérisation de l'absence d'opportunité d'arbitrage. De plus, en marchés incomplets, si les différentes mesure-martingales conduisent à une valeur unique, l'actif considéré est duplicable et sa valeur de duplication est égale au seul prix compatible avec l'absence d'opportunité d'arbitrage. En revanche, l'incomplétude des marchés peut conduire à l'impossibilité de la duplication, ce qui rend plus délicate la question de l'évaluation. Le problème lié aux autres imperfections (coûts de transaction, contraintes ou coûts de vente à découvert...) est presque inverse : la duplication reste souvent possible, mais le prix de duplication n'a aucune raison d'être le seul compatible avec l'absence d'opportunité d'arbitrage. Dupliquer l'actif et le vendre en même temps peut être très coûteux, voire impossible si l'actif ne peut être vendu à découvert. Le prix de l'actif et son prix de duplication peuvent donc être différents sans pour autant offrir une opportunité d'arbitrage.

Plusieurs auteurs se sont intéressés à la première question dans un cadre plus ou moins général (Ross, 1987 ; Figlewski, 1989 ; Hindy, 1991). Jouini et Kallal (1995a, 1995b) présentent, quant à eux, un modèle très général prenant en compte les coûts de transaction, les contraintes de vente à découvert, les coûts de vente à découvert et l'écart entre les taux prêteurs et emprunteurs. Lorsqu'un nombre fini d'actifs peuvent être échangés, mais que certains d'entre eux ne peuvent être vendus à découvert, un processus de prix est alors compatible avec l'absence d'opportunité d'arbitrage (ou de manière équivalente avec un certain équilibre) si, et seulement si, il existe une mesure de probabilité équivalente à la probabilité initiale sous laquelle les processus de prix des actifs ne pouvant être vendus à découvert sont des sur-martingales et les processus de prix des autres actifs sont des martingales. En présence de coûts de transaction, les prix des actifs sont décrits par la donnée d'un processus de prix acheteur et un processus de prix vendeur, et le résultat précédent reste valable au prix d'une seule modification : pour qu'il y ait absence d'opportunité d'arbitrage, il n'est pas nécessaire que la mesure-martingale transforme les processus de prix acheteur ou vendeur en sur-martingales ou en martingales. Il suffit que ce soit le cas pour un processus quelconque compris entre les processus de prix acheteur et les processus de prix vendeur.

Afin d'interpréter ces résultats, il faut se souvenir qu'une martingale est l'équivalent stochastique d'une constante : à chaque instant, sa valeur espérée est égale à sa valeur courante. Ainsi, sous une telle probabilité, les actifs financiers ont un prix équitable pour des agents neutres au risque. Pour cette raison, cette probabilité est appelée probabilité neutre au risque ou probabilité corrigée du risque, en référence à la probabilité initiale. Une sur-martingale est, quant à elle, l'équivalent stochastique d'une fonction décroissante : sa valeur espérée est inférieure à sa valeur courante. En ce sens, pour un agent neutre au risque, l'actif semble surestimé. Un tel agent voudrait vendre cet actif, mais il ne peut le faire en raison de la contrainte de vente à découvert.

La seconde question est certainement la plus intéressante, puisqu'elle est en aval de la première et qu'elle concerne l'aspect opérationnel de l'évaluation. Que faire des mesure-martingales obtenues ? En fait, il apparaît que l'ensemble des valeurs espérées des paiements futurs d'un actif donné sous les différentes mesure-martingales constitue l'intervalle des prix admissibles pour l'actif, c'est-à-dire l'intervalle des prix compatibles avec l'absence d'opportunités d'arbitrage. La borne supérieure de cet intervalle de prix constitue le prix minimal de couverture de l'actif. Il s'agit du coût minimal d'une stratégie conduisant à des paiements supérieurs ou équivalents à ceux de l'actif considéré dans tous les états de la nature. La borne inférieure de l'intervalle constitue, pour sa part, l'opposé du coût minimal de couverture d'une position courte sur l'actif considéré. En particulier, l'actif contingent considéré pourra avoir une fourchette de prix non triviale, même si les actifs de départ n'avaient qu'un seul prix valable tant à l'achat qu'à la vente. Ce paradoxe apparent est la conséquence du fait que l'opposé d'une stratégie de couverture d'une position longue n'est pas nécessairement une stratégie de couverture admissible de la position courte correspondante (en raison des contraintes éventuelles sur les ventes). De ce fait, les coûts optimaux de couverture ne sont pas nécessairement opposés. Aucun agent n'acceptera de payer plus que la borne supérieure de l'intervalle, puisque à ce prix il pourra construire une stratégie procurant des revenus plus importants que l'actif considéré. De même, aucun agent n'acceptera de vendre l'actif à un prix inférieur à la borne inférieure de l'intervalle. En général, cette couverture optimale ne coïncide pas avec la duplication (Bensaïd *et al.,* 1992), ce qui coupe court aux tentatives de calcul de prix de duplication en présence de coûts de transaction (Leland, 1985 ; Boyle et Vorst, 1992). En d'autres termes, la duplication peut s'avérer plus coûteuse qu'une sur-couverture. Ce résultat s'illustre aisément si l'on pense au problème de la couverture d'un actif sur un horizon suffisamment court pour que ses variations ne puissent en aucun cas couvrir les coûts de transaction qui y sont attachés. Il vaut mieux sur-couvrir une position courte sur cet actif en achetant une quantité suffisante d'actif sans risque plutôt qu'en achetant de l'actif lui-même. De plus, toute fourchette de prix à l'intérieur de cet intervalle est une fourchette de prix d'équilibre dans une économie bien choisie peuplée d'agents ayant des relations de préférences continues, strictement croissantes et convexes (Jouini et Kallal, 1995c). Ainsi, cet intervalle de prix constitue le meilleur encadrement de la fourchette de prix de l'actif si l'on ne possède pas d'information supplémentaire sur la fonction d'utilité des agents.

1. Le théorème fondamental

Dans cette section, nous allons considérer un modèle analogue à celui de Harrison et Kreps (1979) mais dans lequel nous incorporerons divers types d'imperfections. Afin de donner une intuition des résultats obtenus, nous allons commencer par caractériser l'absence d'opportunité d'arbitrage dans le cadre d'exemples simples.

1.1. Quelques exemples élémentaires

Dans les deux exemples qui suivent nous allons tenter d'illustrer, pour le premier d'entre eux, la caractérisation de l'absence d'opportunité d'arbitrage et, pour le second, le lien entre les mesure-martingales et les bornes sur les prix admissibles.

1.1.1. Un modèle déterministe

Considérons un univers déterministe dans lequel deux actifs peuvent être échangés entre la date 0 et la date T. On suppose qu'il n'y a consommation qu'à la date initiale et à la date finale, que l'actif 1 a un prix constant égal à 1 et qu'il n'est soumis à aucune contrainte ni coût de transaction. Si l'actif 2 n'est soumis, lui non plus, à aucune contrainte, son prix devra être constant. En effet, si son prix en t est supérieur (resp. inférieur) à son prix en $t' > t$, alors il suffit de vendre à découvert une quantité arbitrairement grande de l'actif 2 (resp. de l'actif 1) en t, d'acheter de l'actif 1 (resp. de l'actif 2) pour le même montant et de solder la position à découvert en t'. L'investisseur réalise alors dans tous les cas un profit arbitrairement grand. Les seuls processus de prix pour l'actif 2 excluant de telles opportunités d'arbitrage sont alors les processus constants.

Supposons à présent, que l'actif 2 ne peut être vendu à découvert. Le raisonnement précédent permet encore de démontrer que le prix en t de l'actif 2 ne peut être inférieur au prix en t' pour $t' > t$. En revanche, le raisonnement symétrique ne s'applique plus puisqu'il n'est plus possible de vendre à découvert de l'actif 2. Ainsi, les processus de prix excluant les opportunités d'arbitrage sont-ils, à présent, les processus décroissants.

Supposons, enfin, que l'actif 2 peut être vendu à découvert mais qu'il est soumis à des coûts de transaction ou, plus généralement, à une fourchette acheteur-vendeur. Soit $Z(t)$ le prix auquel l'agent peut acheter de l'actif 2 à la date t et $Z'(t)$ le prix auquel il peut le vendre. Le raisonnement précédent permet de montrer que l'on ne peut avoir ni $Z'(t) > Z(t)$ ni $Z(t') < Z'(t)$. Cette propriété est équivalente à l'existence d'une constante z telle que pour tout t, $Z'(t) \leq z \leq Z(t)$, ou encore à l'existence d'un processus de prix constant compris entre les prix acheteur et vendeur. Aucun des deux processus n'a pour autant besoin d'être constant ou monotone.

1.1.2. Un modèle à deux dates et deux états du monde

Soit un univers à deux dates, 0 et 1, et deux états du monde, « haut » et « bas », équiprobables. Deux actifs peuvent être échangés : une obligation de prix normalisé constant égal à 1, et une action de prix $S_0 = 100$ à la date 0 et de prix $S_h = 110$ dans l'état « haut » et $S_b = 90$ dans l'état « bas ». Considérons à présent une option d'achat et une option de vente sur cette action, de même prix d'exercice égal à 100. L'option d'achat (resp. de vente) paye donc 10 dans l'état « haut » (resp. « bas ») et 0 dans l'état « bas » (resp. « haut »).

S'il n'y a pas d'imperfections sur le marché, la probabilité (1/2, 1/2) sur les états terminaux est la seule pour laquelle le prix de chaque actif à la date 0 est égal à l'espérance de son prix à la date 1. L'option d'achat comme l'option de vente devraient alors avoir pour prix la moyenne de leurs paiements futurs, soit un prix de 5. Le même résultat peut être obtenu en remarquant qu'en achetant (resp. vendant à découvert) 1/2 action et en vendant à découvert 45 (resp. achetant 55) obligations, on obtient un profil terminal identique à celui d'une option d'achat (resp. de vente) à un coût de 5.

Si, à présent, l'action ne peut plus être vendue à découvert, il est encore possible de couvrir l'option d'achat avec un montant de 5. En revanche, la stratégie de couverture de l'option de vente n'est plus possible. La stratégie la moins chère garantissant un paiement terminal au moins égal à celui de l'option de vente dans tous les états de la nature consiste alors à acheter 10 obligations et coûte donc 10. Ainsi, la stratégie la moins chère garantissant au moins 0 dans l'état « haut » et 10 dans l'état « bas » garantit en fait 10 dans chacun des deux états. Il est alors possible de trouver des agents rationnels acceptant de payer l'option de vente à des prix arbitrairement proches de 10. Lorsque le prix est 10, les agents préfèrent acheter 10 obligations plutôt que l'option de vente en raison de la stricte monotonicité des fonctions d'utilité. Les probabilités pour lesquelles le prix de l'action est une sur-martingale s'identifient alors aux probabilités pour lesquelles l'état « haut » est moins probable que l'état « bas ». Le supremum des valeurs espérées des paiements de l'option de vente est de 10 alors qu'il n'est que de 5 pour l'option d'achat. Remarquons enfin qu'un portefeuille constitué d'une option de vente et d'une option d'achat se comporte comme 10 obligations, et qu'il coûte donc 10 alors que la somme des prix des éléments qui le composent est de 15. Ainsi apparaît le caractère non linéaire des fonctions d'évaluation en présence d'imperfections.

1.2. Un modèle général (Jouini et Kallal, 1995a, 1995b)[3]

Considérons une économie multipériodique dans laquelle les consommateurs peuvent échanger $L+S$ actifs financiers à toute date $t \in \mathcal{T}$, avec $\mathcal{T} \subset [0,\ T]$ ($\mathcal{T}$ peut être aussi bien discret que continu). Ces actifs ont à chaque date $t < T$ un prix d'achat et un prix de vente, et délivrent en T une quantité contingente d'unités de consommation. De plus, les L premiers actifs ne pourront être détenus en quantité négative tandis que les S suivants ne pourront être détenus en quantité positive. La signification de ce second type de contraintes n'est pas immédiate. Ces contraintes permettent cependant d'unifier différents problèmes. En effet, si un actif n'est soumis à aucune contrainte, il suffit de le faire apparaître deux fois : la première parmi les actifs soumis à la contrainte de positivité et la seconde parmi les autres actifs. Si un actif peut être vendu à découvert moyennant un certain coût en termes de rendement, il suffit de le faire apparaître parmi les actifs qu'il est interdit de vendre à découvert, ainsi que de faire apparaître un actif fictif dont le processus de prix incorpore les coûts de vente à découvert parmi les actifs soumis à la contrainte de négativité de la quantité détenue.

Plus précisément, soit $\{\mathcal{F}_t\}_{t\in\mathcal{T}}$ une filtration modélisant la structure d'information de notre économie. Soit Z' et Z deux processus de dimension $L+S$ représentant les prix de vente et d'achat des $L+S$ actifs.

Outre des hypothèses techniques concernant ces processus, on suppose que le prix du premier actif est normalisé à 1, et que cet actif n'est soumis à aucun coût de transaction (*i.e.* $Z_1 = Z_1^{'} = 1$). Le taux d'intérêt emprunteur est supposé être différent du taux prêteur. Ce dernier point est modélisé par l'existence d'un actif, parmi ceux qui sont soumis à la condition de négativité

3. Soit $(\Omega,\ \mathcal{F},\ \mathcal{P})$ un espace de probabilité, $X = L^2(\Omega,\ \mathcal{F},\ \mathcal{P})$ l'espace des variables aléatoires de carré intégrable sur $(\Omega,\ \mathcal{F},\ \mathcal{P})$, et X_+ l'ensemble des $x \in X$ tels que $P(x \geq 0) = 1$ et $P(x > 0) > 0$. Si $a \in R$, on note $a^+ = (\max\ (0,\ a))$ et $a^- = (-\min\ (0,\ a))$.

(par exemple, l'actif $L+1$), tel que $Z_{L+1}(t) = Z'_{L+1}(t) = \exp\left(\int_0^t r(s)\, ds\right)$, où r est un processus positif borné. Le processus r représente en fait le processus de taux emprunteur instantané. Par l'absence d'opportunités d'arbitrage, ce taux doit être, à chaque instant, supérieur au taux prêteur instantané. En raison de la normalisation effectuée sur l'actif 1, le taux prêteur instantané est nul, et la condition sur r est donc bien une condition de positivité.

On dira que le marché présente une opportunité d'arbitrage faible s'il est possible, à partir de stratégies autofinancées portant sur les différents actifs présents sur le marché et respectant les contraintes du modèle, de faire mieux que des actifs arbitrairement proches d'un actif appartenant à X_+ à un prix arbitrairement proche de zéro. On dira que le marché est viable s'il existe un agent rationnel (un agent ayant un préordre de préférence convexe, continu et strictement croissant) pouvant s'approcher arbitrairement d'un plan de consommation optimal (au sens des préférences) parmi ceux qui lui sont accessibles (par l'intermédiaire des stratégies d'échange autorisées). Cette condition est une condition nécessaire et suffisante pour que l'économie considérée admette un équilibre, ou du moins pour que les agents puissent y converger vers un équilibre. En effet, si l'économie admet un équilibre, tout agent de l'économie en caractérise la viabilité. Réciproquement, si un tel agent existe, une économie peuplée d'agents identiques admet un équilibre.

En présence d'imperfections, comme nous l'avons déjà signalé, il n'est plus vrai que la façon la moins chère d'obtenir à la date T au moins autant que le revenu d'un actif donné consiste à dupliquer cet actif ou à s'en approcher. Nous définissons donc la fonctionnelle de prix $\pi(x)$ comme étant le coût limite minimum d'une suite de stratégies permettant de dominer des actifs arbitrairement proches de x. Cette fonctionnelle définit donc le prix de meilleure couverture ou de couverture parfaite optimale.

Nous pouvons à présent énoncer le théorème fondamental de l'arbitrage en présence d'imperfections.

Théorème 1

(1) *Les trois propositions suivantes sont équivalentes.*

(i) *Le modèle est viable.*

(ii) *Le modèle n'admet pas d'opportunité d'arbitrage faible.*

(iii) *Il existe une probabilité P^* équivalente à P et un processus Z^* tels que $Z' \leq Z^* \leq Z$, $Z_0^* = \exp\left(\int_0^t r_0(s,\, \omega)\, ds\right)$ avec $0 \leq r_0(t,\, \omega) \leq r(t,\, \omega)$ et pour lesquels $\frac{1}{Z_0^*}\,(Z_1^*,\, ...,\, Z_L^*)$ est une sur-martingale et $\frac{1}{Z_0^*}\,(Z_{L+1}^*,\, ...,\, Z_{L+S}^*)$ est une sous-martingale.*

(2) $\pi(x) = \sup\ \{Z_0^*(0)\ E^*(x/Z_0^*(T))$ *pour Z_0^* et P^* tels que dans* (1) (iii)$\}$.

En d'autres termes, ce théorème énonce que l'absence d'opportunité d'arbitrage dans un marché soumis à des frictions est équivalente à l'existence d'une mesure-martingale, tout comme dans les marchés sans frictions, pour laquelle un processus compris entre les processus de prix acheteur et vendeur, normalisé par un numéraire défini par un taux d'intérêt instantané compris entre les taux prêteur et emprunteur, est une martingale, une sur-martingale ou une sous-martingale en fonction des contraintes imposées sur les quantités détenues en portefeuille. Lorsque les marchés financiers sont de plus soumis à des coûts fixes de transaction, la caractérisation de l'absence d'opportunité d'arbitrage reste la même, à l'exception du fait que la mesure-martingale n'est pas nécessairement équivalente à la probabilité initiale (Jouini et Kallal, 1995e).

En particulier, s'il n'y a ni coûts de transaction, ni écart entre les taux prêteur et emprunteur, mais uniquement des contraintes sur les ventes à découvert, le théorème énonce que l'absence d'opportunité d'arbitrage est équivalente à l'existence d'une mesure-martingale pour laquelle le processus de prix est une sur-martingale. Ce résultat n'est pas surprenant puisque, dans ce cas, l'agent va chercher à réaliser un arbitrage en vendant des quantités arbitrairement grandes de l'actif en question, mais il ne pourra le faire en raison de la contrainte imposée.

Le théorème ne se contente cependant pas de caractériser l'absence d'opportunité d'arbitrage, puisqu'il donne le prix minimal de couverture parfaite de tout actif comme étant égal au maximum des espérances des paiements de cet actif par rapport aux différentes mesure-martingales caractérisant l'absence d'opportunité d'arbitrage, après actualisation par le numéraire correspondant. En particulier, si l'unique imperfection est due à un écart entre les taux prêteur et emprunteur, le prix de couverture parfaite est le maximum des espérances du paiement terminal actualisé par tous les processus de taux de rendement instantané compris entre les taux prêteur et emprunteur.

Si Z^* est un processus de prix viable au sens des économies sans frictions, on dira que (Z', Z) est une perturbation du prix Z^* si Z correspond à un processus de prix d'achat supérieur à Z^* et Z' à un processus de prix de vente inférieur à Z^*. Une des conséquences du théorème précédent est alors que tout système (Z', Z) viable (au sens des économies avec frictions) est une perturbation d'un processus Z^* viable dans une économie sans frictions. Réciproquement, toute perturbation de Z^* est viable. Ce dernier résultat est tout à fait intuitif : partant d'un processus viable, en augmentant les prix d'achat et en diminuant les prix de vente on restreint l'ensemble des opportunités d'arbitrage éventuelles et donc la viabilité reste assurée.

2. Un exemple d'application : les coûts de vente à découvert

Le modèle général de la section précédente permet également de prendre en compte les situations où les ventes à découvert sont possibles mais coûteuses. Ceci est le cas, par exemple, des obligations d'Etat où la vente à découvert implique un échange avec un actif collatéral et l'engagement de réaliser l'opération inverse à une date fixée. La différence de rendement entre l'actif de départ et le collatéral représente alors un coût de vente à découvert et dépend de la nature des actifs. Ce coût s'exprime donc en termes de rendement. Il est typiquement de l'ordre de 0,25 %, mais il peut également être beaucoup plus important (Stigum, 1983). Afin de prendre en compte ces coûts de vente à découvert, on suppose que l'actif de départ ne peut être vendu à découvert et on introduit un nouvel actif fictif (avec un rendement supérieur) qui ne peut être détenu en quantité positive. La différence entre les deux rendements constitue alors le coût de vente à découvert. L'absence d'opportunité d'arbitrage est alors équivalente à l'existence d'une mesure-martingale pour laquelle le processus de prix de l'actif de départ est une sur-martingale et le processus de prix modifié une sous-martingale.

2.1. Le modèle binomial

Modélisons l'évolution des prix des actifs par un arbre binomial. Plus précisément, supposons que les agents peuvent investir dans un actif risqué de prix S_0 à $t = 0$ et dont le prix est multiplié par $\exp(h)$ dans l'état «haut» et par $\exp(b)$ dans l'état «bas». On suppose également que la vente à découvert de cet actif est possible mais coûteuse. Ainsi, vendre à découvert l'actif risqué à $t = 0$ permet de recevoir S_0, mais crée une dette à la date suivante égale à $S_0 \exp(h + c)$ ou $S_0 \exp(b + c)$ en fonction de l'état du monde à cette date. Le terme c représente donc bien un coût (en termes de rendement) de vente à découvert. Supposons également que les agents peuvent emprunter à un taux r_E et placer à un taux $r_P \leq r_E$.

L'absence d'opportunité d'arbitrage est alors équivalente à l'existence d'un taux r_0 à chaque nœud avec $r_P \leq r_0 \leq r_E$, et d'une probabilité de transition $p^* \in]0, 1[$ tels que :

$$p^* \exp(h-r_0)+(1-p^*) \exp(b-r_0) \leq 1 \leq p^* \exp(h+c-r_0)+(1-p^*) \exp(b+c-r_0)$$

Cette condition est alors équivalente à l'existence de $r_0 \in [r_P, r_E] \cap [b, h+c]$, et les probabilités de transition p^* sont alors de la forme :

$$p^* = \frac{1 - \exp(d + c' - r_0)}{\exp(u + c' - r_0) - exp(d + c' - r_0)}$$

avec $c \geq c' \geq 0$ et $h + c' > r_0 > d + c'$.

La borne supérieure des prix d'arbitrage pour un actif contingent $x(T)$ est alors donnée simplement par une procédure dynamique rétrograde de résolution du problème :

$$\sup \left\{ E^* \left(\frac{x(t)}{\exp(r_0)} \right) |\mathcal{F}_{t-1} \right\}$$

où le supremum est pris sur l'ensemble des r_0 dans $[r_P, r_E]$ et l'ensemble des probabilités de transition p^* de la forme ci-dessus. E^* désigne alors l'espérance sous la probabilité de transition p^*.

A un nœud donné, si x_h et x_b sont les paiements contingents de l'actif dérivé, l'algorithme dynamique va consister à résoudre le problème

$$\max \left\{ \frac{(x_h - x_b) \exp(-c')}{\exp(h) - \exp(b)} + \exp(-r_0) \frac{\exp(h)\ x_b - \exp(b)\ x_h}{\exp(h) - \exp(b)} \right\}$$

pour $0 \leq c' \leq c$ et $r_0 \in [r_P, r_E] \cap [b + c', h + c']$.

La solution de ce problème de maximisation dépend bien évidemment des valeurs $x_h - x_b$ et de $\exp(h)\ x_b - \exp(b)\ x_h$, mais elle est immédiate. Ainsi obtient-on un algorithme simple de détermination de la valeur de couverture.

2.2. Un modèle de diffusion

Considérons, à présent, un modèle en temps continu sur $[0,\ T]$, où les prix des actifs suivent des processus de diffusion. Afin de simplifier le problème, supposons qu'il n'y a que deux actifs : un actif risqué et un actif (localement) sans risque. Afin de modéliser l'écart entre les taux prêteur et emprunteur, nous allons dédoubler l'actif sans risque en un actif pour lequel les positions ne peuvent être que longues et un autre actif pour lequel les positions ne peuvent être que courtes. La même opération est effectuée pour l'actif risqué afin de tenir compte d'éventuels coûts de vente à découvert. Enfin, nous allons supposer l'existence d'une unique source de risque modélisée par la donnée d'un mouvement brownien $W(t)$, et nous nous intéresserons à l'évaluation d'actifs dérivés dont le paiement final est une fonction de la valeur terminale de l'actif risqué.

Formellement, les processus long et court de l'actif risqué sont donnés par Z_L et Z_C tels que $\dfrac{dZ_L}{Z_L} = \mu_L\ dt + \sigma_L\ dW(t)$ et $\dfrac{dZ_C}{Z_C} = \mu_C\ dt + \sigma_C\ dW(t)$ où les paramètres μ et σ sont des fonctions de $Z_L(t)$ et de t. On note respectivement r_P et r_E, fonctions de $Z_L(t)$ et de t, les taux instantanés auxquels l'agent peut placer et emprunter.

En écrivant les conditions d'absence d'opportunité d'arbitrage telles qu'elles sont données par le théorème général, on obtient le résultat suivant.

Théorème 2

(i) *Il y a absence d'opportunité d'arbitrage s'il existe un processus de taux r_0 tel que $r_P \leq r_0 \leq r_E$ et $\dfrac{\mu_L - r_0}{\sigma_L} \leq \dfrac{\mu_C - r_0}{\sigma_C}$ pour tout $t \in [0,\ T]$.*

(ii) *Dans ce cas, pour chaque r_0, l'ensemble des mesure-martingales est défini par l'ensemble de leurs dérivées de Radon-Nykodim :*

$$\Pi = \left\{ \exp\left(\int_0^T \gamma(s)\ dW(s) - \frac{1}{2}\int_0^T \gamma^2(s)\ ds \right) : -\frac{\mu_C - r_0}{\sigma_C} \leq \gamma \leq -\frac{\mu_L - r_0}{\sigma_L} \right\}$$

Le prix d'un actif dérivé peut alors être calculé en maximisant l'espérance des paiements terminaux actualisés sur tous les processus de taux r_0 admissibles et toutes les mesure-martingales qui leur sont associées.

Moyennant certaines hypothèses techniques, on obtient alors que le prix optimal de couverture d'un actif qui verse un revenu terminal $h(Z_L(T))$ est donné par $V(Z_L(0),\ 0)$ où V est déterminé par l'équation :

$$\begin{aligned} r_P V =& \frac{\partial V}{\partial t} + \frac{1}{2}\ \sigma_L^2 x^2\ \frac{\partial^2 V}{\partial x^2} + r_P x\ \frac{\partial V}{\partial x} + \sigma_L x \left(\frac{\mu_C - r_P}{\sigma_C} - \frac{\mu_L - r_P}{\sigma_L} \right) \\ & \times \left[\frac{\partial V}{\partial x} \right]^- + (r_E - r_P) \left[V - x \left(\frac{\partial V}{\partial x} \right)^+ + x\ \frac{\sigma_L}{\sigma_C} \left(\frac{\partial V}{\partial x} \right)^- \right]^- \end{aligned}$$

et par condition au bord $V(x,\ T) = h(x)$.

De plus, la stratégie optimale de couverture consiste alors à avoir, à chaque instant, une position longue de $\Delta_L = \left(\dfrac{\partial V}{\partial x} \right)^+$ en actif risqué et une position courte de $\Delta_C = -\dfrac{\sigma_L Z_L}{\sigma_C Z_C}\left(\dfrac{\partial V}{\partial x}\right)^-$ dans le même actif. On remarque que, à chaque instant, l'une des deux quantités précédentes est nulle, et que par conséquent la position de l'agent est soit longue soit courte. Le surplus (éventuel) $(\Delta_0)^+ = \left[V - Z_1\left(\dfrac{\partial V}{\partial x}\right)^+ + Z_1\,\dfrac{\sigma_1}{\sigma_2}\left(\dfrac{\partial V}{\partial x}\right)^-\right]^+$ est alors investi en actif sans risque au taux r_P et le déficit (éventuel) est financé par un emprunt de $(\Delta_0)^- = \left[V - Z_L\left(\dfrac{\partial V}{\partial x}\right)^+ + Z_L\,\dfrac{\sigma_L}{\sigma_C}\left(\dfrac{\partial V}{\partial x}\right)^-\right]^-$ au taux r_E.

Remarquons qu'un raisonnement heuristique aurait pu nous conduire à l'équation aux dérivées partielles précédente en V. En effet, V désigne la valeur de la stratégie optimale et le signe de $\dfrac{\partial V}{\partial x}$ nous indique si la stratégie est longue ou courte en l'actif risqué : si $\dfrac{\partial V}{\partial x} > 0$ on a une position longue puisque la valeur augmente avec le prix de cet actif. De manière symétrique, si $\dfrac{\partial V}{\partial x} < 0$ on a une position courte. Dans le premier cas, si le taux d'intérêt est r_0, le prix du risque pour une position longue en l'actif risqué est $-\dfrac{\mu_L - r_0}{\sigma_L}$, et le rendement espéré de l'actif risqué sous la probabilité risque-neutre est égal au taux sans risque. Dans le second cas, le prix du risque pour une position courte est $-\dfrac{\mu_C - r_0}{\sigma_C}$ et le rendement espéré relativement à la probabilité risque-neutre est égal au taux sans risque augmenté du coût (en termes de rendement) $\sigma_L\left(\dfrac{\mu_C}{\sigma_C} - \dfrac{\mu_L}{\sigma_L}\right)$ d'une position à découvert en actif risqué. Le taux r_0 est alors égal au taux emprunteur si le portefeuille de couverture engendre un déficit, et au taux prêteur s'il engendre un surplus. L'équation de Black et Scholes (1973) écrite avec les valeurs correspondant aux différentes situations précédentes conduit à l'équation ci-dessus.

2.3. Résultats numériques

Les résultats du paragraphe 2.1. et ceux du paragraphe 2.2. peuvent donner lieu à des simulations numériques. Dans le premier cas, l'algorithme de calcul nous est donné directement. Dans le second, il faut faire appel aux méthodes numériques usuelles de résolution des équations aux dérivées partielles.

Soit tout d'abord un *straddle*, c'est-à-dire la combinaison d'une option d'achat et d'une option de vente sur le même actif, de même date d'exercice T et de même prix d'exercice K. Prenons $K = S_0 = 100$ (*straddle* à la monnaie), $T =$ six mois, une volatilité de 30 % et un taux prêteur sans risque de 5 %. Il apparaît alors que l'écart entre les bornes d'arbitrage du *straddle* sont de l'ordre des deux tiers de la taille des imperfections (somme du différentiel de taux prêteur-emprunteur et du coût de vente à découvert en termes de rendement). Cet écart est égal à la moitié de celui qui aurait été observé si l'on avait évalué séparément chacune des deux options puis additionné les prix.

Soit, à présent, un *butterfly*, c'est-à-dire la combinaison de deux options d'achat de prix d'exercice respectifs K_1 et K_3 et d'une position à découvert en deux options de vente de prix d'exercice K_2 avec $K_1 < K_2 < K_3$. Toutes les options sont écrites sur le même sous-jacent et ont la même date d'exercice T. En prenant $K_1 = 90$, $K_2 = 100$, $K_3 = 110$ et, pour le reste, les mêmes valeurs que dans l'exemple précédent, on obtient un écart entre les bornes d'arbitrage du *butterfly* de l'ordre de deux fois la taille des imperfections. En revanche, cet écart est égal à un vingtième de celui qui aurait été observé si l'on avait évalué séparément chacune des options puis additionné leurs prix.

Ainsi, les non-linéarités introduites par les imperfections sont loin d'être négligeables et l'évaluation globale d'un portefeuille permet de réduire de manière substantielle la fourchette de prix acheteur-vendeur.

3. Extensions

Dans cette section, nous allons tenter d'apporter quelques éclairages complémentaires sur les imperfections de marché. Comme nous l'avons vu dans les sections précédentes, le théorème général permet de caractériser l'absence d'opportunité d'arbitrage pour une large classe d'imperfections et de définir le coût minimum de couverture parfaite d'un actif quelconque. Si, comme nous venons de le voir, le cas des contraintes de vente à découvert conduit à un intervalle de prix raisonnable, cela est loin d'être le cas pour d'autres types d'imperfections (incomplétude, coûts de transaction). En ce qui concerne les coûts de transaction, la manière optimale de couvrir complètement une position courte sur une option d'achat européenne s'avère être l'achat du sous-jacent (Soner *et al.*, 1994). Une telle couverture est certes parfaite au sens de l'élimination du risque, mais tellement coûteuse qu'elle enlève tout intérêt au concept d'option. Il faut alors admettre que la couverture parfaite ne peut plus être l'objectif principal de l'agent et qu'il faut plutôt trouver un compromis entre le coût d'une couverture donnée et sa qualité. Un tel comportement peut, bien évidemment, être modélisé par la donnée d'une fonction d'utilité (Hodges et Neuberger, 1989 ; Tuckman et Vila, 1990 ; Davis *et al.*, 1993). Le résultat dépend alors fortement du choix de la fonction d'utilité. Nous allons tenter, dans la suite, d'exposer brièvement quelques approches récentes dont le but est à la fois de mieux cerner l'ensemble des prix « acceptables » et d'obtenir des résultats indépendants de spécifications trop particulières.

3.1. Les bornes universelles

A chaque agent décrit par une fonction d'utilité, pour chaque richesse initiale et pour chaque actif, on associe un prix unique pour lequel l'agent est indifférent, en son point de consommation optimale, entre recevoir une unité infinitésimale supplémentaire de l'actif et recevoir le prix de cette quantité. Pour obtenir des bornes « universelles », on considère alors l'ensemble de ces prix lorsque la richesse initiale et la fonction d'utilité varient (Constantinides, 1994 ; Constantinides et Zariphopoulou, 1994). Cependant, le résultat reste lié à l'ensemble des fonctions d'utilité considérées. Il est possible de caractériser ces bornes lorsque les fonctions d'utilité sont supposées avoir une aversion pour le risque bornée. Le résultat dépend alors du choix (relativement arbitraire) de cette borne. Dans le cas d'une fonction à aversion relative pour le risque constante, on obtient des bornes indépendantes de la valeur donnée à cette aversion pour le risque. Le résultat est séduisant et l'on est tenté de conjecturer qu'il devrait être vrai sur un ensemble de fonctions d'utilité plus large. Cependant, lorsque l'on considère l'ensemble de toutes les fonctions d'utilités continues, quasi concaves et strictement croissantes, on retrouve les bornes d'arbitrage ou de couverture parfaite optimale (Jouini et Kallal, 1995c). En précisant mieux la classe des fonctions d'utilité à considérer, sans pour autant trop la contraindre, on peut espérer obtenir un intervalle de prix raisonnable en présence de coûts de transaction. Cependant, même si on se limite aux fonctions d'utilité de von Neumann et Morgenstern strictement concaves et strictement croissantes, on retrouve que le prix d'une option devrait être égal au prix de son sous-jacent (Jouini et Kallal, 1995d) !

3.2. Marchés incomplets et couverture quadratique

Dans le cas des marchés incomplets, la duplication des actifs n'est pas toujours possible. Le prix de couverture optimal est, quant à lui, souvent élevé (El Karoui et Quenez, 1991). On peut alors penser à un nouveau critère de couverture : la minimisation de l'écart quadratique moyen (Follmer et Sondermann, 1986). Ce problème de minimisation conduit à un prix de couverture compris entre les bornes d'arbitrage et s'écrit donc comme l'espérance du paiement terminal actualisé de l'actif à évaluer par rapport à une mesure-martingale particulière appelée mesure-martingale quadratique minimale. On détermine alors la stratégie de «couverture» conduisant à la minimisation de l'écart quadratique moyen (Gouriéroux *et al.*, 1995). Si cette approche présente l'intérêt de conduire à un prix et à une stratégie de «couverture» explicites, et si le critère retenu peut sembler naturel, il n'en demeure pas moins arbitraire. En effet, rien ne permet d'affirmer que l'agent accorde le même poids, comme c'est le cas ici, à une situation où il est sur-couvert de 1 franc ou sous-couvert du même montant. Pour prendre un exemple simple, considérons la couverture d'un actif qui procure un revenu égal à 90 ou 110 avec la même probabilité. Supposons que l'on ne dispose pour ce faire que de l'actif sans risque dont le taux de rentabilité est nul. Le prix de couverture parfaite est alors de 110 et il est certes trop élevé puisqu'à ce prix il est possible d'obtenir un paiement certain de 110. Le prix de «couverture» quadratique est quant à lui de 100 et peut sembler plus raisonnable. Cependant, tout prix compris strictement entre 90 et 110 est également raisonnable. De plus, on peut penser que l'agent, préférant les bonnes surprises aux mauvaises, préférera se couvrir à un prix de 102 ou 103 de façon à ce que ses pertes potentielles soient limitées à 7 ou 8, alors que ses gains pourront être de 12 ou 13. En fait, le prix de couverture parfaite correspond à la minimisation de la semi-variance négative du portefeuille, c'est-à-dire à la minimisation de l'espérance des carrés des écarts à la moyenne, conditionnellement au fait que ses écarts sont négatifs. Le prix de couverture quadratique correspond à la minimisation de la variance du portefeuille résiduel, c'est-à-dire à la minimisation de la moyenne de la semi-variance négative et de la semi-variance positive. Le bon critère est peut-être intermédiaire. Il n'est pas aberrant de prendre en compte les deux semi-variances, mais il est peu probable que l'agent leur accorde le même poids.

3.3. Dominance stochastique et imperfections

Une approche différente, fondée sur des travaux n'incluant pas d'imperfections, consiste à déterminer non pas le prix ou la couverture d'un actif déterminé, mais les stratégies efficientes lorsque l'on a un tel actif (ou son opposé) dans son portefeuille (Dybvig, 1988a et 1988b). Plus précisément, la question n'est plus de couvrir mais de déterminer, dans l'ensemble des stratégies possibles, celles qui dominent les autres, en ce sens que leur résultat est préféré à celui des autres par tout agent ayant une fonction d'utilité de von Neumann et Morgenstern continue, (strictement) concave et strictement croissante. Le choix de ce type de fonction d'utilité suppose que les agents ne sont sensibles qu'à la distribution des paiements d'une stratégie et que, dans un monde à deux états équiprobables, (c_1, c_2) est équivalent à (c_2, c_1). Cette approche permet alors de déterminer la notion de prix d'utilité, prix minimal permettant à tout agent du type considéré de se constituer un paiement terminal préféré à celui d'un actif donné. Dans le cas des coûts de vente à découvert, on détermine un algorithme de calcul de ce prix d'utilité qui réduit un peu plus l'écart entre les bornes d'arbitrage (Jouini et Kallal, 1995d). Cependant, en présence de coûts de transaction, le prix d'utilité s'avère être encore trop élevé.

3.4. Absence d'opportunité d'arbitrage et stationnarité

Sous une hypothèse de stationnarité des marchés, on montre que parmi les mesure-martingales il en existe une associée à un numéraire stationnaire (Carassus et Jouini, 1995). Une conséquence de ce résultat est alors, par exemple, que la seule fonction liant le prix d'une option, de prix d'exercice donné K et de durée de vie T, au prix de l'actif sous-jacent S, compatible avec la stationnarité, est la fonction $C(S, K, T)$ donnée par la formule de Black et Scholes, et ceci même en présence d'imperfections. Dans ce cas, l'hypothèse de stationnarité suppose seulement qu'à chaque date sont créées de nouvelles options sur le même actif, de même durée de vie et de prix d'exercice dans un rapport constant avec le prix du sous-jacent.

Ces résultats pourraient alors nous amener à inverser le problème de l'évaluation des actifs en présence d'imperfections. Il ne s'agirait pas de déterminer un prix de couverture parfaite (souvent trop élevé) ou de couverture imparfaite selon un critère arbitraire. Il s'agirait au contraire, partant du seul prix compatible avec la stationnarité et en y ajoutant éventuellement les marges raisonnables pratiquées sur les marchés, de déterminer, sous cette contrainte de coût, la stratégie optimale à adopter.

*

* *

D'une façon plus générale, en présence d'imperfections, le problème de la couverture d'un portefeuille ne peut être dissocié de celui de la gestion optimale de la richesse, et la « valeur » d'un actif dépend de celle du reste du portefeuille. C'est donc une approche globale qui doit nous guider . Ce n'est plus la valeur de l'actif qui importe mais les rééquilibrages de portefeuille nécessaires pour compenser un achat ou une vente de cet actif. Ce problème est extrêmement complexe et le devient encore plus lorsque l'on combine différentes sortes d'imperfections. Ainsi, en présence de deux actifs risqués, l'un soumis à des coûts de transaction et l'autre pas, les stratégies optimales consistent nécessairement à n'échanger que du second actif, même si la non-utilisation de l'un des deux actifs doit conduire à une incomplétude du marché (Jouini *et al.*, 1995). Les agents préfèrent donc en quelque sorte l'incomplétude des marchés aux coûts de transaction. Ce résultat est bien évidemment un résultat limite. Dans la pratique, tous les actifs sont soumis à des coûts de transaction ; ces derniers sont cependant beaucoup plus importants sur certains actifs que sur d'autres et l'on peut penser que ces derniers seront alors beaucoup moins utilisés pour rééquilibrer le portefeuille, même si la couverture des positions courtes devait en être moins parfaite. Ces différentes approches, quoique partielles, ont l'avantage de nous éclairer sur divers aspects des problèmes posés par les imperfections. C'est peut-être un rapprochement de plusieurs d'entre elles qui nous permettra d'améliorer encore notre compréhension de ces questions.

Références

BENSAÏD B., LESNE J.P., PAGÈS H., SCHEINKMAN J., « Derivative Asset Pricing with Transaction Costs », *Mathematical Finance* (2, 1992), p. 63-86.

BLACK F., SCHOLES M., « The Pricing of Options and Corporate Liabilities », *Journal of Political Economy* (81, 1973), p. 637-654.

BOYLE P., VORST T., « Option Replication in Discrete Time with Transaction Costs », *Journal of Finance* (47, 1992), p. 271-293.

CARASSUS L., JOUINI E., « Investment Opportunities, Shortsales Constraints and Arbitrage Opportunities », Document de travail, 1995.

CONSTANTINIDES G., « Option Pricing Bounds Based on Stochastic Dominance », Document de travail, University of Chicago, 1994.

CONSTANTINIDES G., ZARIPHOPOULOU T., « Universal Bounds on Option Prices with Proportional Transaction Costs », Document de travail, University of Chicago, 1994.

DAVIS M., PANAS V., ZARIPHOPOULOU T., « European Option Pricing with Transaction Costs », *SIAM Journal of Control and Optimization* (31, 1993), p. 470-493.

DEBREU G., *Theory of Value,* New York, Wiley, 1959.

DYBVIG P., « Distributional Analysis of Portfolio Choice », *Journal of Business* (61, 1988a), p. 369-393.

DYBVIG P., « Inefficient Dynamic Portfolio Strategies or How to Throw Away a Million Dollars in the Stock Market », *Review of Financial Studies* (1, 1988b), p. 67-88.

EL KAROUI N., QUENEZ M.C., « Evaluation dans les marchés incomplets et programmation dynamique », Document de travail, Université de Paris VI, 1991.

FIGLEWSKI S., « Options Arbitrage in Imperfect Markets », *Journal of Finance* (44, 1989), p. 1289-1311.

FÖLLMER H., SONDERMAN D., « Hedging of Non-Redundant Contingent Claims », *in* A. Mas-Colell et W. Hildenbrand (éd.), *Contributions to Mathematical Economics,* Amsterdam, North Holland, 1986, p. 205-223.

GOURIÉROUX C., LAURENT J.P., PHAM H., « Quadratic Hedging and Numeraire », Document de travail, CREST, 1995.

HARRISON J., KREPS D., « Martingales and Arbitrage in Multiperiod Securities Markets », *Journal of Economic Theory* (20, 1979), p. 381-408.

HARRISON J., PLISKA S., « Martingales and Stochastic Integrals in the Theory of Continuous Trading », *Stochastic Processes and their Applications* (11, 1979), p. 215-260.

HARRISON J., PLISKA S., « A Stochastic Calculus Model of Continuous Trading : Complete Markets », *Stochastic Processes and their Applications* (15, 1983), p. 313-316.

HINDY A., « Viable Prices in Financial Markets with Solvency Constraints », Document de travail, 1991.

HODGES S., NEUBERGER A., « Optimal Replication of Contingent Claims under Transaction Costs », *Review of Futures Markets* (8, 1989), p. 222-239.

JOUINI E., KALLAL H., « Martingales and Arbitrage in Securities Markets with Transaction Costs », *Journal of Economic Theory* (66 (1), 1995a), p. 178-197.

JOUINI E., KALLAL H., « Arbitrage in Securities Markets with Short-Sales Constraints », *Mathematical Finance* (5 (3), 1995b), p. 197-232.

JOUINI E., KALLAL H., « Equilibrium in Securities Markets with Bid-Ask Spreads », Document de travail, 1995c.

JOUINI E., KALLAL H., « Efficient Trading Strategies in the Presence of Market Frictions », Document de travail, CREST, 1995d.

JOUINI E., KALLAL H., « Arbitrage with Fixed Trading Costs », Document de travail (1995e).

JOUINI E., KOEHL P.F., TOUZI N., « Incomplete Markets, Transaction Costs and Liquidity Effects », Document de travail, 1995.

KREPS D., « Arbitrage and Equilibrium in Economies with Infinitely many Commodities », *Journal of Mathematical Economics* (8, 1981), p. 15-35.

LELAND H., « Option Pricing and Replication with Transaction Costs », *Journal of Finance* (40, 1985), p. 1283-1301.

ROSS S., « Arbitrage and Martingales with Taxation », *Journal of Political Economy* (95, 1987), p. 371-393.

SONER M., SHREVE S., CVITANIC J., « There is no Nontrivial Hedging Portfolio for Option Pricing with Transaction Costs », Document de travail, University of Minnesota, 1994.

STIGUM M., *The Money Market,* Homewood, Dow Jones-Irwin, 1983.

TUCKMAN B., VILA J.L., « Arbitrage with Holding Costs : a Utility Based Approach », Document de travail, 1990.

Mots clés

Arbitrage, coûts de transaction, couverture parfaite, couverture quadratique, dominance stochastique, duplication, équilibre, fourchette, imperfections, marchés incomplets, mesure-martingale, prix (acheteur, vendeur), stationnarité, taux (emprunteur, prêteur), vente à découvert (contraintes de –, coûts de –).

Assurance et intermédiation financière

8

Pierre Bollon et François de Varenne

L'activité d'assurance est caractérisée par une inversion du cycle de production : les cotisations sont en effet encaissées d'abord et les prestations d'assurance versées ensuite. Le passif d'une société d'assurance prend, de ce fait, une place tout à fait particulière : c'est bien là que se crée la richesse du métier d'assureur. Il est en effet principalement constitué par les provisions techniques, ou encore mathématiques, qui représentent les engagements de l'assureur, porteur du risque, vis-à-vis de ses assurés, qui le lui ont cédé contre rémunération. Comment ces provisions sont-elles déterminées ? Les engagements des sociétés d'assurances sont certes, par la nature même de leur activité, incertains et conditionnels. Ils dépendent de la survenance aléatoire de sinistres, aussi bien en assurances de dommages qu'en assurances de personnes. Mais grâce à la mutualisation des risques opérée au sein de la société et à la compétence technique de l'assureur, dont la fonction est de connaître les risques qu'il accepte, ils peuvent être estimés et valorisés. L'évaluation des passifs est le résultat de la prise en compte de facteurs fondamentaux : la loi de probabilité du sinistre, son coût moyen et, en vie, le taux d'intérêt technique. En vie, les provisions techniques correspondent à la différence entre les valeurs actuelles et probabilisées des engagements respectivement pris par l'assureur et les assurés. En général, le taux d'intérêt technique utilisé pour la tarification des passifs est un taux d'actualisation prudent, par conséquent faible. Il est ainsi inférieur aux taux d'intérêt du marché et déconnecté de toute condition de marché. Les provisions mathématiques ne sont donc évaluées ni en valeur de marché, ni au coût historique.

Bref, en matière d'assurance, le passif est premier[1]. Mais il n'en résulte pas, bien entendu, que l'actif joue un rôle mineur. On verra d'ailleurs que les relations entre les deux côtés du bilan sont d'une extrême importance. Après avoir rappelé le cadre réglementaire qui régit la gestion des actifs des

1. Voir dans l'***Encyclopédie de gestion*** l'article de G. Valin, « Entreprise d'assurances » et dans cette ***Encyclopédie*** l'article de E. Briys et F. de Varenne, « Assurance-vie et risques financiers : une lecture optionnelle », p. 166, tome 1.

sociétés d'assurances, cet article montre que l'activité financière des assureurs s'est considérablement développée depuis quelques années, en raison de l'explosion des montants gérés et d'une modification progressive de la structure des placements. Cette politique de placement des sociétés d'assurances s'est adaptée à l'évolution de leur activité : modification de l'actif qui rapproche l'assurance française des standards européens et politique de placements adaptée à l'évolution du marché. Mais avec des encours de placement équivalents à environ 35 % du PIB, des actions en portefeuille représentant près de 18 % de la capitalisation boursière française, des obligations correspondant à 43 % de la capitalisation obligataire, les assureurs jouent désormais un rôle très important dans le financement de l'économie nationale[2].

1. Le cadre réglementaire des placements des sociétés d'assurances est dicté par la nature de leur activité

A l'actif figurent, en miroir des provisions techniques et des fonds propres, les placements par l'assureur des primes versées par les assurés (tableau 1). Ces actifs (actions, obligations, immobilier...) voient leur gestion dans le temps encadrée par des règles comptables et prudentielles strictes : ils sont le gage que la société d'assurance sera à même de tenir les promesses de couverture qu'elle a faites. Le principe général est que les provisions techniques doivent à tout moment être «représentées» par des actifs au moins équivalents.

Tableau 1 – Bilan simplifié d'une société d'assurance

Actif	Passif
– Investissements (placements) . obligations . actions . immobilier . autres	– Provisions techniques – Fonds propres

1.1. Les règles comptables

Sur le plan comptable, deux séries de dispositions conduisent à retenir une évaluation prudente des actifs gérés par les sociétés d'assurances : les règles de comptabilisation et les principes de provisionnement.

Les actifs des sociétés d'assurances sont comptabilisés au bilan à leur valeur d'acquisition ou à leur prix de revient, après déduction d'éventuels amortissements et dépréciations. Cela concerne tous les actifs[3], ceux qui garantissent les engagements pris envers les assurés (provisions techniques) et ceux qui représentent les fonds propres. Le principe qui guide ces règles d'évaluation résulte d'une acquisition de ces actifs dans le cadre d'une gestion longue. Mais cette comptabilisation au coût historique ne saurait suffire, les prix des actifs pouvant être l'objet de fortes variations. C'est pourquoi, à la clôture de chaque

2. Les auteurs remercient Christophe Hamon pour son aide dans la réalisation de cet article.
3. Sauf, en vie, ceux qui correspondent aux contrats en unités de compte.

exercice, tous les actifs doivent être également évalués en valeur de réalisation : cours de bourse du jour de l'inventaire pour les titres cotés, prix de rachat pour les OPCVM et, pour les actifs immobiliers, évaluation par un expert agréé par la Commission de contrôle des assurances. La valeur de réalisation est publiée par les sociétés d'assurances dans une annexe spéciale des comptes annuels et commande en partie les règles de provisionnement qui s'imposent à l'assureur. A cet égard, le législateur a en effet prévu deux types de provisions :

– une provision globale, appelée provision pour risque d'exigibilité des engagements techniques, lorsque l'ensemble des placements autres qu'obligataires est en moins-value latente ;

– une provision ligne à ligne pour chaque actif, lorsque la dépréciation est durable pour les actions et l'immobilier et qu'il y a un risque de défaillance du débiteur pour les obligations.

A ces règles s'ajoute le mécanisme spécifique de la réserve de capitalisation, dont l'objet est de lisser dans le temps les revenus tirés des titres obligataires. Ainsi, en cas de vente d'obligations avant leur terme, la plus-value (ou la moins-value) dégagée vient alimenter (ou réduire) cette réserve, qui fait partie des fonds propres.

1.2. Les règles prudentielles

Sur le plan prudentiel, les placements qui sont admis en représentation des engagements techniques sont soumis à des règles de répartition, de dispersion et de congruence dont l'objet est de diviser les risques et de supprimer le risque de change.

1.2.1. Les règles de répartition

Les placements admis en couverture des engagements ne peuvent dépasser certains plafonds pour les catégories d'actifs suivantes : 65 % pour les actions, 40 % pour l'immobilier et 10 % pour les prêts. On constate que, dans les faits, les investissements des entreprises d'assurances sont peu contraints par ces règles, surtout depuis qu'ont été supprimés les « planchers » qui existaient auparavant, notamment pour les obligations (« obligation de l'obligation »).

1.2.2. Les règles de dispersion

Les sociétés d'assurances doivent diviser leurs risques de placements : elles ne peuvent pas placer plus de 5 % de leurs provisions techniques en valeurs émises par une même société (actions, obligations ou prêts reçus). La limite de 5 % est portée à 10 % à condition que le total des dépassements n'atteigne pas 40 % de l'ensemble des placements admis. Le ratio de dispersion est de 0,5 % pour les actions non cotées. Il est de 10 % pour un immeuble ou pour la part d'une société immobilière ou foncière. La justification de ces règles est claire et il serait en effet peu opportun qu'un assureur lie trop son sort à un émetteur ou un actif particulier.

1.2.3. Les règles de congruence

Les engagements pris dans une monnaie doivent être couverts par des actifs libellés ou réalisables dans la même monnaie. Des assouplissements à ce principe sont prévus, et l'écu permet de couvrir tous les engagements pris au sein de l'Union européenne. Il va de soi que cette règle de bon sens aura moins de poids le jour où une monnaie unique européenne sera véritablement mise en œuvre. Les entreprises d'assurances pourront alors plus facilement qu'aujourd'hui procéder à une dispersion géographique de leurs placements.

1.2.4. Les règles de localisation

Les actifs doivent être localisés sur le territoire d'un Etat membre de l'Union Européenne. Il s'agit toutefois uniquement d'une localisation juridique du titre de propriété, ce qui minimise clairement la portée contraignante de cette règle de prudence.

Au total, plus que par les règles comptables ou prudentielles qui s'appliquent à lui, c'est par l'évolution de sa contrepartie, le passif, que s'explique l'évolution de l'actif des sociétés d'assurances. Ce sont fondamentalement les cotisations reçues, et la nature des engagements pris, qui déterminent l'activité financière des sociétés d'assurances.

2. L'activité financière des sociétés d'assurances s'est considérablement développée

L'activité financière des sociétés d'assurances françaises s'est caractérisée au cours des dernières années par deux faits majeurs : une véritable explosion des montants gérés et une modification progressive de la structure des placements.

2.1. Une explosion des montants gérés

A la fin de 1995, l'encours total des placements des sociétés d'assurances, en valeur de bilan, s'élève à 2 653,5 milliards de francs, soit une progression de 13,8 % par rapport à 1994. En valeur de marché, l'encours total est estimé à 2 816,4 milliards de francs, le montant de plus-values latentes étant estimé à 162,9 milliards. Le flux net de placements[4], différence des encours entre la fin 1995 et la fin 1994, atteint 322,5 milliards de francs en 1995.

Sur les vingt dernières années, les encours de placements des sociétés d'assurances ont connu une croissance vertigineuse, de 17,8 % en moyenne par an (graphique 1). Cette évolution résulte essentiellement de la forte progression de l'assurance-vie et de la capitalisation dont les engagements, de moyenne ou longue durée, génèrent des provisions techniques importantes.

De plus, comme en témoigne le graphique 2, les sociétés d'assurances tendent à occuper une place de plus en plus prépondérante dans l'économie nationale et dans son financement. Ainsi, en 1986, les placements de l'ensemble des assureurs représentaient 11,9 % du PIB. En 1995, cette part était portée à 34,5 % du PIB.

2.2. Une modification progressive de la structure des placements

Le flux net de placements en 1995 (322,5 milliards de francs) se décompose, en valeur de bilan, de la manière suivante : 87,1 % de placements obligataires,

4. Y compris l'ajustement ACAV.

Graphique 1 – Evolution des encours de placements des sociétés d'assurances

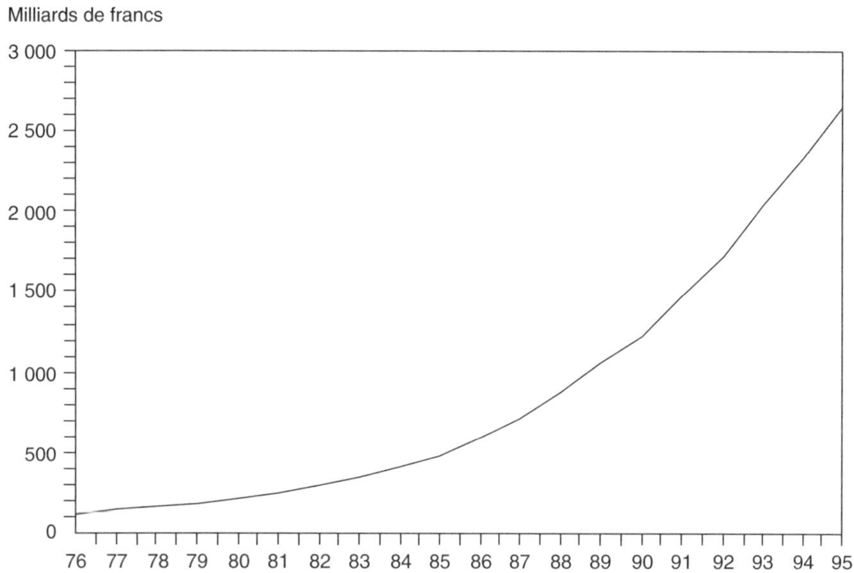

Source : Fédération française des sociétés d'assurances.

Graphique 2 – Placements d'assurance et PIB

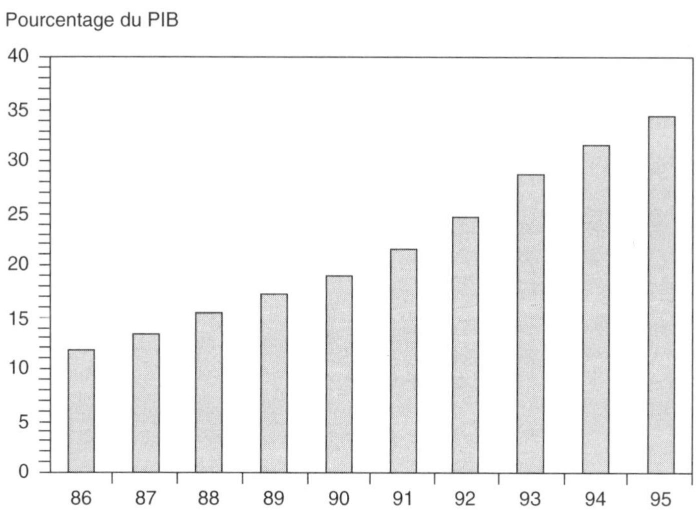

Source : Fédération française des sociétés d'assurances.

7,1 % d'actions, 1,4 % de prêts, 2,9 % de titres de créances négociables et une baisse de 2,5 % de l'immobilier. Ainsi, la répartition des actifs gérés par les sociétés d'assurances en 1995 est telle que les placements obligataires représentent désormais 67,2 %, les actions 15,5 %, les placements immobiliers 7,9 % et les autres actifs 9,4 %. La structure de ces placements a subi une modification assez importante ces dix dernières années.

Le mouvement essentiel est que les placements immobiliers ont vu leur part relative fortement diminuer au profit des valeurs mobilières et singulièrement des titres de taux, dont l'encours a très fortement progressé. L'évolution de la part des placements immobiliers dans le total des actifs gérés par les sociétés d'assurances s'est nettement infléchie depuis le début des années 1980. Pour l'ensemble du marché, cette part, en valeur d'acquisition, atteignait 17 % en 1975, pour s'élever jusqu'à 20,7 % en 1981, puis descendre à 7,9 % en 1995. L'encours des placements immobiliers[5] s'élève aujourd'hui, en valeur au bilan, à 208,6 milliards de francs. Il représente 7,9 % du total des placements. Sur la base des états extracomptables publiés par les sociétés d'assurances, la valeur de marché du patrimoine immobilier est estimée à 247,8 milliards de francs à la fin de 1995, et les plus-values latentes, bien qu'en diminution, représentent près de 40 milliards de francs.

En 1995, les placements des sociétés d'assurances en valeurs mobilières représentent l'essentiel du stock d'investissements avec 2 321,8 milliards de francs, c'est-à-dire 87,5 % de l'encours total des placements. Toutefois la répartition au sein des valeurs mobilières en actions et obligations reste inégale, les placements obligataires s'élevant à 71,8 % du total des placements, contre 15,7 % pour les actions.

Les placements en actions sont caractérisés par trois tendances lourdes.

– En valeur absolue, le montant global des placements en actions a considérablement augmenté depuis quinze ans. L'encours en actions est ainsi passé de 60,7 milliards de francs en 1984 à environ 412,3 milliards en 1995. C'est dans un contexte de quasi-stagnation du marché boursier français[6] que les placements nouveaux sont revenus à 23 milliards de francs en 1995, contre 51 milliards l'année précédente. Dans le même temps, le montant des émissions d'actions par appel public à l'épargne s'élevait à 38 milliards de francs, contre 77 milliards en 1994 (graphique 3). Plus-values latentes comprises, l'encours des actions détenues par les sociétés d'assurances s'élève à 436,7 milliards, soit 17,9 % de la capitalisation boursière en actions à la fin de 1995, chiffre stable par rapport à l'année précédente et qui n'a que peu évolué depuis une quinzaine d'années (graphique 4). Avec 39,6 % d'actions cotées, 12,6 % d'actions non cotées et 34,4 % de sicav et FCP, les placements en actions hors titres d'assurance représentent 86,6 % du total des actions détenues.

– En valeur relative, le poids des actions au sein des bilans des sociétés d'assurances a légèrement augmenté sur la même période. Les actions représentent en 1995 environ 15,7 % des placements en 1995, contre 14,8 % en 1984.

– Les situations sont cependant plus contrastées lorsque l'on s'intéresse au portefeuille des assureurs dommages et à celui des assureurs vie. Les assureurs vie ont légèrement réduit leurs parts relatives d'investissements en actions. Ceux-ci représentent, en 1995, 12,8 % de leurs placements contre 14,3 % en 1984. A l'inverse, les assureurs dommages ont, au cours de la même période, fortement augmenté leurs investissements en actions, de 15,4 % de leurs placements en 1984 à 29,2 % en 1995.

5. Immeubles et parts de sociétés civiles immobilières.

6. – 0,5 % pour l'indice CAC 40 en 1995.

Graphique 3 – Emissions brutes de valeurs mobilières

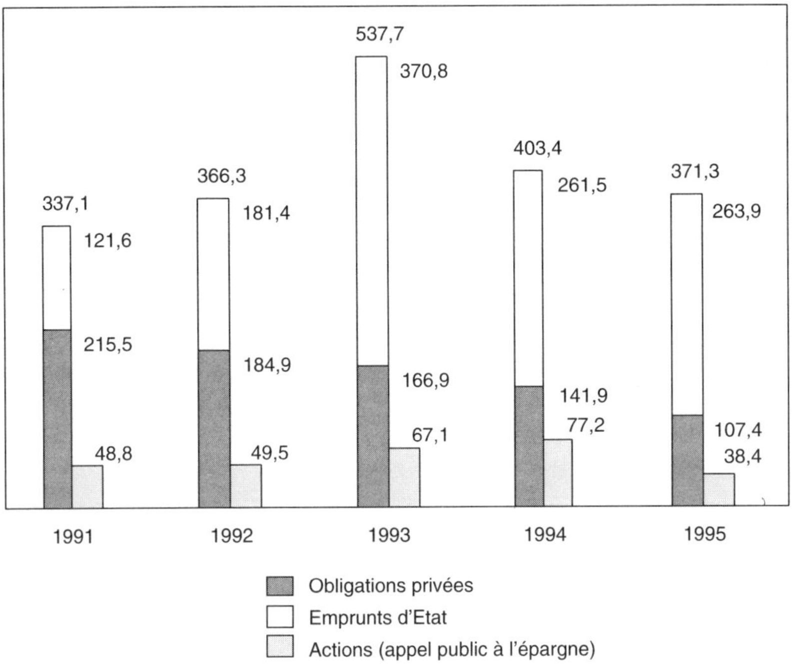

Unité : Milliard de francs.

Source : Commission des opérations de bourse.

L'ensemble des placements obligataires[7] a fortement progressé sur la période 1984-1995. La part des assureurs dans la capitalisation boursière obligataire était de 43,1 % en 1995 (graphique 4). Ces placements s'élèvent à la fin de 1995 à 1 914,4 milliards de francs. On verra dans les prochains paragraphes que cet attrait pour les titres de taux s'explique à la fois par des raisons externes à l'assurance, l'offre étant quantitativement très importante et les taux favorables, et par des raisons internes, ces titres correspondant aux produits demandés par les assurés.

3. La politique de placement des sociétés d'assurances s'est adaptée à l'évolution de leur activité

L'inversion du cycle de production qui caractérise l'activité d'assurance place la gestion financière au cœur du métier d'assureur. Les résultats financiers dégagés[8] contribuent à la fois à la performance des produits offerts, en vie comme en dommages, et à l'équilibre des comptes de la société. Le fort rendement de l'assurance-vie est là pour attester de la performance des assureurs en la matière (graphique 5). En assurance de dommages, les produits financiers (revenus et plus-values réalisées) constituent une part importante, bien qu'en diminution, des résultats (graphique 6).

7. Obligations, titres de créances négociables, parts de Sicav et FCP.

8. Revenus et plus-values sur cessions d'actifs.

Graphique 4 – Part de la capitalisation boursière détenue par les assureurs français

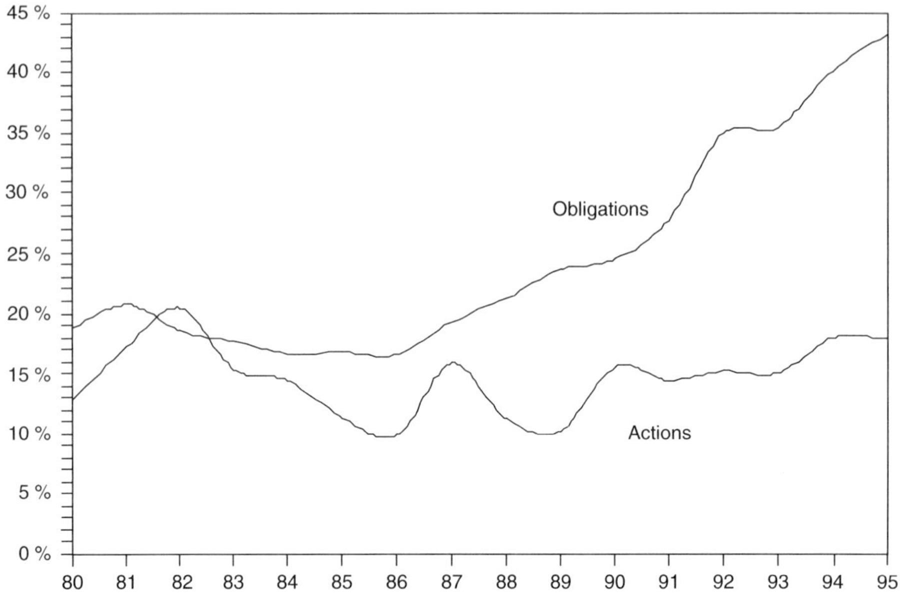

Source : Fédération française des sociétés d'assurances.

Graphique 5 – Rendement global des contrats d'assurance-vie

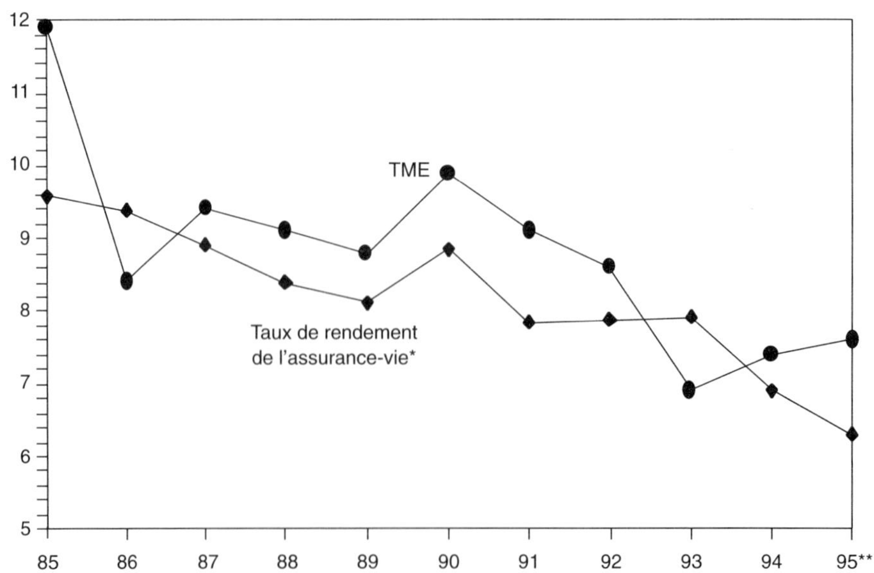

* Ratio entre les produits crédités aux provisions mathématiques (intérêts + participation aux bénéfices) et l'encours des provisions mathématiques.
** Estimation FFSA/GAP.

Source : Fédération française des sociétés d'assurances.

Graphique 6 – Evolution des résultats financiers des sociétés d'assurance de dommages

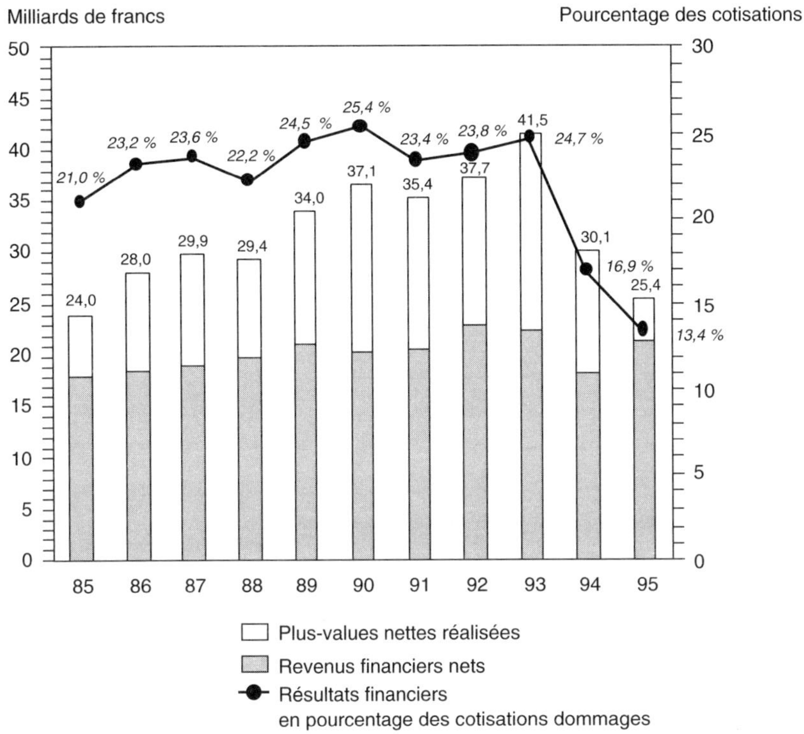

Source : Fédération française des sociétés d'assurances.

3.1. *Une évolution de l'actif qui rapproche l'assurance française des standards européens*

La croissance récente de l'assurance française lui a permis de combler, en matière de stock de placements, une bonne part de son retard sur les pays du Nord européen. Pour ce qui concerne la structure de l'actif, les assureurs français s'inscrivent dans la moyenne européenne (tableau 2). Celle-ci est caractérisée par une forte part de titres à revenus fixes et de prêts, suivie par les actions. La seule exception notable est la Grande-Bretagne, où la part des actions, évaluées au prix de marché, représente près de la moitié des placements et celle des obligations seulement le tiers. Le partage entre les titres obligataires et les prêts diffère d'un pays à l'autre. La France et l'Italie donnent la préférence aux obligations, alors que l'Allemagne et les Pays-Bas semblent préférer les prêts. L'importance des placements immobiliers varie aussi de manière significative. Toutefois, on constate un trait commun à l'ensemble des pays : la diminution de la part globale de l'immobilier dans les portefeuilles des assureurs.

Tableau 2 – Placements de sociétés d'assurances en Europe en 1994

En pourcentage du total des placements	Placements immobiliers	Actions et titres assimilés	Titres à revenus fixes et prêts	Dépôts	Autres
Allemagne	6	20	72	1	1
Belgique	5	18	71	3	3
France	9	17	72	1	1
Italie	14	15	68	3	–
Pays-Bas	6	14	71	2	7
Grande-Bretagne	8	48	35	2	6
Suisse	13	15	66	–	6

Source : Comité européen des assurances.

3.2. Une politique de placement adaptée à l'évolution du marché de l'assurance

Le chiffre d'affaires des assurances de personnes est désormais bien supérieur à celui des assurances de biens et de responsabilité. De plus, les opérations d'assurance-vie et de capitalisation correspondent à des engagements de moyen et long terme. Pour ces deux raisons, l'assurance-vie génère des provisions importantes et en forte croissance, ce qui explique sa part désormais prépondérante dans l'ensemble des placements des sociétés d'assurances : 2 210,7 milliards de francs, soit 83,3 % de l'encours total et 92,5 % des placements nouveaux, contre 442,8 milliards pour les sociétés d'assurances de dommages, soit 16,7 % de l'encours total et 7,5 % des placements nouveaux.

Le succès de l'assurance-vie atteste qu'il s'agit d'un modèle d'épargne à part entière, la forme achevée de ce qu'il convient d'appeler le « pacte d'épargne ». En effet, l'assurance-vie est un contrat noué sur le long terme entre trois acteurs : l'épargnant, l'assureur et l'Etat. L'individu accepte pendant plusieurs années de se départir d'une partie de ses revenus ou de son capital pour préparer son avenir et celui de ses proches. L'acte d'assurance est l'expression du sens de la responsabilité individuelle[9] aussi bien que collective[10]. L'Etat, quant à lui, trouve dans l'assurance-vie un intérêt à la fois social et économique. Cette épargne longue, en réduisant les incertitudes, joue un rôle de stabilisateur social, tout en offrant à l'économie nationale et au budget de la nation d'importantes possibilités de financement.

Dans un contexte économique et financier dominé par l'ampleur des déficits publics et le niveau élevé des taux d'intérêt réels, la part des placements obligataires et monétaires (Sicav, fonds communs de placement et titres de créances négociables) a augmenté de 17,9 % en 1995, pour atteindre 1 914,4 milliards de francs en fin d'année. Si les placements des sociétés d'assurances privilégient ainsi actuellement les obligations, c'est en raison à la fois des caractéristiques des contrats d'assurance vendus et de la structure de financement de l'économie :

– les contrats d'assurance-vie, qui représentent 83,8 % des provisions techniques de l'ensemble du marché de l'assurance, reposent sur des caractéris-

9. Ne pas vivre au jour le jour et prévoir l'avenir.
10. Ne pas tomber à la charge des autres et limiter le recours à l'assistance.

tiques « obligataires » : taux d'intérêt minimal garanti, durée en général égale à huit ans ;

– or, les émissions de titres de taux publics ont fortement augmenté depuis 1991 ; cette croissance résulte essentiellement des besoins de financement de l'Etat, alors que la part des émissions d'obligations privées dans le total des émissions est passée de 64 % en 1991 à 29 % en 1995 (graphique 3) ;

– enfin, la structure de financement de l'économie se caractérise depuis 1981 par un net désendettement des entreprises et une augmentation de leur autofinancement, liés à un faible niveau d'investissement. Cette évolution s'est traduite par une stagnation de l'offre de titres, les émissions des actions atteignant 232 milliards de francs en 1995, contre 242 milliards en 1991, dont 38 milliards seulement par appel public à l'épargne, contre 49 milliards en 1991.

Quant au repli relatif des placements immobiliers, il est antérieur au début de l'actuelle crise immobilière et résulte de plusieurs éléments : le développement et la modernisation des marchés financiers alors que la liquidité des placements immobiliers restait faible voire même diminuait ; la baisse de l'inflation et la hausse des taux d'intérêt tandis que les rendements immobiliers stagnaient et les perspectives de plus-values diminuaient ; la croissance rapide de l'assurance-vie, dont la nature des engagements favorise les placements à revenus fixes. Cette réduction reste relative toutefois, si l'on considère que le montant total des placements immobiliers, exprimé en francs 1995, est passé de 60 à 209 milliards de francs entre 1975 et 1995, traduisant le rôle important des sociétés d'assurances dans l'équilibre du marché immobilier.

4. Le rôle d'intermédiaire financier de l'assurance s'est considérablement développé

L'équilibre épargne/investissement des agents économiques privés et publics détermine la capacité ou le besoin de financement de la nation[11]. Depuis le début des années 1990, on assiste à un double mouvement opposé avec, d'une part, la montée de la capacité de financement privée due à la croissance de l'épargne[12] et à la baisse de l'investissement des entreprises et, d'autre part, l'augmentation du déficit public.

L'épargne collectée par les sociétés d'assurances a permis que cette évolution ne se traduise pas par un accroissement trop sensible des taux d'intérêt et singulièrement dans leur segment le plus long. Elle a ainsi fortement contribué à minimiser, et même à réduire au cours des derniers mois, le recours à l'endettement extérieur pour « boucler » le financement de notre économie, diminuant ainsi la volatilité des taux et assurant la valeur de notre monnaie. C'est ainsi que la part des non-résidents dans les détenteurs de titres publics a baissé de 34 % en 1994 à environ 10 % pendant l'été 1996.

Le rôle d'intermédiaire financier de l'assurance devra, au fil du temps, continuer à s'adapter à l'évolution économique. On peut noter, à cet égard, que la généralisation tant attendue des mécanismes de retraite en capitalisation,

11. Voir également dans cette ***Encyclopédie*** l'article de D. Perrut, « Système monétaire et financier français », p. 1845, tome 2.

12. Des ménages et des entreprises.

avec un horizon de placement long, devrait judicieusement coïncider avec une diminution progressive de l'offre de titres de taux publics et un regain de besoins en fonds propres des sociétés industrielles et commerciales, se traduisant par une offre de titres en actions plus abondante. Les sociétés d'assurances pourront ainsi développer encore à l'avenir leur participation au financement non inflationniste du développement de l'économie.

*

* *

Trois réflexions peuvent clore cette étude.

Comme l'ont fait nombre d'observateurs du marché, on peut tout d'abord se demander si le succès de la politique de placement des sociétés d'assurances au début de la décennie 1990 n'a pas été l'une des principales raisons de la très vive concurrence que se sont livrées sur le marché français les sociétés d'assurances au cours des dernières années. L'instabilité accrue des valeurs d'actif et la baisse des taux, montrant que « les arbres ne montent pas jusqu'au ciel », auraient dès lors paradoxalement des bons côtés, rappelant aux assureurs que le cœur de leur métier se situe au passif du bilan, c'est-à-dire dans le portage et l'évaluation des risques.

Deuxièmement, la forte croissance des encours de placements détenus par les sociétés d'assurances françaises ne s'est pas traduite, jusqu'à présent, par une très sensible modification de leur mode d'intervention sur les marchés financiers. Actionnaires fidèles, acheteuses régulières de titres publics, elles répugnent à pratiquer le « vote avec leurs pieds » (*vote with your feet*) et, plus encore, l'intervention active prônée par les prophètes du *corporate* (voire du *state*) *governance*. En sera-t-il ainsi longtemps encore ? Les avis sont, sur ce point, presque également partagés. Peut-être assistera-t-on, comme aux Etats-Unis, à une certaine répartition des rôles : les gestionnaires de l'assurance retraite, accordant une importance prépondérante aux actions, seraient beaucoup plus « actifs » que les gérants de produits d'assurance-vie plus traditionnels[13].

La dernière remarque, complémentaire de la précédente, est que l'expertise acquise par les assureurs, du fait des caractéristiques de leur métier de porteurs de risque, en matière de placements de moyen et long terme, conduit aujourd'hui nombre d'entre eux, en France comme à l'étranger, à développer progressivement leur activité de gestionnaire financier. Certains assureurs font même désormais de la gestion pour compte de tiers un de leurs principaux axes de développement. Il est vrai que les volumes en jeu sont attractifs et en forte croissance dans le monde. Néanmoins, comme les banquiers ou les gestionnaires de fortune, ces assureurs n'échapperont pas à la dure loi des marchés financiers. En effet, ceux-ci n'ont de cesse de remplacer les intermédiaires par la magie des produits dérivés (swaps par exemple), diminuant par là même la légitimité de la rémunération de ces intermédiaires.

---

13. Voir également dans cette ***Encyclopédie*** l'article de M. Nussenbaum, « Valeur de l'entreprise et structure de l'actionnariat », p. 2030, tome 2.

Références

L'assurance française en 1995, Rapport annuel de la Fédération française des sociétés d'assurances.
BOLLON P., KESSLER D., «Maastricht et l'assurance», *Revue d'Economie Financière*, Hors-série (septembre 1992).
Dictionnaire de l'économie de l'assurance, Risques (n° 17, 1994).
LAMBERT D.C., *Economie des assurances*, Armand Colin, 1996.

Mots clés

Assurance, financement de l'économie, intermédiation financière, placements.

Assurance de portefeuille

9

Patrice Poncet et Roland Portait

Plusieurs stratégies s'offrent à l'investisseur, institutionnel ou particulier, qui décide de consacrer ses fonds à la constitution d'un portefeuille d'actifs financiers. La plus connue et la plus simple est la stratégie statique *Buy and Hold.* Elle consiste à choisir une fois pour toutes, sur un horizon d'investissement donné, un portefeuille d'actifs risqués en principe bien diversifié et de constater le résultat en fin de période. L'alternative consiste à procéder à des révisions de la composition du portefeuille, entre le début et la fin de la période de gestion, au fur et à mesure que les cours boursiers changent. Dans les deux cas, en l'absence d'une couverture adéquate, le portefeuille peut subir une perte importante, voire catastrophique, comme en ont témoigné les krachs d'octobre 1987 et d'octobre 1989. Dès lors, tant dans le cadre du *Buy and Hold* que dans celui de la gestion dynamique, l'investisseur peut être tenté d'« assurer » une valeur terminale minimum déterminée à l'avance (à condition qu'elle soit atteignable) pour son portefeuille, ce qui implique une renonciation à certains gains potentiels.

L'objectif de cet article est de faire le point sur le statut scientifique de cette technique de gestion et de présenter les différentes méthodes utilisées. La section 1 replace l'assurance de portefeuille dans son contexte historique et technique, la section 2 présente, outre la méthode simple dite du *Stop Loss*, les deux principales techniques employées par les professionnels (assurance par les options et méthode du coussin), la section 3 analyse les limites de ces méthodes et compare leurs performances respectives, la section 4 présente des variantes et certaines extensions des méthodes de base, et la section 5 s'intéresse à la gestion de portefeuilles purement obligataires. La dernière section propose une appréciation de la responsabilité de l'assurance de portefeuille vis-à-vis des forts mouvements baissiers des cours boursiers.

1. Principes et développement de l'assurance de portefeuille

L'assurance de portefeuille (AP ci-après) est une stratégie dynamique d'allocation permettant de limiter en cas de baisse du marché la perte de valeur d'un portefeuille tout en lui laissant la possibilité de profiter, dans une plus ou moins grande mesure, d'une hausse du marché. Cette « assurance » n'est évidemment pas gratuite, son coût implicite étant l'abandon d'une partie des gains réalisés par le marché en cas de hausse.

Proposée initialement aux Etats-Unis en 1971 par (curieusement) deux compagnies d'assurances, Harleysville Mutual Insurance Company et Prudential Insurance Company, elle ne rencontra qu'un succès mitigé parce que les investisseurs ne voyaient pas, à l'époque, beaucoup d'intérêt à la gestion en fonds communs, que les contrats proposés manquaient de souplesse et que les actifs supports souffraient d'un manque de liquidité rédhibitoire. L'idée fut reprise, pour les actions cotées en bourse, et améliorée par deux professeurs américains de l'université de Californie à Berkeley, Hayne Leland et Mark Rubinstein, dès 1976 sur le plan théorique, et depuis 1981 en pratique, dans le cadre de leur société LOR (Leland, O'Brien and Rubinstein) qui devait connaître un essor rapide et spectaculaire. Le coup de frein dû au krach d'octobre 1987 démontra les limites des techniques utilisées jusqu'alors mais permit d'en développer d'autres.

Leland et Rubinstein utilisèrent l'argument de Black et Scholes (1973), selon lequel une combinaison judicieuse de l'action support et d'une option écrite sur cette dernière produit un portefeuille localement sans risque, pour « synthétiser » une option à partir d'une position adéquate dans l'action support et dans l'actif sans risque. Les techniques dites OBPI (*Option Based Portfolio Insurance*) étaient nées, utilisant des options réelles ou synthétiques.

Ces techniques se heurtant à différents problèmes, évoqués plus loin, dont ceux de la détermination d'un horizon précis d'investissement et de l'estimation des volatilités des actions supports, Perold (1986) puis Black et Jones (1987) développèrent la méthode dite « du coussin » ou CPPI (*Constant Proportion Portfolio Insurance*) qui ne fait plus appel aux options mais à certaines règles mécaniques d'achat et de vente des actifs sous-jacents. A cet égard, la méthode du *Stop Loss* n'en est pas fondamentalement différente, bien que plus simple. Plus tard, tant les techniques utilisées que les champs d'application (à d'autres types d'actifs ou de portefeuilles) se développèrent.

Sur le plan pratique, l'AP se prête à une gestion automatique ou quasi automatique, les ordres à exécuter étant déclenchés par ordinateur (*Program Trading*).

Sur les plans conceptuel et formel, l'AP appartient à la famille des techniques de gestion quantitative ayant pour objectif d'obtenir un certain *profil pour la valeur terminale* du portefeuille, correspondant aux désirs de l'investisseur[1]. Etant donné un actif risqué, un portefeuille particulier ou un indice de valeur S (support), on cherche à déterminer l'investissement initial $V(0)$ et la stratégie dynamique, impliquant le support et un actif sans risque, tels que la valeur du portefeuille s'écrive à la date T :

$V(T)/V(0) = f(S(T)/S(0))$ où $f(.)$ est une fonction déterministe qui exprime le profil désiré.

Pour l'AP on aura par exemple $f(.) = \max\,(S(T)/S(0),\ k)$, où k est un seuil de performance minimale (par exemple 100 %) fixé au départ et qualifié de

1. Voir également dans cette ***Encyclopédie*** l'article de J.F. Boulier, « Gestion quantitative », p. 572, tome 1.

plancher. Il est à noter que cette fonction, qui est celle du profil à l'échéance d'un call acheté, est convexe dans le plan défini par les variables $V(T)/V(0)$ et $S(T)/S(0)$. La convexité du profil f constitue une caractéristique des stratégies d'assurance[2].

En outre on requiert souvent des techniques d'AP les (bonnes) propriétés fondamentales suivantes :

a) Une valeur ou une rentabilité minimum (plancher) doit être assurée, comme dans le cas de la fonction $f(\,.\,) = \max\left(\frac{S(T)}{S(0)},\ k\right)$.

b) La probabilité de crever ce plancher assuré doit être très faible et si possible nulle.

c) En cas de hausse du sous-jacent (représenté par $S(T)$) au-delà du cours plancher, le taux de rentabilité capturé doit être un pourcentage, si possible prévisible, de celui du sous-jacent.

Les méthodes *Stop Loss*, OBPI et CPPI possèdent, du moins en théorie, ces propriétés.

2. Les trois méthodes de base et leurs limites

Nous étudierons successivement les méthodes *Stop Loss,* OBPI et CPPI.

2.1. La méthode du Stop Loss

La plus simple des méthodes d'AP, le *Stop Loss*, procède, une fois déterminée la date d'horizon T, en quatre étapes[3].

– On suit l'évolution de la valeur d'un portefeuille fictif $M(t)$, normé initialement à 100 et composé d'actifs purement monétaires, rapportant le taux moyen monétaire $Tmm(t)$ sur la sous-période encadrée par les instants $t-1$ et t, $t = 1,\ ...,\ T$. A la fin de la n-ième sous-période, on a :

$$M(n) = 100\prod_{j=1}^{n}(1 + Tmm(j))$$

– En fait, on investit initialement ses fonds dans le support risqué souhaité, le CAC40 par exemple, pour une valeur $S(0)$ normalisée à 100.

– L'intégralité de S est liquidée pour acheter M dès que $S(t) < M(t)$, et on liquide l'intégralité de M pour acheter S dès que $S(t) > M(t)$, conformément au graphique 1. Les valeurs de $M(t)$ représentent donc le seuil des ordres d'achat ou de vente stop.

– On termine alors, en principe, à $\max\,(S(T),\ M(T))$, le plancher assuré étant ici la valeur du portefeuille monétaire.

Il est clair qu'une telle stratégie possède en théorie les propriétés (a), (b) et (c) susmentionnées, la proportion d'actifs risqués étant de 100 % ou de 0 % selon les évolutions respectives de S et M. Sur le plan pratique cependant, cette méthode se heurte au problème des coûts de transaction, qui risquent

2. A l'inverse, la concavité de ce profil représenterait une stratégie de *vente* d'assurance de portefeuille.

3. Il existe en fait une variante initiale encore plus simple de la méthode pour laquelle la modification du portefeuille n'interviendra au plus qu'une fois.

Graphique 1 – Evolution de la valeur du portefeuille géré selon un stop loss

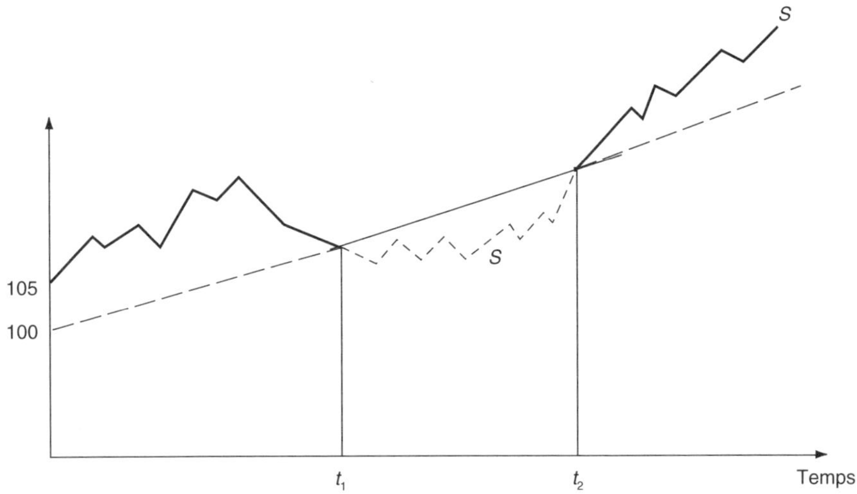

En t_1 on liquide S pour acheter M ; en t_2 on liquide M pour acheter S.

d'être importants puisqu'à chaque fois c'est la totalité du portefeuille qui est liquidée. Si $S(t)$ fluctue aux alentours de $M(t)$, ou est caractérisé par une forte volatilité, ces coûts deviennent prohibitifs. De ce fait, non seulement le résultat est obéré mais il est très dépendant de la trajectoire suivie par le cours de S (*path dependency*), une propriété désagréable, par opposition à un résultat indépendant de la trajectoire (valeur d'une option européenne classique par exemple) qui ne dépend que de la valeur finale du support risqué.

Il faut donc en pratique se fixer un intervalle autour de la trajectoire de $M(t)$ et n'intervenir à la vente (à l'achat) de $S(t)$ que lorsque ce dernier descend au-dessous (monte au-dessus) de la borne inférieure (supérieure) de l'intervalle. Cette stratégie est moins onéreuse mais elle invalide les propriétés (a), (b) et (c). Il y a donc un compromis idéal à trouver entre les coûts de transaction et l'adéquation du résultat final à l'objectif poursuivi.

Quand il existe des contrats à terme (*futures*) écrits sur S, les coûts de transaction sont sensiblement réduits et la liquidité est en général accrue, ce qui augmente l'attrait de la méthode. En contrepartie, en cas de secousses sévères sur le marché, la base peut avoir un comportement erratique, ce qui accroît le risque de la stratégie. Notons, pour être complets, que Bird, Dennis et Tippett (1988) ont modifié la méthode pour la rendre moins conditionnelle à la trajectoire ; le montant de l'actif risqué liquidé n'est plus de 100 % mais est tel que la somme de la valeur de l'actif risqué restant dans le portefeuille et de la valeur capitalisée de l'actif sans risque est égale au seuil minimal désiré. Cette méthode reste cependant d'autant plus coûteuse que la volatilité du support est grande.

2.2. *L'assurance de portefeuille à base d'options*

L'objectif est double, ce qui est caractéristique des stratégies d'assurance de portefeuille : assurer que la valeur du portefeuille sera supérieure ou égale, à une certaine échéance T, à un plancher prédéterminé ; permettre au portefeuille de bénéficier des hausses éventuelles du « sous-jacent ».

Relèvent de l'assurance de portefeuille à base d'options (OBPI)[4] :

– l'achat (ou la duplication) d'un *put* pour couvrir une position longue dans le sous-jacent risqué,

– l'achat (ou la duplication) d'un *call* destiné à tirer profit de la hausse éventuelle du sous-jacent, combiné à un zéro-coupon qui assure la garantie du capital.

2.2.1. L'assurance de portefeuille à l'aide de puts achetés ou dupliqués

2.2.1.1. Le montage de base

La position comprend le sous-jacent qui donne le bénéfice de la hausse éventuelle de celui-ci, et le put d'échéance T dont l'appréciation en cas de baisse couvre la perte éventuelle sur le sous-jacent.

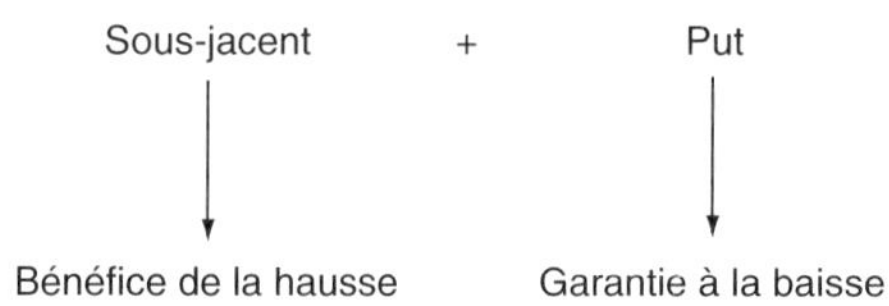

Graphique 2 – Valeur terminale d'un portefeuille comprenant le sous-jacent risqué et un put

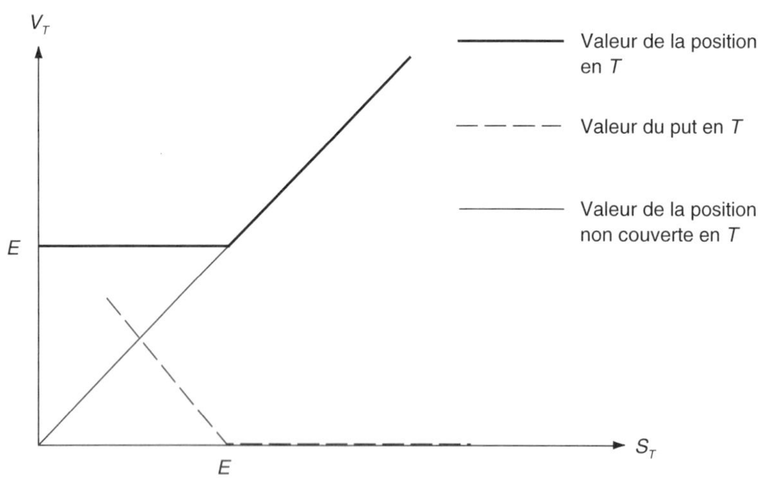

La valeur V_T à l'échéance T d'une position, constituée d'un sous-jacent de prix S (S_T à l'échéance T) et d'un put sur S de prix d'exercice E, est analysée sur le graphique 2 ; elle s'écrit :

$$V_T = \begin{cases} S_T & \text{si} \quad S_T > E \\ S_T + E - S_T = E & \text{si} \quad S_T \leq E \end{cases}$$

4. *Options Based Portfolio Insurance.*

Donc :

$$V_T = \max\ [S_T,\ E]$$

Ce prix d'exercice du put constitue donc le plancher au-dessous duquel V_T ne peut se situer.

2.2.1.2. *Les performances obtenues*

L'investissement initial (en 0) qui aboutit au résultat $V_T = \max\ [S_T,\ E]$ est :

$$V_0 = S_0 + P_0$$

où P_0, qui représente le prix du put en 0, s'interprète comme la prime d'assurance à payer pour garantir un capital minimum égal à E, en T.

Naturellement le prix P_0 de ce put croît avec le prix d'exercice E : plus le plancher E est élevé, plus la prime d'assurance P_0 est élevée.

La relation entre le rendement $\dfrac{V_T - V_0}{V_0} = \dfrac{\Delta V}{V_0}$ du portefeuille ainsi couvert et celui du sous-jacent, $\dfrac{\Delta S}{S_0}$, peut être déterminée de façon précise.

Pour toutes les valeurs de $S_T > E$, on a $V_T = S_T$ et :

$$\frac{\Delta V}{V} = \frac{V_T - V_0}{V_0} = \frac{S_T - (S_0 + P_0)}{S_0 + P_0} = \frac{\dfrac{S_T - S_0}{S_0} - \dfrac{P_0}{S_0}}{1 + \dfrac{P_0}{S_0}}$$

soit, en posant $\dfrac{P_0}{S_0} = p$ (qui représente le prix relatif du put)

$$\frac{\Delta V}{V} = \frac{1}{1+p}\left(\frac{\Delta S}{S} - p\right) \qquad \text{pour} \qquad S_T > E \qquad [1]$$

La relation [1] entre le rendement $\dfrac{\Delta V}{V}$ et celui du sous-jacent $\dfrac{\Delta S}{S}$ est donc linéaire et d'autant moins « favorable » que, au départ, le prix relatif du put $\left(\dfrac{P_0}{S_0} = p\right)$ est élevé. Rappelons que ce dernier croît avec le prix d'exercice E, la volatilité du sous-jacent et la durée T ; il décroît avec le taux d'intérêt (les relations précises peuvent être tirées d'un modèle d'évaluation d'options, de type Black et Scholes par exemple[5]).

Le graphique 3 représente la relation [1] pour deux valeurs différentes de $\dfrac{P_0}{S_0}$, égales respectivement à 3 % et 6 %, et pour un capital garanti : $E = S_0$ (put *at the money*).

---

5. Voir dans cette ***Encyclopédie*** l'article de F. Quittard-Pinon, « Options : le modèle binomial, le modèle de Black et Scholes et leurs extensions », p. 1355, tome 2.

Graphique 3 – Rendement $\Delta V/V$ du portefeuille constitué de S et d'un put en fonction de $\Delta S/S$

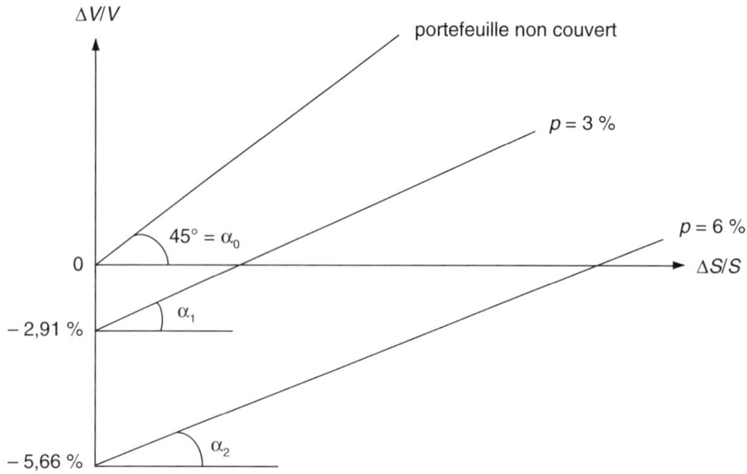

Pente de $\alpha_0 = 1$ (portefeuille non couvert).

Pente de $\alpha_1 = \dfrac{1}{1,03} = 0,97$ (si $p = 3$ %).

Pente de $\alpha_2 = \dfrac{1}{1,06} = 0,94$ (si $p = 6$ %).

2.2.1.3. La duplication du put

Dans ce qui précède, il a été implicitement supposé que le put est acheté par le fonds assuré. En pratique, il peut être difficile et/ou onéreux de trouver un put ayant les caractéristiques désirées. En effet :

– les options offertes sur les marchés sont le plus souvent américaines donc inutilement chères par rapport à leurs homologues européennes (ces dernières sont suffisantes puisque seules les valeurs à l'échéance importent) ;

– les prix d'exercice et les dates d'échéance disponibles peuvent ne pas convenir aux objectifs de l'investisseur ; notamment les échéances lointaines (un an et plus) sont rarement cotées, sont peu liquides quand elles existent, et souvent anormalement onéreuses ;

– certaines contraintes de gestion ou réglementaires limitent la valeur des « options réelles » contenues dans le portefeuille (notamment pour les OPCVM) ;

– enfin, il ne faut pas omettre le risque de contrepartie, sur de nombreux vendeurs d'options.

Quand ces inconvénients ou ces obstacles sont rédhibitoires, il est préférable, par une gestion dynamique impliquant le sous-jacent et un actif monétaire (Sicav de trésorerie...), de *construire un put synthétique,* c'est-à-dire de le dupliquer. La méthode de duplication s'apparente à celle qui fut imaginée par Black et Scholes pour l'élaboration du portefeuille d'arbitrage sous-tendant leur modèle et se présente comme suit.

Soit $P(S,\ t)$ le prix théorique d'un put, à l'instant t (donc distant de $T - t$ de l'échéance) de prix d'exercice E, le prix du sous-jacent étant S.

Une petite variation dS implique une petite variation dP de signe opposé telle que :

$$dP = \frac{\partial P}{\partial S} \cdot dS = \delta_p \cdot dS$$

$\frac{\partial P}{\partial S} \equiv \delta_p$ s'appelle le delta du put.

Remarquons, d'une part, que δ_p est négatif (car une hausse du prix du sous-jacent implique une baisse de la valeur P du put) et, d'autre part, qu'il dépend de S et de t.

Dès lors, une position combinant B francs d'actifs à court terme du marché monétaire (où B est quelconque) et une position *courte* de $|\delta_p|$ *unités* de sous-jacent (soit $\delta_p S$ *francs* sur le sous-jacent) se comporte, vis-à-vis des variations de S, comme un put. Cette position s'écrira par la suite en spécifiant ses deux composantes : $\{B, \ \delta_p S\}$ (où $\delta_p < 0$). Sa valeur W est égale à la somme des valeurs de ses deux composantes :

$$W(S, \ t) = B + \delta_p S$$

et

$$\frac{\partial W}{\partial S} = \delta_p = \frac{\partial P}{\partial S}$$

Remarquons que, si la position $\{B, \ \delta_p S\}$ réagit comme un put aux variations de S, elle ne réagit pas comme un put au passage du temps, sauf pour une valeur particulière de B. En effet, B génère des intérêts proportionnels à sa valeur. Pour que ce portefeuille réagisse comme un put aux variations dS ainsi qu'au passage du temps, il faut qu'à chaque instant $W = P$, c'est-à-dire que :

$$W = B + \delta_p S = P$$

Donc

$$B = P - \delta_p S$$

où P et δ_p varient et sont calculables à chaque instant à l'aide d'un modèle d'évaluation d'options. Est ainsi levée l'indétermination qui affectait la valeur de B jusqu'à ce stade de l'analyse.

Dès lors une position comprenant à l'instant t

$$\{P - \delta_P \,.\, S \text{ francs d'actifs monétaires, } \delta_P \,.\, S \text{ francs d'actif sous-jacent}\}$$

se comporte comme un put dans un petit intervalle de temps $(t, \ t + dt)$ pendant lequel seules de petites variations dS sont envisageables. Quand ces proportions sont respectées à chaque instant t entre 0 et T, le portefeuille se comporte comme un put acheté en 0, d'échéance T.

Remarques :

1. $\delta_p S < 0$, ce qui signifie que la position sur le sous-jacent est courte.

2. $P(t,\ S)$ et $\delta_p(t,\ S)$ dépendent du temps et du prix du sous-jacent : le passage du temps et les variations dS du prix impliquent donc des variations des deux composantes du portefeuille dupliquant le put. Par conséquent, le portefeuille dupliquant le put doit être l'objet de révisions continuelles de sorte que soient respectées, à chaque instant, les proportions requises.

3. La valeur du put $P(t,\ S)$ ainsi que celle de son delta $\delta_p(t,\ S)$ ne sont calculables que si l'on dispose d'un modèle d'évaluation (par exemple celui de Black et Scholes).

4. Le put synthétique peut être obtenu, alternativement, en vendant des contrats à terme *futures* sur le sous-jacent. En effet, un contrat à terme s'analyse comme une position longue sur le sous-jacent et courte sur un actif monétaire d'échéance T. Dès lors, la vente de $|\delta_p|$ contrats *futures* équivaut à la position souhaitée sur le sous-jacent, à laquelle s'ajoute un prêt de $|\delta_p|\ S$ francs, qu'il faut compléter par un placement à court terme de P francs pour obtenir le put synthétique désiré.

5. La méthode repose sur deux hypothèses battues en brèche dans la réalité :

– la trajectoire du prix du support est supposée continue (seules de petites variations de S sont envisageables dans un court intervalle de temps) ;

– la volatilité σ du support est supposée constante conformément au modèle de Black et Scholes ;

Ces deux hypothèses limitent en pratique la validité de la méthode et posent des problèmes de mise en œuvre, examinés à la section 3.

2.2.1.4. *La composition du portefeuille « couvert » par la duplication d'un put*

Le portefeuille couvert comprend un put synthétique pour chaque sous-jacent en position longue. Sa composition résulte donc de la somme de ses deux composantes :

$$\begin{cases} P - \delta_p S \\ \delta_p S \end{cases} + \begin{cases} 0 \\ S \end{cases} = \begin{cases} P - \delta_p S \text{ francs/monétaire} \\ (1+\delta_p)S \text{ francs/sous-jacent} \end{cases}$$

Le portefeuille ainsi géré doit donc comporter, à chaque instant, $P - \delta_p \,.\, S$ francs d'actifs monétaires pour $(1+\delta_p)S$ francs investis dans le sous-jacent. Le maintien de ces proportions exige des révisions continuelles.

Un exemple numérique met en lumière les opérations impliquées par les mouvements du cours S.

2.2.1.5. *Exemple numérique d'assurance de portefeuille par duplication du put*

Considérons une situation initiale caractérisée par :

– un sous-jacent de prix $S = 100$ F,

– un put *at the money*, d'échéance T correspondant à l'horizon choisi, valant $P = 3$ francs dont le delta $= \delta_p = -0,5$.

Le portefeuille initial est donc un multiple de :
- $1+\delta_p = 0,5$ titre = 50 F de titres S
- $P - \delta_p \,.\, S$ F de B = 53 F de B

Valeur totale : $V = 103$ F

Proportions : $\alpha_S = \dfrac{50}{103}$; $\alpha_B = \dfrac{53}{103}$.

Supposons que S augmente à 103 F et que, de ce fait :
- δ_p passe de $-0,5$ à $-0,45$,
- P diminue à $1,5$ F,
- V augmente de $1,5$ F et passe à $104,5$ F.

Le portefeuille doit donc être révisé de sorte que sa composition soit un multiple de :
- $1+\delta_p$ titres $S = 0,55$ titres S = $56,65$ F
- $P - \delta_p \,.\, S$ F de $B = 1,5 + 46,35$ F de B = $47,85$ F

$V = 104,50$ F

Donc la révision implique :
- l'achat de 0,05 titres S ($5,15$ F),
- la vente de 5,15 F de $B(53 - 47,85)$.

2.2.2. L'assurance de portefeuille à l'aide de calls

La position comprend :
- un zéro-coupon d'échéance T qui garantit le capital ;
- un call qui donne un bénéfice en cas de hausse du sous-jacent.

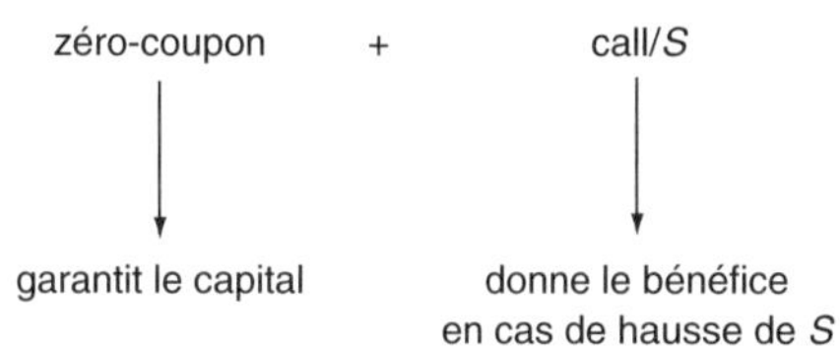

Comme dans le cas du montage impliquant le put, l'option peut être soit achetée, soit dupliquée. La duplication du call relevant des mêmes principes que celle du put[6], nous nous bornerons à l'étude du montage impliquant l'achat de l'option.

La valeur terminale V_T de la position qui comprend un zéro-coupon donnant E francs en T et un call sur S, de prix d'exercice E et d'échéance T, résulte de la somme des valeurs de ses deux composantes :

$$V_T(S_T) = \max\ [S_T - E,\ 0] + E = \max\ (S_T,\ E)$$

6. Un portefeuille dupliquant un call comprend à chaque instant :

$$\begin{cases} C - \delta_c S \text{ francs d'actifs monétaires} \\ \delta_c S \text{ francs de sous-jacent} \end{cases}$$

Le graphique 4 représente la manière dont les différentes composantes d'une telle position varient avec S.

Graphique 4 – Valeur terminale d'un portefeuille comprenant un zéro-coupon et un call

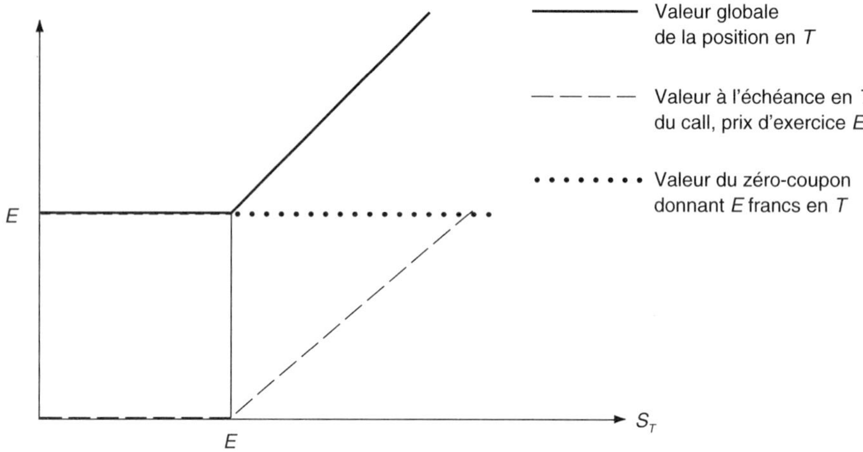

On remarque l'identité du résultat obtenu avec celui qui découle du montage «sous-jacent + put» analysé dans le paragraphe précédent (comparer les graphiques 2 et 4). Le lecteur familiarisé avec les options attribuera cette identité à la redondance des différents actifs impliqués dans les deux montages (parité call-put) : un call peut être synthétisé par un put de même échéance et de même prix d'exercice E, une position longue sur S et un emprunt de montant $\frac{E}{(1+i)^T}$.

2.2.3. Un cas particulier : le fonds à capital garanti

Les montages «sous-jacent + put» ou «zéro-coupon + call» permettent aisément de construire un fonds à capital garanti[7]. Ces deux montages étant en fait équivalents, nous considérons dans ce qui suit le seul cas «zéro-coupon + call». Si le nominal du zéro-coupon est choisi égal à V_0 (donc son coût d'achat B_0 est inférieur à V_0) et le call (de prime initiale $V_0 - B_0$) est *at the money*, un tel fonds possède les deux propriétés suivantes :

– la valeur de la part V_T à un certain horizon T est nécessairement supérieure ou égale au nominal du zéro-coupon, c'est-à-dire à la valeur initiale V_0 ;

– par ailleurs, grâce au call, le rendement $\frac{V_T - V_0}{V_0}$ est une fraction k de $\frac{S_T - S_0}{S_0}$ si ce dernier rendement est positif.

Dès lors, pour un investissement V_0 de 100 francs en 0, le fonds à performances garanties aura une valeur V_T en T donnée par :

$$V_T = \max\left[100,\ 100\left(1 + k\,\frac{\Delta S}{S}\right)\right]$$

7. Voir également dans cette ***Encyclopédie*** l'article de C. Chazot, «Equity swaps», p. 433, tome 1.

où k est un coefficient positif appelé parfois *gearing*, en général compris entre 0 et 1, qui mesure la part de la hausse du sous-jacent « capturée » par le portefeuille ainsi assuré.

Supposons par exemple, que $k = 0,9$ et que le CAC 40 constitue le « sous-jacent ». La part du fonds aura une valeur = 100 francs dans toutes les conjonctures où le CAC 40 baisse entre 0 et T $\left(k\ \frac{\Delta S}{S} < 0,\ \text{donc } V_T = 100\right)$ et affichera un taux de croissance égal à 90 % de celui du CAC 40 dans les conjonctures favorables (par exemple, si le CAC 40 augmente de 20 % entre 0 et T, la valeur de la part du fonds augmente de 18 %). Pour obtenir un tel résultat, la méthode consiste à utiliser les 100 francs disponibles pour acheter en 0 :

– un zéro-coupon donnant 100 francs en T, qui coûte $\frac{100}{(1+i)^T}$ francs,

– $\left(100 - \frac{100}{(1+i)^T}\right)$ francs de calls sur CAC 40.

Exemple.

Un gestionnaire investit 1 MF sur deux ans.

Un zéro-coupon donnant 1 MF en $T = 2$ ans coûte 0,85 MF (si le taux du 2 ans = 7 %).

Un call sur CAC 40 qui échoit dans deux ans coûte 0,1579 MF quand il porte sur 1 MF. On peut donc acheter le zéro-coupon ainsi que $\frac{1 - 0,85}{0,1579} =$ 0,95 call/1 MF, donc obtenir un *gearing* $k = 0,95$.

Remarques.

1. La performance d'un tel fonds (en termes de *gearing* et/ou de capital garanti) est d'autant meilleure que :

– les taux d'intérêt sont élevés (car le zéro-coupon est moins cher),

– la volatilité est faible (car le prix du call est plus faible),

– la période $(0,\ T)$ est longue (car le montant réservé à l'achat du call $\left(100 - \frac{100}{(1+i)^T}\right)$ croît avec T plus vite que son coût, pour des valeurs raisonnables de i).

2. Le montage d'un tel fonds se fait en pratique avec un titre X à revenus fixes, *in fine*, couponné, et non avec un zéro-coupon. Le nominal du titre X (OAT, BTAN...) garantit le capital ; la séquence de coupons versés par X permet au fonds ainsi géré d'acquérir un call sur CAC 40 (la prime de ce call est égale à la valeur présente de la séquence de coupons X) et de prélever des frais de gestion. Un tel montage est représenté sur le schéma 1 ; le titre X de valeur nominale égale à 100 est présumé acheté au pair. Un tel montage présente différents avantages pratiques :

– le marché des titres couponnés est plus liquide que celui des zéro-coupons,

– ce montage permet aux OPCVM d'échapper à la contrainte réglementaire limitant la valeur des options qu'ils détiennent à 10 % de leurs encours ; en effet, de manière purement formelle mais légale, le call qui donne $\max\left[100k\ \frac{\Delta S}{S},\ 0\right]$ et dont la prime est payée de manière fractionnée avec les

Schéma 1 – Montage d'un fonds à capital garanti

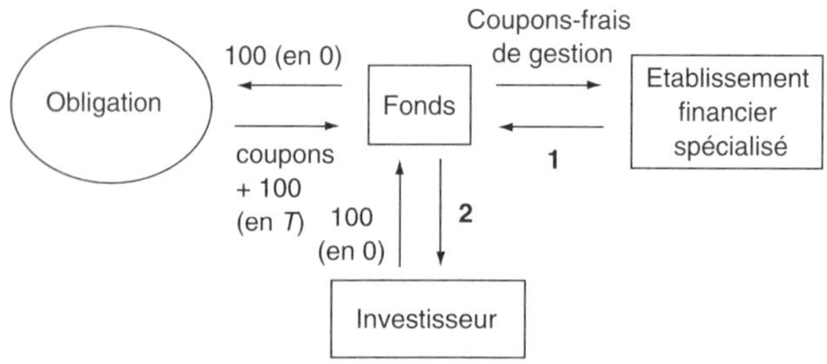

1 $100 \times k \max \left[\frac{\Delta CAC}{CAC}, 0\right]$ en T

2 $100 \left[1 + k \max \left(\frac{\Delta CAC}{CAC}, 0\right)\right]$ en T.

coupons du titre X est considéré comme un swap (taux d'intérêt contre indice) et n'intervient pas dans le calcul du ratio réglementaire.

2.3. *La méthode du coussin*

L'exposé de la méthode, souvent dénommée méthode CPPI[8], précédera la présentation de ses propriétés et celle de ses extensions possibles.

2.3.1. L'exposé de la méthode

Cette méthode, très souple d'utilisation, n'exige pas de la part de l'investisseur de fixer un horizon T. Il peut ignorer la théorie des options et réviser le plancher garanti P au fil du temps s'il le souhaite.

La valeur $V(t)$ du portefeuille peut se décomposer de deux façons différentes : d'une part, classiquement, en $S(t)$ la partie risquée (dite exposition) et $M(t)$ la partie monétaire sans risque (on a ici le choix entre plusieurs instruments monétaires de durations différentes) ; d'autre part, en P le plancher garanti (supposé constant pour le moment) et $C(t)$ le coussin variable. Le rapport entre S et C, noté $m(t)$, s'appelle le multiple. Sa valeur cible, m^*, est fixe et strictement supérieure à 1. De la même façon, l'inverse de $m(t)$, noté $\lambda(t)$, s'appelle le ratio de gestion, le ratio cible étant la constante λ^* :

$$m(t) = S(t)/C(t) \; ; \qquad \lambda(t) = C(t)/S(t)$$

L'investisseur commence par choisir P et obtient par différence avec $V(0)$, la valeur initiale totale du portefeuille, le coussin initial $C(0)$. Supposons par exemple $V(0) = 1\ 000$ et $P = 900$. Alors $C(0) = 100$. Il choisit ensuite le multiple cible ou le ratio cible et détermine alors le montant $S(0)$ à partir de l'une des deux équations précédentes. Par exemple $m^* = 4$ et $\lambda^* = 0,25$; par conséquent $S(0) = 400$. Par différence avec la valeur initiale totale (1 000), il obtient la partie sans risque investie en actif monétaire (600).

8. *Constant Proportion Portfolio Insurance.*

Formellement, puisque $S(t) = V(t) - M(t) = m(t)\ C(t) = m(t)\ (V(t) - P)$, on a :

$$S(t) = m(t)\ (P - M(t))/(m(t) - 1)$$

La stratégie vise à conserver une proportion constante d'exposition au risque : la position en actifs risqués doit être proportionnelle au coussin, c'est-à-dire à la différence entre la valeur du portefeuille et le plancher garanti. Bien entendu, les cours fluctuant, le multiple ou le ratio effectifs s'écartent constamment de leur valeur cible et l'investisseur doit choisir un troisième paramètre, appelé « tolérance », appliqué au multiple (ou, alternativement, au ratio de gestion), qui va lui permettre de savoir quand réajuster son portefeuille. Il n'y aura ajustement de la position que si, à la suite d'une fluctuation du marché, le multiple résultant de la position s'écarte de sa valeur cible d'un pourcentage supérieur à la tolérance. Par exemple, si celle-ci est de 20 %, les limites de tolérance pour $m(t)$ sont égales à 3,2 et 4,8 et, par conséquent, pour $\lambda(t)$ à 0,2083 et 0,3125.

Il est important de noter que lorsque $S(t)$ augmente, à $M(t)$ inchangé, $C(t)$ s'élève du même montant, puisque P est fixe. Il s'ensuit que le multiple $m(t)$ diminue et le ratio de gestion $\lambda(t)$ augmente. Si le cours de $S(t)$ augmente (baisse) suffisamment, le portefeuille est rééquilibré par l'achat (la vente) de titres risqués et la vente (l'achat) simultanée de l'actif sans risque de sorte que $m(t)$ et $\lambda(t)$ retrouvent leur valeur cible.

Supposons, par exemple, que le cours de S s'élève rapidement de 10 % pour atteindre 440. La valeur du portefeuille est alors de 1 040 (sans tenir compte des intérêts gagnés sur la partie monétaire, considérés ici, mais pas dans un calcul exact, comme négligeables). Le coussin est de 140, le multiple devient $440/140 = 3,14 < 3,2$ et le ratio $0,3182 > 0,3125$. L'investisseur rétablit m à 4 et λ à 0,25 en achetant des titres risqués pour 120 et en vendant du monétaire pour le même montant. En effet, on aura bien $440 + 120 = 560 = 4 \times 140$. Le portefeuille comprendra donc 560 investis en actifs risqués et 480 investis en actifs sans risque. L'équation générale à résoudre pour obtenir les achats/ventes du titre risqué est la suivante, en notant respectivement $S(t^-)$ et $S(t^+)$ la valeur des actifs risqués juste avant et juste après la révision du portefeuille :

$$\begin{aligned} S(t^+) - S(t^-) &= m^*(V(t) - P) - S(t^-) \\ &= 4(1\ 040 - 900) - 440 = 560 - 440 = 120 \end{aligned}$$

2.3.2. Les propriétés de la stratégie

Le comportement de la valeur V du portefeuille géré selon la méthode du coussin obéit aux principes suivants.

– Même en cas de baisse continue de S, $V(t)$ reste supérieure ou égale au plancher P puisque la valeur du coussin reste positive ou nulle.

– En cas de baisse brutale des cours de S, le coussin permet d'absorber une baisse inférieure ou égale à la limite inférieure $\lambda_{\min}$ du ratio de gestion (0,2083 dans notre exemple). Cette propriété très importante peut être démontrée comme suit. Supposons que le cours de S ait, à partir de son niveau initial de 400, graduellement baissé (de 21) pour atteindre 379. A ce niveau, le coussin vaut $100 - 21 = 79$ et le ratio de gestion est égal à

$79/379 = 0,2084 > \lambda_{\min}(= 0,2083)$. Le portefeuille n'est donc pas réajusté. Si le cours de S chute alors brutalement de 20,83 % pour atteindre 300 (perte supplémentaire de 79), le coussin devient nul. Au-delà de ce pourcentage de baisse, le plancher n'est plus assuré puisque le coussin devient négatif.

– Plus $\lambda_{\min}$ est élevé, plus la probabilité de ne pas percer le plancher en cas de krach est importante, mais, le multiple m étant plus faible, plus la possibilité de profiter de hausses marquées du marché est faible. Il y a donc, comme toujours, un compromis à trouver entre le risque et la rentabilité espérée, l'optimum dépendant de la fonction d'utilité de l'investisseur.

– A l'horizon T, le profil de la valeur du portefeuille $V(T)$ est une fonction convexe de $S(T)$ (approximativement comme un call) conformément au graphique 5. Le degré de convexité est une fonction croissante du multiple m^* adopté[9].

Graphique 5 – Performances d'un portefeuille géré en CPPI

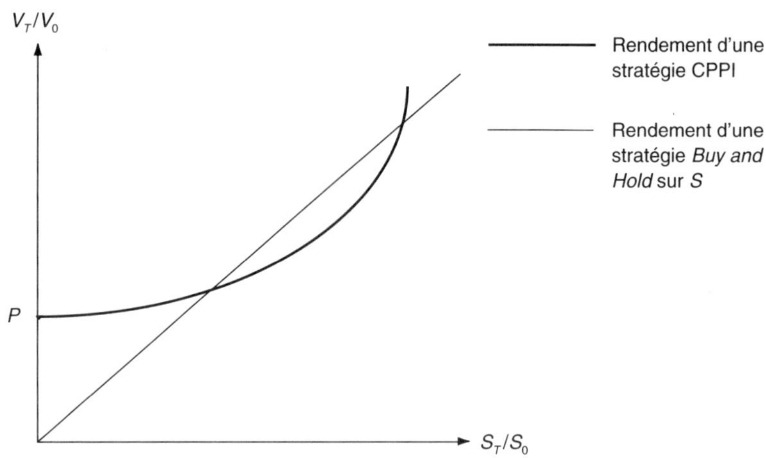

2.3.3. Les extensions de la méthode du coussin

La méthode CPPI est extrêmement souple et se prête à de nombreuses adaptations. L'extension la plus simple et la plus utilisée est de faire croître le plancher P (alors $P(t)$) :

– soit de manière prédéterminée (par exemple au taux en vigueur relatif au zéro-coupon de durée T),

– soit en fonction de l'évolution du taux monétaire choisi,

---

9. *Remarques :*

– La stratégie *Buy and Hold* est un cas particulier de CPPI dans lequel m^* est égal à 1 et le plancher est égal à la partie investie en actifs sans risque. La méthode est purement statique et garantit le plancher capitalisé (et le dépasse si les actifs risqués ont une valeur strictement positive en T). La fonction $V_T(S_T)$ est alors représentée par la première bissectrice sur le graphique 5.

– Il est clair d'après le graphique 5 que pour des conjonctures boursières extrêmement favorables (S_T/S_0 très élevé) le CPPI fait apparaître une « surperformance » par rapport au support. Cela est dû au fait que de telles conjonctures conduisent dans le CPPI à être emprunteur (position courte sur l'actif monétaire) et permettent donc un effet de levier.

– soit en fonction de l'évolution de $S(t)$, pour augmenter la garantie en cas de hausse sensible du support risqué (idée que l'on retrouvera plus tard avec l'examen des produits à cliquets).

Ces extensions ne posent aucun problème particulier et rendent la méthode très attrayante.

Une autre possibilité est d'avoir plusieurs actifs risqués au lieu d'un seul, en allouant la partie risquée du portefeuille entre ces actifs selon une technique de *Tactical Asset Allocation*, ce qui permet de lisser les fluctuations de S en jouant sur les corrélations imparfaites. On peut envisager également de modifier au cours du temps le multiple m (ou le ratio de gestion λ), par exemple pour augmenter la part du monétaire à mesure que l'horizon d'investissement $(T-t)$ se rapproche. Enfin, la composante risquée peut être un portefeuille obligataire sensible à l'évolution des taux (voir la section 4 pour un examen de ce type de problème).

3. Les limites des méthodes et la comparaison des performances

3.1. Les limites des méthodes de duplication d'options et de CPPI

Malgré d'indéniables attraits, les méthodes d'AP fondées sur la duplication d'options ou le CPPI présentent certaines limites.

– Les stratégies d'AP impliquent, comme nous l'avons vu, d'acheter le titre risqué quand le marché monte et de le vendre quand il baisse, ce que les investisseurs considèrent « inconfortable ».

– Les réajustements sont d'autant plus fréquents, à fluctuations du support risqué données, que la tolérance est faible, et, à tolérance donnée, que le support est volatil. Comme par ailleurs chaque transaction engendre des coûts, le rendement global est d'autant plus faible que la volatilité du support risqué (constatée pendant la période d'assurance) se révèle importante.

– En dépit de l'hypothèse sous-jacente d'évolution continue des cours de S, il existe en fait des discontinuités et les sauts sont trop fréquents pour être négligés en pratique. Ceci entraîne des coûts de transaction supplémentaires qui incitent le gestionnaire à accepter une tolérance plus grande, donc à prendre plus de risques, que ce qui est impliqué par la fonction d'utilité de l'investisseur. Le caractère parfois discontinu de l'évolution des cours et toujours discontinu des interventions du gestionnaire ainsi que l'existence de coûts de transaction introduisent donc des distorsions de la performance effective du portefeuille par rapport à la performance théorique.

– L'utilisation de *futures* permet de limiter l'incidence des coûts de transaction, mais se heurte à l'inconvénient de gérer les appels et restitutions de marge quotidiens.

– L'évolution aléatoire du taux d'intérêt sans risque au fil du temps pose également problème. Dans le CPPI notamment, le plancher (dans le cas par exemple où on le fait augmenter à un taux fixe prédéterminé calculé sur la base du niveau actuel des taux d'intérêt) peut être crevé dans la situation suivante : le cours de S baisse relativement tôt dans la période d'assurance, obligeant le gestionnaire à investir la totalité du portefeuille dans l'actif monétaire ; les taux d'intérêt baissent alors sensiblement jusqu'à la fin de la période d'assurance.

– En outre, on rappelle qu'en cas de chute brutale du cours les proportions requises à la duplication de l'option ne sont pas respectées et que de ce fait le plancher peut être enfoncé. Le CPPI se comporte, à cet égard, mieux que la duplication puisque le plancher est garanti tant que la chute brutale du cours ne dépasse pas, en pourcentage, $\lambda_{\min}$. En fait, les techniques d'AP n'utilisant pas d'options réelles sont des assurances contre des fluctuations défavorables éventuellement sévères, mais pas en général contre de vrais krachs.

– Les variations de volatilité du support posent un problème sérieux en cas d'AP par duplication d'option. Dans l'hypothèse d'une sous-estimation de la volatilité, le prix théorique de l'option synthétisée est trop faible et le portefeuille est sous-garanti. *A contrario*, en cas de surestimation de la volatilité du rapport risqué, le portefeuille est sur-garanti, ce qui implique une sous-performance en cas de hausse du support. Un avantage de la méthode CPPI sur sa concurrente tient en ce qu'elle n'exige pas l'estimation de la volatilité du ou des titres risqués présents dans le portefeuille (ce qui ne veut évidemment pas dire que les résultats de la méthode du coussin sont indépendants de la volatilité effective). Ces avantages peuvent être décisifs si l'investisseur n'a pas d'horizon précis en tête et/ou si la volatilité des supports risqués est elle-même volatile.

– Notons aussi que la part de la hausse du sous-jacent « capturée » dans le cas de la méthode CPPI est difficile à quantifier précisément, *ex ante*[10]. L'OBPI, surtout dans le cas d'achat d'options réelles, est donc supérieure au CPPI à cet égard.

– Remarquons enfin que la méthode OBPI autorise une trajectoire pour la valeur du portefeuille qui traverse éventuellement le plancher (pour remonter au moins à son niveau en T), alors qu'avec la méthode du coussin la trajectoire reste (en principe) au-dessus du plancher. Par exemple la trajectoire 3 du graphique 6 est compatible avec l'OBPI mais impossible en cas de CPPI. Dès lors, la méthode CPPI offre par rapport à sa concurrente l'avantage de ne pas nécessiter la fixation d'un horizon d'investissement (le plancher n'étant en principe jamais crevé). Les méthodes CPPI et OBPI sont toutes deux compatibles avec la trajectoire 2 du graphique 6 qui pose problème en cas de fonds ouvert (l'investisseur entrant en t perd une part importante de son capital). Cet inconvénient est réduit, sinon éliminé, dans les fonds à cliquets (section 4). En particulier, le CPPI avec révision à la hausse du plancher en fonction de l'évolution de S est une méthode possible de gestion d'un tel fonds.

– Notons pour terminer que si, en théorie, les résultats de ces méthodes sont indépendants de la trajectoire, les résultats sont en pratique *path dependent* du fait notamment de l'existence de coûts de transaction et du caractère discontinu des transactions.

10. Dans le cas où le prix du sous-jacent suit un processus de diffusion à volatilité σ constante et où le taux d'intérêt r est constant sur la période d'assurance $(0,\ T)$, on peut montrer que le portefeuille géré en CPPI avec un multiple constamment maintenu égal à m donne un rendement qui s'écrit :

$$\frac{V_T}{V_0} = \frac{P}{V_0} + \left(1 - \frac{P}{V_0}\right)\left(\frac{S_T}{S_0}\right)^m \ e^{-(m-1)\,(r+m\sigma^2/2)\ T}$$

Ce rendement, dont la valeur minimum est bien $\frac{P}{V_0}$, ne dépend pas seulement de la valeur terminale S_T mais également des paramètres σ et r qui, en réalité, sont stochastiques. Remarquons que ces « paramètres » n'interviennent pas explicitement dans l'expression du rendement d'une OBPI.

Graphique 6 – Trajectoires possibles pour la valeur d'un portefeuille assuré en T

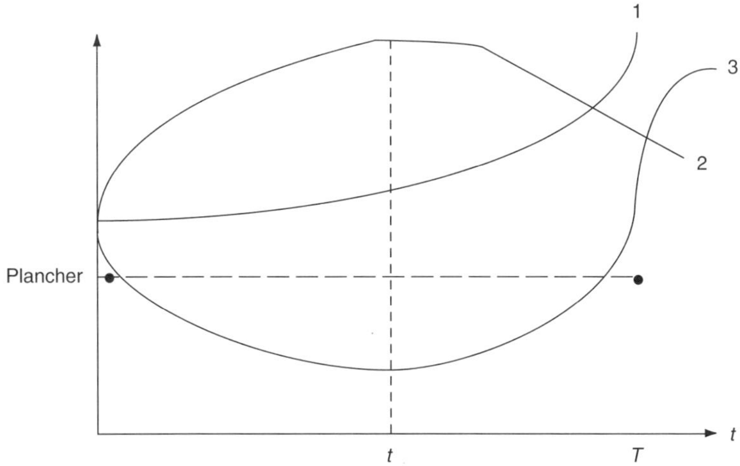

3.2. La comparaison des performances

Les performances des portefeuilles gérés selon les méthodes OBPI (avec duplication) et CPPI peuvent également être comparées à l'aide de simulations qui permettent notamment d'apprécier les incidences des coûts de transaction, de l'évolution de la volatilité et des taux d'intérêt, etc.

Pour comparer les performances de deux stratégies d'AP, il convient de prendre en considération deux aspects : la probabilité de respecter le plancher d'une part, le profil de la valeur terminale $V(S_T)$ d'autre part. Ce dernier permet d'identifier les zones de valeurs de S_T dans lesquelles une stratégie domine l'autre. Schématiquement, ce profil est lié à la pente en cas de forte hausse (le pourcentage de hausse du titre risqué capturé par le portefeuille) et au pourcentage minimum de hausse du support risqué au-delà duquel on obtient cette pente (en deçà, la pente est d'abord nulle, au niveau du plancher, puis elle augmente graduellement du fait de la convexité).

En ce qui concerne le CPPI (graphique 5), fixons à titre d'illustration la volatilité du support S à 20 % (approximativement celle du CAC 40 à long terme), un taux d'intérêt à 8 %, un plancher de 90 % croissant continûment à ce taux, et une périodicité journalière des observations. Avec un multiple de 4 et une tolérance de 25 %, impliquant une borne inférieure pour le ratio de gestion $\lambda_{\min}$ de 20 %, la pente avoisine 75 % en cas de forte hausse du support S (de l'ordre de 30 %). Notons que pour un $\lambda_{\min}$ supérieur à 20 % et des observations quotidiennes, le plancher ne peut pas être percé sur le marché du règlement mensuel de Paris.

Si, pour un plancher et une tolérance en pourcentage donnés, on augmente le multiple, le plancher continue d'être respecté, la pente maximale augmente et tend vers l'unité, voire la dépasse (graphique 5), et cette pente est atteinte pour une hausse du support plus faible que précédemment, environ 18 %. Cependant, le prix à payer est que la dispersion autour de la courbe dans sa partie ascendante est forte, alors qu'elle est faible pour $m = 4$, ce qui rend le résultat final effectif assez aléatoire. De plus, cette dispersion augmente rapidement avec la tolérance. Si l'on baisse cette dernière, les coûts de transaction sont plus importants. A l'inverse, si l'on diminue le multiple, la pente maximale diminue rapidement (environ 20 % si $m = 2$) mais est en revanche atteinte très tôt. Par ailleurs la convexité est très faible.

Dans un marché baissier ou haussier, la stratégie CPPI affiche de bonnes performances (graphique 5). C'est dans les marchés sans tendance et à forte volatilité que son intérêt est le moindre : le gestionnaire vend à la baisse pour voir le marché rebondir aussitôt et achète à la hausse pour constater que le marché s'effrite.

Si l'on augmente la fréquence des observations, on peut diminuer la tolérance puisque la probabilité d'un saut d'amplitude donnée diminue. Si la volatilité du support est plus élevée (faible), la dispersion des points $V(T)$ autour de la courbe est plus forte (faible). De façon générale, la méthode donne des résultats qui sont «moyennement» dépendants de la trajectoire, un peu plus que dans le cas de l'OBPI avec duplication d'options et nettement plus que dans le cas de l'OBPI avec options réelles où l'on obtient par construction l'indépendance.

Dans le cas de l'OBPI, contrairement à la méthode du coussin, le profil à l'échéance de la valeur du portefeuille est toujours celui d'un call acheté (pente de 1 au-delà du prix d'exercice et plancher respecté sauf dans l'hypothèse où un krach apparaîtrait en cas de duplication d'options). Le plancher est une fonction croissante du prix d'exercice mais avec une pente inférieure à 1 en raison de l'augmentation du coût du put réel ou synthétique de protection. Si l'on augmente la tolérance, la dispersion de la valeur $V(T)$ autour de la pente ou au-dessus du plancher est plus forte. Si les coûts de transaction sont faibles, par conséquent, il y a lieu d'adopter une tolérance faible de l'ordre de 0,01 à 0,03.

Le problème principal est évidemment celui de l'instabilité de la volatilité. Puisqu'une hausse de la volatilité, en renchérissant le put de protection, se traduit par une augmentation de la part des actifs monétaires et une diminution de celle du support, une hausse (baisse) moyenne de la valeur de ce dernier est défavorable (favorable). En cas de hausse, la performance sera donc d'autant moins bonne (meilleure) que la volatilité aura été élevée (faible), le contraire étant vrai en cas de baisse du support.

Les variations du taux d'intérêt sont moins problématiques que celles de la volatilité, on l'a vu, mais la performance de la stratégie en dépend tout de même. Toutes choses égales par ailleurs, le résultat sera d'autant moins bon que le niveau du taux sans risque aura été faible puisque la partie monétaire du portefeuille aura été directement affectée.

En présence de coûts de transaction, les résultats ne sont pas sensiblement modifiés, pour les deux méthodes, si ce sont les *futures* qui sont utilisés. En effet, ces frais sont alors très faibles. Cependant, il peut en être autrement quand d'autres supports sont utilisés.

En résumé, les différentes techniques de type OBPI et CPPI apparaissent satisfaisantes et offrent un bon compromis entre efficacité, d'une part, et simplicité de compréhension et de mise en œuvre, d'autre part. De ce dernier point de vue, la méthode (de base) du coussin domine légèrement les autres. Le problème reste le cas des krachs (sauf si l'on utilise des options réelles), mais même alors, le portefeuille assuré se comporte beaucoup mieux que s'il ne l'était pas (cas de la stratégie de *Buy and Hold* par exemple). Aucune méthode ne domine les autres strictement ou n'est dominée strictement par les autres (autrement elle disparaîtrait). Les résultats dépendent en effet crucialement (sauf si l'on achète des puts réels) des conditions du marché et en particulier de la trajectoire empruntée par le cours du ou des supports risqués.

4. Les variantes et les extensions des méthodes de base

Différentes variantes de l'OBPI et du CPPI de base décrits à la section 3 peuvent être mises en œuvre.

Nous avons déjà remarqué que le plancher du CPPI peut être révisé à la hausse, notamment en fonction de l'accroissement de la valeur de la part, et qu'un tel «fonds à cliquet» facilite l'entrée et la sortie à des instants quelconques.

Il existe aussi des variantes de l'OBPI et notamment des fonds à capital garanti qui offrent par rapport au produit de base :

– un meilleur *gearing* et/ou un capital garanti plus élevé, en contrepartie de droits d'entrée,

– une distribution de coupons (à un taux toutefois inférieur à celui du marché) au prix d'une baisse du *gearing* et/ou du capital garanti,

– un meilleur *gearing* et/ou un plus fort capital garanti en contrepartie d'un plafonnement de la performance (produit «capé»). Par exemple, la valeur V_T de la part du fonds garanti sera à l'échéance T au minimum égale à sa valeur initiale V_0 ; elle bénéficiera en outre de 100 % de la hausse éventuelle du CAC 40, cette hausse étant plafonnée à 75 %, de sorte que :

$$V_T = \max \left[V_0, \ \min \left(1,75 \ V_0, \ \frac{\text{CAC }(T)}{\text{CAC }(0)} \ V_0 \right) \right]$$

Par ailleurs, d'autres produits, plus complexes, dont le montage implique dans certains cas l'utilisation d'options exotiques, se sont également développés ces dernières années. Il s'agit notamment de produits à cliquets, de produits sur maximum, de fonds à paliers...

– Considérons d'abord le cas d'un produit à cliquets dont le sous-jacent est le CAC 40. L'intéressement peut, par exemple, être calculé sur la base du *maximum* :

· des quatre valeurs du CAC fin de trimestre, dans le cas d'un produit sur un an,

· des quatre valeurs du CAC fin d'année s'il s'agit d'un produit sur quatre ans.

– Dans d'autres cas, la hausse de l'actif risqué est acquise si celle-ci dépasse un certain palier. Considérons par exemple le cas d'un produit indexé sur le CAC 40 dont la valeur initiale est présumée être de 2 000. La fixation d'un palier de 2 200 permettra de bénéficier d'un nouveau minimum de 2 200 à condition que le CAC 40, à un instant quelconque entre 0 et T, atteigne ce seuil de 2 200.

– Enfin, certains produits sont indexés sur la meilleure des performances de N indices : $V_T = \max \ [I_1(T), \ ..., \ I_N(T)]$.

Ce sont les formules de calcul des valeurs des options sur minimum et maximum de deux actifs et les techniques de couverture dynamique qui en résultent qui ont facilité le développement de tels produits.

5. L'assurance d'un portefeuille de taux d'intérêt

Les méthodes d'assurance de portefeuille examinées précédemment s'appliquent également au cas où la valeur S du sous-jacent est commandée par les taux d'intérêt (titres à revenus fixes tels que des obligations à taux fixes, BTAN... ainsi que des produits dérivés sur taux tels que des contrats à terme (*futures*) sur l'emprunt notionnel...). L'aléa entachant le prix S du sous-jacent résulte de l'incertitude affectant les taux d'intérêt, mais cette relation n'intervient pas dans la mise en œuvre de ces méthodes uniquement concernées par les fluctuations du prix S.

Il existe cependant des méthodes d'AP fondées sur la liaison variation de prix-variation de taux, utilisant essentiellement le concept de duration. Après de brefs rappels sur la notion de duration, nous exposerons les techniques d'immunisation passive et active fondées sur ce concept[11].

5.1. Brefs rappels sur la notion de duration d'un portefeuille

5.1.1. La duration d'un actif à revenus fixes

Considérons un actif (ou un portefeuille) engendrant une séquence de revenus fixes F_1, ..., F_N aux instants futurs t_1, ..., t_N respectivement. Sa valeur $V(r)$ dépend du taux de rendement r prévalant sur le marché pour des titres de profil et de risque comparables, de sorte que :

$$V(r) = \sum_{i=1}^{N} \frac{F_i}{(1+r)^{t_i}}$$

Une petite variation de taux dr induit une variation relative de valeur donnée par :

$$\frac{1}{V}\frac{dV}{dr} = -\frac{1}{(1+r)}\sum_{i=1}^{N}\frac{t_i F_i}{V(1+r)^{t_i}} = -\frac{D}{1+r} \qquad [2]$$

où :

$$D \equiv \sum_{i=1}^{N}\frac{t_i F_i}{V(1+r)^{t_i}} = -(1+r)\,\frac{1}{V}\,\frac{dV}{dr} \qquad [3]$$

D s'appelle la duration et s'interprète comme le centre de gravité des flux (F_1, ..., F_N) dans la flèche du temps. On vérifie aisément que la duration d'un zéro-coupon est sa durée ($D = T$). Pour des instruments à coupon, D est inférieur à T (par exemple pour une OAT 10 ans, D est de l'ordre de 7 ans ; pour un BTAN 5 ans, D est de l'ordre de 4 ans).

---

11. Voir également dans cette ***Encyclopédie*** l'article de A. Minguet, « Immunisation de portefeuille et duration », p. 597, tome 1.

La relation [2] exprime le fait que la sensibilité au taux de la valeur du titre est proportionnelle à sa duration D, donc égale à celle d'un zéro-coupon de durée D.

5.1.2. La duration d'un portefeuille de titres à revenus fixes

Quand $V(r)$ représente la valeur d'un portefeuille comprenant M différents actifs à taux fixe, dont les valeurs sont A_1, ..., A_M :

$$V(r) = \sum_{j=1}^{M} A_j(r)$$

L'hypothèse selon laquelle le même taux de marché r commande les différents actifs constituant le portefeuille considéré sous-tend cette écriture ainsi que la plupart des éléments de l'analyse qui suit. Son caractère restrictif et limitatif sera évoqué plus loin.

Dès lors, la duration de ce portefeuille s'écrit :

$$D_V = -(1+r)\,\frac{1}{V}\,\frac{dV}{dr} = -(1+r)\,\frac{1}{V}\sum_{j=1}^{M}\frac{dA_j}{dr} = -(1+r)\sum_{j=1}^{M}\frac{A_j}{V}\cdot\frac{dA_j}{A_j dr}$$

Donc, en notant D_j la duration de l'actif j $\left(D_j = -(1+r)\,\dfrac{dA_j}{A_j dr}\right)$:

$$D_v = \sum_{j=1}^{M}\left(\frac{A_j}{V}\right) D_j \qquad [4]$$

Comme $\dfrac{A_j}{V}$ représente le poids de l'actif j dans le portefeuille considéré, la relation [4] indique que la *duration du portefeuille est égale à la moyenne pondérée des durations de ses éléments.*

5.1.3. L'influence de l'écoulement du temps et du détachement des coupons sur la duration d'un portefeuille

Il est facile de montrer que la duration D décroît avec et comme le temps, entre deux dates de coupon, mais *augmente* brutalement au moment du détachement (Poncet, Portait, Hayat, 1996) (de telle sorte que l'on part d'une situation où $D < T$ pour arriver à $D = T = 0$ à l'échéance). En effet, le détachement d'un flux recule la position du centre de gravité des flux futurs restants. L'évolution de la duration au fil du temps de 0 à T subit donc des discontinuités aux dates de versement des coupons.

5.2. L'immunisation passive d'un portefeuille de taux

L'immunisation passive d'un portefeuille consiste à rendre la valeur de celui-ci insensible à une variation parallèle de la gamme des taux. Deux objectifs sont envisageables :

– rendre la valeur V_t du portefeuille insensible aux fluctuations des taux à chaque instant t (horizon dt),

– rendre la valeur V_T du portefeuille à l'horizon T insensible aux fluctuations des taux entre 0 et T.

• *Dans le premier cas*, la technique consiste à construire un portefeuille d'actifs-passifs (ou de positions longues et courtes) tels que la duration pondérée de l'actif soit égale à chaque instant à celle du passif. Dès lors, sur chaque petit intervalle de temps, la perte subie sur une des faces du bilan sera compensée par le gain dont bénéficie l'autre face. Le rendement d'un tel portefeuille est en principe le taux à très court terme du marché monétaire. Sa valeur V_T, à l'échéance T, dépendra donc de l'évolution de ce taux entre 0 et T, tout comme la valeur d'une SICAV monétaire court terme de capitalisation.

• *Dans le deuxième cas*, où l'horizon est T et où l'on recherche une valeur terminale V_T exempte d'aléas, la solution la plus simple consiste à ne détenir que des zéro-coupons d'échéance T.

Cependant une telle solution, triviale, n'est pas toujours possible : le zéro-coupon dont l'échéance correspond au T désiré n'est pas nécessairement disponible, la liquidation du portefeuille existant n'est pas souhaitable (ou éventuellement n'est même pas possible), etc.

La méthode d'immunisation passive consiste à gérer dynamiquement un portefeuille composé d'instruments de taux de différentes durées de sorte qu'à chaque instant t sa duration soit égale à $T - t$. Un tel portefeuille se comporte, en première approximation, comme un zéro-coupon d'échéance T.

Une telle gestion impose une transaction à chaque date de détachement de coupon : en effet, un portefeuille dont la duration est conforme à l'objectif juste avant le détachement affichera une duration trop forte juste après. Il faut donc, à ces dates, raccourcir la duration, ce qui impose entre autres :

– d'utiliser les coupons pour acquérir des titres de durée faible,

– de vendre des titres longs pour acheter des actifs plus courts,

– de vendre des contrats à terme sur taux.

• *Les limites de la méthode* sont dues aux hypothèses sous-jacentes à l'utilisation habituelle de la duration (gamme des taux plate, déformation parallèle de cette gamme). Dès lors, une déformation de la gamme des taux ou une variation de la pente de celle-ci peut induire à l'horizon T une sur- ou sous-performance par rapport à l'objectif.

5.3. L'immunisation active d'un portefeuille de taux

5.3.1. Principe de la méthode

L'immunisation active relève de l'AP en ce qu'elle vise le double objectif d'assurer une rentabilité minimum sur l'horizon T d'investissement et de permettre de profiter d'une variation favorable des taux.

Pour décrire la méthode de gestion qui aboutit à un tel résultat, supposons qu'à l'instant 0 :

– le taux de rendement d'un zéro-coupon d'échéance T soit r_T,

– un investisseur qui dispose de 100 francs souhaite *garantir* un taux de rendement entre 0 et T au moins égal à i, avec $i < r_T$, tout en tirant parti de ses anticipations de taux pour obtenir si possible un rendement supérieur à r_T.

Pour garantir le rendement i, il achète un zéro-coupon donnant $100(1+i)^T$ en T au prix en $t = 0$: $P_0 = \dfrac{100(1+i)^T}{(1+r_T)^T}$ avec $P_0 < 100$ car $i < r_T$.

Il reste donc une « marge » pour la gestion active de $(100 - P_0)$ francs investis de manière « opportuniste » :

– sur une duration $< T$ si les anticipations de taux sont haussières,

– sur une duration $> T$ en cas d'anticipations de baisse des taux.

Une erreur d'anticipation réduit cette marge de gestion, une spéculation réussie l'augmente. Quand cette marge est annulée du fait d'erreurs successives d'anticipation, le gestionnaire revient à la gestion passive.

5.3.2. Exemple

Un gestionnaire souhaite garantir un taux de rendement annuel de 4 % sur 5 ans ; le taux du zéro-coupon d'échéance 4 ans est de 8 %. Il dispose de 100 MF au départ ($t = 0$).

En $t = 0$, il achète un zéro-coupon donnant $100 \times (1,04)^5 = 121,67$ MF en $t = 5$. Un tel titre coûte $\dfrac{121,67}{(1,08)^5} = 82,8$ MF.

Le gestionnaire anticipe une baisse rapide des taux : il achète pour 17,2 MF d'OAT de 7 ans de duration (investissement total : $82,8 + 17,2 = 100$ MF).

Pendant le premier mois de la gestion (entre $t = 0$ et $t = 1$ mois) les taux baissent de 1 %, conformément à l'anticipation du gestionnaire : l'OAT s'apprécie de $\dfrac{10}{1,08} = 9,26\ \%$, soit 1,6 MF. Cette « spéculation » rapporte donc 1,6 % sur un mois (et s'ajoute au taux d'intérêt) et accroît la « marge de manœuvre » du gestionnaire de 1,6 MF. Il dispose désormais de $17,2 + 1,6 = 18,8$ MF pour poursuivre sa gestion active.

Dans l'hypothèse où les taux montent de 1 % contrairement aux prévisions du gestionnaire, les sommes disponibles pour la gestion active seraient réduites d'environ 1,6 MF.

Dans l'hypothèse extrême où le gestionnaire cumule erreur sur erreur dans ses anticipations de taux, cette marge sera réduite à néant et il n'effectuera aucune nouvelle opération, se contentant de maintenir le zéro-coupon en portefeuille. Donc, dans le pire des cas, au terme des 5 ans, la valeur du fonds sera celle du zéro-coupon, soit 121,67 MF. Le fonds affiche ainsi, sur 5 ans, une rentabilité annuelle nécessairement supérieure ou égale à 4 %.

Dans l'hypothèse favorable d'anticipations de taux avisées, le rendement du fonds dépassera 8 %.

5.3.3. Performances et limites

Au départ, la « marge de manœuvre » pour la gestion active est d'autant plus importante que :

– le taux de rendement garanti i est faible,

– le taux r_T du zéro-coupon d'échéance T est élevé,

– l'échéance T est éloignée.

Le rendement obtenu, en tout état de cause supérieur au taux garanti i, dépend de la qualité des anticipations du gestionnaire (il est égal à r_T pour des anticipations « moyennes »). Par ailleurs, comme dans le cas d'une immunisation passive, la performance est altérée par une déformation (variation non parallèle) de la gamme des taux.

6. L'assurance de portefeuille, la volatilité et la stabilité des marchés financiers

Deux possibilités, on l'a vu, s'offrent aux investisseurs qui souhaitent suivre une stratégie d'AP. La première consiste à acheter des options, par exemple des puts pour couvrir une position longue en actions, en indices boursiers ou en obligations. La deuxième consiste à dupliquer l'option ou à mettre en œuvre une stratégie CPPI.

Remarquons que dans le cas de la première méthode – achat de puts – le vendeur se couvre presque toujours en delta neutre, c'est-à-dire fabrique un put synthétique pour couvrir sa position vendeur. La consolidation des positions du vendeur et de l'acheteur du put donne donc un portefeuille identique à celui qui est obtenu quand l'investisseur duplique lui-même le put (deuxième méthode).

Dès lors, dans les deux cas, l'AP implique automatiquement (*Program Trading*) la vente (l'achat) du sous-jacent[12] en réaction à une baisse (hausse) du prix de celui-ci. *A priori*, ce mécanisme accroît la volatilité des cours et est un facteur d'instabilité des marchés dans la mesure où il tend à amplifier et à auto-entretenir les mouvements de prix. Cet argument de « spirale baissière » est invoqué par les détracteurs de l'AP qui imputent à cette dernière une importante responsabilité tant dans la crise boursière de 1987 que dans celle de 1929 (du fait des ordres *stop-loss*).

Cependant, en l'absence de nouvelles importantes concernant les « fondamentaux » qui déterminent les cours à moyen et long terme, cette logique de la spirale baissière ne paraît pas tenir. En effet, on peut s'attendre à ce que les investisseurs qui fondent leurs opérations sur les « fondamentaux » réagissent en sens contraire des investisseurs qui appliquent l'AP, compensant ainsi les effets de cette dernière.

En tout état de cause, l'assurance de portefeuille soulève des questions importantes concernant son impact sur le fonctionnement des marchés financiers. Ces questions ont été posées de façon concrète notamment dans le rapport Brady (1988) à la suite de la crise d'octobre 1987, et analysées sérieusement dans quelques articles scientifiques (voir notamment Brennan et Schwartz, 1989 ainsi que Genotte-Leland, 1990). Le rapport Brady suggère que les marchés dérivés et l'AP ont joué un rôle dans l'augmentation de la volatilité et la chute brutale des cours. Les modèles de Brennan et Schwartz et de Genotte-Leland suggèrent que l'AP accroît la volatilité des marchés, faiblement, quand le marché est bien informé, plus sensiblement quand il manque de transparence et est incorrectement informé quant à l'importance relative des stratégies d'assurance. Dans ce dernier cas, les opérateurs mal informés peuvent attribuer les ordres de vente (achat) liés à des opérations d'AP à des investisseurs qui viennent de recevoir des informations privilégiées défavorables (favorables). Se sachant mal informés, ils révisent à la baisse (hausse) leurs anticipations concernant les fondamentaux et accentuent par leurs opérations l'amplitude des mouvements boursiers.

---

12. Ou la vente de contrats à terme (*futures*) sur le sous-jacent qui implique à son tour, par le biais d'opérations *cash and carry*, la vente du sous-jacent.

En conclusion, il serait erroné d'imputer aux investisseurs qui souhaitent légitimement limiter leurs pertes en réduisant ou annulant leurs positions perdantes un rôle déstabilisateur illégitime. Plutôt que d'imposer des contraintes arbitraires aux investisseurs les empêchant de contrôler leurs risques, comme cela a été souvent suggéré, les autorités responsables devraient veiller à améliorer la (micro)-structure des marchés, c'est-à-dire leur organisation, leurs règles de fonctionnement et la qualité de leur information[13].

Références

AFTALION F., PORTAIT R., « La technique de Portfolio Insurance », *Banque* (octobre 1988).

BIRD R., DENNIS D., TIPPETT M., « A Modified Stop Loss Approach to Portfolio Insurance », *Journal of Portfolio Management* (Fall 1988).

BLACK F., JONES R., « Simplifying Portfolio Insurance », *Journal of Portfolio Management* (Fall 1987).

BLACK F., SCHOLES M., « The Pricing of Options and Corporate Liabilities », *Journal of Political Economy* (May-June 1973).

BOOKSTABER M., *Option Strategies for Institutional Investment Management,* Addison-Wesley, 1983.

BRADY N. *et al., Report of the Presidential Task Force on Market Mechanisms,* Washington DC, US Government Printing Office, 1988.

BRENNAN M., SCHWARTZ E., « Portfolio Insurance and Financial Market Equilibrium », *Journal of Business* (October 1989).

BRYIS E., CROUHY M., « Assurance de portefeuille et Program Trading », *Banque* (octobre 1988).

CLARKE G., ARNOTT R., « The Cost of Portfolio Insurance : Tradeoffs and Choices », *Financial Analysts Journal* (November-December 1987).

GENOTTE G., LELAND H., « Market Liquidity, Hedging and Crashes », *American Economic Review* (December 1990).

LELAND H.E., « Who Should Buy Portfolio Insurance », *Journal of Finance* (May 1980).

LELAND H.E., RUBINSTEIN M., « The Evolution of Portfolio Insurance », *in* D.L. Luskin (éd.), *Portfolio Insurance : a Guide to Dynamic Hedging,* Wiley, 1988.

PEROLD A., SHARPE W., « Dynamic Strategies for Asset Allocation », *Financial Analysts Journal* (January-February 1988).

PONCET P., PORTAIT R., HAYAT S., *Mathématiques financières : évaluation des actifs et analyse du risque,* 2e éd., Paris, Dalloz, 1996.

RUBINSTEIN M., « Alternative Paths to Portfolio Insurance », *Financial Analysts Journal* (July 1985).

RUBINSTEIN M., « Portfolio Insurance and the Market Crash », *Financial Analysts Journal* (Winter 1988).

Mots clés

Assurance de portefeuille, assurance par les options, *Buy and Hold, Constant Proportion Portfolio Insurance* (CPPI), coût de transaction, dépendance vis-à-vis de la trajectoire, duplication d'options, duration, fonds à capital garanti, fonds à cliquets, *futures, gearing,* immunisation active, immunisation passive, krach boursier, méthode du coussin, multiple (coussin), obligation zéro-coupon, option synthétique, performance, plancher assuré, portefeuille à revenus fixes, profil de gain convexe, *program trading,* réajustement de portefeuille, stabilité des marchés, *Stop Loss, Tactical Asset Allocation,* taux d'intérêt, volatilité.

---

13. Voir dans cette ***Encyclopédie*** l'article de J. Hamon, « Microstructure des marchés », p. 1140, tome 2.

Assurance-vie et risques financiers : une lecture optionnelle[1]

10

Eric Briys et François de Varenne

« Faut-il prendre le risque de s'assurer ? » Cette question ironique faisait en 1976 la une de l'hebdomadaire économique *La Vie Française.* La citation de Salvatore Curiale, Superintendent of New York State Insurance Department, lui donne aujourd'hui un relief quelque peu amer : « I am not sure there are any serious issues confronting the life insurance industry these days, unless of course you consider solvency, liquidity, junk bonds, deteriorating mortgage and real estate portfolios, risk-based capital requirements, asset mix, separate accounts, credit risk, congressional inquiries, shrinking surplus, demutualization and more ». Il est vrai que la tourmente financière qui a secoué les Etats-Unis a fortement remis en cause la confiance que nombre d'agents économiques avaient jusqu'alors dans les institutions financières chargées de gérer leurs risques. Il faut remonter au début des années 1980 pour observer dans le paysage financier les premières secousses inquiétantes dues aux effets conjoints de la déréglementation, de la volatilité accrue des actifs financiers et des taux d'intérêt à deux chiffres. C'est aussi à cette même époque que la concurrence entre les intermédiaires financiers a changé radicalement de registre. L'exemple des compagnies d'assurances américaines est riche d'enseignements à cet égard. Alors en position de force, les commerciaux des sociétés d'assurances américaines obtiennent de celles-ci la flexibilité qui permet de capter plus facilement l'épargne de la clientèle. Ils distribuent sans compter du rendement et des options. Ces options (*surrender options, policy loan options,* etc.) apparaissent dans les bilans des sociétés dont elles accentuent la vulnérabilité aux mouvements de taux d'intérêt. Pourtant, leur introduction part d'un bon sentiment : il s'agit d'assurer au client la plus grande

1. Cet article est issu du séminaire Assurance et Finance que nous avons animé en 1994/1995 à la Fédération française des sociétés d'assurances (FFSA). Nous tenons à remercier son président Denis Kessler pour nous avoir incités à développer une recherche approfondie sur la gestion actif-passif en assurance-vie et pour les nombreuses marques d'encouragement qu'il nous a prodiguées. Nous avons également une dette envers les participants du séminaire FFSA et tout particulièrement envers Romain Durand (La Bâloise) et Ambroise Laurent (UAP). Les conversations que nous avons eues avec eux ont toujours été fort stimulantes.

flexibilité possible. Le résultat, comme chacun sait désormais, fut désastreux : moins de 10 faillites avant 1987, 19 en 1987, 40 en 1989 et 58 un an plus tard (graphique 1). Parmi les victimes, quelques noms célèbres comme First Executive (19 milliards de dollars d'actifs, dont 42 % en *junk bonds*), Mutual Benefit (14 milliards, dont 52 % en immobilier), First Capital (10 milliards), Baldwin United (9 milliards) et Monarch (4,5 milliards). Défaillance des tutelles ? Défaut de fabrication des produits ? Toutes les explications ont été avancées.

Graphique 1 – Nombre de faillites de sociétés d'assurance-vie aux Etats-Unis

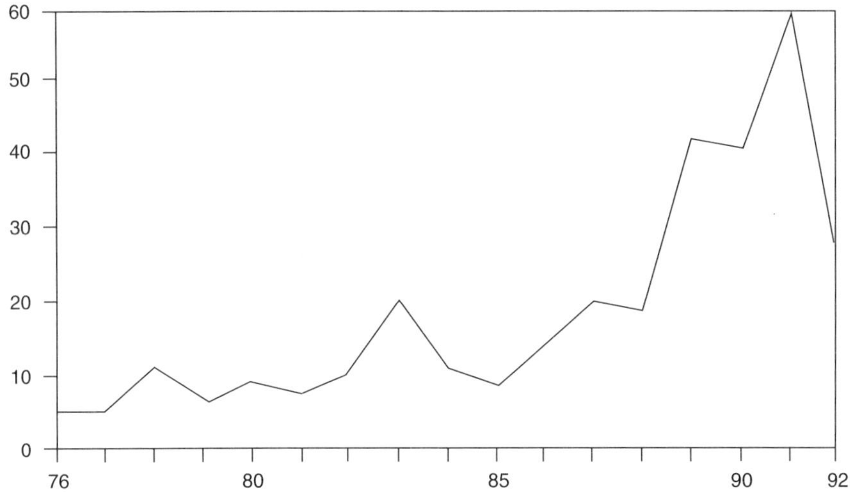

Source : A.M. Best.

Les déboires des assureurs-vie américains ne sont d'ailleurs pas récents. En effet, ils ont déjà été confrontés, pendant la grande dépression de 1929, à des problèmes liés aux fortes moins-values à l'actif et aux options de remboursement anticipé et d'avances sur polices. Leur réaction à l'époque fut fort intéressante. A la suite du krach de 1929, une quarantaine de sociétés d'assurance-vie – sur les 300 en activité à ce moment-là – sont en faillite. Entre 1931 et 1932, des millions d'assurés touchés par la récession vont faire jouer leurs clauses de rachat ou d'avances sur polices. Devant leur incapacité croissante à faire face à leurs obligations, les principaux assureurs-vie décident de se rencontrer, dans un secret absolu, à New York en février 1933. Sont également conviés des représentants de l'autorité de tutelle – les commissaires – de 19 Etats. Durant cette réunion, deux mesures radicales sont prises.

– Les assureurs arrivent à convaincre les commissaires de déclarer légale une suspension des paiements entre mars et septembre 1933, à l'instar des banques. La différence principale réside dans la durée du moratoire ainsi obtenu : le gouvernement américain a suspendu les paiements dans les banques pendant une semaine alors que les assureurs s'octroient un ballon d'oxygène de six mois !

– La dépréciation des titres détenus à l'actif est telle qu'un grand nombre de sociétés vie doit déclarer faillite. La solution est simple : modifier les règles d'enregistrement comptable de façon à « habiller » les bilans.

Comme le souligne avec force la citation de Gordon Grant et Mike Lombardi (Tillinghast), le Canada n'a pas été épargné non plus : « Take 145 life insurance companies of various sizes and strengths. Watch as a falling real estate market depresses profitability. Add the threat of major competition from the banks. Impose tougher regulation. And remove a few companies as their surplus shrivels up. This, in a nutshell, describe the travails of the Canadian life insurance industry over the last decade ». En 1991, à la demande des consommateurs, les assureurs canadiens ont créé CompCorp, un fonds de garantie financé par les assureurs eux-mêmes. Un an après la création de CompCorp, la compagnie Les Coopérants faisait faillite. Elle était bientôt suivie par Sovereign Life et Confederation Life. Cette dernière (24 milliards de dollars canadiens) détient un record peu enviable : celui de la plus grosse compagnie d'assurance-vie en faillite sur le continent nord-américain.

Les 190 cas d'insolvabilité d'assureurs américains recensés par Best (organisme américain) sur la période 1976-1991, ajoutés à la facture de 1 000 milliards de dollars des faillites des caisses d'épargne et aux secousses du marché canadien ne semblent cependant pas ébranler les assureurs européens. Et pourtant, l'Europe n'est pas épargnée : la faillite et l'effondrement de la notation (de AA à BBB) des quatre plus grands assureurs scandinaves (tableau 1), la quasi-faillite, en France, de la GMF sont autant d'exemples coûteux.

Tableau 1 – Rating des assureurs scandinaves

Sociétés	Rating 1991	Rating 1993
Skandia	AA	BBB
Baltica	AA	BBB
Hafnia	AA	Faillite
Topdanmark	A	BBB

Aux Etats-Unis, la facture de la « négligence » est telle que les clients et les actionnaires n'hésitent plus à mettre en cause la compétence des gestionnaires et celle des autorités de surveillance. Ainsi, une cour de justice de l'Indiana a-t-elle condamné une coopérative agricole pour absence de couverture contre les fluctuations du prix des denrées. De même, la célèbre firme Compaq a fait l'objet d'une condamnation pour un défaut de couverture contre le risque de change... Rien n'interdit de penser qu'un assureur-vie le soit tôt ou tard pour défaut de couverture de son risque de taux. Cette crainte est d'autant plus justifiée que les tribunaux américains ont estimé que les entreprises condamnées n'avaient pas agi « en bon père de famille », c'est-à-dire n'avaient pas fait usage de couvertures adéquates et disponibles sur le marché financier. Qu'ils le veuillent ou non, les professionnels français sont pris dans le même mouvement. Les déboires de leurs collègues anglo-saxons peuvent devenir les leurs s'ils ne le sont pas déjà. En Grande-Bretagne, l'exercice des options de rachat par les assurés a doublé en cinq ans et absorbe un montant plus élevé que les prestations traditionnelles de type décès. D'après un article récent publié par *The Economist* (« All Life's Troubles », 17 juillet 1993), la majorité des sociétés britanniques ont révisé drastiquement à la baisse les bonus qu'elles promettaient sur leurs polices *with profits*. Lorsque l'on sait que désormais près de 75 % des ventes françaises d'assurance-vie concernent des produits que l'on peut qualifier de financiers, il est évidemment exclu de penser que la France restera longtemps préservée des mouvements qui affectent la plupart des sociétés mondiales.

Pour démontrer cela et tenter de mieux comprendre les mécanismes qui ont ainsi bousculé les compagnies d'assurance-vie, cet article propose une lecture optionnelle de l'assurance. En d'autres termes, le contrat d'assurance et la manière dont celui-ci est porté au sein d'un bilan d'une compagnie d'assurance-vie sont décodés à la lueur de la théorie des options. Cette approche originale permet également de forger un cadre de référence à un mode de gestion fort en vogue parmi les intermédiaires financiers : la gestion actif-passif.

Pour atteindre ces objectifs, cet article procède de manière didactique. Un survol des principes financiers de base est effectué dans une première section. Plus spécifiquement, trois « outils », à savoir la notion d'actif financier, celle de duration et celle d'option, sont brièvement définis. Muni de cette panoplie, un premier modèle simple du bilan d'une compagnie d'assurance-vie est esquissé. Les effets potentiellement dévastateurs du risque de taux d'intérêt sont illustrés à l'aide de cette première maquette. Ce scénario simplifié sera aussi l'occasion de démontrer l'efficacité des outils précédemment « survolés ». Enfin, un modèle aussi exhaustif que possible du bilan d'une compagnie d'assurance-vie et des risques variés qu'il véhicule est construit. La versatilité de ce modèle permet d'aborder des questions aussi variées que celles de la tarification des contrats, de la réglementation et de la mesure du risque de taux d'intérêt pesant sur les fonds propres d'une compagnie d'assurance-vie. En outre, certaines idées reçues, très répandues parmi les praticiens de l'assurance, tomberont d'elles-mêmes grâce à ce modèle. Ce dernier point est fort important tant les assureurs ont argumenté sur l'exotisme de leur profession et sur l'impossibilité de les comparer aux banquiers.

1. La notion d'actif financier

Il est impossible d'aborder une quelconque problématique financière sans avoir les idées parfaitement claires sur ce que signifie la notion d'actif financier. En effet, dès que l'on voit apparaître la dimension « flux financiers », le passage par la notion d'actif financier est obligé. Le contrat d'assurance en est un bon exemple : une prime d'assurance est versée en échange d'une prestation aléatoire future (l'indemnité payée par l'assureur). Un actif financier est un contrat entre deux parties. Le propriétaire de l'actif reçoit en échange du prix le droit de percevoir dans l'avenir une chronique de flux financiers. Dans le cas simple d'une obligation *in fine* à taux fixe, ces flux de liquidité sont des coupons semestriels ou annuels et une valeur de remboursement à l'issue du contrat. Par conséquent, aux yeux d'un investisseur, un actif n'a de valeur que s'il génère des flux dans l'avenir. Les flux du passé, si « glorieux » fussent-ils, n'entrent pas en ligne de compte dans cette perspective. Pour déterminer la valeur des flux à percevoir, deux ingrédients essentiels doivent être considérés : le temps et l'incertitude. Le temps s'écoule et porte en lui l'agenda des flux à percevoir. L'incertitude est omniprésente : nul ne sait ce que l'avenir réserve. L'émetteur de l'actif peut être défaillant et les flux à percevoir ne pas être aussi bien investis que prévu au départ. Pour simplifier, on peut noter tout actif financier de la manière suivante :

$$(F_1,\ F_2,\ ...,\ F_n) \qquad [1]$$

où F_t représente le flux promis au temps t et n la date du dernier flux. n peut être infini.

L'expression [1] se réécrit plus commodément sous la forme suivante :

$$\begin{array}{l} F_1 \text{ unités de } (1,\ 0,\ 0,\ ...,\ 0) \\ F_2 \text{ unités de } (0,\ 1,\ 0,\ ...,\ 0) \\ \dots \\ F_n \text{ unités de } (0,\ 0,\ 0,\ ...,\ 1) \end{array} \qquad [2]$$

En d'autres termes, le premier flux F_1 correspond à un actif singulier, une créance primaire, qui paie $F_1 \times$ 1 franc à la période un et rien ensuite. On peut bien sûr mener le même raisonnement sur les autres périodes. Mais, il est important de souligner que, pour au moins deux raisons, cette façon de décomposer un titre financier n'est pas purement cosmétique. La première s'appuie sur la procédure que les banques d'affaires de Wall Street appellent *unbundling,* l'équivalent de la technique française des FELINS. La seconde raison de procéder de la sorte est de mettre en exergue le principe d'additivité de la valeur. Ce principe énonce que le prix total de [2] doit être strictement le même que celui de [1]. En elle-même, la réécriture n'apporte aucune valeur additionnelle sauf s'il existe de fortes imperfections de marché. En effet, si le principe n'était pas vérifié, les arbitragistes veilleraient à faire coïncider les deux prix en prélevant au passage ce que le jargon a baptisé « un repas gratuit ». On remarquera que le principe d'additivité s'applique aux prix et non aux flux. Car, un flux financier à venir n'a pas une valeur identique à un flux présent, même si les deux sont exempts de tout risque.

Pour prendre en compte cette dimension, il est nécessaire de construire une fonction d'actualisation, c'est-à-dire de recourir à ces prix du temps que sont les taux d'intérêt. Chaque flux d'une chronique donnée est donc pondéré par un coefficient d'actualisation. Ce coefficient est formulé à partir du taux d'intérêt dont l'échéance et le risque correspondent à ceux du flux considéré. De ceci, on peut conclure que le prix d'une chronique de flux monte lorsque les taux d'intérêt baissent et vice-versa. Le prix d'un flux est schématiquement le rapport entre ce flux et le taux d'intérêt qui lui est afférent. On retrouve ici le lien avec le travail de l'actuaire qui doit tarifer les contrats d'assurance. Ce travail consiste à identifier les flux financiers indemnitaires associés à telle ou telle police et à les actualiser pour obtenir un prix et une valorisation des engagements portés par la compagnie envers ses assurés. Malheureusement, l'analogie s'arrête là. Les actuaires, en effet, actualisent rarement les flux obtenus à un taux de marché mais recourent le plus souvent à un taux conventionnel.

2. La notion de duration

Il s'agit de la seconde notion instrumentale pour pouvoir aborder la notion de risque de taux d'intérêt porté par une chronique de flux financiers. Tout un chacun peut observer que les prix des actifs financiers vibrent au gré des fluctuations de l'environnement. Ceci est vrai, que l'actif soit coté ou pas. L'enjeu est identique et il est bien entendu qu'il faut se garder des sophismes du type « je n'ai pas vendu ; je n'ai pas perdu ». En finance, comme ailleurs, l'habit ne fait pas le moine : qu'importe le « véhicule » de la perte (ou du gain), son montant reste le même (à la fiscalité près). Il est crucial de pouvoir disposer d'une boussole permettant de quantifier finement cette sensibilité aux vibrations de l'environnement « taux d'intérêt ».

Découverte par Macaulay en 1938, la duration fut redécouverte par Hopewell et Kaufman en 1973. L'idée de Macaulay est d'une surprenante simplicité. Il s'aperçoit d'abord que la maturité n'est pas un bon indicateur de la vie réelle d'une obligation. Un investisseur n'est pas tenu d'attendre l'échéance pour retrouver sa mise de fonds. Des coupons intermédiaires sont payés et on peut les considérer comme des remboursements partiels du principal. La durée de vie effective d'une obligation est donc inférieure à la maturité. Mais de combien ?

Pour comprendre le raisonnement, on peut aller chercher un exemple élémentaire. Soit une obligation de trois ans donnée par :

$$P_0 = \frac{C_1}{1+k} + \frac{C_2}{(1+k)^2} + \frac{C_3}{(1+k)^3} \qquad [3]$$

où
C_1 et C_2 : les coupons pour $t = 1,\ 2$,
C_3 : le coupon + le principal pour $t = 3$,
k : le rendement actuariel,
P_0 : le prix de l'obligation.

Macaulay applique la même méthode que celle exposée plus haut. Une obligation à coupons peut être décomposée en un portefeuille de zéro-coupons. Dans l'exemple, une obligation à trois ans comprend trois zéro-coupons. Le prix du premier est égal à $C_1/(1+k)$; celui du deuxième à $C_2/(1+k)^2$, etc.

L'utilisation du zéro-coupon devient intéressante puisque sa durée de vie réelle est par définition connue[2]. Dans ce cas, c'est le strict équivalent de la maturité. La dérivation de la vie réelle de l'obligation est alors simple. C'est la moyenne pondérée des maturités des différents zéro-coupons. Pour calculer cette moyenne, on a besoin des pondérations. Par exemple, celle du deuxième zéro-coupon est égale au pourcentage qu'il représente dans le portefeuille total, soit :

$$\frac{C_2/(1+k)^2}{P_0} \qquad [4]$$

Un calcul identique s'appliquant à chaque zéro-coupon, la durée de vie réelle d'une obligation peut s'écrire :

$$D = \frac{C_1/(1+k)}{P_0} \times 1 + \frac{C_2/(1+k)^2}{P_0} \times 2 + \frac{C_3/(1+k)^3}{P_0} \times 3 \qquad [5]$$

2. Voir également dans cette ***Encyclopédie*** l'article de A. de Clermont-Tonnerre et M.A. Lévy, « Obligations à coupon-zéro », p. 1323, tome 2.

Cette formule est précisément celle que Macaulay appelle la duration. Elle se fonde sur le principe d'additivité de la valeur. Pour en donner une approche plus intuitive, on peut évoquer la situation suivante et imaginer un investissement avec un horizon temporel de deux années qui choisit un fonds de pension. Cela signifie que le fonds devra débourser X francs d'ici à deux ans. S'il veut éviter tout risque, il peut investir immédiatement dans un zéro-coupon de deux ans. Ce faisant, il ne supporte ni risque de réinvestissement, ni risque de prix. Sa position est parfaitement immunisée.

Supposons cependant qu'il n'y ait pas de zéro-coupon en vente sur le marché. Quelle stratégie mettre en œuvre ? En se rappelant que la duration d'un zéro-coupon de deux ans est égale à deux ans, l'investisseur répondra par la duplication du zéro-coupon en utilisant des instruments de marché. La propriété qui l'intéresse est d'obtenir le même effet, c'est-à-dire une duration de deux ans. Pour l'obtenir, il investit dans des obligations ou un portefeuille de même duration. Le portefeuille réplique alors l'objectif d'un zéro-coupon de deux ans par une stratégie dynamique. Dynamique car les variations de taux et le temps modifient la duration de façon non linéaire. L'investisseur recomposera en continu son portefeuille pour atteindre son objectif sur son horizon résiduel. En réalité, les réajustements sont discontinus car ils butent sur des coûts de transaction très élevés. En substance, la duration offre de nouvelles perspectives dans la gestion du risque de taux. Cela est d'autant plus vrai que depuis Hicks, en 1946, on a montré qu'il existe une relation directe entre la sensibilité du prix d'une obligation et le taux d'intérêt.

Les calculs montrent que la sensibilité S du titre est donnée par la relation suivante :

$$S = -\frac{1}{P_0}\frac{\mathrm{d}P_0}{\mathrm{d}k} = \frac{D}{1+k} \qquad [6]$$

La duration n'est plus seulement une notion temporelle ; elle recouvre également une notion de risque de taux sous certaines hypothèses simplificatrices : la gamme des taux d'intérêt est plate, elle se déplace parallèlement à elle-même et ses variations sont infinitésimales. Ces hypothèses peuvent paraître réductrices. Il existe toutefois dans la littérature moderne des mesures de duration plus sophistiquées qui reposent sur des versions plus élaborées de la structure à terme des taux d'intérêt[3]. L'intuition générale reste en revanche identique à celle développée ci-dessus.

3. L'option

C'est sans aucun doute l'instrument le plus important de la panoplie, tant ses applications ont été nombreuses et fructueuses. L'option et la théorie qui lui est attachée ont permis de jeter un éclairage neuf sur la notion de risque. En effet, la contribution majeure de la finance moderne en matière de risque est nette : elle qualifie ce qu'il faut entendre par risque et précise quelle en est sa rémunération à l'équilibre du marché financier. Cependant tous les risques

---

3. Voir dans cette ***Encyclopédie*** les articles de J.P. Gourlaouen, « Théorie des taux d'intérêt », p. 1979, tome 2, de J.P. Gourlaouen et B. de Séverac, « Structure par terme des taux d'intérêt : les nouvelles théories », p. 1758, tome 2 et de A. Minguet, « Immunisation de portefeuille et duration », p. 597, tome 1.

ne se «valent» pas. Certains sont incontournables dans leurs effets positifs ou négatifs. D'autres, beaucoup plus complexes, sont conditionnels. Ils ne se réalisent que si certains événements se produisent. L'aléa est tronqué : ses effets ne sont actifs que sous certaines conditions, contractuelles ou non. D'où la difficulté pour le financier devant appréhender et évaluer un risque qui, par définition, n'est pas symétrique.

Le représentant le plus caractéristique de cette famille est l'option. L'exemple le plus simple est celui de l'option européenne d'achat sur action, ou call, qui est un contrat donnant le droit à son détenteur, et non l'obligation, d'acheter à une date déterminée à l'avance une action à un prix fixé contractuellement (le prix d'exercice)[4]. L'opération inverse de vente est possible puisqu'il existe aussi des options de vente (put). Ces dernières donnent donc le droit de vendre sans toutefois y être obligé. L'avantage principal de l'option pour son détenteur est d'offrir une protection contre un mouvement à la hausse (call), ou à la baisse (put), du cours de l'actif support, encore appelé sous-jacent, tout en profitant des variations de sens opposé. L'objet d'une option de vente est donc d'offrir une garantie de valeur minimale à un actif sous-jacent donné. En ce sens, on peut dire qu'un contrat d'assurance remplit la même fonction : en cas de sinistre (perte de valeur), l'assureur compense la perte. Il n'est d'ailleurs pas anodin que la technique de protection des portefeuilles actions en l'absence d'option de vente de maturité longue ait été baptisée assurance de portefeuille[5]. La réassurance (assurance de l'assurance) est également une activité dans laquelle la mécanique optionnelle est fréquente. Les traités de réassurance de type *stop-loss* ou *excess-loss* reposent précisément sur la notion de cash-flows tronqués. L'utilisation d'options n'est pas récente. Dans un traité de 1688 sur la bourse d'Amsterdam, la plus importante du monde à cette époque, Joseph de la Vega mentionne l'existence d'options. Depuis une vingtaine d'années, en raison de l'essor considérable du marché des actifs financiers dérivés, les contrats optionnels ont pris des formes très variées. Le sous-jacent ne se limite plus à une action. On trouve des options sur taux d'intérêt, sur devises, sur indices boursiers, sur le pétrole, sur matières premières, sur des contrats à terme ou même sur des options[6]. Le droit conféré au détenteur de l'option peut être exercé à une date fixée (option européenne) ou bien sur toute la période avant l'échéance (option américaine). On peut considérer une moyenne du cours du sous-jacent sur une période à venir (option exotique), ou bien son maximum ou minimum... La forme d'un contrat optionnel n'a de limite que celle de l'imagination de son concepteur !

L'utilisation de la notion d'options est devenue indispensable dans l'analyse d'actifs financiers comportant des clauses conditionnelles implicites :

---

4. Voir dans cette ***Encyclopédie*** les articles de F. Roure, «Options sur actions», p. 1377, tome 2 et de F. Quittard-Pinon, «Options : le modèle binomial, le modèle de Black et Scholes et leurs extensions», p. 1355, tome 2.

5. Voir dans cette ***Encyclopédie*** l'article de P. Poncet et R. Portait, «Assurance de portefeuille», p. 140, tome 1.

6. Voir dans cette ***Encyclopédie*** les articles de J.C. Augros, «Options de taux d'intérêt», p. 1456, tome 2, de M. Chesney, B. Marois et R. Wojakowski, «Options de change : évaluation», p. 1398, tome 2, de D. Marteau, «Options de change : stratégies de couverture et gestion d'un livre d'options», p. 1423, tome 2, de H. Loubergé, «Options sur indices boursiers et options sur contrats à terme d'indices boursiers», p. 1438, tome 2 et de V. Lauwick, P. Gourmet, C. Lorin et I. de Dinechin, «Produits dérivés de taux de seconde génération», p. 1574, tome 2.

obligations convertibles[7], obligations remboursables au gré de l'émetteur... La maîtrise de la théorie des options a largement contribué à l'explosion de ces produits hybrides ces dix dernières années. Plus récemment, une lecture « optionnelle » des contrats proposés par les banques et les compagnies d'assurance-vie remet en cause la gestion classique de ces intermédiaires financiers en mettant en évidence des risques cachés dans leurs bilans. Les contrats d'épargne, les crédits à la consommation ou les contrats d'assurance-vie contiennent des clauses implicites, des options « cachées » : garantie de taux minimum, option de remboursement anticipé, option de rachat, option d'emprunt. Selon l'évolution des marchés, ces diverses options peuvent être exercées par leurs détenteurs. Leur prise en compte modifie donc radicalement le profil de risque des banquiers et des assureurs tout en dégradant sensiblement leur solvabilité. L'analyse de la structure du capital d'une entreprise au moyen des options permet de modéliser explicitement la clause de responsabilité limitée. Ainsi, une obligation risquée par une entreprise peut se décomposer en une obligation sans risque, émise par l'Etat par exemple, et une option de défaut.

Des pans entiers de la finance et de l'économie ont ainsi été enrichis par l'apport de la théorie des options. Parmi eux, on peut citer la finance d'entreprise, le choix des investissements, l'assurance, l'intermédiation financière, la théorie du commerce international, la fiscalité... La section 4 en fournit un premier aperçu. Les trois concepts définis ci-dessus s'y articulent « naturellement » et permettent de déboucher sur une approche quantifiée du risque de taux d'intérêt porté par le bilan d'une compagnie d'assurance-vie.

4. Le risque de taux d'un assureur-vie

Le passé récent a été caractérisé par la volatilité des taux, un renforcement de la concurrence entre les institutions financières et l'intégration des marchés de capitaux. Les assurés sont bien plus concernés qu'auparavant par la gestion de leurs portefeuilles. On leur propose une vraie gamme de produits financiers très flexibles. Les assureurs-vie proposent presque systématiquement des options de sortie anticipée et de prêts sur les polices ainsi que des clauses de taux garantis à leurs clients. Ce surplus de flexibilité est bien assimilé par les clients qui n'hésitent plus à en faire usage dès qu'il devient optimal de le faire. Lorsque les taux montent, on enregistre une forte demande de sorties anticipées et de prêts. De nombreuses études empiriques ont montré que les assurés se comportent de plus en plus rationnellement et tirent avantage des outils de gestion de risque de taux contenus dans leurs contrats. Mais cette flexibilité signifie que les assureurs sont plus exposés au risque de taux et qu'ils devront, dans certains cas, liquider des actifs et donc connaître des pertes en capital pour faire face à des décaissements non anticipés.

En d'autres termes, les assureurs font face à un risque substantiel de désintermédiation dont la conséquence peut être une très forte fluctuation de la valeur de leurs fonds propres. On doit souligner qu'en situation de baisse des taux, la position des assureurs-vie ne serait pas plus sûre. Dans ce cas, les assurés conserveraient leurs contrats plus longtemps que prévu de façon à

---

7. Voir dans cette ***Encyclopédie*** l'article de G. de Nercy, « Obligations convertibles », p. 1298, tome 2.

maintenir le taux captif et donc leur avantage. A titre indicatif, la capitalisation boursière des sociétés d'assurances françaises (dommages et vie) a perdu environ un tiers de sa valeur pendant l'année 1994, année de remontée inattendue des taux d'intérêt.

On peut supposer qu'une société d'assurance-vie émet un capital différé à prime unique d'une valeur de 100. La rente annuelle repose sur un contrat de huit ans dont le taux garanti est de 8 %. Pour attirer les clients, la compagnie introduit une option de sortie anticipée qui permet de mettre fin au contrat à n'importe quel moment en bénéficiant du taux de 8 %. Les fonds propres de cette société valent 20. Le management de la compagnie connaît le concept de duration et l'utilise. Avec le revenu des primes de 100, il achète des zéro-coupons de maturité 8 ans à :

$$1/(1+8\ \%)^8 = 0,54$$

La couverture de 100 demande donc $100/0,54 = 185,09$ obligations zéro-coupon. Les fonds propres sont supposés s'investir sans contrainte. A l'issue de ces transactions, le bilan se présente suivant le tableau 2.

Tableau 2 – Bilan simplifié d'une société d'assurance-vie

Actif		Passif	
Autres placements financiers	20	Capital	20
Obligations zéro-coupon	185,09 × 0,54 = 100	Police	100

Supposons maintenant qu'un an plus tard le taux soit monté à 10 %. Quel peut être le scénario le plus défavorable ? Les assurés sont rationnels et ils s'aperçoivent que leur argent peut rapporter 10 % au lieu des 8 % du contrat. Ils décident donc de se tourner vers le taux le plus élevé. Afin de tenir ses engagements, la compagnie rembourse 108 à chaque assuré. En d'autres termes, cela signifie que les assurés vendent 108 francs un contrat qui ne vaut plus que :

$$185,09/(1,1)^7 = 94,98 \text{ francs}$$

La clientèle exerce l'option de vente américaine que lui a concédée la compagnie. Car, c'est bien de cela qu'il s'agit. La clause de sortie anticipée correspond à une option pour l'assuré de vendre son contrat à la compagnie à un prix fixé à l'avance. Cette clause peut être exercée à tout moment comme une option américaine. Pour trouver la liquidité correspondante, la compagnie vend son portefeuille de zéro-coupons au prix en vigueur sur le marché : 94,98 francs. On pourrait soutenir que la société va utiliser son flux de primes entrantes, mais l'argument serait strictement cosmétique car ce flux présente un coût d'opportunité de 10 %... Rien n'est gratuit ! A moins évidemment que l'on ne croit dans les vertus de la «cavalerie» ! A l'issue de ces transactions, le tableau 3 souligne que le bilan de la compagnie a énormément perdu de substance.

Tableau 3 – Bilan simplifié d'une société d'assurance-vie

Actif		Passif	
Autres placements financiers	20	Capital	6,98
Obligations zéro-coupon	185,09 × 0,51 = 94,98	Police	108

Les fonds propres de la société diminuent donc de :

$$94,98 - 108 = 13,02$$

Quelle est la raison de cette perte ? Pourquoi la stratégie fondée sur la duration fonctionne-t-elle si mal ? L'explication est relativement simple. La duration a été mal calculée. L'existence d'une option n'a pas été identifiée et n'a donc pas été couverte convenablement. L'option induit une forte convexité qui n'est pas saisie par la duration simple basée sur une approximation linéaire. En d'autres termes, la duration des passifs est inférieure à la maturité du contrat.

L'existence d'une option signifie que la valeur présente du passif diminue moins que prévu à l'origine. En termes plus techniques, la présence d'une option de rachat anticipée induit une altération de la convexité des engagements de la société et modifie sensiblement leur duration. Plus simplement, la mauvaise gestion du contrat implique que *de facto* l'actionnaire « assure » l'assuré en acceptant de voir ses fonds propres laminés par un mouvement adverse sur les taux d'intérêt. Or, il est clair qu'un actionnaire d'une compagnie d'assurance-vie n'est pas là pour parier sur les taux d'intérêt. Il peut le faire lui-même en achetant des obligations ou des contrats à terme. Il n'a pas besoin d'une compagnie d'assurance-vie pour lui servir de véhicule sur les taux d'intérêt ! Il serait d'ailleurs surprenant que le destin de la compagnie ne soit plus entre les mains de ses managers (et de leur talent) mais dans celles, par définition erratiques, des taux d'intérêt !

L'assureur pourra toujours arguer que son client n'est pas totalement rationnel, qu'il existe des frictions contractuelles (pénalités) ou institutionnelles (fiscalité) freinant la sortie des assurés. A ceci, on peut répondre que se réfugier derrière des pénalités contractuelles est un argument pour le moins surprenant. Cela revient à proposer aux assurés une sortie de secours dont la poignée est électrifiée ! Ajoutons à cela que l'information des assurés s'améliore de jour en jour, que la fiscalité est changeante et que les courtiers ont souvent intérêt à faire tourner leurs clients pour accroître leurs commissions de courtage.

En dernier ressort, l'assureur dira souvent que se couvrir correctement est coûteux et risque de le mettre en situation non concurrentielle. Le premier point est symptomatique : l'assureur découvre le coût de son erreur de tarification. Et, toute vérité n'est pas bonne à dire ou à recevoir. Car, finalement, se couvrir est synonyme de maîtrise de ses coûts de production. Pour connaître le coût de l'option de sortie anticipée, il suffit d'observer les marchés dérivés et de contacter des banques spécialisées dans la vente de produits de couverture. Ce que l'assureur admet en matière de réassurance devrait aussi être spontanément admis en matière de clauses optionnelles. En suivant une saine logique financière, l'assureur engrange sa marge en facturant plus cher à son client l'option de sortie anticipée que le coût des options mobilisées pour la couvrir. Le deuxième point sur la position concurrentielle est pernicieux. A cela, trois réponses. Premièrement, il est surprenant de militer pour une attitude du type : « A court terme, je suis apparemment vivant ; à long terme, je suis mort ! » Deuxièmement, cette attitude est un formidable aveu de faiblesse et d'ignorance. La maîtrise des risques et des techniques modernes de couverture doit précisément permettre à la compagnie d'assurance d'exploiter des niches et des segments de clientèle où les rentes sont (au moins temporairement) plus élevées ; c'est-à-dire dans lesquels elle peut faire valoir les avantages comparatifs liés à sa compétence financière. Enfin, cet argument privilégie indûment les assurés au détriment des actionnaires. Il consiste à faire peser le poids du risque non tarifé sur les épaules des actionnaires. Or, y a-t-il un marché plus concurrentiel que celui des actionnaires ? A ce jeu, il y a fort à parier que les actionnaires iront investir leurs avoirs dans des entreprises ou des secteurs plus prometteurs car mieux gérés. A moins que les managers ne soient brutalement remerciés par des actionnaires vigilants !

5. Une lecture optionnelle de l'activité d'assurance-vie

Pour mieux asseoir l'argument, cette section développe une lecture optionnelle de l'activité d'assurance-vie. Les quatre grands types de risque qui émaillent tout bilan de compagnie d'assurance-vie, à savoir le risque pesant sur les actifs, le risque de taux d'intérêt, le risque associé au levier financier (le rapport engagements sur fonds propres) et le risque de défaut (la faillite), sont simultanément pris en considération. Pour simplifier le propos et le rendre plus illustratif, un contrat d'assurance-vie à prime unique assorti d'un taux garanti et d'une clause légale de participation aux bénéfices (PAB) est utilisé comme support des engagements de la société. Ce contrat est fort répandu. En effet, le montant total des cotisations des assurances de personnes en France s'élève en 1993 à 378,4 milliards de francs, dont 289,4 milliards de francs pour les opérations d'assurance-épargne (contrats d'assurance en cas de vie et bons de capitalisation). En 1992, 74 % des cotisations perçues correspondaient à des contrats à prime unique.

Le bilan initial de la compagnie d'assurances organisée sous forme de société anonyme est donc fort simple et se présente comme dans le tableau 4.

Tableau 4 – Bilan simplifié d'une société d'assurance-vie

Actif	Passif
Placements financiers	Fonds propres Provisions mathématiques

L'actif est divisé en deux parties. La première correspond à l'investissement des fonds propres, la seconde aux actifs représentatifs des engagements pris auprès des assurés. Les actifs sont donc supposés cantonnés. Ces actifs sont risqués : leurs prix vibrent en réponse aux fluctuations de l'environnement économique et des taux d'intérêt. Le passif est constitué par les fonds propres et les provisions mathématiques. La nature des engagements contractés auprès des assurés est double. D'une part, la compagnie promet de servir un taux d'intérêt minimal garanti. Depuis l'été 1993, ce taux est d'ailleurs réglementé et ne peut excéder les trois quarts du taux moyen des emprunts d'Etat (TME). D'autre part, depuis 1966, le législateur oblige toute compagnie d'assurance-vie à redistribuer au minimum 85 % des revenus de son portefeuille de placement (dividendes, coupons, plus-values actions et immobilières...).

A l'expiration du contrat (ou lors d'un audit réglementaire), les assurés peuvent se retrouver dans trois situations différentes.

– Le cas le plus douloureux est la faillite de la compagnie : les actifs ne sont pas à même de servir le taux garanti et *a fortiori* la PAB. Dans ce cas, les actionnaires invoquent leur responsabilité limitée et les assurés «se paient» sur les actifs disponibles.

– Dans le deuxième cas, l'assureur peut payer le taux garanti, mais ne peut servir de participation bénéficiaire, ses résultats financiers étant insuffisants.

– Dans le troisième cas, l'assureur tient ses deux engagements et sert à la fois le taux garanti et la participation aux bénéfices.

Par égalité bilantielle, le profil des flux revenant aux actionnaires est symétrique de celui des assurés, et l'on peut résumer la position de chacun par le graphique 2.

Graphique 2 – Flux revenant aux actionnaires et aux assurés à maturité

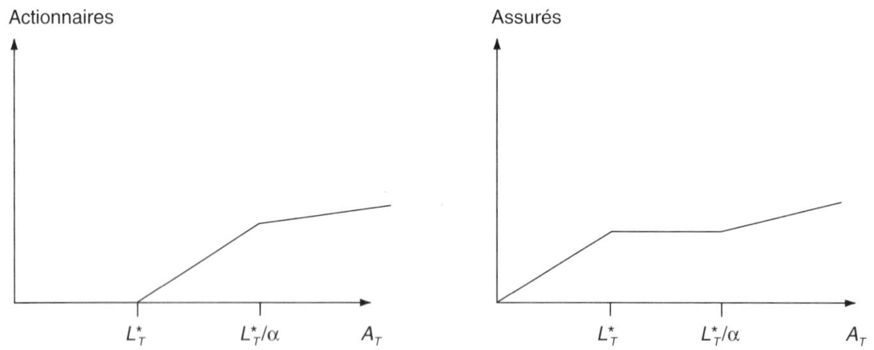

Sur ce graphique, on peut aisément observer que le profil de flux des deux catégories d'acteurs est tronqué. On retrouve là l'intuition séminale de Black et Scholes (1973) et Merton (1973). La clause de responsabilité limitée, définie par les juristes, implique en fait que les fonds propres de toute entreprise peuvent être interprétés comme une option d'achat des actifs de l'entreprise. Si tout va bien, les actionnaires s'acquittent de leur dû ; si tout va mal, ils «désertent». Les engagements jouent en quelque sorte le rôle d'un prix d'exercice que doivent franchir les actifs pour que l'entreprise soit déclarée solvable. Toutefois, on peut noter que, dans le cas précis de l'assurance-vie, la situation des fonds propres, et donc des engagements, est plus complexe. En effet, l'obligation légale de la PAB vient perturber le paysage des flux. Conçue initialement comme un mode d'indexation des rendements des assurés sur le portefeuille de la compagnie (c'est-à-dire sur le marché financier, et donc comme une espèce de rempart contre l'érosion monétaire), la PAB se révèle en fait être une option : le législateur consent aux assurés une option d'achat d'une partie des revenus financiers de la compagnie. Cette lecture optionnelle permet d'appréhender plus précisément la vraie nature des provisions mathématiques de la compagnie d'assurances, c'est-à-dire de ses engagements. On peut distinguer nettement trois grands sous-ensembles.

– Le premier se compose de la somme actualisée au taux garanti des engagements de l'entreprise. Si celle-ci ne devait jamais faire faillite et ne distribuer que le taux garanti, telle serait la somme dont elle serait redevable aux assurés. Pour employer un jargon financier, cela correspondrait pour l'assuré à un zéro-coupon sans risque de défaut.

– Mais la compagnie est susceptible de faire défaut. Le deuxième sous-ensemble correspond donc à cette possibilité. Le zéro-coupon est en fait risqué : il est affecté par l'option de défaut que détiennent les actionnaires.

– Le troisième sous-ensemble provient de l'obligation légale de la PAB. Les assurés détiennent une option d'achat d'une partie des revenus financiers.

Le tableau 5 récapitule le propos.

Tableau 5 – Les provisions mathématiques analysées comme un portefeuille hybride

Obligation d'Etat	⊖ Option de défaut des actionnaires	⊕ Option de participation aux bénéfices
Position longue	Position courte	Position longue
Obligation risquée		

Cette décomposition a des implications qui vont bien au-delà de l'aspect purement technique. En effet, une lecture large de ce démembrement des provisions techniques invite à remettre en cause nombre de postulats ou d'idées reçues communément avancés par les assureurs pour afficher le caractère quasi unique de leur profession[8]. Ces postulats leur permettent à tout le moins de se démarquer des banquiers et d'indiquer que ce qui est vrai pour les banquiers ne peut l'être pour eux. Ces postulats ou idées reçues sont au nombre de trois.

Idée reçue n° 1 : l'inversion du cycle de production. Cet argument pose que le cycle d'exploitation de l'assurance est original car le prix de vente (la prime) est fixé avant que le prix de revient (la charge de sinistre) ne soit connu.

Idée reçue n° 2 : la prise de risque au passif. Par opposition au secteur bancaire, la prise de risque initiale en assurance se situerait au niveau des engagements, c'est-à-dire au niveau du passif. Cet argument est bien entendu le strict corollaire du précédent.

Idée reçue n° 3 : la durée des engagements. Le secteur de l'assurance-vie se caractériserait par la longueur de son cycle d'exploitation. Les engagements y sont réputés porter sur des durées longues par opposition au secteur bancaire où ces durées sont supposées beaucoup plus courtes. Cet argument permet aux assureurs de souligner l'inadéquation des marchés financiers, en particulier dérivés, pour couvrir les risques « longs » qu'ils encourent.

8. Voir dans l'***Encyclopédie de gestion*** l'article de G. Valin, « Entreprise d'assurances ».

Il est facile de montrer que le premier argument est fallacieux et ne constitue en aucune façon un signe distinctif de l'assurance par rapport à la banque. Deux exemples simples suffisent en effet à montrer que cet argument est également applicable à d'autres types d'intermédiation financière que celui de l'assurance[9]. Les marchés d'options négociables cotent quotidiennement des prix d'option alors même que les acheteurs et les vendeurs de ces options ne savent pas à l'avance si celles-ci seront exercées ou pas. Les banques accordent à leurs clients, sous certaines conditions, des clauses permettant à ceux-ci de rembourser prématurément un emprunt immobilier. Les banques doivent donc facturer un service dont elles ne savent pas s'il sera ou non utilisé par le client.

La deuxième idée reçue ne résiste pas non plus à un examen approfondi. Cet argument est trompeur et procède d'une lecture cursive du bilan des banques. Les deux exemples suivants montrent que la banque prend tout autant des risques au titre de ses passifs qu'au titre de ses actifs. C'est d'ailleurs ce que l'on appelle aujourd'hui l'intermédiation ou le «repackaging des risques». Par construction, les dépôts effectués auprès d'une banque sont des liquidités immédiatement mobilisables par leurs détenteurs. Ce faisant, la banque qui enregistre un dépôt concède par là même une assurance de liquidité à son client. Ceci est possible, car de même que tout le monde n'a pas un sinistre en même temps, tous les clients d'une banque ne viennent pas simultanément retirer leurs dépôts. Les dépôts peuvent d'ailleurs prendre des formes plus sophistiquées au travers des certificats de dépôt indexés. Ces certificats correspondent à des liquidités déposées auprès d'une banque et bloquées auprès de celle-ci pour une durée contractuelle. Afin de rendre ces certificats plus attractifs et permettre à leur clientèle de sortir des rémunérations strictement monétaires, les banques ont indexé l'intérêt versé à leurs déposants sur une référence action ou obligataire. Très souvent, cette indexation s'accompagne d'une clause d'intérêt minimal. Il s'agit bien là «d'une prise de risque» par la banque au titre de ses engagements. Pour conclure sur ce deuxième mythe, on peut remarquer qu'il n'y a de toute façon aucune raison de privilégier une lecture droite-gauche du bilan ou l'inverse. La gestion actif-passif procède d'une lecture «simultanée» ou bien elle n'est pas.

La troisième idée reçue a la «peau plus dure». Elle repose sur une vision actuarielle de l'opération d'assurance-vie. En effet, l'ingrédient privilégié est la table de mortalité qui sert de colonne vertébrale à la tarification des primes en assurance-vie. Or, pour un financier habitué au concept de duration, la notion de durée est intimement liée à celle d'exposition au risque de taux d'intérêt. Il importe donc d'être vigilant quant aux notions auxquelles on fait référence. Le risque de taux d'intérêt ne peut être correctement approché que dans la mesure où l'on a préalablement identifié le flux financier, le taux d'actualisation et la maturité de l'instrument considéré. Ainsi, une obligation à taux variable indexée sur le LIBOR à 6 mois de maturité 10 ans a une duration maximale de 6 mois. En effet, le risque pour son détenteur n'est présent qu'entre deux dates de calcul du coupon. Durant cette période, l'obligation fluctue autour du pair pour le rejoindre au moment de la fixation du coupon. Le détenteur de cette obligation a donc un horizon court et non pas un horizon à dix ans. Dans nombre d'exemples en assurance-vie, il en va de même. L'exemple français

9. Voir dans cette ***Encyclopédie*** l'article de J. Dermine, «Intermédiation financière», p. 689, tome 1.

est révélateur puisque le législateur impose une clause de participation bénéficiaire telle que définie ci-dessus. Cette clause revient à indexer les engagements de la compagnie et donc à en réduire la sensibilité au taux d'intérêt. Le jeu de la concurrence entre compagnies aidant, cette réduction peut s'avérer drastique. On peut alors se retrouver dans le cas où l'horizon d'exploitation de la compagnie est un horizon court et doit être géré comme tel. Le tableau 5 confirme ce point. Du fait de la participation bénéficiaire, les assurés sont détenteurs d'une option d'achat d'une partie des revenus financiers de la compagnie. Or, on sait qu'une option d'achat est une fonction croissante du niveau des taux d'intérêt. Son prix augmente avec les taux d'intérêt. Ce mouvement vient donc contrecarrer la sensibilité obligataire traditionnelle dans laquelle les prix baissent lorsque les taux montent.

Si l'on opère le même type de décomposition pour les fonds propres de la compagnie, on est amené à conclure que les actionnaires sont en position inverse sur deux options. D'une part, ils détiennent une option d'achat des actifs de l'entreprise de par la clause de responsabilité limitée. D'autre part, cette première option est « atténuée » par l'option de partage consentie aux assurés par la fameuse PAB.

6. Une nouvelle approche tarifaire

Cette lecture optionnelle du bilan de la compagnie d'assurance-vie permet de répondre à la première question cruciale : quelle tarification établir dans un marché concurrentiel ? En d'autres termes, quel taux garantir à choix de PAB donné ou quelle PAB retenir à taux garanti fixé ? La réponse à ces deux questions est finalement assez simple. En effet, si l'on adopte le point de vue de l'actionnaire, il est clair que celui-ci n'investit que dans la mesure où sa mise de départ est égale à la valeur actualisée des flux qu'il compte retirer. Mais, la valeur actualisée de ces flux est donnée par la combinaison de deux options. En d'autres termes, il n'a aucunement l'intention de « subventionner » l'assuré. A l'inverse, si l'on prend le point de vue de l'assuré, celui-ci souhaite que l'actionnaire paie le juste prix et, en tout cas, pas moins que son dû. En d'autres termes, l'épargne de l'assuré doit offrir un rendement global *a priori* compatible avec les risques que cette épargne encourt. Ce faisant, il devient possible d'apprécier les effets de différents paramètres (volatilité des actifs, levier financier, etc.) sur les choix tarifaires de la compagnie.

Le graphique 3 illustre le comportement du taux garanti lorsque la volatilité des actifs varie et lorsque la compagnie a opté pour un niveau donné de PAB.

Si la PAB est nulle, la compagnie doit simplement dédommager les assurés pour le risque grandissant qu'elle leur fait courir. En effet, plus la prise de risque sur les actifs augmente, plus le risque de défaut – la valeur de l'option de défaut – croît. Quand la PAB n'est pas nulle, l'analyse tarifaire est plus compliquée. Les assurés font face à un dilemme. La volatilité des actifs est pour eux un bien et un mal : d'une part, elle alimente favorablement l'option d'achat sur les revenus financiers de la compagnie ; d'autre part, elle nourrit le risque de défaut. Pour des niveaux faibles de volatilité, le premier effet l'emporte et le taux garanti baisse. Pour des niveaux plus élevés, le second effet l'emporte et le taux garanti croît. Autrement dit, le niveau du taux garanti doit simultanément refléter le prix de l'option associée à la PAB et le prix de l'option de défaut détenue par les actionnaires.

Graphique 3 – Le taux garanti en fonction de la volatilité des actifs

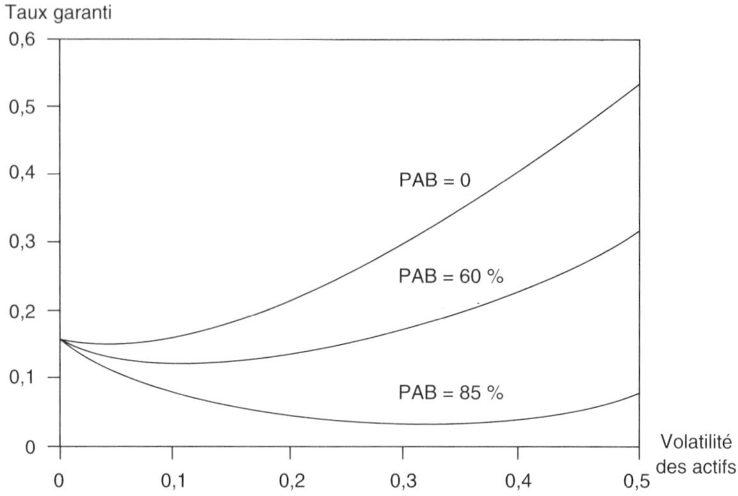

Sur le graphique 4, axé cette fois-ci sur la PAB, on retrouve les mêmes effets.

Graphique 4 – La participation aux bénéfices en fonction de la volatilité des actifs

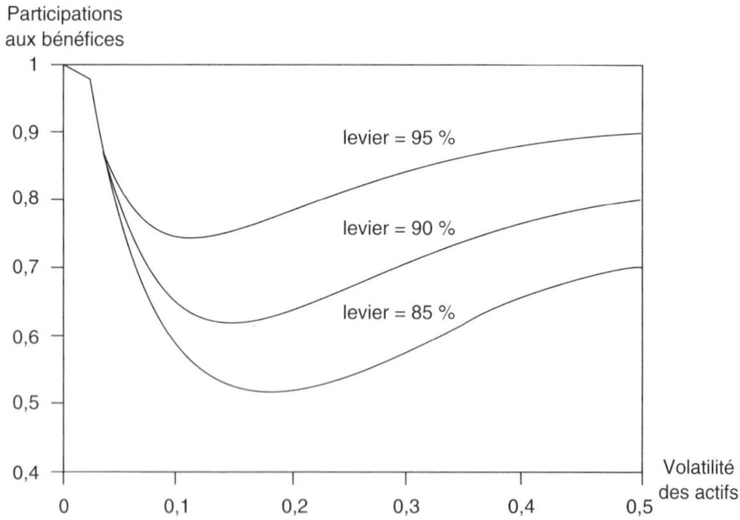

La PAB décroît tout d'abord pour croître ensuite. Des effets similaires sont en jeu. On peut toutefois ajouter deux observations instructives. Premièrement, on constate que l'obligation d'une PAB minimale de 85 % peut être satisfaite de deux manières : ou bien à faible volatilité, ou bien à forte volatilité des actifs. La seconde stratégie n'est sans doute pas celle qu'avait imaginée le législateur lors de l'introduction de la PAB. Deuxièmement, on note que le niveau optimal de PAB est la plupart du temps inférieur à 85 %. Comment donc concilier une obligation légale et un fonctionnement équilibré ? La recette est offerte par une « merveilleuse » soupape réglementaire : le législateur impose un pourcentage de PAB minimal, mais ne dit rien de bien contraignant quant à l'assiette sur laquelle doit porter ce pourcentage. La solution est évidente : pour distribuer moins et être à l'équilibre de fonctionnement, il suffit donc de réduire l'assiette des revenus financiers par l'adjonction de divers frais. Cela n'est bien entendu pas une nouveauté et fait partie des astuces utilisées par de nombreuses sociétés. Il faut souligner à ce propos que les options de rachat anticipé des contrats n'ont pas été prises en compte. Ces options détenues par les assurés doivent être payées, c'est-à-dire contribuer par exemple à minorer la PAB. Mais il n'est pas certain dans ce cas que la soupape évoquée ci-dessus soit suffisante pour traiter ce problème. Qu'importe, la solution est ailleurs ! Elle a pour noms fiscalité et pénalités. Sortir par anticipation est fort coûteux pour l'assuré. Tout se passe comme s'il disposait d'une issue de secours dont la poignée est électrifiée. On ne dira jamais assez que l'un des premiers actifs de couverture de nombre de sociétés est précisément la fiscalité.

L'impact du levier financier sur le taux garanti est illustré par le graphique 5.

Graphique 5 – Le taux garanti en fonction du levier financier

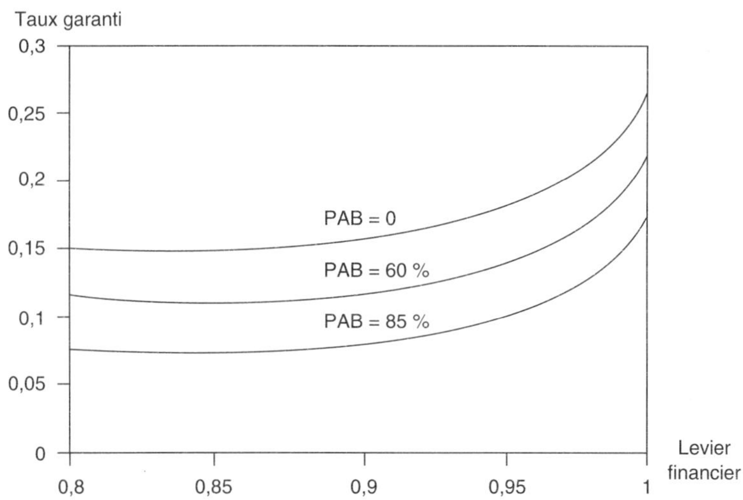

Comme l'on pouvait s'y attendre, chaque détérioration du levier financier entraîne, toutes choses égales par ailleurs, un accroissement du taux garanti.

7. Un nouveau regard sur la réglementation

Notre excursion optionnelle peut être poursuivie pour explorer les contraintes réglementaires auxquelles sont assujetties les sociétés d'assurance-vie. En règle générale, les autorités de tutelle envisagent trois séries de mesures pour réglementer le secteur des assurances. Elles imposent un ratio de capital minimal (marge de solvabilité). Elles contrôlent la composition des actifs des sociétés et veillent à encadrer le risque des investissements. A cette gamme réglementaire est venu s'ajouter récemment un plafond sur le taux garanti (à l'heure actuelle, 75 % du TME). Aux yeux de l'autorité de tutelle, cette dernière réglementation est destinée à éviter que les sociétés ne promettent trop et ne soient ainsi conduites à se porter vers des actifs de plus en plus risqués pour honorer leurs promesses. On peut regretter qu'une telle contrainte soit une prime « à la paresse ». Pourquoi donc pénaliser des sociétés qui maîtrisent parfaitement leur cycle de production, qui savent que couvrir sur un marché financier un engagement, une promesse revient finalement à en connaître le prix de revient ? N'y aurait-il donc aucun enseignement à tirer des formidables effets pervers engendrés par la tristement célèbre réglementation *Q* aux Etats-Unis dès 1933 ? Au-delà même de ces questions fondamentales, on peut se demander pourquoi les réglementations s'empilent sans pour autant que soit réellement appréciée la cohérence des unes avec les autres. Ainsi, comme le montre le graphique 6, la simultanéité de la contrainte de marge de solvabilité – fonds propres (au sens large) au minimum égaux à 4 % des provisions mathématiques – et de la PAB minimale à 85 % rend de fait le plafond du taux garanti inatteignable. C'est dire que cette réglementation est redondante, puisque les autres contraintes réglementaires conduisent à la remplir *de facto.*

Sur le graphique 6, la zone grise correspond au respect des deux réglementations concernant la solvabilité et la PAB. Ainsi, une compagnie qui souhaiterait offrir le maximum garanti possible (c'est-à-dire 75 % du TME, soit ici 11,25 %) ne pourrait aucunement satisfaire la contrainte de PAB (la courbe inférieure n'entre pas dans la zone grisée). Pour être en règle, il lui faut, toutes choses égales par ailleurs, baisser son taux garanti (ici jusqu'à 8,25 %). Ce faisant, elle offre un taux qui s'inscrit bien en dessous de la contrainte légale. La contrainte sur le niveau minimal de PAB est suffisamment forte pour rendre inutile le plafond sur le taux garanti. On peut d'ailleurs noter qu'en Allemagne ce phénomène est encore plus marqué, puisque le niveau minimal de PAB requis est de 95 %.

Graphique 6 – La participation aux bénéfices en fonction du levier financier

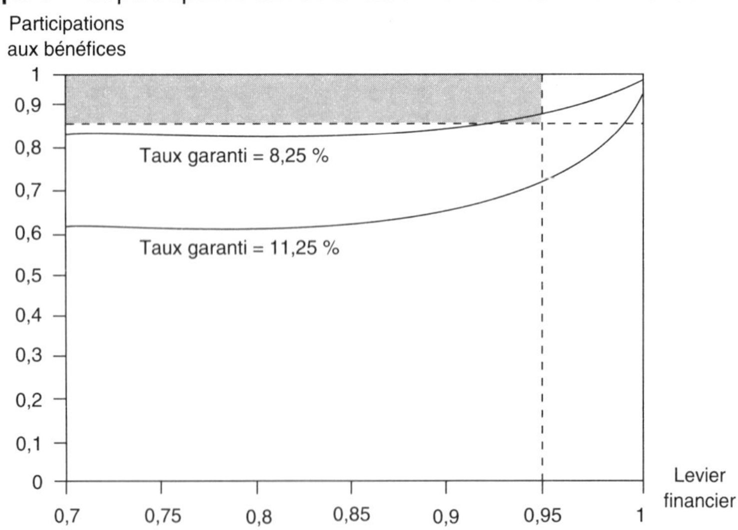

*

* *

Au fil de la dernière décennie, les assureurs-vie ont été conduits à redessiner la géométrie de leur gamme de produits. La ligne de force de cette évolution est claire : les polices proposées sont désormais dotées d'une composante financière majoritaire et, ce faisant, affichent une sensibilité aux mouvements de taux d'intérêt. Il n'est également pas indifférent d'observer que la réglementation crée souvent des options là où elles n'existaient pas. L'exemple de la PAB est tout à fait parlant de ce point de vue. Toutefois, il faut éviter de se hâter de crier au loup dans la bergerie. Les options ne sont pas intrinsèquement dangereuses. Après tout, il est du métier des assureurs (comme des banquiers, d'ailleurs) de maîtriser le processus d'intermédiation des risques dont ils font bénéficier l'économie. Cette maîtrise passe par ce qu'on appelle aujourd'hui la gestion actif-passif[10]. L'approche optionnelle développée ci-dessus témoigne de la profonde imbrication des actifs et des passifs. Pour employer un raccourci un peu brutal, on peut finalement dire que les actifs (au sens large : actions, obligations, swaps, options...) ne sont pas autre chose que les facteurs de production des passifs, c'est-à-dire des engagements. Il est, à cet égard, intéressant d'observer que, dans le langage des assureurs, les producteurs sont ceux qui émettent les contrats. Cette appellation explique bien des choses et démontre, si besoin était, combien le cloisonnement est encore fort dans de nombreuses compagnies. La logique développée dans cet article conduit plutôt à considérer les financiers des compagnies comme des producteurs. Couvrir des engagements par une gestion d'actifs appropriés est pour une compagnie synonyme de connaissance et de pilotage efficace de ses prix de revient. On peut enfin noter pour conclure que la méthodologie proposée dans cet article permet d'analyser les stratégies visant à protéger les fonds propres d'une société d'assurance-vie, c'est-à-dire par exemple la stratégie optimale d'allocation d'actifs.

Références

BLACK F., SCHOLES M., « The Pricing of Options and Corporate Liabilities », *Journal of Political Economy* (n° 81, 1973), p. 637-654.

BRIYS E., VARENNE F. (de), « Life Insurance in Contingent Claim Framework : Pricing and Regulatory Implications », *The Geneva Papers on Risk and Insurance Theory* (vol. 19, 1994), p. 53-72.

MERTON R.C., « Theory of Rational Option Pricing », *Bell Journal of Economics and Management Science* (n° 4, 1973), p. 141-183.

Mots clés

Actif financier, assurance-vie, duration, gestion actif-passif, option, réglementation, risque de taux, tarification.

10. Voir dans cette ***Encyclopédie*** l'article de J.P. Lasry, « Gestion actif-passif », p. 517, tome 1.

Axiomatique des choix dans l'incertain

11

Thierry Granger

Lorsqu'un choix a plusieurs conséquences possibles, dont on ne sait, *a priori*, laquelle se réalisera, on dit qu'il s'agit d'un choix dans l'incertain. Acheter un billet de la loterie nationale ou une action en bourse, réaliser un investissement sont des choix dans l'incertain[1].

La théorie des choix dans l'incertain expose les facteurs qui conduisent un consommateur ou un producteur à prendre des risques ou au contraire à s'en protéger. Le facteur subjectif spécifique de ces choix est ce qu'on appelle l'aversion à l'égard du risque, qui détourne du risque. Le facteur objectif spécifique est la prime de risque, elle incite au contraire à la prise de risque en la rémunérant sur les marchés.

Le but de la théorie est de donner un sens précis au vocabulaire que nous venons d'employer afin de comprendre les choix d'investissement et d'assurance. Cette théorie des choix est aussi la pierre angulaire des théories de l'équilibre sur les marchés financiers qui font l'objet d'autres articles dans cette Encyclopédie[2].

La théorie des choix dans l'incertain est un cas particulier de la théorie générale des choix économiques, qui s'applique à l'univers certain comme à l'univers incertain et qui a été présentée par Debreu en 1959. La forme maniable de la théorie emploie une fonction d'utilité qui permet, par définition, de classer par ordre de préférence les différents choix possibles qui s'offrent à un agent économique. La théorie des choix se résume alors de la

---

1. Je remercie Bénédicte Granger et Jean-Christophe Vergnaud pour leurs commentaires sur une première version de ce texte.

2. Voir, entre autres, dans cette ***Encyclopédie*** les articles de R. Cobbaut, « Théorie du marché financier », p. 1954, tome 2, de P. Batteau et V. Lasgouttes, « Modèles multifacteurs des rentabilités boursières », p. 1221, tome 2, de P. Fontaine, « Modèles d'arbitrage et multifactoriels internationaux », p. 1164, tome 2, de R. Dumas, « Marché international des capitaux : modèles d'équilibre partiel contre modèles d'équilibre général », p. 802, tome 1, de M. Jeanblanc-Picqué et R.A. Dana, « Arbitrage et équilibre en temps continu », p. 86, tome 1, de J.C. Rochet, « Arbitrage et équilibre dans les modèles discrets », p. 64, tome 1 et de E. Jouini, « Arbitrage et imperfections de marché », p. 112, tome 1.

manière suivante : l'élément choisi est le plus utile dans l'ensemble des choix possibles d'un agent.

Dans la plupart des travaux en économie de l'incertain depuis Daniel Bernouilli (1738), la fonction d'utilité spécifique employée est la fonction d'espérance d'utilité. Nous verrons dans une première section comment construire cette fonction d'utilité, notamment à partir des axiomes de von Neumann et Morgenstern (1947). Dans une deuxième section, nous examinerons les conséquences immédiates d'une telle fonction en matière de choix d'investissement et d'assurance lorsqu'on la combine à l'hypothèse d'aversion à l'égard du risque. Dans une troisième section, nous examinerons quelques développements récents qui sont motivés par les nombreux paradoxes auxquels est confrontée la théorie classique.

1. L'axiomatique classique de la décision dans l'incertain

Les théories de la décision dans l'incertain sont des cas particuliers de la théorie de la décision axiomatisée par Debreu. Cette théorie décrit un agent délibérant, d'une part, sur les décisions possibles et leurs conséquences, et d'autre part, sur ce qu'il est souhaitable de décider.

Nous commencerons par exposer les concepts nécessaires à l'explication de la décision en avenir certain, puis nous les compléterons par l'explication de la décision en avenir incertain, probabilisé (von Neumann et Morgenstern) et non probabilisé (Anscombe et Aumann).

1.1. La décision en univers certain

En univers certain, la description des décisions possibles et de leurs conséquences repose sur deux ensembles et une fonction. Les ensembles sont :

– D : l'ensemble des décisions possibles, avec $d \in D$ une décision possible,

– C : l'ensemble des conséquences, avec $c \in C$ une conséquence.

Ces deux ensembles sont liés par une fonction $f : D \to C$ qui associe une conséquence à chaque décision possible et au moins une décision possible à toute conséquence.

La description de ce qui est souhaitable peut se faire au travers d'un préordre de préférence qui permet de classer *tous* les couples de conséquences par la relation «est préférée ou indifférente à». Comme seules les conséquences comptent et non pas la manière de les obtenir, on conserve l'essentiel de l'analyse en faisant coïncider D avec C (soit $D \equiv C$). L'existence d'un préordre total exige que la relation de préférence soit réflexive et transitive. C'est-à-dire, en passant des conséquences aux décisions :

A1. Préordre total

– $\forall d' \in D, \forall d'' \in D$, d' est préférée ou indifférente à d'', ou d'' est préférée ou indifférente à d' (*totalité*),

– d est préférée ou indifférente à d, $\forall d \in D$ (*réflexivité*),

– (d'' est préférée ou indifférente à d') et (d' est préférée ou indifférente à d)

$$\Rightarrow (d'' \text{ est préférée ou indifférente à } d) \; (\textit{transitivité})$$

La théorie de la décision explique que la décision choisie est une décision optimale d^*, c'est-à-dire une décision préférée ou indifférente à n'importe quelle autre décision possible :

$$d^* \text{ optimale} \Leftrightarrow d^* \in D,\ d^* \text{ préférée ou indifférente à } d,\ \forall d \in D$$

Il est généralement plus commode d'associer à chaque décision possible un nombre «u» qui représente son utilité. Parmi deux décisions possibles, ce nombre devra être plus grand pour la décision préférée. Cette fonction d'utilité sera donc croissante sur le préordre en ce sens que :

$$d'' \text{ préférée ou indifférente à } d' \Leftrightarrow u(d'') \geq u(d')$$

$$d'' \text{ préférée à } d' \Leftrightarrow u(d'') > u(d')$$

Si l'on fait une hypothèse supplémentaire de «continuité du préordre», on peut construire une fonction d'utilité réelle continue $u : D \rightarrow \mathbb{R}$ sur l'ensemble des décisions. Par la suite, nous considérerons que D est une partie convexe d'un espace euclidien. L'axiome de continuité peut alors s'exprimer de la manière suivante.

A2. Continuité du préordre

Soit d, d' et d'' $\in D$ et $D \subseteq \mathbb{R}^n$, une partie convexe, non vide, de l'espace euclidien. Soit α, $\beta \in [0, 1]$. L'ensemble $\{\alpha . d'' + (1-\alpha) . d'\}$ des décisions préférées ou indifférentes à d et l'ensemble $\{\beta . d'' + (1-\beta) . d'\}$ des décisions moins préférées ou indifférentes à d sont fermés.

En théorie de la décision, le choix de la meilleure décision est le choix de la décision qui maximise la fonction d'utilité parmi toutes les décisions possibles :

$$d^* = \text{argmax } \{u\,[f(d)]\ ;\ d \in D\}$$

Si D est un ensemble non vide, compact (c'est-à-dire fermé et borné), l'existence d'une solution à ce problème est garantie par le théorème de Weierstrass (Debreu, *op. cit.*, p. 19).

En résumé, la construction d'une fonction d'utilité en univers certain repose sur l'existence d'un préordre continu sur l'ensemble des conséquences (ou des décisions) possibles. La fonction d'utilité permet d'expliquer le choix d'une décision comme étant le choix de la décision la plus utile.

1.2. La décision en univers incertain probabilisé

Une décision en incertitude est une décision dont la conséquence n'est pas connue au moment où la décision est prise, mais dépend de l'état de la nature qui se réalisera. Par exemple, le cours d'une action en bourse l'année prochaine dépend de l'environnement économique que l'on ne connaît pas *a priori*. A l'ensemble des décisions et des conséquences, il faut donc ajouter un ensemble des «états de la nature» dont dépendra la conséquence :

S : l'ensemble fini des états de la nature, avec $s \in S$ un état de la nature

Une décision peut être alors définie comme une fonction de l'ensemble des états dans un ensemble de conséquences réelles $d : S \to C$. On note toujours D l'ensemble de ces fonctions. On peut dire aussi : chaque décision possible associe un ensemble ou un vecteur de conséquences *contingentes* à l'état de la nature. Si S est fini, on a :

$$d \in D, \quad d \to [d(s_1),\ d(s_2),\ ...,\ d(s_m)] \in C^m \quad m : \text{nombre d'états de la nature}$$

Une application importante de cette représentation est celle de contrat de bien contingent chez Debreu *(op. cit.,* chap. 7), ou encore celle de titre financier à la Arrow (1953), qui est à la base de la micro-économie financière[3].

On explicite le cadre temporel en disant que la décision est prise *a priori*, et que la conséquence aléatoire est obtenue *a posteriori*. La théorie de la décision en univers certain se généralise immédiatement ici à condition qu'il existe un préordre total continu qui s'applique à cet ensemble de conséquences contingentes, C^m, et qui permette de classer toutes les décisions possibles (en faisant coïncider D avec C^m).

Toutefois, avec Daniel Bernouilli (1738), puis von Neumann et Morgenstern, la théorie de la décision dans l'incertain a tenu compte de deux particularités importantes de la situation.

– L'ensemble S est probabilisé : les probabilités sont objectives (correspondant à des fréquences statistiques) ou subjectives (correspondant à des croyances), mais ce sont des *données*. Les règles du calcul des probabilités s'appliquent à l'ensemble des parties de cet ensemble.

– Les conséquences contingentes sont mutuellement exclusives.

La première particularité permet de redéfinir l'ensemble de décisions comme un ensemble de «loteries» sur les conséquences C (par analogie avec les vraies loteries) en se passant de la représentation explicite des états de la nature.

Considérons pour cela un ensemble fini de conséquences, monétaires ou physiques (une conséquence physique est par exemple un panier de biens de consommation) :

$$C = \{x_1,\ x_2,\ ...,\ x_n\}$$

Chaque décision implique une conséquence qui est fonction de l'état de la nature $d(s) = x$, $x \in C$. La probabilité de la conséquence x_h, $h = 1, ..., n$ dans la décision d est définie par la somme des probabilités des états qui impliquent la conséquence x_h : $\pi(d,\ x_h) = \text{Prob}\ [s \in S\,|d\ (s) = x_h]$. Comme l'ensemble des conséquences est le même pour toutes les décisions, deux décisions différentes peuvent être distinguées par leurs distributions de probabilité différentes sur les conséquences. Evidemment, cette présentation exclut le fait que les préférences puissent dépendre ensuite de l'état de la nature. L'ensemble des décisions, noté $\mathcal{L}(C)$, devient alors un ensemble (convexe) de distributions de probabilité sur C. On appelle loterie, $L \in \mathcal{L}(C)$, un élément de cet ensemble, c'est-à-dire une distribution de probabilité sur un nombre fini de conséquences élémentaires (ou résultats).

3. Voir Granger (1994) pour une introduction à cette approche de la finance.

Par exemple, supposons qu'il existe deux décisions d' et d'', dont les conséquences sont données dans le tableau suivant, en fonction de l'état de la nature :

	s_1 **de probabilité 1/3**	s_2 **de probabilité 1/3**	s_3 **de probabilité 1/3**
d'	0	2	2
d''	1	1	0

La décision d' correspond à la loterie :

$$L' = \{x_1 = 0,\ x_2 = 1,\ x_3 = 2\ ;\ \pi_1 = 1/3,\ \pi_2 = 0,\ \pi_3 = 2/3\}$$

et la décision d'' correspond à la loterie :

$$L'' = \{0,\ 1,\ 2\ ;\ 1/3,\ 2/3,\ 0\}$$

L'ensemble le plus large de distributions de probabilité possibles, sur C, sur lequel nous raisonnerons toujours par la suite, est le simplexe de $\mathbb{R}^n$, $\{\pi_1,\ \pi_2,\ \ldots,\ \pi_n\,|\pi_1 + \pi_2 + \cdots + \pi_n = 1\}$.

A nouveau, l'existence d'un préordre continu sur cet ensemble de loteries (décisions) garantit l'existence d'une fonction d'utilité continue et croissante avec la préférence. Il est possible alors d'exploiter une deuxième particularité de la décision dans l'incertain, le fait que les conséquences d'une loterie sont mutuellement exclusives. Reprenons l'exemple précédent, en prenant des conséquences physiques, f, g, h dans le même ordre croissant de préférence. Comparons L' à L'' en les exposant sous forme d'« arbres d'éventualités » :

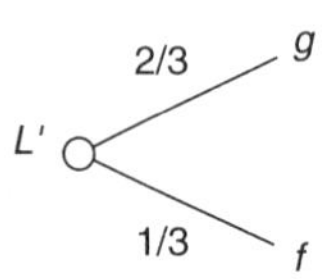

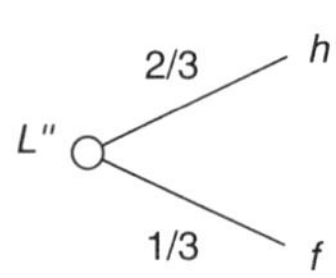

La loterie L'' est préférée à la loterie L', parce que la probabilité d'obtenir f est la même dans les deux loteries, tandis que l'on peut obtenir h, au lieu de g, avec la même probabilité, avec la loterie L''. Cette « évidence » fournit un troisième axiome à la théorie.

A3. Indépendance des conséquences

Soit L, L' et L'' trois loteries (ou décisions) possibles telles que L'' est préférée (indifférente) à L', alors la décision $\alpha\,.\,L + (1-\alpha)\ L''$ est préférée (indifférente) à la décision $\alpha\,.\,L + (1-\alpha)\ L'\ \ \forall\alpha \in [0,\ 1[$.

La décision $\alpha\,.\,L + (1-\alpha)\ L''$, par exemple, est une loterie dans laquelle la probabilité du résultat x est Prob $(x) = \alpha\,.\,\pi(x) + (1-\alpha)\,.\,\pi''(x)$, où $\pi(x)$ et $\pi''(x)$ sont les probabilités de x respectivement dans les décisions L et L''. Si l'on interprète cette décision comme une loterie composée, $\{L,\ L''\ ;\ \alpha,\ 1-\alpha\}$, c'est-à-dire une loterie formée de lots qui sont eux-mêmes des loteries, l'axiome A3 est une simple reprise de l'exemple précédent avec $f \equiv L$, $g \equiv L'$, $h \equiv L''$.

Il faut bien comprendre qu'un tel axiome est impossible dans la théorie de la décision en univers certain parce que les conséquences des décisions y sont simultanées et parfois complémentaires : $g + f$ peut composer un bien plus utile que $h + f$, bien que h soit préféré à g. Il suffit de considérer, par exemple, que f est un œuf, h est du sucre et g est du sel. Il se peut que vous préfériez le sucre au sel, mais que vous préfériez la combinaison de l'œuf et du sel plutôt que celle de l'œuf et du sucre.

Théorème de von Neumann et Morgenstern. Les trois axiomes précédents, appliqués à l'ensemble des loteries, impliquent l'existence d'une fonction d'espérance d'utilité sur les loteries, de la forme :

$$U(L) = \pi_1 . u(x_1) + \pi_2 . u(x_2) + \cdots + \pi_n . u(x_n),\ x_h \in C,\ h = 1,\ ...,\ n$$

telle que :

$$L'' \text{ préférée (indifférente) à } L' \Leftrightarrow U(L'') > (=) U(L') \quad \forall L',\ L'' \in \mathcal{L}(C)$$

La fonction $u(\,.\,)$, définie à une fonction linéaire croissante près, est appelée fonction d'utilité de von Neumann et Morgenstern (VNM), ou encore fonction d'utilité élémentaire parce qu'elle est définie sur les conséquences simples, non aléatoires, des loteries.

Il a fallu en fait une dizaine d'années pour que l'axiomatique de von Neumann et Morgenstern exposée dans la deuxième édition de leur ouvrage de théorie des jeux (1947) soit bien comprise et réécrite sous la forme simple adoptée ici. Le lecteur trouvera une démonstration de leur théorème dans Herstein et Milnor (1953), et Fishburn (1970). A titre indicatif, nous allons montrer comment on peut se servir des axiomes pour construire une fonction d'utilité élémentaire qui représente les préférences d'un décideur et lui permet de classer des investissements aléatoires par ordre de préférence.

Supposons que les investissements possibles ont des conséquences qui varient entre un revenu de 0 et un revenu de 100, avec comme résultats intermédiaires 40 et 80. L'ensemble des conséquences classées par ordre de préférence (selon l'axiome A1) est donc $C = \{0,\ 40,\ 80,\ 100\}$. Supposons que la fonction d'utilité élémentaire que nous cherchons est $t(x)$, x étant une conséquence possible ; comme cette fonction est définie à une transformation linéaire croissante près, il est toujours possible de trouver des nombres $a > 0$ et $b \in \mathbb{R}$ tels que :

$$u(0) = a . t(0) + b = 0 \quad \text{et} \quad u(100) = a . t(100) + b = 1$$

Nous avons donc une fonction d'utilité comprise entre 0 pour le revenu 0 et 1 pour le revenu 100. Maintenant, sachant que 100 est préféré à 40, et que 40 est préféré à 0, nous savons par l'axiome A2 (continuité) qu'il existe des nombres $u_2 \in]0,\ 1[$ et $(1 - u_2)$, tels que 40 soit indifférent à une combinaison linéaire de 100 et de 0 avec ces poids u_2 et $(1 - u_2)$. Si l'on raisonne dans l'ensemble des loteries $\mathcal{L}(C)$, c'est-à-dire dans l'ensemble des distributions de probabilité sur C, cette combinaison linéaire est une combinaison de probabilités. Autrement dit, il existe u_2 tel que :

$$40 \text{ est indifférent à la loterie } \{0,\ 100\ ;\ (1 - u_2),\ u_2\}$$

de même, il existe u_3 tel que :

$$80 \text{ est indifférent à la loterie } \{0,\ 100\ ;\ (1-u_3),\ u_3\}$$

On démontre que ces probabilités u_2 et u_3 que nous venons d'associer aux résultats 40 et 80 sont les utilités élémentaires que nous cherchons : il n'en existe pas d'autres. Intuitivement, u_2, par exemple, est d'autant plus élevée que la préférence relative de 40 sera « proche de 100 et loin de 0 ». La valeur de u_2 dépend aussi de l'attitude à l'égard du risque : si on craint surtout le risque de n'obtenir que 0, u_2 est grand.

Nous pouvons alors nous servir de ces utilités élémentaires pour évaluer différents investissements possibles les uns par rapport aux autres. Un investissement est une distribution de probabilité sur C :

$$L = \{0,\ 40,\ 80,\ 100\ ;\ \pi_1,\ \pi_2,\ \pi_3,\ \pi_4\}$$

Par l'axiome d'indépendance (A3), nous pouvons substituer aux résultats intermédiaires (40, 80) les loteries qui leur sont indifférentes :

$$L = \{0,\ \{0,\ 100\ ;\ (1-u_2),\ u_2\},\ \{0,\ 100\ ;\ (1-u_3),\ u_3\},\ u_4\},\ \{100\ ;\ \pi_1,\ \pi_2,\ \pi_3,\ \pi_4\}$$

Nous obtenons une loterie composée qui ne dépend plus que des résultats 0 et 100 ; en calculant les probabilités composées de ces résultats, on obtient (et l'on comprend ici la linéarité de la fonction d'utilité par rapport aux résultats) :

$$L = \{0,\ 100\ ;\ \pi_1 \,.\, 1 + \pi_2 \,.\, (1-u_2) + \pi_3 \,.\, (1-u_3) + \pi_4 \,.\, 0,\ \pi_1 \,.\, 0 + \pi_2 \,.\, u_2 + \pi_3 \,.\, u_3 + \pi_4 \,.\, 1\}$$

Conclusion. Pour comparer en préférence deux loteries L' et L'', il suffit de comparer les probabilités $(\pi_1^{'} \,.\, 0 + \pi_2^{'} \,.\, u_2 + \pi_3^{'} \,.\, u_3 + \pi_4^{'} \,.\, 1)$ et $(\pi_1^{''} \,.\, 0 + \pi_2^{''} \,.\, u_2 + \pi_3^{''} \,.\, u_3 + \pi_4^{''} \,.\, 1)$ d'obtenir le meilleur résultat (100) dans chacune des loteries. *Ces probabilités ont bien la forme de l'espérance d'utilité que l'on cherchait à construire :*

$$E\,[u(L)] = \pi_1 \,.\, 0 + \pi_2 \,.\, u_2 + \pi_3 \,.\, u_3 + \pi_4 \,.\, 1 \qquad \forall L \in \mathcal{L}(C)$$

Propriété de dominance stochastique. La fonction d'utilité élémentaire possède au moins une propriété : elle est croissante par rapport à la richesse, ce qui signifie que *tous* les individus « préfèrent avoir plus de richesse que moins ». Dans l'incertain, cette propriété implique qu'une loterie qui « domine stochastiquement au premier ordre une autre loterie » est préférée par *tous* les individus (ayant une utilité élémentaire croissante).

On dit qu'une loterie L'' domine une autre loterie L' au premier ordre si la probabilité d'avoir un résultat supérieur à un résultat donné est toujours plus grande dans la loterie L'', c'est-à-dire si :

$$F''(x) \leq F'(x) \qquad \forall x \in C$$

où F'' et F' sont les fonctions de répartition des loteries L'' et L' (graphique 1).

Graphique 1 – Dominance stochastique de F'' sur F'

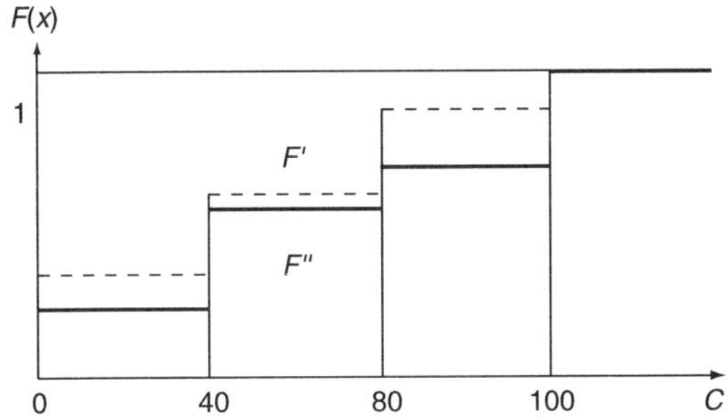

A ce théorème très intuitif on peut associer la condition selon laquelle la loterie L'' a *nécessairement* une espérance mathématique plus grande que la loterie L' (cette condition n'est, bien entendu, pas suffisante pour la dominance).

Il est aussi possible de définir une propriété de dominance stochastique à l'ordre 2 en la déduisant de la concavité de la fonction d'utilité élémentaire. Rothschild et Stiglitz (1970) ont montré que la dominance stochastique au second ordre permet de définir, dans un sens particulier, une loterie comme «plus risquée» qu'une autre loterie de même moyenne. Le lecteur pourra se référer à Laffont (1991) pour une présentation de ces résultats.

Historiquement, Daniel Bernouilli (1738) a été le premier à proposer l'évaluation des loteries par une fonction d'espérance d'utilité (logarithmique) pour résoudre le «paradoxe de St-Pétersbourg». Ce paradoxe est dérivé du jeu suivant : on tire à pile ou face jusqu'à ce que pile apparaisse, disons au n-ième tirage ; le jeu s'arrête alors et le gain est de 2^n francs. L'espérance mathématique de ce jeu est :

$$E = (1/2) \,.\, 2 + (1/2)^2 \,.\, 2^2 + \cdots + (1/2)^h \,.\, 2^h + \cdots = \infty$$

Il s'agit d'une évaluation sans commune mesure avec celle qui est évoquée couramment (comprise entre 2 et 20 francs). Pour résoudre ce paradoxe relatif à ce qu'on croyait être un bon critère depuis Pascal, l'espérance mathématique, Bernouilli a proposé de remplacer les gains par des utilités logarithmiques des gains, parce que psychologiquement l'utilité est moins que proportionnelle à la richesse. L'évaluation monétaire du jeu consiste alors à trouver une somme de monnaie certaine, appelée «équivalent certain», dont l'utilité est égale à l'utilité du jeu.

> Par définition, l'équivalent certain d'une loterie est une somme monétaire EC_L telle que : $u(EC_L) = E\,[u(L)]$.

Dans le cas du jeu de St-Pétersbourg, $u(\,.\,) = \log\,(\,.\,)$, d'où un équivalent certain de 4 francs beaucoup plus réaliste :

$$\log\,(EC_L) = E\,[\log\,(L)] = (1/2) \,.\, \log 2 + (1/2)^2 \,.\, \log\,(2^2) + \cdots + (1/2)^h \,.\, \log\,(2^h) + \cdots = \log 4$$

Ce paradoxe et sa résolution ne retirent pas toute signification au critère de l'espérance mathématique d'une décision dans l'incertain probabilisé lorsque cette décision est susceptible d'être reproduite un grand nombre de fois dans un court intervalle de temps, ou encore lorsque cette décision peut être combinée avec d'autres décisions aléatoires qui ne sont pas entièrement corrélées. (Nous examinerons plus loin le cas d'une mutuelle d'assurance.) Autrement dit, chaque fois que l'on entre dans le domaine d'application possible d'une loi des grands nombres.

En résumé, la construction d'une fonction d'espérance d'utilité en univers incertain probabilisé repose sur l'existence d'un préordre continu sur l'ensemble des loteries (ou décisions) possibles et sur l'axiome d'indépendance entre les conséquences des loteries.

1.3. La décision en univers incertain non probabilisé

Il existe de nombreuses situations où la connaissance des conséquences aléatoires d'une décision ne s'accompagne pas de la connaissance des probabilités de ces conséquences. Si l'on pense que la théorie de von Neumann et Morgenstern est utile dans ces situations, il est important de savoir comment un individu peut construire des probabilités subjectives sur les états de la nature et sur les résultats des loteries.

En élaborant notamment les idées de Ramsey (1931) et de Finetti (1937), Savage (1954) a proposé un ensemble d'axiomes de comportement qui permet de justifier l'existence d'une distribution de probabilité sur les états du monde – alors que celle-ci n'est pas *donnée* – et, en même temps, d'une fonction d'utilité élémentaire telle que l'espérance d'utilité des loteries représente le préordre de préférence sur les loteries. L'axiomatique de Savage a l'avantage de ne faire aucune référence initiale aux probabilités, mais elle a l'inconvénient d'être pour partie délicate à interpréter et, pour l'homogénéité de notre présentation, d'utiliser un espace infini d'états de la nature. Nous présenterons donc une axiomatique due à Anscombe et Aumann (1963), avec un nombre fini d'états de la nature. Celle-ci repose sur l'utilisation de loteries externes, avec des probabilités objectives, pour définir les probabilités subjectives sur les états. Le lecteur peut se reporter à Laffont (1991) pour avoir une présentation des sept axiomes et du théorème de Savage dans leur version originale.

Au départ de la théorie, il existe un préordre de préférence total, non trivial, c'est-à-dire qu'au moins deux décisions ne sont pas indifférentes, dans l'ensemble des décisions possibles. Comme il ne connaît pas les probabilités des états de la nature, l'individu tiendra compte, dans le classement par ordre de préférence des différentes décisions, non seulement des conséquences mais aussi de la vraisemblance qu'il attribue aux états de la nature dans lesquels se produisent ces conséquences. On ne peut plus réduire les conséquences contingentes d'une décision à une simple loterie sur les conséquences comme nous l'avons fait plus haut. Une décision est évaluée par les couples résultats-états de la nature qu'implique – de manière ultime – toute décision. Chez Anscombe et Aumann, les résultats sont des loteries, avec des probabilités objectives, qu'ils appellent «loteries-roulettes» sur C, tandis que l'aléa sur les états de la nature constitue une «loterie-course de chevaux» (*horse-lottery*). Une décision est donc une fonction de l'ensemble des états de la nature, dans l'ensemble des distributions de probabilité objective. L'ensemble des décisions D est élargi à ce nouvel ensemble de conséquences :

$$d \in D, \quad d : S \to \mathcal{L}(C)$$

Nous noterons $d(s)$, la loterie associée à l'état de la nature s, et $d(x,\ s)$ la probabilité de la conséquence x dans l'état de la nature s lorsqu'on prend la décision d. Les choses se déroulent ainsi : un état de la nature se réalise (le « cheval gagnant »), la loterie correspondant à cet état est alors jouée (une certaine « roulette ») pour avoir la conséquence finale (x). S'il existe un préordre de préférence continu sur D (A1, A2) et si l'axiome d'indépendance (A3) s'applique à ce préordre alors, d'après le théorème de von Neumann et Morgenstern, il existe une fonction d'espérance d'utilité qui représente ce préordre :

$$\forall d \in D \quad d \to \sum_{x \in C} \sum_{s \in S} d(x,\ s) \,.\, v(x,\ s)$$

où $v(x,\ s)$ est une fonction d'utilité de VNM de la conséquence $x \in C$, dépendante de l'état du monde $s \in S$ définie à une fonction croissante près, c'est-à-dire telle que $a \,.\, v(\,.\,,\ s) + b(s)$, avec $a > 0$ et $b(s) \in \mathbb{R}$, convienne aussi.

Il s'agit ensuite de séparer dans $v(x,\ s)$ les probabilités des états de la nature $\pi(s)$ et les utilités des conséquences $u(x)$. Pour cela, un axiome supplémentaire est nécessaire qui garantit que les préférences relatives aux conséquences sont indépendantes des états de la nature.

A4. Indépendance des préférences par rapport aux états

Soit F un sous-ensemble quelconque d'états de la nature $F \subset S$. Soit $d \in D$ une décision quelconque, et soit L' et L'' deux loteries constantes sur S :

$$L'' \text{ préférée ou indifférente à } L'$$
$$\Leftrightarrow (L''|_F\,,\ d|_{F^c}) \text{ préférée ou indifférente à } (L'|_F\,,\ d|_{F^c})$$

Les notations employées ont les significations suivantes : L' représente une décision qui associe une même loterie L' à chaque état de la nature (constante sur S) ; $(L''|_F\,,\ d|_{F^c})$ représente une décision dans laquelle L'' est la loterie obtenue dans tous les états $s \in F$, et les $d(s)$ sont les loteries obtenues dans les états complémentaires $s \in F^c$.

On peut ensuite construire des probabilités subjectives $\pi(s)$ en remplaçant les $v(x,\ s)$ par $\pi(s) \,.\, u(x)$:

Théorème de Anscombe et Aumann. S'il existe un préordre de préférence sur D, satisfaisant les quatre axiomes, il existe une distribution de probabilité unique sur les états de la nature et une fonction d'utilité élémentaire unique à une transformation linéaire croissante près, telles que :

$$d'' \text{ préférée (indifférente) à } d'$$

$$\Leftrightarrow \sum_{s \in S} \pi(s) \sum_{x \in C} d''(x,\ s) \,.\, u(x) > (=) \sum_{s \in S} \pi(s) \sum_{x \in C} d'(x,\ s) \,.\, u(x)$$

La construction de la distribution de probabilité subjective se fait de manière analogue à la construction de l'utilité de VNM. Reprenons l'exemple du projet d'investissement dont les conséquences possibles sont $\{100, 80, 40, 0\}$, mais en supposant cette fois que les probabilités sont inconnues. De même que l'on avait recherché les utilités des conséquences par équivalence de loteries :

$$80 \text{ est indifférent à : } \{100, 0 ; u_2, (1-u_2)\}$$

si l'on ne connaît pas π_2, on peut rechercher la loterie objective, de probabilités π_2 et $(1-\pi_2)$ telle que :

– (recevoir 100 dans l'état 2 et 0 dans l'état 4) est indifférent à la loterie (constante sur S) : $\{100, 0 ; \pi_2, (1-\pi_2)\}$,

– et ainsi, état par état, définir l'ensemble de la distribution de probabilité.

En résumé, même si l'agent n'a pas une connaissance explicite de la distribution de probabilité sur les états de la nature, il classe les différentes loteries selon leur espérance d'utilité lorsque son comportement obéit aux trois axiomes de von Neumann et Morgenstern, plus un axiome qui assure que les préférences sur les conséquences sont indépendantes des états de la nature.

2. Les implications de l'aversion à l'égard du risque

L'espérance d'utilité fournit une représentation cohérente des préférences individuelles concernant les choix risqués, mais c'est l'hypothèse d'aversion à l'égard du risque (§ 2.1.) qui permet de déduire les implications majeures de la théorie et lui donne un contenu concret. Cette hypothèse permet d'expliquer les choix d'assurance et de portefeuille, mais est contradictoire avec le jeu (§ 2.2.). Quant aux indices d'aversion à l'égard du risque, ils permettent notamment de comprendre, en statique comparative, les variations des choix financiers (§ 2.3.).

Les loteries porteront ici sur un seul bien de consommation qui représente la richesse finale (w) positive ou nulle de l'individu.

2.1. Définition de l'aversion à l'égard du risque

Le proverbe dit « un tiens vaut mieux que deux tu l'auras ». Autrement dit, il est préférable d'avoir 1 franc certain, que 2 francs incertains, disons à pile ou face. En termes d'espérance d'utilité, nous aurons, en supposant une richesse initiale nulle :

$$u(1) > (1/2)\ u(0) + (1/2)\ u(2) = (1/2\ u(2) \text{ en posant } u(0) = 0 \qquad [1]$$

Autre expérience mentale : votre richesse initiale est w. On vous propose un jeu où vous pouvez gagner ou perdre 200 000 francs à pile ou face. Jouez-vous ? (On note que l'espérance *mathématique* du jeu proposé est nulle.) La réponse est négative pour la plupart des sujets. Représentons le choix par un arbre de décisions et d'éventualités, le carré est un nœud de décisions, le rond est un nœud d'éventualités.

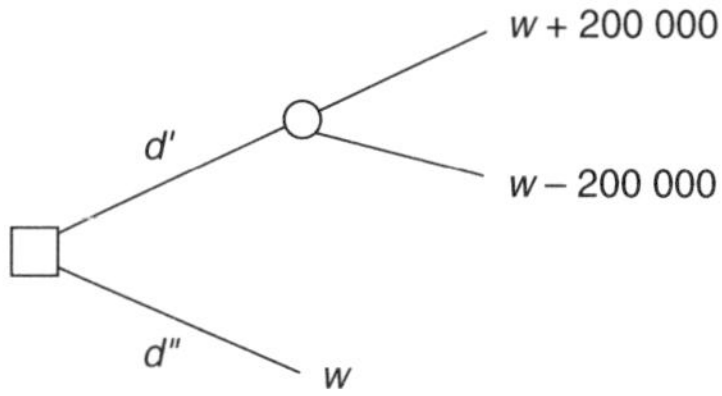

L'individu qui préfère d''à d' associera une utilité supérieure à d'', d'où :

$$u(w) > (1/2) . u(w + 200\ 000) + (1/2) . u(w - 200\ 000) \qquad [2]$$

Cette expérience peut être prise comme symptôme fondamental de l'aversion à l'égard du risque : un individu a de l'aversion à l'égard du risque (globalement) s'il ne joue jamais à un jeu d'espérance *mathématique* nulle. Pour que cela se produise, il faut que l'utilité d'un gain (ici 200 000) soit moins grande que la désutilité de la même perte (ici 200 000) ; c'est bien ce qui ressort de l'inégalité précédente [2]. Autrement dit, pour qu'un individu ait de l'aversion à l'égard du risque, l'utilité marginale de $u(\,.\,)$ doit être décroissante, ou encore $u(\,.\,)$ doit être concave. C'est aussi la justification sous-jacente du proverbe et de l'équation [1].

En caractérisant plus généralement ce symptôme, on obtient la définition formelle que voici : un individu a de l'aversion à l'égard du risque s'il préfère le gain certain de l'espérance mathématique d'une loterie à la loterie elle-même ; soit en termes d'espérance d'utilité, avec des notations conventionnelles pour les espérances (il faut faire attention à la notation $E\,[u(L)]$, qui ne signifie pas ici que $u(\,.\,)$ est définie sur la loterie, mais sur les résultats de la loterie) :

$\forall L \in \mathcal{L}(C),\ u\,[E(L)] > E\,[u(L)] \Leftrightarrow$ aversion globale à l'égard du risque

et aussi :

$u\,[E(L)] > E\,[u(L)] \Leftrightarrow u'' < 0$ ou $u(\,.\,)$ concave (selon l'inégalité de Jensen)

Les définitions de la préférence et de la neutralité à l'égard du risque complètent naturellement la précédente :

$\forall L \in \mathcal{L}(C),\ u\,[E(L)] < E\,[u(L)] \Leftrightarrow$ préférence globale à l'égard du risque $\Leftrightarrow u(\,.\,)$ convexe,

$\forall L \in \mathcal{L}(C),\ u\,[E(L)] = E\,[u(L)] \Leftrightarrow$ neutralité globale à l'égard du risque $\Leftrightarrow u(\,.\,)$ linéaire.

Ces définitions de l'aversion sont globales. L'aversion est locale lorsque $u(\,.\,)$ est concave au voisinage d'un point. En particulier, au voisinage de la certitude, un agent ayant une aversion globale à l'égard du risque est neutre à l'égard du risque. En effet, un développement au premier ordre de $u(w + \varepsilon)$ et de $E\,[u(w + \tilde{\varepsilon})]$, avec $E(\tilde{\varepsilon}) = 0$, où $\tilde{\varepsilon}$ est une loterie qui prend ses valeurs au voisinage de w, donne :

$$E\,[u(w + \tilde{\varepsilon})] \cong u(w) + 0 = u\,[E(w + \tilde{\varepsilon})]$$

2.2. *Choix de portefeuille, d'assurance et de jeu*

Examinons successivement ces trois types de décision.

2.2.1. Diversification du portefeuille

Tout individu, ayant de l'aversion à l'égard du risque, ayant à choisir le placement de sa richesse initiale (w) entre un actif sans risque (pour une valeur m) et un actif risqué (pour une valeur a) d'espérance de rendement supérieur au rendement de l'actif sans risque, achètera le placement risqué en quantité strictement positive mais finie $(a > 0)$.

Si les individus étaient neutres à l'égard du risque, ils ne seraient sensibles qu'au rendement moyen d'un placement indépendamment de la « dispersion » de ce rendement. Non seulement ils placeraient toute leur épargne dans le même actif, l'actif risqué dont le rendement est le plus élevé, mais ils emprunteraient des sommes illimitées pour ce placement, ce qu'ils ne font pas à cause de leur aversion à l'égard du risque. Par contre, pour un agent ayant de l'aversion, il est toujours intéressant de détenir l'actif risqué. En effet, en petite quantité dans le portefeuille, il engendre un rendement supérieur au rendement de l'actif sans risque, ce qui est appréciable du fait de la neutralité locale à l'égard du risque au voisinage de la certitude. Inversement, pour la même raison, si un actif risqué possède un rendement inférieur à celui de l'actif sans risque il sera emprunté (vendu à découvert).

Soit une fonction concave particulière très employée, la fonction d'utilité quadratique, $u(w) = w - kw^2, k > 0$. C'est une parabole qui est économiquement définie sur l'intervalle de croissance $0 \leq w < (1/2k)$. Cette fonction est pratique parce que l'espérance d'utilité qu'on en déduit ne dépend que de l'espérance mathématique et de la variance de la richesse finale de l'individu, ce qui est assez conforme à l'intuition selon laquelle la perception des probabilités (ou du risque) par les individus se limite aux deux premiers moments des distributions de probabilité. En effet :

$$E\left[u(\tilde{w})\right] = E\left[\tilde{w} - k\,.\,\tilde{w}^2\right] = E(\tilde{w}) - kE(\tilde{w}^2) = E(\tilde{w}) - k\left[E(\tilde{w})^2 + \text{var}\ (\tilde{w})\right]$$

$$\boxed{\begin{array}{c} \Rightarrow \quad E\left[u(\tilde{w})\right] = E(\tilde{w}) - k\left[E(\tilde{w})^2 + \text{var}\ (\tilde{w})\right] \\ \text{avec} \quad \left[\partial E\left[u(\tilde{w})\right]/\partial E(\tilde{w})\right] \geq 0 \quad \text{et} \quad \left[\partial E\left[u(\tilde{w})\right]/\partial\ \text{var}\ (\tilde{w})\right] < 0 \end{array}}$$

• Considérons un agent qui cherche à maximiser une telle fonction d'utilité par le choix d'un portefeuille constitué d'un actif sans risque (de taux de rendement nul) et d'un actif risqué (de taux de rendement positif $\tilde{r}$), tels que $w = a + m$ et $\tilde{w} = w + a\,.\,\tilde{r}$. On calcule aisément que la valeur optimale de l'actif risqué est :

$$a^* = \frac{1 - 2\,.\,k\,.\,w}{2\,.\,k} \cdot \frac{E(\tilde{r})}{E(\tilde{r})^2 + \text{var}\ (\tilde{r})}$$

La demande d'actif risqué est positive, croissante avec le rendement de l'actif risqué (si $E(\tilde{r})$) n'est pas trop grand), et décroissante avec le risque de rendement.

• Soit un autre problème de choix de portefeuille : un individu investit sa richesse w, normalisée à 1 franc, dans un ou deux titres risqués. Ces deux titres ont une même espérance ($E_1 = E_2$) et une même variance de rendement ($\sigma_1^2 = \sigma_2^2$). Il est facile de démontrer qu'un portefeuille composé des deux titres en proportion $x_1 + x_2 = 1$ a la même espérance, $E_P = x_1 E_1 + x_2 E_2 = E_1$, mais une variance inférieure à la détention d'un titre unique. L'indice P représente le portefeuille et $\rho = \sigma_{12}/\sigma_1 . \sigma_2$ est le coefficient de corrélation entre les rendements des deux titres :

$$\text{var}\,(w\,.\,\tilde{R}_P) = \text{var}\,(\tilde{R}_P) = (x_1)^2\ \sigma_1^2 + (x_2)^2\ \sigma_2^2 + \rho\,.\,x_1 x_2\,.\,\sigma_1\sigma_2 \leq (x_1 + x_2)^2\ \sigma_1^2$$

$$\Rightarrow \text{var}\,(\tilde{R}_P) \leq \sigma_1^2 \quad \text{avec} \quad \text{var}\,(\tilde{R}_P) = \sigma_1^2 \quad \text{si et seulement si} \quad \rho = 1$$

Il n'y a que dans le cas où la corrélation est parfaite entre les deux titres que la diversification est inutile ($x_2 = 0$) ; dans ce cas en effet, tout se passe comme s'il n'existait qu'un seul titre.

• Le choix de portefeuille est précédé d'un choix consommation-épargne. Il est possible de montrer que la constitution d'une épargne de précaution repose sur le signe positif de la dérivée troisième de la fonction d'utilité, signe qu'il est donc possible d'interpréter en termes de *prudence*. Le lecteur est invité à se reporter à Kimball (1990) pour une application de ce concept qui n'a évidemment pas de sens avec une fonction d'utilité quadratique (c'est un inconvénient de cette fonction).

2.2.2. Prime de risque et prix des actifs

On définit la prime de risque *subjective* sur une loterie par la différence entre son espérance mathématique et son équivalent certain : $C_L = E(L) - EC_L$. Dans le paragraphe 1.2., l'équivalent certain a été défini comme une somme monétaire certaine de même utilité que la loterie. Une loterie préférée a donc un équivalent certain plus grand. Mais l'équivalent certain d'une loterie, pour un individu ayant de l'aversion à l'égard du risque, est toujours inférieure à l'espérance mathématique de la loterie. L'aversion à l'égard du risque entraîne en effet :

$$u\,[E(L)] > E\,[u(L)] \stackrel{\text{déf}}{=} u(EC_L) \Leftrightarrow E(L) > EC_L$$

ou encore

$$\boxed{u\,[E(L) - C_L] \stackrel{\text{déf}}{=} u(EC_L) \quad \text{avec} \quad C_L > 0}$$

Donc, l'aversion à l'égard du risque signifie qu'il faut payer une prime de risque positive à un individu pour qu'il prenne un risque. Par exemple, supposons qu'un individu, ayant une richesse initiale certaine w, se propose d'acheter un portefeuille d'actions « représentatif » du marché boursier, de prix v et de revenu aléatoire $\tilde{y}$. En supposant un taux d'actualisation nul, il n'acceptera d'acheter que si le rendement moyen anticipé du portefeuille $E(\tilde{y})$ est supérieur à v . En effet, l'achat ne sera réalisé que si :

$$E\,[u(w_0 + \tilde{y} - v)] \geq u(w_0)$$

or, par aversion :

$$u\left[E(w_0+\tilde{y}-v)\right] > E\left[u(w_0+\tilde{y}-v)\right] \geq u(w_0)$$

$$\Rightarrow E(\tilde{y}) > v$$

Dans le cas limite où v est tel que $E\left[u(w_0+\tilde{y}-v)\right] = u(w_0)$, l'équivalent certain de $\tilde{y}$ est approximativement v pour cet individu : dans ce cas seulement la prime de risque subjective, $E(\tilde{y}) - EC_y$, se confond avec ce qu'on appelle *la prime du risque du marché, $E(\tilde{y}) - v$*. En général, pour l'acheteur, l'équivalent certain constitue un prix seuil, ou «prix de réserve», supérieur au prix de marché.

2.2.3. Prime d'assurance

Considérons un individu qui est *initialement dans une situation risquée*. On définit la prime d'assurance *subjective* comme la somme, P_0, qu'est prêt à payer cet individu pour éviter totalement son risque initial. Supposons que ce risque prenne la forme d'un dommage g, qui peut survenir avec une probabilité π. P_0 est définie par :

$$u(w-P_0) = \pi \,.\, u(w-g) + (1-\pi) \,.\, u(w)$$

Résultat important. En cas d'aversion à l'égard du risque, la prime d'assurance subjective est toujours supérieure à l'espérance mathématique du dommage $E(\tilde{g}) = \pi \,.\, g$ ($\tilde{g}$ est la loterie $\{g,\ 0\ ;\ \pi,\ (1-\pi)\}$). En effet, par définition de l'aversion à l'égard du risque :

$$u\left[\pi \,.\, (w-g) + (1-\pi) \,.\, w\right] > \pi \,.\, u(w-g) + (1-\pi) \,.\, u(w) = u(w-P_0)$$

$$\Rightarrow P_0 > \pi \,.\, g = E(\tilde{g})$$

Cette demande d'assurance peut rencontrer une offre d'assurance de la part d'une mutuelle qui prend en charge un grand nombre (N) de risques individuels $\tilde{g}_i$, $i = 1, \ldots, N$, à condition que ces risques soient indépendants. En effet, en l'absence de coûts de transaction (ce qu'on appelle «chargement» dans l'assurance), la prime P demandée par une mutuelle, qui fait un profit nul imposé par une situation concurrentielle, doit être égale à l'espérance mathématique du risque, quand N tend vers l'infini (loi des grands nombres) :

$$\lim_{N\to\infty} E\left[u\left(P - \frac{\tilde{g}_1 + \tilde{g}_2 + \cdots \tilde{g}_N}{N}\right)^+\right] = u(0) \text{ presque sûrement}$$

Ce que l'on peut traduire sommairement en disant que lorsque le nombre d'agents est infini, la prime qui annule le profit est $P = \pi \,.\, g$. Puisque $P < P_0$, l'offre d'une mutuelle est compatible avec la demande des individus ayant une aversion pour le risque. Elle sera même compatible avec la présence d'un chargement positif et d'une prime de risque pour l'assureur (§ 2.2.4. ci-dessous).

2.2.4. Assurance actuarielle et franchise

Un deuxième résultat important que l'on peut obtenir concerne le niveau de couverture du risque *choisi* par un agent, d'abord dans le cas où le risque est unique (un seul dommage) et ensuite dans le cas de risques multiples (plusieurs dommages de montants et de probabilités différents). Dans l'exemple précédent, la couverture totale n'était pas choisie.

• Soit $p = (1 + \lambda)\ \pi$, où $\lambda \geq 0$ est appelé le taux de chargement, la prime d'assurance unitaire du marché de l'assurance pour le dommage de probabilité π, identique pour tous les individus : si l'on paye la prime p, on reçoit une indemnité de 1 franc en cas de dommage. Prenons un individu quelconque, il cherche la valeur optimale de son taux de couverture $\alpha \in [0,\ 1]$, c'est-à-dire celui qui maximise son utilité :

$$\max_{0 \leq \alpha \leq 1} \ \pi \, . \, u(w_0 - g - p \, . \, \alpha d + \alpha d) + (1 - \pi) \, . \, u(w_0 - p \, . \, \alpha d)$$

En supposant que la couverture optimale appartient à l'intervalle [0, 1], la condition de premier ordre, suffisante si u est concave, est :

$$(1 - p) \, . \, u' \left[w_0 - g + \alpha g(1 - p) \right] \, . \, \pi = p \, . \, u'(w_0 - \alpha g p) \, . \, (1 - \pi)$$

Si $p = \pi$, autrement dit si la prime d'assurance est « actuarielle » (on dit aussi « équitable »), ou encore si le taux de chargement λ est nul, la couverture optimale est la couverture totale :

$$u' \left[w_0 - g + \alpha d(1 - p) \right] = u'(w_0 - \alpha d p) \Leftrightarrow w_0 - g + \alpha d(1 - p) = w_0 - \alpha d p$$

$$\text{puisque} \quad u'' \neq 0 \Rightarrow \alpha = 1$$

Cette propriété résulte de la neutralité locale à l'égard du risque au voisinage de la certitude qui est aussi à l'origine de la détention de titre risqué.

• En présence de risques multiples G, Arrow (1971) a démontré les résultats suivants :

– lorsque la prime est actuarielle, la couverture est totale,

– lorsque la prime n'est pas actuarielle ($\lambda > 0$), un individu ayant de l'aversion à l'égard du risque préfère une assurance avec franchise à la coassurance, c'est-à-dire qu'il préfère une indemnité $\max\ (0,\ g - F)$, F étant une franchise positive, plutôt que $\alpha \, . \, g$, $0 < \alpha < 1$, $\forall g \in G$.

2.2.5. Jeu

Il y a une évidence qui contredit l'aversion à l'égard du risque : les individus jouent à des jeux d'espérance négative. Prenons, par exemple, le cas d'un individu qui joue à la roulette : il place 10 francs sur le rouge, et gagne 20 francs si la roulette s'arrête sur un numéro rouge. Comme il y a 37 numéros, 18 rouges, 18 noirs, plus le zéro qui revient au casino, il y a moins d'une chance sur deux (18/37) de gagner 20 francs avec 10 francs. Comme l'a fait remarquer Allais, le jeu est un acte tout à fait rationnel puisque c'est parfois la seule façon de devenir très riche ! Comme il y a une préférence pour le risque dans la décision de jouer, on peut l'analyser avec une fonction d'utilité convexe pour certains niveaux de richesse et concave pour d'autres, mais il est souvent plus simple de la traiter à part, comme une dépense de consommation qui reflète le plaisir du jeu et qui est négligeable (en général) sur la richesse d'un individu ; tandis que les décisions ayant un impact significatif sur la richesse doivent être analysées avec l'hypothèse d'aversion à l'égard du risque. Il y a cependant un cas où le jeu peut prendre de l'importance et qui est intéressant parce qu'il montre bien l'intrication de l'utilité marginale croissante et de la préférence pour le risque. C'est le cas où votre survie dépend d'un certain niveau de richesse que vous n'avez pas, 2 MF, alors que vous n'avez que 1 MF. Dans ce cas, vous serez prêts à jouer 1 MF dans un jeu défavorable parce que c'est votre seule chance de survie. Ceci peut expliquer pourquoi des individus pauvres jouent davantage que les individus de richesse moyenne.

Cet « effet de seuil » peut coexister avec l'aversion à l'égard du risque, parce qu'il peut exister des résultats en dessous d'un seuil (seuil de faillite pour une entreprise par exemple), avec des utilités nettement plus faibles que les utilités au-dessus du seuil. Cet effet est compatible avec une fonction d'utilité logarithmique correctement calibrée.

2.3. *Indices d'aversion et variations des choix*

Les résultats précédents confirment que l'hypothèse d'aversion à l'égard du risque est pertinente pour comprendre les comportements de base en matière de finance et d'assurance. Au-delà de ces résultats, les différences d'aversion à l'égard du risque – telles qu'elles peuvent se refléter dans les différences de prime de risque – impliquent des variations de comportement en matière d'assurance et de choix de portefeuille que nous allons maintenant examiner.

• Par définition, on appelle indice local de l'aversion absolue à l'égard du risque de Arrow-Pratt le rapport $-u''(x)/u'(x)$. La division par $u'(x)$ rend cet indice invariant à une transformation linéaire de u.

Graphiquement, on saisit bien le sens de la définition de l'aversion (concavité de u), et de l'indice d'aversion (degré de concavité de u). Considérons le problème de l'assurance d'un risque unique. Sur le graphique 2, un individu est dans la situation initiale I où il peut subir, dans l'état 1, un dommage d sur sa richesse initiale w avec une probabilité π, tandis que sa richesse dans l'état 2 est intacte. La bissectrice passant par OA correspond à l'ensemble des consommations certaines (assurance totale). Les courbes d'indifférence sont issues de la fonction d'espérance d'utilité de l'individu. La droite passant par IA – de pente correspondant au rapport (indemnité-prime)/prime – correspond à une offre actuarielle d'assurance d'équation :

$$(w-d)\,.\,p + w\,.\,(1-p) = c_1\,.\,p + c_2\,.\,(1-p) \qquad \text{avec} \qquad p = \pi$$

Cette droite est aussi l'ensemble des loteries $(c_1,\ c_2\ ;\ \pi,\ 1-\pi)$ de même espérance mathématique que la richesse finale aléatoire $(w-d,\ w\ ;\ \pi,\ 1-\pi)$.

Le graphique 2 montre que A', qui correspond à un accroissement du risque à espérance constante par rapport à A, est sur une courbe d'indifférence plus basse que A. Ceci résulte de la concavité de u ou de la convexité des courbes d'indifférence. Le graphique 3 montre que A'', qui correspond à un accroissement de risque à utilité constante par rapport à A, est sur une courbe d'indifférence inférieure d'une fonction d'utilité plus concave (en trait gras). Ceci exprime bien le rôle du *degré de concavité.*

Une deuxième observation est la suivante : lorsqu'il existe un chargement positif ($p > \pi$), l'offre d'assurance est représentée par la droite passant par IB, et la demande optimale de couverture pour l'assuré, correspondant au point B, est inférieure à la couverture totale. On constate aussi naturellement que lorsque l'indice d'aversion absolue au risque s'accroît, c'est-à-dire lorsque la convexité des courbes d'indifférence s'accroît, la couverture optimale augmente (B se rapproche de la bissectrice, graphique 3).

Graphique 2 – Equilibres de l'assuré

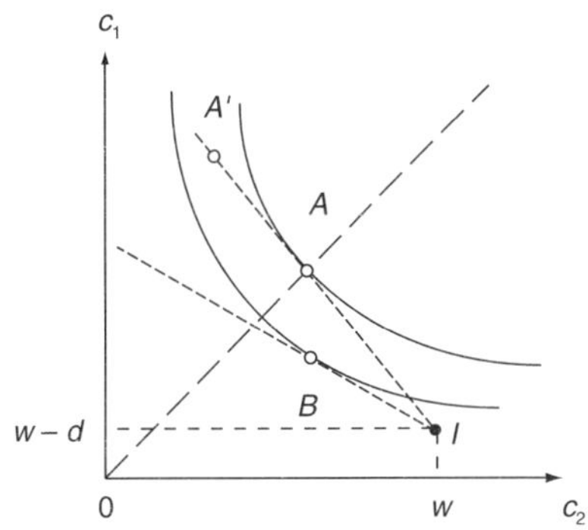

Graphique 3 – Accroissement de l'aversion

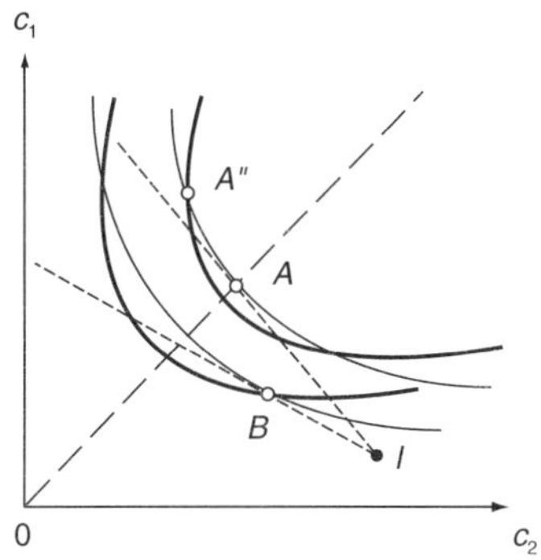

• On peut lier l'indice d'Arrow-Pratt à la prime de risque d'une loterie. En supposant que u est différentiable, on considère une « petite » loterie $\tilde{w} = w_0 + \tilde{\varepsilon}$, avec $E(\tilde{\varepsilon}) = 0$ et le développement limité suivant autour de $E(\tilde{w})$ (notée E pour simplifier) :

$$u(w) = u(E) + (w - E)\ u'(E) + (w - E)^2\ u''(E) + \cdots$$

En prenant l'espérance des deux membres de cette équation et en négligeant les termes d'ordre supérieur à 2 :

$$E\left[u(\tilde{w})\right] \cong u(E) + (w - E)\ u'(E) + (1/2)\ \text{var}\ (\tilde{w})\,.\,u''(E)$$

et, comme au même ordre de grandeur :

$$U(EC) \cong u(E) + (EC - E)\ u'(E)$$

où EC_w (noté EC pour simplifier) est l'équivalent certain de $\tilde{w}$, on a finalement, puisque $E\left[u(\tilde{w})\right] \cong u(EC)$:

$$\boxed{C_w \cong -(1/2)\ u''(E)/u'(E)\,.\,\text{var}\ (\tilde{w})}$$

La prime de risque d'une loterie dont les résultats sont petits par rapport à la richesse initiale est proportionnelle à l'indice d'aversion absolue à l'égard du risque, qui représente l'aspect subjectif de la prime, et est proportionnelle à la variance de la loterie qui représente l'aspect objectif du risque.

• La prime de risque et l'indice d'Arrow-Pratt permettent de comparer l'aversion au risque d'individus différents et d'en tirer des conclusions sur le partage optimal du risque dans une économie (voir la revue de Gollier, 1991) ou sur leur choix de portefeuille. Dans le choix de portefeuille entre un actif risqué et un actif sans risque, un agent ayant plus d'aversion au risque qu'un autre choisira de placer plus d'actif risqué dans son portefeuille. Et, comme l'hypothèse généralement faite est celle *d'aversion absolue décroissante avec la richesse,* un individu détient plus d'actif risqué dans son portefeuille lorsque sa richesse augmente. En complément, on définit l'indice d'aversion relative à l'égard du risque par $(-u''.w/u')$. Si l'on suppose que l'aversion relative est constante, cela signifie que la prime de risque varie en proportion inverse de la richesse. Ces hypothèses se font précises avec une fonction d'utilité spécifique.

Les fonctions d'utilité élémentaires les plus courantes sont dérivées de la fonction d'utilité HARA *(Hyperbolic Absolute Risk Aversion)* de la forme :

$$u(w) = \frac{1-\gamma}{\gamma}\left(\frac{a.w}{1-\gamma}+b\right)^{\gamma}$$

En dérivant cette fonction deux fois, on obtient l'expression de l'aversion absolue :

$$-\frac{u''}{u'} = \frac{a}{\dfrac{a.w}{1-\gamma}+b}$$

ou l'expression de la tolérance au risque (qui est linéaire pour les fonctions HARA) :

$$-\frac{u'}{u''} = \frac{w}{1-\gamma}+\frac{b}{a}$$

Suivant les valeurs des coefficients, on obtient les fonctions élémentaires suivantes :

– fonction quadratique, $u(w) = (-1/2)+2kw-2k^2w^2 \; : \; a = 2k, \; b = 1, \; \gamma = 2,$
– fonction logarithmique, $u(w) = \ln\,(w) \; : \; a = 1, \; b = 0, \; \gamma = 0,$
– puissance, $u(w) = [(1-k)/k]\,.\,w^k \; : \; a = 1-k, \; b = 0, \; \gamma = k,$
– exponentielle, $u(w) = -\exp(-k\,.\,w) \; : \; (a/b) = k, \; \gamma = -\infty.$

La fonction d'utilité quadratique a une aversion absolue croissante (c'est un autre inconvénient de cette fonction d'utilité, en plus de sa dérivée troisième nulle). L'aversion relative de la fonction logarithmique est 1, celle de la fonction puissance est $(1-k)$. En théorie, Arrow (1971) a montré que les fonctions d'utilité de VNM étant bornées (c'est une implication de l'axiome de continuité), l'aversion relative évolue nécessairement autour de l'unité (la fonction log qui satisfait cette propriété est presque bornée). Certaines études empiriques indiquent toutefois des valeurs supérieures. Enfin, on remarque que la fonction d'utilité exponentielle a une aversion absolue constante.

L'une ou l'autre de ces fonctions est utilisée dans la plupart des études économiques en fonction de sa simplicité analytique et du besoin que l'on a d'obtenir des résultats interprétables empiriquement.

3. Les développements récents de l'axiomatique

La tendance dominante de la recherche depuis une dizaine d'années est de considérer que le modèle classique est assez loin des faits d'observation pour justifier l'exploration d'autres modèles, qui incluent celui d'espérance d'utilité comme cas particulier. Depuis peu, certaines anomalies observées dans l'équilibre des marchés sont également analysées avec ces modèles. Nous nous en tiendrons dans cette section à l'examen de nouvelles axiomatiques, ce qui exclut la théorie développée par Machina (1987) opérant avec des fonctions d'espérance d'utilité qui sont des approximations locales de fonctions d'utilité (sur les loteries) non complètement définies.

Il y a plusieurs degrés dans la contestation du modèle d'espérance d'utilité. Au premier degré, on remarque que les individus déforment, systématiquement, les probabilités qu'ils utilisent et ceci permet d'expliquer les paradoxes de base qui ont été présentés par Allais (1953) dès l'origine de l'axiomatique classique. Au deuxième degré, on remarque que les individus n'utilisent pas toujours les probabilités de manière correcte et conforme, par exemple, au théorème d'Anscombe et Aumann, ce qui permet de comprendre le paradoxe d'Ellsberg (1961). Enfin, troisième degré, plus radical encore, de la contestation, l'ensemble des états du monde tel qu'il est décrit par la théorie n'existe pas et les individus choisissent en incertitude en se fondant sur des situations similaires du passé (Gilboa et Schmeidler, 1995). Nous examinons ces trois nouvelles voies dans les trois paragraphes suivants.

3.1. Paradoxes de Allais et espérance d'utilité dépendant du rang des conséquences

Allais a exposé sa critique à l'aide de plusieurs exemples. Les plus célèbres dans la littérature, qui ont fait l'objet de dénominations générales (voir la revue de Machina, 1987), sont les suivants :

Effet de ratio commun de probabilités (common ratio effect)

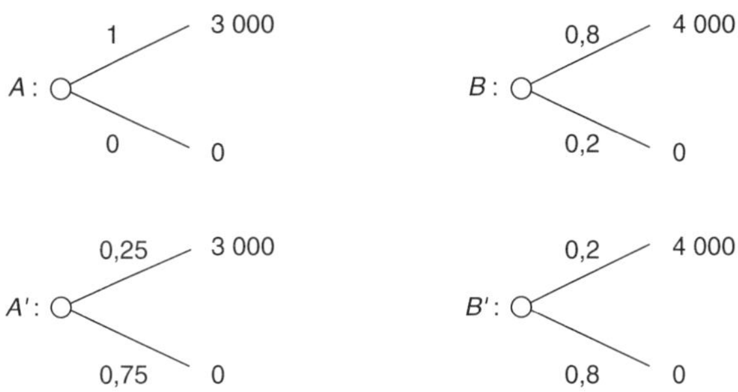

On note le ratio commun de probabilités : Prob (3 000)/Prob (4 000) = 5/4. Beaucoup de sujets choisissent A contre B, et B' contre A', en violation flagrante de l'axiome d'indépendance puisqu'on peut reformuler le choix de A' contre B' de la manière suivante :

Lorsque la présentation des choix est faite sous cette forme, il est difficile de voir autre chose dans ce « paradoxe » qu'une sorte d'illusion d'optique. Ce fut l'opinion défendue par Savage (1954), et récemment par Hirshleifer et Riley (1992). Ceux-ci notent que le cerveau humain n'est certes pas un calculateur parfait mais, dès que les enjeux sont importants, il a tendance à s'améliorer pour des raisons économiques élémentaires... Supposons en effet que B' soit la situation dans laquelle se trouve un individu X dont le comportement est compatible avec les axiomes de von Neumann et Morgenstern, tandis qu'un individu Y est dans la situation A', en ayant les préférences « anormales » de l'expérience. Imaginons que des échanges puissent intervenir aussi bien avant qu'après la résolution de l'incertitude. Alors, *a priori*, X cède B' que Y préfère, contre A' qu'il préfère. *A posteriori*, si « 0 » se réalise il n'y a pas d'échange et si A ou B se réalise, X cède A à Y, contre $B + M$ francs, puisque Y préfère A à B (il existe une somme M strictement positive telle que cet échange puisse avoir lieu). Lorsqu'on examine la situation à nouveau *a priori*, en tenant compte des échanges qui peuvent intervenir, on voit que X et Y se trouvent avec les loteries A' et B' qu'ils avaient initialement. Mais X a réalisé une opération d'arbitrage qui le rend plus riche de M une fois sur quatre, tandis que Y s'appauvrit de M une fois sur quatre. Si Y ne se comporte pas selon les axiomes de von Neumann et Morgenstern, il perd de l'argent face à un joueur que l'on peut qualifier ici de rationnel. Néanmoins, un deuxième exemple d'Allais est plus troublant :

Effet de conséquence commune (common consequence effect)

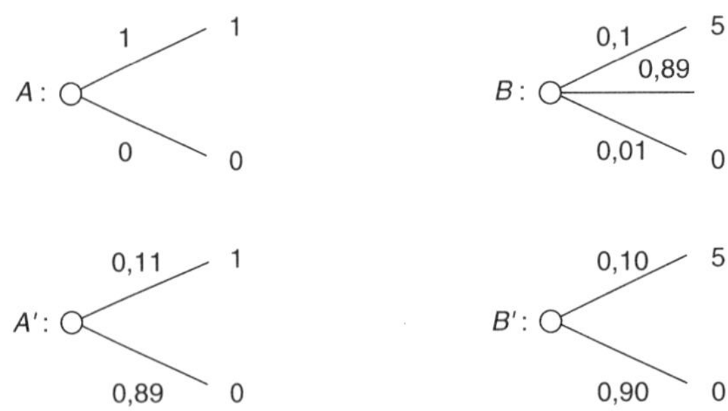

Beaucoup de sujets choisissent A contre B, mais B' contre A'. Pourtant, on peut reformuler les choix précédents de la manière suivante :

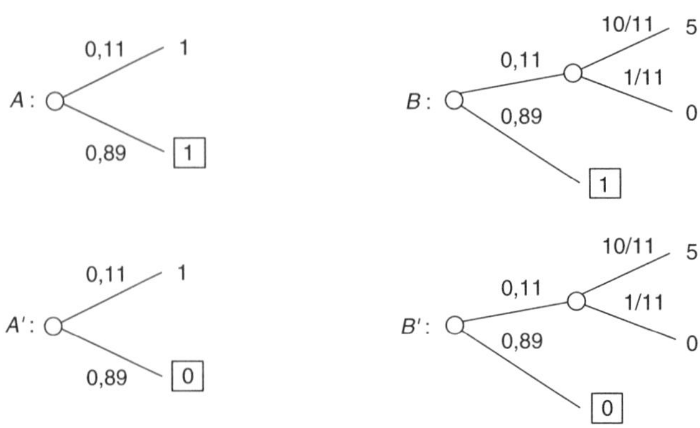

A nouveau l'axiome d'indépendance est violé et une opportunité d'arbitrage est présente. Cet exemple fait pourtant mieux apparaître ce qui pourrait être une *raison* des choix effectués en contradiction avec cet axiome. On se demande en effet si la conséquence commune (que nous avons encadrée) des choix A et B, différente de celle des choix A' et B', n'influe pas sur le choix de A contre B dans le premier cas, de B' contre A' dans le second cas. Tout se passe en effet comme si les individus avaient plus d'aversion au risque dans le premier cas que dans le second (0 est un plus mauvais résultat relatif dans le premier cas que dans le second).

Une conséquence directe de ces anomalies est qu'elles engendrent la possibilité *d'une incohérence temporelle*. Reprenons l'effet de ratio commun et reformulons les choix dans l'arbre suivant :

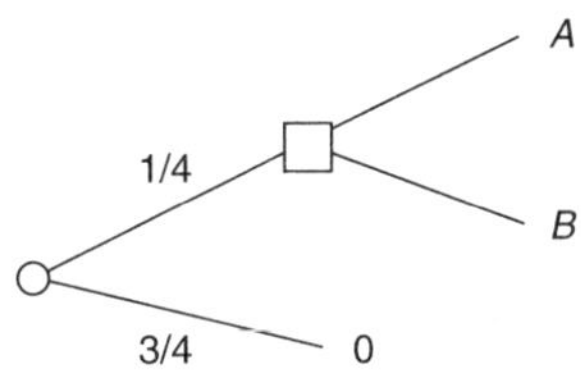

D'après l'axiome d'indépendance, l'espérance d'utilité *ex ante* est $1/4\,.\,U(A)+3/4\,.\,U(0) > 1/4\,.\,U(B)+3/4\,.\,U(0)$, si et seulement si $U(A) > U(B)$. Dans l'effet de ratio commun cependant on peut avoir $U(B') = 1/4\,.\,U(B) + 3/4\,.\,U(0) > U(A') = 1/4\,.\,U(A) + 3/4\,.\,U(0)$ et $U(A) > U(B)$, c'est-à-dire que l'individu peut préférer *ex ante* le choix de B plutôt que A, et *ex post*, au nœud de décision, choisir A plutôt que B. C'est évidemment ce qui explique l'opportunité d'arbitrage que nous avons décrite plus haut.

Ces paradoxes peuvent être compris si l'on admet que les individus déforment les probabilités qu'ils utilisent – il s'agit d'explorer une idée assez ancienne puisque Buffon avait imaginé une solution au paradoxe de St-Pétersbourg qui reposait sur la négligence des probabilités les plus faibles, concernant les gains les plus élevés. Plus plausible peut-être est l'hypothèse selon laquelle les individus sont à la fois pessimistes et optimistes : ils ont tendance à « surpondérer » les probabilités des gains les plus faibles (pessimisme) et aussi des gains les plus élevés (optimisme), et à « sous-pondérer » les gains moyens. Cette hypothèse assouplit beaucoup, trop penseront certains, le modèle d'espérance d'utilité. Le critère d'évaluation des loteries devient une espérance mathématique de l'utilité dans laquelle les probabilités sont alors déformées selon le rang des conséquences auxquelles elles s'appliquent.

Ordonnons donc les conséquences de manière à ce que : $x_1 \leq x_2 \ldots \leq x_n$.

Une déformation simple, comme celle initialement proposée par Kahneman et Tversky (1979), n'est pas admissible parce qu'elle remet en cause le principe de dominance stochastique. Pour le comprendre, supposons deux loteries distinctes, où l'on peut obtenir certainement x_1, dans la première, et certainement x_2, dans la seconde, avec $x_2 > x_1$. Soit la loterie $L = \{x_1,\ x_2\ ;\ \mu,\ 1-\mu\}$. Prenons $f(0) = 0$ et $f(1) = 1$. Si $f(\,.\,)$ n'est pas la fonction identité et si $\mu \in]0,\ 1[$ tel que $f(\mu) + f(1-\mu) < 1$, la loterie $L' = \{x_1,\ x_1\ ;\ \mu,\ 1-\mu\}$ est dominée stochastiquement par L, mais la loterie $L'' = \{x_1,\ x_2\ ;\ f(\mu),\ f(1-\mu)\}$ peut être préférée à L' pour des valeurs de x_1 et x_2 suffisamment proches.

Avec son modèle d'Espérance d'Utilité Dépendant du Rang des conséquences (EUDR), Quiggin (1982) a présenté une fonction de déformation, dépendante de la probabilité *décumulée,* qui n'a pas ce défaut. La fonction d'espérance d'utilité devient (en prenant $u(0) = 0$) :

$$\mathcal{V}(L) = [u(x_1) - u(0)] \,.\, f(1) + \sum_{h=2}^{n} [u(x_h) - u(x_{h-1})] \,.\, f\left(\sum_{j=h}^{n} \pi_j\right)$$

Les graphiques 4 et 5 représentent deux exemples de fonction de déformation dans le cas d'une loterie à trois conséquences. Le premier correspond à un individu uniformément pessimiste, le second correspond à un individu optimiste (il « sur-pondère » x_3) et pessimiste (il « sur-pondère » x_1).

Graphique 4 – Pessimisme

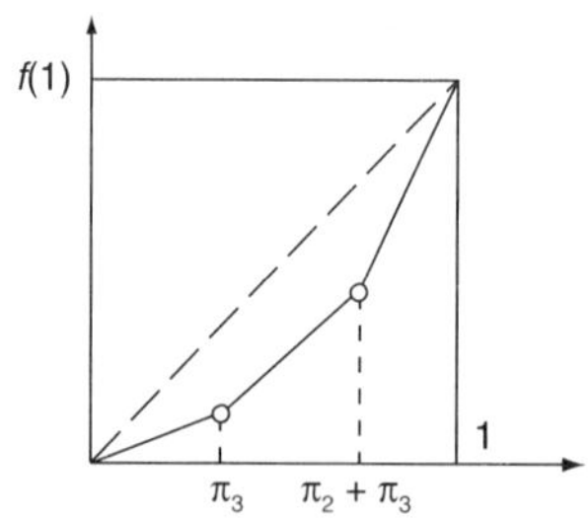

Graphique 5 – Optimisme et pessimisme

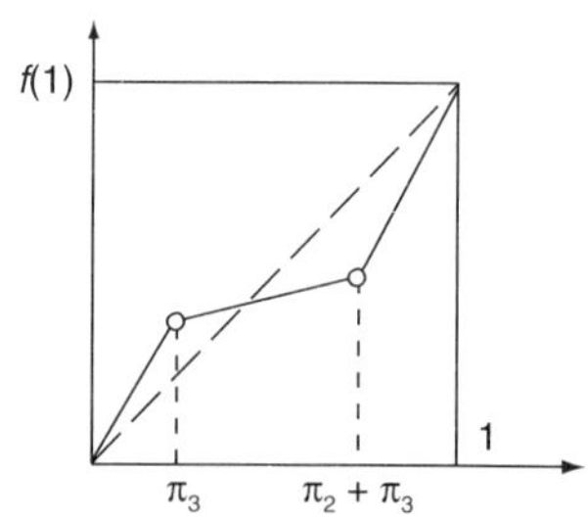

La fonction d'EUDR est justifiée, en premier lieu, si les individus pondèrent les conséquences, non par leur probabilité, mais par la probabilité d'avoir un gain supérieur. Ainsi, le gain minimum est x_1 et $u(x_1)$ est pondéré par $f(1)$. En second lieu, cette fonction est justifiée si les individus ne raisonnent pas sur les gains absolus mais sur l'accroissement potentiel des gains : ils pondèrent $u(x_h) - u(x_{h-1})$ par la probabilité d'avoir un gain supérieur à x_h.

Une telle fonction permet de séparer l'utilité de la richesse certaine représentée par la fonction $u(\,.\,)$ et l'aversion à l'égard du risque. Il est ainsi possible d'avoir une utilité marginale décroissante en même temps qu'une préférence à l'égard du risque impliquée par une fonction de déformation concave[4]. Cette propriété permet la résolution des paradoxes que nous avons exposés. Considérons, à nouveau, l'effet de ratio commun (§ 3.1.) :

A est préférée à B implique $u(3\ 000) > 0,8\,.\,u(4\ 000)$ en posant $u(0) = 0$, soit

$$\frac{u(3\ 000)}{u(4\ 000)} > 0,8$$

A' est préférée à B' implique $0,2\,.\,u(4\ 000) > 0,25\,.\,u(3\ 000)$, soit

$$\frac{u(3\ 000)}{u(4\ 000)} < \frac{0,2}{0,25} < 0,8$$

4. Gayant (1995) propose une représentation graphique de cette fonction et une estimation de la fonction de déformation. Chateauneuf et Cohen (1994) et Wakker (1994) analysent le traitement de l'aversion à l'égard du risque dans le modèle EUDR.

Ces choix sont donc contradictoires avec le modèle d'utilité attendue. Par contre, dans le modèle d'EUDR, les probabilités sont déformées par une fonction $f(\,.\,)$, par exemple convexe, qui rend possible l'inégalité :

$$f(0,8) < \frac{u(3\ 000)}{u(4\ 000)} < \frac{f(0,2)}{f(0,25)}$$

ce qui lève la contradiction.

Quiggin *(op. cit.)* a montré que l'on peut obtenir une telle fonction d'utilité à partir d'un préordre de préférence continu sur l'ensemble des loteries, respectant le principe de dominance stochastique au premier ordre, et d'un axiome original plus faible que l'axiome d'indépendance. En fait, celui-ci peut être l'axiome d'indépendance comonotone que nous exposerons dans le paragraphe suivant.

Le modèle de Quiggin, ou le modèle de Yaari (1987), qui en est une spécification dans laquelle l'utilité élémentaire est linéaire, offre une alternative à l'analyse du choix d'une couverture d'assurance. Un résultat important du modèle d'espérance d'utilité est que la couverture optimale des agents ayant de l'aversion à l'égard du risque est totale *seulement si la prime est actuarielle.* La couverture demandée est partielle lorsque la prime est supérieure à la prime actuarielle. Ce résultat se heurte aux faits constatés dans l'assurance : malgré des chargements élevés, les assurés se plaignent généralement des franchises qui les empêchent d'avoir une couverture aussi élevée que possible. Le modèle d'EUDR fournit une explication à cette attitude parce que les courbes d'indifférence, dans le modèle à deux états, forment un coude au passage de la bissectrice, c'est-à-dire au changement de rang (graphique 6).

Graphique 6 – Les courbes d'indifférence coudées du modèle d'EUDR

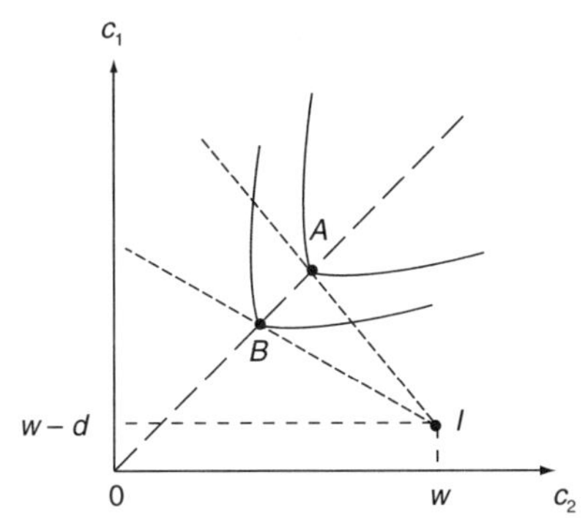

IA correspond à l'offre d'assurance actuarielle, pour laquelle l'assurance est totale. La nouveauté est que l'assurance est aussi totale pour l'offre d'assurance IB avec un chargement positif.

3.2. Paradoxe de Ellsberg et probabilités non additives

Les modèles du paragraphe précédent supposent que les individus formalisent l'incertitude à l'aide de probabilités, en attribuant des poids uniques, positifs, aux différents états de la nature ou aux différentes conséquences, la somme de ces poids étant égale à l'unité. Or, un peu d'introspection nous apprend que, sans information *a priori*, il est difficile d'évaluer ces poids correctement. Nous associons plutôt des intervalles de probabilités aux états de la nature. Rien ne nous garantit même que la somme des moyennes de ces intervalles soit égale à l'unité. Cette difficulté illustre le problème fondamental de l'estimation des probabilités *a priori*. Le postulat bayésien[5] conduit à estimer à 1/2 la probabilité de pile ou face d'une pièce de monnaie lorsqu'on n'a *aucune raison de penser* que ce n'est pas 1/2 ; c'est-à-dire qu'elle donne, sans information, la même estimation de cette probabilité que, lorsqu'après de nombreux essais, on a *toutes les raisons de penser* que c'est bien 1/2.

Le paradoxe d'Ellsberg (1961) illustre ces points. Dans une expérience, on présente deux urnes à des sujets. La première contient 50 boules rouges et 50 boules noires. La seconde contient aussi 100 boules rouges ou noires, mais selon une proportion inconnue. Le jeu consiste à deviner la couleur d'une boule sortie de chaque urne pour gagner un prix. Le premier choix est entre une boule rouge sortie de la première urne (décision ou pari RI) et une boule rouge sortie de la seconde urne (pari RII). Le second choix est entre une boule noire sortie de la première urne (pari NI) et une boule noire sortie de la seconde urne (pari NII). Or, une proportion significative de sujets préfèrent strictement la première urne dans les deux choix, tout en étant indifférents entre le pari RI et le pari NI :

(RI préféré à RII) et (NI préféré à NII) et (RI indifférent à NI)

Evidemment, ces préférences ne sont pas cohérentes avec l'estimation bayésienne des probabilités *a priori*. Si l'on choisit la première urne pour la sortie de la boule rouge, c'est qu'on estime que la probabilité *a priori* d'avoir une boule rouge de la seconde urne est inférieure à 1/2, et donc que la probabilité *a priori* d'avoir une boule noire de la seconde urne est supérieure à 1/2. Des sujets bayésiens, ayant choisi la première urne dans le premier choix (RI), devraient choisir la deuxième urne dans le second choix (NII). Ces choix ou ces préférences révèlent que dans le premier choix la probabilité estimée de boules rouges dans la deuxième urne est inférieure à 1/2, tandis que dans le second choix la probabilité estimée de boules noires dans la seconde urne est inférieure à 1/2. Les probabilités sont *non additives :* la somme des probabilités estimées des boules dans la deuxième urne est inférieure à 1. Le théorème d'Anscombe et Aumann est violé parce que les décisions prises par ces individus ne révèlent pas des probabilités subjectives conformes à la définition des probabilités selon laquelle, E et F étant deux parties de l'ensemble des états S :

$$\pi(E \cup F) = \pi(E) + \pi(F) - \pi(E \cap F) \quad \text{avec} \quad \pi(E \cup F) = 1 \quad \text{si} \quad F = E^C$$

Ainsi, les sujets qui répondent qu'ils sont indifférents au choix d'une boule rouge ou d'une boule noire dans la première urne, et indifférents entre une boule rouge (ou une boule noire) sortie de la première urne et une boule rouge

5. Il ne faut pas confondre le postulat bayésien, dont il est question ici, qui concerne la définition des probabilités *a priori* et le théorème de Bayes qui permet le calcul des probabilités *a posteriori*. Nous n'explorons pas la question importante de savoir si les individus sont effectivement bayésiens dans ce second sens.

(ou une boule noire) sortie de la seconde urne ont un comportement conforme au théorème d'Anscombe et Aumann. Ils sont indifférents entre une loterie objective et une loterie subjective et révèlent par ce comportement que leurs probabilités subjectives sont 1/2 et 1/2.

La théorie que nous exposons dans ce paragraphe prend au sérieux les choix déviants en considérant que la somme des probabilités révélées des boules rouges et noires dans la seconde urne (par exemple $3/7 + 3/7 < 1$) reflète la confiance accordée à ces probabilités. Un peu plus généralement, soit E et F deux événements complémentaires, on peut définir le *degré d'aversion à l'égard de l'incertain* par :

$$A_I = 1 - \nu(E) - \nu(F) \geq 0$$

où $\nu(\,.\,)$ est une mesure non additive de probabilité que nous allons définir.

Schmeidler (1989) a proposé une alternative à l'approche d'Anscombe et Aumann en affaiblissant l'axiome d'indépendance qui est responsable de l'additivité des probabilités subjectives. Le théorème des probabilités non additives, introduit par cet auteur, recrée la distinction de Knight (1921) entre décision risquée (lorsque l'incertitude est probabilisée ou probabilisable) et décision dans l'incertain (lorsque l'incertitude n'est pas probabilisable). Cette distinction avait été abolie par Anscombe et Aumann puisque, comme nous l'avons vu, leur théorème montre que l'on peut évaluer les loteries-courses de chevaux grâce aux loteries-roulettes. Un intérêt supplémentaire du théorème de Schmeidler est l'intégration des théorèmes de Quiggin et Yaari comme cas particuliers, sous la condition de dominance stochastique au premier ordre et d'additivité des probabilités (voir Chateauneuf, 1994, pour une synthèse). L'axiome clé est celui d'indépendance comonotone.

Par définition deux décisions, d et $d' \in D$, sont comonotones s'il n'existe pas deux états de la nature, s et t, tels que $d(s)$ est préférée à $d(t)$ et $d'(t)$ est préférée à $d'(s)$. Autrement dit, deux décisions sont comonotones si leurs conséquences covarient positivement : $[d(s) - d(t)]\,[d'(s) - d'(t)] \geq 0\ \forall s,\ t$.

A5. Indépendance comonotone

Soit trois décisions d, d', d'' quelconques, d comonotone respectivement avec d' et avec d'', et soit $\alpha \in]0,\ 1[$: d'' est préférée à d' implique $a\,.\,d'' + (1 - \alpha)\ d$ est préférée à $\alpha\,.\,d' + (1 - \alpha)\ d$.

Cet axiome est plus faible que l'axiome d'indépendance qui s'applique à trois décisions quelconques, non nécessairement comonotones. Sa signification est apparente dans l'exemple suivant :

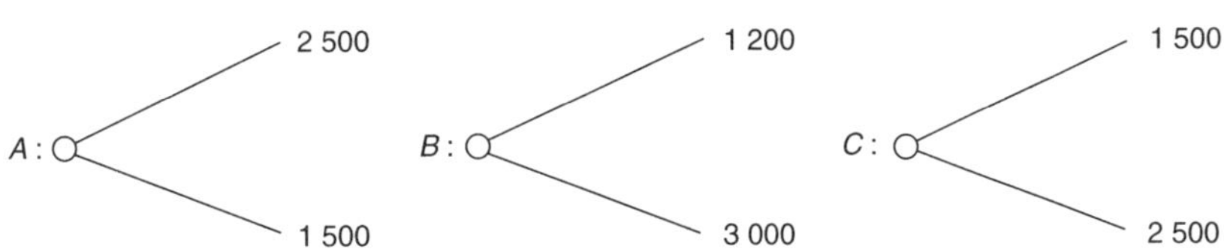

A et B ne sont pas comonotones, B et C sont comonotones. Supposons que $U(A) = U(B)$. Si l'on compose A et C d'une part et B et C d'autre part, l'indifférence entre A et B sera démentie par un agent ayant de l'aversion à l'égard de l'incertain, parce que C constitue une couverture du risque de A, et non pas du risque de B :

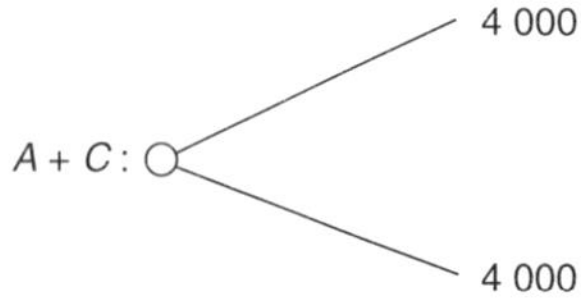

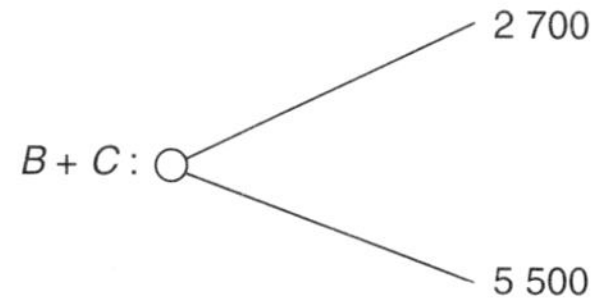

Sous l'axiome A5, on peut avoir, en composant la décision C avec A et B, les préférences : $U\left(\frac{A+C}{2}\right) > U\left(\frac{B+C}{2}\right)$. Il vient alors le théorème suivant :

> **Théorème de Schmeidler.** Sous les axiomes A1 (préordre total), A2 (continuité), A4 (indépendance des préférences par rapport aux états), A5 (indépendance comonotone), il existe :
> – (i) une mesure de probabilité non additive ν sur S, unique telle que $\nu(\oslash) = 0$, $\nu(S) = 1$, et telle que $E \subset F \subseteq S$ implique $\nu(E) < \nu(F)$;
> – (ii) une fonction d'utilité, définie à une transformation linéaire croissante près, telle que d'', $d' \in D$ (non trivial) :
>
> $$d'' \text{ préférée (indifférente) à } d' \Leftrightarrow$$
>
> $$\sum_{h=1}^{m} \left[U(d''(s_h)) - U(d''(s_{h-1}))\right] \,.\, \nu\left(\bigcup_{j=h}^{m} s_j\right) > (=)$$
>
> $$\sum_{h=1}^{m} \left[U(d'(s_h)) - U(d'(s_{h-1}))\right] \,.\, \nu\left(\bigcup_{j=h}^{m} s_j\right)$$
>
> les décisions étant ordonnées selon $U(d(s_0)) \leq U(d(s_1)) \leq U(d(s_2)) \cdots \leq U(d(s_m))$ avec $U(d(s_0)) = 0$.

Considérons les quatre états possibles S = {(RI, RII), (RI, NII), (NI, RII), (NI, NII)}. L'état (RI, NII) par exemple est l'état dans lequel une boule rouge sort de la première urne et une boule noire de la seconde. Le paradoxe d'Ellsberg peut être alors compris de la manière suivante : le pari RI (gagner 100 si l'événement RI) est indifférent au pari NI (gagner 100 si l'événement NI) et indifférent à une loterie constante (100, 0 ; 1/2, 1/2) sur S, mais le pari RII n'est pas comonotone à NII. Donc lorsqu'on considère une loterie mixte comprenant RII et NII, cette loterie, qui n'est autre que la loterie mixte comprenant RI et NI, ou la loterie constante, est préférée à RII et à NII, bien que RI et NI soient préférés à RII et à NII :

$$U\left(\frac{\text{RII} + \text{NII}}{2}\right) = U\left(\frac{\text{RI} + \text{NI}}{2}\right) = U(\text{NI}) = U(\text{RI})$$

or,

$$U(\text{NI}) > U(\text{NII}) \quad \text{et} \quad U(\text{RI}) > U(\text{RII})$$

ce qui est contradictoire avec l'axiome d'indépendance.

Il existe une application intéressante du théorème au choix de portefeuille (Dow et Werlang, 1992). Comme nous l'avons vu au paragraphe 2.2.1., les agents ayant une aversion pour le risque achètent (ou vendent) une quantité positive d'un titre risqué dès lors que le rendement de ce titre est supérieur (ou inférieur) au rendement du titre sans risque. Du fait de la neutralité locale au risque au voisinage de la certitude, ils n'échangent pas du titre risqué si et seulement si le rendement de celui-ci est égal au rendement du titre sans risque. Raisonnons en prix et supposons que le prix de l'actif risqué peut être haut (H) ou bas (B) avec les probabilités respectivement de ν et ν' telles que $\nu + \nu' < 1$ pour un agent ayant de l'aversion à l'égard de l'incertain.

En appliquant l'espérance d'utilité non additive de Schmeidler, pour un agent neutre à l'égard du risque, on trouve, p étant le prix du titre, $\tilde{y}$ étant le revenu aléatoire de l'achat d'une unité de titre :

– en cas d'achat, $E(\tilde{y}) = L + (H - L) \,.\, \nu$,

– en cas de vente, $E(-\tilde{y}) = -H + (H - L)\ \nu'$.

Si le prix est inférieur à $E(\tilde{y})$, l'agent achètera l'actif et s'il est supérieur à $-E(-\tilde{y})$ il vendra l'actif. Comme $-E(-\tilde{y}) \geq E(\tilde{y})$, pour tout agent ayant une aversion à l'égard de l'incertain, il existe un intervalle de prix dans lequel l'agent n'est ni acheteur, ni vendeur. Une même analyse s'applique au cas de l'assurance : il existe un intervalle de prix où la couverture complète est optimale contrairement au résultat de l'analyse classique.

3.3. *Théorie de la décision basée sur la similitude des cas*

Il existe des situations d'« ignorance » où la description des états de la nature et des conséquences contingentes à ces états est difficile, où l'arbre des éventualités « explose » et l'assignation de probabilités *a priori* est arbitraire. Ces situations sont très éloignées du jet d'un dé ou même d'une course de chevaux, où les états de la nature sont explicitement circonscrits. Gilboa et Schmeidler (1995) évoquent l'exemple du choix d'une nourrice ou celui de l'intervention militaire américaine en Yougoslavie. Dans ces exemples il semble plus simple et efficace de prendre aujourd'hui la décision qui a donné les meilleurs résultats dans des situations *similaires* du passé, sans référence explicite à l'incertitude. Certes, l'expérience passée peut servir, dans les théories de l'espérance d'utilité, à décrire les états de la nature futurs et à évaluer leur probabilité, mais *le langage* de cette théorie n'est pas toujours approprié aussi bien d'un point de vue descriptif – la manière dont les individus se comportent effectivement – que d'un point de vue normatif – la manière dont il faut se comporter rationnellement.

Dans leur théorie de la décision basée sur la similitude des cas, Gilboa et Schmeidler supposent que le décideur possède une mémoire, $M = \{q,\ d,\ x\}$, qui contient la description des problèmes (ou cas) passés ($q \in Q$), pour lesquels des décisions furent prises ($d \in D$), qui ont engendré des résultats ($x \in C$). A chaque problème ne sont associées qu'une seule décision de valeur positive et des non-décisions de valeur nulle. Lorsqu'un nouveau problème se pose, p, le décideur évalue la similitude du problème avec les problèmes vécus $s(p,\ q)$. Le choix de la meilleure décision possible, qui dépend de la mémoire et du problème posé, se fait alors par la maximisation d'une fonction d'utilité (les utilités élémentaires étant linéaires) :

$$d^*(p) = \text{argmax}\ U_{p,\ M}(d) = \sum_{(q,\ d,\ x) \in M} s(p,\ q)\ x(d)$$

Par exemple, considérons la mémoire suivante (matrice) constituée de 3 problèmes passés (en colonnes) dans lesquels 2 décisions furent prises dans un ensemble de 3 décisions possibles (en lignes).

$$\begin{array}{c} \\ d \end{array} \overset{q}{\begin{pmatrix} 5 & -1 & 0 \\ 0 & 0 & 2 \\ 0 & 0 & 0 \end{pmatrix}}$$

Le nombre 5 représente la conséquence de la décision 1 (d_1), dans le problème 1 (q_1). Imaginons un problème contemporain p, très similaire au problème 3 (q_3), très différent des deux autres problèmes, la similitude est mesurée par $s(p,\ q_1) = s(p,\ q_2) = 0$ et $s(p,\ q_3) = 1$. On a $U(d_1) = U(d_3) = 0$ et $U(d_2) = 2$, donc $d^* = d_2$.

Il faut noter que même si l'incertitude n'est pas explicite dans cette présentation elle peut exister néanmoins puisque deux problèmes identiques ayant donné deux résultats différents, avec la même décision, sont considérés comme deux problèmes *différents*. (Ainsi, la décision d_1, dans les problèmes q_1 et q_2, est peut-être incertaine.) L'incertitude est donc présente en fait, même si le décideur ne fait pas la différence entre décision certaine et décision incertaine, et ne connaît dans sa mémoire que des similitudes et des utilités. Il faut ajouter, d'un point de vue formel, que la mesure de similitude n'est pas limitée à l'intervalle [0, 1] et la somme des similitudes peut être supérieure à 1.

La décision d_3 ne sera jamais choisie si le problème posé est similaire aux problèmes déjà mémorisés, c'est-à-dire si $\exists q$ tel que $s(p,\ q) \neq 0$. Par contre, dans le cas où le problème posé est entièrement différent $s(p,\ q) = 0,\ \forall q$, le décideur pourra essayer la décision d_3. Si la décision d_3, dans le problème p, donne un résultat positif, la décision d_3 sera la décision adoptée dans tout nouveau problème analogue à p. Une nouvelle décision est ainsi ajoutée à l'ensemble des décisions expérimentées lorsque les autres décisions ne fournissent pas un résultat *satisfaisant*. C'est un processus typique de décision avec « rationalité limitée ». La différence fondamentale entre un tel processus et la décision rationnelle, c'est que, dans le premier cas, l'ensemble des décisions n'est pas défini initialement et, de ce fait, la décision optimale dépend de la manière dont l'ensemble de décisions est progressivement construit.

Pour bien le comprendre, considérons deux décisions aléatoires et le problème du choix de l'une d'elles dans le cadre de la théorie de l'espérance d'utilité, d'une part, et dans celui de la théorie de la décision basée sur la similitude des cas, d'autre part. Considérons la décision $L = \{1,\ -1\ ;\ 3/5,\ 2/5\}$ et la décision $L' = \{100,\ -2\ ;\ 7/10,\ 3/10\}$. Selon la théorie de l'espérance d'utilité, la décision L' est évidemment toujours préférable. Selon la théorie de la similitude des cas, les choses se déroulent ainsi. Initialement, la mémoire est vide, donc la décision entre L et L' se fait au hasard. Supposons que L soit choisi et que le premier résultat soit +1, la mémoire comprendra ce cas et, comme il donne une utilité supérieure à 0, la décision suivante sera L. Les résultats suivants peuvent être positifs ou négatifs, et les choix suivants seront basés sur la moyenne des résultats passés inscrits dans la mémoire, en mesurant la similitude en fréquence $s(L^{n-1}, L^n) = 1/n$, où n est le nombre de choix passés de L. Comme la moyenne de cette marche aléatoire est positive, avec une probabilité supérieure à 1/2, le choix de L sera donc probablement maintenu dans le temps. Il n'y a donc pas de convergence, en général, vers la solution de l'espérance d'utilité. (Une convergence est possible à obtenir cependant, si l'on suppose une règle de révision à la hausse du « résultat satisfaisant » à atteindre, qui est ici 0.)

Nous renvoyons le lecteur à l'article de Gilboa et Schmeidler (*op. cit.*) pour l'axiomatique de cette théorie de la décision. Elle est assez voisine de celle de la théorie de la décision en univers risqué ou incertain. Moyennant cinq axiomes, l'existence d'un préordre de préférence « est préférée ou indifférent à » sur les décisions d'une mémoire, préordre conditionnel à tout nouveau problème p, implique l'existence d'une mesure de similitude $s(p, q)$ sur les cas en mémoire, unique à un facteur multiplicatif près.

*

* *

Notre présentation a été centrée sur les axiomes et les applications principales de la théorie des choix dans l'incertain. Une revue plus complète devrait comprendre au moins trois suppléments. En premier lieu, comme nous n'avons considéré, pour reprendre l'expression de Hirshleifer et Riley (1992), que des « décisions terminales », il faudrait prolonger l'analyse par celle des décisions d'information et de prospection dans un cadre dynamique. Le deuxième supplément serait les applications de la théorie de l'utilité attendue à la théorie des jeux dans un cadre bayésien qui prolonge naturellement la théorie de la décision solitaire (voir l'introduction de Brandenburger, 1992). Le troisième supplément devrait être une analyse des nombreuses études empiriques sur la décision dans l'incertain qui ont abouti au fil des années à composer une connaissance, sinon une théorie, de la rationalité limitée (voir Kahneman, 1994, et les références incluses dans cet article).

Références

ALLAIS M., « Le comportement de l'homme rationnel devant le risque : critique des postulats et axiomes de l'école américaine », *Econometrica* (21 (4), 1953).

ANSCOMBE F.J., AUMANN R.J., « A Definition of Subjective Probability », *Annals of Mathematical Statistics* (34, 1963), p. 199-205.

ARROW K.J., « Le rôle des valeurs boursières pour la répartition la meilleure des risques », Paris, *Econométrie* (1953), CNRS.

ARROW K.J., *Essays in the Theory of Risk-Bearing*, Chicago, North Holland, 1971.

BERNOUILLI D., « Specimen theoriae novae de mensura sortis », *Proceedings of the Imperial Academy* (5, 1953), p. 175-192. Trad. anglaise, « Exposition of a New Theory on the Measurement of Risk », *Econometrica* (22, 1954), p. 23-26.

BRANDENBURGER A., « Knowledge and Equilibrium in Games », *Journal of Economic Perspectives* (6 (4), 1992), p. 83-101.

CHATEAUNEUF A., « Modeling Attitudes Towards Uncertainty and Risk Through the Use of Choquet Integral », *Annals of Operations Research* (52, 1994), p. 3-20.

CHATEAUNEUF A., COHEN M., « Risk Seeking with Diminishing Marginal Utility in a Non Expected Utility Model », *Journal of Risk and Uncertainty* (9, 1994), p. 77-91.
DEBREU G., *Theory of Value*, 1959. Trad. anglaise, *Théorie de la valeur. Analyse axiomatique de l'équilibre économique,* Paris, Dunod, 1966.
DEKEL E., « Asset Demands Without the Independence Axiom », *Econometrica* (57 (1), 1989).
DOW J., WERLANG S.R. d.C., « Uncertainty Aversion, Risk Aversion, and the Optimal Choice Portfolio », *Econometrica* (60 (1), 1992), p. 197-204.
EECKHOUDT L., GOLLIER C., *Les risques financiers. Evaluation, gestion, partage,* Paris, EdiScience International, 1992.
EECKHOUDT L., KIMBALL M., « Background Risk, Prudence and the Demand for Insurance », *in* G. Dionne (éd.), *Contributions to Insurance Economics,* Kluwer Academic Press, 1991.
ELLSBERG D., « Risk, Ambiguity, and the Savage Axiom », *Quarterly Journal of Economics* (75, 1961), p. 643-649.
FINETTI B. (de), « La prévision : ses lois logiques, ses sources subjectives », *Annales de l'Institut Raymond Poincarré* (7, 1937), p. 1-68.
FISHBURN P.C., *Utility Theory for Decision Making,* New York, Wiley, 1970.
GAYANT J.P., « Généralisation de l'espérance d'utilité en univers risqué », *Revue économique* (juillet 1995).
GILBOA I., SCHMEIDLER D., « Case-Based Decision Theory », *Quarterly Journal of Economics* (110 (3), 1995), p. 605-640.
GOLLIER C., « The Economics Theory of Risk Exchanges : A Review », *in* G. Dionne (éd.), *Contributions to Insurance Economics,* Kluwer Academic Press, 1991.
GRANGER T., *Microéconomie financière,* Paris, Economica, 1994.
HERSTEIN I.N., MILNOR J., « An Axiomatic Approach to Measurable Utility », *Econometrica* (21, 1953).
HIRSHLEIFER J., RILEY J.G., *The Economics of Uncertainty and Information,* Cambridge, Cambridge University Press, 1992.
KAHNEMAN D., « New Challenges to the Rationality Assumption », *Journal of Institutional and Theoretical Economics* (150 (1), 1994), p. 18-36.
KAHNEMAN D., TVERSKY A., « Prospect Theory : An Analysis of Decision Under Risk », *Econometrica* (47 (2), 1979).
KARNI E., SCHMEIDLER D., « Utility Theory with Uncertainty », *in* W. Hildenbrand et H. Sonnenschein (éd.), *Handbook of Mathematical Economics,* vol. IV, Amsterdam, North Holland Publishing Company, 1991.
KIMBALL M., « Precautionary Saving in the Small and in the Large », *Econometrica* (58, 1990), p. 53-78.
KNIGHT F.H., *Risk, Uncertainty and Profit,* Boston, Houghton Mifflin, 1921.
LAFFONT J.J., *Cours de théorie micro-économique,* t. 2, *Economie de l'incertain et de l'information,* 2e éd., Paris, Economica, 1991.
MACHINA M.J., « Choice under Uncertainty : Problems Solved and Unsolved », *Journal of Economic Perspectives* (Summer 1987).
MACHINA M.J., « Dynamic Consistency and Non-Expected Utility Models of Choice under Uncertainty », *Journal of Economic Literature* (XXVII (4), 1989), p. 1622-1668.
QUIGGIN J., « A Theory of Anticipated Utility Theory », *Journal of Economic Behaviour and Organisation* (3, 1982), p. 323-343.
RAMSEY F., « Truth and Probability », *The Foundations of Mathematics and Other Logical Essays,* Londres, Routledge and Kegan Paul, 1931, p. 156-198.
ROTHSCHILD M., STIGLITZ J., « Increasing Risk : I. A Definition », *Journal of Economic Theory* (2, 1970).
SAVAGE L., *The Foundations of Statistics,* New York, Wiley, 1954.
SCHMEIDLER D., « Subjective Probability and Expected Utility without the Independence Axiom », *Econometrica* (57, 1989), p. 571-587.
WAKKER P., « Separating Marginal Utility and Probabilistic Risk Aversion », *Theory and Decision* (36, 1994), p. 1-44.
YAARI M., « The Dual Theory of Choice under Risk », *Econometrica* (55, 1987), p. 95-105.

Mots clés

Aversion à l'égard de l'incertain, aversion à l'égard du risque, aversion absolue décroissante, dominance stochastique au premier ordre, effet de seuil, équivalent certain, espérance d'utilité de von Neumann et Morgenstern, espérance d'utilité dépendant du rang des conséquences, espérance d'utilité non additive, fonction d'utilité espérance-variance, fonction d'utilité HARA, incohérence temporelle, indice d'aversion à l'égard du risque, loterie, paradoxe, postulat bayésien, prime d'assurance, prime de risque, probabilité non additive, rationalité limitée.

Bons de souscription d'actions

12

Pierre Chollet

Apparus en France en 1983, les bons de souscription d'actions[1] constituent aujourd'hui un instrument important de financement des entreprises. Au total, 258 émissions de bons ont été réalisées par les sociétés françaises cotées entre 1983 et la fin de 1994.

L'exercice de ces bons représente en moyenne, chaque année depuis 1989, le quart des augmentations de capital des entreprises françaises par appel public à l'épargne.

Les caractéristiques des bons de souscription d'actions sont présentées dans une première section. Nous analysons ensuite leur utilité, tant pour les émetteurs que pour les investisseurs. Enfin, les principaux modèles d'évaluation et leurs limites d'application sont abordés dans une troisième section.

1. Les caractéristiques des bons de souscription d'actions

Les bons de souscription d'actions sont des actifs conditionnels émis par les entreprises. Leur valeur dépend de plusieurs facteurs qui sont en partie pris en compte par les méthodes empiriques d'évaluation. Les bons doivent être distingués selon leur type d'émission.

1.1. Des actifs conditionnels émis par les entreprises

Après avoir précisé ce qu'est un bon de souscription d'actions, nous en montrerons les spécificités, notamment par rapport aux options d'achat sur actions.

1.1.1. Qu'est-ce qu'un bon de souscription d'actions ?

Un bon de souscription d'actions est un actif financier qui confère à son détenteur le droit (et non l'obligation) d'acheter, à un prix déterminé, une certaine quantité d'actions à créer, au cours d'une période donnée. Le prix payé

1. Les bons de souscription d'actions sont appelés *warrants* en anglais.

pour acquérir l'action s'appelle le prix d'exercice. La date correspondant à la fin de la période d'exercice est l'échéance. La parité d'exercice indique le nombre de bons de souscription d'actions qu'il faut donner pour obtenir, en contrepartie du prix d'exercice, une (ou plusieurs) action(s) de la société.

Lors de l'exercice, la société émettrice des bons crée des actions nouvelles. Ces actions portent jouissance au premier jour de l'exercice en cours et donnent donc droit au dividende qui sera distribué lors de l'exercice suivant. Les bons de souscription peuvent être revendus à tout moment (sous réserve de trouver un acheteur intéressé). Si le bon n'est pas exercé à l'échéance, il perd toute valeur.

1.1.2. Les spécificités des bons de souscription par rapport aux options d'achat d'actions

Les transactions sur les options d'achat ne concernent pas directement les sociétés. En effet, elles portent sur des actions qui existent déjà, ce qui n'est pas le cas pour les bons. L'exercice des bons de souscription se traduit par la création d'actions nouvelles et donc par une augmentation du capital. Il induit un effet de dilution du capital et donc du pouvoir des anciens actionnaires. L'exercice des bons provoque aussi, en général, un effet de dilution sur le bénéfice par action et sur la valeur de l'action.

Les bons de souscription d'actions ont le plus souvent une durée de vie beaucoup plus longue que les options sur actions. Alors que ces dernières ont une durée de vie inférieure à un an, la période d'exercice des bons peut dépasser cinq ans.

1.2. La valeur d'un bon de souscription d'actions

La valeur d'un bon dépend de cinq facteurs.

1.2.1. La relation entre le prix d'exercice et le cours de l'action support

Le déterminant essentiel du prix d'un bon de souscription d'actions est la relation entre son prix d'exercice et le cours de l'action support. La valeur du bon est une fonction décroissante du prix d'exercice : pour un cours donné de l'action, le prix du bon est d'autant plus élevé que le prix d'exercice est faible. La valeur d'un bon est une fonction croissante du cours de l'action. En effet, plus le cours de l'action est élevé, plus le bon a une forte probabilité d'être exercé d'ici à l'échéance.

La différence entre le cours de l'action et le prix d'exercice du bon s'appelle la valeur intrinsèque. Cette valeur est positive si le cours de l'action est supérieur au prix d'exercice, ou nulle dans le cas contraire.

Les bons de souscription d'actions ont en général une valeur supérieure à leur valeur intrinsèque. Cet excédent, appelé valeur temps ou valeur spéculative, représente la valeur attachée à la possibilité que le bon ait une valeur intrinsèque plus élevée dans l'avenir. Un bon en dehors des cours (le prix d'exercice est supérieur au cours de l'action) n'a qu'une valeur temps, sa valeur intrinsèque étant nulle.

La valeur totale d'un bon est donc égale à la somme de la valeur intrinsèque et de la valeur temps.

1.2.2. Le taux d'intérêt

Les taux d'intérêt exercent une influence positive sur la valeur des bons de souscription d'actions. Un accroissement des taux d'intérêt réduit la valeur actuelle du prix d'exercice et augmente la valeur intrinsèque réelle du bon.

L'incidence des taux d'intérêt peut aussi être analysée à travers l'avantage en termes de trésorerie dont bénéficie le souscripteur de bons. Plus les taux d'intérêt sont élevés, plus l'investisseur réalise des économies en achetant des bons qu'il exercera ultérieurement, plutôt que d'acheter immédiatement les actions correspondantes.

1.2.3. L'échéance

La valeur d'un bon de souscription d'actions est une fonction croissante de la durée de vie du bon, c'est-à-dire de la longueur de la période qui s'étend jusqu'à l'échéance. Plus cette dernière est éloignée, plus l'investisseur pense que les possibilités d'exercice des bons sont grandes et qu'il a des chances de réaliser un gain.

L'évolution du prix des bons n'est pas une fonction linéaire du temps. Les bons de souscription d'actions qui ont une courte durée de vie sont beaucoup plus sensibles à la variation du temps que les bons dont l'échéance est plus éloignée.

1.2.4. Les dividendes

Le paiement de dividendes fait baisser le cours de l'action et donc celui du bon de souscription d'actions. La valeur intrinsèque du bon est en effet diminuée du dividende. Si l'on compare différents bons de souscription, ceux qui ont le plus de valeur, toutes choses égales par ailleurs, sont ceux qui correspondent à des actions versant les dividendes les plus faibles.

1.2.5. La volatilité de l'action

La volatilité est une mesure de la fluctuation du cours de l'action support, et donc du risque relatif à l'action. Plus la volatilité est forte, plus le cours de l'action a de chances d'être élevé (ou bas) et plus l'acquéreur de bons pense pouvoir réaliser un gain important. La baisse des cours de l'action provoque de façon symétrique des pertes. Celles-ci sont limitées au prix d'acquisition du bon. La volatilité est un facteur important de détermination de la valeur du bon. Elle n'en reste pas moins difficile à prendre en compte dans les modèles d'évaluation.

1.3. Les méthodes empiriques d'évaluation des bons de souscription d'actions

La valeur d'un bon de souscription d'actions peut être appréciée essentiellement à partir de trois critères. De façon à clarifier la présentation des méthodes d'évaluation, la parité d'exercice des bons est supposée égale à un.

1.3.1. La prime du bon de souscription d'actions

La prime du bon de souscription d'actions (P) est égale à la différence entre le cours du bon (W) et l'écart entre le cours de l'action (S) et le prix d'exercice (X) :

$$P = W - (S - X)$$

La prime est le plus souvent exprimée en pourcentage du cours de l'action :

$$P = \left(\frac{W + X}{S} - 1 \right) 100$$

La prime est en général positive du fait de la valeur spéculative du bon de souscription d'actions. Elle diminue quand on se rapproche de l'échéance.

1.3.2. L'effet de levier

L'effet de levier (L) est égal au rapport entre le cours de l'action et celui du bon de souscription d'actions :

$$L = \frac{S}{W}$$

Ce rapport indique le nombre de bons que l'on peut acheter avec la valeur d'une action. Plus le levier est élevé, plus les sommes à investir pour acquérir des bons sont faibles par rapport à l'investissement en actions. Les bons de souscription qui ont un levier important correspondent à des primes plus élevées. En effet, les investisseurs espèrent gagner plus d'argent grâce à ces bons et acceptent de les payer plus cher.

1.3.3. La valeur actuarielle du bon de souscription d'actions

La valeur d'un bon de souscription d'actions, supposé exercé à l'échéance (T), est comparée avec celle de l'action aujourd'hui. Le prix d'exercice du bon est actualisé au taux d'intérêt sans risque (r).

En présence de dividendes, la valeur actuarielle du bon (W_A) est égale à :

$$W_A = S - \sum_{j=0}^{J-1} D\, e^{-r(J+\gamma)} - X\, e^{-r(T-t)}$$

avec

D : le dividende annuel supposé constant, réinvesti au taux d'intérêt sans risque ; le nombre de dividendes versés d'ici à l'échéance est égal à J ;

γ : la durée entre le moment d'achat de l'action (t) et le versement du premier dividende.

La valeur actuarielle du bon, appelée aussi prix plancher théorique, permet de savoir si l'investissement dans les bons de souscription d'actions est plus avantageux qu'un investissement direct en actions. Si le cours du bon est inférieur à sa valeur actuarielle, l'achat de bons de souscription d'actions (et le placement de l'excédent de trésorerie au taux sans risque) est plus intéressant que l'achat d'actions.

1.4. Les différents types d'émissions de bons de souscription d'actions

Les bons de souscription d'actions peuvent être émis de manière autonome, mais ils sont le plus souvent attachés à d'autres titres.

1.4.1. Les obligations et les actions à bons de souscription d'actions

La loi n° 83-1 du 3 janvier 1983 autorise et réglemente l'émission d'obligations à bons de souscription d'actions (OBSA). Il s'agit d'obligations classiques, auxquelles sont attachés des bons de souscription d'actions. Ces bons peuvent être détachés au lendemain de l'émission et gérés distinctement des obligations.

La décision d'émettre des OBSA est prise en assemblée générale extraordinaire des actionnaires, ces derniers pouvant renoncer à leurs droits préférentiels de souscription. Cette pratique très fréquente s'accompagne en général d'une période de souscription prioritaire réservée aux actionnaires.

La période d'exercice des bons de souscription d'actions peut commencer après la date d'émission, mais elle ne peut pas dépasser de plus de trois mois la date de fin de remboursement de l'emprunt obligataire. Les formalités relatives à la création des actions sont simplifiées. L'action est réputée créée lorsque le bon est exercé et lorsque le prix d'exercice est versé.

Aux OBSA sont venus s'ajouter d'autres types de titres tels que les obligations convertibles à bons de souscription d'actions (OCBSA) et les obligations remboursables en actions assorties de bons de souscription d'actions (ORABSA).

La loi n° 85-1321 du 14 décembre 1985 permet la création d'autres produits financiers basés sur les bons de souscription d'actions. Ainsi, les émissions d'actions à bons de souscription d'actions (ABSA) se sont multipliées.

1.4.2. Les bons de souscription d'actions autonomes

Les bons de souscription d'actions sont dans ce cas vendus seuls. La société reçoit le produit de l'émission sans donner de contrepartie immédiate. L'investisseur espère pouvoir bénéficier de la hausse du cours de l'action de l'entreprise d'ici à l'échéance des bons. Certaines émissions de bons autonomes se font à titre gratuit. Ainsi, Accor a distribué en 1987 des bons de souscription d'actions gratuits à ses actionnaires.

Toutes les émissions de bons peuvent comporter des clauses spécifiques, citons par exemple :

– les bons avec faculté de rachat par la société émettrice (à un prix fixé dans le contrat d'émission) ;

– les bons à prix d'exercice glissant ; le prix d'exercice est, dans cette hypothèse, redéfini périodiquement en fonction de l'évolution du cours de l'action support.

2. L'utilité des bons de souscription d'actions

Les bons de souscription d'actions jouent un rôle important à la fois en tant qu'instruments de financement pour les entreprises et de placement pour les investisseurs. Cependant, une question cruciale se pose à ces derniers : quel est le moment opportun pour exercer les bons ?

2.1. Un moyen de financement et de contrôle pour les entreprises

Les titres assortis de bons de souscription d'actions apportent aux entreprises une grande souplesse dans la fixation des conditions d'émission. Ils permettent de s'adapter au contexte financier qui prévaut lors de l'opération financière et aux souhaits des investisseurs.

2.1.1. L'augmentation de capital différée et conditionnelle

Les différentes émissions comprenant des bons de souscription d'actions permettent à l'entreprise d'augmenter ses fonds propres dans des conditions avantageuses[2]. En effet, le prix d'exercice des bons est généralement supérieur au cours actuel de l'action. De plus, l'entreprise économise les frais d'émission qui s'imposeraient dans le cas d'une augmentation de capital par émission d'actions. L'émission de bons de souscription permet à une entreprise de taille moyenne d'ouvrir progressivement son capital. L'augmentation des fonds propres est cependant conditionnelle. En effet, elle n'a lieu que si les bons sont exercés, ce qui suppose que le cours de l'action progresse suffisamment avant l'échéance des bons et se situe au-dessus du prix d'exercice.

2.1.2. Le contrôle et la protection contre les offres publiques d'achat

Les entreprises utilisent les bons de souscription d'actions comme moyen de protection contre les offres publiques d'achat (OPA). Les bons à prix d'exercice glissants sont particulièrement adaptés à un tel objectif. Le prix d'exercice suivant le cours de l'action, la valeur des bons est faible. Ainsi, le coût de détention des bons par les actionnaires fidèles ou alliés est limité. Ces derniers vont exercer leurs bons en cas d'OPA hostile. L'opération devient alors beaucoup plus coûteuse et difficile à réussir pour les auteurs de l'OPA[3].

L'émission de bons de souscription d'actions permet aussi de maintenir le contrôle sur le capital et de garder le pouvoir de décision. La distribution gratuite de bons est souvent utilisée dans cette optique. Sans apport de capital supplémentaire, les anciens actionnaires se voient attribuer des options sur les droits de vote. En cas de remise en cause de leur pouvoir, ils peuvent exercer leurs bons de souscription.

2.2. Un instrument de placement spéculatif à la disposition des investisseurs

Comme tout instrument spéculatif, les bons de souscription d'actions sont un placement attrayant, mais risqué.

2.2.1. Un placement attrayant...

Les bons de souscription d'actions sont des titres très spéculatifs. Ils comportent un fort effet de levier. Une même somme investie dans des bons peut permettre de gagner beaucoup plus d'argent que si elle était investie dans l'action support. Ceci est dû à la forte volatilité du cours des bons, par rapport à celle de l'action. L'achat de bons de souscription d'actions est donc intéressant dans un marché boursier à la hausse. Les bons relatifs à des actions dont le cours a un fort potentiel de croissance sont particulièrement recherchés.

---

2. Voir également dans l'***Encyclopédie de gestion*** l'article de N. Mourgues, « Fonds propres et quasi-fonds propres ».

3. Voir dans l'***Encyclopédie de gestion*** l'article de M. Nussenbaum, « Prises de contrôle, fusions, acquisitions ».

Les bons de souscription permettent par ailleurs à un investisseur qui souhaite acheter des actions d'une certaine société, mais qui n'a pas suffisamment de trésorerie disponible, de différer son achat. Ils peuvent aussi protéger l'investisseur contre des ventes à découvert d'actions sur le marché à règlement mensuel.

Les émissions de titres composés incluant des bons de souscription d'actions offrent à leurs souscripteurs différents choix. Ils peuvent conserver l'ensemble du titre, ou revendre l'obligation (ou l'action) à laquelle le bon de souscription d'actions est attaché.

2.2.2. ... Mais un placement risqué

Le caractère spéculatif des bons de souscription d'actions peut constituer un inconvénient. En cas de forte chute des cours de l'action support, la valeur des bons devient très faible, et la perte pour l'investisseur peut être importante. L'acquéreur de bons est donc pénalisé par une baisse (ou même une stagnation) du cours de l'action par rapport à son cours à l'émission des bons. L'investisseur doit prendre en considération le risque relatif à l'évolution des cours et à la liquidité du marché de l'action sous-jacente. Un marché peu liquide peut provoquer des variations importantes du cours des bons et notamment sa chute si les vendeurs d'actions ne trouvent pas d'acquéreurs.

L'investisseur en bons de souscription d'actions ne reçoit pas de rémunération immédiate en contrepartie des fonds versés lors de leur acquisition. Il doit de plus prendre en considération le fait que la valeur des bons évolue en fonction du temps. Le bon a une valeur nulle à l'échéance s'il n'est pas exercé (sauf dans le cas des bons avec faculté de rachat).

Investir dans des bons de souscription d'actions implique un niveau de connaissance suffisamment important pour apprécier le risque du placement effectué et en évaluer la rentabilité. Il est indispensable de s'informer de façon permanente sur l'évolution des cours et du marché des bons, mais aussi des actions supports. Toutes les décisions affectant le capital de l'entreprise (émission d'actions, division du titre...) doivent être connues immédiatement, car elles se traduisent le plus souvent par une modification de la parité d'exercice des bons. Ces informations sont diffusées obligatoirement par les émetteurs.

2.3. Les stratégies d'exercice des bons de souscription d'actions

La question fondamentale posée ici est de savoir à quel moment les bons doivent être exercés.

2.3.1. La stratégie d'exercice à l'échéance

L'approche traditionnelle des stratégies d'exercice des bons de souscription d'actions repose principalement sur les hypothèses suivantes :

– le capital de la société émettrice est uniquement composé d'actions ordinaires et d'un seul type d'actifs contingents,

– les conditions d'exercice des bons sont constantes,

– il n'y a pas de distribution de dividendes avant l'échéance,

– les dirigeants de la société agissent de manière à maximiser la richesse des actionnaires.

La stratégie optimale consiste alors à exercer les bons à l'échéance, car le bon « en vie » vaut plus cher que le bon exercé (Merton, 1973). En effet, le bon exercé vaut : $\max\ [0,\ S - X]$, alors que le bon encore en vie a une valeur supérieure : $\max\ [0,\ S - XD(T-t)]$. $D(T-t)$ représente la valeur actuelle d'un actif sans risque qui paie 1 franc dans $(T-t)$ années.

Cependant, lorsque le marché n'est pas à l'équilibre, des exercices peuvent avoir lieu avant l'échéance. En effet, si à un moment donné la somme du cours d'un bon et de son prix d'exercice est inférieure au cours de l'action support, alors des opérations d'arbitrage sont déclenchées.

2.3.2. Les stratégies d'exercice prématuré

L'exercice des bons de souscription d'actions avant l'échéance, appelé « exercice prématuré », correspond à deux stratégies possibles.

2.3.2.1. L'exercice en bloc

Les détenteurs de bons peuvent être amenés à exercer prématurément tous les bons dans deux cas.

Le versement de dividendes non anticipé (et non couvert) entraîne une perte de valeur du bon de souscription d'actions, car son détenteur n'a pas accès à ce revenu. L'exercice prématuré peut être rationnel, juste avant une distribution exceptionnelle de dividendes au cours de la durée de vie des bons.

L'approche d'une date de modification contractuelle du prix d'exercice peut aussi provoquer un exercice prématuré.

2.3.2.2. L'exercice séquentiel

La possibilité de stratégies d'exercice séquentiel (exercice des bons en plusieurs fois) a été envisagée par Emmanuel (1983). Il montre que dans le cas général l'exercice en bloc des bons de souscription d'actions est sous-optimal. Son analyse repose sur trois hypothèses :

- les bons de souscription d'actions sont perpétuels,
- les dividendes sont proportionnels à la valeur de l'entreprise,
- le produit de l'exercice des bons est réinvesti dans l'entreprise.

Lorsqu'une certaine quantité de bons fait l'objet d'exercices prématurés, et que les bons restants ne sont pas exercés simultanément et immédiatement après, l'ensemble des bons a une valeur plus importante que dans le cas d'un exercice en bloc à l'échéance. Cet accroissement de la valeur des bons est profitable pour les souscripteurs qui ont attendu que d'autres exercent avant eux.

Mais qui acceptera d'exercer le premier ? Si les bons sont largement répartis, personne n'acceptera d'exercer avant l'échéance, sauf si une compensation correspondant à l'externalité dégagée (c'est-à-dire égale à la valeur moyenne des bons non exercés) peut être obtenue. Les stratégies d'exercice dépendent donc de la répartition des bons entre les investisseurs.

3. Les modèles d'évaluation des bons de souscription d'actions

Les premiers modèles utilisés sont élaborés à partir d'études statistiques du marché des bons. Cette approche empirique a laissé progressivement la place à des modèles d'options fondés sur l'utilisation de variables aléatoires.

3.1. Les modèles économétriques

Les premiers modèles d'évaluation élaborés au milieu des années 1960 permettent d'estimer la valeur d'un bon, en fonction de son prix d'exercice et de sa maturité. Ainsi, le modèle de Kassouf (1969) est obtenu à partir d'observations sur le marché américain entre 1945 et 1957. La valeur d'un bon est égale à :

$$W = X\left\{[(S/X)^z + 1]^{1/z} - 1\right\}$$

avec

$$Z = k_1 + \frac{k_2}{T-t} + k_3\,\frac{D}{S} + k_4 d + k_5 E_1 + k_6 E_2 + k_7\,\frac{S}{X} + k_8 X$$

$k_{1,\,\ldots,\,8}$: les coefficients obtenus par régression multiple,
$T-t$: le nombre de mois jusqu'à l'échéance du bon,
D : le dividende annuel,
d : le nombre de bons en vie divisé par le nombre d'actions,
E_1 : la pente de la droite des moindres carrés ajustée sur les logarithmes du cours moyen mensuel de l'action sur les 11 derniers mois,
E_2 : l'écart type des logarithmes du cours des actions sur les 11 derniers mois.

Malheureusement, les coefficients ne sont pas stables. L'utilisation du modèle conduit à une évaluation des bons inexacte, dans la mesure où les coefficients estimés sur données historiques sont différents de ceux du jour d'évaluation.

3.2. Les modèles d'options

La publication en 1973 du modèle de Black et Scholes a bouleversé les habitudes en matière d'évaluation des options. De nombreux auteurs et praticiens ont appliqué les modèles d'options à l'évaluation des bons de souscription d'actions. Cependant, les caractéristiques particulières des bons par rapport aux options justifient une adaptation de ces modèles.

3.2.1. Les modèles d'évaluation des options

Le modèle originel de Black et Scholes est exposé avant de présenter les adaptations qu'induisent la prise en compte de la distribution de dividendes et l'évaluation des options américaines[4].

3.2.1.1. Le modèle de Black et Scholes

Le modèle s'applique à des options d'achat européennes (exerçables seulement à l'échéance) portant sur des actions qui ne versent pas de dividendes. Le cours des actions est supposé suivre un processus aléatoire continu de Gauss-Wiener.

La valeur d'une option d'achat (C) dépend de cinq variables dont quatre sont directement observables : le cours de l'action support (S), le prix d'exercice de l'option (X), le temps restant à courir jusqu'à la maturité de l'option

4. Voir également dans cette ***Encyclopédie*** l'article de F. Quittard-Pinon, « Options : le modèle binomial, le modèle de Black et Scholes et leurs extensions », p. 1355, tome 2.

$(T-t)$, le taux d'intérêt continu sans risque et annualisé (r). Seule la dernière correspondant à la volatilité du taux de rentabilité instantané de l'action n'est pas directement observable. La volatilité est définie ici comme l'écart type de la distribution des taux de rentabilité annualisés de l'action. Estimée sur données historiques ou à partir d'un modèle d'évaluation (volatilité implicite), elle est supposée constante. Le modèle de Black et Scholes peut s'écrire de la manière suivante :

$$C = SN(d_1) - X\,e^{-r(T-t)}\,N(d_2)$$

où $N(\,.\,)$ est la fonction de répartition de la loi normale

$$d_1 = \frac{\ln\,(S/X) + (r + \sigma^2/2)(T-t)}{\sigma\sqrt{T-t}}$$

$$d_2 = d_1 - \sigma\sqrt{T-t}$$

3.2.1.2. *La prise en compte de la distribution de dividendes*

La distribution de dividendes entraîne une baisse immédiate du cours de l'action et donc une diminution de la valeur des options d'achat.

Le versement à des dates connues de dividendes anticipés de montants fixés peut être facilement pris en compte, dans le modèle de Black et Scholes. Il suffit en effet de retrancher du cours de l'action support la valeur actuelle des dividendes futurs.

3.2.1.3. *L'évaluation des options américaines*

Par définition, une option américaine est exerçable à tout moment entre son émission et sa date d'échéance. L'approche théorique traditionnelle considère que le détenteur d'une option américaine n'a pas intérêt à l'exercer avant sa maturité. L'existence de dividendes peut toutefois provoquer un exercice prématuré juste avant la date de distribution. La valeur de l'option peut être obtenue simplement en appliquant le modèle de Black et Scholes ajusté, à chaque date qui précède la distribution de dividendes. La valeur de l'option la plus élevée est retenue.

3.2.2. L'évaluation des bons de souscription d'actions à l'émission

L'effet de dilution, lié à l'émission de nouvelles actions lors de l'exercice des bons, rend nécessaire une modification des modèles d'options pour évaluer les bons de souscription d'actions. Le facteur de dilution, correspondant au rapport entre le nombre d'actions à créer du fait de l'exercice des bons (n) et le nombre d'actions anciennes (N) : $d = \frac{n}{N}$, doit être introduit dans l'analyse.

Galai et Schneller (1978) proposent une méthode d'évaluation des bons de souscription d'actions qui n'est utilisable que juste avant leur émission. Plusieurs hypothèses sont retenues :

– l'entreprise est financée uniquement par des fonds propres ;

– la politique d'investissement de l'entreprise est donnée et n'est pas affectée par ses décisions de financement ;

– la richesse des anciens actionnaires n'est pas modifiée, car les fonds reçus de l'émission des bons leur sont versés immédiatement sous forme de dividendes ;

– il n'existe pas de versement de dividendes à la fin de la période ;
– les bons ne peuvent être exercés qu'en bloc.

Le modèle de Galai et Schneller intègre un coefficient de dilution égal au rapport entre le nombre d'actions anciennes (N) et le nombre d'actions après l'exercice des bons :

$$\frac{N}{N+n} = \frac{1}{1+d}$$

La valeur d'un bon de souscription d'actions est alors égale à la valeur d'une option d'achat sur actions d'une entreprise identique qui n'a pas émis de bons, multipliée par le coefficient de dilution :

$$W = \frac{1}{1+d}\,C$$

Cette méthode d'évaluation admet un certain nombre de limites. L'hypothèse du versement immédiat aux anciens actionnaires des fonds recueillis lors de l'émission des bons est peu conforme à la pratique des entreprises. Par ailleurs, l'évaluation d'un bon à partir de la valeur d'une option n'est possible que s'il n'existe pas d'autres bons en cours de validité. Cette méthode n'est donc utilisable que pour calculer le prix des bons de souscription d'actions juste avant leur émission.

Après l'émission, le cours de l'action tient normalement compte de l'existence des bons de souscription d'actions. Dès lors, appliquer le facteur de dilution à la valeur d'une option d'achat revient à tenir compte deux fois de la dilution.

3.2.3. L'évaluation des bons de souscription d'actions après leur émission

L'évaluation des bons après leur émission doit tenir compte de l'effet de dilution, mais aussi du caractère instable de la volatilité de l'action. Pour une entreprise financée par des bons, l'instabilité de cette volatilité est due à plusieurs raisons.

Une partie du risque relatif à l'entreprise est partagée entre les actionnaires et les détenteurs de bons de souscription d'actions. Tant que ces derniers n'exercent pas, ils supportent indirectement une partie du risque à travers l'évolution du cours des bons. Dès que les bons sont exercés, leur propriétaire devient actionnaire et assume directement une partie du risque. Le partage du risque évolue donc continuellement en fonction de la valeur des actifs de l'entreprise et de l'éloignement de l'échéance des bons.

L'utilisation du produit de l'exercice des bons peut provoquer une modification de la volatilité des actions, notamment si elle n'est pas correctement anticipée par le marché.

L'impact des bons de souscription sur la volatilité de l'action dépend de façon importante du facteur de dilution. Plus celui-ci est élevé, plus l'instabilité de l'écart type de la rentabilité de l'action est susceptible d'augmenter.

La prise en compte de l'instabilité de la volatilité de l'action dans les modèles d'évaluation apparaît à la fin des années 1980, notamment dans les travaux de Crouhy et Galai (1988). Ce type d'approche permet de tenir compte de l'effet de dilution sans appliquer de coefficient de dilution. De tels modèles ne sont pas à l'heure actuelle applicables dans la pratique. Ils restent dans le domaine de la recherche.

*

* *

Les bons de souscription d'actions sont des actifs financiers qui jouent un rôle spécifique à la fois en tant qu'instrument de financement et moyen de placement. Ils se différencient notamment des options d'achat d'actions par l'effet de dilution qu'ils impliquent.

Les bons de souscription d'actions sont des moyens de placement attrayants, mais risqués. Ils nécessitent une bonne connaissance du produit et une information constante sur l'évolution du marché financier et celle de la société émettrice. L'exercice des bons à l'échéance n'est pas toujours la stratégie optimale. Dans un certain nombre de cas, il est préférable de les exercer prématurément.

Les modèles d'options du type de celui de Black et Scholes permettent d'évaluer correctement les bons de souscription d'actions seulement avant leur émission, et à condition d'être corrigés par un coefficient de dilution. L'évaluation des bons après l'émission est plus délicate. Les modèles disponibles à l'heure actuelle sont difficilement applicables dans la pratique.

Références

BLACK F., SCHOLES M., « The Pricing of Options and Corporate Liabilities », *Journal of Political Economy* (May-June 1973), p. 637-654.

CHOLLET P., *Les bons de souscription d'actions : évaluation, stratégies d'exercice et construction d'un indice*, Thèse de doctorat, Université de Paris IX-Dauphine, 1993.

CHOLLET P., *Les bons de souscription d'actions*, Paris, Economica, 1995.

COX J.C., RUBINSTEIN M., *Options Markets*, Prentice Hall, 1985.

CROUHY M., GALAI D., « Warrant Valuation and Equity Volatility », *Advances in Futures and Options Research* (n° 5, 1991), p. 98-113.

EMMANUEL D.C., « Warrant Valuation and Exercise Strategy », *Journal of Financial Economics* (n° 12, 1983).

GALAI D., SCHNELLER M.I., « Pricing of Warrants and the Value of the Firm », *Journal of Finance* (vol. 23, December 1978), p. 1333-1342.

KASSOUF S.T., « An Econometric Model for Option Price with Implications for Investor's Expectations and Audacity », *Economica* (October 1969), p. 685-694.

MERTON R.C., « Theory of Rational Option Pricing », *Bell Journal of Economics and Management Science* (Spring 1973), p. 141-183.

Mots clés

ABSA, bon de souscription d'actions, bon de souscription d'actions autonome, contrôle, échéance, effet de dilution, effet de levier, évaluation, exercice, faculté de rachat, instrument de placement, modèles d'évaluation, moyen de financement, OBSA, OCBSA, ORABSA, OPA, option d'achat d'actions, parité d'exercice, prime, prix d'exercice, spéculatif, stratégie d'exercice, valeur intrinsèque, valeur spéculative, valeur temps, volatilité de l'action.

Bourses de valeurs

13

Pierre Lamy

Les bourses de valeurs ont pour mission d'assurer le financement de l'économie par l'appel public à l'épargne, en organisant la négociation de titres de propriété (actions[1]) et de titres de dette à long terme (obligations[2]). Pour ce faire, elles se voient confier trois séries d'activités, complémentaires les unes des autres : assurer la cotation des valeurs, organiser la confrontation de l'offre et de la demande sur le marché, et concrétiser les transactions en organisant le paiement des espèces et le transfert des titres entre les différents investisseurs.

Ainsi résumée, la finalité des bourses de valeurs n'a guère évolué depuis le modèle adopté au cours du siècle dernier dans les économies d'Europe occidentale, même si elles avaient alors une importance relative beaucoup plus grande que ce n'est le cas aujourd'hui.

Mais il s'agit là d'une apparence trompeuse, car le visage des bourses de valeurs a été véritablement bouleversé au cours des vingt dernières années. Les vastes et respectables enceintes où les intermédiaires boursiers se retrouvaient pour exécuter les ordres de leur clientèle font de plus en plus place à des communautés virtuelles d'acteurs financiers, réunies au moyen de systèmes informatiques qui abolissent toute notion d'espace géographique. Parallèlement, les impératifs d'efficacité imposent une logique de renouvellement, avec la disparition de certaines bourses jugées inadaptées, et l'émergence d'acteurs organisés à partir de concepts nouveaux.

1. L'organisation des bourses de valeurs

Deux thèmes dominent les questions touchant au mode d'organisation des transactions boursières : l'apparition puis l'affirmation progressive du marché dirigé par les prix, aux côtés du traditionnel marché dirigé par les ordres, et l'essor de l'électronique comme mode de gestion dominant des transactions boursières.

---

1. Voir dans cette ***Encyclopédie*** l'article de D. Folus, « Actions : modélisation, évaluation, gestion », p. 1, tome 1.

2. Voir dans cette ***Encyclopédie*** l'article de M. Piermay, « Obligations », p. 1283, tome 2.

1.1. Marché dirigé par les ordres et marché dirigé par les prix

Deux modes de négociation des transactions boursières sont concevables. Le premier consiste à regrouper tous les ordres d'achat et de vente, et à en déduire un prix d'équilibre. Il s'agit du marché dirigé par les ordres. Le second consiste à diffuser des prix à l'achat et à la vente par l'entremise d'intermédiaires boursiers, et à susciter ainsi les transactions. Il s'agit du marché dirigé par les prix.

Seules trois bourses de valeurs ont adopté la technique du marché dirigé par les prix : la bourse de Londres, la bourse américaine délocalisée du NASDAQ (National Association of Securities Dealers Automated Quotations) et le second marché de Singapour, le SESDAQ (Stock Exchange of Singapore Dealing and Automated Quotations). Cette technique d'organisation des transactions est plus particulièrement adaptée à la prise en compte des ordres importants émanant des investisseurs institutionnels, dans la mesure où elle s'appuie sur des intermédiaires boursiers dont le rôle est de se porter contrepartie dans la transaction, et qui disposent de la faculté de moduler le cours d'exécution en fonction de critères tels que les quantités négociées ou la qualité de la contrepartie. A l'inverse, le marché dirigé par les ordres favorise l'équité entre investisseurs – à un instant considéré, il n'existe qu'un seul et unique cours pour une valeur donnée – et facilite le traitement des petits ordres[3].

1.2. L'automatisation des marchés boursiers

Depuis ses premières apparitions dans les années 1970, l'électronique a envahi les marchés boursiers, au point de véritablement en modeler la physionomie. Elle a été appliquée à toutes les grandes fonctions boursières : l'acheminement des ordres depuis les intermédiaires boursiers, la négociation des transactions et le règlement-livraison des opérations.

1.2.1. Le routage automatique des ordres de bourse

Le New York Stock Exchange (NYSE) a été la première bourse de valeurs à entreprendre une automatisation du routage d'ordres, avec l'instauration dès 1976 du système DOT (*Designated Order Turnaround,*) lequel a ensuite cédé la place à Super-DOT. En France, l'automatisation de la fonction de routage des ordres a été entreprise seulement dix ans plus tard, *via* le système COCA (pour connexion à CAC). Jusqu'à présent, de tels investissements ont toujours été consentis dans une logique de place, l'objectif étant de fiabiliser et d'accélérer les conditions d'acheminement des ordres sur le marché.

De ce point de vue, les prochaines années devraient sans doute être marquées par le développement d'initiatives entreprises dans une logique de délocalisation de l'accès au marché, l'objectif étant, cette fois, de faciliter l'acheminement des ordres émanant d'investisseurs non résidents.

1.2.2. L'exécution automatique des ordres

Les bourses de valeurs ont traditionnellement été organisées à partir d'un marché à la criée, où les collaborateurs des intermédiaires boursiers se réunissaient physiquement (généralement entre la fin de la matinée et le début de l'après-midi) pour confronter les ordres reçus de leur clientèle.

---

3. Voir dans cette ***Encyclopédie*** l'article de J. Hamon, « Microstructure des marchés », p. 1140, tome 2.

Le souci exprimé par les investisseurs institutionnels et les établissements financiers de pouvoir négocier les titres en continu tout au long de la journée a été le principal facteur qui a conduit à l'abandon progressif de ce mode de négociation. La plupart des bourses de valeurs se sont progressivement tournées vers la mise en œuvre de logiciels qui rapprochent automatiquement les ordres à l'achat et à la vente en fonction de leurs caractéristiques de cours et de quantité, et établissent ainsi un prix d'équilibre au fur et à mesure du déroulement de la journée.

Les bourses de valeurs américaines sont parmi les dernières à n'avoir pas opéré un tel choix. La raison tient au fait qu'elles ont organisé leur processus de négociation autour des *spécialistes,* intermédiaires boursiers responsables de l'animation des transactions concernant les valeurs dont ils ont la charge. Ces spécialistes ont en particulier pour mission de lutter contre la volatilité à court terme de la valeur en se portant contrepartie sur le marché.

Quant à la bourse de Tokyo, elle a choisi de faire coexister le marché à la criée et le marché électronique.

1.2.3. L'automatisation des fonctions de règlement-livraison

L'étape de règlement-livraison vise à concrétiser la transaction, en organisant le transfert des espèces et des titres entre l'acheteur et le vendeur[4]. Il s'agit d'une fonction critique pour les bourses de valeurs, qui doivent être en mesure de fournir une prestation permettant de dénouer l'opération dans des délais aussi brefs que possible, des mécanismes devant par ailleurs être prévus pour éviter tout effet de propagation en cas de défaillance d'un intervenant.

L'augmentation brutale des volumes de transactions boursières qui a marqué le milieu des années 1980 a précisément mis sur le devant de la scène la question de l'adéquation des systèmes de règlement-livraison de la plupart des places boursières. A cette époque encore, la plupart des transactions boursières nécessitaient l'échange physique des certificats représentatifs des titres ; d'où l'apparition de taux de retards et d'erreurs importants avec l'accélération du niveau de rotation des titres.

Les axes de modernisation mis en œuvre depuis le milieu des années 1980 s'organisent autour de la dématérialisation des titres (des écritures informatiques remplaçant les certificats représentatifs des valeurs mobilières), et de la simultanéité des processus d'échange des titres et des espèces (de façon à éviter que l'acheteur puisse être débité des espèces sans avoir reçu les titres).

2. La dynamique concurrentielle

Traditionnellement perçues – voire même conçues – comme de vénérables institutions chargées d'organiser et de veiller au bon déroulement des transactions boursières, les bourses de valeurs ont longtemps été étrangères à tout concept de compétitivité. Cela n'est plus le cas aujourd'hui. Parallèlement aux missions traditionnelles de maintien de l'équité et de la transparence du marché, viennent désormais se placer des objectifs de parts de marché et de

---

4. Voir également dans cette ***Encyclopédie*** les articles de N. Desbarrières, « Compensation et règlement/livraison des titres financiers », p. 250, tome 1 et de M. Karlin, « Circulation internationale des titres », p. 239, tome 1.

rentabilité. Les bourses de valeurs sont ainsi jugées par un certain segment de leur clientèle sur des critères tout à fait tangibles de rapport qualité/prix de la prestation proposée.

2.1. La concurrence entre les intermédiaires boursiers

Dans la plupart des pays, les intermédiaires boursiers ont longtemps été tenus à l'abri du libre jeu de la concurrence, grâce à l'application de tout ou partie des trois principes suivants : monopole concernant l'activité d'intermédiation sur valeurs mobilières, *numerus clausus* concernant l'accès à la profession, et application d'un barème officiel de courtage.

Les Etats-Unis ont été les premiers à mettre fin à cette source d'inefficacité en instaurant en 1975 la libre négociabilité des courtages (réforme dite du *May Day*). Avec la suppression progressive des obstacles aux flux internationaux de capitaux, les autres places boursières ont été contraintes de suivre l'exemple américain. Cela a été le cas du Royaume-Uni en octobre 1986 (réforme du *Big Bang*) et de la plupart des places d'Europe continentale au cours des années suivantes.

Au sein de l'Union européenne, la mise en application, à partir de 1996, de la directive relative aux services d'investissement constitue à cet égard une nouvelle échéance. Chaque intermédiaire boursier européen ayant libre accès à toutes les bourses de valeurs de l'Union européenne, il en résultera une concurrence accrue, qui se fera notamment au moyen de nouveaux types de prestations de services, telles que le routage automatique d'ordres de bourse depuis la clientèle institutionnelle.

2.2. La concurrence entre les bourses de valeurs

Induit par les progrès technologiques et l'abaissement des obstacles aux flux de capitaux transfrontières, le mouvement de globalisation financière a pour effet de mettre en concurrence les bourses de valeurs situées dans différents pays. Les acteurs de cette concurrence sont les établissements financiers et les investisseurs institutionnels d'envergure internationale, qui arbitrent les prestations d'intermédiation boursière relatives aux titres cotés sur plusieurs bourses de valeurs.

Cette concurrence entre bourses de valeurs est le fait quasi exclusif de la bourse de Londres et du NYSE, qui ont concentré en 1994 près de 95 % des volumes de transactions portant sur des actions étrangères inscrites à la cote d'une bourse de valeurs (FIBV, 1994). Dans le cas de la bourse de Londres, c'est le résultat d'une stratégie délibérée d'acquisition de parts de marché particulièrement axée vers les places boursières d'Europe occidentale. Dans le cas du NYSE, cela tient à l'importance de l'industrie américaine de la gestion institutionnelle, qui trouve parfois avantage à traiter des ADR (*American Depositary Receipts*), certificats libellés en dollar représentatifs de ces titres étrangers.

2.3. Les nouveaux entrants

Parallèlement à la concurrence que se livrent entre elles les bourses de valeurs des différents pays, celles-ci sont confrontées à l'irruption de deux catégories de nouveaux entrants sur le marché de l'organisation des transactions boursières : les organismes internationaux de règlement-livraison, qui se posent de plus en plus en concurrents directs des systèmes de règlement-livraison nationaux, et les systèmes électroniques de négociation, qui s'affirment de plus en plus comme de véritables rivaux avec lesquels les bourses de valeurs doivent désormais compter.

2.3.1. Les organismes internationaux de règlement-livraison

Créés respectivement en 1968 et en 1971 pour servir le développement du marché euro-obligataire, les organismes de règlement-livraison internationaux Euroclear et Cedel ont fondé leur développement sur l'efficacité et la fiabilité de leurs prestations[5].

Bénéficiant d'un rapport qualité/prix bien supérieur à la plupart des systèmes de règlement-livraison nationaux, ils ont récemment entrepris d'étendre leur activité au-delà du seul marché euro-obligataire pour se poser en concurrents directs des systèmes de règlement-livraison nationaux. L'occasion leur en a été offerte par le développement des transactions boursières transfrontières.

Sous le double jeu de l'augmentation du nombre de valeurs nationales traitées et du développement de liens automatiques directs avec les marchés nationaux (à la fin de 1994, Euroclear se targuait d'avoir de tels liens avec 24 marchés boursiers nationaux), Euroclear et Cedel se présentent ainsi vis-à-vis des acteurs d'envergure internationale non plus comme de simples outils complémentaires par rapport aux systèmes de règlement-livraison nationaux, mais comme de véritables solutions de remplacement à certains d'entre eux.

2.3.2. Les systèmes électroniques de négociation

La fin des années 1980 et le début des années 1990 ont vu l'apparition et le développement des systèmes électroniques de négociation sur valeurs mobilières, en liaison avec les progrès enregistrés dans le domaine de la technologie de l'information et avec l'essor de l'activité des investisseurs institutionnels sur les marchés boursiers. Le nombre de ces systèmes électroniques de négociation peut être aujourd'hui évalué à une dizaine environ, les principaux d'entre eux étant Instinet, Posit, l'Arizona Stock Exchange et Tradepoint. A l'exception de ce dernier, qui a vu le jour en 1995 à Londres, tous ces systèmes sont originaires des Etats-Unis.

Exclusivement orientés vers les investisseurs institutionnels, ils visent à proposer une prestation d'intermédiation boursière moins onéreuse et, pour la plupart d'entre eux, garantissant un plus grand anonymat que les marchés boursiers traditionnels. Directement concurrents des bourses de valeurs, ils s'appuient néanmoins sur celles-ci – au premier rang desquelles le NYSE –, pour en tirer des informations sur les prix de transaction.

Le développement de ces systèmes de négociation électroniques suscite un risque réel de balkanisation des marchés de valeurs mobilières : destinés à capter une partie des transactions boursières, ils ont pour effet de fractionner la liquidité du marché, tandis que le prix d'équilibre obtenu sur la bourse de valeurs perd une partie de sa valeur de référence (car il n'est plus le résultat de la confrontation de tous les ordres).

---

5. Voir également dans cette ***Encyclopédie*** l'article de H. de La Bruslerie, « Marchés financiers internationaux », p. 945, tome 1.

Les réponses à cet enjeu ne sont pas uniformes. Tandis que les autorités boursières américaines et britanniques mettent au premier plan les vertus du libre jeu de la concurrence en autorisant ces systèmes de négociation électroniques, les autorités françaises se réfèrent au strict respect du principe d'unicité du marché boursier pour refuser de tels systèmes de confrontation des ordres.

3. Les principales bourses de valeurs mondiales

Le graphique 1 présente le positionnement relatif des principales bourses de valeurs mondiales du point de vue de la capitalisation boursière, en prenant en compte à la fois les actions et les obligations. Il met en évidence le rôle dominant joué par les bourses de New York et de Tokyo, Paris ne venant qu'au cinquième ou sixième rang mondial (selon l'importance que l'on accorde à la dimension obligataire).

Graphique 1 – Capitalisation boursière des principales bourses de valeurs (situation au 31 décembre 1994)

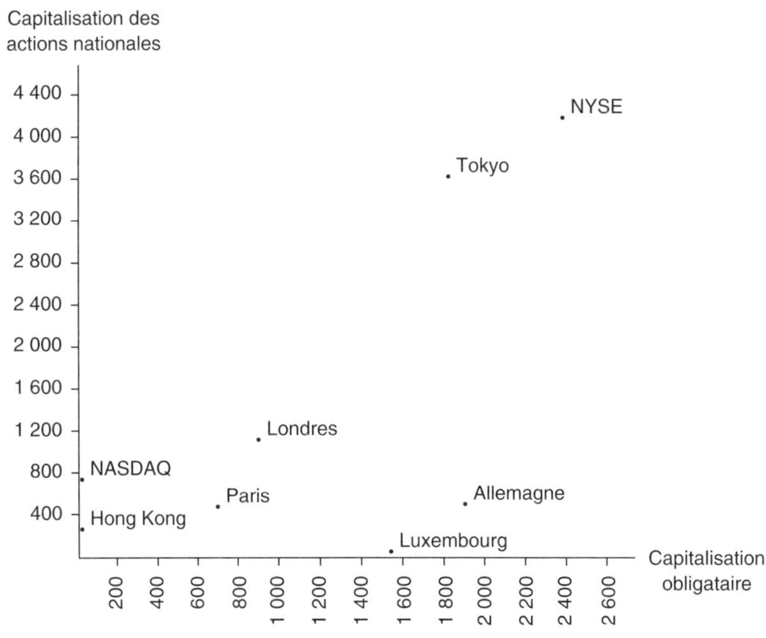

Unité : Milliard de dollars.

Source : Fédération internationale des bourses de valeurs.

3.1. Les bourses américaines

Huit bourses de valeurs se partagent le marché américain : deux bourses nationales – le New York Stock Exchange (NYSE) et l'American Stock Exchange (AMEX) –, cinq bourses régionales – le Boston Stock Exchange, le Cincinnati Stock Exchange, le Midwest Stock Exchange, le Pacific Stock Exchange et le Philadelphia Stock Exchange –, et une bourse délocalisée – le NASDAQ.

Aujourd'hui encore, le NYSE demeure la bourse de référence, par le fait qu'il concentre la majeure partie des transactions boursières et que l'essentiel des grandes sociétés américaines y sont cotées. Ces dernières années ont toutefois été marquées par une concurrence de plus en plus affirmée de la part du NASDAQ. Spécialisé sur le secteur des sociétés «émergentes», le NASDAQ a largement bénéficié de la croissance des valeurs technologiques, ce qui lui permet d'apparaître comme un marché véritablement concurrent du NYSE. Des valeurs aujourd'hui aussi importantes que Microsoft, Apple ou Sun ont choisi de demeurer sur le NASDAQ, soulignant ainsi une évolution importante dans la nature de ce marché.

L'essentiel de l'activité des bourses régionales correspond à des transactions sur des valeurs cotées sur le NYSE et, dans une bien moindre mesure, l'AMEX. Leur développement remonte à la grande réforme boursière de 1975 qui a notamment eu pour objet de favoriser la concurrence entre les différents marchés boursiers américains. Celle-ci s'effectue au moyen notamment d'un système informatique déployé à l'échelle nationale (*Intermarket Trading System*) qui diffuse les cotations de chacun des marchés, et permet de privilégier celui qui offre le meilleur prix à un instant considéré. Les bourses régionales concentrent environ 20 % des transactions relatives à des valeurs cotées sur le NYSE.

3.2. La bourse de Londres

Londres est de loin la première place européenne sur les marchés d'actions, sa taille étant supérieure à la somme du marché français et du marché allemand. Elle le doit à trois raisons : le rôle historiquement plus important attribué au financement par appel public à l'épargne, le développement précoce des fonds de pension[6] (leurs actifs s'élevaient à 717 milliards de dollars à la fin de 1993, contre seulement 106 milliards en Allemagne et 41 milliards en France), et la tradition d'ouverture concernant les investissements étrangers.

Depuis le milieu des années 1980, la bourse de Londres a complété ce rôle au service de l'économie britannique par une stratégie d'acquisition de parts de marché aux dépens des places boursières d'Europe continentale. Mise en œuvre à l'occasion de la réforme du *Big Bang* d'octobre 1986 – réforme par laquelle les autorités britanniques ont libéralisé en profondeur leur industrie boursière –, cette stratégie s'est concrétisée par l'instauration d'un système informatique (SEAQ International), de conditions fiscales (pas d'assujettissement à l'impôt de bourse) et de règles de négociation spécifiques aux valeurs étrangères inscrites à la cote du London Stock Exchange. Particulièrement adaptées à la négociation de blocs (terme désignant les transactions portant sur des montants importants de titres), ces règles de négociation ont permis à la bourse de Londres de concurrencer très efficacement les places d'Europe continentale durant la deuxième moitié des années 1980 et le début des années 1990. Les efforts de modernisation entrepris en retour par ces dernières (libéralisation des tarifs de courtage, développement de techniques de marché plus adaptées aux besoins des investisseurs institutionnels, etc.) leur ont permis de rééquilibrer les conditions de cette concurrence.

---

6. Voir dans cette ***Encyclopédie*** l'article de O. Hereil, «Fonds de pension», p. 501, tome 1.

3.3. La bourse de Tokyo

Avec 82 % des volumes de transactions sur actions, Tokyo est le principal marché boursier japonais, loin devant Osaka. Sous le jeu combiné du développement de la bulle financière et de la libéralisation des flux de capitaux avec le reste du monde, Tokyo a prétendu un moment rivaliser avec le NYSE en tant que bourse de référence à l'échelle mondiale. Mais la crise financière qui a éclaté en 1990 (l'indice Topix a baissé de 39,5 % au cours de cette seule année) a provoqué un fort reflux. Celui-ci se prolonge aujourd'hui encore (les volumes de transactions sur actions ont baissé de 63 % entre 1989 et 1994), et relègue la bourse de Tokyo au quatrième rang mondial en termes de volumes de transactions sur actions, derrière le NYSE, le NASDAQ et la bourse de Londres.

3.4. La bourse de Paris

Depuis 1991, il n'existe plus qu'un seul marché boursier en France : les bourses de valeurs implantées dans les principales villes de province ont disparu (sauf au plan fiscal, les transactions portant sur des valeurs rattachées à une bourse de province demeurant exemptes d'impôt de bourse), et les intermédiaires boursiers qui les servaient ont gagné le libre accès au nouveau marché national[7].

Cette réforme s'inscrit dans le droit fil de la stratégie de modernisation du marché boursier français qui a été entreprise à partir du milieu des années 1980, et dont les grandes étapes ont été les suivantes :

– 1984-1988 : dématérialisation des valeurs mobilières,

– 1986-1991 : mise en œuvre du marché en continu, s'appuyant sur le système de négociation électronique CAC (Cotation assistée en continu),

– 1988-1989 : réforme du statut des intermédiaires boursiers et libre négociabilité des courtages,

– 1991 : démarrage du système de règlement-livraison RELIT (Règlement-livraison de titres),

– 1995 : remplacement du système de négociation CAC par le Nouveau système de cotation (NSC).

Entreprise en parallèle avec l'effort d'assainissement de l'économie française, cette modernisation de la place boursière a permis d'accroître le poids relatif des investisseurs non résidents, et d'améliorer ainsi la réponse aux besoins de financement publics et privés.

3.5. Les bourses allemandes

Le marché boursier allemand est organisé selon une structure fédérale, où coexistent huit bourses de valeurs : Berlin, Brême, Düsseldorf, Francfort, Hambourg, Hanovre, Munich et Stuttgart. De même qu'en Suisse, les valeurs peuvent être cotées simultanément sur plusieurs bourses, ce qui présente des inconvénients importants du point de vue de l'efficacité du marché boursier : fractionnement de la liquidité (les volumes de négociation étant dispersés entre plusieurs bourses de valeurs) et moindre transparence pour les investisseurs, compte tenu des inévitables imperfections concernant les conditions de diffusion de l'information financière et boursière. Joint à une volonté long-

---

7. Voir également dans cette ***Encyclopédie*** l'article de J. Pilverdier-Latreyte, « Marché boursier français : structure et organisation », p. 725, tome 1.

temps affichée par les autorités boursières et monétaires allemandes de ne pas favoriser le développement d'instruments financiers de nature spéculative, cet éclatement du marché boursier allemand a largement favorisé la délocalisation à Londres, durant les années 1980, d'une partie notable des transactions sur des valeurs allemandes.

Le début des années 1990 a été marqué par une volonté de reconquête des parts de marché ainsi perdues. Après avoir supprimé l'impôt de bourse en 1991 afin de faire jeu égal avec Londres (les transactions sur actions étrangères y étant exemptes d'impôt de bourse), les autorités boursières d'outre-Rhin se sont engagées dans une démarche d'unification progressive du marché boursier allemand. La voie choisie est celle de la création d'un marché boursier électronique à l'échelle de l'Allemagne. Un premier pas dans ce sens avait été franchi en avril 1991 avec la mise en place du système électronique de négociation IBIS (*Inter Banken Informations System*), fonctionnant concurremment aux huit bourses de valeurs allemandes. L'année 1996 devrait marquer une étape supplémentaire, avec la décision de remplacer ces différents marchés par un système informatique unique.

*
* *

L'industrie des bourses de valeurs traverse une période de véritable bouleversement : les attentes de la clientèle évoluent profondément, sous l'effet de l'augmentation du poids relatif des investisseurs institutionnels ; parallèlement, les incessants progrès de la technologie de l'information suscitent l'émergence de nouveaux modes d'organisation des transactions boursières, en même temps que de nouveaux concurrents ; enfin, la globalisation des marchés facilite les possibilités d'arbitrage entre les prestations proposées par différentes places boursières.

Confrontées à ces défis, les bourses de valeurs sont contraintes de définir et de mettre en œuvre de véritables stratégies concurrentielles, à l'image des autres acteurs de la sphère financière. Jusqu'à présent, les investisseurs institutionnels ont été les principaux bénéficiaires de cette évolution, en raison de leur plus grande propension à arbitrer entre différentes prestations d'intermédiation boursière. Les immenses perspectives offertes par l'application des technologies multimédia au domaine financier laissent à penser que les particuliers eux-mêmes pourraient bientôt se trouver au centre des préoccupations des bourses de valeurs.

Références

Fédération internationale des bourses de valeurs, *Rapport annuel,* 1994.

Lamy P., *Les bourses de valeurs,* Paris, Economica, 1995.

Schwartz R.A., *Reshaping the Equity Markets,* Homewood, Ill., Irwin, 1993.

Schwartz R.A. (éd.), *Global Equity Markets,* Buzz Bridge, Ill., Irwin, 1995.

Securities and Exchange Commission, *Market 2000 – An Examination of Current Equity Market Developments,* 1994.

Simon Y., *Les marchés dérivés – Origine et développement,* Paris, Economica, 1994.

Mots clés

Action, capitalisation boursière, marché dirigé par les ordres, marché dirigé par les prix, négociation de blocs, obligation, règlement-livraison, système électronique de négociation, valeur mobilière.

Circulation internationale des titres

14

Michel Karlin

Pour bien comprendre ce qu'est la circulation internationale des titres et pour appréhender correctement leur nature «papier» ou scripturale, il est intéressant de mettre en parallèle les mouvements internationaux de titres et les flux transfrontières de monnaies.

Un dollar peut revêtir deux formes : celle du «billet vert» et celle d'une écriture de crédit, sur un compte de dépôt tenu par une banque. Le billet vert présente les risques de fausse monnaie, de perte ou de vol. La forme scripturale met en jeu plusieurs intervenants bancaires. Ainsi, soit un résident français Dupont, titulaire d'un compte en dollar dans une banque installée en France. Cette banque, qui sera dite Banque de Paris, a, à son tour, un compte chez un correspondant, localisé aux Etats-Unis. Il sera appelé Banque de Chicago. Dupont peut ouvrir directement un compte dans un établissement situé sur le sol américain. Mais le passage par une banque en France est tout de même le plus fréquent et le plus commode !

Une représentation comptable simple et schématisée peut être la suivante : la Banque de Paris tient, au passif de son bilan, le compte en dollar de Dupont. Toute augmentation est enregistrée par une écriture de crédit et toute diminution par une écriture de débit. La Banque de Paris a donc elle-même un compte en dollar, tenu à la Banque de Chicago. Ce compte est au passif du bilan de la banque américaine et répond aux mêmes règles que celui de Dupont. La Banque de Paris tient, à l'actif de son propre bilan, un compte miroir de son compte à la Banque de Chicago. De même, Dupont peut suivre l'évolution de son dépôt à la Banque de Paris par un compte «banque», figurant aussi à l'actif de son bilan. Les dollars sont matérialisés par les écritures aux passifs des bilans de la Banque de Paris et de la Banque de Chicago. Les écritures dans les comptes d'actif de Dupont ou de la Banque de Paris ne sont que des reflets de cette réalité.

Ce qui caractérise la monnaie scripturale est la multiplication des écritures à laquelle elle donne lieu le plus couramment. Si Dupont dépose un billet de 100 dollars à la Banque de Paris, celle-ci lui crédite son compte en dollar d'un montant équivalent. Elle peut envoyer les 100 dollars à la Banque de Chicago, qui lui créditera aussi, en contrepartie, son compte. La Banque de Chicago pourra remettre le billet à sa banque centrale, composante du système fédéral de réserve américain, qui lui reconnaîtra 100 dollars sur un compte tenu à son passif...

Le compte de la Banque de Paris à la Banque de Chicago s'appelle un compte de correspondant. La Banque de Paris a, en effet, pour correspondant aux Etats-Unis la Banque de Chicago.

La Banque de Paris peut parfaitement utiliser pour elle son avoir de 100 dollars à la Banque de Chicago, si elle sait que Dupont ne va pas retirer immédiatement ses 100 dollars. Si Dupont conserve pendant 24 heures cet avoir, avant de donner un ordre de virement au profit d'un autre individu, la Banque de Paris peut prêter sur le marché monétaire américain ou international, pour 24 heures, les 100 dollars qu'elle a en compte à la Banque de Chicago. La même observation vaut pour les 100 dollars de la Banque de Chicago à la banque centrale.

La présence du billet n'est pas une nécessité. Dupont aurait pu emprunter 100 dollars à la Banque de Paris, qui les aurait ainsi créés en les lui portant au crédit de son compte. Quand Dupont aurait souhaité ensuite utiliser ces 100 dollars, la Banque de Paris aurait pu, à son tour, emprunter un montant équivalent à la Banque de Chicago, qui aurait également créé 100 dollars de la même manière. Dans ce cas, la banque centrale n'a pas de raison d'intervenir, sauf si une partie des 100 dollars ainsi mis en circulation au niveau de Dupont est transformée en billets, fabriqués par la banque centrale, ou si cette dernière impose des réserves obligatoires chez elle.

Seul l'avoir de Dupont à la Banque de Paris est comptabilisé dans les statistiques monétaires. Les dépôts de la Banque de Paris à la Banque de Chicago, de cette dernière à la banque centrale ne constituent pas de la monnaie circulant dans le public. C'est une monnaie particulière, interbancaire, que les banques se prêtent et s'empruntent entre elles.

Bien sûr, cette présentation est schématique, mais elle explique bien ce que sont, fondamentalement, les mouvements de monnaie au niveau international. Deux formes de monnaie se complètent : celle du public, en quelque sorte, et la monnaie interbancaire. Les règles régissant les titres scripturaux sont à la fois proches et différentes.

Le rapprochement des mouvements de titres avec les flux de monnaie conduit à une première section sur les modalités de la circulation internationale des titres. Une seconde section portera sur les spécificités du circuit des titres et sur les risques qu'il comporte.

1. Les modalités de la circulation internationale des titres

Pour les titres comme pour la monnaie, la forme « papier » et la forme scripturale coexistent. Les « chaînes » d'écritures observées pour la monnaie se retrouvent au niveau des titres, liant les clients finaux, les banques et des « banques centrales » d'un certain type.

1.1. La forme papier et la forme scripturale

Même s'il n'est pas systématique, le phénomène dit de dématérialisation, tel qu'il s'est produit en France à la suite de la loi de 1983, marque de plus en plus l'univers des titres au plan international. La forme papier tend à être abandonnée au profit de la forme scripturale, les écritures étant tenues de manière informatique. Généralement, quand le papier existe, par exemple sous la forme d'un certificat global représentatif d'une émission, il ne joue pas un rôle important et ne circule en pratique pas ou très peu. Dans la suite de cette présentation, seule la forme scripturale, prédominante aujourd'hui, sera retenue[1].

1.2. Les chaînes d'écritures

Les circuits suivis étant marqués, dans les détails, par une certaine diversité, selon surtout les titres émis et les pays d'émission, il suffit de considérer un cas particulier pour mettre en valeur, à partir de cet examen, les mécanismes dans leur généralité.

L'exemple choisi ici est celui des obligations assimilables du Trésor (OAT), émises par le Trésor français. Ces OAT seront supposées acquises sur le marché primaire par un résident français Dupont. Celui-ci les vend à un résident allemand, lequel les vend ensuite à un résident américain.

1.2.1. Le point de départ du processus est l'émission

L'émetteur s'adresse à une institution spécialisée « fabriquant », sur le mode scriptural, les titres. Cette institution peut être, comme en France, un « dépositaire domestique central » unique, assimilable à une banque centrale des titres, ou, comme en Angleterre, un dépositaire sélectionné parmi beaucoup d'autres, dit, dans ce pays, un *Registrar*. Le dépositaire central français est la Sicovam[2]. Celle-ci, en schématisant, crée les titres par une écriture de débit, dans un compte d'émission. En contrepartie, puisque le système de la comptabilité est en partie double, les banques choisies par le Trésor pour placer les titres sont créditées dans leurs comptes de dépôts-titres des montants qui leur sont affectés. Le schéma 1 suppose que l'émission est de 1 000 titres, confiés, pour leur placement, à raison de 500 à la BNP et de 500 à la Société générale (SG). C'est une comptabilité matière qui est retracée. Les flux d'argent, en contrepartie des flux de titres, sont enregistrés dans une comptabilité espèces non décrite ici.

1.2.2. La deuxième étape...

Il s'agit de l'acquisition par Dupont de 100 OAT auprès de la BNP. Mais Dupont tient son compte titres au Crédit lyonnais (CL). La BNP donne, en conséquence, l'ordre à la Sicovam de virer 100 OAT de son compte à celui du Crédit lyonnais. Ce dernier, « recevant » les titres, crédite en contrepartie

1. Le titre papier, au porteur, répond encore, il est vrai, à une recherche d'anonymat dans des cas de fuite de capitaux, de fraude fiscale, de recyclage d'argent sale, etc. Il est difficile toutefois d'en chiffrer l'importance.

2. Voir également dans cette ***Encyclopédie*** l'article de N. Desbarrières, « Compensation et règlement/livraison des titres financiers », p. 250, tome 1.

Schéma 1 – Création de titres dans une banque centrale de titres

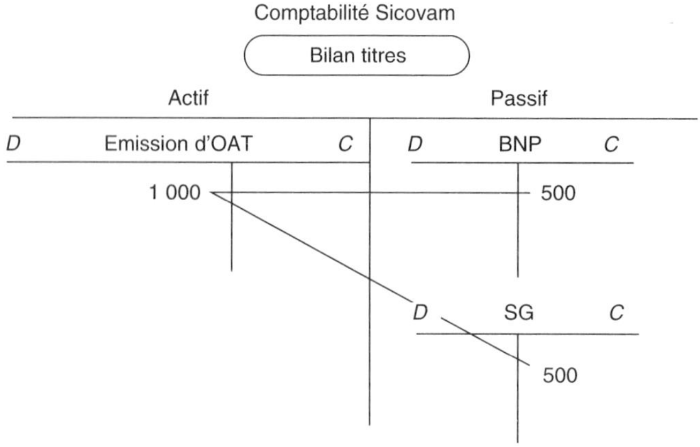

le compte de Dupont. La même duplication que pour la monnaie se produit. La situation comptable devient telle que représentée au schéma 2, en ne s'attachant toujours qu'à la comptabilité matière.

Schéma 2 – Première circulation des titres et duplication d'écritures

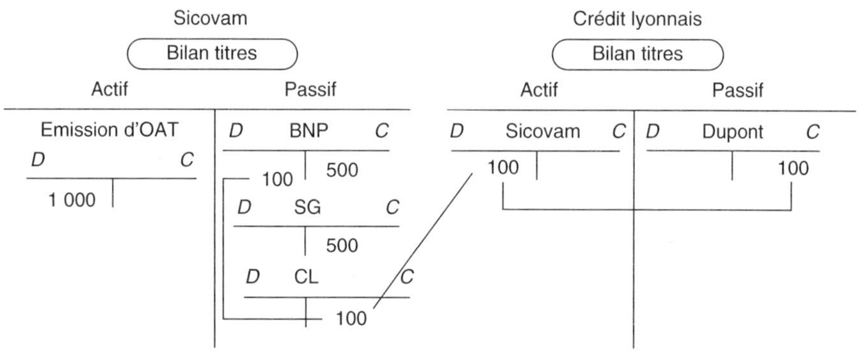

1.2.3. La troisième étape...

Elle consiste dans la vente des 100 OAT à un résident allemand. Elle ne sera pas analysée immédiatement, pour mieux faire apparaître les modalités de la circulation internationale.

1.2.4. La quatrième étape...

La présentation suppose donc la cession des titres au résident allemand réalisée. Comment ledit résident détient-il ses OAT ? L'intéressé a un compte titres à la Banque de Köln. Celle-ci, à son tour, doit détenir les 100 OAT en question. La multiplication des écritures, appelée plus haut la « chaîne », peut se poursuivre de trois manières possibles, en considérant les cas les plus courants.

– Première possibilité : la Banque de Köln a un compte titres dans une banque spécialisée dans la « conservation » internationale des titres et désignée par le vocable *global custodian*. City Bank, à titre d'illustration, en est un des plus importants, au plan mondial. Le *global custodian*, à son tour, doit détenir les OAT. Pour ce faire, il s'adresse couramment à un dépositaire installé en France, par exemple le CCF. Toutes les banques résidant en France peuvent être dépositaires. Mais, là encore, certaines se spécialisent dans cette fonction, recevant l'appellation de *regional custodian*. Paribas, Indosuez, la Société générale, le CCF, la CCBP sont notamment, en France, intéressés par ce type de mission. Fin de la chaîne : le *regional custodian* choisi détient les OAT sur son compte à la Sicovam, car tout doit remonter à elle, puisque c'est chez elle que les titres trouvent leur source comptable. «Les titres, disent les professionnels, sont à la Sicovam». C'est là que le Trésor a choisi de les «déposer». C'est la Sicovam qui les répartit sur des comptes tenus en son sein. La Sicovam est bien une «banque centrale des titres».

– Deuxième possibilité : la Banque de Köln détient directement ses OAT chez un *custodian* français, lui-même adhérent à la Sicovam. Elle fait l'économie de l'utilisation d'un *global custodian. A priori*, il est tentant de se passer, en effet, d'un intermédiaire supplémentaire. Mais si la Banque de Köln procède ainsi pour toutes les valeurs émises dans des pays différents, elle devra gérer de très nombreuses relations avec des *custodians* locaux... Elle peut estimer plus simple et plus efficace de ne passer que par un seul *global custodian*.

– Troisième possibilité : la Banque de Köln ne passe pas par un dépositaire banquier, tel que ceux évoqués ci-dessus. Elle a un compte titres au sein d'une institution spécialisée, ayant essentiellement vocation à assurer la conservation et la circulation internationale des titres. Deux institutions de ce type dominent le marché : Cedel et Euroclear, créées à la fin des années 1960 et au début des années 1970 pour permettre la circulation scripturale des euro-obligations naissantes. Il est question, à leur propos, de dépositaires internationaux de titres, ou encore de centrales internationales de *clearing*[3]. Ces «super-banques centrales» n'ont pas d'équivalent en matière de monnaies. Elles-mêmes ont un compte chez les dépositaires centraux domestiques ou bien chez les *regional custodians* leur servant de relais avec le dépositaire central. Pourquoi la centrale internationale «transiterait-elle» par un *regional custodian ?* Parce que les banques d'un pays sont généralement les actionnaires de la centrale domestique. Elles refusent que les centrales internationales, avec lesquelles elles sont en concurrence, comme le montrent les chaînes précédentes, aient un accès direct au dépositaire central domestique. Plus la chaîne est longue et plus, inévitablement, elle présente des «lourdeurs» pénalisantes dans la compétition. Cedel, en France, a ainsi un compte titres à la banque Paribas.

1.2.5. Retour à la troisième étape...

Les modalités concrètes de circulation internationale des OAT sont désormais aisées à comprendre. Chaque chaîne aboutissant à son extrémité à la Sicovam, les titres passent du dépositaire adhérent Sicovam du vendeur au dépositaire adhérent Sicovam de l'acheteur, et ensuite les flux comptables s'inscrivent logiquement dans tous les maillons... Le schéma 3 représente ces mouvements.

---

3. Voir également dans cette ***Encyclopédie*** l'article de H. de La Bruslerie, «Marchés financiers internationaux», p. 945, tome 1.

Schéma 3 – Les circuits internationaux complets de titres

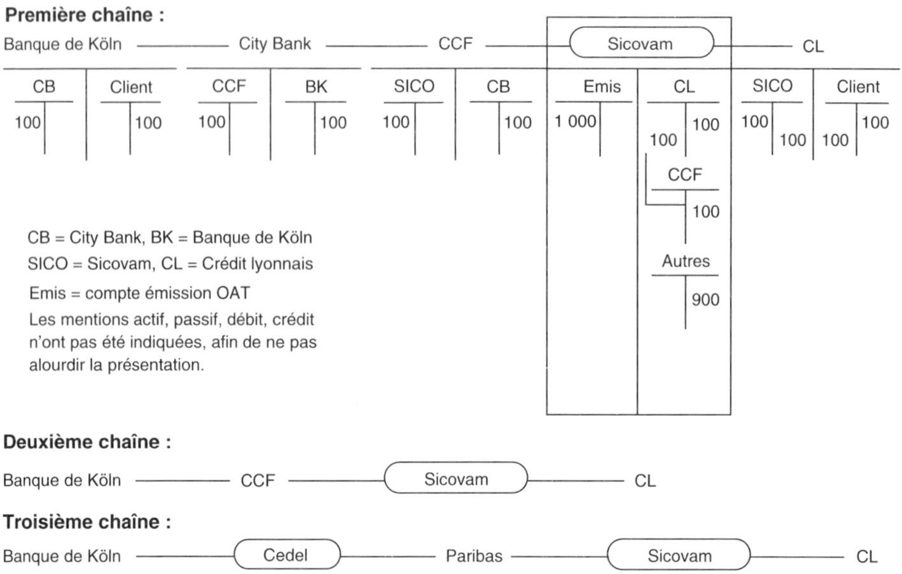

Pour les deuxième et troisième chaînes, les représentations comptables sont de même nature que pour la première chaîne.

Une bonne circulation des informations est essentielle. Par exemple, dans la première chaîne, et en simplifiant, la Banque de Köln informe la City Bank de l'achat des 100 OAT au Crédit lyonnais. La City Bank demande au Crédit lyonnais la livraison des OAT, pour son compte, au CCF. Chaque maillon doit être avisé des opérations à effectuer et, une fois les flux réalisés, des mouvements effectivement opérés. De ce fait, un nombre impressionnant de messages circulent, généralement par les moyens modernes que constituent les relations d'ordinateur à ordinateur ou le réseau Swift.

1.2.6. Une très vive concurrence

Les banques dépositaires domestiques sont en compétition entre elles, les *global custodians* sont en concurrence entre eux. Les deux centrales internationales se livrent une bataille très rude. Les dépositaires domestiques et les *global custodians* sont également en compétition avec les centrales internationales. Enfin, même si cela n'apparaît pas de façon immédiate dans le tableau, les centrales internationales sont de plus en plus en compétition avec les dépositaires centraux domestiques. Elles tiennent déjà, depuis leur origine, le compte émission des euro-obligations. Pourquoi, dans l'Europe de demain, n'entreraient-elles pas en concurrence avec les centrales nationales pour l'ouverture du compte émission, lors du lancement de titres à vocation traditionnellement domestique, mais en réalité à diffusion internationale ?

1.2.7. Le résident allemand vend les OAT à un résident américain

A nouveau, les circuits de circulation des titres peuvent être multiples comme sont nombreux et stratégiques les messages.

Un cas de figure fréquent est retenu dans cette présentation. Le résident américain est intégré dans une chaîne aboutissant à la centrale internationale Euroclear. Les OAT, détenues par l'investisseur allemand, doivent être livrées chez Euroclear. C'est dire qu'Euroclear devra détenir ces OAT en compte à leur source, à la Sicovam. La centrale internationale créditera ces OAT sur le compte, chez elle, de la banque du résident américain, si aucun autre maillon ne s'interpose. La Banque de Köln, dans ces conditions, met en jeu la troisième chaîne présentée dans le schéma 3, parce que Cedel et Euroclear ont dû, par la force des choses, établir une relation entre elles. Cette relation est appelée le *bridge* car, à l'origine, quand les mouvements «papier» étaient importants, les deux centrales conservaient leurs titres physiques dans deux banques à Luxembourg, séparées par un pont ! Quand les titres passaient d'une centrale à l'autre, il fallait leur faire traverser le pont.

Cedel détient les OAT chez Paribas qui, à son tour, les détient chez la Sicovam, comme cela a été expliqué. Du fait de la transaction entre le résident américain et le résident allemand, les OAT doivent passer, de façon scripturale, de Cedel chez Euroclear. Euroclear est, comme Cedel, reliée à la Sicovam, mais par l'intermédiaire de la Société générale. Cedel donne donc l'ordre à Paribas de transmettre les titres à la Société générale, par la voie d'un jeu d'écritures à la Sicovam. La Société générale créditera, en contrepartie, Euroclear des 100 OAT et les mouvements d'écriture suivront les deux chaînes, l'une conduisant au compte du client allemand à la Banque de Köln et l'autre amenant au compte du résident américain. L'Allemand sera bien débité et l'Américain crédité. Les flux d'argent «croiseront», sur des voies parallèles, les flux de titres.

Plus Cedel, Euroclear, les *global custodians*, etc. ont de clients et de titres déposés, et plus les chaînes tendent à les utiliser comme relais. Ces cercles vertueux ou vicieux, selon les cas, exacerbent la concurrence.

Jusqu'à ce point, le circuit titres évoque le circuit espèces. Néanmoins, la circulation des titres présente des spécificités. Elle soulève aussi des problèmes majeurs liés aux risques qui la caractérisent.

2. Les spécificités et les risques de la circulation internationale des titres

Une différence fondamentale oppose la monnaie scripturale et le titre scriptural : le titulaire d'un dépôt monétaire dans une banque détient, sur cette dernière, une «créance de restitution», tandis que le titulaire d'un dépôt titres conserve, lui, la propriété des titres déposés. Les conséquences, pour une banque, sont, de ce fait, radicalement dissemblables. L'analyse en termes de risques doit intégrer cet élément ainsi que d'autres points particuliers.

2.1. Dépôts monétaires et dépôts titres : le risque d'une création ou d'une utilisation abusive de titres

La différence entre les deux formes de dépôts apparaît bien, à partir de deux situations simples. D'une part, Dupont «reçoit» à la BNP 1 000 dollars. D'autre part, il est crédité, à la BNP, de 100 obligations de l'Etat américain, achetées sur le marché obligataire international.

La BNP, recevant 1 000 dollars au profit de Dupont, est elle-même créditée de 1 000 dollars chez un de ses correspondants aux Etats-Unis. Cette duplication d'écritures est systématique, sauf quand celui qui transmet 1 000 dollars à Dupont est lui-même client de la banque française. Cette situation particulière mise à part, il est possible, en s'exprimant schématiquement, de dire que Dupont jouit d'une créance de 1 000 dollars sur la BNP, et que cette dernière acquiert la disposition des 1 000 dollars portés au crédit de son compte chez son correspondant. De ce fait, elle est en mesure de placer ces 1 000 dollars sur le marché international des capitaux, tant que Dupont ne demande pas la restitution de sa créance. Dans le même esprit, une banque peut créer 1 000 dollars, sans les « détenir » au préalable. Elle produit ainsi sa propre dette.

La problématique est d'une tout autre nature pour le dépôt titres. Dupont est crédité, à la BNP, de 100 obligations du Trésor américain. La BNP est elle-même créditée de ces 100 valeurs, par exemple chez Cedel. Jusqu'à ce point, la logique est identique à la précédente. Mais, autant la banque française peut « utiliser » les dollars, autant elle n'a aucun droit d'usage sur les titres. En effet, Dupont en reste pleinement propriétaire. La BNP a une fonction de stricte conservation. Tout se passe comme si, recevant des « valeurs papiers », elle devait les « conserver » dans un coffre fort, sans pouvoir, en attendant le retrait du client, en disposer. Si, nonobstant cette règle de droit, la BNP se sert de ces obligations, en laissant le client dans l'ignorance, elle est dans une situation dite de « tirage sur la masse », juridiquement prohibée. Elle ne peut, en droit, utiliser les titres, par exemple en les prêtant, que si le client lui en donne l'autorisation, généralement contre rémunération. La fonction conservation va toutefois au-delà d'une simple garde. Le « conservateur » est chargé de mettre en œuvre toutes les opérations sur titres touchant les valeurs concernées, comme les versements de dividendes, d'intérêts, les souscriptions à des augmentations de capital, etc. Cette mission est primordiale et le savoir-faire du dépositaire constitue un facteur clé dans la compétition évoquée.

Une conséquence très importante de cette différence est la capacité d'une banque à créer de la monnaie et son inaptitude à créer des titres, en dehors de ses propres émissions. Quand, en effet, un établissement bancaire crédite les obligations au compte du client, il doit nécessairement les avoir reçues en contrepartie. Si une banque ne respecte pas les règles du droit, elle est, techniquement, toujours en mesure de créditer le compte d'un client, sans avoir la provision. Dans ce cas, elle crée, mais irrégulièrement, des valeurs. Si un teneur de compte banquier produit indûment un titre, il abuse de la confiance de son client, crédité d'une valeur qui n'existe pas ! Le risque est considérable sur le marché international des capitaux. Si l'établissement ayant créé le « faux titre » fait faillite, le client ne récupérera pas ce qu'il avait pourtant la conviction de posséder. Si les règles de droit sont respectées, une faillite affecte, plus ou moins, un déposant espèces ; elle ne touche pas, en revanche, le déposant titres.

2.2. *Les autres risques*

Plusieurs risques, liés à la circulation internationale des titres, sont classiquement évoqués. Nous nous appuyons ici sur une étude de la Banque des règlements internationaux (1995, p. 29-30). Le risque de contrepartie, tenant à la qualité de l'émetteur du titre, n'est pas présenté, puisqu'il est indépendant de la circulation proprement dite.

2.2.1. Le risque en principal, le risque de remplacement, le risque de liquidité

Le risque en principal est celui de livrer sans être payé ou celui de payer sans être livré. Les centrales domestiques et internationales, au centre des circuits, assurent au minimum un service de livraison contre paiement (en anglais *DVP, Delivery versus Payment*). Les processus de livraisons et de règlements étant totalement informatisés, il leur est possible de lier les deux opérations. Ce risque est donc, à ce niveau, éliminé. Mais il est présent aux autres maillons des chaînes analysées précédemment, d'où la nécessité de choisir des dépositaires, des *custodians*, d'excellente qualité.

Cependant, la non-existence de ce risque ne signifie pas l'absence de problèmes pour les contreparties. Soit une banque vendant à découvert des obligations. Pour clore sa position courte en titres, elle procède le même jour à un achat. Son vendeur, pourtant, est défaillant. Certes, elle ne paye pas le titre qu'elle ne reçoit pas, mais elle subit un dommage du fait de l'engagement pris lors de la vente. Ou bien elle doit emprunter les valeurs qui lui font défaut et, pour cela, payer un intérêt ; ou bien elle doit acheter par ailleurs les titres, avec le risque de les payer plus cher (risque de remplacement), ou de ne pas les « trouver » sur le marché au moment où elle en a besoin (risque de liquidité). Certains systèmes limitent ces deux derniers risques, en donnant à des intervenants déterminés une garantie de bonne fin. Mise en œuvre par une chambre de compensation, cette garantie est fondée sur un mécanisme de déposits (dépôts de garantie) et d'appels de marge. L'acheteur est théoriquement certain d'être livré et le vendeur d'être payé, dès lors que la transaction est conclue. Le fonctionnement de la chambre de compensation de la Société des bourses françaises participe de ce processus, mais, à la date de rédaction de ce travail, en 1995, pour les seules sociétés de bourse.

Le bon fonctionnement des centrales et la limitation des risques sont fondamentaux pour l'internationalisation des marchés de capitaux. Plus les processus de règlement-livraison sont sûrs et se rapprochent des conditions domestiques, et plus le marché international est appelé à se développer. D'une manière générale, la probabilité pour que des règlements-livraisons s'accompagnent de dysfonctionnements est d'autant plus faible que le temps s'écoulant entre le jour de la négociation et celui de l'exécution matérielle de l'opération est plus court. Les autorités de tutelle, les organisations professionnelles comme l'ISMA, l'*International Securities Market Association* sur le marché obligataire international, imposent, sauf accord express entre les deux parties à une opération d'achat-vente, un délai dit de $J+3$. Règlements et livraisons ne peuvent avoir lieu au-delà de 3 jours ouvrés après celui de la négociation.

2.2.2. Les risques juridiques et les risques de change

Les premiers tiennent à la diversité des droits auxquels peuvent se rattacher les transactions internationales sur les titres. En cas de conflit, se pose le problème de la nature du droit applicable, si les contreparties ne se sont pas mises clairement d'accord au moment où elles ont fait affaire. Pour limiter, voire supprimer ce risque, les intervenants inscrivent leurs opérations au sein de contrats cadres, prévoyant la législation de référence. Les organisations professionnelles internationales imposent des règles standard sur les principaux marchés. L'ISMA, citée ci-dessus, joue à cet égard un rôle de premier plan.

Le risque de change est propre, également, aux échanges internationaux. Tout accident ajoute au risque de perte, exprimé dans la devise de la transaction, le risque spécifique de change.

2.2.3. Le risque de conservation

Il y a déjà été, à plusieurs reprises, fait allusion. Il importe toutefois d'insister sur ce point, tellement il est important dans la pratique financière internationale.

Soit une banque française détenant, pour le compte de clients, des titres malais. La Malaisie est une économie dite émergente, dont les émissions attirent certains investisseurs. Si la banque choisit un dépositaire malais qu'elle connaît mal, elle court le risque qu'il n'exécute pas comme il convient ses ordres, ne suive pas correctement les opérations sur titres, voire, comme indiqué ci-dessus, se comporte frauduleusement. Le banquier, croyant détenir des titres, peut alors constater qu'en réalité il ne les a pas. Pourtant, il devra bien mettre à la disposition de ses clients les valeurs malaises dont ils sont propriétaires. Il faudra alors racheter, si tant est que la liquidité des marchés le permette, les valeurs en question. Les banques sont donc extrêmement attentives à la qualité de leurs dépositaires. Certaines préfèrent concentrer toutes leurs transactions chez un *global custodian*.

2.2.4. Le risque des opérations *back-to-back*

Une opération *back-to-back* combine un achat et une vente de titres simultanés par un opérateur. Par exemple, une banque hollandaise achète à une banque anglaise des OAT françaises et les revend sur le champ à une banque américaine. Le circuit de l'achat peut ne pas être comparable à celui de la vente. Si le délai s'écoulant entre la date de négociation et la livraison des OAT à la banque hollandaise est supérieur au délai convenu entre la banque hollandaise et la banque américaine, la banque hollandaise sera incapable de livrer à temps les titres. Ainsi s'explique aussi l'intérêt de normaliser les délais, souligné ci-dessus.

Plus généralement, plus les circuits sont longs et compliqués, plus les risques d'incidents sont élevés. Ils le sont d'autant plus que les négociateurs se soucient la plupart du temps plus des conditions de prix que des modalités de circulation. Les premières sont un souci majeur des *front-offices*, les secondes une préoccupation essentielle des *back-offices*. Si les directions générales de banques n'y prennent pas garde, le gain dû aux premières peut bien être inférieur aux pertes liées aux secondes.

2.2.5. Les risques des règlements révocables

Ces risques complexes peuvent être ainsi formalisés : soit une livraison ayant lieu en même temps que le règlement, en vertu du principe étudié ci-dessus. Pour des raisons techniques, le paiement ne devient en général irrévocable qu'avec un certain délai. A une autre échelle, c'est le même risque que court un fournisseur payé par chèque. Le règlement n'est définitif que lorsque la banque, constatant que la provision est bien suffisante, passe l'écriture de crédit. Si le règlement révocable s'avère en fin de journée illusoire, la livraison sera annulée, mettant en mauvaise position le vendeur et entraînant des répercussions en série.

*

* *

Les dépenses consécutives à la circulation des titres – d'aucuns utilisent à ce propos l'image de la «tuyauterie» – et les risques afférents constituent autant de coûts de transaction sur les marchés. Leur baisse sensible, ces dernières décennies, a été un facteur précieux de développement et d'internationalisation des opérations. Mais ils sont encore une préoccupation majeure de tous les opérateurs. Les autorités de tutelle redoutent toujours le risque systémique, résultant de répercussions en série d'un grave accident subi par un intervenant de poids. Les progrès des technologies sont mis au service de la maîtrise de ces coûts et de ces risques. Ici comme dans d'autres domaines, la combinaison de l'informatique et des processus de communication a contribué à une véritable révolution. La formidable expansion passée des marchés internationaux de titres atteste que l'expression n'est pas trop forte.

Références

BANQUE DES RÈGLEMENTS INTERNATIONAUX, «Questions liées aux règlements internationaux sur titres», *Activité bancaire et financière internationale* (août 1995), p. 26-32.

EUROCLEAR, *Cross-Border Clearance, Settlement, and Custody : beyond the G30 Recommendations*, Bruxelles (June 1993).

GROUP OF THIRTY, *Clearance and Settlement Systems in the World's Securities Markets*, New York et Londres (March 1989).

KARYOTIS C., *Circulation internationale des valeurs mobilières*, Paris, La Revue Banque Editeur, 1994.

MIÉCRET P., «Avantages d'un système supranational de règlement-livraison : l'expérience d'Euroclear», *Custodian, la lettre des titres de la Société Générale* (octobre 1995).

SOCIÉTÉ GÉNÉRALE, *Custodian, la lettre des titres de la Société Générale*, parution mensuelle.

Cedel (Luxembourg), Euroclear (Bruxelles), l'ISMA (Zürich et Londres), la Sicovam (Paris) et quelques autres institutions de même nature (New York, Francfort...) mettent régulièrement à jour la documentation sur les systèmes qu'ils promeuvent. Ils publient également un rapport annuel d'activité.

Mots clés

Back-office, Cedel, centrale internationale de clearing, chambre de compensation, compte de correspondant, conservation de titres, contrat cadre, correspondant, *custodian*, dématérialisation des titres, dépositaire, dépositaire central, dépositaire international de titres, *DVP : delivery versus payment* (livraison contre paiement), Euroclear, *front-office*, *global custodian*, ISMA (*International Securities Market Association*), *regional custodian*, *registrar*, risque de change, risque de la circulation internationale des titres, risque de conservation, risque de création ou d'utilisation abusive de titres, risque juridique, risque de liquidité, risque des opérations *back-to-back*, risque en principal, risque de règlement révocable, risque de remplacement, risque systémique, Sicovam, Swift.

Compensation et règlement/livraison des titres financiers

15

Nelly Desbarrières

Les titres financiers pour lesquels sont décrits ci-après les processus de règlement/livraison sont essentiellement les valeurs mobilières, négociées en bourse (cotées) ou de gré à gré (dans le cadre d'opérations de pension livrée ou de ventes à réméré de titres, par exemple). Il s'agit principalement des actions, des obligations, des titres participatifs et des certificats d'investissement.

Après avoir analysé les principes qui régissent la compensation et le règlement/livraison des valeurs mobilières, les modalités plus précises selon lesquelles se déroulent ces opérations de dénouement seront décrites, dans une première section en ce qui concerne le cadre boursier français, puis dans une seconde section avec une vision plus internationale.

1. Le principe de la compensation et des règlements/livraisons de titres

Comme toutes les opérations commerciales, les opérations d'achat et de vente de titres financiers font l'objet d'un échange entre le bien négocié (en l'occurrence le titre) et des fonds (francs ou devises) ; cet échange, qui constitue le dénouement de l'opération, est communément désigné par les termes de « règlement/livraison ». En prenant l'exemple d'un client d'un intermédiaire financier A ayant acheté 100 titres T pour 20 000 francs, cette négociation ayant été exécutée avec l'intermédiaire B, le suspens de négociation sera effectivement dénoué lorsque B livrera à A les 100 titres T, moyennant le versement par B de la somme de 20 000 francs à l'intermédiaire A.

Par ailleurs, les titres financiers étant dans la plupart des cas des biens fongibles, il peut être prévu que les intermédiaires boursiers, qui négocient chaque jour de nombreux achats et ventes d'un même titre avec les autres intermédiaires présents sur le marché, effectuent les règlements/livraisons de titres de manière compensée entre achats et ventes face à l'ensemble des autres intermédiaires ; cela suppose l'existence d'une chambre de compensation enregistrant l'ensemble des négociations et établissant chaque jour le solde net compensé des flux de titres et d'espèces concernant chaque intermédiaire vis-à-vis du marché. La compensation de ces flux a pour avantage de diminuer le nombre total de règlements/livraisons à effectuer pour dénouer les opérations.

Après avoir décrit les différentes modalités possibles de dénouement des négociations de titres, les principes de la comptabilité-titres seront rapidement rappelés afin de pouvoir aborder le thème des suspens de règlement/livraison et celui du droit constaté.

1.1. Modalités d'échanges de titres contre espèces

De même que les règlements de fonds peuvent aujourd'hui être effectués soit de manière matérialisée (espèces, chèques), soit de manière dématérialisée (virements, etc.), les titres peuvent, selon les places financières et les réglementations en vigueur dans chaque pays, être échangés de manière matérialisée (titres vifs circulant sous forme papier), ou dématérialisée. En effet, certains pays, comme la France, ont réalisé une réforme de dématérialisation des valeurs mobilières ; ces dernières ne circulent plus sous forme papier, les détenteurs de titres ne les possèdent plus physiquement, mais les titres font l'objet d'une inscription en compte titres, au nom de leur détenteur, auprès d'un intermédiaire financier agréé dépositaire de titres (banque, société de bourse). Chaque intermédiaire dépositaire de titres est affilié au dépositaire central de titres (en France, la Sicovam, Société interprofessionnelle pour la compensation des valeurs mobilières, est responsable de cette gestion centrale).

Ainsi, les modalités de règlements/livraisons de titres varient selon les places financières, notamment en fonction du caractère dématérialisé ou non des valeurs mobilières. Avant de pouvoir détailler certains modes de dénouement, il convient de préciser quels sont les traitements administratifs opérés par les intermédiaires financiers dépositaires de titres suite à la négociation en bourse des ordres reçus de leurs clients.

1.2. Rappels sur la comptabilité-titres

Une des principales caractéristiques des dépositaires de titres réside dans le fait que ces organismes tiennent une comptabilité « matière » pour suivre de manière permanente le stock de titres qu'ils détiennent pour le compte de leurs clients en tant que « conservateurs » (terme encore utilisé même pour des titres dématérialisés). Cette obligation de comptabilité matière s'ajoute à la nécessaire tenue d'une comptabilité générale comme dans toute société commerciale.

La comptabilité matière d'un dépositaire de titres est suivie pour chaque titre *via* un document appelé balance-titres ou bilan-titres indiquant les soldes en titres de chaque compte de la comptabilité matière. Cette comptabilité-titres doit normalement être tenue en partie double (et, en France, respecter le plan de comptes prévu par la Sicovam).

La balance-titres, mise à jour après chaque mouvement concernant le titre (achat, vente, prêt, emprunt, etc.), mentionne les informations suivantes :

Au débit :

– le montant des titres en stock (déposés en Sicovam, dans des coffres, chez des dépositaires étrangers),

– le montant de titres à recevoir (notamment suite à des négociations).

Au crédit :
– le montant des titres détenus pour le compte de la clientèle (conservation),
– le montant des titres à livrer.

Théoriquement, toutes les balances-titres doivent être équilibrées à tout moment, et l'équation suivante doit être constamment vérifiée :

Titres totaux déposés (en Sicovam, coffres, etc.) =
titres en conservation + titres à livrer – titres à recevoir

Cette équation se vérifie aux décalages temporels près ; en effet, tous les mouvements de comptabilité-titres interne ne sont pas forcément enregistrés exactement à la même date par le dépositaire final (Sicovam, dépositaires étrangers).

De nombreux déséquilibres sont apparus dans la comptabilité matière de plusieurs établissements financiers au cours de certaines années très actives de la bourse (fin de la décennie 1980), notamment en France, non seulement du fait de décalages temporels, mais aussi à la suite d'erreurs ou d'oublis de comptabilisation et d'insuffisance de moyens consacrés à la réalisation de contrôles sur les opérations enregistrées. Les balances-titres étaient alors «déséquilibrées» ou «fausses». Ces déséquilibres ont pu également entraîner des suspens en coupons ou en droits lors des opérations sur titres ultérieures.

1.3. Les suspens de règlement/livraison

Chaque ordre de bourse exécuté par un intermédiaire financier pour le compte d'un de ses clients et saisi dans sa comptabilité crée une écriture sur le compte du client et une écriture de suspens sur le compte de l'intermédiaire contrepartie de l'opération en bourse. Le traitement de l'ordre est totalement achevé le jour du dénouement de l'ordre.

L'existence de suspens est normale pour toute négociation en bourse ; ce qui n'est pas normal, c'est que les suspens ne soient pas dénoués en temps et en heure entre intermédiaires boursiers.

1.4. Le principe du droit constaté

Dans certains pays, notamment la France, l'existence de suspens de règlement/livraison n'empêche généralement pas que la négociation conclue soit considérée comme ferme et définitive, conformément au principe du droit constaté. Dans l'exemple décrit ci-dessus, où un client a procédé à l'achat sur un marché au comptant de 100 titres T pour 20 000 francs, le client est considéré selon ce principe comme pleinement propriétaire des titres dès le jour de l'exécution de l'ordre ; ce jour-là, son compte ouvert auprès de la société A est bien crédité en titres et débité en espèces, et cela indépendamment de l'existence d'un suspens non dénoué entre les sociétés A et B. Si un coupon est détaché le lendemain de cette négociation, il est la propriété du client malgré l'existence du suspens.

1.5. Les opérations sur titres

La situation des titres cotés en bourse varie chaque jour : outre les variations de cours, les titres connaissent pendant leur existence un certain nombre d'événements, qui comprennent :
– le détachement de coupons,

– les opérations sur titres, souvent relatives aux modifications de capital ou au financement des sociétés faisant publiquement appel à l'épargne, dont principalement l'attribution gratuite d'actions ou le paiement du dividende en actions, la souscription de nouvelles actions ou obligations, le remboursement, l'échange, la division de titres existants.

Les suspens de règlements/livraisons non dénoués lors d'une opération sur titres doivent être traités spécifiquement par les intermédiaires concernés afin que les dénouements tiennent compte de l'effet de l'opération.

La présentation des différents aspects des règlements/livraisons de titres fait apparaître que la gestion administrative d'un intermédiaire financier a pour maillon central le suivi de la comptabilité matière et le dénouement en temps et en heure de tous les suspens générés, en titres et en espèces. Tout retard pris dans la détection d'une erreur d'enregistrement d'un suspens à dénouer crée un risque financier de variation de cours.

2. Les modalités de compensation et de règlement/livraison en France

Après la présentation des principaux acteurs et institutions concernés par les dénouements de titres en France, le système de règlement/livraison de place Relit fait l'objet d'une description détaillée.

2.1. Les organismes intervenant dans les dénouements de négociations sur titres

Ces organismes sont la Sicovam, la Banque de France et les dépositaires de titres.

2.1.1. La Sicovam

Lors de sa création en 1949, la Sicovam avait pour objectif la promotion des échanges de titres au porteur cotés réalisés sous forme d'écritures comptables. Les agents de change et les établissements financiers devaient ouvrir un compte en Sicovam et y faire enregistrer leurs échanges de titres, ces derniers pouvant alors être physiquement déposés en Sicovam. Cela évitait le transport et l'échange de titres physiques et permettait de réduire la taille des coffres.

La réforme de la dématérialisation des titres, réalisée à compter du 3 novembre 1984, a attribué un rôle de plus en plus important à la Sicovam. En effet, les titres français sont aujourd'hui, à quelques très rares exceptions près, dématérialisés, et ne peuvent pas être échangés ou détenus sous forme papier ; ils font l'objet d'inscriptions en compte au nom de leurs détenteurs auprès d'établissements teneurs de comptes titres conservateurs (essentiellement les banques ou les sociétés de bourse) affiliés à la Sicovam, qui dénombrait ainsi 683 affiliés au 31 décembre 1994.

Chaque jour, les échanges de titres entre affiliés sont portés à la connaissance de la Sicovam, qui comptabilise les mouvements correspondants sur les comptes de ses affiliés et leur adresse des relevés de mouvements et de position.

Chaque valeur est enregistrée à la Sicovam pour la totalité des titres en circulation, dans un compte dit «émission», en contrepartie des avoirs des affiliés. Les titres sont différenciés par un numéro dit «code valeur» attribué par l'agence française de codification liée à la Sicovam. Au 31 décembre 1994, les valeurs admises en Sicovam étaient au nombre de 8 034.

La Sicovam gère également tous les mouvements de modification du capital des sociétés tels que les attributions gratuites, les divisions et les autres opérations sur titres ; elle gère de même les détachements de coupons et le versement des dividendes aux affiliés.

La Sicovam est ainsi la « banque des titres » sur la place financière française ; tous les mouvements de titres dématérialisés entre les intervenants de la place sont enregistrés dans ses livres.

La raison sociale précise de cette société a été modifiée fin 1995, passant de « Société interprofessionnelle pour la compensation des valeurs mobilières » à « Sicovam SA ».

2.1.2. La Banque de France

La Banque de France joue un rôle spécifique dans le circuit de traitement des transactions sur titres, puisque c'est par leur compte ouvert en banque centrale que tous les intermédiaires (banques et sociétés de bourse) échangent les fonds relatifs aux échanges de titres.

En outre, la Banque de France détient une fraction importante (40 % à la fin de l'année 1995) du capital de Sicovam SA, et à ce titre également joue un rôle de partenaire institutionnel dans le traitement des règlements/livraisons.

2.1.3. Les dépositaires de titres

Tous les établissements habilités à conserver des valeurs mobilières pour le compte de tiers interviennent dans les circuits de traitement des titres. Il s'agit non seulement d'établissements financiers : banques, sociétés financières, sociétés de bourse, mais aussi de sociétés émettrices de titres qui peuvent détenir un compte ouvert à la Sicovam pour leurs propres titres.

Pour la réalisation de l'ensemble des dénouements entre ces différents intervenants, le système Relit est le seul système de règlement/livraison des valeurs mobilières dématérialisées cotées en France.

2.2. Le système de place de règlement/livraison : Relit

Le système Relit, opérationnel depuis 1990, s'est substitué à un ensemble de circuits de dénouement différents qui existaient avant sa mise en place. Il constitue, du fait de sa fiabilité et de sa rapidité, une avancée technique déterminante pour la place de Paris.

En effet, ce système informatique gère l'ensemble des dénouements de manière automatisée, avec un principe d'accord explicite entre les intermédiaires sur chaque négociation, avec une pratique de livraison contre règlement simultané, enfin, avec un délai de place normalisé, offrant aujourd'hui la sécurité et la rapidité des dénouements entre intermédiaires pour la quasi-totalité des valeurs mobilières cotées en France. Les principales caractéristiques du fonctionnement de Relit sont décrites ci-après.

2.2.1. Les valeurs et les marchés concernés par Relit

Les valeurs concernées par Relit sont les valeurs admises en Sicovam, cotées sur le marché national ainsi que certaines Sicav. En outre, certains titres non admis en Sicovam peuvent être pris en charge par Relit pour la phase d'ajustement.

Les négociations libellées en franc ou en écu peuvent être traitées par Relit.

Les modes de transaction admis par Relit sont à la fois les négociations boursières et les négociations de gré à gré.

Les marchés concernés par Relit sont les marchés de transactions sur valeurs mobilières cotées en France, c'est-à-dire le marché primaire obligataire, le marché gris obligataire et le marché secondaire (actions, obligations), quel que soit le mode de cotation, y compris l'exercice des options du Monep.

Pour les opérations à contrat correspondant à des échanges temporaires de titres (réméré, pensions livrées, prêts de titres), et pour les cessions de gré à gré, la conclusion des contrats est traitée hors Relit mais les dénouements sont traités par Relit.

Il existe encore quelques titres cotés non dénoués *via* Relit, très peu nombreux, parmi lesquels figurent certains types d'obligations (à séries) et les valeurs non admises en Sicovam ; pour ces titres, des circuits spécifiques de dénouement demeurent.

2.2.2. Les intermédiaires concernés par Relit

Les intervenants sur Relit sont les affiliés à la Sicovam et peuvent également être des sous-affiliés gestionnaires de leur carnet d'ordres pour la phase d'ajustement (pour ces derniers, les phases de préparation et de dénouement sont prises en charge par des intermédiaires mandatés).

2.2.3. Les fonctions de Relit

Les opérations dénouées *via* Relit sont traitées en trois phases : l'ajustement, la préparation, le dénouement.

– L'ajustement permet à l'acheteur et au vendeur de se mettre d'accord définitivement sur les termes précis des négociations conclues et de procéder aux régularisations éventuellement nécessaires dans un bref délai.

– La préparation consiste à élaborer automatiquement les instructions de règlement/livraison, et permet à chaque intervenant d'estimer ses disponibilités en titres et en espèces pour le jour de dénouement.

– Le dénouement est l'opération d'échange simultané des titres contre espèces, réalisée automatiquement par traitement informatique, qui met à jour les comptes titres en Sicovam et les comptes espèces en Banque de France des intermédiaires concernés par les suspens à dénouer.

2.2.4. Les systèmes informatisés de Relit

Des systèmes informatiques adaptés aux spécificités des intervenants sont utilisés pour mettre en œuvre les fonctions décrites. Trois systèmes servent à ajuster et à préparer les dénouements (ISB, SBI, SLAB). Le système Dénouement réalise en aval les règlements/livraisons issus des trois systèmes précédents. Un réseau de communication entre intervenants, le système interbancaire de télécompensation/bourse (SIT/Bourse), permet de relier les systèmes informatiques des intervenants de la place et les systèmes SBI, SLAB et Dénouement.

Le système Inter Société de Bourse (ISB) permet d'ajuster et de préparer les dénouements entre sociétés de bourse. Il est alimenté par le système de cotation assistée en continu (CAC) utilisé pour enregistrer les négociations du marché boursier, par le système utilisé sur le Monep pour les dénouements consécutifs aux exercices d'options, et par les dispositifs de saisie interne des sociétés de bourse pour les autres négociations.

Le système Sociétés de Bourse-Intermédiaires (SBI) sert à ajuster et à préparer les règlements/livraisons entre les sociétés de bourse et les affiliés intermédiaires (collecteurs d'ordres, telles les banques par exemple), suite à des négociations en bourse.

Le Système de Livraison par Accord Bilatéral (SLAB) permet d'ajuster et de préparer les dénouements pour les négociations de gré à gré entre les opérateurs affiliés du marché ; les valeurs concernées sont notamment les titres des marchés gris et primaire obligataires, les titres échangés entre les dépositaires (pour les transferts de portefeuille de clients par exemple), les contrats de cession temporaire de titres (réméré s, pensions livrées, prêts de titres), certaines parts d'OPCVM et certains titres échangés avec les spécialistes en valeurs du Trésor. Le terme SLAB est utilisé couramment pour désigner le système initialement dénommé Gré à Gré.

Le système Dénouement génère automatiquement les règlements/livraisons réalisés entre les affiliés issus des systèmes ISB, SBI et SLAB, simultanément en Sicovam pour les titres et en Banque de France pour les espèces. Les fonctions du système sont les suivantes :

– la réception et le contrôle des mouvements, que ces derniers soient des règlements contre livraisons (dénommés livraisons contre paiement, ou LCP) ou des mouvements franco (mouvements de titres seuls, à l'occasion d'une opération sur titres par exemple) ;

– la pré-imputation des opérations, consistant à effectuer une simulation du dénouement et donnant lieu à une demande de couverture spontanée des découverts en titres ou en espèces alors identifiés ;

– l'imputation définitive, consistant à dénouer les suspens de façon à maximiser la quantité des titres dénoués. Le taux de dénouement des opérations présentées à Relit a été en 1994 de 99,7 % (*source* : Sicovam). Les mouvements non dénoués (par défaut de provision en titres ou en espèces) sont mis en suspens et recyclés dans les traitements des jours suivants. En pratique, les défauts de provision concernent essentiellement les soldes en titres.

Le principe du dénouement sur Relit est d'être réalisé ligne à ligne pour chaque opération. Ce principe est toutefois soumis à une exception : les ordres issus du système ISB donnent lieu à une compensation des dénouements, et seuls sont échangés les soldes nets de titres et d'espèces entre les sociétés de bourse ; une chambre de compensation, placée sous la responsabilité de la Société des Bourses Françaises, garantit la sécurité des dénouements correspondants.

La filière SLAB/Dénouement est destinée à être remplacée, pour les règlements/livraisons sur OAT début 1997, par le système Relit à Grande Vitesse (RGV), qui prendra également en charge le traitement des bons du Trésor et des autres titres négociables aujourd'hui géré par le système Saturne. S'appuyant sur le système de règlements espèces de gros montants Transferts Banque de

France (TBF), Relit à Grande Vitesse offrira un processus unifié de traitement des dénouements sur titres de taux.

2.2.5. Les principales caractéristiques du fonctionnement de Relit

La brièveté des délais laissés aux intervenants pour donner leur accord sur les négociations de titres, la normalisation des délais de place, la simultanéité des mouvements en titres et en espèces ainsi que la gestion automatique des opérations sur titres sont des caractéristiques essentielles du fonctionnement de Relit.

2.2.5.1. L'accord rapide des intervenants sur les négociations

Pour les trois systèmes en amont du dénouement, des procédures d'accord normalisées sont prévues pour chaque ligne de négociation, permettant d'éliminer les risques de suspens non reconnus entre certaines contreparties du marché (règlements/livraisons attendus d'un intermédiaire vis-à-vis d'une contrepartie qui n'a pas enregistré les opérations équivalentes dans ses livres).

– Il est à noter que les négociations issues du système CAC de cotation assistée en continu et du système de cotation du Monep sont appariées par ces systèmes et arrivent donc déjà appariées lors de leur entrée, automatique, dans le système ISB. Les erreurs de saisie sur les opérations d'un jour se corrigent le lendemain selon le principe de la double saisie, par l'acheteur et le vendeur, avec un délai strict à respecter ($J + 1$).

– Dans le système SBI, tout donneur d'ordre (banque) a une obligation de donner une réponse au négociateur (société de bourse) sous la forme d'un accord ou d'un refus explicite sur l'avis d'opéré reçu. Les corrections de négociations sont effectuées par l'envoi de codes refus normalisés et par la création de nouveaux avis d'opéré. Le délai d'accord-refus est strictement limité et l'accord ou le refus doit être réalisé la veille du jour de dénouement ; en cas d'absence de message la veille du dénouement, le système réalise un ajustement dit « au culot », en considérant que la société de bourse a raison.

– Dans le système SLAB, un rapprochement des transactions saisies par les deux contreparties ayant réalisé la négociation est effectué. Les négociations rapprochées deviennent des instructions définitives de règlement/livraison. En cas d'écart sur une négociation, la correction doit être réalisée par l'annulation de l'instruction initiale et la saisie de l'instruction corrigée. Les instructions non rapprochées dans les délais d'ajustement ne peuvent pas être dénouées à la date initialement prévue.

2.2.5.2. La normalisation des délais de place

Les délais de dénouement normalisés varient selon les types d'opération.

En ce qui concerne les négociations en bourse (traitées sur les systèmes ISB et SBI), le délai de dénouement normalisé est de $J + 3$, ce qui est court par rapport aux pratiques observées sur la plupart des grandes places financières ; pour les titres du marché à règlement mensuel, le délai est de $L + 5$, c'est-à-dire 5 jours de bourse après la date de liquidation générale.

Pour les opérations hors bourse, traitées sur le système SLAB, le délai peut varier de J à $J + 30$ au gré des intervenants ; $J + 1$ à $J + 3$ sont les délais les plus courants.

Pour respecter ces délais, des procédures normalisées d'alimentation des comptes titres et espèces des affiliés sont prévues. Ainsi, les titres à livrer par chaque intervenant doivent être disponibles le jour du dénouement sur son compte ouvert en Sicovam. En ce qui concerne les espèces, les fonds à verser par chaque affilié pour les dénouements d'un jour doivent être présents ce même jour au soir sur son compte Banque de France.

2.2.5.3. *La simultanéité des mouvements en titres et en espèces*

Le système Relit gère de manière simultanée les mouvements en titres et en espèces de chaque règlement/livraison, ce qui assure une grande sécurité dans les dénouements.

2.2.5.4. *La gestion automatique des opérations sur titres*

Le système Relit gère automatiquement pour les suspens non dénoués l'impact des opérations sur titres afférentes aux titres à livrer et à recevoir ajustés.

2.2.6. Le cas spécifique des titres essentiellement nominatifs

Ces titres, conformément aux statuts de la société émettrice, ne peuvent être détenus que sous la forme nominative, et pas sous la forme «au porteur». Les propriétaires de ces titres sont de ce fait nominativement connus de la société émettrice. Le suivi administratif de ces titres est plus lourd que celui des autres titres ; en effet, les processus de règlement/livraison comprennent, outre les traitements Relit, l'envoi à la société émettrice (par l'intermédiaire de la Sicovam) d'une information sur l'inscription ou la radiation d'actionnaires nominatifs *via* des bordereaux de références nominatives. Ce circuit d'information supplémentaire permet aux sociétés émettrices de titres essentiellement nominatifs de mettre à jour leurs registres d'actionnaires.

3. Les systèmes de règlement/livraison à l'étranger

Les circuits de compensation et de règlement/livraison des titres financiers varient selon les places boursières ; dans la plupart des cas, les échanges de titres sont des échanges matérialisés (échange de titres vifs ou de certificats représentatifs de dépôts de titres) ; par ailleurs, les systèmes en place dans les autres pays permettent rarement d'assurer la simultanéité des échanges de titres et de fonds. Il n'est pas possible de détailler davantage les modalités de règlement/livraison propres à chaque pays ; cependant, il est possible de décrire brièvement le fonctionnement des centrales internationales de compensation et de dénouement, qui permettent la réalisation de règlements/livraisons entre intervenants financiers internationaux, pour les titres cotés les plus négociés des places boursières internationales[1].

En effet, l'émergence des euro-obligations pendant les années 1970 et surtout 1980, notamment celle des obligations d'Etat, ont conduit de nombreux investisseurs et intermédiaires internationaux à échanger entre eux des flux de titres et des flux monétaires en devises, ce qui a suscité la création des deux centrales Cedel et Euroclear, en situation de concurrence.

---

1. Voir également dans cette ***Encyclopédie*** les articles de M. Karlin, «Circulation internationale des titres», p. 239, tome 1 et de H. de La Bruslerie, «Marchés financiers internationaux», p. 945, tome 1.

Cedel (Centrale de livraison de valeurs mobilières) est une société anonyme de droit luxembourgeois créée en 1970, dont le capital est détenu par une centaine d'actionnaires de près de vingt nationalités différentes. Les participants de Cedel sont des négociateurs en bourse, des banques, des sociétés fiduciaires, des intermédiaires boursiers et des organismes dépositaires centraux de différents pays, soit environ 2 730 entités différentes.

Les valeurs admises sont au nombre de 32 000.

Euroclear (Euro-clearance System Limited) est une société coopérative de droit belge créée en 1968, à l'origine par la banque Morgan Guaranty Trust of New York, et dont le capital est aujourd'hui réparti entre 120 intermédiaires financiers de toutes nationalités. Les participants, de même nature que ceux de Cedel, sont environ 2 600.

Le nombre des valeurs admises est de l'ordre de 35 000.

Cedel et Euroclear assurent, outre le service de conservation de titres, la réalisation de règlements/livraisons entre les intervenants ayant un compte ouvert, simultanément en titres et en espèces, de manière informatisée avec un délai de $J + 7$ calendaire en général, *via* l'utilisation de messages codifiés standardisés émis directement par leurs clients. Ces dénouements se font en utilisant le principe de la compensation des soldes, et avec une comptabilité multidevise ; ils peuvent concerner des titres physiques ou des titres dématérialisés. Un système de prêt et emprunt automatique permet de réaliser les dénouements en cas d'absence de provision en titres d'une contrepartie. Enfin, un système de prévision des flux de trésorerie liés aux dénouements à venir permet d'optimiser la gestion de capitaux.

Depuis 1972, les deux organismes ont mis en place des possibilités de dénouement réciproques, facilitant ainsi le dénouement des opérations réalisées entre les participants propres à chaque centrale. A partir de 1980, la création d'une liaison informatique entre les deux organismes, dite *electronic bridge*, a facilité ce type d'opérations. Enfin, le système a été amélioré en 1993 ; depuis cette date, en effet, il est possible pour tout intermédiaire d'opérer des transactions de manière équivalente avec un participant de l'une ou de l'autre centrale.

*

* *

Les modalités pratiques de dénouement propres à chaque place boursière sont très différentes et parfois relativement complexes. Face à l'internationalisation des placements financiers effectués par les grands investisseurs institutionnels (fonds de pension et fonds d'investissement, compagnies d'assurance, caisses de retraite, etc.), certains établissements financiers de dimension internationale proposent à leurs clients investisseurs institutionnels le service de *global custody*, consistant à assumer pour leur compte l'ensemble des dénouements et la conservation des titres qu'ils détiennent. Le fait que cette activité soit considérée comme un axe stratégique de développement pour certaines grandes banques apporte la preuve que les métiers liés aux règlements/livraisons de titres ont atteint une phase de maturité et d'industrialisation, et devraient connaître encore à l'avenir une automatisation et une informatisation croissante.

Références

Desbarrières N., *La bourse et ses back-offices*, Paris, Economica, 1993.
Hélie G., *Post-marché et valeurs mobilières*, Paris, La Revue Banque Éditeur, 1993.
Karyotis C., *Circulation internationale des valeurs mobilières*, Paris, La Revue Banque Éditeur, 1994.

Mots clés

Balance-titres, bordereaux de références nominatives, Cedel, chambre de compensation, compensation, dématérialisation, dépositaire, *electronic bridge*, Euroclear, *global custody*, ISB, opération sur titres, Relit, règlement/livraison, SBI, Sicovam, SLAB, suspens de règlement/livraison, système Dénouement, titre essentiellement nominatif, titre vif.

Couverture optimale et équilibre sur les marchés à terme

16

Jean-Pierre Danthine et Nils S. Tuchschmid

Le présent texte propose une revue sélective de la littérature récente sur les stratégies optimales de couverture à l'aide de contrats à terme ainsi que sur les caractéristiques d'équilibre des marchés pour ces contrats. Dans une première section, nous prenons l'exemple d'un producteur soumis à une unique source de risque qu'il cherche à gérer par le biais de contrats à terme. L'analyse porte tout d'abord sur un cadre simplifié où aucune incertitude sur les quantités produites ne grève la décision de couverture. Nous étendons ensuite l'analyse en considérant l'existence d'autres sources de risque et leurs incidences sur la demande optimale du producteur. Dans une troisième section, nous développons l'exemple de la gestion contre le risque de change au sein d'un portefeuille en valeurs mobilières internationales. Nous abordons ainsi le problème de la décision optimale de couverture dans le cadre général de la théorie du portefeuille. Dans une quatrième section, nous étudions la nature des équilibres sur un marché à terme, les caractéristiques des intervenants et les effets de leur demande agrégée sur la composition du prix à terme. Afin de pousser plus avant notre analyse, nous revenons dans une cinquième section sur l'exemple des marchés à terme sur devises et étudions les caractéristiques de l'équilibre sur ces marchés. En particulier, nous discutons l'hypothèse que le prix à terme est un estimateur sans biais du taux de change au comptant attendu, hypothèse que nous illustrons dans une sixième et ultime section de quelques résultats empiriques.

1. La problématique de la couverture : le cas canonique

Nous nous intéressons au problème d'un producteur qui, au moment d'engager des dépenses (achat d'input, location de facteurs de production), est dans l'ignorance du prix exact auquel il pourra vendre son output. Ce peut être le cas d'un producteur sur les marchés internationaux qui envisage un contrat de livraison dans l'incertitude quant au taux de change qui prévaudra au moment de la vente ; c'est le cas de l'agriculteur (sur un marché libre) qui, au moment de planter, ignore le prix auquel il pourra vendre sa production ;

c'est aussi le cas du bijoutier qui, au moment d'imprimer son catalogue (et donc de fixer ses prix de vente), ignore les prix auxquels il pourra acquérir ses inputs principaux, l'or et l'argent, lorsqu'il s'agira de réaliser les commandes qu'il aura enregistrées. Pour ce faire, nous abordons en premier le problème de la couverture optimale dans un cadre simplifié. Nous utilisons la notation suivante. Le prix de l'output est p ; la quantité y produite à l'aide d'un niveau d'input x est $y = q(x)$, le prix de l'input est w. Le profit dégagé de la production est donc $\pi = pq(x) - wx$. Pour référence, notons que si le prix p était connu, la décision optimale du producteur serait d'offrir une quantité q telle que le prix de l'output soit égal au coût marginal soit : $p = Cm = w/q'(x)$. En situation d'incertitude, on s'attend cependant à ce que le prix de vente excède le coût marginal d'un montant correspondant à une prime de risque. La condition $p = Cm$ faisant partie des conditions nécessaires pour une allocation efficace des ressources (un optimum de Pareto), on devine qu'en général l'existence de cette prime de risque est source d'inefficacité sociale.

Un contrat à terme est un engagement spécifiant la livraison ultérieure à un prix prédéfini d'une certaine quantité d'un bien ou d'un actif. Les marchés à terme[1] sont des institutions dont la justification et la profitabilité résultent des inefficacités dans l'allocation des ressources liées à l'incertitude et à l'aversion au risque. Se couvrir, c'est s'assurer contre un risque systématique, c'est-à-dire un risque qui ne peut être éliminé par l'application de la loi des grands nombres ; donc, un risque pour lequel un marché d'assurance au sens traditionnel n'est pas viable. La vision traditionnelle de la couverture propose à l'arbitrageur en couverture d'actif, le *hedger*, de prendre une position sur un contrat à terme égale en valeur, mais de signe opposé, à la position détenue sur le marché au comptant. Concrètement, dans l'exemple plus haut, le producteur qui décide de produire une quantité $q = 100$, est de ce fait exposé au risque de prix sur 100 unités de son output. Il s'agit d'un risque systématique car tous les participants au même marché sont soumis au même risque. Le producteur peut se couvrir en adoptant sur le marché à terme une position opposée en signe et égale en quantité à celle qu'il détient au comptant. Etant « long » au comptant, détenteur de bien (en cours de production) pour un montant de 100 unités, il peut décider de prendre une position opposée, « courte » à terme, c'est-à-dire de se porter vendeur (« à découvert ») de la même quantité. Ce faisant, il annule le risque baissier auquel il est exposé : une chute de son prix de vente lui fait gagner sur le contrat à terme – qu'il va pouvoir racheter à un prix inférieur à celui qu'il a reçu à la vente – exactement ce qu'il va perdre sur le marché au comptant. Bien sûr, l'opportunité haussière est annulée de la même manière.

Dans une perspective plus large, nous pouvons affirmer qu'il y a couverture chaque fois qu'une position est prise sur un marché autre que celui auquel le preneur de décision est intéressé au premier chef, et que cette position est de nature à réduire le risque total assumé par le preneur de décision. Notons f la position prise sur le marché susceptible d'être utilisée pour réduire le risque. Positive, il s'agit d'une vente effectuée au prix « futur » p^f coté aujourd'hui.

1. Pris au sens large : toutes les institutions permettant l'échange de contrats à terme. Nous n'introduirons pas de distinction formelle dans cet article entre les contrats de gré à gré et les contrats standardisés échangés sur des marchés organisés. Pour une présentation de cette différence, voir dans cette ***Encyclopédie*** l'article de M. Bellalah et Y. Simon, « Prix au comptant. Prix à terme », p. 1518, tome 2.

Cette position devra être dénouée à l'échéance par le rachat du contrat, lequel se fera au prix futur et encore incertain $\tilde{p}$. Inversement, une valeur négative de f signifie qu'il s'agit d'un achat de contrats à terme. La position sera dénouée, à l'échéance, au prix $\tilde{p}$. Le profit total du producteur résultant de l'activité productrice et de la prise de couverture peut dès lors s'écrire :

$$\tilde{\pi} = \tilde{p}q(x) - wx + (p^f - \tilde{p})\, f \qquad [1]$$

L'écriture ci-dessus souligne qu'il s'agit d'interventions dans deux marchés différents, le marché au comptant sur lequel une vente de valeur $\tilde{p}q(x)$ est anticipée, et le marché à terme sur lequel la position prise originellement devra être dénouée par une prise de position inverse. Bien sûr, cette équation peut être réécrite comme

$$\tilde{\pi} = \tilde{p}\,\{q(x) - f\} + p^f f - wx \qquad [1']$$

de laquelle on déduit qu'effectivement la notion traditionnelle de couverture conduit, en posant $q(x) = f$, à éliminer toute incertitude du cash-flow du décideur puisque dans ce cas le prix futur incertain disparaît. Est-il pour autant optimal d'agir de cette manière ? En préambule à la réponse que nous allons apporter à cette question, notons que les deux termes de l'équation [1′] correspondent à deux positions en actifs prises par un décideur. On peut dans ce contexte faire intervenir les enseignements de la théorie du portefeuille[2]. Celle-ci nous dit que l'ajout d'une position risquée à une détention initiale d'actifs est susceptible, en général, de constituer un portefeuille aux caractéristiques risque-rendement plus favorables que chacune des positions isolées. Cela est d'autant plus vrai que les deux actifs à combiner sont faiblement corrélés. En cas de corrélation parfaitement négative, le portefeuille à variance minimale aura une variance nulle. Ce portefeuille ne sera pas pour autant le portefeuille optimal. C'est exactement la situation dans laquelle nous nous trouvons. Dans le cas présent, les positions sur nos deux actifs amènent à un coefficient de corrélation parfaitement négatif puisque le risque assumé sur le futur est signalé par $(-\tilde{p})$ tandis que le risque sur le comptant est de $(+\tilde{p})$ par unité d'output. On comprend dès lors qu'en choisissant la position future de manière appropriée, ici en vendant à terme la totalité de la production, on s'assure un cash-flow à variance nulle.

La non-optimalité de l'approche traditionnelle peut être illustrée en spécifiant l'objectif du producteur. Nous adoptons l'hypothèse simplificatrice que celui-ci peut être approximé par la maximisation d'une fonction linéaire croissante en la moyenne et décroissante dans la variance du profit[3] :

$$\max_{x,\ f}\ E(\tilde{\pi}) - \chi/2\ \mathrm{var}\ (\tilde{\pi}) \qquad [2]$$

Ici le coefficient χ est la mesure (absolue) d'aversion au risque. La dérivation par rapport aux deux variables de décision donne les conditions de premier ordre suivantes :

$$p^f - w/q'(x) = 0 \qquad [3]$$

2. Voir dans cette ***Encyclopédie*** les articles de R. Cobbaut, « Théorie du marché financier », p. 1954, tome 2 et de G. Charest, « Rendement, risque et portefeuilles », p. 1608, tome 2.

3. Cet objectif est aussi celui d'un décideur maximisant l'espérance mathématique d'une fonction d'utilité exponentielle négative dans un contexte où les prix seraient normalement distribués.

$$f = q(x) + \frac{p^f - E\tilde{p}}{\chi \text{ var } (\tilde{p})} \qquad [4]$$

La première équation est la condition d'égalisation du coût marginal au prix futur. Elle montre que la possibilité de se couvrir sur un marché à terme restaure la condition *prix* = Cm, le prix pertinent étant cependant maintenant le prix à terme. S'il s'avère que ce prix s'équilibre au niveau du prix au comptant espéré, on retrouve alors l'optimalité de la décision de production. Il est remarquable de noter que le prix à terme fournit au producteur le signal déterminant de la production. En particulier, on note que sa propre anticipation sur le prix futur de son output n'entre plus en ligne de compte. Le marché à terme fournit le seul indicateur de production pertinent. Par ailleurs, la quantité produite à l'optimum ne dépend ni de la position prise sur le marché à terme, ni du taux d'aversion au risque du décideur. Ces résultats de séparation, très utiles pédagogiquement, sont extrêmes et ils ne sont pas généralisables aux situations plus complexes que nous examinerons par la suite.

La deuxième équation détermine la position à terme optimale. Elle a deux composantes : la première correspond à l'output attendu. C'est la couverture traditionnelle, encore appelée couverture de routine. Le producteur vend à terme la totalité de sa production. La deuxième est une prise de position spéculative. Elle correspond à la position adoptée par un spéculateur pur intervenant sur le marché à terme sans aucune position à couvrir (ou sans problème de portefeuille), donc avec $q(x) = 0$ et caractérisé par la même fonction objectif que notre producteur. Cette position est nulle si le prix à terme est égal à l'espérance du prix futur ou si le taux d'aversion au risque du producteur est arbitrairement élevé (ou encore si la variance du prix au comptant futur est perçue comme infinie elle aussi). Si ces conditions ne sont pas remplies, la couverture de routine n'est pas la position future optimale, même dans ce contexte simplifié. La prise de position spéculative du producteur désireux de se couvrir peut étonner. Elle est en fait la manifestation du théorème d'Arrow : tout agent qui n'est pas infiniment averse au risque achètera, même si ce doit être en quantité très petite, une loterie aux enjeux favorables sur le plan actuariel, c'est-à-dire dont l'espérance de gain est positive. Le plus souvent, on pourra justifier par ce terme une couverture incomplète : une volonté du producteur de ne se couvrir que partiellement, c'est-à-dire de ne vendre à terme qu'une partie de sa production. Mais, on ne peut non plus exclure une couverture excédentaire ou *overhedge*, une situation où le montant vendu sur le marché à terme excède la quantité d'output qui sera disponible pour la vente au comptant. Dans tous les cas où le prix à terme n'est pas égal à l'anticipation du prix spot futur et où la composante spéculative est non nulle, on peut montrer qu'il est plus profitable de spéculer sur le contrat à terme plutôt que de spéculer sur le comptant, c'est-à-dire produire alors que le prix à terme ne couvre pas le coût marginal de production.

2. Au-delà du cas canonique : quelques extensions

La discussion jusqu'ici s'est déroulée dans un contexte simplifié. En premier lieu, nous avons fait l'hypothèse qu'il n'y avait pas de risque de quantité, mais seulement un risque de prix. Dans l'exemple traditionnel, l'agriculteur fait aussi face à un risque de quantité. Selon les facteurs climatiques et autres conditions affectant le rendement, l'output $q(x)$ lui-même est incertain. Une couverture parfaite n'est, dans ce cas, pas possible, le contrat à terme étant bien adapté pour faire face au risque de prix mais pas à celui de quantité. Ce cas est plus complexe car il n'y a pas de position sans risque possible. Le résultat de séparation n'est alors plus valable et toute l'analyse doit se faire dans le contexte moins clair mais plus riche de la théorie du portefeuille. Nous illustrerons cette situation à la section 3 dans le contexte du choix d'un portefeuille international. Il s'agira alors d'un cas de double incertitude, sur le taux de change avec possibilité de couverture par contrat à terme et sur la valeur boursière de l'actif ou du portefeuille qui, elle, n'est pas couverte.

Une autre raison plus générale pour laquelle une couverture parfaite et une position sans risque sont souvent inatteignables tient à ce qu'on appelle le risque de base, qu'on décompose fréquemment en un risque de corrélation et un risque de base au sens strict[4]. Le risque de corrélation a pour origine le fait que le bien échangé sur le marché à terme est rarement exactement identique au bien que le producteur va mettre sur le marché. Il en est ainsi pour plusieurs raisons possibles, mais la plus importante tient à la standardisation des contrats échangés sur les marchés organisés dont l'objectif premier est de favoriser la liquidité sur ces marchés. Conçus pour intéresser le plus grand nombre de *hedgers* potentiels, les contrats standardisés ne correspondent aux besoins exacts d'aucun d'entre eux. Les marchés des biens agricoles ou des métaux (*commodities*) par exemple spécifient précisément la nature du bien acceptable à la livraison ainsi que le lieu où la livraison peut se faire[5]. La variabilité des coûts de transport empêche alors les relations d'arbitrage de rester constantes dans le temps – c'est-à-dire que la corrélation entre les deux prix pertinents n'est pas parfaite – induisant de ce fait un risque supplémentaire. Dans le cas d'un contrat à terme (*futures*) sur indice utilisé pour couvrir un portefeuille, un problème similaire résulte de ce que le portefeuille individuel peut ne pas être la réplique exacte de l'indice sur lequel le contrat est défini[6]. De la même manière, les échéances des contrats échangés peuvent ne pas coïncider exactement avec les besoins d'un décideur particulier. C'est dans ce cas que la notion de risque de base au sens restreint est utilisée. Formellement, on peut représenter ces situations par la réécriture suivante du problème [1] :

$$\tilde{\pi} = \tilde{p}_{t+1} q(x) - r_t x + \left(p_t^f - \tilde{p}_{t+1}^f\right) f \qquad [5]$$

Ici nous avons introduit une notation temporelle permettant de distinguer les dates auxquelles les prix sont cotés. Nous avons aussi indiqué que le contrat futur engagé au prix p_t^f sera dénoué au prix aléatoire $\tilde{p}_{t+1}^f$ potentiellement différent du prix au comptant futur $\tilde{p}_{t+1}$. Ce cas, plus général, nous rapproche du contexte de portefeuille déjà évoqué. Le décideur, en se couvrant, constitue

4. Voir dans cette ***Encyclopédie*** l'article de J.P. Daloz, « Marchés à terme de taux d'intérêt et gestion de la base », p. 1061, tome 2.

5. Voir dans cette ***Encyclopédie*** l'article de Y. Simon, « Marchés à terme de matières premières », p. 1007, tome 1.

6. Voir également dans cette ***Encyclopédie*** les articles de M. Bellalah et Y. Simon, « Marchés à terme sur indices boursiers », p. 971, tome 1 et de H. Loubergé, « Options sur indices boursiers et options sur contrats à terme d'indices boursiers », p. 1438, tome 2.

un portefeuille de deux actifs. L'adjonction d'un nouveau risque à un risque déjà existant (et c'est la caractéristique d'un *hedger* d'avoir de par son activité première, de producteur dans notre exemple, à assumer des risques) permet en général de réduire le risque de la position initiale, pourvu que la corrélation entre les deux risques ne soit pas égale à l'unité. L'élément caractéristique de la couverture dans notre contexte généralisé sera donc le degré de corrélation auquel on peut s'attendre entre le prix au comptant et le prix du contrat à l'échéance.

La solution du problème pour la même fonction objectif conduit à la définition de la position à terme optimale suivante :

$$f = q(x)\ \frac{\text{cov}\ (\tilde{p}_{t+1},\ \tilde{p}^f_{t+1})}{\sigma_f^2} + \frac{p^f - E\tilde{p}}{\chi\ \text{var}\ (\tilde{p})}$$
$$f = q(x)\ \rho(\tilde{p}_{t+1},\ \tilde{p}^f_{t+1})\ \frac{\sigma_s}{\sigma_f} + \frac{p^f - E\tilde{p}}{\chi\ \text{var}\ (\tilde{p})} \qquad [6]$$

où σ_l^2 dénote la variance du prix à terme ($l = f$) ou du prix au comptant ($l = s$), et ρ est l'opérateur de « corrélation ». Faisant abstraction de la partie spéculative qui n'a pas changé, on voit maintenant que la position de couverture pure n'est plus une couverture de routine, mais est en général inférieure à celle-ci. On retrouve bien sûr le cas précédent, sans risque de base, pour une corrélation et un rapport d'écarts types égaux à un. Le risque de base se matérialise par une corrélation inférieure à l'unité entre les prix à l'échéance sur le marché au comptant et sur le marché à terme. Pour un contrat à terme qui se traite dans les mêmes unités que le bien lui-même, on aura un rapport d'écarts types proche de l'unité. Le coefficient du terme $q(x)$ définit ce que l'on appelle le rapport de couverture, ou *hedge ratio*. Dans le contexte unipériodique de cet article, il peut être estimé par le coefficient de la régression du prix à terme sur le prix au comptant et a l'apparence du fameux β de la théorie du portefeuille[7].

L'adoption de l'approche « portefeuille » conduit naturellement à suggérer que la qualité d'une couverture ne dépend pas de la nature du produit ou du contrat à terme sur laquelle la couverture est définie mais seulement de la qualité de la relation statistique existant entre le prix du contrat à terme et le prix de l'output. D'autre part, elle suggère qu'une amélioration de l'objectif de couverture peut, en général, être atteinte en construisant une couverture multiple, c'est-à-dire en se couvrant à l'aide d'un portefeuille de contrats à terme. Dans ce cas plus général, le vecteur des positions à terme optimales prend la forme suivante :

$$f^* = q(x)\ \Sigma_{ff}^{-1}\Sigma_{sf} + \frac{1}{\chi}\ \Sigma_{ff}^{-1}(p_t^f - E\tilde{p}^f_{t+1}) \qquad [7]$$

avec p_t^f le vecteur $(Fx1)$ des F prix cotés à la date t sur les marchés à terme utilisés pour constituer une couverture (pour une échéance $t+1$), Ep^f_{t+1} le

7. Les problèmes statistiques liés à cette procédure sont de même nature que ceux liés à l'estimation des bêtas. Citons en particulier l'exigence de stationnarité des distributions de probabilités. L'approche multipériodique mettrait plutôt en évidence ici la nécessité de continuellement réévaluer le *hedge ratio* et donc l'étendue de la couverture.

vecteur des mêmes prix anticipés pour $t+1$, Σ_{sf} le vecteur des covariances entre le prix spot et les prix des contrats des termes et Σ_{ff} la matrice des variances et covariances des prix des contrats à terme. Notons à cet égard que Σ_{sf} et Σ_{ff} sont simplement les éléments de la matrice de variances et covariances du vecteur $\begin{pmatrix} \tilde{p}_{t+1} \\ \tilde{p}^f_{t+1} \end{pmatrix}$, décomposée comme suit : $\Sigma = \begin{pmatrix} \sigma_s^2 & \Sigma_{sf}^T \\ \Sigma_{sf} & \Sigma_{ff} \end{pmatrix}$, où σ_s^2 est la variance du prix spot et T le symbole de la transposée. Dans l'expression ci-dessus, on retrouve les deux composantes des positions que nous avons dérivées jusqu'ici, la première étant la composante de couverture, la deuxième la composante spéculative. Cette dernière a la forme habituelle, tandis que la première est la généralisation naturelle de l'équation [6]. En particulier, notons qu'ici aussi le coefficient de $q(x)$ peut être estimé par le coefficient de la régression multiple des F prix à terme sur le prix au comptant futur.

3. Un exemple particulier : la couverture d'un portefeuille contre le risque de change

Nous avons déjà souligné que l'analyse de la couverture optimale contre les risques ne se limite pas au seul cas du producteur qui serait dans l'ignorance du prix futur de son output. Le même problème se pose pour un investisseur en valeurs mobilières domestiques et étrangères. Les placements sur des actifs étrangers étant exposés au risque de change, l'investisseur peut en effet chercher à couvrir cette exposition par le biais de contrats à terme sur devises[8]. Dans cette troisième section, nous étendons le problème de la couverture optimale dans le cadre plus général de la théorie du portefeuille. Nous conservons l'hypothèse que la fonction objectif de l'investisseur est caractérisée par l'équation [1] définie en termes d'espérance et de variance de la richesse de fin de période.

La position au comptant, x, a ici la caractéristique d'être un vecteur décrivant les nombres de parts que prend notre investisseur sur les actifs financiers risqués, tandis que le vecteur f correspond aux positions prises sur les contrats à terme sur devises. Afin de simplifier l'analyse sans perdre en généralité, nous allons admettre que cet investisseur place sa fortune sur n actifs financiers risqués dont les prix sont exprimés dans sa monnaie de référence – le franc français par exemple. Nous supposons également que les $n-k$ derniers actifs risqués représentent des placements en valeurs mobilières étrangères dont l'investisseur couvre l'exposition au risque de change par le biais des contrats à terme. Enfin, nous supposons l'existence d'un actif hors risque domestique rapportant R francs pour chaque unité monétaire investie, soit $R = (1 + r)$, sur lequel l'investisseur place un montant m de sa richesse initiale. Sachant que les positions sur les contrats à terme n'entraînent aucun débours immédiat[9], la contrainte budgétaire implique simplement que le

8. Sur la gestion du risque de change, le lecteur peut se reporter, dans l'***Encyclopédie de gestion***, à l'article de C.A. Vailhen, « Risque de change ».

9. Nous posons ici une hypothèse simplificatrice. Les marchés de contrats à terme, en particulier les marchés organisés traitant des contrats standardisés, exigent le dépôt d'une marge dont le montant est fonction de la valeur des positions. Cette pratique vise à garantir la solvabilité de l'investisseur et à limiter ainsi le risque de crédit.

niveau actuel de richesse est réparti entre les n actifs risqués et l'investissement hors risque

$$\pi_0 = p_0^T x + m \quad [8]$$

alors que le niveau de richesse finale, tenant compte du gain ou de la perte net sur les positions à terme, s'obtient en posant :

$$\tilde{\pi} = \tilde{p}^T x + mR + (p^f - \tilde{p}^s)^T f$$

ou p^s est le vecteur de prix encore incertains des $n-k$ devises étrangères sur lesquelles portent les contrats à terme. Utilisant dès lors la contrainte budgétaire, nous obtenons :

$$\tilde{\pi} = (\tilde{p} - p_0 R)^T x + R\pi_0 + (p^f - \tilde{p}^s)^T f \quad [9]$$

A l'instar de nos précédents résultats, le profit, ou la richesse de fin de période, dépend des positions prises sur le marché des actifs financiers et sur celui des contrats à terme sur taux de change. L'espérance et la variance de la richesse de fin de période sont dans ce cas simplement égales à :

$$E(\tilde{\pi}) = (E\tilde{p} - p_0 R)^T x + R\pi_0 + (p^f - E\tilde{p}^s)^T f$$

$$\text{var}(\tilde{\pi}) = x^T \Sigma_{pp} x + f^T \Sigma_{ss} f - 2x^T \Sigma_{ps} f$$

La matrice Σ_{pp} regroupe les termes de variances et de covariances des rendements pour l'ensemble des n actifs financiers, alors que Σ_{ss}, de taille $n-kxn-k$, réunit les variances et covariances des taux de change. Enfin Σ_{ps} est la matrice de covariances entre les rendements des actifs financiers et les taux de change. Elle est de dimension $nxn-k$. Des conditions de premier ordre, on déduit :

$$x = \Sigma_{pp}^{-1} \Sigma_{ps} f + \frac{1}{\chi} \left\{ \Sigma_{pp}^{-1} (E\tilde{p} - p_0 R) \right\} \quad [10]$$

$$f = \Sigma_{ss}^{-1} \Sigma_{sp} x + \frac{1}{\chi} \left\{ \Sigma_{ss}^{-1} (p^f - E\tilde{p}^s) \right\} \quad [11]$$

Contrairement au cas canonique de l'équation [3], la décision d'investissement n'est pas ici séparable de la décision de couverture. La demande optimale pour les n actifs financiers risqués dépend des positions prises sur les $n-k$ contrats à terme. La raison de cette différence avec l'exemple plus simple analysé dans la première section vient de l'existence d'une double incertitude, sur les taux de change, d'une part, et sur le rendement des actifs financiers, d'autre part. Cette situation est assimilable à celle de la couverture optimale en présence d'incertitude à la fois sur les quantités et sur les prix puisque la structure de l'équation [11] est identique à celle de l'équation [7]. La demande optimale de notre investisseur sur les $n-k$ contrats à terme se compose d'une demande de couverture pure et d'une demande spéculative. On remarque également que la seconde composante découle directement du critère moyenne-variance que nous avons appliqué. En effet, si l'univers financier était constitué des seules $n-k$ devises, le terme entre crochets de l'équation [11] déterminerait la composition du portefeuille tangent, c'est-à-dire le portefeuille, constitué uniquement de devises, situé sur la frontière efficiente au point de tangence avec l'origine. Quant au premier terme, il correspond au portefeuille de couverture maximisant le niveau de corrélations entre le rendement des actifs financiers risqués et les variations des taux de change. Pour le vérifier, il suffit de rappeler que la composition d'un portefeuille de contrats à terme qui maximise ces covariances, pour un niveau fixé de risque total $f^T \Sigma_{ss} f$, est simplement égale à :

$$\max_f \left\{ 2x^T \Sigma_{ps} f - \lambda f^T \Sigma_{ss} f \right\}$$

soit

$$f = \frac{2}{\lambda} \left(\Sigma_{ss}^{-1} \Sigma_{sp} x \right)$$

Ces premiers résultats sont importants. Ils montrent qu'une politique de couverture dissociée de celle suivie sur les valeurs mobilières est forcément sous-optimale. En d'autres termes, les positions optimales sur les contrats à terme sont partie prenante de la décision d'allocation de l'investisseur et ne peuvent être traitées séparément.

Cette dernière remarque est souvent mise en opposition avec l'argument bien connu du *free lunch* développé par Perold et Schuman (1988). Celui-ci s'articule de la manière suivante : supposons que le taux à terme est un prédicteur sans biais du taux de change au comptant attendu, soit que $p^f = Ep^s$. Dans ce cas, prendre une position inverse à celle prise sur le sous-jacent pour couvrir l'exposition au risque de change est sans coût en termes de rendement. En effet, le prix à terme p^f étant par hypothèse égal au prix attendu Ep^s, on peut attendre d'une position couverte un rendement identique à celui d'une position laissée nue. Il en résulterait que toute position exposée au taux de change devrait être systématiquement couverte puisque l'investisseur pourrait réduire son degré d'exposition tout en ne supportant aucun coût d'opportunité. L'argument du *free lunch* revient par conséquent à nier l'existence de la composante spéculative dans les positions optimales prises par l'investisseur.

Poussant le raisonnement plus avant, l'argument du *free lunch* est souvent utilisé pour justifier toute politique de couverture systématique contre le risque de change. Parmi celles-ci, la stratégie de couverture complète ou « unitaire » conserve les faveurs d'un grand nombre d'investisseurs. La faiblesse de ce raisonnement est évidente. Le fait de supposer que la demande spéculative est inexistante ne justifie pas pour autant une politique de couverture « systématique ». L'équation [11] nous montre que la demande de couverture dépend, à l'instar de nos premiers résultats, des degrés de corrélation entre les variations de prix des actifs financiers et celles des taux de change. Une politique de couverture systématique, en posant par exemple $f_j = x_j$, n'est pas optimale à moins d'admettre que la covariance entre le rendement de l'actif financier, exprimé dans sa monnaie de cotation, et celui du taux de change soit nulle, une hypothèse qui ne se vérifie pas empiriquement.

4. L'équilibre de marché

Un marché à terme ne peut évidemment fonctionner que si des agents prennent les positions inverses des positions prises par les *hedgers*. Ces positions de signe inverse pourraient en principe être le fait d'autres arbitrageurs munis de risques initiaux de nature opposée à celles des producteurs dont nous avons détaillé le problème de décision dans la première section. Sauf coïncidence cependant, on peut s'attendre à ce qu'il y ait un déséquilibre, parfois dans un sens, parfois dans l'autre, entre les positions des différents types de *hedgers*. Pour cette raison, l'on considère qu'un marché de contrats à terme ne peut fonctionner sans la présence d'agents prêts, contre rémunération, à se porter preneurs des positions nettes des *hedgers* : ce sont les spéculateurs. Dans cette section, nous illustrons les grandes questions posées quant à la nature des équilibres sur les marchés à terme. Nous le faisons dans le contexte le plus simple, c'est-à-dire en l'absence de risque de base et de risque de quantité.

Pour atteindre un niveau de généralité suffisant, nous supposerons que le marché qui nous intéresse est peuplé de trois types d'agents : des producteurs dont les décisions optimales correspondent aux équations [3] et [4], des processeurs qui sont des *hedgers* dont la position initiale est généralement du signe opposé à celle des producteurs et qui, de ce fait, seront le plus souvent de l'autre côté du marché, et enfin les spéculateurs. Ces derniers, s'ils sont dotés d'un objectif moyenne-variance linéaire, ont des positions optimales de la forme :

$$f = \frac{p^f - E\tilde{p}}{\gamma \text{ var } (\tilde{p})} \tag{12}$$

Nous admettrons que tous nos agents partagent les mêmes anticipations sur les prix futurs. Par contre, ils ont des coefficients d'aversion au risque qui diffèrent : γ est le coefficient d'aversion des spéculateurs, ξ celui des processeurs.

L'activité des processeurs consiste à transformer le bien y dont il a été question jusqu'ici en un bien final z. Leur fonction de production est $z = h(y)$. Par analogie avec le problème du producteur, il est aisé de montrer que la position optimale du processeur typique sera :

$$f_p = -y_p + \frac{p^f - E\tilde{p}}{\xi \text{ var } (\tilde{p})} \tag{13}$$

Si nous faisons l'hypothèse d'un nombre n_f, n_p et n_s de producteurs (fermiers), processeurs et spéculateurs respectivement, la condition d'équilibre du marché à terme sera :

$$n_f f_f + n_p f_p + n_s f_s = 0$$

que l'on peut réécrire, en utilisant les équations [4], [12] et [13],

$$n_p y_p - n_f y_f = n_f \frac{p^f - E\tilde{p}}{\chi \text{ var } (\tilde{p})} + n_p \frac{p^f - E\tilde{p}}{\xi \text{ var } (\tilde{p})} + n_s \frac{p^f - E\tilde{p}}{\gamma \text{ var } (\tilde{p})} \tag{14}$$

Dans cette dernière équation, la partie à gauche du signe d'égalité représente la position nette totale prise par les *hedgers,* soit la couverture totale nette (CTN). La partie droite représente la somme des positions spéculatives prises par les deux types de *hedgers* ainsi que par les spéculateurs eux-mêmes. C'est la position spéculative totale nette (STN). Rappelons que la prise de position spéculative de chacun de nos agents, spéculateurs compris, est du même signe que la différence espérée entre le prix du futur et le prix au comptant à l'échéance. Il doit évidemment en être ainsi également de la position spéculative totale. On a donc le résultat suivant (Anderson et Danthine, 1983) :

$$\text{STN} > (=, <)\ 0 \quad \text{ssi} \quad p^f > (=, <)\ E\tilde{p}$$

et, par corollaire,

$$\text{CTN} > (=, <)\ 0 \quad \text{ssi} \quad p^f > (=, <)\ E\tilde{p}$$

La question de savoir si le prix à terme sera en prime (report) ou en escompte (déport) relativement au prix au comptant a une longue histoire dans la littérature. Ainsi Keynes (1930) a-t-il suggéré qu'une situation dans laquelle le prix à terme était à l'escompte par rapport au prix au comptant était normale (*normal backwardation*), car elle fournissait ainsi une rémunération pour le risque assumé par les spéculateurs intervenant comme contrepartie des *hedgers*. Cette prédiction s'accorde avec la théorie ci-dessus dans le cas où l'on considère comme normale une situation de CTN < 0, situation caractérisant par exemple un marché dans lequel les producteurs interviennent de manière dominante. Une raison pour laquelle il pourrait en être ainsi est que les processeurs peuvent être dans une situation où ils ont la faculté d'attendre avant de s'engager sur le niveau d'usage du bien y qui entre comme *input* dans leur processus de production, et cela jusque après avoir observé la réalisation du prix p, auquel cas les bienfaits de la couverture seraient réduits pour eux. Il n'en reste pas moins que sur le plan théorique on peut aussi imaginer la situation inverse dans laquelle une dominance des couvertures courtes (CTN > 0) conduirait les spéculateurs à devoir prendre des positions longues. Un excès du prix à terme sur le prix au comptant espéré à l'échéance est alors l'incitatif requis pour les induire à adopter ces positions et garantir l'équilibre entre les quantités offertes et demandées. On dit alors que la situation des prix[10] est en *contango*.

Il n'est pas possible de dépasser cette typologie des équilibres possibles si l'on veut rester au plus haut niveau de généralité, chaque marché étant spécifique sur ce point. Pour pousser plus loin notre illustration de la problématique de l'équilibre des marchés, il nous faut donc choisir un cas particulier. Nous poursuivons avec celui des marchés à terme sur devises utilisés dans la couverture d'un portefeuille international.

5. La demande spéculative nette : de l'existence d'une prime de risque à l'équilibre du marché des changes à terme

Reprenons le cas des marchés à terme sur devises et l'argumentation du *free lunch* présentée à la section 3. Rappelons que celle-ci est fondée sur l'hypothèse que le prix à terme est un prédicteur sans biais du taux au comptant attendu. Il y deux manières d'interpréter cette hypothèse. La première suit en

10. Il y a ambiguïté dans la littérature quant à savoir si les prix à considérer sont le prix à terme comparé au prix au comptant courant ou à l'espérance du prix au comptant futur.

droite ligne les développements de la section précédente ; la deuxième généralise quelque peu le cadre d'analyse. Dans l'esprit de la section 4, l'absence de biais entre le prix à terme et le prix au comptant attendu découle naturellement de ce que la position spéculative totale nette (STN) est systématiquement égale à zéro. *A priori,* une telle situation peut prévaloir lorsque, par exemple, la demande de couverture d'un investisseur français contre la baisse du dollar est entièrement compensée par celle d'un investisseur américain voulant inversement se prémunir contre la baisse du franc français. Leurs demandes de couverture pures s'équilibrent parfaitement alors que les composantes spéculatives sont nulles par définition. La probabilité de rencontrer systématiquement cette configuration, quoique différente de zéro, reste malgré tout très faible. Il est donc naturel d'imaginer la présence de spéculateurs sur le marché des changes à terme, spéculateurs qui, par les positions qu'ils prennent, en assurent l'équilibre. Toutefois, si l'on accepte de généraliser quelque peu l'analyse de la section précédente, on est conduit à affirmer que la présence de spéculateurs n'est pas une condition suffisante pour rejeter l'hypothèse que $p^f = Ep^s$. Nous devons encore supposer que ces derniers veulent être rémunérés pour le risque systématique qu'ils assument comme nous l'avons décrit précédemment. En d'autres termes, il faut admettre que la position spéculative sur le marché des changes incorpore une composante de risque non diversifiable pour laquelle il convient d'être rémunéré.

Pour souligner ce dernier point, prenons l'exemple d'un spéculateur qui achète à terme, pour la période $t+1$, une devise au prix p^f. Simultanément, admettons qu'il place le montant nécessaire à son achat au taux hors risque instantané égal à i. A l'échéance de son opération spéculative, nous savons qu'il achète cette devise au prix p^f pour la revendre immédiatement au cours prévalant à cette période. Si nous supposons que la valeur actuelle nette de ce projet d'investissement est égale à zéro, nous obtenons simplement que

$$p^f \, \mathrm{e}^{-i} = Ep^s \, \mathrm{e}^{-\mu} \Rightarrow p^f = Ep^s \, \mathrm{e}^{(i-\mu)} \qquad [15]$$

où μ est le rendement attendu sur la devise compte tenu du risque systématique qui a été pris. Dès lors, le prix à terme p^f sera différent du taux au comptant attendu Ep^s lorsque la composante de risque systématique lié à un placement à terme sur devise n'est pas nulle, soit dans notre cas lorsque $\mu \neq i$.

Il est facile de comprendre que l'hypothèse d'absence de prime de risque est restrictive[11]. Pour le montrer, admettons simplement, à l'instar de tous les modèles d'évaluation des actifs financiers, que, dans un contexte international, l'exigence de rendement d'un actif financier est constituée du taux sans risque et d'une unique prime de risque[12]. Sans présenter ici la dérivation d'un tel modèle, rappelons que, à la différence d'un modèle domestique, il convient de

---

11. Voir également dans cette ***Encyclopédie*** l'article de J. Mathis, « Dynamique des taux de change », p. 299, tome 1.

12. Une telle relation d'évaluation peut être obtenue dans le cadre d'un modèle d'évaluation par arbitrage, si nous supposons que les rendements sont générés par un processus à un seul facteur qui est indépendant du numéraire choisi, ou dans celui d'un modèle d'équilibre partiel lorsque, raisonnant en termes réels, il est supposé que la relation de parité des pouvoirs d'achat est vérifiée. Voir également l'article de B. Dumas, « Marché international des capitaux : modèles d'équilibre partiel contre modèles d'équilibre général », p. 802, tome 1.

définir au préalable un numéraire commun à l'ensemble des actifs financiers domestiques et étrangers. Ainsi, si cette relation est vérifiée pour l'ensemble des actifs financiers risqués, elle doit l'être également pour un placement monétaire sur devise étrangère dont le rendement dépend par définition du taux d'intérêt offert i^f et du rendement attendu sur les changes :

$$\mu_i = i + \lambda\beta_i \Rightarrow i^f + Er^s = i + \lambda\beta_s \quad \text{où} \quad Er^s = E\left[\ln\left(p^s_{t+1}/p^s_t\right)\right] \qquad [16]$$

Reprenant l'équation [15], nous avons

$$p^f = Ep^s \ \mathrm{e}^{(i-\mu)} \Rightarrow p^f = Ep^s \ \mathrm{e}^{-\lambda\beta_s} \qquad [15']$$

Par conséquent, le prix à terme est un estimateur sans biais du taux spot attendu seulement si la prime de risque, $\lambda\beta_s$, est égale à zéro. Dans le cas contraire, le différentiel de taux d'intérêt contient une prime de risque et, contrairement à l'argument du *free lunch,* on ne pourrait négliger l'existence de positions spéculatives au sein de la demande de couverture de l'investisseur.

Rappelons en outre que le différentiel de taux d'intérêt correspond au prix à terme d'une devise étrangère, un résultat qui découle directement d'un raisonnement d'arbitrage connu sous le nom de relation de parité de taux d'intérêt couverte (RC)[13] :

$$p^f = p^s \ \mathrm{e}^{(i-i^f)} \qquad [17]$$

où i^f est ici le taux d'intérêt hors risque étranger continûment composé. Dès lors, si nous reprenons l'équation [16] en posant :

$$i - i^f = E\left[\ln\left(p^s_{t+1}/p^s_t\right)\right] - \lambda\beta_s \Rightarrow \mathrm{e}^{(i-i^f)} = \mathrm{e}^{\left(E\left[\ln\left(p^s_{t+1}/p^s_t\right)\right]-\lambda\beta_s\right)}$$

nous obtenons en utilisant la RC et après simplification :

$$\frac{p^f}{p^s} = \frac{Ep^s}{p^s} \ \mathrm{e}^{-\lambda\beta_s} \Rightarrow p^f = Ep^s \ \mathrm{e}^{-\lambda\beta_s}$$

un résultat qui, bien entendu, est identique à l'équation [15′].

Notons enfin que sur le marché des changes, tester l'hypothèse que le prix à terme est un prédicteur sans biais du taux au comptant peut se ramener à tester la validité de la relation de parité de taux d'intérêt non couverte (RNC). Cette dernière postule que le niveau attendu du taux au comptant dépend du niveau du différentiel des taux d'intérêt :

$$Ep^s = p^s \ \mathrm{e}^{(i-i^f)} \qquad [18]$$

Dès lors, la validation empirique de l'équation [18], partant du constat que la relation d'arbitrage des taux d'intérêt couverte est vérifiée, devrait amener

---

13. La RC stipule en effet que placer sur le marché domestique ou convertir le montant initial au prix au comptant $1/p^s$ pour le placer sur le marché étranger et simultanément vendre à terme au prix p^f doit, sous peine d'arbitrage, dégager une rentabilité identique puisque certaine dans les deux cas. La RC n'est donc pas une relation causale. Elle montre qu'il est possible de répliquer de façon synthétique une position de couverture par le bais des marchés monétaires domestiques et étrangers. En effet, la vente à terme d'une devise étrangère peut être répliquée en empruntant la valeur actuelle du montant attendu dans cette devise pour, une fois converti au taux au comptant, le placer sur le marché domestique.

naturellement à la conclusion que le prix à terme est un estimateur sans biais du taux spot attendu. La RNC repose en effet sur les hypothèses de parfaite substitution entre les deux classes d'actifs financiers et d'absence de prime de risque[14] puisque si nous posons $\mu = i$, partant de la RC, nous retrouvons la RNC

$$p^s \, \mathrm{e}^{(i-i^f)} = Ep^s \, \mathrm{e}^{(i-\mu)} \Rightarrow Ep^s = p^s \, \mathrm{e}^{(i-i^f)} = p^f$$

6. Demande spéculative et prime de risque sur le marché des changes : quelques résultats empiriques

Dans cette dernière section, nous nous proposons de pousser l'analyse plus loin encore et de montrer comment l'hypothèse d'absence de biais entre le prix à terme et le prix au comptant peut être testée. En poursuivant notre démarche dans le cas des marchés à terme sur devises, nous restons proches, comme nous l'avons démontré dans la section précédente, d'une des préoccupations fondamentales de la finance internationale : tester la pertinence de la relation de parité de taux d'intérêt non couverte. Pour ce faire, nous avons sélectionné quatre devises contre le dollar américain, à savoir le franc suisse (CHF), le deutsche mark (DEM), le franc français (FRF) et le yen (JPY). Pour chaque devise, nous avons obtenu des données mensuelles sur les taux de change au comptant, les taux à terme et les taux d'intérêt sur l'euromarché à 1 mois sur une période s'étendant de juin 1978 à octobre 1995[15]. Dans un premier temps, nous avons vérifié la RC en calculant simplement la différence entre le logarithme du taux à terme coté et celui du taux à terme théorique tel qu'il est défini dans l'équation [17]. Pour la RNC, nous avons calculé, sur la base de rendements continûment composés, les différences entre les variations observées du taux de change et les variations attendues en fonction du différentiel observé des taux d'intérêt. Les résultats sont reportés dans le tableau 1.

Les résultats de la partie A du tableau 1 montrent clairement que la RC est vérifiée. Les déviations en pour-cent sont négligeables et leurs dispersions sont faibles. On ne saurait dès lors distinguer l'évolution des taux à terme cotés de celle des taux théoriques calculés sur la base de la relation de parité couverte[16]. On peut également remarquer que, à l'exception du franc français, les déviations moyennes de la RNC restent faibles, ne dépassant pas les 100 points de base annuels. Toutefois, les dispersions sont importantes. En d'autres termes,

---

14. Soulignons toutefois que, même en l'absence de prime de risque, cette relation peut être violée si les agents raisonnent en termes réels et que l'inflation est stochastique. En effet, posant P pour le niveau général des prix, il suffit de se rappeler que $E\left[p^f - p^s/P\right]$ n'est pas égal à $E\left[p^f - p^s\right]/E\left[P\right]$ pour constater que l'hypothèse $p^f = Ep^s$ n'est pas suffisante pour que les déviations soient nulles.

15. Ces données proviennent de Datastream disponible au CEDIF de l'Université de Lausanne. Les cotations de change étant exprimées initialement en livre sterling, nous avons utilisé l'hypothèse d'absence d'opportunité d'arbitrage triangulaire pour convertir ces données dans un système de cotations européennes standard, dans lequel nos quatre devises mesurent le prix d'une unité de dollar américain.

16. On doit également souligner que ces déviations minimes proviennent du fait que tant les taux de change que les taux monétaires sur l'euromarché que nous avons utilisés sont des données calculées sur la moyenne de taux offerts et demandés. Ces imperfections et des problèmes potentiels de synchronisation imparfaite expliquent en partie les faibles pourcentages de déviations obtenus.

Tableau 1 – Calcul en pourcentages annuels des déviations des relations de parité des taux d'intérêt, couverte et non couverte, sur des pas mensuels couvrant la période de juin 1978 à octobre 1995

		CHF/USD	DEM/USD	FRF/USD	JPY/USD
A : RC	Moyenne	– 0,263	– 0,225	0,342	– 0,431
	Ecart type	*0,202*	*0,324*	*0,337*	*0,165*
B : RNC	Moyenne	0,827	– 0,439	– 1,425	– 0,751
	Ecart type	*13,866*	*12,597*	*12,086*	*12,689*
C :	Rendement annuel moyen	– 2,450	– 2,144	0,663	– 3,553
	des taux de change	*13,68*	*12,52*	*12,04*	*12,48*
	Différentiel moyen	– 3,278	– 1,706	2,087	– 2,802
	des taux d'intérêt	*1,16*	*0,97*	*0,98*	*0,84*

Note : Ce tableau reporte les déviations moyennes annualisées en pour-cent de la RC et de la RNC. Pour la RC, les déviations sont obtenues en prenant les différences à chaque période entre le logarithme du taux à terme coté et le logarithme du taux à terme théorique. Pour la RNC, la déviation est calculée en prenant la différence entre le rendement observé du taux de change (entre les périodes t et $t + 1$) et la variation attendue à la période t selon la RNC. Enfin, la partie C du tableau donne le rendement annuel moyen du taux de change entre la période de juin 1978 à octobre 1995 ainsi que le niveau annuel moyen du différentiel de taux d'intérêt entre les quatre devises et le dollar américain. Les écarts types annualisés sont donnés en italique.

la moyenne non conditionnelle reste proche de zéro mais l'amplitude des mouvements autour de cette valeur centrale est substantielle. Enfin, la partie C du tableau indique, en accord avec la RNC, que les devises dont les taux d'intérêt ont été inférieurs au taux américain se sont appréciées. Inversement, le franc français, dont le taux d'intérêt fut en moyenne annuelle de 200 points de base supérieur au taux sur le dollar, s'est déprécié. Toutefois, sans être en contradiction avec l'hypothèse selon laquelle le taux à terme peut être un estimateur sans biais du taux au comptant attendu, ces premiers résultats ne sauraient constituer un argument solide en sa faveur. En effet, même si les déviations sur le long terme sont en moyenne proches de zéro, elles apparaissent très volatiles.

Une manière plus formelle de tester la relation non couverte des taux d'intérêt, et par là même l'hypothèse d'absence de prime de risque, consiste à régresser les rendements observés du taux de change sur le différentiel de taux d'intérêt δ :

$$\ln\,(p^s_{t+1}/p^s_t) = a + b\delta_t + \varepsilon_{t+1} \qquad [19]$$

ou, sachant que la RC est vérifiée, sur le différentiel entre le prix à terme de la devise et son prix au comptant :

$$\ln\,(p^s_{t+1}/p^s_t) = a + b(p^f_{t,\ t+1} - p^s_t) + \varepsilon_{t+1} \qquad [19']$$

Sous l'hypothèse jointe d'absence de prime de risque et d'efficience du marché des changes, nous devrions obtenir des coefficients a et b respectivement égaux à zéro et à un. Partant de la même série d'observations, nous avons estimé l'équation [19′].

Les résultats, donnés dans le tableau 2, sont en tous points conformes à ceux obtenus dans la grande majorité des tests et confirment notre première impression. A l'exception du franc français contre dollar, pour lequel nous ne pourrions *a priori* rejeter la RNC, nous remarquons que les coefficients associés aux différentiels de taux d'intérêt sont négatifs et significativement différents de un. Pour deux monnaies sur quatre, la constante est elle-même différente de zéro. Enfin, le pouvoir explicatif de la relation est extrêmement limité. Le rejet de la RNC n'est en fait guère surprenant si nous reprenons les résultats du tableau 1. Nous constatons que les mouvements des différentiels de taux d'intérêt sont de faible amplitude alors que la volatilité des taux de changes est forte. En parallèle, les déviations de la RNC sont importantes et presque égales à celles du marché des change. Par conséquent, il est forcément limitatif de vouloir expliquer le comportement des taux de change au moyen du seul différentiel de taux d'intérêt. A la lecture du tableau 2, on remarque également que, sur l'ensemble de la période considérée, les taux à terme tendent à surestimer la hausse ou la baisse réalisée des devises correspondantes.

Tableau 2 – Test de la relation de parité des taux d'intérêt non couverte sur des pas mensuels couvrant la période de juin 1978 à octobre 1995

	CHF/USD	DEM/USD	FRF/USD	JPY/USD
Constante	– 0,006	– 0,003	0,000	– 0,010
(p-value)	(0,065)	(0,293)	(0,887)	(0,001)
Coefficient b	– 1,398	– 0,680	0,425	– 2,544
(p-value)	(0,007)	(0,074)	(0,559)	(0,000)
Test de Wald	7,501	3,312	0,764	15,688
(p-value)	(0,023)	(0,191)	(0,682)	(0,000)
R-carré	1,69	0,35	0,17	3,73

Note : Les valeurs de p testent respectivement l'hypothèse que la constante a est égale à zéro et que le coefficient b est égal à un. Le test de Wald, qui suit une distribution Chi-carré à deux degrés de liberté, teste l'hypothèse jointe (0, 1). Les tests statistiques ont été corrigés pour des problèmes éventuels d'hétéroscédasticité en utilisant la procédure de White (1980).

Partant de ce constat, il doit être possible de constituer une stratégie simple basée uniquement sur l'observation à la période t du différentiel de taux d'intérêt. Pour ce faire, il convient d'acheter à terme du dollar pour le revendre sur le marché au comptant lorsque p^f est inférieur à p^s et, inversement, de vendre à terme lorsque p^f est supérieur à p^s, soit en calculant :

$$r_t = \ln\,(p_t^s) - \ln\,(p_{t,\ t-1}^f) \quad \text{lorsque} \quad p_{t,\ t-1}^f < p_{t-1}^s$$

et

$$r_t = \ln\,(p_{t,\ t-1}^f) - \ln\,(p_t^s) \quad \text{lorsque} \quad p_{t,\ t-1}^f > p_{t-1}^s$$

Cette procédure représente évidemment une autre manière de tester la pertinence de la RNC. Appliquant cette stratégie à nos données mensuelles, nous avons reporté les résultats dans le tableau 3.

La lecture du tableau 2 et celle du tableau 3 amènent clairement à rejeter l'hypothèse selon laquelle le taux à terme est un prédicteur sans biais du taux au comptant attendu. De fait, les rendements annuels moyens obtenus par la stratégie décrite ci-dessus sont tous positifs. Dans un cas limite, on remarque que la stratégie sur le franc français contre dollar dégage un rendement significativement différent de zéro. Enfin, la fréquence des rendements positifs est systématiquement supérieure à la moyenne de nos 206 observations.

Tableau 3 – Rendement annuel moyen de la stratégie sur le différentiel de taux d'intérêt basée sur 206 observations couvrant la période de juin 1978 à octobre 1995

	CHF/USD	DEM/USD	FRF/USD	JPY/USD
Rendement annuel	3,15	1,90	6,09	3,82
(p-value)	(0,349)	(0,534)	(0,036)	(0,211)
Ecart type	13,92	12,65	11,95	12,66
Nombre d'observations > 0	117	117	120	119

Note : Les résultats correspondent à la stratégie consistant à acheter à terme en t pour $t + 1$ du dollar américain lorsque le taux à terme, observé à la période t, est inférieur au taux au comptant et à vendre en t pour $t + 1$ lorsque le taux à terme est supérieur au taux au comptant. Les rendements instantanés sont annualisés et les valeurs de p, données entre parenthèses, sont corrigées pour d'éventuels problèmes d'hétéroscédasticité. La dernière ligne reporte le nombre de rendements mensuels positifs sur un total de 206 observations.

Bien entendu, le problème principal soulevé par l'ensemble de ces résultats consiste à déterminer la source de ces déviations systématiques. La première interprétation, conforme à notre description de l'équilibre sur les marchés à terme de devises, est que la position spéculative nette est en générale différente de zéro et que les spéculateurs demandent une rémunération, sous la forme d'une prime de risque, pour les positions qu'ils prennent en contrepartie de celles détenues par les *hedgers*. Cependant, ces résultats pourraient également indiquer l'existence d'erreurs de prévision sur le cours de change qui, étant systématiques, démontreraient l'inefficience de ce marché[17]. Sans vouloir aborder ici ce problème qui dépasse le cadre de ce papier, il est juste de rappeler qu'aucune évidence empirique claire ne permet aujourd'hui de privilégier une de ces deux interprétations. Expliquer les déviations observées de la RNC par la seule existence d'une prime de risque revient à supposer que cette dernière est extrêmement volatile. En effet, si nous admettons l'existence d'une prime de risque, il est facile de montrer, suivant Fama (1984), que le coefficient associé à la régression est égal à :

$$b = \text{var}\ (r_t^s) + \text{cov}\ (r_t^s,\ \lambda_t)/(\text{var}\ (r_t^s) + \text{var}\ (\lambda_t) + 2\ \text{cov}\ (r_t^s,\ \lambda_t))$$

Obtenir ainsi des coefficients négatifs ou proches de zéro est parfaitement compatible avec l'hypothèse d'une prime de risque négativement corrélée avec le rendement de la devise, $\text{cov}\ (r^s,\ \lambda) < 0$. Ce faisant, nous devons admettre que la variance de la prime, $\text{var}\ (\lambda)$, est supérieure à celle de la variance des taux

17. Ou la présence dans les données du fameux *peso problem* lorsque les anticipations de change ne se réalisent pas sur la période considérée.

de change, var (r^s), puisque le dénominateur est par définition positif. Dès lors, sachant que la volatilité annuelle des taux de change excède les 12 %, on comprend que la prime de risque devrait être extrêmement variable ; une hypothèse qui reste difficilement compatible avec les modèles d'évaluation des actifs financiers que nous connaissons. De nos résultats, il reste toutefois évident que les déviations de la RNC sont substantielles. L'argument du *free lunch* qui repose sur l'hypothèse que $p^f = Ep^s$ semble ainsi être contredit. Dans le cas du marché à terme sur devises, on peut donc affirmer sans ambiguïté que la composante spéculative au sein de la demande optimale de couverture ne saurait être simplement négligée.

*

* *

En guise de conclusion générale, le lecteur doit comprendre que nous sommes restés dans cet article à un niveau de généralité tel que nous puissions présenter en quelques pages la problématique de la couverture optimale et de l'équilibre sur les marchés à terme. En corollaire, cela signifie que nous avons volontairement négligé certains problèmes. En particulier, nous n'avons fait que mentionner les difficultés que l'on rencontre dans la mise en place d'une stratégie « dynamique » de couverture. Nous n'avons pas non plus abordé les questions relatives aux choix entre une couverture linéaire, qui caractérise l'utilisation des contrats à terme et une couverture non linéaire, que l'on peut obtenir par le biais des contrats d'option. On pourrait ainsi allonger cette liste. Ce travail fournit toutefois les éléments conceptuels de base nécessaires à la compréhension de la matière.

Références

ANDERSON R.W., DANTHINE J.P., « Hedger Diversity in Futures Markets », *The Economic Journal* (93, 1983), p. 370-389.

ANDERSON R.W., DANTHINE J.P., « Cross Hedging », *Journal of Political Economy* (89, 1981), p. 1182-1196.

FAMA E., « Forward and Spot Exchanges Rates », *Journal of Monetary Economics* (14, 1984), p. 697-703.

FROOT K., THALER R., « Anomalies : Foreign Exchange », *Journal of Economic Perspectives* (4, 1990), p. 179-192.

KEYNES J., *A Treatise on Money,* Londres, Macmillan, 1930.

PEROLD A., SCHULMAN E., « The Free Lunch in Currency Hedging : Implications for Investment Policy and Performance Standards », *Financial Analysts journal* (May-June 1988), p. 45-50.

WHITE H., « A Heteroskedasticity-Consistent Covariance Matrix and a Direct Test for Heteroskedasticity », *Econometrica* (48, 1980), p. 721-746.

Mots clés

Contango, contrat à terme, *free lunch, hedger, normal backwardation,* risque de base, risque de corrélation, spéculateur.

Déréglementation et innovations financières internationales

17

Jean-Luc Herrenschmidt

Depuis les temps les plus reculés, les influences venues de l'extérieur ont stimulé l'innovation et permis une accélération du développement des sciences et des techniques au sein des sociétés humaines. Ce phénomène qui reflète la perméabilité de nos cultures et l'adaptabilité de nos structures économiques et sociales, est la marque du processus évolutif ininterrompu qui sous-tend les relations entre les Etats.

Dans le monde contemporain, il n'est plus nécessaire de démontrer le caractère rétrograde et pernicieux de l'autarcie.

Qu'ils créent une pollution ou au contraire un progrès, ces apports « venus d'ailleurs » véhiculent des approches conceptuelles différentes qui conduisent par l'action du législateur, soit à un rejet plus ou moins brutal, soit à une assimilation plus ou moins rapide. Au-delà d'une réflexion qualitative sur la valeur de ces apports, il est clair, aujourd'hui, qu'aucune nation ne peut durablement maintenir des dispositions d'ordre réglementaire qui divergent notablement des évolutions enregistrées chez une majorité de ses partenaires économiques.

De nos jours, les interconnexions entre les nations sont d'une telle ampleur que, contraints ou forcés, les gouvernements doivent adopter des mesures de convergence juridique et fiscale avec les pratiques extérieures, dès lors que celles-ci traduisent les tendances de fond des économies dominantes.

L'avancement actuel de la déréglementation ainsi que les dernières innovations sur les marchés internationaux ne sont, très probablement, que les ultimes étapes d'un processus d'unification des procédures et de banalisation des techniques monétaires et financières entre les pays dont les systèmes économiques deviennent, au fil du temps, plus interdépendants.

La mondialisation des échanges qui sous-tend les réunions du G7[1], pour ne pas dire les justifie, et dont l'avance inexorable s'effectue sur le choix délibéré de l'économie de marché, accélère le mouvement d'uniformisation des procédures et des techniques. La liberté donnée à l'action des forces du marché, hors toute intervention des Etats, devient un phénomène planétaire

1. Devenu le G8 depuis le retour de la Russie sur la scène internationale.

qui entraîne l'ensemble des pays marchands vers la construction de modèles similaires.

Dans la vision politique de cette évolution, la déréglementation est appelée à disparaître d'elle-même lorsqu'elle aura atteint son but. L'innovation qui s'illustre aujourd'hui par l'avancée de quelques techniques par rapport à d'autres encore figées dans leurs cadres réglementaires nationaux, sera alors considérée comme l'évolution normale d'une structure économique devenue universelle pour ne pas dire uniforme.

La naissance de l'Organisation mondiale du commerce (OMC), le 1er janvier 1995, après les sept longues et laborieuses années de négociations des accords du GATT dans le cadre des cycles de l'*Uruguay Round*, est la marque la plus manifeste de la soumission du monde à un ordre économique commun. Les règles qui instituent la liberté des échanges, hors toute entrave tarifaire (droits de douane) et non tarifaire (contingentements, normes écologiques et application de la clause dite «sociale»), devraient, à terme, niveler l'ensemble des dispositions réglementaires, rendant, de fait, inopérants les apports extérieurs.

Le domaine des services qui fut exclu de l'accord du 15 décembre 1993 à Washington, entériné au niveau ministériel le 15 avril 1994 à Marrakech, fait l'objet d'une négociation séparée dans le cadre du GATS *(General Agreement on Tariffs in Services)*. Le premier cycle de négociation échoua le 30 juin 1995 par le retrait unilatéral des Etats-Unis. Un nouveau cycle a débuté le 1er juillet 1996 et doit se terminer le 31 décembre 1997. Comme le premier, il comporte un important volet sur les services financiers (banques, sociétés financières et compagnies d'assurance) qui s'articule, comme pour les accords généraux, autour du concept de réciprocité dans l'accession aux marchés nationaux avec pour finalité une ouverture sans restriction et l'application de la clause de la nation la plus favorisée (clause NPF). La mise en œuvre de ces futurs accords sur les services financiers conduira nécessairement à une égalisation des procédures et des techniques financières, quelles que soient les actuelles barrières culturelles.

Les marchés financiers internationaux symbolisent depuis de fort nombreuses années ces apports extérieurs en attente d'une intronisation dans un contexte national. Sous cet angle, l'espace qualifié d'international peut être considéré comme l'antichambre des marchés nationaux. Il a été, par commodité, isolé dans une terminologie particulière greffée autour du préfixe «euro». Il est clair que la dénomination de la future monnaie de l'Union européenne, appelée à remplacer l'écu et les différentes monnaies des pays de la Communauté, à partir de 1999 puis de 2002, va provoquer de multiples confusions avec le concept «euro» tel que défini ci-après et qui repose sur une base historique incontestable.

L'expérience montre que les marchés internationaux se sont nourris essentiellement d'emprunts techniques effectués sur des marchés nationaux et, en particulier, sur le marché américain. Du fait de son libéralisme, de sa créativité et de la faiblesse des interventions étatiques, celui-ci a permis l'éclosion de formes diversifiées de financements, récupérées aujourd'hui par de nombreux Etats. Agents de transmission, les marchés internationaux permettent à la fois l'expérimentation, hors de leur milieu naturel, des procédures importées et l'observation de leur acceptation par les agents économiques concernés.

Le «papier commercial» du marché américain a été traduit en «papier eurocommercial» sur le marché international avant d'être introduit sur le marché français sous le nom de billet de trésorerie. Si l'utilisation de ces nouveaux instruments représente, en France, une innovation par rapport aux procédures de drainage des capitaux d'épargne qui existaient préalablement, il serait tout à fait excessif de les considérer comme étant, en soi, une innovation, compte tenu de leur ancienneté aux Etats-Unis. La différence d'appellation n'a été effectuée que pour des questions d'harmonie linguistique et peut-être également de pudeur, face à ce que d'aucuns pourraient considérer comme un plagiat.

Quant aux véritables innovations sur les marchés internationaux, elles s'avèrent peu fréquentes et ne concernent, en fait, que des détails ou des aménagements ponctuels qui ne modifient pas fondamentalement la nature des opérations[2]. Plus d'un économiste s'est trouvé pris de vertige devant les prétendues innovations récentes des marchés internationaux à qui furent attribués des noms baroques tels que RUF *(Revolving Underwriting Facility)*, NIF *(Notes Issuance Facility)*, MOF *(Multiple Option Facility)*, etc., qui ne recouvrent en fait qu'une seule et même nature d'opération. Ces financements consistent pour un emprunteur à émettre des billets à ordre à court terme (ou à solliciter des offres de crédit à très court terme aux taux les plus réduits possibles[3]) à l'intérieur d'un engagement à moyen terme accordé par des banques. Cet engagement consiste à acquérir tous les billets à ordre qui ne trouveraient pas preneurs sur le marché afin que l'entreprise émettrice puisse disposer des ressources à moyen terme dont elle a besoin. Ces opérations apparues à la fin des années 1980 ne vécurent que le temps d'un réaménagement des réglementations applicables aux banques. Elles sont, aujourd'hui, en déshérence (voir *infra*).

Dans les faits, il faut distinguer le fond et la forme. Si les marchés internationaux innovent peu sur le fond, c'est-à-dire sur la nature des opérations, c'est probablement parce que plus rien n'est encore à inventer dans les relations séculaires qui unissent les pourvoyeurs de fonds aux utilisateurs de capitaux. Les banques vivent de la distribution du crédit et de la rémunération de leurs services et, quelles que soient les évolutions des structures économiques, elles resteront sur ces principes qui sont leur raison d'être. La forme, en revanche, évolue et conduit à un remodelage permanent des techniques, voulu ou subi par les banques, destiné à faire face aux nouveaux besoins d'une clientèle toujours plus sollicitée par la concurrence que se livrent les établissements financiers.

1. Les marchés internationaux

Le concept de marché international est difficile à définir, d'une part, parce que l'habitude a été prise de classer dans l'«international» toutes les opérations auxquelles il était malaisé de donner une affectation précise, d'autre part, parce

2. Il est clair que les seules véritables innovations sont intervenues sur les marchés à terme par la création des produits dérivés. Ce sujet étant traité par ailleurs, il n'entre pas dans le cadre de cet article.

3. Dans une structure normale de marché, le taux d'intérêt croît avec la durée de l'engagement. Il en résulte que plus le crédit est court, plus son taux est faible.

que l'acception du terme a été galvaudée ou, plus exactement, étendue à un champ beaucoup plus vaste de transactions.

C'est ainsi qu'il existe probablement deux univers internationaux qui se superposent : l'un à base économique, l'autre à base monétaire.

1.1. Le marché international économique

Ce sont les relations économiques et financières « entre nations » qui ont forgé depuis des temps immémoriaux le marché international économique. Ce marché englobe toutes les opérations de crédits (qu'elles soient commerciales ou purement financières) et les flux d'investissements qu'un pays accorde à un autre pays. Il s'agit toujours d'opérations bilatérales qui deviennent internationales du seul fait que les flux monétaires traversent des frontières et provoquent un impact sur la balance des paiements des deux nations concernées. Par convention, ces opérations sont qualifiées d'*étrangères.* Un crédit en deutsche mark accordé par le système bancaire allemand à un emprunteur situé à l'extérieur de l'Allemagne est ainsi un *crédit étranger.* De même, un emprunt obligataire effectué par un non-résident sur un marché national des capitaux et dans la monnaie de ce marché est une *émission étrangère* qui participe, de la même manière, au marché international, du seul fait que le produit de l'émission est expatrié par l'émetteur.

Dans le cas des opérations qualifiées d'étrangères, il faut affiner l'analyse et tenter de déterminer d'où provient le flux des paiements d'intérêts et des remboursements du capital. Si l'émission ou le crédit étranger a servi à financer une entreprise dans le pays d'origine des fonds et que le service de la dette est assumé par ladite entreprise, il est clair que l'aspect international disparaît totalement. Un étranger venant emprunter des ressources sur un marché pour un investissement sur ce marché et dont les repaiements seront effectués à partir de recettes produites par ce même marché, n'effectue pas une opération qui s'inscrit dans le cadre du marché international, les flux monétaires ne franchissant jamais les frontières du pays considéré. A l'opposé, si les remboursements et les charges d'intérêts proviennent de l'extérieur – du pays de résidence de l'emprunteur par exemple –, alors l'opération redevient pleinement internationale. Bien qu'il n'y ait pas eu de sortie de capitaux, il y a *création juridique d'une dette extérieure* qui, lors de son service et de son remboursement, provoque une entrée de fonds au niveau de la balance des paiements du pays donneur. Ce dernier cas recouvre la totalité des crédits à l'exportation administrés par la puissance publique française (crédits acheteurs et crédits fournisseurs) qui impose que les utilisations du crédit soient directement et exclusivement versées à l'exportateur, les remboursements étant, en revanche, effectués par l'importateur[4].

Les pays qui offrent ainsi leur marché des capitaux aux ponctions effectuées par les non-résidents sont les mêmes que ceux qui exportent du crédit. Ils se caractérisent par une monnaie forte ou pléthorique et par une solide tradition de libéralisme.

4. Voir dans l'***Encyclopédie de gestion*** l'article de Y. Simon, « Financement des exportations ».

1.2. Le marché international monétaire

Le second secteur du marché international qualifié de monétaire est plus complexe et, sous beaucoup d'aspects, plus novateur. Le terme même d'international lui est impropre, puisqu'il ne repose plus sur des transferts entre les nations, mais sur un *décalage dans l'utilisation des monnaies.* Le caractère international des opérations naît du seul fait que des banques françaises prêtent en dollar ou des banques américaines en deutsche mark ; c'est-à-dire dans des monnaies qui ne leur sont pas naturelles ou, plus précisément, qui ne sont pas celles du marché intérieur sur lequel elles opèrent. Pour comprendre cette évolution, il faut remonter à la création du marché des eurodevises et détailler les mécanismes qui ont permis son expansion et qui reposent essentiellement sur un problème de *territorialité de juridiction.*

Cette question est la véritable clé de l'extraordinaire développement des euromarchés depuis une quarantaine d'années. Si les monnaies ont cours légal dans tous les pays qui les émettent, leur statut, en revanche, devient tout à fait ambigu sur les territoires étrangers où, en principe, elles n'ont pas de pouvoir libératoire direct[5].

Il en découle que les autorités monétaires d'un Etat ne sont pas concernées par la manière dont sont traitées, sur leur territoire, les monnaies étrangères et, en particulier, par la détermination des taux d'intérêt. Or la politique monétaire des Etats vise en général au contrôle du prix de la monnaie par une action sur les taux d'intérêt. Cette action est rendue possible par la voie réglementaire et notamment par les interventions étatiques qui peuvent plafonnées le niveau de rémunération des dépôts à terme, voire interdire la rémunération des dépôts à vue (aux Etats-Unis, ces interventions relèvent de la *Q Regulation*). Les dispositions réglementaires instaurées par un Etat ne peuvent s'étendre qu'à son périmètre de juridiction et en conséquence ne peuvent s'imposer au sein d'autres puissances souveraines.

Il en résulte un étonnant phénomène qui conduit les établissements financiers situés à l'extérieur de la territorialité de juridiction d'un Etat à bénéficier d'une totale liberté quant à la manière dont ils rémunèrent les dépôts libellés dans la monnaie de cet Etat. Comme, par ailleurs, les pays d'accueil de ces monnaies étrangères n'ont pas le pouvoir de les inclure dans leur dispositif réglementaire – en effet, la Banque de France n'a aucun moyen d'intervention sur les taux du dollar qui ne sont que le reflet de l'application d'une politique monétaire spécifique aux Etats-Unis –, ces monnaies évoluent dans un *espace libertaire* où leurs taux d'intérêt ne sont déterminés que par les lois du marché, à savoir de l'offre et de la demande. C'est cette incapacité d'intervention des Etats sur le sort de leur monnaie expatriée qui explique, à elle seule, l'existence des euromarchés.

Par convention, les opérations de ce deuxième secteur du marché international sont qualifiées d'*internationales* et se caractérisent, dans la majorité des cas, par le fait que les banques prêtent des monnaies qui ne sont pas celles de leur marché d'origine, ce qui implique qu'elles vont les emprunter « ailleurs ». De même, tombent dans cette catégorie les émissions lancées sur un marché

---

5. Il est vrai que le dollar peut avoir un quasi-pouvoir libératoire dans certains pays du monde en développement. Toutefois, la « dollarisation » de l'économie de nombreux Etats (Argentine, Russie...) n'altère en rien la question du statut particulier des devises sur un territoire national.

national des capitaux (marché financier) dans une monnaie autre que celle de ce marché, ce qui implique que les résidents vont acquérir sur leur marché des changes les devises nécessaires au règlement des titres achetés[6].

Une réflexion plus approfondie montre que, comme précédemment, la réalité des faits n'est pas aussi simple qu'il n'y paraît et qu'une approche limitée au « décalage monétaire » n'est pas suffisante pour cerner l'ensemble des opérations éligibles au marché international monétaire.

– Dans le domaine du crédit bancaire, il faut, en fait, se référer aux sources de financement des banques qui, lorsqu'elles prêtent dans une monnaie qui ne leur est pas naturelle, doivent emprunter à l'étranger. Il est entendu que ces emprunts sont constitués soit de dépôts en devises de clients résidents[7] et non résidents, soit d'emprunts auprès de banques étrangères[8]. En conséquence, les *crédits internationaux* doivent être définis comme des crédits pour lesquels les banques *se refinancent à l'extérieur de leur territoire* en empruntant en général des eurodevises. Ainsi naissent les eurocrédits.

Une banque américaine empruntant des dollars *à l'extérieur des Etats-Unis* pour un prêt à une société américaine résidant aux Etats-Unis distribue un crédit international, bien qu'elle soit prêteuse de dollars à un agent économique américain. En fait, dans le cas précédent, comme dans celui d'un crédit en dollar accordé par une banque française à une entreprise française pour une utilisation sur le sol français, l'influence sur la balance des paiements ne résulte pas d'une sortie de capitaux (cas des crédits étrangers), mais d'une augmentation de la position emprunteuse nette de la banque à l'étranger (balance des capitaux à court terme).

De ce qui précède, il résulte une double considération.

Le crédit étranger pénètre le marché international, parce que le produit du prêt, libellé dans la monnaie du créancier, est destiné à être exporté ou tout au moins parce qu'il y a création d'une dette à l'extérieur d'où proviendra le flux de remboursement.

Le crédit international pénètre le marché international, parce que les banques empruntent la substance monétaire à l'étranger (y compris leur propre monnaie sous la forme « euro »), quel que soit le sort du crédit quant à sa destination finale (maintien dans le pays ou exportation). Il apparaît ainsi deux cas, suivant que la banque prête à un résident ou à un non-résident. Si le premier de ces cas n'appelle pas de remarque complémentaire, le second mérite une mention particulière, dans la mesure où il a représenté le champ de l'extraordinaire expansion de l'activité bancaire internationale. En empruntant à l'étranger pour reprêter à l'étranger et en ne provoquant pas d'interférence sur la balance des comptes courants de leur pays, les banques ont développé leurs opérations dans une liberté totale que seule limitait leur capacité de se doter des ressources nécessaires. Il est vrai que cette liberté est, depuis peu, entravée par l'apparition des ratios prudentiels. Les Etats ou micro-Etats qui

---

6. Voir également dans cette ***Encyclopédie*** l'article de Y. Simon, « Marché des changes », p. 747, tome 1.

7. Les dépôts en devises de résidents doivent être considérés comme des prêts d'avoirs détenus à l'étranger (voir ci-après le marché des eurodevises).

8. Les dépôts de la clientèle et les emprunts faits auprès de banques à travers un marché monétaire sont de la même nature. Le dépôt d'un client doit être considéré comme un emprunt auprès d'un agent économique.

ont favorisé la localisation de ces opérations par une taxation ou une fiscalité nulle (absence de coût d'intermédiation) ont créé les centres « off-shore » dont le nom indique bien un rôle fonctionnel à l'extérieur des territorialités de juridiction.

– Dans le domaine des émissions obligataires, ce sont des *considérations techniques* qui vont définir le concept d'*émissions internationales,* plus connues sous le nom d'euro-émissions.

Ces émissions obligataires ont pour caractéristique fondamentale d'être placées *simultanément* sur plusieurs marchés nationaux des capitaux, à la différence des émissions étrangères qui s'apparentent à un seul et même marché. Pour ces opérations, il importe qu'une terre de rattachement leur soit trouvée tant pour la loi du contrat que pour l'introduction sur une bourse de valeurs. De même que pour les crédits internationaux, ces émissions ne peuvent être définies uniquement par le décalage monétaire qu'elles provoquent sur certains marchés. Des euro-émissions en deutsche mark sont ainsi placées en Allemagne en dépit de l'unicité monétaire.

Les euro-émissions trouvent leur originalité dans une technique particulière de placement (voir *infra*) ainsi que dans une fiscalité sans privilèges, puisqu'elles ne peuvent bénéficier du traitement fiscal particulier qu'un Etat peut accorder dans son espace de juridiction.

Ces opérations qui sont, par nature, propres aux marchés extérieurs, puisqu'un émetteur sollicite simultanément plusieurs marchés nationaux des capitaux, ne sont malheureusement pas internationales dans leur intégralité et ceci dans une proportion qu'il est impossible de quantifier. Cette difficulté provient du fait que la destination finale des titres (donc les véritables créanciers) est impossible à connaître en raison des écrans formés par les banques qui souscrivent des obligations pour le compte de leurs clientèles sans divulgation de nationalité et par le fait que, sur le marché secondaire, les titres peuvent être librement cédés entre les épargnants de pays différents. La fraction, toujours inconnue, des euro-émissions placées dans le pays de l'émetteur devrait être, en toute rigueur, soustraite du marché international, ce qui, pratiquement, est impossible à réaliser.

Cette question de la circulation « anonyme » des titres pose d'ailleurs de multiples problèmes quant à la détermination de l'espace international. S'il est vrai que les emprunts obligataires étrangers et internationaux représentent une part très significative des volumes sur les *marchés internationaux,* il est également vrai que leurs placements ne s'effectuent jamais d'une manière simple et qu'il existe des fractions, probablement non négligeables, de ces opérations qui devraient être exclues du contexte international comme devrait être intégrée une fraction, également significative, des émissions nationales souscrites par les étrangers. La transférabilité des titres ainsi que leur liberté d'acquisition indifférenciée posent un problème insoluble à l'analyste qui prétendrait vouloir quantifier avec précision le volume des créances étrangères ou internationales nées des opérations sur titres.

2. Le marché des eurodevises

Segment à *terme* du marché monétaire international, le marché des eurodevises a commencé sa croissance lors de la réouverture du marché monétaire international *du comptant* le 28 décembre 1958.

2.1. L'origine et le développement des eurodevises

Le second conflit mondial avait naturellement provoqué une interruption des relations de change entre les principales monnaies qui s'étaient trouvées frappées du sceau de l'inconvertibilité. Malgré plusieurs tentatives de retour isolé à la convertibilité, les autorités monétaires des pays occidentaux et plus particulièrement des Etats-Unis admirent rapidement que le rétablissement des relations de change était une condition indispensable aux objectifs de relance des économies. Ce principe avait d'ailleurs été clairement exposé et accepté à la Conférence internationale de Bretton Woods qui s'était tenue en juillet 1944, soit bien avant la fin des hostilités. Des dispositions intérimaires furent prises dans le cadre de l'Union européenne des paiements qui permettait la compensation multilatérale entre les instituts d'émission, et devaient prendre fin le 28 décembre 1958 avec le retour à la convertibilité des principales monnaies. Ceci fut réalisé, et, fait rare en matière économique, une date de naissance allait présider aux destinées du marché des eurodevises.

Les monnaies pouvant à nouveau s'acheter et se vendre, le marché du comptant, que nous connaissons aujourd'hui, allait reprendre place. A ce stade, il peut être utile de rappeler deux principes d'une évidence telle que l'on peut s'étonner qu'ils soient si souvent oubliés, pour ne pas dire mal interprétés.

En premier lieu, la vente d'une monnaie implique obligatoirement l'achat d'une autre monnaie et vice versa. Ceci revient à dire que si une monnaie voit son prix s'enflammer par un excès de la demande sur l'offre, il y a forcément quelque part dans le monde une ou plusieurs autres monnaies qui subissent un sort inverse. La monnaie qui sert d'instrument pour l'achat ou la vente d'une monnaie est dite monnaie véhiculaire.

En second lieu, il convient de se remémorer que la convertibilité d'une monnaie entraîne l'obligation pour la banque centrale qui l'a émise de la livrer ou de la racheter en quantité illimitée. Les différentes restrictions qui ont pu être imposées (ou qui ont toujours cours dans certains pays) pour freiner la détention par les non-résidents d'une monnaie donnée n'ont concerné que la capacité des banques à effectuer certains transferts à l'extérieur, mais jamais la capacité d'un agent économique d'acquérir, pour quelque montant que ce soit, cette monnaie sur le marché du comptant. Dès lors que cet agent réside dans un pays de liberté des changes, il peut acheter sur le marché monétaire du comptant autant de francs ou de deutsche marks qu'il le souhaite sans qu'à aucun moment la Banque de France ou la Bundesbank ne puisse freiner leurs livraisons, sauf à renoncer à la libre convertibilité de leurs monnaies. La seule limitation réside dans les possibilités de l'agent économique en question de fournir de sa propre monnaie qu'il ne détient probablement pas en quantité illimitée. De tels achats auraient également un effet sur le prix de cette monnaie qui verrait son niveau rapidement atteindre un seuil de dissuasion. Cette régulation par le prix est le fondement du principe des changes « flottants » entré en vigueur, en 1973, dans le système monétaire international.

Ce marché du comptant, non réglementé sauf par d'éventuelles mesures prises dans les pays des intervenants pour limiter les possibilités d'achat de devises par les résidents, crée, par l'action des acheteurs, des avoirs monétaires qui doivent se placer sur le *marché du terme,* sous peine de voir leur valeur réduite par l'érosion inéluctable de la monnaie. Le marché du terme, alimenté par ces dépôts, est donc la conséquence naturelle de l'existence d'un marché du comptant.

C'est lors de la naissance, en 1958, de ce marché monétaire à terme qu'est apparue une étonnante innovation procédurale, lorsque les dépôts en dollar – c'est essentiellement la monnaie américaine qui servait alors de base à la création des dépôts en devises – ont imaginé de se placer à l'extérieur des Etats-Unis pour échapper aux servitudes que la réglementation *Q* faisait peser sur le niveau des rémunérations (interdiction de rémunération des dépôts à vue, plafonnement de la rémunération des dépôts à terme).

Les seuls systèmes bancaires relativement organisés étant alors en Europe, ces dollars, qui fuyaient la territorialité américaine, ont pris le qualificatif d'eurodollars. Le phénomène s'est étendu, à partir de 1968, à d'autres monnaies pour des causes identiques et suivant un processus analogue. Le concept d'eurodevises a ainsi vu le jour. Le préfixe euro n'a d'autre origine que celle d'une localisation géographique historique.

Ces éléments permettent de donner la seule définition admissible pour les euromonnaies : les eurodevises sont des devises placées en dépôts dans des banques situées à l'extérieur du territoire d'origine de la devise considérée. Il faut noter que, contrairement à une idée largement répandue, la nationalité du déposant n'entre pas en compte. Un résident américain qui place des dollars dans la filiale londonienne d'une banque américaine crée des eurodollars, du seul fait que la rémunération de son dépôt est librement négociable, parce que non soumise aux dispositions réglementaires américaines.

S'il est vrai que le marché des eurodollars a étayé son extraordinaire croissance sur des mesures prises par les autorités américaines pour freiner les sorties de capitaux, il faut admettre aujourd'hui que ce marché a acquis son autonomie et sa légitimité. En effet, le véritable envol du traitement des eurodollars s'est opéré lorsque les Etats-Unis, lassés des critiques virulentes des Européens et notamment des Français sur le déficit structurel de leur balance des paiements – rendu possible par le statut de monnaie de réserve du dollar –, ont décrété, en 1963, l'instauration d'un encadrement « volontaire » du crédit à l'étranger *(Voluntary Foreign Credit Restraint),* plus connu sous le nom de « Plan Johnson ».

Ce plan, qui dura jusqu'en janvier 1974, avait pour objectif le rééquilibrage des comptes extérieurs par une interdiction de sortie des capitaux du territoire des Etats-Unis. Dans la pratique, ces dispositions empêchaient, à part quelques exceptions il est vrai, les banques américaines de créditer un compte de non-résident par le débit d'un compte de résident (contrôle des changes). Elles eurent un effet immédiat en dérivant les avoirs des non-résidents – soucieux d'éviter de tomber dans la trappe de la réglementation – vers les banques européennes au détriment de leur lieu d'accueil naturel qui est et reste la place de New York.

Si l'euromarché monétaire a survécu à l'abolition de cette réglementation en 1974, c'est qu'il s'était investi d'une fonction économique en devenant le concurrent des marchés intérieurs sous l'angle de la rémunération des dépôts.

Le langage courant, en ayant acclimaté les termes de rapatriement, de transfert, d'exportation de capitaux... a établi l'idée que les monnaies étaient toujours en mouvement physique d'une place à l'autre, comme ce fut le cas à l'époque où elles étaient constituées de métaux précieux. Cette notion est aujourd'hui complètement dépassée, ne serait-ce que parce que la monnaie fiduciaire (pièces et billets) ne représente plus qu'un faible pourcentage des masses monétaires variant de 8 à 10 %. Les transports de monnaie réelle servant aux allocations touristiques ou à la fuite de capitaux personnels vers les paradis fiscaux ne représentent qu'une infime partie des liquidités internationales que la statistique est contrainte de négliger. Dans la réalité, les monnaies, qui sont devenues essentiellement scripturales, ne quittent plus leur terre d'appartenance, les paiements internationaux s'effectuant d'une manière électronique par une action sur des comptes résidents et non-résidents dans la place qui centralise les traitements. Il en résulte que tous les paiements en dollar sont effectués par le débit d'un compte dans une banque résidente à New York comme tous les paiements en franc s'effectuent par le débit d'un compte situé dans une banque résidant en France, qu'elle soit d'origine française ou étrangère.

2.2. La nature des eurodevises

Le développement précédent montre que les dépôts effectués à l'extérieur du territoire d'origine de la monnaie (euromonnaies) correspondent à des devises qui sont restées physiquement dans leur cadre naturel. L'« expatriation » du dépôt ne repose que sur un *transfert de propriété.*

Lorsqu'une entreprise qui dispose d'un dépôt dans une banque à New York décide de le confier à une banque européenne pour une question de rémunération ou parce qu'elle souhaite le placer à vue avec une rémunération (ce qui est interdit aux Etats-Unis dans le cadre de la réglementation *Q*), elle ne fait que transférer la propriété du dépôt à la banque européenne qui devient à son tour créancière du système bancaire américain. Dans les livres des banques américaines, la création d'eurodevises se traduit, au passif, par l'apparition de comptes de banques au détriment de comptes d'entreprises industrielles ou commerciales. Or, il faut garder à l'esprit le fait que les autorités chargées de l'application de la politique monétaire ne contrôlent que les rémunérations effectuées sur les comptes des clients (particuliers et entreprises) et jamais sur ceux des établissements bancaires dont les avoirs doivent rester particulièrement fluides et exempts d'entraves réglementaires. Le marché interbancaire étant un marché de redistribution des liquidités, celles-ci ne peuvent être polluées par des interventions étatiques.

Les banques européennes qui n'ont d'ailleurs plus le monopole de la capture de ces dépôts, en raison de l'émergence des places financières d'Asie, du Moyen-Orient et des Caraïbes, forment donc un écran entre les détenteurs de capitaux et le compte réel où ils sont logés.

Pour engranger les rémunérations librement négociées avec les déposants, les « eurobanques » vont mobiliser ces ressources en les prêtant sous forme d'eurocrédits. Pour tout dépôt accepté, les banques sont donc condamnées à trouver un emploi correspondant, ce qui explique, en partie, la très forte concurrence existant sur les marchés internationaux.

Il apparaît ainsi clairement que les eurodevises sont des *placements temporaires* auprès d'établissements financiers situés dans l'espace international. Les eurodevises n'existent que le temps de leur placement et en conséquence *ne disposent pas d'un pouvoir libératoire.* Il est impossible de payer en eurodevises comme il est absurde de parler d'achat ou de vente d'euromonnaies. Les paiements s'effectuent par compensation sur la place de traitement de chaque monnaie (New York, Londres, Paris, etc.) par des banques locales qui, dès qu'elles interviennent, détruisent la nature même des eurodevises.

Les euromonnaies sont, en fait, des avoirs *quasi monétaires* qui trouvent leur justification économique dans la concurrence induite par la libre rémunération des dépôts. Il existe autant de types d'eurodevises que d'agents économiques désireux de *conserver en l'état* et de *placer* telle ou telle monnaie. Toute monnaie a donc sa forme «euro», sauf à ce que les banques refusent certains supports monétaires par manque d'emplois réguliers et stables dans ces monnaies.

Dans la pratique et au sein des monnaies librement transférables et convertibles[9], ce sont bien évidemment les monnaies fortes (ou à perspectives d'accroissement de leur valeur) qui font l'objet de placements sur le marché monétaire international du terme.

2.3. La distribution du crédit

Les obligations de réemploi des dépôts ont conduit les eurobanques soit à les injecter sur le marché monétaire en trouvant alors des banques à la recherche de ressources, soit à les mobiliser dans la fabrication de crédits. Il n'est pas utile de s'attarder sur le développement des eurocrédits qui fut très important à partir de 1974. Ils participèrent activement au «recyclage» des excédents monétaires des pays de l'Organisation des pays arabes exportateurs de pétrole dans les économies des pays du monde en développement, fortement éprouvées par l'augmentation brutale du prix des produits pétroliers. Ces crédits dont la distribution a culminé en 1980 constituent une fraction importante de la dette des pays qui ont dû ou qui doivent s'engager dans une procédure de rééchelonnement ou de renégociation.

En raison de la relative volatilité des eurodevises et surtout de l'instabilité de leurs coûts d'emprunt, liée à la libre négociabilité des taux de rémunération, les banques refusent de prêter en effectuant une transformation sur les taux de crédit (taux fixe sur toute la durée du crédit financé par des ressources à court terme de coût variable). En conséquence, les banques ont adopté le *taux variable* en répercutant sur les emprunteurs leur *coût de financement à court terme* qui est celui du marché des eurodevises. Les eurocrédits portent ainsi un intérêt stipulé comme étant le taux offert (aux banques) sur le marché euromonétaire[10] augmenté d'une marge d'intermédiation. C'est probablement la diffusion de cette technique sur les marchés nationaux qui, stimulée par la concurrence, a favorisé la naissance des crédits indexés sur les taux du marché monétaire, au détriment des crédits articulés autour d'un taux de base (France) ou d'un *prime rate* (Etats-Unis) qui incluent déjà une marge d'intermédiation. L'indexation sur le marché monétaire, en faisant apparaître en pleine lumière

---

9. La libre transférabilité et la convertibilité sont des conditions indispensables à la création du segment euromonétaire.

10. Compte tenu de l'importance du marché de Londres pour le traitement des euromonnaies, les usages ont retenu les taux cotés dans la City. *London Interbank Offered Rate* : LIBOR (taux offert par le marché) et *London Interbank Bid Rate* : LIBID (taux demandé par le marché).

la marge conservée par les banques, a favorisé l'écrasement des conditions d'intervention des établissements financiers.

Le second apport des eurocrédits est étroitement lié aux modalités particulières de constitution des groupements de prêteurs qui ont favorisé la banalisation du crédit.

Depuis leurs premiers développements au début des années 1970, les eurocrédits ont été organisés sur la base d'invitations offertes d'une manière indifférenciée à des banques qui n'avaient pas forcément de relations d'antériorité avec les emprunteurs. Ces opérations de «syndication», très caractéristiques des marchés internationaux ont, depuis lors, envahi de nombreux marchés nationaux. Cette technique particulière d'organisation du consortium bancaire a existé depuis l'apparition des premiers crédits en eurodevises. Elle avait pour objectif initial de permettre aux banques une large ventilation des risques individuels encourus, notamment souverains, dans un environnement international où les analyses et les prévisions sont particulièrement difficiles à effectuer avec précision. Avec les difficultés de paiement d'un certain nombre d'Etats, la syndication multinationale a montré que le pouvoir de coercition des créanciers était multiplié à la hauteur des craintes des débiteurs de se brouiller simultanément avec les représentants des principales places financières. Enfin, en pratiquant l'ouverture vers le nombre le plus large possible d'établissements bancaires, la syndication a permis de drainer des volumes de capitaux énormes et rendu possible le financement de grands projets à l'échelle mondiale. Il en est de même du financement des déficits des balances de paiement de nombreux Etats, notamment industrialisés, ainsi que du financement des offres publiques d'achat, même sauvages, qui ont débuté aux Etats-Unis au milieu de l'année 1984 pour des montants parfois considérables.

3. Le marché international des capitaux

Hors de l'univers monétaire et de l'intermédiation bancaire, le marché international des capitaux repose sur l'existence d'un certain nombre de marchés nationaux de capitaux sur lesquels les résidents ont la possibilité d'acquérir des valeurs mobilières étrangères. Ce marché constitue la toile de fond sur laquelle vont se dérouler des opérations financières spécifiques. Il comprend l'ensemble des pays où les épargnants et les investisseurs n'ont aucune limitation pour exporter leurs capitaux. Il est, en revanche, évident que toutes les nations où les résidents n'ont pas la possibilité d'obtenir les devises indispensables au règlement de leurs achats de titres, et où la détention éventuelle de titres étrangers est illégale, sont exclues du marché international des capitaux[11].

Il est vrai cependant qu'il existe un marché international des capitaux *souterrain* alimenté par tous les avoirs illégalement détenus à l'étranger, répartis entre les différents pays offrant des garanties de confidentialité et de sécurité et qui participe d'une manière très active à l'animation du marché international. Cette partie du marché est, de par sa nature, particulièrement floue quant à son potentiel et à sa localisation. Les capitaux qui la constituent sont relative-

---

11. Voir également dans cette ***Encyclopédie*** l'article de H. de La Bruslerie, «Marchés financiers internationaux», p. 945, tome 1.

ment immobiles, naturellement en croissance et sans possibilité de retour pour participer au marché domestique. Ils ont une propension à s'investir en titres étrangers à revenu fixe et, de ce fait, jouent un rôle occulte de premier plan.

3.1. L'origine et le développement du marché international des capitaux

C'est l'instauration en 1963 d'une taxe de péréquation des intérêts *(Interest Equalization Tax)* aux Etats-Unis – pays qui avait assuré la relève pour les emprunts internationaux après la Seconde Guerre mondiale – qui fut à l'origine du déplacement sur l'Europe des opérations obligataires organisées sur le marché américain. Cette taxe avait pour objet de renchérir pour les non-résidents le coût des emprunts obligataires (environ 1 %) dont les taux aux Etats-Unis étaient jugés décalés par rapport à ce qu'ils auraient dû être, compte tenu des rapports de change avec le dollar. Cette mesure historique fut toutefois rendue caduque quelques mois plus tard par l'entrée en force du Plan Johnson (voir *supra*).

L'innovation du temps fut alors de lancer en Europe des émissions obligataires en dollar sur le modèle des techniques américaines.

Ce transfert s'est réalisé sur une double ambiguïté, touchant, d'une part, aux lois de protection de l'épargne qui imposent des procédures peu compatibles avec les mécanismes des émissions internationales et, d'autre part, à un curieux phénomène de *propriété monétaire* développé par les Etats, lorsque leur monnaie est traitée sur le marché des capitaux.

Toutes les nations industrialisées ont, après les scandales qui ont défrayé la chronique au début de ce siècle, instauré par voie législative des procédures spécifiques d'appel à l'épargne publique qui imposent la publication d'informations exhaustives et le visa préalable d'une commission des opérations de bourse. Les euro-émissions lancées sur des périodes très courtes ne peuvent répondre à ces différentes formalités sauf, bien évidemment, en ce qui concerne celles imposées par la commission des opérations de bourse du pays où la cotation est sollicitée.

D'une manière générale, les euro-émissions, sauf celles libellées en deutsche mark[12], se sont dirigées sur le grand-duché de Luxembourg dont la bourse a pu accueillir la vague nouvelle d'opérations et a accepté d'enregistrer, souvent *a posteriori,* les cours que le « marché » fabrique lui-même entre ses intervenants. De plus, le pouvoir législatif grand-ducal a accommodé la notion anglo-saxonne de trust[13], particulièrement adaptée à la représentation de la masse des obligataires.

C'est ainsi que les euro-obligations s'introduisent sur les marchés nationaux, sous la seule protection des contrôles effectués et des publications demandées par la commission des opérations de bourse d'un Etat étranger. Cette tolérance qui interdit toutefois aux banques de faire de la publicité pour ces opérations dans de nombreux pays (notamment en France) n'est pas accordée aux Etats-Unis où la Securities and Exchange Commission interdit toujours le placement primaire des euro-obligations sur son territoire.

---

12. Ces émissions restent cotées à Francfort.

13. Mandat irrévocable. Le trust est incompatible avec le principe de la révocabilité du mandat, pierre angulaire du droit latin.

Le second pôle d'ambiguïté concerne la propriété monétaire dont s'investissent la plupart des Etats. Contrairement à la liberté d'utilisation des monnaies sur les marchés monétaires, les Etats entendent conserver le contrôle de l'utilisation de leur monnaie sur le marché des capitaux afin d'être en mesure de limiter l'émission des obligations à taux fixe qui sont l'un des supports principaux de la spéculation. C'est ainsi que la Suisse a interdit, depuis l'origine du marché, l'utilisation de sa monnaie dans les emprunts euro-obligataires et que l'Allemagne et la France (lorsque le marché s'ouvre pour les titres en franc) ont décidé unilatéralement de plafonner le volume mensuel des émissions et de confier le chef de filat des opérations à un établissement de leur système bancaire[14]. Seules les unités de compte (euro compris) et le dollar, doté d'un statut universel de moyen de paiement et d'instrument de réserve, peuvent être utilisés librement par les banques sans accord préalable d'une autorité souveraine.

Vecteur de transmission, les marchés euro-obligataires[15] ont importé en Europe les diverses formes d'émission qui préexistaient sur le marché américain et qui, peu à peu, se sont introduites sur les marchés nationaux, dans le cadre des premières manifestations d'une déréglementation qui a suivi un long processus évolutif avant l'ouverture récente et rapide des marchés.

Parmi ces formes « nouvelles » d'émission, il convient de citer les émissions avec warrants (bons de souscription[16]), les émissions d'obligations convertibles en actions[17] et, plus récemment, les émissions perpétuelles à taux variable dont le succès reste encore à prouver.

Ce sont, en revanche, les marchés internationaux qui ont inventé les obligations à taux variable (*floating rate notes*)[18] pour répondre aux besoins en devises à moyen terme des banques désireuses de limiter leur transformation sur les durées. Dans leur activité traditionnelle, les banques fabriquent des eurocrédits à moyen terme à partir des ressources à court terme prélevées sur le marché des eurodevises. Elles effectuent donc une transformation sur les durées (engagement de prêt à moyen terme couvert par des ressources renouvelables à court terme) qui mérite soit par décision prudentielle, soit par obligation réglementaire, d'être limitée par l'obtention de ressources « longues » à taux variable.

Enfin, dans le domaine des aménagements ponctuels et d'une portée relative, il faut citer les options de remboursement au gré du porteur après certains délais *(put option)*, l'utilisation des warrants pour l'achat d'obligations à taux prédéterminés (ou d'actions à prix fixé), le paiement des titres différé sur plusieurs mois... et enfin les célèbres obligations à coupon-zéro (imaginées aux Etats-Unis) qui remplacent le paiement de l'intérêt par une plus-value sur le

14. La France a même imposé un accord préalable des autorités sur le nom de l'émetteur.

15. Les émissions d'euro-actions sont extrêmement rares et ne justifient pas un développement particulier. Voir cependant dans cette ***Encyclopédie*** l'article de F. Leroux, « Actions internationales », p. 26, tome 1.

16. Voir dans cette ***Encyclopédie*** l'article de P. Chollet, « Bons de souscription d'actions », p. 218, tome 1.

17. Voir dans cette ***Encyclopédie*** l'article de G. de Nercy, « Obligations convertibles », p. 1298, tome 2.

18. Le terme de *note* est utilisé par les Anglo-Saxons pour qualifier des obligations qui n'ont pas toutes les caractéristiques des valeurs mobilières : durée trop courte (inférieure ou égale à 5 ans), taux variable et non fixe, etc.

capital (prix d'émission extrêmement bas par rapport à la valeur de remboursement des titres)[19].

Les techniques particulières des euro-émissions, calquées sur les usages américains, sont connues et reposent avant tout sur la constitution de syndicats de garantie *(underwriting group)*, largement proposés aux banques les plus représentatives de leur marché national (principe international de la syndication), et sur une approche originale du marché qui laisse à celui-ci le soin de participer à la détermination des conditions définitives de l'opération en termes de montant, de taux et de prix d'émission. En effet, au lieu d'offrir au marché un produit fini dont la distribution se fait dans l'ordre des souscriptions jusqu'à épuisement du stock, le marché euro-obligataire laisse, sur la base de conditions préliminaires, les opérateurs réagir en enregistrant l'intégralité des demandes dans les livres du chef de file. En fonction du résultat des souscriptions qui doivent se situer au moins au double, voire au triple du montant de l'émission, le chef de file établit les conditions définitives qui doivent être confirmées par les opérateurs.

Dans un deuxième temps, le chef de file doit procéder à des attributions afin de réduire les allocations au montant de l'émission. Ce système semble parfait dans son approche conceptuelle puisque, par ses réponses, le « marché » participe à l'élaboration des conditions et donc assure en principe un avenir serein à la cotation des titres. Il comporte en réalité des effets pervers (et donc des limites) du fait que les opérateurs, en anticipant sur le degré de réduction de leur demande, transmettent aux chefs de file des indications profondément faussées. Le montant des souscriptions enregistrées par le chef de file s'avère donc d'une valeur très relative.

3.2. La nature des euro-émissions

Dans la première section réservée à l'approche des marchés internationaux, il a été tenté de montrer combien certaines natures d'émissions obligataires étrangères et internationales étaient difficiles à différencier. Entre une émission étrangère en deutsche mark susceptible d'être massivement souscrite par des non-résidents et une euro-émission en deutsche mark acquise, en partie, par des résidents allemands, la frontière devient extrêmement ténue. Il faut avoir recours à une convention qui établit que sont considérés comme euro-émissions les emprunts dans lesquels le groupe de direction (les chefs de file) comporte au moins deux établissements de nationalité différente, entérinant ainsi le principe du placement simultané sur au moins deux marchés nationaux. C'est le caractère *plurinational* des chefs de file qui détermine le caractère propre des euro-émissions.

Infiniment plus importante est l'absence de relations des emprunts obligataires internationaux avec le marché monétaire international du terme, à savoir le marché des eurodevises. Les investisseurs qui décident d'acheter des euro-obligations partent de leur base monétaire nationale pour acquérir sur le marché du comptant les devises nécessaires au règlement de leurs titres, de la même manière qu'ils achèteraient des devises pour le règlement d'une importation. Ces devises du marché du comptant, fournies en dernier ressort

---

19. Voir dans cette ***Encyclopédie*** l'article de A. de Clermont-Tonnerre et M.A. Lévy, « Obligations à coupon-zéro », p. 1323, tome 2.

par l'institut d'émission, n'ont rien à voir avec les placements euromonétaires. *Il est donc absurde de parler d'obligations en eurodevises au lieu d'euro-obligations en devises ou d'obligations en eurofranc (comme cela est fréquent) au lieu d'euro-obligations en franc.* Sur le marché des capitaux, le préfixe « euro » est porteur d'un sens technique et non pas d'une référence monétaire comme dans le cas des eurocrédits.

4. Les nouveaux produits

Ces nouveaux produits concernent pour l'essentiel les émissions de papiers financiers à court terme et les actifs « synthétiques ».

4.1. Les émissions de papiers financiers à court terme

La déréglementation vécue par de nombreux marchés nationaux occidentaux repose, comme évoqué en introduction, sur la conjonction d'un processus de désengagement de la puissance publique et d'incitation à la concurrence par l'abolition du monopole des banques dans la collecte des dépôts. Cet objectif vise à réduire le coût de l'intermédiation bancaire et à stimuler la productivité des entreprises par un abaissement des charges financières.

Cette action a été rendue possible par un assouplissement des réglementations nationales, associé à une évolution des mentalités et des législations, ainsi que par l'introduction de nouveaux instruments qui ont permis à l'épargne de sortir du ghetto des instruments à long terme dans lequel elle était confinée depuis de fort nombreuses années. Ces nouveaux instruments, *issus du marché monétaire* et non plus, *stricto sensu, du marché des capitaux*, ont vu leur utilisation se développer aux Etats-Unis, puis ont été colportés par les marchés internationaux. Ils participent activement à la destruction du manichéisme ancien qui délimitait clairement un secteur monétaire où les dépôts canalisés sur les banques se retrouvaient transformés en crédits à destination des entreprises, et un secteur non monétaire où se créait la rencontre directe entre les entreprises et les épargnants qui s'échangeaient des titres à long terme contre des placements stables. Ces produits s'avèrent difficiles à classer, car ils chevauchent deux secteurs dont les frontières ont disparu.

Les marchés internationaux n'ont pas subi la déréglementation pour la simple raison qu'ils n'ont jamais été réglementés. *Il est donc inexact d'affirmer que la déréglementation est venue des marchés internationaux. Ces marchés n'ont fait que véhiculer les instruments nés dans certains pays et dont le besoin s'est fait progressivement ressentir dans d'autres pays.*

Parmi ces nouveaux produits, il faut citer l'ensemble des opérations qui ont culminé à la fin des années 1980 et qui reposent sur le placement de billets à ordre *(promissory notes)*[20] dans le public, dans les trésoreries d'entreprises, dans les banques et auprès des investisseurs institutionnels. Le principe directeur reposait sur l'amélioration de la rémunération des ressources placées par les agents économiques. Pour ces placements à court terme, les intervenants ne disposaient que du dépôt à terme dans les banques dont les opérateurs

---

20. Ce terme anglais est à l'origine d'une traduction française curieuse qui tente d'introduire le mot note ou le mot promesse. Le terme anglais de *promissory notes* a une traduction littérale qui est celle de billets à ordre.

estiment qu'ils rapportaient au mieux le taux interbancaire demandé (LIBID)[21], diminué de 20 points de base (0,20 %) représentant la marge d'intermédiation bancaire.

Pour les épargnants, il en résultait que toute proposition de placement à court terme, sur des risques acceptables, produisant un revenu supérieur à ce plancher correspondait à une amélioration brute du profit. C'est ainsi que ces billets à court terme ont trouvé un placement à LIBID – 0,10 % ou LIBID – 0,05 % auprès de la clientèle, alors que les banques continuaient à se refinancer normalement à LIBOR qui représente le coût exact de leur appel de fonds avant application d'une marge d'intermédiation.

Cette confrontation du coût de financement des banques et du seuil de satisfaction de l'épargne crée une situation complexe, dans laquelle s'est engouffrée une déréglementation menant à la désintermédiation. Les entreprises ont parfaitement compris qu'en sollicitant l'épargne avec des instruments à court terme elles lui offraient une alternative attrayante et qu'elles réussiraient, en enchaînant ces opérations, à obtenir des coûts moyens de ressources inférieurs à ceux produits par l'intermédiation bancaire classique sur des durées analogues.

Les banques, toutefois, n'ont pas été exclues de ces nouveaux schémas de financement dans la mesure où elles ont été appelées à assurer la pérennité du placement des instruments à court terme par l'attribution de lignes de sécurité *(stand-by lines),* qui prévoient qu'elles interviendront sur leur propre trésorerie dans l'éventualité où les instruments à court terme ne trouveraient plus preneurs pour quelque raison que ce soit.

La question des lignes de sécurité, appelées en France et à juste titre lignes de substitution, a toujours été considérée comme un point essentiel tant aux Etats-Unis que sur les marchés internationaux où elles sont syndiquées de la même manière que les eurocrédits, et dont elles ne diffèrent d'ailleurs que par le fait qu'elles n'ont pas vocation à être utilisées, sauf dans les circonstances exceptionnelles du non-placement des billets à ordre. Ces lignes représentent l'élément essentiel du dispositif car elles garantissent l'émetteur (emprunteur) et les banques contre le risque d'une interruption brutale du placement des billets auprès de l'épargne qui provoquerait, inéluctablement, un bouleversement des prévisions de trésorerie des entreprises.

Ces opérations poussées par l'imagination débridée de certains opérateurs ont pris des formes multiples et, en conséquence, des noms souvent particulièrement abscons qui peuvent dérouter l'observateur. Il s'agissait en fait toujours de la même nature de transactions que l'on a imparfaitement traduite en français, parce que d'une manière trop concise : facilité renouvelable à prise ferme.

Les *Multiple Option Facilities,* traduites littéralement « facilités à options multiples », avaient fait preuve d'une étonnante prolifération. Ces opérations étaient identiques aux précédentes, mais elles incluaient la possibilité de remplacer l'émission des billets par des offres de crédit bancaire à très court terme, donc à des taux beaucoup plus proches de ceux pratiqués dans les opérations

21. Sur les grands marchés, comme celui du dollar, la différence entre le LIBOR et le LIBID est de 1/8 %. Les 20 points de base représentent la marge d'intervention des banques qui doivent replacer ces disponibilités sur le marché monétaire international.

de trésorerie que dans les opérations de crédit. L'emprunteur lançait ainsi des appels d'offres et répondait par adjudication. En fonction des taux qui lui étaient proposés, il opérait ses choix entre les billets et les «avances de trésorerie».

Le développement brutal de ce type d'opération sur les euromarchés à partir de 1986 a conduit les organismes de tutelle des établissements de crédit à se préoccuper du volume des engagements «hors-bilan» contractés par les banques (lignes de substitution garantissant une durée à moyen terme) qu'aucune contrainte technique (nécessité de trouver le financement) ne limitait. En effet, à cette époque, les engagements «hors-bilan» échappaient aux différents ratios prudentiels, notamment au ratio Cooke qui contraint les banques à couvrir leurs engagements de crédit par des fonds propres[22]. Ces derniers devant être rémunérés aux actionnaires, il est clair que tout crédit inscrit au bilan des banques est porteur d'un coût induit, qui freine la baisse excessive des marges d'intermédiation. Tel n'était pas le cas des engagements «hors-bilan». Les banques pour qui ces lignes ne «coûtaient rien» pouvaient accepter des rémunérations symboliques (quelques points de base) qui formaient l'attrait de ce type de financement. Mais les autorités de tutelle des banques se sont effrayées de l'accroissement considérable des postes «hors-bilan» qui échappaient à toute forme de contrôle et ont décidé, au début des années 1990, de les intégrer dans le calcul du ratio Cooke et ainsi de les faire couvrir par des allocations de fonds propres. Les établissements bancaires furent alors contraints d'accroître la rémunération des lignes de substitution jusqu'à un niveau proche de celui de l'intermédiation bancaire classique, et ce type de financement perdit une grande partie de son intérêt pour les emprunteurs.

L'innovation s'était insérée dans une faille de la réglementation bancaire et ne dura que le temps de la réaction des banques centrales.

4.2. Les actifs «synthétiques»

Sous ce nom barbare se cachent des opérations d'une relative simplicité qui consistent pour les banques, structurellement à la recherche d'emplois, à acquérir des obligations et à «swaper» leur taux d'intérêt fixe en un taux variable exprimé en LIBOR + marge. Les banques ne disposant pas de ressources longues en devises ne peuvent conserver des obligations en portefeuille sans encourir un risque sur les taux (elles se refinancent à court terme sur le marché monétaire international). Le swap annule ce risque et permet ainsi de créer un actif à taux variable, constitué par une obligation à taux fixe[23]. D'une manière «synthétique», ce terme n'étant peut-être pas le plus approprié, les banques se sont constituées du quasi-crédit.

L'intérêt de ces opérations réside dans le fait que les grands emprunteurs multinationaux font rarement appel au crédit sur le marché international et

---

22. Voir également dans cette ***Encyclopédie*** l'article de C. Dufloux et M. Karlin, «Ratio Cooke et réglementation financière internationale», p. 1597, tome 2.

23. Voir également dans cette ***Encyclopédie*** l'article de V. Lauwick, I. de Dinechin, C. Lorin et P. Gourmet, «Instruments de gestion du risque de taux», p. 654, tome 1, et celui de P. Navatte, «Swaps de taux d'intérêt : évaluation», p. 1819, tome 2.

privilégient largement les émissions obligataires dont les taux fixes permettent une évaluation précise des coûts.

Par ces nouvelles techniques, directement liées au développement des swaps de taux, les banques sont à même de se constituer des encours de qualité.

La seule question de nature opérationnelle réside dans le fait que la banque doit apprécier si, en fonction de la structure des taux, la marge au-dessus du LIBOR qui résulte du swap couvre correctement le risque sur l'emprunteur.

*

* *

Dans leurs actions de diffusion des techniques, les marchés internationaux ont joué un rôle essentiel au cours des trente dernières années. Ils se sont trouvés fortement marqués par des influences nord-américaines, peut-être en raison du poids de certains acteurs, individus ou institutions, peut-être aussi parce que les Etats-Unis représentent un creuset où s'élaborent les techniques les plus évoluées et, qu'au-delà de leur poids politique, ils maintiennent une pression économique constante sur leurs partenaires.

Les marchés internationaux ont surtout brillé par leur action visant à la banalisation des relations entre les créanciers et les débiteurs. Les syndications plurilatérales ont fait naître des relations nouvelles entre les banques et les emprunteurs, plus impersonnelles et, d'une certaine manière, plus anonymes.

Le crédit est devenu un produit « de grande consommation » qui s'achète ou se vend entre des établissements cherchant à équilibrer leurs risques ou leurs masses bilantielles. L'accroissement des *swaps* d'actifs (échange de participation) et des ventes d'actifs (cession de participation), qu'ils touchent des encours sur les pays en développement ou sur des entreprises du monde développé, est la marque profonde d'un changement de comportement des parties en cause.

Le crédit devient un élément patrimonial au même titre que les obligations et les actions.

L'univers international est mortel puisqu'il n'existe que par le cloisonnement que créent des frontières vouées à disparaître entre les nations dont les économies s'unifient. Il est clair que ce concept doit fuir l'Europe où le marché unique rend archaïque l'idée même d'international au sein de l'espace nouvellement créé. Il est probable que cette extension de surface touchera tôt ou tard les contreparties économiques et financières de l'ensemble du continent.

Dans ce vaste processus de normalisation, les banques subissent progressivement des atteintes à leur liberté sur les marchés internationaux. La prise de conscience par les pouvoirs publics des risques encourus par les établissements financiers sur des marchés fragilisés par la crise de l'endettement de 1982, et excessivement stimulés par les effets de la concurrence, a fait éclore de nombreux ratios prudentiels dont la mise en œuvre entrave les possibilités d'action et d'invention des banques. La concertation entre les banques centrales se développe au sein de la Banque des Règlements Internationaux à Bâle. Elle porte les germes de l'embrigadement de l'activité bancaire internationale.

La liberté créative se déplacera alors de ce qui restera des marchés internationaux vers des marchés intérieurs libres et déréglementés.

Références

BANQUE DE FRANCE, *Revue trimestrielle, Bulletin.*
BANQUE DES RÈGLEMENTS INTERNATIONAUX, *Rapport annuel, Bulletin.*
BLAISE J.B., FOUCHARD P., KAHN P. (éd.), *Les eurocrédits,* Paris, Litec, 1981.
BOURGUINAT H., *Marché des changes et crises des monnaies,* Paris, Calmann-Lévy, 1972.
EITEMAN D., STONEHILL A., *Multinational Business Finance,* New York, Addison-Wesley Publishing Company, 1979.
FONDS MONÉTAIRE INTERNATIONAL, *Rapport annuel, Etudes, Bulletin.*
FRIEDMAN M., *Inflation et systèmes monétaires,* Paris, Calmann-Lévy, 1969.
SCALON C.J., MORRIS F. (éd.), *L'eurodollar,* Paris, Calmann-Lévy, 1971.
UNIVERSITÉ DE DIJON, *Les euro-obligations,* Paris, Litec, 1972.

Mots clés

Attributions, avoir quasi monétaire, billet à ordre, Commission des opérations de bourse, consortium des banques, convertibilité, cours légal, crédit étranger, crédits internationaux, désintermédiation, dette extérieure, émission étrangère, émission internationale, eurocrédit, eurodevise, eurodollar, euro-émission, euromarché, ligne de substitution, marché monétaire international, marché monétaire international du comptant, monnaie véhiculaire, monopole des banques, opération étrangère, périmètre de juridiction, pouvoir libératoire, propriété monétaire, syndication, syndicats de garantie, territorialité de juridiction, transfert de propriété, transformation sur les taux de crédit.

Dynamique des taux de change

18

Jean Mathis

Un taux de change peut être considéré comme le prix d'un actif. Pour un investisseur français qui détient un dépôt bancaire à un mois en dollar, le taux de change du dollar en franc dans un mois, inconnu aujourd'hui, est celui auquel il sera susceptible de convertir son dépôt en franc ou, s'il n'opère pas la conversion, d'évaluer la contribution de son dépôt à sa richesse évaluée en franc. De ce point de vue, l'investisseur français ne considère pas le cours futur du dollar différemment du cours futur d'une action ou d'une obligation française. Dans les trois cas, l'investisseur tente de former une anticipation quant à l'évolution du prix de l'actif, du taux de change, du prix de l'action ou du prix de l'obligation. Dans les trois cas également, sa décision d'acquérir ou de conserver l'actif dépend de la confrontation qu'il opère entre l'évolution anticipée du cours et le risque attaché à l'actif considéré, qui ne se mesure pas par la variance du cours mais par sa covariance avec le taux de rendement du portefeuille de l'investisseur.

La détermination des taux de change ressort donc d'une théorie de l'évaluation des actifs financiers, en particulier du MEDAF (modèle d'équilibre des actifs financiers)[1]. Ce modèle doit cependant être particularisé pour deux raisons.

En premier lieu, il est nécessaire de revenir sur une hypothèse implicite du MEDAF en économie fermée, l'hypothèse selon laquelle tous les investisseurs évaluent leur richesse dans la même monnaie. En second lieu, il est possible de tenir compte d'une particularité du taux de change, à savoir sa nature de variable macro-économique. Il n'est pas le seul à la posséder, les taux d'intérêt entrent dans la même catégorie ; les cours des actions, par contre, bien que dépendants de données conjoncturelles globales, sont largement fonction des spécificités des entreprises concernées.

La première section de cet article est consacrée à la détermination théorique du taux de change. La deuxième applique la théorie proposée à l'ana-

1. Voir dans cette ***Encyclopédie*** l'article de R. Cobbaut, « Théorie du marché financier », p. 1954, tome 2.

lyse de différentes perturbations. La troisième met en évidence les difficultés d'interprétation des évolutions observées.

1. La détermination des taux de change

Les théories du change sont souvent classées en deux catégories selon qu'elles admettent ou non l'existence d'une prime de risque de change. Ce point est rappelé dans un premier paragraphe. Le choix qui est fait ici en faveur de l'existence d'une prime de risque de change conduit à la mise en œuvre des modèles classiques de la théorie de la finance. Cette dernière explique les taux de rendement et non les niveaux des cours. Ce point est rappelé dans un deuxième paragraphe. L'application du MEDAF aux taux de change est présentée dans un troisième. Un quatrième introduit la différence entre les effets d'une perturbation selon qu'elle a été, ou non, anticipée. Enfin, un cinquième paragraphe propose une structure du marché financier adaptée à la prise en compte des variables macro-économiques dans la relation du MEDAF appliquée aux taux de change.

1.1. Parité des taux d'intérêt non couverte ou prime de risque de change ?

Un placement en devises implique un risque spécifique, le risque de change[2], auquel est associée la prime de risque de change. Plus précisément, considérons un investisseur du pays j qui évalue sa richesse en monnaie j et qui se pose la question du choix entre deux actifs : un taux court en monnaie j et un taux court en dollar. Par taux court, il faut entendre le taux d'intérêt sans risque de maturité égale à l'horizon de l'investisseur. Ainsi sont éliminés tous les risques autres que le risque de change (on suppose qu'il n'y a pas de risque de contrepartie).

Une unité de monnaie j disponible en début de période peut être soit placée au taux sans risque sur la monnaie j, soit convertie en dollar et placée au taux sans risque sur le dollar. Si elle est placée au taux sans risque sur la monnaie j, le revenu de l'investisseur en fin de période est $1 + r_j$ avec certitude. Si elle est convertie en dollar, l'investisseur obtient $1/e$ dollar (où e est le taux de change du dollar en début de période) qu'il place au taux sans risque sur le dollar, $r_\$$. Son revenu en dollar en fin de période est alors égal avec certitude à $(1 + r_\$)$. Le revenu sera converti en franc à un taux de change qui n'est pas connu avec certitude en début de période, mais qui peut être anticipé. En notant e^a la valeur espérée du taux de change du dollar en fin de période, le revenu espéré par l'investisseur en fin de période s'écrit alors :

$$e^a/e(1 + r_\$)$$

et le différentiel de revenu espéré entre le placement en devise et le placement en monnaie nationale est :

$$p_j = (e^a/e)\ (1 + r_\$) - (1 + r_j) = (e^a - e)/e + (r_\$ - r_j) + r_\$(e^a - e)/e$$

soit, en négligeant le terme croisé $r_\$(e^a - e)/e$:

$$p_j = (e^a - e)/e + (r_\$ - r_j) = [(e^a - e)/e + r_\$] - r_j$$

2. Voir dans l'***Encyclopédie de gestion*** l'article de C.A. Vailhen, « Risque de change ».

Le différentiel de revenu espéré, que l'on peut appeler la rentabilité relative espérée des deux monnaies, peut s'exprimer de deux façons différentes, correspondant chacune à l'une des deux égalités ci-dessus. Il est égal à la différence des taux d'intérêt corrigée du taux de variation du change, c'est-à-dire à la différence des taux à laquelle vient s'ajouter la plus ou moins-value de change. Il s'écrit encore comme la différence entre la rentabilité espérée d'un placement en dollar, $(e^a - e)/e + r_\$$, plus ou moins-value de change incluse, et la rentabilité d'un placement en monnaie j, r_j. Ces deux rentabilités ne sont pas comparables dans la mesure où la première est aléatoire et la seconde certaine (toujours du point de vue de l'investisseur du pays j). L'aléa qui les sépare ne tient cependant qu'à l'incertitude sur l'évolution du taux de change. C'est pourquoi la rentabilité relative des deux monnaies s'appelle encore la prime de risque de change.

Un cas particulier de la relation de définition de la prime de risque de change est connue sous le nom de parité des taux d'intérêt non couverte et s'écrit : $(e^a - e)/e + r_\$ - r_j = 0$; elle suppose que la prime de risque de change est nulle. Cette hypothèse peut résulter de l'une ou l'autre de deux hypothèses en amont : soit la neutralité des agents vis-à-vis du risque (à l'équilibre du marché, le taux de rendement risqué $(e^a - e)/e + r_\$$ et le taux de rendement sans risque r_j sont alors égaux), soit l'absence de risque (les anticipations se réalisent avec certitude et les deux taux de rendement $(e^a - e)/e + r_\$$ et r_j sont égaux puisqu'ils sont tous deux sans risque). Il s'agit là, comme on peut le constater, d'hypothèses fortes. La parité des taux d'intérêt non couverte ne doit pas être confondue avec la parité des taux d'intérêt couverte, qui suppose simplement l'absence d'opportunité d'arbitrage et qui s'écrit $(e^f - e)/e + r_\$ - r_j = 0$, où e^f note le taux à terme en début de période à la même échéance que les taux d'intérêt. Compte tenu de la parité des taux d'intérêt couverte, la parité des taux d'intérêt non couverte s'écrit encore $(e^a - e)/e = (e^f - e)/e$, soit $e^a = e^f$. Si l'on ajoute que, dans l'hypothèse des anticipations rationnelles, le taux de change anticipé est un prédicteur sans biais du taux de change futur, l'hypothèse de parité non couverte peut donc être formulée d'une autre manière : le taux de change à terme est un prédicteur sans biais du taux de change futur.

Les théories du change peuvent être classées selon qu'elles acceptent ou non l'hypothèse de parité non couverte[3].

L'acceptation de la parité non couverte conduit à des théories qui ne sont pas spécifiques de la détermination du taux de change en ce sens que, puisque $(e^a - e)/e = r_j - r_\$$, l'explication de l'évolution anticipée du change est équivalente à celle des taux d'intérêt. De plus, la littérature économétrique sur le sujet conclut généralement à l'existence d'une prime de change (souvent présentée comme l'existence d'un biais de prédiction dans le change à terme).

Aussi cet article s'inscrit-il dans la deuxième catégorie des théories de la détermination des taux de change, celles qui admettent l'existence d'une prime de risque de change et qui cherchent à l'expliquer[4]. Dans ce qui suit, les taux d'intérêt seront supposés donnés (fixés par les autorités monétaires).

---

3. Voir également dans cette ***Encyclopédie*** l'article de J.P. Gourlaouen, « Théorie des taux d'intérêt », p. 1979, tome 2.

4. Voir également dans cette ***Encyclopédie*** l'article de J.P. Danthine et N.S. Tuchsmid, « Couverture optimale et équilibre sur les marchés à terme », p. 261, tome 1.

La prime de risque de change est un prix, celui du risque de change, qui, comme tous les prix, est déterminé par l'équilibre des marchés et pas seulement des marchés des deux actifs considérés. Comme on peut s'y attendre intuitivement, on montrera qu'elle dépend de quatre déterminants :

– la moyenne des tolérances au risque des investisseurs, pondérées par leur part dans la richesse mondiale ; si la tolérance est infinie ou, autrement dit, si l'aversion au risque est nulle, la prime de change est nulle, quelles que soient les valeurs des autres variables explicatives de celle-ci ;

– les offres de titres en différentes devises, qu'il s'agisse des actions émises par les entreprises ou des actifs de taux émis par les Etats ou les entreprises ;

– les richesses des investisseurs, pays par pays, qui s'apparentent à des demandes d'actifs (toutes devises confondues) ;

– les risques attachés aux évolutions des changes, mesurés par leurs variances ainsi que par leurs covariances deux à deux ; si celles-ci sont nulles, la prime de change est nulle, quelles que soient les valeurs des autres variables explicatives de celle-ci.

1.2. Le taux de rendement et le niveau du cours d'un actif

La théorie des marchés financiers est, principalement, une explication des taux de rendement anticipés des actifs, à l'équilibre du marché. Sous sa forme la plus répandue dans les manuels, le taux de rendement d'un actif j, r_j, est relié au taux de rendement de l'actif sans risque, r, et au taux de rendement anticipé du portefeuille du marché, r_M :

$$E(r_j) - r = [\text{cov}\ (r_j,\ r_M)/\text{var}\ (r_M)]\ [E(r_M) - r] \qquad [1]$$

cov note la covariance, var la variance et E l'espérance mathématique à laquelle est identifiée l'anticipation des agents. Le taux de rendement, la covariance, la variance et l'espérance sont relatifs à la même période, supposée correspondre à l'horizon des investisseurs, lui-même supposé identique pour tous les investisseurs. Cette période est encadrée par deux dates que l'on peut noter 0 et 1.

La relation [1], que l'on appelle en général la droite de marché de l'actif j, est une explication du taux de rendement anticipé de l'actif j entre aujourd'hui (date 0) et l'horizon d'investissement (date 1). Elle n'est en aucun cas une explication du cours de l'actif j. Pour obtenir le cours à la date 0, $P_j(0)$, il est nécessaire de disposer du cours anticipé par le marché pour la date 1, $E[P_j(1)]$ (le cours est considéré dividende inclus). Compte tenu du fait que, par définition,

$$E(r_j) = \{E[P_j(1)] - P_j(0)\}/P_j(0)$$

le cours $P_j(0)$ est donné par :

$$P_j(0) = E[P_j(1)]/[1 + E(r_j)]$$

Le cours aujourd'hui est la valeur du cours futur anticipé, actualisée au taux de rendement anticipé. Le modèle d'équilibre ne fournit que le taux d'actualisation. L'anticipation du cours futur ressort d'autres méthodes d'analyse. Les établissements financiers gérants de portefeuilles entretiennent différents services chargés de les mettre en œuvre. Dans le cas des actions, les analystes financiers utilisent différentes méthodes d'évaluation des entreprises. Dans le cas des taux de change et des taux d'intérêt, les services d'études économiques sont mis à contribution pour des analyses nécessairement macroéconomiques.

Dans cet article, l'accent sera mis sur la détermination du taux d'évolution anticipé du change, pour laquelle la formalisation du MEDAF sera rappelée et étendue. La détermination du niveau du taux de change ne fera l'objet que de commentaires et non de la présentation d'un modèle complet.

1.3. L'application du MEDAF aux taux de change

Le MEDAF en économie fermée peut faire l'objet de diverses spécifications qui sont rappelées. L'une d'entre elles est ensuite généralisée au cas de l'économie ouverte. Quelques hypothèses simplificatrices permettent d'obtenir une spécification propice à l'analyse de la détermination du taux de change.

1.3.1. Le MEDAF en économie fermée

L'équation [1], relation classique du MEDAF connue sous le nom de « droite de marché », s'obtient en quatre étapes.

1. La détermination de l'équilibre de l'investisseur I (maximisation de l'espérance de l'utilité de la richesse de fin de période) conduit à une relation entre la structure optimale du portefeuille de l'investisseur I et les taux de rendement de chacun des actifs j en excès par rapport au taux sans risque :

$$E(r_j) - r = [1/\alpha_I] \text{ cov } (r_j, \ r^I)$$

où α_I est la tolérance (la tolérance est l'inverse de l'aversion) au risque de l'investisseur I et r^I le taux de rendement du portefeuille optimal de l'investisseur I. La structure du portefeuille de l'investisseur I apparaît dans l'écriture développée du taux r^I, égal à la moyenne des taux de rendement des actifs pondérés par les parts de la richesse que l'investisseur I affecte à chaque actif. Pour chaque investisseur, le nombre des relations qui précèdent est identique à celui des actifs, lui-même identique au nombre des inconnues puisque celles-ci sont les parts de chaque actif.

2. L'agrégation sur les investisseurs conduit à une relation analogue à la précédente dans laquelle l'investisseur est remplacé par le marché (l'agrégation consiste à multiplier l'équilibre de l'investisseur I par $\alpha_I W^I$, où W^I est la richesse de l'investisseur I, à sommer les relations ainsi obtenues pour tous les investisseurs, et à diviser le résultat ainsi obtenu par la richesse de l'ensemble des investisseurs $\Sigma_I W^I$) :

$$E(r_j) - r = [1/\alpha_M] \text{ cov } (r_j, \ r_M) \qquad [2]$$

où α_M est la moyenne des tolérances au risque des investisseurs, pondérées par leur part dans la richesse totale (de l'ensemble des investisseurs). La relation [2] est la relation d'évaluation de l'actif j.

3. L'agrégation sur les actifs conduit au taux de rendement du portefeuille de marché (elle consiste à sommer les relations précédentes sur les actifs j,

chaque relation étant pondérée par la part de l'actif concerné dans la richesse totale) :

$$E(r_M) - r = [1/\alpha_M] \text{ var } (r_M) \qquad [3]$$

4. L'élimination de la tolérance moyenne α_M entre les deux dernières relations conduit à la droite de marché [1].

Pour des raisons qui apparaîtront plus loin, ce n'est pas la droite de marché [1] mais la relation d'évaluation [2] que l'on cherchera, après généralisation au cas de l'économie ouverte, à appliquer au taux de change. Il est clair, au vu de ce qui précède, que l'on ne sort pas du cadre du MEDAF en utilisant la relation [2] plutôt que la relation [1].

1.3.2. La généralisation du MEDAF à une économie ouverte

Le MEDAF peut être généralisé à une économie ouverte[5] à condition de prendre en considération les complexités qui naissent de la coexistence de plusieurs devises. Ces complexités sont essentiellement au nombre de deux.

En premier lieu, en économie ouverte, il n'y a plus d'actif qui soit sans risque pour tous les investisseurs. Ainsi, un bon du Trésor (plus précisément un bon du Trésor dont la maturité est identique à l'horizon des investisseurs, supposé unique) émis par le Trésor français n'est sans risque que pour les investisseurs français. Pour tous les autres, il lui est attaché un risque de change dans la mesure où le taux de change auquel aura lieu la conversion en monnaie de l'investisseur est inconnu. Cette complication est accessoire. Elle se résout en choisissant un numéraire, par exemple le dollar, et en évaluant les prix et les taux de rendement de tous les actifs dans cette monnaie. La relation [2] devient alors :

$$E(r_{j(\$)}) - r_{\$} = [1/\alpha_M] \text{ cov } (r_{j(\$)}, r_{M(\$)}) \qquad [4]$$

où $r_{\$}$ est le taux de rendement de l'actif sans risque pour l'investisseur américain (le bon du Trésor des Etats-Unis) et où $r_{j(\$)}$ et $r_{M(\$)}$ sont évalués en dollar.

La deuxième complication est beaucoup plus importante. Elle vient de ce que, contrairement à ce qui se passe dans le cadre du MEDAF en économie fermée, tous les investisseurs n'évaluent pas leur richesse dans la même monnaie. Il y a autant de monnaies d'évaluation que de pays de résidence des investisseurs. Ceci conduit à une généralisation de la relation [4] relativement complexe, mais qui se simplifie dans le cas des « actifs sans risque ». On convient d'appeler ainsi les actifs qui ne présentent aucun risque autre que le risque de change, c'est-à-dire les bons du Trésor, ou, de façon plus générale, les actifs de taux courts. Le marché financier est alors composé de deux catégories d'actifs, les « actifs risqués » qui supportent un risque de change et un risque « intrinsèque » (risque industriel pour les actions ou risque de taux pour les actifs de taux longs), et les « actifs sans risque » qui ne présentent aucun risque autre que le risque de change.

---

5. Voir également dans cette ***Encyclopédie*** l'article de B. Dumas, « Marché international des capitaux : modèles d'équilibre partiel contre modèles d'équilibre général », p. 802, tome 1.

Comme il apparaîtra plus loin, mais comme l'intuition le suggère, la détermination du taux de change, c'est-à-dire l'évaluation des devises, ne nécessite pas l'évaluation des actifs risqués mais seulement celle des actifs sans risque autre que le risque de change. Ceci peut se comprendre dans la mesure où les actifs de la deuxième catégorie isolent en quelque sorte le risque de change. La relation [4] peut alors être réécrite :

$$E(r_{j(\$)}) - r_{\$} = [1/\alpha_M] \ \mathrm{cov}\ (e_j^0,\ r_{M(\$)}) \qquad [5]$$

où e_j est le taux de change de la monnaie j contre le dollar (une unité de monnaie $j = e_j$ dollar), et où ^{0} note un taux de variation. En effet, l'aléa du taux de rendement de l'actif sans risque j évalué en dollar, $r_{j(\$)}$, se réduit à l'aléa de l'évolution du taux de change de la monnaie j contre le dollar.

Lorsque les investisseurs évaluent leurs richesses dans des monnaies différentes, la formulation du MEDAF en économie fermée, telle qu'elle est donnée par l'équation [5], n'est alors plus fondée et doit être corrigée. Pour ce faire, il est commode de supposer qu'il existe dans chaque pays I un seul investisseur (ou qu'il est possible de considérer les investisseurs du pays I dans leur ensemble) dont la richesse est W^I et la tolérance au risque α_I. Il est alors nécessaire de définir les coefficients de pondération :

$$a_I = (\alpha_I - 1)\ W^I / \left[\Sigma_I(\alpha_I - 1)\ W^I\right], \qquad \Sigma_I a_I = 1 \qquad [6]$$

Les a_I sont des coefficients de pondération représentatifs de la part de la tolérance au risque de l'investisseur I dans la tolérance au risque totale de l'ensemble des investisseurs du monde. La tolérance au risque de chaque investisseur I, mesurée par $\alpha_I - 1$, est, dans le calcul de la tolérance mondiale, pondérée par la part de la richesse de cet investisseur dans la richesse de l'ensemble des investisseurs.

L'évaluation des actifs sans risque par le MEDAF international est alors donnée par :

$$E(r_{j(\$)}) - r_{\$} = (1 - 1/\alpha_M)\ \Sigma_I a_I \ \mathrm{cov}\ (e_j^0,\ e_I^0) + [1/\alpha_M]\ \mathrm{cov}\ (e_j^0,\ r_{M(\$)}) \qquad [7]$$

Un canevas de démonstration est fourni dans l'encadré 1 « Le MEDAF international ». La relation [7] est beaucoup moins simple que la relation analogue [2] valable en économie fermée. Elle ajoute à la covariance unique de l'économie fermée, $[1/\alpha_M]\ \mathrm{cov}\ (r_j,\ r_M)$ – qui devient en économie ouverte $[1/\alpha_M]\ \mathrm{cov}\ (r_{j(\$)},\ r_{M(\$)})$ ou $[1/\alpha_M]\ \mathrm{cov}\ (e_j^0,\ r_{M(\$)})$ – autant de covariances $(1 - 1/\alpha_M)\ a_I\ \mathrm{cov}\ (e_j^0,\ e_I^0)$ qu'il y a de monnaies. Ceci résulte du fait que les investisseurs du pays I évaluent leur richesse en monnaie I et non en monnaie commune.

Cette relation d'évaluation des actifs sans risque (autre que le risque de change) s'interprète mieux lorsqu'elle est réécrite sous la forme :

$$E(r_{j(\$)}) - \Sigma_I a_I\ \mathrm{cov}\ (e_j^0,\ e_I^0) - r_{\$} = [1/\alpha_M]\ \left[\mathrm{cov}\ (e_j^0,\ r_{M(\$)}) - \Sigma_I a_I\ \mathrm{cov}\ (e_j^0,\ e_I^0)\right]$$

qui s'écrit encore (compte tenu de ce que la somme des a_I est égale à 1) :

$$\Sigma_I a_I \left[E(r_{j(\$)}) - \mathrm{cov}\ (e_j^0,\ e_I^0) - r_{\$}\right] = [1/\alpha_M]\ \Sigma_I a_I \times \left[\mathrm{cov}\ (e_j^0,\ r_{M(\$)}) - \mathrm{cov}\ (e_j^0,\ e_I^0)\right] \qquad [8]$$

Encadré 1 – Le MEDAF international

Le canevas de démonstration qui suit ne vaut que pour l'évaluation des actifs sans risque autre que le risque de change.
La relation d'évaluation du MEDAF international s'obtient en suivant les mêmes étapes que celles qui conduisent au MEDAF en économie fermée (dans la mesure où la droite de marché n'est pas utile à la détermination des taux de change, il suffira de s'arrêter à la deuxième étape qui conduit à la relation d'évaluation).
1. La détermination de l'équilibre de l'investisseur I conduit à une relation entre la structure optimale du portefeuille de l'investisseur I et les excès de taux de rendement de chacun des actifs j relativement au taux sans risque pour l'investisseur, c'est-à-dire l'actif sans risque I évalué en monnaie I ; $_{(I)}$ note une évaluation en monnaie I :

$$E(r_{j(I)}) - E(r_{I(I)}) = [1/\alpha_I] \left[\text{cov}\ (r_{j(I)},\ r^I_{(I)})\right]$$

Contrairement au cas de l'économie fermée, cette relation ne peut être agrégée sur les investisseurs, dans la mesure où l'actif sans risque change selon l'investisseur. Aussi faut-il faire apparaître des écarts de taux de rendement relativement à un actif commun, par exemple, l'actif sans risque en dollar. Pour ce faire, la relation ci-dessus peut être appliquée au cas de l'actif sans risque en dollar évalué en monnaie de l'investisseur I :

$$E(r_{\$(I)}) - E(r_{I(I)}) = [1/\alpha_I] \left[\text{cov}\ (r_{\$(I)},\ r^I_{(I)})\right]$$

Cette deuxième relation peut être soustraite de la précédente pour conduire à :

$$E(r_{j(I)}) - E(r_{\$(I)}) = [1/\alpha_I] \left[\text{cov}\ (r_{j(I)} - r_{\$(I)},\ r^I_{(I)})\right] = [1/\alpha_I] \left[\text{cov}\ (e^0_j,\ r^I_{(I)})\right]$$

La deuxième égalité provient de ce que la différence entre les taux de rendement des actifs sans risque autre que le risque de change en monnaie j et en dollar ne supporte que le risque de change de la monnaie j contre le dollar.
Le passage à l'évaluation en dollar conduit à l'introduction de la covariance $\text{cov}\ (e^0_j,\ e^0_I)$:

$$E(r_{j(\$)}) - \text{cov}\ (e^0_j,\ e^0_I) - r_{\$(\$)} = [1/\alpha_I] \left[\text{cov}\ (e^0_j,\ r^I_{(\$)}) - \text{cov}\ (e^0_j,\ e^0_I)\right]$$

2. L'agrégation sur les investisseurs peut alors être effectuée ; les relations d'équilibre des investisseurs sont multipliées par $\alpha_I W^I$ pour chaque investisseur I, puis elles sont sommées sur l'ensemble des investisseurs ; la sommation est enfin divisée par $\Sigma_I W^I$ pour conduire à la relation [7].

Dans le membre de gauche, $E(r_{j(\$)}) - \text{cov}\ (e^0_j,\ e^0_I) - r_\$$ est l'écart entre le taux de rendement de l'actif j et celui de l'actif sans risque en dollar, tous deux évalués en monnaie I. L'écart des taux de rendement de deux actifs n'est en effet pas indépendant de la monnaie d'évaluation. Ceci signifie que $E(r_{j(I)}) - E(r_{\$(I)})$ n'est pas égal à $E(r_{j(\$)}) - r_\$$. On peut montrer que :

$$E(r_{j(I)}) - E(r_{\$(I)}) = E(r_{j(\$)}) - \text{cov}\ (e^0_j,\ e^0_I) - r_\$$$

$_{(I)}$ note l'évaluation en monnaie I.

Le membre de gauche de l'équation [8] est donc la moyenne pondérée par les a_I des écarts entre les taux de rendement de l'actif sans risque en monnaie j et de l'actif sans risque en dollar, tous deux évalués en monnaie I.

De même, il est possible de montrer que le terme à droite de $1/\alpha_M$ est la moyenne pondérée par les a_I des covariances entre l'évolution du taux de change j (seule composante aléatoire de l'actif sans risque j) et le taux de rendement du portefeuille de marché évalué en monnaie I.

Le MEDAF international conduit donc à faire la moyenne sur l'ensemble des monnaies I, de relations identiques à celle du MEDAF en économie fermée, pondérées par les a_I.

Remarque. La relation [7] évalue un actif sans risque autre que le risque de change. Elle sera utilisée pour la détermination des taux de change. Ceci ne signifie pas que le portefeuille du marché n'intervienne pas dans la détermination des taux de change. En effet, dans le membre de droite de la relation [7], intervient la covariance du taux de variation du taux de change j avec le taux de rendement du portefeuille de marché, $\text{cov}\ (e_j^0,\ r_{M(\$)})$. Par contre, l'équation [7] ne vaut que si le taux de rendement espéré du membre de gauche, $E(r_{j(\$)})$, est celui d'un actif sans risque autre que le risque de change.

1.3.3. De nouvelles hypothèses simplificatrices

Pour aller plus loin tout en évitant des formulations trop lourdes, il est commode de supposer qu'il n'existe dans chaque pays qu'un seul actif risqué et un seul actif sans risque, de sorte qu'un même indice s'applique à un actif, à son pays et à sa monnaie de libellé. La relation [7] peut être transformée compte tenu de la séparation, dans le portefeuille de marché, entre les actifs risqués et les actifs sans risque qui conduit à :

$$E(r_{j(\$)}) - r_\$ = (1 - 1/\alpha_M)\ \Sigma_I a_I\ \text{cov}\ (e_j^0,\ e_I^0) + [1/\alpha_M]$$

$$\times \left[\Sigma_k w_k^{'M}\ \text{cov}\ (e_j^0,\ \mu_{k(\$)}) + \Sigma_k w_k^{''M}\ \text{cov}\ (e_j^0,\ r_{k(\$)})\right] \qquad [9]$$

Notations

$\mu_{k(\$)}$: le taux de rendement de l'actif risqué du pays k, évalué en dollar,
$r_{k(\$)}$: le taux de rendement de l'actif sans risque du pays k, évalué en dollar,
$w_k^{'M}$: la part de l'actif risqué k dans le portefeuille du marché mondial,
$w_k^{''M}$: la part de l'actif sans risque du pays k dans le portefeuille du marché mondial ; la somme des parts de tous les actifs est égale à 1 : $\Sigma_k(w_k^{'M} + w_k^{''M}) = 1$.

L'aléa des taux de rendement des actifs sans risque se réduit à celui des taux de change des monnaies de libellé de ces actifs, de sorte que l'équation [9] peut être réécrite :

$$E(r_{j(\$)}) - r_\$ = (1 - 1/\alpha_M)\ \Sigma_I a_I\ \text{cov}\ (e_j^0,\ e_I^0) + [1/\alpha_M]$$

$$\times \left[\Sigma_k w_k^{'M}\ \text{cov}\ (e_j^0,\ \mu_{k(\$)}) + \Sigma_k w_k^{''M}\ \text{cov}\ (e_j^0,\ e_k^0)\right] \qquad [10]$$

Une hypothèse conduit à une importante simplification : l'hypothèse selon laquelle il y a indépendance entre les évolutions des taux de change et les taux de rendement des actifs risqués évalués dans leurs monnaies. Ceci signifie que, par exemple, le taux de rendement d'une action allemande évaluée en deutsche mark et l'évolution du taux de change DEM/USD sont non corrélés. En toute rigueur, cette hypothèse n'est pas vérifiée dans la mesure où les performances d'une entreprise allemande ne sont pas indépendantes du taux de change

DEM/USD, en particulier si l'entreprise en question est fortement intégrée dans le commerce international. L'hypothèse est cependant acceptable en première approximation. Dans ces conditions, $\text{cov}\ (e_j^0,\ \mu_{k(\$)})$ se réduit à $\text{cov}\ (e_j^0,\ e_k^0)$ et l'équation [10] devient :

$$E(r_{j(\$)}) - r_\$ = (1 - 1/\alpha_M)\ \Sigma_I a_I\ \text{cov}\ (e_j^0,\ e_I^0)$$

$$+ [1/\alpha_M]\ \left[\Sigma_k (w_k^{'M} + w_k^{''M})\ \text{cov}\ (e_j^0,\ e_k^0)\right] \qquad [11]$$

1.3.4. Du MEDAF en économie ouverte à la détermination des taux de change

La transition de l'équation [11] vers une relation de détermination des taux de change s'opère en remarquant que :

$$r_{j(\$)} = r_j + e_j^0$$

L'absence d'indice entre parenthèses note une évaluation dans la monnaie du libellé de l'actif : $r_j = r_{j(j)}$.

Par conséquent :

$$E(e_j^0) = r_\$ - r_j + (1 - 1/\alpha_M)\ \Sigma_I a_I\ \text{cov}\ (e_j^0,\ e_I^0)$$

$$+ [1/\alpha_M]\ \left[\Sigma_k (w_k^{'M} + w_k^{''M})\ \text{cov}\ (e_j^0,\ e_k^0)\right] \qquad [12]$$

La relation qui précède fait apparaître les deux composantes de l'évolution anticipée du change, l'écart des taux d'intérêt, $r_\$ - r_j$, et la prime de risque de change de la monnaie j contre le dollar :

$$p_j = (1 - 1/\alpha_M)\ \Sigma_I a_I\ \text{cov}\ (e_j^0,\ e_I^0) + [1/\alpha_M]\ \left[\Sigma_k (w_k^{'M} + w_k^{''M})\ \text{cov}\ (e_j^0,\ e_k^0)\right] \qquad [13]$$

Les variables susceptibles d'agir sur le change sont donc celles qui apparaissent dans le membre de droite de l'équation [12]. Elles peuvent être classées en quatre catégories :

– les taux d'intérêt $r_\$$ et r_j,

– les covariances des taux de variation des taux de change,

– les tolérances au risque des investisseurs, α_I (dans a_I et α_M),

– les encours macro-économiques : les richesses des investisseurs W^I (dans a_I) et les offres d'actifs qui déterminent les parts des actifs dans la richesse mondiale, $w_k^{'M}$ et $w_k^{''M}$ pour les actifs risqués k et sans risque k.

Dans ce qui suit, les tolérances au risque seront supposées constantes. L'effet des variations des covariances sera étudié sans chercher à expliquer les causes de ces variations. Les taux d'intérêt seront supposés administrés par les autorités monétaires. Les encours macro-économiques seront reliés à des variables de politique économique ou de balance des paiements, dont les effets sur le change seront étudiés. L'explicitation de cette liaison suppose que soit précisée la structure du marché financier.

Auparavant, il convient de faire une distinction entre les effets de la variation d'une variable explicative du taux de change, selon que celle-ci est, ou non, anticipée.

1.4. Les chocs anticipés et les chocs non anticipés

La relation [12], qui s'écrit encore :

$$E(e_j^0) = r_\$ - r_j + p_j \qquad [14]$$

relie l'évolution anticipée du taux de change aux taux d'intérêt et à la prime de risque de change.

Pour simplifier, il est possible de considérer une situation initiale dans laquelle la stabilité du change est anticipée, c'est-à-dire dans laquelle $E(e_j^0) = 0$. A titre d'exemple, supposons une variation $\Delta r_j > 0$ du taux d'intérêt à l'initiative de la banque centrale j. Cette variation a lieu à une date t et est supposée ne pas avoir été anticipée par les agents. Il s'agit par exemple d'une augmentation du taux $\Delta r_j > 0$. L'équilibre du marché, donné par l'équation [13], ne peut se réaliser que si les agents anticipent une dépréciation de la monnaie j, $\Delta E(e_j^0) = -\Delta r_j < 0$. Si les *anticipations sont rationnelles*, elles se réalisent à une erreur de moyenne nulle près. Pour simplifier, il est possible de faire appel, sans nuire à l'essentiel de l'argumentation, à l'hypothèse de *prévision parfaite*, cas extrême de l'hypothèse d'anticipation rationnelle, dans laquelle les anticipations se réalisent exactement.

Les graphiques 1 et 2 supposent que, jusqu'à la date t de la perturbation, l'économie évolue sur un sentier de croissance équilibrée à taux de change constant. Le graphique 1 représente l'équilibre du marché au-delà de la date de la perturbation, le taux de change se dépréciant de Δr_j chaque période. Il ne peut cependant pas représenter une situation de rationalité des agents. Dans cette hypothèse, en effet, ceux-ci connaissent l'avenir de l'économie, c'est-à-dire le modèle qui la régit. Cet avenir peut être très complexe. Vraisemblablement, cependant, le taux de change se rapprochera, à un moment ou à un autre, de sa valeur de long terme.

La théorie du change à long terme la plus répandue est celle de la parité des pouvoirs d'achat, qui explique que le taux de change ne peut s'écarter durablement du rapport des prix observés dans les deux pays considérés. Qu'il soit

Graphique 1 – Effet d'une perturbation incompatible avec des prévisions rationnelles

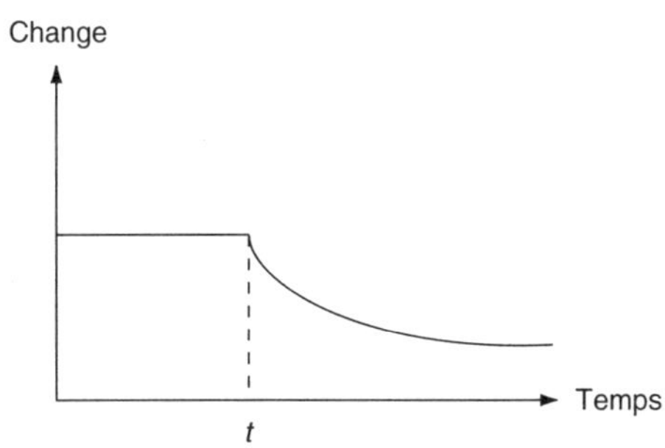

Graphique 2 – Effet d'une perturbation compatible avec des prévisions rationnelles

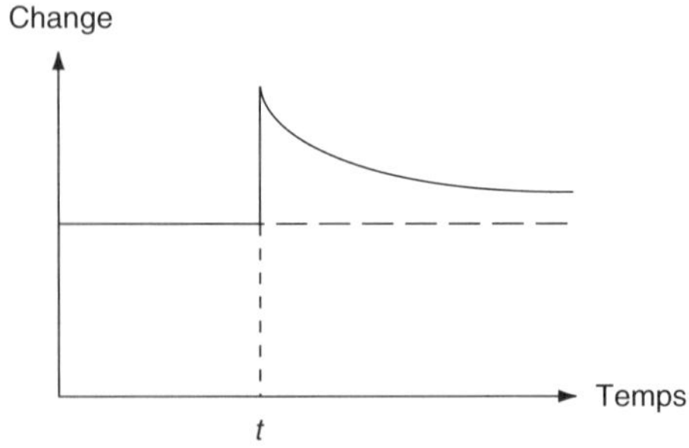

fait appel à cet argument ou à toute autre théorie macro-économique, l'anticipation par les agents d'un retour vers une position « d'équilibre » les conduit à déplacer vers le haut la courbe représentative d'une dépréciation du change de Δr_j à chaque période, afin d'assurer que l'évolution anticipée au-delà de la date t s'identifie à l'évolution future.

Pour qu'il en soit ainsi, il est nécessaire que le taux de change, à la date t, effectue un saut instantané suffisant pour assurer la cohérence des évolutions anticipées et futures, ainsi que l'illustre le graphique 2.

L'évolution future est difficile à expliquer en dehors d'un modèle macro-économique complet. En particulier, comme on le verra plus loin, la prime de change n'est pas constante. A titre d'illustration, imaginons la configuration dans laquelle :

– la prime de change est constante,

– les agents anticipent que le durcissement de la politique monétaire va durer quatre ans, c'est-à-dire que, pendant tout ce temps, le taux d'intérêt sera maintenu au-dessus de son taux antérieur à t, par exemple à 2 % au-dessus. Par la suite, à partir de $t+4$, il est ramené à son niveau d'avant la perturbation.

Une telle configuration n'est pas réaliste dans la mesure où le durcissement de la politique monétaire a des effets macro-économiques qui, on le verra plus loin, modifient la prime de risque de change ; elle a néanmoins le mérite de mettre simplement en évidence l'effet d'un choc non anticipé, qui est de provoquer un saut. Ce saut conduit en effet, à la date à laquelle il se produit, à une rentabilité exceptionnelle de 8 %, précédant une dépréciation de 2 % par an, compatible avec l'équilibre du marché au-delà de la date t (graphique 3). Cette rentabilité exceptionnelle, à la date de la perturbation, ne peut se concevoir dans l'hypothèse où la perturbation aurait été anticipée par les opérateurs. Si l'on suppose, par exemple, que la hausse du taux d'intérêt a été anticipée un an avant sa survenance, les opérateurs auront cherché à profiter de l'appréciation exceptionnelle de 8 % dès la date de l'anticipation et auront acheté la monnaie j. Il en aura résulté alors une appréciation instantanée de la devise, jusqu'au point où toute perspective de gain exceptionnel aura disparu.

Dans cette hypothèse, le profil de l'évolution du taux de change compatible avec l'équilibre du marché est celui du graphique 4. Le taux de change est constant entre $t-1$ et $t(e_j^0 = -\Delta r_j = 0)$, puis se déprécie $(e_j^0 = -\Delta r_j = -2\ \%)$ pendant quatre années, avant de retrouver la stabilité $(e_j^0 = 0)$ à la suite de l'abandon de la politique monétaire restrictive. Ce profil du taux de change est

Graphique 3 – Effet d'une hausse du taux d'intérêt non anticipée

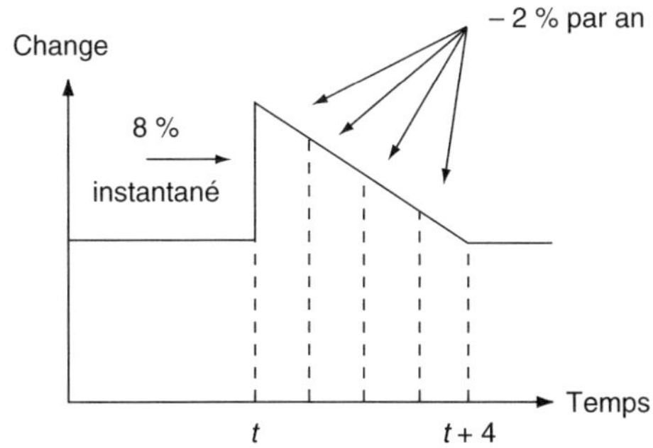

Graphique 4 – Effet d'une hausse du taux d'intérêt anticipée une période à l'avance

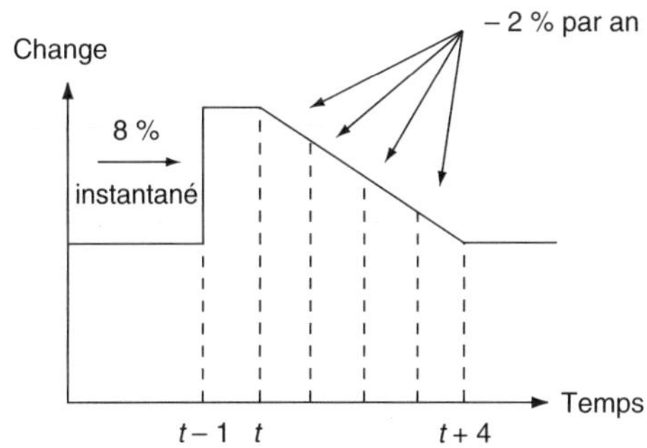

découvert par les opérateurs à la date à laquelle ils prennent conscience de la hausse future du taux d'intérêt. Pour que, compte tenu de ce profil, les taux de change futur et anticipé coïncident, un saut à la date $t - 1$ est nécessaire. Au-delà, les évolutions de change sont « lisses », seule configuration compatible avec l'hypothèse de prévision parfaite au-delà de la date $t - 1$. Un « saut » suppose en effet un rendement anormal, qui ne peut être dû qu'à une perturbation non anticipée.

De façon générale, le taux de variation anticipé du taux de change (identique au taux réalisé dans le cas d'une prévision parfaite, égal à ce dernier à une erreur de moyenne nulle près dans le cas plus général d'anticipations rationnelles) dépend des taux d'intérêt et de la prime de risque de change (qui dépend elle-même de variables macro-économiques). Toute variation de ces variables conduit à une dépréciation ou à une appréciation durable du taux de change puisque l'équilibre du marché impose, en réaction à une modification d'un taux d'intérêt ou de la prime de risque de change, une variation continue du change.

Cette nouvelle évolution anticipée du change doit être compatible avec les niveaux futurs du taux de change. Si les anticipations sont rationnelles, les opérateurs sont conscients de cette nécessaire compatibilité et le taux de change effectue un saut à la hausse ou à la baisse à la date à laquelle la perturbation est anticipée.

Le tableau 1 résume les effets attendus de différentes perturbations, à la date à laquelle elle sont anticipées et au-delà de la date à laquelle elles surviennent.

Tableau 1 – Effets attendus sur le change de diverses perturbations

Nature de la perturbation	Sens de la perturbation	Effet de la perturbation	
		Instantané (à la date de l'anticipation de la perturbation)	**Durable (au-delà de la date de la perturbation)**
Taux d'intérêt domestique	+	↑	↓
	–	↓	↑
Taux d'intérêt étranger	+	↓	↑
	–	↑	↓
Prime de risque de change	+	↓	↑
	–	↑	↓

+ : Augmentation ; – : Diminution ; ↑ : Appréciation ; ↓ : Dépréciation.

1.5. La structure du marché

La description de la structure du marché, plus précisément des offres et des demandes d'actifs, est indispensable à l'analyse de l'effet des différentes perturbations macro-économiques sur la prime de risque de change. Quelques hypothèses sont nécessaires pour parvenir à des résultats suffisamment simples.

Les investisseurs sont supposés être demandeurs ou offreurs d'actifs risqués ou sans risque. Les entreprises sont offreuses de titres risqués et l'Etat est offreur d'actifs sans risque. Les investisseurs peuvent, individuellement, s'endetter en émettant des actifs sans risque et en vendant à découvert des actifs risqués, mais, à l'équilibre du marché, l'ensemble des investisseurs réunis est nécessairement demandeur net puisque les entreprises et l'Etat sont offreurs. Les bilans des différents agents sont les suivants :

Investisseurs *I*		**Entreprises *I***		**Etat *I***	
$D_k^{'I}$ $D_k^{''I}$ pour tout k	W^I	Actif	O'^I	Déficit budgétaire en encours	$O_k^{''I}$ pour tout k

Notations

$D_k^{'I}$: la demande nette d'actif risqué k par les investisseurs du pays I,
$D_k^{''I}$: la demande nette d'actif sans risque k par les investisseurs du pays I,
O'^I : l'offre d'actif risqué I par les entreprises du pays I,
$O_k^{''I}$: l'offre de bons du Trésor en monnaie k par l'Etat I.

L'omission d'un indice ^{I} ou $_k$ note une sommation sur cet indice.

Un certain nombre d'égalités comptables assure la cohérence des bilans et des marchés :

– l'équilibre du bilan des investisseurs I : $W^I = D'^I + D''^I$,
– l'équilibre du bilan de l'Etat I : encours du déficit = O''^I,

– l'équilibre du marché de l'actif risqué k : $D_k^{'} = w_k^{'M} W^M = O_k^{'}$,
– l'équilibre du marché de l'actif sans risque k : $D_k^{''} = w_k^{''M} W^M = O_k^{''}$.

$W^M = \Sigma_I W^I$ note la richesse totale des investisseurs dans le monde.

Deux variables seront utiles par la suite :

– la position nette du pays I vis-à-vis du reste du monde : $POS^I = W^I - O'^I - O''^I$,

– le solde de la richesse des investisseurs I et du montant des titres émis en monnaie I quel que soit l'émetteur : $SOL_I = W^I - O'^I - O_I^{''}$.

La position nette d'un pays (sa richesse financière) est la différence entre la valeur des actifs détenus par ses résidents et la valeur des actifs émis. Elle n'est pas homogène du point de vue de la monnaie, dans la mesure où les offres d'actifs par les résidents d'un pays peuvent être libellées en toute devise.

L'agrégat SOL_I, par contre, est homogène en ce sens qu'il représente la différence entre la richesse des investisseurs du pays I, supposée évaluée en monnaie I, et l'offre totale des actifs libellés en monnaie I. Les actions émises par les entreprises du pays I sont implicitement libellées en monnaie I, de sorte que O'^I intervient dans les deux agrégats POS^I et SOL_I. Par contre, l'offre d'actifs sans risque O''^I (émis par le pays I en différentes monnaies) n'apparaît que dans POS^I et l'offre d'actif sans risque $O_I^{''}$ (émis en monnaie I par différents Etats) n'apparaît que dans SOL_I.

La position nette des pays est souvent mise en avant comme étant un facteur explicatif important de la prime de risque de change. Sa variation peut être due à deux causes. La première résulte d'effets de valorisation ; la valeur des actifs détenus ou émis par les résidents d'un pays varie ; les fluctuations du change ne sont que l'une des causes de ces variations. La deuxième raison tient aux achats et aux ventes (y compris les émissions) d'actifs entre les résidents et le reste du monde. Nécessairement, le solde de ces achats et de ces ventes a pour contrepartie un excédent (si les achats l'emportent sur les ventes) ou un déficit (dans le cas contraire) de la balance des paiements courants et, de façon générale, un déséquilibre de celle-ci.

Comme on le verra, ce n'est pas la position nette qui intervient dans la prime de risque de change mais le solde SOL_I. Cependant, dans le cas où l'encours des bons du Trésor émis par l'Etat I est libellé dans sa seule monnaie, $POS^I = SOL_I$, et, dans le cas d'une perturbation où l'Etat émet de nouveaux bons du Trésor libellés dans sa monnaie ou n'intervient pas, $\Delta POS^I = \Delta SOL_I$.

La prise en compte de la structure du marché dans la détermination du taux de change devient plus simple si l'on observe que :

$$1/(\alpha_M \Sigma_I W^I) = (1 - 1/\alpha_M)/\left[\Sigma_I(\alpha_I - 1)\, W^I\right] \qquad [15]$$

L'équation [13] devient alors :

$$p_j = (1/\alpha_M)\,(1/W^M)\,\Sigma_I(\alpha_I - 1)\,W^I \text{ cov }(e_j^0,\, e_I^0)$$
$$+(1/\alpha_M)\,\left[\Sigma_k(w_k^{'M} + w_k^{''M}) \text{ cov }(e_j^0,\, e_k^0)\right]$$

soit :

$$p_j = (1/\alpha_M)\,(1/W^M)\,\left[\Sigma_k(O_k^{'} + O_k^{''} - W^k + \alpha_k W^k) \text{ cov }(e_j^0,\, e_k^0)\right] \qquad [16]$$

ou encore :

$$p_j = (1/\alpha_M)\ (1/W^M)\ \left[\Sigma_k(-SOL_k + \alpha_k W^k)\ \text{cov}\ (e_j^0,\ e_k^0)\right] \qquad [17]$$

On dispose maintenant de relations permettant d'analyser l'effet de différentes perturbations sur les taux de change. La prime de risque de change est en effet désormais expliquée par des variables de nature macro-économique. Ce sont par leurs effets sur ces variables que les perturbations influent sur le change.

2. L'analyse de différentes perturbations

Cinq perturbations sont successivement envisagées en régime de change flottant : le déséquilibre budgétaire (sans déséquilibre de la balance des paiements), le déséquilibre de la balance des paiements (sans déséquilibre budgétaire), l'augmentation de la volatilité d'un taux de change, l'émission d'actions par les entreprises, l'intervention sur le marché des changes. Cette dernière perturbation est ensuite analysée en régime de change fixe.

Les perturbations sont supposées non anticipées (ou considérées à la date à laquelle elles sont anticipées) et survenir alors que le change est constant.

Les taux d'intérêt sont supposés inchangés de sorte que $dE(e_j^0) = dp_j$. Le sens de variation de la prime de risque de change conduit immédiatement à celui de l'évolution du taux de change au-delà de la date à laquelle intervient la perturbation, et donc à celui du saut instantané. C'est aux appréciations ou dépréciations instantanées que l'on s'intéressera principalement.

2.1. Le déséquilibre budgétaire

Le budget du pays j est en déficit pour un montant X. A ce déficit correspond une émission de bons du Trésor de même montant. Ceux-ci sont supposés libellés en monnaie j de sorte que $dO''^j = dO_j'' = X$. Le solde des paiements courants est supposé inchangé ($dPOS^j = 0$), de sorte que l'émission de bons du Trésor correspond à un accroissement de la richesse des investisseurs du pays j du même montant, $dW^j = X$. L'équation [16] conduit, pour la prime de risque de change j, à :

$$dE(e_j^0) = (1/\alpha_M)\ (1/W^M)\ \alpha_j X\ \text{var}\ (e_j^0) \qquad [18]$$

La prime de risque de change augmente, on anticipe que le change va s'apprécier, il se déprécie donc instantanément. Le résultat correspond à l'intuition dans la mesure où l'on s'attend à ce qu'une offre supplémentaire d'actifs en monnaie j conduise à un accroissement de la prime de risque nécessaire pour induire une demande supplémentaire.

L'augmentation de la prime de risque (et donc l'appréciation anticipée et la dépréciation instantanée du change) est d'autant plus forte que l'aversion au risque moyenne, $1/\alpha_M$, est élevée, résultat là encore conforme à l'intuition.

Pour les primes de risque relatives aux autres taux de change, $k \neq j$, l'équation [16] conduit à :

$$dE(e_k^0) = (1/\alpha_M)\ (1/W^M)\ \left[(\alpha_j X)\ \text{cov}\ (e_k^0,\ e_j^0)\right] \qquad [19]$$

Elle augmente ou diminue selon que la corrélation du change k avec le change j est positive ou négative. Ceci se comprend. Si les évolutions des changes k et j sont corrélées négativement, la détention par les investisseurs d'une quantité accrue de bons du Trésor en monnaie j diminue le risque attaché à la détention de bons du Trésor en monnaie k. L'inverse est vrai dans le cas d'une corrélation positive.

2.2. Le déséquilibre de la balance des paiements

Considérons un excédent d'un montant X de la balance des paiements courants du pays j correspondant à un déficit de celle du pays m, non accompagnés de déséquilibres budgétaires ; ceci signifie que la richesse des investisseurs du pays j augmente de X, de même que la position du pays j vis-à-vis du reste du monde. Simultanément, l'opposé vaut pour le pays m. L'équation [16] conduit à :

– pour la monnaie du pays excédentaire j :

$$dE(e_j^0) = (1/\alpha_M)\ (1/W^M)\ \left[(\alpha_j - 1)\ X\ \text{var}\ (e_j^0) - (\alpha_m - 1)\ X\ \text{cov}\ (e_j^0,\ e_m^0)\right] \quad [20]$$

– pour la monnaie du pays déficitaire m :

$$dE(e_m^0) = (1/\alpha_M)\ (1/W^M)\ \left[(\alpha_j - 1)\ X\ \text{cov}\ (e_m^0,\ e_j^0) - (\alpha_m - 1)\ X\ \text{var}\ (e_m^0)\right] \quad [21]$$

– pour les autres monnaies (k différent de j et de m) :

$$dE(e_k^0) = (1/\alpha_M)\ (1/W^M)\ \left[(\alpha_j - 1)\ X\ \text{cov}\ (e_k^0,\ e_j^0) - (\alpha_m - 1)\ X\ \text{cov}\ (e_k^0,\ e_m^0)\right] \quad [22]$$

Il n'y a pas de résultats vrais en toute généralité, quelles que soient les valeurs des paramètres. Le résultat auquel on s'attend intuitivement est une appréciation instantanée de la monnaie j et une dépréciation instantanée de la monnaie m. Ce résultat peut être obtenu sous deux hypothèses suffisantes (mais nullement nécessaires) :

– les covariances sont inférieures, en valeur absolue, aux variances,

– les investisseurs des deux pays j et m sont suffisamment averses au risque, plus précisément α_j et α_m sont inférieurs à un, et leurs aversions au risque sont voisines.

Sous ces deux hypothèses (voir les équations [20] et [21]), la prime de risque de la monnaie j diminue et celle de la monnaie m augmente, c'est-à-dire que, instantanément, la monnaie j s'apprécie et la monnaie m se déprécie. Il convient de mesurer le caractère plus ou moins restrictif des deux hypothèses sous-jacentes.

La première hypothèse est vraie en moyenne[6].

---

6. En effet, dans le cas, par exemple, des deux changes j et m, en notant corr un coefficient de corrélation :

$$\text{corr}\ (e_j^0,\ e_m^0) = \text{cov}\ (e_j^0,\ e_m^0) / \left[\text{var}\ (e_j^0)\ \text{var}\ (e_m^0)\right]^{1/2}$$

La seconde traduit le fait qu'une condition suffisante de l'obtention du résultat classique de l'effet d'un déséquilibre de la balance des paiements courants est une « préférence pour la monnaie nationale », autre façon d'exprimer une aversion au risque suffisante.

En effet, un excédent de la balance des paiements du pays j vis-à-vis du pays m se traduit par une augmentation de la richesse des investisseurs du pays j et une diminution de celle des investisseurs du pays m. La perturbation étant considérée isolément, il n'y a pas de variation des quantités de bons du Trésor émis par les Etats et des quantités d'actions émises par les entreprises. Par conséquent, nécessairement, le supplément de richesse des investisseurs j doit se porter sur des titres existants et la diminution de richesse des investisseurs m doit s'opérer par la vente de titres existants.

Pour simplifier, considérons un monde à deux pays seulement, j et m, et dans lequel les seuls actifs disponibles sont les bons du Trésor (pas d'actions) ; cette simplification ne nuit pas à la généralité de ce qui suit. Il n'y a aucune raison pour que, aux prix d'équilibre de la situation initiale (avant les déséquilibres des balances des paiements), les souhaits des investisseurs j et m soient compatibles. *A priori,* les investisseurs j souhaitent une augmentation de leur richesse et les investisseurs m une diminution de leur richesse dont la structure par titres ressemble à la structure initiale de leur richesse. S'ils sont suffisamment averses au risque, les investisseurs j détiennent majoritairement des bons du Trésor j et les investisseurs m majoritairement des bons du Trésor m. Au prix *ex-ante*, les souhaits des deux catégories d'investisseurs pour ce qui est des modifications marginales de leur richesse reflètent cette « préférence pour la monnaie nationale ». Il y a donc, aux prix d'équilibre initiaux, un déséquilibre que représente le schéma 1 (BT = bons du Trésor).

Schéma 1

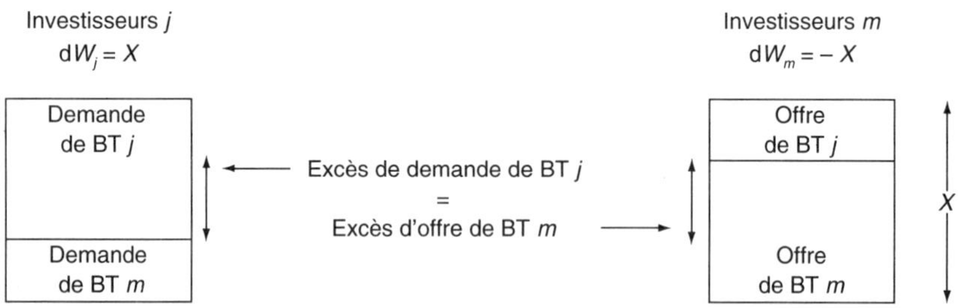

Il existe donc, aux prix d'équilibre initiaux, un excès de demande de titres en monnaie j et un excès d'offre de titres en monnaie m. On conçoit alors que soient nécessaires pour le rétablissement de l'équilibre une diminution de la prime de risque de la monnaie j et une augmentation de la prime de risque de la monnaie m.

(suite de la note 6) soit, puisque le coefficient de corrélation est inférieur à un :

$$\text{cov }(e_j^0,\ e_m^0) < \left[\text{var }(e_j^0)\ \text{var }(e_m^0)\right]^{1/2}$$

ce qui signifie que la covariance est inférieure à la moyenne géométrique des variances.

Il est clair que l'hypothèse (peu vraisemblable) de « préférence pour la monnaie étrangère » conduirait au résultat opposé.

2.3. L'augmentation de la volatilité d'un taux de change

Si la variance du taux de variation du taux de change j augmente de d var (e_j^0), comme le montre l'équation [17], la prime de risque de change de la monnaie j varie comme suit (en admettant pour simplifier que l'encours des bons du Trésor émis par l'Etat j est libellé en monnaie j) :

$$dE(e_j^0) = (1/\alpha_M)\ (1/W^M)\ (-POS^j + \alpha_j W^j)\ d\ \text{var}\,(e_j^0) \qquad [23]$$

Les primes de risque des autres monnaies restent inchangées puisque la variance var (e_j^0) n'intervient pas dans leur détermination.

Si l'aversion au risque des investisseurs j est très grande (α_j proche de zéro), la prime de risque sur la monnaie j varie comme la variance var (e_j^0) ou, à l'opposé, selon que la position du pays est débitrice ou créditrice. En effet, si $\alpha_j = 0$, les investisseurs j ne détiennent que le bon du Trésor j. Dans l'hypothèse où l'Etat j n'émet que dans sa monnaie, la position du pays j est une position uniquement en monnaie j. Par conséquent, selon que la position du pays j est créditrice ou débitrice, les investisseurs du reste du monde sont débiteurs ou créditeurs en titres en monnaie j (on rappelle que ceux-ci peuvent émettre des bons du Trésor en monnaie j). Si le risque attaché aux actifs en monnaie j augmente, les investisseurs étrangers vont exiger une prime supérieure s'ils sont créanciers, inférieure s'ils sont débiteurs.

Si l'aversion au risque des investisseurs j est très faible (α_j très grand), la prime de risque sur la monnaie j augmente quelle que soit la position du pays j. Ceci est dû au fait que les investisseurs j sont alors massivement endettés en bons du Trésor j (l'investisseur peu averse au risque s'endette en titres peu risqués et donc de faible taux de rendement pour acquérir des titres plus risqués et donc de fort taux de rendement) ; les investisseurs du reste du monde sont donc détenteurs de ces titres et lorsque la variance var (e_j^0) augmente, ils n'acceptent de les conserver qu'en échange d'une prime supplémentaire.

2.4. L'émission d'actions

Toutes choses égales d'ailleurs – en particulier en l'absence de déséquilibre des balances des paiements –, l'émission d'actions par les entreprises a sur la prime de risque de change le même effet qu'une émission de bons du Trésor en monnaie j, puisque $O_j^{'}$ et $O_j^{''}$ n'interviennent pas séparément mais par leur somme. Elle a donc le même effet qu'un déficit budgétaire financé en monnaie locale.

2.5. L'intervention sur le marché des changes en taux de change flottant

Une intervention sur le marché des changes du pays j, par exemple une vente de monnaie étrangère m contre la monnaie nationale j, peut s'analyser comme une émission de bons du Trésor en monnaie m, la vente du produit de l'émission contre la monnaie j, et le rachat pour le montant correspondant de bons du Trésor en monnaie j, soit :

$$dO_m^{''j} = -dO_j^{''j} = X \qquad [24]$$

ce qui, compte tenu de la relation [16], conduit à :
– pour la monnaie j :

$$dE(e_j^0) = (1/\alpha_M)\ (1/W^M)\ X\left[\text{cov}\ (e_j^0,\ e_m^0) - \text{var}\ (e_j^0)\right] \qquad [25]$$

– pour la monnaie m :

$$dE(e_m^0) = (1/\alpha_M)\ (1/W^M)\ X\left[\text{var}\ (e_m^0) - \text{cov}\ (e_m^0,\ e_j^0)\right] \qquad [26]$$

– pour une monnaie k autre que j et m :

$$dE(e_k^0) = (1/\alpha_M)\ (1/W^M)\ X\left[\text{cov}\ (e_k^0,\ e_m^0) - \text{cov}\ (e_k^0,\ e_j^0)\right] \qquad [27]$$

Dans l'hypothèse où les variances sont supérieures aux covariances, il résulte de la vente de monnaie m contre la monnaie nationale par le pays j une diminution de la prime j, c'est-à-dire une appréciation instantanée de la monnaie nationale (ce qui est le but recherché) et une augmentation de la prime m, c'est-à-dire une dépréciation de la monnaie contrepartie de l'intervention. Pour ce qui est des autres monnaies, l'effet peut être dans un sens ou dans l'autre.

2.6. L'intervention sur le marché des changes en taux de change fixe

Un cas extrême est celui des taux de change fixes non ajustables. Les opérateurs sont convaincus que, quel que soit l'environnement économique, les autorités monétaires interviendront pour maintenir le taux de change à un niveau fixe, de sorte que :

$$E(e_j^0) = 0$$

Par ailleurs, dans cette situation d'absence totale d'incertitude quant à l'évolution future du taux de change, les covariances qui interviennent dans l'équation [13] et la prime de risque de change sont nulles, de sorte que :

$$E(e_j^0) = r_\$ - r_j$$

Les deux relations d'équilibre ci-dessus ne sont compatibles que si :

$$r_j = r_\$$$

L'hypothèse de change fixe mais ajustable est naturellement plus réaliste. Elle peut être représentée de façon simplifiée en supposant qu'à l'instant t les opérateurs savent que le taux de change, à l'instant $t+1$, sera soit identique à celui qui prévaut en t, $e_j(t+1) = e_j(t) = e_j$ (position a du graphique 5), soit dévalué à la valeur $e_j(t+1) = e_j(1-\tau)$ (position b du graphique 5). A chacune de ces deux éventualités est associée une probabilité, $1-q$ ou q, de sorte que le taux moyen de dépréciation vaut $q\tau$.

Graphique 5 – Evolution anticipée du change en régime de change fixe

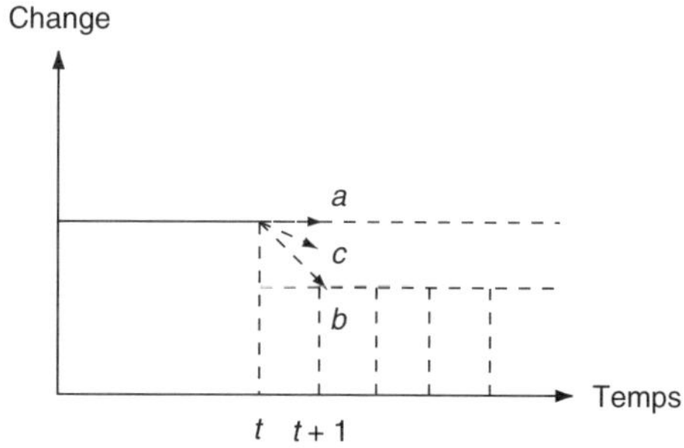

Quel est le montant des interventions nécessaires à la date t pour maintenir le taux de change fixe ? C'est celui qui est tel que le taux de change fixe est un taux d'équilibre. Il faut pour cela que le taux de dépréciation anticipé soit compatible avec celui qui est requis par les opérateurs, compte tenu du risque perçu. Il faut donc à la fois que :

$$E(e_j^0) = -q \times \tau \quad \text{comportement des autorités monétaires} \qquad [28]$$

et que :

$$E(e_j^0) = r_\$ - r_j + p_j \quad \text{dépréciation anticipée requise par les opérateurs} \quad [13]$$

L'encours des interventions est alors celui qui maintient la prime de change à un niveau tel que $r_\$ - r_j + p_j = -q \times \tau$, soit :

$$p_j = r_j - r_\$ - q \times \tau \qquad [29]$$

sachant que l'effet des interventions sur la prime de change est donné par l'équation [25].

La probabilité q mesure la «crédibilité» attachée par les opérateurs à la politique de maintien de la parité par les autorités monétaires. La valeur $q(t)$ de cette probabilité à la date t dépend de l'aléa qui affectera le comportement des autorités monétaires à la date $t+1$. A cette date, celles-ci feront un bilan des avantages et des coûts d'une modification de parité. Parmi ceux-ci figurent :

– la perte de crédibilité liée à toute modification de parité, qui est toujours un coût,

– les effets sur la croissance qui peuvent être favorables ou défavorables,

– les effets sur l'inflation, toujours défavorables en cas de dévaluation,

– les effets de valorisation des réserves de change. La défense de la parité implique une diminution des réserves, éventuellement le recours à des emprunts en devises auprès de gouvernements ou d'institutions étrangères, qui sont tout simplement des réserves négatives. Plus le volume des interventions a été important, préalablement à une éventuelle modification de parité, plus le coût de la modification est important, en termes de revalorisation des réserves à reconstituer ou à rembourser dans le cas où elles ont été empruntées.

Les effets précédents ne doivent pas être confondus avec les conséquences de l'épuisement des réserves ou des possibilités d'emprunter des devises. Il est généralement admis que les autorités monétaires n'ont pas un accès illimité aux marchés internationaux des capitaux. L'effet d'une dévaluation est alors avantageux en ce qu'il arrête l'hémorragie des réserves. Cet effet est souvent considéré comme primordial.

Le comportement des autorités monétaires peut être représenté par une fonction de perte qui pondère l'ensemble des effets ci-dessus, et d'autres encore. La minimisation de cette fonction conduit à la décision de modifier la parité ou de la laisser inchangée. Si les opérateurs sont rationnels, ils connaissent cette fonction, ce qui ne supprime pas l'incertitude quant à la décision future des autorités, dans la mesure où celles-ci réagiront en fonction d'éléments entachés d'aléas tels que ceux qui affectent l'inflation ou la croissance future. C'est de la loi de probabilité de ces aléas (qui se réaliseront à la date $t+1$) que résulte la probabilité $q(t)$.

Au premier abord, le maintien de la parité implique que toute modification de la prime de risque soit compensée par une intervention des autorités monétaires ayant pour objectif de maintenir la prime de risque à un niveau constant. En fait, les choses sont un peu plus compliquées, dans la mesure où la probabilité q dépend de l'encours des réserves de change et où la prime de risque dépend à son tour de la probabilité q.

Pour le comprendre, il est possible de considérer par exemple que la monnaie j est surévaluée tandis que les autres monnaies sont correctement évaluées. Cette hypothèse simplificatrice est particulièrement commode, en ce sens qu'elle conduit à supposer que tous les taux de change sauf celui de la monnaie j sont certains. Les covariances entre les évolutions du taux change j et des autres taux de change sont nulles. La variance de l'évolution du taux de change j est :

$$\text{var}\ (e_j^0) = [E(e_j^0)]^2 - E(e_j^0)^2 = \tau^2 q(1-q)$$

Une diminution des réserves de change accroît la probabilité q d'une dévaluation et par conséquent la variance de l'évolution future du taux de change, pour peu que q soit inférieur à 1/2 :

$$d\ \text{var}\ (e_j^0) = \tau^2(1-2q)\ dq$$

Une intervention consistant en une vente de monnaie j contre du dollar pour un montant X, par émission de bons du Trésor en dollar, vente des dollars obtenus et rachat de bons du Trésor en monnaie j, conduit à une variation de la prime de risque sur la monnaie j égale à :

$$(1/\alpha_M)\ (1/W^M)\ \left\{-X\ \text{var}\ (e_j^0) + (-SOL_j + \alpha_j W^j)\ d\ \text{var}\ (e_j^0)\right\}$$

$$= (1/\alpha_M)\ (1/W^M)\ \left\{-X\tau^2 q(1-q) + (-SOL_j + \alpha_j W^j)\ \tau^2(1-2q)\ dq\right\}$$

L'expression ci-dessus combine l'effet d'une intervention sur le marché des changes donné par l'équation [25], et celui d'une augmentation de la volatilité d'un taux de change, donné par l'équation [23].

L'intervention a donc deux effets :

– elle entraîne une diminution de la prime de risque de change proportionnelle à la quantité X de devises vendues,

– elle entraîne une augmentation de la prime de risque de change proportionnelle à l'augmentation de la probabilité q.

Ce deuxième effet a été analysé dans le paragraphe 2.3. Les arguments avancés dans ce paragraphe peuvent être précisés dans la mesure où l'hypothèse de dévaluation anticipée peut être associée à celle d'une position débitrice du pays j vis-à-vis du reste du monde. Dans ces conditions, quelle que soit l'aversion au risque des investisseurs $j(\alpha_j)$, la prime de risque augmente avec la variance de l'évolution du change j. Ceci signifie que les interventions des autorités monétaires doivent surcompenser la perturbation à laquelle elles tentent de s'opposer.

Remarque. L'analyse des observations successives du taux de change en régime de fixité donne lieu à une difficulté connue sous le nom de « problème du peso ». Il peut y avoir à la fois, sur une longue durée, maintien de la parité (absence de dévaluation ou de réévaluation) et anticipation de modification de la parité, par exemple de dévaluation comme sur le graphique 6. L'analyse statistique classique décèle alors une erreur de prévision systématique alors que les agents sont rationnels.

Graphique 6 – « Le problème du peso »

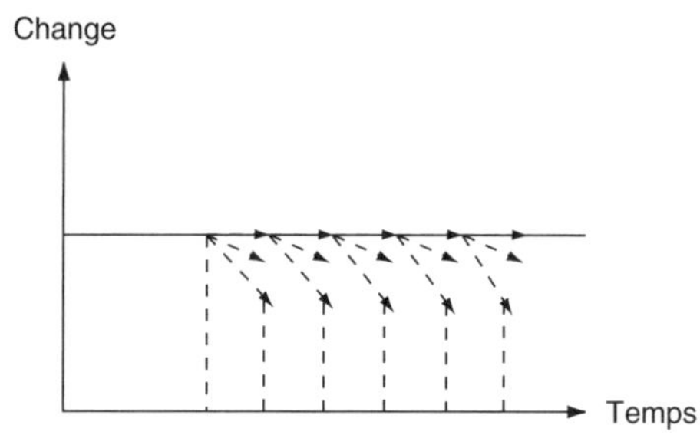

3. L'interprétation des évolutions observées et la prévision

Si l'on admet la méthodologie exposée jusqu'ici, l'explication du taux de variation anticipé du taux de change repose sur la relation :

$$(e^a - e)/e = r_\$ - r_j + p_j \qquad [13]$$

Une appréciation anticipée de la monnaie j suppose soit une prime de risque de change positive sur cette monnaie, $p_j > 0$, soit un différentiel de taux négatif, $r_j - r_\$ < 0$ (en défaveur de la monnaie j), soit une combinaison équivalente.

L'explication du niveau du taux de change et non plus de son seul taux de variation, sur le passé ou en prévision, suppose de disposer d'une estimation des anticipations de taux de change.

Une fois cette estimation réalisée, l'interprétation des observations passées est, bien sûr, plus simple que la prévision. Sur le passé, en effet, les taux d'intérêt sont connus. L'explication du taux de change peut alors être plus ou moins approfondie selon que l'on s'arrête à la première ou à la deuxième des deux étapes qui suivent :

– détermination du taux de change anticipé et calcul de la prime de risque de change de façon résiduelle (un exemple de ce calcul est donné plus loin),

– explication de la prime de risque de change issue de l'étape précédente (recherche des variables explicatives de la prime de change : déséquilibres des balances des paiements courants ou des budgets publics, toutes variables influant sur les deux précédentes).

En prévision, ni le taux de change, ni les taux d'intérêt ne sont connus. Il est donc nécessaire, pour prévoir le taux de change, de prévoir de façon indépendante les taux d'intérêt, le taux de change anticipé et la prime de risque de change[7].

Cette section n'a pas pour but de fournir un traitement exhaustif des questions qui précèdent. Quatre points seront successivement analysés : la détermination de la prime de risque de change ; la difficulté de séparer l'effet instantané d'une perturbation et le retour à l'équilibre ultérieur ; les effets des variables qui interviennent indirectement sur la prime de risque de change ; les effets d'annonce qui posent la question de savoir si la perturbation annoncée n'a pas déjà été intégrée dans le taux de change.

3.1. La détermination de la prime de risque de change

La mise en œuvre de la méthodologie exposée dans cet article peut être illustrée par les publications régulières de Goldman Sachs, *International Bonds & Forex Commentary.* Le graphique 7 est tiré du numéro de septembre 1995. Les anticipations de change à moyen terme sont identifiées au *Fundamental*

Graphique 7 – La prime de risque de change du dollar en yen

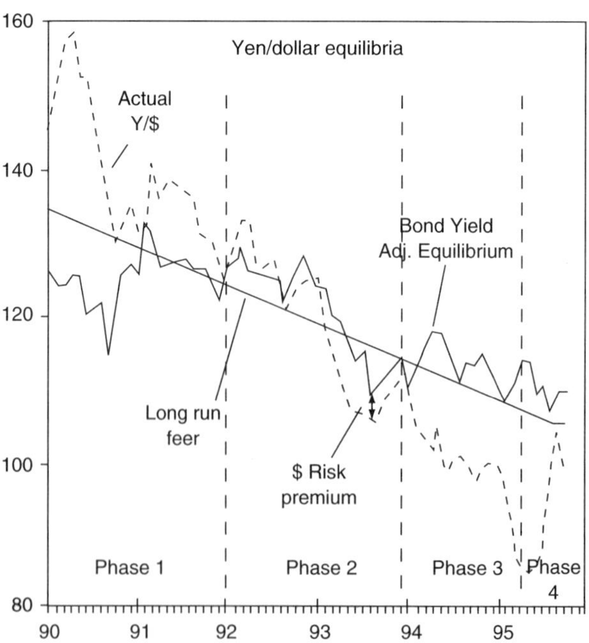

Source : Goldman Sachs, *International Bonds & Forex Commentary.*

7. Voir également dans cette ***Encyclopédie*** l'article de P. Rousseau, « Prévision des taux de change », p. 1502, tome 2.

Equilibrium Exchange Rate (FEER), issu des travaux de John Williamson à l'*Institute of International Economics* de Washington. Ce taux de change de référence est issu d'un modèle macro-économique qui suppose, entre autres hypothèses, que les déséquilibres externe (de la balance des paiements courants) et interne (du budget public) sont à des niveaux «soutenables». Le modèle suppose également l'absence de différentiel de taux d'intérêt réels et de prime de risque de change.

Une fois obtenu le taux de change d'équilibre de moyen terme, un ajustement est effectué pour corriger le taux de change anticipé des taux d'intérêt. Cet ajustement conduit à ce que serait le taux de change s'il n'y avait pas de prime de risque. Cette dernière apparaît alors comme un résidu. Le calcul de l'ajustement pour différentiel de taux d'intérêt et le calcul de la prime de risque de change supposent que soit fixée la durée du retour vers le taux de change d'équilibre fondamental. L'analyse des données historiques suggère qu'il faut, en moyenne, 7 années pour revenir au FEER à la suite d'une perturbation.

Exemple (extrait de la publication citée). A la fin septembre 1995, les taux USD/JPYsont :

– taux observé : 99,8,

– FEER : 105.

Il convient donc d'expliquer une sous-évaluation du dollar par rapport au yen de 5,2 yen pour un dollar. Celle-ci est supposée se résorber en 7 ans, soit à un rythme de 0,7 % par an.

L'écart des taux d'intérêt est de 0,6 % en faveur des titres américains. Une dépréciation anticipée du dollar de 0,6 % par an est nécessaire pour compenser l'avantage de taux. Si l'on suppose un retour au taux de change d'équilibre au bout de 7 ans, il faut, pour retrouver l'équilibre à raison de 0,6 % par an, que le dollar soit surévalué par rapport au FEER de $(1,006)^7 - 1 = 0,43\ \%$, ce qui conduit à un taux de change d'équilibre ajusté du différentiel de taux égal à $105 \times 1,043 = 109,5$. L'écart entre ce taux et le taux observé, $109,5 - 99,8$, équivaut à une appréciation annuelle, dans l'hypothèse d'un retour à l'équilibre en 7 ans, égale à $(109,5/99,8)^{1/7} - 1 = 1,3\ \%$; c'est la valeur de la prime de risque.

A l'équilibre du marché, les dollars sont détenus parce qu'ils procurent :

– un taux d'intérêt de 0,6 % supérieur à celui du yen,

– une perspective d'appréciation de 0,7 % par an, qui se décompose en :

· une dépréciation compensatoire du différentiel de taux égale à 0,6 % par an,

· une prime de risque positive, c'est-à-dire une appréciation anticipée de 1,3 % par an.

A cette étape de l'analyse, le prévisionniste dispose d'une décomposition du niveau du taux de change observé le plus récent en :

– ce qui est dû aux «fondamentaux» : le FEER,

– ce qui est dû au différentiel de taux,

– ce qui est dû à la prime de risque de change.

Quelles que soient les difficultés de prévision, il est particulièrement utile de pouvoir faire porter les efforts d'analyse sur ces trois composantes du taux de change, chacune ayant sa logique propre.

Remarque. La prime de risque de change n'est pas l'écart entre le niveau du taux de change observé et le niveau du taux de change d'équilibre, éventuellement corrigé des taux d'intérêt (109,5-99,8 dans l'exemple ci-dessus ; la légende du graphique 9 peut, de ce point de vue, induire en erreur). La prime de risque de change est un taux de variation anticipé (elle a de ce fait la nature d'une rémunération).

La détermination de la prime de risque de change et celle du niveau du taux de change ne se font pas dans le même ordre selon qu'il s'agit d'analyser le passé ou de réaliser une prévision. Sur le passé, le niveau du taux de change est connu, la prime est calculée de façon résiduelle. En prévision, il est nécessaire de prévoir la prime ; le niveau du taux de change s'en déduit alors. Dans les deux cas, une difficulté majeure est celle de la durée du retour à l'équilibre à la suite d'une perturbation. Sur le passé, le calcul de la prime de risque de change dépend de l'hypothèse faite concernant cette durée ; l'exemple ci-dessus l'a montré. En prévision, si la prime de risque de change engendrée par une perturbation est prévue, il est nécessaire, pour en déduire le saut instantané compatible avec cette prime, de faire, là encore, une hypothèse sur la durée du retour à l'équilibre.

La durée de 7 ans retenue par les analystes de Goldman Sachs est, bien sûr, une valeur moyenne. Les situations observées peuvent être très dispersées autour de ce chiffre. En prévision, la détermination de cette durée est particulièrement difficile.

Les graphiques 8 et 9 illustrent cette difficulté. Dans les deux cas, la prime de risque de change ou le différentiel de taux d'intérêt sont les mêmes, représentés par la pente de la droite qui figure le retour à l'équilibre (appréciation anticipée, prime de risque positive ou différentiel de taux négatif). Les anticipations quant à la rapidité du retour à l'équilibre sont cependant très différentes selon les cas. Dans le premier, on anticipe un retour à l'équilibre très rapide ; il s'agit d'une prime de risque de change engendrée, par exemple, par un déficit des paiements courants jugé accidentel par les opérateurs. Dans le second cas, le déficit des paiements courants est supposé traduire des problèmes de compétitivité durables et on prévoit que le retour à l'équilibre nécessitera plusieurs années.

Graphique 8 – Perturbation temporaire

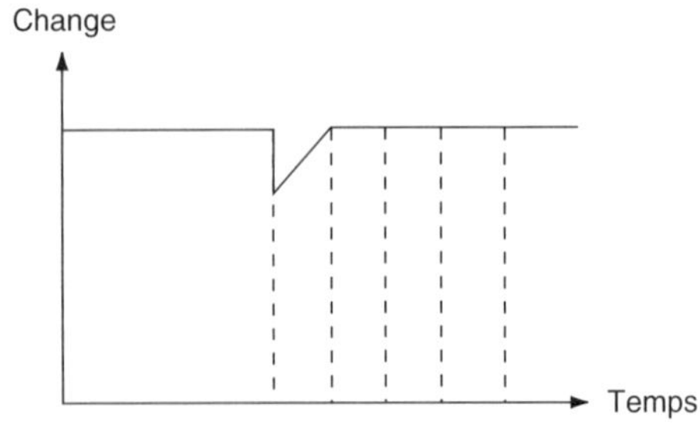

Graphique 9 – Perturbation durable

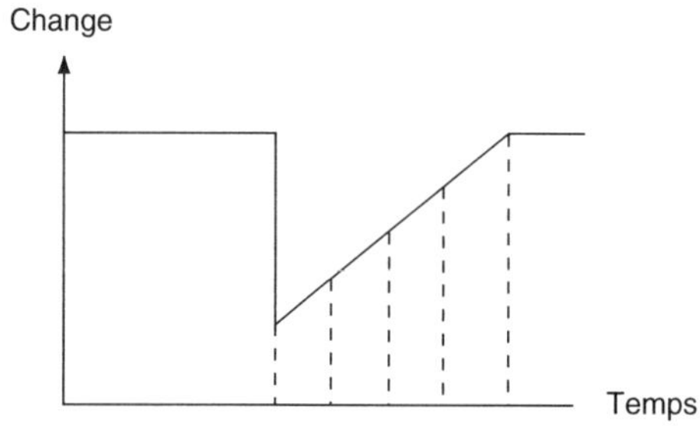

3.2. Effet instantané d'une perturbation et retour à l'équilibre

Les effets d'une perturbation sont différents selon que l'évolution du change est considérée au moment de la perturbation ou après, et selon que la perturbation a été anticipée ou non. Il est parfois difficile de repérer la date exacte à laquelle se forment les anticipations, et donc de différencier le saut instantané, simultané à la modification des anticipations, du retour à l'équilibre qui le suit.

Ceci est particulièrement vrai dans le cas de perturbations cumulatives, telles que celles qui sont illustrées par le graphique 10. Considérons par exemple une succession de baisse du taux d'intérêt relatif. Les effets d'une telle perturbation cumulative sont différents selon que, à la date de la première perturbation, les agents anticipent les suivantes ou selon qu'ils sont « surpris » à chaque nouvelle baisse du taux d'intérêt. Dans le premier cas, la perturbation conduit à un saut instantané unique (configuration « anticipée » du graphique 10) et dans le second à une succession de sauts (configuration « non anticipée » du graphique 10).

Graphique 10 – Perturbation cumulative

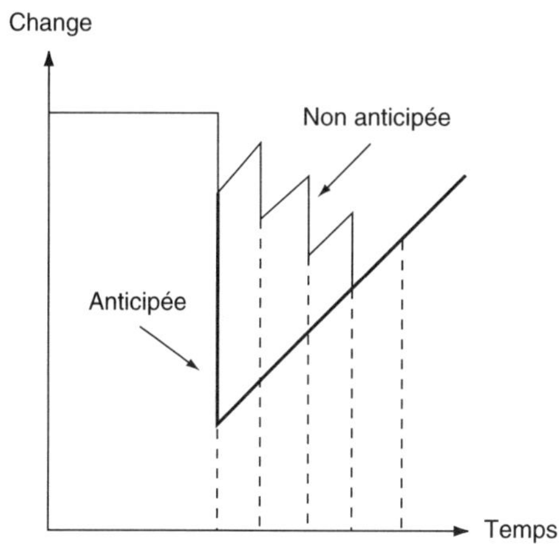

Ceci peut également être illustré par les évolutions de l'année 1994.

L'écart entre les taux d'intérêt courts (à trois mois) allemand et américain s'est réduit presque continûment d'août 1992 à avril 1995. L'écart entre les taux courts japonais et américain s'est réduit presque continûment de janvier 1992 à août 1995. Les deux écarts de taux se sont donc fortement creusés en faveur du dollar (graphique 11). Une explication peut être avancée quant à la simultanéité d'évolutions de taux d'intérêt favorables au dollar et de sa dépréciation (graphique 12).

Graphique 11 – Taux d'intérêt à trois mois sur les euromarchés

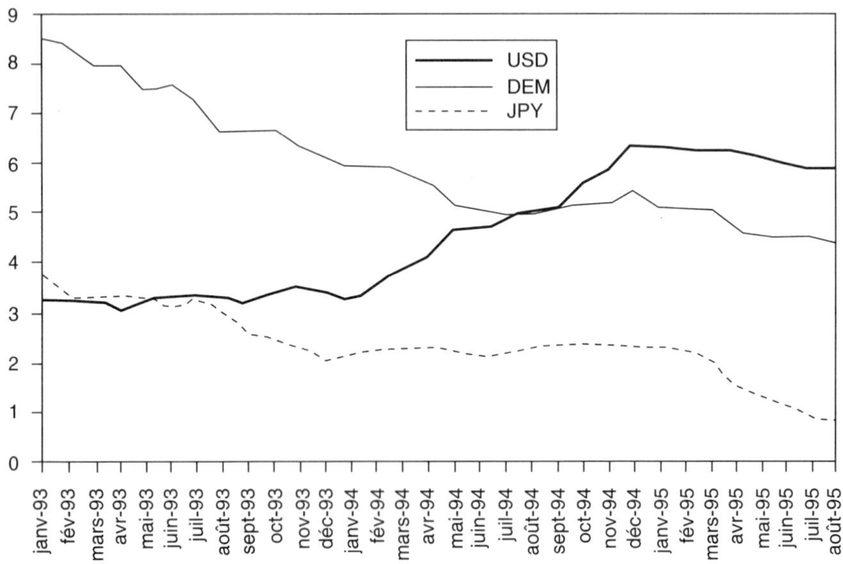

Taux à trois mois interbancaires prêteurs sur les euromarchés.
Unité : Pourcentage.
Source : Statistiques financières internationales.

La réduction des écarts avait été anticipée par les opérateurs, et elle conduit, au moment de l'anticipation, à une appréciation. La phase que l'on observe est alors la phase ultérieure de dépréciation (perturbation cumulative anticipée). L'évolution observée correspond donc à la droite ascendante de la configuration « anticipée » du graphique 10.

Bien sûr, d'autres facteurs peuvent contribuer à expliquer la dépréciation du dollar au cours de cette période. Les paiements courants en 1994 fourniraient l'exemple d'une perturbation non anticipée. Les paiements courants américains sont continûment déficitaires depuis 1982. Un effet du déficit sur la dépréciation du dollar au cours de l'année 1994 supposerait que celui-ci n'ait pas été prévu par les opérateurs et/ou que ceux-ci anticipent une aggravation ultérieure du déficit. Trois observations militent en faveur de cette hypothèse.

– Le déficit des paiements courants s'est aggravé en 1994 (tableau 2).

– La crise financière et le flottement du peso surviennent à la fin de 1994. La publication à la fin mars 1995 des statistiques commerciales pour le mois de janvier fait apparaître une forte aggravation du déficit commercial. Ces deux événements, non anticipés, ont joué à la baisse du dollar.

Graphique 12 – Taux de change

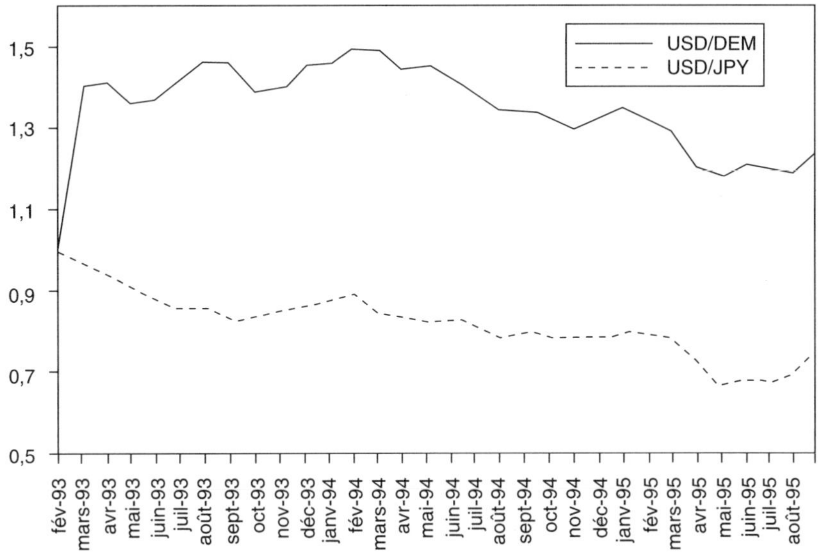

Taux de change moyens mensuels, base janvier 1993 = 1.
Source : Statistiques financières internationales.

Tableau 2 – Balance des paiements courants des Etats-Unis, du Canada et du Mexique

Pays	1990	1991	1992	1993	1994
Etats-Unis	– 91,7	– 6,9	– 67,9	– 103,9	– 155,7
Canada	– 21,6	– 24,1	– 21,9	– 23,8	– 18,1
Mexique		– 14,9	– 24,8	– 23,4	– 28,9

Unité : Milliard de dollars.
Source : FMI.

– Deux des principaux partenaires commerciaux des Etats-Unis, le Canada et le Mexique, enregistrent eux aussi de larges déficits des paiements courants (tableau 2). Ainsi, les marchés ont rapidement vu dans la crise mexicaine la preuve que la contrepartie d'une amélioration notable des paiements courants des Etats-Unis ne pourrait venir des deux autres pays de l'ALENA.

Les inquiétudes relatives à l'aggravation du déficit budgétaire n'ont pas cessé aux Etats-Unis. Au début du mois de mars 1995, le rejet par le Congrès de l'amendement constitutionnel imposant l'équilibre budgétaire a accentué la glissade du dollar. Dans le même temps, en Allemagne, les effets budgétaires de la réunification ont été maîtrisés plus rapidement que prévu.

3.3. Les variables influant sur les anticipations

Une autre difficulté d'interprétation vient de ce que des variables non présentes dans l'équation [12] peuvent jouer un rôle en ce qu'elles influent sur les anticipations des taux d'intérêt ou des variables explicatives de la prime de change. Le sens de leur influence n'est pas toujours sans ambiguïté. En particulier, l'inflation et l'activité ne sont pas présentes dans l'équation [12], alors que les opérateurs semblent y attacher une grande importance.

Ainsi, une inflation supérieure à celle qui avait été prévue peut conduire à une dépréciation du change pour plusieurs raisons. En premier lieu, elle peut laisser présager un déficit supplémentaire des paiements courants lié à une perte de compétitivité. En second lieu, elle peut laisser prévoir une réaction des autorités monétaires tendant à relever les taux d'intérêt.

De la même façon, une reprise de l'activité plus forte que prévue peut conduire à une dépréciation du change. Là encore, la reprise peut conduire les agents à anticiper un déficit supplémentaire des paiements courants si elle est tirée par la demande plus que par l'offre. Par ailleurs, et c'est l'argument le plus avancé aujourd'hui, une bonne conjoncture peut laisser prévoir plus d'inflation et les conséquences associées au cas précédent.

3.4. Les effets d'annonce

On sait que les marchés des changes réagissent aux annonces de grandeurs macro-économiques[8]. L'analyse de ces effets n'est pas immédiate. A titre d'exemple, considérons l'annonce d'un déficit des paiements courants plus important que prévu.

Le déficit est intégré à la prime de change à la date à laquelle il se produit (ou avant, s'il a été anticipé) indépendamment de l'annonce qui peut en être faite. En effet, les richesses des agents et les offres d'actifs ont été modifiées par le déficit des paiements courants. La prime de change a été modifiée et a produit ses effets sur le change. A titre de comparaison, le prix d'une marchandise évolue en fonction des modifications de l'offre et de la demande, sans qu'il soit nécessaire que celles-ci soient annoncées ou perçues par les agents.

Quel est alors l'effet d'annonce ? Une interprétation peut être proposée en termes de correction des anticipations. L'annonce d'un déficit des paiements courants plus important que prévu implique une erreur d'anticipation de la part des opérateurs. Cependant, ce déficit, par les modifications des offres et des demandes d'actifs qu'il a induit, a déjà fait sentir ses effets sur la prime de risque de change. Sa constatation par les opérateurs ne peut avoir d'effet sur le taux de change que dans la mesure où elle les conduit à modifier leurs anticipations des évolutions futures.

*

* *

Le taux de change est le prix d'un actif et c'est en tant que tel que, tout au long de cet article, la théorie de l'évaluation des actifs financiers la plus communément admise lui a été appliquée. Or, d'autres présentations de la détermination des taux de change sont souvent proposées, qui se réfèrent à des explications «réelles» plutôt que financières. Ceci est en particulier vrai des théories du taux de change à moyen ou long terme. Ces théories ne sont pas en contradiction avec la théorie financière du change. En fait, cette dernière les

---

8. Voir dans cette ***Encyclopédie*** l'article de P. Spieser, «Indicateurs économiques et marchés financiers», p. 615, tome 1.

contient dans la mesure où les agrégats macro-économiques réels apparaissent dans l'expression de la prime de risque de change.

Ainsi, la théorie de la parité des pouvoirs d'achat, qui repose sur l'égalisation des prix des biens échangeables internationalement, peut être retrouvée, sous certaines hypothèses, par le biais de la détermination financière du taux de change. En effet, l'égalisation des prix des biens échangeables se réalise par l'intermédiaire des conséquences sur le taux de change du déséquilibre de la balance des paiements courants induit par les disparités de prix. Or, la balance des paiements courants est un déterminant essentiel de la prime de risque de change. Pour la même raison, les théories de la détermination du change qui reposent sur le maintien durable d'un déficit « soutenable » de la balance des paiements courants ou du budget de l'Etat ne sont pas en contradiction avec ce qui a été proposé dans cet article. Il est d'ailleurs remarquable qu'aucune hypothèse restrictive n'ait été faite en dehors de celles qui sont classiquement nécessaires au modèle d'évaluation des actifs financiers.

Pour autant, ce qui précède n'est pas une explication exhaustive du taux de change ; en particulier, il en faut plus pour réaliser des prévisions. Ceci résulte de ce qu'il reste à prévoir les variables explicatives de la prime de risque de change, les taux d'intérêt et le sentier de retour à l'équilibre à la suite d'une perturbation. C'est le rôle des modèles macro-économiques d'équilibre général.

Références

ADLER M., DUMAS B., « International Portfolio Choice and Corporation Finance : a Synthesis », *Journal of Finance* (June 1983).

AFTALION F., LOSQ E., *Les taux de change*, Paris, PUF, « Que sais-je ? », 1995.

BOURGUINAT H., *Finance internationale*, Paris, PUF, 1995.

ENGEL C., « On the Foreign Exchange Risk Premium in a General Equilibrium Model », *Journal of International Economics* (n° 32, 1992).

FRANKEL J.A., « The Diversifiability of Exchange Risk », *Journal of International Economics* (1979), p. 379-393.

FRANKEL J.A., *On Exchange Rates*, The MIT Press, 1993.

HAKKIO C.S., SIBERT A., « The Foreign Exchange Risk Premium : is it Real », *Journal of Money, Credit and Banking* (May 1995).

ISARD P., « Realignment Expectations, forward Rate Bias, and Intervention in an Optimizing Model of Exchange Rate Adjustment », Staff Papers, September 1994.

MACDONALD R., MARK P.T., « Exchange Rate Economics : a Survey », Staff Papers, March 1992.

OBSTFELD M., ROGOFF K., « The Intertemporal Approach to the Current Account », *Handbook of International Economics,* vol. 3, North Holland, 1995.

SOLNIK B., « An Equilibrium Model of the International Capital Market », *Journal of Economic Theory* (August 1974).

Mots clés

Anticipation, balance des paiements, budget de l'Etat, devise, économie ouverte, effet d'annonce, investisseur, MEDAF international, parité des taux d'intérêt, prime de risque, réserves de change, risque de change, taux d'intérêt, taux de change.

Econométrie de la finance : la méthode des moments généralisés

19

Eric Renault

L'analyse empirique des modèles d'évaluation d'actifs financiers pose un certain nombre de problèmes spécifiques à l'économètre, si bien que, depuis le début des années 1980, l'économétrie de la finance s'est développée comme une discipline à part entière. Depuis son introduction par Hansen (1982), la méthode des moments généralisés (GMM selon la transcription anglo-saxonne de *Generalized Method of Moments*) a eu un impact considérable, en particulier comme méthode de base de l'économétrie de la finance.

L'explication de cet impact tient sans aucun doute à la parfaite adéquation entre le cadre statistique général adapté à GMM et la problématique de l'évaluation des actifs financiers. Il est de ce point de vue frappant que la même année (1982) dans le même journal (*Econometrica*) aient été publiés, d'une part, l'article de base de Hansen présentant la théorie asymptotique générale de GMM et, d'autre part, l'article de Hansen et Singleton utilisant GMM pour l'inférence statistique sur des équations d'Euler.

Plus généralement, conformément au titre de l'article de Hansen et Singleton (1982), les modèles d'évaluation des actifs financiers sont pour la plupart des « *modèles non linéaires d'anticipations rationnelles* » qui fournissent le prix p_{it} d'un actif i à la date t comme *espérance conditionnelle à l'information* I_t, disponible à la date t du gain g_{iT} promis à une date future T par cet actif (par exemple prix de liquidation plus dividende), multiplié par un facteur d'actualisation stochastique $z_{t,T}$:

$$p_{it} = E[z_{t,T}\, g_{iT} \mid I_t] \qquad [1]$$

Toute la diversité des modèles d'évaluation d'actifs financiers est liée au caractère stochastique du facteur d'actualisation $z_{t,T}$ et à sa corrélation avec g_{iT}. C'est cette corrélation qui fait que les prix des actifs ne sont pas simplement la valeur actualisée de l'espérance de leur gain futur, ce qui introduit en particulier la notion de *rémunération du risque*. C'est aussi pour cette raison que les modèles d'évaluation sont des modèles *non linéaires* d'anticipations rationnelles, au sens où ils conduisent à s'intéresser à des anticipations de variables aléatoires qui ne sont pas de simples fonctions linéaires des prix (ou gains) des actifs mais font aussi intervenir des moments d'ordre supérieur (en particulier la variance ou la covariance conditionnelle comme mesures du risque).

On voit donc déjà apparaître à ce stade deux explications essentielles du caractère spécifique de l'économétrie de la finance :

– la prise en compte des anticipations,

– la dynamique non linéaire, dépendant non seulement d'espérances conditionnelles mais aussi de variances, covariances conditionnelles (notions de volatilité et de coefficients bêtas).

La méthodologie GMM est précisément bien adaptée à ces spécificités. On verra aussi qu'une extension récente de GMM (la méthode des moments simulés, SMM) est bien adaptée à une troisième spécificité de l'économétrie de la finance : le recours fréquent à des modèles dynamiques non linéaires spécifiés en temps continu.

En se contentant pour l'instant des modèles en temps discret du type [1], on peut caractériser les différents modèles d'évaluation par la forme qu'ils spécifient pour le facteur d'actualisation stochastique $z_{t,T}$. Ce facteur sera en général spécifié comme fonction de différentes variables d'intérêt (rendement du marché ou d'autres portefeuilles de référence, taux marginal de substitution entre consommation présente et future...), cette fonction étant définie à partir d'un vecteur θ de paramètres inconnus caractéristiques soit de la dynamique des processus en jeu, soit des préférences des investisseurs (facteur d'escompte, degré d'aversion pour le risque, élasticité de substitution intertemporelle...).

Le modèle d'évaluation [1] peut donc être réécrit comme un ensemble de *conditions de moments* dépendant d'un vecteur θ de *paramètres d'intérêt* à travers la fonction $z_{t,T}$ notée dorénavant $z_{t,T}(\theta)$:

$$E\left[z_{t,T}(\theta)\; g_{iT} - p_{it} \mid I_t\right] = 0 \qquad [2]$$

Or la méthodologie GMM est précisément utile pour des conditions de moments de ce type, notées très généralement :

$$E\left[f(Y_t,\ \theta) \mid I_t\right] = 0 \qquad [3]$$

Outre leur utilisation pour traduire un modèle d'évaluation du type [1], de telles conditions de moments apparaissent aussi fréquemment en économétrie de la finance pour caractériser la dynamique de la volatilité conditionnelle, essentielle pour l'évaluation des options.

L'objet de cet article est de donner un aperçu des outils statistiques qui permettent *d'estimer* les paramètres θ définis par les conditions de moments [3], de calculer des régions de confiance et des tests relatifs à ces paramètres et aussi de tester la validité des conditions de moments elles-mêmes, c'est-à-dire de réaliser un *test de spécification* du modèle suggéré par la théorie financière.

Du fait de la généralité du principe GMM, beaucoup d'études théoriques de ses propriétés statistiques sont à un niveau avancé de théorie des probabilités. Même si cette généralité est utile pour les applications pratiques (modèles dynamiques hautement non linéaires, éventuellement à variables latentes, en temps continu...), elle peut cacher les intuitions simples au praticien non habitué à la théorie statistique abstraite. Dans cet article, nous proposons une introduction à GMM qui est conçue pour fournir quelques idées de base pour les applications en finance. L'accent est davantage mis sur les intuitions et les applications financières que sur la rigueur mathématique. Il y a aussi beaucoup d'autres excellentes références qui fournissent un traitement plus complet de GMM : Hansen (1982), Gallant (1987), Gouriéroux et Monfort (1989), Hall (1992) et Ogaki (1992). En outre, les extensions récentes de GMM qui suggèrent de recourir à des évaluations par simulation des moments d'intérêt (d'où l'appellation SMM) ne seront évoquées ici que de façon allusive et l'on renverra à Gouriéroux, Monfort et Renault (1993) ainsi qu'à Gallant et Tauchen (1996) pour une théorie générale.

1. Les modèles d'évaluation en termes de coefficients bêtas

Dans toute cette section, on s'intéresse au rendement global R_{it+1} apporté par différents actifs $i = 1, 2, ..., n$ sur la période $[t, t+1]$. Typiquement : $R_{it+1} = \dfrac{P_{it+1} + D_{it+1}}{P_{it}}$ où P_{it} est le prix de l'actif i à la date t et D_{it+1} le montant de tout dividende, intérêt ou autre paiement reçu à la date $t+1$ par le détenteur d'une unité d'actif i.

Si $R_{F_{t+1}}$ désigne le rendement procuré sur la période par un actif sans risque, on notera $r_{it+1} = R_{it+1} - R_{F_{t+1}}$ le rendement net de l'actif i. Chaque ensemble de rendements est représenté par une matrice colonne :

$$R_{t+1} = (R_{1t+1},\ R_{2t+1},\ ...,\ R_{nt+1})'$$

$$r_{t+1} = (r_{1t+1},\ r_{2t+1},\ ...,\ r_{nt+1})'$$

On supposera dans toute cette section ainsi que dans les sections 2 et 3 que les vecteurs r_{t+1} pour différentes dates $t = 0, 1, 2, ..., T-1$ sont des variables aléatoires indépendantes de même loi. Bien qu'ayant une certaine popularité en finance (voir le mouvement brownien géométrique), cette hypothèse est abusivement simplificatrice et sera abandonnée dans la section 4.

1.1. Les relations multibêtas

Dans la mesure où les rendements sont indépendants d'une période à l'autre, il n'y a pas de place pour des techniques de prévision sophistiquées. L'espérance ER_{it+1} du rendement i, indépendante de t, et notée pour cette raison ER_i, est naturellement estimée par la moyenne empirique des rendements observés :

$$\overline{R}_{iT} = \frac{1}{T}\sum_{t=1}^{T} R_{it}$$

Le risque associé à cette prévision est caractérisé par sa variance :

$$\operatorname{var} \overline{R}_{iT} = \frac{1}{T} \operatorname{var} R_{it}$$

où var R_{it}, indépendante de t et notée var R_i, est naturellement estimée par la variance empirique :

$$s_{iT}^2 = \frac{1}{T}\sum_{t=1}^{T}(R_{it} - \overline{R}_{iT})^2$$

On sait en particulier que les moyennes empiriques convergent vers l'espérance correspondante (*loi des grands nombres*) quand le nombre T d'observations tend vers l'infini : $\overline{R}_{iT}$ converge vers ER_i et s^2_{iT} converge vers $E(R_i - ER_i)^2 = \text{var } R_i$. On dira que $\overline{R}_{iT}$ (resp s^2_{iT}) est un estimateur convergent de ER_i (resp var R_i). Pour se limiter à un langage simple (sans trop de recours à la théorie des probabilités), on ne précisera pas la signification mathématique de ces convergences de suites de variables aléatoires.

C'est parce que la théorie économique ou financière souligne l'intérêt de certains *paramètres* que l'on peut être amené à vouloir les estimer même s'ils ne s'interprètent pas directement en termes de prévision. Ce peut être le cas de coefficients bêtas dans cette section mais aussi (section 4) des paramètres caractérisant la dynamique de la volatilité ou même de paramètres caractérisant les préférences individuelles dans la mesure où celles-ci déterminent les prix d'équilibre des actifs financiers.

Les coefficients bêtas se définissent comme les coefficients de régression des rendements sur certains « facteurs » censés résumer (en un sens précisé par le modèle d'évaluation) leurs caractéristiques de risque et de rendement. Conformément à une tradition courante, on considérera ici le cas où les facteurs sont eux-mêmes des rendements de portefeuilles (notion de *mimicking portfolio*, voir par exemple Huberman, Kandel et Stambaugh (1987)) représentés par un vecteur de rendements globaux :

$$\tilde{R}_{t+1} = (\tilde{R}_{1t+1},\ \tilde{R}_{2t+1},\ ...,\ \tilde{R}_{Kt+1})'$$

et un vecteur de rendements nets associés :

$$\tilde{r}_{t+1} = (\tilde{r}_{1t+1},\ \tilde{r}_{2t+1},\ ...,\ \tilde{r}_{Kt+1})'$$

L'hypothèse centrale de cette section est étendue aux vecteurs aléatoires $(R'_{t+1},\ \tilde{R}'_{t+1})'$, $t = 0,\ 1,\ 2,\ ...,\ T-1$ qui sont supposés indépendants de même loi. Dans ce cadre, les coefficients bêtas de l'*ensemble* d'actifs $i = 1,\ 2,\ ...,\ n$ par rapport à l'*ensemble* de facteurs $k = 1,\ 2,\ ...,\ K$ sont définis comme des coefficients de régression multiple b_{ik}, $k = 1,\ 2,\ ...,\ K$ dans une équation de régression :

$$\begin{cases} r_{it+1} &= a_i + \sum_{k=1}^{K} b_{ik}\tilde{r}_{kt+1} + u_{it+1} & [4a] \\ Eu_{it+1} &= 0 & [4b] \\ E(u_{it+1}\tilde{r}_{kt+1}) &= 0, \quad \forall k = 1,\ 2,\ ...,\ K & [4c] \end{cases}$$

écrite pour chaque actif $i = 1,\ 2,\ ...,\ n$

Remarque 1. Contrairement à une pratique courante, nous répugnerons à qualifier le système [4] par le vocable de « modèle » qui laisse penser, à tort, qu'un tel « modèle » pourrait être ou ne pas être une description correcte de la réalité. Comme démontré dans la remarque 2 ci-dessous, la représentation [4] peut être utilisée très généralement pour n'importe quel système de rendements dans la mesure où, pour tout vecteur $\beta_i = (\beta_{ik})_{1 \leq k \leq K}$ non nul, $\sum_{k=1}^{K} \beta_{ik} \tilde{r}_{kt+1}$ est une variable aléatoire non dégénérée, ce qui signifie simplement que les actifs $k = 1,\ 2,\ ...,\ K$ n'offrent pas d'opportunité d'arbitrage.

Par exemple, nous considérerons que l'appellation « *modèles à facteurs* » doit être réservée à des cas où les facteurs résument soit les corrélations entre actifs (termes idiosyncratiques $u_{it+1},\ i = 1,\ 2,\ ...,\ n$ non corrélés entre eux), soit les liaisons temporelles (dans un cadre plus général où les rendements $r_t,\ t = 1,\ 2,\ ...,\ T$ ne seraient pas supposés mutuellement indépendants), soit les risques rémunérés. De même, le terme « *modèle de marché* » devrait être réservé au cas d'un véritable modèle à facteurs, où un seul facteur $(K = 1)$ représenté par le rendement du marché suffit à résumer une des propriétés ci-dessus.

Remarque 2. Pour un actif i donné, le système [4] caractérise les paramètres $a_i,\ b_{ik},\ k = 1,\ 2,\ ...,\ K$ par le système de $(K+1)$ équations :

$$\begin{cases} E\left[r_{it+1} - a - \sum_{k=1}^{K} b_{ik}\tilde{r}_{kt+1}\right] = 0 & [5a] \\ E\left[\left(r_{it+1} - a - \sum_{k=1}^{K} b_{ik}\tilde{r}_{kt+1}\right)\tilde{r}_{jt+1}\right] = 0 \quad \forall j = 1,\ 2,\ ...,\ K & [5b] \end{cases}$$

Par élimination de a_i, on voit que ce système de $(K+1)$ équations à $(K+1)$ inconnues $a_i,\ b_{ik},\ k = 1,\ 2,\ ...,\ K$ admet une solution unique si et seulement si le système de K équations suivant à K inconnues $b_{ik},\ k = 1,\ 2,\ ...,\ K$ admet une solution unique :

$$E\left[\left(r^*_{it+1} - \sum_{k=1}^{K} b_{ik}\tilde{r}^*_{kt+1}\right)\tilde{r}_{jt+1}\right] = 0 \quad \forall j = 1,\ 2,\ ...,\ K \qquad [6]$$

où

$$r^*_{it+1} = r_{it+1} - Er_{it+1}$$

et

$$\tilde{r}^*_{kt+1} = \tilde{r}_{kt+1} - E\tilde{r}_{kt+1}$$

Or ce système s'écrit matriciellement :

$$\text{cov}\ [r_{it+1},\ \tilde{r}_{t+1}] = b_i' \text{ var } \tilde{r}_{t+1}$$

où b_i est la matrice colonne :

$$b_i = (b_{ik})_{1 \leq k \leq K}$$

Les paramètres sont donc bien définis par [5] si et seulement si la matrice var $\tilde{r}_{t+1}$ est inversible. Cette matrice, de terme général cov $(\tilde{r}_{kt+1},\ \tilde{r}_{jt+1})\ k, j =$

1, 2, ..., K, appelée matrice de variances-covariances des rendements $\tilde{r}_{kt+1}$, $k = 1, 2, ..., K$, est inversible si ces rendements n'offrent pas d'opportunité d'arbitrage au sens défini dans la remarque 1. D'où le résultat annoncé.

Remarque 3. La matrice $B = (b_i')_{1 \leq i \leq n}$ de taille $n \times K$ des coefficients bêtas est, d'après la remarque 2 ci-dessus, caractérisée par les covariances et variances des rendements :

$$B = \text{cov}\,[r_{t+1},\ \tilde{r}_{t+1}]\,(\text{var}\ \tilde{r}_{t+1})^{-1} \tag{7}$$

Comme les rendements nets et les rendements globaux ne diffèrent que d'une translation non aléatoire (définie par le rendement sans risque), on a aussi :

$$B = \text{cov}\,[R_{t+1},\ \tilde{R}_{t+1}]\,(\text{var}\ \tilde{R}_{t+1})^{-1}$$

On voit que ces coefficients bêtas sont constants parce que les covariances et les variances sont constantes (les rendements R_t, $\tilde{R}_t$, $t = 1, 2, ..., T$ ont été supposés de même loi). Les coefficients bêtas sont donc des *paramètres* de la loi jointe du vecteur des rendements $(R'_{t+1},\ \tilde{R}'_{t+1})'$. Ces paramètres sont des *paramètres d'intérêt* pour l'économètre de la finance parce qu'ils jouent un rôle central dans certains modèles d'évaluation d'actifs financiers. Plus précisément, un *modèle d'évaluation multibêta* relatif à la régression [4] attribue aux actifs $i = 1, 2, ..., n$ des prix tels que les rendements nets espérés de ces actifs soient des combinaisons linéaires de leurs coefficients bêtas :

Il existe des réels $\lambda_1, \lambda_2, ..., \lambda_K$ tels que pour tout $i = 1, 2, ..., n$:

$$Er_{it+1} = \sum_{k=1}^{K} \lambda_k\, b_{ik} \tag{8}$$

La relation [8], qui est un *modèle d'évaluation* (falsifiable par des tests statistiques, voir plus loin), ne doit pas être confondue avec [4] qui, comme nous l'avons souligné, n'est pas un modèle. Pour préciser, nous allons d'abord détailler le cas particulier d'un modèle d'évaluation à un seul facteur ($K = 1$).

1.2. Le modèle d'évaluation à un facteur

Considérons le rendement net d'un portefeuille particulier $\tilde{r}_{pt+1}$ qui va jouer le rôle de facteur unique. Il est toujours possible (conformément à [4] avec $K = 1$) de décomposer chaque rendement net r_{it+1} en une fonction affine $a_i + b_i\tilde{r}_{pt+1}$ du « facteur » $\tilde{r}_{pt+1}$ et un terme idiosyncratique u_{it+1}, d'espérance nulle et non corrélé avec le facteur :

$$\begin{cases} r_{it+1} = a_i + b_i\tilde{r}_{pt+1} + u_{it+1} & \text{[9a]} \\ Eu_{it+1} = 0 & \text{[9b]} \\ \text{cov}\,(\tilde{r}_{pt+1},\ u_{it+1}) = 0 & \text{[9c]} \end{cases}$$

Les formules [7] et [5a] se particularisent alors en :

$$\begin{cases} b_i = \dfrac{\text{cov}\,[r_{it+1},\ \tilde{r}_{pt+1}]}{\text{var}\ \tilde{r}_{pt+1}} & \text{[10a]} \\ a_i = Er_{it+1} - b_iE\tilde{r}_{pt+1} & \text{[10b]} \end{cases}$$

En outre [9] implique que, par *définition de* b_i (coefficient bêta de l'actif par rapport au portefeuille), le risque total de l'actif i se décompose de la façon suivante :

$$\text{var } \tilde{r}_{it+1} = b_i^2 \text{ var } \tilde{r}_{pt+1} + \text{var } \ u_{it+1} \qquad [11]$$

faisant apparaître, d'une part, un risque «systématique» $b_i[\text{var } \tilde{r}_{pt+1}]^{1/2}$ et, d'autre part, un risque idiosyncratique $[\text{var } u_{it+1}]^{1/2}$. C'est en revanche un *modèle d'évaluation* (susceptible d'être vrai ou faux) de postuler, conformément à [8], que les rendements nets espérés $E\tilde{r}_{it+1}$ des actifs $i = 1, 2, ..., n$ sont proportionnels à leurs coefficients bêtas :

$$E\tilde{r}_{it+1} = \lambda b_i \quad \text{pour} \quad i = 1, 2, ..., n \qquad [12]$$

Ce modèle postule que seul le risque systématique est rémunéré (en termes de rendement net espéré) alors que le risque idiosyncratique ne l'est pas. On peut montrer qu'il est équivalent de postuler que le rendement $\tilde{R}_{pt+1}$ est efficient au sens moyenne variance. Le MEDAF, ou CAPM, de Sharpe (1964) et Lintner (1965) stipule que le rendement du marché $\tilde{r}_{mt+1}$ est efficient au sens moyenne variance, c'est-à-dire que le modèle d'évaluation ci-dessus est valide avec $\tilde{r}_{pt+1} = \tilde{r}_{mt+1}$. On dit alors que le risque de marché $b_i[\text{var } \tilde{r}_{mt+1}]^{1/2}]$ est rémunéré (parce que non diversifiable) alors que le risque idiosyncratique est diversifiable[1]. Dans tous les cas, il est intéressant de remarquer que, dans la mesure où le portefeuille de rendement r_{pt+1} est lui-même évalué par [12], on a nécessairement :

$$E\tilde{r}_{pt+1} = \lambda b_p$$

avec

$$b_p = \frac{\text{cov } [\tilde{r}_{pt+1}, \ \tilde{r}_{pt+1}]}{\text{var } \tilde{r}_{pt+1}} = 1$$

Le modèle d'évaluation [12] peut donc aussi être caractérisé par les relations :

$$E\tilde{r}_{it+1} = b_i E\tilde{r}_{pt+1} \quad \text{pour} \quad i = 1, 2, ..., n \qquad [13]$$

1.3. Les conditions de moments

Le modèle d'évaluation multibêta [8] ci-dessus :

$$Er_{it+1} = \sum_{k=1}^{K} \lambda_k b_{ik}$$

peut être simplifié si l'on suppose que les «facteurs» $\tilde{r}_{kt+1}$, $k = 1, ..., K$, correspondent eux-mêmes à des actifs évalués par ce modèle. En effet on peut alors montrer, en généralisant l'argument du paragraphe 1.2., que :

$$\lambda_k = E\tilde{r}_{kt+1}$$

1. Voir également dans cette ***Encyclopédie*** l'article de R. Cobbaut, «Théorie du marché financier», p. 1954, tome 2.

On traitera donc dans la suite de cette section le modèle d'évaluation multibêta sous la forme suivante qui généralise [13] :

$$Er_{it+1} = \sum_{k=1}^{K} b_{ik} E\tilde{r}_{kt+1} \quad \text{pour} \quad i = 1,\ 2,\ ...,\ n \qquad [14]$$

De même que [13] caractérise l'efficience moyenne-variance du portefeuille de rendement $\tilde{r}_{pt+1}$, Huberman et Kandel (1987) ont montré que la relation [14] signifie qu'il existe un portefeuille formé des rendements $\tilde{R}_{kt+1}$, $k = 1, ..., K$ qui est efficient au sens moyenne-variance. Cette condition est qualifiée de *mean-variance spanning* puisqu'elle implique que tout portefeuille efficient peut être composé comme portefeuille formé des actifs de rendement R_{kt+1}, $k = 1, 2, ..., K$, et du placement sans risque (de rendement R_{Ft+1}). On sait par ailleurs d'après [5a] que par définition :

$$a_i = Er_{it+1} - \sum_{k=1}^{K} b_{ik} E\tilde{r}_{kt+1}$$

Autrement dit, le modèle d'évaluation [14] se caractérise dans le cadre de la régression par les n *restrictions* :

$$a_i = 0 \quad \text{pour} \quad i = 1,\ 2,\ ...,\ n \qquad [15]$$

Les paramètres d'intérêt, à savoir les coefficients bêtas b_{ik}, $i = 1, 2, ..., n$, $k = 1, 2, ..., K$ sont ainsi caractérisés par des *conditions de moments* qui diffèrent selon que l'on utilise juste leur définition [5] ou que l'on ajoute à cette définition l'information apportée par le *modèle* d'évaluation [14] (équivalent à [15]).

Premier ensemble de conditions de moments

Les paramètres a_i, b_{ik}, $i = 1, 2, ..., n$, $k = 1, 2, ..., K$ sont définis comme solution unique des équations :

$$(\text{M1}) \quad \begin{cases} E\left[r_{it+1} - a_i - \sum_{k=1}^{K} b_{ik}\tilde{r}_{kt+1}\right] = 0 \\ E\left[\left(r_{it+1} - a_i - \sum_{k=1}^{K} b_{ik}\tilde{r}_{kt+1}\right)\tilde{r}_{jt+1}\right] = 0 \\ i = 1,\ 2,\ ...,\ n,\ j,\ k = 1,\ 2,\ ...,\ K \end{cases}$$

Second ensemble de conditions de moments

Les paramètres b_{ik}, $i = 1, 2, ..., n$, $k = 1, 2, ..., K$ sont définis comme solution unique des équations :

$$(\text{M2}) \quad \begin{cases} E\left[r_{it+1} - \sum_{k=1}^{K} b_{ik}\tilde{r}_{kt+1}\right] = 0 \\ E\left[\left(r_{it+1} - \sum_{k=1}^{K} b_{ik}\tilde{r}_{kt+1}\right)\tilde{r}_{jt+1}\right] = 0 \\ i = 1,\ 2,\ ...,\ n,\ j,\ k = 1,\ 2,\ ...,\ K \end{cases}$$

On remarquera que (M1) fournit $n + nK$ équations pour caractériser les $n + nK$ paramètres a_i, b_{ik}, $i = 1, 2, ..., n$, $k = 1, 2, ..., K$. C'est pourquoi (M1) admet une solution unique sous des hypothèses très générales (voir la remarque 2 du paragraphe 1.1.). En revanche, (M2) fournit $n + nK$ équations pour caractériser les nK paramètres b_{ik}, $i = 1, 2, ..., n$, $k = 1, 2, ..., K$. On a donc plus d'équations que d'inconnues. C'est pourquoi ce système constitue un *modèle* qui est falsifiable par des tests statistiques. Dans le jargon de l'économétrie, on dira que le système (M2) est *suridentifiant* alors que le système (M1) est *juste identifiant* puisqu'il définit les paramètres d'intérêt par autant d'équations que de paramètres à définir (sans imposer de modèle).

Bien sûr, un système suridentifiant, dans la mesure où il est conforme à la réalité, apporte plus d'information sur les paramètres d'intérêt qu'un système juste identifiant. De façon générale, pour un ensemble donné de paramètres d'intérêt, plus nous disposons de conditions les concernant, plus nous serons capables de les estimer avec précision. L'idée de caractériser notre information sur des paramètres d'intérêt par des *conditions de moments* généralise l'idée de moyenne m ou de variance σ^2 de variables aléatoires indépendantes de même loi Y_t, $t = 1, 2, ..., T$ qui sont des paramètres caractérisés par les conditions de moment :

$$\begin{cases} E(Y_t - m) = 0 & [16a] \\ E(Y_t^2 - m^2 - \sigma^2) = 0 & [16b] \end{cases}$$

Plus généralement, un vecteur θ de p paramètres d'intérêt concernant la loi de Y_t sera caractérisé par H conditions de moments écrites sous une forme générale :

$$Ef(Y_t, \theta) = 0 \qquad [17]$$

où f est une fonction donnée de $\mathbb{R}^d \times \mathbb{R}^p$ dans $\mathbb{R}^H$ (en notant d la dimension de Y_t dans un contexte général).

Dans l'exemple [16], $d = 1$, $p = 2$, $H = 2$, $\theta = (m, \sigma^2)'$ et

$$f(y, \theta) = (y - m, y^2 - m^2 - \sigma^2)'$$

Dans les exemples (M1) et (M2),

$$Y_t = (r'_{t+1}, \tilde{r}'_{t+1})', \ d = n + K, \ H = n + nK$$

alors que :

$$\theta = (a_i, b_{ik}) \ 1 \underset{1 \leq k \leq K}{\leq i \leq} n, \ p = n + nK \qquad \text{pour (M1)}$$

$$\theta = (b_{ik}) \ 1 \underset{1 \leq k \leq K}{\leq i \leq} n, \ p = nK \qquad \text{pour (M2)}$$

Dans la mesure où il n'y a pas d'équations redondantes (cette notion sera précisée plus loin), le système [17] sera *juste identifiant* si $H = p$ et *suridentifiant* si $H > p$. L'apport essentiel de la méthode GMM est de permettre d'exploiter au mieux la suridentification alors que la méthode des moments traditionnelle ne s'intéressait qu'aux systèmes juste identifiés. Il faut en effet être conscient que, même pour l'estimation d'un paramètre aussi simple qu'une moyenne $m = EY_t$, des équations suridentifiantes additionnelles à [16a] peuvent grandement permettre d'améliorer la précision de l'estimateur.

En effet, si l'on sait seulement que :

$$E(Y_t - m) = 0 \qquad [16a]$$

l'estimateur naturel de m est la moyenne empirique :

$$\overline{Y}_T = \frac{1}{T}\sum_{t=1}^{T} Y_t$$

Supposons en revanche que l'on connaisse une autre variable aléatoire réelle Z_t telle que les paires $(Y_t,\ Z_t)$, $t = 1,\ 2,\ ...,\ T$ soient indépendantes de même loi et telle que :

$$EZ_t = 0 \qquad [16c]$$

le système [16a]/[16c] est alors suridentifiant pour m et permet d'estimer m par :

$$\hat{m}_T = \overline{Y}_T - a_T\overline{Z}_T$$

avec

$$a_T = \frac{\sum_{t=1}^{T} Y_t Z_t}{\sum_{t=1}^{T} Z_t^2}$$

On peut montrer que $\hat{m}_T$ est un estimateur de m asymptotiquement (c'est-à-dire pour un grand nombre T d'observations) plus précis que $\overline{Y}_T$ dès que les variables Y_t et Z_t sont corrélées et que le gain de précision est d'autant plus grand que la corrélation entre Y_t et Z_t est grande (en valeur absolue). L'idée est comparable à celle de la *diversification de portefeuille* et peut être simplement expliquée par les trois arguments suivants :

(*i*) Asymptotiquement $(T \to \infty)$, a_T est le coefficient bêta de Y_t par rapport à Z_t :

$$a_T \underset{T=\infty}{\longrightarrow} \beta = \frac{\text{cov }(Y_t,\ Zt_)}{\text{var } Z_t}$$

β est aussi le coefficient bêta de $\overline{Y}_T$ par rapport à $\overline{Z}_T$:

$$\beta = \frac{\text{cov }(\overline{Y}_T,\ \overline{Z}_T)}{\text{var } \overline{Z}_T}$$

(*ii*) Le «risque total» var $\overline{Y}_T$ (par abus de langage on confond ici risque et carré du risque) se décompose en «risque systématique» β^2 var $\overline{Z}_T$ et «risque idiosyncratique» var $(Y_T - \beta\overline{Z}_T)$:

$$\text{var } \overline{Y}_T = \beta^2 \text{ var } \overline{Z}_T + \text{var } (\overline{Y}_T - \beta\overline{Z}_T)$$

conformément à [11].

(*iii*) En estimant m par $\overline{Y}_T - \beta\overline{Z}_T$ plutôt que par $\overline{Y}_T$, on a toujours un estimateur convergent de m (puisque les moyennes empiriques $\overline{Y}_T$ et $\overline{Z}_T$ convergent respectivement vers les espérances correspondantes m et 0) mais on a diminué la variance de notre estimateur de β^2 var $\overline{Z}_T$. Le gain de précision est donc bien comme annoncé d'autant plus grand que Y_t et Z_t sont corrélés.

2. Les estimateurs de la méthode des moments généralisés

L'exemple ci-dessus de l'estimation d'une moyenne à partir de conditions de moments [16a] et [16c] peut être systématisé pour définir de façon générale une *méthodologie d'inférence* relative à des paramètres d'intérêt θ caractérisés par des conditions de moments

$$Ef(Y_t,\ \theta) = 0 \tag{18}$$

associées à des variables aléatoires indépendantes de même loi Y_t, $t = 1$, 2, ..., T dont on a observé une réalisation. Pour estimer le vecteur de paramètres θ quand il est *juste identifié par* [18], $(H = p)$ il est naturel d'estimer $Ef(Y_t,\ \theta)$ par sa moyenne empirique $\frac{1}{T}\sum_{t=1}^{T} f(Y_t,\ \theta)$ et de choisir comme estimateur $\hat{\theta}_T$ la valeur de θ qui annule cette moyenne empirique :

$$\frac{1}{T}\sum_{t=1}^{T} f(Y_t,\ \hat{\theta}_T) = 0 \tag{19}$$

Si par exemple $f(Y_t,\ \theta) = g(Y_t) - \theta$, $\hat{\theta}_T = \frac{1}{T}\sum_{t=1}^{T} g(Y_t)$ est un estimateur convergent de $\theta = Eg(Yt)$. La condition [19] définit plus généralement *l'estimateur des moments* $\hat{\theta}_T$ comme une généralisation naturelle de cette idée simple : [19] est un système de H équations qui caractérise en général une solution unique $\hat{\theta}_T$ *estimateur convergent* du vecteur θ des p paramètres inconnus $(p = H)$ ou plus précisément de *sa vraie valeur inconnue* θ^0 définie par :

$$Ef(Y_t,\ \theta) = 0 \Rightarrow \theta = \theta^0 \tag{20}$$

Dans la mesure où l'implication [20] est bien vraie, θ^0 est *identifié* par [18] (juste identifié ici car $H = p$), et puisque $\frac{1}{T}\sum_{t=1}^{T} f(Y_t,\ \theta)$ converge vers $Ef(Y_t,\ \theta)$ qui ne s'annule que pour $\theta = \theta^0$, on comprend bien qu'en général $\frac{1}{T}\sum_{t=1}^{T} f(Y_t,\ \theta)$ ne s'annulera que pour $\hat{\theta}_T$ convergent vers θ^0.

La méthodologie GMM propose une procédure pour généraliser le principe ci-dessus au cas *suridentifié*. Bien sûr, dans ce cas, il serait toujours possible de sélectionner un sous-ensemble de p équations parmi les H équations [18] de façon à se ramener au cas juste identifié. Mais, comme expliqué plus haut, on a toujours intérêt à utiliser *l'information relative* à *la vraie valeur inconnue* θ^0 qui nous est fournie par les H équations [18] ($H > p$) pour en déduire un estimateur plus précis.

Le problème de base est le suivant. Alors que, par hypothèse, les H équations :

$$Ef(Y_t,\ \theta) = 0$$

ont pour unique solution $\theta = \theta^0$, il n'y a aucune raison que, pour des observations données, le système de H équations :

$$\frac{1}{T}\sum_{t=1}^{T} f(Y_t,\ \theta) = 0$$

admette une solution $\hat{\theta}_T$ puisqu'il y a plus d'équations (en nombre H) que d'inconnues (les p coefficients de θ). Comment faire alors pour utiliser l'information apportée par les H équations [18] ?

On peut suggérer deux interprétations alternatives de la procédure GMM proposée par Hansen (1982), qu'il est pédagogiquement utile de considérer l'une après l'autre pour finalement comprendre qu'elles sont équivalentes.

Première interprétation

Considérons une matrice S de taille $p \times H$ (p lignes, H colonnes), de rang p, et le système de p équations :

$$ESf(Y_t,\ \theta) = 0 \tag{21}$$

Il s'agit de p équations obtenues en formant des combinaisons linéaires des H composantes de $f(Y_t,\ \theta)$; comme ces p combinaisons linéaires sont indépendantes (rang $S = p$), on peut s'attendre à ce qu'en général la condition d'identification [20] soit conservée au niveau [21] :

$$ESf(Y_t,\ \theta) = 0 \Rightarrow \theta = \theta^0 \tag{22}$$

On est alors dans un cas juste identifié qui permet de définir *un estimateur des moments* $\hat{\theta}_T(S)$ par les équations :

$$\frac{1}{T}\sum_{t=1}^{T} Sf(Y_t,\ \hat{\theta}_T(S)) = 0 \tag{23}$$

En vertu du principe défini ci-dessus, $\hat{\theta}_T(S)$ sera très généralement un estimateur convergent ; la notation $\hat{\theta}_T(S)$ rappelle que cet estimateur dépend *d'une matrice de sélection* S choisie pour sélectionner p équations [23] à résoudre parmi les combinaisons linéaires des H équations (généralement insolubles) :

$$\frac{1}{T}\sum_{t=1}^{T} f(Y_t,\ \theta) = 0$$

Pour comprendre la nature de cette sélection, il est utile de considérer le cas particulier où les systèmes d'équations considérés sont linéaires en l'inconnue θ.

Exemple. $f(Y_t,\ \theta) = A(Y_t)\ \theta + b(Y_t)$ où $A(Y_t)$ est une matrice $H \times p$ et $b(Y_t)$ une colonne de taille H. L'hypothèse «d'identification» [20] signifie ici que :

$$(EA(Y_t))\ \theta = -Eb(Y_t) \Rightarrow \theta = \theta^0 \qquad [24]$$

ce qui sera assuré de manière générale par l'hypothèse suivante.

Hypothèse d'identification

La matrice $EA(Y_t)$ est de plein rang colonne, c'est-à-dire de rang p.

Il s'agit alors de sélectionner p équations parmi les H équations :

$$\frac{1}{T}\sum_{t=1}^{T} f(Y_t,\ \theta) = 0$$

$$\Leftrightarrow \overline{A}_T\theta + \overline{b}_T = 0 \qquad [25]$$

où $\overline{A}_T = \frac{1}{T}\sum_{t=1}^{T} A(Y_t)$ et $\overline{b}_T = \frac{1}{T}\sum_{t=1}^{T} b(Y_t)$.

On va montrer maintenant que cette problématique est équivalente à une question bien connue en économétrie du modèle linéaire.

Considérons en effet : $X_T = \sqrt{T}EA(Y_t)$ comme une matrice $H \times p$ de p variables «explicatives».

Par définition :

$$z_T = \sqrt{T}\left(EA(Y_t) - \overline{A}_T\right)\ \theta^0 - \sqrt{T}\ \overline{b}_T$$

a pour espérance :

$$-\sqrt{T}Eb(Y_t) = \sqrt{T}EA(Y_t)\ \theta^0 = X_T\theta^0$$

On a donc le cadre d'un «modèle linéaire»

$$z_T = X_T\theta^0 + u_T \qquad [26]$$

avec un terme d'erreur :

$$u_T = z_T - X_T\theta^0 = -\sqrt{T}(\overline{b}_T + \overline{A}_T\theta^0)$$

$$u_T = -\frac{1}{\sqrt{T}}\sum_{t=1}^{T} f(Y_t,\ \theta^0) \qquad [27]$$

De plus u_T a pour variance :

$$W^* = \text{var}\left[\frac{1}{\sqrt{T}}\sum_{t=1}^{T} f(Y_t,\ \theta^0)\right] = \text{var}\ f(Y_t,\ \theta^0) \qquad [28]$$

C'est précisément pour avoir une telle variance fixe, indépendante de T, que l'on a défini un modèle linéaire à partir de [25] en «dilatant» par un facteur $\sqrt{T}$.

Il s'agit alors de se souvenir que l'économétrie traditionnelle du modèle linéaire propose plusieurs estimateurs de θ^0 défini par un modèle de régression linéaire : $Ez_T = X_T\theta^0$.

– La première idée est de sélectionner parmi les H équations :

$$z_T = X_T\theta$$

les p équations obtenues en multipliant à gauche par X_T'. On obtient alors l'estimateur des moindres carrés ordinaires (MCO) :

$$\begin{aligned} z_T = X_T\theta &\Rightarrow X_T'z_T = X_T'X_T\theta \\ &\Leftrightarrow \theta = (X_T'X_T)^{-1}\ X_T'z_T \\ &\Leftrightarrow X_t'u_T(\theta) = 0 \quad \text{où} \quad u_T(\theta) = z_T - X_T\theta \end{aligned}$$

– Une idée plus générale consiste à remarquer qu'une multiplication préalable par une matrice carrée inversible W de taille H ne modifie pas le contenu des équations :

$$\begin{aligned} z_T = X_T\theta &\Leftrightarrow Wz_T = WX_T\theta \\ &\Rightarrow X_T'Wz_T = X_T'WX_T\theta \\ &\Leftrightarrow \theta = (X_T'WX_T)^{-1}\ X_T'Wz_T \\ &\Leftrightarrow \underline{X_T'Wu_T(\theta) = 0} \end{aligned} \qquad [29]$$

Dans le cadre général [27], cela donne :

$$X_T'W\sum_{t=1}^{T} f(Y_t,\ \theta) = 0 \qquad [30]$$

et donc, compte tenu de l'expression linéaire de f :

$$X_T'W\overline{A}_T\theta + X_T'W\overline{b}_T = 0 \qquad [31]$$

Autrement dit, on a sélectionné p équations parmi les H équations [25] en les multipliant à gauche par une matrice de sélection :

$$S = X_T'W = \sqrt{T}(EA(y_t))'\ W$$

S ainsi définie est bien une matrice $p \times H$ de rang p puisque $EA(Y_t)$ est supposée de plein rang colonne (hypothèse d'identification). Cependant, cet estimateur ne peut pas être calculé tel quel en pratique puisque la définition de S fait intervenir deux matrices *a priori* inconnues :

– la matrice $EA(Y_t)$ dont $\overline{A}_T$ est un estimateur convergent,

– la matrice W dont le choix optimal sera, on le verra, en général défini par une matrice inconnue mais dont on pourra construire un estimateur convergent W_T.

On sera donc amené à considérer une matrice de sélection estimée :

$$S_T = \sqrt{T}\,\overline{A}'_T W_T$$

et un estimateur $\hat{\theta}_T(S_T)$ associé défini par :

$$\sqrt{T}\,\overline{A}'_T W_T \overline{A}_T \hat{\theta}_T(S_T) + \sqrt{T}\,\overline{A}'_T W_T \overline{b}_T = 0$$

soit

$$\hat{\theta}_T(S_T) = -(\overline{A}'_T W_T \overline{A}_T)^{-1}\ \overline{A}'_T W_T \overline{b}_T \qquad [32]$$

En pratique, on ne considérera que des matrices de pondération W (et leurs estimateurs W_T) qui sont *symétriques définies positives*. La matrice $\overline{A}'_T W_T \overline{A}_T$ est alors elle-même définie positive dès que $\overline{A}_T$ est de plein rang colonne, ce qui est assuré pour T assez grand, puisque $\overline{A}_T$ converge vers $EA(Y_t)$ qui est de plein rang colonne d'après l'hypothèse d'identification. C'est pourquoi il est légitime, pour T assez grand, de calculer l'inverse de la matrice $\overline{A}'_T W_T \overline{A}_T$ dans [32].

On a ainsi construit *autant d'estimateurs GMM* $\hat{\theta}_T(S_T)$ que de choix de la matrice de sélection S_T, c'est-à-dire de choix d'une suite convergente W_T (de limite W définie positive) de matrices définies positives. C'est pourquoi se pose la question d'un choix optimal de S_T, c'est-à-dire de la suite (W_T). Revenons pour cela à l'interprétation [26] en termes de modèle linéaire. L'estimateur :

$$\theta(W) = (X'_T W X_T)^{-1}\ X'_T W z_T$$

est sans biais ($E\theta(W) = \theta^0$) et a une variance :

$$(X'_T W X_T)^{-1}\ X'_T W (\text{var } z_T)\ W X_T (X'_T W X_T)^{-1} \qquad [33]$$

qui est une matrice symétrique positive de taille p. Le choix optimal de W est alors caractérisé comme celui qui « minimise » cette variance (au sens du minimum pour une famille de matrices symétriques positives). Rappelons simplement à ce stade que l'estimateur $\theta(W)$ optimal est celui dit des *moindres carrés généralisés* (MCG) pour lequel :

$$W = (\text{var } z_T)^{-1} = (\text{var } u_T)^{-1}$$

On peut donc conclure, pour ce qui concerne le cas linéaire [25], qu'un *estimateur GMM optimal* est obtenu en utilisant une matrice de sélection S^*_T :

$$S^*_T = (\overline{A}_T)'\ W^*_T \qquad [34]$$

où W^*_T est un estimateur convergent de

$$\begin{aligned} W^* = [\text{var } u_T]^{-1} &= \left[\text{var}\left[\frac{1}{\sqrt{T}}\sum_{t=1}^{T} f(Y_t,\ \theta^0)\right]\right]^{-1} \\ &= \left[\text{var } f(Y_t,\ \theta^0)\right]^{-1} \end{aligned} \qquad [35]$$

Un estimateur GMM optimal est donc donné dans cet exemple par :

$$\hat{\theta}_T = -(\overline{A}'_T W^*_T \overline{A}_T)^{-1}\ \overline{A}'_T W^*_T \overline{b}_T$$

Il est obtenu comme solution de :

$$\overline{A}'_T W^*_T (\overline{A}_T\ \hat{\theta}_T\ +\ \overline{b}_T) = 0$$

c'est-à-dire :

$$\overline{A}'_T W^*_T\ \frac{1}{T}\sum_{t=1}^{T} f(Y_t,\ \hat{\theta}_T) = 0 \qquad [36]$$

[36] est la caractérisation essentielle d'un estimateur GMM optimal qui va permettre de passer de cet exemple « linéaire » à un contexte général non linéaire.

L'idée de base pour cette généralisation est que, puisque tous les estimateurs GMM du type $\hat{\theta}_T(S)$ (voir [23]) sont convergents, il est toujours possible, *asymptotiquement*, de se ramener à un problème linéaire en linéarisant $f(Y_t,\ \hat{\theta}_T(S))$ autour de la vraie valeur inconnue θ^0 (vers laquelle $\hat{\theta}_T(S)$ converge) :

$$f(y_t,\ \hat{\theta}_T(S)) \# f(Y_t,\ \theta^0) + \frac{\partial f}{\partial \theta'}\ (Y_t,\ \theta^0) \cdot (\hat{\theta}_T(S) - \theta^0) \qquad [37]$$

L'analogue de la matrice $A(Y_t)$ est donc ici :

$$A(Y_t) \# \frac{\partial f}{\partial \theta'}\ (Y_t,\ \theta^0) \qquad [38]$$

Notons que dans le cas non linéaire, la matrice $A(Y_t)$ est elle-même inconnue puisqu'elle dépend de θ^0. L'équation [36] ne fournira donc pas telle quelle un véritable estimateur de θ^0. Négligeons ce problème pratique dans un premier temps pour mieux mettre en valeur l'intuition fondamentale.

Compte tenu des approximations [37] et [38], [36] est donc asymptotiquement peu différent d'un système d'équations linéaires :

$$\overline{A}'_T W_T \left(\frac{1}{T}\sum_{t=1}^{T} f(Y_t,\ \theta^0)\right) + \overline{A}'_T W_T \overline{A}_T (\hat{\theta}_T - \theta^0) = 0 \qquad [39]$$

écrit ici dans le cas général d'une matrice de pondération W_T définie positive (pas nécessairement optimale). Un tel système fournirait un « estimateur » :

$$\hat{\theta}_T = \theta^0 - \left(\overline{A}'_T W_T \overline{A}_T\right)^{-1}\ \overline{A}'_T W_T\ \frac{1}{T}\sum_{t=1}^{T} f(Y_t,\ \theta^0) \qquad [40]$$

Il est utile à ce stade d'avoir en mémoire un résultat essentiel de théorie asymptotique des probabilités.

Rappel : le théorème central-limite (dit de Lindeberg-Levy)

Les variables $f(Y_t,\ \theta^0),\ t = 1,\ 2,\ \ldots$ étant indépendantes de même loi avec par hypothèse :

$$Ef(Y_t,\ \theta^0) = 0$$

$$E \parallel f(Y_t,\ \theta^0) \parallel^2 < +\infty$$

on peut non seulement affirmer (loi des grands nombres) que $\frac{1}{T}\sum_{t=1}^{T} f(Y_t,\ \theta^0)$ converge vers 0, mais aussi que $\frac{1}{\sqrt{T}}\sum_{t=1}^{T} f(Y_t,\ \theta^0)$ *converge en loi* vers la loi normale de moyenne 0 et de variance var $[f(Y_t,\ \theta^0)]$. La convergence en loi peut par exemple être caractérisée dans ce cas par la convergence de la fonction de répartition (ou de la fonction caractéristique).

On notera :

$$\frac{1}{\sqrt{T}}\sum_{t=1}^{T} f(Y_t,\ \theta^0) \xrightarrow{L} \mathcal{N}[0,\ \text{var}\ [f(Y_t,\ \theta^0)]] \qquad [41]$$

Autrement dit $\frac{1}{\sqrt{T}}\sum_{t=1}^{T} f(Y_t,\ \theta^0)$ peut être « vu » pour T grand (du point de vue du calcul des probabilités) comme un vecteur normal de loi $\mathcal{N}[0,\ \text{var}\ f(Y_t,\ \theta^0)]$. Il résulte alors de [40] que $\sqrt{T}(\hat{\theta}_T - \theta^0)$ peut être vu, asymptotiquement, comme un vecteur normal de moyenne 0 et de variance :

$$(A'_\infty W A_\infty)^{-1}\ A'_\infty W [\text{var}\ f(Y_t,\ \theta^0)]\ W A_\infty\ (A'_\infty W A_\infty)^{-1} \qquad [42]$$

où

$$W = \lim_{T=\infty} W_T$$

$$A_\infty = \lim_{T=\infty} \overline{A}_T = E\ \frac{\partial f}{\partial \theta'}\ (Y_t,\ \theta^0)$$

d'après [38] et la loi des grands nombres.

On remarquera que [40]/[42] est la généralisation dans un cadre non linéaire (qui nous a obligé à adopter un point de vue asymptotique) de [32]/[33]. Les raisonnements heuristiques ci-dessus ont tous un sous-bassement théorique correct (fondé sur la théorie asymptotique des probabilités), et nous pouvons donc conclure par l'énoncé précis d'une hypothèse, d'une définition et de deux théorèmes.

Hypothèse 1 (hypothèse d'identification)

Les H conditions de moments :

$$Ef(Y_t,\ \theta) = 0$$

relatives au vecteur θ de p paramètres ($p \leq H$) vérifient les deux conditions d'identification suivantes :

I1 : $Ef(Y_t,\ \theta) = 0 \Rightarrow \theta = \theta^0$.

I2 : *La matrice* $E \dfrac{\partial f}{\partial \theta'}(Y_t,\ \theta^0)$*, de taille* $H \times p$*, est de plein rang colonne, c'est-à-dire de rang* p*.*

Dans le cas linéaire :

$$f(Y_t,\ \theta) = A(Y_t)\ \theta + b(Y_t)$$

il est clair que les deux conditions d'identification I1 et I2 sont équivalentes (d'où la condition unique, $EA(Y_t)$ de rang p). Dans le cas général, θ^0 est défini par I1 alors que I2 autorise à utiliser l'analogie [38] :

$$A(Y_t)\# \frac{\partial f}{\partial \theta'}(Y_t,\ \theta^0)$$

En fait, d'après la linéarisation [37], I1 et I2 sont équivalentes dans un « petit voisinage » de θ^0 mais pourraient ne pas être équivalentes globalement.

Définition 1

Soit W_T *une suite convergente de matrices symétriques définies positives de taille* H *dont la limite* W *est aussi définie positive.*

Soit $\overline{A}_T$ *une suite de matrices de taille* $H \times p$ *de limite* $E \dfrac{\partial f}{\partial \theta'},(Y_t,\ \theta^0)$*.*

On appelle estimateur GMM $\hat{\theta}_T(W)$ *associé à la matrice de pondération* W *une solution des équations :*

$$\overline{A}'_T W_T \frac{1}{T} \sum_{t=1}^{T} f(Y_t,\ \hat{\theta}_T(W)) = 0 \qquad [43]$$

On remarquera que cette définition généralise bien la caractérisation [36] en introduisant un estimateur convergent $\overline{A}_T$ de $E \dfrac{\partial f}{\partial \theta'}(Y_t,\ \theta^0)$ qui pourrait être par exemple :

$$\overline{A}_T = \frac{1}{T} \sum_{t=1}^{T} \frac{\partial f}{\partial \theta'}(Y_t,\ \tilde{\theta}_T)$$

où $\tilde{\theta}_T$ serait un estimateur convergent de θ^0. Cela généralise bien la méthodologie définie ci-dessus dans le cas linéaire qui est un cas plus simple où $\dfrac{\partial f}{\partial \theta'}(Y_t,\ \theta)$ ne dépend pas de θ. C'est la dépendance de $\dfrac{\partial f}{\partial \theta'}(Y_t,\ \theta)$ en θ qui nous a obligé à introduire un *premier estimateur convergent* $\tilde{\theta}_T$ de θ^0 pour en construire un autre $\hat{\theta}_T(W)$! Les conséquences de cette complication ainsi que la construction de W_T seront discutées d'un point de vue pratique dans la section 3. Notons en outre que la notation $\hat{\theta}_T(W)$ n'est pas tout à fait correcte puisque cet estimateur dépend en toute rigueur non seulement de W, mais aussi du choix des suites $\overline{A}_T$ et W_T convergeant respectivement vers $E \dfrac{\partial f}{\partial \theta'}(Y_t,\ \theta^0)$ et W. Cet abus de notation est justifié par le théorème 1 ci-dessous qui montre que les propriétés asymptotiques de $\hat{\theta}_T(W)$ ne dépendent effectivement que de W.

Théorème 1

L'estimateur $\hat{\theta}_T(W)$ est un estimateur convergent de θ^0. De plus $\sqrt{T}(\hat{\theta}_T(W) - \theta^0)$ est un vecteur asymptotiquement normal de moyenne nulle et de variance :

$$(A'_\infty W A_\infty)^{-1} \, A'_\infty W (W^*)^{-1} \, W A_\infty (A'_\infty W A_\infty)^{-1}$$

où

$$A_\infty = E \, \frac{\partial f}{\partial \theta'} \, (Y_t, \; \theta^0)$$

et

$$(W^*)^{-1} = \text{var} \; f(Y_t, \; \theta^0)$$

Le théorème 1 confirme donc l'intuition [42]. L'analogie avec les MCG dans le cas linéaire (voir [34]) permet en outre d'en déduire un estimateur GMM optimal dénommé pour cette raison « estimateur GMM efficace ».

Théorème 2

L'estimateur GMM $\hat{\theta}_T(W^*)$ dit efficace (parce qu'il a une variance asymptotique minimale dans l'ensemble des estimateurs $\hat{\theta}_T(W)$) est obtenu pour une matrice de pondération :

$$W = W^* = [\text{var} \; f(Y_t, \; \theta^0)]^{-1}$$

$\sqrt{T}(\hat{\theta}_T(W^*) - \theta^0)$ est un vecteur asymptotiquement normal de moyenne nulle et de variance :

$$[A'_\infty W^* A_\infty]^{-1} = \left\{ \left[E \, \frac{\partial f'}{\partial \theta} \, (Y_t, \; \theta^0) \right] (\text{var} \; f(Y_t, \; \theta^0))^{-1} \, \left[E \, \frac{\partial f}{\partial \theta'} \, (Y_t, \; \theta^0 \right] \right\}^{-1} \qquad [44]$$

Il convient pour l'interprétation du théorème 2 de se souvenir des points suivants.

– D'abord, la question du choix d'une matrice de sélection optimale ne s'est posée *que dans le cas suridentifié*. La comparaison des théorèmes 1 et 2 permet de retrouver que cette question ne se pose pas dans le cas juste identifié puisque, si $H = p$, A_∞ est inversible et la variance asymptotique de $\sqrt{T}(\hat{\theta}_T(W) - \theta^0)$ est, quelle que soit W, égale à :

$$A_\infty^{-1} (W^*)^{-1} \, (A'_\infty)^{-1} = [A'_\infty W^* A_\infty]^{-1}$$

Dans le cas général ($H \geq p$), quand il n'y a pas d'ambiguïté, on désigne $\hat{\theta}_T(W^*)$ comme l'estimateur GMM, sous-entendu *l'efficace*.

– Ensuite, comme l'avait laissé prévoir le cas linéaire, la formule de la variance asymptotique de l'estimateur GMM est formellement analogue à une formule des MCG, à condition de faire l'analogie :

$$X_T = \sqrt{T} E \, \frac{\partial f}{\partial \theta'} \, (Y_t, \; \theta^0)$$

$$u_T = -\frac{1}{\sqrt{T}} \sum_{t=1}^{T} f(Y_t, \; \theta^0)$$

L'estimateur GMM a une variance asymptotique proportionnelle à :

$$\left[X'_T(\text{var}\quad u_T)^{-1}\ X_T\right]^{-1}$$

et est donc intuitivement d'autant plus précis que :

– d'une part, var u_T est «faible» (en tant que matrice) parce que le vecteur $\frac{1}{\sqrt{T}}\sum_{t=1}^{T} f(Y_t,\ \theta^0)$ est non seulement de moyenne nulle mais aussi peu dispersé autour de sa moyenne ;

– d'autre part, les colonnes de X_T sont «loin» d'être colinéaires ; cette notion, classique dans le modèle linéaire, signifiant intuitivement que les conditions de moments $Ef(Y_t,\ \theta) = 0$ sont «bien» informatives sur θ^0.

Deuxième interprétation

L'exemple linéaire ci-dessus a mis en exergue l'idée que, lorsque l'on s'intéresse aux conditions de moments suridentifiées :

$$Ef(Y_t,\ \theta) = 0$$

qui définissent la vraie valeur inconnue θ^0,

$$u_T = -\frac{1}{\sqrt{T}}\sum_{t=1}^{T} f(Y_t,\ \theta^0)$$

doit être interprété comme un terme d'erreur (voir [27]). On est donc là aussi naturellement conduit à considérer plusieurs techniques d'estimation classiques pour le modèle linéaire.

– D'abord les moindres carrés ordinaires qui conduisent à minimiser en θ la somme des carrés des résidus, c'est-à-dire $\left(\frac{1}{T}\sum_{t=1}^{T} f(Y_t,\ \theta)\right)'\left(\frac{1}{T}\sum_{t=1}^{T} f(Y_t,\ \theta)\right)$, ce qui dans l'exemple linéaire donne :

$$\min_{\theta}\ (\overline{A}_T\theta + \overline{b}_T)'\ (\overline{A}_T\theta + \overline{b}_T)$$

et correspond à la régression MCO de $(-\,\overline{b}_T)$ sur $\overline{A}_T$. Autrement dit, l'estimateur $\hat{\theta}$ est tel que $\overline{A}_T\hat{\theta}$ est la *projection orthogonale* de $(-\,\overline{b}_T)$ sur les colonnes de $\overline{A}_T$.

– L'autre idée traditionnelle consiste à remplacer la projection orthogonale par une *projection oblique* définie par une matrice définie positive W_T donnée :

$$\min_{\theta}\left(\frac{1}{T}\sum_{t=1}^{T} f(Y_t,\ \theta)\right)'\ W_T\left(\frac{1}{T}\sum_{t=1}^{T} f(Y_t,\ \theta)\right) \qquad [45]$$

Dans le cas linéaire, on retrouve l'estimateur (voir [32])

$$\theta(W_T) = (X'_T W_T X_T)^{-1}\ X'_T W_T z_T$$

alors que dans le cas général, on est amené à résoudre les conditions du premier ordre résultant de la dérivation de [45] :

$$\frac{1}{T}\sum_{t=1}^{T}\frac{\partial f'}{\partial \theta}\,(Y_t,\ \hat{\theta}_T)\,W_T\,\frac{1}{T}\sum_{t=1}^{T}f(Y_t,\ \hat{\theta}_T)=0 \qquad [46]$$

On remarque que, dans la mesure où ces équations définissent un estimateur convergent $\hat{\theta}_T$ de $\theta°$ (ce qui peut être démontré sous des conditions de régularité usuelles), $\frac{1}{T}\sum_{t=1}^{T}\frac{\partial f'}{\partial \theta}\,(Y_t,\ \hat{\theta}_T)$ convergera vers $E\,\frac{\partial f'}{\partial \theta}\,(Y_t,\ \theta^0)$ (moyennant une loi des grands nombres dite *uniforme* en θ), si bien que les équations [46] sont conformes à la définition [43] d'un estimateur GMM.

Autrement dit, [45] fournit une seconde interprétation du principe GMM. Si W_T est une suite de matrices définies positives convergeant vers une matrice définie positive W, un *estimateur GMM* $\hat{\theta}_T(W)$ peut être vu :

– soit comme résultant d'une sélection de p équations parmi les H équations :

$$\frac{1}{T}\sum_{t=1}^{T}f(Y_t,\ \theta)=0$$

sélection opérée en prémultipliant ces équations par une matrice de sélection $S_T=\overline{A}'_T W_T$ avec $\lim\limits_{t=\infty}\ \overline{A}_T=E\,\frac{\partial f}{\partial \theta'}\,(Y_t,\ \theta^0)$;

– soit comme résultant de la minimisation d'une norme [45] du vecteur $\frac{1}{T}\sum_{t=1}^{T}f(Y_t,\ \theta)$.

Alors que le premier point de vue nous ramène à la notion classique d'*estimateur des moments*, le second se rattache à la notion plus générale d'*estimateur à distance minimale* telle qu'elle a été introduite en économétrie par exemple par Malinvaud (1978, chap. 9). Le second point de vue a en particulier le mérite de mieux souligner le lien avec la méthode des moindres carrés, l'*estimateur GMM efficace* apparaissant alors clairement comme une extension de la méthode MCG, où l'on minimise la norme d'un vecteur d'erreurs $u_T=-\frac{1}{\sqrt{T}}\sum_{t=1}^{T}f(Y_t,\ \theta^0)$ pour une métrique correspondant à l'inverse de sa variance ($W^*=[\text{var}\ f(Y_t,\ \theta^0]^{-1}$) :

$$\min_{\theta}\left(\frac{1}{T}\sum_{t=1}^{T}f(Y_t,\ \theta)\right)'W_T^*\left(\frac{1}{T}\sum_{t=1}^{T}f(Y_t,\ \theta)\right) \qquad [47]$$

avec :

$$\lim_{T=\infty}\ W_T^*=\left(\text{var}\ [f(Y_t,\ \theta^0]\right)^{-1} \qquad [48]$$

Cette définition est d'ailleurs la plus usitée.

L'estimateur GMM efficace $\hat{\theta}_T(W^*)$ est défini comme solution de la minimisation [47] avec un choix d'une suite de matrices de pondération W_T^* définies positives et conformes à [48].

Exemple. Considérons le premier ensemble de conditions de moments du paragraphe 1.3. pour un actif donné ($i = 1 = n$) :

$$\begin{cases} E\left[r_{t+1} - a - \sum_{k=1}^{K} b_k \tilde{r}_{kt+1}\right] = 0 \\ E\left[\left(r_{t+1} - a - \sum_{k=1}^{K} b_k \tilde{r}_{kt+1}\right) \tilde{r}_{jt+1}\right] = 0 \end{cases} \quad [49]$$

$$j,\ k = 1,\ 2,\ ...,\ K$$

Ce système est juste identifié si bien qu'un estimateur GMM efficace s'obtient comme simple estimateur des moments $\hat{\theta}_T = (\hat{a}_T,\ (\hat{b}_{kT})'_{1 \leq k \leq K})'$ solution de :

$$\begin{cases} \frac{1}{T}\sum_{t=0}^{T-1}\left(r_{t+1} - \hat{a}_T - \sum_{k=1}^{K} \hat{b}_{kT} \tilde{r}_{kt+1}\right) = 0 \\ \frac{1}{T}\sum_{t=0}^{T-1}\left(r_{t+1} - \hat{a}_T - \sum_{k=1}^{K} \hat{b}_{kT} \tilde{r}_{kt+1}\right) \tilde{r}_{jt+1} = 0 \end{cases}$$

$$j,\ k = 1,\ 2,\ ...,\ K$$

Autrement dit, a et $B = (b_1,\ ...,\ b_K)$ sont estimés par les équivalents empiriques de leurs définitions [5a] et [7] :

$$\begin{cases} \hat{a}_T = \overline{r}_T - \hat{B}\overline{\tilde{r}}_T \\ \left(\text{où} \quad \overline{r}_T = \frac{1}{T}\sum_{t=0}^{T-1} r_{t+1} \quad \text{et} \quad \overline{\tilde{r}}_T = \frac{1}{T}\sum_{t=0}^{T-1} \tilde{r}_{t+1}\right) \\ \hat{B}'_T = \left[\frac{1}{T}\sum_{t=0}^{T-1}(\tilde{r}_{t+1} - \overline{\tilde{r}}_T)\ (\tilde{r}_{t+1} - \overline{\tilde{r}}_T)'\right]^{-1} \frac{1}{T}\sum_{t=0}^{T-1}(\tilde{r}_{t+1} - \overline{\tilde{r}}_T)\ r_{t+1} \end{cases} \quad [50]$$

On reconnaît évidemment l'estimateur des MCO dans la régression multiple de $(r_{t+1})_{0 \leq t \leq T-1}$ sur la constante et les K variables $(\tilde{r}_{kt+1})_{0 \leq t \leq T-1}$, $k = 1,\ 2,\ ...,\ K$. Ceci est conforme à ce qui a déjà été dit concernant le cas particulier où les conditions de moments sont *linéaires par rapport aux paramètres d'intérêt.*

Si on s'intéresse maintenant au second ensemble de conditions de moments ([49] contraint par $a = 0$), il est *suridentifié* si bien que la détermination d'un estimateur GMM efficace n'est plus aussi simple ; en particulier l'estimateur des MCO $\hat{B}_T$ ne sera plus efficace en général. Considérons à titre d'illustration le modèle d'évaluation [12] à un seul facteur. Le même coefficient b^0 doit alors vérifier deux conditions de moments :

$$Ef(Y_{t+1},\ b^0) = 0$$

avec :

$$Y_{t+1} = (r_{t+1},\ \tilde{r}_{pt+1})'$$

$$f(Y_{t+1},\ b^0) = \begin{bmatrix} r_{t+1} - b^0\tilde{r}_{pt+1} \\ (r_{t+1} - b^0\tilde{r}_{pt+1})\ \tilde{r}_{pt+1} \end{bmatrix} = \begin{bmatrix} u_{t+1} \\ u_{t+1}\tilde{r}_{pt+1} \end{bmatrix} \qquad [51]$$

Bien entendu, chacune des deux conditions de moments fournit à elle seule un estimateur convergent de b^0 (sous l'hypothèse de bonne spécification du modèle d'évaluation [12]).

(*i*) L'estimateur de b^0 associé à la première condition de moment :

$$Ef_1(Y_{t+1},\ b^0) = 0 \quad \text{avec} \quad f_1(Y_{t+1},\ b) = r_{t+1} - b\tilde{r}_{pt+1}$$

est :

$$b_T^{(1)} = \frac{\overline{r}_T}{\overline{\tilde{r}}_{pT}}$$

C'est la valeur de b^0 qui assure que, malgré la contrainte $a = 0$, le point moyen de l'échantillon appartient à la droite estimée (propriété assurée d'habitude par les MCO non contraints grâce à la définition [50] de $\hat{a}_T$).

Le bêta de l'actif par rapport au portefeuille est alors rapidement estimé par le ratio des rendements nets espérés de l'actif et du portefeuille. Autrement dit, dans le cas où $\tilde{r}_{pt+1}$ représente le rendement de marché, on choisit ici d'estimer le bêta directement à partir de la *droite de marché* caractéristique du MEDAF (relation [13]) plutôt qu'à partir de sa définition [9].

(*ii*) L'estimateur de b^0 associé à la seconde condition de moment :

$$Ef_2(Y_{t+1},\ b^0) = 0 \quad \text{avec} \quad f_2(Y_{t+1},\ b) = (r_{t+1} - b\tilde{r}_{pt+1})\ \tilde{r}_{pt+1}$$

est :

$$b_T^{(2)} = \frac{\dfrac{1}{T}\displaystyle\sum_{t=0}^{T-1} r_{t+1}\tilde{r}_{pt+1}}{\dfrac{1}{T}\displaystyle\sum_{t=0}^{T-1} \tilde{r}_{pt+1}^2}$$

C'est *l'estimateur des MCO de b^0 dans le modèle de régression* [9] (avec $n = 1$) *contraint par $a = 0$.*

La théorie générale ci-dessus nous apprend comment « combiner » ces deux estimateurs $b_T^{(1)}$ et $b_T^{(2)}$ pour obtenir un estimateur efficace. Plus précisément, plutôt que de combiner directement $b_T^{(1)}$ et $b_T^{(2)}$, on combine les deux équations qui les définissent conformément à la définition 1 et au théorème 2 ; l'équation :

$$\left[\overline{\tilde{r}}_{pT},\ \overline{\tilde{r}^{(2)}}_{pT}\right]\ W_T \begin{bmatrix} f_1(\hat{b}_T) \\ f_2(\hat{b}_T) \end{bmatrix} = 0 \qquad [52]$$

où $g_i(b) = \frac{1}{T}\sum_{t=0}^{T-1} f_i(Y_{t+1}, b)$, $i = 1, 2$ définit l'estimateur GMM efficace $\hat{b}_T$ dans la mesure où :

$$\left[\bar{\tilde{r}}_{pT},\ \overline{\tilde{r}^{(2)}}_{pt}\right] = \frac{1}{T}\sum_{t=0}^{T-1}\left[\tilde{r}_{pt+1},\ \tilde{r}^2_{pt+1}\right]$$

est bien un estimateur convergent de :

$$-E\,\frac{\partial f'}{\partial b}\,(Y_t,\ b^0) = -\left[E\tilde{r}_{pt},\ E\tilde{r}^2_{pt}\right]$$

et W_T^{-1} est bien un estimateur convergent de :

$$\text{var}\ f(Y_t,\ b^0) = \begin{bmatrix} Eu_t^2 & Eu_t^2\tilde{r}_{pt} \\ Eu_t^2\tilde{r}_{pt} & Eu_t^2\tilde{r}^2_{pt} \end{bmatrix}$$

Un cas particulier intéressant est celui d'un vecteur de rendements $(r_t,\ \tilde{r}_{pt})$ *gaussien*. Outre que l'hypothèse de normalité justifie dans une large mesure l'emploi de la droite de marché, elle simplifie avantageusement le calcul de var $f(Y_t,\ b^0)$. Ces deux « qualités » de la loi normale sont en fait deux corollaires d'une propriété bien connue.

Dans le cas normal, la variable $u_t = r_t - b^0\tilde{r}_{pt}$ qui est par définition non corrélée avec $\tilde{r}_{pt}$ (définition [9] de la régression affine) est aussi *indépendante* de $\tilde{r}_{pt}$. On peut donc dans ce cas factoriser var $f(Y_t,\ b^0)$ de la façon suivante :

$$\text{var}\ f(Y_t,\ b^0) = Eu_t^2 \begin{bmatrix} 1 & E\tilde{r}_{pt} \\ E\tilde{r}_{pt} & E\tilde{r}^2_{pt} \end{bmatrix}$$

et il est clair que l'on ne changera pas la valeur de $\hat{b}_T$ en remplaçant dans sa définition [52] W_T par un estimateur convergent de $\begin{bmatrix} 1 & E\tilde{r}_{pt} \\ E\tilde{r}_{pt} & E\tilde{r}^2_{pt} \end{bmatrix}^{-1}$ ou d'une matrice proportionnelle à cette dernière. On peut donc choisir

$$W_T = \begin{bmatrix} \overline{\tilde{r}^{(2)}}_{pT} & -\bar{\tilde{r}}_{pt} \\ -\bar{\tilde{r}}_{pt} & 1 \end{bmatrix}$$

Dans ce cas :

$$\left[\bar{\tilde{r}}_{pT},\ \overline{\tilde{r}^{(2)}}_{pT}\right] W_T = \left[0,\ -\left(\bar{\tilde{r}}_{pT}\right)^2 + \overline{\tilde{r}^2}_{pT}\right]$$

Le second coefficient de ce vecteur est positif (en tant que variance empirique du rendement du portefeuille) si bien que l'équation [52] se réduit à :

$$g_2(\hat{b}_T) = 0$$

c'est-à-dire :

$$\hat{b}_T = b_T^{(2)} = \frac{\frac{1}{T}\sum_{t=0}^{T-1} r_{t+1}\tilde{r}_{pt+1}}{\frac{1}{T}\sum_{t=0}^{T-1} \tilde{r}_{pt+1}^2}$$

On a donc montré que, *dans le cas gaussien*, l'estimateur GMM efficace du coefficient bêta est *l'estimateur des MCO* dans la régression (sans terme constant) du rendement sur le rendement du portefeuille sans qu'il soit utile de combiner cet estimateur avec *l'estimateur déduit de la droite de marché* (ratio des rendements nets espérés). D'une certaine manière, ce résultat n'est pas surprenant et la leçon non triviale de cet exemple est plutôt que ce résultat «naturel» *n'est plus vrai en général* si les rendements ne sont pas gaussiens. Intuitivement, c'est la propriété de normalité qui permet d'estimer indépendamment les «paramètres de variance» (variances, covariances, bêtas) et les paramètres de moyenne, si bien que dans ce cas la condition de moment associée à f_1 (qui relie le bêta au ratio des moyennes) n'améliore pas l'information sur b^0 apportée par la condition associée à f_2.

3. Les principes généraux de l'inférence associée à GMM et l'application au test de l'efficience moyenne-variance

On définira d'abord différentes versions de l'estimateur GMM efficace (§ 3.1.) avant de traiter des difficultés pratiques de mise en œuvre d'une méthode GMM (§ 3.2.), des tests de spécification associés (§ 3.3.) et des propriétés à distance finie (§ 3.5.). A titre d'illustration, on montrera l'apport de cette méthode au test de l'efficience moyenne-variance (exemple § 3.4.). Dans toute la section 3, on conservera l'hypothèse simplificatrice de variables aléatoires Y_t indépendantes et de même loi.

3.1. Les différentes versions de l'estimateur GMM efficace

On a défini l'estimateur GMM efficace comme valeur des paramètres minimisant une norme des «erreurs» associée à un estimateur convergent W_T^* de $[\text{var}\ f(Y_t,\ \theta^0)]^{-1}$. Ceci est un abus de langage dans la mesure où il y a autant d'estimateurs GMM efficaces que de choix d'une suite W_T^* convergeant vers $[\text{var}\ f(Y_t,\ \theta^0)]^{-1}$. Cet abus de langage est justifié par le théorème 2 qui montre que la loi asymptotique de cet estimateur GMM efficace ne dépend pas du choix d'une telle suite W_T^*. Rappelons en outre que ce problème ne se pose que dans le cas suridentifié puisque, dans le cas juste identifié, toute matrice de pondération convient (voir les commentaires après le théorème 2) et l'estimateur des moments (défini par [19]) est lui-même un estimateur GMM efficace.

Dans le cas général, il est naturel de chercher à construire un estimateur de var $f(Y_t,\ \theta^0)$ à partir de la variance empirique correspondante :

$$V_T(\theta^0) = \frac{1}{T}\sum_{t=1}^{T} f(Y_t,\ \theta^0)\ f(Y_t,\ \theta^0)' \qquad [53]$$

On en déduit en effet un estimateur convergent de var $f(Y_t, \theta^0)$ en remplaçant θ^0 par un estimateur convergent quelconque de θ^0, noté $\hat{\theta}_T^1$. Les deux estimateurs GMM efficaces suivants diffèrent par la manière de faire cette substitution.

(i) Estimateur en deux étapes

$\hat{\theta}_T^1$ est obtenu comme estimateur GMM associé à la matrice de pondération identité, ce qui généralise l'idée des MCO :

$$\hat{\theta}_T^1 = \arg\min_\theta \left[\frac{1}{T}\sum_{t=1}^{T} f(Y_t, \theta)\right]' \left[\frac{1}{T}\sum_{t=1}^{T} f(Y_t, \theta)\right]$$

On note alors $\hat{\theta}_T^2$ l'estimateur GMM efficace associé, généralisant l'idée des moindres carrés quasigénéralisés :

$$\hat{\theta}_T^2 = \arg\min_\theta \left[\frac{1}{T}\sum_{t=1}^{T} f(Y_t, \theta)\right]' \left[V_T(\hat{\theta}_T^1)\right]^{-1} \left[\frac{1}{T}\sum_{t=1}^{T} f(Y_t, \theta)\right] \qquad [54]$$

(ii) Estimateur GMM itéré

Il est construit en prolongeant la suite $\hat{\theta}_T^1$, $\hat{\theta}_T^2$ ci-dessus par la récurrence suivante :

$$\begin{cases} \hat{\theta}_T^{\ell+1} = \arg\min_\theta \left[\frac{1}{T}\sum_{t=1}^{T} f(Y_t, \theta)\right]' \left[V_T(\hat{\theta}_T^{\ell})\right]^{-1} \left[\frac{1}{T}\sum_{t=1}^{T} f(Y_t, \theta)\right] \\ \ell = 1,\ 2,\ \ldots \end{cases}$$

Cette récurrence est prolongée jusqu'à ce que $\hat{\theta}_T^{\ell}$ converge (quand ℓ augmente) ou au moins jusqu'à une grande valeur de ℓ préalablement fixée. On notera $\hat{\theta}_T^{\infty}$ l'estimateur GMM efficace correspondant et on l'appellera *l'estimateur GMM itéré*, bien que toutes les itérations fournissent chacune un estimateur GMM efficace $\hat{\theta}_T^{\ell}$, $\ell = 1,\ 2,\ \ldots$.

Hansen, Heaton et Yaron (1996) proposent un troisième estimateur GMM efficace construit en révisant continûment la distance au cours de l'algorithme de minimisation.

(iii) Estimateur à distance minimale continûment révisée

Cet estimateur, proposé sous le nom de *Continuous-Updating Estimator,* n'appartient pas réellement à la catégorie d'estimateurs considérés jusqu'à présent, puisque la matrice de pondération est « altérée de façon continue quand θ est changé dans la minimisation » (d'où le nom) au sens où on réalise :

$$\hat{\theta}_T = \arg\min_\theta \left[\frac{1}{T}\sum_{t=1}^{T} f(Y_t, \theta)\right]' \left[V_T(\theta)\right]^{-1} \left[\frac{1}{T}\sum_{t=1}^{T} f(Y_t, \theta)\right] \qquad [55]$$

Autrement dit, si l'on résout ce problème d'optimisation linéaire par un quelconque algorithme numérique, la matrice de pondération utilisée sera changée à chaque étape de l'algorithme. $\hat{\theta}_T$ *ne s'interprète plus comme minimisant une norme donnée du vecteur* $\frac{1}{T}\sum_{t=1}^{T} f(Y_t, \ \theta)$. Bien sûr, l'occurrence de la variable de minimisation θ dans $V_T(\theta)$ va introduire un terme parasite dans les conditions du premier ordre (par rapport au cas standard [46]), ce qui pourrait modifier le calcul de la loi normale asymtotique tel qu'il a été intuitivement présenté à partir de [39]/[40]. Cependant, par référence à des résultats généraux de Pakes et Pollard (1989), Hansen, Heaton et Yaron (1996) expliquent que ce terme parasite n'introduit *pas de distorsion* dans la loi asymptotique. C'est pourquoi on propose de dénommer par abus de langage l'estimateur $\hat{\theta}_T$ correspondant comme un *estimateur GMM efficace* lui aussi.

On dispose donc en fait d'une multitude d'estimateurs GMM efficaces qui ne diffèrent pas par leurs propriétés asymptotiques. Deux types d'argument peuvent alors être invoqués pour choisir l'un plutôt que l'autre.

– **L'argument de simplicité numérique**

Au nom de cet argument, on préférera évidemment l'estimateur en deux étapes à l'estimateur GMM itéré, puisque ce dernier demande des calculs supplémentaires inutiles d'un point de vue asymptotique. Le choix entre les méthodes (*i*) et (*iii*) est moins clair, puisque la première nécessite de résoudre *deux* programmes d'optimisation éventuellement assez simples (par exemple quadratiques si f est linéaire par rapport à θ) alors que la seconde nécessite de résoudre *un seul* programme d'optimisation qui sera souvent beaucoup plus hautement non linéaire, du fait de l'occurrence de θ dans $[V_T(\theta)]^{-1}$.

– **L'argument des propriétés à distance finie**

On parle de *propriétés à distance finie* d'un estimateur $\hat{\theta}_T$ calculé à partir de T observations quand on se réfère à ses propriétés pour *T donné* et non pas pour T tendant vers l'infini. On parle aussi de *propriétés en petit échantillon* si on veut insister sur le fait que les valeurs fixées de T que l'on est susceptible de rencontrer dans un contexte donné d'application sont «trop petites» pour justifier le recours à des résultats asymptotiques. La question des propriétés à distance finie se décompose donc en deux sous-questions.

– D'une part, *à partir de quelle valeur de T* peut-on considérer que l'échantillon n'est plus petit si bien que les résultats asymptotiques peuvent être appliqués en première approximation ?

– D'autre part, pour des valeurs de T plus petites que la valeur ainsi définie, quelles sont les propriétés réelles de notre estimateur et des procédures d'inférence associées (tests, prévisions...) en termes de biais, de précision et plus généralement de distribution de probabilité ?

Malheureusement, ces questions n'admettent pas de réponse générale pour des méthodes non linéaires comme GMM. Cela vient du fait qu'on est le plus souvent incapable de caractériser les propriétés à distance finie par des calculs analytiques (on ne sait pas, dans la majorité des cas, calculer l'espérance d'une fonction non linéaire de Y_t !), si bien que ce que l'on sait sur ces propriétés provient essentiellement d'études par simulation, de type Monte-Carlo. Or, le principe même d'une expérience de Monte-Carlo (§ 3.5.) implique en effet qu'elle est relative à un *modèle donné*, dans un *environnement donné* (processus générateur des données, taille T de l'échantillon) et pour une valeur *donnée des paramètres*. Bien sûr certaines parades contre ces faiblesses peuvent être trouvées comme le *calibrage* des expériences en fonction des valeurs de θ, T (et autres caractéristiques de l'environnement) les plus couramment rencontrées et les *études de sensibilité* (voir surfaces de réponse, au paragraphe 3.5.).

Il n'en demeure pas moins qu'un grand nombre d'expériences doit être accumulé dans des contextes variés pour fournir une connaissance à peu près fiable. Ainsi, alors que depuis Tauchen (1986) beaucoup d'études de Monte-Carlo sur GMM ont été réalisées, un journal important de l'American Statistical Association (*Journal of Business and Economic Statistics*, juillet 1996) vient encore de publier un ensemble de sept articles, tous consacrés à ce sujet. Deux de ces articles seront résumés dans la suite de cet article : Hansen, Heaton et Yaron (1996, noté HHY dans la suite) s'intéressent aux différents estimateurs GMM efficaces d'un paramètre d'aversion pour le risque (§ 3.5.) alors que Andersen et Sorensen (1996, noté AS dans la suite) traitent des modèles à volatilité stochastique (section 4). Par ailleurs, on peut être amené à réaliser soi-même une petite expérience de Monte-Carlo dans un contexte particulier d'application. C'est pourquoi le principe en sera aussi rappelé brièvement au paragraphe 3.5. en nous appuyant sur l'ouvrage récent de Davidson et MacKinnon (1993, noté DMK dans la suite).

DMK commencent par souligner que « la partie la plus difficile d'une expérimentation de Monte-Carlo est la définition du protocole des expériences », ces expériences devant être conçues (*designed* en anglais) pour « donner autant de lumière que possible sur les problèmes d'intérêt ». La première difficulté est donc de bien cerner ces problèmes, en particulier avec une vision aussi exhaustive que possible de tout ce qui peut être connu *a priori*. Dans un contexte hautement non linéaire interdisant la plupart des calculs analytiques à distance finie, un des rares arguments qui puisse être appliqué *a priori* est celui *d'invariance*.

Une première application de ce principe d'invariance est déjà pertinente pour comparer les trois méthodes d'estimation définies ci-dessus. Un défaut des méthodes classiques de GMM efficace est précisément un manque d'invariance par « changement d'échelle » des conditions de moments. En effet, pour toute fonction scalaire $g(\theta)$ des paramètres ne s'annulant pas, les conditions de moments :

$$Ef(Y_t,\ \theta) = 0$$

sont logiquement équivalentes aux conditions « changées d'échelle » :

$$Eh(Y_t,\ \theta) = 0$$

où

$$h(Y_t,\ \theta) = \frac{f(Y_t,\ \theta)}{g(\theta)}$$

Et pourtant un tel changement d'échelle n'est pas anodin dans l'application d'une méthode GMM efficace classique (estimateur en deux étapes ou itéré), puisque, pour un estimateur convergent $\hat{\theta}_T^1$ donné, l'estimateur GMM efficace associé est obtenu en minimisant en θ :

$$\left[\frac{1}{T}\sum_{t=1}^{T} h(Y_t,\ \theta)\right]' \left[\operatorname{var} h(Y_t,\ \theta)_{|\theta=\hat{\theta}_T^1}\right]^{-1} \frac{1}{T}\sum_{t=1}^{T} h(Y_t,\ \theta)$$

c'est-à-dire une fonction objectif déduite de [54] en la multipliant par $\left[\frac{g(\hat{\theta}_T^1)}{g(\theta)}\right]^2$.

Ce facteur multiplicatif, dépendant de θ, va en général modifier le point $\hat{\theta}_T^2$ où le minimum de [54] est atteint. Autrement dit, les estimateurs GMM en deux étapes ou itérés *ne sont pas invariants* à ce changement d'échelle. En revanche, l'estimateur à distance minimale continûment révisée possède, lui, cette qualité d'invariance puisque le même facteur $g^{-2}(\theta)$, présent à la fois dans la matrice de pondération et dans le carré des erreurs, se simplifie sans modifier la fonction objectif à minimiser.

Outre que cette qualité d'invariance est rassurante pour l'interprétation des paramètres estimés (et des conditions de moments qui les définissent), elle laisse intuitivement prévoir de meilleures propriétés à distance finie. En effet, c'est pour T « assez petit » ($\hat{\theta}_T^1$ assez loin de la vraie valeur θ^0) que le « facteur de non-invariance » $\left[\frac{g(\hat{\theta}_T^1)}{g(\theta)}\right]^2$ risque d'avoir les effets les plus pervers. Un autre problème d'invariance dans le même esprit sera aussi mis en évidence dans le paragraphe suivant.

3.2. La mise en œuvre pratique d'une méthode GMM

La première difficulté pratique de l'application d'une méthode GMM est une difficulté numérique pour optimiser un critère non linéaire comme [54] ou [55]. Ferson (1995) fournit un exemple de programme en GAUSS pour l'application de la version itérée (optimisation itérée de [54]) de GMM. Mais il convient de savoir qu'en pratique l'optimisation de [54] ou [55] est souvent difficile, en particulier parce que de telles fonctions présentent fréquemment de multiples minima locaux. Face à ce problème, il est sans doute utile d'avoir en tête les quelques principes suivants.

(*i*) Pour qu'un algorithme converge vers le minimum global plutôt que vers un minimum local (qui fournirait une mauvaise estimation), le choix des *valeurs initiales* des paramètres dans l'algorithme de recherche joue souvent un rôle essentiel. Intuitivement, on voudrait choisir des valeurs initiales le plus près possible de la vraie valeur inconnue des paramètres. Pour ce faire, des informations additionnelles peuvent être utiles : idées *a priori* issues d'autres études, une estimation frustre et préliminaire... En tout cas, c'est clairement la première étape qui est la plus délicate puisque si $\hat{\theta}_T^1$ est une « bonne » estimation, les étapes suivantes d'une méthode GMM itérée peuvent être effectuées en prenant l'estimateur de l'étape précédente comme valeur initiale de l'algorithme d'optimisation. En d'autres termes, l'itération multiplie moins que proportionnellement le temps de calcul ; de plus, une méthode itérée fournit en un certain sens une assurance contre des valeurs aberrantes issues de minima locaux.

(*ii*) Outre les valeurs initiales, le choix de l'algorithme de recherche lui-même est important. Rejoignant en cela une expérience partagée par beaucoup, Hansen, Heaton et Yaron (1996) observent par exemple qu'en utilisant des programmes MATLAB une résolution classique par une méthode de type gradient « rate » souvent la convergence vers le minimum global, alors que ce problème est beaucoup moins fréquent avec une méthode de type simplexe.

(*iii*) Un choix inadéquat d'une matrice de pondération trop loin de la « vraie » valeur $[\text{var } f(Y_t,\ \theta^0]^{-1}$ risque aussi d'introduire des distorsions perverses à distance finie (même si toutes les matrices proposées convergent vers la vraie valeur). En ce sens, la méthode à distance minimale continûment révisée peut présenter certains avantages même si, en augmentant le degré de non-linéarité de la fonction à optimiser, elle augmente le risque de minima locaux et d'estimations « aberrantes » associées.

Une fois calculé un estimateur GMM efficace $\hat{\theta}_T$, on sera en général conduit (pour les besoins de l'inférence) à calculer aussi sa loi asymptotique caractérisée par la variance asymptotique de $\sqrt{T}(\hat{\theta}_T - \theta^0)$ (théorème 2) :

$$\Sigma(\theta^0) = \left\{E\ \frac{\partial f'}{\partial \theta}\ (Y_t,\ \theta^0)\ \left[\text{var } f(Y_t,\ \theta^0)\right]^{-1}\ E\ \frac{\partial f}{\partial \theta'}\ (Y_t,\ \theta^0)\right\}^{-1} \qquad [56]$$

Cette variance sera naturellement estimée par sa contrepartie empirique :

$$\Sigma_T = \left\{\left[\frac{1}{T}\sum_{t=1}^{T}\frac{\partial f'}{\partial \theta}\ (Y_t,\ \hat{\theta}_T)\right]\ (V_T(\hat{\theta}_T))^{-1}\ \left[\frac{1}{T}\sum_{t=1}^{T}\frac{\partial f}{\partial \theta'}\ (Y_t,\ \hat{\theta}_T)\right]\right\}^{-1} \qquad [57]$$

Ceci permet par exemple de calculer pour chaque composante θ_i, $i = 1,\ 2,\ ...,\ p$ de θ, un intervalle de confiance de niveau de confiance asymptotique d'environ 95 % :

$$\hat{\theta}_{iT} \pm 2\ \frac{\sigma_{iiT}}{\sqrt{T}}$$

où σ_{iiT} désigne le i-ième terme diagonal de Σ_T. Plus généralement, on peut construire aisément des tests et régions de confiance relatifs à une fonction différentiable quelconque $g(\theta)$ vecteur de taille q des p paramètres d'intérêt θ. L'idée de base est qu'asymptotiquement, tout est approximativement linéaire et en particulier :

$$g(\hat{\theta}_T) \# g(\theta^0) + \frac{\partial g}{\partial \theta'}\ (\theta^0)\ (\hat{\theta}_T - \theta^0) \qquad [58]$$

si bien que lorsque $\sqrt{T}(\hat{\theta}_T - \theta^0)$ converge en loi vers :

$$\mathcal{N}(0,\ \Sigma(\theta^0))$$

on est assuré que :

$$\sqrt{T}(g(\hat{\theta}_T) - g(\theta^0))$$

converge en loi vers :

$$\mathcal{N}\left[0,\ \frac{\partial g}{\partial \theta'}\ (\theta^0)\ \Sigma(\theta^0)\ \frac{\partial g'}{\partial \theta}\ (\theta^0)\right]$$

Ce résultat de théorie des probabilités connu sous le nom de Δ-*théorème* est très utile pour construire des tests et régions de confiance sur le principe dit de *Wald*. L'idée de base est que puisque :

$$\sqrt{T}\left[g(\hat{\theta}_T) - g(\theta^0)\right] \xrightarrow{L} \mathcal{N}[0,\ \Omega(\theta^0)]$$

où

$$\Omega(\theta^0) = \frac{\partial g}{\partial \theta'}\,(\theta^0)\ \Sigma(\theta^0)\ \frac{\partial g'}{\partial \theta}\,(\theta^0) \qquad [59]$$

on a aussi :

$$T[g(\hat{\theta}_T) - g(\theta^0)]'\ \Omega^{-1}(\theta^0)\ [g(\hat{\theta}_T) - g(\theta^0)] \xrightarrow{L} \chi^2(q) \qquad [60]$$

où q est la taille du vecteur $g(\theta)$ et $\chi^2(q)$ est la loi du χ^2 à q degrés de liberté. Pour l'utilisation pratique, il convient de savoir que l'on peut toujours remplacer la matrice de variance $\Omega(\theta^0)$ par un estimateur convergent :

$$T\left[g(\hat{\theta}_T) - g(\theta^0)\right]'\ \Omega_T^{-1}\left[g(\hat{\theta}_T) - g(\theta^0)\right] \xrightarrow{L} \chi^2(q)$$

avec par exemple :

$$\Omega_T = \frac{\partial g}{\partial \theta'}\,(\hat{\theta}_T)\ \Sigma_T\ \frac{\partial q'}{\partial \theta}\,(\hat{\theta}_T)$$

et Σ_T définie par [57].

Notons que nous avons implicitement supposé que $\Omega(\theta^0)$ et Ω_T sont inversibles, ce qui est assuré, puisque $\Sigma(\theta^0)$ et Σ_T sont par définition inversibles si l'on suppose que $\frac{\partial g}{\partial \theta'}\,(\theta)$ est de plein rang ligne q pour tout θ. Cette hypothèse est assez naturelle puisqu'elle signifie que les q fonctions linéaires d'intérêt composantes de $g(\theta)$ sont « linéairement localement indépendantes » au sens de la linéarisation [58].

Une région de confiance de Wald de niveau de confiance asymptotique 95 % pour $g(\theta)$ est alors définie comme l'ensemble des vecteurs g de taille q qui vérifient :

$$\xi_T^W = T[g(\hat{\theta}_T) - g]'\ \Omega_T^{-1}[g(\hat{\theta}_T) - g] \leq \chi^2_{95\,\%}(q)$$

où $\chi^2_{95}(q)$ désigne le « *quantile d'ordre 95 %* » d'une loi du χ^2 à q degrés de liberté.

Si Y suit une loi $\chi^2(q)$, la probabilité que Y dépasse $\chi^2_{95\,\%}(q)$ est égale à 5 % ($\chi^2_{95\,\%}(q)$ donne la valeur 95 % à la fonction cumulative d'une loi $\chi^2(q)$).

Un test de Wald de niveau asymptotique 5% d'une hypothèse
$\mathbf{H}_0$: $g(\theta) = g^0$, valeur donnée, est alors défini par la région critique $\mathcal{Y}_T$ (ensemble des observations $(Y_1,\ Y_2,\ ...,\ Y_T)$ qui conduisent à rejeter H_0) suivante : $\mathcal{Y}_T$ est l'ensemble des observations qui conduisent à une estimation $\hat{\theta}_T$ telle que :

$$\xi_T^W = T\left[g(\hat{\theta}_T) - g^0\right]'\ \Omega_T^{-1}\left[g(\hat{\theta}_T) - g^0\right] > \chi^2_{95\,\%}(q) \qquad [61]$$

Par exemple, si $q = 1$, on construit le test et l'intervalle de confiance à partir d'une statistique asymptotiquement $\chi^2(1)$:

$$\frac{T(g(\hat{\theta}_T) - g(\theta^0))^2}{\Omega_T}$$

On rejettera par exemple H_0 au niveau asymptotique 5 % si :

$$\frac{\sqrt{T} \mid g(\hat{\theta}_T) - g^0 \mid}{\sqrt{\Omega_T}} > 2$$

On justifie donc asymptotiquement l'utilisation de principe de tests de type Student ou χ^2.

De façon générale, une procédure de test définie par [61] a bien les caractéristiques voulues en termes de niveau et de puissance :

– si H_0 est vérifiée, on sait alors d'après [61] que la statistique de test de Wald ξ_T^W converge en loi vers $\chi^2(q)$ (puisque $g(\theta^0) = g^0$) et donc la probabilité de refuser H_0 est dans ce cas *asymptotiquement égale* à 5 % ;

– si H_0 n'est pas vérifiée, $g(\hat{\theta}_T) - g^0$ converge vers un vecteur non nul $g(\theta^0) - g^0$ si bien que ξ_T^W converge vers $(+\infty)$ (comme T fois la norme au carré d'un vecteur non nul). La probabilité de refuser H_0 est donc dans ce cas *asymptotiquement égale à 1*. Le test est dit *convergent* puisqu'il a asymptotiquement une puissance maximale. Ceci est une caractéristique très générale des tests asymptotiques usuels. Le risque de seconde espèce n'existe que pour des suites dites d'alternatives locales, c'est-à-dire pour des alternatives de plus en plus proches de H_0 quand T augmente. Mais pour une alternative fixée, on est asymptotiquement *certain* de la discerner de H_0, puisque asymptotiquement l'estimateur $g(\hat{\theta}_T)$ n'a plus de variance !

Le lecteur pourra trouver dans Lo (1986) un exemple très pédagogique (à défaut d'être véritablement utile en pratique !) d'application de ce principe de Wald au modèle d'évaluation d'option de Black et Scholes. Si le cours S_t du sous-jacent est conforme au modèle de Black et Scholes (mouvement brownien géométrique), la « volatilité historique » $\hat{\sigma}_T$ est la racine carrée de la variance empirique des taux de rendement $Y_t = \log \dfrac{S_t}{S_{t-1}}$:

$$\hat{\sigma}_T^2 = \frac{1}{T} \sum_{t=1}^{T} \left[\log \frac{S_t}{S_{t-1}} - \overline{R}_T \right]^2$$

$$\left(\text{où } \ \overline{R}_T = \frac{1}{T} \sum_{t=1}^{T} \log \frac{S_t}{S_{t-1}} \right).$$

$\hat{\sigma}_T^2$ est un estimateur GMM très simple (associé aux conditions de moment [16a] et [16b]) et il est très facile de montrer (sans nécessairement recourir à la théorie générale de GMM !) que $\sqrt{T}(\hat{\sigma}_T^2 - \sigma^2)$ suit asymptotiquement une loi normale $\mathcal{N}(0,\ 2\sigma^4)$. Ainsi, si l'on postule que le prix d'un call européen de prix d'exercice K, de maturité τ, associé à une valeur S du sous-jacent et σ de la volatilité est conforme à la formule de Black et Scholes[2] :

$$BS(S,\ K,\ \sigma) = S\phi(d_1) - K\, e^{-r\tau}\, \phi(d_2)$$

---

2. Voir également dans cette ***Encyclopédie*** l'article de F. Quittard-Pinon, « Options : le modèle binomial, le modèle de Black et Scholes et leurs extensions », p. 1355, tome 2.

(avec la définition usuelle de d_1, d_2 et r), on peut conclure que le prix « estimé » $BS(S,\ K,\ \hat{\sigma}_T)$ est tel que :

$$\sqrt{T}(BS(S,\ K,\ \hat{\sigma}_T) - BS(S,\ K,\ \sigma)) \xrightarrow{L} \mathcal{N}[0,\ V_{BS}(\sigma^2)]$$

avec :

$$\begin{aligned} V_{BS}(\sigma^2) &= 2\sigma^4 \left[\frac{\partial BS(s,\ K,\ \sigma)}{\partial \sigma^2}\right]^2 \\ &= \frac{1}{2}\ S^2\sigma^2\tau\varphi^2(d_1) \end{aligned}$$

où φ est la densité de la loi normale centrée réduite :

$$\varphi(u) = (2\Pi)^{-1/2}\ \exp\left(-\frac{u^2}{2}\right)$$

Lo (1986) propose de fonder sur ce principe le calcul d'intervalles de confiance sur le prix de l'option, de tels intervalles étant censés nous couvrir contre l'« aléa d'échantillonnage » dans l'estimation de la volatilité.

Comme annoncé, cet exemple n'est pas très utile en pratique puisque si l'on considère que le modèle de Black et Scholes est une description correcte de la réalité, la volatilité implicite dans un prix d'option observé fournit directement une estimation « parfaite » de la volatilité. En revanche, l'application systématique du Δ-théorème et du principe de Wald associé est très utile dans des cadres plus standards d'application de la méthode GMM (voir les exemples plus loin). Il convient cependant de savoir qu'un reproche souvent fait à la méthode de Wald est son *manque d'invariance* vis-à-vis de l'expression fonctionnelle de l'hypothèse nulle :

$$\mathbf{H}_0\ : g(\theta) = g^0$$

Supposons en effet que h soit une fonction bijective de $\mathbb{R}^q$ dans $\mathbb{R}^q$. Alors H_0 peut être exprimée de façon équivalente :

$$\mathbf{H}_0\ : h(g(\theta)) = h(g^0).$$

L'application du Δ-théorème donne :

$$\sqrt{T}\left[h(g(\hat{\theta}_T)) - h(g(\theta^0))\right] \xrightarrow{L} \mathcal{N}\left[0,\ \tilde{\Omega}(\theta^0)\right] \qquad [62]$$

avec $\Omega(\theta^0)$ définie par [59] et

$$\tilde{\Omega}(\theta^0) = \frac{\partial h}{\partial g'}\ (g(\theta^0))\ \Omega(\theta^0)\ \frac{\partial h'}{\partial g}\ (g(\theta^0))$$

Il est clair alors que pour une donnée de $(Y_1, ..., Y_T)$ et d'une fonction h non linéaire, le test de Wald de H_0 déduit de [62] sera *différent* du test [61]. Ce n'est qu'*asymptotiquement* que les deux tests deviennent équivalents. En effet, asymptotiquement, tout se passe comme si la fonction h était linéaire (par une linéarisation analogue à [58]) si bien que la multiplication à gauche et à droite de la variance par $\frac{\partial h}{\partial g'}$ (et sa transposée) correspond exactement à la composition $h(g)$.

Pour obtenir des tests *invariants*, il faudrait remplacer le principe de Wald par celui dit du rapport des vraisemblances (par analogie avec la théorie du maximum de vraisemblance). Un test devrait alors être fondé sur la *valeur* du minimum du critère optimisé [54] ou [55] en comparant le minimum non contraint et le minimum atteint sous la contrainte H_0. Ce principe ne sera pas détaillé ici, mais on s'intéressera cependant à la valeur du minimum du critère optimisé pour en déduire des tests de spécification.

3.3. Les tests de spécification des conditions de moments

Comme souligné dans la seconde interprétation que nous avons proposée pour la méthode GMM, on estime θ^0 en cherchant la valeur $\hat{\theta}_T$ qui minimise *une norme* d'une moyenne empirique $\frac{1}{T}\sum_{t=1}^{T} f(Y_t, \theta)$ sachant que cette moyenne est asymptotiquement nulle pour $\theta = \theta^0$.

Bien entendu, cette présomption de nullité de $Ef(Y_t, \theta^0)$ repose sur le modèle théorique sous-jacent (par exemple un modèle d'évaluation d'actifs financiers) qui nous affirme que :

$$Ef(Y_t, \theta) = 0 \text{ pour une valeur } \theta = \theta^0 \tag{63}$$

Par exemple, les conditions de moment (M2) (§ 1.3.) sont valides si et seulement si le modèle d'évaluation multifacteur [14] est valide. Il est donc naturel de *tester la spécification* d'un tel modèle en s'interrogeant sur l'écart à zéro de $\frac{1}{T}\sum_{t=1}^{T} f(Y_t, \theta)$ pour une valeur de θ *candidate* à être proche de θ^0. Remarquons à ce propos qu'il convient de ne pas utiliser la notation θ^0 dans le cas où les conditions de moments [63] ne sont pas vérifiées, car dans beaucoup de contextes θ^0 *ne sera même pas défini* si le modèle [63] n'est pas valide. On dira dans ce cas que le modèle est *mal spécifié* ou qu'il y a *erreur de spécification*. Bien entendu, dans le cas des conditions (M2), on peut dire que les coefficients bêtas sont définis quoiqu'il arrive. Mais il faut être conscient que, dans beaucoup de cas, θ est *défini* par la condition *d'identification* :

$$Ef(Y_t, \theta) = 0 \Rightarrow \theta = \theta^0 \tag{64}$$

On verra beaucoup d'exemples de ce problème dans le cadre des modèles dynamiques de la section 4. A titre de première illustration, on remarquera simplement ici que dans le cas d'une variable scalaire Y_t, la valeur unique θ^0 de θ telle que

$$Ef(Y_t, \theta) = 0$$

avec

$$f(Y_t,\ \theta) = (Y_t - \theta,\ (Y_t - \theta)^3)'$$

n'est définie que si le modèle implicite sous-jacent qui postule une certaine forme de symétrie de la distribution de probabilité de Y_t (pour que le moment centré d'ordre 3 soit nul) est bien spécifié.

De façon générale, lorsque l'on dispose d'un estimateur GMM efficace $\hat{\theta}_T$, il représente bien la meilleure idée que l'on puisse se faire de θ^0, *sous l'hypothèse H_0 de bonne spécification du modèle* [63], si bien que l'on sera amené à tester H_0 en s'intéressant à l'écart à zéro de $\frac{1}{T}\sum_{t=1}^{T} f(Y_t,\ \hat{\theta}_T)$. Typiquement, on rejettera H_0 si le vecteur $\frac{1}{T}\sum_{t=1}^{T} f(Y_t,\ \hat{\theta}_T)$ est *significativement* différent de zéro.

Comme toujours, cette notion de significativité doit être appréciée en relation avec la distribution de probabilité de $\frac{1}{T}\sum_{t=1}^{T} f(Y_t,\ \hat{\theta}_T)$ sachant qu'on ne connaîtra en général qu'une *distribution asymptotique*, la distribution de l'estimateur $\hat{\theta}_T$ lui-même n'étant en général connue qu'asymptotiquement par le théorème 2. Pour avoir l'intuition de ce que peut être la distribution asymptotique de $\frac{1}{T}\sum_{t=1}^{T} f(Y_t,\ \hat{\theta}_T)$, il est utile de se souvenir que, par le théorème central-limite :

$$\frac{1}{\sqrt{T}}\sum_{t=1}^{T} f(Y_t,\ \theta^0) \xrightarrow{L} \mathcal{N}\left[0,\ \text{var}\ f(Y_t,\ \theta^0)\right]$$

si bien que :

$$\left[\frac{1}{\sqrt{T}}\sum_{t=1}^{T} f(Y_t,\ \theta^0)\right]' W_T^* \left[\frac{1}{\sqrt{T}}\sum_{t=1}^{T} f(Y_t,\ \theta^0)\right] \xrightarrow{L} \chi^2(H) \qquad [65]$$

dès que :

$$\lim_{T=\infty} W_T^* = \left[\text{var}\ f(Y_t,\ \theta^0)\right]^{-1}$$

On s'intéressera donc à la loi asymptotique de :

$$\xi_T = \left[\frac{1}{\sqrt{T}}\sum_{t=1}^{T} f(Y_t,\ \hat{\theta}_T)\right]' W_T^* \left[\frac{1}{\sqrt{T}}\sum_{t=1}^{T} f(Y_t,\ \hat{\theta}_T)\right] \qquad [66]$$

en s'interrogeant sur l'effet que peut avoir sur la convergence en loi [65] le remplacement de θ^0 par $\hat{\theta}_T$. Pour avoir l'intuition de cet effet, il suffit d'avoir en tête le modèle de régression [4] que l'on considérera pour simplifier avec un seul actif $(i = 1 = n)$

$$\begin{cases} r_{t+1} = a + \sum_{k=1}^{K} b_k \tilde{r}_{kt+1} + u_{t+1} \\ Eu_{t+1} = 0 \\ \text{cov}\ (u_{t+1},\ \tilde{r}_{kt+1}) = 0 \quad \forall k = 1,\ 2,\ ...,\ K \end{cases} \qquad [67]$$

En notant σ^2 la variance de u_{t+1}, on a, sous l'hypothèse de normalité des rendements :

$$\frac{1}{\sigma^2}\sum_{t=0}^{T-1}(r_{t+1} - a - \sum_{k=1}^{K} b_k \tilde{r}_{kt+1})^2 = \frac{1}{T}\sum_{t=0}^{T-1} u_{t+1}^2 \rightsquigarrow \chi^2(T)$$

le symbole $\rightsquigarrow$ étant utilisé pour insister sur le fait qu'il s'agit de la loi suivie pour T fini (et non seulement asymptotiquement comme dans le cas de la notation $\xrightarrow{L}$). C'est alors une propriété bien connue de l'estimation des MCO (qui coïncide ici avec l'estimation GMM) que le remplacement des $(K + 1)$ paramètres $a,\ b_k,\ k = 1,\ ...,\ K$ par leurs estimations MCO $\hat{a}, \hat{b}_k\ ;\ k = 1,\ ...,\ K$ a pour effet de diminuer d'autant le nombre de degrés de liberté du χ^2 :

$$\frac{1}{\sigma^2}\sum_{t=0}^{T-1}(r_{t+1} - \hat{a} - \sum_{k=1}^{K} \hat{b}_k \tilde{r}_{kt+1}) = \frac{1}{\sigma^2}\sum_{t=0}^{T-1} \hat{u}_{t+1}^2 \rightsquigarrow \chi^2(T - K - 1) \qquad [68]$$

C'est ce résultat qui permet de caractériser les propriétés de l'estimateur sans biais de σ^2 : $\hat{\sigma}^2 = \dfrac{1}{T - K - 1}\displaystyle\sum_{t=0}^{T-1} \hat{u}_{t+1}^2$; et de construire en particulier des tests de Student et/ou Fisher sur les coefficients du modèle de régression.

Même si le contexte [65]/[66] est un peu différent (il n'y a en l'occurrence que des lois χ^2 asymptotiques dans des contextes en général non linéaires), l'intuition fournie par le résultat [68] peut être généralisée.

Théorème 3

Dans le contexte de l'hypothèse 1 dans le cas suridentifié (H conditions de moments pour identifier p *paramètres,* $H > p$*), si* $\hat{\theta}_T$ *est un estimateur GMM efficace obtenu en minimisant en* θ *:*

$$Q_T(\theta) = \left[\frac{1}{T}\sum_{t=1}^{T} f(Y_t,\ \theta)\right]' W_T^* \left[\frac{1}{T}\sum_{t=1}^{T} f(Y_t,\ \theta)\right]$$

avec $\lim\limits_{T=\infty} W_T^* = \left[\mathrm{var}\ f(Y_t,\ \theta^0)\right]^{-1}$
alors :

$$\xi_T = TQ_T(\hat{\theta}_T) \xrightarrow{L} \chi^2(H - p)$$

Autrement dit, le nombre de degré de liberté du χ^2 est diminué par rapport à [65] du nombre de paramètres estimés. Bien sûr, cela n'a de sens que dans le cas suridentifié ($H > p$). En fait, on ne peut imaginer de tester les conditions de moments

$$\underline{H_0}\ : Ef(Y_t,\ \theta^0) = 0$$

que si celles-ci sont susceptibles d'être invalidées parce qu'elles ne fournissent pas seulement p équations pour définir autant de paramètres mais *plus d'équations que de paramètres.* Selon un principe comparable à celui du test de Wald, *on rejettera donc* H_0 *au niveau asymptotique* 5 % si et seulement si

$$\xi_T > \chi^2_{95\,\%}(H - p)$$

Plusieurs propriétés de ce test, dit *test de suridentification* (ou test J) de Hansen, méritent d'être soulignées.

(*i*) D'abord, il est très facile à réaliser dès lors que l'on a calculé un estimateur GMM efficace. En effet, cet estimateur GMM efficace $\hat{\theta}_T$ ayant été obtenu comme valeur de θ qui minimise $Q_T(\theta)$, il suffit de prendre la *valeur minimale* $Q_T(\hat{\theta}_T)$ obtenue lors de cette minimisation pour calculer la statistique de test $\xi_T = TQ_T(\hat{\theta}_T)$ et s'assurer automatiquement qu'elle n'excède pas le seuil de significativité $\chi^2_{95\,\%}(H-p)$.

(*ii*) Par construction, si les conditions de moments sont valides, c'est-à-dire si H_0 est vérifiée, la statistique de test ξ_T converge en loi vers $\chi^2(H-p)$. La probabilité de refuser H_0 quand elle est vraie est donc bien asymptotiquement égale à 5 %. On a donc bien construit *un test de spécification de niveau asymptotique 5 %*. De plus ce test est *convergent* puisque si H_0 n'est pas vérifiée, il n'existe pas de valeur de θ telle que $Ef(Y_t,\ \theta) = 0$ si bien que si θ_∞ désigne la limite de $\hat{\theta}_T$, $Q_T(\hat{\theta}_T)$ converge vers :

$$(Ef(Y_t,\ \theta_\infty))' \left[\text{var}\ f(Y_t,\ \theta^0)\right]^{-1} Ef(Y_t,\ \theta_\infty) > 0$$

$\xi_T = TQ_T(\hat{\theta}_T)$ converge vers $(+\infty)$ et la probabiltié de refuser H_0 (parce que ξ_T dépasse le seuil limite) converge vers 1.

Une application de ce test de suridentification sera développée dans le paragraphe 3.4. ci-dessous pour les modèles d'évaluation en termes de coefficients bêtas. Ces modèles, dans la forme simple que nous considérons ici (voir par exemple Ferson et Harvey (1993) pour une généralisation), postulent que tous les coefficients bêtas sont constants dans le temps (puisque les rendements consécutifs sont supposés indépendants de même loi). Cette hypothèse est évidemment abusivement simplificatrice, si bien qu'une cause majeure d'erreur de spécification du modèle [63] sera que la valeur de θ solution des conditions $Ef(Y_t,\ \theta) = 0$ dépende de la période t. Plusieurs auteurs (voir en particulier Ghysels et Hall, 1990) ont montré que le test J de Hansen, bien que convergent, est peu puissant pour détecter de telles variations des paramètres. L'idée intuitive de cette faiblesse est que, même s'il n'existe pas θ^0 solution de $Ef(Y_t,\ \theta^0) = 0$ pour tout t, mais seulement θ^{0t} solution de $Ef(Y_t,\ \theta^{0t}) = 0$ pour $t = 1,\ 2,\ ...,\ T$, la procédure GMM fournira un estimateur $\hat{\theta}_T$, estimateur convergent de $\lim\limits_{T=\infty} \frac{1}{T}\sum\limits_{t=1}^{T}\theta^{0t}$. Si θ^{0t} oscille faiblement autour d'une « valeur moyenne » $\overline{\theta}$, l'écart à zéro de $\frac{1}{\sqrt{T}}\sum\limits_{t=1}^{T} f(Y_t,\ \hat{\theta}_T)$ risque alors d'apparaître (à tort) non significatif. Ce manque de puissance du test J pour détecter des « *changements structurels* » (changements dans la valeur des paramètres structurels) est d'autant plus dommageable que l'hypothèse de constance de certains paramètres structurels représente souvent l'essence même d'un modèle. C'est ainsi que l'estimation de paramètres de préférence comme le facteur d'escompte subjectif, l'aversion pour le risque, l'élasticité de subtitution intertemporelle, etc. (section 4), a été développée à la fin des années 1970, en partie en réponse à la critique de Lucas (1976) sur l'inefficacité des politiques économiques fondées sur des modèles dont les paramètres changeaient en fonction des anticipations des agents.

Par conséquent, l'hypothèse essentielle à tester pour valider ces modèles est celle qui suppose que certains paramètres sont constants. Andrews et Fair (1988) ont proposé des tests de Wald ou du rapport des vraisemblances pour tester la constance des paramètres. L'idée essentielle de ces tests est la suivante.

Supposons que l'on suspecte que le changement principal s'est produit à une date précise T_1 (appelée le point de rupture) :

$$\begin{aligned} \theta^{0t} &= \theta^{01} \quad \text{pour} \quad t < T_1 \\ \theta^{0t} &= \theta^{0T_1} \quad \text{pour} \quad t \geq T_1 \end{aligned}$$

En conséquence, on partage l'échantillon en deux sous-échantillons $(Y_t)_{1 \leq t < T_1}$ et $(Y_t)_{T_1 \leq t \leq T}$. Si les paramètres restent constants sur tout l'échantillon ($\theta^{01} = \theta^{0T_1}$), leurs estimateurs issus de chaque sous-échantillon ou de l'échantillon total devraient être approximativement égaux. Ghysels et Hall (1990) proposent un «test prédictif» de stabilité structurelle. Avec une telle approche, l'estimateur des paramètres issus du premier sous-échantillon, soit $\hat{\theta}^1_{T_1}$, est utilisé pour évaluer les conditions de moments du second sous-échantillon. Si le modèle est structurellement invariant dans le temps, les conditions de moments «prédites» $\frac{1}{\sqrt{T - T_1 + 1}} \sum_{t=T_1}^{t=T} f(Y_t, \ \hat{\theta}^1_{T_1})$ ne doivent pas s'écarter significativement de zéro. Le test prédictif de Ghysels et Hall (1990) évalue la significativité de ce vecteur en se basant sur le fait qu'une norme au carré de ce vecteur bien choisie (par un argument analogue à la preuve du théorème 3) converge en loi vers une loi $\chi^2(H)$ (quand T tend vers l'infini et T_1 est proportionnel à T).

3.4. Application au test de l'efficience moyenne-variance

Les principaux tests définis ci-dessus (test de Wald et J-test de Hansen) vont être appliqués ici au modèle d'évaluation [12] à un facteur (la généralisation à plusieurs facteurs serait aisée). Pour mettre en exergue les idées principales sans les noyer dans des notations matricielles trop lourdes, on se concentrera d'abord sur le test de suridentification des conditions de moments associées à [51] (un seul actif, un seul facteur). On a vu que, dans le cas général, l'estimateur GMM efficace $\hat{b}_T$ est obtenu en minimisant :

$$Q_T(b) = [g_1(b), \ g_2(b)] \ W_T \begin{bmatrix} g_1(b) \\ g_2(b) \end{bmatrix} \qquad [69]$$

avec W_T^{-1} estimateur convergent de

$$\text{var } f(Y_t, b^0) = \begin{bmatrix} Eu_t^2 & Eu_t^2 \tilde{r}_{pt} \\ Eu_t^2 \tilde{r}_{pt} & Eu_t^2 \tilde{r}_{pt}^2 \end{bmatrix} = Eu_t^2 \begin{bmatrix} 1 & E\tilde{r}_{pt} \\ E\tilde{r}_{pt} & E\tilde{r}_{pt}^2 \end{bmatrix} \qquad [70]$$

cette dernière factorisation étant valide si l'on postule la normalité des rendements.

Si on veut *tester l'hypothèse H_0 d'efficience moyenne-variance* du portefeuille r_p (qui justifie ce modèle d'évaluation), on sera donc amené à rejeter cette hypothèse si :

$$\xi_T = TQ_T(\hat{b}_T) > \chi^2_{95\,\%} \ (1)$$

c'est-à-dire si $\sqrt{T}$ fois une certaine norme du vecteur $[g_1(\hat{b}_T),\ g_2(\hat{b}_T)]$ dépasse $\sqrt{\chi^2_{95\,\%}(1)}$ (à peu près 2).

Là encore, l'hypothèse de normalité des rendements, si elle est retenue, simplifiera considérablement les calculs et leurs interprétations. On a vu en effet qu'elle conduit à choisir $\hat{b}_T$ de façon que $g_2(\hat{b}_T) = 0$, si bien que le test se ramène à *un test de significativité* de

$$g_1(\hat{b}_T) = \overline{r}_T - \hat{b}_T \overline{\tilde{r}}_{pT}$$

On rejettera l'hypothèse H_0 d'efficience moyenne-variance si :

$$\mid \overline{r}_T - \hat{b}_T \overline{\tilde{r}}_{pT} \mid > 2\hat{\sigma} \qquad [71]$$

où $\hat{\sigma}$ est l'écart type asymptotique de $\overline{r}_T - \hat{b}_T \overline{\tilde{r}}_{pT}$. Bien sûr, la question de l'efficience moyenne-variance n'a pas beaucoup d'intérêt dans le cas où il existe un seul actif risqué, mais cette démarche pourrait aisément être généralisée au cas de n actifs $i = 1, \ldots, n$. On serait alors amené à tester que les actifs ne *s'écartent pas significativement de la droite de marché* (dans le cas où $\tilde{r}_{pt}$ représente le rendement du marché) en testant la significativité d'une norme du vecteur $(\overline{r}_{iT} - \hat{b}_{iT} \overline{\tilde{r}}_{pT})_{1 \leq i \leq n}$. Un test général d'efficience moyenne-variance sera présenté en exemple conclusif de ce paragraphe. Il s'agit simplement de montrer à ce stade que la théorie générale de GMM fournit facilement la valeur des variances estimées nécessaire pour mener un test de significativité comme [71].

D'après [69] et [70] (compte tenu de la factorisation de var $f(Y_t,\ b^0)$ permise grâce à la normalité) :

$$\xi_T = TQ_T(\hat{b}_T) = TW_{11T}[g_1(\hat{b}_T)]^2$$

où W_{11T}, coefficient nord-ouest de la matrice W_T, est un estimateur convergent de :

$$\frac{E\tilde{r}^2_{pt}}{Eu^2_t \text{ var } \tilde{r}_{pt}} = \frac{1}{Eu^2_t}\left[1 + \frac{(E\tilde{r}_{pt})^2}{\text{var } \tilde{r}_{pt}}\right]$$

La statistique de test à comparer au seuil critique $\chi^2_{95\,\%}(1)\#4$ sera donc :

$$\xi_T = \frac{T\left[\overline{r}_T - \hat{b}_T \overline{\tilde{r}}_{pT}\right]^2}{\frac{1}{T}\sum_{t=0}^{T-1}\left(r_{t+1} - \hat{b}_T \tilde{r}_{pt+1}\right)^2} \cdot \left[1 + \frac{\left(\frac{1}{T}\sum_{t=0}^{T-1}\tilde{r}_{pt+1}\right)^2}{\frac{1}{T}\sum_{t=0}^{T-1}(\tilde{r}_{pt+1} - \overline{\tilde{r}}_{pT})^2}\right] \qquad [72]$$

Pour bien comprendre les propriétés de ce test, il peut être utile de le situer par rapport à au moins trois approches concurrentes.

(i) Une approche « naïve » serait de tester la nullité de la moyenne m de la variable normale $r_{t+1} - b^0\tilde{r}_{pt+1}$ où b^0 est le coefficient bêta. Cette moyenne est naturellement estimée par :

$$\hat{m}_T = \overline{r}_T - b^0\overline{\tilde{r}}_{pT}$$

et la variance de cet estimateur est :

$$\sigma_T^2 = \frac{1}{T} \text{ var } [r_{t+1} - b^0\tilde{r}_{pt+1}]$$

estimée par :

$$\hat{\sigma}_T^2 = \frac{1}{T^2}\sum_{t=0}^{T-1}(r_{t+1} - b^0\tilde{r}_{pt+1})^2$$

Un test de Student naïf consisterait donc à refuser H_0 si $|\, \hat{m}_T \,| / \hat{\sigma}_T$ excède 2, c'est-à-dire si $\hat{m}_T^2/\hat{\sigma}_T^2$ excède $\chi^2_{95\,\%}$ [1]. Comme le coefficient bêta est inconnu, on aurait alors tendance à le remplacer par son estimateur des MCO $\hat{b}_T$ (dans le modèle de régression contraint par $a = 0$) de sorte que l'on refuserait H_0 si et seulement si :

$$\frac{T[\overline{r}_T - \hat{b}_T\overline{\tilde{r}}_{pT}]^2}{\frac{1}{T}\sum_{t=0}^{T-1}(r_{t+1} - \hat{b}_T\tilde{r}_{pt+1})^2} \quad \text{excédait } \chi^2_{95\,\%} \text{ [1]}$$

En comparant avec [72], on voit que cette procédure naïve est incorrecte car elle oublie le « facteur correctif »

$$1 + \frac{\mu_p^2}{\sigma_p^2} \qquad [73]$$

où $\mu_p = \overline{\tilde{r}}_{pT}$ et $\sigma_p^2 = \frac{1}{T}\sum_{t=0}^{T-1}(\tilde{r}_{pt+1} - \overline{\tilde{r}}_{pT})^2$.

Ce facteur correctif est indispensable pour obtenir une statistique de test dont la loi asymptotique soit bien χ^2 [1] *alors que l'on a remplacé le vrai coefficient bêta b^0 par son estimateur* $\hat{b}_T$ (ce qui modifie évidemment la loi de la statistique de test). En fait, la statistique de test naïve *sous-estime* la statistique correcte si bien que l'hypothèse H_0 est *trop souvent acceptée*. Le test naïf est dit *conservatif* (son niveau réel est inférieur à 5 %) alors qu'il est toujours convergent. Intuitivement, cela provient du fait qu'en estimant b^0 par l'estimateur des MCO contraint $\hat{b}_T$, on a déjà dans une certaine mesure remplacé la vraie valeur du coefficient bêta par la valeur qui rend H_0 la plus vraisemblable compte tenu des données ; le facteur correctif a pour objet de compenser cet « excès de faveur » accordé à H_0.

En outre, il est amusant de constater que l'écart à 1 du facteur correctif est *le carré de l'indice de performance de Sharpe*[3] du portefeuille $\tilde{r}_p$, qui serait la *performance potentielle* (voir par exemple Jobson et Korkie, 1982) de l'ensemble des opportunités d'investissement si $\tilde{r}_p$ est effectivement efficient au sens moyenne-variance (c'est-à-dire si H_0 est vérifiée). Cette performance

---

3. Voir également dans cette ***Encyclopédie*** l'article de J. Salvati, « Mesure de performance et gestion de portefeuille », p. 1122, tome 2.

est la pente de la *droite de marché* considérée comme relation entre le rendement net espéré des actifs et leur risque de marché (défini à partir de [11] dans le cas où $\tilde{r}_p$ est le rendement du marché). Plus cette droite est pentue, plus le terme correctif est important dans l'analyse de la significativité de l'écart à cette droite.

(*ii*) A l'opposé de l'approche naïve, l'approche en un sens la plus sophistiquée serait de considérer que, puisque les rendements sont gaussiens, le modèle de régression [9] :

$$r_{t+1} = a + b\tilde{r}_{pt+1} + u_{t+1}$$

doit être estimé *par le maximum de vraisemblance* (qui coïncide ici avec les MCO) et le test de l'hypothèse

$$\underline{H_0} \ : a = 0$$

doit être mené à partir d'une des trois procédures de test fondées sur la vraisemblance : test du rapport des maxima de vraisemblance, test du score ou test de Wald. Il convient de remarquer en outre que, puisque le modèle [9] et l'hypothèse H_0 considérés sont linéaires, ces tests asymptotiques admettant un équivalent valide aussi à distance finie : le classique *test de Student*. Pour unifier la présentation, on adoptera cependant ici une approche de test de Wald de H_0 fondée sur l'estimateur GMM de $\theta = (a,\ b)'$ à partir des conditions de moments [49] écrites avec un seul facteur ($K = 1$). On pourrait démontrer que cette approche est ici asymptotiquement équivalente aux autres procédures de test citées ci-dessus.

L'approche *test de Wald* étant toujours fondée sur *l'estimateur non contraint* (par l'hypothèse H_0 à tester), on est ainsi conduit à modifier légèrement les notations [51] de façon à considérer le système de conditions de moments juste identifié :

$$Ef(Y_{t+1},\ \theta^0) = 0$$

où

$$f(Y_{t+1},\ \theta) = \begin{bmatrix} r_{t+1} - a - b\tilde{r}_{pt+1} \\ (r_{t+1} - a - b\tilde{r}_{pt+1})\ \tilde{r}_{pt+1} \end{bmatrix} \qquad [74]$$

Bien sûr, si θ^0 vérifie H_0, $\theta^0 = (0,\ b^0)'$ et la notation $f(Y_{t+1},\ 0,\ b^0)$ employée ici correspond à la notation $f(Y_{t+1},\ b^0)$ utilisée dans [51]. En particulier, $\text{var}\ f(Y_{t+1},\ \theta^0)$ est toujours définie par [70] et on peut considérer à nouveau son estimateur convergent W_T^{-1}. En revanche, puisqu'il n'y a plus suridentification, l'estimateur GMM efficace $\hat{\theta}_T$ est simplement défini par :

$$\frac{1}{T}\sum_{t=0}^{T-1} f(Y_{t+1},\ \hat{\theta}_T) = 0$$

ce qui conduit à l'estimateur des MCO non contraint noté $\hat{\theta}_T = (\hat{a}_T, \hat{b}_T^*)$. En particulier :

$$\hat{b}_T^* = \frac{\frac{1}{T}\sum_{t=0}^{T-1} r_{t+1}(\tilde{r}_{pt+1} - \bar{\tilde{r}}_{pT})}{\frac{1}{T}\sum_{t=0}^{T-1} (\tilde{r}_{pt+1} - \bar{\tilde{r}}_{pT})^2}$$

ne doit pas être confondu avec l'estimateur des MCO contraints $\hat{b}_T$ considéré précédemment. C'est ainsi que le test de Wald de l'hypothèse H_0 va être fondé sur la significativité de :

$$\hat{a}_T = \bar{r}_T - \hat{b}_T^* \bar{\tilde{r}}_{pT}$$

à ne pas confondre avec $\hat{m}_T = \bar{r}_T - \hat{b}_T \bar{\tilde{r}}_{pT}$ défini dans l'approche naïve ci-dessus.

Si H_0 est vérifiée, $\hat{b}_T$ est un meilleur estimateur de b^0 que $\hat{b}_T^*$ (la variance asymptotique de $\hat{b}_T$ est plus faible) car il tient compte de l'information apportée par H_0, si bien que $\hat{a}_T$ et $\hat{m}_T$ n'ont pas la même variance asymptotique. Le test de significativité de $\hat{m}_T$ défini plus haut n'est donc pas applicable tel quel à $\hat{a}_T$. Là encore, les formules générales du théorème 2 permettent le calcul correct de la variance asymptotique de $\hat{a}_T$. On sait d'après [44] que $\sqrt{T}(\hat{\theta}_T - \theta^0)$ est un vecteur asymptotiquement normal de moyenne nulle et de variance :

$$\left[E\,\frac{\partial f}{\partial \theta'}\,(Y_t,\,\theta^0)\right]^{-1} \text{var}\, f(Y_t,\,\theta^0)\left[E\,\frac{\partial f'}{\partial \theta}\,(Y_t,\,\theta^0)\right]^{-1}$$

avec d'après [74] :

$$\frac{\partial f(Y_t,\,\theta^0)}{\partial \theta'} = \begin{bmatrix} -1 & -\tilde{r}_{pt} \\ -\tilde{r}_{pt} & -\tilde{r}_{pt}^2 \end{bmatrix}$$

si bien que, si θ^0 vérifie H_0 :

$$-E\,\frac{\partial f(Y_t,\,\theta^0)}{\partial \theta'} = \begin{bmatrix} 1 & E\tilde{r}_{pT} \\ E\tilde{r}_{pT} & E\tilde{r}_{pT}^2 \end{bmatrix} = \frac{1}{Eu_t^2}\,\text{var}\, f(Y_t,\,\theta^0)$$

d'après [70] et l'hypothèse de normalité.

La variance asymptotique de $\sqrt{T}(\hat{\theta}_T - \theta^0)$ s'exprime donc simplement sous H_0 par :

$$\frac{Eu_t^2}{\text{var}\,\tilde{r}_{pt}}\begin{bmatrix} E\tilde{r}_{pt}^2 & -E\tilde{r}_{pt} \\ -E\tilde{r}_{pt} & 1 \end{bmatrix}$$

si bien que la statistique de test de Wald de H_0 peut s'écrire :

$$\xi_T^W = T\,\frac{\hat{a}_T^2}{\hat{\sigma}_T^2}$$

où $\hat{\sigma}_T^2$ est un estimateur convergent de :

$$\frac{Eu_t^2 E\tilde{r}_{pt}^2}{\text{var } \tilde{r}_{pt}} = Eu_t^2 \left[1 + \frac{(E\tilde{r}_{pt})^2}{\text{var } \tilde{r}_{pt}}\right] \quad [75]$$

Dans ce contexte d'estimation non contrainte, il est naturel d'estimer Eu_t^2 par :

$$\frac{1}{T}\sum_{t=0}^{T-1}(r_{t+1} - \hat{a}_T - \hat{b}_T^* \tilde{r}_{pt+1})^2 \quad [76]$$

ce qui donne une statistique de test de Wald sous la forme :

$$\xi_T^W = \frac{T\hat{a}_T^2}{\frac{1}{T}\sum_{t=0}^{T-1}\left(r_{t+1} - \hat{a}_T - \hat{b}_T^* \tilde{r}_{pt+1}\right)^2}\left[1 + \frac{\mu_p^2}{\sigma_p^2}\right]^{-1} \quad [77]$$

avec les notations [73]. Cette statistique de test de Wald, obtenue ici en utilisant la théorie de l'estimateur GMM non contraint (dans le contexte de rendements gaussiens), coïncide avec la statistique de test de Wald obtenue par exemple par Gibbons, Ross et Shanken (1989) en utilisant la théorie du maximum de vraisemblance fondée sur la normalité. Pour comparer avec le test de sur-identification [72] proposé plus haut, il convient de remarquer que, si dans l'estimation de la variance [76], nous avons choisi d'estimer Eu_t^2 par :

$$\frac{1}{T}\sum_{t=0}^{T-1}(r_{t+1} - \hat{a}_T - \hat{b}_T^* \tilde{r}_{pt+1})^2$$

puisque $(\hat{a}_T, \hat{b}_T^*)'$ est l'estimateur convergent de θ dont on dispose dans la mise en œuvre du test de Wald, il aurait été tout aussi fondé en théorie (même si ce n'est pas pertinent en pratique) d'estimer Eu_t^2 par :

$$\frac{1}{T}\sum_{t=0}^{T-1}(r_{t+1} - \hat{b}_T \tilde{r}_{pt+1})^2$$

En d'autres termes, les différences importantes entre [72] et [77] sont :

– d'une part la différence entre

$$\left[\bar{r}_T - \hat{b}_T \bar{\tilde{r}}_{pT}\right]^2 \quad \text{et} \quad \hat{a}_T^2 = \left[\bar{r}_T - \hat{b}_T^* \bar{\tilde{r}}_{pT}\right]^2$$

correspondant à la différence, déjà commentée ci-dessus, entre $\hat{b}_T$ et $\hat{b}_T^*$,

– d'autre part, le terme correctif (par rapport à la procédure naïve) qui est $\left[1 + \frac{\mu_p^2}{\sigma_p^2}\right]$ dans [72] et l'inverse $\left[1 + \frac{\mu_p^2}{\sigma_p^2}\right]^{-1}$ dans [77] ! Cette différence, qui peut surprendre de prime abord, puisque les deux statistiques de test vont être finalement *comparées au même seuil critique* $\chi^2_{95\,\%}[1]$, peut être expliquée intuitivement de la façon suivante. Dans [72], $1+\frac{\mu_p^2}{\sigma_p^2}$ est un facteur correctif (par rapport à la procédure naïve) destiné à *augmenter* la statistique de test (et donc la probabilité réelle de rejet du H_0) pour compenser le fait qu'en remplaçant b^0 par un estimateur contraint, on introduit un biais *en faveur* de H_0. Ce facteur correctif apparaît en sens inverse dans [77], car sinon H_0 serait défavorisée par le remplacement de b^0 par un estimateur non contraint ; sans ce facteur correctif, on aurait un test de H_0 dont le niveau réel serait *supérieur au niveau nominal* 5 %, ce qui est une erreur encore beaucoup plus grave que de réaliser un test *conservatif*. En effet, *l'optique de Neyman* qui fonde la méthodologie de test utilisée ici a pour but premier de *contrôler le niveau* (probabilité de refuser H_0 quand elle est vraie) avant de s'intéresser à la puissance (probabilité de refuser H_0 quand elle est fausse). En ce sens, le seul défaut d'un test conservatif est en général de consentir un manque à gagner (compte tenu du niveau permis) en termes de puissance.

(*iii*) Les approches de tests décrites ci-dessus sont toutes fondées sur l'hypothèse de normalité jointe du vecteur des rendements. Les deux approches utilisant la théorie de GMM (test de suridentification et test de Wald) peuvent aussi être reconsidérées en renonçant à utiliser l'hypothèse de normalité. Cela ne changera pas les estimateurs utilisés pour les paramètres d'intérêt a et b (MCO contraints dans le premier cas, MCO non contraints dans le second), mais changera le mode de calcul des variances asymptotiques. En effet, les calculs précédents ont été fondés de façon cruciale sur la factorisation de la matrice de variance [70] :

$$\operatorname{var} f(Y_t,\ \theta^0)=\begin{bmatrix} Eu_t^2 & Eu_t^2\tilde{r}_{pt} \\ Eu_t^2\tilde{r}_{pt} & Eu_t^2\tilde{r}_{pt}^2 \end{bmatrix}$$

en un produit :

$$\operatorname{var} f(Y_t,\ \theta^0)=(Eu_t^2)\begin{bmatrix} 1 & E\tilde{r}_{pt} \\ E\tilde{r}_{pt} & E\tilde{r}_{pt}^2 \end{bmatrix} \qquad [78]$$

Cette factorisation a été justifiée par l'hypothèse de normalité jointe de $(\tilde{r}_t,\ \tilde{r}_{pt})'$ qui assure que $\tilde{r}_t$ et u_t sont indépendants. Plus généralement, la factorisation [78] et les expressions des statistiques de test [72] et [77] qui en résultent sont valides dès que les deux conditions suivantes sont réunies (la première condition impliquant évidemment la seconde) :

$$E\left[u_t^2 \mid \tilde{r}_{pt}\right]=Eu_t^2 \quad \text{et} \quad E\left[u_t^2|\tilde{r}_{pt}^2\right]=Eu_t^2 \qquad [79]$$

Mais de même que la littérature ARCH (section 4) a récemment mis en exergue la dynamique de l'*hétéroscédasticité conditionnelle* des rendements, il peut aussi être important d'envisager l'hétéroscédasticité conditionnelle en coupe transversale. Autrement dit, même si $a+b\tilde{r}_{pt}$ est la meilleure prévision de r_t par une fonction de $\tilde{r}_{pt}$, si bien que le terme d'erreur u_t est imprévisible au sens où :

$$E\left[u_t \mid \tilde{r}_{pt}\right]=0 \qquad [80]$$

(condition plus forte que la condition de régression affine [9]), l'amplitude de cette erreur (mesurée par sa variance) peut, elle, être présivible au sens où $E[u_t^2 \mid \tilde{r}_{pt}]$ et même $E[u_t^2 \mid \tilde{r}_{pt}^2]$ ne sont pas constantes. Pour tenir compte de cette éventuelle hétéroscédasticité, il faudrait modifier les expressions des statistiques de test [72] et [77] en modifiant en particulier l'estimation de $\text{var}\, f(Y_t,\ \theta^0)$. Par exemple, la statistique de test de suridentification devrait être construite en estimant :

$$Eu_t^2\tilde{r}_{pt} \quad \text{par} \quad \frac{1}{T}\sum_{t=0}^{T-1}(r_{t+1}-\hat{b}_T\tilde{r}_{pt+1})^2\ \tilde{r}_{pt+1}$$

et

$$Eu_t^2\tilde{r}_{pt}^2 \quad \text{par} \quad \frac{1}{T}\sum_{t=0}^{T-1}(r_{t+1}-\hat{b}_T\tilde{r}_{pt+1})\ \tilde{r}_{pt+1}^2$$

Ceci serait susceptible de modifier substantiellement l'expression [72]. Pour ce qui concerne l'approche Wald (et la modification résultante de [77]), le calcul complet a été fait récemment par MacKinlay et Richardson (1991) qui ont montré les conséquences pratiques de ce problème sur le test de l'efficience moyenne-variance. C'est l'objet de l'exemple ci-dessous.

Exemple. Un test général d'efficience moyenne-variance

On considère les équations de régression [9] :

$$\begin{cases} r_{it+1} & = & a_i + b_i\tilde{r}_{pt+1} + u_{it+1} \\ Eu_{it+1} & = & 0 \\ \text{cov}\ (\tilde{r}_{pt+1},\ u_{it+1}) & = & 0 \end{cases} \qquad [81]$$

pour $i = 1,\ 2,\ \ldots,\ n$. On note α le vecteur $n \times 1(\alpha_1,\ \alpha_2,\ \ldots,\ \alpha_n)'$, β le vecteur $n \times 1(b_1,\ b_2,\ \ldots,\ b_n)'$ et Σ la matrice de variance du vecteur $(u_{1t+1},\ u_{2t+1},\ \ldots,\ u_{nt+1})'$. On suppose que Σ est définie positive, ce qui implique que $\tilde{r}_{pt+1}$ n'est pas simplement une combinaison linéaire des rendements individuels r_{it+1}, $i = 1,\ 2,\ \ldots,\ n$; autrement dit, le portefeuille de rendement $\tilde{r}_{pt+1}$ doit inclure d'autres actifs en addition des actifs $i = 1,\ 2,\ \ldots,\ n$. Ce sera typiquement le cas si on teste le CAPM (ou MEDAF) avec pour $\tilde{r}_{pt+1}$ le rendement d'un portefeuille de marché de composition plus large que les n actifs d'intérêt.

On note $f_t(\theta)$ le vecteur :

$$f_t(\theta) = \begin{bmatrix} u_{1t}(a_1,\ b_1) \\ u_{1t}(a_1,\ b_1)\ \tilde{r}_{pt} \\ \vdots \\ u_{it}(a_i,\ b_i) \\ u_{it}(a_i,\ b_i)\ \tilde{r}_{pt} \\ \vdots \\ u_{nt}(a_n,\ b_n) \\ u_{nt}(a_n,\ b_n)\ \tilde{r}_{pt} \end{bmatrix}$$

où $\theta = (a_1,\ b_1,\ a_2,\ b_2,\ \ldots,\ a_n,\ b_n)'$ et $u_{it}(a_i,\ b_i) = r_{it} - a_i - b_i\tilde{r}_{pt}$. Les conditions de moments résumant [81] s'écrivent donc :

$$Ef_t(\theta^0) = 0 \qquad [82]$$

et l'estimateur GMM associé est $\hat{\theta}_T$ défini par :

$$g_T(\hat{\theta}_T) = \frac{1}{T}\sum_{t=0}^{T-1} f_{t+1}(\hat{\theta}_T) = 0$$

Il s'agit bien sûr de l'estimateur des MCO, obtenu en faisant la régression actif par actif. D'après la théorie de GMM (théorème 2), on sait que $\sqrt{T}(\hat{\theta}_T - \theta^0)$ converge en loi vers une loi normale centrée de variance :

$$\text{var}_{as}\left[\sqrt{T}(\hat{\theta}_T - \theta^0)\right] = D_0^{-1} S_0 D_0'^{-1}$$

où $D_0 = E\dfrac{\partial f_t}{\partial \theta'}(\theta^0)$ et $S_0 = \text{var}\ f_t(\theta^0)$. D_0 est la matrice bloc-diagonale constituée d'une « diagonale » de n blocs 2×2 de la forme :

$$\begin{bmatrix} -1 & -E\tilde{r}_{pt} \\ -E\tilde{r}_{pt} & -E\tilde{r}_{pt}^2 \end{bmatrix}$$

Conformément au calcul déjà fait pour le test de Wald dans le cas d'un seul actif ($n = 1$), on sera donc amené à estimer D_0^{-1} par la matrice bloc-diagonale composée des n blocs 2×2 :

$$-\begin{bmatrix} 1 + \dfrac{\mu_p^2}{\sigma_p^2} & -\dfrac{\mu_p}{\sigma_p^2} \\ -\dfrac{\mu_p}{\sigma_p^2} & \dfrac{1}{\sigma_p^2} \end{bmatrix} \qquad [83]$$

C'est au niveau du calcul de $S_0 = \text{var}\ f_t(\theta^0)$ qu'il nous faut amender les calculs précédents fondés sur l'hypothèse de normalité. En effet, si on néglige l'hétéroscédasticité conditionnelle, on obtient, par une généralisation multivariée immédiate de [70], un estimateur convergent de S_0 en calculant simplement :

$$\hat{S}_{0T}^1 = \begin{bmatrix} \hat{\sigma}_1^2 & \hat{\sigma}_1^2\mu_p & \hat{\sigma}_{1n} & \hat{\sigma}_{12}\mu_p & \dots & \hat{\sigma}_{1n}\mu_p \\ \hat{\sigma}_1^2\mu_p & \hat{\sigma}_1^2(\mu_p^2+\sigma_p^2) & \hat{\sigma}_{12}\mu_p & \hat{\sigma}_{12}(\mu_p+\sigma_p^2) & & \hat{\sigma}_{1n}(\mu_p^2+\sigma_p^2) \\ \hat{\sigma}_{21} & \hat{\sigma}_{21}\mu_p & \hat{\sigma}_2^2 & \hat{\sigma}_2^2\mu_p & & \hat{\sigma}_{2n}\mu_p \\ \vdots & \vdots & \vdots & \vdots & & \vdots \\ \hat{\sigma}_{n1} & \hat{\sigma}_{n1}\mu_p & \dots\dots & \dots\dots & & \hat{\sigma}_n^2\mu_p \\ \hat{\sigma}_{n1}\mu_p & \hat{\sigma}_{n1}(\mu_p^2+\sigma_p^2) & \dots\dots & \dots\dots & & \hat{\sigma}_n^2(\mu_p^2+\sigma_p^2) \end{bmatrix}$$

où

$$\hat{\Sigma}_T = \begin{bmatrix} \hat{\sigma}_1^2 & \hat{\sigma}_{12} & \dots & \hat{\sigma}_{1n} \\ \hat{\sigma}_{21} & \hat{\sigma}_2^2 & \dots & \hat{\sigma}_{2n} \\ \vdots & \vdots & \ddots & \vdots \\ \hat{\sigma}_{n1} & \hat{\sigma}_{n2} & \dots & \hat{\sigma}_n^2 \end{bmatrix}$$

est la matrice de variance empirique des résidus d'estimation :

$$\hat{u}_{it} = r_{it} - \hat{a}_i - \hat{b}_i\tilde{r}_{pt}$$

Rappelons que l'expression $\hat{S}_{0T}^1$ a été obtenue (voir [70]) comme estimateur de S_0 en considérant que les espérances de produits $Eu_{it}u_{jt}\tilde{r}_{pt}$ et $Eu_{it}u_{jt}\tilde{r}_{pt}^2$ pouvaient être factorisées comme produits d'espérance $(Eu_{it}u_{jt})(E\tilde{r}_{pt})$ et $(Eu_{it}u_{jt})(E\tilde{r}_{pt}^2)$. Dans la mesure où l'on admet l'occurence d'hétéroscédasticité conditionnelle, on doit envisager que certaines covariances ne sont pas nulles si bien que les décompositions correctes sont :

$$\begin{cases} E(u_{it}u_{jt}\tilde{r}_{pt}) = \sigma_{ij}E\tilde{r}_{pt} + \sigma_{u_iu_j,\ \tilde{r}_p} \\ E(u_{it}u_{jt}\tilde{r}_{pt}^2) = \sigma_{ij}E\tilde{r}_{pt}^2 + \sigma_{u_iu_j,\ \tilde{r}_p^2} \end{cases} \qquad [84]$$

avec des notations évidentes pour les covariances.

Pour obtenir alors un estimateur convergent $\hat{S}_{0T}$ de S_0, on doit calculer :

$$\hat{S}_{0T} = \hat{S}_{0T}^1 + \hat{S}_{0T}^2$$

où $\hat{S}_{0T}^2$ est composée de blocs 2×2 de la forme :

$$\begin{bmatrix} 0 & \hat{\sigma}_{ij,\,p} \\ \hat{\sigma}_{ij,\,p} & \hat{\sigma}_{ij,\,pp} \end{bmatrix}$$

avec :

$$\begin{aligned} \hat{\sigma}_{ij,\,p} &= \frac{1}{T}\sum_{t=0}^{T-1} \hat{u}_{it+1}\hat{u}_{jt+1}(\tilde{r}_{pt+1} - \mu_p) \\ \hat{\sigma}_{ij,\,pp} &= \frac{1}{T}\sum_{t=0}^{T-1} \hat{u}_{it+1}\hat{u}_{jt+1}(\tilde{r}_{pt+1} - \mu_p^2 - \sigma_p^2) \end{aligned} \qquad [85]$$

L'estimateur convergent de $\text{var}_{as}\sqrt{T}(\hat{\theta}_T - \theta^0)$ est donc obtenu en remplaçant dans l'expression $D_0^{-1}S_0D_0'^{-1}$, D_0 par son estimateur déduit de [83] et S_0 par $\hat{S}_{0T}$. MacKinlay et Richardson (1991) en déduisent, en effectuant les produits et en retenant les termes correspondant à $\hat{\alpha}$, une variance asymptotique estimée de $\sqrt{T}(\hat{\alpha}_T - \alpha^0)$ (en notant $\hat{\theta}_T = (\hat{a}_{1T},\ \hat{b}_{1T},\ \hat{a}_{2T},\ ...,\ \hat{b}_{nT})'$ et $\hat{\alpha}_T = (\hat{\alpha}_{1T},\ \hat{a}_{2T},\ ...,\ \hat{a}_{nT})'$) égale à :

$$\widehat{\text{var}}\sqrt{T}(\hat{\alpha}_T - \alpha^0) = \left(1 + \frac{\mu_p^2}{\sigma_p^2}\right)\ \hat{\Sigma}_T + \frac{1}{\sigma_p^2}\hat{\Psi}_T \qquad [86]$$

où $\hat{\Psi}_T$ est la matrice $n \times n$ qui *corrige pour l'hétéroscédasticité conditionnelle* :

$$\hat{\Psi}_T = (\hat{\Psi}_{ijT})_{\substack{1\leq i\leq n \\ 1\leq j\leq n}}$$

avec :

$$\hat{\Psi}_{ijT} = \frac{\mu_p^2}{\sigma_p^2}\hat{\sigma}_{ij,\,pp} - 2\mu_p\left(1 + \frac{\mu_p^2}{\sigma_p^2}\right)\hat{\sigma}_{ij,\,p} \qquad [87]$$

L'hypothèse d'efficience moyenne-variance du portefeuille de rendement r_p s'exprimant (d'après [15]) par :

$$\underline{H_0}\ : \alpha = 0$$

la statistique de test de Wald de cette hypothèse s'écrit donc :

$$\xi_T^W = T\hat{\alpha}_T' \left[\left(1 + \frac{\mu_p^2}{\sigma_p^2}\right) \hat{\Sigma}_T + \frac{1}{\sigma_p^2} \hat{\Psi}_T \right]^{-1} \hat{\alpha}_T \qquad [88]$$

et le test de Wald de H_0 consiste à rejeter cette hypothèse si et seulement si ξ_T^W excède le seuil critique $\chi^2_{95\,\%}(n)$. On retrouve le test de Wald usuel obtenu auparavant dans la littérature (voir par exemple Gibbons, Ross et Shanken, 1989) sous l'hypothèse de normalité des rendements en remplaçant $\hat{\Psi}_T$ par la matrice nulle. *L'intérêt de l'approche générale GMM* est de se prémunir automatiquement contre l'erreur que l'on commettrait en négligeant l'hétéroscédasticité conditionnelle. Pour apprécier l'impact effectif de cette erreur sur les conclusions d'un test d'efficience moyenne-variance, MacKinlay et Richardson (1991) proposent deux approches : une évaluation théorique fondée sur la loi de Student et une évaluation empirique fondée sur des rendements mensuels d'actions négociées au New York Stock Exchange et à l'American Stock Exchange. Nous résumons seulement ci-dessous les motivations et les résultats de l'évaluation théorique. La loi de Student multivariée est souvent utilisée comme alternative à la loi normale pour modéliser la loi des rendements d'actifs financiers, et cela pour au moins deux raisons.

– D'une part, elle permet de rendre compte d'une régularité empirique bien connue : la distribution des rendements observée est souvent *leptokurtique* au sens où les queues de distribution sont plus épaisses et en même temps le mode est plus prononcé que pour la loi normale. Pour une loi de Student de paramètre ν, le coefficient de Kurtosis (mesuré comme le ratio du moment centré d'ordre 4 sur le carré de la variance) est égal à $3\dfrac{\nu - 2}{\nu - 4}$. Autrement dit, pour ν grand, la différence avec la loi normale n'est pas importante $\left(\dfrac{\nu - 2}{\nu - 4}\#1\right)$ mais cette différence est en revanche sensible pour des valeurs de ν de l'ordre de 5 ou 10 $\left(\dfrac{\nu - 2}{\nu - 4} = 3 \text{ ou } 4/3\right)$ qui semblent réalistes selon les études empiriques (voir par exemple Blattberg et Gonedes, 1974).

– D'autre part, la loi de Student permet, comme la loi normale, de rationaliser l'approche moyenne-variance en termes de maximisation de l'utilité espérée (voir par exemple Ingersoll, 1987).

Selon MacKinlay et Richardson (1991), l'éventualité que le vecteur des rendements soit Student plutôt que gaussien est susceptible d'introduire des différences significatives entre la statistique de test de Wald correctement calculée par [88] et son approximation (prenant $\hat{\Psi}_T = 0$) fondée sur la présomption de normalité des rendements. Ils montrent plus précisément que la statistique [88] se déduit de la statistique de Wald calculée sous hypothèse de normalité en la multipliant par un facteur correctif :

$$\left[1 + \frac{\mu_p^2}{\sigma_p^2}\right] \left[1 + \frac{\nu - 2}{\nu - 4} \cdot \frac{\mu_p^2}{\sigma_p^2}\right]^{-1} \qquad [89]$$

Il est frappant de constater que l'écart à 1 de ce facteur correctif est directement caractérisé par l'écart à 1 du facteur de leptokurticité $\frac{\nu - 2}{\nu - 4}$. En d'autres termes, plus la loi est leptokurtique, plus la statistique de test de Wald calculée en supposant la normalité *surestime* la statistique correcte [88]. Le test de Wald mal spécifié (parce qu'il ne tient pas compte de l'hétéroscédasticité conditionnelle) conduira donc à *rejeter trop souvent* l'hypothèse nulle d'efficience moyenne-variance. Bien sûr, l'ampleur de l'erreur dépend là encore de l'importance de l'indice de performance de Sharpe μ_p/σ_p. Pour avoir des ordres de grandeur réalistes, MacKinlay et Richardson (1991) évaluent cet indice en calculant la moyenne et l'écart type du portefeuille CRSP à pondérations uniformes par périodes de cinq ans. Ils trouvent que, selon les périodes, le *niveau effectif* d'un test de Wald de niveau nominal 5 % calculé comme s'il n'y avait pas d'hétéroscédasticité conditionnelle peut être très supérieur à 5 %. Pour $\nu = 5$, ils obtiennent des niveaux de 8 ou 9 % pour $n = 1$ (un seul actif) mais pouvant atteindre 15 ou 20 % pour $n = 10$ (dix actifs). Même pour $\nu = 10$, on obtient encore des niveaux de 6 % ou plus avec un ensemble de dix actifs. De telles erreurs de niveaux justifient amplement que l'on préfère en pratique utiliser l'approche GMM, plus robuste que les approches traditionnelles fondées sur l'hypothèse de normalité des rendements. La validité pratique de cette conclusion dépend cependant des propriétés de GMM en échantillon fini puisque les calculs de niveau cités ci-dessus sont fondés sur les lois asymptotiques.

3.5. La performance de l'inférence GMM en échantillon fini

Comme expliqué au paragraphe 3.1., les propriétés de GMM en échantillon fini ont été essentiellement évaluées jusqu'à présent par des expériences de Monte-Carlo. Le terme « Monte-Carlo » est utilisé à chaque fois que les quantités d'intérêt sont évaluées en générant un grand nombre de réalisations aléatoires d'un processus donné et en faisant une certaine moyenne d'une fonction de ces réalisations. En pratique, on réalise en général plusieurs expériences de Monte-Carlo, le protocole de chacune étant défini par l'expérimentateur pour informer au mieux sur l'objet d'intérêt (les propriétés en échantillon fini d'un estimateur ou d'une procédure de test dans un modèle économétrique donné) au moindre coût (en termes de moyens de calcul, de durée de l'expérience et de lisibilité des résultats). On résumera donc d'abord la méthodologie des études de Monte-Carlo (en nous appuyant sur DMK, 1993) avant de décrire une étude particulière de GMM (HHY, 1996).

3.5.1. La méthodologie des expériences de Monte-Carlo

Pour une expérience donnée, le processus générateur des données (DGP) doit être complètement spécifié : loi des termes d'erreurs, loi ou valeur des variables exogènes, valeur θ^0 des paramètres, taille T de l'échantillon. L'expérience consiste en un nombre N de « *réplications* », chaque réplication consistant à générer un échantillon de taille T issu du DGP et à calculer les estimateurs ou les statistiques de test d'intérêt. Le nombre N de réplications est en général choisi assez grand (souvent plusieurs centaines ou milliers de réplications), mais une valeur plus petite peut être choisie si l'estimation nécessite de longs calculs. Une fois que N réplications ont été réalisées, N observations de la valeur prise par les estimateurs ou les statistiques de test d'intérêt ont été ainsi obtenues et ouvrent le champ à une analyse statistique d'un échantillon de taille N de réalisations des statistiques d'intérêt. En suivant de très près DMK (1993), nous esquissons ci-dessous trois exemples de telles analyses statistiques.

Exemple 1. Supposons que l'on veuille connaître le niveau effectif p d'une certaine procédure de test menée au niveau nominal (asymptotique) 5 %. Chaque réplication produit une réalisation de la statistique de test qui excède ou non la valeur critique (correspondant au niveau nominal). Supposons que parmi les N réplications, R d'entre elles conduisent au rejet de l'hypothèse nulle. Un estimateur évident de p est alors $\frac{R}{N}$, sa variance est $\frac{1}{N}\ p(1-p)$ et peut être estimée par $\frac{1}{N^3}R(N-R)$. Si on souhaite obtenir un degré de précision sur p de l'ordre de 0,01 (correspondant à la longueur d'un intervalle de confiance de niveau de confiance d'environ 95 %), on fixera le protocole de l'expérience en choisissant un nombre N de réplications tel que :

$$16\ \frac{p(1-p)}{N} = (0,01)^2$$

Bien sûr, p est *a priori* inconnu mais si l'on espère qu'il n'est quand même pas dramatiquement différent du niveau nominal, on choisira N pour que :

$$16 \cdot (0,05) \cdot (0,95) = (0,01)^2\ N$$

soit : N = 7 600 réplications.

Exemple 2. Supposons que l'on veuille évaluer le biais (à distance finie) d'un estimateur $\hat{\theta}$ d'un paramètre θ. Pour une valeur θ^0, on peut produire N réplications, $j = 1,\ 2,\ ...,\ N$, chacune nous fournissant une réalisation $\hat{\theta}_j$ de l'estimateur et une réalisation $b_j = \hat{\theta}_j - \theta^0$ de l'erreur d'estimation. On peut alors estimer le biais par :

$$\hat{b} = \frac{1}{N}\sum_{j=1}^{N} b_j$$

et la variance de cet estimateur est :

$$\text{var}\ \hat{b} = \frac{1}{N}\ \text{var}\ b_j$$

naturellement estimée par :

$$\widehat{\text{var}}\ \hat{b} = \frac{1}{N(N-1)}\sum_{j=1}^{N}(b_j - \hat{b})^2$$

Supposons en revanche que l'on soit capable d'engendrer des réalisations $Z_j,\ j = 1,\ 2,\ ...,\ N$ d'une variable aléatoire Z d'espérance nulle, de façon que les couples $(b_j,\ Z_j)$, $j = 1,\ 2,\ ...,\ N$ soient indépendants de même loi. On est alors aussi capable de calculer le coefficient de régression affine β de b_j sur Z_j. On a vu au paragraphe 1.3. que $\hat{b} - \beta\overline{Z}_N$ (où $\overline{Z}_N = \frac{1}{N}\sum_{j=1}^{N} Z_j$) est aussi un estimateur sans biais et convergent (quand $N \to \infty$) de $b^0 = E\hat{\theta} - \theta^0$ mais surtout que cet estimateur a une variance inférieure à celle de $\hat{b}$ (dans la mesure où b_j et Z_j sont corrélées, c'est-à-dire où β est non nul), le gain de variance étant d'autant plus important que la corrélation est forte (en valeur absolue). La variable Z, appelée *variable de contrôle*, permet ainsi de réduire la variance de l'estimateur de la quantité d'intérêt obtenu *pour un nombre N donné de réplications*. En pratique, on estimera le coefficient de régression affine β par l'estimateur des MCO $\hat{\beta}_N$ dans la régression des biais réalisés b_j, $j = 1,\ 2,\ ...,\ N$ sur les Z_j générés $j = 1,\ 2,\ ...,\ N$ (et la constante). Si on néglige le coût additionnel associé aux réplications des Z_j et au calcul de $\hat{\beta}_N$, on obtient donc pour *un coût donné* (correspondant à un nombre N donné de réplications) une évaluation de Monte-Carlo $\hat{b} - \hat{\beta}_N\overline{Z}_N$ du biais d'intérêt beaucoup plus précise que l'évaluation « naïve » $\hat{b}$. La technique des *variables de contrôle* est une technique de *réduction de variance* parmi d'autres. On renvoie à DMK (1993) pour une description de l'autre principale technique, dite des *variables antithétiques*.

Exemple 3. Comme on a déjà eu l'occasion de le souligner, une expérience de Monte-Carlo consiste en N réplications du même DGP caractérisé par la loi des termes d'erreurs, la loi ou la valeur des exogènes, la valeur θ^0 des paramètres et la taille T de l'échantillon. Il est donc rare que l'on fasse une seule expérience mais plutôt un ensemble d'expériences coordonnées, de façon à évaluer l'influence de la taille de l'échantillon, la valeur des paramètres et autres caractéristiques du DGP sur les résultats de l'expérience. Si on réalise beaucoup d'expériences, l'ensemble des résultats peut être difficile à synthétiser sous forme de tableaux statistiques et on pourra préférer une représentation graphique sous forme de « *surface de réponse* ». Supposons que la quantité d'intérêt (biais d'un estimateur, niveau d'un test...) soit une fonction $\psi(T,\ \theta)$ de la taille T de l'échantillon et de la valeur θ des paramètres. L'expérience $n^0 i$, $(i = 1,\ 2,\ ...,\ M)$ consiste en N_i réplications associées à une valeur $(T_i,\ \theta^i)$ et fournit un estimateur $\hat{\psi}_i$ de $\psi(T_i,\ \theta^i)$. On est en général capable de fournir en outre une estimation $\hat{\sigma}(\hat{\psi}_i)$ de la variance de $\hat{\psi}_i$. Pour N_i suffisamment grand, on a donc en tête en général une équation de régression :

$$\frac{\hat{\psi}_i}{\hat{\sigma}(\hat{\psi}_i)} = \frac{\psi(T_i,\ \theta^i)}{\hat{\sigma}(\hat{\psi}_i)} + \varepsilon_i, \quad i = 1,\ 2,\ ...,\ M$$

où le terme d'erreur ε_i suivrait approximativement une loi normale centrée réduite.

Il est donc légitime de chercher à estimer la *surface de réponse*, c'est-à-dire la fonction $(T,\ \theta) \to \psi(T, \theta)$ par une méthode de MCO pour une forme fonctionnelle donnée de ψ. La précision de cette estimation dépendra elle-même d'un *trade off* entre le nombre M d'expériences $i = 1,\ 2,\ ...,\ M$ et le nombre N_i de réplications pour chacune (sachant que l'on aura en outre tendance à prendre un nombre N_i de réplications plus modeste quand la taille T_i des échantillons générés est grande). DMK (1993) prennent comme exemple le cas de l'estimation du coefficient de corrélation ρ dans le contexte d'un modèle autorégressif d'ordre 1 gaussien :

$$\begin{cases} Y_{t+1} = \rho Y_t + \varepsilon_{t+1} \\ \varepsilon_t \quad \text{i.i.d} \quad \mathcal{N}(0,\ 1),\ |\,\rho\,| < 1 \end{cases} \tag{90}$$

On anticipe un peu ici sur les modèles dynamiques de la section 4 mais on peut déjà affirmer que l'estimateur usuel (MCO) $\hat{\rho}_T$ de ρ est pour des observations $Y_t,\ t = 0, 1,\ 2,\ ...,\ T$ l'estimateur des moments associé aux conditions de moments juste identifiées :

$$E\left[(Y_{t+1} - \rho Y_t)Y_t\right] = 0 \tag{91}$$

Dans la mesure où il s'agit d'un modèle dynamique, l'estimateur des MCO est biaisé à distance finie, et une question importante est d'évaluer ce biais :

$$\psi(T,\ \rho) = E\hat{\rho}_T - \rho$$

en fonction de T et ρ.

A partir d'un ensemble d'expériences de Monte-Carlo faisant varier ρ entre (– 0,95) et (0,95) et T entre 16 et 400, DMK (1993) ajustent d'abord la forme fonctionnelle suivante : « $\psi(T,\ \rho)$ fonction linéaire de ρ/T », et obtiennent par MCO de $\dfrac{\hat{\psi}_i}{\hat{\sigma}(\hat{\psi}_i)}$ sur $\dfrac{1}{\hat{\sigma}(\hat{\psi}_i)}\ \dfrac{\rho_i}{T_i}$, $i = 1,\ 2,\ ...,\ M$ (avec $\hat{\psi}_i$ estimation de $E\hat{\rho}_{T_i} - \rho_i$ et $M = 390$ expériences) :

$$\hat{\psi}_i = -1,6890\ \frac{\rho_i}{T_i} + \hat{u}_i \tag{92}$$

avec une excellente évaluation R^2 de la qualité de l'ajustement. Cette première surface de réponse montre déjà que dans le cas d'une valeur de ρ entre 0,9 et 1, c'est-à-dire d'un haut niveau de *persistance* (comme on en observe couramment non seulement sur les agrégats macro-économiques mais aussi sur des séries à haute fréquence de volatilités conditionnelles de rendements d'actifs financiers, voir section 4), les MCO *sous-estiment* ρ de façon importante même avec une centaine d'observations :

$$\left.\begin{matrix} \rho\#1 \\ T = 100 \end{matrix}\right\} \Rightarrow E\hat{\rho}_T - \rho < -0,01$$

Une telle sous-estimation peut être importante pour l'évaluation de la persistance de la volatilité, surtout si l'on compare des corrélations avec plusieurs décalages temporels : $(0,99)^n$ et $(0,98)^n$ diffèrent sensiblement quand n augmente. DMK (1993) améliorent ensuite l'ajustement [92] à partir de la constatation d'une trop faible valeur de la statistique de test de Durbin-Watson et d'une analyse graphique de la forme fonctionnelle de $\psi(T,\rho)$. Ils proposent finalement la surface de réponse suivante :

$$\begin{aligned} \psi(T,\ \rho) = &-1,9223\ \frac{\rho}{T} - 0,1066\ \frac{\rho}{T(1-\rho^2)^{1/2}} \\ &+ 1,3509\ \frac{\rho}{T^{3/2}(1-\rho^2)^{1/2}} \end{aligned}$$

Notons en outre que la surface de réponse elle-même est sujette à étude statistique : qualité de l'ajustement, Durbin-Watson, tests de significativité et intervalles de confiance sur les coefficients...

3.5.2. Une comparaison par Monte-Carlo des différentes versions de l'inférence GMM efficace

Il s'agit de comparer non seulement les trois versions de l'estimateur GMM efficace définies au paragraphe 3.1., mais aussi les procédures d'inférence (tests et intervalles de confiance) associées. Bien sûr, une comparaison par Monte-Carlo ne pourra, en toute rigueur, fournir que des résultats relatifs à un modèle donné au sein duquel ont été spécifiées les expériences (paramètres d'intérêt, DGP). On peut cependant espérer que les conclusions obtenues pour un modèle donné aient une certaine portée plus générale. Le modèle considéré par HHY (1996) est un modèle d'utilité espérée intertemporelle (section 4), dans lequel le paramètre d'intérêt essentiel est le paramètre α d'aversion pour le risque de l'individu représentatif et les conditions de moments sont fournies par les équations d'Euler de maximisation de l'utilité. Cette étude de Monte-Carlo peut être vue comme un approfondissement d'études antérieures sur le même modèle, réalisées par Tauchen (1986), Kocherlakota (1990) et Ferson et Foerster (1994). HHY (1996) est en particulier la première étude qui envisage l'estimateur à distance minimale continûment révisée (DCR dans la suite). Les conclusions les plus robustes semblent être les suivantes.

– Pour ce qui concerne l'estimation du paramètre d'aversion pour le risque, la méthode DCR apparaît globalement meilleure que les deux méthodes plus traditionnelles (GMM en deux étapes et GMM itéré) qui, elles, apparaissent sensiblement équivalentes. Pour comprendre la portée de cette comparaison, il est utile d'examiner les résultats chiffrés d'une des expériences menées par HHY (1996) avec une vraie valeur $\alpha = 4,55$ (les résultats des autres expériences conduiraient au même type de conclusion) sur 500 réplications d'un échantillon de taille 400 tiré dans un modèle log-normal (on renvoie à HHY, 1996, pour l'expression exacte du modèle et des conditions de moments). Notons $\hat{\alpha}_1$, $\hat{\alpha}_2$ et $\hat{\alpha}_3$ les estimateurs GMM respectivement DCR, en deux étapes et itéré. Comme médiane sur les 500 réplications, HHY (1996) trouvent :

$$\text{med}\ (\hat{\alpha}_1) = 3,72$$
$$\text{med}\ (\hat{\alpha}_2) = 1,64$$
$$\text{med}\ (\hat{\alpha}_3) = 1,73$$

On observe donc d'abord que, quelle que soit la méthode, une taille 400 pour l'échantillon est loin d'être suffisante pour justifier l'utilisation des résultats asymptotiques puisque le paramètre d'aversion pour le risque est gravement sous-estimé, même si le biais en médiane de $\hat{\alpha}_1$ est trois fois moins important que celui de $\hat{\alpha}_2$ et $\hat{\alpha}_3$. Ceci est déjà une bonne raison pour préférer la méthode DCR, mais un examen plus approfondi montre que cette méthode peut fournir des résultats encore plus satisfaisants si elle est utilisée avec précaution. En effet si $\hat{\alpha}_1$ est biaisé (le calcul du biais moyen donne même un résultat terrifiant de plusieurs milliers !), ceci est dû à un certain pourcentage de résultats très aberrants. Si en effet on a la prudence de calculer sur les 500 réplications une *moyenne tronquée* des résultats (éliminant les estimations $\hat{\alpha}_i$, $i = 1, 2, 3$ supérieures à 100 en valeur absolue !), on aboutit à :

$$\begin{cases} \text{moy } (\hat{\alpha}_1) = 4,47 \\ \text{moy } (\hat{\alpha}_2) = 1,81 \\ \text{moy } (\hat{\alpha}_3) = 2,06 \end{cases}$$

si bien que la troncation *a presque éliminé le biais* de $\hat{\alpha}_1$ (alors qu'elle ne modifie pas $\hat{\alpha}_2$ et $\hat{\alpha}_3$). On notera que cette troncation est toujours possible en pratique (même si on ne connaît pas la vraie valeur du paramètre comme un expérimentateur de Monte-Carlo), car tout le monde sait (*calibration* sur d'autres études) qu'une valeur de α supérieure à 100 en valeur absolue est absurde d'un point de vue économique.

On conclut donc qu'au niveau du biais de l'estimateur GMM dans un échantillon fini déjà assez grand (400 observations) la méthode DCR domine très largement les méthodes traditionnelles (seule la méthode DCR introduit un biais négligeable, alors que les deux autres produisent un biais de plus de 50 % !), à condition d'être utilisée avec précaution pour *éliminer les résultats aberrants*. Une interprétation possible de cette occurrence de résultats très aberrants avec DCR (alors qu'il en apparaît beaucoup moins avec les méthodes traditionnelles) est le caractère hautement non linéaire de l'objectif minimisé qui produit davantage d'optima locaux «piégeant» l'algorithme de minimisation. On notera en outre que HHY (1996) ne concluent pas à un quelconque avantage de l'estimateur GMM itéré sur l'estimateur GMM en deux étapes. Ceci est sans doute dû à la taille déjà assez importante (400 observations) des échantillons considérés alors qu'avec des échantillons plus petits, Ferson et Foerster (1994) ont montré sans ambiguïté que les itérations permettent en général d'améliorer les propriétés de l'estimateur GMM efficace en échantillon fini.

– Une autre conclusion usuelle des études de Monte-Carlo de l'inférence GMM sur les modèles d'utilité espérée intertemporelle, caractérisés par des équations d'Euler, est que le *test de suridentification* tend à rejeter le modèle trop souvent (le niveau réel est supérieur au niveau nominal asymptotique) en échantillon fini. Cette constatation a été faite aussi bien par Tauchen (1986), Kocherlakota (1990) que Ferson et Foerster (1991), même si ces derniers ont observé que la *méthode GMM itérée* conduisait à une moindre erreur de niveau que la méthode GMM en deux étapes. HHY (1996) observent pour leur part que la méthode DCR fournit, *par construction*, un test de suridentification plus conservatif puisque si l'itération $\hat{\theta}_T^1, \hat{\theta}_T^2, \ldots, \hat{\theta}_T^\ell$ définie au paragraphe 3.1. converge vers un estimateur GMM itéré $\hat{\theta}_T^\infty$, la valeur correspondante de l'objectif minimisé sera $Q_T(\hat{\theta}_T^\infty)$ où, avec les notations de [53]/[55] :

$$Q_T(\theta) = \left[\frac{1}{T}\sum_{t=1}^{T} f(Y_t, \theta)\right]' [V_T(\theta)]^{-1} \left[\frac{1}{T}\sum_{t=1}^{T} f(Y_t, \theta)\right]$$

alors que l'estimateur GMM-DCR $\hat{\theta}_T$ est précisément défini par :

$$Q_T(\hat{\theta}_T) \leq Q_T(\theta) \quad \text{pour tout } \theta$$

En particulier $Q_T(\hat{\theta}_T) \leq Q_T(\hat{\theta}_T^\infty)$ si bien que $Q_T(\hat{\theta}_T)$ dépassera le seuil critique moins souvent que $Q_T(\hat{\theta}_T^\infty)$. Dans le contexte dynamique considéré par HHY (1996), la définition de $V_T(\theta)$ peut être plus compliquée que [53] mais l'argument logique reste valide : la méthode GMM-DCR fournit un test de suridentification plus conservatif que la méthode GMM itérée. Dans la majeure partie des expériences réalisées par HHY (1996), le test de suridentification dont le niveau effectif en échantillon fini est le plus proche du niveau nominal (asymptotique) est effectivement celui associé à la méthode GMM-DCR.

Il semble donc que l'on puisse conclure à ce stade que les qualités relatives en échantillon fini des trois procédures d'inférence GMM efficace considérées ici sont en relation croissante avec la complexité des calculs associés :

– l'itération de la méthode GMM améliore un peu les résultats (estimation, test) par rapport à la méthode GMM en deux étapes mais au prix de calculs (assez simples) supplémentaires ;

– la méthode GMM-DCR fournit des résultats bien meilleurs mais au prix de calculs beaucoup plus hautement non linéaires qui demandent à la fois plus de moyens de calculs et aussi plus de circonspection (pour détecter les résultats aberrants).

4. Les modèles dynamiques en économétrie de la finance

Engle (1982) introduisit son article fondateur sur la modélisation ARCH à travers la question de la prévision d'une variable aléatoire Y_t : « La prévision de la valeur à venir basée sur l'information passée, dans des conditions standards, est simplement $E[Y_t \mid Y_{t-1}]$, qui dépend de la valeur de la variable conditionnante Y_{t-1}. La variance de cette prévision à horizon 1 est donnée par $\text{var}\ [Y_t \mid Y_{t-1}]$. Une telle notation reconnaît que la variance conditionnelle de la prévision dépend elle aussi de l'information passée et peut donc être elle-même *une variable aléatoire* ». En fait, la terminologie littéraire de cette citation est un peu trompeuse car $\text{var}\ [Y_t \mid Y_{t-1}]$ n'est pas la variance de la prévision $E(Y_t \mid Y_{t-1})$ mais est au contraire une *variable aléatoire d'espérance* égale à :

$$\text{var}\ (Y_t) - \text{var}\ (E(Y_t \mid Y_{t-1}))$$

c'est-à-dire à la partie de la variance de Y_t qui n'est pas « capturée » par la prévision optimale $E(Y_t \mid Y_{t-1})$. En ce sens, un investisseur confronté à un placement de rendement Y_t *alors qu'il a observé* Y_{t-1} doit considérer l'arbitrage moyenne-variance *en termes conditionnels à cette information,* puisqu'il n'est pas confronté au risque total $\text{var}\ (Y_t)$ mais seulement au risque conditionnel $\text{var}\ (Y_t \mid Y_{t-1})$. On comprend donc aisément que la modélisation de la *dynamique conjointe* des espérances et variances conditionnelles à l'information disponible soit au centre des modèles modernes d'évaluation d'actifs financiers : comme souligné ci-dessus, espérances et variances conditionnelles sont elles-mêmes des *processus stochastiques* dont les caractéristiques doivent être analysées statistiquement[4].

Deux types de modélisations dynamiques doivent alors être envisagés en économétrie de la finance.

4. Voir également dans cette ***Encyclopédie*** l'article de C. Gouriéroux, « Modèles hétéroscédastiques », p. 1210, tome 2.

– On doit d'abord, d'un pur point de vue de *statistique des séries temporelles,* définir et caractériser des classes de processus qui ne soient pas seulement des modèles de la dynamique de l'espérance conditionnelle (typiquement, les processus ARMA), mais spécifient conjointement la dynamique des espérances et variances conditionnelles (typiquement les processus ARMA à innovations ARCH). Ceci débouche plus généralement sur la classe des modèles de rendements d'actifs financiers dits à *volatilité stochastique.*

– Ces modèles doivent ensuite être eux-mêmes intégrés dans une stratégie de *modélisation structurelle* incorporant à la fois la théorie des processus stochastiques et la théorie économique de l'évaluation d'actifs financiers.

Différentes stratégies peuvent être envisagées.

– Soit on se contente d'intégrer *l'hétéroscédasticité conditionnelle* des rendements (résultant du caractère stochastique de leur volatilité) dans le cadre de *relations multibêtas* définies en section 1. Ces modèles sont le plus souvent issus d'une théorie économique statique (CAPM[5] ou APT[6], comportement moyenne-variance), mais doivent être amendés pour tenir compte du caractère stochastique des coefficients bêtas eux-mêmes (en tant que ratios de covariances et variances conditionnelles). On obtient alors des versions dites «*conditionnelles*» du CAPM, de l'APT ou, plus généralement, des modèles d'évaluation multibêtas.

– Soit on prend en compte le caractère stochastique de la volatilité dans une véritable modélisation structurelle du *comportement dynamique* des investisseurs et des relations d'évaluation qui en résultent. On obtient alors typiquement des modèles d'évaluation où les relations de détermination des prix sont issues d'*équations d'Euler* caractérisant le comportement optimisateur d'un investisseur représentatif. Ces équations d'Euler font intervenir des espérances conditionnelles à l'information passée de fonctions non linéaires des prix dépendant *a priori* des différents moments conditionnels des rendements : espérances, variances, covariances mais aussi éventuellement moments d'ordre supérieurs. Une *forme réduite* associée à ces modélisations structurelles correspond aux *relations d'évaluation par arbitrage* d'actifs dérivés. Les marchés de ces actifs, typiquement les options, étant précisément des marchés d'«échange de la volatilité», la volatilité stochastique joue là aussi un rôle central.

On présentera d'abord les modèles statistiques de séries temporelles (ARCH, volatilité stochastique) avant de donner un bref aperçu des modélisations plus structurelles. Loin d'être exhaustive, cette présentation sera plutôt orientée comme une introduction progressive à l'utilisation de GMM dans des contextes dynamiques.

4.1. Les notions de modèles GARCH et de volatilité stochastique

Dans l'exemple introductif donné ci-dessus à travers une citation de Engle (1982), l'information passée pertinente pour la prévision de Y_t avait été résumée

5. Voir également dans cette ***Encyclopédie*** l'article de R. Cobbaut, «Théorie du marché financier», p. 1954, tome 2.

6. Voir également dans cette ***Encyclopédie*** les articles de P. Batteau et V. Lasgouttes, «Modèles multifacteurs des rentabilités boursières», p. 1221, tome 2 et de P. Fontaine, «Modèles d'arbitrage et multifactoriels internationaux», p. 1164, tome 2.

par Y_{t-1}. Cette propriété markovienne n'est pas vraie en général et on notera I_{t-1} l'information dont dispose le modélisateur à la date $t-1$ pour calculer la loi conditionnelle de Y_t. Typiquement I_{t-1} peut contenir l'observation des valeurs passées Y_τ, $\tau < t$, mais aussi d'autres variables d'intérêt. De façon générale, I_{t-1} dépend du modélisateur (économètre extérieur n'ayant qu'une information partielle, investisseur observant en temps réel toutes les cotations, *market maker* connaissant aussi les volumes échangés...). La seule hypothèse que l'on maintiendra dans toute la suite est celle de *mémoire non bornée* :

$$t' < t \Rightarrow I_{t'} \subset I_t \qquad [93]$$

Cette hypothèse implique, en vertu des règles classiques de composition des conditionnements, que pour $t' < t$:

$$E\left[E\left[Y_{t+1} \mid I_t\right] I_{t'}\right] = E\left[Y_{t+1} \mid I_{t'}\right] \qquad [94a]$$

$$E\left[\text{var}\ (Y_{t+1} \mid I_t) \mid I_{t'}\right] + \text{var}\ \left[E(Y_{t+1} \mid I_t) \mid I_{t'}\right] = \text{var}\ (Y_{t+1} \mid I_{t'}) \qquad [94b]$$

On dira que $(I_t)_{t\in\mathbf{T}}$ (où $\mathbf{T}$ est l'ensemble des dates d'intérêt) est une *filtration d'information* qui, lorsque l'on étudie la prévision d'un prix ou d'un rendement Y_t, est toujours supposée contenir *la filtration naturelle* $(J_t)_{t\in\mathbf{T}}$ correspondant juste à l'observation des valeurs passées de Y. On notera :

$$J_t = \sigma\left[Y_\tau,\ \tau \leq t\right] \qquad [95]$$

Un modèle de la dynamique des deux premiers moments conditionnels à I s'écrit alors :

$$\begin{cases} Y_t = \mu_{t-1} + \sqrt{f_{t-1}}u_t \\ \mu_{t-1},\ f_{t-1} \text{ fonction de } I_{t-1} \\ E\left[u_t \mid I_{t-1}\right] = 0 \\ E\left[u_t^2 \mid I_{t-1}\right] = 1 \end{cases} \qquad [96]$$

On a alors :

$$\mu_{t-1} = E\left[Y_t \mid I_{t-1}\right]$$

et

$$f_{t-1} = \text{var}\ \left[Y_t \mid I_{t-1}\right] = E\left[\varepsilon_t^2 \mid I_{t-1}\right]$$

où ε_t est l'innovation du processus $Y_t(\varepsilon_t = Y_t - \mu_{t-1})$.

Autrement dit, la *spécification du modèle* [96] consiste en une spécification de la relation fonctionnelle entre I_{t-1} et μ_{t-1}, f_{t-1}, relation qui mettra en général en jeu des paramètres inconnus.

Pour ce qui concerne l'espérance conditionnelle μ_{t-1}, le modèle le plus classique est évidemment le modèle ARMA $(P,\ Q)$ qui postule que :

$$\mu_{t-1} = C + \sum_{i=1}^{P} \varphi_i Y_{t-i} - \sum_{j=1}^{Q} \theta_j \varepsilon_{t-j} \qquad [97]$$

si bien que Y_t admet la représentation :

$$\begin{cases} Y_t - \sum_{i=1}^{P} \varphi_i Y_{t-i} = C + \varepsilon_t - \sum_{j=1}^{Q} \theta_j \varepsilon_{t-j} \\ E(\varepsilon_t \mid I_{t-1}) = 0 \end{cases} \quad [98]$$

Appliqué à la filtration naturelle (c'est-à-dire avec $I_t = J_t$), le modèle ARMA $(P,\ Q)$ [98] est le modèle le plus utilisé en statistique des séries temporelles. On verra plus loin qu'il peut être insuffisant en économétrie de la finance car, spécifiant $E[Y_t \mid I_{t-1}]$ comme la fonction linéaire [97], il n'incorpore pas explicitement dans le calcul du rendement espéré une prime de risque liée à var $(Y_t \mid I_{t-1})$. Sans remettre en question pour l'instant cette représentation linéaire, on se contentera du cas le plus simple, dit *modèle autorégressif d'ordre* P où l'on calcule la prévision optimale de Y_t en le régressant sur son propre passé :

$$\begin{cases} Y_t = C + \sum_{h=1}^{P} \varphi_h Y_{t-h} + \varepsilon_t \\ E\left[\varepsilon_t \mid I_{t-1}\right] = 0 \end{cases} \quad [99]$$

Les $(P+1)$ paramètres inconnus $C,\ \varphi_1,\ \varphi_2,\ ...,\ \varphi_P$ sont alors caractérisés par *les conditions de moments conditionnels* :

$$E\left[Y_t - C - \sum_{h=1}^{P} \varphi_h Y_{t-h} \mid I_{t-1}\right] = 0 \quad [100]$$

Ces conditions de moments conditionnels sont équivalentes à une *infinité* de conditions de moments «inconditionnels» du type [17] considéré jusqu'à présent puisque [100] équivaut à :

$$E\left[(Y_t - C - \sum_{h=1}^{P} \varphi_h Y_{t-h})\ g(I_{t-1})\right] = 0 \quad [101]$$

pour *toute* fonction $g(I_{t-1})$ (de variance finie) de l'information I_{t-1}. Puisque l'information I est toujours supposée contenir la filtration naturelle, on peut considérer en particulier les $(P+1)$ fonctions :

$$g(I_{t-1}) = 1,\ Y_{t-1},\ Y_{t-2},\ ...,\ Y_{t-P}$$

si bien que [101] *implique* le système juste identifié de $(P+1)$ conditions de moments :

$$\begin{cases} E\left[(Y_t - C - \sum_{h=1}^{P} \varphi_h Y_{t-h})\right] = 0 \\ E\left[(Y_t - C - \sum_{h=1}^{P} \varphi_h Y_{t-h})\ Y_{t-j}\right] = 0 \quad j = 1,\ 2,\ ...,\ P \end{cases} \quad [102]$$

qui, conformément à [5], caractérise les $P+1$ paramètres C, $\varphi_1 ...,\ \varphi_P$ comme définissant la régression affine de Y_t sur $Y_{t-1},\ Y_{t-2},\ ...,\ Y_{t-P}$. Mais les conditions équivalentes [99], [100] ou [101] sont évidemment beaucoup plus informatives que [102] puisqu'elles correspondent à une infinité de conditions de moments inconditionnels. Il nous faudra donc généraliser au paragraphe 4.2. la méthodologie d'inférence GMM pour exploiter au mieux cette information fournie par le modèle autorégressif [99]. En fait, le modèle autorégressif [99] signifie que $C+\sum_{h=1}^{P}\varphi_h Y_{t-h}$ est la prévision «optimale» de Y_t, *non seulement* au sens de la régression affine, *mais aussi* (ce qui est plus fort) au sens de l'espérance conditionnelle. Avant de voir comment exploiter cette information pour l'inférence GMM, il convient de compléter la spécification paramétrique de l'espérance conditionnelle μ_{t-1} par une spécification comparable de la variance conditionnelle f_{t-1}. Comme souligné dans la citation introductive de Engle (1982), la variance conditionnelle est elle-même une variable aléatoire dont la dynamique doit être spécifiée par une modélisation empruntée à la méthodologie de la statistique des processus. Il est donc naturel de commencer par envisager le modèle le plus simple de la statistique des processus, à savoir le modèle autorégressif d'ordre 1 :

$$\begin{cases} f_t = \omega + \gamma f_{t-1} + \nu_t \\ E[\nu_t \mid I_{t-1}] = 0 \\ 0 < \gamma < 1 \end{cases} \qquad [103]$$

La condition $0 < \gamma < 1$ permet de caractériser la variance conditionnelle comme une fonction de l'information passée :

$$f_t = \frac{\omega}{1-\gamma} + \sum_{i=0}^{\infty} \gamma^i \nu_{t-i}$$

qui caractérise la *persistance de la volatilité* par la suite positive de multiplicateur γ^i, $i = 0,\ 1,\ 2,\ ...$ tendant vers zéro à vitesse exponentielle. Le processus d'innovation ε_t du processus Y_t est alors par définition un processus *SR-SARV (1)* (*Square-Root Stochastic Auto-Regressive Volatility*) conformément à la terminologie introduite par Andersen (1994) et à la caractérisation suivante :

$$\begin{cases} \varepsilon_t = \sqrt{f_{t-1}}\, u_t, \quad f_{t-1} \in I_{t-1} \\ f_t = \omega + \gamma f_{t-1} + \nu_t,\ 0 < \gamma < 1 \\ E\left[u_t \mid I_{t-1}\right] = 0 \\ E\left[u_t^2 \mid I_{t-1}\right] = 1 \\ E\left[\nu_t \mid I_{t-1}\right] = 0 \end{cases} \qquad [104]$$

Comme souligné par de nombreux auteurs (voir en particulier Andersen, 1994, Meddahi et Renault, 1996), il peut être important d'envisager la représentation [104] *par rapport à une filtration* d'information I strictement plus riche que la filtration naturelle J :

$$J_t = \sigma[Y_\tau,\ \tau \le t]$$

qui coïncide (sous la condition usuelle de stationnarité de la représentation [99]) avec :

$$J_t = \sigma[\varepsilon_\tau, \ \tau \leq t]$$

Mais, alors que les paramètres $C, \ \varphi_1, \varphi_2, \ ..., \ \varphi_P$ ont pu être caractérisés par les conditions de moments conditionnels [100] qui s'écrivent :

$$E[\varepsilon_t \mid I_{t-1}] = 0$$

(et équivalent à la condition $E[u_t \mid I_{t-1}] = 0$), les deux autres conditions [104] de moments conditionnels :

$$E[u_t^2 \mid I_{t-1}] = 1 \quad \text{et} \quad E[\nu_t | I_{t-1}] = 0$$

ne s'écrivent pas directement comme conditions de moments conditionnels du processus d'innovation ε_t. Elles ne permettent donc pas d'écrire des conditions de moments inconditionnels analogues à [101] qui soient opérationnelles pour l'inférence GMM sur les paramètres de variance ω et γ comme [101] l'était pour les paramètres de moyenne $C, \ \varphi_1, \ \varphi_2, \ ..., \ \varphi_P$. Meddahi et Renault (1996) ont cependant montré qu'il est possible de *combiner* les deux conditions $E[u_t^2 \mid I_{t-1}) = 1$ et $E[\nu_t \mid I_{t-1}] = 0$ pour obtenir une condition *relative au processus* ε_t^2. L'intuition est que la spécification de la dynamique autorégressive de $f_{t-1} = E[\varepsilon_t^2 \mid I_{t-1}]$ doit informer sur la dynamique du processus ε_t^2 lui-même. Plus précisément, puisque f_{t-1} et $\omega + \gamma\varepsilon_{t-1}^2$ ont par construction la *même prévision sachant* I_{t-2} (égale à $\omega + \gamma f_{t-2}$) on a :

$$E[f_{t-1} - \omega - \gamma\varepsilon_{t-1}^2 \mid I_{t-2}] = 0$$

et donc :

$$E[E[\varepsilon_t^2 \mid I_{t-1}] \mid I_{t-2}] = E[\omega + \gamma\varepsilon_{t-1}^2 \mid I_{t-2}]$$

ou encore, d'après [94a] :

$$E[\varepsilon_t^2 \mid I_{t-2}] = E[\omega + \gamma\varepsilon_{t-1}^2 \mid I_{t-2}]$$

D'où les conditions de moments conditionnels relatives à ε_t^2 :

$$E[\varepsilon_t^2 - \omega - \gamma\varepsilon_{t-1}^2 \mid I_{t-2}] = 0 \qquad [105]$$

On verra que ces conditions sont effectivement opérationnelles pour estimer ω et γ. On remarquera cependant qu'elles ne sont pas du même type que les conditions [100]

$$E[\varepsilon_t \mid I_{t-1}] = 0$$

qui sont telles que le passé $\varepsilon_\tau, \ \tau < t$, du « terme d'erreur » ε_t *appartienne à l'information conditionnante* I_{t-1} alors que le passé $\varepsilon_\tau^2 - \omega - \gamma\varepsilon_{\tau-1}^2, \ \tau < t$, du « terme d'erreur » dans [105] n'appartient pas totalement à l'information conditionnante I_{t-2}. D'où l'idée de *renforcer les hypothèses* du modèle SR-SARV (1) [104]. En fait [105] implique que ε_t^2 admet une représentation ARMA (1, 1) « faible » :

$$\varepsilon_t^2 = \omega + \gamma\varepsilon_{t-1}^2 + \eta_t - \beta\eta_{t-1} \tag{106}$$

où η_t est un bruit blanc au sens faible :

$$E\eta_t = 0 \quad \text{et} \quad \text{cov}\,(\eta_t,\ \eta_{t'}) = 0 \quad \text{si} \quad t \neq t'$$

Mais, alors que d'après [105]

$$E[\eta_t - \beta\eta_{t-1} \mid I_{t-2}] = 0$$

rien ne permet d'affirmer que [106] est une représentation ARMA « conditionnelle » analogue à [98], parce que le processus d'innovation serait *d'espérance conditionnelle nulle sachant le passé* (c'est-à-dire la prévision « optimale » considérée serait une espérance conditionnelle) et non pas seulement *centré et non corrélé avec le passé* (c'est-à-dire la prévision « optimale » considérée n'est qu'une régression affine). C'est pourquoi il peut être intéressant de renforcer les hypothèses du modèle SR-SARV (1) [104] en renforçant ses conséquences [105] par :

$$\begin{cases} \varepsilon_t^2 = \omega + \gamma\varepsilon_{t-1}^2 + \eta_t - \beta\eta_{t-1} \\ \text{avec} \\ E[\eta_t \mid I_{t-1}] = 0 \end{cases} \tag{107}$$

Mais la condition supplémentaire $E[\eta_t \mid I_{t-1}] = 0$ équivaut à préciser comment l'erreur ω_t de prévision à horizon 2 sur $\varepsilon_t^2(\omega_t = \varepsilon_t^2 - \omega - \gamma\varepsilon_{t-1}^2)$ peut être prévue à l'horizon 1 :

$$\begin{aligned} E[\eta_t \mid I_{t-1}] = 0 &\Leftrightarrow E[\omega_t \mid I_{t-1}] = -\beta\eta_{t-1} \\ &\Leftrightarrow E[\omega_t \mid I_{t-1}] = -\beta[\varepsilon_{t-1}^2 - E(\varepsilon_{t-1}^2 \mid I_{t-1})] \\ &\Leftrightarrow E[\omega_t \mid I_{t-1}] = -\beta(\varepsilon_{t-1}^2 - f_{t-2}) \\ &\Leftrightarrow E[\omega_t \mid I_{t-1}] = -\beta f_{t-2}(u_{t-1}^2 - 1) \end{aligned}$$

Par ailleurs, on a par définition :

$$\omega_t = \varepsilon_t^2 - \omega - \gamma f_{t-2}u_{t-1}^2$$

si bien que :

$$\begin{aligned} E[\omega_t \mid I_{t-1}] &= f_{t-1} - \omega - \gamma f_{t-2}u_{t-1}^2 \\ &= \gamma f_{t-2}(1 - u_{t-1}^2) + \nu_{t-1} \end{aligned}$$

En comparant les deux expressions ci-dessus de $E[\omega_t \mid I_{t-1})$, on conclut que :

$$\begin{aligned} &E[\eta_t \mid I_{t-1}] = 0 \\ &\Leftrightarrow \nu_{t-1} = \alpha f_{t-2}(u_{t-1}^2 - 1) \quad (\text{où} \quad \alpha = \gamma - \beta) \\ &\Leftrightarrow f_{t-1} = \omega + \gamma f_{t-2} + \alpha\varepsilon_{t-1}^2 - \alpha f_{t-2} \\ &\Leftrightarrow f_{t-1} = \omega + \beta f_{t-2} + \alpha\varepsilon_{t-1}^2 \end{aligned} \tag{108}$$

On aboutit précisément au modèle introduit par Bollerslev (1986) sous le vocable de GARCH (1, 1) (*Generalized AutoRegressive Conditional Heteroskedasticity*) comme généralisation du modèle ARCH (1) (correspondant au cas particulier $\beta = 0$) introduit par Engle (1982). La relation [108] fournissant la variance conditionnelle f_{t-1} comme une fonction déterministe des carrés des innovations passées ε_τ^2, $\tau < t$, la notion de processus GARCH peut être introduite sans recours à une autre filtration d'information que la filtration naturelle.

Définition. On appelle processus GARCH $(1, 1)$ un processus $(\varepsilon_t)_{t \in Z}$ vérifiant

$$\begin{cases} \varepsilon_t = \sqrt{f_{t-1}} u_t, \ f_{t-1} \in J_{t-1} \\ f_{t-1} = \omega + \beta f_{t-2} + \alpha \varepsilon_{t-1}^2, \qquad 0 < \alpha + \beta < 1 \\ E[u_t \mid J_{t-1}] = 0 \\ E[u_t^2 \mid J_{t-1}] = 1 \end{cases}$$

On retiendra donc que la définition du processus GARCH (1, 1) peut s'interpréter comme un renforcement des conditions de définition [104] d'un processus SR-SARV (1), renforcement qui permet de mener l'inférence avec des restrictions de moments conditionnels plus informatives et faciles à utiliser que [105]. Ce point sera détaillé au paragraphe 4.2. ci-dessous. Notons simplement à ce stade que, comme cela est démontré dans Meddahi et Renault (1996), ce renforcement a un coût en termes d'interprétation. Il est très difficile en effet d'imaginer une interprétation structurelle qui produirait une dynamique GARCH (1, 1) pour des rendements d'actifs financiers comme résultant d'un équilibre économique. En effet, cette spécification n'est pas robuste vis-à-vis de l'agrégation temporelle (Drost et Nijman, 1993) : si par exemple une série de rendements hebdomadaires est conforme à une spécification GARCH (1, 1), la série des rendements mensuels correspondants ne le sera pas ! Elle n'est pas non plus robuste à la composition de portefeuilles (Nijman et Sentana, 1996) : si par exemple deux rendements (ou log-rendements) d'actifs financiers sont conformes à une spécification GARCH (1, 1), une combinaison linéaire de ces rendements ne l'est pas en général. Ceci est particulièrement choquant si l'on a en tête par exemple les log-rendements de placements de change deutsche mark/dollar et dollar/yen dont la somme est précisément le log-rendement d'un placement deutsche mark/yen ! En revanche, Meddahi et Renault (1996) ont montré que la spécification SR-SARV (1) est elle robuste vis-à-vis de ces différents types d'agrégation. En d'autres termes, c'est précisément la condition additionnelle [107] à la base de la définition GARCH par rapport à SR-SARV (1) qui rend la spécification GARCH (1, 1) peu plausible, car l'économètre n'a aucune raison d'espérer en général que les données dont il dispose soient juste au niveau d'agrégation qui rendrait valide le modèle GARCH ! Le modèle GARCH ne peut donc en pratique être considéré que comme un «filtre» qui fournit une statistique descriptive des données disponibles mais sûrement pas un modèle structurel. En particulier, à la différence du modèle SR-SARV (1), le modèle GARCH ne peut être interprété comme issu d'un échantillonnage en temps discret dans un modèle à volatilité stochastique spécifié en temps continu, tel que l'on en utilise pour la valorisation des options (§ 4.3.).

4.2. GMM pour des restrictions de moments conditionnels et application aux modèles de type ARCH

La spécification d'une dynamique jointe de la moyenne conditionnelle μ_{t-1} et de la variance conditionnelle f_{t-1} (le conditionnement étant relatif à une filtration d'informations I_{t-1} contenant la filtration naturelle) est équivalente à la définition d'un «terme d'erreur» bivarié :

$$e_t(\theta) = (Y_t - \mu_{t-1}(\theta),\ (Y_t - \mu_{t-1}(\theta))^2 - f_{t-1}(\theta))' \qquad [109]$$

où :

$$\begin{cases} \mu_{t-1}(\theta) = E[Y_t | I_{t-1}] \\ f_{t-1}(\theta) = \text{var}\ [Y_t | I_{t-1}] \end{cases} \qquad [110]$$

sont des fonctions données du vecteur θ de paramètres inconnus. Par exemple, si la dynamique de Y_t est décrite par un modèle AR(P) à innovations GARCH (1, 1) on aura :

$$\begin{cases} \theta = (C,\ \varphi_1,\ \varphi_2,\ \ldots,\ \varphi_P,\ \omega,\ \alpha,\ \beta)' \\ \mu_{t-1}(\theta) = C + \sum_{h=1}^{P} \varphi_h Y_{t-h} \\ f_{t-1}(\theta) = \omega + \alpha(Y_{t-1} - \mu_{t-2}(\theta))^2 + \beta f_{t-2}(\theta) \end{cases}$$

En outre, de même que le modèle de l'espérance conditionnelle peut être généralisé au cadre ARMA (P, Q) (au lieu de AR (P)), le modèle de la variance conditionnelle (qui est comme on l'a vu AR (1) dans le cas d'un GARCH (1, 1)) peut lui aussi être généralisé à une forme ARMA de façon à obtenir des innovations GARCH $(p,\ q)$, c'est-à-dire avec une dynamique de la forme :

$$\begin{aligned} f_{t-1}(\theta) = \omega &+ \sum_{j=1}^{q} \alpha_j (Y_{t-j} - \mu_{t-j-1}(\theta))^2 \\ &+ \sum_{i=1}^{p} \beta_i f_{t-i-1}(\theta) \end{aligned}$$

Il faut savoir aussi que depuis les articles fondateurs de Engle (1982) et Bollerslev (1986), de nombreuses alternatives à la forme fonctionnelle GARCH ont été proposées :

– modèle E GARCH, c'est-à-dire exponentiel GARCH de Nelson (1991),

– modèle TARCH (ARCH à seuil) de Zakoïan (1994) ou QTARCH (ARCH à seuils qualitatifs) de Gouriéroux et Monfort (1992),

– modèle NARCH (non linéaire ARCH) de Higgins et Bera (1992),

– modèle AARCH (asymétrique ARCH) de Engle (1990).

Le formalisme général [109]/[110] englobe ainsi toute une variété de formulations plus ou moins exotiques. Ce qui importe en fait pour l'applicabilité des techniques d'inférence définies ci-dessous est que le modèle soit caractérisé par les *restrictions de moments conditionnels* :

$$\begin{cases} E[e_t(\theta) \mid I_{t-1}] = 0 & [111a] \\ e_t(\theta) \in I_t & [111b] \end{cases}$$

Comme souligné dans le paragraphe précédent, la condition [111b] est conforme à l'«esprit» ARCH par opposition à l'«esprit» volatilité stochastique qui ne sera abordé qu'au paragraphe 4.3. En revanche, on verra ci-dessous que cette restriction est aussi satisfaite dans une variété de modèles de facteur d'actualisation stochastique du type présenté en introduction. Par conséquent, si le modèle GARCH sert d'exemple conducteur dans tout ce paragraphe 4.2., la méthodologie d'inférence développée ici a un champ d'application en économétrie de la finance beaucoup plus large que le strict cadre ARCH. Dans le cas d'un modèle d'évaluation avec facteur d'actualisation stochastique, le «terme d'erreur» $e_t(\theta)$ conforme à [111] sera typiquement de taille n où n est le nombre d'actifs évalués par le modèle et pour lesquels on dispose d'une série chronologique de rendements.

Par la propriété [94a] de composition des espérances conditionnelles, les restrictions de moments conditionnels [111a] sont équivalentes à la «non-corrélation» des termes d'erreurs $e_{it}(\theta)$, $i = 1, 2, ..., n$ (en notant $e_t(\theta) = (e_{it}(\theta))_{1 \leq i \leq n}$) avec tout vecteur Z_t de variables aléatoires élément de I_{t-1} :

$$E[e_{it}(\theta) Z_t] = 0, \quad \forall i = 1, 2, ..., n \qquad [112]$$

Le terme «non-corrélation» est employé ici par abus de langage puisque le vecteur Z_t peut contenir en particulier une composante constante non nulle, si bien que la condition de moment correspondante [112] spécifie que le terme d'erreur $e_t(\theta)$ est d'espérance inconditionnelle nulle. L'importance pour l'inférence de la restriction additionnelle [111b] est que, considérée conjointement avec [112], elle implique que les termes d'erreurs sont deux à deux non corrélés. En fait, même les «termes d'erreurs» introduits par [112] ne présentent pas de corrélation sérielle puisque :

$$t < t' \Rightarrow E[e_{it}(\theta)\ Z_t e_{jt'}(\theta)\ Z_{t'}]$$

$$= E\left[e_{it}(\theta)\ Z_t E[e_{jt'}(\theta)\ Z_{t'} \mid I_t]\right] = 0$$

puisque :

$$E[e_{jt'}(\theta)\ Z_{t'} \mid I_t] = E[Z_{t'} E[e_{jt'}(\theta) \mid I_{t'-1}] \mid I_t] = 0$$

On notera le rôle essentiel joué dans la première implication par l'hypothèse :

$$e_t(\theta) \in I_t \subset I_{t'}$$

Une façon plus compacte d'écrire [112] est :

$$E[e_t(\theta) \otimes Z_t] = 0 \qquad [113]$$

où le produit de Kronecker $e_t(\theta) \otimes Z_t$ est défini comme le vecteur de taille $n \times L$ (si L est la taille de Z_t) défini par :

$$(e_{1t}(\theta)\ Z_t', e_{2t}(\theta) Z_t', \ ..., \ e_{nt}(\theta)\ Z_t')'$$

Autrement dit, on a réussi à traduire l'ensemble de restrictions de moments *conditionnels* [111] par un ensemble *équivalent* de restrictions de moments *inconditionnels* [113], l'équivalence étant assurée si les restrictions [113] sont considérées *pour tout vecteur* Z_t de variables aléatoires élément de I_{t-1}. En pratique, on ne pourra évidemment pas utiliser un ensemble infini de restrictions si bien que l'on *choisira* un ensemble Z_t de L variables dites *instrumentales*. Le choix des instruments peut être dicté par des critères empiriques (données de qualité, facilement disponibles, dont le pouvoir informatif paraît *a priori* important...) ou théoriques (voir ci-dessous la notion de choix optimal des instruments).

Nous considérerons dans un premier temps le choix des L instruments comme donné, si bien que les restrictions de moments inconditionnels [113] ne sont qu'une *conséquence* (mais non une condition suffisante) de la validité postulée du modèle paramétrique [111]. L'intérêt de la non-corrélation sérielle des erreurs soulignée ci-dessus est que [113] s'écrit encore comme dans les sections précédentes :

$$E\ f(Y_t,\ \theta) = 0$$

où, à défaut d'avoir une hypothèse d'indépendance des Y_t, on peut encore affirmer que :

$$\operatorname{var}\left[\frac{1}{\sqrt{T}}\sum_{t=1}^{I} f\ (Y_t,\ \theta)\right] = \operatorname{var} f(Y_t,\ \theta) \qquad [114]$$

à condition de maintenir une hypothèse de *stationnarité* : la loi de Y_t (par exemple la loi du vecteur des rendements) est supposée *indépendante de t*. Autant l'hypothèse d'indépendance des rendements postulée dans les trois premières sections était irréaliste, autant *l'hypothèse de stationnarité* est généralement acceptée. Elle correspond à l'idée que les rendements sont régis par une *dynamique* (corrélation sérielle, hétéroscédasticité conditionnelle...) mais que cette dynamique est stable dans le temps au sens de la condition suivante.

Hypothèse de stationnarité

Pour tout nombre H de retards, la loi jointe du vecteur Y_t de rendements considérés et de ses H valeurs retardées $Y_{t-1},\ Y_{t-2},\ ...,\ Y_{t-H}$ est indépendante de t.

Cette hypothèse de stationnarité sera maintenue dans toute la suite. Elle est compatible en particulier, sous des conditions de régularité usuelles, avec l'exemple AR (P) à innovations GARCH considéré ici comme fil conducteur où Y est un processus univarié caractérisé par [110] avec les spécifications AR et GARCH de μ_{t-1} et f_{t-1}. Jointe à la propriété [114] (conséquence de la non-corrélation sérielle des erreurs $f(Y_t,\ \theta) = e_t(\theta) \otimes Z_t$), cette hypothèse de stationnarité permet de faire appel à des généralisations du théorème central-limite de Lindeberg-Levy.

Théorème central-limite (pour différence de martingale)

Le processus $f(Y_t,\ \theta^0)$ étant une différence de martingale, c'est-à-dire :

$$E[f(Y_t,\ \theta^0) \mid I_{t-1}] = 0, \qquad Y_t \in I_t$$

la loi limite de $\frac{1}{\sqrt{T}}\sum_{t=1}^{T} f(Y_t,\ \theta^0)$ est une loi normale de moyenne nulle et de variance $\text{var} f(Y_t,\ \theta^0)$.

La validité du théorème central-limite ci-dessus repose évidemment sur des conditions de régularité (ergodicité...) dont la définition précise est au-delà des objectifs de cet article. On notera simplement ici que la propriété dite de « différence de martingale » (qui implique la non-corrélation sérielle) est bien vérifiée dans notre contexte pour :

$$f(Y_t,\ \theta^0) = e_t(\theta^0) \otimes Z_t$$

(si θ^0 est la vraie valeur inconnue des paramètres) puisque :

$$E\left[e_t(\theta^0)\ Z_t \mid I_{t-1}\right] = Z_t E\left[e_t(\theta^0) \mid I_{t-1}\right] = 0$$

On peut alors démontrer que, moyennant quelques autres conditions de régularité additionnelles (Hansen, 1982), les théorèmes 1, 2 et 3 et la méthodologie d'inférence associée restent valides dans ce contexte dynamique plus général. Cette validité suppose évidemment que les conditions d'identification $I1$ et $I2$ soient maintenues, c'est-à-dire que :

$$E(e_t(\theta) \otimes Z_t) = 0 \Rightarrow \theta = \theta^0$$

et la matrice $E\left(\frac{\partial e_t(\theta^0)}{\partial \theta'} \otimes Z_t\right)$, de taille $nL \times p$, est de plein rang colonne.

Ces conditions supposent non seulement que la spécification du modèle caractérise bien θ^0 :

$$E\left[e_t(\theta) \mid I_{t-1}\right] = 0 \Rightarrow \theta = \theta^0$$

mais aussi que le choix des instruments Z_t soit suffisamment informatif pour que la chaîne d'implications suivante soit valide :

$$E[e_t(\theta) \mid I_{t-1}] = 0 \Rightarrow E[e_t(\theta) \otimes Z_t] = 0 \Rightarrow \theta = \theta^0$$

En théorie, on devrait même rechercher les instruments les *plus informatifs* possibles de façon que l'estimateur GMM « efficace » déduit des restrictions de moments inconditionnels :

$$Ef(Y_t,\ \theta) = 0$$

avec $f(Y_t,\ \theta) = e_t(\theta) \otimes Z_t$, ait la variance asymptotique la plus faible possible. En effet, par le théorème 2, on sait que cet estimateur est efficace *pour un ensemble donné de restrictions de moments inconditionnels* (c'est-à-dire un *ensemble donné d'instruments*), mais en revanche sa variance asymptotique

$$\left\{\left[E\ \frac{\partial f'}{\partial \theta}\ (Y_t,\ \theta^0)\right]\ \left(\text{var}\ f(Y_t,\ \theta^0)\right)^{-1}\ \left[E\ \frac{\partial f}{\partial \theta'}\ (Y_t,\ \theta^0)\right]\right\}^{-1}$$

dépend de f et donc *du choix des instruments*. Hansen (1985) caractérise la variance minimale de l'estimateur GMM efficace dans l'ensemble de tous les choix possibles d'instruments. Hansen (1985) se place dans le cas général d'erreurs avec corrélation sérielle, mais l'on suivra ici la présentation de Tauchen (1986) qui se contente du cadre des différences de martingale. L'argument central de Tauchen (1986) repose sur la première interprétation de GMM que nous avions privilégiée dans la section 2 : l'estimateur GMM efficace peut toujours être vu comme estimateur des moments dans un système *juste identifié* de p restrictions de moments (inconditionnels), obtenu par sélection de p équations parmi l'ensemble des restrictions de moments inconditionnels dont on dispose. De ce point de vue, sélectionner *p instruments optimaux* (c'est-à-dire fournissant la variance minimale dans l'ensemble de tous les estimateurs GMM efficaces correspondant à tous les choix possibles d'instruments) revient à choisir une *matrice de sélection optimale* S_t, fonction de I_{t-1}. En utilisant Hansen (1985), Tauchen (1986) montre que le choix optimal est :

$$S_t = D_t' \phi_t^{-1} \tag{115}$$

avec :

$$D_t = E\left[\frac{\partial e_t}{\partial \theta'}\,(\theta^0) \mid I_{t-1}\right]$$

et

$$\phi_t = E\left[e_t(\theta^0)\; e_t'(\theta^0) \mid I_{t-1}\right] = \text{var}\;\left[e_t(\theta^0) \mid I_{t-1}\right]$$

Autrement dit, l'estimateur *GMM efficace à instruments optimaux* est le vecteur $\hat{\theta}_T$ solution de :

$$\frac{1}{T}\sum_{t=1}^{T} D_t' \phi_t^{-1} e_t(\hat{\theta}_T) = 0 \tag{116}$$

Nous considérons ci-dessous trois exemples très simples pour donner l'intuition du résultat [115] et expliquer comment il doit être utilisé en pratique.

Exemple 1. Considérons un modèle AR(P) défini par les restrictions de moments conditionnels :

$$E[Y_t - \mu_{t-1}(\theta) \mid I_{t-1}] = 0 \tag{117}$$

avec :

$$\mu_{t-1}(\theta) = C + \sum_{h=1}^{P} \varphi_h Y_{t-h}$$

$$\theta = (C,\ \varphi_1,\ \ldots,\ \varphi_P)'$$

Alors :

$$e_t(\theta) = Y_t - \mu_{t-1}(\theta)$$

$$\frac{\partial e_t}{\partial \theta'} = -[1,\ Y_{t-1},\ Y_{t-2},\ ...,\ Y_{t-P}]'$$

si bien que l'équation [116] spécifie simplement que $\hat{\theta}_T$ est un estimateur des *moindres carrés pondérés* solution de :

$$\min_{\theta} \sum_{t=1}^{T} \frac{[Y_t - C - \varphi_1 Y_{t-1},\ - \cdots - \varphi_P Y_{t-P}]^2}{\phi_t}$$

Bien sûr, comme toujours dans une procédure de moindres carrés quasi généralisés, cela suppose que l'on dispose d'une estimation convergente de ϕ_t. Cela peut être le cas en particulier si on a aussi un modèle paramétrique de la variance conditionnelle

$$\text{var}\ [e_t(\theta^0) \mid I_{t-1}] = f_{t-1}(\theta^0) \qquad [118]$$

et qu'on dispose d'un estimateur convergent préliminaire (par exemple l'estimateur MCO) $\tilde{\theta}_T$ de θ. On obtiendra alors l'estimateur « GMM optimal » en résolvant :

$$\min_{\theta} \sum_{t=1}^{T} \frac{[Y_t - C - \varphi_1 Y_{t-1} - \cdots - \varphi_P Y_{t-P}]^2}{f_{t-1}(\tilde{\theta}_T)}$$

Bien sûr, l'optimalité de l'estimateur GMM considéré ici est *relative* à la donnée des conditions de moments [117]. En toute rigueur, le modèle paramétrique de la variance conditionnelle devrait aussi être utilisé sous forme de conditions de moments additionnels (exemple 3).

Exemple 2. Considérons un modèle ARCH (q) défini par les restrictions de moments conditionnels :

$$E[\varepsilon_t^2 - f_{t-1}(\theta) \mid I_{t-1}] = 0 \qquad [119]$$

avec :

$$f_{t-1}(\theta) = \omega + \sum_{j=1}^{q} \alpha_j \varepsilon_{t-j}^2$$

$$\theta = (\omega,\ \alpha_1,\ \alpha_2,\ ...,\ \alpha_q)'$$

Alors :

$$e_t(\theta) = \varepsilon_t^2 - f_{t-1}(\theta)$$

$$\frac{\partial e_t}{\partial \theta'}(\theta) = -[1,\ \varepsilon_{t-1}^2,\ \varepsilon_{t-2}^2,\ ...,\ \varepsilon_{t-q}^2]'$$

si bien que l'équation [116] spécifie maintenant que $\hat{\theta}_T$ est un estimateur des moindres carrés pondérés dans la régression de ε_t^2 sur ε_{t-1}^2, ..., ε_{t-q}^2 (ε_t^2 est supposé ici observable). Le facteur de pondération est défini par :

$$\begin{aligned}\phi_t(\theta) &= \text{var}\ [e_t(\theta) \mid I_{t-1}] \\ &= \text{var}\ [\varepsilon_t^2 \mid I_{t-1}] = (K_{t-1} - 1)\ f_{t-1}^2(\theta)\end{aligned}$$

où K_t est le *coefficient de kurtosis conditionnelle* de ε_t. Par exemple, dans le cas d'un processus ε_t conditionnellement gaussien :

$$K_t = 3$$

Exemple 3. Considérons un modèle de la dynamique jointe de la moyenne et de la variance conditionnelles du type [110] (par exemple AR avec innovations ARCH). On a alors :

$$e_t(\theta) = \begin{pmatrix} Y_t - \mu_{t-1}(\theta) \\ (Y_t - \mu_{t-1}(\theta))^2 - f_{t-1}(\theta) \end{pmatrix} = \begin{pmatrix} e_{1t}(\theta) \\ e_{2t}(\theta) \end{pmatrix}$$

Un calcul complet des expressions [115]/[116] est détaillé dans Meddahi et Renault (1995). A titre d'illustration, considérons simplement ici le cas où l'on est en outre prêt à postuler une condition de symétrie conditionnelle :

$$E[e_{1t}(\theta)e_{2t}(\theta) \mid I_{t-1}] = 0$$

Dans ce cas, [116] obéit encore à une logique de moindres carrés pondérés :

$$\min_{\theta} \sum_{t=1}^{T} [\omega_{1t} e_{1t}^2(\theta) + \omega_{2t} e_{2t}^2(\theta)]$$

les poids ω_{1t} et ω_{2t} étant obtenus par évaluation en un estimateur convergent préliminaire $\tilde{\theta}_T$ des inverses des variances conditionnelles respectivement de $e_{1t}(\theta^0)$ et $e_{2t}(\theta^0)$. Autrement dit :

$$\omega_{1t} = \frac{1}{f_{t-1}(\tilde{\theta}_T)}$$

et $\omega_{2t} = \dfrac{1}{2\ f_{t-1}^2(\tilde{\theta}_T)}$ si on est prêt à postuler une kurtosis conditionnelle conforme à la loi normale. Dans ce cas, on peut montrer (voir Meddahi et Renault, 1995) que cet estimateur GMM est asymptotiquement équivalent à l'*estimateur du pseudo-maximum de vraisemblance* (voir par exemple Gouriéroux, 1992), qui est l'estimateur le plus souvent utilisé pour ce type de modèle. Il consiste à maximiser en θ la vraisemblance conditionnelle en faisant comme si la loi conditionnelle de Y_t sachant I_{t-1} était la loi normale de moyenne $\mu_{t-1}(\theta)$ et de variance $f_{t-1}(\theta)$.

Autrement dit, on maximise en θ :

$$-\frac{1}{2}\sum_{t=1}^{T} \log f_{t-1}(\theta) - \frac{1}{2}\sum_{t=1}^{T} \frac{(Y_t - \mu_{t-1}(\theta))^2}{f_{t-1}(\theta)}$$

ce qui revient à minimiser en θ :

$$\sum_{t=1}^{T} \left[\frac{(Y_t - \mu_{t-1}(\theta))^2}{f_{t-1}(\theta)} + \log f_{t-1}(\theta) \right]$$

4.3. Compléments et extensions

Comme annoncé en introduction de cette section 4, une présentation un peu plus complète de l'utilisation de GMM dans des modèles dynamiques de l'économétrie de la finance dépasserait largement le cadre de cet article. On se contentera ici de donner deux exemples d'extension, le premier élargissant le cadre des modèles d'évaluation d'actifs considérés en introduisant une *modélisation structurelle* du *comportement dynamique* des investisseurs, le second généralisant les hypothèses statistiques adoptées précédemment en envisageant la corrélation sérielle des erreurs.

Exemple 1. Equations d'Euler

Considérons un investisseur représentatif qui a une richesse (évaluée ici en termes réels) disponible à chaque date t pour la consommation immédiate C_t ou pour l'investissement dans n actifs. Soit p_{it} le prix hors dividende de l'unité d'actif i et d_{it} le dividende (toujours en termes réels). La contrainte de budget intertemporelle de l'agent s'écrit :

$$C_t + \sum_{i=1}^{n} p_{it} q_{it} = \sum_{i=1}^{n} q_{it-1}(p_{it} + d_{it})$$

où q_{it} est la quantité d'actif i que l'agent détient en portefeuille de la date t à la date $t + 1$. La fonction d'utilité intertemporelle de l'agent est supposée séparable additivement (voir Epstein et Zin (1989) pour une généralisation), si bien qu'il maximise à la date t :

$$E\left[\sum_{k=0}^{\infty} \beta^k u(C_{t+k}) \mid I_t\right]$$

où $\beta(0 < \beta < 1)$ est son taux d'escompte subjectif et u est la fonction d'utilité de la consommation à chaque période. Les conditions du premier ordre de cette maximisation sous la contrainte de budget sont les équations d'Euler :

$$p_{it} u'(C_t) = E\left[u'(C_{t+1})\ (p_{it+1} + d_{it+1}) \mid I_t\right] \qquad [120]$$

Ces conditions, qui peuvent être obtenues par plusieurs approches (voir par exemple Lucas, 1978, ainsi que Grossman et Shiller, 1982), sont fondamentales dans la finance moderne puisqu'elles fournissent l'exemple le plus standard de facteur d'actualisation stochastique :

$$Z_{t,\ t+1} = \beta\ \frac{u'(C_{t+1})}{u'(C_t)}$$

On obtient une spécification paramétrique de ce facteur d'actualisation en supposant par exemple que la fonction d'utilité u est caractérisée par un indice relatif d'aversion pour le risque qui est une constante positive α :

$$u(C) = \frac{C^{1-\alpha} - 1}{1 - \alpha}$$

(en particulier $u(C) = \log C$ dans le cas limite $\alpha \to 1$) si bien que le vecteur θ des paramètres d'intérêt est ici :

$$\theta = (\alpha,\ \beta)'$$

$$Z_{t,\,t+1}(\theta) = \beta\left(\frac{C_{t+1}}{C_t}\right)^{-\alpha}$$

et

$$e_{it+1}(\theta) = Z_{t,\,t+1}(\theta)\ \frac{p_{it+1} + d_{it+1}}{p_{it}} - 1$$

permet de caractériser le modèle d'évaluation par des restrictions de moments conditionnels du type de celles étudiées au paragraphe 4.2. :

$$E[e_{it+1}(\theta) \mid I_t] = 0 \quad \forall i = 1,\ 2,\ ...,\ n$$

Exemple 2. Modèles à volatilité stochastique

Le modèle à volatilité stochastique [104] (et sa conséquence [105]) a fourni un exemple de contexte où les techniques du paragraphe 4.2. ne peuvent être directement appliquées, parce qu'il peut y avoir corrélation sérielle des erreurs. Une étude de Monte-Carlo complète de ce problème a été récemment proposée par Andersen et Sorensen (1996, noté AS dans la suite) dans le cadre d'un modèle à volatilité stochastique formulé légèrement différemment :

$$\begin{cases} \varepsilon_t = \sqrt{f_{t-1}}u_t \\ \log\, f_t = \omega + \gamma\, \log\, f_{t-1} + \sigma_\nu \nu_t \end{cases} \qquad [121]$$

où les couples $(u_t,\ \nu_t)$ sont supposés indépendants de même loi normale centrée réduite. Cette forme log-normale du modèle à volatilité stochastique est la traduction directe en temps discret du modèle d'évaluation d'options de Hull et White (1987), qui introduit dans le modèle de Black et Scholes

(1973) en temps continu une composante de volatilité stochastique. La formule d'évaluation d'options de Hull et White (1987) fournit le prix de l'option comme *espérance* de la formule de Black et Scholes où le terme $\sigma^2(T-t)$ (correspondant à la volatilité constante σ et à la période de vie $[t,\ T]$ de l'option) est remplacé par le cumul sur la période du carré de la volatilité variable :

$$\int_t^T \sigma_u^2 \, du$$

On obtient donc des modèles d'évaluation qui dépendent de manière hautement non linéaire des paramètres et des variables d'intérêt, si bien que les techniques de *moments simulés* sont de plus en plus utilisées, du fait de la difficulté de calculer analytiquement les moments d'intérêt pour GMM.

L'hypothèse de normalité sur les innovations de [121] permet cependant à AS (1996) de calculer un grand nombre de moments informatifs sur les paramètres $\theta = (\omega,\ \gamma,\ \sigma_\nu)'$. Ils calculent alors en fonction de θ l'expression analytique de 34 moments :

$$\begin{array}{ll} E \mid \varepsilon_t \mid^i, & i = 1,\ 2,\ 3,\ 4 \\ E \mid \varepsilon_t \varepsilon_{t-i} \mid, & i = 1,\ 2,\ ...,\ 10 \\ E\varepsilon_t^2 \varepsilon_{t-i}^2, & i = 1,\ 2,\ ...,\ 10 \\ E \mid \varepsilon_t \mid \varepsilon_{t-i}^2, & i = 1,\ 2,\ ...,\ 10 \end{array}$$

Cette expression fournit un vecteur $f(\varepsilon_t,\ \theta)$ de taille 34 définissant des restrictions de moments inconditionnels :

$$Ef(Y_t,\ \theta) = 0$$

en notant maintenant (pour l'homogénéité avec les notations précédentes) $Y_t = \varepsilon_t$.

La difficulté est ici que le processus $f(Y_t,\ \theta^0)$ présente de la corrélation sérielle si bien que :

$$\lim_{T \to \infty} \text{var} \left[\frac{1}{\sqrt{T}} \sum_{t=1}^T f(Y_t,\ \theta^0) \right] \neq \text{var}\ f(Y_t,\ \theta^0)$$

Or c'est l'inverse de cette limite qui doit maintenant être évaluée pour calculer la métrique définissant l'estimateur GMM efficace par une généralisation immédiate du théorème 2. L'étude de Monte-Carlo de AS (1996) souligne précisément à quel point il est important de sélectionner cette métrique avec soin. Typiquement, l'estimateur GMM efficace sera maintenant évalué en appliquant [48] avec :

$$W_T^* = \sum_{j=-T+1}^{T-1} k(j)\ \hat{\Gamma}_T(j)$$

où $k(j)$ est un poids qui s'annule pour $\mid j \mid > L_T$, où L_T est un paramètre de troncation qui tend vers l'infini à une vitesse plus lente que T et $\hat{\Gamma}_T(j)$ est l'autocovariance empirique d'ordre j :

$$\hat{\Gamma}(j) = \frac{1}{T} \sum_{t=j+1}^{T} f(Y_t, \tilde{\theta}_T) f(Y_{t-j}, \tilde{\theta}_T)'$$

où $\tilde{\theta}_T$ est un estimateur convergent préliminaire de θ (par exemple GMM associé à la matrice de pondération identité). Newey et West (1987) et Andrews (1991) proposent différentes méthodes pour choisir le paramètre de troncation L_t.

*

* *

En adoptant un point de vue voisin de celui de Ferson (1995), nous avons pu présenter dans cet article les méthodes modernes de l'économétrie des marchés financiers dans un cadre unifié par deux principes. Le premier principe unificateur consiste à réinterpréter tous les modèles d'évaluation d'actifs financiers comme caractérisés par la nullité de l'expérience conditionnelle (à l'information disponible) d'un certain terme d'erreur. Le second principe, de nature statistique, est l'utilisation systématique de l'approche GMM pour définir une méthodologie d'inférence adaptée à ces restrictions de moments conditionnels. Même si un principe unificateur est par définition réducteur, peu de développements récents de l'économétrie de la finance échappent aux deux principes ci-dessus. Le caractère d'incomplétude propre à tout travail de synthèse comme celui-ci n'est donc pas tellement dû à ces principes mais davantage au choix d'une présentation didactique autosuffisante plutôt que d'une énumération de références bibliographiques. Il convient cependant en conclusion de faire une liste (elle-même incomplète) des thèmes que nous regrettons de ne pas avoir abordés davantage. Nous les regrouperons par discipline à l'aune des deux principes unificateurs correspondants – modèles d'évaluation d'actifs financiers d'une part, méthodes statistiques d'autre part – avant de conclure que cette dichotomie est elle-même trop réductrice.

Les modèles d'évaluation d'actifs financiers dont nous avons traité sont essentiellement des modèles statiques (CAPM et APT), caractérisés par des relations d'évaluation factorielle à bêtas constants. Les modèles modernes fondés sur la notion de bêtas conditionnels (voir par exemple Ferson et Harvey, 1993, et toutes les références citées dans Ferson, 1995) se caractérisent *a fortiori* par des restrictions de moments conditionnels. Epstein et Zin (1989) fournissent en outre un cadre unificateur pour le CAPM et les modèles du comportement dynamique d'un investisseur caractérisés par des équations d'Euler. De façon générale, tous ces modèles *d'équilibre* se traduisent par la spécification d'un facteur d'actualisation stochastique. A côté de l'évaluation par équilibre, la littérature sur la valorisation des produits optionnels a mis en exergue, depuis Black et Scholes (1973), le principe d'évaluation par *arbitrage*[7].

7. Voir également dans cette ***Encyclopédie*** l'article de F. Quittard-Pinon, « Options : le modèle binomial, le modèle de Black et Scholes et leurs extensions », p. 1355, tome 2.

Ce principe est aussi central pour la modélisation de la structure par termes des taux d'intérêt[8]. Même si la recherche économétrique sur ce sujet est encore balbutiante, il est clair que les modèles d'évaluation par arbitrage doivent aussi être considérés par le statisticien comme caractérisés par des restrictions de moments conditionnels (voir par exemple Hull et White, 1987). La difficulté est que ces restrictions sont alors relatives à la probabilité dite corrigée du risque (voir Harrison et Kreps, 1979, et les contributions de J.C. Rochet[9], M. Jeanblanc-Picqué et R.A. Dana[10] dans cette encyclopédie) qui n'est pas aisément identifiable statistiquement. On renvoie à Bossaerts et Hillion (1993) ainsi qu'à Renault (1996) pour une discussion plus complète de cette question. Enfin, à côté des grandes constructions théoriques de la finance moderne qui se distinguent sur le principe d'évaluation (arbitrage *versus* équilibre) mais pas sur le paradigme (marché de concurrence parfaite, information symétrique, pas de coût de transaction...), on ne saurait oublier les développements récents de la théorie de la *microstructure* des marchés[11]. Cette théorie conduit le statisticien à s'intéresser non plus seulement à des processus de prix, mais aussi aux volumes des échanges, aux fréquences des transactions... Compte tenu du rôle essentiel joué dans cette littérature par les aspects informationnels, il est clair que l'approche en termes de restrictions de moments conditionnels (à l'information disponible) y est toujours très fructueuse.

Pour ce qui concerne maintenant la méthodologie statistique, il faut savoir que de nombreux prolongements aux techniques exposées dans cet article sont apparus dans les dix dernières années. Nous avons présenté successivement les GMM dans un cadre statique (variables indépendantes de même loi) puis dans un cadre dynamique (restrictions de moments inconditionnels) avec corrélation ou non des erreurs. Nous avons évoqué brièvement la question du choix des variables instrumentales (ou instruments) à associer à des restrictions de moments conditionnels mais nous sommes restés muets sur toute une littérature récente (voir les références citées dans Ogaki, 1992) concernant l'estimation non paramétrique des instruments optimaux. Par ailleurs, il resterait beaucoup à dire sur l'applicabilité de GMM aux modèles dynamiques de la finance moderne qui atteignent un haut niveau de sophistication pour au moins deux raisons, toutes les deux liées à l'évaluation par arbitrage. D'abord, l'évaluation non ambiguë par arbitrage nécessite un système complet de marchés contingents, hypothèse qui n'est compatible avec l'existence d'une infinité d'états de la nature que si l'on se place en temps continu. La formulation des modèles en temps continu (modèle de la dynamique du sous-jacent d'une option, modèles de la structure des taux) sous forme d'équations différentielles stochastiques pose un problème spécifique au statisticien : comment déduire de la spécification en temps continu des caractéristiques qui soient identifiables à partir de données statistiques qui sont par nature en temps discret ? Là encore, les restric-

---

8. Voir également dans cette ***Encyclopédie*** l'article de J.P. Gourlaouen et B. de Séverac, « Structure par terme des taux d'intérêt : les nouvelles théories », p. 1758, tome 2.

9. Voir dans cette ***Encyclopédie*** l'article de J.C. Rochet, « Arbitrage et équilibre dans les modèles discrets », p. 64, tome 1.

10. Voir dans cette ***Encyclopédie*** l'article de M. Jeanblanc-Picqué et R.A. Dana, « Arbitrage et équilibre en temps continu », p. 86, tome 1.

11. Voir également dans cette ***Encyclopédie*** l'article de J. Hamon, « Microstructure des marchés », p. 1140, tome 2.

tions de moments apparaissent comme une bonne manière de caractériser ces modèles. A côté de travaux récents (voir en particulier Hansen et Scheinkman, 1995) qui utilisent la théorie des équations différentielles stochastiques pour fournir des procédés de calcul systématique de conditions de moments, on observe surtout le recours de plus en plus fréquent à des techniques de simulation pour calculer sans difficulté les moments d'intérêt (voir Gouriéroux, Monfort et Renault, 1993, ainsi que Gallant et Tauchen, 1996, pour une synthèse). De façon générale, toute la panoplie des techniques de la statistique des processus – maximum de vraisemblance, pseudo-maximum de vraisemblance, inférence indirecte, bootstrap – peut être réinterprétée en termes de GMM. Une deuxième difficulté déjà abordée brièvement dans la section 4 de cet article et qui est aussi liée à l'évaluation par arbitrage d'actifs dérivés est l'inférence dans des modèles avec variables d'état non observables, comme la volatilité stochastique. L'introduction de telles variables est en effet inhérente à la modélisation des actifs dérivés. Par exemple, dans un monde à la Black et Scholes, le prix de l'option apparaît comme une fonction déterministe du prix du sous-jacent, en contradiction avec toute évidence statistique. Seule l'introduction de variables d'état non observables permet à la fois de rétablir la cohérence statistique (voir Renault, 1996) et de rendre compte du rôle économique des marchés d'options comme outils de couverture de risques spécifiques. Mais, de même que nos données statistiques en temps discret n'identifient pas directement la dynamique sous-jacente en temps continu, de même ces données de prix d'actifs financiers ne permettent pas une inférence directe sur la dynamique de processus latents comme la volatilité. Il s'agit donc de problématiques statistiques du même ordre, tant pour l'identifiabilité que pour le calcul de caractéristiques testables ou estimables. Là encore, l'approche GMM et ses versions simulées jouent un rôle essentiel. L'idée de base est qu'il est toujours possible d'utiliser la spécification du modèle latent (formulé en temps continu et/ou avec des variables d'état non observables) pour générer des trajectoires simulées qui, par confrontation aux trajectoires observées (à travers des moments bien choisis) permettront *indirectement* l'inférence sur les paramètres d'intérêt (d'où la terminologie d'inférence indirecte proposée par Gouriéroux, Monfort et Renault, 1993). Plus généralement ces modèles sont des modèles dynamiques non linéaires dits états-mesure (du fait de la relation entre variables mesurées et processus de variables d'état non observables) qui requièrent des techniques de filtrage adaptées (voir Ghysels, Harvey et Renault, 1996).

En résumé, tous ces développements montrent la nécessité d'une approche dite structurelle qui intègre dans un même cadre des concepts issus, d'une part, de la théorie financière et, d'autre part, de la méthodologie statistique. Par exemple, les modèles à volatilité stochastique ont été conçus pour l'évaluation d'options et doivent donc être confrontés aux données comme tels, et non pas comme de purs modèles de statistique des processus. En particulier, les prix d'options sont sûrement plus informatifs sur la dynamique de la volatilité du sous-jacent que les prix du sous-jacent lui-même. Mais l'utilisation statistique de ces prix d'options nécessite que l'on se donne un modèle d'évaluation d'options ou tout au moins, que l'on utilise la théorie de l'évaluation par arbitrage (conformément à la problématique décrite ci-dessus). De la même façon, un modèle satisfaisant de la dynamique des rendements d'un actif financier doit sûrement intégrer que la variance conditionnelle rétroagit dans l'espérance conditionnelle par l'intermédiaire d'une prime de risque (voir les modèles ARCH-M, c'est-à-dire « ARCH in mean » de Engle, Lilien et Robins, 1987). La façon de spécifier une telle prime de risque doit bien sûr être conforme à un modèle théorique de valorisation par équilibre.

L'exigence d'une inférence économétrique structurelle s'accompagne d'une exigence de robustesse. Puisque la théorie financière sous-jacente ne met en exergue que certains paramètres d'intérêt, sans nécessairement nous informer sur une spécification paramétrique complète de la dynamique des processus en jeu, on souhaite utiliser des procédures d'inférence dite *semi-paramétrique* qui estime et teste correctement les hypothèses d'intérêt, sans être contaminée par des erreurs de spécification (voir l'exemple du test d'efficience moyenne-variance décrit au paragraphe 3.4.). De ce point de vue, la méthodologie GMM est au centre du développement récent des techniques statistiques dites semi-paramétriques, de plus en plus utilisées en Econométrie.

Références

ANDERSEN T.G., « Stochastic Autoregressive Volatility : A Framework for Volatility Modeling », *Mathematical Finance* (4, 1994), p. 75-102.

ANDERSEN T.G., SORENSEN B.E., « GMM Estimation of a Stochastic Volatility Model : A Monte Carlo Study », *Journal of Business and Economic Statistics* (14, 1992), p. 328-352.

ANDREWS D.W.K., « Heteroskedasticity and Autocorrelation Consistent Covariance Matrix Estimation », *Econometrica* (59, 1986), p. 817-858.

ANDREWS D.W.K., FAIR R., « Inference in Econometric Models with Structural Change », *Review of Economic Studies* (55, 1988), p. 615-640.

BLACK F., SCHOLES M., « The Pricing of Options and Corporate Liabilities », *Journal of Political Economy* (81, 1973), p. 637-654.

BLATTBERG R., GONEDES N., « A Comparison of the Stable and Student Distributions as Statisticals Models of Stock Prices », *Journal of Business* (47, 1974), p. 244-280.

BOLLERSLEV T., « Generalized Autoregressive Conditional Heteroskedasticity », *Journal of Econometrics* (31, 1986), p. 307-327.

BOSSAERTS P., HILLION P., « A Test of a General Equilibrium Stock Option Pricing Model », *Mathematical Finance* (3, 1993), p. 311-347.

DAVIDSON R., MACKINNON J.G., *Estimation and Inference in Econometrics*, Oxford, UK, Oxford University Press, 1993.

DROST F.C., NIJMAN T., « Temporal Aggregation of GARCH Processes », *Econometrica* (61, 1993), p. 909-927.

ENGLE R.F., « Autoregressive Conditional Heteroskedasticity with Estimates of the Variance of United Kingdom Inflation », *Econometrica* (50, 1982), p. 975-986.

ENGLE R.F, « Discussion : Stock Market Volatility and the Crash of 87 », *Review of Financial Studies* (3, 1990), p. 103-106.

ENGLE R.F., LILIEN D.M., ROBINS R.P., « Estimating Time-Varying Risk Premia in the Term Structure : The ARCH-M Model », *Econometrica* (55, 1987), p. 391-407.

EPSTEIN L.G., ZIN S.E., « Substitution, Risk Aversion and the Temporal Behavior of Asset Returns : A Theoretical Approach », *Econometrica* (57, 1989), p. 937-970.

FERSON W., « Handbooks in Operations Research and Management Science », vol. 9 : *Finance*, chap. 5 : « Theory and Empirical Testing of Asset Pricing Models », North Holland, 1995.

FERSON W., FOERSTER S.F., « Finite Sample Properties of the Generalized Method of Moments in Tests of Conditional Asset Pricing Models », *Journal of Financial Economics* (36, 1994), p. 29-55.

FERSON W.E., HARVEY C.R., « The Risk and Predictability of International Equity Returns », *Review of Financial Studies* (6, 1993), p. 527-566.

GALLANT A.R., TAUCHEN G.E., « Which Moments to Match ? », *Econometric Theory* (12, à paraître).

GALLANT R., *Nonlinear Statistical Models*, New York, Wiley, 1987.

GHYSELS E., HALL A., « Are Consumption-based Intertemporal Capital Asset Pricing Models Structurals ? », *Journal of Econometrics* (45, 1990), p. 121-139.

GHYSELS E., HARVEY A., RENAULT E., « Stochastic Volatility », in *Handbook of Statistics,* 14, North-Holland, 1996.

GIBBONS M., ROSS R., SHANKEN J., « A Test of the Efficiency of a Given Portfolio », *Econometrica* (57, 1989), p. 1121-1152.

GOURIÉROUX C., *Modèles ARCH et applications financières,* Paris, Economica, 1992.

GOURIÉROUX C., MONFORT A., « Qualitative Threshold ARCH Models », *Journal of Econometrics* (52, 1992), p. 159-199.

GOURIÉROUX C., MONFORT A., *Statistique et modèles économétriques,* Paris, Economica, 1989.

GOURIÉROUX C., MONFORT A., RENAULT E., « Indirect Inference », *Journal of Applied Econometrics* (8, 1993), p. S85-S118.

GROSSMAN S.J., SHILLER R., « Consumption Correlatedness and Risk Measurement in Economics with Non-Traded Assets and Heterogeneous Information », *Journal of Financial Economics* (10, 1982), p. 195-210.

HALL A., « Some Aspects of Generalized Method of Moments Estimation », *Handbook of Statistics,* 11, North-Holland, 1992.

HANSEN L.P., « Large Sample Properties of the Generalized Method of Moments Estimators », *Econometrica* (50, 1982), p. 1029-1054.

HANSEN L.P., « A Method for Calculating Bounds in the Asymptotic Covariance Matrices of Generalized Method of Moments Estimators », *Journal of Econometrics* (30, 1985), p. 203-238.

HANSEN L.P., HEATON J., YARON A., « Finite Sample Properties of Some Alternative GMM Estimators », *Journal of Business and Economic Statistics* (19, 1986), p. 262-280.

HANSEN L.P., SCHEINKMAN J.A., « Back to the Future : Generating Moment Implications for Continuous-Time Markov Processes », *Econometrica* (63, 1995), p. 767-804.

HANSEN L.P., SINGLETON K., « Generalized Instrumental Variables Estimation of Nonlinear Rational Expectations Models », *Econometrica* (50, 1982), p. 1269-1285.

HARRISON G.M., KREPS, « Martingales and Arbitrage in Multiperiod Securities Markets », *Journal of Economic Theory* (20, 1979), p. 381-408.

HIGGINS M.L., BERA A.K., « A Class of Nonlinear ARCH Models », *International Economic Review* (33, 1992), p. 137-158.

HUBERMAN G., KANDEL S.A., « Mean-Variance Spanning », *Journal of Finance* (42, 1987), p. 383-388.

HUBERMAN G., KANDEL S.A., STAMBAUGH R.F., « Mimicking Portfolios and Exact Arbitrage Pricing », *Journal of Finance* (42, 1987), p. 1-10.

HULL J., WHITE A., « The Pricing of Options on Assets With Stochastic Volatilities », *Journal of Finance* (42, 1987), p. 281-300.

INGERSOLL J.E. Jr., *Theory of Financial Decision Making,* Totowa, NJ, Rowman and Littlefield, 1987.

JOBSON D., KORKIE R., « Potential Performance and Tests of Portfolio Efficiency », *Journal of Financial Economics* (10, 1982), p. 433-466.

KOCHERLAKOTA N., « On Tests of Representative Consumer Asset Pricing Models », *Journal of Monetary Economics* (26, 1990), p. 285-304.

LINTNER J., « The Valuation of Risk Assets and the Selection of Risky Investments in Stock Portfolios and Capital Budgets », *Review of Economics and Statistics* (47, 1965), p. 13-17.

LO A., « Statistical Tests of Contingent Claims Asset-Pricing Models », *Journal of Financial Economics* (17, 1986), p. 143-173.

LUCAS R.E. Jr., « Asset Prices in an Exchange Economy », *Econometrica* (46, 1978), p. 1429-1445.

LUCAS R.E. Jr., « Econometric Policy Evaluation : A Critique », *in* K. Brunner et A. Meltzer (éd.), *The Philips Curve and Labor Markets, Carnegie-Rochester Conference Series on Public Policy,* vol. 1, Amsterdam, North-Holland, 1976.

MACKINLAY A.C., Richardson M.P., « Using the Generalized Method of Moments to Test Mean-Variance Efficiency », *Journal of Finance* (46, 1991), p. 511-528.

MALINVAUD E., *Méthodes statistiques de l'économétrie,* 3e éd., Paris, Dunod, 1978.

MEDDAHI N., RENAULT E., « Linear Statistical Inference for ARCH-Type Processes », présenté au congrès de la Société d'Econométrie, Tokyo, août 1995.

MEDDAHI N., RENAULT E., « Aggregations and Marginalization of GARCH and Stochastic Volatility Models », présenté au séminaire Malinvaud d'Econométrie, CREST-Paris, 1996.

MELINO A., TURNBULL S., « Pricing Foreign Currency Options With Stochastic Volatility », *Journal of Econometrics* (45, 1990), p. 239-265.

NELSON D.B., « Conditional Heteroskedasticity in Asset Returns : A New Approach », *Econometrica* (59, 1991), p. 347-370.

NEWEY W., WEST K.D., « A Simple, Positive Definite, Heteroskedasticity and Autocorrelation Consistent Covariance Matrix », *Econometrica* (55, 1987), p. 703-708.

NIJMAN T., SENTANA E., « Marginalization and Contemporaneous Aggregation of Multivariate GARCH Processes », *Journal of Econometrics* (71, 1996), p. 71-87.

OGAKI M., « Generalized Method of Moments : Econometric Applications », *in Handbook of Statistics*, 11, North-Holland, 1992.

PAKES A., POLLARD D., « Simulation and the Asymptotics of Optimization Estimators », *Econometrica* (57, 1989), p. 1027-1057.

RENAULT E., « Econometric Models of Option Pricing Errors », *in* K. Wallis (éd.), *Advances in Econometrics,* Cambridge University Press, 1996.

SHARPE W., « Capital Asset Prices : A Theory of Market Equilibrium under Conditions of Risk », *Journal of Finance* (19, 1964), p. 425-442.

TAUCHEN G., « Statistical Properties of Generalized Method-of-Moments Estimators of Structural Parameters Obtained From Financial Market Data », *Journal of Business and Economic Statistics* (4, 1986), p. 397-425.

TAYLOR S., *Modelling Financial Time Series*, New York, Wiley, 1986.

ZAKOIAN J.M., « Threshold Heteroskedastic Models », *Journal of Economic Dynamics and Control* (18, 1994), p. 931-955.

Mots clés

Coefficients bêtas, efficience moyenne variance, équations d'Euler, estimateur efficace, expériences de Monte-Carlo, facteur d'actualisation stochastique, hétéroscédasticité conditionnelle, loi asymptotique, méthode des moments, modèles d'évaluation d'actifs financiers, moindres carrés, performance, test du MEDAF, tests de spécification, volatilité.

Efficience faible. Efficience semi-forte

20

Jacques Hamon

La gestion indicielle consiste à répliquer l'évolution d'un indice. Son développement est un bel hommage rendu par les professionnels et les gérants de portefeuilles à la théorie de l'efficience des marchés[1]. De son côté, le monde académique découvre les frais de transaction, le coût d'accès aux informations et autres imperfections perturbantes pour les équations simples des premiers temps. Dans les années 1980, les universitaires relevaient chaque année de nouvelles anomalies d'évaluation, de nouvelles énigmes nécessitant une reformulation de leurs modèles.

Dans un marché efficient, une prévision ne peut engendrer qu'un profit nul. La définition a évolué depuis le travail précurseur de Louis Bachelier (1900) qui fut le premier à oser effectuer un parallèle entre l'évolution des cours en bourse et la marche au hasard. Cette évolution est retracée dans la première section de cet article. Le développement de bases de données boursières de plus en plus complètes a été un stimulant évident et a permis de confronter les prédictions des modèles et les observations sur les marchés. Ce rapprochement et cette confrontation sont évoqués dans la deuxième section. Les anomalies sont des constatations empiriques en contradiction avec les prédictions des théories couramment admises. Sur un marché équilibré rien n'est gratuit, et tout surcroît de rentabilité est une compensation pour un inconvénient associé au portage du titre. Les anomalies par rapport à la théorie de l'efficience mettent en évidence des taux de rentabilité en excès pour lesquels le facteur rémunéré n'a pas encore été mis en évidence. Mais existe-t-il ? Ou bien, les anomalies ne sont-elles que le reflet d'une irrationalité des comportements ? Ces aspects sont développés dans la troisième section.

1. Voir dans cette ***Encyclopédie*** l'article de J.F. Boulier, « Gestion quantitative », p. 572, tome 1.

1. La théorie des marchés efficients

Une littérature abondante traite de l'efficience. Trois courants peuvent être dégagés : l'école empirique ou pragmatique, l'école théorique ou approche martingale stricte et l'école des asymétries d'informations[2].

Les deux premières écoles ont Bachelier comme précurseur. Fama est le chef de file de l'école pragmatique. Ce courant donne une définition évolutive et jugée par certains peu rigoureuse de l'efficience, mais il a des préoccupations opérationnelles évidentes avec le souci de la prise en compte des motivations des gérants de portefeuilles. La majorité des travaux empiriques s'inscrivent dans ce courant qui est à l'origine des études d'événements[3], des mesures de performance[4], des tests de stratégies d'investissement. Cette école a suscité le développement de bases de données exhaustives.

La deuxième école définit l'efficience de manière stricte à partir du concept de martingale et montre l'équivalence avec le concept d'anticipations rationnelles. Son chef de file est Samuelson (1965). De cette analyse découlent les approches en termes de volatilité excessive et de bulles. Ce courant présente un ensemble théorique cohérent, mais il a des difficultés à produire des prédictions confrontables aux observations. En fait, il apparaît actuellement peu supporté par les observations.

La troisième école est également théorique ; on peut la faire débuter avec l'article de Grossman (1976). Elle se développe surtout à partir du milieu des années 1980. La richesse de la problématique y est remarquable, avec l'introduction de plusieurs catégories d'acteurs (teneurs de marchés, investisseurs mieux informés, bruiteurs...), le fait que les investisseurs sont conscients de leur impact sur l'équilibre (ils ne sont plus des *price takers*), et le recours à la théorie des jeux. Certains résultats ont un fort contenu intuitif : ainsi, les cours apparaissent comme des estimations bruitées de la valeur informationnelle. Cette approche permet une meilleure compréhension de la liquidité. La production de prédictions falsifiables est récente, mais le développement de bases de données à haute fréquence et l'essor du courant dit de microstructure devraient permettre de lui donner une légitimité empirique.

Le présent article ignore les travaux de la troisième école (se reporter à l'article sur la microstructure dans la même encyclopédie[5]). Les deux prochains paragraphes se situent dans la logique du courant pragmatique ; le troisième présente le point de vue de l'école martingale et le quatrième aborde quelques aspects complémentaires.

---

2. En théorie financière, on dit qu'un portefeuille est efficient lorsque son espérance de rentabilité est la plus élevée parmi celles de tous les portefeuilles de même niveau de risque. La frontière efficiente de Markowitz est ainsi le lieu des portefeuilles efficients. Cela n'a toutefois pas de lien direct avec les thèmes traités dans cet article, si ce n'est que l'hypothèse d'efficience est requise pour que le MEDAF soit validé. Voir dans cette ***Encyclopédie*** l'article de R. Cobbaut, « Théorie du marché financier », p. 1954, tome 2.

3. Voir dans cette ***Encyclopédie*** l'article de A. Grar, « Etude d'événement », p. 462, tome 1.

4. Voir dans cette ***Encyclopédie*** l'article de J. Salvati, « Mesure de performance et gestion de portefeuille », p. 1122, tome 2.

5. Voir dans cette ***Encyclopédie*** l'article de J. Hamon, « Microstructure des marchés », p. 1140, tome 2.

1.1. L'efficience, la prévision et le coût de l'information

Pour Fama (1970), dans un marché efficient, toute information est répercutée complètement et instantanément dans les prix. Cette première définition manque de précision et sa portée opérationnelle est limitée[6].

Grossman (1976) montre l'impossibilité logique d'un équilibre totalement révélateur. Si tous les investisseurs ont le regard fixé sur leurs écrans, s'ils se disent que toutes les informations sont dans les cours et qu'il n'y a donc aucune raison pour regarder ailleurs, les prix signifieront-ils encore quelque chose ? Non, bien sûr. Ainsi, un marché efficient, au sens de la première définition énoncée, est une impossibilité logique si l'information est coûteuse et qu'il n'existe aucune incitation à la produire et à l'utiliser.

La définition de l'efficience proposée par Jensen (1978) est plus précise : *dans un marché efficient, toute prévision dégage un profit nul.* On peut prévoir, mais le profit (net de frais) est nul. Les frais associés à l'activité de prévision sont nombreux : récolte et achat d'informations, construction de modèles, maintien d'une présence sur le marché... Lorsque ces coûts sont pris en compte sur un marché efficient, le profit est nul.

Cette définition permet la réconciliation des mondes professionnels et académiques ! Elle reconnaît le rôle social attaché à l'activité de prévision. L'existence d'analystes et de « prévisionnistes » permet de raccrocher les cours aux fondamentaux. Les analystes ne sont pas supposés exercer cette activité à titre bénévole. Au contraire, leur travail est rémunéré et les coûts qui en résultent constituent une composante essentielle des frais liés à l'activité de prévision. L'activité de prévision est rémunérée, mais son exercice ne permet pas de dégager de surplus. De manière équivalente, cette hypothèse revient à affirmer que, sur un marché financier efficient, le marché de la prévision est concurrentiel[7].

La question décisive n'est plus : y a-t-il une dépendance dans les variations successives de cours ? mais peut-on prévoir avec profit ? peut-on faire mieux qu'une stratégie passive (telle que la gestion indicielle, par exemple) ?

1.2. L'efficience informationnelle : forme faible, forme semi-forte, forme forte

Suivant la suggestion de Roberts, les tests d'efficience sont rangés en trois catégories, suivant l'information utilisée dans la tentative de prévision.

Est-il possible de prévoir de manière profitable en restreignant les informations utilisées dans la tentative de prévision aux seules données historiques d'origine exclusivement boursière ? Parmi les informations que l'on peut ainsi utiliser, les cours passés jouent un rôle central, mais non exclusif. Les informations utilisées ici sont les plus facilement disponibles, les moins subjectives, les plus largement diffusées. Bien sûr, s'il est possible non seulement de prévoir en utilisant les cours passés, mais aussi de dégager un profit, le marché est déclaré inefficient... sous la forme faible.

---

6. Le succès en termes de citations de l'article de Fama par tous les auteurs traitant de l'efficience est pour Roger (1988) dû à son flou : « Cette définition est providentielle pour les chercheurs et praticiens car chacun peut l'interpréter comme bon lui semble ».

7. Voir dans cette ***Encyclopédie***, mais dans un autre domaine, celui du taux de change, l'article de P. Rousseau, « Prévision des taux de change », p. 1502, tome 2.

S'il est possible de s'enrichir, c'est-à-dire de dégager une recette supérieure aux frais impliqués par l'application de la stratégie, en gérant un portefeuille sur la foi d'informations publiques, alors le marché est inefficient sous la forme semi-forte.

Enfin si l'utilisation d'informations privées est profitable, le marché est dit inefficient sous la forme forte[8].

1.2.1. La gestion de portefeuille et l'efficience

Les trois formes de l'efficience recoupent des modalités différentes de gestion des portefeuilles. L'analyse technique est vaine si l'efficience faible est validée ; l'analyse fondamentale n'enrichit personne si le marché est efficient sous la forme semi-forte et, enfin, si la forme forte est corroborée, les investisseurs mieux informés ne tirent aucun profit de leur monopole informationnel (par vertu ou par prudence).

Il ne s'agit pas, pour un partisan de l'efficience, de demander la fermeture des bureaux d'analyse financière sous prétexte d'inefficacité, mais de prédire que la concurrence entre les bureaux leur permettra juste de survivre.

1.2.1.1. L'analyse technique

L'utilisateur de l'analyse technique ou de l'analyse graphique estime qu'il est possible de prévoir les retournements de tendance, ou au pire de les identifier en utilisant des données historiques comme seul matériel de prévision[9]. Les cours passés, les volumes de transaction, et les positions ouvertes dans le cas des marchés à terme constituent l'essentiel des données utilisées par l'analyste. Il s'agit de démarches essentiellement empiriques. Un point est toutefois clair : si ces méthodes sont utilisables avec profit, le marché n'est pas efficient.

Les méthodes sont très diverses. Certains indicateurs techniques ont pour objectif l'identification de la tendance du marché dans son ensemble et suivent, par exemple, l'évolution du ratio entre le nombre de valeurs en hausse et en baisse. La plupart des indicateurs techniques ont toutefois pour objet d'étude une valeur ou un titre isolé.

L'analyste travaille en deux étapes. La première est consacrée à la construction d'un graphique, la seconde à son interprétation. Les graphiques les plus courants sont le graphique avec représentation des cours extrêmes (*bar chart*), le graphique en point et croix, le graphique en ligne, le profil de marché (utilisé surtout pour la représentation des évolutions de cours de produits dérivés en données horodatées, *market profile*), le graphique yin yang (ou en bougies, d'origine japonaise). Le graphique étant réalisé, commence ensuite l'étape cruciale de l'interprétation et plus précisément de la recherche des signaux

---

8. Les frontières entre les trois formes de l'efficience sont en fait moins nettes. L'information prise en compte dans les tests de forme faible a eu tendance à s'élargir avec, par exemple, la prise en compte de l'influence des taux d'intérêt sur le cours des actions. Fama (1991) rebaptise « test de prévision » cette première catégorie. La distinction entre les formes semi-forte et forte est ambiguë dans la mesure où les analystes financiers sont les premiers producteurs d'informations privées. Fama propose une seconde catégorie regroupant les études d'événements et inclut dans la forme forte à la fois les mesures de performance des gérants et les tests concernant les initiés.

9. Voir dans cette ***Encyclopédie*** l'article de E. Bertrand, « Analyse technique : fondements théoriques et méthodes », p. 48, tome 1.

d'achat ou de vente. Les approches consistent à rechercher des figures caractéristiques[10] ou à appliquer des filtres numériques[11].

Certains indicateurs techniques prennent en compte le niveau d'activité du marché : des volumes, des volumes signés (par le sens acheteur ou vendeur de la transaction) ou des positions ouvertes. D'autres démarches peuvent être qualifiées d'analyse technique croisée : ainsi le ratio du nombre de *calls* sur le nombre de *puts* échangés est utilisé comme indicateur de tendance sur les supports ; ou encore l'exploitation de décalages supposés entre marchés : produits de taux et actions, supports et dérivés...

1.2.1.2. *L'analyse fondamentale*

La démarche de l'analyse financière est très différente. Elle consiste à anticiper la séquence des flux associés au portage du titre, à analyser le risque et l'exigence de rentabilité des investisseurs, puis à combiner le tout pour déterminer les valeurs surévaluées (à vendre), les valeurs sous-évaluées (à acheter) et enfin celles dont on ne peut rien dire. Les voies de l'analyse fondamentale sont diverses. Certaines formes parmi les plus utilisées ont pour nom la droite de marché ou le consensus.

1.3. L'efficience et le processus d'évolution des cours

Peut-on mettre l'efficience en équation ? Tel est le Graal que certains chercheurs se sont choisi. L'objet de ce paragraphe est de montrer les liens entre la marche au hasard, les martingales, les anticipations rationnelles et l'efficience.

1.3.1. La marche au hasard

Un processus P_t est qualifié de marche au hasard si $P_t = P_{t-1} + \varepsilon_t$, où ε_t est un bruit blanc[12]. L'espérance d'une marche au hasard est nulle et sa variance est égale à $t \times \sigma^2$. Quelle que soit la façon dont le temps est découpé, la variance de l'accroissement reste proportionnelle au temps écoulé. Une marche au hasard résulte de l'accumulation d'accroissements élémentaires indépendants les uns des autres. Si R_τ désigne le taux de rentabilité d'un titre de $\tau - 1$ à τ et P_0 la valeur initiale du titre, le cours à la date t est égal à :

$$P_t = P_0 \times \prod_{\tau=1}^{\tau=t} (1 + R_\tau) \qquad [1]$$

10. Recherche de « têtes et épaules » ou de « catapultes haussières » sur les graphiques en bâtons ; de zones de congestion sur les graphiques en points et croix ; ou de « bébés abandonnés » sur les graphiques en bougies par exemple. La méthode des vagues d'Elliot peut également être rangée dans cette catégorie.

11. Les moyennes mobiles, mais aussi les oscillateurs (différentiels de moyenne mobile), les momentums (différence entre deux cours distants), les tunnels ou, dans sa forme la plus aboutie, l'application de l'analyse spectrale participent de l'approche par filtrage.

12. Un bruit blanc est un processus stochastique en temps discret, stationnaire ($E(\varepsilon_t)$ et cov $(\varepsilon_t,\ \varepsilon_{t+h})$ ne dépendent pas de t), du second ordre (la variance existe et $E(\varepsilon_t^2)$ est fini), de moyenne nulle, de variance constante pour toutes les valeurs de t, et d'autocovariance nulle (pour toutes les valeurs de t et de h, cov $(\varepsilon_t\ ;\ \varepsilon_{t+h}) = 0$).

Si la série des taux de rentabilité est un bruit blanc, alors le logarithme du cours ajusté suit une marche au hasard, puisque[13]

$$\log_e[P_t] = \log_e\,[P_0] + \sum_{\tau=1}^{\tau=t} \log_e\,(1+R_\tau) = \log_e\,[P_0] + \sum_{\tau=1}^{\tau=t} \log_e\left(\frac{P_\tau + D_\tau}{P_{\tau-1}}\right) \quad [2]$$

Le cours ajusté est dit suivre une marche au hasard géométrique :

$$\log_e\left(\frac{P_\tau + D_\tau}{P_{\tau-1}}\right)$$

a une interprétation économique évidente ; c'est le taux de rentabilité estimé en temps continu.

Si le cours ajusté (dividende et opérations sur titres avec coefficient correcteur) suit une marche au hasard, tel n'est pas le cas du cours seul, dans la mesure où la date de détachement et l'ampleur de la chute de cours liée au détachement sont largement prévisibles.

Encadré 1 – Martingale et anticipations rationnelles

L'anticipation rationnelle du cours formulée en t, pour $t+1$ (notée $P^a_{t,\ t+1}$), est égale à l'espérance estimée en t du cours en $t+1$, conditionnellement aux informations connues en t :

$$P^a_{t,\ t+1} = E\left[P_{t+1}\,|I_t\right]$$

L'erreur de prévision est égale à $\varepsilon_t = P_{t+1} - E\left[P_{t+1}\,|I_t\right]$, et l'espérance conditionnelle de cette erreur est nulle $E\left[\varepsilon_t\,|I_t\right] = E\left[P_{t+1} - E\left[P_{t+1}\,|I_t\right]|I_t\right] = 0$. Les investisseurs tiennent compte des erreurs de prévision et les réduisent. Si tous les investisseurs forment leurs anticipations de manière rationnelle, et en l'absence d'asymétrie d'informations, les cours ajustés suivent une martingale.

Cette formulation des anticipations est différente de l'expression la plus simple consistant à supposer que la valeur anticipée du prix de demain est égale à la valeur observée aujourd'hui. Cette dernière hypothèse correspond à des anticipations adaptatives sans tendance. Elle présente l'inconvénient de ne pas tenir compte de toute l'information disponible à l'instant où les anticipations sont formulées.

1.3.2. Martingale

Une martingale est un processus tel que la valeur en t est égale à l'espérance de la valeur future, conditionnellement à l'information disponible. L'hypothèse que la valeur actuelle des cours et des dividendes accumulés suit une martingale se formule :

$$P_t = \alpha \times E(P_{t+1} + D_{t+1}\,|I_t) \quad [3]$$

13. Avec $R_\tau = \dfrac{P_\tau - P_{\tau-1} + D_\tau}{P_{\tau-1}}$, les cours P et les dividendes nets sont ajustés pour tenir compte des opérations sur titres avec coefficients correcteurs.

avec α, le facteur d'actualisation compris entre 0 et 1 ($\alpha = \frac{1}{1+\rho}$, ρ étant le taux de rentabilité exigé), et D le dividende. Si la relation [3] est vérifiée, toute information de l'ensemble I_t est incorporée dans le cours P. Samuelson (1965) montre la correspondance entre efficience et martingale. Plus précisément, si la relation [3] est vérifiée, en appliquant le modèle de martingale de manière récursive, on obtient (pour la démonstration se reporter à l'encadré 2) :

$$P_t = \sum_{j=1}^{\infty} \alpha^j \times E(D_{t+j} \,|I_t) \quad [4]$$

Encadré 2 – Démonstration de la relation [4]

A partir de la relation [3], Samuelson introduit le cours en $t+1$ et obtient :

$$P_t = \alpha \times E(\underbrace{\alpha \times E(P_{t+2} + D_{t+2} \,|I_{t+1})}_{P_{t+1}} + D_{t+1} \,|I_t)$$

En l'absence de trous de mémoire des investisseurs, l'information I en t est incluse dans l'ensemble I en $t+1$, ainsi $E\left[E(P_{t+2} \,|I_{t+1}) \,|I_t\right] = E(P_{t+2} \,|I_t)$. Et la même chose pour les dividendes. P_t peut donc être reformulé de la manière suivante :

$$P_t = \alpha \times E(D_{t+1} \,|I_t) + \alpha^2 \times E(P_{t+2} + D_{t+2} \,|I_t)$$

Le cours actuel est exprimé comme la somme de deux composantes : le flux de dividendes et le prix de revente. La convergence vers zéro du prix de revente est nécessaire pour exclure la présence de bulles : $\lim_{n \to \infty} \alpha^n \times E\left[P_{t+n} \,|I_t\right] = 0$. Par récurrence, on obtient la relation [4].

L'affirmation suivant laquelle les cours suivent une martingale ne signifie pas du tout que le comportement des cours est complètement erratique et sans correspondance avec les informations fondant la valeur des titres cotés. Il s'agit plutôt d'affirmer que si les cours sont une somme pondérée des flux de dividendes futurs, les cours futurs ne peuvent être prédits sur un marché efficient : toute information concernant le flux de dividendes et les taux d'actualisation est répercutée dans les cours.

1.3.3. L'efficience, les prix fondamentaux et l'aversion pour le risque

La formulation de l'hypothèse d'efficience par l'approche martingale (stricte) a l'avantage de la rigueur, mais le prix à payer est élevé. Le fait de ne se préoccuper que de l'espérance revient à exprimer les préférences des investisseurs sans tenir compte des moments d'ordres supérieurs à un. Cette hypothèse de neutralité au risque n'est admissible que si l'investisseur préfère toujours le titre à taux de rentabilité le plus fort, quel que soit son niveau de risque. L'équilibre du marché implique sous cette condition que les taux de rentabilité de tous les titres soient identiques. Il s'agit d'un monde artificiel et d'une définition restrictive de l'efficience.

Encadré 3 – Martingale et marche au hasard

Si les cours ajustés suivent une martingale, cela n'exclut pas la présence de dépendances dans les moments d'ordres supérieurs à un. En particulier, l'observation d'une persistance dans la volatilité est compatible avec la représentation martingale des cours ajustés. Ceci est logique sous l'hypothèse de neutralité au risque dans la mesure où, dans ce cas, la volatilité est sans impact sur l'expression des préférences des investisseurs. En revanche, l'hypothèse de marche au hasard est plus restrictive et a des exigences d'indépendance sur la totalité de la distribution des taux de rentabilité. La plupart des tests statistiques publiés concernent l'indépendance des taux de rentabilité et testent ainsi la représentation martingale des cours ajustés.
Fama (1965) constate qu'une forte rentabilité a tendance à être suivie par une autre forte rentabilité. La séquence des signes est toutefois aléatoire. Cette observation ne permet pas de rejeter la représentation en martingale des cours ajustés, mais elle est en revanche contraire à une hypothèse de marche au hasard. En effet, une prévision est envisageable sur le moment d'ordre deux et pourra être utilisée par les volatilistes sur le marché des options sur actions.

Ross (1977) pose le problème d'une manière en quelque sorte inversée. Il montre que les cours suivent toujours une martingale par rapport à un jeu de probabilités adéquat utilisé dans le calcul de l'espérance. Ces probabilités dites risque-neutres permettent d'exprimer la valeur actuelle d'un titre comme une somme actualisée des flux futurs. Deux séries de probabilités sont alors identifiables si les investisseurs sont hostiles au risque : celles utilisées par les investisseurs dans leurs choix de portefeuille et celles utilisables dans le calcul de la valeur actuelle des flux. Les taux de rentabilité espérés des titres de risques différents, lorsqu'ils sont évalués avec la série des probabilités risque-neutres, sont égaux. Bien sûr, ce qui est observable ce sont les taux de rentabilité évalués avec les probabilités implicitement utilisées par les investisseurs dans leurs choix de portefeuilles. Cette voie de recherche a donc peu de rapport avec l'efficience : il est de peu de secours de savoir que, même si les actionnaires sont hostiles au risque, un jeu de probabilités (non directement observable) permettrait de transformer les taux de rentabilité en jeu équilibré.

1.4. Les autres aspects de l'efficience

Les modalités d'organisation d'un marché sont à l'origine de frictions. Des écarts apparaissent entre les valeurs informationnelles et les cours affichés. Ils sont dus à diverses sources de rupture dans le processus d'évolution des cours. Ces raisons permettent d'éclairer certains écarts éventuellement constatés par rapport au comportement des cours sous l'hypothèse d'efficience, sans remettre fondamentalement en cause la définition précédente. La mise en évidence de dépendances peut n'être que la conséquence de ces problèmes de mesure. Parler d'inefficience organisationnelle c'est remettre en cause ces frictions ou frais de transaction, c'est penser qu'il est possible de les réduire. Une situation de concurrence entre les marchés doit contribuer à réduire les inefficiences organisationnelles.

2. Les tests de la théorie des marchés efficients

Aux premiers temps, toute dépendance dans les cours semblait une preuve d'inefficience et de possibilité de prévision. Les tests statistiques de dépendance sont en fait asymétriques car si l'indépendance implique généralement l'efficience, le contraire est moins évident en raison notamment des frais de transaction et de gestion. Le premier paragraphe présente certains tests statistiques de mise en évidence de dépendances et interprète les résultats obtenus. Dans le deuxième paragraphe, un choix a été fait parmi les tests de stratégies d'investissement : de l'analyse technique à l'application du principe d'additivité en passant par la mesure du délai d'incorporation des informations dans les équilibres.

2.1. Les tests économétriques

Si les cours ajustés suivent une martingale par rapport à l'ensemble des cours passés, les taux de rentabilité – déduction faite d'une constante représentant le taux d'actualisation – suivent un jeu équilibré $E(R_t - \rho | I_t) = 0$. Un des premiers tests économétriques de l'hypothèse d'efficience de forme faible consiste à estimer le coefficient de corrélation dans les taux de rentabilité successifs. Un coefficient de corrélation sérielle différent de zéro reflète la présence de dépendances, mais l'interprétation qu'il convient de donner à cette observation est souvent délicate.

Les corrélations négatives sont compatibles avec certains comportements spécifiques des investisseurs susceptibles de surréagir aux informations. La surréaction provoque un écart d'évaluation temporaire. Une corrélation positive peut traduire une lenteur du processus d'ajustement des cours aux informations nouvelles. Une corrélation positive peut également refléter la présence d'ordres «soignants» ou d'ordres cachés, résultant par exemple d'une pratique d'étalement dans le temps des ordres des investisseurs institutionnels. Cette première série d'interprétations va dans le sens d'une remise en cause de l'efficience. Mais la prudence s'impose, d'autres explications étant en concurrence !

L'observation de coefficients de corrélation sérielle différents de zéro peut ne refléter rien d'autre que le fait que les taux de rentabilité sont mesurés avec erreur. Une (forte) erreur sur un cours provoque deux fortes rentabilités consécutives et de signe contraire. De manière moins anecdotique, les modalités d'organisation des marchés sont à l'origine d'un écart entre la valeur informationnelle du titre et le cours observé. Parmi ces biais, on trouve notamment l'échelon de cotation, l'asynchronisme et la fourchette qui sont autant de sources de coefficients de corrélation négatifs. D'autres problèmes d'interprétation peuvent être soulevés lorsque les tests sont menés sur des indices, en raison de la non-prise en compte des dividendes et d'un biais d'agrégation des données individuelles. Lors du calcul d'un indice à l'instant t, on retient le cours antérieur le plus proche pour chacune des actions appartenant à l'indice, d'où un phénomène de lissage d'autant plus prononcé que les titres retenus dans l'indice ont des cotations espacées. Un titre dont les cotations sont espacées peut très bien être efficient au sens de la définition proposée.

Enfin, si l'espérance de rentabilité n'est pas constante, le coefficient de corrélation estimé sur données historiques est différent de zéro, même si les variations successives sont indépendantes. Fama (1970) insiste ainsi, avec raison, sur le fait que tout test d'efficience est un test d'hypothèses multiples et signale cette contrainte dans l'interprétation des tests de corrélation. Il est d'ailleurs étonnant de constater que la plupart des études empiriques s'étant livrées à ce type de test mettent en évidence des coefficients de corrélation très faibles et peu significativement différents de zéro. Ainsi, la réponse donnée par les tests statistiques à la double question de la prévision et de la profitabilité est-elle le plus souvent ambiguë. La possibilité de prévision n'est établie que si on démontre que la valeur du coefficient n'est pas provoquée par les autres raisons invoquées. Et si on y arrive, il reste à montrer qu'elles ont une réelle importance économique et que leur exploitation est profitable.

Si les cours ajustés suivent une marche au hasard, la variance de l'accroissement reste proportionnelle au temps écoulé, quelle que soit la façon dont le temps est découpé. Ainsi le ratio de variances, comportant au numérateur la variance des rentabilités annuelles et au dénominateur douze fois la variance des rentabilités mensuelles, doit être égal à un, ce qui est le plus souvent observé (Fontaine, 1990).

L'avantage des tests non paramétriques est de pouvoir s'affranchir des hypothèses classiques sur les lois de distribution suivies par les taux de rentabilité. Certaines distributions de rentabilité n'ont pas de variance[14] et, dans ce cas, les deux types de tests précédents n'ont pas de sens. Parmi les plus anciens, on note les tests de séquences (*run tests*) qui consistent à juger du caractère aléatoire ou non des signes des taux de rentabilité successifs. Ils ont été également utilisés plus récemment, pour tester la présence de certaines formes de bulles.

2.2. Les tests empiriques : la recherche de stratégies d'investissement profitables

La génération d'une série de nombres au hasard permet de faire apparaître toutes les figures caractéristiques prisées des passionnés de l'analyse graphique : il suffit de laisser tourner suffisamment longtemps le calculateur. Cette expérience initialement proposée par Working (1934) est reproduite sur le graphique 1. On y découvre un « tête et épaules » de facture correcte, effectivement suivi par une chute de cours. Puisque la série de cours est construite à partir d'un générateur de nombres au hasard, il est clair que la chute de cours est sans rapport avec la figure la précédant[15].

Le triturage de données (*data mining*) s'apparente à une mémoire sélective qui consiste à ne retenir parmi un grand nombre d'expériences que celles qui

---

14. Sur une série de taux de rentabilité, on peut toujours calculer une variance (empirique). Affirmer que la distribution n'a pas de variance revient à constater une non-convergence vers une limite finie de la variance empirique, lorsque le nombre d'observations utilisées dans le calcul augmente indéfiniment.

15. Chausey, sur la côte nord de la Bretagne, comporte plusieurs îles et une multitude de rochers. L'un d'entre eux est appelé l'éléphant car sous un certain angle d'observation et avec un minimum de bonne volonté on y repère le pachyderme. Mais pour un éléphant, combien de simples rochers ? Est-ce le hasard qui façonne les côtes de la Bretagne, ou faut-il y voir une intervention druidique ? Il est assez facile de trouver une personne qui aura « fait fortune » en utilisant les approches graphiques. Cela ne permet pas, malheureusement, de tirer la moindre conclusion.

a posteriori valident une théorie. Retrouver dans une série de cours passés les têtes et épaules suivis d'une baisse de cours est du triturage de données. Retrouver tous les têtes et épaules et évaluer le pourcentage de cas où la figure est suivie d'une baisse procède d'une démarche scientifique.

Dans les années qui ont suivi le krach boursier d'octobre 1987, on a régulièrement découvert des analystes « qui avaient prévu le krach ». Isoler *a posteriori* un individu (parmi tous les analystes) qui aurait effectivement réalisé une telle prédiction ne permet pas d'affirmer que le krach était prévisible et renseigne assez peu sur la possibilité pour l'analyste de reproduire cette performance[16] !

Graphique 1 – Série de cours générés au hasard

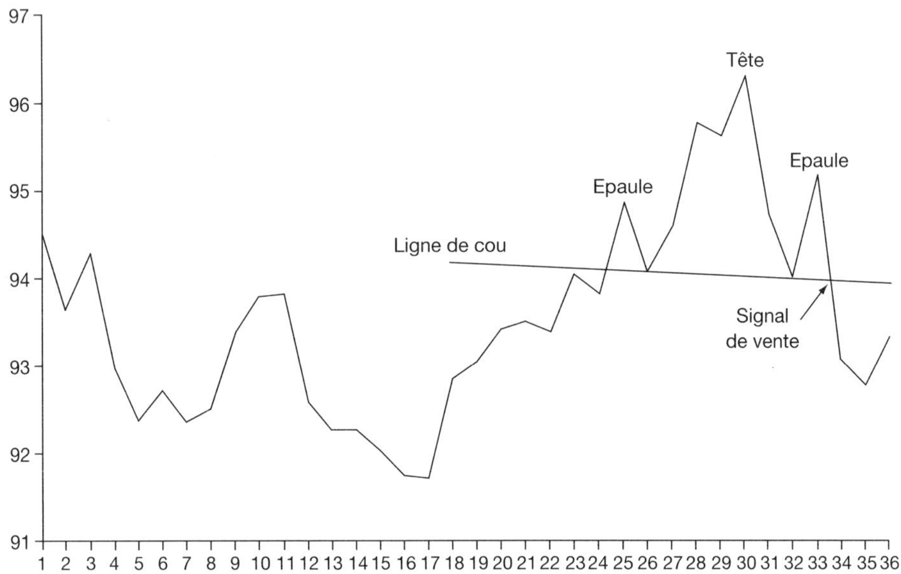

Note : La valeur d'origine du cours est fixée à 100. Les taux de rentabilité sont générés au hasard suivant une loi normale d'espérance 15 % et de volatilité 15 % en base annuelle. La figure est obtenue au terme d'une simulation d'environ cinq années de données quotidiennes.

2.2.1. L'analyse technique

La simulation d'une stratégie d'analyse graphique sur un historique de cours est la voie la plus fréquemment utilisée pour juger de l'efficacité de ce type de démarche. La stratégie doit être automatisable, ce qui implique que ses caractéristiques soient parfaitement identifiées.

La première étape consiste à définir les caractéristiques des différentes stratégies. On recherche les caractéristiques de la stratégie active qui maximisent le profit. La stratégie de référence est une stratégie passive sur un groupe

---

16. Elaine Garzarelli, analyste quantitativiste de *Lehman Brothers*, acquiert sa réputation au moment du krach de 1987 qu'elle aurait prédit. La responsabilité de *Sector Analysis Portfolio* lui est confiée. Sur sept ans, ce fonds réalise 4,7 % par an alors que le S&P 500 fait 5,8 % par an sur la même période. Son salaire annuel global était estimé à deux millions de dollars. Elle a été licenciée en 1994 (*La Tribune Desfossés* du 28 octobre 1994).

d'actions composé de titres de mêmes caractéristiques[17] que ceux visés par la stratégie active. Il est important de tenir compte des dividendes détachés. La stratégie passive, par définition, encaisse tous les dividendes, alors qu'une stratégie active peut amener à sortir du marché et donc à en laisser échapper certains. Ainsi, ignorer les dividendes défavorise la stratégie passive. Les délais d'exécution sont à considérer. On ne peut pas supposer que l'instant d'intervention est confondu avec le déclenchement du signal d'achat-vente. Le délai dépend de la qualité de l'organisation de l'investisseur et du degré de liquidité du titre. Sur le second point, tout dépend de la fréquence des transactions et de l'importance de l'ordre passé par l'investisseur relativement à la profondeur du carnet d'ordres. Les frais de transaction et de gestion sont de plus à déduire ; les ignorer avantage la stratégie active qui, par définition, implique un taux de rotation plus élevé du portefeuille. Les frais de transaction comprennent une partie explicite qui figure sur l'avis d'opéré, et une partie implicite dans la mesure où le cours auquel on peut acheter est différent de celui auquel on peut vendre au même moment. La partie implicite des frais est inférieure à 1 % pour un acheté-vendu sur la plupart des titres du CAC 40, mais elle est en moyenne supérieure à 5 % sur le second marché.

La seconde étape consiste à vérifier si la stratégie active est toujours efficace lorsqu'on l'applique à un second échantillon indépendant. Le test en double échantillon permet de limiter le risque de triturage des données. On divise l'historique disponible en deux parties (deux groupes de titres ou deux sous-périodes). Sur le premier groupe, on recherche des caractéristiques optimales permettant de battre le plus nettement possible la stratégie passive. Sur un historique de cours donné, il suffit de faire tourner l'ordinateur suffisamment longtemps mais, dans tous les cas, on trouve au moins une stratégie active battant la stratégie passive. Cela ne démontre rien, tant que la stratégie active ne fait pas ses preuves sur un second échantillon. Lorsque les caractéristiques optimales sont identifiées, le test décisif consiste à les appliquer au second groupe de données gardé en réserve. Si la stratégie active est toujours la meilleure, le test est concluant en faveur de la méthode.

On ne peut pas démontrer que l'analyse technique est sans fondement, on ne peut que collectionner les expériences sur une méthode particulière. Selon nous, toutes celles publiées sont négatives. Mais quel détenteur d'une martingale magique serait assez fou pour en publier les caractéristiques ainsi que les résultats d'une simulation sur historique ? On peut toujours penser que ce sont les mauvaises méthodes qui ne valent qu'un article ! Bien sûr, le même argument permet également de douter de ceux qui vendent leurs conseils fondés sur de telles méthodes.

Si les méthodes *chartistes* sont inefficaces, pourquoi sont-elles tant utilisées ? On peut penser, par exemple, qu'on y a recours lorsque toutes les voies classiques d'analyse sont épuisées. Ainsi, courant 1994, lorsque la hausse des taux longs a pris à revers et laissé sans voix la plupart des fondamentalistes (ceux qui par un raisonnement économique cherchent un lien entre les cours et les données fondamentales de l'économie), les recommandations des

---

17. Les titres des stratégies actives et passives doivent être exposés de la même façon aux facteurs que le marché rémunère : risque, taille, illiquidité... Le plus simple est que les deux groupes soient constitués des mêmes actions.

graphistes (les utilisateurs des méthodes graphiques) ont-elles été plus facilement entendues.

Encadré 4 – Les moyennes mobiles : une expérience sur 90 ans

Brock, Lakonishok et LeBaron [1992] testent diverses stratégies de moyennes mobiles sur l'indice *Dow Jones* de 1897 à 1986. Avec une moyenne mobile sur 50 séances associée à une marge de confirmation de 1 %, le gain est de 3,4 % par an en excès de la rentabilité passive qui réalise 5 %. Les gains sont plus élevés sur les signaux d'achat que sur les signaux de vente.
Ces résultats permettent peut-être de rejeter une hypothèse de marche au hasard des cours, mais en aucun cas de valider la profitabilité de l'utilisation de moyennes mobiles dans une gestion de portefeuille. En effet, les dividendes sont ignorés alors que la stratégie active entraîne la sortie des titres du portefeuille 60 % du temps. Les rentabilités indiquées sont brutes, or la stratégie active implique en moyenne 3,5 achats/ventes par an sur 90 ans. Les caractéristiques optimales des stratégies sont évaluées à partir des données de la totalité de la période (pas de double échantillon). De plus, les résultats obtenus sur un indice ne sont pas directement transposables à ceux que l'on pourrait obtenir sur les actions en raison de biais d'agrégation dans la constitution des indices.

2.2.2. Les approches plurifactorielles

Les différences de taux de rentabilité ont été expliquées et quelquefois prévues en utilisant divers indicateurs tels que les taux de rendement ou les taux d'intérêt. La courbure de la courbe des taux d'intérêt par termes est ainsi parfois utilisée en allocation tactique comme indicateur de récession[18]. Black (1993) relativise ces approches et montre la nécessité du développement préalable d'un corps théorique solide.

2.2.3. Le principe d'additivité des valeurs

Le principe d'additivité repose sur un raisonnement par arbitrage. Soit deux actifs A et B et un troisième qui n'est que la réunion des deux premiers. Les flux générés par $(A + B)$ sont, par définition, les mêmes en montant et sont perçus aux mêmes dates que ceux générés séparément par les actifs A et B. Si le principe d'additivité est respecté, alors, à chaque instant dans le temps, on doit observer (Dumas et Allaz, 1995) :

$$V(A+B) = V(A) + V(B) \qquad [5]$$

L'existence de frictions peut expliquer que la stricte égalité n'est pas validée. Le marché est inefficient, suivant la définition retenue dans cet article, si l'écart de valeur entre le tout et les parties est supérieur aux frais à mettre en œuvre pour réaliser l'arbitrage. L'arbitrage entre le marché au comptant et celui des contrats à terme (*futures*), d'une part, le marché au

18. Voir dans cette ***Encyclopédie*** les articles de P. Batteau et V. Lasgouttes, « Modèles multifacteurs des rentabilités boursières », p. 1221, tome 2 et de P. Fontaine, « Modèles d'arbitrage et multifactoriels internationaux », p. 1164, tome 2.

comptant et celui des certificats d'investissement, d'autre part, permettent deux illustrations successivement développées ci-après.

Lorsqu'un écart d'évaluation est constaté entre le marché des actions et celui des contrats à terme sur indices d'actions, un profit d'arbitrage est éventuellement envisageable en achetant l'actif sous-évalué et en vendant simultanément l'actif surévalué. La mesure du profit d'arbitrage constitue un test d'efficience de forme faible, croisé sur deux actifs. Chung (1991) présente les résultats de simulations sur l'indice MMI, sur trois années. Les résultats mettent en évidence un phénomène d'apprentissage : les opportunités d'arbitrage sont moins fréquentes et moins profitables en 1986 qu'en 1984. Lorsque l'on tient compte des frais de transaction (0,5 %) et du délai nécessaire à la mise en place de la stratégie (20 secondes), les profits (bruts) sont extrêmement réduits. Un examen détaillé des résultats montre qu'en moyenne les *futures* semblent surévalués. Chung privilégie une hypothèse suivant laquelle la réaction du marché serait plus rapide en cas de *futures* sous-évalués ou en cas d'actions surévaluées.

A Paris, les certificats d'investissement (CI) et de droit de vote (CDV) résultent d'un démembrement de l'action. Ainsi, deux voies d'acquisition de l'action sont possibles : la voie directe et une autre, indirecte, consistant à acheter un CI puis un CDV. En première approximation donc, suivant le principe d'additivité, la somme des valeurs du CI et du CDV doit être égale à la valeur de l'action. Si la relation [5] est vérifiée, le ratio calculé entre le cours d'ouverture de l'action et la somme des cours d'ouverture du CI et du CDV doit être exactement égal à un. Si le ratio est supérieur, un arbitrage est théoriquement possible en vendant l'action et en achetant simultanément le CI et le CDV. A titre d'illustration, en 1994, les valeurs observées pour l'Oréal sont comprises entre 0,95 et 1,05 sauf trois cas. Les valeurs extrêmes sont de 0,93 et 1,07. Peut-on parler d'inefficience ? Probablement pas. En effet, le calcul est réalisé avec les premiers cours de chaque séance, qui ne sont pas forcément affichés exactement au même moment. Les volumes de transaction sur les certificats sont faibles et, de ce fait, les profits potentiels le sont également. Les frais de transaction, enfin, doivent être supérieurs au profit théorique en raison de la nécessité pour l'arbitragiste d'intervenir sur trois actifs financiers différents.

2.2.4. La vitesse d'ajustement des cours

Les études d'événement sont des tests de l'efficience sous forme semi-forte. Elles ont au moins deux objectifs. Le premier consiste à quantifier la réaction du marché à un type d'information donnée ; le second vise à estimer le délai d'incorporation des informations dans les cours. Le premier aspect permet de constater que le marché réagit à l'annonce des informations fondant la valeur des titres cotés. C'est le second aspect qui est ici privilégié à partir des publications d'informations macro-économiques et des annonces de bénéfices.

2.2.4.1. Les informations macro-économiques

L'heure d'annonce des informations économiques par les agences fédérales américaines est ponctuelle et connue à l'avance de tous les investisseurs[19]. La

---

19. Voir dans cette ***Encyclopédie*** l'article de P. Spieser, « Indicateurs économiques et marchés financiers », p. 615, tome 1.

vitesse de réaction doit donc être plus rapide[20]. En revanche, les annonces sont multiples, d'où une difficulté à discriminer les effets de l'une en particulier. Ederington et Lee (1995) estiment l'impact de dix-huit publications fédérales sur les cours des *futures* de taux d'intérêt et de taux de change. Les résultats font ressortir un ajustement total en moins de deux minutes.

2.2.4.2. *Les annonces de bénéfices*

Pattel et Wolfson (1984) estiment le délai de réaction du marché aux annonces de bénéfices et de dividendes. Pour mesurer ce délai en minutes, ils excluent toutes les annonces faites lorsque la bourse est fermée. Seule est retenue la première annonce après la clôture d'un exercice donné : soit 198 annonces de bénéfices en 1976 et 1977 pour 96 sociétés cotées pour l'essentiel sur le New York Stock Exchange. La minute de l'annonce est celle de l'affichage sur les écrans du *Dow Jones News Service (Broad tape)*. Ce service est choisi en raison de sa grande diffusion dans les salles de marché et les milieux professionnels américains. Les anticipations de bénéfices sont supposées être celles publiées hebdomadairement par *Value Line*. Les auteurs évaluent une erreur de prévision en comparant le bénéfice par action prévu et celui annoncé par la société cotée. Si la réalisation est supérieure à la prévision, la nouvelle est considérée comme bonne et en termes de gestion de portefeuille, elle déclenche un achat. En revanche, une vente (à découvert) accompagne la publication d'un chiffre inférieur à la prévision.

Les résultats font ressortir un ajustement moyen de 0,25 % dans la demi-heure suivant l'annonce. Dix minutes après l'annonce, le cours a atteint son nouveau niveau d'équilibre. Si une intervention est réalisée cinq minutes après l'annonce, avec portage de l'action durant trente minutes, le taux de rentabilité devient inférieur à 0,10 % (avant acquittement des frais de transaction). Les auteurs notent toutefois une asymétrie de réaction aux bonnes et mauvaises nouvelles : les ajustements sont plus importants et plus rapides lors d'une surprise désagréable.

Si on tient compte des frais de transaction explicites, de la fourchette (le prix d'achat à un moment donné étant supérieur au prix de vente), et des délais humains nécessaires à l'interprétation de l'information et au passage des ordres, le marché apparaît remarquablement efficient dans le traitement de ce type d'information. Le passage d'un niveau d'équilibre à un autre est réalisé de manière extrêmement rapide.

3. Les anomalies sur les marchés financiers

Certaines observations sont en contradiction avec l'hypothèse d'efficience ; ce sont des anomalies. Les réactions aux anomalies constatées sur les marchés permettent de constituer trois groupes d'individus : ceux qui utilisent ces observations pour affirmer que les cours n'ont pas de sens ; ceux qui pensent pouvoir les utiliser dans une martingale magique ; les chercheurs enfin,

---

20. Par exemple à 8 h 30, le *Bureau of the Census* publie le très attendu « Advance Report of US Merchandise Trade ». Trente minutes avant l'heure de diffusion, la nouvelle est communiquée aux journalistes accrédités qui ne peuvent ni sortir ni téléphoner, mais peuvent écrire leur article. Une minute avant l'heure, les journalistes peuvent brancher leurs modems.

pour lesquels ces observations constituent une stimulation à la production d'analyses théoriques moins imparfaites.

3.1. Anomalie et épistémologie

Diverses études psychologiques attestent l'existence d'un lien entre le temps et l'humeur des individus. Est-il possible que le comportement des professionnels de la bourse soit influencé par les aléas climatiques ? L'évocation de liens entre l'évolution boursière et le climat n'est pas récente[21]. Saunders Jr (1993) met en évidence une corrélation entre les variations quotidiennes de l'indice Dow Jones de 1927 à 1989 et le degré de couverture nuageuse à *Central Park*. Est-il besoin de rappeler qu'une corrélation n'implique pas un lien de causalité ? D'autres corrélations étranges ont été remarquées. Des observations complémentaires et des échantillons plus importants devraient suffire à faire disparaître ces fausses anomalies.

Des expériences de laboratoire montrent que la plupart des êtres humains ont un comportement qui ne se conforme pas au principe de la maximisation de l'espérance d'utilité. La question est de savoir si les écarts sont tels qu'il en résulte un impact sur les équilibres et sur la façon d'apprécier les titres cotés. La remise en cause de l'hypothèse classique de rationalité est la voie choisie par certains pour expliquer les anomalies dans les taux de rentabilité. L'expérience a toutefois montré, jusqu'à présent, que la remise en cause du paradigme de la rationalité n'est nullement nécessaire pour comprendre les évolutions boursières. La prise en compte des frais de transaction, des frictions dans le processus de cotation et de la fiscalité apporte de nombreuses réponses plus simples et plus satisfaisantes.

Le fait de porter à la connaissance de la communauté des investisseurs l'existence d'un avantage (une rentabilité en excès) sans inconvénient (sans risque supplémentaire, par exemple) devrait être à l'origine de nombreuses opérations d'arbitrage. Les anomalies arbitrées sont en fait exceptionnelles[22]. Qu'une anomalie survive à sa découverte est en soi un renseignement précieux tendant à valider l'existence d'un facteur caché explicatif des différences de rentabilité. Une anomalie n'est pas exploitable sans risque tant que les raisons de son existence n'ont pas été comprises. Bien sûr, prétendre que toute différence de rentabilité est justifiée et que si ce n'est pas aujourd'hui ce le sera plus tard, montre sans doute une trop grande confiance dans l'hypothèse d'efficience et risque de faire perdre quelques belles opportunités au lecteur !

Dans le prochain paragraphe (3.2.), sont recensées les anomalies d'hier pour lesquelles une explication satisfaisante existe ; dans le dernier paragraphe (3.3.) sont présentées quelques observations pour lesquelles le désaccord est plus grand dans la communauté académique sur l'interprétation qu'il convient d'en donner.

---

21. « Eh ! je garde mes positions à la hausse ! reprit Pillerault, déjà raffermi. Il fait un soleil trop beau, tout va monter encore. Tout va crouler, répliqua Moser avec son obstination dolente. La pluie n'est pas loin, j'ai eu une crise cette nuit », Zola, 1890, p. 379.

22. Une des rares exceptions est récente. Elle concerne la dénonciation de pratiques d'ententes entre les teneurs de marché du NASDAQ. Immédiatement les fourchettes ont été réduites d'environ 40 % ! (Voir Christie, Harris et Schultz, 1994).

3.2. *Les anomalies d'hier*

Plusieurs régularités ont trouvé des explications satisfaisantes dans le sens où elles ne remettent pas en cause la définition retenue pour l'efficience. Certaines sont toutefois difficilement compatibles avec une hypothèse d'évolution des cours ajustés en martingale (les anomalies saisonnières, par exemple).

La multiplication des observations a été accompagnée de l'annonce d'effets en nombre sans cesse croissant. Certains effets n'ont toutefois pas d'existence propre, et ne sont que la manifestation d'autres effets déjà signalés. Ainsi l'effet PER disparaît lorsque l'on tient compte des différences de risque, de l'effet taille et de l'effet janvier (Hamon et Jacquillat, 1992, chap. 7).

La fourchette (ou écart entre les cours acheteur et vendeur) permet d'expliquer certaines des anomalies constatées, en raison de l'erreur de mesure qu'elle provoque sur le taux de rentabilité estimé (§ 3.2.1). L'illiquidité et la diffusion des informations justifient les différences de rentabilité selon la taille (§ 3.2.2). La fiscalité et certaines pratiques d'habillage de portefeuille expliquent les rentabilités en excès au changement d'année – effet janvier – (§ 3.2.3). La capture de bénéfices par les dirigeants constitue une explication plausible à la décote des *holdings* ou à la surévaluation des cibles par les lanceurs d'offres publiques (§ 3.2.4).

3.2.1. La fourchette et les erreurs de mesure sur les taux de rentabilité

Lorsque la fréquence d'observation des données augmente, que l'on passe de données hebdomadaires à des données quotidiennes ou mieux encore horodatées, les erreurs de mesure sur les taux de rentabilité prennent de plus en plus de poids. Ce qui apparaît comme une anomalie peut n'être que le reflet de ces erreurs de mesure. Deux exemples illustrent ce point : les effets de rebond à court terme et les anomalies constatées aux dates de réalisation en bourse de certaines opérations particulières telles que les modifications de capital.

Une forte variation de cours a tendance à être suivie d'un mouvement correctif ou rebond. Ainsi, toutes les chutes de cours d'au moins 10% en une séance sur la période 1990-1991 à la bourse de Paris sont suivies d'une hausse moyenne d'environ 6% dans les six séances suivantes (Hamon, 1992). Il n'est toutefois pas possible d'en tirer profit, car la fourchette (encadré 5) s'élargit considérablement lors de tels événements[23]. Un arbitrage du rebond suppose un achat du titre à la séance du choc, là où la fourchette est la plus forte et les transactions massivement initiées par des vendeurs[24]. La revente ultérieure fait de nouveau supporter une fraction de la fourchette. Le rebond à court terme, constaté lorsque l'on observe les cours cotés, est ainsi un mirage.

---

23. La fourchette moyenne observée sur deux ans en 1990-1991 est de 1,5 % pour les actions ayant connu au moins une baisse de 10 % ou plus en une séance (96 chocs essentiellement sur le règlement mensuel). A la séance du choc, la fourchette relative moyenne passe à 4,5 %, puis reste à 2,5 % durant au moins six séances avant de retrouver son niveau habituel.

24. Pour acheter l'action au cours affiché à la séance du choc, il faut être présent dans le carnet d'ordres lorsque le choc se produit et que les vendeurs se précipitent. Si on n'a pas anticipé le choc, un achat pourra être fait, mais aux conditions du vendeur en carnet le moins exigeant, soit sur la limite haute de la fourchette de prix. Si tous les nouveaux investisseurs (non en carnet) veulent vendre, le cours affiché sera « vendeur » et égal à la limite inférieure du carnet. La distance entre le cours affiché et celui auquel il faudrait acheter pour arbitrer sera égale à la fourchette, soit 4,5 % plus cher que le cours affiché.

Encadré 5 – La fourchette et le carnet d'ordres

S'il reste des ordres en carnet immédiatement après une transaction, par définition le prix limite proposé par le vendeur le moins exigeant est supérieur au prix limite proposé par l'acheteur le plus généreux. Les vendeurs et les acheteurs en carnet se font face sans qu'aucun accord, donc aucune transaction, ne soit possible. L'écart entre les prix proposés par le vendeur le moins exigeant (limite supérieure ou *ask*) et l'acheteur le plus généreux (limite inférieure ou *bid*) est la fourchette (*bid-ask spread*).
A cet instant, pour acheter sans délai le titre, il faut accepter de payer le prix demandé par le vendeur en carnet le moins exigeant. Pour vendre sans délai au même moment, il faut accepter de ne recevoir que le prix proposé par l'acheteur en carnet le plus généreux.

Il est surprenant, et quelquefois difficilement justifiable, d'observer des ajustements de cours aux dates de réalisation en bourse, alors que l'ajustement devrait être complet à l'annonce de l'opération qui intervient quelques séances avant. Une telle observation est faite lors de la plupart des modifications de capital (division d'actions, attributions gratuites...). Ces taux de rentabilité en excès, généralement faibles mais significatifs, s'expliquent pour l'essentiel par une erreur de mesure des taux de rentabilité (les cours sont des estimations biaisées des valeurs informationnelles).

3.2.2. L'effet taille

Suivant les observations de Banz (1981), la rentabilité est inversement liée à la capitalisation des actions sur le New York Stock Exchange. Sur le marché français, le tableau 1 répartit l'ensemble des actions cotées en continu en 1990-1991 en cinq classes suivant leur capitalisation. Le taux de rentabilité moyen est proche de zéro pour les 118 actions les plus fortement capitalisées alors qu'il est de 23,75 % (en base annuelle) pour les 118 actions les plus faiblement capitalisées. L'effet taille est présent. Sur les marchés américains, l'effet taille apparaît pour l'essentiel comme une manifestation de l'effet janvier et son existence propre est ainsi contestée. En revanche, les résultats reportés sur le marché français sont constatés toute l'année[25].

D'autres caractéristiques que la rentabilité sont également liées à la taille : en particulier la fourchette et la quantité d'information. Les rentabilités sont calculées à partir des cours cotés et ne tiennent pas compte de la fourchette qui représente l'écart entre les cours acheteur et vendeur ; ce sont des rentabilités brutes. Des investisseurs rationnels ne seront pas illusionnés par la fourchette et formeront leurs anticipations sur la base de taux de rentabilité nets consommables.

Le tableau 1 montre notamment que la fourchette est de 1 % en moyenne pour le groupe de titres fortement capitalisés contre 8,3 % pour celui regroupant les titres de faible capitalisation. Le gestionnaire d'un portefeuille de titres faiblement capitalisés doit être particulièrement attentif au taux de rotation des

25. Se reporter à Hamon et Jacquillat (1992, chap. 6), qui répartissent tous les titres cotés de 1977 à 1989 en déciles suivant leur capitalisation. La rentabilité moyenne quotidienne, abstraction faite des onze premières séances de l'année, est estimée à 0,150 % pour le décile faiblement capitalisé contre 0,085 % pour le décile fortement capitalisé.

titres[26]. L'impact, sur l'équilibre, des ordres passés est également important à considérer. Le groupe faiblement capitalisé est caractérisé par des transactions moins fréquentes et des volumes d'échange réduits. Par ailleurs le flux d'ordres supplémentaires que ce groupe peut accepter sans modification du prix d'équilibre est probablement modeste.

Tableau 1 – Caractéristiques des quintiles de capitalisation (1990-1991)

	Capitalisation boursière				
	Forte	**2**	**3**	**4**	**Faible**
Effectif de la classe	118	119	119	119	118
Capitalisation (millions de FRF)	30 505	5 196	2 123	1 072	398
Rentabilité moyenne annualisée	0,001 %	2,75 %	12,5 %	13,75 %	23,75 %
Fourchette en franc	9,1	15,9	16,1	24,1	19,9
Fourchette en %	1 %	1,9 %	2,7 %	4,1 %	8,3 %
Cours moyen d'ouverture	1 267	967	659	446	321
Nombre moyen de titres échangés par séance	36 700	2 000	1 800	1 700	4 600
Nombre moyen de transactions par séance	104,2	9,93	4,7	2,7	1,4
Ecart entre l'ouverture et le premier cours (secondes)	410	967	2 125	4 082	5 230
Volatilité annualisée	38,4 %	36,4 %	33,2 %	33,5 %	30,0 %

Note : La rentabilité et la volatilité annualisées supposent 250 séances par an.

La quantité et la qualité des informations sont très disparates d'un titre à l'autre. Les bureaux d'analyse et les gérants de portefeuilles institutionnels ne suivent qu'un sous-ensemble des titres cotés[27]. Il est raisonnable d'admettre l'existence d'une prime de risque supplémentaire pour un titre sur lequel l'information est fragmentaire, ou moins fréquente[28].

Le classement effectué ici de l'effet taille dans les anomalies d'hier est un pari raisonnable. Un modèle d'équilibre donnant le prix de l'illiquidité et le prix de la rareté des informations reste à développer. Lorsqu'il sera disponible, on pourra juger de manière plus précise si la différence de rentabilité constatée suivant la taille constitue ou non une juste compensation pour les deux inconvénients majeurs signalés.

---

26. 8,3 % à chaque acheté-vendu sont à soustraire du taux de rentabilité, hors frais de courtage et de gestion. La fourchette est un handicap d'autant plus important pour une gestion active que les signaux d'achat-vente se déclenchent en phase de perturbation des cours : un lien positif très net lie la fourchette à la volatilité.

27. La raison est simple : à supposer que l'on puisse identifier un écart d'évaluation sur une action dont l'activité quotidienne moyenne est de l'ordre de dix mille francs, que pourra-t-on en tirer ? Le profit peut être grand en pourcentage, mais c'est en franc qu'il est comptabilisé !

28. Sur données américaines, Brennan, Jegadeesh et Swaminathan (1993) ont mis en évidence des comportements boursiers sensibles au degré de suivi d'un titre. La vitesse d'ajustement, en particulier, est affectée. Les valeurs largement suivies ont des mouvements qui précèdent ceux des autres titres.

3.2.3. L'effet janvier

Sur le marché américain, l'essentiel des différences de rentabilité suivant la taille est concentré dans les premières séances de bourse du mois de janvier. Ainsi sur les marchés américains, l'effet taille est-il jugé le plus souvent indissociable de l'effet janvier. Aux Etats-Unis, mais aussi à Paris, ce sont les actions dont les cours ont le plus chuté vers la fin d'une année donnée qui voient leurs cours rebondir dans les premières séances de l'année suivante. La fiscalité sur les plus ou moins-values et les comportements d'habillage de portefeuilles expliquent pour l'essentiel les rentabilités en excès observées au tournant de l'année. L'anomalie est par ailleurs trop faible pour être exploitée avec profit.

3.2.4. La capture de bénéfices par les dirigeants

La décote des holdings et des autres sociétés à capital fermé est un défi apparent au principe d'additivité. Il trouve son explication pour l'essentiel dans la capture d'avantages par les dirigeants et le groupe d'actionnaires minoritaires contrôlant la société (Barclay, Holderness et Pontiff, 1993). On peut même parler, dans ce cas, d'un remarquable comportement d'adaptation du marché décelant et valorisant des informations partiellement confidentielles.

La malédiction du vainqueur (*winner's curse*) amène en moyenne le lanceur d'offre publique à payer la cible trop cher, en particulier en cas de surenchères[29]. Morck, Shleifer et Vishny (1990) proposent une hypothèse d'enracinement des dirigeants. Ainsi, les auteurs testent avec succès l'hypothèse suivant laquelle la croissance externe avec diversification serait faite à l'avantage des dirigeants (du lanceur), et, comme telle, sanctionnée par le marché.

Peut-on tirer profit des anomalies d'hier ? Le premier apport est méthodologique et concerne l'appréciation de la performance des gérants : tenir compte des différences de risque n'est plus suffisant pour réaliser un classement des gérants de portefeuille. Certains inconvénients associés au portage des titres sont identifiés, mesurés et théorisés tel le risque, d'autres commencent à être nettement perçus (l'illiquidité), d'autres enfin sont encore insoupçonnés. Si le marché est arbitré, rien n'est gratuit : « There is no free lunch ». Un autre avantage est de mettre l'accent sur les frictions et les coûts organisationnels et, ainsi, d'être le moteur d'une réflexion visant à les réduire.

Globalement, on peut abandonner l'idée de faire fortune en arbitrant les anomalies publiées. Ceci n'interdit pas la possibilité de stratégies individuelles, dans la mesure où tous les investisseurs ne sont pas exposés de la même manière à un facteur donné. Par exemple, tous les investisseurs n'ont pas le même horizon de placement et de ce fait ne valorisent pas de la même manière la liquidité : le spectre est large du *scalper* dont l'horizon de quelques heures lui interdit d'investir dans des titres très illiquides (sauf à percevoir une prime de rentabilité en rapport), au « père de famille » qui fait un placement à horizon de dix-huit ans à la naissance de ses enfants. Pour ce dernier, l'illiquidité reste un inconvénient, mais son poids est plus aisément supportable : il tire donc avantage de la présence de nombreux demandeurs de liquidité sur le marché.

---

29. Voir également dans l'***Encyclopédie de gestion*** l'article de M. Nussenbaum, « Prises de contrôle, fusions, acquisitions ».

3.3. Reste-t-il des anomalies ?

L'hypothèse de volatilité excessive, l'énigme des primes de risque, l'anomalie du week-end et la baisse de rentabilité à cinq ans après tout appel aux actionnaires sont les points successivement développés.

3.3.1. L'hypothèse de volatilité excessive

Suivant l'approche actuarielle classique, le cours en bourse aujourd'hui est égal à la somme actualisée des n prochains flux de dividendes à laquelle il convient d'ajouter la valeur de revente du titre à l'année n. Bien sûr, une telle représentation suppose que seuls les fondamentaux déterminent le cours de l'action[30]. L'association de ce modèle fondateur de l'analyse financière avec la représentation des cours ajustés en martingale est à l'origine d'une formulation originale de test de l'hypothèse d'efficience.

L'intuition de LeRoy et Porter (1981) ou de Shiller (1981) est que la volatilité d'une somme est inférieure à la volatilité de ses composantes. Une nouvelle génération de tests de l'hypothèse d'efficience va en découler : le flux de dividendes permettant de formuler une borne supérieure pour la volatilité des cours. Pour LeRoy (1989), la relation [3] et la définition du taux de rentabilité permettent d'écrire :

$$P_t = \alpha \times (D_{t+1} + P_{t+1}) - \alpha \times e_{t+1} \qquad [6]$$

où e, la composante non anticipée de la rentabilité, est égale à :

$$e_{t+i} \equiv P_{t+i} + D_{t+i} - E(P_{t+i} + D_{t+i} | I_{t+i-1}) \qquad [7]$$

En remplaçant t par $t+i$ et en multipliant les deux côtés par α^i, la relation [6] devient :

$$\alpha^i \times P_{t+i} = \alpha^{i+1} \times (D_{t+i+1} + P_{t+i+1}) - \alpha^{i+1} \times e_{t+i+1} \qquad [8]$$

On regroupe les termes, on somme pour i de 0 jusqu'à l'infini, et sous hypothèse de convergence, on obtient :

$$\underbrace{\sum_{i=0}^{\infty} \alpha^{i+1} \times D_{t+i+1}}_{P^*} = P_t + \sum_{i=0}^{\infty} \alpha^{i+1} \times e_{t+i+1} \qquad [9]$$

A gauche, on a le cours (P^*) qui prévaut si les dividendes sont parfaitement connus et les investisseurs rationnels. Ce cours dénommé rationnel *ex-post* par Shiller (1981) est égal à une estimation (le cours coté) et une erreur de prévision. Le terme d'erreur est la valeur actuelle de la somme des composantes non anticipées des taux de rentabilité futurs.

---

30. Voir également dans cette ***Encyclopédie*** l'article de D. Folus, « Actions : modélisation, évaluation, gestion », p. 1, tome 1.

Par définition, le terme d'erreur n'est pas corrélé avec le cours, ce qui permet d'écrire les variances suivant la relation [10] (en notant x le terme d'erreur) :

$$\sigma^2(P^*) = \sigma^2(P) + \sigma^2(x) \qquad [10]$$

La variance du terme d'erreur est positive ou nulle, d'où l'inégalité :

$$\sigma^2(P) \leq \sigma^2(P^*) \qquad [11]$$

La méthodologie du test a évolué, mais même lorsque l'on tient compte d'une possibilité d'évolution du taux d'actualisation et de la variance, les résultats rejettent clairement l'inégalité : la volatilité des cours apparaît excessive par rapport à celle des dividendes. Quelle interprétation donner à ce résultat ? Permet-il de rejeter l'hypothèse d'efficience ? Les tests de volatilité excessive sont des tests d'hypothèses jointes : stationnarité des variables, taux d'intérêt réel constant, anticipations rationnelles, neutralité au risque et... efficience. Rejeter l'hypothèse d'efficience est arbitraire.

Des résultats récents permettent d'ailleurs de montrer que l'inégalité est probablement respectée. Ackert et Smith (1993) soulignent, en effet, que tous les tests utilisent le flux de dividendes en numéraire sans tenir compte des rachats d'actions et des primes encaissées par les actionnaires lors d'offres publiques d'achat. Ces omissions sous-estiment la volatilité du prix rationnel *ex-post* dans la mesure où ces flux additionnels sont beaucoup plus erratiques que les dividendes en numéraire. Lorsque le flux de dividende est correctement identifié, l'hypothèse de volatilité excessive est rejetée sur les données américaines.

3.3.2. L'énigme des primes de risques

L'excès de rentabilité sur le taux sans risque (prime de risque), de 1926 à 1990 aux Etats-Unis, est de 7 % par an environ pour les actions et de 1 % pour les obligations (en termes réels). L'écart n'est pas compatible avec les caractéristiques habituellement supposées des fonctions d'utilité. La rentabilité des actions apparaît excessive. La forme retenue usuellement pour les fonctions d'utilité est-elle en cause ou, comme le suggère Salvati (1995), est-ce la conséquence du fait que certains consommateurs ne sont pas actionnaires ?

3.3.3. L'effet week-end

De la clôture du vendredi à l'ouverture du lundi, certaines actions ou obligations enregistrent une rentabilité négative (les différences sont faibles mais significatives). A Paris, cette anomalie concerne les actions les plus fortement capitalisées.

Sur le graphique 2, Hamon et Jacquillat (1992) répartissent en dix groupes, suivant leur capitalisation en début d'année, toutes les actions cotées de 1977 à 1989. Ils mesurent la moyenne des rentabilités quotidiennes par jour de la semaine. Il apparaît que 30 % des actions les plus fortement capitalisées ont une rentabilité négative du vendredi au lundi. Aucune des nombreuses explications proposées n'est satisfaisante.

Graphique 2 – Effet week-end et effet taille à la bourse de Paris

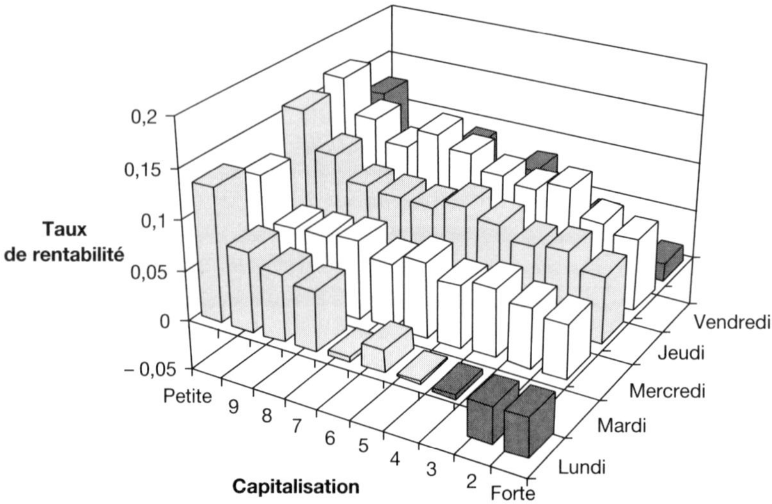

Source : Hamon et Jacquillat (1992, p. 176).

3.3.4. Le comportement des cours après l'émission d'actions

En moyenne, une chute des cours est observée dans les trois à cinq ans suivant l'introduction en bourse des actions d'une société (Leleux, 1993, présente des résultats concernant le marché français). Sur un horizon similaire, une chute des cours suit une augmentation de capital en numéraire. Lorsqu'elle est mesurée à partir des documents comptables, la performance moyenne des entreprises se réduit significativement après de telles opérations. On montre même que la détérioration de la performance est inversement liée au degré d'implication des dirigeants dans le capital, ce qui constitue une validation de la théorie de l'agence (Loughran et Ritter, 1995), mais reste énigmatique du point de vue de la théorie de l'efficience. Quelle qu'en soit la raison, l'ajustement sur cinq ans apparaît peu compréhensible !

*

* *

Il est possible de prévoir, mais les frais de transaction et de gestion absorbent l'essentiel du surcroît de rentabilité obtenu par rapport à une gestion passive. En ce sens, les marchés sont efficients. Le caractère non profitable de l'exploitation des informations publiques permet de les déclarer efficients sous les formes faible et semi-forte.

On aurait pu parler des nombreuses études menées sur la mesure de performance des gérants de portefeuille ; ces études montrent dans l'écrasante majorité des cas une rentabilité ajustée au risque inférieure à celle des stratégies passives[31]. L'assistance à la gestion de portefeuille que l'on trouve dans la

31. *Willshire Associates*, dans une étude sur 5 000 comptes gérés par des investisseurs institutionnels aux Etats-Unis, fait ressortir une rentabilité médiane inférieure à celle de l'indice S&P 500, 7 années sur 10 de 1983 à 1992 (Good, Hermansen et Meyer, 1993, p. 35).

presse financière spécialisée n'est pour Dimson et March (1986) que de peu d'utilité sur un plan strictement financier. Pour dix-huit périodiques britanniques, un ajustement moyen des cours de 4 % est constaté entre la date de rédaction des articles et la mise en kiosque, ce qui valide l'idée d'une presse jouant un rôle d'intermédiaire entre les dirigeants (qui savent) et leurs actionnaires, mais ne laisse aucun espoir d'enrichissement pour celui qui se procure son périodique par les voies habituelles !

Toutes ces recherches permettent de prendre la mesure de notre ignorance. La discussion sur l'efficience reste essentiellement empirique. Les tentatives de définitions théoriques rigoureuses ont montré leurs limites, que ce soit la marche au hasard ou l'approche martingale. Une modélisation ne peut plus ignorer les frais, les asymétries d'informations, l'hostilité au risque, les comportements stratégiques et la dimension multipériodique.

Les implications de l'efficience d'un marché sont importantes pour l'organisation des marchés, la gestion de portefeuille et les entreprises. Les gestionnaires sont beaucoup plus attentifs aux frais de transaction et à la qualité d'exécution des ordres. Les frais de transaction ont été fortement réduits. La séparation des services d'exécution et de conseil permet de diminuer les facturations aux investisseurs avertis. La gestion de portefeuille a considérablement évolué. Le premier fonds indiciel a été créé en 1971 à l'initiative de *Wells Fargo*. En 1980, on estimait à 7 milliards de dollars les sommes gérées par les fonds indiciels aux Etats-Unis. Les chiffres étaient de 75 milliards en 1985, 282 en 1990 et 432 en 1992 (Good, Hermansen et Meyer, 1993). La gestion active n'est pas exclue sur un marché efficient tant que l'acquisition et l'analyse des informations sont coûteuses. La gestion active se sophistique, certaines modalités consistent, par exemple, à moduler le niveau de risque du portefeuille.

Références

ACKERT L.F., SMITH B.F., « Stock Price Volatility, Ordinary Dividends, and other Cash Flows to Shareholders », *Journal of Finance* (48 (4), 1993), p. 1147-1160.

BACHELIER L., *La théorie de la spéculation*, Thèse de doctorat, Sorbonne, 1900, disponible en anglais *in* P.H. Cootner (éd.), *The Random Character of Stock Market Prices*, Cambridge, MIT, 1964.

BANZ R.W., « The Relation between Return and Market Value of Common Stocks », *Journal of Financial Economics* (9, March 1981), p. 3-18.

BARCLAY M.J., HOLDERNESS C.J., PONTIFF J., « Private Benefits from Block Ownership and Discounts on Closed-End Funds », *Journal of Financial Economics* (33 (3), 1993), p. 263-291.

BLACK F., « Estimating Expected Returns », *Financial Analysts Journal* (49 (5), 1993), p. 36-38.

BRENNAN M.J., JEGADEESH N., SWAMINATHAN B., « Investment Analysis and the Adjustment of Stock Prices to Common Information », *The Review of Financial Studies* (6, n° 4, Winter 1993, p. 799-824).

BROCK W., LAKONISHOK J., LEBARON B., « Simple Technical Trading Rules and the Stochastic Properties of Stock Returns », *Journal of Finance* (47 (5), 1992), p. 1731-1764.

CHRISTIE W.C., HARRIS J.H., SCHULTZ P.H., « Why did NASDAQ Market Makers Stop Avoiding Odd-Eighth Quotes ? », *Journal of Finance* (December 1994), p. 1841-1860.

CHUNG Y.P., « A Transaction Data Test of Stock Index Futures Market Efficiency and Index Arbitrage Profitability », *Journal of Finance* (December 1991), p. 1791-1809.

DIMSON E., MARCH P., « Event Study Methodologies and the Size Effect : the Case of UK Press Recommendations », *Journal of Financial Economics* (17 (1), 1986), p. 113-142.

DUMAS B., ALLAZ B., *Les titres financiers : équilibre du marché et méthodes d'évaluation*, Paris, PUF, 1995.

EDERINGTON L.H., LEE J.H., « The Short-Run Dynamics of the Price Adjustment to New Information », *Journal of Financial and Quantitative Analysis* (30 (1), 1995), p. 117-134.
FAMA E.F., « The Behavior of Stock Market Prices », *Journal of Business* (38 (1), 1965), p. 34-105.
FAMA E.F., « Efficient Capital Markets : a Review of Theory and Empirical Work », *Journal of Finance* (25 (2), 1970), p. 383-417.
FAMA E.F., « Efficient Capital Markets : II », *Journal of Finance* (46 (5), 1991), p. 1575-1618.
FONTAINE P., « Les cours des marchés d'actions suivent-ils une marche au hasard ? », *Finance* (11 (1), 1990), p. 107-121.
GOOD W.R., HERMANSEN R.W., MEYER J.R., *Active asset allocation*, McGraw-Hill, 1993, 306 p.
GROSSMAN S., « On the Efficiency of Competitive Stock Markets Where Traders Have Diverse Information », *Journal of Finance* (31, 1976), p. 573-585.
HAMON J., « Choc, rebond, coût de portage ou la danse de la fourchette », *Banques et Marchés* (novembre-décembre 1992), p. 103-109.
HAMON J., JACQUILLAT B., *Le marché français des actions, études empiriques 1977-1991*, Paris, PUF, 1992.
JENSEN M., « Some Anomalous Evidence Regarding Market Efficiency », *Journal of Financial Economics* (6 (2/3), 1978), p. 95-101.
LELEUX B., « Post-IPO Performance : a French Appraisal », *Finance* (14, n° 2, December 1993), p. 79-106.
LEROY S.F., « Efficient Capital Markets and Martingales », *Journal of Economic Literature* (27, December 1989), p. 1583-1621.
LEROY S.F., PORTER R.D., « The Present-Value Relation: Tests Based on Implied-Variance Bounds », *Econometrica* (49 (3), 1981), p. 555-574.
LOUGHRAN T., RITTER J.R., « The New Issue Puzzle », *Journal of Finance* (50 (1), 1995), p. 23-52.
MORCK R., SHLEIFER A., VISHNY R.W., « Do Managerial Objectives Drive Bad Acquisitions ? », *Journal of Finance* (45 (1), 1990), p. 31-48.
PATTELL J.M., WOLFSON M.A., « The Intraday Speed of Adjustments of Stock Prices to Earnings and Dividends Announcements », *Journal of Financial Economics* (13 (2), 1984), p. 223-232.
ROGER P., « Théorie des marchés efficients et asymétrie de l'information : une revue de la littérature », *Finance* (9 (1), 1988), p. 57-98.
ROSS S.A., « Return, Risk and Arbitrage », *in* Friend et Bicksler (éd.), *Risk and Return in Finance*, Cambridge, Lippincott, 1977, p. 189-218.
SALVATI J., *Les énigmes dans les modèles d'évaluation basés sur la consommation : analyse et solutions,* Thèse de doctorat de Sciences de Gestion, Université Paris-Dauphine, 1995.
SAMUELSON P.A., « The Proof that Properly Anticipated Prices Fluctuate Randomly », *Industrial Management Review* (6, 1965), p. 41-49.
SAUNDERS Jr E.M., « Stock Prices and Wall Street Weather », *American Economic Review* (83 (5), 1993), p. 1337-1345.
SHILLER R.J., « Do Stock Prices Move too much to be Justified by Subsequent Changes in Dividends ? », *American Economic Review* (71 (3), 1981), p. 421-436.
WORKING H., « A Random Differences Series for Use in the Analysis of Time Series », *Journal of the American Statistical Society* (29, March 1934), p. 11-24.
ZOLA E., *L'argent*, 1890, Eugène Fasquelle pour l'édition de 1906, réédité en 1994 aux éditions Carrefour.

Mots clés

Analyse fondamentale, analyse technique, anomalie d'évaluation, anticipations rationnelles, effet taille, effet week-end, efficience faible, efficience semi-forte, gestion indicielle, marche au hasard, martingale, vitesse d'ajustement des cours, volatilité excessive.

21

Equity swaps

Christophe Chazot

L'equity swap plonge ses racines dans deux types de structures : les contrats forward et les swaps de taux.

Un contrat *forward* est un accord pour acheter ou vendre un actif à une date future et à un prix fixé. On a pu déceler des notions de vente à terme sur matière première dans l'ancienne Egypte puis, plus tard, dans les foires du Moyen-Age, et au Japon au XVIIe siècle. Avec l'apparition des bourses modernes, le *forward* a été étendu aux actions puis aux indices à travers la création de contrats à terme standardisés.

Le swap est apparu au début des années 1980. Il est l'extension du concept de prêt parallèle. Un swap est une transaction hors-bilan d'échange de taux d'intérêt[1]. La simplicité et la standardisation de sa structure ont été des facteurs essentiels de son développement. A la fin des années 1980, le concept de swap a été étendu à d'autres supports, en particulier les actions et les indices boursiers.

Les equity swaps ont connu leur premier grand développement avec l'émergence des fonds indiciels. Ils ont été ensuite rapidement étendus aux marchés émergents pour lesquels ils se révèlent des outils parfaitement adaptés. Enfin, la standardisation de leur structure leur a également permis de supplanter dans de nombreux cas les forwards sur le marché des actions individuelles ou des paniers d'actions. Ils sont aujourd'hui couramment utilisés par les fonds d'investissement les plus dynamiques (*hedge funds*).

1. Quelques rappels

Pour bien comprendre le mécanisme et la valorisation des equity swaps, il est utile de faire quelques rappels sur les taux, les actions, les indices boursiers, les contrats forward et les contrats à terme.

1. Voir dans cette ***Encyclopédie*** l'article de V. Lauwick, I. de Dinechin, C. Lorin et P. Gourmet, «Instruments de gestion du risque de taux», p. 654, tome 1.

1.1. Taux et références de taux

Un taux d'intérêt est la rémunération, ramenée dans une base annuelle, d'un placement auprès d'une contrepartie, dans une certaine monnaie et pendant une période déterminée[2].

Deux types de taux sont distingués : les taux monétaires et les taux obligataires (Chazot et Claude, 1995).

Les taux monétaires sont utilisés pour les opérations à court terme, dont l'échéance va de un jour à un an. On utilise la base Exact/360 ; les intérêts I payés pour un emprunt d'un montant N au taux monétaire r pendant un nombre de jour n sont :

$$I = N \cdot r \cdot \frac{n}{360}$$

La base Exact/360 est utilisée pour la définition des taux flottants comme le Pibor ou le Libor[3].

Les taux obligataires sont utilisés en général pour les maturités supérieures à un an et la définition des taux fixes des obligations et des swaps. Nous utiliserons ici la base Exact/Exact très répandue en France. Les intérêts I payés pour un emprunt d'un montant N au taux r pendant un nombre de jours n dans la base Exact/Exact sont :

$$I = N \cdot r \cdot \frac{n}{B}$$

où B est égal à 365 ou 366 si la période d'application comprend un 29 février.

Exemple 1. Une somme de 100 millions de francs investie pendant 3 mois (91 jours) au taux de 7 % base Exact/360 produit 1 769 444 francs d'intérêts.

Exemple 2. Une somme de 100 millions de francs investie pendant un an au taux de 7 % base Exact/Exact produit 7 000 000 de francs d'intérêts.

1.2. Les actions et les indices boursiers

Une action est un droit sur une partie des actifs d'une société[4]. Posséder une action donne droit au vote, aux dividendes, et à recevoir une partie du capital en cas de dissolution de la société. Les dividendes sont des participations aux bénéfices de la société, ils peuvent être distribués à tout moment. En France, ils sont en général distribués une fois l'an ; aux Etats-Unis, ils sont distribués trimestriellement. Le dividende permet de recevoir dans certains pays un avoir fiscal, c'est-à-dire un avoir sur les impôts déjà payés par la société. La capacité à recevoir ce montant dépend des fiscalités et des réglementations de chaque pays.

Un indice est un indicateur permettant de synthétiser les évolutions d'un marché. Un indice boursier est la valeur d'un portefeuille d'actions défini selon des règles précises et composé d'actions du marché. Pour être représentatif, il

---

2. Voir également dans cette ***Encyclopédie*** l'article de J.M. Dalbarade, « Actualisation et prix des actifs financiers », p. 38, tome 1.

3. A l'exception de certaines monnaies comme le franc belge, la livre sterling ou le dollar canadien.

4. Voir également dans cette ***Encyclopédie*** l'article de D. Folus, « Actions : modélisation, évaluation, gestion », p. 1, tome 1.

doit être composé de valeurs liquides et diversifiées (on choisit en général les valeurs ayant la plus forte capitalisation). Ceci permet d'offrir une bonne représentativité de la structure économique du marché et d'éviter les risques de manipulation.

Chaque marché d'actions possède un ou plusieurs indices. Nous présentons dans le tableau 1 une liste non exhaustive des principaux indices utilisés pour les equity swaps.

Tableau 1 – Les principaux indices boursiers

Pays	Indices	Nombre de titres
Allemagne	DAX	30
Angleterre	FTSE 100	100
Australie	All Ordinaries	250
Belgique	BEL 20	20
Canada	TSE 35	35
Espagne	IBEX	35
Etats-Unis	S&P 500	500
France	CAC 40	40
Pays-Bas	EOE	25
Hong Kong	Hang Seng	33
Italie	MIB 30	30
Japon	Nikkei 225	225
	Topix	Titres de la 1re section
Suède	OMX	30
Suisse	SMI	22

1.3. Les contrats forward et les contrats à terme

Un contrat forward est un accord pour acheter ou vendre un actif à une date future et à un certain prix. L'actif traité peut être une action, un indice, une matière première, etc. Ce contrat est en général de gré à gré, il peut donner lieu à un échange physique, ou à un règlement d'argent correspondant à la différence entre le cours à terme négocié et le cours spot constaté à l'échéance du contrat.

Exemple. Le 10.02.95, l'achat à terme de 10 000 actions XXX pour l'échéance 10.02.96, au prix de 2 000 francs, est un contrat dans lequel l'acheteur reçoit, le 10.02.96, la différence entre la valeur du titre XXX le 10.02.96 et 2 000 francs pour chaque action sous-jacente. Si le 10.02.96, le titre XXX vaut 2 100 francs, l'acheteur du contrat forward percevra un million de francs ($10\,000 \times (2\,100 - 2\,000)$). Si la différence est négative, l'acheteur du contrat paie la différence. Le contrat peut également donner lieu à une livraison physique des titres, ce qui, du point de vue du gain ou de la perte, revient au même.

Les contrats forward ont été adaptés aux indices boursiers. Du fait de la difficulté d'une livraison physique d'un nombre important de titres, on utilise en général le règlement d'argent (*cash settlement*) à l'échéance.

Pour donner une plus grande liquidité au marché, les contrats forward ont évolué vers les contrats à terme (*futures*). Ceux-ci sont des contrats forward standardisés dont les règlements sont centralisés par une chambre de compensation[5]. Il existe des contrats à terme sur un grand nombre d'indices boursiers[6].

2. La typologie des equity swaps

Un equity swap est un terme générique pour décrire des structures de swap dans lesquelles intervient le rendement d'un portefeuille boursier. Un grand nombre de structures peuvent être créées autour de ce concept très ouvert.

Un equity swap est une opération dans laquelle deux contreparties s'accordent pour payer (recevoir), à dates fixes et pendant une certaine durée, les intérêts sur un emprunt, et recevoir (payer) le produit d'un portefeuille boursier. Ce portefeuille peut être un titre individuel, un panier d'actions, ou un indice. Dans ce dernier cas, on parle de swap d'indice.

Un equity swap entre deux contreparties A et B, dans lequel A est emprunteur du taux fixe ou flottant, donne lieu aux échanges reproduits au tableau 2.

Tableau 2

	A reçoit	A paie
Hausse du portefeuille	Hausse du portefeuille plus dividendes.	Taux fixe ou taux flottant.
Baisse du portefeuille	Dividendes.	Taux fixe ou taux flottant plus baisse du portefeuille.

Ces échanges sont résumés par le schéma 1.

Schéma 1 – Swap sur indice boursier

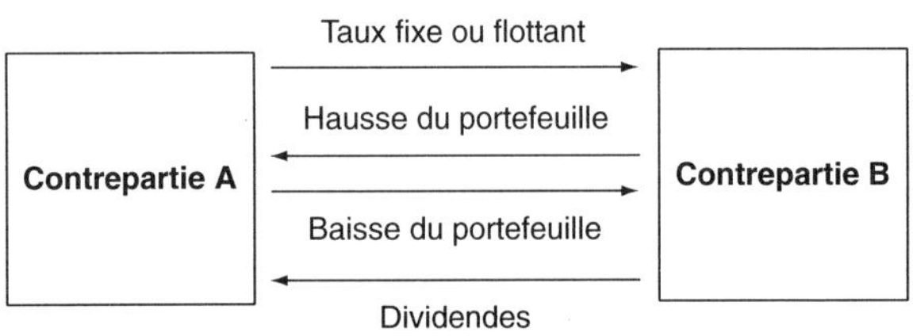

Un equity swap est une opération de gré à gré donnant lieu à la rédaction d'un contrat d'échange entre deux contreparties. La majorité des equity swaps sont effectués dans le cadre d'un contrat général réglementant les échanges entre les intervenants du marché. Ce contrat est appelé le contrat cadre. Les opérations négociées à Paris font référence aux contrats de l'Association fran-

5. Voir dans cette ***Encyclopédie*** l'article de M. Bellalah et Y. Simon, « Prix au comptant – Prix à terme », p. 1518, tome 2.

6. Voir dans cette ***Encyclopédie*** l'article de M. Bellalah et Y. Simon, « Marchés à terme sur indices boursiers », p. 971, tome 1.

çaise des banques (AFB) ou de l'International Swap and Derivatives Association (ISDA).

L'objectif de ces contrats est :

– de simplifier et de sécuriser les transactions,

– de standardiser et d'unifier les caractéristiques des contrats,

– de favoriser le marché secondaire,

– de réduire les cas de désaccord sur les conditions et les termes juridiques,

– d'alléger les travaux de back-office dans la préparation des confirmations par des références aux contrats cadre.

Trois types d'equity swaps sont couramment utilisés sur le marché : les equity swaps standards, les equity swaps composites et les equity swaps non standards. Les premiers permettent de créer un investissement synthétique sur un indice local. Les deuxièmes permettent de créer un investissement synthétique sur un indice étranger. Les derniers permettent de répondre avec précision à certains besoins spécifiques des investisseurs.

2.1. Les equity swaps standards

Les swaps d'indices négociés de façon habituelle sur le marché sont appelés swaps d'indice standards. Ils sont caractérisés par les propriétés suivantes :

– le nominal du swap est exprimé en nombre d'indice,

– les échanges d'intérêts entre la jambe flottante et la jambe indicielle sont simultanés,

– les taux utilisés sur la jambe flottante sont des taux flottants de type Libor ; au taux de variation de l'indice est ajouté le rendement des dividendes détachés sur la période d'application.

Soit A l'emprunteur d'un equity swap payeur du taux variable et receveur de la performance de l'indice. Le nominal du swap est N, le taux variable exprimé en base Exact/360 sur la période d'application de n_t jours est r_t, la valeur de l'indice au début de la période d'application est I_t, la valeur de l'indice à la fin de la période est I_{t+1}. Les dividendes versés sur la période sont d_t.

A chaque période d'application, on observe les flux suivants :

– A paie les intérêts Fv_t sur le nominal qui est égal au nombre d'unités multiplié par la valeur initiale de l'indice :

$$Fv_t = N \cdot I_t \cdot \frac{r_t \; . \; n_t}{360}$$

– A reçoit le flux Fi_t égal à la performance de l'indice augmentée des dividendes :

$$Fi_t = N \, . \, (I_{t+1} - I_t) + N \, . \, d_t$$

Dans cette structure, on remarque que le nominal sur lequel sont calculés les intérêts sur la partie taux varie avec le sous-jacent (voir les exemples chiffrés reproduits aux tableaux 3, 4 et 5).

Exemple. Considérons un fonds A entrant le 10.11.94 dans un swap d'indice boursier standard payeur du taux Pibor 6 mois et receveur de l'indice CAC 40. Le nominal est de 1 000 unités d'indice CAC 40 ; l'indice vaut 1948 le 10.11.94

et chaque point est supposé valoir un franc. Le nominal de l'indice est donc initialement de 1 948 000 francs. Les taux Pibor 6 mois constatés et les valeurs de l'indice CAC sont reproduits au tableau 3.

Tableau 3

Date	Indice CAC 40	Taux Pibor 3 mois	Dividendes versés
10.11.94	1 948	5,87 %	
10.05.95	1 996	6,82 %	10
10.11.95	1 840		50

Le tableau 4 reproduit le flux à la date du 10.05.95.

Tableau 4

Jambe flottante	Jambe indicielle
$Fv = 1\ 000 \cdot 1\ 948 \cdot \frac{5,87\ \%\ .\ 181}{360}$ $Fv = 57\ 491$ F	$Fi = 1\ 000\ .\ (1\ 996 - 1\ 948) + 1\ 000\ .\ 10$ $Fi = 58\ 000$ F

Le 10.11.95, le nominal prend la nouvelle valeur de l'indice CAC et les flux sont reproduits au tableau 5.

Tableau 5

Jambe flottante	Jambe indicielle
$Fv = 1\ 000 \cdot 1\ 996 \cdot \frac{6,82\ \%\ .\ 184}{360}$ $Fv = 69\ 576$ F	$Fi = 1\ 000\ .\ (1\ 840 - 1\ 996) + 1\ 000\ .\ 50$ $Fi = -106\ 000$ F

Au total, les flux pour le fonds A sont reproduits au tableau 6.

Tableau 6

Date	Jambe flottante	Jambe indicielle	Total
10.05.95	57 491 F	58 000 F	**509 F**
10.11.95	69 576 F	– 106 000 F	**– 175 576 F**

Le 10.11.96, le receveur du taux flottant touche, outre les intérêts à taux flottant, la baisse de l'indice sur la période, moins le dividende détaché.

Remarque. Les equity swaps standards sont équivalents à des emprunts monétaires, renouvelés à chaque période d'application, et associés à l'achat et à la vente de titres.

En effet, A peut reproduire l'equity swap en empruntant sur la période d'application une somme $N \,.\, I_t$ sur le marché monétaire au taux r_t et en achetant simultanément N unités d'indice de valeur I_t. A l'échéance du prêt, A rembourse la somme $N \,.\, I_t$ augmentée des intérêts, soit $N \cdot I_t \cdot \frac{r_t \,.\, n_t}{360}$, et liquide son portefeuille en actions pour une somme égale à $N \,.\, I_{t+1}$

Au total, A reçoit sur la période d'application la somme G :

$$G = N \cdot I_{t+1} - \left(N \cdot I_t + N \cdot I_t \cdot \frac{r_t \,.\, n_t}{360}\right) = N(I_{t+1} - I_t) - N \cdot I_t \cdot \frac{r_t \,.\, n_t}{360} = Fi_t - Fv_t$$

Cette somme correspond bien aux flux qui sont produits par l'equity swap. Il suffit alors de recommencer cette stratégie sur la période d'application suivante.

2.2. *Les equity swaps composites*

Considérons maintenant le cas d'un investisseur français désirant investir sur le marché boursier américain. Une première possibilité est d'acheter les actions composant l'indice après avoir changé les francs en dollars. L'alternative est de réaliser un *equity swap composite*. Cet instrument permet à l'investisseur de prendre un risque action en même temps qu'un risque de change. Les equity swaps composites correspondent à un investissement fait à l'étranger.

Un equity swap composite est identique à un equity swap standard dans lequel l'indice étranger est converti en monnaie locale, c'est-à-dire la monnaie de l'investisseur.

Reprenons les notations du paragraphe 2.1. avec x_t le taux de change entre la monnaie de l'indice et la monnaie de référence au début de la période d'application, x_{t+1} le taux de change à la fin de la période d'application et x_{d_t}, le taux de change au moment du détachement de dividende.

A chaque période d'application, nous avons les flux suivants :

– A paie les intérêts Fv_t sur le nominal qui est égal au nombre d'unités multiplié par la valeur initiale de l'indice ramenée dans la monnaie locale :

$$Fv_t = N \cdot I_t \cdot x_t \cdot \frac{r_t \,.\, n_t}{360}$$

– A reçoit le flux F_i égal à la performance de l'indice augmenté des dividendes :

$$Fi_t = N \,.\, (I_{t+1} \,.\, x_{t+1} - I_t \,.\, x_t) + N \,.\, d_t \,.\, x_{d_t}$$

Exemple. Considérons (tableau 7) le 10.11.94 un investisseur français entrant dans (initiant) un swap d'indice composite sur le S&P 500 contre Pibor 6 mois pour un nominal de 1 000 unités d'indices de valeur un dollar chacune.

Tableau 7

Date	Indice S&P 500	Taux Pibor 6 mois	Taux de change*	Dividendes versés
10.11.94	464	5,87 %	5,25 USD/FRF	
10.05.95	524	6,82 %	4,87 USD/FRF	6
10.11.95	593		4,88 USD/FRF	6

* Le taux de change est exprimé en franc par dollar et noté USD/FRF.

Le tableau 8 reproduit la valeur de l'indice composite S&P 500 exprimé en franc.

Tableau 8

Date	Indice S&P 500 composite en franc	Dividendes composites en franc
10.11.94	464 . 5,25 = 2 436	
10.05.95	524 . 4,87 = 2 551,9	6 . 4,87 = 29,22
10.11.95	593 . 4,88 = 2 893,8	6 . 4,88 = 29,28

Au total, les flux pour un swap receveur du taux flottant et payeur du taux indiciel sont reproduits au tableau 9.

Tableau 9

Date	Jambe flottante	Jambe indicielle	Total
10.05.95	71 894 F	145 100 F	**73 206 F**
10.11.95	88 953 F	371 240 F	**282 287 F**

Le 10.05.95, la performance de l'indice composite se décompose en un gain de 12,9 % sur l'indice S&P 500 et une perte de 7,2 % sur le taux de change. L'investisseur sur l'equity swap ne touche pas 12,9 % mais 4,75 %. En effet, l'investisseur français investit en dollar alors que celui-ci se déprécie. L'investisseur dans un swap composite subit donc les gains et les pertes de change sur le sous-jacent.

Remarque. On vérifie qu'un equity swap composite est équivalent à l'achat d'un indice étranger financé par un emprunt en monnaie locale.

2.3. Les equity swaps non standards

Les equity swaps étant des instruments de gré à gré, leur structure peut être redéfinie suivant les désirs des contreparties. Deux structures sont régulièrement utilisées sur les marchés : les equity swaps investisseurs et les equity swaps quanto.

2.3.1. Les equity swaps investisseurs

La structure de swap standard n'est pas très bien adaptée aux fonds indiciels dont la maturité est fixée et éloignée. En effet, il est nécessaire de replacer à chaque période d'application les montants augmentés ou diminués de la performance, ce qui entraîne des coûts de gestion et de placement. Par ailleurs, pour les fonds ayant une maturité éloignée, il est judicieux de placer l'actif sur la maturité du fonds, ce qui permet d'obtenir un meilleur taux de placement du fait du coût de liquidité.

Pour cette raison, il est préférable d'utiliser un *equity swap investisseur*. Dans cette structure, le fonds paie un taux fixe ou flottant sur la période, mais la variation de l'indice n'est payée qu'à échéance. De ce fait, le nominal servant à calculer les intérêts est fixé sur le cours initial de l'indice et n'est pas redéfini comme dans le cas des swaps standards. C'est la raison pour laquelle ce swap est habituellement dénommé : equity swap à nominal constant.

Soit A l'emprunteur d'un equity swap payeur du taux variable et receveur de la performance de l'indice. Le nominal du swap est N, le taux variable est r_t payé annuellement en base Exact/360, la valeur de l'indice au début du swap est I_0, la valeur de l'indice à la maturité du swap est I_t. Les dividendes versés sur la période d'application sont d_t.

A chaque période (date) d'application, A paie les intérêts annuels au taux r_t et reçoit les dividendes d_t :

$$Fv_t = N \cdot I_0 \cdot \frac{r_t \,.\, n_t}{360} - N \cdot d_t$$

A maturité (l'échéance du swap), A reçoit le flux Fi_f égal à la performance de l'indice :

$$Fi_f = N \,.\, (I_f - I_0)$$

Exemple. Reprenons l'exemple du paragraphe 2.1.

Le tableau 10 reproduit les flux réalisés le 10.05.95.

Tableau 10

Jambe flottante	Jambe indicielle
$Fv = 1\ 000 \cdot 1\ 948 \cdot \frac{5,87\ \%\ .\ 181}{360} - 1\ 000 \cdot 10$ $Fv = 47\ 491$ F	Aucune

Les flux à la date du 10.11.95 sont reproduits au tableau 11.

Tableau 11

Jambe flottante	Jambe indicielle
$Fv = 1\ 000 \cdot 1\ 948 \cdot \frac{6,82\ \%\ .\ 184}{360} - 1\ 000 \cdot 50$ $Fv = 17\ 903$ F	$Fi = 1\ 000\ .\ (1\ 840 - 1\ 948)$ $Fi = -108\ 000$ F

Au total, les flux pour un swap receveur du taux flottant et payeur du taux indiciel sont reproduits au tableau 12.

Tableau 12

Date	Jambe flottante	Jambe indicielle	Total
10.05.95	47 491 F		**– 47 491 F**
10.11.95	17 903 F	– 108 000 F	**– 125 903 F**

Remarque. Cette structure est, en réalité, équivalente à un emprunt sur la maturité totale du swap associé à l'achat de titres. En effet, A peut répliquer l'equity swap en empruntant initialement $N \,.\, I_0$ à Pibor 6 mois, puis en achetant N unités d'indice à I_0. A chaque période d'application est payé un montant $N \,.\, I_0 \,.\, r_t/360$. A échéance du swap, A reçoit le produit de l'indice sur la période, soit $N \,.\, (I_f - I_0)$.

Cette réplication justifie que l'on ne réajuste pas le nominal du taux sur la période comme c'est le cas pour les swaps standards. Puisque l'on ne réajuste pas l'emprunt à chaque période, le nominal de l'emprunt sur la jambe flottante est constant. Le nominal du taux étant flottant, on peut utiliser un taux fixe comme référence de taux.

2.3.2. Les equity swaps quanto

Les mouvements des taux de change interviennent de manière importante dans la structure de flux générés par un swap composite. C'est le cas général pour tout investisseur désirant investir dans un pays étranger. Pour contrer cet effet, les fonds investissant à l'étranger immunisent souvent ce risque grâce à des transactions sur le marché des changes forward.

Exemple. Reprenons l'exemple du paragraphe 2.2., c'est-à-dire l'achat par un investisseur français d'un contrat S&P 500 au prix de 464. Nous avons vu qu'un tel investissement composite peut créer des pertes de change et diminuer le rendement de l'investissement. Pour annuler le risque de change, l'investisseur peut initier le 10.11.94 un contrat forward grâce auquel il se garantit un taux de change de 5,243 dans 6 mois[7] sur le montant de 464 dollars. A l'échéance, le gain G de la position totale, achat du S&P 500 et vente de dollars forward, sera :

$$G = (524 \,.\, 4,87 - 464 \,.\, 5,25) + 4,64 \,.\, (5,243 - 4,87) = 288,95 \text{ francs}$$

Cette somme est différente du gain de 292,20 francs qu'aurait effectué l'acheteur si le dollar était resté constant vis-à-vis du franc. En effet, grâce au forward, l'acheteur a bien protégé le nominal de son investissement (464 francs). Il n'a cependant pas protégé le gain fait sur cet investissement, ceci n'était d'ailleurs pas possible puisqu'on ne peut pas connaître *a priori* le profit (ou la perte) de l'investissement. Si l'investisseur avait couvert par le forward la somme totale de 524 francs, on aurait alors bien trouvé un gain de 292,20 francs, il aurait été cependant en risque de change si le S&P 500 avait généré un rendement nul, voire négatif.

Bien que la protection par un forward permette de diminuer le risque de change sur l'investissement, elle ne permet pas d'annuler ce risque sur le gain ou la perte de l'investissement. Ceci est dû au fait que l'on ne peut effectuer un forward sur une performance qui n'est pas encore connue.

---

7. Ce taux forward est calculé par la formule suivante :

$$5,25, \frac{1 + 5,87\ \% \cdot \dfrac{181}{360}}{1 + 6,12\ \% \cdot \dfrac{181}{360}} = 5,243$$

où 6,12 % est le taux Libor 6 mois du 10.11.94.

Le quanto swap est la solution trouvée par les banques pour régler ce problème. Dans un quanto swap, l'indice étranger n'est pas converti au cours de change à l'échéance comme pour un swap composite, mais à un cours de change fixé sur la période (en général le taux initial). Il y a donc annulation du risque de change sur le nominal et sur l'appréciation de l'indice[8]. En fait, l'indice étranger est traité comme s'il s'agissait d'un indice local.

Exemple. Reprenons l'exemple du paragraphe 2.2. Les valeurs de l'indice S&P 500 quanto sont reproduites au tableau 13.

Tableau 13

Date	Indice S&P 500 quanto en franc	Dividendes composites en franc
10.11.94	464 . 5,25 = 2 436	
10.05.95	524 . 5,25 = 2 751	6 . 5,25 = 31,5
10.11.95	593 . 5,25 = 3 113	6 . 5,25 = 31,5

Les flux générés par le swap sont reproduits dans le tableau 14.

Tableau 14

Date	Jambe flottante	Jambe indicielle	Total
10.05.95	71 894 F	346 500 F	**274 606 F**
10.11.96	95 894 F	393 750 F	**297 856 F**

Cette fois, l'investisseur perçoit intégralement la performance du S&P 500, indépendamment du taux de change.

Remarque. Le pricing des quanto swaps fait intervenir deux facteurs : l'indice sous-jacent et le taux de change. Les volatilités de chacune de ces variables sont nécessaires au calcul du pricing ainsi que leur corrélation. On perçoit en effet que le prix payé par l'investisseur ne sera pas le même si le taux de change est très volatil, ou si la corrélation est forte. Nous reviendrons sur cette question à la section 5.

3. Les applications des equity swaps

Les swaps d'indices ont été étroitement associés au développement des marchés boursiers au début des années 1990. Nous décrivons dans cette section les structures les plus utilisées par les opérateurs.

3.1. La création de fonds indiciels

Le milieu des années 1980 a vu l'émergence des fonds indiciels. Ces fonds sont gérés de manière à ce que leur valeur soit indexée sur celle d'un indice de référence : le CAC 40, le S&P 500, le Nikkei, etc. Le développement de ce type

8. Il y a en fait transfert du risque de l'investisseur au *market maker*.

de fonds a deux origines : la volonté des investisseurs d'avoir une plus grande transparence sur les résultats de leurs investissements, d'une part, la constatation de la faible valeur ajoutée des stratégies d'investissement de nombreux gestionnaires par rapport à la stratégie d'investissement passive consistant à reproduire l'évolution de la valeur des grands indices de référence, d'autre part[9].

Les fonds indiciels peuvent être créés par l'achat des valeurs composant l'indice. Cette stratégie se révèle cependant coûteuse pour les portefeuilles de taille restreinte, du fait des coûts de transaction et de suivi, et des risques de corrélation entre l'évolution du portefeuille et celle de l'indice. Pour ces différentes raisons, les fonds indiciels ont souvent recours aux equity swaps.

Dans cette structure, le portefeuille est investi en obligations produisant un rendement à taux fixe ou à taux variable (obligations swappées ou obligations à taux variable). Ce rendement est ensuite échangé par le biais d'un swap contre la performance d'un indice, comme le souligne le schéma 2.

Schéma 2 – Création d'un fonds indiciel par utilisation d'un equity swap

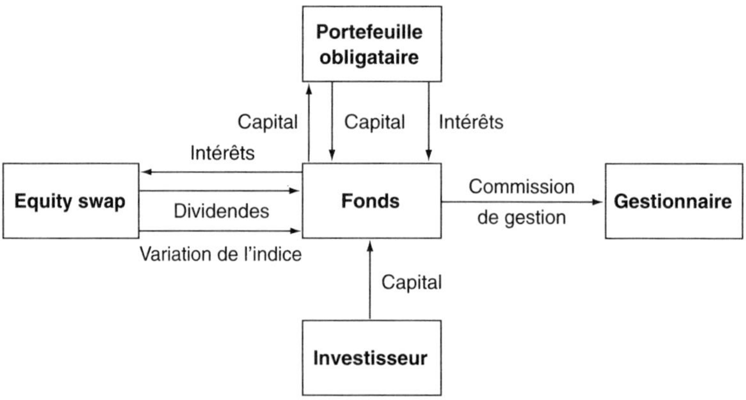

On distingue deux types de fonds indiciels :

– les fonds ouverts dans lesquels les investisseurs peuvent entrer et sortir à tout moment,

– les fonds fermés qui lèvent les fonds à une date et pour une durée bien précises.

L'equity swap investisseur est une structure parfaitement adaptée à la création de fonds fermés, la performance de l'indice n'étant distribuée qu'à l'échéance du fonds qui coïncide avec la maturité du swap. Le portefeuille obligataire produit les intérêts qui sont payés au travers du swap. Comme le nominal du fonds ne change pas, l'ensemble de la structure est stable dans le temps jusqu'à échéance.

Pour les fonds ouverts, on utilise de préférence la structure standard. Ceci nécessite cependant un réajustement constant du portefeuille d'investissement et du nominal du swap en fonction des entrées et des sorties. Il est alors courant

9. Voir également dans cette ***Encyclopédie*** l'article de J.F. Boulier, « Gestion quantitative », p. 572, tome 1.

de n'investir qu'une partie du nominal en equity swap, le reste étant un volant investi ponctuellement sur un portefeuille répliquant l'indice ou en contrats à terme *futures*.

3.2. La création d'un fonds commun de placement à capital garanti

Au cours des années récentes s'est manifestée en France une demande importante de produits financiers proposant des garanties de capital et de performance[10]. Ces produits sont similaires aux structures de fonds indiciels avec toutefois une différence importante : la valeur du fonds ne diminue pas si l'indice baisse. Ceci est réalisé par l'achat d'une option sur indice[11] qui est financée par une diminution de l'indexation (75 % de la hausse mais sans la baisse par exemple), ou la non-distribution des dividendes. Certaines conditions limitent toutefois, en France, l'acquisition d'options par les fonds communs de placement. Les banques proposent en conséquence des structures clés en main (*swapcalls*) qui sont structurées sous la forme d'equity swap. Ce format est en effet accepté par la Commission des opérations de bourse pour un fonds commun de placement.

La structure type d'un fonds à capital garanti est présentée au schéma 3.

La structure optionnelle est intégrée à l'equity swap.

Remarque. Il est également possible de créer une structure qui soit compatible avec un plan d'épargne en actions (PEA). On rappelle qu'un PEA doit être investi essentiellement en actions. La structure à capital garanti décrite utilise un portefeuille obligataire, ce qui n'est pas compatible avec l'objectif du PEA. Le gestionnaire peut en revanche acheter le portefeuille indiciel, le convertir à travers un swap d'indice payeur de la performance de l'indice et receveur du taux, puis entrer dans un *swapcall* receveur de l'appréciation et payeur du taux (Chazot et Claude, 1995).

Schéma 3 – La structure d'un fonds à capital garanti

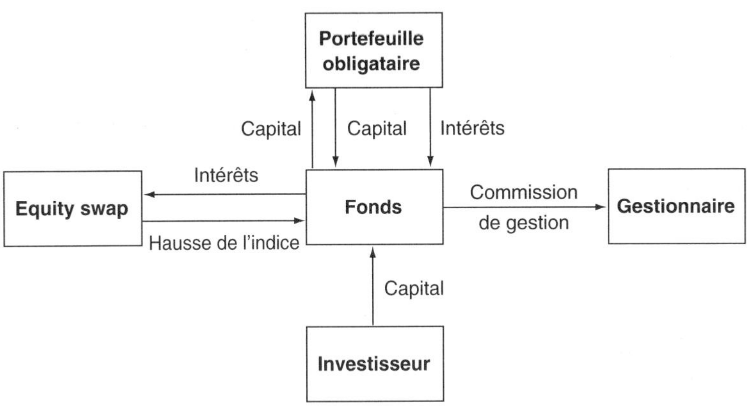

10. Cet engouement n'a par contraste pas eu lieu dans les pays anglo-saxons qui ont préféré des investissements plus risqués mais à rendements plus élevés (*high income bonds*).

11. Voir dans cette ***Encyclopédie*** l'article de H. Loubergé, « Options sur indices boursiers et options sur contrats à terme d'indices boursiers », p. 1438, tome 2.

3.3. La restructuration d'un portefeuille

Jusqu'à la fin des années 1980, un grand nombre d'institutions financières (sociétés d'assurance-vie, caisses de retraite...) avaient des portefeuilles investis essentiellement en obligations. Ceci résultait d'un choix de gestion ou de contraintes légales. Avec le développement des marchés financiers, l'accroissement de la concurrence et l'intérêt évident de la diversification, ces gestionnaires ont cherché à se désinvestir du secteur obligataire pour entrer sur le marché des actions. Il est cependant délicat de vendre des portefeuilles obligataires souvent illiquides et structurés en accord avec certaines règles prudentielles.

Il est alors très avantageux d'utiliser un equity swap. Cette structure transforme en effet les rendements générés par le portefeuille obligataire en une indexation sur les marchés d'actions. L'equity swap n'est alors qu'une couche supplémentaire qui ne modifie pas la structure bilantielle du portefeuille mais change simplement son rendement. Cette structure est présentée au schéma 4.

Schéma 4 – La restructuration d'un portefeuille obligataire

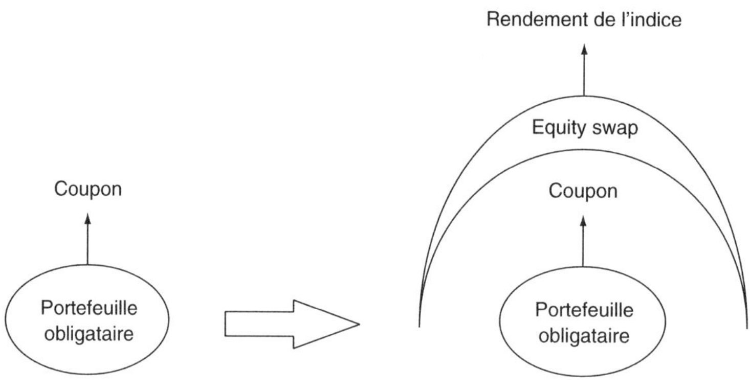

3.4. Les equity swaps sur les marchés émergents

Les investissements dans les marchés émergents ont profité d'un essor et d'un dynamisme important avec le développement des swaps d'indice.

Un marché émergent est un marché financier situé dans une économie à fort développement, qui a entamé un processus de croissance et de modernisation suffisant pour être accessible aux investisseurs[12]. L'apparition de ces marchés est due à la nécessité pour les autorités locales de trouver d'autres sources de financement que les crédits bancaires. Une partie de ce financement a été procurée par les privatisations et l'ouverture du capital des sociétés locales aux investisseurs étrangers, ces opérations étant alimentées par la modernisation des marchés de valeurs mobilières. Ainsi, de 1982 à 1994, la capitalisation des marchés émergents répertoriés par l'International Finance Corporation est

12. Voir également dans cette ***Encyclopédie*** l'article de E. Tchemeni, « Marchés émergents », p. 913, tome 1.

passée de 60 milliards de dollars à 1 630 milliards de dollars, soit une augmentation de 2 700 %. Aujourd'hui, la part des marchés émergents dans les fonds institutionnels est environ de 8 % (Grimbert, Mordacq, Tchemeni, 1995).

Pour présenter quelques exemples, le tableau 15 propose une liste des indices de pays émergents bénéficiant d'une liquidité minimum.

Tableau 15 – Liste d'indices émergents couramment utilisés

Pays	Indice
Corée du Sud	Korean Composite
Inde	Bombay Stock Echange Index
Indonésie	Jakarta Stock Index
Malaisie	KLSE
Philippines	Manila Composite
Singapour	Strait Times
Taiwan	WPI
Thaïlande	SET
Argentine	MERVAL
Brésil	IBOVESPA
Chili	IPSA
Mexique	IPC
Grèce	ASE
Hongrie	BUX
Israël	MAOF 25
Pologne	WIG
Tchécoslovaquie	PX 50
Turquie	Istanbul Stock Index Composite

Très spécifique, l'investissement direct (sous forme d'un achat de titres) dans les pays émergents comporte des risques et de nombreuses limitations.

– *Coûts de transaction.* Les coûts sont souvent importants du fait des nombreux intermédiaires financiers impliqués dans une transaction.

– *Transparence.* La faible liquidité et le manque de réglementations entraînent souvent un manque de transparence et un surcoût pour l'investisseur étranger qui n'est pas totalement initié.

– *Contraintes d'investissement.* Certaines réglementations telles que le contrôle des changes, la limitation de la part de capital des entreprises destiné aux investisseurs étrangers ou la nécessité de conserver les titres pendant un certain temps imposent des contraintes et des limites à la liquidité des investissements.

– *Risques opérationnels.* La faiblesse, voire l'absence de réglementations sur la conservation ou le mécanisme de règlement-livraison des titres, procure des risques additionnels à l'investisseur ; ils sont d'autant plus grands que les investisseurs sont éloignés de ces marchés.

– *Diversification.* L'importance des coûts de gestion et de transaction empêche souvent les investisseurs de diversifier leurs investissements dans les pays émergents ; c'est une erreur, puisque la volatilité et les risques sur ces pays imposent justement une nécessité de diversification.

Le recours aux swaps d'indice permet d'éviter une partie importante de ces contraintes. En effet, comme nous l'avons vu, l'equity swap est en fait une opération d'achat ou de vente mais présentant la caractéristique d'être en hors-bilan. L'investisseur effectuant un equity swap avec une contrepartie bancaire profite *de facto* des conditions d'investissement de sa contrepartie ou du marché. Les risques opérationnels et les contraintes d'investissement sont transférés à la contrepartie qui a un accès privilégié à ces pays du fait de sa capacité à investir et à sélectionner ses contreparties, du fait également des flux importants de ses transactions et souvent d'une implantation locale.

L'equity swap sur pays émergents est ainsi une opération clés en main dans laquelle l'investisseur connaît exactement ses coûts et limite ses risques opérationnels à des risques de marchés, risques que sa fonction lui permet d'assumer contrairement aux autres risques que nous avons décrits.

L'utilisation des swaps d'indices sur les marchés émergents est donc caractérisée par :

– des coûts de transaction fixes,

– des contraintes d'investissement et des risques opérationnels supportés par la contrepartie,

– la diversification et la transparence sur le prix du marché grâce à l'utilisation d'indices diffusés mondialement,

– la maturité d'investissement définie *a priori.*

La structure habituellement utilisée sur le marché est libellée en dollar, c'est-à-dire que tous les flux sont exprimés et payés dans la devise américaine. L'indice sous-jacent tient compte des variations de l'indice local, ainsi que des variations du taux de change entre la monnaie locale et le dollar. En fait, ceci est équivalent à un investissement direct dans le pays à partir d'un capital exprimé en dollar. On peut également utiliser des structures quanto pour éviter les risques de change. Ces structures sont cependant relativement coûteuses du fait de la corrélation existant entre les indices et les taux de change et de la forte volatilité de ces paramètres.

3.5. La monétisation

La plupart des applications des equity swaps sont destinées aux investisseurs. La raison en est que les actions sont essentiellement un moyen d'investir. Les equity swaps ne sont cependant pas limités à cette finalité et certaines structures sont adaptées aux industriels.

Considérons une société X qui a un besoin de financement et qui possède des participations industrielles sous forme d'actions ne pouvant être liquidées. Pour satisfaire ce besoin de financement, la société X peut obtenir un prêt sur la base d'une garantie de portefeuille. L'inconvénient de cette stratégie est que le taux offert est relativement élevé puisque la transaction s'inscrit au bilan de la banque contrepartie. Celle-ci doit mettre en face du prêt des réserves qui ont un certain coût.

Pour contourner ces limitations, on a recours à une structure *ad hoc* (*Special Purpose Vehicule*) qui peut faire l'objet d'un rating. Un véhicule *ad hoc* est une société dont le seul objet est la transaction qui est mise en place.

L'objectif est de faire acheter les titres de la société X par le véhicule *ad hoc.* Le véhicule finance l'achat de ces titres par une émission sur le marché. Un equity swap est effectué entre le véhicule et la banque de facon à immuniser l'exposition de ce premier. La structure est présentée au schéma 5.

A l'échéance, la société X reprend possession du portefeuille en échange du remboursement de l'emprunt.

Schéma 5 – Utilisation d'un equity swap pour une monétisation

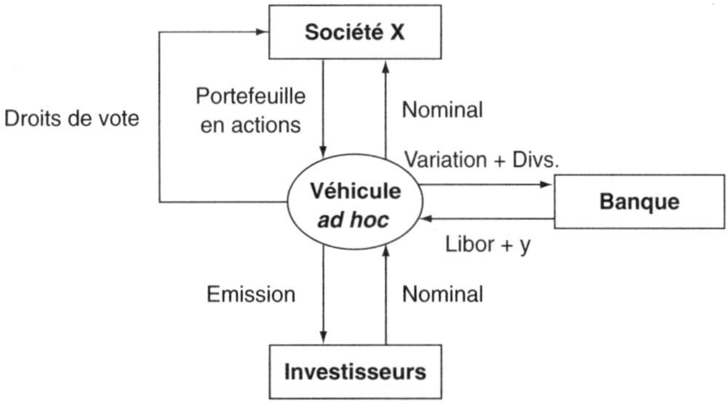

La structure présente de nombreux avantages dont le principal est un emprunt à des conditions avantageuses. En effet, le véhicule *ad hoc* bénéficie en général du rating de la contrepartie de l'equity swap et peut donc emprunter sur le marché dans des conditions bien supérieures à celles d'un prêt bancaire ou d'une émission obligataire par la société X.

4. Les avantages des equity swaps

Nous avons décrit dans la section 3 différentes structures qui utilisent le concept d'equity swap. Il est apparu que cet instrument est très opérationnel et qu'il répond bien aux besoins des professionnels. L'equity swap est également un outil privilégié en termes de coût et de risque. Ces avantages ressortent de manière évidente lorsque l'on envisage les différentes procédures qui permettent de créer un fonds indiciel.

4.1. La création d'un fonds indiciel par l'investissement direct en actions

Une première approche pour le gestionnaire est d'acheter sur le marché français les actions composant l'indice CAC 40. Chaque année, les dividendes sont perçus par le gestionnaire et redistribués au client à la fin de l'année.

Schéma 6 – Création d'un fonds indiciel par investissement d'actions

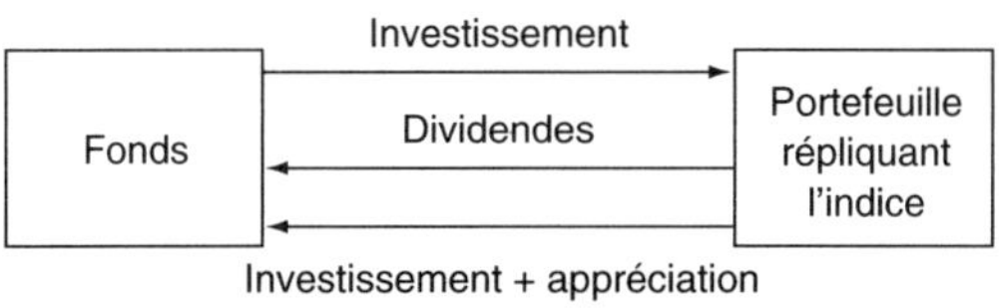

Bien qu'elle soit la plus naturelle et la plus utilisée, cette procédure pose plusieurs problèmes du point de vue des frais de transaction, du traitement fiscal, du coût de réajustement et du risque de base.

– *Frais de transaction.* L'achat physique de titres entraîne des commissions qui dépendent de la taille traitée mais qui peuvent représenter plusieurs dizaines de points de base sur les marchés liquides et un fort pourcentage sur les marchés émergents. L'acheteur supporte également le spread achat-vente. A ces coûts d'acquisition s'ajoutent les droits de garde et les frais de détachement de dividende.

– *Traitement fiscal.* L'acheteur étranger d'actions domestiques n'est pas toujours susceptible de bénéficier des avantages fiscaux du pays. Dans le cas de la France, l'acheteur étranger de titres ne reçoit pas, dans la plupart des cas, l'avoir fiscal qui représente 50 % des dividendes. Ceci est un manque à gagner pour le fonds. D'autres pays tels que l'Allemagne présentent des situations encore plus délicates.

– *Coûts de réajustement.* L'indice CAC 40 est un indice de capitalisation. Sa composition est remise à jour en fonction des variations de capitalisation de chaque titre : détachement de droits, conversion d'obligations... Par ailleurs, certains titres peuvent être remplacés par des titres de capitalisation plus élevée. Ces réajustements entraînent l'achat et la vente de titres, et donc des frais de spread et de courtage ainsi qu'une certaine capacité de traitement et de suivi.

– *Risque de divergence.* Les titres sont traités par quotités. La réplication de l'indice ne se fait pas alors avec exactitude, ce qui entraîne ce que l'on appelle un risque de divergence entre le portefeuille et l'indice. Il n'y a plus alors d'adéquation parfaite entre l'actif et le passif.

4.2. La création d'un fonds indiciel par l'utilisation de contrats à terme

Les contrats à terme sur indices boursiers sont souvent utilisés pour créer des fonds sur indice. Dans cette structure, l'investisseur investit le nominal du fonds dans un instrument monétaire sans risque, et achète des contrats à terme pour créer l'indexation indicielle. A chaque échéance, les contrats sont remplacés par ceux de l'échéance suivante. Le roulement de ces contrats donne lieu au paiement d'une différence de prix appelée coût de remplacement. Il est égal au produit des intérêts sur le capital moins les dividendes sur la période.

La création d'un fonds indiciel par l'utilisation de contrats à terme présente plusieurs particularités au niveau de l'efficience, des frais de transaction, du risque de base et des coûts de suivi.

– *Efficience.* Les contrats à terme étant directement indexés sur l'indice, il n'y a pas de risque de divergence. Par ailleurs, les contrats à terme bénéficient souvent d'un régime fiscal moyen entre les différents intervenants pour le calcul des dividendes implicites. Dans le cas de la France, par exemple, l'acheteur du contrat est capable de capturer environ la moitié de l'avoir fiscal.

– *Frais de transaction.* Les frais de transaction et de spread sont faibles sur les contrats à terme.

– *Risque de base et de remplacement.* Bien que la valeur des contrats à terme suive de près leur valeur théorique, certaines divergences ponctuelles peuvent exister. Ceci induit des risques de remplacement (risque sur la différence de prix entre les deux contrats) et un risque de base (risque de divergence entre la valeur du contrat à terme et la valeur du sous-jacent).

Schéma 7 – Création d'un fonds indiciel par l'utilisation de contrats à terme

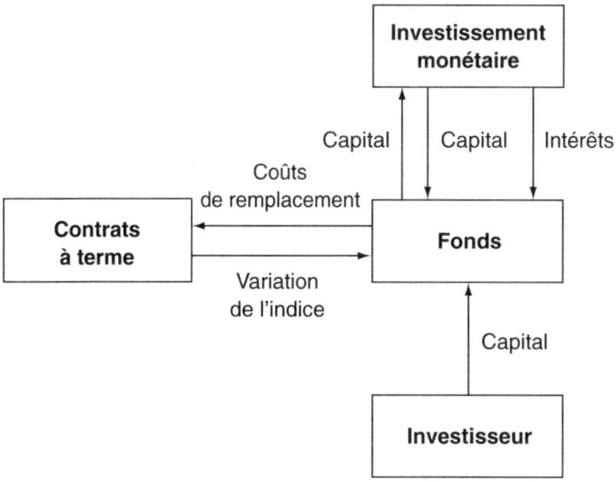

– *Coûts de suivi.* Les contrats à terme doivent être remplacés à chaque expiration (échéance), ce qui entraîne un coût de suivi et d'administration. Les contrats à terme comportent également un appel de marge journalier qui doit être financé ou garanti par des actifs placés auprès de la chambre de compensation. Enfin, à la maturité de chaque contrat, le gain ou la perte doit être réinvesti ou désinvesti du portefeuille monétaire.

4.3. La création d'un fonds indiciel par l'utilisation d'un equity swap

Considérons un gestionnaire américain qui désire mettre en place un fonds indiciel indexé sur le CAC 40. Nous avons vu que le gestionnaire peut placer son capital dans un portefeuille obligataire libellé en franc, et échanger le rendement de ce portefeuille contre la performance de l'indice CAC 40 par le biais d'un equity swap. La structure du fonds est représentée par le schéma 8.

Schéma 8 – Création d'un fonds indiciel par l'utilisation d'un equity swap

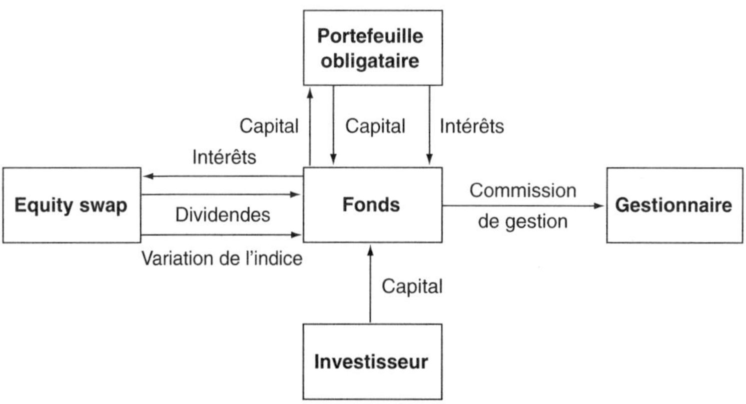

La création d'un fonds indiciel par l'utilisation d'un equity swap présente plusieurs particularités du point de vue de l'adéquation entre l'actif et le passif, des frais de transaction, de la capture des dividendes et de la gestion de la structure mise en place.

– *Adéquation actif-passif.* Il n'y a aucun risque de divergence entre ce qui est garanti par le fonds, c'est-à-dire une indexation sur le CAC 40, et l'actif qui est le swap. A maturité, le fonds reçoit exactement la performance de l'indice CAC 40.

– *Frais de transaction.* Les frais de transaction sont fixes et connus à l'origine, la structure permet de dégager une commission de gestion fixe pour le gestionnaire.

– *Capture efficiente des dividendes.* Les equity swaps tirent avantage des capacités d'optimisation fiscale des banques contreparties. Les banques les plus performantes optimisent leur situation fiscale par la création de succursales à l'étranger ou la négociation avec des contreparties locales. Ceci leur permet d'être très compétitives sur le marché des equity swaps.

– *Simplicité de la structure.* La structure est simple à mettre en place. Sa gestion est limitée à l'achat d'un portefeuille obligataire qui produit des coupons fixes ou variables. Aucun réajustement n'est nécessaire ; la maintenance de la structure est extrêmement réduite (pas de réajustement en cas de changements dans l'indice, acquisition des dividendes intégrés à la structure).

4.4. *L'attrait de la structure d'un equity swap*

Ces comparaisons montrent l'intérêt de l'equity swap pour la création de fonds indiciels. D'une part, l'ensemble des coûts est connu et la structure est stable dans le temps, ce qui permet de garantir une performance à l'investisseur ; d'autre part, cette structure permet une adéquation totale actif-passif dans le cas d'un fonds indiciel.

Le tableau 16 présente un récapitulatif des mérites de chaque stratégie.

Tableau 16 – Comparaison de différentes stratégies d'investissement

	Actions	**Contrats à terme**	**Equity swap**
Coûts	Frais de transaction. Droits de garde. Coûts d'administration.	Frais de transaction. Coûts d'administration.	Marge.
Risques	Risque de divergence.	Risque de base. Risque de remplacement.	
Dividendes	Fiscalité potentiellement inefficiente.	Fiscalité du marché.	Fiscalité de la contrepartie.
Risque de crédit	Risque de règlement-livraison.	Chambre de compensation.	Contrepartie.
Simplicité d'utilisation	Faible.	Moyenne.	Forte.

Dans de nombreux cas, l'equity swap est le moyen le plus économique de prendre une exposition à moyen terme sur un indice. Ceci est dû aux économies d'échelle dont bénéficient les teneurs de marché qui disposent de flux importants et n'ont pas ainsi besoin de couvrir chaque opération comme une opération individuelle. Une autre raison est la capacité des grandes banques internationales à optimiser le coût de leur accès au marché et la fiscalité des produits qu'elles traitent. Enfin leur coût d'accès au capital est souvent bien inférieur à celui des fonds ou des entreprises ; la réduction du coût d'emprunt est ainsi transférée à la contrepartie.

5. Le pricing et la valorisation des equity swaps

La valorisation est la valeur théorique et comptable d'une structure. Le pricing est le prix d'une structure cotée à un client. Ces deux valeurs diffèrent par une marge qui représente les coûts de transaction et les réserves. La marge prend en compte un certain nombre de facteurs : les risques de gestion de la structure, la maturité, la taille, la liquidité du sous-jacent, etc. La valeur de chacun de ces facteurs doit être calculée précisément par le *market maker* et intégrée dans le pricing.

Avant d'aborder la valorisation proprement dite, il est nécessaire de procéder à quelques rappels sur les taux et le pricing des forwards.

5.1. Quelques rappels mathématiques

Nous avons décrit dans le paragraphe 1.1. les références de taux utilisées en finance. A ces références s'ajoute la référence de taux actuarielle couramment utilisée en mathématique financière.

Les intérêts I payés pour un emprunt d'un montant N au taux actuariel r pendant une durée de t années sont :

$$I = N\left[(1+r)^t - 1\right]$$

Les intérêts ne sont ici pas distribués chaque année mais à la fin de la période t. Le taux r est donc capitalisé pour tenir compte des intérêts sur les intérêts. On appelle le taux r un taux zéro-coupon[13].

Soit un nominal N investi dans un instrument zéro-coupon, c'est-à-dire ne distribuant aucun coupon intermédiaire, la valeur finale F remboursée sera :

$$F = N(1+r)^t$$

On appelle facteur d'actualisation ρ_t pour la maturité t la valeur qui, placée au taux zéro-coupon r, procure 1 à la date t. On a :

$$\rho_t = \frac{1}{(1+r)^t}$$

On nomme valeur actuelle du flux F la valeur N qui, placée aujourd'hui, permet de posséder F à la date t. On a :

$$N = \frac{1}{(1+r)^t} = \rho_t \,.\, F$$

13. Voir dans cette ***Encyclopédie*** l'article de A. de Clermont-Tonnerre et M.A. Lévy, « Obligations à coupon-zéro », p. 1323, tome 2.

Si r est le taux zéro-coupon donné par le marché pour la maturité t, il est équivalent de posséder N à $t = 0$ ou F à la date t. La connaissance de l'ensemble des taux de marché permet de calculer l'ensemble des facteurs d'actualisation. Par les relations précédentes, il est équivalent de connaître les taux zéro-coupons ou les facteurs d'actualisation. Dans la suite de cet article, nous utiliserons ces derniers par souci de simplicité.

Exemple 1. Une somme de 100 millions de francs investie pendant deux ans au taux zéro-coupon de 7 % produit à l'échéance une somme de 114 490 000 francs.

Exemple 2. Si le taux zéro-coupon est de 7 %, une somme de 100 millions de francs reçue dans deux ans est équivalente à 87 343 873 francs aujourd'hui. Le facteur d'actualisation pour la maturité deux ans est 0,87343.

5.2. Le pricing des contrats forward

I est la valeur d'un titre ou d'un indice, d_{t_i} est la valeur des dividendes[14] détachés sur ce sous-jacent aux dates t_i, la valeur théorique F du contrat forward de maturité T est :

$$F = \frac{I}{\rho_T} - \sum_{i=1}^{d} d_{t_i} \cdot \frac{\rho_{t_i}}{\rho_T}$$

ρ_t étant le facteur d'actualisation de la courbe des taux *cash* pour la date t.

Cette relation découle directement de la possibilité de réaliser deux arbitrages de sens inverse : l'arbitrage *cash and carry* et l'arbitrage *reverse cash and carry*.

L'achat d'un contrat forward peut être répliqué par l'achat cash des valeurs composant l'indice, et l'emprunt du montant I déboursé pendant la période T. L'acheteur des titres touche les dividendes qu'il doit reprêter au fur et à mesure de leur détachement, puisque l'indice servant de référence au contrat à terme n'inclut pas les dividendes. Si la valeur du forward est très supérieure à la valeur de l'équivalent *cash*, les arbitragistes vendent le forward pour acheter le synthétique. La valeur du forward est donc bornée à la hausse par cet arbitrage appelé *cash and carry*. On peut donc écrire l'inégalité :

$$F \leq \frac{I}{\rho_T} - \sum_{i=1}^{d} d_{t_i} \cdot \frac{\rho_{t_i}}{\rho_T}$$

Parallèlement, il est possible de répliquer la vente d'un contrat forward par la vente spot du portefeuille d'actions composant l'indice et le placement de la somme ainsi obtenue sur le marché de taux. Les dividendes sont payés aux acheteurs des titres aux dates t_i. Cet arbitrage permet de garantir un taux plancher au forward, il est appelé *reverse cash and carry*.

14. Le dividende qui devrait être pris en compte est le dividende brut, c'est-à-dire celui qui est effectivement versé par la société (le dividende net) augmenté de l'avoir fiscal. En pratique, de nombreux intervenants ne récupèrent pas entièrement l'avoir fiscal. On utilise alors le dividende moyen réellement touché par les intervenants de la place.

Un problème se pose néanmoins : la vente à réaliser est celle d'un portefeuille que l'arbitragiste ne possède pas (vente à découvert). En pratique, l'arbitragiste a recours au marché du prêt de titres. Un intervenant (une compagnie d'assurance-vie par exemple) prête ses titres à l'arbitragiste pour un certain temps, ces titres lui étant rendus augmentés d'une marge pour rémunérer le prêt. Sur le marché des actions, ce prêt «coûte» de 0,5 % à 2 % par an[15].

On obtient ainsi une seconde inégalité :

$$F \geq \frac{I}{\rho_T} - \sum_{i=1}^{d} d_{t_i} \cdot \frac{\rho_{t_i}}{\rho_T} - C$$

avec C le coût de l'emprunt de titres.

La valeur du forward est donc dans un encadrement :

$$\frac{I}{\rho_T} - \sum_{i=1}^{d} d_{t_i} \cdot \frac{\rho_{t_i}}{\rho_T} - C \leq F \leq \frac{I}{\rho_T} - \sum_{i=1}^{d} d_{t_i} \cdot \frac{\rho_{t_i}}{\rho_T}$$

Sur la plupart des indices, le coût d'emprunt des titres est très réduit du fait de l'abondance de gros portefeuilles indiciels qui peuvent prêter les titres pour réaliser l'arbitrage au travers des contrats à terme sur les marchés organisés. La valeur du forward fluctuera donc dans des marges étroites autour de sa valeur théorique. La situation est encore plus simple sur les marchés parisien ou italien sur lesquels l'achat de titres est automatiquement effectué à terme.

Sur les actions individuelles, il faut cependant tenir compte du coût d'emprunt des titres dans la valorisation et le pricing des structures forward et des structures d'equity swap. En pratique le *market-maker* utilise un côté ou l'autre de l'inégalité en fonction de la couverture qu'il doit mettre en place.

Exemple 1. Reprenons l'exemple du paragraphe 2.1. L'indice CAC 40 vaut 1 948 le 10.11.94. Le 10.05.95 est versé un dividende de 10 francs, et le 10.11.95 est versé un deuxième dividende de 50 francs. Les facteurs d'actualisation sont reproduits au tableau 17.

Tableau 17

Date	Facteur d'actualisation
10.05.95	0,9713
10.11.95	0,9434

Le 10.11.94, un forward d'échéance 10.11.95 vaut :

$$F = 1\ 948 \cdot \frac{1}{0,9434} - 10 \cdot \frac{0,9713}{0,9434} - 50 = 2\ 004,6$$

15. Le marché parisien est un cas un peu spécial puisque les actions composant l'indice sont déjà négociées sur un marché à terme. L'acheteur de titres ne choisit de payer ses titres qu'à la liquidation (le septième jour ouvré précédant le dernier jour ouvré du mois). Le vendeur à découvert à Paris n'est donc pas soumis à la nécessité du prêt de titres s'il construit et déboucle son arbitrage au cours de la même liquidation mensuelle.

Exemple 2. Le 10.11.94 une contrepartie A désire vendre à terme un titre X. La maturité du forward est le 10.11.95, sa valeur au 10.11.94 est 100 francs, un dividende de 2 francs est payé le 10.05.95 et les coûts d'emprunt sont de 2 % par an.

Le 10.11.94, la vente du forward vaut :

$$F = 100 \cdot \frac{1}{0,9434} - 2 \cdot \frac{0,9713}{0,9434} - 2\ \% \cdot 100 = 101,94$$

L'achat du forward se fait au contraire à :

$$F = 100 \cdot \frac{1}{0,9434} - 2 \cdot \frac{0,9713}{0,9434} = 103,94$$

5.3. La valorisation des swaps d'indice

La valeur V d'un swap d'indice est égale à la valeur actuelle nette des flux futurs distribués. Pour un swap d'indice boursier receveur du taux flottant et payeur du taux indiciel, on a :

$$V = \sum_{i=1}^{n} \rho_{t'_i} \cdot Fv_{t'_i} - \sum_{i=1}^{m} \rho_{t_i} \cdot Fi_{t_i}$$

où $Fv_{t'_i}$ représente les intérêts sur la branche taux payés aux dates t'_i et Fi_{t_i} les intérêts de la branche indicielle payés aux dates t_i.

Cette formule est appelée la valorisation par projection des taux forward. On calcule la valeur du swap à partir des valeurs forward du taux et de l'indice, valeurs que l'on peut garantir par des opérations d'arbitrage[16]. Les flux de taux sont calculés directement s'il s'agit de taux fixes ou déduits des facteurs d'actualisation si ce sont des taux variables (Chazot et Claude, 1995). Les flux de la jambe indicielle peuvent être calculés à partir des cours forward du sous-jacent tel que nous l'avons montré au paragraphe ci-dessus.

Si N est le nombre d'unités d'indice sous-jacent dans la transaction, chaque point d'indice ayant un montant unitaire, on a pour la branche indicielle :

$$Fi_{t_i} = N \,.\, F_{t_i} - N \,.\, F_{t_{i-1}}$$

D'où :

$$V = \sum_{i=1}^{n} \rho_{t'_i} \,.\, Fv_{t'_i} - \sum_{i=1}^{m} \rho_{t_i} \,.\, (N \,.\, F_{t_i} - N \,.\, F_{t_{i-1}})$$

Exemple. Valorisons au 10.02.95 le swap d'indice payeur du taux indiciel et receveur du taux fixe, dont les caractéristiques sont répertoriées au tableau 18.

La valorisation étant effectuée à la date du 10.02.95, le taux fixe a déjà couru.

16. Voir également dans cette ***Encyclopédie*** l'article de P. Navatte, « Swaps de taux d'intérêt : évaluation », p. 1819, tome 2.

Tableau 18

Type	Swap d'indice
Indice	X*
Nominal	10 000 unités d'indice
Date de départ	10.11.94
Date de fin	10.11.95
Taux fixe	6 %
Fréquence de paiement du taux fixe	Semestrielle
Base de calcul du taux fixe	Exact/360
Taux indiciel	Variation annuelle de l'indice X
Fréquence de paiement du taux fixe	Semestrielle
Valeur de l'indice au 10.11.94	1 050

* Par souci de simplicité, nous considérerons que l'indice X porte sur des actions ne détachant pas de dividende.

On suppose que l'indice vaut 1 000 le 10.02.95 et que la courbe des taux est plate au taux actuariel de 7 %.

On calcule les valeurs forward de l'indice (on suppose qu'aucun dividende n'est détaché pendant la durée des contrats) :

$$F_{10.05.95} = 1\ 000\,.\,(1 + 7\ \%)^{\frac{89}{365}} = 1\ 016,63$$

$$F_{10.11.95} = 1\ 000\,.\,(1 + 7\ \%)^{\frac{273}{365}} = 1\ 051,90$$

Les flux sur la jambe indicielle sont :

$$Fv_{10.05.95} = 10\ 000\,.\,(1\ 016,63 - 1\ 050)$$

$$Fv_{10.11.95} = 10\ 000\,.\,(1\ 051,90 - 1\ 016,63)$$

Les flux sur la jambe fixe sont :

$$Fv_{10.05.95} = 10\ 000 \cdot 1\ 050 \cdot \frac{7\ \%\,.\,181}{360}$$

$$Fv_{10.11.95} = 10\ 000 \cdot 1\ 016,63\ \cdot\ \frac{7\ \%\,.\,184}{360}$$

On en déduit les flux futurs :

Date	Indice	Jambe fixe	Jambe indicielle
10.11.94	1 050		
10.05.95	1 016,63	369 542 F	– 333 700 F
10.11.95	1 051,90	363 727 F	352 700 F

La valeur du swap au 10.02.95 est alors :

$$V = \rho_{10.05.95}(Fv_{10.05.95} - Fi_{10.05.95}) + \rho_{10.11.95}(Fv_{10.11.95} - Fi_{10.11.95})$$

D'où :

$$V = 0,9713\,.\,(369\ 542 - 333\ 700) + 0,9434\,.\,(363\ 727 - 352\ 700) = 693\ 462 \text{ francs}$$

5.4. Le pricing des swaps d'indice

Sur la plupart des produits financiers, le pricing détermine un prix d'achat ou de vente au client (obligations, options...). Dans le cas des swaps, on détermine en général une marge ajoutée ou soustraite au taux d'intérêt qui donne une valeur nulle à la structure.

5.4.1. Le pricing des swaps standards

Considérons un equity swap standard dans lequel une contrepartie A paie le taux Libor et reçoit la performance de l'indice augmentée des dividendes moyens payés sur le marché. Quelle est la valeur de ce swap ?

La référence générale de prêt et d'emprunt pour les banques est le taux Libor. La valeur théorique d'un equity swap standard au début de chaque période d'application est donc nulle pour une marge nulle. En effet, comme nous l'avons vu, on peut répliquer l'equity swap en achetant le portefeuille boursier et en empruntant à Libor, liquider le portefeuille et recommencer à chaque période. La valeur théorique de ce swap pour une contrepartie interbancaire est nulle puisqu'elle peut réaliser cette stratégie à prix coûtant.

En fait, des coûts importants sont entraînés par la réalisation de la stratégie de réplication. Ces coûts ont été décrits à la section 4 : frais de transaction, risque de base et de réplication, etc. Si ces coûts sont réduits par la capacité de la banque à intervenir efficacement sur les marchés (emprunter à coût réduit, capturer des flux lui permettant de limiter les risques, gérer sa position), ils existent néanmoins et ils sont facturés par la banque comme une marge au-dessus de Libor. Cette marge est faible si le sous-jacent est un indice disposant d'un marché organisé de contrats à terme (*futures*) ; elle sera plus importante s'il s'agit d'un titre ou d'un portefeuille de titres ou d'un marché émergent.

5.4.2. Le pricing de structures complexes

La grande ouverture du concept de swap permet d'intégrer dans un même format une grande variété de structures. La plupart des opérations d'equity swap sont adaptées à chaque client et donc cotées de manière indépendante. Les banques ont des outils de valorisation flexibles, fonctionnant habituellement sur tableur. Ces outils permettent de coter à peu près n'importe quelle structure.

A la valeur théorique, le *market maker* (teneur de marché) ajoute une marge qui tient compte des risques additionnels qu'il supporte durant la période : frais de transaction, maturité, liquidité, risque de dividende, fiscalité... Une parfaite connaissance du marché est nécessaire pour pouvoir évaluer correctement ces différents aspects.

5.4.3. Le pricing des equity swaps quanto

Pour certains swaps, comme les swaps quanto, la valorisation actuarielle que nous avons utilisée ne produit pas un résultat satisfaisant. En effet, l'emprunteur d'un equity swap quanto profite d'un effet de convexité si la corrélation entre le sous-jacent et le taux de change est non nulle. Ce risque ne peut être couvert que de façon dynamique, c'est-à-dire que la couverture doit être réajustée continûment. Ce que l'on appelle l'effet quanto dépend de la corrélation entre l'indice et le taux de change ainsi que de la volatilité de ces sous-jacents.

Puisque la couverture doit être effectuée de façon dynamique, il faut avoir recours à d'autres moyens de calcul que la méthode actuarielle utilisée jusqu'à présent. Le calcul stochastique donne un moyen de calculer le forward pour une transaction quanto.

Soit un investisseur désirant investir sous forme d'un equity swap quanto dans un indice étranger $I(t)$. Le taux de change en devise étrangère par monnaie locale est $X(t)$, $F(t)$ la valeur du forward dans la devise étrangère, ρ est la corrélation entre l'indice $I(t)$ et le cours de change $X(t)$, σ_I la volatilité de l'indice et σ_X la volatilité du taux de change. Si $F_Q(t)$ est la valeur quanto pour la maturité T années, on a :

$$F_Q = F\ e^{\rho\sigma_I\sigma_X T}$$

Cette formule est relativement simple et fait apparaître l'impact des différents paramètres[17].

Exemple. Un investisseur américain désire investir à 6 mois sur le CAC 40. Le forward 6 mois vaut 1 950, le cours de change est à 0,2 USD par FRF. La

---

17. On reprend les notations du texte avec la modélisation suivante pour les variables $I(t)$ et $X(t)$:

$$dI(t) = \mu_I I(t)\ dt + \sigma_I I(t)\ dz_I$$

$$dX(t) = \mu_X X(t)\ dt + \sigma_X X(t)\ dz_X$$

Par le principe de valorisation sous indifférence au risque, on calcule le forward quanto comme la valeur $F_Q(T)$ qui annule l'équation :

$$E\left[I(T)\,X(T) - F_Q(T)\,X(T)\right] = 0, \quad \text{calculé dans la monnaie locale}$$

D'où :

$$F_Q(T) = \frac{E\,[I(T)\,X(T)]}{E\,[X(T)]}$$

On a :

$$E\,[X(T)] = e^{\mu_X T}$$

On calcule le processus suivi par $I(t)\,X(t)$ en utilisant le lemme d'Itô généralisé :

$$d\,[I(t)\,X(t)] = [\mu_I + \mu_X + \rho\sigma_I\sigma_X]\ I(t)\,X(t)\ dt + [\sigma_I\ dz_I + \sigma_X\ dz_X]\ I(t)\,X(t)$$

$$E\,[I(T)\,X(T)] = e^{(\mu_I + \mu_X + \rho\sigma_I\sigma_X)\,T}$$

D'où :

$$F_Q(T) = F(T)\ e^{\rho\sigma_I\sigma_X T}$$

corrélation entre le taux de change et l'indice est de 15 %, c'est-à-dire que le CAC a tendance à monter quand le dollar s'apprécie. La volatilité du CAC 40 est de 20 %, celle du taux de change est de 10 %. En utilisant la formule précédente, nous avons :

$$F_Q(T) = F(T)\ e^{r\sigma_I\sigma_X t} = 1\ 950\,.\,e^{15\,\%\,.\,10\,\%\,.\,20\,\%\,.\,0{,}5} = 1\ 952,92$$

Le forward quanto est donc plus cher que le forward en devise. Cette surprime se comprend aisément si l'on compare la stratégie quanto à un investissement direct dans l'indice étranger. Puisque la corrélation est positive, le CAC 40 a tendance à monter si le dollar s'apprécie. L'investisseur américain en dollar voit certes la valeur de l'indice de référence augmenter, mais la valeur de son investissement en dollar ne monte pas proportionnellement puisque le franc se déprécie parallèlement.

Exemple. Reprenons l'exemple précédent, en supposant qu'à maturité l'indice vaut 2 200 et le taux de change 5,10 francs (corrélation positive). L'investisseur du quanto fait un gain de 250 francs par indice, l'investisseur direct reçoit la valeur de l'investissement en dollar, 2 200/5,10 moins l'investissement initial, 1 950/5, soit un profit total de 41,37 dollars ou 211 francs. L'investisseur quanto a donc un avantage par rapport à l'investissement en direct quand la corrélation est négative, il doit donc payer une surprime par rapport au forward.

Remarque. Le sens du taux de change est important. On peut considérer le taux de change inverse, c'est-à-dire devise étrangère par devise locale, on doit alors changer la formule puisque la corrélation va changer de signe. On voit également que l'effet quanto sera plus important pour les indices et les monnaies à forte volatilité, ce qui est la caractéristique des marchés émergents.

En utilisant cette formule dans la formule de valorisation en place du forward habituel, on peut alors valoriser et coter le swap quanto.

*

* *

Souvent considéré par les théoriciens comme un instrument financier un peu bâtard, l'equity swap se révèle à l'utilisation un produit essentiel à la gestion d'actifs. La simplicité et la puissance de cette structure qui, comme nous l'avons vu, permet de construire simplement et sous un schéma juridique bien défini des fonds ou des véhicules *ad hoc* ne sont pas les seules qualités de l'equity swap. En permettant l'utilisation du bilan, des capacités d'investissement ou d'optimisation fiscale des grandes banques internationales, il donne à chaque intervenant un accès privilégié aux marchés internationaux. Ces qualités expliquent que, progressivement, l'equity swap soit devenu un véhicule d'investissement essentiel pour tous les grands fonds internationaux, et les *hedge funds*, mais aussi et surtout pour les petites structures de placement.

Références

CHAZOT C., CLAUDE P., *Les swaps – Concepts et applications*, 2e éd., Paris, Economica, 1995.

CHAZOT C., CLAUDE P., « Produits structurés à base d'indice boursier », *Banque et Marchés* (mai-juin 1994).

EUROMONEY PUBLICATIONS IN ASSOCIATION WITH BANKERS TRUST, *The Equity Derivatives Handbook*, Euromoney Publications, 1993.

FINANCIAL EXECUTIVE, « Derivatives – Power Tools for Pension Funds », November-December 1993.
GRIMBERT D., MORDACQ E., TCHEMENI E., *Les marchés émergents,* Paris, Economica, 1995.
LERBINGER P., *Zins-und Währungsswaps : neue Instrumente im Finanzmanagement von Unternehmen u. Banken,* Wiesbaden, Gabler, 1988.

Mots clés

Action, arbitrage, contrat à terme, contrat forward, equity swap, equity swap à nominal constant, equity swap composite, equity swap investisseur, equity swap quanto, equity swap standard, equity swap sur les marchés émergents, fonds indiciel, fonds commun de placement à capital garanti, *futures,* indice boursier, monétisation, plan d'épargne en actions (PEA), restructuration d'un portefeuille, *swapcall,* taux monétaire, valorisation des equity swaps, véhicule *ad hoc.*

Etude d'événement

22

Adel Grar

La théorie classique de la finance considère que les variations successives des cours boursiers sont imprévisibles. Cette hypothèse est en réalité plus ou moins vérifiée selon les périodes, les marchés ou même les titres. L'imprévisibilité des variations successives des prix est une question qui concerne l'efficience des marchés financiers. L'hypothèse d'efficience semi-forte considère que la réaction du marché financier aux informations publiques disponibles est instantanée[1]. Les cours réagissent aux nouvelles informations et la réaction est proportionnelle, dans son sens et dans son ampleur, à la qualité des informations. Ainsi, la révélation d'une nouvelle information publique ne permet pas à un investisseur de prévoir l'évolution future du cours car ce dernier s'ajuste instantanément.

L'étude d'événement, au départ, était une technique destinée à tester l'hypothèse semi-forte d'efficience des marchés financiers. Les premières études significatives dans ce sens sont celles de Ball et Brown (1968) et de Fama, Fisher, Jensen et Roll (1969) sur le marché américain. L'objectif de ces études était de déterminer si (et à quelle vitesse) le marché réagit à l'annonce de certaines décisions financières par les sociétés étudiées.

De nos jours, la technique des études d'événement est devenue très utilisée, grâce à une évolution sur trois plans au moins.

– D'abord, l'objectif poursuivi par ces techniques est passé de la simple appréciation de la vitesse d'ajustement des prix aux nouvelles informations à l'évaluation et à la quantification de la réaction des cours. Ainsi, on pourra attribuer à chaque type d'événement futur un niveau de variation de prix, et donc de richesse.

– Ensuite, le champ d'application de ces techniques a évolué pour englober plusieurs types d'événements, y compris ceux qui affectent plusieurs sociétés à la fois, tels qu'un événement politique par exemple. Mieux encore, ces techniques sont également utilisées pour apprécier l'impact des événements sur le rythme des transactions, c'est-à-dire sur le volume d'échange d'actions.

1. Voir également dans cette ***Encyclopédie*** l'article de J. Hamon, « Efficience faible. Efficience semi-forte », p. 408, tome 1.

– Enfin, ces techniques sont de plus en plus précises grâce aux progrès considérables enregistrés dans les domaines de la statistique et de l'économétrie. Ainsi, les modèles utilisés tiennent de mieux en mieux compte des caractéristiques réelles des cours ou des rentabilités. Bien entendu, il ne faut pas oublier parallèlement la disponibilité croissante de bases de données boursières sur la plupart des places financières.

Cet article est destiné à éclairer le lecteur sur la technique des études d'événement, son champ d'application, les problèmes rencontrés en pratique, et l'avancement de la recherche dans ce domaine.

1. Le principe des études d'événement

Avant de commencer l'analyse proprement dite des cours, il convient d'identifier un événement ainsi que sa date de réalisation. Pour ce faire, la compréhension de la notion d'événement en finance est nécessaire.

1.1. La définition d'un événement

Un événement est une information qui est rendue publique sur le marché et qui est de nature à affecter la valeur d'une ou de plusieurs firmes en même temps. L'événement peut être général ou spécifique, périodique ou occasionnel, exogène ou décidé par les dirigeants d'une entreprise. Dans cette optique, d'ailleurs, une attention particulière est accordée aux événements provenant de l'annonce de certaines décisions financières par les dirigeants des sociétés. La particularité de ces événements est qu'ils sont provoqués et non subis par la société. L'étude d'événement permet alors aux dirigeants d'apprécier la perception de leurs décisions par le marché, et aux actionnaires d'évaluer les performances de l'équipe dirigeante à travers l'évolution des cours.

De manière générale, un événement significatif affecte l'équilibre auquel est soumis le couple rentabilité-risque d'un titre. Selon les événements, un tel changement représente soit une déstabilisation temporaire des cours – l'impact est alors limité dans le temps –, soit une évolution définitive vers un autre équilibre.

1.2. L'identification de la date d'événement

Si l'événement est souvent facile à repérer, l'identification de la date exacte de sa réalisation n'est pas toujours évidente. Théoriquement, est considérée comme date d'événement la date à laquelle l'information concernant celui-ci est rendue publique. En pratique, on assimile cette date à celle de la première annonce émanant d'une source publique d'information quelle qu'elle soit : journal, revue spécialisée... Cependant, ce choix n'élimine pas complètement l'incertitude sur la date exacte de l'événement. D'une part, l'existence de cas d'initiés intervenant avant la date d'annonce publique se manifeste par une réaction anticipée du marché. D'autre part, en France, contrairement aux Etats-Unis où la quasi-totalité des informations financières est publiée pour la première fois dans le *Wall Street Journal*, aucune publication n'est systématiquement la première à annoncer les événements financiers, ce qui nécessite la consultation de plusieurs sources d'information (Hamon, 1986). Ainsi, tous les opérateurs n'agissent pas en même temps sur le marché, d'où une réaction qui s'étale sur une certaine période. Enfin, pour les titres cotés à intervalles irréguliers, moins ils sont liquides et plus le temps de réaction est long.

Pour tenir compte de tous ces phénomènes, on choisit dans la plupart des cas, comme période d'événement, un intervalle de temps $[-c_i, \ldots, +c_i]$ spécifique à chaque titre i et centré sur la date $t_i = 0$, date supposée de la première annonce de l'événement. En dehors de cet intervalle de temps, le flux d'information concernant le titre est supposé « normal ». Une autre solution consistant à développer un modèle qui précise d'une manière endogène la date d'événement a été étudiée par certains auteurs comme Ball et Torous (1988). Cependant, ce type de perfectionnement est souvent obtenu au prix d'une complexité croissante du modèle, avec tous les inconvénients que cela engendre.

1.3. Le cadre de l'analyse

La quasi-totalité des modèles économétriques retenus dans les études d'événement étant fondés sur l'hypothèse de normalité conditionnelle ou inconditionnelle des variables étudiées, on utilise en pratique comme variables d'analyse des rentabilités ou des variations relatives de cours. Dans l'hypothèse d'une cotation en temps continu, la rentabilité d'un titre i entre deux dates t et $t-1$ se calcule de la manière suivante :

$$R_{it} = \log\left(P_{it} + D_{it}/P_{it-1}\right)$$

où P_{it} est le cours boursier du titre i à la date t et D_{it} est le dividende distribué sur le titre i entre t et $t-1$. En l'absence de cotation pour certaines dates, les cours manquants peuvent être remplacés par des cours théoriques, calculés par exemple selon une des méthodes proposées par Hachette et Mai (1991). Bien entendu, l'utilisation de ces méthodes en l'absence de cours à la date ou sur la période d'événement conduit à des erreurs d'appréciation de la réaction du titre.

2. La technique des études d'événement

Même si le principe général des études d'événement est le même, plusieurs approches peuvent être utilisées dans cette technique.

2.1. Le principe

Une fois l'événement et sa date de réalisation identifiés, on choisit comme période d'événement un intervalle $I = [-c, \ldots, +c]$, centré sur cette date. En dehors de cet intervalle, les taux de rentabilité sont supposés générés par un processus donné, décrivant leur dynamique dans le temps. L'appréciation de la réaction d'un titre à un événement passe alors par l'analyse des rentabilités effectivement réalisées sur l'intervalle I, en supposant, *a priori*, qu'elles sont différentes de celles qui auraient été observées en l'absence de l'événement, c'est-à-dire différentes de celles produites par le processus générant l'évolution des cours en période normale. On appelle alors « rentabilité anormale » d'un titre i, à une date d'événement t $-RA_{it}-$, l'écart entre la rentabilité observée à cette date $-R_{it}-$ et celle attendue en période normale. Formellement :

$$RA_{it} = R_{it} - E(R_{it} \mid I_N)$$

où $i = 1, \ldots, N$ et $t \in I = [-c, \ldots, +c]$.

D'un point de vue économétrique, cela revient à émettre des hypothèses sur les paramètres de la distribution conditionnelle des rentabilités sur les intervalles I et I_N où I_N est un intervalle se situant en dehors de la période d'événement. Formellement, l'espérance et la variance conditionnelles des rentabilités normales et anormales sur ces intervalles sont résumées dans le tableau 1.

Dans cette représentation générale, K_{it} est la valeur espérée de la rentabilité du titre i à une date t d'une période normale, notamment I_N, $(K_{it} = E[R_{it} \mid I_N])$, et μ_{it} est le saut induit sur la rentabilité espérée durant la période d'événement. Le but est d'estimer le paramètre μ_{it} pour chaque titre i et chaque date t de l'intervalle I. En tenant compte de l'ensemble des titres, la moyenne de ces sauts donne une estimation de la réaction moyenne du marché à tel ou tel événement.

Tableau 1 – Espérance et variance des rentabilités normales et anormales

	$t \in I_N$		$t \in I$	
	Rentabilité normale	**Rentabilité anormale**	**Rentabilité normale**	**Rentabilité anormale**
Espérance	K_{it}	0	$K_{it} + \mu_{it}$	μ_{it}
Variance	σ_{it}^2	σ_{it}^2	η_{it}^2	η_{it}^2

2.2. Les différentes méthodes d'étude d'événement

Du point de vue du calcul des rentabilités anormales, on trouve dans la littérature au moins deux types de méthodes.

2.2.1. L'approche de la variable d'événement

Dans ce cas, la rentabilité anormale est estimée directement à partir d'un modèle de régression multiple à une ou plusieurs variables dichotomiques. Pour un titre i donné, le processus des rentabilités peut être représenté par le modèle suivant :

$$R_{it} = K_{it} + \mu_i \,.\, D_{it} + \varepsilon_i \qquad t \in I_N \cup I$$

où :

R_{it} est la rentabilité d'un titre i à la date t,

K_{it} est la norme du titre i à la date t, déterminée à partir d'un processus décrivant la rentabilité en période normale,

μ_i est un paramètre représentant la rentabilité anormale du titre i,

D_{it} est une variable dichotomique qui prend la valeur 1 si la date t est une date d'événement et 0 sinon,

ε_{it} est un terme résiduel d'espérance nulle et de variance constante.

Les paramètres du modèle sont estimés à l'aide d'une régression normale titre par titre ou d'une régression multiple pour l'ensemble des titres, sur une période suffisamment longue intégrant la période d'événement.

Cette méthode a été utilisée pour la première fois par Schipper et Thompson (1983) et Thompson (1985)[2]. Elle suppose que la réaction du marché est constante sur la période d'événement ; cette réaction est mesurée par le paramètre μ, qui est indépendant du temps. Il est cependant possible d'abandonner cette hypothèse en subdivisant la période d'événement en J sous-périodes consécutives et en introduisant dans le modèle autant de variables dichotomiques, chacune d'elles prenant la valeur 1 dans un intervalle j donné et 0 sinon. La réaction du marché devient alors variable dans le temps mais constante par sous-période.

L'inconvénient majeur de cette approche est la nécessité de spécifier *a priori* et avec précision la structure dynamique des rentabilités anormales. En pratique, il est difficile de se fonder sur les observations pour déterminer les bornes de chacun des sous-intervalles de la période d'événement. En d'autres termes, il est difficile de faire une segmentation *a priori* de la série des rentabilités, surtout lorsque la réaction du marché est différente à chaque date. De plus, le nombre de paramètres à estimer dans ce cas devient nettement plus élevé. C'est pour cette raison que la plupart des études utilisant cette méthode considèrent une réaction constante dans le temps.

2.2.2. L'approche d'analyse des résidus

Dans ce cas, on se fonde sur la définition même d'une rentabilité anormale. Cette dernière se calcule par une simple différence entre la rentabilité observée à une date t – R_{it}– et la norme estimée $-K_{it}$. A la différence de la première méthode, celle-ci comporte deux phases. Dans la première, la norme K_{it} est estimée sur l'intervalle I_N, intervalle excluant la période d'événement. Dans la seconde, les rentabilités anormales estimées sont calculées, date par date sur la période d'événement, par une simple différence avec les rentabilités effectivement observées :

$$\widehat{RA}_{it} = R_{it} - \hat{K}_{it} \qquad t = -c, \ ..., \ +c$$

où $\widehat{RA}_{it}(\hat{K}_{it})$ est la rentabilité anormale (la norme) estimée du titre i à la date t.

2.3. La détermination de la norme

Pour pouvoir apprécier à quel point les rentabilités d'un titre ont été différentes de ce qu'elles auraient pu être en l'absence de l'événement, il faut d'abord déterminer la *rentabilité normale* ou *la norme* K_{it}. Celle-ci est générée par un modèle dynamique expliquant l'évolution des rentabilités dans le temps. Bien qu'il y ait absence de consensus sur le choix de la norme, la plupart des modèles existant dans la littérature sont fondés sur le modèle d'équilibre des actifs financiers (MEDAF) de Sharpe (1964) et Lintner (1965) ou sur l'une de ses variantes[3]. Dans ce qui suit, nous exposons certains des principaux modèles utilisés dans la littérature.

2. D'autres auteurs ont également utilisé cette approche, à savoir Malatesta et Thompson (1985), Malatesta (1986), Sefcik et Thompson (1986), Eckbo, Maksimovic et Williams (1990), afin d'étudier des événements présentant certains caractères particuliers.

3. Voir dans cette ***Encyclopédie*** l'article de R. Cobbaut, « Théorie du marché financier », p. 1954, tome 2.

2.3.1. La rentabilité ajustée par la moyenne

Développé par Masulis (1978), ce modèle considère que la norme K_{it} est, pour chaque titre, indépendante du temps :

$$\forall t = -c_i, \; ..., \; +c_i \qquad E\left[R_{it} \mid I_N\right] = K_i$$

Empiriquement, K_i peut être estimée par la moyenne historique des rentabilités. Cette méthode a l'avantage de la simplicité. Malgré tout, Brown et Warner (1980) montrent que, dans certains cas, ce modèle n'est pas moins performant que d'autres modèles plus complexes.

2.3.2. La rentabilité ajustée par le marché

Utilisé notamment par Latane et Jones (1979), ce modèle considère la norme K_{it} comme un terme qui ne dépend que du temps, et qui est identique pour tous les titres :

$$\forall i = 1, \; ..., \; N \qquad E\left[R_{it} \left| I_N \right.\right] = K_t$$

En pratique, K_t est généralement estimée par la rentabilité de l'indice du marché à la date t. Ceci revient à supposer implicitement, en rapprochant ce modèle du MEDAF, que tous les titres ont un bêta égal à 1. L'avantage de cette méthode est qu'il n'est plus nécessaire de recourir à un intervalle en dehors de la période d'événement $-I_N-$ pour estimer la norme, puisque celle-ci est égale à la rentabilité du marché à la même date.

2.3.3. Le modèle de marché

Considéré comme étant le plus proche du MEDAF, ce modèle est le plus utilisé dans la pratique. Il suppose que la rentabilité attendue sur un titre donné est fonction linéaire de la rentabilité de l'indice du marché à la même date. Pour un titre i à la date t, on a :

$$E\left[R_{it} \left| R_{Mt}, \; I_N \right.\right] = K_{it} = \alpha_i + \beta_i R_{Mt}$$

où R_{Mt} est la rentabilité du marché à la date t. Ce modèle purement économétrique permet d'ajuster la rentabilité espérée d'un titre par sa sensibilité aux variations de l'indice de marché. En pratique, l'estimation des paramètres α_i et β_i dépend de l'approche adoptée. Dans une étude d'événement menée selon la première approche, le modèle est estimé sous sa version modifiée par la régression suivante :

$$R_{it} = \alpha_i + \beta_i R_{Mt} + \mu_i \,.\, D_{it} + \varepsilon_{it} \qquad t \in I_N \cup I$$

On obtient ainsi une estimation des paramètres α_i et β_i, mais aussi celle du paramètre μ_i représentant ici la rentabilité anormale. En revanche, dans la seconde approche, α_i et β_i sont d'abord estimés sur l'intervalle d'estimation I_N par la régression suivante :

$$R_{it} = \alpha_i + \beta_i R_{Mt} + \varepsilon_{it} \qquad t \in I_N$$

Ensuite, la norme est estimée de la manière suivante pour chaque date de l'intervalle I :

$$\hat{K}_{it} = \hat{\alpha}_i + \hat{\beta}_i R_{Mt} \qquad t \in I$$

Fama, Fisher, Jensen et Roll (1969) ont été les premiers à utiliser ce modèle. Ils l'ont appliqué à l'étude de l'impact des divisions d'actions et des attributions d'actions gratuites sur le NYSE.

2.3.4. Le modèle de Fama-McBeth

Selon ce modèle, la rentabilité espérée d'un titre à la date d'information t est celle qui tient compte du bêta du titre et de la pente de la droite de marché à cette date :

$$E(R_{it} \mid I_N) = \gamma_{1t} + \gamma_{2t}\beta_i$$

D'abord, β_i est estimé pour chaque titre sur l'intervalle I_N par le rapport entre la covariance empirique des rentabilités de ce titre avec celles du marché et la variance empirique des rentabilités du marché, ou par l'une des méthodes proposées par Scholes et Williams (1977) ou Dimson (1979). Ensuite, γ_{1t} et γ_{2t} sont estimés pour chaque date de l'intervalle I par une régression des rentabilités des titres sur leurs bêtas respectifs. Ainsi, la norme estimée à partir de ce modèle est égale à :

$$\hat{K}_{it} = \hat{\gamma}_{1t} + \hat{\gamma}_{2t} \,.\, \hat{\beta}_i$$

Ce modèle, présenté par Fama et McBeth (1973) dans le cadre d'un test univarié du MEDAF, est fondé sur l'hypothèse de stabilité du bêta.

2.3.5. Les autres variantes du MEDAF

Dans plusieurs études d'événement récentes, des versions modifiées du modèle de marché ont été utilisées pour modéliser la dynamique des rentabilités. Dans la plupart des cas, on ajoute au modèle de base d'autres facteurs explicatifs, en particulier certaines caractéristiques spécifiques aux firmes telles que la taille ou le PER. A titre d'exemple, Dimson et March (1983) tiennent compte de la présence éventuelle de l'effet taille dans les rentabilités. La norme pour chaque titre est calculée selon le modèle de marché, mais à l'intérieur de déciles de capitalisation. Ainsi, la sensibilité de chaque action est mesurée par rapport à un indice évalué à partir de toutes les actions appartenant au même décile.

D'autres modèles de détermination de la norme, fondés sur la théorie de l'évaluation par arbitrage (APT) de Ross (1976), ont également été développés. Leur principe consiste à lier la dynamique des rentabilités à celles d'un certain nombre de facteurs macro-économiques ou spécifiques aux firmes[4]. Il

---

4. Pour les modèles utilisant des facteurs macro-économiques, voir, par exemple, Chamberlain et Rothschild (1983), Chen, Roll et Ross (1986) ainsi que Conner et Korajczyk (1986, 1988). Pour les modèles utilisant des facteurs spécifiques aux firmes, voir, par exemple, Fama et French (1992, 1993).

s'agit d'une généralisation du modèle de marché où la rentabilité des titres est expliquée non pas par un seul facteur (l'indice du marché) mais par plusieurs[5].

2.4. La procédure d'estimation et les tests de significativité

Une fois la rentabilité anormale calculée (ou directement estimée), on en déduit la réaction moyenne du marché en calculant la rentabilité anormale moyenne à chaque date d'événement :

$$\widehat{RAM}_t = \frac{1}{N}\sum_{i=1}^{N}\widehat{RA}_{it}$$

où N est le nombre de titres dans l'échantillon. Enfin, pour évaluer l'impact global de l'événement, la rentabilité anormale moyenne cumulée est calculée à partir de la première date de l'intervalle $I(-c)$:

$$\widehat{RAMC}_t = \sum_{\tau=-c}^{t}\widehat{RAM}_\tau \qquad \tau,\ t \in I$$

Celle-ci mesure l'ampleur de la réaction moyenne cumulée jusqu'à la t-ième date relativement à la date d'événement t_0. La dernière étape consiste à tester la significativité des rentabilités anormales moyennes et moyennes cumulées. Pour cela, l'hypothèse nulle est définie comme étant H_0 : « La rentabilité anormale moyenne n'est pas significativement non nulle ». Ou encore :

$$H_0 \ : \ E(RAM_t) = 0$$

Cette hypothèse nulle est testée contre l'hypothèse alternative :

$$H_A \ : \ E(RAM_t) > 0$$

Deux types de tests sont proposés selon les hypothèses qui sont faites sur la distribution des rentabilités anormales moyennes : les tests paramétriques et les tests non paramétriques.

2.4.1. Les tests paramétriques

Les tests paramétriques ont été introduits pour la première fois par Jaffe (1974), Mandelker (1974) et Patell (1976). Ces tests sont nombreux et diffèrent selon les hypothèses qui sont faites sur la dépendance ou l'indépendance des rentabilités anormales moyennes, et la constance ou non de leur variance. Parmi ces tests, deux sont fréquemment utilisés. Le premier est fondé sur la statistique suivante pour une date t de l'intervalle d'événement I[6] :

$$T_{1t} = \frac{1}{\sqrt{N}}\sum_{i=1}^{N}\frac{\widehat{RA}_{it}}{\hat{\sigma}_{RA_{it}}}$$

---

5. Voir également dans cette ***Encyclopédie*** l'article de P. Batteau et V. Lasgouttes, « Modèles multifacteurs des rentabilités boursières », p. 1221, tome 2.

6. L est la longueur de la période hors événement (intervalle I_N). Lorsque la rentabilité anormale est calculée à partir du modèle de marché, un estimateur plus précis de son écart type est

où :

$$\hat{\sigma}_{RA_{it}} = \sqrt{\frac{1}{L-1}\sum_{t=-c-L}^{-c-1}(\widehat{RA}_{it} - \widehat{RA}_{i\cdot})^2} \quad \text{et} \quad \widehat{RA}_{i\cdot} = \frac{1}{L}\sum_{t=-c-L}^{-c-1}\widehat{RA}_{it}$$

Sous l'hypothèse d'indépendance des rentabilités anormales, cette statistique suit une loi normale centrée réduite lorsque N est grand. En réalité, il arrive souvent que les rentabilités anormales ne soient pas indépendantes entre les titres, en particulier lorsque les événements se chevauchent dans le temps. Brown et Warner (1985) montrent que les conséquences d'une telle hypothèse sur la spécification du test varient en fonction du degré de chevauchement des événements, mais aussi de la procédure utilisée[7].

Le second test tient compte de la dépendance entre les rentabilités des différents titres ; il est fondé sur la statistique suivante[8] :

$$T_{2t} = \frac{\widehat{RAM}_t}{\hat{\sigma}_{RAM_t}}$$

où :

$$\hat{\sigma}_{RAM_t} = \sqrt{\frac{1}{L-1}\sum_{t=-c-L}^{-c-1}(\widehat{RAM}_t - \overline{RAM})^2} \quad \text{et} \quad \overline{RAM} = \frac{1}{L}\sum_{t=-c-L}^{-c-1}\widehat{RAM}_t$$

Sous l'hypothèse de normalité des rentabilités anormales moyennes, la statistique T_{2t} suit une loi de Student à $N-1$ degrés de liberté.

(suite de la note 6) $\hat{\sigma}'_{RA_{it}}$ tel que :

$$\hat{\sigma}'_{RA_{it}} = \hat{\sigma}_{RA_{it}}\sqrt{1 + \frac{1}{L} + \frac{R_{Mt} - \overline{R_M}}{\sum_{s=-c-L}^{-c-1}(R_{Ms} - \overline{R_M})^2}}$$

et où R_{Mt} est la rentabilité de l'indice du marché à la date t et $\overline{R_M} = \sum_{s=-c-L}^{-c-1} R_{Ms}$. On remplace alors dans la statistique T_{1t} l'écart type $\hat{\sigma}_{RA_{it}}$ par $\hat{\sigma}'_{RA_{it}}$.

7. Voir aussi à ce sujet Collins et Dent (1984).

8. Christie (1983) propose un autre estimateur de l'écart type de la rentabilité anormale moyenne. Celui-ci est, pour chaque date t de la période d'événement I, égal à l'écart type en coupe instantanée des rentabilités anormales des N titres de l'échantillon :

$$\hat{\sigma}'_{RAM_t} = \frac{1}{\sqrt{N}}\sqrt{\frac{1}{N-1}\sum_{i=1}^{N}(\widehat{RA}_{it} - \widehat{RAM}_t)^2}$$

Pour tester la significativité de la rentabilité anormale moyenne cumulée $RAMC_t$ entre les dates $-c$ et $t(t \in I)$, la même procédure est utilisée et la statistique du test est :

$$T_t' = \frac{\widehat{RAMC_t}}{\hat{\sigma}_{RAMC_t}}$$

où $\hat{\sigma}_{RAMC_t} = \sqrt{t+c+1}\,\hat{\sigma}_{RAM_t}$. Cette méthode de calcul de l'écart type suppose une indépendance temporelle des rentabilités anormales moyennes. Il arrive souvent que les rentabilités anormales soient autocorrélées. Ce phénomène provient, dans la plupart des cas, de l'asynchronisme dans la fréquence des transactions sur les titres[9]. Brown et Warner (1985) trouvent que, selon les marchés et les titres étudiés, la prise en compte de l'autocorrélation des rentabilités dans le calcul de la variance est d'une portée plus ou moins limitée.

2.4.2. Les tests non paramétriques

Cependant, à cause de la critique par plusieurs auteurs de l'hypothèse de normalité des taux de rentabilité, d'autres tests non paramétriques de significativité des rentabilités anormales ont été proposés. Ces tests n'utilisent pas une hypothèse *a priori* sur la distribution de probabilité des taux de rentabilité mais sont, en revanche, très sensibles par rapport à l'hypothèse d'indépendance de ces taux. Outre les tests classiques de Wilcoxon et de Signe, Corrado (1989) propose une autre méthode non paramétrique pour tester la significativité des rentabilités anormales qui, selon Campbell et Wasley (1993), donne de meilleurs résultats sur des rentabilités quotidiennes. Ceci est dû au fait que la distribution empirique des rentabilités quotidiennes s'écarte plus de la distribution normale que celle des rentabilités mensuelles.

2.5. L'incidence de l'événement sur la variance

La plupart des méthodologies classiques d'étude d'événement utilisent des tests fondés sur une variance estimée sur une période hors événement. Cela suppose implicitement une constance de la variance sur la période d'événement, ce qui correspond, dans la représentation générale donnée dans le tableau 1, à la contrainte $\eta_{it}^2 = \sigma_{it}^2 = \sigma_i^2$.

De nombreuses études mettent en évidence un accroissement temporaire ou persistant de la variance des rentabilités sur la période d'événement (Christie, 1983 ; Ball et Torous, 1988). Dans les deux cas, la contrainte $\eta_{it}^2 = \sigma_{it}^2$ (*i.e.* l'hypothèse de la constance de la variance), dans le modèle général du tableau 1, n'est plus valable puisqu'elle conduit à une sous-estimation de la vraie variance. La prise en compte de l'impact de l'événement sur la variance peut se faire de deux manières :

– soit en introduisant un modèle décrivant la dynamique de la variance dans le temps sur les deux périodes, tout en intégrant l'impact de l'événement sur la rentabilité espérée ;

– soit en supposant la variance constante par intervalle ; elle subit un saut instantané mais persistant à la date d'événement.

9. L'asynchronisme est l'absence de périodicité constante dans le calcul des rentabilités du fait que certains titres sont moins liquides que d'autres et la fréquence de leur cotation est plus faible. Pour une description de ce phénomène sur le marché français, voir Hamon et Jacquillat (1992).

Dans ce qui suit, nous présentons quelques exemples illustrant ces deux types de modélisation.

2.5.1. Les modèles à erreur GARCH

Connoly et McMillan (1987) ont introduit une représentation hétéroscédastique pour le taux de rentabilité des titres[10]. Leur procédure consiste à combiner un modèle d'étude d'événement standard avec un modèle autorégressif pour la variance des taux de rentabilité :

$$R_t = \mu + \gamma \,.\, ED_t + \varepsilon_t$$

$$\varepsilon_t / F_{t-1} \sim \mathcal{N}(0,\ \sigma_t^2)$$
$$\sigma_t^2 / F_{t-1} = a + b \,.\, \varepsilon_{t-1}^2 + c \,.\, \sigma_{t-1}^2$$

où ED_t est une variable indicatrice qui prend la valeur 1 à la date d'événement et la date qui suit et 0 autrement. Le paramètre γ représente donc la rentabilité anormale.

Dans ce modèle, la variance conditionnelle de la rentabilité d'un titre à une date donnée dépend du carré des erreurs passées. De plus, elle est autorégressive, ce qui caractérise une persistance dans le temps de l'impact des erreurs de prévision. L'erreur de prévision suit dans ce modèle un processus GARCH (1,1). Le choix d'une telle représentation se justifie par le fait qu'elle se rapproche plus des caractéristiques empiriques des taux de rentabilité.

2.5.2. Les modèles introduisant un choc sur la variance

Ball et Torous (1988) ont présenté un modèle permettant de tenir compte de la modification de la variance sur l'intervalle d'événement. Ils supposent que la rentabilité d'un titre i à une date t suit une distribution conditionnellement normale de paramètres :

	Hors événement	**Période d'événement**
Espérance	α_i	$\alpha_i + \mu * \sigma_i$
Variance	σ_i^2	$\omega^2 \,.\, \sigma_i^2$

Dans cette représentation, le saut intervenant dans la moyenne est additif et proportionnel à l'écart type du titre. En revanche, le saut introduit dans la variance est multiplicatif et identique pour tous les titres. Dans les deux cas, l'impact de l'événement est instantané mais constant dans le temps. Une telle modélisation est donc compatible avec une espérance et une variance constantes par intervalle. En réalité, même si ces moments sont effectivement constants en période normale, la réaction des cours à l'événement se fait généralement sentir progressivement ; il serait donc plus réaliste d'introduire des chocs dépendant du temps.

---

10. Voir dans cette ***Encyclopédie*** l'article de C. Gouriéroux, « Modèles hétéroscédastiques », p. 1210, tome 2.

3. Etude d'événement et incidence sur le risque

Après avoir passé en revue la méthodologie des études d'événement, nous présentons dans ce qui suit un modèle tenant compte de l'impact de l'événement aussi bien sur la variance des rentabilités que sur le bêta d'un titre.

3.1. La spécificité du modèle

La finalité des études d'événement consiste à évaluer l'impact d'un événement aussi bien sur la rentabilité moyenne d'un titre que sur son risque. D'après le MEDAF, le risque global d'un titre se subdivise en un risque spécifique, qui peut être éliminé par diversification, et en un risque systématique non diversifiable. Ce dernier, mesuré par le bêta, est donné par la sensibilité d'un titre aux fluctuations du marché. Il est naturel de penser que l'arrivée d'une information affecte le risque d'une action. Certains auteurs ont mis en évidence un accroissement du risque systématique autour de certains événements[11]. Les modèles d'étude d'événement proposés dans la littérature tiennent compte parfois de l'impact de l'événement sur le risque total (variance), mais pas sur le risque systématique. Selon le modèle de marché, la rentabilité d'un titre peut être décomposée en une composante constante, une prime de risque proportionnelle au bêta du titre, et une composante aléatoire d'espérance nulle. D'après la représentation générale donnée dans le tableau 1, l'utilisation de la version de base du modèle de marché dans les études d'événement suppose implicitement que seule la constante peut être affectée. Or, si l'événement est de nature à modifier le bêta, la rentabilité moyenne sera doublement affectée, d'abord directement à travers la constante, ensuite indirectement à travers la prime de risque. Il en découle que la rentabilité anormale telle qu'elle est calculée par le modèle de marché surestime la vraie valeur puisqu'elle incorpore une prime de risque excédentaire correspondant à l'accroissement du risque systématique. La « vraie » rentabilité anormale ne peut être obtenue qu'en utilisant le bêta déjà modifié par l'événement.

Pour remédier à cette insuffisance, il paraît plus raisonnable de séparer l'impact sur la constante α_i figurant dans la moyenne des rentabilités de celui sur le risque systématique, sachant que ce dernier affecte la prime de risque du titre. C'est la raison pour laquelle le modèle proposé ici intègre autour de la date d'événement un saut aussi bien sur la constante que sur le bêta ; ce qui nous amène à étudier séparément la significativité de chacun des deux paramètres. En outre, pour résoudre le problème de la modification de la variance totale précédemment évoqué, un paramètre est aussi introduit au niveau de la variance autour de la date d'événement.

3.2. La présentation du modèle

On suppose, sur une période assez courte, que la rentabilité d'un titre i à la date t suit une loi normale de paramètres :

	$\boldsymbol{t \in I_N}$	$\boldsymbol{t \in I}$
Espérance	$\alpha_i + \beta_i \,.\, R_{Mt}$	$(\alpha_i + \alpha_t) + (\beta_i + \beta_t) \,.\, R_{Mt}$
Variance	σ_i^2	$\theta_t^2 \,.\, \sigma_i^2$

11. A titre d'exemple, Bar-Yosef et Brown (1977), Charest (1978) ainsi que Brennan et Copeland (1988b) trouvent que le risque systématique augmente significativement autour d'une division d'actions.

où R_{Mt} est la rentabilité du marché à la date t. On suppose dans un premier temps qu'il n'y a pas d'incertitude quant à la date d'événement. L'intervalle I est un intervalle de longueur $2c + 1$ centré sur la date d'événement $t = 0$. L'intervalle I_N est un échantillon représentatif des dates « normales », choisi sur une période antérieure à I.

Pour chaque date t de l'intervalle I, α_t et β_t mesurent la réaction moyenne de la constante et du bêta de l'ensemble des titres puisqu'ils sont indépendants de i. En revanche, ces chocs sont dépendants du temps et tiennent ainsi compte de la possibilité d'un impact progressif étalé dans le temps. Ces mêmes hypothèses sont aussi valables pour l'effet introduit sur la variance qui ne dépend que de t. Cet effet est multiplicatif, supposant donc que la réaction de la variance d'un titre à l'opération est proportionnelle à sa valeur initiale en période « normale ».

A partir de cette formulation, l'excès de rentabilité ER_{it} est défini comme la différence entre la rentabilité observée à cette date et celle espérée en l'absence d'événement[12] :

$$ER_{it} = R_{it} - E(R_{it} \mid I_N)$$

Celui-ci suit une loi normale de paramètres :

	$\boldsymbol{t \in I_N}$	$\boldsymbol{t \in I}$
Espérance	0	$\alpha_t + \beta_t \,.\, R_{Mt}$
Variance	σ_i^2	$\theta_t^2 \,.\, \sigma_i^2$

On en déduit la rentabilité anormale nette de risque définie de la manière suivante :

$$RAN_{it} = ER_{it} - \beta_t \,.\, R_{Mt}$$

et qui suit une loi normale de paramètres :

	$\boldsymbol{t \in I_N}$	$\boldsymbol{t \in I}$
Espérance	0	α_t
Variance	σ_i^2	$\sigma_i^2 \,.\, \text{var}\ (\alpha_t)$

α_t peut être interprétée comme le gain potentiel espéré en termes de rentabilité sur le titre i à une date d'événement t ; il est aussi le gain moyen pour l'ensemble des titres.

3.3. La procédure d'estimation et les tests de significativité

3.3.1. La procédure d'estimation

Comme $E(R_{it} \mid I_N) = \alpha_i + \beta_i \,.\, R_{Mt}$ et $V(R_{it} \mid I_N) = \sigma_i^2$, la procédure d'estimation des paramètres proposée ici comporte deux étapes.

Dans la première, les paramètres spécifiques à chaque titre sont estimés sur l'intervalle I_N par la régression suivante :

$$i = 1 \ldots N \qquad R_{it} = \alpha_i + \beta_i \,.\, R_{Mt} + \varepsilon_{it} \qquad t \in I_N$$

12. Par définition, l'excès de rentabilité est égal à la rentabilité anormale dans le modèle de marché.

où $E(\varepsilon_{it}) = 0$ et $V(\varepsilon_{it}) = \sigma_i^2$. Ceci permet d'estimer les paramètres α_i, β_i et σ_i^2 et de calculer l'excès de rentabilité sur l'intervalle I à l'aide de l'équation suivante :

$$i = 1 \dots N \qquad \widehat{ER}_{it} = R_{it} - \hat{\alpha}_i - \hat{\beta}_i \,.\, R_{Mt} \qquad t \in I$$

Comme $\hat{\alpha}_i$ et $\hat{\beta}_i$ sont sans biais, on en déduit que $E(\widehat{ER}_{it}) = ER_{it} = \alpha_t + \beta_t \,.\, R_{Mt}$ et que $V(\widehat{ER}_{it}) = \theta_t^2 \,.\, \sigma_i^2$. La variable $x_{it} = ER_{it}/\sigma_i$ définie comme étant l'excès de rentabilité standardisé peut être estimée par $\hat{x}_{it} = (\widehat{ER}_{it}/S_i)$ où S_i^2 est la variance estimée de la première régression, estimateur de σ_i^2. On peut remarquer que x_{it} suit une loi normale $\mathbf{N}\left(\dfrac{\alpha_t + \beta_t \,.\, R_{Mt}}{\sigma_i},\ \theta_t^2\right)$.

Dans une seconde étape, on régresse à chaque date t de I le vecteur $(\hat{x}_{it})_{i=1 \dots N}$ sur les vecteurs $\left(\dfrac{1}{S_i}\right)_{i=1 \dots N}$ et $\left(\dfrac{R_{Mt_i}}{S_i}\right)_{i=1 \dots N}$

$$\text{pour } t = -c \dots + c \qquad \hat{x}_{it} = \alpha_t \cdot \left(\frac{1}{S_i}\right) + \beta_t \cdot \left(\frac{R_{Mt_i}}{S_i}\right) + U_{it} \qquad i = 1 \dots N$$

où $U_{it} \sim N(0,\ \theta_t^2)$. Il s'agit de $2c+1$ régressions en coupe instantanée permettant d'estimer α_t, β_t et θ_t^2. Comme, pour tout i, $E(RAN_{it}) = \alpha_t$, $\widehat{RAN}_{it} = \hat{\alpha}_t$ – issu de la régression qui précède – est un estimateur direct de RAN_{it}. De même, $\hat{\beta}_t$ et $\hat{\theta}_t^2$ – issus de la même régression – sont des estimateurs de β_t et θ_t^2, les sauts introduits respectivement sur le bêta et la variance des titres de l'échantillon.

3.3.2. Les tests de significativité

Plusieurs hypothèses peuvent être testées à partir du modèle. La première est d'abord inconditionnelle et consiste à déterminer si la date t de l'intervalle $[-c \dots + c]$ est effectivement une date d'événement. La seconde hypothèse est conditionnelle : sachant que la date t est une date d'événement, quel est l'impact de celui-ci sur la rentabilité, d'une part, et sur le risque systématique, d'autre part ?

3.3.2.1. Le test de l'hypothèse inconditionnelle

Christie (1983) montre que la variance est ce qui différencie statistiquement une date d'événement d'une date « normale ». De ce fait, tester une date d'événement revient à tester s'il y a un changement brusque de la variance par rapport à une date normale, autrement dit, si θ_t^2 est différent de 1 dans le modèle. Pour cela, on teste pour chaque date t de I l'hypothèse nulle H_0 : *la date t n'est pas une date d'événement*, contre l'hypothèse alternative H_A : *la date t est une date d'événement*. Ou encore l'hypothèse $H_0\ :\ \theta_t^2 = 1$ est testée contre l'hypothèse $H_A\ :\ \theta_t^2 \neq 1$.

La régression date par date de la seconde étape donne l'estimateur $\hat{\theta}_t^2$ de θ_t^2. Comme $(N-2)\ \dfrac{\hat{\theta}_t^2}{\theta_{t_{H_0}}^2} \sim \chi^2(N-2)$, il s'agit d'un test classique du Khi-Deux. Sous l'hypothèse nulle, la statistique du test est $(N-2)\,.\,\hat{\theta}_t^2$. H_0 est rejetée si $(N-2)\,.\,\hat{\theta}_t^2 > \chi_{N-2}^2$.

L'intervalle I' des dates pour lesquelles la variance a significativement augmenté est ainsi défini par : $I' = \{t/t \in I \text{ et } (N-2)\,.\,\hat{\theta}_t^2 > \chi^2_{N-2}\}$.

3.3.2.2. *Le test de l'hypothèse conditionnelle*

Sachant que la date t est une date d'événement ($t \in I'$), existe-t-il un impact significatif sur la rentabilité des titres ? Pour répondre à cette question, on pose comme hypothèse nulle H_0 : *en moyenne, l'événement n'a pas d'impact sur la rentabilité espérée.* RAN_t est défini comme étant la moyenne des rentabilités anormales de l'ensemble des titres à la date t. Comme $E(RAN_{it}) = \alpha_t$ et $V(RAN_{it}) = \sigma_i^2\,.\,\mathrm{var}(\alpha_t)$, on en déduit que $E(RAN_t) = \alpha_t$ et $\sigma^2(RAN_t) = \omega_t^2 = \frac{V(\alpha_t)}{N^2}\sum_{i=1}^{N}\sigma_i^2$, en supposant l'indépendance entre les titres[13]. On teste la significativité de RAN_t en posant comme hypothèse nulle $H_0 : \alpha_t = 0$. Cette hypothèse est testée contre l'hypothèse $H_A : \alpha_t > 0$.

Sous l'hypothèse nulle, la statistique du test est égale à :

$$T_t = \frac{\widehat{RAN}_t}{\sqrt{\dfrac{\hat{V}(\alpha_t)}{N^2}\displaystyle\sum_{i=1}^{N} S_i^2}}$$

et elle suit une loi de Student à $N-2$ degrés de liberté. H_0 est rejetée quand $T_t > T_{N-2}$.

Par ailleurs, il est possible de tester la significativité de l'impact global de l'événement sur le titre. Pour cela, on définit $RANC_t$ comme étant la rentabilité anormale cumulée sur l'intervalle I' :

$$RANC_t = \sum_{\tau=-c}^{t(\tau\in I')} RAN_\tau$$

Sous l'hypothèse d'absence d'autocorrélation des RAN_t, $E(RANC_t) = \sum_{\tau=-c}^{t(\tau\in I')} \alpha_\tau$ et $V(RANC_t) = \sum_{\tau=-c}^{t(\tau\in I')} \omega_\tau^2 = \Sigma_t^2$. Si l'hypothèse nulle $H_0 : RANC_t = 0$ est testée contre l'hypothèse $H_A : RANC_t > 0$, la statistique du test est $T_t' = \frac{\widehat{RANC}_t}{\hat{\Sigma}_t^2}$ et elle suit une loi $\mathbf{T}(N-2)$. L'événement génère un gain de rentabilité moyen cumulé significativement non nul si $T_t' > \mathbf{T}_{N-2}$. Compte tenu de la spécificité du modèle, ce gain est net de risque.

3.3.2.3. *Les autres tests*

Le modèle permet de mesurer l'impact de l'événement, non seulement sur la rentabilité moyenne, mais aussi sur le risque systématique du titre. Pour

13. Cette hypothèse est valable seulement dans le cas où les intervalles d'événements I_i ne se chevauchent pas dans le temps.

tester la significativité du saut introduit sur le bêta, on pose pour chaque date t de l'intervalle I' l'hypothèse $H_0 \; : \; \beta_t = 0$, et on la teste contre l'hypothèse $H_A \; : \; \beta_t > 0$.

La régression date par date de la seconde étape donne l'estimateur $\hat{\beta}_t$ de β_t. Comme $\hat{\beta}_t \sim \mathbf{N}(\beta_t, \; \sigma_i^2 \,.\, V(\beta_t))$, la statistique du test sous H_0 est :

$$T_{\beta_t} = \frac{\hat{\beta}_t}{S_i \sqrt{\hat{V}(\beta_t)}} \sim \mathbf{T}(N-2)$$

On déduit qu'il y a un effet significatif sur le bêta si $T_{\beta_t} > \mathbf{T}_{N-2}$.

4. Les travaux empiriques

Plutôt que de présenter un résumé par nature sommaire des travaux empiriques consacrés aux études d'événement, il nous a semblé préférable d'exposer plus en détail les résultats d'une étude empirique reposant sur le modèle théorique développé à la section précédente.

4.1. L'événement étudié

Le modèle est appliqué à l'étude de l'impact d'une division d'actions sur les titres. Une division d'actions est une opération purement comptable qui consiste à fractionner la valeur nominale d'une action et à multiplier le nombre de titres de manière à maintenir constant le capital d'une entreprise. D'un point de vue pratique, lors de l'émission des nouveaux titres, chaque actionnaire échange ses anciennes actions contre des nouvelles dont le nombre est proportionnel à la baisse de la valeur nominale[14]. Selon la théorie classique de la finance, cette opération ne devrait pas affecter la valeur de son portefeuille, ni la valeur boursière de la firme, puisqu'aucun apport de fonds n'a eu lieu.

La division des actions cotées en bourse est une pratique très courante aux Etats-Unis et a commencé à prendre de l'ampleur en France en 1986. La recherche des motivations qui poussent les dirigeants à diviser leurs actions dépasse le cadre de cette étude[15]. Quelles que soient ces motivations, les comportements des cours enregistrés autour de cette opération présentent de nombreuses spécificités. Grinblatt, Masulis et Titman (1984) constatent que le marché américain enregistre une performance anormale (rentabilité anormale moyenne) significativement positive autour de l'annonce publique, et même autour de la réalisation effective de l'opération. Une telle réaction ne peut pas être attribuée à un autre événement puisque l'échantillon était constitué de sociétés n'ayant pas annoncé d'autres opérations parallèlement à la division d'actions. Bien entendu, la réaction positive des prix autour de la réalisation effective de la division est constatée sur la base des cours ajustés par le coefficient correcteur lié à l'opération[16].

---

14. A titre d'exemple, une division 5 pour 2 d'une action de valeur nominale de 100 francs permet d'échanger deux actions anciennes contre cinq nouvelles de valeur nominale de 40 francs.

15. Pour une analyse détaillée des motivations des divisions d'actions en France, voir Grar (1994).

16. L'ajustement des cours est une opération qui consiste à rendre comparables dans le temps les cours successifs observés sur une action. Elle s'effectue par le biais du coefficient correcteur

Cette étude empirique examine, par le biais du modèle présenté à la section 3, l'impact des divisions d'actions en France sur les caractéristiques d'un titre à la date de réalisation effective. Il n'existe donc pas de problèmes d'incertitude sur la date d'événement.

4.2. Les données

Sur la période allant de janvier 1977 à décembre 1990, 182 divisions d'actions ont eu lieu sur le marché français. En éliminant les sociétés ayant procédé à d'autres opérations sur le capital à la même date, un échantillon final de 106 opérations « pures » a été identifié. Les cours relatifs à ces sociétés ont été extraits de la base de données AFFI-SBF qui couvre notre période d'étude[17]. Pour chaque titre, les rentabilités hebdomadaires du mercredi ont été calculées sur la base des cours d'ouverture ajustés, en tenant compte du réinvestissement des dividendes et en supposant une cotation en continu[18] :

$$R_{it} = \log\left(\frac{C_{it} + D_{it}}{C_{it-1}}\right)$$

où $C_{it}(C_{it-1})$ est le cours ajusté du titre i à la date $t(t-1)$ et D_{it} est le dividende distribué à la date t. La rentabilité du marché a été estimée par celle d'un indice équipondéré, calculé sur la base des cours de tous les titres cotés et tenant compte du réinvestissement des dividendes. L'intervalle d'étude du comportement des rentabilités est de 11 semaines centrées sur la date de réalisation effective de la division ($I = -5,\ ...,\ 0,\ ...+5$). Les paramètres du modèle de marché sont estimés sur un intervalle de 30 semaines : $I_N = [-35\ ;\ ...\ ;\ -6]$.

4.3. Les résultats

Trois conclusions importantes sont à retenir : les rentabilités anormales sont significativement différentes de zéro, le risque systématique est en croissance marquée, le risque spécifique présente une évolution concave.

4.3.1. Des rentabilités anormales significativement différentes de zéro

Le tableau 2 permet de comparer les rentabilités anormales moyennes et moyennes cumulées issues du modèle proposé et du modèle de marché. Les statistiques de Student portées entre parenthèses montrent que les rentabilités anormales les plus significatives sont celles de la semaine de l'opération et de la semaine qui suit, si l'on se réfère aux résultats du modèle de marché. En tenant compte de l'impact de la division sur la prime de risque des titres, on constate que le marché commence à réagir une semaine avant l'opération.

(suite de la note 16) qui traduit la dilution du capital provenant de l'émission d'un certain nombre de titres nouveaux venant s'ajouter aux anciens. A titre d'exemple, le coefficient correcteur lié à une division d'actions de 4 pour 1 est 1/4. L'ajustement dans ce cas consiste à multiplier par 1/4 tous les cours antérieurs à celui de la date de réalisation de l'opération.

17. Pour une description de la base de données, voir Hamon et Jacquillat (1992).

18. Les rentabilités hebdomadaires ont été calculées sur la base du cours du mercredi afin d'éviter certaines anomalies constatées sur le marché français, tel que l'effet week-end ou l'effet début de semaine. Pour une description de ces phénomènes sur le marché français, voir Hamon et Jacquillat (1992).

Tableau 2 – Evolution de la rentabilité anormale moyenne et moyenne cumulée

Date	Modèle proposé		Modèle de marché	
	RAN	RANC	RAM	RAMC
– 5	0,326 *(0,99)*	0,326 *(0,99)*	– 0,002 *(– 0,00)*	– 0,002 *(– 0,00)*
– 4	0,321 *(0,71)*	0,648 *(1,16)*	– 0,288 *(– 0,62)*	– 0,291 *(– 0,44)*
– 3	– 0,136 *(– 0,31)*	0,511 *(0,72)*	0,289 *(0,62)*	– 0,001 *(– 0,00)*
– 2	0,488 *(0,89)*	0,999 *(1,11)*	0,874 *(1,87)*	0,873 *(0,94)*
– 1	0,944 *(2,08)*	1,944 *(1,93)*	1,473 *(3,15)*	2,345 *(4,25)*
0	5,156 *(7,94)*	7,101 *(5,93)*	2,501 *(5,36)*	4,845 *(4,24)*
1	1,069 *(2,06)*	8,171 *(6,26)*	0,634 *(1,36)*	5,479 *(4,44)*
2	– 0,773 *(– 1,60)*	7,397 *(5,32)*	– 0,595 *(– 1,27)*	4,884 *(3,70)*
3	– 0,681 *(– 1,65)*	6,716 *(4,63)*	– 0,855 *(– 1,83)*	4,028 *(2,88)*
4	– 0,868 *(– 1,63)*	5,847 *(3,78)*	– 0,851 *(– 1,82)*	3,176 *(2,15)*
5	0,283 *(0,77)*	6,131 *(3,86)*	0,089 *(0,19)*	3,265 *(2,11)*

$RAN(RANC)$ est la rentabilité anormale nette moyenne (moyenne cumulée) en pourcentage, relative au modèle proposé. $RAM(RAMC)$ est la rentabilité anormale moyenne (moyenne cumulée) en pourcentage, relative au modèle de marché. La statistique de Student est entre parenthèses.

Par ailleurs, si on compare l'ampleur de la réaction du marché selon les deux modèles, on trouve que celle-ci est de l'ordre de 2,5 % selon le modèle de marché alors qu'elle est de 5,1 % selon le modèle proposé. Cet écart, qui représente le biais induit par l'absence de contrôle du risque systématique, sous-estime la réaction du marché de moitié. Ce phénomène est d'ailleurs nettement observable sur les graphiques 1 et 2 qui donnent l'évolution des rentabilités anormales moyennes et cumulées des deux modèles.

Le modèle que nous avons proposé soutient l'idée selon laquelle la rentabilité anormale calculée à partir du modèle de marché renferme une partie qui correspond à une prime de risque, et que la « vraie » rentabilité anormale est seulement la partie nette de risque. Si, à la date $t = 0$, cette « vraie » rentabilité anormale est supérieure à celle calculée à partir du modèle de marché, c'est parce qu'à cette date la moyenne des rentabilités du marché aux différentes dates de réalisation est négative[19].

19. Formellement, $RAM_t = RAN_t + \beta_t . \overline{R}_{Mt}$ avec $\overline{R}_{Mt} = \frac{1}{N}\sum_{i=1}^{N} RM_{t_i}$. Lorsque $\overline{R}_{Mt}$ est négative, RAM_t devient inférieure à RAN_t ; c'est ce qu'on constate sur les graphiques 1 et 2.

Graphique 1 – Evolution de la rentabilité anormale

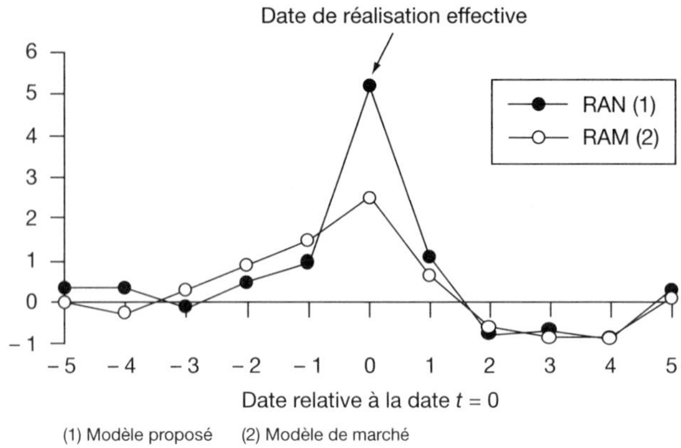

Graphique 2 – Evolution de la rentabilité anormale cumulée

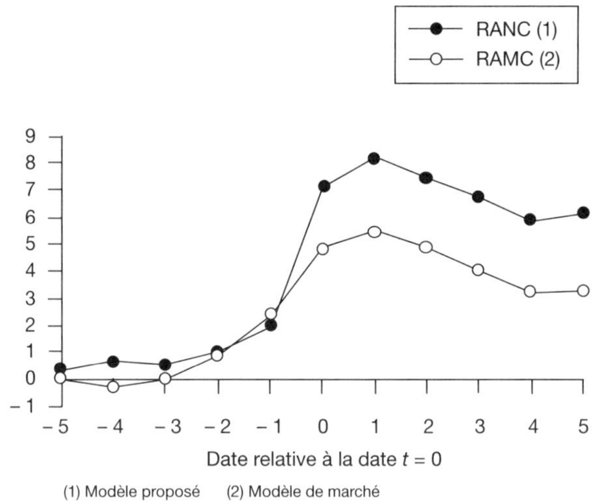

Enfin, on aperçoit, à partir du graphique 2, un certain fléchissement de la rentabilité anormale cumulée pendant le mois qui suit la division. Ceci peut s'expliquer par un phénomène de surréaction du marché à la suite de l'accroissement brusque du nombre de titres sur le marché.

4.3.2. Un risque systématique en croissance marquée

Le tableau 3 donne l'évolution du risque systématique excédentaire β_t et celle de la statistique de Student correspondante sur les onze semaines d'événement. Le coefficient de détermination R^2 qui figure à la dernière colonne est celui de la régression date par date en coupe instantanée. Ce coefficient est très faible jusqu'à la date 0 où il passe à 44 %. Une semaine après l'événement, le « risque systématique anormal » passe à 0,628, significativement différent de zéro au seuil de 5 %. Cette croissance persiste autour de 0,6 les trois premières semaines avant de s'engager vers une baisse à partir de la quatrième semaine, où β_t devient non significativement différent de zéro. A cette même date, le coefficient de détermination revient à un niveau très faible.

Tableau 3 – Evolution des risques systématique et spécifique excédentaires

Semaine	β_t	T-STAT	θ_t^2	CHI-DEUX	R^2 (%)
− 5	0,00275	0,39	1,05775	80,39	0,32
− 4	0,01807	0,38	1,12101	85,19	0,77
− 3	0,01405	0,25	1,32805	100,93	0,00
− 2	0,01337	0,21	1,67162	127,04*	0,38
− 1	− 0,07559	− 0,29	1,41496	107,37*	4,17
0	0,06293	0,76	2,03536	154,69*	44,62
1	0,62791	2,53	1,52911	116,21*	31,59
2	0,58246	2,48	1,47271	111,90*	7,18
3	0,64662	2,67	1,31114	99,65	11,52
4	0,40124	1,93	1,34237	102,02*	2,42
5	0,38138	1,83	1,13329	86,13	4,91

* La statistique rejette significativement l'hypothèse ($\theta_t^2 = 1$).

Ceci est résumé dans le graphique 3 qui montre une tendance presque similaire à celle des rentabilités anormales cumulées. Ainsi, dans le cas d'une division d'actions, la prime de risque contenue dans la rentabilité excédentaire n'intervient qu'après la réalisation et son effet est temporaire. Un tel résultat met en évidence la spécificité du marché français puisque sur le marché américain, Brennan et Copeland (1988) trouvent que la hausse du bêta, à la suite d'une division d'actions, est structurelle.

Graphique 3 – Evolution du « risque systématique anormal »

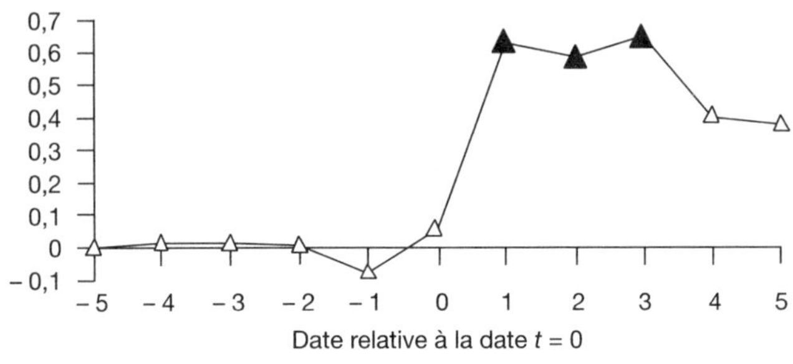

4.3.3. Un risque spécifique en évolution concave

Le tableau 3 donne également l'évolution du coefficient du risque spécifique θ_t^2 sur les 11 semaines de l'événement. On peut distinguer deux phases.

La première est caractérisée par une croissance du paramètre θ_t^2 jusqu'à la date de réalisation effective. A la date 0, le coefficient de risque spécifique est supérieur à 2 et largement significatif au seuil de 5 %. Ceci indique que l'impact de l'événement sur le risque spécifique d'un titre est progressif et atteint son maximum (un doublement) durant la semaine de réalisation effective de l'opération. Christie (1983) affirme à cet effet que l'impact de certains événements sur la variance n'est pas négligeable et peut, dans certains cas, faire passer cette dernière du simple au double.

La seconde phase commence à partir de la date 0 et met en évidence une décroissance du paramètre θ_t^2 jusqu'à la fin de la période où il n'est plus significativement différent de 1.

Graphique 4 – Evolution de la variance excédentaire

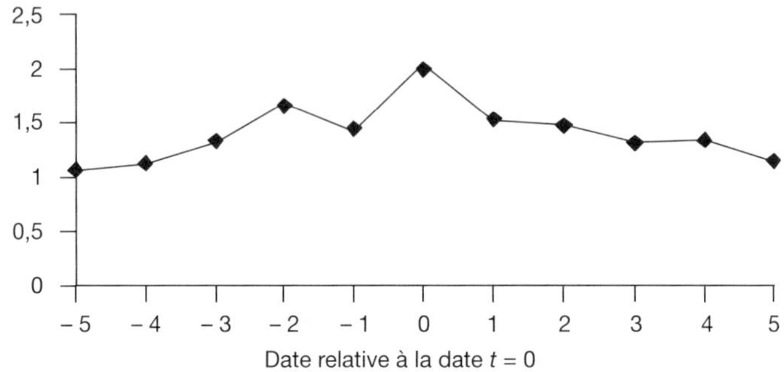

En conclusion, l'incidence d'une division d'actions sur le risque spécifique des titres se manifeste par une hausse significative du risque qui intervient avant la réalisation de l'opération mais qui ne persiste que quelques mois. Là aussi, les résultats infirment ceux d'Ohlson et Penman (1985) et de Dravid (1987) qui, sur le marché américain, trouvent que la division d'actions se manifeste par un accroissement permanent de la variance.

*

* *

La technique des études d'événement utilise les cours d'équilibre pour mesurer la réaction moyenne du marché à un événement. L'hypothèse implicite sur laquelle repose cette technique est que les cours reflètent à chaque instant la réaction des investisseurs aux informations disponibles. Dans la pratique, de nombreux problèmes peuvent affecter anormalement la réaction des cours, et donc fausser la mesure de la rentabilité anormale. Ces problèmes ont souvent trait à la liquidité des titres. Par exemple, l'irrégularité de la fréquence de cotation des titres pose le problème de choix de la méthode de lissage permettant de remplacer les cours absents par des cours théoriques. Certains chercheurs ne procèdent même pas au lissage des cours, car ils estiment qu'une absence de cotation signifie une absence d'information. Quelle que soit la méthode adoptée, si pendant la période d'événement une action n'est pas régulièrement cotée, son cours n'intégrera pas l'impact de l'événement.

L'autre exemple concerne les actions des sociétés nouvellement introduites sur un marché. Ces sociétés sont tenues, au début de leur vie boursière, par un contrat de liquidité, et les transactions sur leurs titres sont effectuées de manière à assurer une cotation permanente. Par conséquent, les cours, durant la période de validité du contrat de liquidité, ne réagissent pas d'une manière efficace aux événements puisque les transactions ne sont pas forcément fondées sur des informations.

Tous ces phénomènes peuvent affecter la rentabilité observée, et donc la rentabilité anormale d'un titre. L'incidence sur la rentabilité anormale moyenne va ainsi dépendre de la taille de l'échantillon. Plus la taille est faible, plus la rentabilité anormale moyenne est sensible à ces phénomènes. Le choix des titres constituant l'échantillon est donc déterminant lorsque la taille de ce dernier est faible.

Références

BALL C.A., TOROUS N.W., « Investigating Security-Price Performance in the Presence of Event-Date Uncertainty », *Journal of Financial Economics* (22, 1988), p. 123-154.

BALL R., BROWN P., « An Empirical Evaluation of Accounting Income Numbers », *Journal of Accounting Research* (6, 1968), p. 159-178.

BAR-YOSEF S., BROWN L.D., « A Re-Examination of Stock Splits Using Moving Betas », *Journal of Finance* (32, 1977), p. 1069-1080.

BRENNAN M.J., COPELAND T.E., « Beta Changes around Stock Splits : A Note », *Journal of Finance* (1988), p. 1009-1013.

BROWN S., WARNER J., « Measuring Security Price Performance », *Journal of Financial Economics* (8, 1980), p. 205-258.

BROWN S., WARNER J., « Using Daily Stock Returns : The Case of Event Studies », *Journal of Financial Economics* (14, 1985), p. 3-31.

CAMPBELL C.J., WASLEY C.E., « Measuring Security Price Performance Using Daily NASDAQ Returns », *Journal of Financial Economics* (33, 1993), p. 73-92.

CHAMBERLAIN G., ROTHSCHILD M., « Arbitrage and Mean Variance Analysis on Large Asset Markets », *Econometrica* (51, 1983), p. 1281-1304.

CHAREST G., « Split Information, Stock Returns, and Market Efficiency : Part I », *Journal of Financial Economics* (1978), p. 265-296.

CHEN N., ROLL R., ROSS S.A., « Economic Forces and the Stock Market », *Journal of Business* (59, 1986), p. 383-403.

CHRISTIE A., « On Information Arrival and Hypothesis Testing in Event Studies », *Working paper*, University of Rochester, Rochester, NY, 1983.

COLLINS D.W., DENT W.T., « A Comparison of Alternative Testing Models Used in Capital Market Research », *Journal of Accounting Research* (22, 1984), p. 48-84.

CONNER G., KORAJCZYK R.A., « Performance Measurement with the Arbitrage Tricing Theory : a New Framework for Analysis », *Journal of Financial Economics* (15, 1986), p. 373-394.

CONNER G., KORAJCZYK R.A., « Risk and Return in an Equilibrium APT : Application of a New Test Methodology », *Journal of Financial Economics* (21, 1988), p. 255-289.

CONNOLY R.A., MCMILLAN H., « Time Conditional Variances and Event Studies : The Case of Capital Structure Changes », Working Paper, Graduate School of Management, University of California, California, 1987.

CORRADO C.J., « A Nonparametric Test for Abnormal Security-Price Performance in Event Studies », *Journal of Financial Economics* (23, 1989), p. 385-395.

DIMSON E., MARSH P.R., « The Stability of UK Risk Measure and the Problem of Thin Trading », *Journal of Finance* (38, 1983), p. 753-783.

DIMSON E., « Risk Measurement when Shares are Subject to Infrequent Trading », *Journal of Financial Economics* (7, 1979), p. 197-226.

ECKBO B.E., MAKSIMOVIC V., WILLIAMS J., « Consistent Estimation of Cross-Sectional Models in Event Studies », *Review of Financial Studies* (3, 1990), p. 343-365.

FAMA E., MACBETH J.D., « Risk, Return, and Equilibrium : Empirical Tests », *Journal of Political Economy* (1973), p. 607-637.

FAMA E.F., FRENCH K.R., « The Cross-Section of Expected Stock Returns », *Journal of Finance* (47, 1992), p. 427-465.

FAMA E.F., FRENCH K.R., « Common Risk Factors in the Returns on Stocks and Bonds », *Journal of Financial Economics* (33, 1993), p. 3-56.

FAMA E., FISHER L., JENSEN M., ROLL R., « The Adjustment of Stock Prices to New Information », *International Economic Review* (10, 1969), p. 1-21.

GRAR A., « Incidence de la division d'actions et de l'attribution d'actions gratuites sur la valeur : une étude empirique sur le marché français », Thèse pour le doctorat de sciences de gestion, Université de Paris IX-Dauphine, 1994.

HACHETTE I., MAI H.M., « Le traitement des données manquantes pour la recherche en finance : le cas de la base de données AFFI-SBF », *Cahier du CEREG*, Université Paris-Dauphine, 1991.

HAMON J., JACQUILLAT B., *Le marché français des actions,* Paris, PUF, 1992.

HAMON J., « L'efficience des marchés boursiers : étude du marché parisien (1957-1971) », Thèse pour le doctorat d'Etat de sciences de gestion, Université de Rennes, 1986.

JAFFE J.F., « Special Information and Insider Trading », *Journal of Business* (47, 1974), p. 410-428.

LATANE H.A., JONES C.P., « Standardized Unexpected Earnings : 1971-1977 », *Journal of Finance* (34, 1979), p. 717-724.

LINTNER J., « The Valuation of Risk Assets and the Selection of Risk Investments in Stock Portfolios and Capital Budgets », *Review of Economics and Statistics* (47, 1965), p. 13-37.

MALATESTA P.H., THOMPSON R., « Partially Anticipated Events : a Model of Stock Price Reactions with an Application to Corporate Acquisitions », *Journal of Financial Economics* (14, 1985), p. 237-256.

MALATESTA P.H., « Measuring Abnormal Performance : the Event Parameter Approach using Joint Generalised Least Squares », *Journal of Financial and Quantitative Analysis* (21, 1986), p. 27-38.

MANDELKER G., « Risk and Return : the Case of Merging Firms », *Journal of Financial Economics* (1, 1974), p. 303-335.

MASULIS R.W., « The Effects of Capital Structure Changes on Security Prices : a Study of Exchange Offers », *Journal of Financial Economics* (8, 1980), p. 139-178.

PATELL J.M., « Corporate Forecasts of Earnings per Share and Stock Price Behaviour : Empirical Tests », *Journal of Accounting Research* (14, 1976), p. 246-276.

ROSS S.A., « The Arbitrage Theory of Capital Asset Pricing », *Journal of Economic Theory* (13, 1976), p. 341-368.

SCHIPPER K., THOMPSON R., « Evidence on the Capitalized Value of Merger Activity for Acquiring Firms », *Journal of Financial Economics* (11, 1983), p. 85-119.

SCHOLES M., WILLIAMS J., « Estimating Betas from Nonsynchronous Data », *Journal of Financial Economics* (5, 1977), p. 309-327.

SEFCIK S.E., THOMPSON R., « An Approach to Statistical Inference in Cross-Sectional Models with Security Abnormal Returns as Dependent Variable », *Journal of Accounting Research* (24, 1986), p. 316-334.

SHARPE W.F., « Capital Asset Prices : a Theory of Market Equilibrium Under Conditions of Risk », *Journal of Finance* (19, 1964), p. 425-442.

THOMPSON R., « Conditioning the Return-Generating Process on Firm-Specific Events : a Discussion of Event Study Methods », *Journal of Financial and Quantitative Analysis* (20, 1985), p. 151-168.

Mots clés

Attribution d'actions gratuites, division d'actions, efficience semi-forte, étude d'événement, événement, rentabilité anormale, risque spécifique, risque systématique, test statistique.

23

Finance et modélisation

Ivar Ekeland

L'utilisation de concepts et d'outils mathématiques est inextricablement liée à la finance. La plupart d'entre eux nous sont devenus tellement familiers que nous ne voyons plus leur contenu mathématique et que nous n'imaginons pas qu'ils ont pu être de véritables innovations, nécessitant un investissement intellectuel important. Au Moyen Age, par exemple, l'introduction de la comptabilité en partie double s'appuyait sur les travaux du moine franciscain Fra Luca di Borgo (Luca Pacioli, 1494) et exigeait une puissance de calcul considérable, compte tenu des moyens de l'époque. Aujourd'hui, les ordinateurs ont remplacé les bouliers, et les professeurs ont remplacé les clercs, mais la situation n'est peut-être pas fondamentalement différente. Dans quelques siècles, la théorie de l'arbitrage paraîtra peut-être aussi simple à nos descendants que la comptabilité en partie double l'est pour nous aujourd'hui.

Ceci dit, il est clair que nous vivons une période d'innovation, non seulement en finance mais aussi dans l'ensemble de la théorie économique. Ces innovations font peur, ou tout au moins inquiètent. Comment opère un modèle mathématique ? Quels sont les risques inhérents à son utilisation ? Chacune de ces questions est bien entendu spécifique à chaque modèle et à chaque utilisateur, mais il existe un cadre de discussion, des propriétés générales auxquelles on peut se référer. Le but de cet article est de fixer ce cadre et de donner ces propriétés, en attendant que la banalisation des nouveaux outils mathématiques soit devenue telle que la familiarité aura résolu les problèmes que pose aujourd'hui l'incompréhension.

1. Qu'est-ce que la modélisation ?

La notion de modèle mathématique nous vient directement de la physique. Depuis Galilée, une théorie physique est un diptyque qui met face à face une partie de la réalité observée et quelques relations mathématiques, celles-ci étant censées expliquer celle-là. C'est ainsi, par exemple, que Newton retrouve les mouvements des planètes à partir d'une seule équation, reliant l'accélération de la planète à sa masse et à sa distance au soleil. Depuis cette époque, les règles de la modélisation ont été affinées et éprouvées par plusieurs siècles d'expérience. Nous allons les exposer en nous appuyant sur un exemple célèbre, qui jouera sans doute le même rôle en finance que le modèle newtonien en astronomie : le modèle de Black et Scholes (1973).

La connaissance scientifique procède par théories. Comme nous venons de le dire, une théorie comporte toujours deux volets : l'objet et le modèle.

L'objet est un ensemble de phénomènes que l'on se propose d'étudier, isolé plus ou moins arbitrairement dans une réalité beaucoup plus vaste et plus complexe. De tout l'univers boursier, de cet immense champ clos où s'affrontent en permanence une multitude d'intérêts politiques, économiques et financiers, le modèle de Black et Scholes ne retient que trois éléments : une action, une option sur cette action et un compte au jour le jour[1]. Les actions réelles sont liées à des sociétés dont les performances sont évaluées régulièrement par des spécialistes ; elles paient des dividendes à leur détenteur et lui confèrent un droit de vote qu'il peut utiliser à son avantage. Il n'en est pas de même de l'action isolée ici : elle n'a pas de société émettrice, elle ne donne ni dividende ni droit de vote. Elle a simplement un cours. Mieux, elle se négocie sur un marché où les intermédiaires ne prennent pas de commission : toutes les transactions sont gratuites et instantanées. Quant au compte en banque, il est également idéalisé : le taux d'intérêt ne fluctue pas, et il est le même que l'on emprunte ou que l'on prête.

En réduisant ainsi la réalité, la théorie isole deux éléments, le cours de l'action et le taux d'intérêt au jour le jour, qui sont certes importants dans la détermination du prix de l'option, mais elle en néglige beaucoup d'autres, qui ne le sont peut-être pas moins : les coûts de transaction et la fluctuation des taux, mais aussi la liquidité du titre, le volume des transactions, les anticipations des opérateurs, la tendance du marché. Ce n'est qu'en tout dernier lieu, quand la théorie aura été entièrement construite, que l'on pourra la confronter à la réalité et vérifier que l'on n'a pas jeté le bébé avec l'eau du bain.

Le deuxième volet de la théorie est *le modèle* proprement dit. Il s'agit d'une collection de variables mathématiques liées par certaines relations constitutives. Ces relations sont des équations ou des inéquations de types très divers, et font en général intervenir des *paramètres,* c'est-à-dire des valeurs numériques qui sont à la disposition du modélisateur. Ainsi, dans le modèle de Black et Scholes, les variables S et t sont liées par une équation différentielle stochastique[2]:

$$dS = \mu S\ dt + \sigma S\ dW \qquad [1]$$

où μ et σ sont des paramètres, appelés respectivement tendance et volatilité. La théorie ne précise pas la valeur exacte qu'il faut assigner à μ et σ, et ne les relie pas à d'autres variables du modèle. L'identification des paramètres, c'est-à-dire le choix approprié des valeurs de μ et de σ, est un problème qui sera résolu plus tard par des méthodes statistiques.

1. Voir également dans cette ***Encyclopédie*** l'article de F. Quittard-Pinon, « Options : le modèle binomial, le modèle de Black et Scholes et leurs extensions », p. 1355, tome 2.

2. Peu importe ici ce qu'est exactement une équation différentielle stochastique ; pour suivre l'argument, il suffit de savoir qu'il s'agit d'un objet mathématique fonctionnant suivant des règles extrêmement précises.

La théorie consiste à représenter l'objet par le modèle, en identifiant les variables mathématiques aux données observées. De manière plus précise, la théorie affirme que les valeurs prises par les variables sont égales aux valeurs mesurées sur les données correspondantes. Ainsi, dans la théorie de Black et Scholes, la variable r représente le taux d'intérêt au jour le jour, la variable t représente le temps, et $S(t)$ représente le cours de l'action à l'instant t.

Si la théorie s'arrêtait là, la modélisation ne serait qu'une sorte de sténographie, une manière concise de noter un certain nombre de valeurs, et de s'y référer. Il est certes plus facile d'écrire « $S(0) = 117,13$ » que « le cours aujourd'hui à midi est de 117,13 F ». Mais on demande bien davantage : la théorie doit être *opératoire,* c'est-à-dire que l'objet doit se plier à la logique interne du modèle. Chaque fois que, par un travail proprement mathématique, on déduit de nouvelles relations, elles doivent être tout aussi réelles que les anciennes, c'est-à-dire que l'on doit pouvoir les vérifier sur le terrain. Chaque fois que l'on calcule de nouvelles valeurs des variables, on doit pouvoir les vérifier expérimentalement. En d'autres termes, le modèle doit avoir un pouvoir explicatif ou prédictif.

Dans le modèle de Black et Scholes, par exemple, la relation constitutive [1] exprime que le taux de rentabilité de l'action évolue de manière aléatoire, et précise exactement comment ce taux de rentabilité dépend du temps et du hasard. Si l'on spécifie $S(0)$, valeur de l'action à l'instant t, cette équation nous permet de calculer la distribution de probabilité de $S(T)$. La théorie affirme que cette distribution de probabilité, obtenue de manière purement mathématique, se trouvera être égale à la distribution de probabilité observée pour la valeur de l'action à l'instant T : les valeurs théoriques doivent coïncider avec les valeurs observées. C'est le pouvoir prédictif du modèle.

Mais on peut aussi obtenir de nouvelles relations. Ainsi, par un travail mathématique qui n'a rien d'évident, on arrive à démontrer que si l'équation [1] est vraie, alors il est possible, en investissant zéro franc à l'instant 0, de recueillir un franc à l'instant T, et ceci de manière certaine, c'est-à-dire sans que ce gain soit soumis à un quelconque aléa. L'analyse mathématique ne décèle qu'une seule exception : dans le cas très précis où le prix P de l'option se trouverait être égal à une certaine fonction $F(t,\ S,\ r)$ (également calculable), cette possibilité disparaît. Dans tous les cas où le prix de l'option est différent de $F(t,\ S,\ r)$, elle subsiste.

Bien évidemment, si l'on gagne un franc pour un investissement initial nul, en investissant cent ou mille fois plus (c'est-à-dire toujours zéro), on gagnera cent ou mille fois plus, c'est-à-dire que les possibilités de gain sont illimitées. Si l'on prend le modèle au sérieux, cela veut dire que, sans investissement initial et sans risque aucun, on peut gagner sur les marchés financiers autant d'argent que l'on veut, rien qu'en gérant judicieusement un portefeuille d'actions et d'options et en empruntant ou en plaçant de l'argent autant que de besoin. C'est justement en cela que consiste le génie de Black et Scholes : ils ont pris le modèle au sérieux. Comme on constate que dans les marchés réels de telles possibilités n'existent pas, la seule solution au dilemme ainsi créé est que l'on est toujours dans le cas exceptionnel du modèle, c'est-à-dire que le prix de l'option est en permanence égal à $F(t,\ S,\ r)$: c'est la fameuse formule de Black et Scholes.

Cette formule n'est donc pas posée au départ : c'est une déduction mathématique de la relation constitutive [1], ou, si l'on préfère, une conséquence logique de celle-ci. Ce n'est pas pour autant que les prix constatés sur les marchés devraient s'y conformer. Dire qu'ils le font, c'est dire que l'objet se plie au modèle, c'est dire que la théorie est bonne. Cette conformité est un état de fait, et non une nécessité, elle ne peut que faire l'objet d'une constatation et non d'une démonstration. Cette constatation interviendra en dernier : c'est la validation du modèle. Une fois qu'elle sera intervenue, nous pourrons nous appuyer sur la théorie de Black et Scholes, qui revêt dès lors un pouvoir prédictif. Mais elle ne se contente pas de calculer le prix de l'option, elle nous dit comment il est formé : c'est un prix d'arbitrage et non un prix d'équilibre. On comprend ainsi, par exemple, pourquoi le prix de l'option ne dépend pas de la tendance du cours (μ n'intervient pas dans la formule de Black et Scholes). Au-delà du pouvoir prédictif, la théorie a un pouvoir explicatif.

Le caractère opératoire de la théorie impose des exigences supplémentaires. Il faut d'abord que le modèle adopté soit suffisamment riche du point de vue mathématique pour que l'on puisse faire des déductions et des calculs intéressants. Mais il ne faut pas non plus qu'il soit trop compliqué pour que l'on puisse faire les calculs correspondants, faute de quoi il devient en pratique inopérant. La limite est atteinte beaucoup plus vite qu'on ne le croit en général. Il est par exemple très facile de modifier la relation constitutive [1] de Black et Scholes pour mieux l'adapter à l'évolution observée du cours, ou aux variations de la courbe des taux. On s'aperçoit alors que l'on est vraiment sur le fil du rasoir : sauf très rares exceptions, ces modifications ne conduisent pas, comme on aurait pu s'y attendre, à des améliorations de la formule de Black et Scholes : elles la font tout simplement disparaître, sans rien mettre à la place. En d'autres termes, dans ces modèles perfectionnés, on ne dispose plus de formule explicite donnant le prix de l'option en fonction du cours de l'action, du temps et de quelques autres variables. Reste toutefois la possibilité de calculer ce prix par d'autres méthodes, avec l'aide d'un ordinateur. Mais ces méthodes se révèlent infiniment plus lourdes à manier, et leur mise en œuvre réclame une grande expertise technique (analyse numérique et informatique) ainsi qu'un matériel performant (station de travail, voire super calculateur). Même à ce prix, on ne peut pas compliquer le modèle indéfiniment ; au-delà de quatre aléas simultanés, les méthodes numériques les plus performantes rencontrent leurs limites.

Une fois que l'objet a été isolé et que le modèle a été adopté, il reste, pour constituer complètement la théorie, une dernière étape, aussi exigeante que les précédentes : c'est l'*ajustement des paramètres* et la *validation globale* du modèle.

Le lecteur se rappelle sans doute que lors de la spécification du modèle, nous avions laissé libres certaines valeurs numériques, nous réservant le soin de les déterminer plus tard : c'est ce qu'on appelle des paramètres. Le moment est maintenant venu de fixer les valeurs de ces paramètres. Elles doivent être réglées de manière à obtenir le meilleur accord possible entre les prévisions du modèle et les données observées. Si l'on arrive de cette manière à obtenir un accord, sinon parfait, du moins satisfaisant, on considérera que la théorie est validée, et on pourra se servir du modèle. Sinon, si l'on n'arrive pas à rapprocher les valeurs calculées des valeurs observées, on devra rejeter la théorie en l'état et chercher si, en élargissant l'objet, c'est-à-dire en tenant compte d'autres phénomènes, ou en changeant le modèle, c'est-à-dire en introduisant d'autres relations constitutives, on ne peut pas construire une théorie plus acceptable.

De ce point de vue, une théorie ressemble à un piano. Bon ou mauvais, un piano doit être accordé. Pour ce faire, l'accordeur peut agir sur la tension des cordes (les valeurs des paramètres). Il doit régler le la de l'octave de base sur la fréquence du diapason, et toutes les autres notes en conséquence. C'est un travail long et délicat, qui n'est pas à la portée du premier venu. Quelquefois, on n'y arrive pas : certains pianos ne peuvent pas être accordés. Ceux-là, il faut les jeter, ou s'en servir pour autre chose que pour faire de la musique.

Dans le modèle de Black et Scholes, par exemple, il y a deux paramètres : la tendance μ et la volatilité σ. L'un des résultats de l'analyse mathématique est que la tendance ne sert à rien (μ n'intervient pas dans la formule de Black et Scholes) : il est donc inutile de se préoccuper de sa valeur. Par contre, la détermination de la volatilité est un problème considérable, qui soulève une multitude de questions intéressantes. Tout d'abord, le modèle nous offre deux possibilités. On peut observer sur le marché le prix P de l'option, le cours S de l'action et le taux d'intérêt r, puis en déduire la valeur de σ en inversant la formule de Black et Scholes : c'est ce qu'on appelle la volatilité implicite. On peut aussi observer les variations du cours de l'action sur les trois derniers mois, voir si cela ressemble aux trajectoires du processus décrit par l'équation [1], et si tel est le cas chercher la valeur la plus probable de σ : c'est ce qu'on appelle la volatilité historique. On a donc deux manières de fixer la valeur du paramètre : donnent-elles le même résultat ? Sinon, laquelle privilégier ?

D'une manière générale, l'ajustement (on dit aussi l'*identification* ou le *calage*) des paramètres et la validation du modèle se font par des méthodes statistiques. Cela peut représenter un travail considérable ; dans les instruments actuellement en usage pour évaluer les options, il entre autant d'ingéniosité et de calculs dans l'identification des paramètres que dans la conception du modèle. Mais si on arrive à le faire, on est en possession de cet outil extraordinaire (mais rare) : une théorie complète, testée et validée. Grâce au calcul, le modèle permet de prédire les phénomènes et d'expliquer ce qui se passe. Grâce aux statistiques, les observations permettent d'ajuster les paramètres et de perfectionner le modèle. Il y a là un va-et-vient permanent entre l'objet et le modèle, une sorte de boucle permettant de contrôler la théorie en permanence :

Une théorie est satisfaisante si cette boucle fonctionne bien, c'est-à-dire si les prédictions du modèle sont conformes aux observations (aux erreurs statistiques près) et si les valeurs attribuées aux paramètres ne sont pas sujettes à des réajustements importants ou fréquents.

Ceci nous conduit à une dernière idée, sur laquelle nous terminerons : *la validité d'un modèle dépend de l'usage que l'on en fait.* Il n'y a pas de théorie générale, valable pour tous en toute circonstance. Il n'y a que des théories partielles, ayant chacune leur domaine de validité (leur objet) dont l'utilisateur doit être très conscient : s'il quitte le domaine, il doit changer de théorie. Le modèle de Black et Scholes, par exemple, suppose que le cours varie continûment et que l'on peut à chaque instant acheter ou vendre à ce cours. En temps normal, pour les petits investisseurs au moins, c'est une bonne approximation de la réalité, mais en situation de panique boursière ce n'est plus du tout le cas. Comme tout le monde veut vendre en même temps, les transactions deviennent impossibles par manque d'acheteurs, et le cours s'effondre jusqu'à atteindre un niveau tellement bas que les vendeurs se raréfient et que les acheteurs réapparaissent. Il n'y a donc pas lieu de s'étonner que le prix des options en pareille circonstance ne soit plus donné par la formule de Black et Scholes.

2. Les outils mathématiques de la modélisation en finance

Nous ne parlerons pas ici des techniques mathématiques de base, comme le calcul différentiel et intégral, la théorie des probabilités et des processus, les équations différentielles, ordinaires, aux dérivées partielles ou stochastiques. Nous ne parlerons pas non plus de statistique, bien que l'analyse statistique soit cruciale dans la validation et l'utilisation d'un modèle mathématique, et que la mise au point de techniques statistiques adaptées soit un des problèmes fondamentaux de toute théorie. Nous nous bornerons à décrire les quelques concepts fondamentaux sur lesquels repose à l'heure actuelle la modélisation en matière économique ou financière, et qui font son originalité.

Le concept central, celui dont dérivent tous les autres, est celui d'optimisation. Le décideur connaît *a priori* l'ensemble de toutes les décisions possibles, D, et sait attribuer à chacune d'elles une note chiffrée, $u(d)$. La fonction u, dite fonction d'utilité, résume ses préférences : si $u(d) \geq u(\delta)$, c'est qu'il préfère d à δ. Le problème est alors de trouver, parmi toutes les décisions possibles, la meilleure, c'est-à-dire de trouver dans l'ensemble D le point d qui maximise la fonction u :

$$u(d) \geq u(\delta) \text{ pour tout } \delta \text{ appartenant à } D$$

Le problème général de la décision se trouve ainsi ramené à un problème mathématique d'un type particulier, celui de trouver dans un ensemble donné le (ou les) point(s) qui maximise(nt) une fonction donnée : c'est ce qu'on appelle un problème d'optimisation. Il y a de nombreuses variantes de ce schéma de base. Ce n'est pas en général la décision elle-même qui est évaluée, mais ses conséquences, et il faut donc que le modèle relie l'une aux autres par l'intermédiaire d'équations supplémentaires. L'incertitude sur l'avenir se traduira par l'introduction du hasard : le problème d'optimisation devient alors stochastique. Le décideur peut être confronté, non pas à une décision ponctuelle, mais à une succession de décisions instantanées, dont l'enchaînement au cours du temps déterminera une trajectoire qui ne pourra être appréciée que globalement. On parle alors de contrôle optimal, et non plus d'optimisation. Enfin, il peut y avoir, non pas un, mais plusieurs décideurs, dont les intérêts peuvent diverger, qui peuvent même être en conflit ouvert, et dont certains sont mieux informés que d'autres. Dans un ouvrage célèbre, Morgenstern et von Neumann (1942) ont été les premiers à analyser cette situation, qu'ils ont baptisée du nom de jeu, et à en faire le prototype du comportement de l'homme en société. La théorie des jeux est aujourd'hui un élément essentiel de notre compréhension des phénomènes économiques et sociaux. Reprenons ces notions l'une après l'autre, en tâchant de montrer leur enchaînement logique et chronologique.

2.1. L'optimisation

L'optimisation commence dans les années 1850, pour répondre aux besoins de gestion de la production industrielle dans des économies en pleine expansion. Son premier grand succès est la programmation linéaire (maximiser une fonction linéaire sous des contraintes linéaires), qui rassemble une vaste classe de problèmes d'optimisation, en fait une théorie complète, et dispose d'un algorithme efficace de résolution, l'algorithme du simplexe. Cette théorie s'étend naturellement à la programmation convexe (maximiser une fonction concave sur un domaine convexe), qui est devenue un des outils de base de la micro-économie. Bien entendu, les progrès des matériels informatiques, en puissance de calcul et en convivialité, ainsi que la découverte d'algorithmes très performants (notamment les algorithmes intérieurs en programmation linéaire) ont complètement renouvelé toutes ces questions, en rendant désormais possible la résolution de problèmes que leur taille aurait rendus inaccessibles il y a seulement dix ans.

2.2. Le contrôle optimal

Vient ensuite la théorie du contrôle optimal. Elle concerne des problèmes d'optimisation dynamique, c'est-à-dire que les décisions sont à prendre à chaque instant, et non pas une fois pour toutes. La difficulté est que la décision prise aujourd'hui détermine l'état du système demain, et conditionne donc les possibilités de choix ouvertes à ce moment-là. En d'autres termes, il faut arriver à concilier le court terme et le long terme, à rafler les gains immédiats sans compromettre l'avenir.

Un problème de contrôle optimal typique se présente sous la forme d'une équation différentielle faisant dépendre l'état du processus d'une variable de contrôle, laissée à la disposition du décideur. Celui-ci doit déterminer sa valeur à chaque instant t, de manière à maximiser un certain critère, qui sera par exemple une valeur constatée à un instant final T convenu à l'avance. Pour corser le tout, on introduira volontiers un élément d'aléa dans l'équation d'évolution, et l'état du système pourra n'être qu'imparfaitement observé. La résolution de ces problèmes se ramène à certaines équations aux dérivées partielles dont on cherche des solutions particulières, dites « de viscosité ». Des algorithmes de calcul performants ont été développés, et permettent de résoudre numériquement ces équations tant que leur dimension (c'est-à-dire essentiellement le nombre d'aléas considérés) n'est pas trop grande. Sur ces questions, l'école française de mathématiques appliquées, autour de Lions, fait autorité.

2.3. La notion de risque

La notion de risque s'exprime commodément dans le cadre de tels modèles. On traduira l'aversion pour le risque d'un agent en lui attribuant une fonction d'utilité concave :

$$u(S) \geq pu(S') + (1-p)\, u(S'') \quad \text{si} \quad 0 \leq p \leq 1 \quad \text{et} \quad pS' + (1-p)\, S'' = S$$

ce qui exprime que l'agent préfère avoir une somme S immédiatement et sûrement que de participer à une loterie où l'espérance de gain est S. Si en outre on lui attribue une fonction d'utilité quadratique, $u(s) = as^2$, et si le gain S est aléatoire, on aura[3] :

$$E(u(S)) - u(E(S)) = a \text{ var } (S)$$

ce qui donne la variance de S comme mesure du risque apprécié par l'agent. Cette équivalence entre la variance et le risque permet de traiter des problèmes de gestion où il faut trouver un compromis entre l'espérance de gain et le risque associé. On les traduit par des problèmes d'optimisation du type suivant, que l'on rencontre notamment en gestion de portefeuille (modèle de Markowitz) :

$$\text{maximiser} \sum_{i=1}^{n} x_i r^i$$

$$\sum_{i=1}^{n} x_i p^i \leq W$$

$$\sum_{i,\ j=1}^{n} x_i x_j \sigma^{ij} \leq R$$

où W désigne la valeur du portefeuille, x^i le montant investi dans l'action i et r^i le rendement espéré de celle-ci, et R le niveau maximum de risque accepté[4].

2.4. Le principe d'absence d'occasion d'arbitrage

Si l'on se penche sur un tel problème, on est immédiatement conduit à une conclusion d'apparence paradoxale : s'il existe une décision dont l'espérance de gain est positive, la variance nulle et le coût nul (un portefeuille sans risque de rendement positif et de prix nul), il n'y a pas de solution optimale, en ce sens que le gain potentiel est illimité. En d'autres termes, s'il y a une possibilité d'arbitrage sur le marché, on peut gagner autant d'argent que l'on veut, sans investir ni prendre de risque. Pour éviter ce paradoxe, on est donc conduit au principe d'absence d'occasion d'arbitrage (en abrégé AOA) qui se traduit mathématiquement par l'hypothèse que, dans les problèmes d'optimisation du type précédent, il n'y a pas de décision d'espérance de gain positive, de variance nulle et de coût nul.

Le principe d'absence d'occasion d'arbitrage est à la base de toute l'évaluation des produits dérivés, et notamment du modèle de Black et Scholes. Il apparaît ici logiquement comme un produit de la théorie de l'optimisation, et cette parenté se retrouve jusque dans le détail des techniques employées. On montre par exemple que le prix des produits dérivés, évalué par AOA, est la solution d'un certain problème de contrôle optimal, à condition de rem-

3. E désignant l'espérance mathématique.

4. Voir également dans cette ***Encyclopédie*** l'article de T. Granger, « Axiomatique des choix dans l'incertain », p. 186, tome 1.

placer la probabilité « réelle » ou « historique » sur les événements par une autre probabilité, dite « neutre au risque »[5].

2.5. L'équilibre de Nash

Il est évidemment tentant de replacer la finance dans le cadre général de l'économie. Les marchés financiers ne sont que des marchés parmi d'autres, et l'industrie financière doit être située dans l'ensemble de l'activité économique. On est donc inévitablement poussé vers le modèle de l'équilibre général de Debreu, modifié par Arrow et Radner pour y incorporer les titres financiers.

Malheureusement, l'équilibre à la Arrow-Debreu postule un comportement non stratégique vis-à-vis des prix. Producteurs et consommateurs subissent les prix, sans pouvoir les influencer ou sans vouloir le faire, et n'ont pas besoin de les anticiper puisque les marchés sont complets, y compris les marchés intertemporels : ils peuvent s'assurer aujourd'hui contre toutes les éventualités futures. D'où un effort considérable de la théorie économique depuis vingt ans pour intégrer les comportements stratégiques, la manipulation de l'information et les anticipations des acteurs dans le modèle de l'équilibre général. La modélisation financière fait très largement appel aux concepts qui ont été élaborés à cet effet, et donc en dernière analyse aux progrès de la théorie des jeux.

Pour bien comprendre ce dont il s'agit, reprenons le problème de la décision, tel qu'il a été posé par von Neumann et Morgenstern. Mais cette fois, nous avons plusieurs décideurs, n par exemple, et chacun d'eux a un ensemble de décisions qui lui est propre, $D_1, \ldots, D_n$. Une fois que tous ont pris leur décision, $d_1, \ldots, d_n$, il en résulte une situation globale, fonction des n décisions individuelles, qui est appréciée différemment par chacun d'eux. Ceci se traduit par l'existence de n fonctions d'utilité distinctes, $u_i(d_1, \ldots, d_n)$, une par décideur. Il importe de bien comprendre que l'utilité de chacun dépend, non seulement de sa décision à lui (qu'il contrôle), mais aussi de celles des autres (qu'il ne contrôle pas).

Pour chacun des décideurs, pris individuellement, la notion de meilleure décision n'a plus de sens. Il n'y a de bonne ou de mauvaise décision que compte tenu de ce qu'ont fait les autres, ce qui fait dépendre le problème de la décision d'une anticipation correcte des choix d'autrui. Un équilibre non coopératif est une collection de décisions (une par joueur) qui a la propriété d'être autoréalisatrice, en ce sens que si chacun des joueurs pense que les autres se comporteront de cette manière, il sera lui-même conduit, par souci égoïste de son propre intérêt, à se comporter de cette manière. Cette notion est due au mathématicien Nash (1950, 1953) qui lui a donné la formulation mathématique suivante : une collection $(d_1, \ldots, d_n)$ est un *équilibre* si

$$u_i(d_1, \ldots, d_{i-1}, d_i, d_{i+1}, \ldots, d_n) \geq u_i(d_1, \ldots, d_{i-1}, \delta_i, d_{i+1}, \ldots, d_n)$$

pour tout agent i et toute décision δ_i appartenant à D_i.

---

5. Voir dans cette ***Encyclopédie*** les articles de M. Jeanblanc-Picqué et R.A. Dana, « Arbitrage et équilibre en temps continu », p. 86, tome 1, de P. Roger, « Processus stochastiques, calcul stochastique et optimisation dynamique », p. 1556, tome 2, de J.C. Rochet, « Arbitrage et équilibre dans les modèles discrets », p. 64, tome 1 et de E. Jouini, « Arbitrage et imperfections de marché », p. 112, tome 1.

Toutes les analyses du comportement stratégique des agents se font aujourd'hui en modélisant la situation par un jeu et en cherchant son ou ses équilibres. Dans la formulation de ces modèles, les asymétries d'information jouent un rôle crucial. On en distingue aujourd'hui deux types, liés plus spécifiquement à un contrat entre deux personnes : l'aléa moral (ou action cachée : l'issue du contrat dépend du comportement de l'un des contractants, inobservable par l'autre, après sa signature) et l'antisélection (ou information cachée : l'issue du contrat dépend d'une information dont l'un des contractants – mais pas l'autre – dispose dès avant la signature). Qu'il s'agisse de justifier la marge acheteur-vendeur sur les marchés financiers, ou d'étudier le mode de contrôle des entreprises privées ou publiques par leurs actionnaires ou par l'Etat, ce sont ces concepts qui servent de base à la modélisation[6].

2.6. *Les anticipations rationnelles*

Dans les modèles de marché, on rencontre un autre type d'anticipation, où l'incertitude porte sur l'avenir et non plus sur le comportement d'autrui. A chaque période, les agents prennent leurs décisions en fonction de ce qu'ils pensent que seront les prix demain (s'ils sont acheteurs et s'ils pensent que le prix va monter, ils auront tendance à emprunter pour acheter aujourd'hui). On tombe là sur une forme de déterminisme qui n'est pas celui des sciences physiques : ce qui se passe aujourd'hui est fonction de l'expérience passée, certes, mais aussi de ce que l'on pense (peut-être à tort) qu'il se passera demain.

Cette idée remet en cause bien des idées reçues sur l'utilisation des modèles économétriques. Il ne sert à rien d'estimer des paramètres qui résultent en fait de l'agrégation de comportements individuels si ces comportements sont susceptibles de changer du seul fait que les agents modifient leurs anticipations sur l'avenir. Comme l'a fait remarquer Lucas, dans une série d'articles célèbres (1972, 1973), un changement de politique économique, s'il est crédible, peut modifier ces comportements, et donc faire bouger des paramètres qui avaient été tenus pour fixes. Il peut même suffire de rendre publiques certaines prévisions pour que les agents modifient leurs anticipations et sapent les bases sur lesquelles ces prévisions ont été faites : le modèle est alors autodestructeur.

La question est de savoir si certaines anticipations peuvent être autoréalisatrices. Si certaines prévisions d'évolution des prix sont généralement acceptées, qu'elles résultent d'un consensus de marché ou d'une politique gouvernementale, et si chaque opérateur s'en sert à son propre profit, s'ensuivra-t-il nécessairement que ces prévisions seront confirmées par l'expérience ? C'est ce qu'on appelle un équilibre en anticipations rationnelles ; cette notion est dorénavant un des outils de base pour l'étude des marchés intertemporels.

2.7. *Les systèmes dynamiques*

Mentionnons pour terminer toute une classe d'outils mathématiques qui ont fait leur apparition tant dans les salles de marchés que dans les publications universitaires. Il s'agit des systèmes dynamiques (le chaos déterministe) et de la simulation informatique du fonctionnement des marchés, avec les réseaux neuronaux quelque part à mi-chemin. Je n'en parlerai pas, en dépit de leur

---

6. Voir dans cette ***Encyclopédie*** l'article de P.A. Chiappori, « Information asymétrique et analyse du risque », p. 628, tome 1.

intérêt, parce que dans l'état actuel de la science ils ressortent plus de méthodes statistiques ou expérimentales que de modélisation mathématique. Un réseau neuronal, par exemple, cherche à reconnaître des formes et non à expliquer comment elles se forment[7]. Reconnaître dans l'évolution des cours de la bourse l'action d'un système déterministe de dimension sept ou huit est une prouesse statistique qui pose plus de problèmes qu'elle n'en résout, tant que l'on n'aura pas identifié le système sous-jacent.

Une exception doit toutefois être faite pour la simulation des marchés. En postulant quelques règles simples pour le comportement des opérateurs, et en leur laissant la possibilité d'adapter leurs règles à la réalité qu'ils observent, on arrive à simuler sur ordinateur des marchés financiers qui ressemblent beaucoup aux marchés réels. Cette approche « expérimentale » des phénomènes d'apprentissage, inspirée de la physique, se révélera peut-être très fructueuse dans l'avenir. Mais pour l'instant, il est encore trop tôt pour qu'elle ait eu un véritable impact sur la théorie financière.

3. Limites et perspectives

Maintenant que nous avons passé en revue les principaux outils mathématiques utilisés dans la modélisation financière, nous pouvons nous demander si les résultats sont à la hauteur des ambitions que nous nous sommes proposées dans la première section de cet article. Il semble bien que non. Pour une théorie complète, comme celle de Black et Scholes, dotée d'un objet à peu près réaliste, et de conclusions testées empiriquement et statistiquement, combien y a-t-il de théories qui sont comme suspendues en l'air, parce que l'objet qu'elles se proposent est par trop différent de la réalité, et leurs conclusions sont difficiles à tester. Et même dans le cas de Black et Scholes, on ne pourra jamais espérer la précision et l'efficacité surnaturelles des sciences physiques. Comme le relève un physicien célèbre (Feynman, 1985), l'électrodynamique quantique donne pour le moment magnétique de l'électron une valeur théorique qui ne diffère de la valeur observée que d'un facteur 10^{-10}. C'est comme si on pouvait donner la distance Paris-New York à une épaisseur de cheveu près. Ce n'est pas du tout l'ordre de précision de la formule de Black et Scholes, sans même parler du reste de la théorie économique et financière.

Il y a là un paradoxe. L'étude du comportement humain devrait être plus accessible que l'étude des phénomènes naturels, pour la simple raison que le premier a une intentionnalité que les autres n'ont pas, et qui devrait nous être directement accessible. S'il y a le feu dans une pièce et que les occupants se précipitent vers la sortie, c'est qu'ils veulent effectivement sortir ; mais quand on dit que la fumée s'échappe de la pièce, ce n'est qu'une façon de parler. La raison pour laquelle les particules de suie passent d'un endroit à l'autre ne nous est pas immédiatement apparente, même si une analyse ultérieure est susceptible d'en découvrir, alors qu'il n'y a pas besoin de s'interroger longtemps pour savoir pourquoi quelqu'un veut quitter une pièce en feu. Et pourtant, nous en savons finalement beaucoup plus sur la diffusion de la fumée que sur les paniques collectives. Tout se passe comme si la nature était plus rationnelle que l'homme.

---

7. Voir dans cette ***Encyclopédie*** l'article de E. de Bodt, M. Cottrell et M. Levasseur, « Réseaux de neurones en finance », p. 1661, tome 2.

Les raisons de ce paradoxe ont été beaucoup analysées. La première, et la plus évidente, tient à la difficulté de mesurer. Il a fallu attendre le XVIIIe siècle pour que l'on arrive à mesurer la température, et c'est ce qui a permis de jeter les fondements de la thermodynamique. Par contre, on ne sait toujours pas mesurer les sentiments (peur, plaisir, douleur), ni même certaines sensations : le goût, par exemple, combine le sucré, le salé, l'amer et l'acide, sans que l'on n'ait jamais conçu d'échelle chiffrée. Les déterminants du comportement humain, tels que nous les percevons immédiatement, ne sont donc pas chiffrables, ce qui rend problématique la construction d'un modèle mathématique qui intègre ce comportement.

Il faut ici remarquer que la finance est favorisée. Comme son objet est principalement l'étude des flux monétaires et qu'il n'y a rien de plus facile à mesurer que l'argent, le problème ne se pose pas avec autant d'acuité que dans d'autres disciplines. Certes, même en matière monétaire, il y a des problèmes de conversion et de comparaison. Mais il est plus facile de chiffrer la valeur aujourd'hui en franc d'un cruzeiro brésilien de 1986 que le pouvoir exercé par un directeur au sein de son entreprise.

Ceci dit, je ne pense pas que ce soit là la principale difficulté. La théorie économique nous a montré comment passer des préférences exprimées par les individus à des fonctions d'utilité. On dispose donc dès maintenant d'un modèle mathématique du comportement individuel ; il a ses limites, qui reculent d'ailleurs d'année en année, mais son existence même montre que l'obstacle de la mesure peut être tourné. La principale difficulté est plus profonde. Pourquoi les gens font-ils ce qu'ils font ? Comment les décisions sont-elles prises ?

Les outils mathématiques que nous avons décrits préjugent une réponse à ces questions : les gens font ce qu'ils préfèrent, en tenant compte des contraintes auxquelles ils sont soumis et des décisions d'autrui, qu'ils sont donc amenés à anticiper. Les décisions sont prises suivant le critère d'optimalité : on maximise la fonction d'utilité. C'est ce schéma qu'il s'agit de modifier, et pour cela deux voies s'ouvrent à nous. On peut juger que ce critère est beaucoup trop exigeant, et que, dans la pratique, les décideurs n'ont ni le temps ni l'information nécessaires pour optimiser quoi que ce soit. On peut, au contraire, estimer que les gens sont beaucoup plus malins que nous ne le pensons et qu'ils ont un comportement stratégique vis-à-vis de la théorie elle-même. Nous allons indiquer ces deux voies successivement.

3.1. La rationalité limitée

La première a été ouverte par Herbert Simon (1945, 1969, 1983) qui propose de remplacer le concept d'optimisation par celui de *satisficing,* que nous traduirons ici par « satisfaction ». Le décideur serait soumis à trop de contraintes et aurait une information trop limitée pour se permettre de rechercher en toute circonstance la meilleure décision concevable. Son objectif est beaucoup plus limité : il cherche une décision satisfaisante, et dès qu'il en a trouvé une, il l'adopte et passe au problème suivant[8]. Ce qui nous intéresse ici est de savoir

8. Pour une présentation et une discussion des conceptions de Simon, voir dans l'***Encyclopédie de gestion*** l'article de O. Favereau, « Rationalité ».

si elles remettent en cause la possibilité de modéliser le comportement humain, notamment en sciences de gestion.

Bien évidemment non, Simon lui-même étant l'auteur d'un livre intitulé *Models of Man* (1957). De fait, la frontière entre la satisfaction et l'optimisation est loin d'être nette, et il y a un certain nombre de manières de glisser insensiblement de l'une à l'autre. On peut, par exemple, faire intervenir explicitement la contrainte de temps dans le modèle : le décideur n'a qu'un temps limité et un certain nombre de problèmes à résoudre. Il doit allouer son temps entre les divers problèmes, sachant que plus il consacre de temps à l'un d'eux, plus la solution trouvée se rapprochera de l'optimum. On voit bien le rôle de la contrainte de temps en examinant les deux situations limites. D'une part, si le temps disponible est infini, le décideur peut se permettre de consacrer un temps infini à chaque problème et de le résoudre complètement : c'est une logique d'optimisation. D'autre part, si le temps disponible est très bref, le décideur a à peine le temps de prendre connaissance de chaque problème, et fait la première chose qui lui passe par la tête : c'est une logique de satisfaction. Dans les situations intermédiaires, on retrouve un problème d'optimisation, où il s'agit de savoir non pas quelles décisions prendre dans chaque cas, mais combien de temps consacrer à chaque problème.

Il y a d'autres manières de passer de l'optimisation à la satisfaction. On peut, par exemple, faire intervenir non plus la contrainte de temps, mais la contrainte de complexité : notre mémoire est limitée, nous ne pouvons pas raisonner sur trente-six choses à la fois, et nous ne pouvons ni comprendre ni expliquer des stratégies trop complexes. On peut modéliser cette situation par un automate (une machine informatique abstraite) dont la mémoire et la capacité de calcul sont limitées *a priori,* et chercher, non plus la décision optimale dans l'absolu, mais la meilleure décision que puisse trouver l'automate, compte tenu de ses limitations. Là encore, en augmentant la mémoire et la capacité de calcul, on passera continûment de la satisfaction à l'optimisation, toutes les situations intermédiaires relevant d'un autre problème d'optimisation, portant non plus sur la décision elle-même, mais sur la procédure. On peut bien sûr arguer que l'on ne fait que remplacer un problème d'optimisation par un autre, et qu'il n'y a aucune raison que le nouveau soit plus simple que l'ancien ; mais il reste que l'optimisation n'est pas sans prise sur la satisfaction.

3.2. Les paradoxes de la rationalité

La deuxième voie part dans la direction opposée : la difficulté de construire des théories efficaces vient non pas des limitations inhérentes aux procédures de décision, mais au contraire de ce que l'on n'a pas assez tenu compte de la rationalité des acteurs. On a déjà vu que les décisions que je prends aujourd'hui dépendent non seulement de ce qui s'est passé hier, mais de ce que je pense qu'il se passera demain. C'est toute la théorie des anticipations rationnelles, qui introduit un type de causalité différent de celui qui prévaut en physique, où ce qui se passe aujourd'hui ne dépend que de ce qui s'est passé hier. Mais il y a mieux. En physique, il n'y a pas d'interaction entre le modèle et l'objet ; peu importe aux planètes qu'un savant anglais ait publié un livre expliquant leur mouvement par une relation mathématique. Par contre, l'acteur sait qu'on l'étudie, et le résultat de l'étude n'est pas neutre pour lui ; il peut donc avoir un comportement stratégique vis-à-vis de la théorie.

Ce risque se situe d'abord au moment où l'on recueille les informations : l'acteur peut mentir à l'enquêteur, consciemment ou inconsciemment. Un cas célèbre est celui de l'anthropologue Margaret Mead, dont les résultats sur la vie des indigènes de Samoa sont aujourd'hui fort contestés, certains de ses informateurs déclarant maintenant l'avoir délibérément trompée. Mais il intervient aussi au moment où la théorie est constituée : l'acteur, apprenant celle-ci, peut modifier son comportement pour en tirer avantage. C'est ce phénomène que Lucas a mis en évidence à propos des modèles macro-économiques, et un financier est bien placé pour le comprendre. Qu'est-ce que le bilan d'une entreprise sinon un modèle de son activité annuelle ? Mais chacun sait que l'entreprise n'est pas neutre par rapport à ce modèle. La présentation du bilan est une activité stratégique qui influe en retour sur les perceptions des autres acteurs. Le bilan fait donc l'objet de manipulations savantes, de manière à ce que l'entreprise apparaisse sous le jour le plus favorable[9]. Inversement, on peut tenir compte *a priori* de ces possibilités de manipulation et étudier la comptabilité dans le cadre général des problèmes d'agence que nous avons présentés au paragraphe précédent.

En sciences humaines, le modèle n'est pas neutre, et influence les comportements qu'il est censé décrire. Il ne s'agit plus de savoir, comme en sciences physiques, si le modèle est vrai tant que les acteurs n'en ont pas conscience, mais s'il le reste lorsqu'il est révélé et que chacun peut s'en servir pour calculer le comportement d'autrui et en tirer un avantage personnel. En d'autres termes, la croyance au modèle ne va-t-elle pas en fin de compte l'invalider, en ouvrant une course aux anticipations qui déstabilisera la situation qu'il prétendait décrire ? On ne peut répondre à cette question qu'en construisant un métamodèle qui mettra en présence le modèle et les acteurs, et en cherchant à déterminer si les conditions d'un équilibre sont réunies.

3.3. Perspectives

La situation est donc tout à fait différente de celle qui prévaut dans les sciences physiques. A la base, on trouve non pas ces êtres mathématiques que sont les particules élémentaires, mais des processus de décision dont il n'est pas sûr qu'ils soient formalisables ou même rationnels, et au faîte on trouve, non pas des lois éternelles, mais des théories qui portent en elles le germe de leur propre destruction. On n'atteindra pas, du moins dans un avenir prévisible, la précision dans le détail et la cohérence globale qui sont pour l'instant l'apanage des sciences physiques.

Ceci n'est pas un constat d'échec. En dépit de toutes les difficultés que nous avons soulevées, on assiste à une véritable floraison de la modélisation mathématique en économie et en finance. Elle se traduit non seulement par des avancées théoriques, comme la théorie de l'équilibre général qui sert aujourd'hui de référence à toute la pensée économique, mais aussi par des progrès technologiques, dont la formule de Black et Scholes est le plus bel exemple. On a même vu apparaître un nouveau métier, l'ingénierie financière, chargée de traduire en progrès technologiques les avancées théoriques, tout

---

9. Voir dans l'***Encyclopédie de gestion*** l'article de B. Raybaud-Turrillo et R. Teller, « Comptabilité créative » et celui de J.F. Casta, « La comptabilité et ses utilisateurs ».

comme l'ingénieur classique met au service de la production industrielle ses connaissances théoriques et les recettes de son métier.

Le moteur de ce progrès théorique et technologique, c'est la demande. Les acteurs économiques vivent aujourd'hui dans un univers risqué où les enjeux peuvent être colossaux. La volatilité est partout, et le principal souci est de se prémunir contre elle ; cela va de l'Etat producteur qui craint une chute du cours des matières premières au banquier qui gère son portefeuille de prêts sous le risque des remboursements anticipés. La demande d'outils et de produits capables de gérer la complexité nouvelle des marchés économiques et financiers est donc extrêmement forte. Par ailleurs, le développement des moyens informatiques crée un environnement favorable à la modélisation, non pas tant à cause de l'explosion de la puissance de calcul que parce que la collecte de l'information en est immensément facilitée.

On dispose aujourd'hui, en matière financière, d'une quantité de données concernant les principaux marchés ; si l'on veut, on peut aller chercher les cotations en continu, et jusqu'aux carnets d'ordre. Les institutions financières ont leurs propres banques de données, concernant leur clientèle et leurs prêts, et c'est en général un des secrets les mieux gardés de l'établissement. Cette information est un trésor – dans tous les sens du terme – qui n'est accessible qu'à une analyse statistique ou mathématique, d'autant plus sophistiquée que l'information recueillie est fine et variée.

Mais il ne faudrait pas croire que les progrès de la modélisation se limiteront à l'étude des marchés financiers. Très vite, même dans l'optique la plus utilitaire, on est conduit à se poser d'autres problèmes, qui ressortent davantage de la finance d'entreprise ou de la théorie des organisations. Pour évaluer une action, par exemple, ou pour analyser plus finement les variations de son cours, on est forcé de s'intéresser à la manière dont est gérée l'entreprise, et donc à des problèmes d'analyse de bilan[10] et de gouvernement d'entreprise[11], qui seront donc eux aussi sujets à modélisation. Par ailleurs, d'autres secteurs subiront des bouleversements analogues à ceux qu'ont connus les marchés financiers ; je pense notamment au secteur de l'assurance[12], et aux grands problèmes posés par les retraites, les fonds de pension[13] et la sécurité sociale. Le champ ouvert à la modélisation est donc immense. Les obstacles ne le seront pas moins : ce sont tous ceux que rencontre l'innovation. Ils seront d'autant plus facilement surmontés que la concurrence sera active, dans le domaine des idées comme sur le terrain. De ce point de vue, l'ouverture des marchés à la concurrence est le principal facteur de progrès. Suivant la formule classique : « It may well be that the best of all monopoly profits is a quiet life » (Hicks, 1935).

---

10. Voir dans l'***Encyclopédie de gestion*** l'article de E. Cohen, « Analyse financière ».

11. Voir dans l'***Encyclopédie de gestion*** l'article de G. Charreaux, « Gouvernement de l'entreprise », et dans cette ***Encyclopédie*** l'article de A. Hyafil, « Systèmes financiers et systèmes de gouvernance », p. 1876, tome 2.

12. Voir dans l'***Encyclopédie de gestion*** l'article de G. Valin, « Entreprise d'assurances », et dans cette ***Encyclopédie*** l'article de E. Briys et F. de Varenne, « Assurance-vie et risques financiers : une lecture optionnelle », p. 166, tome 1 et celui de H. Geman, « Gestion du risque d'assurance et instruments dérivés en assurance », p. 583, tome 1.

13. Voir dans cette ***Encyclopédie*** l'article de O. Héreil, « Fonds de pension », p. 501, tome 1.

Références

BLACK F., SCHOLES M., « The Pricing of Options and Corporate Liabilities », *Journal of Political Economy* (81, 1973), p. 637-654.

FEYNMAN R., *QED : the Strange Theory of Light and Matter,* Princeton University Press, 1985.

HICKS J., « Annual Survey of Economic Theory : the Theory of Monopoly », *Econometrica* (3, 1935), p. 1-20.

LUCAS R., « Expectations and the Neutrality of Money », *Journal of Economic Theory* (4, 1972), p. 103-124.

LUCAS R., « Some International Evidence on Output-Inflation Trade-offs », *American Economic Review* (63, 1973), p. 326-334.

MORGENSTERN O., VON NEUMANN J., *Theory of Games and Economic Behaviour,* Princeton University Press, 1944.

NASH J., « Equilibrium Points in n-person Games », *Proceedings of the National Academy of Sciences* (36, 1950), p. 48-49.

NASH J., « Two-Person Cooperative Games », *Econometrica* (21, 1953), p. 128-140.

PACIOLI L., *Summa di Aritmetica, Proportioni, Geometrica et Proportionalita,* 1494.

SIMON H., *Administrative Behavior,* 1945 ; 3e éd., New York, The Free Press, 1976.

SIMON H., *Models of Man,* Wiley, 1976.

Mots clés

Anticipation, arbitrage, Black et Scholes, calcul, comportement, contrôle, équilibre, finance, identification, mathématiques, modèle, optimisation, paramètre, prévision, rationalité, risque, statistiques, stratégie, théorie.

24

Fonds de pension

Olivier Héreil

Comme tous les pays européens, la France a dû faire face, après la Seconde Guerre mondiale, à la situation critique de ses retraités, ruinés par la guerre, et sans ressources. La mise en place d'un système de retraite par répartition a été la seule réponse adéquate à ce drame social. Dans ce système, les cotisations payées par les actifs sont immédiatement reversées aux retraités. C'est donc le seul système à fonctionnement « instantané ».

Le dynamisme de la croissance économique d'après-guerre (les « Trente Glorieuses ») et l'explosion démographique du *baby-boom* ont assuré le succès de la répartition. Aussi ce système a-t-il régné sans partage.

Ce ne fut pas le cas chez nombre de nos voisins européens qui mirent en place, en complément de la répartition, un système par capitalisation appelé « fonds de pension ». En capitalisation, les cotisations versées sont investies sur les marchés financiers et servent ultérieurement aux versements des pensions.

En France, la prise de conscience des évolutions économiques et démographiques qui pouvaient soulever des inquiétudes sur les performances à venir du système par répartition fut tardive. Alors que les spécialistes tiraient depuis bien des années le signal d'alarme, il a vraiment fallu attendre le « Livre Blanc » de Michel Rocard, publié en 1990, pour que les hommes politiques commencent à débattre de l'opportunité de la création d'un « deuxième système de retraite » par capitalisation, complémentaire de la répartition.

Faut-il créer des « fonds de pension » à la française ? Le débat n'est pas encore clos à ce jour. La prise de conscience est désormais opérée. Dès que les conditions économiques le permettront (retour de la croissance), les fonds de pension devraient très vraisemblablement être portés sur les fonts baptismaux.

Le portrait robot de ces futurs fonds de pension peut déjà être tracé avec beaucoup de finesse. Les modalités sont pour l'essentiel connues et sont présentées dans les sections qui suivent. La première section présente un tour d'horizon des différents fonds de pension : les premières réponses actuelles, les principales solutions techniques, les choix opérés à l'étranger et, enfin, les projets à l'étude en France. La deuxième section évalue les enjeux de la création d'un marché de fonds de pension et décrit les acteurs en présence. La troisième section apporte un éclairage sur le mécanisme de fonctionnement d'un fonds de pension et sur les outils financiers disponibles pour en assurer la gestion. La dernière section traite de la gestion actif-passif d'un fonds de pension et des différentes réponses apportées par les techniques de gestion financière.

1. Les différents fonds de pension

Les fonds de pension ne sont pas une idée totalement nouvelle, même dans le cadre institutionnel français. La nécessité de recourir à un régime de retraite par capitalisation avait conduit à mettre en place certaines réponses spécifiques. Après les avoir présentées, seront exposés les principaux régimes de contrats de retraite, les choix opérés à l'étranger en matière de fonds de pension et les projets à l'étude en France.

1.1. Les premières réponses

Seules les réponses ayant trait à l'assurance seront abordées ici. Il existe d'autres formules d'épargne à long terme dont certaines proposées au sein des entreprises comme le plan d'épargne entreprise qui offrent des possibilités attrayantes.

1.1.1. L'assurance-vie

La capitalisation est depuis longtemps pratiquée par les compagnies d'assurance-vie à l'image des contrats facultatifs collectifs ou individuels qu'elles proposent[1]. Le récent succès de l'assurance-vie vient confirmer, s'il en était besoin, que la nécessité de compléter le régime de la répartition par un système complémentaire par capitalisation est très clairement perçu par les entreprises et par les ménages. Les compagnies d'assurances offrent des contrats de « retraite » individuels ou collectifs dont les modalités s'apparentent déjà beaucoup à ce que pourrait être un fonds de pension.

1.1.1.1. Le contrat individuel

En contrepartie du versement d'une prime (unique, périodique...), l'assureur s'engage à verser au terme du contrat (terme défini ou vie entière) le capital plus les intérêts capitalisés sur la période de placement. Le souscripteur peut opter lorsqu'il le souhaite pour le versement d'une rente viagère.

1.1.1.2. Le contrat de retraite collectif

Au-delà des indemnités de fin de carrière que l'entreprise est tenue de verser au salarié lors de son départ à la retraite et qu'elle doit provisionner dans ses comptes, l'entreprise peut mettre en place un contrat de retraite appelé « surcomplémentaire ».

L'entreprise souscrit un contrat de retraite collectif auprès d'un assureur-vie afin d'offrir à ses salariés (ou une partie d'entre eux) une prestation de retraite, complémentaire des prestations des régimes obligatoires (Sécurité sociale et

1. Voir également dans cette ***Encyclopédie*** l'article de E. Briys et F. de Varenne, « Assurance-vie et risques financiers : une lecture optionnelle », p. 166, tome 1 et dans l'***Encyclopédie de gestion*** l'article de G. Valin, « Entreprise d'assurances ».

caisses de retraite). L'assureur s'engage alors à verser une rente viagère au salarié bénéficiaire partant à la retraite. Les principaux contrats collectifs sont les contrats de « retraite chapeau » dits « art. 39 du CGI » ou encore les contrats retraite dits « art. 83 du CGI ».

1.1.2. La Préfon

Tous les fonctionnaires bénéficient d'un régime facultatif de constitution d'un complément de retraite par capitalisation auprès d'une association nommée la Préfon. Le fonctionnement de ce régime préfigure déjà les futurs fonds de pension.

La Préfon, créée en 1968, regroupe les partenaires sociaux représentatifs de la fonction publique. Elle offre aux fonctionnaires, en contrepartie du paiement de cotisations, déductibles du revenu imposable, le versement d'une rente lors de leur cessation d'activité. Sa création résultait de la non-prise en compte des primes pour le calcul des droits à la retraite. La Préfon gère aujourd'hui un fonds de 10 milliards de francs. Elle verse chaque année 300 millions de francs de rentes et reçoit 700 millions de francs de cotisations pour 150 000 affiliés.

1.2. Les principaux régimes de contrats retraite

Tout régime de retraite repose sur un mécanisme de base particulièrement simple : le versement de cotisations pendant la vie active du salarié lui permet de bénéficier d'une rente viagère pendant sa retraite. Deux régimes sont très utilisés aussi bien en France que dans les autres pays : le régime à prestations définies et le régime à cotisations définies.

1.2.1. Le régime à prestations définies

Ce régime est connu sous le nom de « retraite chapeau ». L'entreprise met en place, de sa propre initiative, un régime à prestations définies dont elle fait bénéficier une catégorie de ses salariés. Elle finance seule ce régime. Le bénéficiaire se voit garantir lors de son départ à la retraite une prestation parfaitement déterminée lors de l'adhésion au régime. Par construction, le régime à prestations définies est un régime à cotisations indéfinies.

Exemple. Une entreprise garantit au salarié, lors de son adhésion au régime, le versement, à son départ en retraite, d'une prestation complémentaire fixée de telle sorte que l'ensemble des prestations retraite perçues (régimes obligatoires plus régimes complémentaires) soit égal à 70 % de son dernier salaire. Si le salarié connaît parfaitement la prestation globale qui lui sera versée, l'entreprise, par contre, ne peut connaître le montant de ses cotisations. Ces dernières seront fonction dans l'exemple ci-dessus du niveau de prestations servies par les régimes obligatoires lorsque le salarié fera valoir ses droits à la retraite. Si les prestations servies par le régime obligatoire diminuent au fil du temps, l'entreprise devra cotiser plus et vice-versa.

1.2.2. Le régime à cotisations définies

L'entreprise peut offrir à tout ou partie de son personnel un régime à cotisations définies. Le bénéficiaire de ce régime percevra, lors de son départ à la retraite, une prestation indéterminée résultant du versement de cotisations déterminées lors de l'adhésion. Le financement de ce régime est assuré par l'entreprise, soit seule, soit conjointement avec le bénéficiaire.

Exemple. Une entreprise garantit au salarié, lors de son adhésion au régime, le versement de cotisations définies qui lui donneront droit à une prestation complémentaire de retraite dont le montant est inconnu au moment de l'adhésion. Si l'entreprise connaît parfaitement les cotisations qu'elle aura à verser pendant la vie active du salarié, le futur retraité, par contre, ne peut connaître le montant des prestations futures. Ces dernières seront en grande partie déterminées par la performance financière issue du placement des cotisations.

1.3. Les fonds de pension à l'étranger

Il n'est pas question ici de faire l'inventaire exhaustif des dispositifs étrangers très nombreux et fort variés, mais plutôt de décrire succinctement quelques régimes de fonds de pension par capitalisation, souvent cités comme référence par leur spécificité. Ceux-ci sont généralement des fonds à adhésion individuelle organisés dans le cadre des entreprises.

1.3.1. Les fonds de pension aux Etats-Unis

Le régime des fonds de pension prédomine sur celui de la répartition. Néanmoins, les prestations moyennes de la répartition avoisinent 35 % du salaire annuel moyen.

Le montant total des actifs des fonds de pension américains représente 50 % du PIB, soit environ 3 200 milliards de dollars. Près de 45 % de ces portefeuilles sont investis en actions. Les fonds de pension sont organisés selon trois modalités différentes de financement :

– à la charge exclusive de l'employeur ; le régime est le plus souvent à prestations définies (plus de 50 % des engagements) ;

– mixte employeur/salarié ; le régime est le plus souvent à cotisations définies (près de 40 % des engagements) ;

– individuel et à la charge du salarié ; cette modalité est connue sous le nom de *Investment Retirement Account* (IRA).

Les actifs du fonds de pension sont gérés à l'extérieur de l'entreprise par des gestionnaires spécialisés. Les salariés ont le choix entre la sortie en rente et la sortie en capital.

1.3.2. Les fonds de pension en Grande-Bretagne

Les prestations issues de la répartition représentent environ 20 % du salaire moyen annuel. Les fonds de pension se sont très fortement développés selon une formule qui connaît peu de variantes. Les actifs représentent 60 % du PIB, soit environ 2 500 milliards de francs. Ces portefeuilles sont investis à plus de 75 % en actions.

L'entreprise crée, en son sein, un fonds de pension alimenté par des cotisations mixtes employeur/salarié, fonctionnant sur des régimes à prestations définies (le plus répandu) ou à cotisations définies (en forte augmentation). L'entreprise mandate un gestionnaire financier : un *trustee* ou une compagnie d'assurance.

1.3.3. Les fonds de pension aux Pays-Bas

Le régime par répartition a eu son importance aux Pays-Bas, mais il a cédé peu à peu la place au régime par capitalisation. Les actifs des fonds de pension s'élèvent à 70 % du PIB. Les actions ne représentent que 16 % des encours des fonds.

Il existe quatre grands types de fonds qui fonctionnent en régime à prestations définies : les fonds de pension des entreprises, des branches professionnelles, des fonctionnaires et des non-salariés. La gestion financière de ces fonds est déléguée à un spécialiste financier (banque, compagnie d'assurances).

1.3.4. Les fonds de pension en Allemagne

Le régime par répartition reste dominant, mais il est complété par un régime par capitalisation original qui sert des prestations correspondant à 15 % du dernier salaire. Les actifs des fonds de pension totalisent 15 % du PIB, soit près de 1 500 milliards de francs.

Les engagements de retraite sont inscrits au passif de l'entreprise sous forme d'une provision à caractère de fonds propres, et restent gérés par la firme. Les capitaux correspondant à ces engagements sont donc réinvestis dans l'entreprise. Ce système présente une source précieuse d'autofinancement pour les sociétés allemandes et explique leur fort taux de capitalisation (les provisions pour retraites représentent 50 % des fonds propres des grands groupes allemands).

Le régime du fonds de pension est très souple et résulte des dispositions du contrat de travail. La sortie peut s'opérer au choix, en rente ou en capital. Les pensions sont revalorisées à l'occasion des négociations salariales. Le salarié voit donc ses prestations futures liées au sort de son entreprise. Un fonds de garantie mutuelle auquel doivent adhérer toutes les entreprises protège ce salarié contre le risque d'insolvabilité de son entreprise. Ce fonds a été mis lourdement à contribution lors du dépôt de bilan d'AEG Telefunken en 1992.

1.4. La trame générale des projets sur les fonds de pension à la française

Par-delà les débats passionnés qui voient s'opposer les entreprises, les partenaires sociaux, les banques et les assureurs, qui veulent tous devenir les acteurs de ce nouveau dispositif, une base commune se fait jour.

Les fonds de pension à la française fonctionneraient sur un régime à cotisations définies. Ils seraient gérés par une instance paritaire (regroupant les employeurs et les salariés) et offriraient une transférabilité des droits acquis par le salarié en cas de changement d'entreprise. L'adhésion au fonds de pension serait individuelle et facultative. Les cotisations versées par le salarié pourraient bénéficier d'un abondement de la société (à l'image de ce qui se pratique dans les plans d'épargne entreprise) ainsi que d'un abattement fiscal.

L'une des dernières pierres d'achoppement réside dans le mode de sortie du fonds de pension à la date de cessation d'activité : rente viagère, versement du capital, libre choix ? Les banquiers et les assureurs s'affrontent depuis quelques années sur cette modalité. Les premiers préconisent une sortie en capital, les seconds une sortie en rente viagère.

Le fonds de pension serait géré à l'extérieur de l'entreprise par un organisme spécialisé (assureur ou autre ?), et son actif devrait comporter un pourcentage minimum d'actions (20 % à 60 % ?).

Les travailleurs non salariés (artisans et professions libérales) disposent déjà de fonds de pension créés par la loi Madelin du 11 février 1994. Ils peuvent souscrire à des contrats d'assurance de groupe. La déductibilité fiscale des cotisations est admise, mais elle est plafonnée. A leur départ à la retraite, ils perçoivent une rente viagère imposable (la sortie en capital est impossible).

2. Le marché des fonds de pension

Le développement du marché des fonds de pension représente des enjeux colossaux. Il implique plusieurs métiers et met en jeu de nombreux acteurs.

2.1. Les enjeux du développement d'un marché actif de fonds de pension

Les enjeux s'apprécient en termes financiers et en termes stratégiques dans la mesure où le marché des fonds de pension est un *nouveau* marché potentiellement très important.

2.1.1. Les termes de l'enjeu financier

Les analystes prévoient une mise en place très progressive du régime par capitalisation. Partant d'une masse salariale annuelle avoisinant les 1 500 milliards de francs, ils estiment que 2 % de cette masse pourraient venir alimenter les premiers fonds de pension. Ce taux devrait ensuite augmenter pour atteindre 4 à 5 % en régime de croisière. Les premières années, les flux de cotisations seraient de l'ordre de 30 milliards de francs par an pour atteindre, quelques années plus tard, 60 milliards de francs. Au bout d'une dizaine d'années, l'actif total des fonds de pension atteindrait 500 à 700 milliards de francs.

2.1.2. Un marché d'équipement puis de transfert

Dès que la loi autorisera la création des fonds de pension, les entreprises se mettront à la recherche de partenaires pour offrir le plus rapidement possible ce régime à leurs salariés. Les différents acteurs (banques, assurances, gestionnaires financiers) ont déjà l'arme au pied et affûtent leurs propositions.

La concurrence risque d'être exacerbée car ce nouveau marché est d'abord un marché d'équipement alors même que les montants en jeu sont modestes. En quelques années, toutes les grandes entreprises auront mis en place leurs fonds de pension et ne subsistera plus alors qu'un marché de transfert (changement de partenaires).

2.2. Les métiers associés au développement des fonds de pension

Plusieurs métiers sont étroitement associés au développement des fonds de pension : ceux de l'actuariat, de la gestion administrative, de la gestion financière et de la gestion actif-passif.

2.2.1. L'évaluation actuarielle des engagements de rente

La toute première étape de la mise en place d'un fonds de pension consiste à évaluer la valeur des engagements pris envers les cotisants. Les actuaires sont rompus à ces études qu'ils pratiquent déjà au sein des compagnies d'assurance. Ils intègrent des paramètres aussi cruciaux que la nature du régime, la mortalité, l'âge de départ à la retraite, l'évolution des salaires, le taux de revalorisation des rentes, le coefficient de reversion...

Avant tout, l'engagement de rente est viager. L'évaluation s'opère à partir de tables de mortalité. Elle est délicate. Il faut garder à l'esprit les déconvenues des assureurs sur certains portefeuilles de rentes. L'utilisation de tables de mortalité dépassées a pu conduire à sous-estimer les capitaux constitutifs nécessaires au paiement des rentes, d'où des pertes techniques importantes pour les compagnies. Les actuaires tarifient aujourd'hui sur la base de tables de mortalité prospectives qui tendent à anticiper les évolutions démographiques (principalement l'allongement de la durée de vie).

Le métier d'actuariat constitue un des points forts des compagnies d'assurances. Il se développe également au sein des cabinets d'experts indépendants qui prennent peu à peu place sur le marché de l'évaluation actuarielle des passifs.

2.2.2. La gestion du service des rentes

Le service des rentes aux ayant-droits nécessite une gestion administrative et informatique lourde. Certains acteurs du marché, déjà aguerris à ce type de traitement (pour l'essentiel les compagnies d'assurances et les caisses de retraite), disposent d'un outil immédiatement disponible.

2.2.3. La gestion financière

Les capitaux collectés dans les fonds de pension ont pour vocation d'être investis, à moyen et long terme, afin de dégager au fil des années un rendement attractif (couvrant, par exemple, le taux de revalorisation des rentes). Les obligations, les actions et l'immobilier sont les instruments privilégiés de ce type de gestion. Les techniques financières de diversification internationale et d'allocation d'actifs viennent appuyer les analyses d'actif/passif.

2.2.4. La gestion actif-passif

S'assurer à tout instant que la structure et le rendement de l'actif permettent de couvrir les engagements du passif est une mission vitale. Elle doit être exercée par des spécialistes ayant des compétences à la fois actuarielles et financières.

3. La gestion des engagements à long terme

Le fonctionnement d'un fonds de pension repose sur trois mécanismes fondamentaux : l'analyse des engagements auxquels il est soumis, la définition d'un objectif financier, le choix des instruments et les procédures d'allocation d'actifs permettant d'atteindre cet objectif.

3.1. Les engagements financiers d'un fonds de pension

Les engagements financiers du fonds de pension sont matérialisés par des flux entrants (cotisations) ou sortants (rentes, voire capital au terme).

En système de répartition, les cotisations sont immédiatement reversées. Par construction, les flux entrants et sortants sont concomitants. En régime de capitalisation, les flux entrants vont capitaliser et ne seront versés qu'au terme.

Les flux sortants sont des flux probables : ils comportent, en effet, un aléa viager pris en compte par les tables de mortalité. A un instant donné, partant de la population de l'entreprise adhérente au fonds de pension, des cotisations et des dispositions contractuelles sur les rentes (indexation, revalorisation, réversion, dates de règlement) et moyennant une hypothèse de taux de rendement, le montant des rentes peut être déterminé. Les engagements financiers sont représentés par la valeur des flux nets futurs (flux de rentes moins flux de cotisations) actualisés au taux de rendement issu du placement des actifs. Ce taux de rendement théorique, fonction de la performance financière à venir des actifs du fonds de pension souvent appelé taux technique, ne peut être qu'estimé. Il doit prendre en compte un niveau anticipé d'inflation et un rendement financier réel.

Plus le rendement financier effectif réalisé par le gestionnaire excédera le taux technique et plus la rente servie pourra être revalorisée (à cotisation constante), ou encore, plus la cotisation pourra diminuer (à rente constante).

Les flux du passif sont fournis aux gestionnaires financiers par les actuaires.

L'adhérent au fonds de pension est un actif qui cotise jusqu'à sa date de départ à la retraite et qui perçoit ensuite des rentes jusqu'à son décès. Au cours de sa vie, deux phases se succèdent : une période d'épargne pendant sa vie active et une période de rente pendant sa retraite. Ces phases, différentes pour chaque souscripteur, se retrouvent agrégées et mutualisées au sein du fonds de pension. Un fonds de pension, dont la population est très jeune, ne versera que très peu de rentes les premières années. A l'inverse, un fonds dont la population est âgée, versera des flux de rentes conséquents dès sa mise en place.

Pendant la période d'épargne, l'adhérent cotise et ne se préoccupe que de la maximisation de la valeur de ses capitaux constitutifs (somme des cotisations versées capitalisées) au terme de son départ en retraite. Les cotisations qu'il verse ne sont plus disponibles et constituent un placement à long terme pour lequel il souhaite obtenir le meilleur rendement financier possible. Peu lui importent le rendement et la volatilité à court terme.

Pendant la période de rente, l'adhérent perçoit des revenus et recherche prioritairement la sécurité par rapport au rendement. Cette sécurité se matérialise par une faible volatilité de ses capitaux de rente et un rendement à court terme le plus sûr possible.

Avec l'allongement de la durée de vie humaine et le raccourcissement de la vie active, le besoin de l'adhérent peut évoluer. La période de rente devenant de plus en plus longue, la recherche de la sécurité sur l'ensemble des flux de rente peut apparaître financièrement pénalisante. Il peut être plus profitable de scinder cette période en deux : la phase de rentes immédiates comprenant les n prochaines années à venir (n est à définir) et la phase de rentes futures à percevoir après l'année n. Les rentes immédiates seraient gérées très prudemment alors que les rentes futures donneraient lieu à une prise de risque un peu plus forte. Ceci permettrait, tout en continuant à bénéficier d'une très grande sécurité, d'optimiser le rendement financier des rentes. Pour bien marquer le caractère sécuritaire de la gestion attachée à la période de rentes, le gestionnaire du fonds de pension pourrait garantir un montant minimum à verser sur les rentes immédiates (comme cela est déjà pratiqué par les assureurs).

Selon les termes du contrat, l'adhérent au fonds de pension se verra proposer une revalorisation de sa rente. Cette revalorisation est usuellement déterminée par rapport à l'indice de progression estimé des salaires. Cet indice n'étant plus indexé sur l'inflation, la revalorisation pourrait consister à offrir à l'adhérent un niveau de rente réelle (après prise en compte de l'inflation) constant.

3.2. *L'objectif financier du fonds de pension*

Le fonds fixe au gestionnaire un objectif conforme aux attentes de ses adhérents (performances, sécurité...) et compatible avec les contraintes techniques issues du passif (taux de revalorisation, réversion...).

A la préoccupation de percevoir à chaque période des revenus suffisants pour assurer le paiement des rentes vient s'ajouter celle d'obtenir la meilleure performance à long terme, deux objectifs qui peuvent apparaître contradictoires mais auxquels le gestionnaire doit trouver la réponse la plus adéquate.

3.3. *Les instruments financiers mis à la disposition du fonds de pension*

Pour remplir les objectifs de gestion qui lui sont fixés, le gestionnaire financier a recours aux instruments financiers. En dehors de l'immobilier, qui offre une bonne protection contre l'inflation mais dont les cycles (valorisation, dévalorisation) sont très longs, les obligations et les actions constituent les deux grandes familles d'instruments à utiliser.

3.3.1. Les obligations

Il suffit de relever la part des obligations dans les portefeuilles des compagnies d'assurances pour se convaincre que ces titres sont aujourd'hui l'instrument privilégié d'une gestion à long terme[2].

Parfois à tort, l'obligation est considérée comme un actif sans risque pour un horizon de long terme. Si son caractère sécuritaire (coupon fixe, remboursement) ne peut être ignoré, il ne faut pas perdre de vue pour autant sa vulnérabilité en période d'inflation. Il est vrai que, dans le contexte actuel de taux d'inflation très bas et de besoin de financement massif des Etats, les obligations apportent un rendement réel exceptionnel.

L'analyse des performances historiques à long terme montre que l'obligation réalise le meilleur compromis entre le risque et la rentabilité.

3.3.2. Les actions

De multiples études ont mis en évidence le rendement réel attractif des actions sur longue période[3]. A très long terme, les actions apportent la

---

2. Voir dans cette ***Encyclopédie*** les articles de M. Piermay, « Obligations », p. 1283, tome 2 et « Gestion obligataire », p. 536, tome 1.

3. Voir dans cette ***Encyclopédie*** les articles de D. Folus, « Actions : modélisation, évaluation, gestion », p. 1, tome 1 et de G. Charest, « Rendement, risque et portefeuilles », p. 1608, tome 2.

meilleure rentabilité. C'est l'actif le moins vulnérable en période d'inflation. Pour autant, le placement en actions présente des risques élevés. Si, sur des périodes de 30 ou 40 ans, les résultats des études sont probants, il n'en est pas de même sur des périodes plus courtes de 10 à 20 ans.

La plupart des études comparent les performances relatives des placements en actions, en obligations et en titres négociés sur le marché monétaire entre deux dates. Cette approche ne correspond pas toujours à celle du fonds de pension.

Dans le cas d'un fonds en croissance rapide, les flux de cotisations l'emportent sur les flux de rentes. La mesure de performance qui importe alors n'est pas une mesure date à date mais une mesure de performance moyenne des capitaux versés. Dès lors, l'attrait des actions est renforcé (y compris sur des horizons plus courts : 10 à 20 ans). En effet, l'adhérent ne supporte pas le risque lié au prix des actions à la date de son unique investissement (achat à un plus haut local du marché) mais le risque lié au prix moyen des actions pendant toute sa phase d'épargne.

3.3.3. Les instruments dérivés et les titres hybrides

Le développement des marchés dérivés (options, swaps, caps, floors...) et des titres hybrides (convertibles, titres participatifs) offre de nouveaux instruments d'investissement aux gestionnaires. Leur mauvaise réputation (fraudes ou accidents de ces dernières années) ne doit pas les condamner. Ils apportent une réponse satisfaisante à la gestion des risques, notamment aux risques d'adossement actif/passif sur lesquels nous reviendrons plus loin. Ils permettent de protéger le fonds contre la trop forte volatilité d'un actif. Les marchés organisés très actifs offrent par ailleurs des coûts de transaction extrêmement compétitifs.

3.4. L'allocation d'actifs

Un actif financier se caractérise par un rendement et un risque mesurés sur une période. Il peut ainsi être rapproché d'un autre actif. Par exemple : une obligation présentera en moyenne (sur un historique à long terme) un rendement moyen annuel inférieur à celui d'une action mais un risque (mesuré couramment par l'écart type du rendement) également inférieur.

Si le gestionnaire financier a le choix entre deux actifs financiers, il peut soit retenir l'un des deux, soit réaliser des combinaisons entre les deux. Par ce jeu combinatoire, il crée tout un univers d'actifs synthétiques de rendements et de risques spécifiques.

En présence de deux actifs, le gestionnaire dispose d'une autre caractéristique qu'est le degré de corrélation entre ces deux actifs déterminé aisément par une étude statistique. Si le gestionnaire s'intéresse non plus à deux actifs mais à n classes d'actifs, son analyse des corrélations prendra la forme d'une matrice appelée matrice de variance/covariance.

Ainsi, le gestionnaire peut élaborer des combinaisons d'actifs diversifiés qui offrent une espérance de rendement aussi élevée que celle d'un actif unique mais d'un risque inférieur par le fait des corrélations imparfaites entre les actifs retenus.

L'allocation d'actifs vise à élaborer à partir de tous les actifs disponibles les combinaisons optimisant le rendement espéré et le risque supporté. Elle nécessite la mise en œuvre d'un modèle d'optimisation de fonction d'utilité. Dès 1950, Markowitz a proposé un modèle d'optimisation sous contraintes.

A chaque niveau de risque correspond une seule combinaison d'actifs qui maximise le rendement. L'ensemble des points optimaux formés par ces couples (risque-rendement) constitue « la frontière efficiente »[4].

Le niveau de risque d'un fonds de pension est déterminé par la structure des engagements et par l'aversion au risque de ses adhérents. Ceci étant fixé, le gestionnaire retient la combinaison d'actifs indiquée par la frontière efficiente. Cette technique nécessite un travail préalable conséquent : le gestionnaire doit déterminer les rendements espérés, les risques (volatilités) et les corrélations de tous les actifs. Pour ce faire, il s'appuie sur l'analyse historique et les anticipations implicites des marchés (consensus) qu'il intègre à sa propre analyse de l'environnement économique.

Cette technique trouve tout son sens dans la gestion à moyen et long terme, car le risque des actifs (mesuré par la volatilité) est un paramètre d'autant plus stable que la période de temps est longue. Ceci est encore plus vrai pour la volatilité relative d'un actif par rapport à un autre. Elle rencontre pourtant aussi ses limites car les corrélations entre les différents actifs ne sont pas véritablement stables dans le temps. L'allocation d'actifs reste néanmoins la technique la plus pratiquée chez les Anglo-Saxons.

4. La gestion actif-passif d'un fonds de pension

Comme cela a été présenté à la section 3, le fonds de pension reçoit des cotisations et verse des rentes revalorisées. La compensation des flux entrants et des flux sortants forme l'engagement inscrit au passif du fonds de pension. En regard de ces engagements, figurent à l'actif l'ensemble des placements réalisés par le gestionnaire.

La gestion actif-passif consiste à s'assurer à tout instant que la structure et la valeur de l'actif permettent de couvrir la structure et la valeur du passif. L'actif et le passif étant matérialisés par des flux financiers, il convient de s'assurer qu'aux flux du passif correspondent des flux d'actif d'un montant au moins égal et à bonne date[5].

Exemple. Dans le cadre d'un régime de retraite qui n'aurait qu'un adhérent ayant versé une prime unique en t dans le but de percevoir un capital en $t + n$ lors de son départ à la retraite, l'adossement actif-passif consisterait à acquérir en t une obligation (un zéro-coupon) d'échéance $t + n$. A cette date, le flux de passif correspondrait au versement du capital dû, le flux d'actif au remboursement du zéro-coupon. Les deux flux seraient parfaitement adossés. Dans ce cas simpliste, la gestion actif-passif a permis de garantir un rendement connu dès le versement de la cotisation.

La réalité est plus complexe. Le passif et l'actif du fonds de pension comportent intrinsèquement des risques qui sont indépendants et qui vont nécessiter, à

4. Voir également dans cette ***Encyclopédie*** l'article de R. Cobbaut, « Théorie du marché financier », p. 1954, tome 2.

5. Voir dans cette ***Encyclopédie*** l'article de J.M. Lasry, « Gestion actif-passif », p. 517, tome 1.

coup sûr, des ajustements en cours de vie du fonds. Le passif peut être soumis à des déformations non prévues liées à une mauvaise anticipation de l'évolution de la mortalité des adhérents, à une dérive salariale, à l'utilisation d'un taux technique trop éloigné du taux financier obtenu... L'actif est aussi sujet à des chocs peu prévisibles : exogènes (crise politique, économique ou boursière) ou endogènes (mouvement de volatilité, inefficience des marchés, modification brutale de corrélation...). La gestion actif-passif doit prendre en compte ces risques et ces contraintes pour permettre d'élaborer la stratégie financière la plus optimale.

Différentes approches ont été développées au fil des années pour appréhender l'adéquation de l'actif au passif. Le choix est fonction de facteurs tels que le régime du fonds, la nature des risques, la diversité des contraintes, l'horizon d'investissement du portefeuille et l'aversion au risque des adhérents.

4.1. L'horizon d'investissement, l'aversion au risque et la gestion actif-passif d'un fonds de pension

L'influence déterminante de l'horizon d'investissement et de l'aversion au risque sur la gestion actif-passif d'un fonds de pension est brièvement évoquée dans les paragraphes qui suivent.

4.1.1. L'horizon d'investissement

La simple observation d'une courbe des taux croissante illustre la liaison entre le rendement et l'horizon d'investissement : plus ce dernier est court, plus la «visibilité» sur l'environnement est bonne et moins le taux de rendement exigé par l'investisseur est élevé, et vice-versa.

Un fonds de pension mis en place dans une entreprise dont la pyramide des âges est très déséquilibrée – beaucoup de salariés proches des 60 ans et peu ou pas de salariés débutants – présente un horizon d'investissement court, qui justifie de mettre en place une gestion actif-passif avec comme objectif principal la régularité et la sécurité du rendement servi. A l'inverse, un fonds de pension dans une entreprise jeune, en phase d'embauches de débutants, présente un horizon d'investissement très long et fixe à la gestion un objectif principal de performance.

Comme cela a été signalé plus tôt, une gestion à base d'actions présente un risque élevé, mais elle offre à long terme des perspectives de performance très attractives. Si l'horizon est trop court, les actions ne peuvent plus prétendre à une surperformance probante et la place prioritaire est alors accordée aux obligations. Dans le cas d'une sortie en capital possible, le gestionnaire réduit son horizon d'investissement et limite la part investie en actions.

4.1.2. L'aversion au risque

Quel risque l'adhérent est-il prêt à accepter sur la performance de ses futurs capitaux de retraite ? Selon que l'horizon moyen de ses capitaux est lointain ou rapproché, il sera peu ou très averse au risque. Si l'horizon est un paramètre essentiel de détermination du risque, il ne suffit pas. Peuvent entrer en ligne de compte des facteurs culturels (les Anglo-Saxons ont une moindre aversion au risque actions que les autres) ou structurels (organisation de la gestion, réglementation...).

L'une des missions essentielles du gestionnaire financier est d'aider son mandant (organe de direction du fonds de pension) à définir le risque acceptable dans la fluctuation des performances financières du fonds. Cette démarche est préalable à la mise en œuvre de la gestion.

4.2. Les différentes modalités de la gestion actif-passif d'un fonds de pension

La gestion actif-passif d'un fonds de pension peut recourir à l'une ou l'autre des quatre méthodes suivantes : la couverture en flux, la couverture en duration, la gestion diversifiée et les méthodes probabilistes et stochastiques.

4.2.1. La couverture en flux

Cette approche consiste à adosser parfaitement les flux d'actif et les flux de passif. A chaque cotisation correspond une prestation de rente connue (à l'aléa viager près). Le gestionnaire achète en conséquence autant d'obligations (par exemple de zéro-coupons[6]) qu'il y a de rentes à verser. A chaque flux de rente correspond le remboursement d'une de ces obligations. Ainsi, le gestionnaire est assuré d'une parfaite adéquation de son actif à son passif. Il connaît, dès l'investissement de la cotisation, la performance financière obtenue à terme pour chaque adhérent.

Cette approche par adossement parfait présente pour le gestionnaire et le fonds de pension une sécurité totale : les flux sont adossés en valeur et en date ! Et pourtant, peut-on dire qu'adosser une rente versée dans 30 ans par un zéro-coupon à 30 ans aux conditions du marché d'aujourd'hui offre une totale sécurité ? Le risque est le plus couramment défini comme l'écart type de la performance espérée, ou encore la volatilité de la performance. Ici, selon les termes de cette définition, le risque est nul. L'incapacité d'anticipation à un tel horizon laisse pourtant pressentir qu'arrêter dès aujourd'hui une performance à 30 ans relève d'un pari sur l'avenir. Cette approche est d'autre part très statique. Le portefeuille construit au fil des encaissements de cotisations ne peut pas donner lieu à des arbitrages. Il répond mal aux déformations prévisibles du passif. La couverture en flux est une méthode qui, en fait, convient aux fonds de pension à l'horizon d'investissement très court.

4.2.2. La couverture en duration

La duration d'une suite de flux financiers est la durée de vie moyenne de l'ensemble des flux actualisés au taux du marché. La duration représente, en quelque sorte, l'horizon moyen des flux financiers. Elle s'exprime en années[7].

4.2.2.1. L'utilisation de la duration

Pour éviter la rigidité de l'adossement parfait des flux, le gestionnaire se fixe pour objectif d'adosser la duration de son portefeuille d'actif avec la duration de ses engagements au passif. Par exemple, pour un fonds de pension qui présenterait une duration de son passif (durée de vie moyenne actualisée des

---

6. Voir dans cette ***Encyclopédie*** l'article de A. de Clermont-Tonnerre et M.A. Lévy, « Obligations à coupon-zéro », p. 1323, tome 2.

7. Voir également dans cette ***Encyclopédie*** l'article de A. Minguet, « Immunisation de portefeuille et duration », p. 597, tome 1.

flux à payer) de 10 ans, le gestionnaire construira à l'actif un portefeuille dont la duration (durée de vie moyenne actualisée des flux générés par le portefeuille) sera elle aussi égale à 10 ans.

Il adosse ainsi en moyenne son portefeuille à ses engagements. La rigueur d'adossement qu'il perd est compensée par la flexibilité que lui apporte la gestion par duration. Il peut ainsi chercher à optimiser le rendement par une politique d'arbitrage et dispose d'un portefeuille mieux armé pour absorber l'inévitable variabilité du passif.

La couverture en duration présente un risque modéré. Elle convient bien aux fonds de pension qui ont un horizon d'investissement de moyen terme.

4.2.2.2. *Un cas spécifique : les fonds généraux des compagnies d'assurance-vie*

Les fonds généraux en franc des compagnies d'assurance-vie françaises représentent un cas intéressant car ils peuvent valablement figurer dans la panoplie des solutions de gestion des fonds de pension.

Leur passif est formé d'un ensemble d'engagements individuels ou collectifs souvent constitués de contrats de rentes viagères ou de contrats d'assurance-vie, sans terme fixé, à versements libres ou périodiques. Les engagements peuvent bénéficier d'une rémunération minimum garantie (3,5 % dans le cadre réglementaire actuel). La duration des engagements est longue.

L'actif appelé fonds général prend la forme d'un portefeuille investi en valeurs mobilières (principalement en obligations) ainsi qu'en immobilier.

La rémunération dégagée chaque année par ce portefeuille est appelée « taux de capitalisation » des engagements. Les règles comptables permettent de ne pas tenir compte de la valorisation boursière des actifs, autrement dit, d'ignorer la situation de plus ou moins-value latente du portefeuille (hormis dans quelques cas spécifiques). Ce traitement permet au fonds général de se présenter comme une formule de placement très sécuritaire parce que très lissée dans le temps, offrant un taux minimum garanti sur une période très longue. Il correspond très bien aux objectifs de gestion fixés à un portefeuille de rentes. Associé à une gestion plus agressive correspondant à la période d'épargne, il constitue un dispositif de gestion global bien adapté aux fonds de pension.

4.2.3. La gestion diversifiée

L'adossement parfait des flux et l'adossement par duration font appel aux actifs obligataires. Pourquoi se priver d'actifs, tels que les actions, performants sur longue période, si l'horizon moyen d'investissement du fonds de pension est très long (de 10 à 30 ans) ?

La constitution d'un portefeuille diversifié apporte une réponse adéquate à la recherche d'une performance élevée. Construire un portefeuille diversifié fait appel aux techniques d'allocation d'actifs décrites plus haut en intégrant l'horizon moyen des flux financiers. Le dynamisme de la gestion s'opère dans les modifications d'allocation d'actifs, intégrant ainsi au mieux l'évolution de l'environnement.

4.2.4. L'approche par les méthodes stochastiques

La gestion diversifiée par allocation d'actifs présuppose l'élaboration par les gestionnaires d'anticipations sur les différents actifs (détermination des rendements espérés). Le recours à des modèles prenant en compte le temps continu et le risque permet de faire l'économie de ces anticipations. Les cours des actifs financiers sont modélisés par des processus stochastiques continus, le plus souvent des processus d'Itô[8] (le mouvement brownien géométrique est le plus utilisé pour les actions). Le même type de modélisation peut être opéré sur les flux du passif. Une multitude de scénarios, ainsi développés, apporte des mesures probabilistes sur l'évolution des flux futurs. En fonction des objectifs de gestion (maximisation de la valeur des rentes à cotisation constante, maximisation du rendement par rapport à l'indice de revalorisation, etc.), il est possible de déterminer la combinaison d'actifs qui optimise le critère retenu comme objectif de gestion.

4.3. Les réponses apportées par l'étranger

Aux mêmes préoccupations sont apportées des réponses différentes.

Les Européens continentaux ont privilégié des stratégies essentiellement obligataires (entre 60 % et 80 %), alors que les Anglo-Saxons ont opté pour des approches de gestion diversifiée laissant une part prioritaire aux actions.

Au-delà des facteurs culturels, les réglementations, la fiscalité, les méthodes comptables sont autant de paramètres discriminants. Mentionnons, par exemple, les débats passionnés au sein de la Commission européenne sur la règle de congruence applicable aux fonds de pension : les Français et les Italiens souhaitent limiter à 20 % la part d'actifs libellés en devises étrangères (non congruentes avec la devise des engagements) alors que les Anglais et les Allemands voudraient élargir cette limite à 40 % !

Le mode d'organisation de la gestion du fonds de pension apparaît également comme essentiel. Dès lors que les objectifs de gestion financière sont fixés par l'entreprise (ou le *trust* qui en émane), l'aversion au risque est généralement faible et les actions sont les actifs privilégiés. Au contraire, si l'organisation est de type paritaire et associe l'entreprise, les salariés et les retraités, l'aversion au risque est plus forte et les actifs prédominants sont les obligations.

*

* *

La qualité de la gestion financière des fonds de pension déterminera très largement leur succès à long terme.

Différentes formes de gestion sont pratiquées dans le monde. Le choix de telle ou telle gestion est bien plus lié aux facteurs culturels et réglementaires spécifiques à chaque pays qu'à une meilleure efficacité financière. D'ailleurs, bien plus que d'opposer les modes de gestion, il convient de les rapprocher. Un fonds de pension n'est ni monolithique ni immuable. Il évolue avec son environnement. Sa gestion, toujours calée sur des objectifs bien déterminés, doit conserver le plus de souplesse possible.

Pourquoi ne pas associer les approches ? Par exemple, gérer en duration les engagements les plus proches et faire appel à la gestion diversifiée à dominante actions pour les flux les plus éloignés.

---

8. Voir dans cette ***Encyclopédie*** les articles de P. Roger, « Processus stochastiques, calcul stochastique et optimisation dynamique », p. 1556, tome 2 et de M. Jeanblanc-Picqué et R.A. Dana, « Arbitrage et équilibre en temps continu », p. 86, tome 1.

Références

ApRoberts L., Reynaud E., *Les systèmes de retraites à l'étranger : Etats-Unis, Allemagne et Royaume Uni,* Irès, 1992.

Banque Paribas, Dir. Etudes Economiques et Financières, « Fonds de pension : la France peut-elle s'en passer ? » (novembre 1994), p. 149-154.

Barrot J., « Proposition de loi créant des fonds de pension », Assemblée nationale (23 février 1994).

Boulier J.F., Florens D., Trussant E., « Fonds de retraite : quelle stratégie d'investissement ? », *Bulletin de la Finance et de l'Assurance* (n° 17, novembre 1994), p. 29-57.

Briet R., *Perspectives à long terme des retraites,* Paris, La Documentation Française, 1995.

Célières J., Schmitt D., *Les retraites complémentaires : salariés, cadres,* Paris, Liaisons Sociales, 1995.

Charpentier F., *Retraites et fonds de pension : l'état de la question en France et à l'étranger,* Paris, Economica, 1996.

Chiappori P.A., « Les fonds de pension (journée d'étude du 25 avril 1994 à l'Institut international) », *Risques* (n° 20, octobre-décembre 1994).

Collectif, « Fonds de pension : la retraite en jeu (dossier) », *Analyse Financière* (n° 104, septembre 1995), p. 3-74.

Conseil National du Crédit, « Les fonds de pension dans quelques pays étrangers : Etats-Unis, Royaume-Uni, Pays-Bas, Allemagne, Italie » (fiche thématique n° 9, 1992), p. 483-495.

Gires J.P., « Une gestion financière spécifique », Centre d'information sur l'épargne et le crédit, *Bulletin mensuel* (n° 105, décembre 1993-janvier 1994), p. 13-15.

Le livre blanc sur les retraites, Rapport officiel, La Documentation Française, 1991.

Le Moullac D., Véga M., « Les banques et les fonds de pension », *Banque et Stratégie* (n° 105, mai 1994), p. 30-36.

Le Pape J., Leroy G., *Assurance-vie et fonds de pension : analyse financière et actuarielle,* L'Assurance Française, 1995.

Reynaud E., Tamburi G., *Les retraites en France ; le rôle des régimes complémentaires,* Paris, La Documentation Française, 1994.

Mots clés

Actif-passif, action, actuariat, allocation d'actifs, aversion au risque, capitalisation, cotisation, duration, horizon d'investissement, inflation, obligation, prestation, processus stochastique, régime (prestations définies, cotisations), rentabilité, rente viagère, répartition, risque, sortie (en rente, en capital), table de mortalité, taux de revalorisation, taux technique.

Gestion actif-passif

25

Jean-Michel Lasry

Pour exploiter leurs sources de financement (gestion du passif) et investir les sommes ainsi collectées (gestion de l'actif), les banques utilisent un très grand nombre d'instruments financiers. Elles achètent et vendent des actifs ou des passifs à court ou à long terme, à taux fixe ou à taux variable, contenant explicitement ou implicitement des options. Ce faisant, elles prennent des risques. Les risques de liquidité, de taux d'intérêt, de change, de contrepartie sont autant d'opportunités de gains mais aussi de menaces qui pèsent sur leur profitabilité et leur survie[1].

La gestion actif-passif est la démarche structurée qui permet aux banques d'appréhender et de contrôler les risques inhérents à la poursuite quotidienne de leurs activités.

Elle est un outil indispensable pour maximiser leur profitabilité à court et à long terme sans pour autant mettre en danger non seulement leur existence, mais aussi l'équilibre général des systèmes financiers.

La gestion actif-passif concerne aussi bien les entreprises industrielles et commerciales que les institutions financières. Dans son acception large, elle s'intéresse à l'ensemble des risques financiers et de contrepartie. Néanmoins, de façon à faciliter la compréhension des concepts essentiels, le champ d'investigation de cet article est volontairement restreint, d'une part, aux risques de liquidité et de taux, d'autre part, aux institutions financières et plus particulièrement aux banques.

La gestion actif-passif n'est pas une science née dans les laboratoires mathématiques dont les lois auraient imposé leur logique implacable à des banquiers inconscients. Elle est une démarche pragmatique qui a tenté de répondre avec des outils limités aux besoins d'un monde financier de plus en plus complexe. Pratiquement inexistante après la Seconde Guerre mondiale, elle s'est développée au gré des mutations qui ont façonné le système bancaire

---

1. Cet article a très largement bénéficié d'une élaboration commune réalisée dans le cadre d'un livre en préparation sur la gestion actif-passif. Mes remerciements vont en particulier à Nicolas Cattelain.

actuel. La croissance des volumes de crédit, la déréglementation et l'ouverture des marchés, la volatilité croissante des taux d'intérêt et de change, l'apparition de nouveaux produits financiers ont conjointement favorisé l'émergence de ce qui est désormais la clef de voûte de la gestion bancaire.

Les notions fondamentales de risque de liquidité (section 1.) et de risque de taux d'intérêt (section 2.) sont expliquées dans un premier temps. Par la suite sont exposés les développements plus récents concernant la sensibilité des valeurs de marché (section 3.) et l'analyse des options (section 4.).

1. Le risque de liquidité

Les opérations bancaires se traduisent le plus souvent par des flux de liquidité. Tandis que le remboursement des dettes ou le retrait des dépôts provoquent des sorties de liquidité du bilan, la maturation des crédits accordés et la vente d'actifs induisent des entrées. Le risque de liquidité est celui de ne pouvoir faire face aux sorties de liquidités par des entrées de liquidité équivalentes.

1.1. Le bilan de la banque

Fisher & Co. est une banque fictive représentative des établissements de crédit des pays de l'OCDE. Son bilan au 31.12.199*n* (tableau 1) présente l'ensemble de ses ressources (au passif) et de ses emplois (à l'actif).

Tableau 1 – Le bilan de la banque

Actif	MF	Passif	MF
Réserves	2 000	Dépôts à vue	20 000
Titres de placement	10 000	Dépôts à terme	10 000
Crédits (1)	80 000	Emprunts (2)	60 000
Immobilisations	8 000	Capital + réserves	10 000
Total de l'actif	100 000	Total du passif	100 000
(1) Dont à moins d'un an	20 000	(2) Dont à moins d'un an	50 000
Dont à plus d'un an	60 000	Dont à plus d'un an	10 000

Les caractéristiques des instruments financiers qui se trouvent à l'actif et au passif sont explicitées dans les développements ci-après.

1.1.1. Au passif

Les particuliers et les entreprises laissent à la disposition de la banque des *dépôts à vue*. Il s'agit d'un placement parfaitement liquide et sûr, car ces dépôts peuvent être retirés à tout moment et sont en règle générale garantis par un système d'assurance publique[2]. En contrepartie, ils ne sont pas ou peu

2. Voir dans cette ***Encyclopédie*** l'article de J. Dermine, « Intermédiation financière », p. 689, tome 1.

rémunérés. Le volume des dépôts est dans un premier temps considéré comme stable.

Les dépôts à terme sont rémunérés mais ne sont pas totalement liquides. Les fonds sont disponibles après une période fixée contractuellement (« l'échéance »), qui peut être de quelques semaines ou de quelques années. On suppose ici que l'échéance des dépôts à terme est inférieure à un an.

Les emprunts ont été contractés par la banque Fisher & Co. auprès d'autres institutions financières ou d'investisseurs. Certains sont représentés par des titres négociables. Leur coût est une fonction croissante de leur échéance.

Le capital et les réserves représentent la valeur nette comptable de la banque (l'ensemble des actifs – l'ensemble des dettes). Il s'agit de fonds laissés à sa disposition par ses actionnaires.

Les ressources sont majoritairement *à court terme*. 50 milliards d'emprunts et 10 milliards de dépôts à terme doivent être remboursés avant un an.

1.1.2. A l'actif

Les réserves sont conservées pour faire face aux éventuels retraits de dépôts. Le plus souvent, elles ont un caractère obligatoire et ne sont pas rémunérées.

Les titres de placement peuvent être considérés comme une réserve secondaire. Pour une grande part, il s'agit de papiers obligataires à court terme émis par des organismes publics, très liquides et sans risque.

Les crédits sont accordés, d'une part, aux autres institutions financières, d'autre part, aux entreprises et aux particuliers. La rémunération perçue (le taux d'intérêt) croît en fonction de la durée du crédit (comme au passif) et du risque de non-remboursement (risque de contrepartie).

Les emplois sont majoritairement *à long terme*. Soixante milliards de crédit ne seront pas remboursés au cours de l'année $n+1$. Les réserves ne peuvent pas diminuer au-delà d'un montant minimum obligatoire et les immobilisations n'ont pas vocation à être vendues dans l'année. Les seuls emplois arrivant à échéance au cours de l'année $n + 1$ sont donc les titres de placement et les crédits à court terme qui ne représentent que 30 milliards de francs.

1.2. Liquidité et marge d'intérêt

Chaque élément composant le bilan de la banque est caractérisé par une rémunération et un certain degré de liquidité. *La définition de la liquidité* dépend de la nature de l'élément considéré.

Lorsqu'il s'agit d'un *titre*, sa liquidité est liée à l'existence et à la profondeur de son marché secondaire. Une obligation est liquide si elle est cotée sur un marché et si elle peut être revendue rapidement au prix qui a cours sur ce marché. En revanche, s'il n'existe pas de marché organisé ni d'acheteur potentiel, sa liquidité est très faible et son prix de vente est incertain.

Lorsqu'il s'agit d'*un prêt ou d'un emprunt qui n'est pas représenté par un titre*, il n'existe pas de marché secondaire, sauf si l'on fait appel à la technique de la titrisation[3]. La liquidité dépend alors de la maturité du prêt, c'est-à-dire de la date future à laquelle aura lieu son remboursement.

---

3. Voir dans cette ***Encyclopédie*** l'article de V. Pancrazi-Dauchy, « Titrisation », p. 2013, tome 2.

Qu'ils soient représentés ou non pas un titre, les actifs et les passifs ont une propriété commune. *Leur rémunération est une fonction décroissante de leur liquidité.* Cette situation correspond à une structure par terme des taux d'intérêt ascendante. Dans un contexte de préférence pour la liquidité, les investisseurs demandent une prime pour investir dans des dettes à long terme et le montant de cette prime augmente avec l'échéance. Par conséquent, au passif, les ressources les plus liquides sont les moins coûteuses et, à l'actif, les placements les plus rentables sont les moins liquides. Dans la gestion des ressources comme dans celle des emplois, il existe toujours un *arbitrage entre la liquidité et la rémunération.*

Il faut souligner toutefois que pour des raisons réglementaires ou économiques, cette relation entre le taux d'intérêt et la liquidité n'est pas toujours vérifiée. Des dispositions réglementaires ou fiscales (encouragement de l'épargne, aide à l'acquisition de logements) sont susceptibles de modifier le couple liquidité/rémunération de certains éléments de l'actif ou du passif. Par ailleurs, les taux d'intérêt à court terme sont dans certaines circonstances égaux ou supérieurs aux taux à long terme. La structure par terme des taux d'intérêt est alors plate ou décroissante, car les investisseurs anticipent une baisse des taux ou demandent une prime de liquidité négative.

1.3. Le risque de liquidité

Dans un contexte de préférence pour la liquidité, il est rationnel de sélectionner des actifs à plus d'un an qui sont mieux rémunérés et des passifs à moins d'un an dont le coût est plus faible. De fait, le passif des banques est souvent plus liquide que leur actif, comme on l'observe dans le cas de Fisher & Co. A court terme, le montant des dettes à rembourser est donc supérieur au montant des emplois immédiatement disponibles. Il existe un risque de liquidité.

Le risque de liquidité est défini comme le risque, à un moment donné, de ne pas pouvoir faire face au passif exigible avec l'actif disponible et réalisable.

L'exposition de la banque Fisher & Co. à ce risque est significative. Au cours de l'année $199n + 1$, elle doit rembourser 50 milliards de francs d'emprunts à court terme et 10 milliards de francs de dépôts à terme. Pour honorer ses engagements (au minimum 60 milliards), Fisher & Co. ne dispose que des 20 milliards de francs de crédits qui doivent lui être remboursés pendant l'année et des 10 milliards de francs de titres qui peuvent être rapidement revendus. Son exposition au risque de liquidité est égale à la différence entre le passif exigible et l'actif réalisable, soit 30 milliards (60 – 30).

L'exposition des banques au risque de liquidité n'est pas accidentelle. *La transformation des échéances*, et notamment la transformation des dépôts à court terme en crédits à long terme, est une de leurs vocations, et c'est pour elles une source de profit. En raison de l'écart de liquidité entre leur passif et leur actif, les banques gagnent *une marge d'intérêt* égale à la différence entre le coût du passif et le revenu de l'actif. Cette marge est *la rémunération du risque de liquidité* qu'elles ont accepté.

1.4. La gestion de la liquidité

Dans des conditions normales, le risque de liquidité peut être facilement géré. Il suffit de prévoir les besoins de liquidité à venir et d'adopter une politique de financement appropriée. A chaque instant, un certain montant d'actif et un certain montant de passif parviennent à échéance, le solde de ces montants fait apparaître un besoin ou une capacité de financement :

$$\text{Actif réalisé} - \text{Passif exigible} < 0 \text{ ; besoin de financement}$$

$$\text{Actif réalisé} - \text{Passif exigible} > 0 \text{ ; capacité de financement}$$

Ce solde est appelé *impasse en liquidité*. Lorsque l'impasse est positive, le bilan de la banque est « sur-consolidé »[4], car il existe un excédent d'actif réalisable par rapport au passif exigible. Au contraire le bilan est « sous-consolidé » lorsque l'impasse est négative. De nouvelles ressources sont alors nécessaires pour honorer tous les engagements à échoir.

Pour faire face à un besoin de liquidité, la banque émet des certificats de dépôts, emprunte sur le marché interbancaire ou cède des actifs. La technique de titrisation permet de vendre aux marchés des actifs *a priori* non négociables, tels les emprunts hypothécaires. S'il existe une capacité de financement, elle peut être employée en prêtant sur le marché interbancaire ou en acquérant des titres. Bien entendu, il ne s'agit là que d'ajustements à court terme. Les besoins ou les excédents de liquidité sont avant tout le résultat d'orientations fondamentales. Ils dépendent de la politique de crédit (volume, échéance) et de la politique de financement à long terme (politique visant à attirer les dépôts, émissions d'obligations). La gestion de la liquidité est une gestion financière à long terme avant d'être une gestion de trésorerie à court terme.

Il convient de souligner qu'elle est également étroitement liée à la gestion du risque de taux d'intérêt. Les choix des actifs et des sources de financement doivent tenir compte des anticipations concernant l'évolution des taux d'intérêt.

1.5. Les différents aspects du risque de liquidité

Le risque de liquidité a plusieurs visages. Au passif, il s'agit d'un risque de financement. A l'actif, il s'apparente à un risque d'illiquidité au sens propre du terme, c'est-à-dire un risque de cristallisation des emplois.

1.5.1. Le risque de financement

Dans la mesure où les dettes, et en particulier les dettes à court terme, sont la principale source de liquidité des banques, celles-ci sont fortement dépendantes de leur capacité d'emprunt sur le marché financier.

Le risque de financement est défini comme le risque d'épuisement soudain des sources externes de liquidité.

La réalisation de ce risque a deux origines principales. Soit, pour des raisons politiques ou économiques, les marchés de capitaux ne fonctionnent pas dans des conditions normales et aucun nouveau financement n'est disponible ;

---

4. Cette expression est propre à la gestion actif-passif, elle n'a aucun rapport avec les procédés de consolidation comptable.

soit la banque réalise des pertes importantes, son existence est menacée et sa capacité de remboursement est mise en cause. Le marché fonctionne alors normalement mais aucun investisseur ne souhaite financer la banque.

1.5.2. Le risque d'illiquidité des emplois

A l'actif, les sources de liquidité sont le remboursement des crédits et la vente des titres. Une crise économique peut provoquer le *non-remboursement d'une part des crédits*, qui sont alors cristallisés dans le bilan. Parallèlement, la détérioration de la qualité d'un titre ou une crise des marchés secondaires peuvent entraîner une *baisse du cours des actifs négociables détenus par la banque*, tarissant ainsi une source majeure de liquidité.

2. La gestion classique du risque de taux d'intérêt : les impasses en taux

Certains actifs et passifs financiers sont indexés sur les taux du marché. Leur présence dans le bilan est à l'origine d'un risque de taux d'intérêt. La présentation du compte de résultat bancaire permet d'appréhender ce risque.

2.1. Le compte de résultat de la banque

Tableau 2 – Le compte de résultat de la banque

Produits d'intérêt	7 200
Charges d'intérêt	– 3 700
Marge d'intérêt	*3 500*
Commissions	2 000
Produit net bancaire	*5 500*
Frais généraux	– 3 500
Résultat brut d'exploitation	*2 000*
Produits et charges divers	– 1 500
Résultat net	*500*

Les produits d'intérêt sont les intérêts perçus sur les emplois ; les charges d'intérêt sont les intérêts versés sur les ressources. Les taux créditeurs et débiteurs sont répertoriés au tableau 3.

Les commissions sont les rémunérations des opérations de gestion, des opérations sur titres et des activités de conseil. Depuis de nombreuses années, leur part dans le produit net bancaire a augmenté en France comme dans la plupart des pays de l'OCDE. Néanmoins la marge d'intérêt est toujours une variable déterminante du compte de résultat et le risque de taux d'intérêt demeure la préoccupation principale des responsables de la banque.

Tableau 3 – Rémunérations de l'actif et du passif

	Echéance	Montant	Taux d'intérêt	Produit/Charge
Actif	< 1 an	30 000	6 %	1 800
	> 1 an	60 000	9 %	5 400
Produit d'intérêt				*7 200*
Passif	< 1 an	60 000	5 %	– 3 000
	> 1 an	10 000	7 %	– 700
Charge d'intérêt				*– 3 700*
Marge d'intérêt				*3 500*

2.2. *Taux fixes et taux variables*

A un instant donné, la marge d'intérêt dépend du niveau relatif des taux débiteurs et créditeurs et de la prime de liquidité entre les taux à court terme et les taux à long terme. Dans l'exemple choisi, au 31.12.199*n*, les taux du passif sont inférieurs au taux de l'actif (cette différence est liée notamment au risque de crédit) et les taux courts sont plus faibles que les taux longs (courbe des taux ascendante et prime de liquidité positive).

Au cours d'une période, la marge d'intérêt varie également en fonction du mouvement général des taux du marché. Si, au cours de l'année à venir, tous les taux à l'actif et au passif, courts et longs, augmentent de 1 %, alors les montants des produits et charges d'intérêt sont modifiés, dans la mesure, bien entendu, où les taux des emplois et des ressources sont variables.

La *définition du taux variable* et la distinction entre taux variable et taux fixe dépendent de l'horizon choisi. Choisissons un horizon d'un an et prenons l'exemple d'un emprunt contracté auprès d'une autre banque. Cet emprunt est à taux variable si une des deux conditions suivantes est remplie.

1 – La maturité de l'emprunt est inférieure à un an. Lors de son renouvellement, un nouveau taux sera négocié avec le créancier en fonction des conditions du marché. Si les taux ont augmenté, le coût du prêt augmentera également. Le taux est considéré comme variable.

2 – La maturité de l'emprunt est supérieure à un an (horizon) mais son taux est indexé sur un taux de marché. Le taux est également variable.

Le taux d'intérêt d'un instrument financier est variable soit parce que sa maturité est inférieure à l'horizon, soit parce que, contractuellement, il est indexé sur un taux de marché.

2.3. *Le risque de taux d'intérêt*

Le risque de taux d'intérêt est défini comme le risque de perte liée à la variation adverse des taux d'intérêt[5].

5. Voir également dans l'***Encyclopédie de gestion*** l'article de C. de La Baume, « Risque de taux d'intérêt ».

Lorsque les actifs et les passifs sont à taux variables, une hausse des taux du marché provoque une augmentation du coût des ressources et du revenu des emplois. Parallèlement, une baisse des taux conduit à une baisse simultanée du coût du passif et du revenu de l'actif. L'impact net sur la marge dépend de l'importance relative des éléments « à taux variable » à l'actif et au passif du bilan. Celle-ci est mesurée par l'impasse en taux (*gap* en anglais), égale au solde des emplois et des ressources à taux variable :

Actifs à taux variable – Passifs à taux variable = Impasse en taux [1]

Dès lors que l'impasse en taux n'est pas nulle, il existe un risque de taux. Si l'impasse est positive, une baisse des taux engendre une perte, mais une hausse est bénéfique. Au contraire, si l'impasse est négative, c'est une hausse des taux qui est à craindre. Les mouvements de taux n'ont aucun impact sur la marge lorsque l'impasse est nulle (*gap zero*).

Si l'impasse est non nulle, la variation de la marge d'intérêt consécutive à un mouvement des taux est :

Variation de la marge = Impasse en taux × Variation du taux [2]

Tableau 4

	Impasse < 0	**Impasse = 0**	**Impasse > 0**
Baisse des taux	Gain	0	Perte
Hausse des taux	Perte	0	Gain

Exemple. Pour étudier l'impact d'une hausse de 1 % des taux d'intérêt sur le résultat de la banque Fisher & Co., l'horizon est fixé à un an et l'on considère que 90 % des passifs et 40 % des actifs sont à taux variable au cours de cette période. Il s'agit des seuls actifs et passifs rémunérés (tableau 3).

L'augmentation du produit d'intérêt consécutive à une hausse de 1 % des taux est de : 90 000 × 40 % × 1 % = 360 millions.

L'accroissement de la charge d'intérêt consécutif à une hausse de 1 % des taux est de : 70 000 × 90 % × 1 % = 630 millions.

La marge d'intérêt a diminué de 630 – 360 = 270 millions. Le calcul de l'impasse donne bien entendu le même résultat.

L'impasse s'élève à : 90 000 × 40 % – 70 000 × 90 % = – 27 000 millions.

La variation de la marge est donc de – 27 000 × 1 % = – 270 millions.

Suite à une hausse de 1 % des taux d'intérêt, la marge d'intérêt a diminué de 7,7 %, le résultat brut d'exploitation de 13,5 % et le résultat net de 54 %. Cet impact est dû à la présence de nombreux éléments à taux variable au passif de la banque (alors que les actifs sont majoritairement à taux fixe) et à l'importance des coûts fixes dans le compte de résultat.

Tableau 5 – Compte de résultat après une augmentation de 1 % des taux d'intérêt

Produits d'intérêt	7 560
Charges d'intérêt	– 4 330
Marge d'intérêt	*3 230*
Commissions	2 000
Produit net bancaire	*5 230*
Frais généraux	– 3 500
Résultat brut d'exploitation	*1 730*
Produits et charges divers	– 1 500
Résultat net	*230*

2.4. La gestion du risque de taux d'intérêt

Il est possible de protéger le résultat de la banque contre les variations de taux d'intérêt en maintenant à tout moment une stricte égalité entre les passifs et les actifs à taux variables (*gap zero*). Néanmoins, les bilans bancaires présentent souvent des *gaps* positifs ou négatifs. En effet, les investisseurs qui pourvoient aux besoins financiers de la banque et les emprunteurs qui fournissent ses emplois ont rarement les mêmes préférences en termes de risque de taux. De plus, l'exposition au risque de taux est parfois volontairement accentuée. Un *gap* négatif est conservé si une baisse des taux est anticipée, un *gap* positif si c'est une hausse qui est attendue.

Pour atteindre son objectif en termes de risque de taux (protection ou spéculation), le gestionnaire actif-passif dispose de multiples instruments.

La politique de financement et de crédit est le premier instrument. En l'absence de contraintes, la sélection des ressources et des emplois à taux variable doit permettre de déterminer l'exposition au risque. Néanmoins il faut tenir compte des impasses en liquidité. Une banque anticipant une baisse des taux peut décider de prêter long à taux fixe et d'emprunter à court terme (c'est-à-dire à taux variable). Dans ce cas, toutefois, elle prend non seulement un risque de taux (c'est l'objectif recherché), mais également un risque de financement. Les préférences des autres agents financiers restreignent également la marge de manœuvre des banquiers. Le volume et la nature des actifs et des passifs disponibles sur les marchés sont toujours limités.

Depuis un certain nombre d'années, de nouveaux instruments financiers permettent d'ignorer en partie ces limites.

Les *swaps* représentent un instrument très commode de gestion du risque de taux ; ils sont fréquemment utilisés par les banques. Un swap permet d'échanger les charges d'intérêt liées à un taux fixe contre celles liées à un taux variable, ou encore les charges liées à deux taux de référence différents[6]. Dans la mesure où une contrepartie souhaite réaliser l'opération à un coût économique, un emprunt à taux fixe peut ainsi être facilement « transformé » en un emprunt à taux

6. Voir dans cette ***Encyclopédie*** l'article de V. Lauwick, I. de Dinechin, C. Lorin et P. Gourmet, « Instruments de gestion du risque de taux », p. 654, tome 1.

variable, et réciproquement. La flexibilité des banques en termes de gestion des risques de taux s'en trouve considérablement accrue.

Les produits dérivés sont une source supplémentaire de flexibilité. Grâce aux *options, futures ou forwards*, les portefeuilles de dettes ou de crédits sont couverts contre des variations adverses de taux[7]. Ainsi, quelles que soient ses propres préférences, une banque peut offrir à ses clients une grande diversité de prêts ou de placements puis renégocier sur le marché les risques acceptés lors de ces opérations.

Malgré tout, la gestion des impasses en taux demeure difficile à mettre en œuvre et souffre d'importantes faiblesses intrinsèques.

La mise en œuvre des calculs est problématique pour deux raisons.

– La distinction entre taux variable et taux fixe n'a de sens que dans un horizon précis. Pour calculer une impasse, il faut choisir une période de référence (un an, un mois, un jour) pendant laquelle certains taux sont variables et d'autres fixes. Mais ce choix est délicat. Au cours d'une période trop longue, le montant de l'impasse risque de varier. Dans ce cas, les pertes calculées ne sont pas représentatives des pertes maximales possibles. Au contraire, plus la période est courte, plus les calculs de pertes sont précis, mais la gestion devient alors très complexe.

– Les actifs et les passifs à taux variables sont indexés sur des taux de référence. Pour simplifier les calculs, ils sont regroupés par « familles de taux ». Mais pour obtenir des résultats exacts, il serait nécessaire de calculer l'impasse pour chaque taux de référence.

Les faiblesses intrinsèques sont liées aux principes qui conduisent la démarche. La gestion en *gap* est fondée sur une approche comptable. La valeur nette de la banque est la différence entre la valeur comptable des actifs et des passifs. Or les actionnaires de la banque sont avant tout préoccupés par *la valeur réelle* de leur investissement, c'est-à-dire la différence entre *les valeurs de marché* des actifs et celles des passifs de la banque. La prise en compte de ces valeurs de marché nécessite l'utilisation d'un nouvel outil, à savoir la sensibilité.

3. La gestion du risque de taux d'intérêt et les valeurs de marché

La valeur de marché des instruments financiers présents dans le bilan est sensible aux variations des taux. Le risque de taux d'intérêt est donc plus complexe qu'il est apparu en utilisant une approche comptable, et de nouveaux outils sont nécessaires pour le gérer.

3.1. La valeur de marché et le risque de taux d'intérêt

La valeur de marché d'un instrument financier est égale à sa valeur actuelle, c'est-à-dire à la somme de ses cash-flows futurs actualisés.

---

7. Voir dans cette ***Encyclopédie*** les articles de V. Lauwick, P. Gourmet, C. Lorin et I. de Dinechin, « Produits dérivés de taux de seconde génération », p. 1574, tome 2, de J.C. Augros, « Options de taux d'intérêt », p. 1456, tome 2 et de J.L. Alexandre, « Marchés à terme de taux d'intérêt », p. 1026, tome 1.

Soit un titre T engendrant aux i dates futures n flux F_i, sa valeur actuelle $V(T)$ est :

$$V(T) = \sum_{i=1}^{n} \frac{F_i}{(1+r)^i} \qquad [3]$$

Le taux d'actualisation r est le taux du marché qui s'applique au titre T. Il s'agit du taux actuariel des titres de même maturité émis aujourd'hui sur le marché. Lorsque le taux d'actualisation augmente la valeur actuelle du titre T diminue. A l'inverse, elle croît lorsque les taux baissent.

Les actionnaires de la banque s'intéressent à sa valeur actuelle nette, c'est-à-dire à la valeur de marché des actifs diminuée de la valeur de marché des passifs. Lorsqu'il s'agit des actifs, une hausse des taux est à craindre car celle-ci se traduit par un appauvrissement. Dans le cas des passifs, c'est au contraire une baisse des taux qui est redoutée, car elle accroît la valeur des dettes vis-à-vis de l'extérieur (tableau 6).

Pour déterminer l'impact net d'une variation des taux sur la valeur actuelle de la banque, il est nécessaire de calculer dans quelles proportions les valeurs actuelles changent lorsque les taux fluctuent.

Tableau 6

	Hausse des taux	**Baisse des taux**
Valeur actuelle des actifs	baisse = perte	augmente = gain
Valeur actuelle des passifs	baisse = gain	augmente = perte

Exemple. Le 31.12.199n, Fisher & Co. souhaite accorder un crédit de 100 millions à 10 ans sans modifier son risque de liquidité. Elle choisit donc de refinancer ce prêt par une émission d'obligations de même maturité. Le prêt et les obligations sont remboursables en fin de période. A la date du contrat, les taux sont fixés en fonction des conditions du marché. Le taux à 10 ans étant de 6 %, les obligations sont émises à un taux actuariel de 7 % (taux du marché + 1 %), et le crédit est accordé à 10 % (taux du marché + 4 %) pour tenir compte du risque de non-remboursement. Il est décidé par contrat que ces taux sont fixes. De cette façon, l'impasse en taux de l'opération est nulle. Quels que soient les mouvements futurs du marché, la somme remboursée par la banque dans 10 ans sera de : $100 \times (1,07)^{10} = 196,72$ millions, et le remboursement du crédit s'élèvera à : $100 \times (1,10)^{10} = 259,37$ millions.

Lorsque le taux du marché à 10 ans baisse de 1 %, les montants des sommes à rembourser ne varient pas, car les taux contractuels sont fixes. En revanche, leur valeur actuelle augmente car le coût d'opportunité de l'argent est plus faible. Les taux d'actualisation des obligations et du crédit étant désormais respectivement de 6 % et 9 %, la valeur actuelle des sommes remboursées est pour les obligations : $196,72/(1,06)^{10} = 109,85$ millions, et pour le crédit : $259,37/(1,09)^{10} = 109,56$ millions. Bien que l'actif et le passif soient à taux fixes, leurs valeurs de marché ont changé. Désormais la valeur actuelle nette des deux opérations n'est plus zéro mais : $109,56 - 109,85 = -0,29$ million.

La valeur de marché du capital de Fisher & Co. a diminué de 290 000 francs. Quoi qu'ayant choisi des actifs et des passifs à taux fixes, ses actionnaires se sont appauvris, mais l'analyse en *gap* ne permet pas d'expliquer cet appauvrissement, car elle ne s'intéresse qu'aux décalages des maturités et aux variations nominales des marges d'intérêt. La perte n'apparaît que si l'on tient compte des valeurs actuelles, c'est-à-dire de la valeur temporelle de la monnaie et de la date à laquelle sont perçus les flux.

La relation qui lie les valeurs actuelles et les taux du marché est formalisée à l'aide des notions de duration et de sensibilité.

3.2. La duration

La duration est la durée de vie moyenne d'un instrument financier. Elle est égale à la moyenne pondérée des maturités de ses cash-flows futurs[8].

$$D(T) = \sum_{i=1}^{n} \frac{i \times F_i}{V(T) \times (1+r)^i} \qquad [4]$$

La maturité i de chaque cash-flow futur est pondérée par le ratio $V(F_i)/V(T)$, qui mesure le poids de chaque cash-flow dans la valeur actuelle totale.

Exemple. Soit deux crédits à cinq ans dont les intérêts sont payés en fin de période pour le premier et chaque année pour le second. Les taux d'intérêt (10 %) sont fixes. Les durations des deux crédits sont reproduites au tableau 7.

Le crédit A, comme tout instrument financier zéro-coupon (paiement en fin de période), a une duration égale à sa maturité. En revanche, la duration du crédit B n'est que de 4 ans et deux mois. Certains de ses cash-flows sont perçus avant l'échéance et leur durée de vie moyenne est donc inférieure à cette échéance. La duration ainsi définie est particulièrement utile pour gérer l'exposition du bilan aux variations de taux d'intérêt.

Tableau 7 – Calcul des durations

Crédit A	**Année**	**1**	**2**	**3**	**4**	**5**	**Total**
(Paiement en fin de période)	Cash-flow (F)	0	0	0	0	161,05	161,05
	V (F)	0	0	0	0	100	100
	Année × V (F)	0	0	0	0	500	500
	Duration						5 ans
Crédit B	**Année**	**1**	**2**	**3**	**4**	**5**	**Total**
(Intérêts payés chaque année)	Cash-flow (F)	10	10	10	10	110	150
	V (F)	9,09	8,26	7,51	6,83	68,31	100
	Année × V (F)	9,09	16,52	22,53	27,32	341,55	417,01
	Duration						4,17 ans

8. Voir également dans cette ***Encyclopédie*** l'article de A. Minguet, « Immunisation de portefeuille et duration », p. 597, tome 1.

3.3. La duration, la sensibilité et la gestion du risque de taux d'intérêt

La sensibilité d'un instrument financier mesure la variation de sa valeur actuelle consécutive à une fluctuation du taux du marché.

Dérivée de la valeur actuelle par rapport au taux du marché, elle est approximativement égale à la duration divisée par le taux d'actualisation :

$$S(T) = D(T)/(1+r) \quad [5]$$

D'après cette relation, plus la duration d'un instrument financier est élevée, plus sa sensibilité aux variations de taux d'intérêt est grande, et deux instruments financiers sont également sensibles aux taux d'intérêt s'ils ont la même duration *et* si leurs taux d'actualisation sont identiques.

Exemple. Dans l'exemple précédent, si le taux d'actualisation (taux du marché) augmente de 1 %, les valeurs actuelles des deux crédits diminuent. Celle du crédit A a diminué de 4,44 millions et celle du crédit B de 3,69 millions. En utilisant directement la formule de la sensibilité, on obtient pour les crédits A et B :

$$S(\text{A}) = 5,00/(1,1) = 4,54\ \%, \quad \text{soit} \quad \Delta V(\text{A}) = 100 \times 0,0454 = 4,54 \text{ millions}$$

$$S(\text{B}) = 4,17/(1,1) = 3,79\ \%, \quad \text{soit} \quad \Delta V(\text{B}) = 100 \times 0,0379 = 3,79 \text{ millions}$$

Les résultats diffèrent légèrement pour des raisons évoquées au paragraphe 3.5.

Tableau 8 – Sensibilité des valeurs actuelles

Crédit A	**Année**	**1**	**2**	**3**	**4**	**5**	**Total**
	Cash-flow (F) *V* (F)	0 0	0 0	0 0	0 0	161,05 95,56	161,05 95,56
Crédit B	**Année**	**1**	**2**	**3**	**4**	**5**	**Total**
	Cash-flow (F) *V* (F)	10 9	10 8,12	10 7,32	10 6,59	110 65,28	150 96,31

3.4. La sensibilité des bilans

La sensibilité d'un bilan est égale à la moyenne pondérée des sensibilités des actifs et des passifs qui le composent, i.e. la sensibilité moyenne est la moyenne des sensibilités.

Cette propriété particulière est valable uniquement lorsque la gamme des taux subit un déplacement parallèle, c'est-à-dire dans le cas où tous les taux de rendement ri des i maturités subissent la même variation Δr.

Soit $S(T)$ les sensibilités des J instruments Tj composant le portefeuille P et kj le poids du titre Tj dans P, la sensibilité de P lorsque la gamme des taux se déplace parallèlement est :

$$S(P) = \sum_{j=1}^{J} [kj \times S(Tj)] \quad [6]$$

kj étant positif si l'instrument est un actif et négatif s'il s'agit d'un passif.

Lorsque la moyenne pondérée des sensibilités des actifs et des passifs qui composent un bilan est positive, la valeur actuelle de ce bilan est exposée défavorablement à une hausse des taux. Dans ce cas, en effet, la sensibilité moyenne des actifs est supérieure à la sensibilité moyenne des passifs. Si les taux augmentent, la valeur actuelle des actifs diminue d'un montant supérieur à celle des passifs. Le valeur actuelle nette du bilan diminue donc et les actionnaires s'appauvrissent. En revanche, lorsque la sensibilité moyenne pondérée est négative, il existe un risque de perte en cas de baisse des taux. Enfin, si la sensibilité est nulle, le bilan est protégé contre les déplacements parallèles de la gamme des taux.

Exemple. Application de cette propriété à l'opération décrite au paragraphe 3.1.

Le prêt (actif) a une duration de 10 ans et une sensibilité de : S (prêt) = 10/(1 + 0,1) = 9,09 %. Les obligations (passif) ont une duration de 10 ans et une sensibilité de : S (obligations) = 10/(1 + 0,07) = 9,35 %. La sensibilité du portefeuille est 9,09 – 9,35 = – 0,26 %. La perte réalisée en cas de baisse de 1 % du taux est donc : – 0,26 × 1 × 100 = – 0,26 million. (Les résultats diffèrent légèrement pour des raisons évoquées au paragraphe 3.5.)

Le portefeuille a une sensibilité moyenne négative ; il est exposé défavorablement à une hausse des taux.

3.5. Le risque de convexité et la déformation de la gamme des taux

La sensibilité est un outil particulièrement commode mais sa portée est limitée. Tout d'abord, elle n'est qu'une mesure approximative de la relation qui lie la valeur présente d'un titre au taux d'intérêt, car en toute rigueur cette relation n'est pas linéaire mais convexe. De plus, les portefeuilles d'actifs et de passifs dont la sensibilité moyenne pondérée est nulle sont protégés uniquement contre un déplacement parallèle de la gamme des taux, et non contre ses déformations.

Il convient de souligner qu'une analyse plus fine de la relation qui lie les valeurs de marché aux mouvements de taux requiert des modèles de taux basés sur des dynamiques stochastiques dont les paramètres évoluent avec le marché[9]. Seul ce type d'analyses permet de bien cerner la valeur des options latentes contenues dans le bilan (§ 4.1.). La description de tels modèles ainsi qu'une explication plus complète de la convexité se trouvent dans les ouvrages de mathématiques financières.

3.5.1. La convexité de la relation de sensibilité

Comme il est déjà apparu au paragraphe 3.3., l'utilisation de l'équation [5] pour les calculs de la sensibilité ne donne que des résultats approchés. L'approximation est inévitable dans la mesure où l'équation elle-même est simplifiée. Elle exprime en effet la valeur actuelle d'un instrument comme une fonction linéaire du taux du marché : $V(T,\ r) = S \times T \times \Delta r$.

En réalité la fonction $V(T,\ r)$ est convexe et sa représentation est une courbe et non une droite (graphique 1). Cela signifie que la sensibilité d'un instrument

9. Voir dans cette ***Encyclopédie*** l'article de J.P. Gourlaouen et B. de Séverac, « Structure par terme des taux d'intérêt : les nouvelles théories », p. 1758, tome 2.

change lorsque les variations de taux sont amples. Un instrument dont la sensibilité est S pour un taux r aura une sensibilité de S' lorsque le taux aura augmenté ou diminué. La mesure obtenue grâce à l'équation [5] n'est donc qu'*une mesure locale de la sensibilité* (représentée par une tangente à la courbe), valable pour un taux donné.

Graphique 1 – Convexité de la courbe *V*(*T*, *r*)

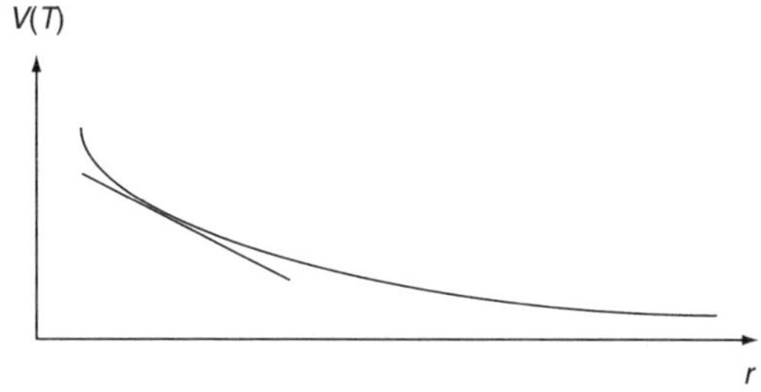

Les effets d'une hausse des taux sont surévalués et les effets d'une baisse sont sous-évalués. L'équation [5] peut être utilisée uniquement pour des variations infinitésimales de taux. A défaut de déterminer la valeur de la convexité, il est nécessaire de calculer régulièrement toutes les sensibilités lorsque les taux ont varié. La gestion du risque de taux gagne ainsi en fiabilité. Sa mise en œuvre est, il est vrai, plus problématique.

3.5.2. L'effet d'une variation non parallèle de la gamme des taux

La sensibilité d'un bilan est égale à la moyenne pondérée des sensibilités si tous les taux du marché subissent une même variation. Les bilans dont la sensibilité moyenne est nulle ne sont donc pas protégés contre une déformation de la gamme des taux (graphique 2), c'est-à-dire, par exemple, une diminution des taux courts accompagnée d'une augmentation des taux longs (gamme 2 sur le graphique 2).

Pour tenir compte des risques de déformation, une solution commode consiste à égaliser les sensibilités des actifs et des passifs localement, c'est-à-dire par compartiment de taux. Les instruments à 4-5 %, 5-6 %, 6-7 %... sont rassemblés dans des portefeuilles fictifs dont la sensibilité est annulée. Chaque portefeuille local est protégé contre la variation d'une portion de la gamme des

Graphique 2 – Déformation de la gamme des taux

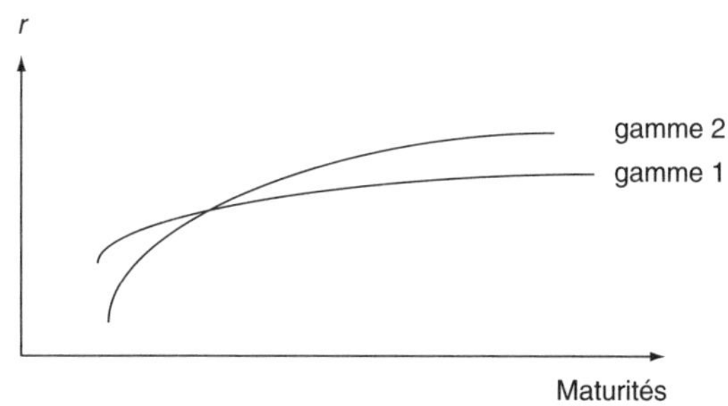

taux et le bilan est protégé contre les mouvements parallèles *et* non parallèles de cette gamme.

D'autres approches plus rigoureuses visent à mettre en place des modèles mathématiques qui expriment la sensibilité d'un portefeuille non pas en fonction d'une unique variation de taux Δr, mais en fonction de tous les taux $r1$, $r2$, $r3$... de la gamme des taux et des variations spécifiques $\Delta r1$, $\Delta r2$, $\Delta r3$... qui les affectent. La relation $VT(r)$ n'est plus une fonction à une seule variable Δr, mais à n variables ; ces n variables étant les Δrn variations de taux affectant les rn taux de la gamme. La mise en place de telles analyses nécessite l'utilisation de scénarios de taux. Les valeurs de la sensibilité ne sont calculées que pour les déformations qui semblent probables vu les précédents historiques.

4. Les options et la gestion globale du bilan

La description des risques de liquidité et de taux d'intérêt a reposé jusqu'à présent sur deux présuppositions :

– les flux engendrés par les actifs et les passifs présents dans les bilans sont considérés comme certains,

– les marges et la valeur de marché de la banque sont sensibles à une seule variable, le taux d'intérêt.

Cette approche est simplificatrice. *De nombreux instruments contiennent en effet des options*, telles que l'option de remboursement anticipé, l'option de retirer ses dépôts ou celle d'utiliser une facilité de crédit, *qui confèrent aux flux* qu'ils engendrent *un caractère incertain.* Il est nécessaire d'appréhender ces options pour affiner l'analyse et la gestion des risques de liquidité et de taux[10].

4.1. Les risques liés à l'exercice des options offertes à la clientèle

Quelques exemples permettent de comprendre les risques inhérents à la présence des options.

4.1.1. Les dépôts à vue

En première approximation, le volume des dépôts a été considéré comme fixe. Mais en réalité, il est susceptible de diminuer à tout moment, puisque les particuliers et les entreprises disposent d'une option de retrait de leurs fonds. De tels retraits créent non seulement un risque de liquidité mais également un risque de taux. Pour compenser la perte des dépôts, soit de nouvelles ressources devront être puisées sur les marchés, soit des actifs devront être cédés. Il existe toujours un risque que ces opérations ne puissent être réalisées (risque de liquidité). Si elles sont conduites avec succès, elles transforment le profil de risque de taux. En effet, un emprunt sur les marchés ou la vente d'actifs sont susceptibles de changer l'impasse en taux et modifient la sensibilité globale du bilan (risque de taux).

De plus les retraits de dépôts sont relativement plus importants lorsque les taux sont élevés et que les clients peuvent transférer leurs fonds vers des pro-

10. Voir également dans cette ***Encyclopédie*** l'article de E. Briys et F. de Varenne, « Assurance-vie et risques financiers : une lecture optionnelle », p. 166, tome 1.

duits d'épargne attrayants. Le besoin de refinancement apparaît à un moment où son coût est particulièrement élevé. L'option – au sens ordinaire – de retrait des dépôts dessine le profil de risque d'une véritable option au sens financier du terme.

4.1.2. Les prêts avec clause de remboursement anticipé

Les entreprises et les particuliers empruntant à taux fixe auprès des banques ont souvent la possibilité de rembourser leur dette par anticipation. C'est notamment le cas pour les prêts immobiliers. L'option de remboursement anticipé fait peser une incertitude sur les flux futurs perçus par la banque et elle est à l'origine d'un risque de taux.

Les emprunteurs utilisent en effet cette option lorsque les taux baissent car ils ont la possibilité de se refinancer à un coût moindre. La banque reçoit alors des liquidités qu'elle doit placer ou prêter à nouveau. Quoiqu'elle fasse, sa rémunération sera plus faible puisque les taux du marché ont baissé. Une perte est donc réalisée par rapport à l'opération précédente. L'option de remboursement anticipé engendre un risque de perte consécutif à une variation adverse des taux, c'est-à-dire un risque de taux d'intérêt.

4.2. L'analyse des options et la stratégie de couverture

Pour évaluer les risques liés à la présence d'une option, il est nécessaire, d'une part, de déterminer les variables qui influencent son utilisation, d'autre part, de modéliser les comportements des détenteurs de l'option en fonction de ces variables. Dans le cas de l'option de remboursement anticipé, le niveau des taux d'intérêt et la maturité du crédit semblent être les variables déterminantes. Mais d'autres phénomènes, tels que l'âge des emprunteurs ou leur mobilité géographique, peuvent également jouer un rôle. L'observation de données statistiques doit permettre de prévoir le pourcentage de crédits remboursés en cas de fluctuation des taux d'intérêt.

La mise en évidence des options permet de définir des stratégies de couverture appropriées, et d'accroître ainsi la précision et l'efficacité de la gestion actif-passif. De très nombreuses techniques sont disponibles pour gérer les risques liés à la présence d'options, en particulier lorsqu'elles sont communes comme l'option de remboursement anticipé. La titrisation, déjà très répandue aux Etats-Unis, permet d'extraire ce risque du bilan et d'en confier la gestion au marché. Une solution alternative consiste en l'achat d'un panier adéquat de *floors* qui garantissent à la banque une rémunération minimale si le débiteur rembourse son prêt.

Toutefois, de telles stratégies ne sont pas toujours réalisables et sont souvent coûteuses. Il serait préférable de ne pas procéder au coup par coup et d'effectuer uniquement des ajustements marginaux en fonction du risque global lié à l'ensemble des options présentes dans le bilan, car celles-ci sont susceptibles de se compenser. Des analyses complexes et un volume considérable d'informations sont alors nécessaires.

4.3. La gestion globale du bilan : synthèse

Le gestionnaire actif-passif doit se soucier d'une part de la prévision et de l'ajustement des flux de liquidité, d'autre part de la gestion des risques de taux d'intérêt (impasses et sensibilité). Il ne peut toutefois poursuivre séparément ces deux objectifs qui sont étroitement interdépendants. Le profil de risque de taux d'intérêt est modifié par les mouvements de flux. Et, réciproquement, certains flux futurs dépendent des fluctuations de taux d'intérêt.

Les nombreuses options présentes dans le bilan sont une source de risque de liquidité et de taux, et leurs effets doivent être soigneusement modélisés et évalués.

Pour atteindre ces objectifs, des anticipations concernant l'évolution des encours (volume des dépôts ou demande des crédits) et leur dépendance par rapport aux mouvements de taux doivent être explicitement exprimées.

Enfin les interdépendances entre la gestion actif-passif et la gestion des autres risques bancaires (risque de change[11], risque de marché[12], risque de contrepartie[13]) doivent être prises en compte de façon à acquérir une vision véritablement globale du *risk management* dans les institutions financières.

*

* *

La gestion actif-passif est fille de l'histoire bancaire. Répondant à des besoins toujours plus divers et plus précis, elle s'est intéressée tour à tour au risque de liquidité puis aux risques de taux, aux valeurs comptables puis aux valeurs de marché, aux variations des taux d'intérêt puis à toutes les variables nécessaires à la compréhension des options. Beaucoup d'objectifs ont aujourd'hui été atteints. La transparence de la gestion bancaire progresse régulièrement et des informations toujours plus fiables peuvent être fournies aux actionnaires et aux autorités réglementaires.

Cette clarification met progressivement fin aux transferts – parfois encouragés par la collectivité – entre clientèles ou entre produits, qui résultaient d'une analyse insuffisante du rôle des risques dans les bilans bancaires.

Néanmoins, le chemin à parcourir est encore long. La compréhension et la mesure des risques n'ont pas encore atteint l'âge adulte. A n'en pas douter les mutations incessantes du monde financier créeront à l'avenir de nouveaux problèmes et poseront de nouvelles questions. La gestion actif-passif est donc avant tout en devenir.

Références

Beaver W.H., Parker G. (éd.), *Risk Management, Problems and Solutions*, McGraw-Hill, 1995.

Bessis J., *Gestion des risques et gestion actif-passif des banques*, Paris, Dalloz, 1995.

Brealey R., Myers S., *The Principles of Corporate Finance*, 4e éd., McGraw-Hill, 1991.

Burgard J.J., Cornut C., Massy Robert O. (de), *La banque en France,* Paris, Presses de la FNSP et Dalloz, 1995.

Fabozzi F.J., Konishi A. (éd.), *The Handbook of Asset-Liability Management*, 2e éd., Irwin, 1996.

Hull J.C., *Options, Futures, and Other Derivatives Securities*, 2e éd., Prentice Hall, 1993.

Mishkin F.S., *The Economics of Money, Banking and Financial Markets*, 4e éd., Harper Collins, 1995.

---

11. Voir dans l'***Encyclopédie de gestion*** l'article de C.A. Vailhen, « Risque de change ».

12. Voir dans cette ***Encyclopédie*** l'article de P. Bernard et B. Julien-Laferrière, « Risques de marché », p. 1722, tome 2.

13. Voir dans cette ***Encyclopédie*** l'article de J. Bessis, « Risque de contrepartie », p. 1701, tome 2.

SMITH C.W. JR, SMITHSON C.W., WILFORD D.S., *Managing Financial Risk,* Irwin Professional Publishing, 1995.
SUNDERS A., *Financial Institutions Management,* Irwin, 1994.

Mots clés

Banque, convexité (des gammes de taux d'intérêt), dépôt (bancaire), dérivé (produit), duration, gestion actif-passif, impasses en taux, liquidité (risque de –, définition, impasse en –), options (dans des bilans bancaires), remboursement anticipé (option de –), risques financiers (gestion des –), sensibilité, taux d'intérêt (risque de –), valeur de marché.

26

Gestion obligataire

Michel Piermay

Longtemps considérées comme des investissements d'accès facile et à faible risque, les obligations n'ont commencé à être gérées que tardivement[1].

En France, leur gestion a été longtemps limitée aux calculs mystérieux de quelques rares actuaires, et leur marché partagé entre particuliers qui souscrivaient à l'émission et revendaient au mieux, lorsqu'ils avaient besoin de liquidités, à des institutions qui accumulaient puis attendaient le remboursement.

Les années d'inflation, puis la plus grande variabilité des taux d'intérêt, et surtout les besoins de la dette publique et le développement des Sicav et des fonds communs de placement (FCP) qui publient régulièrement leur valeur liquidative ont permis l'apparition d'un vrai marché obligataire et de techniques de gestion correspondantes. La gestion obligataire a également subi les conséquences de l'intermédiation réalisée par l'assurance-vie, qui s'est substituée à la vente directe d'obligations aux particuliers.

1. Les aspects réglementaires

Le marché des obligations et le comportement de ses acteurs dépendent de règles qui affectent directement la gestion de nombreux intervenants par le jeu de quotas. Surtout, elles les influencent en superposant aux aspects financiers et actuariels les nécessités parfois contradictoires de la comptabilité et de la fiscalité.

1.1. Les quotas

Ceux-ci concernent les investisseurs institutionnels et les organismes de placement collectif en valeurs mobilières (OPCVM). Ils imposent à la fois une division des risques et une obligation d'investissement.

1. Voir dans cette ***Encyclopédie*** l'article de M. Piermay, « Obligations », p. 1283, tome 2.

1.1.1. La division des risques de signature

On peut par exemple classer les obligations suivant le statut juridique de leur émetteur :

– l'Etat et les entités bénéficiant de la garantie de l'Etat,
– les collectivités locales,
– le secteur public (à caractère non concurrentiel),
– le secteur concurrentiel (banque, industrie, commerce, services),
– les organismes internationaux et les débiteurs non résidents.

Cette distinction juridique joue un rôle important notamment au niveau des contraintes de division des risques.

Les OPCVM se voient limités à 5 % ou 10 % de leur actif sur les titres d'un même émetteur. Ils n'ont cependant aucune limite pour les valeurs émises par les collectivités territoriales de l'OCDE ou garanties par elles.

De même, pour les compagnies d'assurance, les valeurs émises ou les prêts obtenus par un même emprunteur ne peuvent excéder 5 % des provisions techniques, à l'exception des valeurs émises ou garanties par l'Etat ou une collectivité territoriale de l'OCDE. De nombreuses règles archaïques subsistent, telles que l'interdiction pour certains organismes de HLM de détenir des obligations des chemins de fer, y compris la SNCF dont les emprunts sont garantis par l'Etat.

1.1.2. Les minima d'emplois en obligations

Il est courant d'évoquer « l'obligation de l'obligation ». Mais depuis 1990, les Sicav ne sont plus tenues d'avoir 30 % d'obligations françaises, de bons du Trésor ou de fonds en dépôt. Le pourcentage minimum d'obligations françaises de 33 % pour les compagnies d'assurance a disparu à la même époque.

1.1.3. Les maxima d'emplois en obligations

Les Sicav de court terme qui se définissent comme monétaires ne peuvent détenir plus de 25 % d'obligations non couvertes par des opérations conditionnelles, à terme, ou de réméré.

1.2. La comptabilité sociale

La réalité financière n'est pas toujours facile à concilier avec l'annualité des comptes.

1.2.1. Les revenus annuels

Suivant les détenteurs, sont pris en compte les coupons encaissés au cours de l'exercice (particuliers ou entreprises) ou les coupons courus (investisseurs institutionnels en général). Il n'y a pas nécessairement cohérence avec la prise en compte du coût des ressources que supporte le portefeuille obligataire.

Certaines obligations, comme les obligations à coupon capitalisé, peuvent éviter de comptabiliser un revenu. Dans tous les cas, seul le rendement courant est pris en compte, même s'il est très différent du rendement actuariel. Les investisseurs peuvent, à rendement actuariel donné, choisir des titres à gros ou à petit coupon suivant le résultat comptable souhaité.

Avec les obligations à très gros coupon, il est possible de faire apparaître un revenu annuel élevé alors que le capital fond régulièrement (cas des Sicav dites fondantes).

Cependant, depuis 1992, les compagnies d'assurance doivent comptabiliser en revenu l'amortissement de la surcote ou décote de titre afin de rapprocher rendement actuariel et revenu comptable.

1.2.2. Les provisions

Si les plus-values non réalisées ne sont pas comptabilisées par prudence comptable, les moins-values doivent en principe donner lieu à une provision.

Les compagnies d'assurance, par dérogation, ne sont pas tenues d'amortir les moins-values, mais elles amortissent l'écart entre le prix d'achat et le prix de remboursement sur la durée du titre. La justification avancée est la possibilité pour ces institutions de conserver les titres jusqu'à échéance sans réaliser la perte. En fait, l'importance des moins-values constatées en période de hausse des taux aurait mis en péril la plupart des compagnies, dont les fonds propres sont faibles par rapport aux provisions techniques investies.

A noter que les plus ou moins-values sur obligations (à taux fixe) réalisées par ces compagnies sont neutralisées comptablement par des dotations et des reprises à la réserve de capitalisation. Il s'agit là d'un lissage dans le temps du mouvement des taux d'intérêt.

1.2.3. Les gains en capital

Ceux-ci sont comptabilisés l'année de leur réalisation, aux mouvements des provisions près. Les entreprises ou les institutions, en répartissant le rendement actuariel entre revenu et gain en capital, peuvent lisser assez largement leur résultat d'une année sur l'autre.

1.2.4. Les dissymétries de traitement des opérations

Dès lors que l'obligation est financée, ou qu'elle donne lieu à une opération de couverture, il devient possible de jouer des dissymétries réglementaires pour affecter les comptes.

Ainsi, le coût d'une couverture à terme pourra être comptabilisé alors que le gain en capital réalisé sur l'obligation ne le sera pas. Ou bien un établissement financier qui aura émis une obligation pour en replacer le produit sur d'autres obligations de même échéance réalisera une perte comptable par le jeu des provisions sur dépréciation de son actif, alors même que l'économie globale de l'opération donnera une marge certaine, positive, entre le coût des ressources et le rendement global des emplois.

1.3. La fiscalité

Complexe, celle-ci impose souvent une comptabilité différente de la comptabilité sociale. A noter que les OPCVM ne sont pas directement imposés, mais que leurs détenteurs le sont sur les gains qu'ils encaissent.

1.3.1. La fiscalité du revenu

C'est le principe du revenu encaissé qui prime. Les obligations autres que les emprunts d'Etat émises avant le 1er janvier 1987 subissent une retenue à la source lors du paiement des coupons, compensée par un crédit d'impôt qui n'est utilisable que par les porteurs devant payer l'impôt.

Il s'est progressivement développé, sous le vocable d'« opérations de crédit d'impôt », un véritable marché sur lequel les institutions dites « non fiscalisées » (caisses de retraite, associations) ou les entreprises déficitaires cédaient leur crédit d'impôt en opérant un aller-retour sur leurs titres au moment du coupon. Les institutions non fiscalisées paient un impôt forfaitaire de 10 % sur tous les coupons d'obligations émises depuis le 1er janvier 1987 qu'elles encaissent. Cette règle, toujours en vigueur début 1996, est moins favorable qu'il n'y paraît : l'assiette soumise à impôt est un revenu brut.

1.3.2. La fiscalité des plus-values

Les particuliers se voient taxés au-delà d'un certain montant de cessions annuelles à un taux identique (19,9 % avec la contribution sociale généralisée et la contribution pour le remboursement de la dette sociale en 1996) au prélèvement forfaitaire sur le revenu. Les institutions non fiscalisées ne sont pas imposées. Comme le fisc calcule la plus-value en intégrant le coupon couru au prix, elles ont intérêt à vendre avant détachement du coupon imposable forfaitairement.

Les sociétés sont taxées au taux de l'impôt sur les sociétés sur les plus-values à court terme, mais les moins-values sont déductibles du bénéfice imposable. Il n'y a plus pour les entreprises de régime des plus-values à long terme pour les obligations.

Parmi d'autres particularités, on peut noter que si les moins-values réalisées sont fiscalement déductibles, les provisions sur moins-values latentes ne le sont pas.

La fiscalité introduit de multiples distorsions dans la gestion obligataire. Celles-ci se sont aggravées avec la multiplication des opérations liées et couvertes.

1.3.3. La fiscalité des primes de remboursement

La prime de remboursement est l'écart entre le prix d'émission et le prix de remboursement, alors que l'écart entre le prix d'acquisition et le prix d'émission est considéré comme une plus ou moins-value de remboursement.

Depuis 1986, les particuliers sont imposés sur les primes de remboursement supérieures à 5 % et doivent même payer l'impôt par avance chaque année si celles-ci, à l'échéance, sont supérieures à 10 %.

Les entreprises voient ces primes considérées comme du revenu, ce qui crée des situations curieuses. Ainsi, une entreprise qui détient une obligation indexée sur un indice boursier peut payer l'impôt, alors qu'elle réalisera une perte lorsque l'obligation sera effectivement remboursée.

L'instruction du 16 août 1993 et l'article 238 du Code général des impôts précisent les règles d'imposition des emprunts à prix de remboursement aléatoire, comme les obligations indexées.

2. La gestion financière

Une fois assimilées les nombreuses contraintes et spécificités des titres, des porteurs et des règlements, la gestion financière se résume à un problème d'optimisation. Il reste à préciser et à quantifier les paramètres.

2.1. L'horizon de placement

Définir l'échéance est la première tâche. Celle-ci est souvent incertaine, ou optionnelle.

2.1.1. La durée et la duration

La duration est un bon indicateur synthétique de la durée de vie d'un portefeuille, compte tenu de deux propriétés. D'une part, elle permet au premier degré d'apprécier le comportement du portefeuille en le remplaçant par une seule obligation à coupon capitalisé d'échéance correspondante. D'autre part, en revendant une obligation à une date correspondant à sa duration, il est possible de s'assurer une somme correspondant à la capitalisation de son investissement au taux actuariel, et ceci, sensiblement, quelle que soit l'évolution des taux. Ces propriétés ne sont cependant qu'approchées. La duration est un moment du premier ordre. Les actuaires peuvent aller plus loin en étudiant la convexité (dérivée du second ordre), et davantage[2].

2.1.2. La valeur liquidative et l'échéance

La publication d'évaluations quotidiennes conduit souvent à privilégier le quotidien par rapport à l'échéance. L'optimisation à l'échéance risque d'être affectée si le cheminement de la valeur liquidative est trop contraint, et s'il y a confusion entre le risque à l'échéance et les fluctuations au jour le jour.

2.1.3. L'incertitude

La plupart des outils théoriques développés privilégient les hypothèses d'avenir certain. Le gestionnaire doit pourtant relativiser les indications de durée qui lui sont données, de même qu'il doit s'interroger sur la permanence de la réglementation et de la fiscalité.

Il existe peu de méthodes plus élaborées que la projection des scénarios, avec, au plus, le recours à la méthode des probabilités subjectives.

L'effet de butoir de certaines règles comptables, qui peuvent imposer sous peine de faillite de sacrifier les objectifs à l'échéance aux résultats annuels, peut déstabiliser la gestion financière.

Les modèles probabilistes avec barrières réfléchissantes ou absorbantes peuvent améliorer la prise en compte de l'incertitude.

2.2. La performance

Elle ne peut être définie que par rapport aux objectifs de rendement, au degré de risque et aux contraintes.

---

2. Voir également dans cette ***Encyclopédie*** l'article de A. Minguet, « Immunisation de portefeuille et duration », p. 597, tome 1.

2.2.1. Le taux de performance

Il s'agit d'un rendement observé *a posteriori*. Facile à établir pour un portefeuille fermé avec un seul retrait à l'échéance, il ne suffit pas à juger le comportement d'un portefeuille ouvert, avec des sorties de capitaux à plusieurs dates.

2.2.2. Le critère de la valeur liquidative

L'observation quotidienne de la valeur liquidative du portefeuille permet de tenir compte des entrées et des sorties de capitaux. Ce critère rencontre cependant des limites. Ainsi, en période de forte hausse des cours, une entrée de capitaux qui ne pourrait être immédiatement investie pénalise la progression de la valeur liquidative. Il est enfin partiel, n'intégrant ni le risque ni les contraintes.

2.2.3. La méthode du portefeuille de référence

La mesure de la performance est ici relative : un portefeuille théorique est constitué avec les mêmes objectifs, risques et contraintes que le portefeuille réel. Il est supposé alimenté avec des règles fixes par les mêmes flux, aux mêmes dates que le portefeuille réel. La valeur liquidative est bien entendu calculée de la même façon dans les deux cas.

L'application de la méthode ne soulève pas de difficultés matérielles insurmontables et peut être effectuée à faible coût. Les gestionnaires qui se plaignent de l'arbitraire des classements, en particulier en matière de Sicav, devraient trouver une satisfaction avec la mise à l'écart de variables dont ils ne sont pas responsables et qui influent sur le résultat des mesures classiques.

Le passage de la constatation à la projection dans le futur s'effectue sans discontinuité, et la méthode a pour principal mérite d'apporter de la cohérence aux décisions de gestion. Ce passage ne résout cependant pas toutes les questions. Ainsi, si le travail sur des valeurs acquises lève certaines difficultés et certains biais statistiques liés aux raisonnements et calculs sur les taux, les applications ne sont effectuées que sur des scénarios, et une véritable modélisation avec des variables aléatoires reste à faire.

2.2.4. Analyse et attribution de performance

La connaissance de l'ensemble des mouvements permet des décompositions de la performance et apporte une valeur ajoutée supérieure à celle obtenue par la simple connaissance de la suite des valeurs liquidatives.

2.3. La gestion du risque de taux

Cet aspect est le plus connu en théorie et en pratique[3]. Il a enregistré le développement le plus rapide : les nouveaux marchés (à terme, de swaps, d'options, etc.) les plus importants sont des marchés de taux d'intérêt.

3. Voir dans l'***Encyclopédie de gestion*** l'article de C. de La Baume, « Risque de taux d'intérêt ».

2.3.1. La couverture

Couvrir un portefeuille de titres consiste, soit à payer une option qui permette de compenser une perte, soit à transformer le portefeuille en actif à court terme synthétique par une opération à terme, soit à échanger le flux des coupons à taux fixe contre un flux de coupons à taux variable (section 3). La pratique s'éloigne cependant de la théorie : les obligations en portefeuille ne correspondent pas nécessairement aux obligations types dont le comportement est le mieux corrélé avec celui des marchés de taux d'intérêt.

Il est cependant possible d'en tirer avantage. Ainsi, un portefeuille sans risque de liquidité à moyen terme peut acquérir des obligations de bonne signature, de caractéristiques semblables aux emprunts d'Etat du gisement du MATIF, et le couvrir à terme. Le risque de corrélation entre les marchés est élevé pour la valeur liquidative au jour le jour, mais la couverture est efficace à moyen terme. L'opération assure le taux de court terme (qui serait obtenu en couvrant le titre le moins cher à livrer), majoré du différentiel d'intérêt entre le titre le moins cher à livrer et l'obligation sélectionnée.

2.3.2. L'arbitrage

Au-delà des opérations au jour le jour qui relèvent surtout des intermédiaires (*trading*), les gestionnaires peuvent mettre à profit la complexité du marché pour améliorer leur performance par des opérations d'arbitrage. Ils pourront exploiter les divergences temporaires entre les différentes catégories de titres, comme l'illustrent les quatre exemples suivants :

– en 1986, la rareté des titres de première catégorie a amené à plusieurs reprises leur taux au niveau de celui des emprunts d'Etat abondamment émis ; en 1987, l'écart s'est au contraire tendu pour approcher 80 centimes ;

– les obligations à taux variable TAM ou TMO ont pu surcoter alors que les émissions se tarissaient et que les obligations TMB abondamment émises décotaient ;

– une grosse adjudication peut peser temporairement sur les cours sans affecter immédiatement des titres pourtant bien corrélés avec le titre émis ; la modernisation des marchés et la concentration des moyens des intermédiaires sur quelques titres à large marché laissent subsister une large frange d'obligations propices aux arbitrages ;

– le processus d'union monétaire européenne a conduit depuis 1992 a de nombreuses stratégies sur les obligations en écu, en particulier en 1995-1996.

2.3.3. La spéculation

Les gestionnaires évitent souvent d'employer le mot. Pourtant, bien des opérations d'« arbitrage » ou de « couverture » sont en fait spéculatives, c'est-à-dire qu'elles parient sur une tendance future des cours.

Ainsi, la couverture systématique d'un portefeuille financé par des ressources longues est une spéculation à la hausse des taux. Les opérations optionnelles ou avec plancher permettent, par exemple, de prendre une position spéculative en limitant son risque. Un arbitrage mal exécuté peut se transformer en spéculation. Il n'y a pas, le plus souvent, de frontière marquée entre la spéculation, l'arbitrage et la couverture.

2.4. Gestion passive et gestion active

Deux types de gestionnaires s'affrontent traditionnellement :

– les premiers considèrent que les marchés sont efficients et qu'il est vain de vouloir « battre le marché »[4] : ceci conduirait en fait à spéculer, un excédent de rémunération n'étant que la contrepartie aléatoire d'un excédent de risque ; à la limite, ils constituent des « fonds indiciels » ;

– les seconds espèrent trouver des occasions d'arbitrage ou de spéculation avec un rapport rendement/risque particulièrement favorable pour battre, en moyenne, le marché.

2.4.1. L'immunisation

Le principe repose sur l'égalisation des durations de l'actif et du passif : une petite variation des taux aura alors le même effet des deux côtés du bilan[5]. Il est possible de fixer ainsi une marge, en principe sans risque. La méthode présente deux limites.

– La duration varie avec le taux d'actualisation, et avec le temps. Elle ne varie pas de la même façon à l'actif et au passif, ce qui nécessite des ajustements continus, et entraîne des distorsions en cas de fort décalage des taux. Il faut donc tenir compte de la convexité et des dérivées d'ordre supérieur.

– Le passif peut subir des aléas, et l'hypothèse de duration ne pas être vérifiée. Par exemple, une caisse de retraite croyant être immunisée par un placement en obligations à long terme a pu être mise en difficulté lorsque ses ressources ont été affaiblies par la montée du chômage et l'abaissement de l'âge de la retraite.

2.4.2. L'immunisation active

La méthode consiste à couvrir les principales contraintes du portefeuille par des mécanismes optionnels et à utiliser la dissymétrie de certaines obligations, pour obtenir un effet de cliquet. Par exemple : une obligation à 12 ans avec option de remboursement à 8 ans peut être utilisée en face d'un bon de capitalisation à 8 ans, dont le taux minimum est inférieur au rendement de l'obligation en cas de sortie courte. Si pendant la période les taux baissent, l'obligation se comportera comme un titre à 12 ans et sera vendue en plus-value, les fonds étant réinvestis dans une obligation comparable, mais plus proche du pair. Une remontée ultérieure des taux ne remettra pas en cause le gain initialement réalisé.

2.4.3. La gestion en anticipation de taux

Il s'agit cette fois de spéculer réellement en se risquant à prévoir l'évolution des taux : se couvrir lorsque la tendance paraît médiocre, jouer les titres les plus sensibles lorsque la baisse des taux paraît bien engagée. Ce type de gestion est pratiqué par exemple dans les Sicav de court terme dites sensibles, et utilise aussi bien les ressources de la prévision économique que du chartisme. Dans

---

4. Voir dans cette ***Encyclopédie*** les articles de J. Hamon, « Efficience faible. Efficience semi-forte », p. 408, tome 1 et de J.F. Boulier, « Gestion quantitative », p. 572, tome 1.

5. Voir également dans cette ***Encyclopédie*** l'article de A. Minguet, « Immunisation de portefeuille et duration », p. 597, tome 1.

le cas des Sicav sensibles, les anticipations des gestionnaires sont multipliées par celles de leurs clients trésoriers, qui se retirent au premier nuage. Cette gestion des anticipations accroît la vitesse de réaction du marché et nécessite la concentration sur les obligations les plus liquides, et l'usage des marchés à terme.

3. Les instruments de gestion des taux hors bilan

Les nouveaux marchés permettent d'échanger des taux d'intérêt indépendamment de leurs titres supports, et sans interférer avec des soucis de liquidité. Les taux s'échangent, se garantissent et donnent lieu à des contrats futurs ou optionnels.

3.1. Les opérations d'échange de taux

Un établissement, qui doit payer ou recevoir une succession de flux d'intérêt sur un emprunt, peut contracter avec un autre établissement et convenir d'échanger des flux d'intérêt calculés par des méthodes différentes[6].

3.1.1. Les swaps taux fixe/taux variable

Un emprunteur endetté à taux fixe peut s'engager par un contrat de gré à gré à payer des intérêts à taux variable PIBOR à une banque et à recevoir en échange des intérêts calculés à taux fixe. Pour lui, tout se passe comme s'il avait échangé sa dette à taux fixe contre une dette à taux variable. Dans les faits, les deux parties conviennent de ne régler que les différences.

3.1.2. Les swaps taux variable/taux variable

Un établissement de crédit peut échanger les flux à payer sur une dette référencée sur le marché monétaire contre des flux dépendant du taux moyen des obligations. Par exemple, il paiera TME et recevra TAM + 0,50 %.

3.1.3. Lien avec les instruments physiques

Les opérations d'échange de taux permettent de ne pas vendre ou mettre en pension des créances qui peuvent être peu liquides. Beaucoup d'émissions d'obligations ont pu être réalisées à coût fixe pour un émetteur, alors que les titres émis étaient à taux variable, plus demandés par le marché. Le banquier chef de file s'engageait simplement à échanger les intérêts à payer contre des intérêts fixes. Ce type d'opérations liées peut permettre d'abaisser le coût d'un emprunt par rapport à une opération directe. Il s'agit surtout d'un instrument de gestion de passif, dans la mesure où les passifs sont beaucoup plus difficiles à réaliser physiquement que les actifs.

3.2. Les opérations de garantie de taux

Apparues sur le marché monétaire français au printemps 1986, elles représentaient en 1995 un encours de plusieurs centaines de milliards de francs.

---

6. Voir également dans cette ***Encyclopédie*** les articles de V. Lauwick, I. de Dinechin, C. Lorin et P. Gourmet, « Instruments de gestion du risque de taux », p. 654, tome 1 et des mêmes auteurs, « Produits dérivés de taux de seconde génération », p. 1574, tome 2.

Il s'agit d'opérations de gré à gré, peu liquides et non négociables. On peut les analyser comme des suites d'options à l'européenne. Aucune théorie ne permet une évaluation satisfaisante de ces produits.

3.2.1. Le plafond

C'est une garantie de taux souscrite par un emprunteur à taux variable qui veut se prémunir contre le risque d'avoir à payer un intérêt excédant un certain plafond. Le vendeur de contrat sera gagnant si le taux variable baisse, ou monte moins que le niveau de la prime reçue. Au-delà, son risque de perte est illimité. Les plafonds (*caps*) sont surtout vendus par des détenteurs de créances à taux variable.

3.2.2. Le plancher

Le plancher (*floor*) est l'opération symétrique du plafond. Il garantit un taux d'intérêt minimum.

3.2.3. Le tunnel

Cet instrument synthétique également dénommé *collar* est constitué de l'achat d'un *cap* accompagné de la vente d'un *floor*, ou de l'inverse.

Par exemple, un *collar* de taux 9 %-7 % contre TAM permet de s'assurer d'un coût de sa ressource inférieur à 9 %, mais supérieur à 7 %. Le coût de l'opération est faible : la prime encaissée sur le *floor* se déduit de celle payée sur le *cap*. Si le taux plafond est égal au taux plancher, on retrouve un swap de taux.

Ces opérations permettent de garantir une marge quel que soit le mouvement des taux.

3.2.4. Comparaison avec les garanties attachées à des titres

Beaucoup d'obligations à taux variable proposent un taux minimum. Elles donnent lieu à des arbitrages avec le marché de gré à gré des swaps de taux. Les banques de trésorerie utilisent largement ce type de marché pour leurs opérations de gestion obligataire. Beaucoup de compagnies d'assurance-vie offrent des rendements minimaux et nécessitent une gestion obligataire recherchant un taux plancher.

3.3. Le marché à terme

Ce marché[7] permet de prendre position immédiatement sur le mouvement des taux, en couverture ou en anticipation, sans avoir à vendre des titres.

3.3.1. Le MATIF

Il s'agit d'un marché centralisé, avec un règlement quotidien des écarts, qui assure la liquidité des opérations, l'égalité des opérateurs et la sécurité des transactions[8].

---

7. Voir également dans cette ***Encyclopédie*** l'article de J.L. Alexandre, « Marchés à terme de taux d'intérêt », p. 1026, tome 1.

8. Voir dans cette ***Encyclopédie*** l'article de G. Pfauwadel, « MATIF », p. 1094, tome 2.

3.3.2. L'emprunt notionnel

Le marché obligataire est très lié au contrat long terme du MATIF. Celui-ci repose sur un gisement d'emprunts d'Etat à large marché d'une durée de 7 à 10 ans. L'emprunt notionnel coté à terme n'est donc pas une obligation, même théorique. Il a un taux nominal, mais pas de durée.

3.3.3. Les opérations gisement/notionnel

Il est possible d'acquérir un emprunt du gisement et de le couvrir par une vente de contrats. L'opération pourra être dénouée par une livraison des titres, ce qui assure la convergence entre le marché à terme et le marché au comptant. L'opération la plus sûre est d'acheter l'obligation « la moins chère à livrer ». Le porteur s'assure ainsi un taux de rendement (taux REMI, pour réméré implicite) à la livraison, légèrement inférieur le plus souvent à celui du marché monétaire à la même échéance. Si les taux évoluent et que cette obligation cesse d'être la moins chère à livrer, le porteur peut dénouer son opération (dite de *cash and carry*, ou de portage) avant l'échéance et obtenir un meilleur rendement. Il est possible de réaliser des opérations de terme à terme, en vendant des contrats pour une échéance et en achetant simultanément la même quantité de contrats sur une échéance plus éloignée. Mais l'opérateur ne sait pas quels titres lui seront livrés à la première échéance.

3.3.4. Les obligations hors gisement et le MATIF notionnel

Il est déjà difficile d'assurer une parfaite cohésion entre les emprunts du gisement et le notionnel. La raison théorique se trouve dans les discontinuités de comportement du contrat, qui évolue tantôt comme une obligation à 7 ans, tantôt comme une obligation à 10 ans. Assurer le lien avec des obligations moins homogènes qui ne sont pas dans le gisement est encore plus difficile et n'est possible qu'en jouant sur la durée d'une part, la répétition d'autre part, de manière à pouvoir utiliser des méthodes statistiques.

3.4. Les options

Les options d'achat et de vente sur obligations et sur contrats de taux d'intérêt permettent souvent de réaliser des opérations plus fines que les opérations liées[9]. Comme pour le marché à terme, le développement des opérations de gré à gré a nécessité l'apparition d'un marché compensé.

3.4.1. Les marchés de gré à gré

Il est possible pour un investisseur, moyennant le paiement d'une prime, de s'assurer qu'il pourra, s'il le désire, acheter ou vendre à prix ferme une obligation ou un contrat de taux d'intérêt. Dès 1986, ces opérations se sont développées sur le marché obligataire français, d'abord sur les titres, puis sur les contrats à terme.

3.4.2. Les options sur MATIF

Depuis 1988, le MATIF offre une cotation centralisée des options sur emprunt notionnel.

---

9. Voir également dans cette ***Encyclopédie*** l'article de J.C. Augros, « Options de taux d'intérêt », p. 1456, tome 2.

L'achat d'options permet de spéculer ou de couvrir un portefeuille obligataire, ou un passif obligataire, beaucoup plus simplement et avec moins de risques qu'une opération à terme. L'acheteur paie sa prime une fois pour toutes, n'a pas à subir d'appels de marge, et peut ignorer le risque de base ou de corrélation entre ses actifs et le notionnel.

Ces opérations intéressent à la fois les intermédiaires teneurs de marché et les investisseurs en obligations, qui peuvent affiner leur stratégie en prenant par exemple des positions sur des titres sensibles, tout en s'assurant par des options que dans tous les cas ils feront face à leurs contraintes comptables et financières.

La théorie d'évaluation des options est avancée, et mise en pratiques tant par les arbitragistes et les intermédiaires que par les institutions.

3.4.3. Comparaison avec les options liées aux émissions

Les études empiriques montrent que les volatilités implicites des options sur notionnel sont inférieures à celles des bons de souscription ou qu'elles sont beaucoup moins chères.

Au contraire, les options attachées aux titres dont les marchés ne sont pas encore parfaitement stabilisés sont profitables aux arbitragistes ayant les moyens de les conserver jusqu'à l'échéance.

*

* *

L'ouverture internationale du marché obligataire et son décloisonnement intérieur ont très largement modifié la gestion obligataire, devenue à la fois plus professionnelle et plus répandue.

Une partie des tâches traditionnelles des gestionnaires a été captée par les intermédiaires, seuls capables de la rapidité nécessaire aux arbitrages sur les marchés les plus liquides.

Le très important effort d'investissement, de formation et de modernisation des marchés ne doit pas faire oublier que la fonction du marché reste encore le financement de l'Etat et la transmission des impulsions des autorités monétaires. Le Trésor, premier emprunteur, est le premier bénéficiaire de l'efficience et de la liquidité retrouvées. Les gestionnaires accordent une grande importance à la politique d'offre de titres qui finance le déficit budgétaire.

Références

AFIR, Actes du Ve congrès, Bruxelles, 1995.

Fabozzi F.J., Pollack I.M., *The Handbook of Fixed Income Securities,* 1986.

Fédération européenne des analystes financiers, *Guide to European Bond Markets,* 1994.

Komarnicki R., « Le carrefour actuariel du long terme et du court terme », *Cahiers du Centre d'Etudes Actuarielles* (février 1987).

Rosenfeld F., Piermay M., *Analyse financière et gestion des valeurs mobilières : obligations et gestion obligataire,* Paris, Bordas, 1988.

Mots clés

Amortissement, arbitrage, duration, gestion active, structure des taux, taux variable.

Gestion des portefeuilles internationaux

27

Patrice Fontaine

La détention d'actifs étrangers dans un portefeuille introduit plusieurs éléments qui nous obligent à différencier la gestion d'un portefeuille « international » de celle d'un portefeuille « national ». Le risque lié à la détention d'un actif étranger est différent de celui associé à la détention d'un actif national. En particulier, un risque supplémentaire apparaît : le risque de change[1]. Nous pouvons alors nous demander s'il est vraiment intéressant de détenir un portefeuille international. En fait, malgré ce risque supplémentaire, le risque global d'un portefeuille international est moins élevé que celui d'un portefeuille national. De plus, tout en ayant un risque plus faible, un portefeuille international a une rentabilité plus élevée ; ce qui indique qu'un portefeuille international est beaucoup plus intéressant qu'un portefeuille national. Malgré ses avantages, les investisseurs placent la plus grande partie de leurs richesses dans des actifs nationaux car ils estiment qu'à la détention d'actifs étrangers sont associés plusieurs inconvénients.

Ces avantages et inconvénients sont exposés en premier lieu. Dans une deuxième section, à partir de la théorie des portefeuilles internationaux, nous précisons quels sont les portefeuilles de référence dans ce contexte, puis comment mettre en place les deux types de stratégies qui en découlent. Un exemple d'organisation d'une institution gérant des portefeuilles internationaux est alors développé dans la troisième section. Nous examinons dans la dernière section comment mesurer la performance d'un portefeuille international[2].

1. Les avantages et les inconvénients d'un portefeuille international

Les avantages en termes de risque et de rentabilité sont présentés dans un premier paragraphe ; les inconvénients habituellement avancés sont exposés dans un deuxième paragraphe.

---

1. Voir dans l'***Encyclopédie de gestion*** l'article de C.A. Vailhen, « Risque de change ».

2. Pour de plus amples développements sur la gestion d'un portefeuille international, le lecteur peut se référer à l'ouvrage de Solnik (1996). Par ailleurs, sur nos développements concernant les portefeuilles internationaux d'obligations, le lecteur peut consulter l'ouvrage de La Bruslerie (1990).

1.1. Les avantages d'un portefeuille international

Avant de mettre en évidence les avantages spécifiques d'une diversification dans le contexte international, nous allons présenter le principe général de la diversification.

1.1.1. Le principe de la diversification

L'observation des rentabilités de plusieurs actifs financiers indique que la rentabilité exigée pour un actif est fonction de son risque ; celui-ci étant mesuré par la variance des rentabilités de cet actif. La relation suivante est alors obtenue :

$$r_i = r + pr_i \qquad [1]$$

avec
r_i : le taux de rentabilité requis sur la valeur i,
r : le taux d'intérêt nominal sans risque,
pr_i : la prime de risque exigée pour détenir l'actif i.

Cependant, les rentabilités des différents actifs financiers ne sont pas soumises exactement aux mêmes risques, ce qui se traduit par des corrélations entre les rentabilités inférieures à un. Ainsi, si nous mesurons le risque d'un portefeuille constitué de plusieurs actifs, nous constatons qu'il est inférieur au risque d'un actif de ce portefeuille[3].

Considérons par exemple un portefeuille composé dans les mêmes proportions de deux actifs A et B. Ces derniers ont la même rentabilité espérée, soit 25 %, et le même risque représenté par l'écart type des rentabilités, égal ici à 20 %. Ces valeurs n'appartenant pas au même secteur de l'économie, leurs rentabilités ne fluctuent donc pas de la même manière. Le coefficient de corrélation des rentabilités des valeurs est égal à 0,5.

La rentabilité du portefeuille, r_p, est telle que :

$$r_p = 0,5r_a + 0,5r_b = 0,5(25\ \%) + 0,5(25\ \%) = 25\ \%$$

Le risque du portefeuille, σ_p, est tel que :

$$\sigma_p^2 = x_a^2\sigma_a^2 + x_b^2\sigma_b^2 + 2x_a x_b \rho_{ab}\sigma_a\sigma_b$$

où :
ρ_{ab} est le coefficient de corrélation des rentabilités des actifs A et B,
x_a ou x_b le poids investi dans l'actif A ou B.

$$\sigma_p^2 = (0,05)\ (0,04 + 0,04 + 0,04)$$

$$\sigma_p^2 = 0,006$$

donc $\sigma_p = 7,8\ \%$.

Le portefeuille P a la même rentabilité que les actifs A et B, mais avec un risque beaucoup plus faible.

---

3. Voir également dans cette ***Encyclopédie*** l'article de G. Charest, « Rendement, risque et portefeuilles », p. 1608, tome 2.

Le graphique 1 illustre l'évolution du risque d'un portefeuille en fonction du nombre d'actifs inclus dans le portefeuille. Le risque est représenté par l'écart type des rentabilités mesurées en dollar ; ce qui signifie que le point de vue considéré est celui d'un investisseur américain. Ce dernier compare le risque d'un portefeuille américain qui est son portefeuille national et celui d'un portefeuille international. Le portefeuille américain est obtenu en répartissant la richesse de l'investisseur entre les actions américaines. S'il détient tous les actifs américains, il reproduit le marché américain. Dans cet exemple, le risque d'un portefeuille constitué de trente actions américaines est égal à 27 % de celui d'un actif caractéristique de ce portefeuille. L'avantage n'est donc pas négligeable. Par ailleurs, nous remarquons qu'au-dessus de 30 actifs, il n'y a plus de diminution du risque. Il n'est donc pas nécessaire d'utiliser plus d'actifs lorsque l'on désire réduire au maximum le risque d'un portefeuille. Nous distinguons en conséquence deux types de risque pour un actif : le risque que l'on peut éliminer au sein d'un portefeuille, appelé diversifiable, et celui que l'on ne peut pas éliminer, le risque non diversifiable. C'est seulement ce dernier qui est rémunéré, puisque l'autre partie du risque peut s'éliminer.

Graphique 1 – Réduction du risque grâce à la diversification internationale

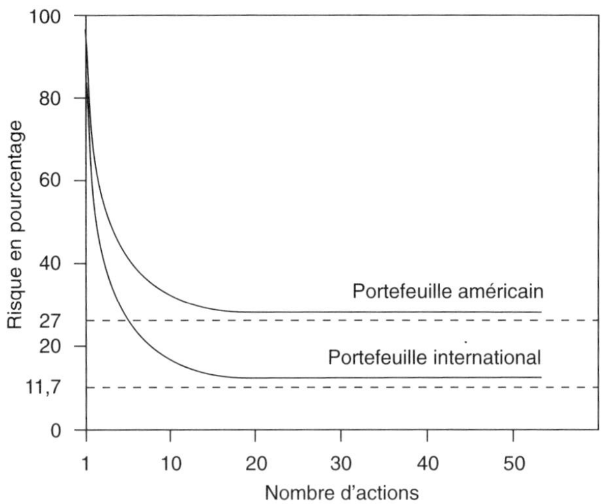

Source : Odier et Solnik (1993).

1.1.2. L'avantage de la diversification internationale

L'examen du tableau 1 montre que les corrélations entre les indices boursiers de différents pays sont assez faibles, de l'ordre de 0,4 ; ce qui semblerait indiquer que l'on a intérêt à diversifier internationalement un portefeuille. Le graphique 1 confirme ce résultat. Le portefeuille international est obtenu de la même façon que le portefeuille national, en l'occurrence en répartissant équitablement la richesse entre les différents marchés. Si tous les marchés sont utilisés, le portefeuille reproduit le marché mondial. Le risque d'un portefeuille composé de 30 valeurs de pays différents est égal à 11,7 % du risque d'une valeur, alors qu'auparavant le risque d'un portefeuille national était égal à 30 % du risque de la même valeur. Il apparaît plus intéressant de diversifier les placements internationalement que nationalement.

Tableau 1 – Corrélations des taux de rentabilité des marchés d'actions

Pays	Mon	Aus	Aut	Bel	Can	Dan	Fra	All	Hon	Ita	Jap	Pay	Nor	Esp	Sue	Sui	Roy	Eta
Monde	1	0,57	0,29	0,62	0,75	0,47	0,61	0,54	0,41	0,42	0,63	0,74	0,50	0,41	0,50	0,68	0,67	0,86
Australie		1	0,16	0,32	0,59	0,28	0,37	0,28	0,36	0,24	0,28	0,40	0,41	0,32	0,36	0,42	0,46	0,47
Autriche			1	0,46	0,18	0,30	0,43	0,55	0,21	0,24	0,25	0,43	0,28	0,29	0,27	0,49	0,23	0,12
Belgique				1	0,38	0,45	0,64	0,63	0,32	0,42	0,46	0,65	0,53	0,40	0,44	0,67	0,50	0,41
Canada					1	0,30	0,44	0,30	0,29	0,27	0,28	0,55	0,45	0,28	0,35	0,48	0,52	0,72
Danemark						1	0,35	0,39	0,31	0,26	0,39	0,45	0,33	0,30	0,30	0,44	0,35	0,33
France							1	0,57	0,24	0,44	0,41	0,58	0,47	0,36	0,33	0,62	0,52	0,42
Allemagne								1	0,28	0,34	0,42	0,66	0,37	0,34	0,39	0,74	0,38	0,33
Hong-Kong									1	0,22	0,32	0,42	0,29	0,24	0,27	0,34	0,35	0,29
Italie										1	0,38	0,36	0,25	0,35	0,30	0,38	0,34	0,22
Japon											1	0,45	0,17	0,35	0,33	0,43	0,35	0,27
Pays-Bas												1	0,52	0,38	0,43	0,73	0,62	0,56
Norvège													1	0,25	0,38	0,48	0,40	0,44
Espagne														1	0,31	0,33	0,30	0,25
Suède															1	0,47	0,39	0,38
Suisse																1	0,55	0,49
Roy.-Uni																	1	0,49
Etats-Unis																		1

N.B. : Les corrélations sont calculées à partir des rentabilités mensuelles exprimées en dollar américain des indices boursiers de Morgan Stanley Capital International, de février 1970 à avril 1989.

Source : Campbell (1991).

En résumé, bien que les différents marchés évoluent dans le même sens (c'est-à-dire qu'en moyenne lorsque New York baisse, Paris baisse), leurs fluctuations dans le temps ne sont pas identiques. Ainsi, si nous considérons un coefficient de corrélation de 0,60 entre deux marchés, ce qui est déjà un chiffre élevé si nous nous référons au tableau 1, cela signifie que seulement 36 % des variations de ces deux marchés sont liées[4]. Il y a des compensations entre les marchés, ce qui se traduit par un risque global plus faible lorsque l'on répartit la richesse entre plusieurs pays.

Nous pouvons maintenant nous poser la question de savoir si la rentabilité d'un portefeuille international est supérieure ou inférieure à celle d'un portefeuille national. En effet, le risque d'un portefeuille international est plus faible mais si sa rentabilité est plus faible, il n'est peut-être pas vraiment plus intéressant qu'un portefeuille national. Si l'objectif d'un investisseur est uniquement de réduire son risque, il peut très bien le faire en détenant uniquement des actifs sans risque. Pour qu'un portefeuille international soit plus intéressant qu'un portefeuille national, il faut que son risque soit moins élevé, mais il faut que sa rentabilité soit égale ou supérieure. Qu'en est-il ?

1.1.3. La rentabilité et le risque d'un portefeuille international

Pour analyser la rentabilité et le risque d'un portefeuille international, nous allons considérer le tableau 2 et comparer le risque et la rentabilité du portefeuille mondial à ceux du portefeuille national qui, dans cet exemple, est le

4. Statistiquement parlant, un coefficient de corrélation de 0,60 indique que 0,6 × 0,6, soit 36 %, des variations sont communes et que 64 % des variations ne le sont pas.

portefeuille de marché américain. Sur la période considérée, la rentabilité et le risque du portefeuille de marché mondial sont égaux à 12,2 % et à 14,6 % alors que ceux du portefeuille de marché américain sont égaux à 11 % et à 15,5 %. La rentabilité du portefeuille mondial est supérieure à celle du portefeuille américain alors que son risque est plus faible. Le portefeuille de marché mondial est plus intéressant que le portefeuille national. Ceci est conforté par l'analyse du graphique 2.

Graphique 2 – Ensemble des portefeuilles intéressants

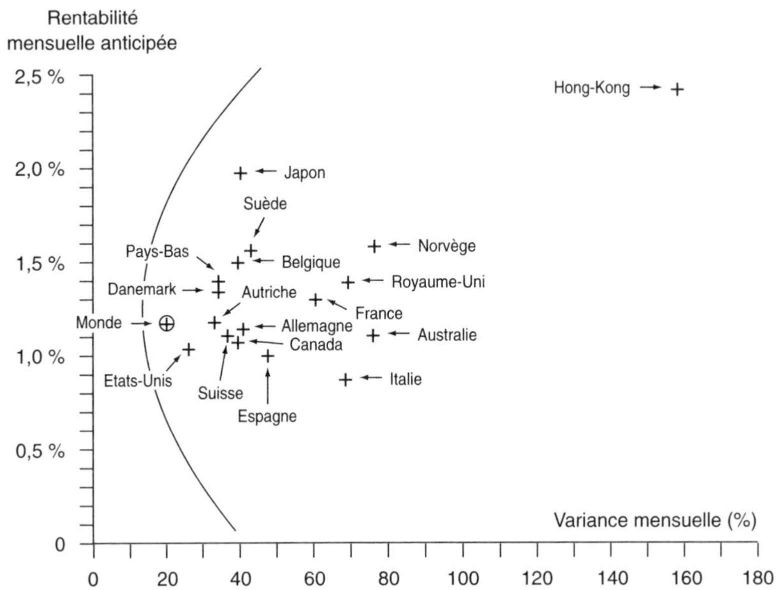

Les calculs sont basés pour les actions sur les indices et les dividendes de Morgan Stanley Capital International ; période d'observation : février 1970-mai 1989.
Les rentabilités et les variances sont données en termes mensuels et non annuels.
Source : Campbell (1991).

Ce graphique a pour objet de représenter les portefeuilles les plus intéressants, c'est-à-dire ceux qui procurent la rentabilité la plus élevée pour un niveau de risque donné ou, inversement, ceux qui ont le risque le plus faible pour un niveau de rentabilité donnée. Cet ensemble de portefeuilles intéressants est représenté par la courbe. Nous constatons que le portefeuille mondial domine plusieurs portefeuilles nationaux dont le portefeuille américain et le portefeuille français. Il est difficile toutefois de le comparer avec d'autres portefeuilles. Par exemple, si nous le comparons avec le portefeuille de marché japonais, nous constatons que ce dernier est plus risqué mais aussi beaucoup plus rentable.

Ces deux analyses mettent bien en évidence qu'un portefeuille international bien diversifié est plus intéressant, aussi bien sur le plan de la rentabilité que sur celui du risque.

Tableau 2 – Rentabilité et risque des placements

Actifs	Rentabilité annuelle	Gain en capital %	Gain en dividende %	Gain de change %	Risque total %	Risque national
Actions						
France	14,0	9,0	5,4	– 0,4	24,6	21,7
Allemagne	14,2	6,1	4,5	3,6	21,2	18,0
Italie	6,7	8,5	3,1	– 4,8	27,0	25,6
Pays-Bas	16,7	7,4	6,2	3,1	18,4	17,1
Espagne	8,5	4,7	7,3	– 3,5	23,2	20,8
Suède	16,4	14,6	4,3	– 2,5	22,3	22,0
Suisse	14,3	6,3	2,8	5,2	20,1	16,9
Royaume-Uni	14,6	11,3	5,8	– 2,5	26,3	23,5
Australie	10,5	8,0	4,9	– 2,5	26,9	23,1
Hong-Kong	22,2	19,3	5,0	– 2,1	42,3	39,7
Japon	18,1	10,4	1,8	5,8	23,3	18,8
Singapour	17,7	11,9	2,6	3,3	31,1	30,4
Canada	9,6	7,0	4,0	– 1,3	19,2	17,5
Etats-Unis	11,0	6,5	4,5	0,0	15,5	15,5
Portefeuille mondial d'actions-Indice mondial	12,2	8,2	4,0	0,0	14,6	13,3
Obligations						
France	11,0	0,1	11,3	– 0,3	13,8	6,8
Allemagne	12,0	0,4	8,1	3,5	14,5	5,8
Italie	8,2	– 0,5	13,6	– 4,9	13,9	8,2
Pays-Bas	12,0	0,5	8,6	3,0	13,7	5,8
Suisse	10,3	0,1	5,2	5,0	14,4	3,5
Royaume-Uni	9,3	0,0	11,7	– 2,4	17,0	10,9
Japon	14,4	1,1	7,6	5,6	14,9	6,2
Canada	8,2	– 0,9	10,4	– 1,3	11,1	8,9
Etats-Unis	8,8	– 0,4	9,2	0,0	8,6	8,6
Dépôts bancaires						
France	11,1	0,0	11,4	– 0,3	11,5	
Allemagne	10,0	0,0	6,5	3,5	12,2	
Italie	8,6	0,0	13,5	– 4,9	10,8	
Pays-Bas	10,1	0,0	7,2	2,9	11,8	
Suisse	9,9	0,0	5,0	5,0	14,0	
Royaume-Uni	9,6	0,0	12,0	– 2,4	11,5	
Japon	12,2	0,0	6,6	5,5	11,3	
Canada	8,4	0,0	9,8	– 1,3	4,6	
Etats-Unis	8,8	0,0	8,8	0,0		

Les calculs sont basés pour les actions sur les indices et les dividendes de Morgan Stanley Capital International et pour les obligations et les dépôts bancaires sur les données de Lombard Odier ; période d'observation : février 1970-mai 1989.

Source : Solnik (1995).

1.2. Les inconvénients d'un portefeuille international

Si tous les individus cherchaient à diversifier leurs portefeuilles sur le plan international de la meilleure façon possible, ils reproduiraient le portefeuille de marché mondial. Par exemple, les Français devraient détenir des actions françaises en proportion du poids des actions françaises dans le marché mondial des actions. Ainsi, en mars 1994, les actions françaises représentaient 3,6 % de l'ensemble des actions dans le monde. Or, plus de 90 % des investissements en actions réalisés par les Français étaient composés d'actions françaises. Ce comportement des investisseurs français, mais aussi d'autres pays, montre que les investisseurs préfèrent détenir des actifs nationaux plutôt que des actifs étrangers.

Plusieurs explications de ce phénomène sont avancées. La première est que les investisseurs ne perçoivent pas vraiment l'intérêt d'un portefeuille international bien diversifié. La deuxième est que certains inconvénients ou contraintes n'ont pas été intégrés dans les analyses précédentes. Nous allons plutôt tenter d'analyser les inconvénients d'un portefeuille international et de voir en quoi ils peuvent modifier nos remarques précédentes.

1.2.1. L'impact du risque de change et du risque politique

Détenir des actifs à l'étranger implique des risques supplémentaires.

En règle générale, beaucoup d'investisseurs pensent que le risque de change fait plus que compenser la diminution du risque obtenue grâce à la diversification internationale. Cela est faux si l'on examine le graphique 1. Du point de vue d'un investisseur américain, le portefeuille américain ne supporte pas de risque de change alors que le portefeuille international le supporte du fait qu'une grande partie des investissements se fait dans des monnaies différentes du dollar, la monnaie de référence dans cette analyse. Or, malgré ce risque supplémentaire, le portefeuille international est beaucoup moins risqué globalement que le portefeuille national. L'avantage associé à la diversification internationale existe, même compte tenu du risque de change.

L'impact limité du risque de change peut être mis en évidence par le tableau 2. Ce dernier donne, du point de vue d'un investisseur américain, la rentabilité et le risque de plusieurs portefeuilles. Pour analyser l'impact du risque de change, nous allons nous limiter aux colonnes 5 et 6 qui mesurent respectivement le risque total et le risque national (hors variations de change) du portefeuille considéré. Le risque national est mesuré en supposant que les taux de change ne varient pas sur la période considérée, alors que le risque total est mesuré compte tenu des variations effectives des taux de change. Dans le cas des dépôts à terme, ce placement étant sans risque dans la monnaie de placement, le risque national est nul et le risque total est égal au risque de change. Du point de vue d'un investisseur américain, un dépôt à terme en France se traduit par un risque total égal au risque de change qui, pour la période considérée, est de 11,5 %. Alors que pour un placement en actions françaises le risque total est de 24,6 % et le risque national de 21,7 %, l'impact des taux de change est, du point de vue américain pour un investissement en actions françaises, limité à 2,9 % (24,6-21,7) alors que le risque de change initial est de 11,5 %. Il y a d'une certaine manière une compensation entre les mouvements du marché des actions françaises et ceux du cours de change franc/dollar ; le risque de change et le risque national ne s'additionnant pas en réalité.

L'impact des taux de change est encore plus faible lorsque l'on considère le portefeuille mondial. La différence (elle mesure le risque de change) entre le risque total (14,6 %) et le risque national (13,3 %) du portefeuille mondial est égale à 1,3 %. L'impact du risque de change sur un portefeuille diversifié internationalement est très limité car détenir des actifs de plusieurs pays se traduit par la détention d'un panier de monnaies. Or, les fluctuations des devises se compensent, ce qui donne globalement un risque de change très faible.

En résumé, les fluctuations importantes des monnaies ont un impact très faible sur un portefeuille bien diversifié internationalement.

Le risque politique est beaucoup moins considéré que le risque de change lors de l'analyse d'un portefeuille international. Il se traduit par des événements tels que l'expropriation des détenteurs d'actifs, les modifications de la fiscalité, les restrictions à la libre circulation des actifs et des flux financiers (contrôle de change). Dans l'état actuel des choses, la majeure partie, voire la totalité (plus de 95 %), des actifs financiers se situe dans des pays industrialisés pour lesquels ces risques sont minimes. Pour les autres pays, en particulier les marchés d'actions émergents (Amérique latine, Europe de l'Est, Moyen-Orient...), le risque politique est conséquent[5]. Mais, si l'on se situe dans la perspective d'un portefeuille bien diversifié internationalement, le poids de ces pays est faible et par conséquent leur influence en termes de risque très restreinte. Nous pouvons donc considérer que l'impact du risque politique sur un portefeuille bien diversifié internationalement, ce qui est notre approche, est faible, voire inexistant.

1.2.2. Les autres inconvénients

Les autres inconvénients associés à la constitution d'un portefeuille international ou perçus comme des freins aux investissements à l'étranger sont :

– la plus grande difficulté à appréhender les perspectives d'une entreprise étrangère, l'information étant moins facilement accessible ; par exemple, l'information comptable n'est pas la même dans les différents pays, ce qui peut poser des problèmes d'interprétation ;

– la moins grande familiarité avec les marchés étrangers ;

– la liquidité relativement faible des petits marchés d'actions qui limite les possibilités de revente en cas de nécessité ;

– les coûts de transaction qui sont normalement plus élevés pour acheter et vendre des titres nationaux, le surcoût étant au maximum de l'ordre de 0,5 %.

En conclusion, si certains inconvénients sont réels, beaucoup sont fictifs et liés à un manque d'informations. Globalement, leurs influences sur un portefeuille bien diversifié sont faibles et surtout ne justifient pas le fait de ne pas diversifier internationalement un portefeuille d'actifs financiers.

2. Les portefeuilles de référence et les stratégies dans le cadre international

Dans le cadre national, le portefeuille de référence est composé de tous les actifs financiers ; il est très souvent appelé le portefeuille de marché. Par exemple, pour le marché des actions françaises, le portefeuille de marché est représenté par l'indice général de la Société des bourses françaises. Une stratégie passive de portefeuille consiste alors à répartir son investissement

---

5. Voir dans cette ***Encyclopédie*** l'article de E. Tchemeni, « Marchés émergents », p. 913, tome 1.

entre l'actif sans risque[6] et le portefeuille de marché, la répartition dépendant uniquement du risque que désire supporter l'investisseur.

Cette stratégie ne dépend donc pas de compétences particulières de l'investisseur pour prévoir les prix des actifs. Si l'on conserve une certaine simplicité à notre approche, une extension de cette stratégie au niveau international consiste à considérer non plus le portefeuille de marché national mais le portefeuille de marché mondial protégé contre le risque de change. Dans le contexte international, comme le montre le graphique 2, le portefeuille de marché mondial ne fait pas partie des portefeuilles intéressants. En revanche, le portefeuille de marché mondial protégé contre le risque de change en fait partie et constitue à ce titre un portefeuille de référence. L'investisseur doit alors répartir sa richesse entre le portefeuille de marché mondial protégé contre le risque de change et l'actif sans risque du pays de l'individu considéré ; la répartition étant fonction de l'aversion au risque de l'investisseur.

Dans ce contexte comme dans le cadre national, seul le risque non diversifiable est rémunéré. Le risque non diversifiable d'un actif ou d'un portefeuille est mesuré par rapport au portefeuille de marché mondial protégé contre le risque de change. Cette mesure appelée le coefficient de volatilité, β_i, pour un actif i est telle que :

$$\beta_i = \text{cov}\ (r_i,\ r_{M'})/\text{var}\ (r_{M'}) \qquad [2]$$

où

r_i : la rentabilité de l'actif i,

$r_{M'}$: la rentabilité du portefeuille de marché mondial protégé contre le risque de change,

cov $(r_i,\ r_{M'})$: la covariance entre r_i et $r_{M'}$,

var $(r_{M'})$: la variance de $r_{M'}$.

Le portefeuille de marché mondial protégé contre le risque de change a, par définition, un coefficient de volatilité égal à un.

Dans la stratégie passive, choisir un portefeuille en fonction de son aversion au risque revient à choisir le coefficient de volatilité du portefeuille que l'on désire construire.

Deux raisons peuvent cependant inciter le gestionnaire à adopter une autre stratégie, que nous appellerons par opposition active.

D'une part, l'investisseur estime qu'il peut battre le marché. Ceci suppose, par exemple, que ses prévisions ou ses informations sur certaines variables sont différentes de celles de la majorité des individus (le marché), ces variables pouvant être la rentabilité et le risque anticipés du portefeuille de marché mondial, l'évolution de la part des différents pays (monnaie) dans le portefeuille de marché mondial, le comportement ou la composition de certains portefeuilles nationaux et, enfin, l'évaluation de certains actifs. Il faut signaler que pour examiner ces divergences, le gestionnaire doit comparer ses anticipations à celles faites par le marché, ce qui l'oblige à connaître la composition du portefeuille de marché mondial.

---

6. L'actif sans risque est soit une obligation de première catégorie émise par l'Etat, soit un bon du Trésor, soit un dépôt ; l'actif retenu dépend de l'horizon temporel du portefeuille.

D'autre part, utiliser une stratégie passive suppose que le portefeuille de marché mondial protégé contre le risque de change est efficace ; qu'il a en d'autres termes la meilleure rentabilité possible, compte tenu de son risque. Or, certains peuvent estimer qu'ils sont capables de construire des portefeuilles qui ont une meilleure rentabilité pour le même risque que le portefeuille de marché mondial protégé contre le risque de change.

Nous allons examiner comment mettre en place ces différentes stratégies.

2.1. La mise en place d'une stratégie passive

L'objectif est ici de reproduire le portefeuille de référence, en l'occurrence le portefeuille de marché mondial protégé contre le risque de change, et d'effectuer la répartition entre ce portefeuille et l'actif sans risque, en fonction du degré de risque souhaité[7]. Auparavant, nous présentons les problèmes liés à la construction du portefeuille de marché mondial et définissons l'horizon temporel du portefeuille.

2.1.1. L'horizon temporel

Savoir combien de temps un portefeuille va être détenu est important, non pas pour la construction du portefeuille de marché mondial mais pour sa protection contre le risque de change. Aussi, l'investisseur doit-il définir exactement son horizon temporel. Les gestionnaires dont la performance est évaluée régulièrement doivent protéger le portefeuille en fonction de cette échéance.

2.1.2. Les problèmes liés à la construction du portefeuille de marché mondial

Le schéma 1 présente la composition du portefeuille de marché mondial, fin 1993. Sont inclus dans ce portefeuille les placements les plus négociés et les plus facilement identifiables.

Plusieurs problèmes sont associés à la construction d'un tel portefeuille, certains existant déjà au niveau national. Ainsi, comme pour les portefeuilles nationaux traditionnellement présentés, des éléments importants de la richesse ne sont pas inclus, en l'occurrence le capital humain et l'immobilier. Recenser l'ensemble des actifs n'est pas aisé et l'élaboration d'un portefeuille de marché mondial est donc approximative. En général, la construction d'un tel portefeuille est assez simplifiée et limitée aux principaux marchés financiers. Pour ceci, on utilise plusieurs indices internationaux. Citons pour le marché des actions les trois indices fournis par Capital International Perspective :

– l'indice mondial calculé à partir de 1 200 valeurs représentant 60 % de la capitalisation boursière des 19 marchés d'actions les plus importants,

– l'indice européen composé d'environ 450 valeurs de 12 pays différents,

– l'indice EAFE (Europe, Australie, Extrême-Orient) composé d'environ 450 valeurs.

Pour les marchés obligataires, les indices les plus courants sont ceux de Lombard Odier et de Salomon Brothers. Il est possible d'obtenir, à partir des différents indices publiés, un indice reflétant le portefeuille de marché mondial. L'objectif dans une stratégie passive est alors de reproduire ce portefeuille de référence.

---

7. Voir également dans cette ***Encyclopédie*** l'article de J.F. Boulier, «Gestion quantitative», p. 572, tome 1.

Schéma 1 – Exemple de composition du portefeuille de marché mondial.
Valeur du portefeuille mondial : 29 211 milliards de dollars, estimation fin 1993

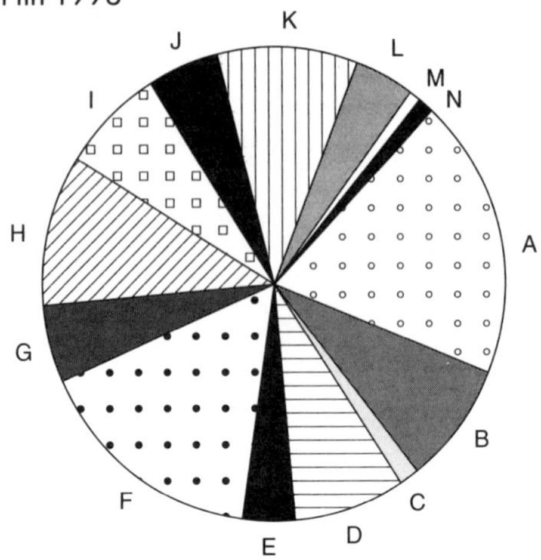

Actions : 40,3 % dont
A : Etats-Unis et Canada, 19,2 %
B : Europe, 8,6 %
C : Amérique latine, 1,2 %
D : Japon, 7,8 %
E : Asie et Pacifique, 3,6 %

Obligations : 53,6 % dont
F : obligations d'Etat américaines, 16,3 %
G : obligations d'Etat japonaises, 5,3 %
H : obligations d'Etat européennes, 10,1 %
I : obligations privées américaines, 7,2 %
J : obligations privées japonaises, 5,0 %
K : obligations privées européennes, 9,7 %

Dépôts bancaires : 6,1 % dont
L : dépôts bancaires américains, 4,3 %
M : dépôts bancaires japonais, 0,7 %
N : dépôts bancaires européens, 1,1 %

Source : Ibbotson Associates (1994).

2.1.3. Comment reproduire le portefeuille de marché mondial protégé contre le risque de change ?

Sachant qu'on ne peut pas investir dans tous les actifs, lesquels faut-il retenir ? Il n'est pas possible, en effet, d'acheter l'ensemble des valeurs et on doit se contenter de reproduire au mieux le portefeuille de marché protégé contre le risque de change. Le but est alors d'intégrer suffisamment de valeurs de façon à ce que le risque diversifiable soit totalement éliminé. Rappelons à ce niveau que si l'on considère le marché international des actions, le risque diversifiable est éliminé en totalité avec 40 titres de pays différents.

2.1.3.1. La conception d'une base de données

Cette tâche est le point clé d'une stratégie passive et constitue aussi le point de départ d'une stratégie active. Pour ceci, il faut recenser les principaux actifs, soit plus précisément :

– les actions,
– les obligations,
– les contrats à terme (*financial futures*) sur devises et sur taux d'intérêt,

– les options sur devises et sur taux d'intérêt,

– les dépôts à terme,

– les devises,

– et, bien sûr, tous les actifs internationaux par nature : euro-obligations, obligations étrangères, euro-actions, euro-dépôts, etc.

Dans une stratégie active, les options et les *futures* sont utilisés plutôt à titre de placements spéculatifs sur les taux d'intérêt, les taux de change ou les prix des valeurs, tandis que dans une stratégie passive ils servent à protéger le portefeuille contre le risque de change.

Les valeurs facilement identifiables et négociables sont examinées et, pour chacune d'entre elles, leurs principales caractéristiques passées, actuelles et surtout anticipées par le marché sont retenues. Ces dernières résultent d'un certain consensus que l'on peut déduire des analyses faites par les différents intervenants. Obtenir ces dernières variables n'est pas une tâche aisée et se base sur la collecte de nombreuses informations. A titre d'exemple, les caractéristiques importantes sont :

– pour les actions, les bénéfices et les dividendes anticipés, les *Price Earning Ratio* (PER) anticipés, leur sensibilité aux principaux facteurs économiques, leurs coefficients de volatilité (bêta), etc. ;

– pour les obligations, le type de coupon, la classe de risque (*rating*), les taux actuariels, la duration, etc.

Les plus importantes caractéristiques sont bien évidemment les rentabilités anticipées et les estimations du risque des différents actifs. Ceci nécessite des analystes spécialisés par pays ou par industrie ou par classe d'actifs, et par devise ou groupe de devises.

Signalons qu'un certain nombre de bases de données existent. Reuter et Telerate fournissent, par exemple, les cours et d'autres informations sur l'euromarché ; Exshare et Quotron donnent les cours pour l'ensemble des marchés financiers et monétaires dans le monde.

La taille des échantillons retenus pour chaque classe d'actifs est fonction de l'arbitrage entre le coût de collecte des données et le gain que procure une meilleure approximation du portefeuille mondial.

2.1.3.2. Le principe de construction du portefeuille de marché mondial

La démarche est descendante. En se basant sur les informations obtenues précédemment, la seule décision dans une stratégie passive est pratiquement de répartir le budget entre les différents portefeuilles nationaux et les différentes classes d'actifs. La démarche est automatique car la répartition est fonction du poids de chaque classe d'actif dans le portefeuille mondial.

Cependant, si nous observons le tableau 3, nous nous apercevons que la construction du portefeuille de marché mondial peut se concevoir de trois manières :

– soit pays par pays en considérant l'ensemble des actifs de chacun d'eux. Il suffit alors de répartir le capital entre chaque pays. Le terme pays signifie que nous considérons l'ensemble des actifs exprimés dans la même monnaie. En effet, les euro-actifs par définition ne peuvent pas se classer par pays mais plutôt en fonction de leur monnaie de référence ;

Tableau 3 – Répartition des actifs des différents pays

	Actifs traditionnels				Instruments financiers*	
	Actions	**Obligations**	**Dépôts**	**Or**	**Options**	**etc.**
D 1						
P E 2						
A V 3						
Y ou I 4						
S S 5						
E 6						

* Dans une stratégie passive, ces actifs servent à protéger le portefeuille contre le risque de change.

– soit en considérant de façon séparée les différentes classes d'actifs au niveau mondial (exemple : l'ensemble des actions, l'ensemble des obligations...) et en réalisant ensuite une allocation de ressources entre ces différentes classes d'actifs ;

– soit encore, si nous détaillons plus l'analyse, en considérant les différents secteurs, c'est-à-dire les différentes classes d'actifs par monnaie de référence ; par exemple, les actions libellées en franc français (actions cotées en France et les euro-actions en franc français).

La première méthode est en règle générale utilisée. Notons que, quelle que soit la méthode, il existe des indices par classes d'actifs ou par pays qui permettent de mesurer à chaque étape l'approximation dans la construction du sous-portefeuille considéré.

Lorsque la décision d'allocation entre les différents pays est prise, nous observons que la démarche habituelle est «myopique». Pour chaque pays, les différentes classes d'actifs sont examinées indépendamment les unes des autres, sans se préoccuper des corrélations entre les rentabilités des actifs de classes différentes, et de leurs corrélations avec les rentabilités d'actifs d'autres pays. On retient les actifs qui permettent de reproduire au mieux chaque classe et chaque pays. Le nombre d'actifs, et donc la qualité de la reproduction d'un pays, est fonction de l'investissement possible dans chaque pays. Le schéma 2 résume cette démarche.

2.1.3.3. La protection du portefeuille de référence contre le risque de change

Pour obtenir un portefeuille protégé contre le risque de change, la démarche est de construire dans un premier temps le portefeuille de marché mondial sans se préoccuper du risque de change. Ensuite, seulement, le portefeuille est couvert globalement contre le risque de change. La protection est faite en prenant en compte l'horizon temporel de l'investisseur et la sensibilité du portefeuille aux taux de change. A ce niveau, les différents instruments financiers sont utilisés.

2.2. La mise en place d'une stratégie active

Adopter une stratégie active suppose que l'investisseur n'a pas les mêmes anticipations que le marché ; aussi faut-il mesurer ces différences. Pour cela, il

Schéma 2 – Reproduction du portefeuille de marché mondial

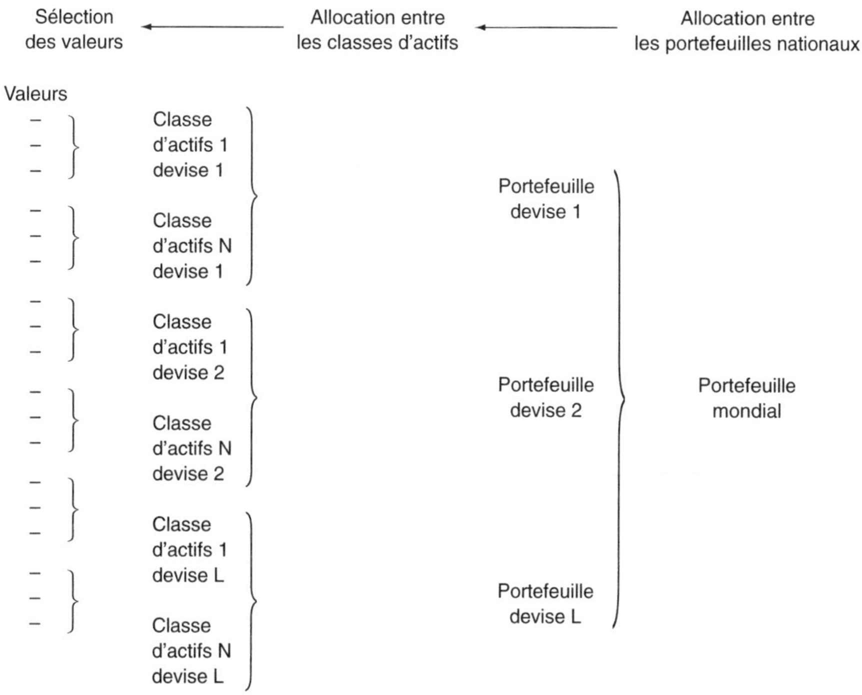

faut avoir déjà suivi toutes les étapes préconisées dans le cadre d'une stratégie passive. De plus, le portefeuille constitué peut avoir une dimension spéculative sur les devises dans le cadre d'une stratégie active complète.

Pour simplifier le problème, les prises de positions sur les actifs et sur les devises sont considérées de façon séparée. Deux portefeuilles sont constitués : un portefeuille d'actifs protégé contre le risque de change et un autre à caractère spéculatif sur le risque de change. Il est, de toute façon, toujours possible de décomposer un portefeuille en ces deux sous-portefeuilles.

Une première étape consiste à fixer des contraintes concernant la répartition du budget entre les deux portefeuilles et le niveau maximum de risque souhaité sur chaque portefeuille. Ceci est évidemment fonction de chaque investisseur. Certains se protègent en totalité contre le risque de change ; d'autres adoptent uniquement des positions spéculatives sur les devises. La deuxième étape conduit à définir l'horizon temporel du portefeuille.

Dans une stratégie active, la sélection des valeurs et des devises est fonction des prévisions de l'investisseur et de ses besoins. Ainsi, il peut très bien envisager qu'une valeur ou une devise monte pendant six mois pour ensuite baisser. Dans ce cas, l'investisseur ne choisira pas la même valeur s'il a un horizon de trois mois ou d'un an. La couverture contre le risque de change se pose, ici, de la même façon que pour la stratégie passive. Ces deux points obligent donc l'investisseur à définir un horizon temporel.

2.2.1. La construction d'un portefeuille d'actifs protégé contre le risque de change

La démarche est descendante. Elle implique que les sommes à investir sont réparties entre les pays et les classes d'actifs avant de choisir les actifs eux-mêmes. Cette démarche est préférable car elle permet d'éviter des incohérences. En effet, dans une méthode ascendante, on choisirait au départ les actifs sous-évalués, ce qui pourrait donner *in fine* une répartition contradictoire avec celle voulue au niveau des pays et des classes d'actifs. De plus, l'observation des rentabilités des portefeuilles internationaux indique que l'allocation entre les pays ou les classes d'actifs a beaucoup plus d'impact sur les rentabilités des portefeuilles internationaux que la sélection des actifs. Il est donc logique de se préoccuper de l'allocation entre les pays, avant de sélectionner les valeurs.

Des informations complémentaires de celles demandées dans le cadre d'une stratégie passive sont nécessaires. En particulier, on utilise des modèles macro-économiques quantitatifs et qualitatifs et des modèles d'évaluation des actifs financiers qui permettent d'obtenir des prévisions sur l'évolution des marchés, des devises et des caractéristiques des actifs. Ensuite à partir d'un programme d'optimisation, un ensemble de portefeuilles efficaces est construit, et une liste de tous les actifs surévalués et sous-évalués est constituée.

La répartition du budget entre les différents pays et les différentes classes d'actifs est décidée en se basant sur ces informations quantitatives et sur d'autres plus qualitatives. Il faut alors sélectionner les actifs. Pour ceci, on considère ceux qui sont sous-évalués et ceux qui sont surévalués. Et si on attend une appréciation des premiers et une dépréciation des seconds, on retiendra uniquement des actifs sous-évalués.

2.2.2. La constitution du portefeuille à caractère spéculatif sur le risque de change

Il faut comparer ses prévisions propres sur les taux de change à celles du marché. Ces dernières sont explicitement formulées dans les taux de change à terme du marché interbancaire, les contrats à terme sur les taux de change ou encore les options sur devises. Pour prévoir les taux de change, il est possible d'utiliser les différents modèles de prévision (les modèles macro-économiques qualitatifs et quantitatifs ou les analyses graphiques des taux de change)[8]. En fonction des différences mises en évidence, des positions sont prises sur les différentes devises.

2.3. L'adaptation du portefeuille global au risque souhaité

A ce niveau, aucune spécificité n'est attachée à la gestion internationale d'un portefeuille. Aussi, nous laissons au lecteur le soin de se référer à l'ouvrage de Sharpe (1995) et rappelons seulement les points clés.

Pour adapter le portefeuille, il faut estimer la rentabilité et le risque du portefeuille désiré. Pour cela, l'investisseur effectue un choix entre plusieurs combinaisons fictives d'actifs financiers (actions, obligations, dépôts à terme, etc.), ce qui permet d'obtenir plusieurs couples rentabilité-risque souhaités. Il

8. Voir dans cette ***Encyclopédie*** l'article de P. Rousseau, « Prévision des taux de change », p. 1502, tome 2.

suffit ensuite de combiner le portefeuille global obtenu précédemment avec l'actif sans risque, afin d'obtenir le couple rentabilité-risque désiré.

3. L'organisation d'une institution gérant des portefeuilles internationaux

Selon la taille de la société, des services plus ou moins spécialisés sont constitués. Dans la majorité des cas, on trouve des services d'études économiques et financières, un comité d'investissement et un service de gestion de portefeuille. Pour compléter le tout, il existe un système permettant de contrôler les portefeuilles formés par les gestionnaires. Un exemple de système intégré de gestion de portefeuille est donné au schéma 3.

Schéma 3 – Démarche de gestion d'un portefeuille international

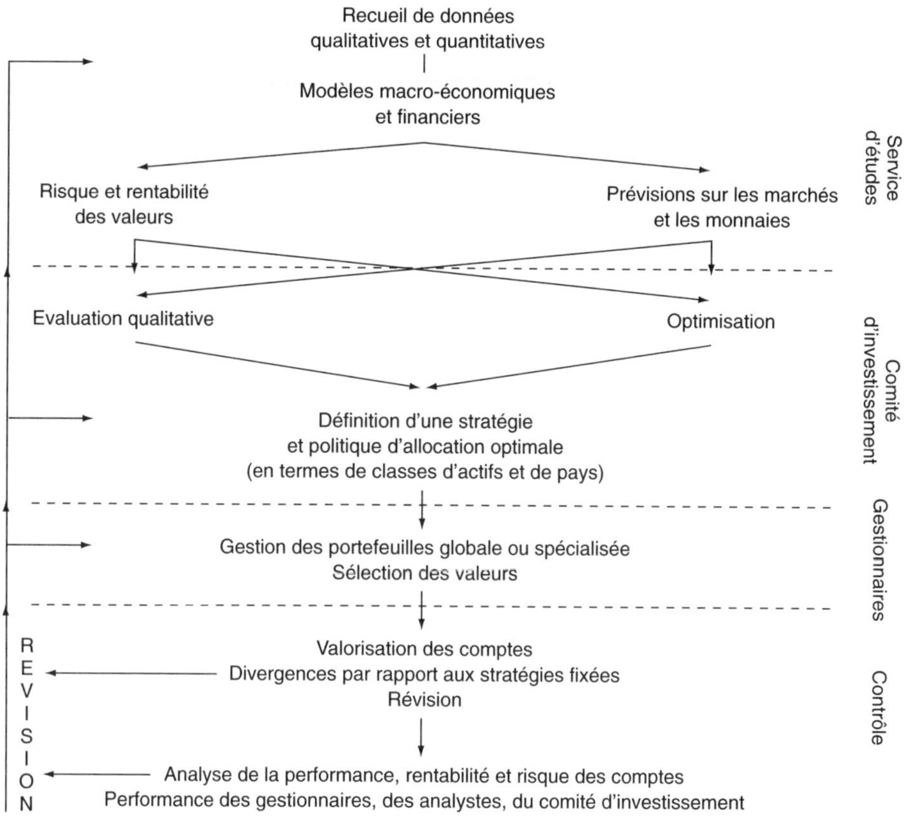

Comme nous l'avons mentionné dans la section 2, la démarche est descendante car les différentes analyses empiriques établissent que la décision qui affecte le plus la rentabilité d'un portefeuille au niveau international est la répartition des capitaux entre les différents marchés et les différentes devises. Il est nécessaire de prendre cette décision avant d'examiner la sélection des valeurs. Nous allons donc étudier les principales fonctions des différents services dans l'ordre indiqué dans le schéma 3.

3.1. Le service d'études économiques et financières

Ce service a quatre rôles.

– Le premier est d'établir une base de données afin d'avoir la meilleure image possible du marché.

– Le deuxième est de déterminer, à partir de modèles financiers et macroéconomiques, s'il y a des actifs surévalués ou sous-évalués, ou s'il existe des divergences entre les résultats donnés par ces modèles sur l'évolution de l'économie et ceux qui peuvent être déduits du marché. Nous disposons à ce niveau d'une première indication sur la pertinence d'une stratégie active.

– A partir des estimations des rentabilités et du risque des différentes valeurs, et des prévisions sur les taux d'intérêt et les taux de change, le service d'études économiques et financières donne la liste des portefeuilles qui ont les rentabilités les plus élevées, compte tenu de leur risque. Pour cela, il utilise un programme d'optimisation.

– Le quatrième rôle d'un service d'études économiques et financières est de fournir une synthèse de toutes ces informations au comité d'investissement et aux gestionnaires. L'idéal est que ces informations soient directement accessibles sur un terminal informatique. Nous devons y trouver, par exemple, les principales variables économiques actuelles et prévues (taux d'intérêt, taux de change, production réelle, etc.), la composition des portefeuilles de référence, etc.

3.2. Le comité d'investissement

Le rôle du comité d'investissement est essentiel. Dans le cadre d'une stratégie passive, il doit fixer le niveau de risque maximum que l'organisation accepte de supporter. En revanche, dans le cadre d'une stratégie active, il lui incombe de prendre la décision qui affecte le plus la rentabilité d'un portefeuille international, en l'occurrence la répartition du capital entre les différents pays et les différentes devises. Il peut décider, à ce stade, d'avoir une position beaucoup plus spéculative sur les devises que sur les valeurs mobilières. Comme les portefeuilles de référence construits par le service d'études économiques et financières, les composantes du portefeuille recommandées par le comité d'investissement doivent être accessibles aux gestionnaires de portefeuille sur un terminal informatique.

3.3. Les gestionnaires de portefeuille

Se pose ici le problème de la globalisation ou de la spécialisation de l'activité du gestionnaire de portefeuille. Si l'on examine le comportement des institutions financières, il s'avère que les gestionnaires européens gèrent leurs portefeuilles de manière globale et décident aussi bien de la répartition des sommes à investir entre les principaux marchés et devises que de la sélection des valeurs à l'intérieur de chaque marché. Les institutions américaines ont plutôt des gestionnaires spécialisés par secteurs. La tendance générale est malgré tout d'avoir des gestionnaires spécialisés car, au niveau international, il est de plus en plus difficile pour un individu de posséder une expertise dans tous les secteurs des marchés des capitaux. La plus ou moins grande spécialisation dépend aussi de l'institution considérée. Un investisseur institutionnel répartit ses fonds entre plusieurs gestionnaires spécialisés et assume le rôle du comité d'investissement présenté auparavant. En revanche, les banques gérant les portefeuilles de petits investisseurs ont plutôt recours à des généralistes. La décision de la répartition entre les différents actifs financiers et les différentes devises est plus du ressort du gestionnaire, après concertation avec le client et après consultation des recommandations du comité d'investissement et du service d'études économiques et financières. Ce dernier type d'organisation présente cependant deux inconvénients : en premier lieu, si les portefeuilles sont petits, il n'est pas possible de profiter au mieux des avantages de la diversification ; en second lieu, il n'est pas possible d'utiliser efficacement la compétence des différents gestionnaires. Aussi, même dans ce cas, il est souhaitable d'avoir deux niveaux de gestionnaires : les premiers spécialisés par secteurs, les seconds en contact direct avec la clientèle. Ces derniers définissent avec les clients la composition, par marché et par devise, de leur portefeuille en se basant sur les recommandations du comité d'investissement et sur les spécificités des clients (fiscalité et aversion envers le risque). En fonction de ces caractéristiques, une partie du capital du portefeuille de chaque client est attribuée à chaque expert. Les montants investis par les gestionnaires sont alors suffisamment importants pour que l'on puisse profiter au mieux de la diversification.

En résumé, dans certains cas, le rôle du gestionnaire de portefeuille est de sélectionner les valeurs. S'il a une stratégie passive, il sélectionne uniquement les valeurs reproduisant au mieux le marché qui lui est affecté. En revanche, dans le cadre d'une stratégie active, il sélectionne en priorité les valeurs sous-évaluées. Pour cela, il se base sur les informations fournies par le service d'études économiques et financières et sur ses estimations personnelles. Dans d'autres cas, le rôle du gestionnaire est plus important, car c'est lui qui prend finalement la décision de la répartition du portefeuille entre les différents secteurs, le comité d'investissement émettant seulement des recommandations. Le but est, dans tous les cas, d'obtenir un portefeuille satisfaisant les désirs, exprimés ici en termes de rentabilité et de risque, du client, particulier ou institutionnel.

3.4. Le contrôle

Quelle que soit la stratégie adoptée, que l'on soit un investisseur (organisation) répartissant sa richesse entre plusieurs gestionnaires spécialisés par secteurs ou une organisation avec des gestionnaires gérant des portefeuilles de petite dimension, il faut vérifier que le portefeuille global correspond aux objectifs de l'investisseur, implicites ou formulés explicitement par le comité d'investissement dans le cadre d'une organisation structurée. Pour vérifier l'adéquation des objectifs et mesurer la performance du portefeuille, le système informatique doit fournir :

– les positions et le solde des différents comptes,
– le compte global de chaque gestionnaire,
– les positions et le solde du portefeuille global de l'organisation.

Plus précisément, il faut que l'on puisse obtenir une matrice de nature identique à celle présentée au tableau 3 où, en dehors des différents montants de chaque classe d'actifs, doit aussi apparaître une mesure du risque du portefeuille (le coefficient de volatilité ou l'écart type). Plusieurs tableaux sont en fait nécessaires : un pour l'ensemble des gestionnaires, un autre pour l'ensemble des comptes de la clientèle de chaque gestionnaire et un par client de chaque gestionnaire.

Si le comité d'investissement estime que les divergences en termes de composition et de risque sont trop grandes entre le portefeuille global construit par les gestionnaires et le portefeuille qu'il a lui-même recommandé, il peut demander à des gestionnaires de procéder à des achats ou à des ventes dans certains secteurs. En règle générale, il y a toujours une légère différence entre le portefeuille recommandé par le comité d'investissement et celui réellement construit par les gestionnaires, différence due au fait qu'on ne peut modifier en permanence le portefeuille à cause des frais de transaction.

En résumé, doivent apparaître sur chaque terminal les informations fournies par le service d'études, les portefeuilles constitués par chaque gestionnaire (le comité d'investissement ayant la possibilité de les consulter) et le portefeuille global. Quant au gestionnaire, en dehors des informations données par le service d'études, il doit pouvoir consulter le portefeuille recommandé par le comité d'investissement et le portefeuille regroupant l'ensemble de ses comptes. Au niveau des informations disponibles pour le gestionnaire, à côté des montants détenus dans chaque secteur, doivent apparaître les montants que le gestionnaire doit vendre ou acheter sur recommandation du comité d'investissement (tableau 4).

Tableau 4 – Compositions en pourcentage des portefeuilles selon les stratégies

		Stratégies			
		1 Passive	**2 Active recommandée par le comité**	**3 Active réalisée par le gestionnaire**	**4 Ordres d'achat et de vente**
Classes d'actifs	1	0,1	0,2	0,3	– 0,1
	2	0,5	0,3	0,9	– 0,3
	3	0,9	0,8	0 5	+ 0,3
	4	etc.	etc.	etc.	etc.
	5				
	6				
	7				
	etc.				

Dans la colonne 1, la composition du portefeuille est celle du portefeuille de marché mondial protégé contre le risque de change. Dans la colonne 4, les ordres sont donnés en pourcentage du portefeuille du gestionnaire. Un ordre d'achat est indiqué par un +, un ordre de vente est indiqué par un –.

4. La mesure de la performance

Pour mesurer la performance d'un portefeuille, plusieurs étapes sont nécessaires. Il faut d'abord évaluer la rentabilité du portefeuille. Cette dernière doit être ensuite décomposée afin de mettre en évidence les facteurs importants qui influencent la rentabilité d'un portefeuille international. Le résultat du portefeuille est, alors, comparé à celui du portefeuille de référence, et on vérifie, dans un dernier temps, si le risque du portefeuille est suffisamment rémunéré[9].

---

9. Voir également dans cette ***Encyclopédie*** l'article de J. Salvati, « Mesure de performance et gestion de portefeuille », p. 1122, tome 2.

4.1. La rentabilité d'un portefeuille

La rentabilité d'un portefeuille est mesurée par la relation suivante :

$$r_P = (V_F \pm f - V_I)/V_I \qquad [3]$$

avec
r_P : la rentabilité du portefeuille,
V_F : la valeur en fin de période du portefeuille,
f : les flux en cours de période (frais de transaction, dividendes, ventes, achats),
V_I : la valeur du portefeuille en début de période.

Cette mesure est faite après l'intégration des frais de transaction. Ces derniers peuvent, en effet, diminuer fortement la rentabilité d'un portefeuille.

Cette formule relativement simple ne prend, cependant, pas en compte le temps car le taux de rentabilité calculé est celui de la période considérée. Cette omission est gênante si on veut comparer le taux r_P aux taux de rentabilité d'autres portefeuilles calculés sur des périodes de temps différentes. Pour remédier à cet inconvénient, on peut actualiser les flux ou calculer un taux interne de rentabilité.

De plus, si l'on veut savoir ce qu'une unité investie a effectivement rapporté sur la période considérée, il faut connaître la valeur du portefeuille à chaque mouvement. Un exemple permet d'éclairer le problème.

La partie d'un portefeuille international investie en franc vaut 100 en $t = 0$, 120 en $t = 1$. Pour ne pas dépasser la quote-part du portefeuille à investir en France, en $t = 1$, on est obligé de désinvestir ; le portefeuille passe alors de 120 à 100. En $t = 2$, ce portefeuille vaut 80. Le gestionnaire investit en fait ses fonds dans le portefeuille de marché français. Si nous reprenons la première formule, nous avons : $(80 + 20 - 100)/100 = 0$.

La rentabilité du portefeuille est de 0 %. Compte tenu du fait qu'il y a deux périodes de temps, le taux de rentabilité pour une période de temps, r, est tel que : $100 = (-20/1 + r) + (20/(1 + r)^2)$. Ce taux de rentabilité est égal à 0 %. Or, dans ces calculs, la modification de taille du portefeuille pour satisfaire les exigences de l'organisation n'est pas prise en compte.

Nous pouvons alors nous demander combien une unité investie en début de période ($t = 0$) a rapporté en fin de période ($t = 2$). Une unité investie en $t = 0$ s'est transformée en 1,2 unité en $t = 1$; si nous les réinvestissons en totalité en $t = 1$, nous obtenons en $t = 2$, $(1,2 \times 0,8)$ unités, soit 0,96 unité. Sur l'ensemble de la période, une unité investie en $t = 0$ a rapporté 0,96 unité en $t = 2$. La rentabilité globale est de – 4 % et, si l'on tient compte du temps, approximativement de – 2 % par période de temps.

Cette méthode est meilleure, car elle permet de mesurer la performance du gestionnaire, indépendamment de la décision de limiter la part de l'investissement global dans ce pays. En effet, si le gérant du portefeuille a seulement reproduit le portefeuille de marché, sa performance est égale à celle du portefeuille de marché qui en l'occurrence est passée de 100 à 96, soit une rentabilité de – 4 % sur deux périodes de temps et de – 2 % par unité de temps. Avec ce taux, nous évaluons la qualité de la sélection des actifs indépendamment de la décision d'allocation des ressources entre les pays qui n'est pas, ici, du ressort du gestionnaire.

Cela suppose que les flux soient enregistrés quotidiennement et que la valeur du portefeuille soit pratiquement calculée chaque jour. Cela n'est pas toujours possible. La valeur du portefeuille est calculée tous les quinze jours ou tous les mois, et l'évalution de la rentabilité est de ce fait approximative.

4.2. La décomposition de la rentabilité dans un cadre international

Il faut maintenant décomposer la rentabilité du portefeuille afin de mettre en évidence les facteurs importants dans le cadre international. Il s'agit de l'évolution des cours des monnaies, et de celle des prix des actifs exprimés dans la monnaie du pays d'origine.

La rentabilité du portefeuille P dans la monnaie de référence 0, r_{P0}, peut toujours se décomposer en deux :

– une partie uniquement due aux variations des prix des actifs dans leur monnaie d'origine,

– une partie due aux fluctuations des monnaies.

Nous obtenons alors :

$$r_{P0} = r_P + m_P \quad [4]$$

avec

r_P : la rentabilité du portefeuille P, indépendante des fluctuations des monnaies ; pour ce faire, il faut calculer la rentabilité du portefeuille P avec des taux de change constants sur la période considérée,

m_P : la rentabilité du portefeuille P, uniquement due aux fluctuations des monnaies ; pour l'obtenir, il suffit de faire la différence entre r_{P0} et m_p.

Cette décomposition peut être affinée ; elle peut être faite par pays ou par classe d'actifs au niveau mondial ou, de manière plus détaillée, par classe d'actifs au niveau de chaque pays. Le degré d'affinement dépend de la taille du portefeuille, de l'organisation et des données disponibles. Nous présentons ici la décomposition la plus détaillée, soit par classe d'actifs dans chaque pays.

Soit L le nombre de classes sur l'ensemble des pays et p_1 le poids de la classe d'actif 1 dans le portefeuille ; la rentabilité du portefeuille s'écrit alors :

$$r_{P0} = \sum_{l=1}^{L} p_l r_{l0} \quad [5]$$

$$r_{P0} = \sum_{l=1}^{L} p_l r_l + \sum_{l=1}^{L} p_l m_l \quad [6]$$

avec

r_l : la rentabilité de l'investissement dans la classe d'actifs l indépendante des fluctuations des devises,

m_l : l'impact des variations du cours de la monnaie du pays de la classe d'actifs l sur la rentabilité de l'investissement effectué dans la classe d'actifs l, que nous appelons la composante change.

Les rentabilités évoquées jusqu'à maintenant sont des mesures absolues. Il faut maintenant présenter les mesures relatives qui permettent de comparer la rentabilité du portefeuille considéré à celle d'un portefeuille de référence.

4.3. La mesure relative

Après l'évaluation de la rentabilité du portefeuille, un point important consiste à juger la compétence des gestionnaires et les recommandations du comité d'investissement et des services d'études. Il faut pour cela avoir un portefeuille de référence, en l'occurrence le portefeuille préconisé dans le cadre d'une stratégie passive, c'est-à-dire le portefeuille de marché mondial protégé contre le risque de change. La rentabilité de ce portefeuille, $r_{M'}$, est telle que :

$$r_{M'} = \sum_{l=1}^{L} p_l^* I_l - cpc \qquad [7]$$

où :
I_l est la rentabilité du portefeuille de marché représentant la classe d'actifs 1,
p_l^* est le poids de la classe d'actifs 1 dans le portefeuille de marché mondial,
cpc est le coût de protection contre le risque de change.

Si nous insérons les différents indices dans la rentabilité du portefeuille P, nous obtenons :

$$r_{P0} = \sum_{l=1}^{L} p_l I_l + \sum_{l=1}^{L} p_l (r_l - I_l) + \sum_{l=1}^{L} p_l m_l \qquad [8]$$

et avec le portefeuille de marché mondial protégé contre le risque de change :

$$r_{P0} = r_{M'} + \sum_{l=1}^{L} (p_l - p_l^*)\ I_l + \sum_{l=1}^{L} p_l (r_l - I_l) + \sum_{l=1}^{L} p_l m_l + cpc \qquad [9]$$

avec
$r_{M'}$: la rentabilité du portefeuille de marché mondial protégé contre le risque de change,
$\sum_{l=1}^{L} (p_l - p_l^*)\ I_l$: la mesure de la compétence du gestionnaire quant à l'allocation des ressources entre les différents pays ou classes d'actifs, $(p_l - p_l^*)$ étant la déviation par rapport à cette allocation dans le portefeuille mondial,
$\sum_{l=1}^{L} p_l (r_l - I_l)$: la mesure de la compétence du gestionnaire quant à la sélection des actifs,
$\sum_{l=1}^{L} p_l m_l$: la mesure de l'habileté du gestionnaire dans ses placements en devises.

Cette mesure de performance relative permet d'évaluer en particulier les recommandations du comité d'investissement en termes d'allocation de la richesse entre les différents pays, et la compétence du gestionnaire dans la sélection des actifs. Nous pouvons affiner cette mesure de manière à juger les informations données par le service d'études économiques et financières.

4.4. La prise en compte du risque

Les mesures présentées précédemment ne sont pas encore suffisantes pour évaluer la performance d'un portefeuille, car elles ne permettent pas de savoir si le risque supporté par le détenteur du portefeuille est suffisamment rémunéré. En effet, la rentabilité du portefeuille détenu peut être supérieure au portefeuille de référence sans qu'elle soit pour autant suffisante, compte tenu du risque supporté. Il faut en conséquence constituer un portefeuille de référence de risque équivalent.

Pour ceci, si le risque du portefeuille P est égal à β_p, le portefeuille de référence équivalent, P^*, est le portefeuille construit en répartissant l'investissement total à proportion de $(1 - \beta_p)$ dans l'actif sans risque, et à proportion de β_p dans le portefeuille de marché protégé contre le risque de change. La rentabilité de ce portefeuille, r_p^*, est telle que :

$$\begin{aligned} r_p^* &= (1 - \beta_p)\, r_f + \beta_p r_{M'} \\ &= r_f + \beta_p (r_{M'} - r_f) \end{aligned} \qquad [10]$$

En conséquence, si la rentabilité effective, r_p, du portefeuille P est supérieure à la rentabilité du portefeuille de référence P^*, la stratégie active employée a des effets positifs.

Il est possible ensuite d'affiner cette mesure et d'examiner quelles sont les décisions les plus bénéfiques. Examinons, dans l'ordre, l'allocation entre les différents marchés et la sélection des actifs.

Pour mesurer l'impact d'une répartition différente entre les marchés, il faut évaluer le risque du portefeuille qui aurait été constitué en répartissant les sommes à investir entre les différents marchés de la même manière que dans le portefeuille P, tout en retenant dans chaque pays les actifs conseillés dans le cadre d'une stratégie passive. Si, par exemple, le coefficient de ce portefeuille est $\beta_{zM'}$, sa rentabilité exigée est égale à $r_f + \beta_{zM'}(r_{M'} - r_f)$.

L'allocation entre les différents pays est satisfaisante si :

$$\Sigma p_i r_i^* > r_f + \beta_{zM'} [r_{M'} - r_f] \qquad [11]$$

avec
p_i : la proportion du portefeuille P investie sur le marché i,
r_i^* : la rentabilité du portefeuille de référence sur le marché i.

Pour mesurer l'impact de la sélection des actifs sur chaque marché i, il suffit de connaître le coefficient de volatilité du portefeuille r_i. Si, par exemple, le coefficient de volatilité est égal à β_{iM}, la sélection des valeurs sur le marché est satisfaisante si :

$$r_i > r_f + \beta_{iM'}(r_{M'} - r_f) \qquad [12]$$

*

* *

Malgré le risque supplémentaire associé à la détention d'un actif étranger, en l'occurrence le risque de change, les analyses empiriques indiquent que le risque d'un portefeuille international est inférieur à celui d'un portefeuille national, tout en conservant le même niveau de rentabilité.

Dans le cadre international, le portefeuille de référence est le portefeuille de marché mondial protégé contre le risque de change. Le gestionnaire d'un portefeuille international a, en conséquence, le choix entre deux stratégies. La stratégie passive consiste à reproduire le portefeuille de marché mondial protégé contre le risque de change. Il suffit ensuite au gestionnaire de le combiner avec l'actif sans risque pour obtenir le portefeuille de risque désiré. Avec la stratégie active, l'investisseur constitue un portefeuille différent de celui construit avec une stratégie passive. Le gestionnaire y recourt quand il estime disposer d'informations différentes de celles du marché. Les principales décisions à prendre concernent la répartition du capital entre les différents marchés et la sélection des valeurs à l'intérieur de chaque marché. La répartition de l'investissement entre les différents marchés est la première décision à prendre, car c'est elle qui a le plus d'impact sur la rentabilité d'un portefeuille international.

Différentes étapes doivent être suivies pour mettre en place ces stratégies et plusieurs acteurs sont nécessaires au sein d'une société gérant des portefeuilles internationaux : un service d'études économiques et financières avec des analystes plutôt spécialisés par domaine, des gestionnaires de portefeuille de clientèle proprement dit et des gestionnaires spécialisés par secteur, le tout sous la coupe d'un comité d'investissement. Ce dernier indique comment répartir le capital entre les différents marchés et mesure la performance des experts et des gestionnaires.

Différentes mesures de performance sont concevables ; leur objectif est d'évaluer si les différentes décisions ont permis d'améliorer la rentabilité du portefeuille et surtout de voir si la rentabilité est satisfaisante, compte tenu du risque pris. Pour ceci, il est nécessaire d'avoir un portefeuille de référence qui est celui que l'on aurait construit dans le cadre d'une stratégie passive.

Références

CAMPBELL R.H., « The World Price of Covariance Risk », *Journal of Finance* (46, March 1991), p. 111-158.

LA BRUSLERIE H. (de), *Gestion obligataire internationale*, Paris, Economica, 1990.

LESSARD D., « Principles of International Portfolio Selection », *in International Finance Handbook*, New York, John Wiley and Sons, 1983.

NOETZLIN B., SOLNIK B., « Optimal International Asset Allocation », *Journal of Portfolio Management* (Autumn 1982), p. 11-21.

ODIER P., SOLNIK B., « Lessons for International Asset Allocation », *Financial Analysts Journal* (March-April 1993), p. 63-77.

SHARPE W., *Investments*, Londres, Prentice Hall International, 1995.

SOLNIK B., *International Investments*, 3e éd., Reading, Mass., Addison Wesley, 1996.

Mots clés

Comité d'investissement, diversification, gestion d'un portefeuille, gestion d'un portefeuille international, international, mesure de performance, portefeuille, portefeuille international, portefeuille de marché mondial, rentabilité, risque, risque de change, risque politique, stratégie active, stratégie passive.

Gestion quantitative

28

Jean-François Boulier

La gestion de portefeuille est un métier. Les gérants quantitatifs entendent l'exercer en tirant parti de la théorie financière. Cet article vise à présenter un savoir-faire s'inspirant des résultats de la recherche scientifique. Un tour d'horizon en France et dans le monde des pratiques de la gestion quantitative montre la diversité des applications et des produits. Il semble tout de même que les principales caractéristiques de ce style de gestion aient trait à l'utilisation des modèles mathématiques, au traitement de l'information, au contrôle de la qualité ainsi qu'au management.

Les gérants quantitatifs utilisent de nombreux modèles, au premier rang desquels figurent ceux qui permettent d'analyser et de maîtriser le risque des portefeuilles. En ce qui concerne la rentabilité, plusieurs modèles guident les choix de gestion : par exemple, la prévision économétrique des rentabilités, ou la méthode de score déterminant les probabilités de surperformance. Certains gérants suivent ces modèles systématiquement, d'autres s'appuient sur une batterie de modèles et en apprécient quantitativement les résultats, d'autres encore n'en utilisent pas du tout. Tous, en revanche, ont élaboré un processus de gestion dont les éléments ont fait l'objet de tests empiriques auxquels ils se conforment scrupuleusement.

Précisément, l'un des éléments du processus de gestion réside dans le traitement automatique de grandes quantités d'informations. Cela peut être des historiques de cours, de séries de données macro-économiques, de mesures financières des sociétés, des données de panels d'observateurs ou d'analystes financiers, comme les consensus de bénéfices de sociétés. Il faut donc pour cela des bases de données de qualité et des ordinateurs relativement puissants.

Les gestions quantitatives promettent rarement des miracles, encore que certains fonds tirant parti des options puissent paraître très séduisants. Mais une attention particulière est portée au contrôle de la performance. Que le fonds soit indexé ou que son risque ait été calibré, l'équipe de gestion scrute plusieurs indicateurs de qualité. L'efficacité du processus d'investissement est en outre contrôlée au moyen de méthodes d'attribution de performance.

Enfin, un trait saillant de la gestion quantitative est sans doute le mode de fonctionnement de l'activité. L'expertise du gérant est au centre de la valeur ajoutée de la «gestion classique». C'est davantage le processus et sa reproductibilité qui structurent l'activité de l'équipe quantitative. Ainsi, les gérants quantitatifs sont moins des experts individuels que des membres d'un groupe qui porte la responsabilité de la gestion. Les directeurs des fonds ne sont plus des personnalités éclairées et averties des derniers propos tenus par les directeurs financiers d'entreprises ou les responsables économiques, mais plutôt de plus jeunes cadres fréquentant davantage les séminaires scientifiques et les salles de marché.

Le présent article fait une synthèse rapide des principaux produits de la gestion quantitative avant de présenter succinctement les méthodes de gestion. Bien qu'il n'y ait pas aujourd'hui d'ouvrage consacré à cette nouvelle forme de gestion, les lecteurs intéressés trouveront dans la bibliographie quelques ouvrages de référence ainsi que des travaux spécialisés.

1. Gamme de produits quantitatifs

Certains fonds sont la traduction concrète de concepts théoriques, comme les fonds indiciels ; d'autres produits sont l'aboutissement de méthodes quantitatives, comme la *Tactical Asset Allocation*. Son essor outre-Atlantique, où elle représentait en 1990 de l'ordre de 25 % de la gestion institutionnelle et plus du tiers de la gestion internationale, s'est accompagné du développement de pratiques de marché comme le *basket trading* ou de nouveaux services comme le *currency overlay*.

L'approche quantitative de la gestion s'inspire des travaux scientifiques effectués par les financiers et les économistes à partir des années 1950. Depuis Markowitz pionnier de l'optimisation de portefeuille, Sharpe et Fama qui en ont tiré et testé les conséquences, la théorie financière considère que les marchés sont efficients[1]. En termes pratiques, cela signifie que l'information est immédiatement traduite dans les cours qui suivent des mouvements aléatoires. Les gestionnaires peuvent gérer les risques qu'ils prennent en les diversifiant ou en les transférant à d'autres grâce à des instruments dérivés. Merton, Black et Scholes ont, quant à eux, initié des méthodes d'évaluation et de couverture des options et des produits dérivés complexes. L'optimisation, l'efficience et la théorie des options forment les principaux fondements des méthodes quantitatives de gestion qui intègrent également, selon la nature des fonds, des travaux plus spécifiques sur les titres ou les marchés.

1.1. Les fonds indiciels

Puisque les marchés sont efficients, pourquoi essayer de battre les indices de marché (ce qui occasionne des frais de gestion et des frais de transaction) ? Pourquoi ne pas adopter une stratégie passive : investir dans un ensemble de titres et ne les vendre qu'en fin de parcours[2] ?

---

1. Voir dans cette ***Encyclopédie*** l'article de J. Hamon, «Efficience faible. Efficience semi-forte», p. 408, tome 1.

2. Voir également dans cette ***Encyclopédie*** l'article de C. Chazot, «Equity swaps», p. 433, tome 1.

Wells Fargo, une banque californienne, a lancé au début des années 1970 le premier fonds indiciel investi en actions du Standard and Poor's 500 qui est l'un des indices les plus utilisés sur le marché américain. L'idée a mis quelque temps à germer dans un climat assez hostile, qui n'a pas manqué de se reproduire dans chaque pays où s'est développée la gestion passive. Les détracteurs des fonds indiciels les ont accusés d'être de l'anti-gestion ou de la non-gestion. Il est vrai que ces produits sont de très sérieux concurrents dont les frais de gestion n'ont cessé de baisser pour atteindre aux Etats-Unis quelques points de base... et être gérés par des spécialistes de la conservation des titres comme State Street ou Mellon Bank. L'organisation et la qualité d'exécution sont la valeur ajoutée de cette industrie.

Les débuts de la commercialisation des fonds indiciels en France furent assez décevants. Les premiers fonds lancés à la fin des années 1980 étaient principalement investis en actions, ce qui explique en partie leur faible développement. D'ailleurs les promoteurs, des banques pour la plupart, ont privilégié des adaptations du concept original en vendant de la gestion indicielle tiltée, ou encore quantitative active, pour tenter d'attirer les investisseurs.

Quelques développements techniques vont illustrer ces différences. Pour suivre exactement l'indice CAC 40, il suffit d'investir dans les 40 valeurs composant l'indice dans les proportions équivalentes à leurs capitalisations, puisque tel est le mode de construction de l'indice. Mais est-il nécessaire d'investir dans chacune des quelque 1 200 valeurs composant le TOPIX, indice du marché des actions japonais, pour le suivre précisément ? Si l'on tolère de très légères déviations, on sent bien que l'on va pouvoir « échantillonner » dans l'ensemble des valeurs le sous-groupe dont la performance s'approche le plus de l'indice pour un niveau d'écart donné. L'écart est souvent mesuré par la *tracking error* du fonds, l'erreur de poursuite en quelque sorte, qui est simplement la volatilité de la performance relative du fonds par rapport à l'indice. L'usage de techniques statistiques développées pour les sondages, que l'on dénomme stratification, permet d'obtenir le sous-ensemble de valeurs à partir de caractéristiques sectorielles ou micro-économiques. On peut enfin franchir une étape supplémentaire en « enrichissant » l'échantillon à l'aide d'autres méthodes quantitatives dont l'objectif est de sélectionner les valeurs qui ont, de surcroît, la plus forte probabilité de surperformer l'indice. On qualifie d'indiciels tiltés les fonds qui font usage de telles techniques. En ce qui les concerne, le contrôle du risque s'effectue relativement à leur indice de référence.

Il existe d'autres façons (d'essayer) de battre les indices, par exemple en investissant tantôt sur l'indice, tantôt sur le marché de *futures* sur indice quand il y en a un, en fonction de l'arbitrage dit de *cash and carry*. Une autre manière consiste également à parier sur l'évolution de l'indice et à n'être que partiellement investi en indice, le reste étant placé en bons du Trésor, par exemple, quand une baisse de l'indice est anticipée. Dans le contexte de la gestion indicielle tiltée, cette dernière méthode ne peut être utilisée qu'à dose homéopathique, car elle génère directement beaucoup de risque relatif à l'indice. En revanche, elle est à l'origine d'une gamme assez large de produits dits d'allocation tactique.

1.2. L'allocation tactique d'actifs

Imaginez-vous posséder un signal vous indiquant avec certitude quand le marché des actions va avoir une performance supérieure à celui des obligations. Alors, sans choix particulier sur un titre spécifique, vous achèterez l'indice d'actions quand le signal est positif, et vous investirez sur l'indice obligataire quand il est négatif. L'allocation sera modifiée à chaque changement de ce signal. Tel est le principe de l'allocation tactique.

En réalité, le signal n'est pas parfait ; il suffit qu'il ait plus souvent raison que tort. L'un des premiers modèles quantitatifs d'allocation tactique a été mis en œuvre par Wells Fargo. Il est fondé sur l'écart de rentabilité attendue entre le marché des actions et celui des obligations, souvent appelé prime de risque. Nous détaillerons l'application de ce modèle au marché français dans la section 3. Le concept de *Tactical Asset Allocation* est néanmoins plus récent et les fonds n'ont été vendus sous ce label que depuis le krach boursier de 1987. La firme américaine First Quadrant en est un des premiers promoteurs.

Les modèles conçus pour l'allocation tactique sont généralement inspirés par l'économie, les cycles économiques ou les cycles boursiers. Il s'agit donc d'anticipations de moyen terme. L'économétrie et des versions plus complexes des dynamiques financières et économiques avec d'autres modèles mathématiques sont élaborées et testées sur le passé proche avant d'être mises en œuvre dans la gestion. Les changements d'allocation vont se traduire par des ventes et des achats de parts d'indice et vont développer un marché de paniers d'actions, appelé *basket trading*. Ce marché connaît d'ailleurs une forme complètement automatisée au travers de réseaux électroniques internationaux.

Autre innovation récente, le *currency overlay* est une forme d'allocation tactique vendue non pas au travers d'un fonds, mais comme une position financière gérée pour le compte d'un fonds. Si la spécialité, et donc la valeur ajoutée supposée d'un gérant, est l'allocation relative entre différents marchés d'actions et s'il n'a pas de vue particulière sur les monnaies, le service proposera de gérer la position en devise induite par l'allocation entre les marchés d'actions, grâce à une allocation tactique des devises, couvertes ou non couvertes. La position financière est gérée avec des contrats à terme, de gré à gré ou éventuellement des options, le fonds soldant régulièrement la position.

1.3. Les fonds garantis

L'innovation nous vient encore de Californie et s'appelle assurance de portefeuille. En s'inspirant des méthodes de gestion dynamique de la théorie des options, Rubinstein et d'autres chercheurs ont proposé des fonds investis en actions avec une garantie du capital investi. Leur société de gestion LOR a été la première à gérer synthétiquement un portefeuille d'actions avec un put. Plusieurs fonds ont été distribués par des brokers aux particuliers américains et l'assurance de portefeuille a connu un succès important jusqu'au krach boursier d'octobre 1987. Puis des difficultés sont apparues car plusieurs gestionnaires n'ont pas été en mesure d'effectuer les ajustements dynamiques prévus par la théorie. Suite à la très forte chute de Wall Street il n'y avait plus d'acheteurs pour les contrats à terme (*futures*) sur l'indice ou pour les actions que devaient vendre les portefeuilles assurés. En effet, de tels fonds suivent les mouvements du marché. La non-performance de l'assurance de portefeuille ce lundi noir a profondément nui à sa réputation. Pis, certains l'ont même (exagérément) accusée d'avoir provoqué le krach[3]...

Les banques françaises ont adapté le concept au début des années 1990 en déployant des trésors d'imagination. Face à un marché de particuliers cherchant avant tout la sécurité de leur épargne, deux types de fonds garantis ont été inventés. Les premiers, comme le contrat CCF ou Evolys de la Poste, offraient des garantis de taux. Les seconds étaient investis en actions avec des garanties portant sur le capital investi ou sur une rémunération minimale. « Le seul risque que vous prenez est celui de gagner » était l'argument choc distillé en 1991 et 1992 avec l'ouverture des plans d'épargne en actions garantis. Les distributeurs ont en effet profité d'une situation de marché particulièrement favorable : des taux au-dessus de 9 % permettent, comme on le verra plus loin, d'acheter des garanties à bon prix ! L'essentiel de ces fonds, les Quantors de la Société Générale ou Elysées Croissance du CCF, étaient des fonds fermés : on y investit à une date déterminée et l'on en sort à une date fixe, les sorties anticipées étant généralement pénalisées. De tels montages firent usage des dernières inventions en matière d'option comme les *lookback* ou les cliquets et ont offert des caractéristiques très intéressantes pour l'investisseur. Par exemple, le contrat d'assurance-vie CAC Croissance de Cardif garantit (à peu de chose près) au bout de huit ans le maximum de la valeur du CAC sur la période.

Une autre génération de produits, alliant l'attrait d'une rentabilité garantie et la liquidité, a également été développée. Open Garantie vendu par le CCF en est un exemple : on entre et on sort du fonds quand on le désire, et l'on jouit de la garantie de croissance du capital si l'on reste au moins 5 ans (dans le cas d'Open Garantie, il s'y ajoutait une deuxième garantie de rémunération à une date fixe). Devant l'appétit des épargnants français pour cette catégorie de fonds, nul doute que les équipes de gestion et de marketing inventeront d'autres produits tirant parti des conditions spécifiques de marché.

2. Les méthodes quantitatives de gestion

La gestion de portefeuille peut se décomposer en trois étapes principales : l'allocation stratégique d'actifs, l'allocation tactique d'actifs et la sélection des titres. Nous évoquerons donc successivement les concepts et méthodes relatifs à chaque étape avant de dire un mot des méthodes de gestion dynamique propres aux fonds garantis.

2.1. L'allocation stratégique d'actifs

En matière de gestion de portefeuille, l'allocation d'actifs est le nerf de la guerre ; ce n'est donc plus tout à fait par hasard que le vocabulaire est teinté de références militaires. On distingue, en effet, deux étapes : l'allocation stratégique et l'allocation tactique. La première vise à déterminer, en fonction des objectifs de l'investissement et d'une vision des marchés financiers, la structure de référence du portefeuille, ou d'une partie du portefeuille. La seconde, qui sera développée au paragraphe suivant, cherche à tirer profit

3. Voir également dans cette ***Encyclopédie*** l'article de P. Poncet et R. Portrait, « Assurance de portefeuille », p. 140, tome 1.

d'une situation particulière des marchés financiers (par exemple, le bas du cycle boursier pour surpondérer les actions), afin de moduler la répartition entre les classes d'actifs et tenter d'obtenir une performance supérieure au portefeuille de référence.

A ce stade, il n'est pas question de titres particuliers, mais de classes d'actifs. Pour un investisseur institutionnel français, il s'agit d'actions françaises, d'obligations françaises, d'actions étrangères, d'obligations étrangères, d'immobilier et de liquidités. Les classes d'actifs sont généralement représentées par des indices qui correspondent, lorsqu'ils sont pondérés par des capitalisations, à des portefeuilles diversifiés d'une classe d'actifs. Le choix d'un indice particulier importe peu à ce stade, car le CAC 40 ou le SBF 240 sont vraiment très proches quand on les compare à l'indice CNO des obligations de maturité 10 ans. Le résultat de l'allocation stratégique consiste donc à déterminer ce que certains consultants américains dénomment le *normal portfolio*. En France on l'appelle le *benchmark* (ce qui signifie l'étalon de mesure). C'est la structure moyenne du portefeuille sur une longue période de temps, caractéristique de l'horizon de gestion. Ainsi, on imagine qu'en l'absence d'informations spécifiques permettant de prévoir une surperformance particulière d'une classe d'actif au-delà de sa performance moyenne de long terme, le gérant ramènera la composition du portefeuille à celle du *benchmark*.

L'allocation stratégique est donc le premier acte de gestion. En fait, elle précède l'investissement proprement dit, car c'est davantage l'affaire de l'institution ou de l'individu propriétaire des fonds à investir. En Amérique du Nord, de nombreux cabinets de consultants offrent leurs services aux institutions pour déterminer les *benchmarks* et sélectionner les meilleurs gérants selon de véritables cahiers des charges, lorsque l'institution confie une partie du portefeuille à gérer. Les consultants considèrent que les trois quarts de la performance *ex post* résultent *ex ante* de l'allocation stratégique.

Ces consultants utilisent des méthodes dites de gestion actif passif et d'optimisation de portefeuille directement inspirées de Markowitz (voir par exemple Boulier, 1992 et le n° 12 de la revue *Quants*).

2.2. L'allocation tactique d'actifs

Lorsque l'objectif de gestion a été spécifié, le gérant compose un portefeuille dont la structure moyenne au cours du temps doit correspondre au *benchmark*. Mais s'il a quelque latitude pour s'en écarter, il peut tirer profit de ses capacités prédictives pour surpondérer temporairement telle classe d'actifs dont la rentabilité attendue est forte. L'allocation tactique est un des produits vendus par les équipes de gestion quantitative comme nous le rappelions plus haut. Elle n'est pas l'apanage de la gestion quantitative, car la gestion classique, notamment celle que l'on désigne du label *top-down,* en fait un ample usage. L'allocation tactique est un produit bien défini : un fonds se définit par son *benchmark*, sa *tracking error* (mesure de l'écart au *benchmark*) et son modèle ou son ensemble de modèles. L'objectif affiché est de faire mieux que le *benchmark* avec un niveau de risque tolérable.

Les modèles utilisés comparent tous des classes d'actifs souvent représentés par des indices : actions, obligations... mais ils peuvent également comparer des secteurs économiques. Certains modèles sont domestiques et comparent les potentialités des actions relativement aux obligations ; nous en présenterons un exemple un peu plus loin. D'autres sont internationaux et visent à comparer le potentiel relatif de différents marchés d'actions, ou de différents marchés obligataires. Une deuxième distinction peut être faite parmi tous ces modèles : ils appartiennent principalement à deux classes. Dans la première, on tente de prévoir la rentabilité future, dans la seconde on cherche à situer le niveau d'équilibre des prix. Les modèles en rentabilité sont généralement la traduction des fondamentaux économiques (macro ou micro) au travers de modèles économétriques, en séries temporelles. Les modèles en valeur recherchent la sur ou la sous-évaluation des marchés ou de secteurs, un prototype étant l'analyse quantifiée du PER *(Price Earning Ratio)*. C'est donc dans ce cas davantage à l'analyse des données que l'on fait appel. L'information fournie par le modèle est capitale. En principe, il fait acheter « le marché » quand il est délaissé par tous. C'est un guide dans la tempête. L'allocation tactique est toujours inconfortable, car elle fait prendre des positions contraires aux mouvements récents. La surperformance est sans doute à ce prix.

Prenons un exemple classique (détaillé dans Sueur, 1993) de signal fourni par la prime de risque, c'est-à-dire l'écart de rentabilité attendue entre les marchés d'actions et d'obligations dans un pays donné (en l'espèce, la France).

La méthode consiste à construire un portefeuille d'actions et d'obligations françaises à partir de la prime de risque estimée par le modèle *Dividend Discount Model*, développé au CCF depuis 1981, et calculée pour CCF-Elysées Bourse. Sur la période s'étalant du 01/09/82 au 01/03/92, les performances de ces deux actifs, en données annualisées, sont reproduites au tableau 1.

Tableau 1 – Performances des actions et des obligations

Performances	Moyenne	Volatilité
Actions	19,3 %	17 %
Obligations	15 %	6,9 %

Le principe de l'allocation est le suivant : si la prime est au-dessus de 2, on investit 100 % en actions, si elle est en dessous de 1,5, on investit 100 % en obligations, enfin, si elle est comprise entre 1,5 et 2, on investit 50 % en actions et 50 % en obligations.

Dans le tableau 2, sont répertoriés la rentabilité et le risque (données annualisées) de trois portefeuilles : celui dont on vient d'expliquer la construction

Tableau 2 – Rentabilité et risques de différents portefeuilles

Performances	Moyenne	Volatilité
Prime	21,5 %	12,1 %
Stratégie option	14,9 %	10,7 %
Timing parfait	38,7 %	10,9 %

(portefeuille « prime »), celui qui consiste à acheter à chaque début de période une option sur le maximum de deux actifs, enfin, celui de timing parfait toujours investi sur l'actif le plus rentable.

Les écarts très nets entre les rentabilités moyennes viennent confirmer la capacité de *timer* le marché inhérent à cette technique simple d'allocation tactique.

2.3. La sélection de titres

C'est le domaine d'élection des techniques quantitatives qui servent à sélectionner tout type d'actifs : les obligations (avec des modèles de courbe de taux), les obligations convertibles, les autres titres dérivés et surtout les actions, ce que nous allons détailler à titre d'exemple.

Alors que les décisions d'allocation d'actifs sont peu nombreuses, mais très déterminantes, les possibilités de sélection de titres sont extrêmement nombreuses, mais chacune d'elles a relativement peu d'impact dans le cadre d'un portefeuille diversifié. Paradoxalement, c'est ce qui permet de générer les valeurs ajoutées les plus élevées. Grinhold de Barra a résumé cela dans une « loi fondamentale » de la gestion active qu'il a formulée ainsi :

$$V = mC^2$$

où V représente la valeur ajoutée du gérant (il s'agit d'un ratio d'information au carré), m est le nombre de choix indépendants effectués par le gérant et C^2 une mesure de la capacité de prévision (un coefficient de détermination R^2 en quelque sorte).

Le choix des titres du portefeuille qui met en jeu un très grand nombre de fois un modèle de prévision ou de sélection des titres va créer une grande valeur ajoutée grâce à un fort m, même si initialement la capacité prédictive du modèle est faible. Derrière ce constat, nous trouvons la loi des grands nombres (théorème de convergence des lois de probabilités des tirages renouvelés) qui démontre qu'en répétant un très grand nombre de fois une même expérience aléatoire suivant la même loi de probabilité, le résultat moyen finit par être quasiment certain et égal à la valeur moyenne de la distribution de probabilité. Dit autrement, si l'on possède une pièce très légèrement pipée sur pile, il vaut mieux jouer mille fois à pile ou face en pariant systématiquement pile avec une mise de 1 F que de jouer une fois en pariant pile avec une mise de 1 000 F.

En dehors de cette raison fondamentale, il existe aussi des arguments pratiques qui font que les méthodes quantitatives sont beaucoup utilisées pour sélectionner des titres. Le grand nombre de titres une fois de plus oblige à stocker et à traiter beaucoup d'informations. Les bases de données tendent à se répandre de plus en plus et les quantités d'informations disponibles sur chaque titre ou société s'accroissent ; il devient donc nécessaire d'avoir recours à l'informatique pour traiter et mettre à jour ces flots d'informations. En outre, il devient difficile de traiter systématiquement ces énormes quantités de données sans avoir recours à une modélisation statistique. Enfin la rapidité avec laquelle les marchés financiers s'ajustent rend indispensable la veille électronique informatisée.

Les actions se prêtent assez naturellement à la sélection quantitative car elles sont nombreuses, elles constituent une population moins homogène que les obligations et l'information disponible sur les sociétés qui les ont émises est très abondante et déterminante sur l'évolution des cours de bourse. Comme les modèles de sélection sont légion, nous ne pourrons que décrire brièvement les principaux. Ils peuvent être répartis selon deux axes : l'information et le type de traitement qu'ils mettent en œuvre.

Les modèles basés sur l'information micro-économique des sociétés (données du bilan, du compte de résultat) ou les prévisions les concernant (consensus des analystes financiers par exemple) sont les plus répandus. Les modèles fondés sur le PER et les croissances bénéficiaires évoqués au paragraphe précédent sont probablement les plus utilisés. Certains modèles cherchent à déterminer les rentabilités futures (souvent relativement à l'indice du marché considéré) et font usage de l'économétrie. D'autres visent à déterminer les cours sur ou sous-évalués et s'appuient sur l'analyse des données, dont les techniques de score. Des modèles multi-factoriels sont apparus plus récemment. Ils combinent, grâce à diverses techniques statistiques, des informations sélectionnées pour avoir eu une influence notable sur les cours et déterminent des «α», autrement dit les coefficients constants dans les régressions entre le cours d'une société et l'indice de marché. L'un des premiers modèles de ce type est le *Dividend Discount Model*. On compare à niveau de risque équivalent les rentabilités actuarielles des actions obtenues en égalant les cours de bourse avec l'actualisation des séquences futures de dividendes. L'investisseur choisit à risque équivalent la rentabilité la plus forte.

Les modèles fondés sur les cours passés sont également répandus. Ils relèvent de l'analyse technique, qui est une formulation de l'analyse chartiste appelée encore analyse graphique. On considère par exemple le «momentum» ou au contraire les situations de retournement grâce à des indicateurs ne faisant intervenir que les cours antérieurs, en général uniquement ceux de la valeur. Parmi ces indicateurs, les croisements de moyennes mobiles sont très populaires[4]. Des techniques statistiques (ARCH, GARCH)[5], le traitement du signal (transformées de Fourier, ondelettes) ou des méthodes non linéaires (chaos, fractales) ont été plus récemment introduites avec des succès divers.

2.4. La gestion dynamique

La gestion des fonds garantis diffère quelque peu de celle des fonds pour lesquels l'allocation stratégique conduit à un portefeuille de référence de composition constante. En effet, si la rentabilité de certains actifs est aléatoire, il se peut que la garantie ne soit plus tenue quand la composition n'est pas changée. Dans un fonds investi en actions avec une garantie en capital à une date fixée, pour prendre un exemple, le gérant est amené à diminuer la part investie en actions quand le marché baisse et à la remonter dans la situation opposée. L'allocation du portefeuille est donc modifiée dynamiquement en fonction de la date de la garantie et de l'évolution des marchés dans lesquels le fonds a investi. Présenter les méthodes de gestion dynamique en quelques lignes relève de la gageure. Nous nous contenterons de présenter les techniques de gestion sans exposer les méthodes mathématiques qui s'appuient sur la théo-

4. Voir dans cette ***Encyclopédie*** l'article de E. Bertrand, «Analyse technique», p. 48, tome 1.
5. Voir dans cette ***Encyclopédie*** l'article de C. Gouriéroux, «Modèles hétéroscédastiques», p. 1210, tome 2.

rie des options et celle du contrôle stochastique (voir Boulier et Sikorav, 1992, pour plus de détails).

La première technique s'apparente au montage : le gérant de portefeuille investit les fonds qui lui sont confiés en obligations zéro coupon pour garantir le capital et le reste dans une option achetée sur des marchés (warrants ou options sur indices) ou acquise de gré à gré auprès d'une banque qui conçoit sur mesure l'instrument dérivé. De tels fonds fermés offrent des structures intéressantes dès que les taux sont élevés, car le zéro coupon est alors bon marché. L'attrait du produit réside également dans les caractéristiques de l'option telle qu'elle peut être perçue par les acheteurs potentiels. La gestion est ici principalement une affaire de marketing.

La deuxième technique consiste à gérer l'option elle-même sans l'acheter à un intermédiaire. C'est ici qu'intervient l'analyse de la position optionnelle : le gérant doit réserver une provision suffisante pour couvrir les frais occasionnés par la gestion dynamique. En effet, la théorie et l'expérience montrent que l'ajustement continu au marché (vente quand il baisse, achat quand il monte) a un coût qui s'évalue dès l'origine ; c'est d'ailleurs le prix théorique de l'option. En outre, la théorie des options fournit une méthode de duplication de l'option consistant à modifier constamment la composition du portefeuille, dénommée gestion en delta neutre.

La troisième technique, plus robuste et moins dépendante des hypothèses de modélisation de la théorie des options, s'appelle la méthode du coussin. C'est la seule qui puisse être mise en œuvre quand les fonds sont ouverts. Elle consiste à appliquer jour après jour le même schéma simplifié suivant. La valeur d'actif du fonds est comparée au plancher nécessaire pour tenir la garantie. La différence appelée coussin est multipliée par une constante fixée à l'avance pour obtenir le montant à investir dans le marché ; le reste est investi en titres monétaires. Ainsi, lorsque le marché baisse, l'exposition baisse-t-elle très rapidement. Simple dans son principe, la méthode se révèle délicate à mettre en œuvre et nécessite beaucoup d'expertise. Si la méthode a l'avantage de la flexibilité, elle ne permet pas en contrepartie d'évaluer *ex ante* le coût de sa mise en œuvre et l'on ne peut pas, dans ce cas, fixer un pourcentage de croissance avec l'indice d'actions.

*

* *

Peut-on être gérant de portefeuille sans être « quantitatif » ? Dans « Gestion quantitative : l'avenir d'un pléonasme », D. Miqueu dirigeant de CCF Structured Asset Management prend ses pairs à parti. Au fond n'emprunteront-ils pas tous dans le futur les méthodes développées par les équipes quantitatives ?

Parmi les facteurs favorables à cette évolution, la mesure de performance, qui est fondée sur une approche quantitative, en s'imposant à tous, tend à populariser les techniques de contrôle du risque. La mesure de performance est à la gestion ce que le contrôle de qualité est à l'industrie[6]. Ses différentes facettes comme l'analyse du style (quelles sont les constantes d'investissement d'un gérant ?), ou l'attribution de performance (quels sont les « paris » qui ont

---

6. Voir dans cette ***Encyclopédie*** l'article de J. Salvati, « Mesure de performance et gestion de portefeuille », p. 1122, tome 2.

contribué positivement ou négativement à la performance ? le gérant est-il bon en allocation ou en sélection ? etc.), ou tout simplement l'analyse des ratios de Sharpe ou d'information font toutes appel à des modélisations mathématiques.

Les méthodes quantitatives ne sont d'ailleurs pas réservées à la gestion. En amont, les salles des marchés fournissent des capacités d'exécution en gros (*basket trading*) ou vendent de gré à gré des swaps conçus sur mesure permettant des expositions optionnelles à des marchés développés ou des expositions à des marchés encore peu liquides. Les opérateurs de marché utilisent les mêmes modèles pour gérer leurs positions au cours de la journée ou pendant la durée de vie d'un contrat. En aval, les distributeurs de la gestion ont également recours à l'analyse quantitative de la demande afin de calibrer plus judicieusement les produits, les gammes et les programmes commerciaux répondant aux attentes de la clientèle. Les accès électroniques multiples du Minitel, de la banque directe aux serveurs du *web*, vont encore renforcer l'utilisation de logiciels de sélection de fonds et d'allocation des ressources patrimoniales auprès de la clientèle directement concernée.

Pour l'heure, néanmoins, la part de marché de la gestion quantitative en France reste faible. Ce qui n'empêche pas que plus de 80 % des gérants déclarent (dans les enquêtes qui sondent leurs usages) utiliser les outils quantitatifs. La position de challenger amène les équipes spécialisées à poursuivre leurs innovations en intégrant les nouveaux marchés financiers, les nouveaux instruments ou les nouvelles techniques de titrisation. Rendez-vous à la prochaine édition !

Références

BOULIER J.F., SIKORAV J, « Fonds garantis : les charmes de la sécurité », *Quants* (n° 6, 1992), CCF Paris.

BOULIER J.F., FLORENS D., TRUSSANT E., « Fonds de retraite : quelle stratégie d'investissement », *Quants* (n° 12, 1993), CCF Paris.

SALAÜN I., « Sélection des valeurs françaises : quels critères ? », *Quants* (n° 7, 1992), CCF Paris.

SUEUR H., « Mesure et attribution de performance : analyse des Sicav actions », *Quants* (n° 10, 1993), CCF Paris.

MIQUEU D., « Gestion quantitative : l'avenir d'un pléonasme », *Banque et Stratégie* (n° 108, 1994).

JACQUILLAT B., SOLNIK B., *Marchés financiers et gestion de portefeuille et de risque*, Paris, Dunod, 1989.

QUITTARD-PINON F., *Marchés financiers et théorie financière*, Paris, Economica, 1993.

SHARPE W., *Investments*, Englewood Cliffs, Prentice Hall, 1985.

Mots clés

Allocation d'actif, assurance de portefeuille, *benchmark*, fonds garanti, fonds indiciel, gestion quantitative, modélisation mathématique, sélection de titres, *tracking-error*.

Gestion du risque d'assurance et instruments dérivés en assurance

29

Hélyette Geman

Inondations en France et aux Pays-Bas, tremblements de terre au Japon et en Californie, ouragans en Floride..., l'assurance-dommages doit faire face aujourd'hui à des sinistres de montants d'autant plus considérables que les zones concernées sont à forte densité de population et donc de résidences et d'équipements coûteux.

A la différence de ce qui se passe en assurance-vie où toute la gamme des instruments dérivés est disponible pour gérer le risque associé à des mouvements de taux d'intérêt, un assureur dommages n'avait jusqu'ici à sa disposition qu'un seul type de couverture contre un excès de risque d'assurance, à savoir *la réassurance*. Or, le marché mondial de la réassurance est un marché très cyclique, où la capacité d'offre et les prix demandés peuvent fortement varier en fonction des résultats des années antérieures (voir par exemple Berger, Cummins, Tennyson, 1992). Après avoir traversé une grave crise au cours des années 1984 et 1986 puis au début des années 1990, certaines compagnies de réassurance ont enregistré récemment un redressement sensible de leurs résultats alors que d'autres, moins bien capitalisées, ont dû cesser leur activité à la suite d'événements catastrophiques majeurs survenus dans différentes régions du monde, et dont la fréquence aussi bien que la sévérité ont été particulièrement élevées.

La situation, jusqu'à l'introduction des instruments dérivés, était donc la suivante : d'un côté, des assureurs devant faire face à des sinistres de montants croissants, de l'autre, des réassureurs, ne pouvant pas toujours fournir la capacité de réassurance demandée et étant parfois eux-mêmes dans une situation de fragilité financière telle que leur possible défaillance devait être prise en compte, laissant bien sûr pleinement engagée la responsabilité de l'assureur vendeur de la police d'assurance.

1. L'introduction d'instruments dérivés en assurance

C'est à la fois pour répondre à ces limites de la réassurance et pour *diversifier* les moyens de couverture mis à la disposition de ce secteur majeur qu'est l'industrie d'assurance que le Chicago Board of Trade (CBOT) a décidé d'introduire, après une longue période d'étude du problème, des instruments dérivés en assurance. Les premiers furent les contrats à terme (*futures contracts*) sur assurance-catastrophes, introduits à la négociation en janvier 1993.

La première difficulté majeure à résoudre dans la définition des contrats dérivés en assurance est l'absence de sous-jacent négocié et observable et la nécessité – encore plus que dans d'autres secteurs – d'éviter les problèmes d'aléa moral et de sélection adverse. Pour l'heure, la grandeur qui joue un rôle fondamental, aussi bien pour les instruments à terme que pour les options, est la valeur à maturité de l'indice ISO jusqu'au 29 septembre 1995, de l'indice PCS depuis cette date. La logique de ces instruments étant fondamentalement la même, il est utile d'en décrire la première « génération » ainsi que les améliorations apportées dans les contrats PCS.

Prenons le contrat à terme ISO d'appellation Eastern, septembre 1995 (il existe quatre maturités dans l'année, à savoir mars, juin, septembre, décembre, ainsi que quatre zones géographiques du territoire américain à savoir Eastern, Western, mid-Western et National). Ce contrat est négocié du 1er juillet au 31 décembre 1995. Avant le début de la période de négociation, c'est-à-dire en juin 1995, la compagnie Insurance Services Office (ISO), structure indépendante qui collecte depuis des années des données auprès des cent plus grandes compagnies d'assurance américaines, sélectionne un échantillon d'au moins trente compagnies, diversifiées en termes de taille, de positionnement géographique pour le contrat concerné (dans l'exemple considéré, la côte Est des États-Unis), de profil de clientèle, etc.

Les polices d'assurance-dommages vendues par ces compagnies constituent le pool de référence pour le contrat à terme étudié et les primes correspondantes, rapportées au troisième trimestre 1995, représentent un montant Π connu avant le début de la période de négociation. Comme toujours, la grandeur importante dans un contrat à terme est la valeur F de ce dernier à maturité T (dans notre exemple le 31 décembre 1995) et qui est définie dans le cas des contrats à terme ISO par :

$$F(T) = \$ \ 25\ 000 \min \left(\frac{L(T)}{\Pi}, \ 2 \right) \qquad [1]$$

où :

– 25 000 dollars est le montant nominal du contrat à terme (montant volontairement choisi peu élevé par le CBOT) ;

– $L(T)$ représente la somme agrégée des sinistres associés aux contrats du pool et à des catastrophes[1] survenues au cours du troisième trimestre de l'année 1995 (appelé *loss quarter*) et déclarés pendant le troisième ou le quatrième trimestre (*development period*) ; ceci peut être représenté par le schéma 1 ;

– la quantité $\frac{L(T)}{\Pi}$, appelée rapport sinistres à prime, représente un élément fondamental dans les résultats d'une compagnie d'assurances et il n'est pas surprenant qu'elle joue aussi un rôle crucial dans $F(T)$.

1. Sont définis comme catastrophes par le CBOT les tremblements de terre, les inondations, les émeutes, les ouragans et les grêles.

Schéma 1 – Contrat septembre 1995

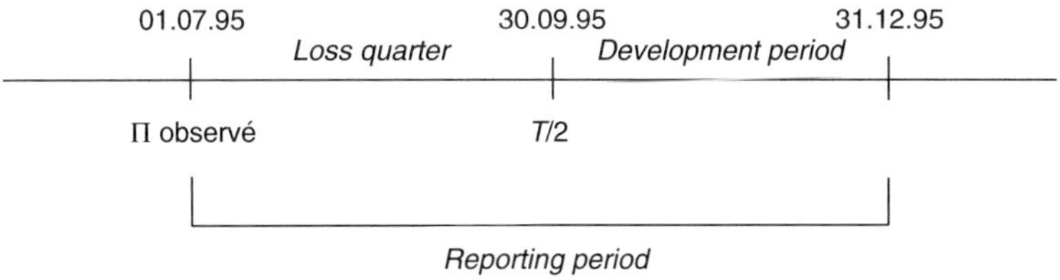

Notons que la majoration par 2 de cette grandeur par le CBOT permettait d'emblée de limiter la perte potentielle sur un contrat donné par le chiffre «raisonnable» de 50 000 dollars et ce, quelles que soient les catastrophes observées.

Il est clair qu'un assureur qui veut se protéger contre un excès de sinistres associés aux polices qu'il a vendues à ses clients achètera un nombre n (n positif) de contrats à terme, générant ainsi en T par des contrats achetés en 0 le gain algébrique $[-F(0) + F(T)]\ .n.$ 25 000 dollars.

Si des catastrophes exceptionnelles se produisent effectivement, ce flux positif viendra compenser le surcoût pour l'assureur des sinistres à payer ; s'il y a peu de catastrophes, ce flux négatif sera une perte sur les marchés à terme alors que les résultats propres de l'assureur seront meilleurs. Comme dans les autres marchés (taux d'intérêt, change, etc.), la couverture par des contrats à terme qui est de coût zéro à l'instant initial (les dépôts de garantie permettant d'intervenir sur les marchés à terme ne représentent pas un coût au sens classique, d'autant plus qu'ils peuvent prendre d'autres modalités que le versement de liquidités) peut se solder par une perte *downside risk*.

Exemple. Supposons qu'un assureur ait reçu 5 millions de dollars de primes relatives au troisième trimestre de l'année 1995 pour des polices d'assurance couvrant des risques de type catastrophe, et qu'il veuille se protéger contre un risque de ratio sinistres à primes supérieur à la valeur 0,12 sur la période, valeur supposée être aussi celle globalement anticipée par la profession. Les actuaires de la compagnie estiment par ailleurs que 80 % des sinistres survenant entre le 1er juillet et le 30 septembre sont déclarés avant le 31 décembre. Le nombre n de contrats à terme que l'assureur doit acheter pour se couvrir – en supposant une corrélation parfaite entre son propre portefeuille et le pool des polices d'assurance ISO –, est donné par :

$$n = \frac{5\ 000\ 000}{25\ 000} \times \frac{1}{0,8} = 250 \text{ contrats}$$

Si à maturité des contrats (31.12.95), le rapport sinistres à prime pour l'ensemble des compagnies d'assurance est de 0,17, l'assureur réalisera sur ces contrats à terme un gain de 250 × 25 000 × 0,05 dollars qui viendra compenser l'excès de sinistres déjà déclarés (80 %) ou à venir (20 %).

Si au contraire, au 31 décembre 1995, le rapport sinistres à primes n'est que de 0,10, l'assureur perdra 250 × 25 000 × 0,02 dollars sur le marché à terme alors que ses bénéfices en tant qu'assureur seront plus élevés. Nous retrouvons les caractéristiques habituelles de la couverture par des contrats à terme.

2. Les options en assurance catastrophes

Nous verrons plus loin quelle est la valeur $F(t)$ – obtenue après une modélisation indispensable du problème – qui peut représenter à un instant t de l'intervalle $(0, T)$ le *fair price* du contrat à terme ; nous allons commenter ici les propriétés de ce contrat.

2.1. *Forces et faiblesses des* Catastrophes Futures Contracts

Les mérites de ces contrats tiennent à la fois des propriétés générales des contrats à terme et du problème spécifique étudié :

– ils offrent une alternative à la réassurance et donc une solution précieuse en période de manque de capacité ;

– à la différence de la réassurance qui est achetée pour des périodes longues (jusqu'à trois ans pour la réassurance financière), une position sur les contrats à terme peut être annulée par une position symétrique ;

– l'achat ou la vente de ces contrats est anonyme ;

– les coûts de transaction sont faibles, comme cela est la règle sur les marchés à terme ;

– le risque de défaut est nul (ou presque !) puisque la chambre de compensation du Chicago Board of Trade applique les règles d'ajustement *mark to market* et d'appels de marge quotidiens.

Cependant, le volume des transactions observé pendant la première année et dans une certaine mesure jusqu'à ce jour sur les contrats à terme n'a pas été très élevé. A cela, plusieurs explications peuvent être données :

– l'information intermédiaire au cours de la période de négociation du contrat que la firme ISO était censée fournir sur les sinistres déjà enregistrés ne l'a pas été ;

– si les assureurs sont des acheteurs « naturels » de ces contrats, les vendeurs naturels sont moins évidents à identifier ; on peut y trouver les entreprises de construction, qui bénéficient des catastrophes et, comme d'habitude, les spéculateurs prêts à prendre des risques pour faire des profits ;

– les assureurs peuvent hésiter à acheter des contrats à terme avec lesquels ils ne sont pas nécessairement familiers ; de leur côté, leurs contreparties peuvent penser que les assureurs bénéficient d'une information plus complète que la leur et ne veulent pas participer à un « jeu » inéquitable.

Comme il va apparaître ci-dessous, la plupart de ces difficultés disparaissent avec les *CAT call spreads,* ce qui explique le succès de ces instruments depuis leur introduction par le Chicago Board of Trade en 1994, alors que l'indice ISO était encore la référence.

2.2. *Les* CAT call spreads *ou stellages en assurance*

Un *call spread* ou stellage (ou écart) sur prix d'exercice est la combinaison d'une position longue dans une option d'achat[2] de prix d'exercice k_1 et d'une

2. On rappelle qu'une option d'achat écrite sur un sous-jacent S, de prix d'exercice k et de maturité T, est un titre qui confère à son détenteur le droit en T au flux financier max $(S(T)-k,\ 0)$. Bien entendu, ce droit à un flux positif ou nul en T est acquis par le paiement en t de la prime de l'option par l'acheteur, laquelle est donnée par la fameuse formule de Black et Scholes si l'actif sous-jacent S est une action et si les autres hypothèses du modèle de Black et Scholes sont satisfaites.

position courte dans une option d'achat de prix d'exercice k_2, avec $k_1 > k_2$, les deux options ayant la même maturité T.

Dans le cas des *call spreads* en assurance, le sous-jacent des deux options est le contrat à terme, leur maturité T est identique à celle du contrat à terme de même maturité et les prix d'exercice k_1 et k_2, appelés en anglais «points d'attachement» du rapport sinistres à primes, sont compris entre 0 et 200 %. Toutes les tranches de 0 à 200 % peuvent être négociées ; les volumes les plus importants sont observés sur les tranches [20, 40], [50, 70] et [70, 90].

A titre d'exemple, supposons qu'un assureur ait acheté un Eastern *call spread* (50, 70), échéance 31 décembre 1995, pour une prime de 4 % (*i.e.*, un montant en dollar de 25 000 × 0,04 = 1 000). Si à maturité le rapport sinistres à prime $\frac{L(T)}{\Pi}$ est inférieur ou égal à 0,5, le *call spread* ne donne lieu à aucun flux. Si, au contraire, la quantité $\frac{L(T)}{\Pi}$ est supérieure ou égale à 0,7, l'assureur reçoit le *pay-off* maximal sur son stellage, à savoir 25 000 dollars × 20 %. Entre les valeurs 0,5 et 0,7 pour $\frac{L(T)}{\Pi}$, l'assureur recevra un montant proportionnel à l'écart au-dessus de 0,5. De façon générale, pour des prix d'exercice k_1 et k_2, le *gain* algébrique enregistré à maturité T par l'acheteur d'un stellage-assurance est donné par le graphique 1, bien connu en théorie des options.

Graphique 1

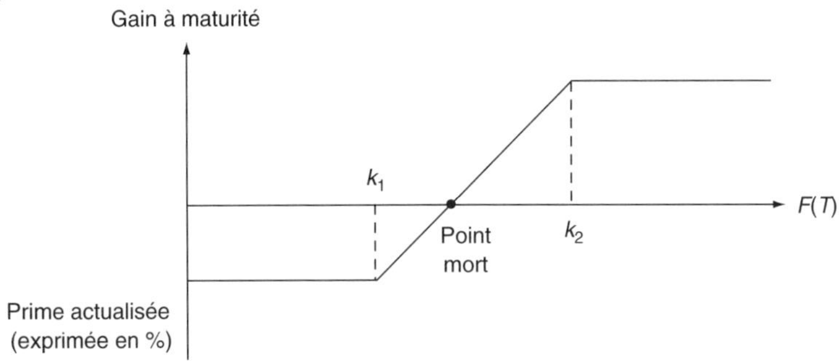

Ce qui est par contre tout à fait remarquable dans le cas présent est l'analogie entre ce profil de gain et celui engendré par l'achat d'un contrat de réassurance couvrant un rapport sinistres à prime en excès de k_1 jusqu'à k_2, que nous appellerons dans la suite une tranche de réassurance. La connaissance par les réassureurs de la «valeur» de ces différentes tranches est cruciale pour valider l'approche «par arbitrage» que nous proposons plus loin pour valoriser ces différents instruments dérivés en assurance ; cette approche est fondée sur le principe que deux portefeuilles, qui ont à un instant terminal T la même valeur dans tous les états du monde, ont même valeur à tout instant antérieur t. Dans notre contexte, le fait que l'on puisse attacher à ces tranches de réassurance – en particulier pour des raisons de concurrence entre réassureurs – un prix assimilable à un prix de marché et que par ailleurs il soit tout à fait raisonnable de considérer par exemple les tranches [0, 20] et [180, 200] comme non redondantes a pour conséquence fondamentale l'existence de deux actifs risqués négociés en plus d'un actif sans risque (qui peut être un instrument du marché monétaire). Ceci nous permet donc dans notre contexte de modélisation par deux sources d'incertitude, un mouvement brownien et un processus de Poisson, d'affirmer que les marchés d'instruments dérivés sont complets et que chaque instrument peut être valorisé comme l'espérance sous la bonne probabilité de son *pay-off* terminal actualisé.

Dans l'immédiat, notons que le graphique 1 met en lumière très simplement les raisons pour lesquelles les stellages en assurance ont immédiatement connu un grand succès :

– la perte potentielle est bornée, que l'on ait pris une position longue ou courte ;

– le profil de gain est connu des utilisateurs puisque la réassurance se négocie depuis des siècles et que la concurrence entre les réassureurs entraîne l'existence d'une valeur de marché, ou tout au moins de référence, pour une tranche de réassurance donnée ;

– chaque assureur a la possibilité de choisir le *call spread* de couverture qui est le mieux approprié à son portefeuille de polices d'assurance.

3. La valorisation des contrats à terme et des options en assurance-catastrophes

Nous avons vu que aussi bien dans le cas des contrats à terme (*futures*) que des *call spreads*, la grandeur qui fixe le flux terminal est le rapport sinistres à primes $\frac{L(T)}{\Pi}$; c'est donc la valeur anticipée de ce ratio qui détermine à un instant t antérieur à T le prix de marché des différents instruments dérivés. Compte tenu de la connaissance de Π avant le début de la période de négociation, tout l'aléatoire du problème est contenu dans $L(T)$ et c'est cette quantité qu'il convient de modéliser.

Même si la tradition en assurance privilégie le choix des processus de Poisson, ou plus généralement de Poisson composés pour représenter les sinistres enregistrés sur une période donnée, le caractère continu de l'arrivée des sinistres déclarés dans la constitution de la quantité finale $L(T)$ nous conduit à écrire cette dernière comme :

$$L(T) = \int_0^T S(s)\, ds \qquad [2]$$

où $(S(t))_{t\geq 0}$ représente ce que nous définissons comme le processus de « sinistre instantané », le montant des sinistres déclarés pendant l'intervalle de temps $(t,\ t+dt)$ (un jour par exemple) étant donc égal à $S(t)\ dt$. Cette modélisation en temps continu a aussi le mérite de nous situer dans un contexte désormais familier en finance pour la valorisation des actifs contingents[3].

Nous représentons l'incertitude de l'économie par un espace probabilisé $(\Omega,\ F,\ \mathbb{F}_t,\ \mathrm{P})$ où $\mathbb{F}_t$ est la filtration d'information disponible à l'instant t et P la probabilité objective. Pour tenir compte de la différence entre le trimestre d'événements noté $(0,\ T_1)$ et la période de développement $(T_1,\ T)$ – laquelle était de un trimestre dans le cas des contrats ISO et de deux ou quatre trimestres

3. Voir également dans cette ***Encyclopédie*** les articles de M. Jeanblanc-Picqué et R.A. Dana, « Arbitrage et équilibre en temps continu », p. 86, tome 1 et de P. Roger, « Processus stochastiques, calcul stochastique et optimisation dynamique », p. 1556, tome 2.

pour les contrats PCS –, nous modélisons la dynamique de $(S(t))$ sur la période globale $(0,\ T)$ de négociation du contrat par la juxtaposition de deux processus, à savoir pour $t \in [0,\ T_1]$:

$$dS(t) = S(t^-)\ [\mu\ dt + \sigma\ dW(t)] + \kappa\ dN(t) \qquad [3]$$

où :

– $(W(t))$ est un mouvement brownien standard ;

– μ et σ sont des constantes définissant la partie « diffusion » du processus $(S(t))$ destinée à refléter l'aléatoire dans les déclarations de sinistres ainsi que les « petites » catastrophes ;

– k est une constante représentant la sévérité du saut dû à des catastrophes ;

– $N(t)$ est un processus de Poisson d'intensité λ, où λ représente la fréquence des sauts.

Nous supposons que les processus $(W(t))$ et $(N(t))$ sont indépendants, le deuxième n'intervenant que pour les catastrophes « majeures ».

Pour $t \in [T_1,\ T]$, nous supposons que la dynamique du processus $(S(t))_{t \geq 0}$ est représentée par l'équation différentielle stochastique

$$dS(t) = S(t)\ [\mu'\ dt + \sigma\ dW(t)] \qquad [4]$$

dans laquelle le *drift* μ' n'est pas nécessairement égal à μ.

La méthodologie décrite ci-dessous peut être identiquement étendue à un paramètre de volatilité σ' différent de σ. Nous savons, d'après les articles fondamentaux de Harrison, Kreps (1979) et Harrison, Pliska (1981), que l'hypothèse d'absence d'opportunité d'arbitrage implique l'existence d'une mesure de probabilité Q dite ajustée au risque, sous laquelle les prix actualisés des actifs négociés sur les marchés financiers sont des martingales. Sous cette probabilité Q, la dynamique du processus de sinistre instantané $(S(t))_{t \geq 0}$ devient dans l'intervalle $(T_1,\ T)$:

$$dS(t) = S(t^-)\ \left[\alpha'\ dt + \sigma'\ d\hat{W}(t)\right] \qquad [5]$$

où $(\hat{W}(t))$ est un mouvement brownien sous Q. Par ailleurs, l'indépendance des processus $(W(t))$ et $(N(t))$ permet de construire la nouvelle probabilité Q de telle sorte que la dynamique de $(S(t))$ sur l'intervalle $(0,\ T_1)$ s'écrive :

$$dS(t) = S(t^-)\ \left[\alpha\ dt + \sigma\ d\hat{W}(t) + \kappa\ d\hat{N}(t)\right] \qquad [6]$$

où $\hat{N}(t)$ est un nouveau processus de Poisson d'intensité $\hat{\lambda}$, la constante k étant inchangée. Notons que ce changement de probabilité « produit » est nécessaire dans notre modèle puisque, à la différence par exemple de l'article de Merton (1973), nous ne supposons pas que le prix de marché du risque de saut est nul (ce qui n'aurait pas de sens dans un contexte où les sauts représentent des catastrophes). Mais nous avons précisé plus haut pourquoi les prix de marché associés à nos deux sources d'incertitude (brownien et Poisson) sont connus ; ainsi, les marchés des instruments dérivés en assurance sont complets et il est légitime de valoriser de façon unique ces derniers par arbitrage.

Nous commençons par donner rapidement dans un premier paragraphe la méthodologie de valorisation des contrats à terme, même si la liquidité de ces derniers n'a jamais été très grande ; dans un deuxième paragraphe, nous traiterons des options en même temps que nous justifierons l'argument de complétude des marchés d'instruments dérivés en assurance.

3.1. *La valorisation des contrats à terme*

Quelles que soient les hypothèses faites sur les taux d'intérêt (constants, déterministes ou stochastiques), le prix d'un contrat à terme est une martingale sous Q (Geman, 1989 ; Jamshidian, 1989) ; donc pour tout t dans $(0,\ T)$:

$$F(t) = E_Q\left[F(T)/\mathbb{F}_t\right] = \$\,\frac{25\,000}{\Pi}\,\{E_Q\left[L(T)/\mathbb{F}_t\right] - E_Q\left[(\max L(T) - 2\Pi,\ 0)/\mathbb{F}_t\right]\} \quad [7]$$

où $L(T)$ est fournie par l'équation [1].

Nous pouvons observer qu'à l'instant t, l'aléatoire de $L(T)$ est théoriquement contenu dans la partie $\int_t^T S(s)\ ds$ des sinistres non encore révélés, la quantité $\int_t^T S(s)\ ds$ devant faire partie de l'information fournie par ISO et disponible à la date t.

Pour $t \in [T_1,\ T]$, la quantité $\int_t^T S(s)\ ds$ fait seulement intervenir le brownien géométrique décrit dans l'équation [3] et dont le premier moment de l'intégrale n'est pas très difficile à calculer en permutant l'intégrale et l'espérance (Geman, Yor, 1992). Par conséquent, en explicitant l'équation [7], nous obtenons :

$$F(t) = \int_0^t S(s)\ ds + \frac{S(t)}{\alpha'}\ \left[e^{\alpha'(T-t)} - 1\right] - E_Q\left[\max\ (L(T) - 2\Pi,\ 0)/\mathbb{F}_t\right] \quad [8]$$

où le dernier terme peut ou bien être négligé si l'on considère que la valeur 2 est presque sûrement non atteinte, ou bien être calculée selon la méthode développée pour la valorisation exacte des options asiatiques dans les articles de Geman et Yor (1993) ainsi que Geman et Eydeland (1995) ; en effet, on peut écrire :

$$E_Q\left[\max\ (L(T) - 2\Pi,\ 0)/\mathbb{F}_t\right] = TE_Q\left[\max\ \left(\frac{1}{T}\int_0^t S(s)\ ds - \frac{2\Pi}{T},\ 0\right)/\mathbb{F}_t\right] \quad [9]$$

et l'on reconnaît dans l'espérance (au facteur d'actualisation près) le prix d'une option asiatique écrite sur le sous-jacent S et de prix d'exercice $\frac{2\Pi}{T}$.

Dans le cas où l'instant d'analyse t est dans l'intervalle $(T_1,\ T)$, on écrira :

$$L(T) = \int_0^t S(s)\ ds + \int_t^{T_1} S(s)\ ds + \int_{T_1}^T S(s)\ ds \quad [10]$$

ce qui donne

$$F(t) = E_Q\left[L(T)/\mathbb{F}_t\right] = \int_0^t S(s)\ ds + Y_1(t) + Y_2(t)$$

avec

$$Y_1(t) = E_Q\left[\int_t^{T_1} S(s)\ ds/F_t\right] \quad \text{et} \quad Y_2(t) = E_Q\left[\int_{T_1}^{T} S(s)\ ds/F_t\right]$$

Le processus de sinistre instantané $(S(s))$ qui intervient dans $Y_1(t)$ est l'exponentielle de Doléans-Dade, solution de l'équation différentielle stochastique [6] dans laquelle figurent à la fois un processus de diffusion et un saut. Malgré des calculs un peu plus compliqués (annexe A), on peut trouver une expression explicite de $Y_1(t)$, à savoir :

$$Y_1(t) = S(t)\left[\frac{e^{(T_1-t)\ \alpha} - 1}{\alpha}\right] + \kappa\lambda\ \frac{e^{(T_1-t)\ \alpha - 1} - (T_1 - t)\ \alpha - 1}{\alpha^2} \qquad [11]$$

Les valeurs de $S(s)$ qui apparaissent dans $Y_2(t)$ sont fournies par la dynamique du mouvement brownien géométrique décrit dans l'équation [5] mais de valeur initiale $S(T_1)$ fournie par l'équation [6] ; c'est-à-dire, pour $s \in (T_1,\ T)$:

$$S(t) = S(T_1)\ \exp\left\{\alpha'(s - T_1) + \sigma\hat{W}(s - T_1) - \frac{\sigma^2}{2}\ (s - T_1)\right\}$$

où $S(T_1)$ est l'exponentielle de Doléans-Dade, solution de [6].

L'annexe B donne le calcul explicite de $Y_2(t)$, qui conduit pour le prix du contrat à terme sur l'intervalle $(0,\ T_1)$ à :

$$F(t) = \int_0^t s(s)\ ds + S(t)\left(\frac{e^{\alpha(T_1-t)-1}}{\alpha}\right) + k\lambda\ \frac{e^{\alpha(T_1-t)} - T_1 - t)\ \alpha - 1}{\alpha^2}$$

$$+\kappa\lambda\left(\frac{e^{\alpha(T_1-t)} - 1}{\alpha^2}\right)\left(\frac{e^{\alpha' T_1} - 1}{\alpha'}\right) \qquad [12]$$

La valeur exacte du contrat doit incorporer en fait la majoration par 2 du rapport sinistres à primes ; dans notre modélisation, cela correspondrait au calcul d'une option asiatique sur un actif sous-jacent dirigé par un brownien géométrique plus un processus de saut pour laquelle il n'existe pas à ce jour de valeur explicite. Par conséquent, des simulations de Monte-Carlo du type de celles décrites plus loin seraient nécessaires.

En conclusion de ce paragraphe, il est important de noter que tous les paramètres intervenant dans la modélisation sous la probabilité Q de la dynamique du processus de sinistre instantané peuvent être obtenus à partir des prix de marché des contrats à terme et des formules explicites établies plus haut ; compte tenu de la faible liquidité de ces contrats, une méthode des moindres carrés serait meilleure que la résolution d'un système ayant autant d'équations que d'inconnues.

3.2. La valorisation des options CAT

A maturité T, le flux généré par un *call spread* en assurance a l'expression classique obtenue par différence des flux correspondant à deux options classiques, à savoir :

$$C(T) = \min\left\{\max\left(\frac{100\,L(T)}{\Pi} - k_1,\ 0\right)\ k_2 - k_1\right\} \qquad [13]$$

et à l'instant t le prix du *call spread* est égal à l'espérance sous Q de ce flux terminal actualisé. Même en utilisant l'expression [13] écrite comme une différence, le calcul explicite n'en est pas possible pour les raisons évoquées plus haut. Par conséquent, nous estimerons $C(t)$ en faisant des simulations de Monte Carlo des trajectoires possibles de $(S(s))_{s\in[0,\ T]}$, donc en particulier de la partie correspondant à l'exponentielle de Doléans-Dade. Durant le trimestre $(0,\ T_1)$, les simulations de Monte Carlo sont construites à partir de la version « discrétisée » de l'équation [5] ; pour la période $(T_1,\ T)$, le processus de Poisson peut être par exemple simulé en utilisant le fait que l'intervalle de temps entre deux événements suit une distribution exponentielle. Le résultat d'une simulation donnée est une trajectoire de $S(s)$ sur $(0,\ T)$ que l'on intègre numériquement pour obtenir une valeur réalisée de $L(T)$. Le prix des options en 0 s'obtiendra en répétant cette procédure et en calculant la moyenne des *pay-offs* actualisés (à un instant t intermédiaire, les simulations se feraient seulement sur l'intervalle $(t,\ T)$ et le prix des options ferait bien sûr intervenir la valeur $\int_t^T S(s)\,ds$ des sinistres déjà déclarés). Dans tous les cas, les paramètres qu'il convient d'intégrer sont ceux relatifs à la dynamique de $(S(s))_{s\geq 0}$ sous Q.

A titre d'exemple, nous avons simulé des *call spreads* valorisés à des instants différents et pour des valeurs des paramètres α, α', μ, τ, λ, κ respectivement égales à 0,1 ; 0,1 ; 0,15 ; 5 % ; 0,5 ; 0,8 ; le paramètre de volatilité a été pris à trois niveaux différents : 0,2 ; 0,4 ; 0,6.

Les prix des call spreads [20, 40] sont présentés dans le tableau 1.

Tableau 1 – Prix des call spreads [20, 40]

Durée de vie restante \ σ	0,2	0,4	0,6
0	3,234	3,842	4,421
0,05	3,192	3,798	4,376
0,10	3,155	3,760	4,336
0,15	3,122	3,727	4,301
0,20	3,095	3,698	4,270
0,25	3,071	3,674	4,244
0,30	3,052	3,653	4,221
0,35	3,035	3,635	4,202
0,40	3,022	3,620	4,185
0,45	3,010	3,608	4,171
0,50	3,002	3,598	4,160

Les prix des call spreads [60, 80] sont reproduits au tableau 2.

On vérifie bien sûr que la prime d'assurance est d'autant plus chère qu'elle est relative à des valeurs élevées de k_1 et k_2. On observe aussi au travers des simulations que les prix obtenus sont sensibles à un changement des valeurs des paramètres, avec néanmoins une robustesse analogue à celle du prix de Black et Scholes au paramètre de volatilité. Cette propriété implique que dans un marché liquide d'options en assurance – dans lequel la fourchette acheteur-vendeur est étroite – il sera possible de déduire les paramètres de notre modèle des prix de marché.

Tableau 2 – Prix des call spreads [60, 80]

Durée de vie restante \ σ	0,2	0,4	0,6
0	0,170	0,226	0,362
0,05	0,165	0,220	0,356
0,10	0,159	0,217	0,351
0,15	0,156	0,212	0,347
0,20	0,152	0,210	0,344
0,25	0,150	0,207	0,341
0,30	0,148	0,206	0,339
0,35	0,146	0,204	0,337
0,40	0,146	0,203	0,336
0,45	0,145	0,202	0,334
0,50	0,144	0,202	0,334

*

* *

Les contrats à terme et les options en assurance offrent un exemple extrêmement intéressant de titrisation du risque. Il est vraisemblable que la viabilité des marchés d'assurance en présence de montants croissants de dommages catastrophiques sera de plus en plus dépendante des dérivés en assurance. Ces dérivés apportent non seulement de la liquidité mais ils réduisent également l'asymétrie d'information qui prévaut sur les marchés d'assurance en fournissant des informations au public à la fois par la connaissance de la valeur de l'indice sous-jacent et des prix des instruments dérivés. Ceux-ci ont d'ailleurs depuis peu été généralisés à la couverture des rendements des récoltes (*crop yield options)* et devraient l'être à la santé et à l'environnement.

Par ailleurs, les contrats catastrophes PCS négociés depuis le 29 septembre 1995 sont étendus à neuf types de localisation géographique (par exemple, les Etats du Texas, de Californie et de Floride font désormais chacun l'objet d'un contrat spécifique) ; deux choix – 6 et 12 mois – sont possibles pour chaque maturité. De plus, des contrats *large cap* existent pour couvrir, à la différence des contrats *small cap*, les grandes catastrophes. La plus grande gamme d'instruments disponibles permet à certains intervenants sur ces marchés de mieux ajuster leur couverture, à d'autres de diversifier leur portefeuille d'actifs risqués.

Notons enfin que parallèlement aux marchés organisés de contrats à terme *futures* et d'options, le marché de gré à gré des dérivés en assurance est également en pleine expansion. En même temps et comme c'est le cas pour les produits plus strictement financiers, on voit apparaître des dérivés ayant plusieurs sous-jacents ; par exemple, compte tenu de la diversification mondiale des clients d'une grande compagnie d'assurance-dommages et du risque de change qui en résulte, les « FX CAT » négociés sur les marchés OTC offrent une couverture à la fois contre les dommages catastrophes et les mouvement des devises.

Références

BERGER L., CUMMINS J.D., TENNYSON S., « Reinsurance and the Liability Insurance Crisis », *Journal of Risk and Uncertainty* (5, n° 3, 1992), p. 253-272.

BUHLMAN H., « An Economic Premium Principle », *Astin Bulletin* (11, 1980), p. 52-60.

CUMMINS D., GEMAN H., « Pricing Catastrophe Futures Contracts and Call Spreads, an Arbitrage Approach », *Journal of Fixed Income* (1995).

GEMAN H., « The Importance of the Forward Neutral Probability Measure in a Stochastic Approach of Interest Rates », *Working Paper*, ESSEC, Cergy-Pontoise (1989).

GEMAN H., « Catastrophe Calls », *Risk* (September 1994).

GEMAN H., « Insurance-Risk Securitisation and CAT Insurance Derivatives », *Financial Derivatives and Risk Management* (7, September 1996), p. 21-24.

GEMAN H., EYDELAND A., « Asian Options Revisited, Inverting the Laplace Transforme », *Risk* (March 1995).

GEMAN H., YOR M., « Quelques relations entre processus de Bessel, options asiatiques et fonctions confluentes hyper-géométriques », *Comptes rendus de l'Académie des Sciences de Paris* (Série I, 1992), p. 471-474.

GEMAN H., YOR M., « Bessel Processes, Asian Options and Perpetuities », *Mathematical Finance* (3, n° 4, 1993), p. 349-375.

HARRISON J.M., KREPS D., « Martingales and Arbitrage in Multiperiod Securities Markets », *Journal of Economic Theory* (20, 1979), p. 381-408.

HARRISON J.M., PLISKA S.R., « Martingale and Stochastic Integrals in the Theory of Continuous Trading », *Stochastic Processes and their Applications* (11, 1981), p. 215-260.

JAMSHIDIAN F., *Bond and Options Valuation in the Gaussian Interest Rate Model*, Unpublished manuscript, New York, Merrill Lynch Capital Markets, 1989.

MERTON R.C., « Theory of Rational Option Pricing », *Bell Journal of Economics and Management Science* (4, 1973), p. 141-183.

PROPERTY CLAIMS SERVICES, « The Catastrophe Record 1949-1993 », PCS, Rahway, New Jersey, 1994.

SHIMKO D., « The Valuation of Multiple Claim Insurance Contracts », *Journal of Financial and Quantitative Analysis* (27, n° 2, 1992), p. 229-246.

Mots clés

Arbitrage, assurance-catastrophes, assurance stop loss, capacité de réassurance, CAT call spread, dérivés en assurance, espérance risque-neutre, gestion des risques, index de sinistralité, information asymétrique, marchés complets, mouvement brownien, option asiatique, point d'attachement, probabilité ajustée au risque, processus de Poisson, rapport sinistres à primes, réassurance financière, risque d'assurance, simulations de Monte Carlo.

Annexe A – Calcul de $Y_1(t)$

L'équation [6] dans le texte est :

$$dS(t) = S(t^-) \left[\alpha \, dt + \sigma \, d\hat{W}(t) + \kappa \, d\hat{N}(t)\right] \qquad [A.1]$$

Nous voulons intégrer [A.1] et calculer l'espérance de l'intégrale du processus de sinistre.

La première partie, $dS(t) = S(t^-)\,\left[\alpha'\,dt + \sigma'\,d\hat{W}(t)\right]$, est l'équation usuelle donnant une solution log-normale d'expression :

$$S(t) = S(0)\,\exp\left[X(t)\right], \quad \text{où} \quad X(t) = (\alpha - \sigma^2/2)\,t + \sigma W(t)$$

L'équation [A.1] peut être résolue par la méthode de variation des constantes pour obtenir :

$$S(t) = S(0)\,e^{X(t)}\left[S(0) + \kappa \int_0^t e^{-X(u)}\,dN(u)\right] \qquad \text{[A.2]}$$

Nous considérons maintenant le montant des sinistres agrégés à la date T :

$$\begin{aligned} TA(T) &= \int_0^T S(s)\,ds \\ &= \int_0^T S(0)\,e^{X(s)}\,ds \int_0^T e^{X(s)}\,ds \int_0^s e^{X(u)}\,\kappa\,dN(u) \end{aligned} \qquad \text{[A.3]}$$

où $u < s < T$. Cette dernière intégrale peut également s'écrire :

$$\kappa \int_0^T dN(u) \int_u^T e^{[X(s)-X(u)]}\,ds \qquad \text{[A.4]}$$

Plus précisément,

$$TE\left[A(T)|\,\mathbb{F}_t\right] = \int_0^t S(s)\,ds + E\left[\int_t^T S(s)\;ds|\,\mathbb{F}_t\right]$$

et

$$E\left[\int_t^T S(s)\;ds|\,\mathbb{F}_t\right] = E\left[e^{X(s)}\,ds\left\{S(0) + k\int_0^s e^{-X(\nu)}\;dN(\nu)|\,\mathbb{F}_t\right\}\right] \qquad \text{[A.5]}$$

où $t < s < T$ et $0 < \nu < s$. Cette dernière espérance est elle-même la somme de trois termes que nous notons $U_1^{'}$, $U_2^{'}$ et $U_3^{'}$, où :

$$U_1^{'} = S(0)\,e^{X(t)} \int_t^T e^{(s-t)\,\alpha}\,ds \qquad \text{[A.6]}$$

puique $(X(s))$ est un mouvement brownien avec *drift*. Par le théorème de Fubini et le conditionnement par $\mathbb{F}_t$, nous obtenons :

$$U_2^{'} = \kappa \int_0^t dN(\nu)\,e^{-X(\nu)}\left[e^{X(t)} \int_t^T e^{(s-t)\,\alpha}\,ds\right] \qquad \text{[A.7]}$$

et

$$U_3^{'} = \kappa\lambda \int_0^t d\nu \int_\nu^t E\left[e^{X(s)-e^{X(\nu)}}\right]\,ds \qquad \text{[A.8]}$$

Nous observons dans un premier temps que :

$$U_1^{'} + U_2^{'} = \frac{e^{X(t)\,\alpha} - 1}{\alpha} \times \left\{e^{X(t)}\left[1 + \kappa \int_0^t e^{-X(\nu)}\,dN(\nu)\right]\right\} \qquad \text{[A.9]}$$

où nous reconnaissons exactement $S(t)$ comme le second facteur. Nous calculons $U_3^{'}$ comme précédemment :

$$U_3^{'} = \kappa\lambda \int_t^T dv \int_\nu^t E\left[e^{X(s)-X(\nu)}\right] ds \qquad \text{[A.10]}$$

Ce qui donne finalement :

$$TE\left[A(T)|\mathbb{F}_t\right] = \int_0^t S(s)\, ds + S(t)\left[\frac{e^{(T-t)\,\alpha}-1}{\alpha}\right] + \kappa\lambda\,\frac{e^{(T-t)\,\alpha}\ (T-t)\,\alpha - 1}{\alpha^2} \qquad \text{[A.11]}$$

Annexe B – Calcul de $Y_2(t)$

Rappelons que le processus de sinistre dans la seconde sous-période $[T_1,\ T]$ est un processus de diffusion de la forme :

$$dS(t) = \alpha' S(s)\ dt + \sigma\ dW(t) \qquad \text{[B.1]}$$

Nous désirons calculer $Y_2(t) = E_Q\left[\int_{T/2}^T S(s)\ \ ds|\,\mathbb{F}_t\right]$. Nous savons que pour $s \geq T_1$:

$$S(s) = S(T_1)\ e^{\sigma'(\sigma-T_1)+\sigma W(\sigma-T_1)-\frac{s'}{2}\ (\sigma-T_1)} \qquad \text{[B.2]}$$

où $S(T_1)$ lui-même est dérivé de l'équation [A.10] à l'annexe A, ce qui donne :

$$S(s) = S(T_1)\ e^{(\alpha-\alpha')\,(T_1)}\left[S(0) + \kappa\int_0^{T_1} e^{-X(u)}\ dN(u)\ e^{X(t)}\right] \qquad \text{[B.3]}$$

$X(s) = (\alpha-\sigma^2/2)\ s+\sigma W(s)$. Par conséquent, $Y_2(t)$ représentera lui-même la somme des deux termes. Le premier, développé suivant l'argumentation de la première partie de la section 3, est :

$$S(t) = e^{\alpha(T_1-t)}\left[\frac{e^{\alpha T_1}-1}{\alpha'}\right] \qquad \text{[B.4]}$$

La seconde composante de $Y_2(t)$, en utilisant la méthode développée dans l'annexe A, s'écrit :

$$\kappa\lambda\left(\frac{e^{\alpha(T_1-t)}-1}{\alpha}\right)\left(\frac{e^{\alpha'(T_1-t)}-1}{\alpha'}\right) \qquad \text{[B.5]}$$

et

$$Y_2(t) = S(t)\ e^{\alpha(T_1-t)}\left[\frac{e^{\alpha(T_1-t)}-1}{\alpha'}\right] + \kappa\lambda\left(\frac{e^{\alpha(T_1-t)}-1}{\alpha}\right)\left(\frac{e^{\alpha'(T_1-t)}-1}{\alpha'}\right) \qquad \text{[B.6]}$$

Immunisation de portefeuille et duration

30

Albert Minguet

La perception du risque de taux d'intérêt n'a été vraiment ressentie qu'au début des années 1980 quand les taux d'intérêt se sont mis à grimper, dépassant tous les sommets enregistrés jusqu'alors. Cependant, c'est bien plus encore la forte hausse de leur volatilité qui a rendu ce risque omniprésent. Il est notoire que ces changements viennent de l'orientation monétariste prise par la politique monétaire dans différents pays et, en particulier, aux Etats-Unis à la fin des années 1970. Dans ces conditions, si l'investisseur se contente d'opérer une série de placements à brève échéance, il se heurte au risque de placement. Il ne sait jamais à quel taux il pourra effectuer le prochain placement. En revanche, la détention d'une créance ordinaire à coupons expose simultanément son détenteur à deux formes de risque : le risque de perte en capital en cas de revente avant l'échéance et le risque de placement lors de la perception de chacun des coupons successifs. L'acquisition d'une obligation à coupon-zéro permet d'échapper au risque de placement[1]. Cependant, le risque de perte de capital doit être assumé aussi longtemps que l'échéance n'est pas survenue. Dans le cas d'une obligation perpétuelle, on se heurte indéfiniment aux deux formes de risque car la valeur de revente sera toujours exposée au risque de dépréciation consécutif à une hausse du taux d'intérêt, et l'investisseur ignore le taux auquel il sera possible de placer chacun des coupons successifs. Il est possible d'atténuer dans une large mesure le risque de perte en capital en choisissant d'acquérir une créance à taux variable[2]. En effet, en pareil cas, le cours de la créance ne devrait guère s'écarter de la valeur faciale du titre dans l'intervalle séparant deux dates successives d'ajustement du taux variable, tout en s'établissant en principe à un montant correspondant à la valeur faciale du titre au moment prévu pour procéder à l'ajustement du taux de la créance sur la base d'un taux de référence qui sera alors en vigueur sur le marché.

---

1. Voir dans cette ***Encyclopédie*** l'article de A. de Clermont-Tonnerre et M.A. Lévy, « Obligations à coupon-zéro », p. 1323, tome 2.

2. Voir dans cette ***Encyclopédie*** l'article de A. François-Heude, « Obligations à taux variable », p. 1343, tome 2.

1. Le rendement à l'échéance

Dans un monde où les taux d'intérêt se caractérisent par une forte volatilité, le concept de rendement à l'échéance, ou rendement actuariel, devient plus que jamais exposé à des critiques, tout en conservant un rôle essentiel puisqu'il permet de comparer des créances assorties de modalités diverses. Le rendement à l'échéance se définit comme le taux y qui égalise la valeur présente des diverses rentrées de fonds C_i, auxquelles la détention de la créance donne droit au cours des n périodes à venir, et le prix actuel de la créance sur le marché P :

$$P = \sum_{i=1}^{n} \frac{C_i}{(1+y)^i} = \sum_{i=1}^{n} C_i(1+y)^{-i}$$

Cette définition ne vaut toutefois que si le calcul est effectué juste après l'émission de la créance ou au moment de la tombée d'un coupon, c'est-à-dire lorsqu'un coupon vient tout juste d'être versé. Si, au contraire, le calcul est opéré à une date quelconque précédant le versement d'un coupon, il convient de se servir de la formule suivante :

$$P + k\ .\ C = \sum_{i=1}^{n} \frac{C_i}{(1+y)^{i-k}} = \sum_{i=1}^{n} C_i(1+y)^{k-i}$$

où k $(0 \leq k \leq 1)$ désigne la fraction de l'intérêt échu. Dans l'analyse qui suit, on se limite au premier cas simple énoncé, toutes les formules envisagées par la suite pouvant être étendues au cas plus général qui vient d'être évoqué[3].

Comme l'expression le suggère, le rendement à l'échéance indique le taux d'intérêt auquel la possession de la créance donne droit si elle est conservée jusqu'à l'échéance et si chacune des rentrées de fonds auxquelles elle va donner droit d'ici l'échéance peut être placée à un taux identique, de manière à engendrer à son tour des intérêts composés jusqu'à l'échéance finale. La volatilité élevée des taux rend évidemment cette hypothèse implicite plus que jamais sujette à caution.

2. Le concept de durée ou de duration

Le concept de duration ou de durée fait aujourd'hui l'objet d'applications multiples dans divers domaines de la finance à tel point qu'il a été comparé au célèbre coefficient bêta. Ce concept est dû à Frederik Macaulay (1938). D'autres auteurs ont introduit par la suite le même concept de manière indépendante en le désignant différemment[4]. Le point de départ de Macaulay a consisté à rechercher un procédé permettant de comparer les différentes formes possibles de créance, quelles que soient leurs modalités spécifiques en matière de coupon et d'échéance. La solution choisie revient à faire la somme pondérée des différentes dates (i = 1, 2, 3, ..., n) auxquelles la créance donne à son détenteur le droit de percevoir une somme, qu'il s'agisse d'un coupon ou du remboursement final du capital, accompagné, le cas échéant, du versement du

3. Sur ces extensions, voir, entre autres, Minguet (1993).
4. En particulier, Hicks (1939, 1946), Samuelson (1945) et Redington (1952).

dernier coupon, ou encore d'un montant, constant ou non, comprenant à la fois le versement de l'intérêt convenu et l'amortissement progressif du capital emprunté. Le coefficient de pondération de chaque date est la valeur présente du revenu perçu à cette date, estimée en se servant du rendement à l'échéance associé à la créance, elle-même rapportée au prix de la créance. Ce dernier peut en effet s'écrire comme la valeur présente de la totalité des revenus auxquels la possession de la créance donne droit, à la condition d'employer le rendement à l'échéance comme taux d'actualisation. La duration, D, se définit dès lors comme suit :

$$D = \sum_{i=1}^{n} w_i \,.\, i$$

avec w_i le coefficient de pondération :

$$w_i = \frac{C_i(1+y)^{-i}}{P}$$

La duration ainsi calculée se mesure en années, en mois et en jours. Un cas limite est constitué par l'obligation à coupon-zéro qui, par définition, verse un seul revenu à sa date d'échéance, de telle sorte que sa duration est égale à sa durée de vie résiduelle. Un autre cas limite intéressant est celui de la créance à perpétuité pour laquelle il est aisé de montrer que la duration prend la valeur $[(1+y)/y]$. Il faut noter que la solution proposée par Macaulay pour mesurer la durée de vie moyenne d'une créance quelconque consiste en fait à considérer la créance en question comme un panier d'obligations sans coupons.

Il convient de mettre d'emblée l'accent sur l'hypothèse implicite essentielle sur laquelle repose le concept de duration. En se servant ainsi du rendement à l'échéance pour calculer la valeur présente de chacun des flux, proches ou lointains, il est supposé implicitement que la structure des taux d'intérêt au comptant en fonction de l'échéance est plate, ou, en d'autres termes, que le taux au comptant est le même pour toutes les échéances. De surcroît, en cas de variation des taux d'intérêt, la courbe du revenu représentant la structure de taux en fonction de l'échéance est censée se déplacer parallèlement à elle-même sans se déformer. En dépit de ces hypothèses passablement restrictives, il reste que le concept de duration de Macaulay peut jouer un rôle très utile comme de multiples recherches empiriques l'ont montré depuis longtemps. Les diverses extensions de cette formule, s'efforçant de tenir compte à la fois d'une forme plus réaliste de la courbe des rendements et de ses déformations éventuelles en cas de variation des taux d'intérêt, ne sont pas parvenues à la surclasser de manière significative.

Pour en donner un seul exemple, il suffit d'évoquer ici la duration attendue, $D2$, de Fisher et Weil (1971) qui tient compte, pour sa part, de toute la gamme des taux au comptant pratiqués aujourd'hui par le marché pour évaluer, par exemple, la valeur présente de sommes qui doivent être perçues à différentes dates futures, $R_{i,\,t}$ $(i = 1,\ 2,\ ...,\ n)$, avec t qui désigne la période présente :

$$D2 = \frac{\sum_{i=1}^{n} i \,.\, C_i(1+R_{i,\,t})^{-i}}{\sum_{i=1}^{n} C_i(1+R_{i,\,t})^{-i}}$$

Une autre façon de procéder consiste à généraliser la duration de Macaulay en se servant d'un vecteur de durations. Dans cette perspective, en plus de ce concept désigné alors comme la duration du premier ordre, on fait intervenir tout d'abord la duration du second ordre définie comme suit :

$$D^{(2)} = \sum_{i=1}^{n} w_i \; . \; i^2$$

La duration d'ordre n se définit à son tour de la façon suivante :

$$D^{(n)} = \sum_{i=1}^{n} w_i \; . \; i^n$$

L'approche par un tel vecteur de durations peut compléter utilement l'emploi du seul concept de Macaulay sans chercher à le remplacer.

Alternativement, la duration de Macaulay peut s'écrire sous la forme suivante due à Hicks :

$$D = -\frac{(1+y)}{P}\,\frac{dP}{dy}$$

A partir de cette nouvelle formulation, il est possible d'introduire une variante du concept de duration qu'il est d'usage de désigner comme la duration modifiée ou la volatilité V, qui s'écrit :

$$V = \frac{D}{(1+y)} = -\frac{1}{P}\,\frac{dP}{dy}$$

La volatilité, ainsi définie, fournit en fait une approximation linéaire du pourcentage de variation du prix d'une créance induit par une variation donnée du rendement à l'échéance. En fait, elle tend à surestimer l'importance de cette variation relative en cas de hausse du rendement à l'échéance et à la sous-estimer en cas de baisse. Pour améliorer cette approximation, on se sert en outre du concept de convexité (C_v) qui est d'ordinaire défini de la manière suivante :

$$C_v = \frac{1}{2}\,\frac{d^2P}{dy^2}\,\frac{1}{P}$$

En effet, en se servant d'un développement en série de Taylor, la variation relative du prix ($\Delta P/P$) peut s'exprimer comme suit, en fonction d'une variation donnée du rendement à l'échéance(Δy) :

$$\frac{\Delta P}{P} = \frac{dP}{dy}\,\frac{1}{P}\,\Delta y + \frac{1}{2}\,\frac{d^2P}{dy^2}\,\frac{1}{P}\,(\Delta y)^2 + \frac{1}{3!}\,\frac{d^3P}{dy^3}\,\frac{1}{P}\,(\Delta y)^3 + \cdots$$

Dans ces conditions, la duration modifiée et la convexité permettent ensemble d'obtenir une approximation du second degré du pourcentage de variation du prix résultant d'une variation donnée du rendement à l'échéance :

$$\frac{\Delta P}{P} \cong -V \; . \; \Delta y + C_v(\Delta y)^2$$

Il faut être attentif au fait qu'en utilisant une telle approximation, le pourcentage de variation du prix est toujours sous-estimé, qu'il y ait hausse ou baisse du rendement à l'échéance. Si l'on ajoutait le troisième terme du développement en série, il y aurait de nouveau une sous-estimation en cas de baisse du rendement à l'échéance et une surestimation en cas de hausse, comme c'est le cas avec la duration modifiée. Ces résultats peuvent être généralisés en observant que la prise en compte d'un terme d'ordre pair conduit chaque fois à une sous-estimation dans tous les cas de variation de y, tandis que la prise en compte d'un terme impair entraîne une sous-estimation en cas de baisse de y et une surestimation en cas de hausse de y.

On peut montrer que la convexité dépend elle-même à la fois de la duration et de la dispersion, M^2, de la manière suivante (Minguet, 1993, p. 92-93) :

$$C_v = \frac{1}{2(1+y)^2}\,(D^2 + D + M^2)$$

la dispersion étant définie comme suit :

$$M^2 = \sum_{i=1}^{n} w_i (i - D)^2$$

Les coefficients de pondération w_i ont les mêmes valeurs que ceux qui apparaissent dans la définition de la duration de Macaulay. De manière alternative, la convexité peut encore se mettre sous la forme suivante :

$$C_v = \frac{1}{2(1+y)^2}\,(D^{(1)} + D^{(2)})$$

La convexité d'une créance dépend ainsi des durations des deux premiers ordres.

3. L'immunisation d'un portefeuille de créances

La duration d'un portefeuille de créances se calcule de la même manière que celle d'une créance quelconque. Il convient, tout d'abord, de rechercher quel est le rendement à l'échéance de ce portefeuille en procédant de la même manière que pour une créance particulière, c'est-à-dire en recherchant le taux égalisant la valeur présente des flux de fonds auxquels ce portefeuille va donner lieu à sa valeur de marché actuelle. Pour le reste, la duration du portefeuille se définit toujours comme la moyenne pondérée des dates d'échéance des diverses rentrées de fonds procurées par le portefeuille, les coefficients de pondération faisant intervenir la valeur présente de chaque rentrée, calculée à l'aide du rendement à l'échéance du portefeuille, rapportée à la valeur du portefeuille. Il est également possible de calculer à son tour la convexité du portefeuille par application directe de la formule présentée plus haut.

Toutefois, à défaut de pouvoir calculer ainsi de manière précise le rendement à l'échéance exact du portefeuille et, partant, sa duration et sa convexité, on peut se servir de formules qui donnent une approximation de la duration et de la convexité d'un portefeuille. Il reste à observer que le choix d'une composition quelconque pour un portefeuille de créances implique, que l'on en soit conscient ou non, l'adoption d'une duration et d'une convexité bien spécifiques.

3.1. La stratégie d'immunisation passive

Considérons un portefeuille de créances de composition, et donc de duration donnée, dont la valeur de marché initiale est V_0. Après les h périodes correspondant à l'horizon de placement choisi, si le rendement à l'échéance se maintient à sa valeur actuelle y_0, il devrait atteindre la valeur suivante :

$$V_h(y_0) = V_0(1 + y_0)^h$$

Or, la valeur initiale du portefeuille peut se modifier aussitôt que survient une variation inopinée des taux d'intérêt, engendrant du même coup une nouvelle valeur du rendement à l'échéance de portefeuille. La valeur du portefeuille diminue dans l'hypothèse d'une hausse des taux (V^*) et augmente dans celle d'une baisse (V'). Quel que soit le cas envisagé, un résultat remarquable est que la valeur du portefeuille sera au moins égale à ce qu'elle aurait été en l'absence de toute variation des taux pour autant qu'une précaution essentielle soit prise lors de la composition du portefeuille, à savoir choisir sa duration de telle manière qu'elle coïncide avec l'horizon de placement ($D = H$). C'est précisément de là que vient la raison d'être du concept de duration de Macaulay : la duration est l'intervalle de temps qui s'avère indispensable pour que la perte en capital subie en cas de hausse des taux soit tout juste compensée par le fait que, pendant la durée résiduelle de l'horizon de placement, les flux de fonds procurés par le portefeuille pourront être placés à des taux plus intéressants. De même, en cas de baisse des taux, la plus-value en capital qui en résulte sera tout juste contrebalancée par la baisse des taux auxquels il est possible de placer les flux perçus jusqu'à la fin de l'horizon de placement. Le graphique 1 illustre cette propriété.

Graphique 1 – Effet d'une variation du taux d'intérêt sur la valeur accumulée du capital

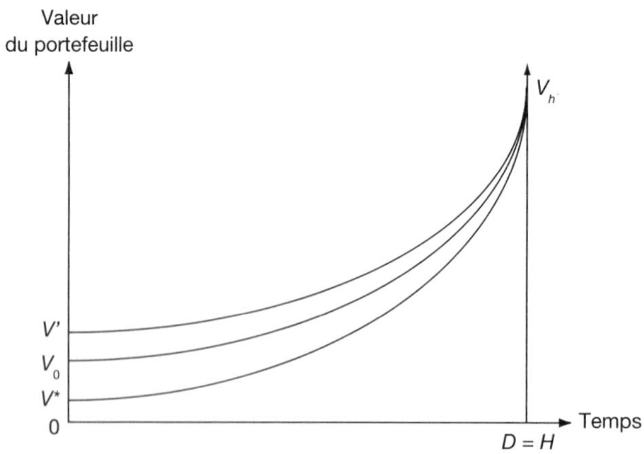

Une stratégie consistant ainsi à ajuster au départ la composition du portefeuille de manière telle que sa duration coïncide avec la durée de l'horizon de placement correspond à ce qu'il est convenu d'appeler une stratégie d'immunisation passive. Cette stratégie s'oppose en effet à des stratégies d'immunisation dites, par opposition, actives consistant à choisir délibérément une duration supérieure ($D > H$) ou inférieure ($D < H$) à la longueur de l'horizon de placement. Dans le premier cas, l'investisseur est censé occuper ce qu'il est convenu de désigner comme une position longue et dans le second cas une position courte. Comme le montre le graphique 2, adopter une position longue revient en fait à spéculer sur la baisse des taux d'intérêt, car, si l'investisseur a vu juste, la plus-value en capital réalisée au départ grâce à la baisse des taux (la valeur du portefeuille passe de V_0 à V') ne sera pas entièrement compensée par la baisse des taux auxquels seront placés les fonds procurées par le portefeuille d'ici la fin de l'horizon de placement.

Graphique 2 – L'effet d'une position longue

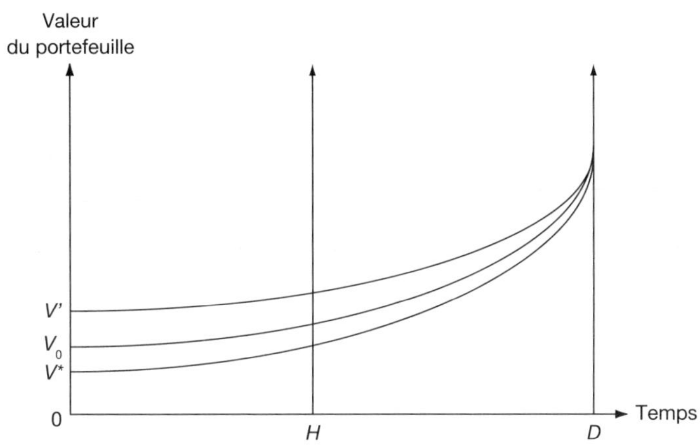

A l'opposé, comme le montre le graphique 3, l'adoption d'une position courte correspond à un pari sur la hausse des taux car, si la prévision se révèle correcte, la moins-value subie au départ sera plus que compensée par la hausse du taux auquel seront placés les fonds venant du portefeuille d'ici la fin de l'horizon de placement.

Graphique 3 – Le résultat d'une position courte

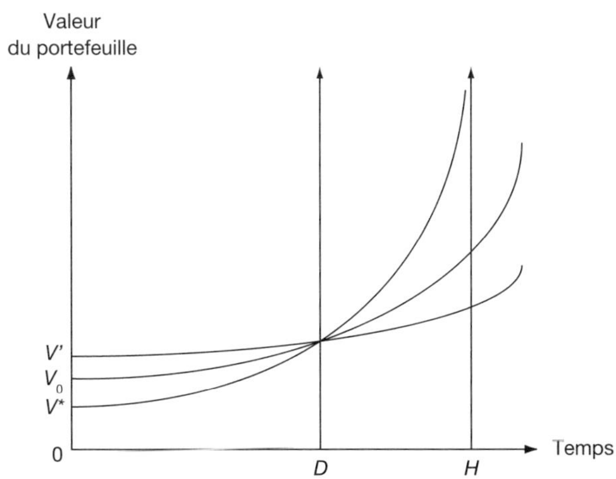

La stratégie d'immunisation passive prend ainsi tout son sens quand on l'oppose d'emblée à des stratégies dites actives consistant de la sorte à opter pour une duration plus élevée ou plus faible que la longueur de l'horizon de placement. Ces stratégies sont actives en ce sens qu'elles requièrent l'une et l'autre un effort de prévision de l'évolution des taux d'intérêt au cours de l'horizon de placement. Ce sont des stratégies risquées puisque, bien évidemment, le résultat final sera inférieur dans les deux cas à celui procuré par une immunisation passive si, d'aventure, les taux évoluent dans un sens contraire à celui qui a été prévu. Par opposition, la stratégie d'immunisation passive est censée minimiser le risque lié à tout effort de prévision de l'évolution des taux d'intérêt. A partir du moment où la condition simple d'immunisation passive consistant à égaliser la duration à la longueur de l'horizon de placement est respectée, il est permis de se désintéresser de tout effort de prévision de l'évolution ultérieure des taux d'intérêt.

Ceci ne veut pas dire pour la cause que l'immunisation passive n'implique aucun effort constant de la part de l'investisseur, comme ce serait le cas pour une stratégie naïve consistant à acquérir un portefeuille et à le conserver purement et simplement jusqu'à la date prévue pour l'horizon de placement, encore que cette stratégie implique à tout le moins de faire un choix en matière de réinvestissement des coupons successifs. En effet, la stratégie d'immunisation passive est en principe une stratégie dynamique dans la mesure où il conviendra, tout au long de l'horizon de placement, à des intervalles de temps à préciser (par exemple, tous les six mois ou tous les trois mois, voire à des intervalles de temps encore plus brefs), de revoir la composition du portefeuille pour ajuster de nouveau sa duration à la durée résiduelle de l'horizon de placement. *A priori*, il n'est nullement exclu de choisir de revoir la composition du portefeuille à des intervalles de temps de durée variable en fonction, si nécessaire, des circonstances imprévues qui peuvent surgir. A supposer même qu'il ait été convenu au départ de choisir un intervalle de temps fixe, rien n'empêche d'opérer malgré tout, plus tôt que prévu, une telle révision si des circonstances exceptionnelles le justifient. Toutefois, il convient, comme de coutume, de mettre en balance les coûts impliqués par une révision du portefeuille destinée à ajuster sa duration à la durée résiduelle de l'horizon de placement avec l'avantage procuré par le respect de la condition d'immunisation passive. L'ajustement de la duration peut se faire de la manière la plus simple possible par le placement des coupons successifs dans des titres à des échéances en principe de plus en plus brèves mais il peut aussi impliquer, le cas échéant, la revente de certains titres en vue d'en acquérir d'autres dotés de caractéristiques plus appropriées. Tout ceci implique des coûts de transaction aussi bien pécuniaires (commissions de courtage et autres frais explicites) que non pécuniaires.

Au besoin, l'ajustement de la duration du portefeuille mais aussi de sa convexité peut également se faire par des opérations sur des contrats à terme fermes sur taux d'intérêt[5]. La duration du portefeuille peut être augmentée par l'adoption d'une position longue sur ce type de contrat, ce qui permet sans peine d'obtenir une duration très élevée même si aucune des créances actuel-

---

5. Voir également dans cette ***Encyclopédie*** l'article de J.L. Alexandre, «Marchés à terme de taux d'intérêt», p. 1026, tome 1.

lement disponibles n'a une échéance aussi lointaine que la durée résiduelle de l'horizon de placement[6]. De même, la duration d'un portefeuille peut être réduite par la vente de contrats à terme. Au besoin, il est permis de conserver à peu près le même portefeuille tout en ajustant sans cesse la duration par de telles opérations. Vu la souplesse offerte par ce type de contrats, la position pourrait à la limite être ajustée de jour ouvrable en jour ouvrable, sans occasionner des frais excessifs, en modifiant selon le résultat souhaité le nombre de contrats vendus ou achetés, les titres de créance contenus dans le portefeuille servant à alimenter la marge de garantie.

Une révision périodique du portefeuille s'impose en toute hypothèse puisque le simple écoulement du temps modifie normalement la duration du portefeuille de manière moins que proportionnelle au temps écoulé (phénomène de dérive de la duration). Il est possible d'écrire la formule de duration sous la forme suivante, dans laquelle f désigne le taux facial et n correspond à l'échéance[7] :

$$D = \frac{1+y}{y} - \frac{n(f-y)+(1+y)}{f(1+y)^n-(f-y)}$$

La duration équivaut ainsi à la valeur prise dans le cas d'une obligation à perpétuité corrigée par un terme dépendant de y, de f et de n. Sur le graphique 4, la courbe OA correspond au cas d'une obligation cotée au pair, le taux facial étant égal au rendement à l'échéance ($y = f = 9$ %), tandis que les courbes OB et OC concernent respectivement le cas d'une obligation cotée au-dessus du pair ($y = 9$ % et$f = 13$ %) et celui d'une obligation cotée en dessous du pair ($y = 9$ % et $f = 5$ %). Au fur et à mesure que l'échéance se prolonge, ces trois courbes convergent vers la demi-droite horizontale correspondant à la duration d'une obligation à perpétuité $[(1+y)/y]$.

Graphique 4 – L'influence de l'échéance sur la duration

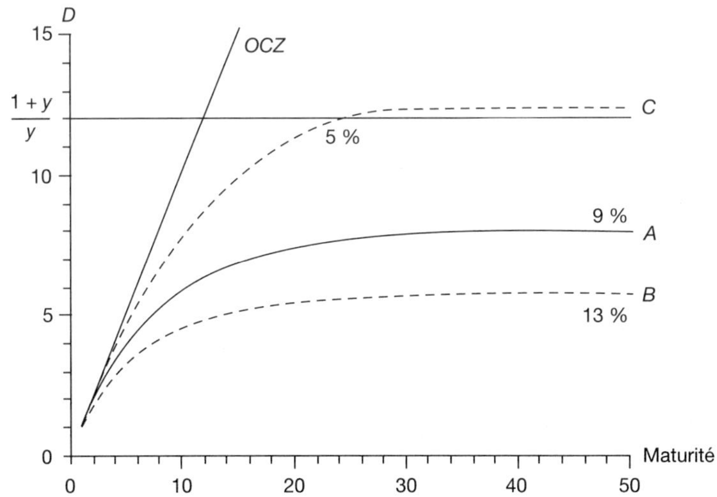

6. Il est possible, dans le même temps, d'accroître la convexité en faisant l'acquisition de contrats d'option de vente sur taux d'intérêt, caractérisés par une duration négative et une convexité élevée.

7. Voir, entre autres, Bierwag (1987, p. 74-75) ; Minguet (1993, p. 76-78).

Il faut faire exception toutefois dans le cas limite d'un portefeuille qui serait composé uniquement d'obligations à coupon-zéro arrivant toutes à échéance au terme même de l'horizon de placement (demi-droite OCZ). Dans ce cas limite, la duration du portefeuille reste donc constamment égale à la durée résiduelle de l'horizon de placement, ce qui implique que tout effort de révision de la composition du portefeuille est superflu. C'est d'ailleurs la raison pour laquelle, à la dernière date prévue pour la révision du portefeuille (par exemple, la dernière année ou les six derniers mois de l'horizon de placement), il est conseillé d'opérer un dernier placement sous la forme de bons du Trésor négociables, qui sont en fait des créances sans coupon puisqu'ils sont émis sur une base d'escompte.

Bien plus, ce qui accentue la dérive de la duration, c'est le fait que, en principe, la duration de toute créance est également sensible aux variations des taux d'intérêt, les obligations sans coupon constituant, une fois encore, l'exception. Aussi, pour un portefeuille comportant des créances autres que des obligations à coupon-zéro, la composition doit être revue à des intervalles de temps à préciser, pour tenir compte à la fois de l'écoulement du temps et des modifications intervenues dans les taux d'intérêt, ces deux phénomènes agissant sur la duration. Réviser ainsi périodiquement la composition du portefeuille permet de maintenir l'égalité entre la duration et la durée résiduelle de l'horizon de placement.

Pour le reste, l'immunisation passive peut impliquer malgré tout un risque. Pour s'en rendre compte, il suffit de se reporter au graphique 5 où il est admis que, au départ, lorsque le rendement à l'échéance s'élevait à la valeur y^0, la duration du portefeuille a été ajustée pour correspondre à l'horizon de placement. Une fois de plus, la valeur finale du portefeuille, indiquée sur l'axe vertical, est toujours égale à ce qui était prévu à l'origine dans le cas limite où tout le portefeuille initial est composé d'obligations à coupon-zéro arrivant toutes à échéance au terme prévu de l'horizon de placement (droite horizontale CD). Il doit forcément en être ainsi puisque ce type de créance, d'une part, permet d'échapper, par hypothèse, au risque de placement durant toute la durée de l'horizon de placement et, d'autre part, n'est pas davantage exposé au risque de marché dans la mesure où, à l'échéance, le cours correspond à la valeur faciale. En revanche, si le portefeuille est composé, en totalité ou en partie, de créances arrivant à échéance soit avant, soit après la fin de l'horizon de placement, tout en respectant malgré tout la condition d'immunisation passive, sa valeur finale est supérieure ou égale à ce qui était prévu au départ lors de sa constitution (courbe AB du graphique 5). Ce résultat s'explique par le fait que sa convexité est à coup sûr supérieure à celle du portefeuille composé uniquement d'obligations à coupon-zéro, puisque, par hypothèse, la dispersion des revenus perçus est plus importante pour le premier portefeuille que pour le second. Or, comme nous l'avons vu plus haut, pour une duration donnée, la convexité est d'autant plus élevée que la dispersion est importante.

Cette représentation graphique suscite d'emblée l'objection suivante. A supposer qu'elle doive être prise au pied de la lettre, il semblerait qu'il soit possible de réaliser des profits purs d'arbitrage à la seule condition d'échanger à l'origine des obligations à coupon-zéro contre des créances quelconques qui permettront d'obtenir au terme de l'horizon de placement une valeur finale du portefeuille en principe plus élevée. Or, il ne peut y avoir équilibre sur

Graphique 5 – Valeur finale du portefeuille en fonction du rendement à l'échéance

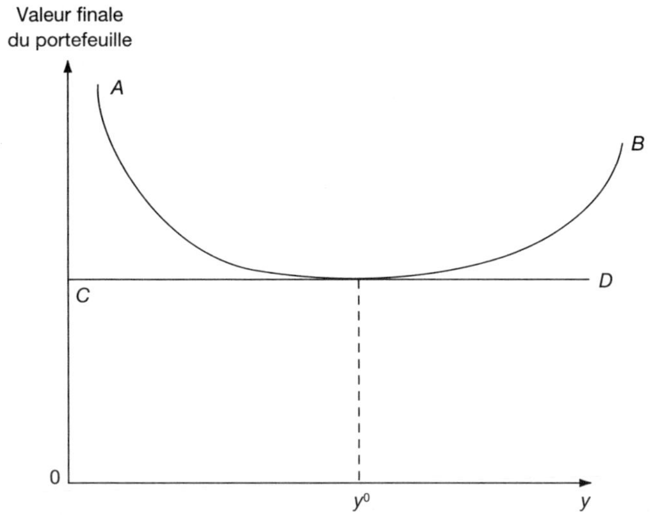

des marchés financiers compétitifs aussi longtemps que de telles possibilités d'arbitrage subsistent (Cox, Ingersoll et Ross, 1979). C'est précisément ici qu'il convient de rappeler les hypothèses implicites sur lesquelles repose le concept de duration de Macaulay. Ce concept est fondé en effet sur l'idée que la structure des taux d'intérêt au comptant en fonction de l'échéance est plate et que tout changement dans les taux se limite à déplacer cette droite parallèlement à elle-même. Or, non seulement la structure des taux en fonction du terme peut avoir au départ une forme quelconque, mais il se peut de surcroît que les variations ultérieures des taux d'intérêt provoquent des déformations dans l'allure de cette courbe[8]. Si c'est le cas, la stratégie d'immunisation passive est exposée en principe à ce qu'il est convenu d'appeler le risque de processus stochastique, sauf encore une fois dans le cas limite d'un portefeuille composé entièrement d'obligations à coupon-zéro arrivant à échéance à la date finale prévue pour l'horizon d'investissement.

De fait, les auteurs qui ont cherché à mettre au point un critère permettant de réduire le risque de processus stochastique ainsi défini débouchent sur un indice qui présente un lien avec la dispersion des flux caractérisant le portefeuille et, partant, sa convexité[9]. Une autre façon de faire ressortir ce résultat consiste à recourir à l'approche basée sur un vecteur de durations. Dans cette perspective, une stratégie d'immunisation passive requiert non seulement l'égalité entre la duration de Macaulay (duration du premier ordre) et la durée résiduelle de l'horizon de placement ($D = H$), mais suppose plus généralement que la duration d'ordre n est égalisée à la puissance n de H :

$$D^{(n)} = H^n$$

8. Voir dans cette ***Encyclopédie*** les articles de J.P. Gourlaouen, « Théorie des taux d'intérêt », p. 1979, tome 2 ainsi que de J.P. Gourlaouen et B. de Séverac, « Structure par terme des taux d'intérêt : les nouvelles théories », p. 1758, tome 2.

9. Fong et Vasisek (1984). Pour le lien entre le critère proposé par ces auteurs et celui de convexité, voir Minguet (1993), p. 126-127.

En particulier, égaliser la duration du second ordre et le carré de H aboutit à minimiser le critère proposé par Fong et Vasicek (1984) pour réduire le risque de processus stochastique (Minguet, 1993, p. 130).

3.2. *L'intégration du risque et du rendement attendu dans la théorie de l'immunisation*

Il convient de revenir à présent sur les stratégies actives consistant à choisir délibérément une position courte ou longue, ce qui permet, par contraste, de mieux faire ressortir la signification exacte d'une stratégie d'immunisation passive. Par l'adoption d'une telle stratégie, l'investisseur vise simplement à obtenir le taux de rendement escompté au départ de l'horizon de placement sans chercher à bénéficier des variations ultérieures des taux d'intérêt qui pourraient permettre d'améliorer le rendement. Par contraste, en choisissant d'adopter une duration plus longue ou plus courte que l'horizon de placement, l'investisseur entend spéculer sur l'évolution ultérieure des taux. Il est possible de comparer le résultat de ces diverses stratégies à l'aide du graphique 6, sur lequel la valeur finale du portefeuille est mesurée en ordonnée, tandis que le rendement à l'échéance est indiqué en abscisse, y^0 désignant sa valeur initiale et V^0 la valeur finale du portefeuille en l'absence de tout changement dans les taux pendant l'horizon de placement. Sur le graphique 6, le résultat d'une stratégie d'immunisation passive est illustré par la courbe $(D = H)$ dont la forme exacte sous-estime en fait le risque lié au processus stochastique, comme souligné plus haut. En revanche, l'adoption d'une position longue conduit à un résultat représenté par la courbe $(D > H)$, tandis qu'une position courte permet d'escompter le résultat correspondant à la courbe $(D < H)$.

Graphique 6 – Valeur finale du portefeuille associée aux différentes stratégies

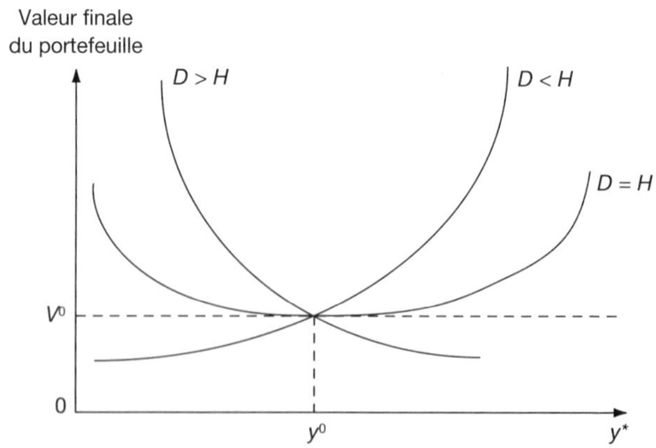

L'adoption d'une position longue consiste donc à spéculer sur la baisse des taux dans l'espoir d'améliorer le rendement escompté au départ et, partant, d'obtenir une valeur finale du portefeuille supérieure à celle procurée par une stratégie d'immunisation passive, alors que le choix d'une position courte est fondé sur le pari de voir les taux grimper, ce qui permet tout autant d'améliorer la valeur finale du portefeuille par rapport au résultat associé à une stratégie d'immunisation passive. Les deux stratégies actives obligent l'investisseur à s'efforcer de prévoir dans quel sens les taux vont évoluer tout au long de l'horizon de placement. Il n'est pas nécessaire de faire d'emblée une prévision portant sur tout l'horizon de placement. Il est possible ici aussi de prévoir des intervalles de temps aux termes desquels la composition du portefeuille doit faire l'objet d'une révision systématique. A chacune de ces révisions, il est permis de conserver la position adoptée au départ ou, le cas échéant, de passer d'une position longue à une position courte ou inversement, voire d'en revenir à une immunisation passive si l'investisseur a modifié entre-temps ses prévisions quant à l'évolution des taux à survenir pendant la durée résiduelle de l'horizon de placement.

Il n'empêche que les stratégies actives sont exposées par essence au risque d'erreur de prévision des taux d'intérêt. Par contraste, l'adoption d'une stratégie d'immunisation passive vise à minimiser, à tout le moins, ce type particulier de risque. L'investisseur ne s'intéresse qu'à la valeur attendue du portefeuille au terme de l'horizon de placement, son aversion à l'égard du risque lié à une prévision incorrecte des taux futurs étant illimitée.

Pour faire ressortir davantage cette caractéristique, il est commode de recourir à une approche due à Babcok (1984). On peut introduire, tout d'abord, la définition suivante pour le taux de rendement effectivement réalisé (y_r)sur le portefeuille. En supposant que la valeur initiale du portefeuille s'établit à $V_0(y_0)$, compte tenu de la valeur initiale y_0 du rendement à l'échéance, une modification ultérieure de ce rendement (y_1) est censée entraîner une perte ou un gain en capital, la valeur du portefeuille s'établissant désormais à $V_0(y_1)$. Dans ces conditions, si le rendement à l'échéance se maintient à cette nouvelle valeur jusqu'au terme de l'horizon de placement, le taux de rendement effectivement réalisé sur la base de la valeur initiale du portefeuille se définit comme suit :

$$V_0(y_0)(1+y_r)^h = V_0(y_1)(1+y_1)^h$$

$$y_r = (1+y_1)\left[V_0(y_1)/V_0(y_0)\right]^{1/h} - 1 = \phi(y_1)$$

Dans le cas simple où la nouvelle valeur du rendement à l'échéance est le résultat d'un choc additif, il est possible d'obtenir l'approximation linéaire suivante (Bierwag, 1987, p. 133-134 ; Minguet, 1993, p. 134-135) :

$$y_r \cong y_0 + \left(1 - \frac{D}{H}\right)(y_1 - y_0)$$

On peut alors estimer l'espérance mathématique et la variance de y_r, compte tenu de l'estimation subjective faite par l'investisseur de la valeur attendue du rendement à l'échéance et de son écart type au cours de l'horizon de placement ou, tout au moins, jusqu'à la prochaine date envisagée pour une révision du portefeuille :

$$E(\tilde{y}_r) \cong y_0 + \left(1 - \frac{D}{H}\right)\left[E(\tilde{y}_1) - y_0\right]$$

$$\text{Var}\ (\tilde{y}_r) \cong \left(1 - \frac{D}{H}\right)^2 \text{Var}\ (\tilde{y}_1)$$

En calculant l'écart type, il convient de distinguer soigneusement entre la racine positive et la racine négative. La première équivaut à l'hypothèse d'une position courte ($D < H$) et la seconde à l'hypothèse d'une position longue ($D > H$). Dans le premier cas analysé ici à titre d'exemple, il vient :

$$\sigma(\tilde{y}_r) \cong \left(1 - \frac{D}{H}\right) \sigma(\tilde{y}_1)$$

En se servant de cette expression pour éliminer l'expression $(1 - D/H)$, il vient finalement :

$$E(\tilde{y}_r) \cong y_0 + \frac{[E(\tilde{y}_1) - y_0]}{\sigma(\tilde{y}_1)} \cdot \sigma(\tilde{y}_r)$$

Il s'agit bel et bien d'une relation croissante entre le rendement attendu et le risque, car, si l'investisseur a décidé de choisir une position courte, c'est justement parce qu'il escompte que, en moyenne, durant l'intervalle de temps à venir, le rendement à l'échéance y_1 s'établira au-dessus du rendement actuel y_0. Le graphique 7 montre la relation croissante entre la valeur attendue du rendement effectivement réalisé et son écart type (droite DA). La demi-droite DB à pente négative correspond de son côté à la branche inférieure de la courbe qui minimise la variance. Compte tenu de la prévision faite par l'investisseur, adopter un portefeuille ayant une duration supérieure à la durée résiduelle de l'horizon de placement constitue ici une stratégie dominée. Une approximation de la frontière d'efficience est donc constituée par la demi-droite DA. Si l'investisseur opte, par exemple, pour une duration comprise entre 17 et 18 années, alors que l'horizon de placement est de 20 ans, sa position d'équilibre peut être représentée par le point de tangence entre une courbe d'indifférence I à la fois croissante et tournant sa convexité vers le bas. En d'autres termes, l'adoption d'une stratégie active telle que la position courte considérée est néanmoins compatible avec le cas d'un investisseur témoignant d'une aversion à l'égard du risque : l'utilité est une fonction décroissante du risque mesuré par l'écart type de y_r et une fonction croissante de la valeur attendue de y_r. L'analogie avec

Graphique 7 – L'ensemble d'opportunité pour une position courte

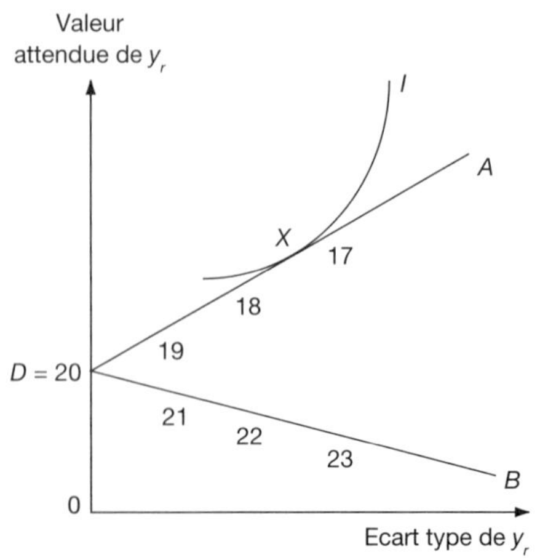

l'approche bien connue de la moyenne et de la variance est ici évidente. Une caractéristique propre à l'approche ainsi analysée vient du fait que l'équivalent du taux sans risque ou taux offert par un actif réputé sûr est représenté dans ce cas par la valeur initiale du taux de rendement y_0. Or, ce taux dépend de la durée de l'horizon de placement. Dans le cas considéré, il s'agit du taux qu'il serait possible d'obtenir en principe, vu cette valeur initiale du rendement à l'échéance du portefeuille, à la condition d'adopter une stratégie d'immunisation passive (sous réserve, toutefois, de ce qui a été dit au sujet du risque de processus stochastique). Par contraste, il apparaît que la carte d'indifférence d'un investisseur utilisant l'immunisation passive est constituée d'un ensemble de demi-droites verticales, le seul souci de l'investisseur étant de minimiser le risque lié à la prévision, mesuré par l'écart type de y_r.

4. Le rôle de l'immunisation passive dans les modèles de gestion des actifs et des engagements. L'immunisation d'engagements multiples

La stratégie d'immunisation passive peut également jouer un rôle dans le cadre des modèles de gestion des actifs et des engagements basés sur des écarts de duration. On distingue en effet plusieurs types d'écart suivant l'objectif visé (voir Minguet, 1993, chap. 7). Une de ces approches consiste à égaliser la duration d'une partie des actifs et des engagements de manière à ramener à zéro l'écart de duration sur cette fraction du bilan et, partant, à l'immuniser contre les mouvements des taux d'intérêt[10].

Au lieu de s'efforcer de construire un portefeuille immunisé destiné à faire face à un seul engagement au terme de la période d'investissement, une tâche bien plus ambitieuse consiste à sélectionner un portefeuille qui permettrait de répondre à des engagements multiples survenant à différentes dates ultérieures, ce qui est le cas rencontré par diverses catégories d'intermédiaires financiers comme des fonds de pension, des compagnies d'assurances, des banques.

Une stratégie d'immunisation d'engagements multiples, s'étendant du même coup sur plusieurs périodes, consiste à choisir un portefeuille en mesure de respecter un flux d'engagements qui vont se manifester tour à tour à des dates ultérieures. Il ne suffit plus en pareil cas d'égaler la duration du portefeuille à celle des engagements, même si la courbe du rendement est toujours étale et se déplace uniquement sous l'influence de chocs additifs. Même dans ce cas particulier, Fong et Vasicek démontrent qu'il convient de respecter trois conditions.

– La duration du portefeuille doit toujours être égale à celle des engagements.

– La distribution des durations des créances reprises dans le portefeuille doit être davantage dispersée que celle des engagements, ce qui revient à dire que la convexité du portefeuille d'actifs doit être plus élevée que la convexité de l'ensemble des engagements.

– La valeur présente des flux de rentrées découlant du portefeuille d'actifs doit être égale à celle du flux d'engagements. Dans un monde où la structure des taux au comptant est plate, c'est forcément le même taux qui servira à calculer ces valeurs présentes.

---

10. Voir également dans cette ***Encyclopédie*** l'article de J.M. Lasry, «Gestion actif-passif», p. 517, tome 1.

Pour tenir compte d'un déplacement quelconque de la courbe du rendement, Fong et Vasicek ont généralisé le critère proposé pour faire face au risque de processus stochastique dans le cadre d'une stratégie d'immunisation passive destinée à faire face à un seul engagement. Il s'agira dès lors de minimiser ce critère tout en respectant les contraintes correspondant aux trois conditions susdites. Cette approche a été généralisée par la suite par Reitano (1992) et bien d'autres auteurs (voir, entre autres, Gagnon et Johnson, 1994). Reitano montre qu'une immunisation d'engagements multiples, ainsi esquissée, peut exposer malgré tout le gestionnaire à des risques de déplacement spécifiques de la courbe du rendement : tout en étant abrité contre certaines déformations de la courbe du rendement, on est davantage exposé en cas de survenance d'autres formes de déformation. Il convient donc de généraliser encore l'approche de l'immunisation d'engagements multiples pour être à l'abri de toute forme de déformation inopinée de la courbe du rendement.

Face à de tels engagements multiples, une stratégie tout à fait différente consiste dans la dédicace d'un portefeuille. Cela implique, tout d'abord, de choisir une créance telle que sa date d'échéance coïncide avec la survenance de l'engagement le plus lointain. Un nombre de titres doit alors être sélectionné de manière telle que la valeur de remboursement obtenue à cette date d'échéance commune ainsi que les derniers coupons à percevoir coïncident avec le montant de l'engagement ultime. Tous les autres coupons à percevoir auparavant viennent en déduction des autres engagements survenant entretemps. Puis, une seconde créance est choisie avec une échéance égale à celle de l'avant-dernier engagement. Les titres acquis doivent faire en sorte une fois de plus que la valeur de remboursement, additionnée du dernier coupon, soit tout juste égale au solde de cet avant-dernier engagement. Tous les coupons à percevoir dans l'intervalle viennent ici aussi en déduction des autres engagements. Le processus est répété en remontant dans le temps jusqu'à ce que l'engagement le plus proche soit lui aussi intégralement couvert par les flux associés à l'ensemble des créances ainsi acquises. Une technique de programmation mathématique peut être utilisée pour mettre en œuvre une telle démarche, au départ d'un ensemble de créances qui auront été au préalable sélectionnées sur la base de différents critères semblables à ceux évoqués dans le cadre de la stratégie d'immunisation. Si aucune de ces créances ne se caractérise par un risque de crédit, le portefeuille ainsi construit sera assurément en mesure de faire face aux engagements sans être exposé à un risque de processus stochastique pour autant que la correspondance entre les flux résultant des actifs et les engagements soit parfaite, ce qui ne sera pas nécessairement le cas, comme on va y revenir. Il faut en principe que la survenance des rentrées provenant des créances acquises précède ou corresponde tout juste à celle d'un engagement. Une généralisation consiste toutefois à autoriser que certains des revenus liés aux créances soient postérieurs ou antérieurs à la survenance de certains engagements, ce qui implique des emprunts temporaires pour faire face à ces derniers mais aussi des placements provisoires. Il y a alors exposition momentanée au risque d'intérêt puisqu'on ignore au départ à quels taux il sera possible d'emprunter ou de prêter à telle ou telle date. Il n'est pas davantage nécessaire de revoir de temps à autre la composition du portefeuille pour tenir compte, à tout le moins, du simple écoulement du temps comme c'est le cas pour une stratégie d'immunisation multipériode puisqu'ici la duration du portefeuille d'actifs ne joue aucun rôle. Une révision du portefeuille ne se justifierait qu'au cas où il aurait été convenu d'inclure des créances présentant malgré tout un certain risque de crédit jusqu'à un niveau plafond. Il en serait ainsi chaque fois qu'une créance retenue au départ devrait être éliminée, suite à une dégradation de la notation de l'émetteur, et remplacée en conséquence par une autre présentant le niveau de risque jugé acceptable.

Une telle stratégie est beaucoup plus coûteuse à mettre en œuvre qu'une stratégie basée sur l'immunisation d'engagements multiples comme différentes études ont permis de le montrer. Ceci est dû, en particulier, à la difficulté de trouver une équivalence parfaite entre le flux de revenus découlant des actifs et le flux des engagements. Vu cette difficulté cruciale, il sera d'ordinaire requis d'investir des sommes supérieures au montant des engagements à couvrir. Le risque de placement est malgré tout encouru chaque fois qu'un excédent temporaire des rentrées de fonds sur les engagements successifs doit faire l'objet d'un placement temporaire. Il en va de même en cas d'emprunts momentanés.

C'est pourquoi, des gestionnaires de portefeuilles de créance destinés ainsi à répondre à des engagements multiples sont appelés à faire un arbitrage incessant entre ces deux formes de stratégie que sont la dédicace du portefeuille et l'immunisation d'engagements multiples. L'une exige donc un coût plus élevé, mais elle réduit le risque lié à la courbe du revenu. L'autre expose davantage à ce risque, mais elle réduit les coûts. Aussi est-il également opportun de s'efforcer de les concilier en adoptant pour l'essentiel une stratégie d'immunisation d'engagements multiples, sous réserve d'une contrainte supplémentaire selon laquelle le portefeuille doit être construit de manière à être dédicacé sur un premier intervalle de temps à venir. Par exemple, pour les cinq premières années uniquement, le portefeuille est sélectionné de façon à pouvoir répondre aux engagements multiples survenant durant ce délai. Le coût d'une stratégie d'immunisation d'engagements multiples est du même coup accru, mais le risque d'une déformation inopinée de la courbe du rendement est en revanche diminué.

*

* *

Ainsi, comme le suggère le dernier exemple évoqué, les stratégies d'immunisation peuvent jouer un rôle fort utile pour compléter bien d'autres stratégies de gestion de portefeuilles incluant des créances. La brève synthèse reprise ici n'a pu rendre justice à de multiples développements récents qui prolongent l'analyse de ces stratégies, faisant ressortir toutes les difficultés rencontrées mais aussi esquissant des voies d'approche en vue d'y faire face. Il n'empêche que la large utilisation des stratégies d'immunisation, notamment, aux Etats-Unis, par les investisseurs institutionnels, en particulier les fonds de pension, témoigne de tout leur intérêt pour les praticiens.

Références

BABCOCK G.C., « Duration as a Link between Yield and Value : a Summary », *Journal of Portfolio Management* (vol. 10, n° 4, Summer 1984), p. 58-65.

BIERWAG G.O., *Duration Analysis. Managing Interest Rate Risk*, Cambridge, Massachusetts, Ballinger Publishing Company, 1987.

COX J.C., INGERSOLL J.E., ROS S.A., « Duration and Measurement of Basis Risk », *Journal of Business* (January 1979), p. 57-61.

FONG H.G., VASISEK O., « A Risk Minimizing Strategy for Portfolio Immunization », *Journal of Finance* (vol. 39, n° 5, December 1984), p. 1 541-1 546.

HICKS J.R., *Value and Capital,* 2e éd., Londres, Oxford University Press, 1946.

FISHER L., WEIL R.L., « Coping with the Risk of Interest-Rate Fluctuations : Returns to Bondholders from Naïve and Optimal Strategies », *Journal of Business* (vol. 44, 1971), p. 408-431.

GAGNON L., JOHNSON L.D., « Dynamic Immunisation under Stochastic Interest Rates », *Journal of Portfolio Management* (Spring 1994), p. 48-54.

MACAULAY F.R., *Some Theoretical Problems Suggested by the Movements of Interest Rates, Bond Yields, and Stock Prices in the US since 1856,* New York, National Bureau of Economic Research, Colombia University Press, 1938.

MINGUET A., *Les techniques de gestion du risque d'intérêt,* Paris, PUF, 1993.

REDINGTON F.M., « Review of the Principle of Life Office Valuations », *Journal of the Institutes of Actuaries* (vol. 18, 1952), p. 268-340.

REITANO R.R., « Non-Parallel Yield Curve Shifts and Immunisation », *Journal of Portfolio Management* (Spring 1992), p. 36-43.

SAMUELSON P.A., « The Effect of Interest Rates Increases on the Banking System », *American Economic Review* (March 1945), p. 16-27.

Mots clés

Convexité, dédicace d'un portefeuille, duration, duration attendue, duration modifiée, immunisation d'engagements multiples, immunisation passive, rendement à l'échéance, risque de placement, risque de processus stochastique, vecteur de durations, volatilité.

Indicateurs économiques et marchés financiers

31

Philippe Spieser

Les marchés financiers entretiennent avec les indicateurs économiques des rapports ambigus et pourtant essentiels : d'une part, ces derniers constituent un ensemble de clignotants indispensables aux acteurs de ces marchés afin de leur permettre de bâtir une stratégie de gestion de portefeuille justifiée ; d'autre part, on constate que ces signaux, sujets à des interprétations variables dans l'espace et dans le temps, paraissent à la fois fragiles car sujets à de fréquentes révisions, décalés par rapport à la situation réelle présente, et complexes à utiliser du fait des raisonnements parfois contradictoires dans lesquels ils entrent en jeu.

Les indicateurs économiques sont alors une « une matière première » irremplaçable mais difficile à traiter de cette industrie particulière qu'est l'activité financière.

Pour mieux cerner les rapports entre indicateurs et marchés, il convient d'entreprendre d'abord un essai de typologie, nécessaire au classement et à la compréhension des indicateurs, de décrire les principaux enchaînements ou raisonnements qui les mettent en œuvre et enfin de les replacer dans le cadre plus général d'une théorie de l'information.

1. Les indicateurs économiques : une typologie

Quoiqu'il soit impossible de donner une description universellement valable des indicateurs en raison, d'une part, de leur hétérogénéité dans l'espace – ils sont propres à chaque marché, même si les normes de leur élaboration sont convergentes –, d'autre part, de l'importance variable qu'on leur a accordée dans le temps – les marchés sont plus ou moins attentifs à tel ou tel indicateur en fonction de la conjoncture et parfois des modes –, les grands concepts de la comptabilité nationale servent efficacement de trame commune afin de les décrire et de les classer avec la plus grande exhaustivité.

Ces concepts sont ceux de l'offre, de la demande, des tensions relatives aux facteurs de production et de l'économie monétaire ou financière qui s'oppose au circuit économique réel auquel les trois premières notions renvoient. Deux remarques doivent être faites à ce stade.

– Les indicateurs étudiés ici sont ceux auxquels les marchés prêtent généralement attention avec une intensité du reste variable. Nous exposerons les principaux indicateurs fournis par les écrans Reuter ou Télérate dont disposent les vendeurs et les traders.

– Une autre typologie possible aurait consisté à séparer les indicateurs simples et les indicateurs élaborés. Ces derniers résultent d'un calcul – par exemple en moyenne mobile – et trouvent donc un champ d'application privilégié dans les modèles dits techniques ou chartistes[1].

Nous les présenterons succinctement.

1.1. *Les indicateurs d'offre*

Ils permettent de préciser les quantités de biens et de services produites durant une période passée (généralement le mois, le trimestre ou l'année). Parallèlement, des indicateurs constitués à base d'enquêtes visent à cerner, de façon plus actuelle, le cycle de production. Les indicateurs d'emploi, qui mesurent l'offre de travail disponible, sont rangés avec une certaine part d'arbitraire dans cette rubrique.

1.1.1. Le produit intérieur brut et le produit national brut

Le produit intérieur brut est la somme des valeurs ajoutées par les entreprises résidentes (nationales et étrangères) de ce pays, c'est-à-dire l'ensemble des biens et des services produits en tenant compte du fait que les entreprises échangent entre elles. Le produit national brut est une notion proche et désormais peu usitée. Statistique de la comptabilité nationale, le produit intérieur brut est, pour l'ensemble des pays, publié en valeur ou en volume corrigé des variations saisonnières afin de lisser la série. Enfin, la contrepartie monétaire de cette statistique constitue l'ensemble des revenus distribués dans l'économie, soit encore le revenu national, qui est alors considéré plutôt comme un indicateur de demande.

1.1.2. La production industrielle

La production industrielle est un indicateur composite décrivant la production des entreprises manufacturières en biens durables et non durables, des industries de base et des principaux services publics. Il s'agit d'une mesure de quantités physiques et non d'un indicateur monétaire, en données mensuelles corrigées des variations saisonnières.

1.1.3. Les indicateurs d'activité

Sous ce label sont regroupés des clignotants considérés comme sensibles à l'activité présente et future de court terme.

1.1.3.1. Enquête auprès des directeurs d'achat

L'indice des directeurs d'achats (*Purchasing Manager Index* ou PMI), élaboré par la National Association of Purchase Managers (NAPM), est publié mensuellement depuis 1982. Il est construit à partir de cinq composantes décrites

---

1. Voir dans cette ***Encyclopédie*** l'article de E. Bertrand, « Analyse technique », p. 48, tome 1.

dans le cadre d'un rapport mensuel (*Report on Business*) faisant suite à une enquête. Cette dernière est réalisée en milieu de mois et l'indice est publié le premier jour ouvré du mois suivant. Les composantes de l'indicateur sont corrigées des variations saisonnières. Le NAPM est un des indices fétiches des marchés car, d'une part, il s'interprète facilement puisqu'une valeur supérieure à 50 % indique que l'activité s'accélère et, d'autre part, il constitue la première information publiée un mois donné relative à la conjoncture du mois précédent. On prête donc à cet indicateur une valeur prédictive forte.

En France doit être mentionnée l'enquête d'entreprises de l'INSEE et en Allemagne il revient à l'IFO de Munich ainsi qu'à l'enquête de la Bundesbank de calculer les indicateurs de ce type les plus suivis.

1.1.3.2. Les indicateurs avancés (Index of Leading Indicators)

Le Bureau of Economic Analysis du Department of Commerce établit un indicateur à partir de séries ayant montré de réelles qualités prédictives de l'activité économique. Refondu en 1989, l'indicateur avancé regroupe onze composantes assez disparates. L'indicateur est une série mensuelle corrigée des variations saisonnières et publiée entre le 27 du mois $m+1$ et le 3 du mois $m+2$. Depuis 1989 et l'affinement des séries sous-jacentes, les révisions sont de faible ampleur et ne portent que sur un à deux mois. Au moment de la première publication, seules neuf des onze composantes sont connues. L'indicateur est utilisé en pourcentage par rapport au mois précédent et son intérêt essentiel provient de ce que trois variations successives dans le même sens signalent habituellement un changement de tendance de l'activité économique. L'évolution de la production industrielle est anticipée avec un délai d'environ cinq mois et offre une bonne corrélation avec l'indice NAPM décrit un peu plus haut.

D'autres indicateurs seulement mentionnés ici ont été élaborés par le Bureau of Economic Analysis du Département du Commerce et servent à renforcer l'appareillage de diagnostic de l'économie pour les périodes encadrant le cycle du moment : il s'agit d'indicateurs coïncidents et d'indicateurs retardés. Ils constituent des indicateurs de retournement d'activité.

1.1.4. L'emploi

Les indicateurs d'emploi ou de chômage sont caractérisés par la difficulté de leur élaboration et par le fait que les marchés financiers ne leur prêtent une grande attention que depuis le milieu des années 1980. C'est à cette époque en effet que le problème du sous-emploi a semblé de nature à déséquilibrer socialement les économies. Leur évolution est interprétée, naturellement, de façon politique. Dans l'ensemble des pays développés, les indicateurs sont établis à partir de deux enquêtes distinctes, l'une en provenance des organismes d'assurance-chômage et des bénéficiaires de ces allocations, l'autre en provenance de rapports émanant du ministère du Travail ou d'enquêtes auprès d'entreprises ou des ménages.

1.2. Les indicateurs de demande

A côté des indicateurs d'activité décrivant globalement la capacité d'une nation à élaborer une certaine quantité de richesse, on trouve des indicateurs d'activité décrivant la destination des biens et des services produits. Au premier rang, en raison de son importance relative dans l'ensemble des économies, on distingue la consommation des ménages et les indicateurs qui lui sont associés, puis l'investissement, enfin l'influence de la demande extérieure. L'analyse conjoncturelle au sens strict nécessiterait que l'on s'intéresse aussi aux variations de stocks des entreprises, mais les marchés n'y prêtent qu'une attention limitée et on les négligera dans cet article.

1.2.1. La consommation des ménages

Il convient de distinguer plusieurs index destinés à mesurer l'impact de la demande en provenance des ménages. Les premiers sont globaux et issus directement de la comptabilité nationale, les seconds sont plus sensibles et liés directement au comportement d'acquisition des agents.

Les indicateurs globaux sont d'abord la consommation totale des ménages, le revenu des ménages, le revenu disponible des ménages (qui tient compte des prélèvements effectués sur le précédent) et enfin le taux d'épargne. Les indicateurs fins sont principalement les ventes au détail et accessoirement d'autres indicateurs comme les crédits à la consommation, les ventes d'automobiles, le chiffre d'affaires des grands magasins.

1.2.2. L'investissement

Les indicateurs d'investissement permettent de mesurer l'autre aspect important de la demande intérieure puisqu'il traduit l'effort d'une nation dans l'accroissement de son capital productif et l'accroissement de son patrimoine. On peut distinguer l'indicateur d'investissement logement de l'indicateur d'investissement industriel. Pour le premier, sont suivis par les opérateurs de marché les permis de construire, les mises en chantier et les ventes de logements. Il s'agit d'indicateurs importants car ils fournissent des renseignements sur l'état d'esprit des ménages et donc leur propension à consommer. Pour l'investissement industriel, les performances des entreprises produisant des biens d'équipement constituent l'indicateur essentiel. Elles sont complétées par le chiffre des nouvelles commandes adressées aux entreprises.

1.2.3. Les indicateurs de commerce extérieur : exportations, importations, balances des paiements

Les chiffres relatifs au commerce extérieur sont particulièrement importants dans le suivi des marchés. En effet, toute indication de déséquilibre extérieur se traduit, avec une amplitude variable selon le pays et l'époque considérés, dans le comportement de la monnaie du pays sur le marché des changes. On oppose les soldes réels aux soldes purement financiers.

1.2.3.1. Le solde réel : la balance commerciale

Le rapprochement des exportations et des importations de biens et de services, c'est-à-dire le solde commercial, donne une mesure du degré de dépendance d'une économie face au reste du monde et du degré d'adaptation de son appareil productif pour satisfaire la demande émanant des marchés tiers. C'est la raison pour laquelle les marchés sont sensibles à cet indicateur.

1.2.3.2. Le solde financier privilégié : la balance des paiements courants

Etablie en partie double, la balance des paiements d'une nation – mesure de l'ensemble de ses échanges commerciaux et financiers avec le reste du monde – est nécessairement soldée. Le solde réel global est le résultat d'une compensation entre des soldes partiels de signes opposés que les marchés suivent avec une attention variable. Les plus importants restent la balance des transactions courantes ou des paiements courants et la balance dite de la position monétaire externe. La balance des paiements courants décrit les échanges extérieurs de biens, de services et de transferts divers et constitue généralement l'indicateur sur lequel se concentre l'attention des marchés.

La balance de la position monétaire externe, indicateur suivi officiellement par les autorités monétaires françaises, est le solde des transactions courantes des capitaux à long terme et des capitaux à court terme non bancaires.

1.3. Les indicateurs de tension : le taux d'utilisation des capacités de production

Il est nécessaire de mesurer l'écart entre un niveau possible de production et le niveau réel de celle-ci. Le principal indicateur retenu pour estimer cette tension est le taux d'utilisation des capacités productives. Il s'agit d'un ratio entre la production industrielle mesurée et la capacité de production maximale ou potentielle qui est estimée sous l'hypothèse de plein-emploi du stock de capital installé. Cet indicateur est évidemment important lorsqu'on veut estimer le potentiel d'investissement d'une économie : si la croissance est forte et si le taux d'utilisation est proche de 100 %, il est alors probable que s'enclenche un processus d'investissement d'extension de capacités productives.

1.4. Les indicateurs monétaires ou financiers et les indicateurs d'inflation

Il serait illusoire de pouvoir décrire l'ensemble des indicateurs monétaires et financiers utilisés par les marchés. On les rangera en indicateurs de prix, en indicateurs de politique monétaire et en indicateurs budgétaires.

1.4.1. Les indicateurs de prix

Les indicateurs les plus suivis sont les prix à la production, les prix à la consommation et les salaires. Ils permettent de révéler les tensions inflationnistes, quels que soient le secteur et le stade de la production où elles apparaissent.

L'indice des prix à la production est le plus ancien index élaboré par le Bureau of Labor Statistics (1890). Il est disponible à trois stades du processus de production : les biens de base, les biens intermédiaires et les biens finis. Il est construit comme une moyenne pondérée des prix des biens fabriqués par les producteurs nationaux. Les marchés tiennent cet indice pour particulièrement significatif d'une tendance inflationniste dans la mesure où il incorpore les hausses de prix des semi-produits et des coûts de production en général.

La hausse des prix qui s'applique aux biens de consommation et qui mesure par conséquent la perte de pouvoir d'achat des ménages est particulièrement suivie par les marchés. L'indicateur est généralement élaboré de la même façon dans l'ensemble des pays : on mesure la dérive des prix d'un panier de biens et services en supposant que ceux-ci ne subissent pas de transformation substantielle sur le plan de la qualité, du conditionnement, etc.

On range l'évolution des salaires parmi les indicateurs les plus utiles pour apprécier les tendances inflationnistes d'une économie. L'indicateur retenu peut être le taux de salaire horaire, l'évolution du salaire mensuel ou un indice global.

1.4.2. Les indicateurs de politique monétaire

Ces indicateurs sont peut-être ceux auxquels les marchés réagissent avec le plus de vigueur comme on peut le constater lorsque se réunissent les comités de direction des banques centrales[2]. Ils peuvent être classés en indicateurs de prix et en indicateurs de quantité.

1.4.2.1. Les indicateurs de prix : les taux directeurs des banques centrales

Les taux directeurs des banques centrales ont un statut particulier au sein des indicateurs économiques : ils sont à la fois des indicateurs «purs», en quelque sorte des baromètres de l'activité économique et, simultanément, ils constituent une variable sur laquelle portent les anticipations des hommes de marché. Cette situation est due au fait que les taux directeurs des banques centrales déterminent en partie l'ensemble de la gamme des taux et conditionnent donc dans cette mesure le marché des titres courts, le marché obligataire et le marché hypothécaire. Ils sont donc à l'interface entre des paramètres d'action et des variables d'information. Les principaux taux directeurs des banques centrales suivis par les marchés sont regroupés dans le tableau 1.

Tableau 1 – Taux directeurs des banques centrales

Etats-Unis	France	Allemagne	Japon	Royaume-Uni
Discount rate	Taux des appels d'offre	Taux lombard	Taux d'escompte	Taux de base bancaire
Prime rate	Taux des prises en pension	Taux des prises en pension	Taux des prises en pension	Taux des prises en pension
Fed fund rate	Taux de l'open market	Taux de l'open market		

1.4.2.2. Les indicateurs de quantité : les différentes notions de masse monétaire

Les réactions des banques centrales, et en conséquence le comportement des taux, sont anticipées par les marchés au vu de l'évolution passée d'indicateurs de la masse monétaire. Plusieurs indicateurs sont utilisés afin de déterminer la quantité de monnaie mise à la disposition de l'économie. Sans entrer dans le détail d'une classification qui nécessiterait de longs développements, on peut noter que les marchés suivent les indicateurs élaborés par les banques centrales elles-mêmes.

---

2. Voir dans cette ***Encyclopédie*** l'article de C. Saint-Etienne, «Marchés de capitaux, financement de l'économie et politique monétaire», p. 880, tome 1.

Les mesures de la masse monétaire sont classées par ordre de liquidité croissante. On distingue dans l'ensemble des économies développées quatre indicateurs élaborés de façon très semblable dans les différents pays : M1, M2, M3, et L.

– M1 est la masse monétaire au sens étroit. Elle correspond à la monnaie sur laquelle la banque centrale a directement prise. Cet indicateur fut particulièrement suivi par les marchés aux Etats-Unis entre 1979 et 1982 lorsque la politique monétaire était strictement quantitativiste. Depuis cette époque, il a perdu de son importance aux yeux des opérateurs. Il est constitué de la monnaie divisionnaire, des billets et des dépôts à vue.

– M2 est égale à la masse monétaire M1 à laquelle on ajoute les placements à vue rémunérés.

– M3 est l'indicateur le plus utilisé actuellement. Il est censé fournir la meilleure mesure de la monnaie mise à la disposition des agents. Il est égal à la masse monétaire M2 à laquelle on ajoute l'ensemble des placements à terme non négociables, les dépôts en devises et les titres du marché monétaire émis par les établissements de crédit.

– L est un indicateur de liquidité très suivi en raison des incertitudes qui s'attachent à l'évolution des autres définitions de la monnaie suite à l'éclatement de la notion de marché monétaire. Pour le calculer, on ajoute à M3 l'épargne contractuelle (plans d'épargne-logement) et les titres du marché monétaire émis par les agents non bancaires.

1.4.3. L'indicateur de la politique budgétaire

Il s'agit d'estimer la pression financière exercée par l'Etat et l'ensemble des systèmes publics de protection sociale ainsi que par les collectivités locales, les *Länder*, etc. L'indicateur retenu est le déficit public au sens large, en valeur nominale ou rapporté au produit intérieur brut, baptisé par les Anglo-Saxons *public sector borrowing requirement*.

En conclusion de cette typologie, il convient de souligner que certains autres indicateurs n'ont pas été évoqués ici, en particulier ceux concernant les entreprises. Les informations qu'ils véhiculent sont cependant à l'origine de mouvements affectant les marchés d'actions (voir *infra*), et il faut au moins mentionner les indices boursiers à terme dont l'évolution conditionne en partie le comportement des marchés au comptant : un mouvement des prix à terme entraîne un mouvement de même sens des prix au comptant à la suite d'un simple phénomène d'arbitrage (si le coût de portage n'est pas modifié).

2. Les indicateurs économiques et le comportement des marchés

Les indicateurs sont utilisés par le marché financier parce qu'ils justifient – ou devraient justifier – un raisonnement économique qui lui-même implique des décisions d'arbitrage, d'investissement, de désinvestissement, en un mot d'allocation de ressources. Pour décrire ces raisonnements, il est pédagogique de recourir à une synthèse dont on développera ensuite les principaux éléments sous forme de liaisons entre des grandeurs ou des concepts macro-économiques.

2.1. Un schéma synthétique

La synthèse consiste à identifier clairement les paramètres qui entrent en jeu dans les raisonnements évoqués dans la première section. Au cœur de ces raisonnements se situe la notion plus ou moins explicitement formulée d'équilibre dont Christian de Boissieu soulignait le caractère exorbitant dans l'analyse économique moderne.

Il convient de distinguer les variables macro-économiques fondamentales, les indicateurs d'évolution et les paramètres de gestion.

Les variables macro-économiques fondamentales sont des indicateurs économiques qui déterminent – ou du moins est-ce admis dans le cadre de modèles théoriques ou économétriques – les paramètres de gestion.

Les indicateurs d'évolution, de tension ou de déséquilibre nous permettent de préciser le sens dans lequel les paramètres de gestion sont susceptibles d'évoluer.

Les paramètres de gestion sont les variables subissant les déséquilibres et à partir desquelles se constituent les politiques de gestion de portefeuille : le cours de change, le taux d'intérêt et donc le prix des obligations, le cours des actions. Ces paramètres sont l'objet même des anticipations des hommes de marché.

On peut alors élaborer le graphique 1.

Graphique 1 – Relations entre indicateurs macro-économiques, déséquilibres et paramètres de gestion

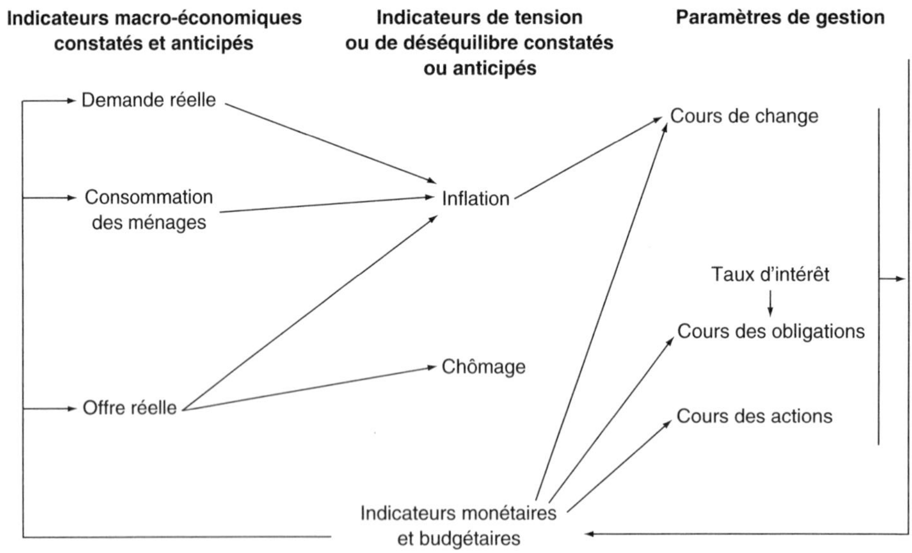

Le cours de change et le taux d'intérêt étant les deux variables essentielles des marchés, on peut hiérarchiser les variables et les compléter par les lois économiques qui les régissent pour obtenir le graphique 2.

Graphique 2 – Liens théoriques entre les paramètres de gestion

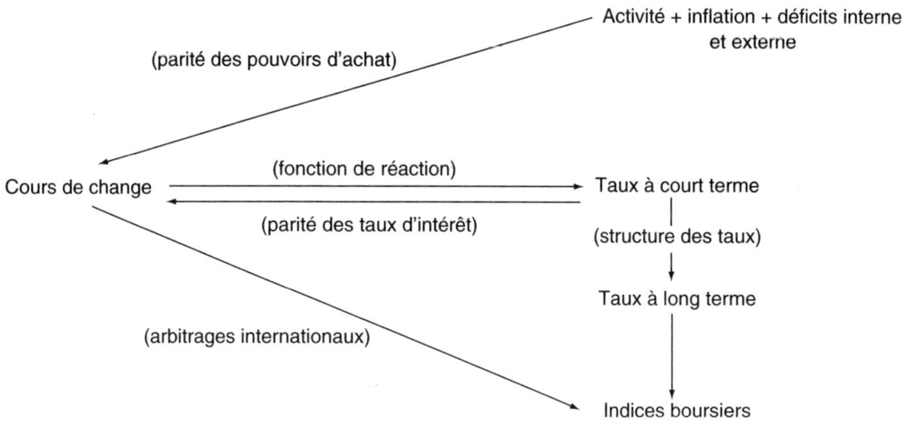

2.2. L'analyse des liens entre les principales variables

Il convient de développer les raisonnements mentionnés entre parenthèses au graphique 2 et qui apparaissent assez explicitement dans les documents élaborés par les banques commerciales ou les maisons de titres. Ils font parfois l'objet de véritables modèles économétriques développés. On peut les résumer et en simplifier la présentation dans les liaisons suivantes :

– liaison entre la croissance économique, l'inflation, le cours de change et le taux d'intérêt,

– liaison entre la croissance économique, le taux d'intérêt, le marché obligataire et le marché des actions,

– liaison entre la croissance économique, le chômage et le cours de change,

– liaison entre le déficit intérieur et extérieur, le taux d'intérêt et le cours de change.

2.2.1. La relation dominante : la croissance en volume et les équilibres de prix interne et externe

La liaison entre croissance économique, inflation, cours de change et taux d'intérêt est peut-être la plus importante en ce qu'elle est présente de façon permanente à l'esprit des hommes de marché. L'idée est que la croissance économique non maîtrisée peut entraîner un excès de demande de biens et services que la production nationale n'est pas à même de satisfaire, ce qui implique alors des goulots d'étranglement, des hausses de prix dues à un excès de demande et une éventuelle dégradation de la balance commerciale. Il en résulte deux effets.

– D'une part, les marchés s'attendent à une hausse du taux d'intérêt à court terme ou de l'ensemble de ceux-ci. Les investisseurs se dégagent alors des investissements en titres à revenu fixe puisque ces derniers subiront une perte en capital. Ils abandonnent également le marché des actions car ils jugent l'inflation préjudiciable aussi bien à la performance des entreprises qu'au rendement réel du marché des titres à revenu variable. Les investissements sont effectués sur des actifs à court terme (trésorerie) ou sur des valeurs «refuge» (immobilier, or).

– D'autre part, l'inflation attendue couplée avec le risque de déséquilibre extérieur incite les opérateurs à se défaire de leurs actifs libellés dans la monnaie du pays considéré, puisque celle-ci devrait se déprécier par rapport aux autres devises. Plus précisément, en ce qui concerne la relation taux d'intérêt-cours de change, les marchés sont placés devant un dilemme important. D'un côté, par la théorie de la *parité des taux d'intérêt*, une augmentation des taux d'intérêt dans un pays entraîne, toutes choses égales par ailleurs, une dépréciation de sa monnaie sur le marché des changes ; cette dépréciation s'inscrit dans les taux à terme selon une formule[3] bien connue des théoriciens et des praticiens :

$$C_t = C_0 \, \frac{1 + r_m}{1 + r_d}$$

avec
C_t : le cours à terme d'un an d'une devise en monnaie nationale,
C_0 : le cours au comptant d'une devise en monnaie nationale,
r_m : le taux d'intérêt annuel de la monnaie,
r_d : le taux d'intérêt annuel de la devise.

D'un autre côté, une augmentation des taux rend les placements effectués sur des titres libellés dans cette monnaie plus attractifs, ce qui constitue ce qu'on peut appeler l'effet naturel de portefeuille. En d'autres termes, un taux d'intérêt relativement plus élevé d'une monnaie par rapport à une autre traduit une faiblesse relative de cette monnaie (mécanisme du déport) et entraîne donc la défiance des investisseurs mais augmente le rendement des placements libellés dans cette monnaie, incitant alors ces derniers à investir sur ce marché.

Cette contradiction entre deux effets se résout aisément si on tient d'abord le taux d'intérêt pour une arme à la disposition de la banque centrale qui bénéficie elle-même d'une certaine image ou réputation, et si l'on considère bien le cours à terme comme un *prix rationnel attendu par le marché* et correspondant à un prix d'équilibre. Si la banque centrale bénéficie sur les marchés d'une grande crédibilité et que sa réaction est jugée positivement, alors une hausse des taux entraînera bien une augmentation de la valeur externe de cette monnaie car l'effet de portefeuille l'emporte. Au contraire, si le marché a des doutes sur la politique économique menée ou sur la résolution de la banque centrale, alors l'effet parité des taux d'intérêt s'imposera et il faudra que les autorités monétaires élèvent plus fortement les taux pour obtenir une stabilisation de la monnaie sur le marché des changes.

Quant à l'inflation anticipée par les opérateurs, elle est déduite, notamment, de l'observation des indicateurs monétaires. La liaison entre les indicateurs monétaires et les marchés d'actions et d'obligations passe indirectement par la théorie quantitative de la monnaie (Fisher, 1905). Si, sur la base des indicateurs de masse monétaire, les marchés sont convaincus que la monnaie mise à la disposition des agents est «excessive» par rapport à la croissance réelle, alors

3. La formule est donnée ici pour un placement d'un an. Pour des horizons de placement inférieurs, on utilise des taux proportionnels. Il est également possible d'employer une expression continue du taux.

ils anticipent un regain d'inflation. L'excès de monnaie se calcule de façon plus ou moins rigoureuse selon les institutions, à partir de l'égalité suivante :

$$MV = PT$$

avec
M : la masse monétaire,
V : la vitesse de circulation de la monnaie,
P : le niveau des prix,
T : le montant des transactions.

Si les opérateurs jugent que le respect de cette équation passe par une hausse du niveau général des prix, ils se détourneront alors du marché des actions car ils craignent l'inflation dont ils redoutent les effets sur les comptes des entreprises (voir *supra*). Les raisonnements à long terme sont assez rares sur le marché, mais l'idée que les changes reflètent les parités de pouvoir d'achat, c'est-à-dire les différentiels d'inflation, selon une formule identique à celle qui a été rappelée plus haut, sert à des prévisions de moyen terme – un an à dix-huit mois, voire deux ans.

2.2.2. La relation entre la croissance réelle et les évolutions des marchés financiers

La liaison entre la croissance économique, le taux d'intérêt, le marché obligataire et le marché des actions s'appuie sur une triple relation :

– une relation inverse entre le rendement des marchés de titres à revenu fixe qui est par nature sans risque et celui des marchés des actions ; ce dernier devrait être plus élevé, d'un montant d'une « prime » destinée à rémunérer le risque ; si cette prime est jugée trop faible par le marché, alors ce dernier arbitrera en faveur du marché obligataire ;

– une relation directe entre la croissance économique et le marché des actions (une croissance forte favorise les bonnes performances des sociétés) ;

– et une relation inverse entre le taux d'intérêt et le marché obligataire. Cette dernière relation, essentielle pour la gestion de portefeuille, est bien connue : le prix d'un titre à revenu fixe varie en fonction de sa sensibilité par rapport au taux. Le cœur de ces liaisons s'établit donc à travers le taux d'intérêt et plus précisément les anticipations que le marché a de celui-ci. Si la croissance économique est jugée incompatible avec le maintien du taux à son niveau actuel, les opérateurs anticiperont une moins-value en capital des titres à revenus fixes et sortiront de ce compartiment de marché. Le cas échéant, ils anticiperont l'arrêt prématuré de la croissance en raison précisément de cette hausse des taux et se dégageront du marché des actions.

2.2.3. La relation entre la croissance réelle, le marché du travail et la valeur externe de la monnaie

La liaison entre la croissance économique, le chômage et le cours de change a surtout été prise en compte depuis les années 1990. Les marchés semblent en effet admettre que la baisse du chômage est désormais considérée comme un objectif de politique économique dans l'ensemble des pays développés. Si la croissance est insuffisante pour le limiter, alors les gouvernements entreprendront une politique économique active. Dans ces conditions, les résultats de certains secteurs seront améliorés (firmes regroupées dans les pays anglo-saxons sous le titre de *utilities*) mais au risque de déséquilibres financiers publics et peut-être d'inflation. Implicitement, les marchés s'appuient sur la loi d'Okun (1957) qui établit une relation entre la croissance et le nombre d'emplois créés. Il faut que la croissance soit «suffisante» – sans qu'il soit du reste aisé de fixer un chiffre – pour que le taux de chômage ne se dégrade pas au point d'entraîner des troubles sociaux ou des incertitudes politiques dont les marchés ont traditionnellement peur. Les perspectives de changements politiques ont scandé de façon visible les mouvements des marchés européens durant les années 1980, entraînant même l'apparition surtout à Londres de véritables «jeux de casino» parmi les hommes de marché.

Il est enfin clair que cette relation repose implicitement sur l'idée d'un taux de chômage «naturel» propre à chaque économie. Certains théoriciens, notamment à la suite des travaux d'Okun et de Friedman, considèrent en effet qu'il existe dans chaque économie un taux de chômage quasiment incompressible et fonction de variables comme le degré d'éducation et de formation de la main-d'œuvre, la productivité des facteurs de production, les données socioculturelles ; les marchés seront donc, pour chaque économie, plus ou moins sensibles aux modifications du taux de chômage par rapport au niveau atteint par celui-ci.

2.2.4. La relation entre les déficits interne et externe et la valeur interne et externe de la monnaie

La liaison entre les déficits intérieur et extérieur, le taux d'intérêt et le cours de change est prise en compte avec beaucoup d'acuité par les marchés. Ces derniers surveillent les politiques budgétaires des Etats et jugent si ces politiques sont compatibles avec l'équilibre financier général de l'économie. Ce déficit interne a du reste été couplé, d'un point de vue théorique, avec le déficit externe (*twin deficit*) dont il a été question plus haut. La conséquence de ces déséquilibres est là encore une crainte de hausse des taux dont la conséquence sur la valeur externe de la monnaie a déjà été évoquée.

3. Les indicateurs et l'information économique

La description des indicateurs est insuffisante si on ne les replace pas dans le contexte plus général d'une véritable théorie de l'information.

Les marchés financiers fonctionnent sur le postulat de la théorie des anticipations rationnelles. L'idée centrale est que le prix de marché d'un actif à un moment donné incorpore tous les flux futurs auxquels la détention de cet actif donne droit. Ces flux sont eux-mêmes fonction de l'état économique général dont les agents ont une perception homogène parce qu'ils utilisent toute l'information disponible et seulement celle-là (Muth, 1961).

Or, la théorie financière explore actuellement des pistes différentes : soit des évolutions n'ayant en réalité rien à voir avec le cours de change ou le taux d'intérêt affectent ces variables parce que les agents croient que celles-ci donnent de l'information pertinente, soit, au contraire, les indices sont susceptibles de donner de l'information sur les aléas qui ne sont pas directement observables mais qui affectent l'économie et ont par conséquent un certain pouvoir explicatif dans le comportement des paramètres de gestion. En d'autres termes, des aléas perturbent les comportements économiques de base, et conduisent après bouclage économique à des variations des différentes grandeurs (demande, prix...) utilisées par les agents économiques comme supports à la formation des anticipations. Plusieurs types de cheminements peuvent être retenus. Les aléas peuvent être autocorrélés, c'est-à-dire persistants, et leur observation permet d'inférer leur évolution ultérieure, conduisant à une dynamique stochastique même si les prix – au sens large – s'ajustent instantanément. Au contraire, on peut imaginer que la formation des prix présente de l'inertie (Dornbusch, 1976) et les chocs courants influent alors sur les prix futurs, selon un schéma qui reste à préciser ; certains modèles utilisent au demeurant les deux approches alternées selon la période d'observation (Meese-Rogoff, 1983).

*

* *

Au total, les indicateurs sont bien le matériau de base sur lequel s'appuie le marché pour formuler ses anticipations et déterminer une ou des politiques de gestion optimales. Sur la base de ces « baromètres » sont justifiées des anticipations qui débouchent toutes à des degrés divers sur une estimation du comportement du taux d'intérêt, ce dernier constituant sans doute la clé de voûte de l'ensemble. Sa prise en compte rigoureuse dans la formation du prix des actifs s'inscrit dans le cadre plus général d'une théorie de l'information et de la rationalité économiques (notion d'anticipations rationnelles). La modélisation macro-financière emprunte largement cette voie aujourd'hui.

Références

Boissieu C. (de), *Principes de politique économique*, Paris, Economica, 1987.

Bernier B., Simon Y., *Initiation à la macro-économie*, 6e éd., Paris, Dunod, 1995.

Caisse des Dépôts et Consignations, Documents de travail du SEEF.

Crédit Lyonnais, *Accélérations*, Publication mensuelle de la direction des études économiques et financières.

Dornbusch R., « Expectations and Exchange Rates Dynamics », *Journal of Political Economy* (December 1976).

Fishert I., *Theory of Interest Rates*, New York, A.M. Kelley, 1965.

Friedman M., *Prix et théorie économique*, Trad. française, Paris, Dunod, 1981.

Grant's J., *Handbook of Economic Indicators*, Toronto Press, 1992.

Gourlaouen J.P., *Macro-économie*, Paris, Vuibert, 1986.

Jacquillat B., Solnik B., *Les marchés financiers et la gestion de portefeuille*, Paris, Dunod, 1989.

Meese R., Rogoff K., « Empirical Exchange Rates Models of the Seventies : Do They Fit Out of Sample ? », *Journal of International Economics* (vol. 14, 1983).

Muth J.R., « Rational Expectations and the Theory of Price Movements », *Econometrica* (vol. 24, 1961).

Okun A., « Potential GNP : its Measurement and Significance », *Proceedings of the Business and Economic Statistics Section*, American Statistical Association, Washington, 1962, reprint 1983.

Okun A., *Prices and Quantities*, Brookings Institution, 1981.

Mots clés

Anticipations rationnelles, change à terme, conjoncture, cours de change, croissance, indicateurs économiques, marché d'actions, marché obligataire, masse monétaire, monnaie, taux d'intérêt, théorie quantitative.

Information asymétrique et analyse du risque[1]

32

Pierre-André Chiappori

L'analyse du risque est l'un des sujets de prédilection de la théorie microéconomique moderne. Les développements récents, liés notamment à l'étude des situations d'information asymétrique[2] et à la modélisation des relations contractuelles (la « théorie des contrats »), ont conduit à un réexamen profond et systématique des modèles traditionnels. Peu à peu, une vision générale tend à se constituer. Cette vision n'a certes pas atteint (ou pas encore) un statut d'unité et d'homogénéité parfaites. Par ailleurs, son expression reste largement cantonnée à des articles techniques quelque peu ésotériques. Cependant, si des perfectionnements restent à venir sur bien des plans, les progrès effectués sont réels. Des idées générales se dégagent, pertinentes pour l'ensemble des activités financières. Dans ces grands thèmes, il ne faut sans doute pas chercher une liste de prescriptions détaillées ; chaque problème a un statut particulier, qu'il convient d'envisager de façon spécifique, et les exigences du crédit aux particuliers ne sont pas celles de l'assurance-dommages. En revanche, ce que les travaux théoriques mettent en lumière, c'est un certain nombre de mécanismes et de logiques – de réflexes de base, serait-on tenté de dire –, qu'il est nécessaire d'avoir à l'esprit pour analyser une situation concrète. Il n'est pas inutile de proposer un aperçu synthétique de ces conclusions.

Pour la commodité de la présentation, on peut articuler ce panorama autour de trois mots clés : sélection, révélation, incitation.

1. Sélection

Dans les métiers de la finance et de l'assurance, et plus particulièrement dans les activités fondées sur des relations bilatérales[3], la diversité des clients

---

1. Cet article a été originellement publié dans le *Bulletin du CIEC (Centre d'Information sur l'Epargne et le Crédit)* n° 180-181 de mai-juin 1995. Nous remercions les éditions La Pérouse et le directeur de la publication du *Bulletin du CIEC* de nous avoir autorisés à le reproduire dans cette ***Encyclopédie***.

2. Voir dans l'***Encyclopédie de gestion*** l'article de P. Raimbourg, « Asymétrie d'information, théorie de l'agence et gestion de l'entreprise ».

3. ... Par opposition aux activités de marché, qui obéissent à une logique quelque peu différente.

constitue une donnée de base. Elle se manifeste au niveau des préférences et des demandes qui en résultent ; elle se traduit aussi par une forte hétérogénéité des risques entre les individus (ou les entreprises). Face à cette variété, deux attitudes sont *a priori* concevables : la sélection ou la mutualisation. En d'autres termes, on peut soit tenter de répartir les agents en groupes aussi fins que possible, et considérer chaque classe de façon spécifique, soit utiliser une approche uniforme, les différences interindividuelles s'annulant par agrégation.

Que penser de ces deux attitudes ? Il faut souligner que la mutualisation a dans certains cas des avantages considérables, notamment d'un point de vue social. La différenciation implique une disparité de traitement qui peut parfois déboucher sur des inégalités inacceptables. La santé est un exemple d'école. Même si de nouvelles techniques génétiques permettaient une différenciation fine des individus selon leurs risques de maladie, appliquer de ce fait des tarifications différentes – allant, en toute logique, du simple au décuple, voire au-delà – poserait des problèmes éthiques et sociaux majeurs ; et l'on peut préférer une couverture générale et uniforme[4].

Cependant, hormis ces situations somme toute spécifiques, une conclusion ressort clairement de la littérature théorique : la logique de la concurrence pousse à une sélection aussi fine que possible. Le mécanisme est bien connu. Toute mutualisation repose, au moins implicitement, sur un système de subventions croisées ; la surtarification des « bons » risques compensant, dans le résultat global, la sous-tarification des « mauvais ». Un tel système est manifestement très vulnérable à la concurrence extérieure. Si la firme A le pratique, un concurrent, disons la firme B, peut se concentrer sur le segment le moins risqué du marché ; n'ayant pas à subventionner de mauvais risques, B peut offrir aux « bons » clients des tarifs inférieurs tout en préservant une marge de profit positif. S'amorce alors, pour A, une spirale néfaste : perte des clients à forte marge, d'où déséquilibre tarifaire, hausse des tarifs et nouveaux départs. Au total, soit A renonce à sa stratégie initiale et introduit une tarification différenciée, soit on assiste à une sélection *de facto* entre firmes, A se retrouvant spécialisée sur les hauts risques alors que le reste de la clientèle se répartit entre les entreprises pratiquant une tarification plus fine.

Cette logique, au demeurant bien connue, a souvent été observée dans le passé. Aux mutuelles d'assurances qui, il y a quelques décennies, fondaient leur essor en se spécialisant sur des segments de fonctionnaires, correspondent aujourd'hui celles des institutions financières qui sélectionnent mieux leurs risques de crédit, et accroissent de ce fait leurs parts de marché tout en augmentant la rentabilité de leur portefeuille. Les techniques modernes de sélection – outils statistiques sophistiqués, systèmes-experts, etc. – tendent d'ailleurs à se développer à grande vitesse. De plus, la richesse et la qualité des informations recueillies sur la clientèle s'améliorent de façon spectaculaire. Il faut souligner, sur ce point, qu'une information particulièrement riche et pertinente est en général fournie par l'analyse des comportements passés des clients. Pour prédire un risque d'accident, un examen de la sinistralité passée est souvent bien utile. Encore faut-il disposer des données adéquates – ce qui

---

4. Ajoutons au passage que le débat mutualisation/différenciation doit, ici comme ailleurs, être distingué de la controverse entre organisation privée et organisation publique de la couverture. Il est parfaitement envisageable d'interdire à un système privé d'utiliser certaines différences individuelles comme fondement de sa tarification. Voir, sur ce point, Chiappori (1996).

suppose au minimum un archivage systématique –, disponibles de plus sous forme utilisable – d'où l'importance vitale d'une informatique performante. Ajoutons qu'une approche « client », par opposition à l'approche « produit » souvent utilisée dans les procédures de gestion, est ici essentielle. Là encore, c'est la qualité des fichiers qui fait la différence.

2. Révélation

Si riches que soient les informations disponibles sur la clientèle, et si sophistiquées les méthodes utilisées – si fines, donc, que soient les classes de risques que l'on parvient à distinguer –, il serait illusoire d'espérer appréhender par ce biais la totalité des disparités de risque entre les individus. Les variables observables par l'assureur ou le banquier, et sur lesquelles la sélection peut se fonder, ne révèlent qu'une part du risque sous-jacent ; à l'intérieur d'une classe donnée, les différences restent importantes. Cette hétérogénéité résiduelle ne fait d'ailleurs pas nécessairement problème. Si tous les acteurs – y compris le client lui-même – ignorent le niveau exact du risque, la sélection est sans objet ; une mutualisation, à l'intérieur de la classe, n'a que des avantages.

Les problèmes apparaissent lorsque l'information est non seulement incomplète mais *asymétrique,* le consommateur connaissant mieux son risque que la société. Les assureurs, qui ont observé depuis longtemps des phénomènes de ce type, parlent alors d'*anti-sélection.* Prenons un exemple concret : supposons que les clients d'une société d'assurance-décès connaissent mieux que l'assureur leur espérance de vie. A quels comportements faut-il s'attendre ? Manifestement, les individus les plus risqués s'assureront plus volontiers, et pour des montants plus importants. De ce fait, le risque réel porté par l'assureur sur son portefeuille est bien supérieur à ce que laisserait prévoir un calcul statistique fondé sur la population moyenne. En particulier, une tarification ignorant ce biais conduirait la société à de graves déboires financiers. Cependant, un relèvement des tarifs, qui pourrait apparaître comme la solution naturelle, ne va pas sans inconvénients. Les meilleurs risques seraient en effet les plus pénalisés, et risqueraient de se retirer du marché, provoquant l'aggravation du risque moyen, une nouvelle hausse des prix, et l'ébauche d'un cercle vicieux qui limiterait *de facto* le marché aux clients les plus risqués. Cette situation d'anti-sélection n'est évidemment pas l'exclusivité des contrats d'assurance ; le crédit aux particuliers ou aux entreprises relève pour l'essentiel de la même logique.

D'où une idée apparemment paradoxale : chercher à étendre la sélection aux disparités résiduelles, non portées par des données observables. En clair, il s'agit de traiter différemment des clients différents, alors même que l'on n'a pas de critère objectif permettant de les distinguer. Impossible ? Pas nécessairement. Si l'entreprise ignore le risque spécifique du client, celui-ci, en revanche, peut le connaître, au moins en partie. Il s'agit donc de le lui faire révéler. Pour cela, imaginons que l'on propose au client non pas un, mais *plusieurs* contrats. Son choix sera vraisemblablement porteur d'information, utilisable dans une perspective de sélection. En d'autres termes, on cherchera à mettre au point des menus de contrats *révélateurs,* au sens où l'agent révèle l'information dont il dispose sur son risque, au travers du choix dans la gamme proposée.

Dans la pratique, ces mécanismes sont monnaie courante. Par exemple, les assureurs laissent souvent à leurs clients le choix entre différents niveaux de franchise. Toutes choses égales par ailleurs, les plus risqués seront incités à choisir une couverture plus complète, d'où une « auto-sélection » des agents. Au demeurant, *toute décision du client est potentiellement porteuse d'information* – qu'il s'agisse du niveau de couverture d'une assurance, du choix d'un produit de crédit à taux fixe (ou variable) ou à caractéristiques optionnelles particulières, ou du montant de découvert demandé sur un compte courant ou sur une carte de crédit permanent. Concrètement, cependant, le phénomène est souvent complexe, parce que l'hétérogénéité revêt plusieurs dimensions. On peut désirer racheter une franchise parce qu'on porte un risque supérieur, mais aussi plus simplement, parce qu'on a une plus grande aversion vis-à-vis du risque ; évidemment, les conséquences en termes de tarification seront radicalement différentes selon le cas. D'où l'importance cruciale d'un *suivi précis* de ces décisions, et des caractéristiques qu'elles révèlent. En fait, la démarche doit être double. D'une part, ne jamais hésiter à proposer au client diverses options, fût-ce à titre d'expérience menée sur une minorité de la clientèle ; d'autre part, et dans le même temps, mettre en place des outils de suivi adaptés, permettant de tirer de façon systématique les leçons des expériences tentées.

Ajoutons enfin que, dans bien des cas, les phénomènes d'anti-sélection sont particulièrement dangereux sur les sous-populations présentant un risque très élevé. Un vieux dicton de l'assurance veut qu'il n'y ait « pas de mauvais risque, mais seulement des risques mal tarifés ». Cette maxime est à manier avec précaution. Il est tentant, face à une population risquée, de recourir à une hausse des tarifs. Le problème est que cette stratégie a des conséquences en retour sur la composition du portefeuille, donc sur le risque moyen, dans la mesure où ce sont en général les agents les moins risqués (relativement) qui sont les plus facilement découragés par les relèvements tarifaires. En fait, on peut aboutir à un effet pervers, dans lequel la hausse du prix empire tellement la qualité du portefeuille résiduel qu'elle s'avère finalement désavantageuse[5].

La théorie micro-économique a étudié en détail les conditions sous lesquelles de tels contrats existent, et la forme qu'ils prennent. Une conclusion importante est que, là encore, la compétition entre sociétés tend à promouvoir de façon systématique la différenciation. En fait, le jeu de la concurrence est ici particulièrement subtil : il s'agit non pas de vendre un produit similaire à un prix plus bas, mais plutôt de modifier suffisamment les caractéristiques de ses produits, en regard des produits existants, pour que ceux-ci attirent de façon spécifique une population ciblée. Dans ce contexte, la concurrence peut même prendre un tour déstabilisateur, nécessitant une réglementation spécifique ; c'est l'une des justifications des dispositions prudentielles qui se sont développées sur la période récente.

3. Incitation

L'analyse précédente suppose un risque qui est exogène et représente une caractéristique donnée de l'agent. Dans certains cas, cependant, le niveau de risque est endogène, et dépend de décisions prises par l'agent. Un conducteur peut conduire plus ou moins prudemment ; un industriel peut faire res-

5. Une caricature parue dans *The Economist* représentait un banquier expliquant à son confrère : « Je ne prêterai jamais à un emprunteur assez fou ou assez malhonnête pour accepter les taux que je demande ». On ne saurait trouver meilleure illustration des effets d'anti-sélection sur des marchés du crédit. Pour une présentation théorique, voir Stiglitz et Weiss (1981).

pecter plus ou moins strictement les consignes de sécurité ; une entreprise peut affecter les fonds empruntés à des investissements plus ou moins risqués ; etc.

Dans une situation de ce type, il est nécessaire d'étudier les incitations qui guident la décision de l'agent. Parmi celles-ci, la forme du contrat en cours peut jouer un rôle majeur. Ainsi, la présence d'un contrat d'assurance réduit le coût du sinistre pour l'assuré, donc son incitation à l'éviter. De même, du fait du mécanisme de responsabilité limitée, un contrat de dette a pour effet de limiter la perte totale de l'emprunteur au niveau de ses fonds propres, alors que les gains ne sont pas bornés *a priori* ; d'où une incitation à choisir plutôt des investissements risqués. De manière générale, on voit apparaître dans ce cas un conflit entre deux objectifs de la relation contractuelle : la répartition optimale des risques, qui tend à limiter l'aléa que le client supporte, et la diminution du risque total, qui requiert au contraire une incitation suffisante à la prévention.

Les assureurs parlent fréquemment, dans ce contexte, d'*aléa moral.* Le plus souvent, l'aléa moral a pour conséquence qu'une partie du risque reste à la charge du client, par le biais de mécanismes spécifiques. Le bonus/malus automobile joue notamment ce rôle : les accidents déclarés se traduisant par une hausse des cotisations futures, l'assuré est incité à éviter de les provoquer... ou de les déclarer. Il en va de même pour la franchise, ou les dispositions d'assurance partielle. Mais la pertinence de cette notion dépasse évidemment le cadre de l'assurance. Les pénalités qui font suite à un incident de paiement dans le cadre d'un contrat de crédit relèvent de la même logique.

Autre exemple : celui d'une société financière travaillant avec un réseau d'apporteurs d'affaires indépendants. La commission versée doit-elle varier avec la qualité du client ? Faut-il pénaliser l'apporteur lorsque le dossier de crédit transmis se termine par une défaillance de l'emprunteur, ou que l'assuré se révèle particulièrement coûteux ? Manifestement, la réponse dépend avant tout de l'importance de l'effet d'aléa moral dans le comportement de l'apporteur – et plus précisément, ici, de sa capacité à apprécier directement la qualité du client. Si la transmission d'un mauvais dossier relève de la simple malchance, une pénalité n'a aucun effet incitatif, et se contente de faire porter sur l'apporteur un risque inutile. En revanche, en cas de choix délibéré, les pénalités sont indispensables, surtout dans un contexte concurrentiel ; sinon, l'apporteur transmettra systématiquement les mauvais dossiers à ceux de ses partenaires qui ne lui en tiennent pas rigueur.

Un enseignement important de la théorie concerne ici la prise en compte des relations passées. Une façon commode d'introduire des pénalités ou des bonifications consiste à modifier les termes du contrat présent en fonction des résultats passés. Cette idée de base se conjugue sous diverses formes concrètes : bonus de fidélité, *paybacks,* etc. Si l'on analyse en détail ces mécanismes, on voit qu'ils jouent un triple rôle. D'une part, ils incitent à un comportement favorable à la société partenaire ; d'autre part, ils réalisent une sélection des agents, puisque de tels contrats attireront d'abord les agents qui ont la plus faible probabilité d'incidents (ils sont les mieux à même de profiter des avantages du bonus). Enfin, ils favorisent une fidélisation de la clientèle, et plus particulièrement de la clientèle de meilleure qualité, ce qui constitue un objectif important des sociétés.

*

* *

A l'issue de ce tour d'horizon, certes incomplet, quelques conclusions se dégagent.

Tout d'abord, une relation contractuelle implique toujours un certain partage des risques sous-jacents ; il est essentiel d'avoir une perception claire de ces risques, de leur nature et de leur importance. En deuxième lieu, il est important, pour les sociétés financières, de traiter complètement les informations disponibles pour opérer un contrôle et une sélection des risques aussi précis que possible. De plus, l'information n'est jamais figée ; il faut à la fois recueillir les informations nouvelles, en suivant de façon détaillée les comportements des clients, et en susciter d'autres notamment par le biais de choix ouverts aux consommateurs. Enfin, l'innovation-produit doit nécessairement aller de pair avec un traitement statistique systématique.

Il est aisé de retrouver la trace de ces recommandations théoriques dans les évolutions récentes des activités financières. On a parlé des progrès réalisés en matière de qualité des données ou des traitements. Surtout, s'affirme chez les acteurs la conscience que, dans un contexte de forte concurrence, la qualité de la sélection est une arme fondamentale. Les assureurs ont montré depuis longtemps la voie – il n'est que de constater la complexité des grilles tarifaires en assurance-automobile. On peut prédire, sans grand risque d'erreur, que les activités de crédit ne pourront se soustraire à cette évolution.

Références

CHIAPPORI P.A., *Risque et assurance,* Paris, Flammarion, 1996.

KREPS D., *A Course in Microeconomic Theory,* Harvester, 1992.

ROTHSCHILD M., STIGLITZ J., « Equilibrium in Competitive Insurance Markets : an Essay on the Economics of Imperfect Information », *Quarterly Journal of Economics* (1976), p. 629-649.

SALANIÉ B., *Théorie des contrats,* Paris, Economica, 1994.

STIGLITZ J., WEISS A., « Credit Rationing in Markets with Imperfect Information », *American Economic Review* (71.3, 1981), p. 393-410.

Mots clés

Aléa moral, anti-sélection, assurance, asymétrie d'information, auto-sélection, aversion au risque, contrats (théorie économique des –), franchise, incitation, information asymétrique, mutualisation, portefeuille de risques, risque, sélection des risques, sinistralité, tarification des risques, théorie économique des contrats.

Information comptable et marchés financiers[1]

33

Michel Levasseur

Le rôle traditionnellement assigné à la comptabilité est celui de la mesure du résultat[2]. De nombreux travaux ont été réalisés au cours des vingt dernières années, afin de proposer, par exemple, des méthodes de correction des nombres comptables en période d'inflation[3]. L'objectif implicite est de fournir une mesure du résultat qui soit économiquement interprétable. Il est maintenant bien admis dans la communauté scientifique que les performances de ces techniques sont hautement discutables. Rien ne permet d'asseoir la supériorité définitive de telle méthode sur telle autre. Ainsi, Beaver a montré qu'en période d'inflation, la comptabilité « en coûts historiques » permet d'offrir certains avantages par rapport aux comptabilités dites « d'inflation », du moins dans quelques cas. Ce résultat surprenant a une explication évidente. Il n'y a pas de mesure comptable d'un résultat qui soit simple à interpréter au plan économique, si la valeur des biens n'est pas mesurée de manière unique. En théorie financière, l'existence de marchés complets et parfaits est une condition suffisante pour qu'une valeur, et une seule, puisse être associée à chaque bien. Dans une économie où l'avenir est incertain, il est hautement improbable que des marchés complets et parfaits existent pour tous les biens. A partir du moment où l'idéal que tente de représenter la comptabilité est lui-même mal défini, on peut douter de la validité de toute la tentative (Beaver, 1981).

Cette remarque ne doit pas être considérée comme définitivement négative vis-à-vis de la comptabilité. Bien au contraire, la comptabilité joue ou peut jouer un rôle considérable comme moyen d'information des tiers[4]. Elle rend compte en partie ou en totalité des échanges de biens ou de créances qui ont,

---

1. Cet article publié en 1989 n'a pas été actualisé. Son intérêt intrinsèque nous conduit cependant à le reproduire *in extenso* en dépit de cette absence d'actualisation. (Note de l'éditeur.)

2. Voir dans l'***Encyclopédie de gestion*** l'article de B. Colasse, « Qu'est-ce que la comptabilité ? ».

3. Voir dans l'***Encyclopédie de gestion*** l'article de D. Boussard, « Comptabilité et variations des prix ».

4. Voir également dans l'***Encyclopédie de gestion*** l'article de J.F. Casta, « La comptabilité et ses utilisateurs ».

par exemple, caractérisé la gestion récente de l'entreprise. Plus encore, elle est susceptible d'apporter des éléments d'information à tous ceux qui cherchent à prévoir son évolution future. Les chiffres comptables sont de nature différente : certains correspondent à des flux de fonds, d'autres à des traitements spécifiques comme une provision pour dépréciation de créances clients, d'autres encore à des synthèses comme le résultat net. Dans une perspective où l'apport en informations est privilégié, il n'est pas nécessaire d'éliminer *a priori* telle ou telle catégorie. L'investissement réalisé, flux de fonds passé, intéresse sans aucun doute l'analyste financier qui cherche à évaluer les performances futures d'une entreprise. Une provision sur une créance indique de son côté qu'il est bon de minorer les recettes attendues. Enfin, pour nombre d'investisseurs boursiers, la connaissance du dernier résultat est par exemple essentielle pour apprécier un titre.

Dès lors, le problème pour évaluer la performance d'une technique comptable est de mesurer le contenu informatif des chiffres qu'elle produit. Ceci intéresse à la fois l'entreprise, les tiers et particulièrement les investisseurs, et les autorités en charge de contrôler les productions comptables. Les investisseurs boursiers sont les premiers concernés car ils sauront où porter leur attention et leurs efforts. Les entreprises pourront mieux définir leur politique de communication afin de bénéficier du meilleur accès aux marchés financiers. Les autorités de contrôle, comme la Commission des opérations de bourse, bénéficieront d'éléments objectifs d'appréciation de l'équité et de l'efficacité des méthodes d'information des tiers.

L'originalité d'une grande partie de la recherche récente en comptabilité est d'avoir considéré la comptabilité comme une activité de production d'un bien quelque peu particulier : l'information financière. Nous présenterons quelques-uns des résultats les plus intéressants en distinguant quatre niveaux.

– Le premier est celui de l'élaboration. Les entreprises peuvent choisir entre différents ensembles de méthodes comptables[5]. L'analyse de ces choix a permis de montrer la variété des politiques suivies et leur lien avec d'autres décisions fondamentales de la firme.

– Le deuxième concerne la présentation. Les analystes financiers aiment à apprécier l'évolution dans le temps des principaux indicateurs. La recherche récente a permis de mieux comprendre les propriétés statistiques des séries chronologiques de nombres comptables. Ainsi sont mieux appréciées les conséquences ultimes des activités de « lissage ».

– Le troisième est celui de l'utilisation. Tous ces chiffres ne revêtent le plus souvent un intérêt que s'ils aident à l'amélioration d'une prévision. Trois utilisations seront évoquées : la prévision du résultat net, celle de la solvabilité et celle du risque boursier.

– Le quatrième est celui de l'évaluation. Une manière d'apprécier la pertinence de cette information comptable est d'analyser en profondeur les réactions des marchés financiers lors de sa publication. Un important ensemble de travaux a été publié sur le sujet au cours de ces vingt dernières années.

---

5. Voir également dans l'***Encyclopédie de gestion*** l'article de J.F. Casta, « Politique comptable des entreprises ».

1. L'élaboration : le choix des méthodes comptables

Le choix des méthodes comptables n'est pas laissé à la discrétion des entreprises. En France, la tenue d'une comptabilité doit s'effectuer dans le cadre d'un plan comptable. Par ailleurs, les professions et les autorités de tutelle développent une grande activité dans l'élaboration de normes ou de recommandations[6]. Il n'en demeure pas moins que tout ne peut pas être prescrit avec précision à l'avance. D'une part, la loi elle-même laisse une possibilité de choix : c'est le cas, par exemple, pour l'amortissement entre le mode linéaire et le mode dégressif. D'autre part, il apparaît dans la vie des entreprises des situations suffisamment variées pour que la réglementation ne se contente que de rappeler des principes généraux. Ainsi, la réévaluation légale de 1976 des immobilisations a été effectuée en fonction de leur utilité présente pour l'entreprise. Plus précisément, la valeur d'une immobilisation a été définie comme « la somme qu'un chef d'entreprise prudent et avisé accepterait de décaisser pour obtenir cette immobilisation s'il avait à l'acquérir compte tenu de l'utilité que sa possession présenterait pour la réalisation des objectifs de l'entreprise ».

Aussi, n'est-il pas étonnant de constater des différences dans les politiques comptables choisies par les entreprises. Une première catégorie de travaux scientifiques s'est attachée à l'analyse des relations qui peuvent apparaître entre les caractéristiques des entreprises et leur choix en matière de comptabilisation. Un deuxième ensemble regroupe des recherches sur les facteurs explicatifs des changements de méthodes au sein d'une même entreprise. Enfin, une interrogation demeure : ces éléments d'hétérogénéité sont-ils de nature à réduire la valeur des analyses financières et des comparaisons interfirmes ?

1.1. Les différences entre les firmes quant au choix des méthodes comptables

Deux points ont été plus particulièrement étudiés aux Etats-Unis : d'une part, l'utilisation des méthodes LIFO *(Last In First Out)* et FIFO *(First In First Out)* pour l'évaluation des stocks ; d'autre part, la comptabilisation des coûts d'exploration au sein des sociétés pétrolières. Biddle (1980) note, par exemple, que « dans plusieurs industries (notamment la chimie et le verre) presque toutes les entreprises figurant dans le fichier Compustat utilisaient déjà la méthode LIFO ou l'ont adoptée simultanément ». Le secteur d'activité apparaît bien comme une variable explicative. Ce n'est pas la seule : la taille et la structure financière semblent jouer un rôle non négligeable. Ainsi Foster (1980) a montré que les entreprises pétrolières les plus petites et les plus endettées choisissent une comptabilisation au coût complet de leurs dépenses d'exploration. Ceci permet d'étaler les coûts des échecs sur l'ensemble des produits. Il en résulte pour les entreprises en forte croissance une majoration du résultat net.

1.2. Les déterminants des changements de méthodes

Ball (1972) notait que les entreprises qui avaient enregistré le plus de changements au cours des cinq dernières années étaient celles qui connaissaient les performances boursières les plus médiocres. Ce lien entre la pauvreté des

6. Voir également dans l'***Encyclopédie de gestion*** l'article de J.C. Scheid, « Professions comptables libérales en France ».

résultats et la forte propension aux changements se retrouve dans bien d'autres études. Ainsi, Schwartz (1982) compare les politiques comptables de 165 sociétés qui ont connu des difficultés financières sérieuses avec celles d'un échantillon comparable d'entreprises saines. Les premières réalisaient en moyenne deux fois plus de changements. Les modifications qui ont pour conséquence l'amélioration du résultat net y étaient quatre fois plus nombreuses. Ce résultat se retrouve dans la thèse de Guettat (1987) pour un échantillon d'entreprises françaises.

1.3. Les implications pour l'analyse financière

Foster (1986) distingue trois types de conséquences pratiques.

– Dans un premier cas, il est toujours possible d'accorder un crédit aux nombres comptables tels qu'ils sont publiés et mieux vaut les traiter directement. Ceci apparaît raisonnable, si les choix de méthodes comptables ont été effectués par les entreprises pour des raisons économiques valables, ou si l'analyste ne dispose que d'une information complémentaire insuffisante ou peu fiable interdisant de ce fait tout retraitement sérieux, ou encore si le résultat des corrections ne modifie les indicateurs financiers pertinents que de manière négligeable.

– Dans un deuxième cas, une information complémentaire exploitable est fournie en annexe : mieux vaut alors homogénéiser les données provenant de sociétés différentes. Des amortissements dérogatoires importants ou des provisions réglementées spécifiques peuvent donner lieu à des redressements pour le calcul d'un résultat.

– Dans un troisième cas, les retraitements peuvent être réalisés à partir d'approximations statistiques. Cette dernière technique a en particulier été utilisée pour tenir compte des effets de l'inflation. Les corrections dans l'évaluation de certains postes du bilan sont alors effectuées en fonction de l'évolution d'indices de prix. La recherche de Paquet (1986) en contient un bon exemple, même si son objet était beaucoup plus large (puisqu'il s'agissait de mesurer les transferts de valeur liés à l'inflation).

L'hypothèse, somme toute réconfortante, selon laquelle l'information brute publiée par les entreprises reste finalement tout à fait interprétable, a trouvé quelques éléments de support. Nous n'en citerons que deux : l'un publié dans une recherche américaine, l'autre d'origine française. Dawson, Neupert et Stickney (1980) ont montré que les mesures de différents ratios couramment utilisés en finance restaient fortement corrélées quelle que soit la technique comptable utilisée (tableau 1). Les classements entre les firmes et les évaluations relatives ne sont donc guère affectés par les modifications des méthodes comptables. C'est bien là l'essentiel le plus souvent en analyse financière, puisqu'il est généralement admis qu'un ratio isolé a peu de signification, mais que son évolution dans le temps ou encore sa valeur par rapport à une statistique sectorielle peuvent être riches d'enseignement[7].

A partir d'une analyse statistique plus élaborée, Moreira-Brundao (1988) a montré que la base de ratios la plus significative pour représenter le comportement financier d'entreprises françaises n'est guère affectée par le changement

7. Voir dans l'***Encyclopédie de gestion*** les articles de E. Cohen, « Analyse financière » et de J. Richard, « Analyse financière des groupes ».

de plan comptable. Ainsi, si on retient l'hypothèse selon laquelle les analystes financiers ne prennent pas en considération chaque ratio isolément, mais au contraire apprécient la combinaison de leurs valeurs, leur jugement global sur la situation financière d'une entreprise ne serait guère modifié par les fluctuations diverses générées à l'occasion de la mise en œuvre du nouveau plan comptable.

Tableau 1 – Coefficients de corrélation entre diverses mesures d'un même ratio

Ratios calculés sur les valeurs comptables publiées	Ratios calculés sur des valeurs comptables redressées en matière de :		
	Evaluation des stocks	Calcul des amortissements	Prise en compte des impositions différées
Liquidité générale	0,944	–	0,944
Endettement total	0,993	0,997	0,981
Couverture des frais financiers	0,999	0,999	0,999
Rentabilité sur actifs	0,995	0,993	0,976
Rentabilité propre	0,994	0,987	0,916
Rotation des stocks	0,994	–	–
Rotation des actifs	0,998	0,997	0,999

Source : Dawson, Neupert, Stickney (1980).

2. La présentation : l'hypothèse du lissage

Deux hypothèses sont très souvent avancées en matière de présentation des comptes d'une entreprise. D'une part, les dirigeants seraient incités à « habiller » les bilans de fin d'année afin de présenter des équilibres financiers satisfaisants. Ainsi, en accélérant certaines recettes et en retardant quelques dépenses, est-il possible d'améliorer passagèrement la trésorerie. Une partie de la dette peut quitter le passif pour rejoindre le hors-bilan : c'est le cas de l'escompte. D'autre part, ces mêmes responsables auraient avantage à user des règles comptables afin de présenter les résultats les plus flatteurs. Ainsi, une entreprise en difficulté aurait-elle intérêt à réduire le montant de la perte réalisée en choisissant l'amortissement linéaire plutôt que le dégressif et en limitant les provisions au strict minimum. L'entreprise qui vient de réaliser un résultat exceptionnellement élevé serait tentée de réduire au maximum son bénéfice, non seulement pour des raisons fiscales, mais aussi pour faire apparaître une partie de son profit au cours d'un exercice moins faste. Tous ces comportements visent à lisser l'évolution du résultat pour ne pas altérer la confiance des tiers et diminuer leur perception du risque. Une autre politique souvent avancée, concernant elle aussi les résultats, serait de profiter d'une très mauvaise année pour user des techniques comptables qui réduisent au maximum le résultat et la valeur de l'entreprise. Les années suivantes, il est ainsi plus facile de faire apparaître une amélioration qui rendra confiance aux investisseurs. L'entreprise a alors réalisé une « grande lessive »[8].

8. Voir également dans l'***Encyclopédie de gestion*** les articles de B. Raybaud-Turrillo et R. Teller, « Comptabilité créative » et de J.F. Casta, « Politique comptable des entreprises ».

2.1. La présence du lissage

Tester empiriquement chacune de ces hypothèses n'est pas aisé. Par définition, le camouflage est difficilement observable lorsqu'il est bien réalisé. Cependant, l'étude scientifique des propriétés statistiques des séries chronologiques de nombres comptables peut apporter des éléments de réponse. Des activités intenses de manipulation doivent se traduire par des dépendances significatives dans l'évolution des résultats. Par exemple, Healy (1985) a étudié la relation qui peut exister entre le mode d'intéressement des cadres dirigeants et l'importance des écritures comptables influant sur le bas du compte de résultat. Si le bonus est limité à la hausse, il est important pour le management de lisser la courbe de résultat afin de faire apparaître durant les années creuses un bénéfice qui n'aurait pas été rémunéré lors d'une période faste. Healy a observé une relation significative entre le type de contrat d'intéressement et l'importance de l'écart entre le résultat et le cash-flow d'exploitation. Ces résultats, souvent très partiels, apportent quelques éléments de réponse. Ils « suggèrent que :

– les politiques comptables des managers sont liées aux incitations qu'exercent les contrats d'intéressement en matière de publication de résultats ;

– les changements de procédures comptables sont associés à l'adoption ou la modification de plans d'intéressement ».

Nous ne disposons pas d'études comparables en France. Notons toutefois que l'analyse de ces phénomènes de lissage a été également menée en dehors des Etats-Unis. Ainsi, Coenenberg, Möller et Schmidt (1983) signalent qu'en Allemagne, en Autriche et en Suisse, toutes les études empiriques supportent l'hypothèse de lissage. « Les manipulations comptables en RFA visent généralement à réduire le montant du résultat publié... Ceci pourrait être dû au fait que la comptabilité allemande a des conséquences prononcées en matière d'imposition... De plus, une des observations principales est que les sociétés contrôlées par des dirigeants changent plus souvent leurs méthodes comptables pour lisser leurs résultats annoncés que les sociétés directement contrôlées par leurs propriétaires. »

2.2. Les conséquences en matière de représentation statistique

De nombreux modèles de prévision financière exploitent principalement les informations historiques (voir la section 3). Il est donc important de connaître, au plan de la statistique, les caractéristiques des séries de nombres comptables. En particulier, il est nécessaire de vérifier si la variété des situations et les différences entre les politiques comptables suivies sont à la source de modèles distincts et propres à chaque firme. La recherche comptable a été particulièrement féconde dans ce domaine.

Ball et Watts (1972) ont étudié l'évolution des résultats d'entreprises américaines sur la période 1947-1966. Les coefficients d'autocorrélation calculés sur les variations annuelles sont en moyenne très proches de zéro et jamais significativement positifs ou négatifs. L'analyse des séquences des signes ne révèle aucune dépendance particulière. Au total, les auteurs indiquaient que le cheminement aléatoire décrivait le mieux l'évolution des résultats de ces entreprises. Cependant, les résultats précédents et d'autres plus contemporains sont obtenus à partir de l'étude exclusive de moyennes. Il est possible que le modèle du cheminement aléatoire soit en moyenne le mieux adapté pour toutes les firmes, mais que des modèles variés et distincts soient supérieurs pour chacune d'entre elles.

Watts et Leftwich (1977) ont étudié trente-deux entreprises appartenant à trois secteurs d'activité (chemins de fer, pétrole et métallurgie) sur la période 1908-1974. Dans un premier temps, ils constatent que, pour près de 50 % des cas, les processus estimés sur la première moitié de la période retenue ne sont pas cohérents avec l'hypothèse de cheminement aléatoire. C'est en particulier le cas des entreprises de transport ferroviaire. Mais leur essai d'utiliser des modèles spécifiques obtenus à partir de la méthode de Box-Jenkins s'avère totalement décevant. En effet, les changements structuraux qui affectent les entreprises sur d'aussi longues périodes rendent inopérants ces modèles estimés sur le passé. Leur conclusion est que « le cheminement aléatoire est encore une bonne description du processus générant les résultats annuels en général et pour les entreprises individuelles ». Ces analyses chronologiques n'ont donc pas réussi à mettre en évidence des structures systématiques de comportement dues, entre autres, aux activités de manipulation des nombres comptables.

Les données annuelles, vu leur fréquence, sont nécessairement limitées. Ceci explique les difficultés rencontrées et l'obtention d'un résultat valable en moyenne pour un ensemble large d'entreprises sur une période limitée ou pour une entreprise en moyenne sur de très nombreuses années. Ces études ont été également menées sur les résultats trimestriels publiés par les entreprises cotées. L'avantage principal est de disposer de quatre fois plus de données. Cependant, les modèles obtenus doivent le plus souvent incorporer une composante saisonnière. Le nombre de coefficients à estimer est alors supérieur. Le modèle généralement admis comme le plus performant est celui de Brown et Rozeff (1979) qui est une combinaison multiplicative d'un processus autorégressif et d'une moyenne mobile. Ce modèle peut être considéré comme le prolongement de celui autorégressif simple de Foster (1977). L'utilisation de moyennes mobiles pour des données trimestrielles a été effectuée précédemment par Griffin. Le fait le plus remarquable est que, dans ce domaine, l'utilisation de la méthode de Box-Jenkins a donné des résultats décevants. L'identification de modèles spécifiques à chaque firme ne permet pas, par la suite, d'obtenir de meilleures prévisions. Un modèle unique s'avère tout aussi efficace. Cette conclusion a été obtenue également dans le cas français par El-Midaoui (1987) pour les chiffres d'affaires trimestriels. Son étude porte sur 74 entreprises cotées de 1969 à 1984.

En conclusion, l'exploitation de données passées n'a pas encore permis la mise au point de modèles très élaborés. Les modèles les plus performants sont les plus simples, comme celui du cheminement aléatoire pour les résultats annuels. Les effets des différentes politiques comptables ne sont pas discernables à ce niveau. Peut-être sont-elles moins efficaces ou moins utilisées que certains commentaires le laissaient prévoir. Peut-être aussi, leur mise en œuvre est-elle discrète et les méthodes statistiques impuissantes à les détecter.

3. L'utilisation : les modèles de prévision

Trois utilisations possibles des informations comptables ont été retenues. La prévision du bénéfice par action joue un rôle essentiel dans l'analyse financière. La décomposition du cours boursier d'une action en un produit d'un bénéfice par action (BPA) et d'un multiple boursier est une pratique courante. Aussi, est-il admis que meilleure est l'anticipation concernant l'évolution du bénéfice, meilleure ne pourra qu'être la performance de l'investissement. La gestion de portefeuille ne peut pas être mise en œuvre en fonction seulement des rentabilités attendues. La prise en compte des risques est fondamentale. Afin d'évaluer les effets d'une bonne diversification, il est indispensable de disposer d'estimations pour les mesures de risque : variances, covariances ou encore bêtas[9]. Il a été démontré empiriquement que ces mesures n'étaient guère stables au niveau individuel. Ici encore, une bonne gestion de portefeuille nécessite une connaissance fine de l'évolution de ces paramètres. Il peut sans aucun doute être utile d'exploiter les nombres comptables pour améliorer notre connaissance des risques futurs. L'actionnaire n'est pas le seul acteur intéressé par l'évolution des risques de l'entreprise. Les banques et plus généralement l'ensemble des prêteurs sont soucieux de la solvabilité future d'une entreprise. Depuis la fin des années 1960, de nombreux modèles ont été construits afin de prédire à partir de l'information comptable le risque de défaillance d'un emprunteur[10]. Prévision de la rentabilité, prévision des risques boursiers et prévision de la solvabilité, tels sont les trois thèmes qui vont être abordés.

3.1. La prévision du bénéfice par action

Les méthodes de prévision de résultat peuvent être classées en trois catégories principales : les modèles statistiques, les prévisions des analystes financiers et les mesures de consensus. Les premiers sont des modèles relativement automatiques exploitant une connaissance objective de nombres comptables passés ou contemporains. Les deuxièmes reposent en grande partie sur l'expérience personnelle d'un homme et son aptitude à agréger des données variées et souvent qualitatives. Les troisièmes constituent des produits de synthèse.

3.1.1. Les modèles statistiques

Ils exploitent les propriétés des séries chronologiques de nombres comptables. Il est possible de distinguer d'un côté les modèles univariés et de l'autre les modèles multivariés.

3.1.1.1. Les modèles univariés

Dans la section précédente, nous avons fait référence à différents modèles univariés. L'analyse de la seule série des bénéfices passés pour la prévision du résultat permet l'identification de tels modèles. Le modèle de cheminement aléatoire est l'exemple le plus simple. Il indique que la meilleure prévision du résultat à venir est le dernier réalisé. Les modèles de moyenne mobile,

---

9. Voir également dans cette ***Encyclopédie*** les articles de G. Charest, « Rendement, risque et portefeuilles », p. 1608, tome 2, de G. Charreaux, « Théorie financière », p. 1897, tome 2, de R. Cobbaut, « Théorie du marché financier », p. 1954, tome 2, de P. Fontaine, « Gestion des portefeuilles internationaux », p. 548, tome 1 et de P. Batteau et V. Lasgouttes, « Modèles multifacteurs des rentabilités boursières », p. 1221, tome 2.

10. Voir également dans l'***Encyclopédie de gestion*** l'article de J.F. Malécot, « Gestion financière de l'entreprise en difficulté ».

comme celui de Griffin, ou autorégressifs, comme celui de Foster, exploitent plusieurs réalisations passées pour fournir une prévision. Les modèles obtenus selon la méthode de Box-Jenkins sont certainement les plus élaborés dans ce genre.

3.1.1.2. Les modèles multivariés

Ils cherchent à expliquer l'évolution du résultat à l'aide de plusieurs variables économiques ou comptables. On trouve dans la recherche comptable des exemples simples de modèles de ce type. Le cas le plus courant est le modèle à indices. La variation du résultat net par action est expliquée par un indice sectoriel et par un indice de marché. Le premier mesure les facteurs d'évolution communs des résultats des entreprises au sein d'un même secteur. L'indice de marché représente les sources de fluctuation communes à toutes les entreprises d'une même économie. Cette décomposition a été utilisée en particulier par Ball et Brown (1967), Gonedes (1973) ou Lev (1980). Des modèles économétriques beaucoup plus complexes ont été aussi développés, mais plutôt au niveau des prévisions sectorielles qu'individuelles. Hopwood (1980) fournit par ailleurs une synthèse entre les modèles à indices et ceux élaborés à l'aide de la méthode de Box-Jenkins.

3.1.2. Les prévisions des analystes financiers

Ces prévisions ne sont pas seulement le fruit de l'étude de séries passées. Elles incorporent aussi tout un ensemble d'informations qualitatives ou non sur la gestion de la firme. Selon le travail de suivi effectué par l'analyste, elles peuvent être progressivement révisées pour refléter les informations les plus fraîches. Brown, Foster et Noreen (1985) ont ainsi observé sur la période 1976-1980 que près d'un quart des estimations de résultat figurant dans la base de données IBES (de la société Lynch, Jones et Ryan) était révisé soit à la hausse soit à la baisse chaque mois. La conséquence principale de ce suivi est, comme l'ont constaté les trois auteurs précédents, que plus l'erreur de prévision a tendance à se réduire plus on approche de la date de réalisation (graphique 1).

Autre point intéressant noté par les chercheurs américains : lorsque les analystes effectuent des prévisions portant sur plusieurs exercices, ils ont tendance à réviser simultanément chacune des estimations dans le même sens. Enfin, Elton, Gruber et Gultekin (1984) ont décomposé les sources d'erreurs de prévision contenues dans la base IBES en trois composantes. Ils ont ainsi remarqué que si les analystes prévoyaient relativement bien l'évolution des résultats de toutes les entreprises dans leur ensemble, ils avaient beaucoup plus de difficultés à anticiper les mouvements spécifiques à un secteur et encore plus ceux spécifiques à l'entreprise.

Brown, Griffin, Hagerman et Zmijewski (1987) ont mesuré les performances relatives des prévisions effectuées par des analystes financiers et celles obtenues à partir de modèles statistiques. Comme l'illustre le tableau 2, la supériorité des analystes est évidente. Ceci n'est pas véritablement surprenant puisque ces derniers disposent de l'ensemble le plus vaste d'informations. Par ailleurs, et surtout, ils peuvent prendre en compte, au fur et à mesure de leur apparition, les nouvelles concernant les entreprises.

Graphique 1 – Effet de l'éloignement de l'horizon de la prévision sur sa qualité

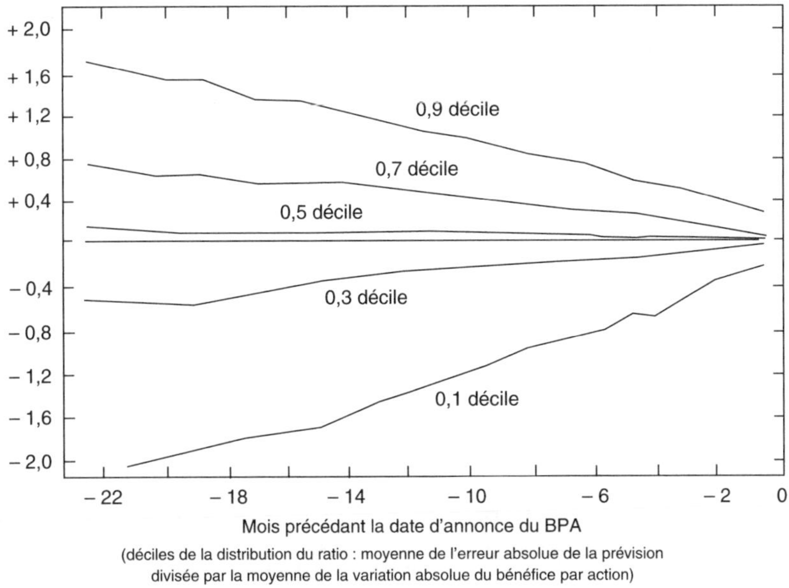

Source : Brown, Foster et Noreen (1975).

Tableau 2 – Erreur moyenne absolue de prévision du résultat trimestriel

Horizon	Modèle	1er trim.	2e trim.	3e trim.	4e trim.
3 mois avant	Griffin	0,259	0,263	0,288	0,309
	Foster	0,268	0,268	0,302	0,322
	Brown-Rozeff	0,251	0,253	0,294	0,302
	Value Line	0,234	0,214	0,221	0,217
9 mois avant	Griffin	0,332	0,325	0,291	0,343
	Foster	0,335	0,336	0,301	0,337
	Brown-Rozeff	0,342	0,321	0,300	0,332
	Value Line	0,291	0,300	0,252	0,299

Source : Brown, Griffin, Hagerman, Zmijewski (1987).

3.1.3. Les mesures de consensus

Plus récemment, il est apparu que des gains notables de précision pouvaient être obtenus en agrégeant des prévisions effectuées par des analystes différents. Ces mesures synthétiques sont le plus souvent désignées sous le terme de consensus. De tels services se sont développés aux Etats-Unis. Les grandes bases comme IBES ou ICARUS contiennent des prévisions qui ne sont que rarement le fruit d'un seul analyste, et qui sont en fait beaucoup plus des moyennes. Un service consensus a été proposé en mai 1987 à Paris par Associés en Finance. Coggin et Hunter (1982-1983) ont montré que dans le cas du service IBES la prévision selon le consensus était, sur la période 1978-1979, supérieure à celle procurée par un analyste individuel.

Les prévisions des analystes sont également en concurrence avec celles réalisées par les responsables des entreprises. Ces dernières ne sont cependant ni répandues, ni régulières. En France, elles sont rares et prennent le plus souvent la forme de commentaires qualitatifs sur le chiffre d'affaires à venir. Hassel et Jennings (1984) ont pu étudier 116 cas sur la période 1979-1982. Ils ont montré qu'au moment de leur publication elles étaient plus précises que celles en provenance d'un service de consensus (dans ce cas ICARUS). Cependant, quatre mois plus tard, les prévisions des services d'analyse financière étaient, elles, réactualisées et devenaient aussi fiables et même supérieures par la suite. Les responsables d'entreprise ont accès à une information interne beaucoup plus riche et il est donc logique que leur prévision soit supérieure. Cependant, comme leur information n'est que périodique, les analystes externes reprennent vite un avantage, car ils mettent à jour de manière continue leur base de données[11].

3.2. La prévision du risque boursier

La théorie financière a mis en évidence l'importance de la prise en compte du risque dans la gestion de portefeuille. La mesure la plus courante du risque d'un titre financier est la variance ou l'écart-type du taux de rentabilité attendu. Elle indique l'incertitude totale associée à l'attente de revenus. La composition d'un portefeuille bien diversifié permet de réduire ce risque dans de très grandes proportions. Seul le risque lié aux fluctuations du marché tout entier reste non diversifiable. La théorie financière a, par ailleurs, montré qu'à l'équilibre il était le seul effectivement rémunéré. La mesure statistique la plus populaire de ce risque est le coefficient bêta. La variance et le bêta sont donc les coefficients les plus utilisés pour traiter le risque d'une action.

Le coefficient bêta d'une action représente la sensibilité du cours du titre aux fluctuations du marché. Comme la gestion ne concerne bien évidemment que le futur, ce qui importe est la sensibilité attendue ou encore le bêta à venir. Il est facile de calculer le bêta sur le passé. On l'obtient à partir de la régression simple des taux de rentabilité du titre et de ceux d'un indice du marché. Le problème pratique est que ce coefficient bêta est peu stable dans le temps. Cette évidence empirique a été bien documentée aux Etats-Unis par Blume (1971) et en France par Altman, Jacquillat et Levasseur (1974). Diverses pratiques économétriques ont été proposées pour améliorer la prévision et tenir compte de la tendance qu'ont les bêtas à converger vers la moyenne (Vasicek, 1973 ; Blume, 1975).

Il paraît raisonnable de supposer que les fluctuations des mesures de risque sont en partie engendrées par l'évolution des caractéristiques financières des entreprises. Lorsqu'une entreprise diminue fortement son endettement, on peut penser que son coefficient bêta – toutes choses restant égales par ailleurs – devrait baisser. De même, ses investissements et ses désinvestissements devraient jouer un rôle considérable. Aussi est-il apparu intéressant de tenter d'expliquer les évolutions de bêtas à l'aide des principaux ratios comptables. Le premier travail important dans le domaine est dû à Beaver, Kettler et Scholes (1970). En France, Jacquillat, Levasseur et Pène (1976) ont montré à partir d'un échantillon de 75 entreprises sur la période 1964-1971 que plus la crois-

11. Voir également dans cette ***Encyclopédie*** l'article de P. Grandin et B. Jacquillat, « Mesure de performance des analystes : méthodologie et tests », p. 1108, tome 2.

sance des bénéfices, l'endettement permanent et la variabilité des bénéfices sont importants, plus le bêta est élevé. A l'inverse, plus le taux de distribution des bénéfices, le fonds de roulement et la taille sont grands, plus le bêta est petit. Ces constatations descriptives permettent-elles d'ouvrir la voie à des modèles prédictifs plus puissants ? Des éléments de réponse sont apportés par l'étude de Hochman (1983). Cet auteur a comparé les performances de trois prévisions de bêtas. La première est obtenue à partir d'une simple régression de données historiques. La deuxième est obtenue après une suite d'ajustements économétriques pour tenir compte des observations de Blume (1975). La troisième incorpore trois ratios d'analyse fondamentale. Les meilleurs résultats sont obtenus à partir de la dernière méthode.

L'information comptable apparaît donc utile à la prévision des risques. Ce point n'a pas manqué d'être pris en compte par les services commerciaux d'informations financières. Par exemple, des sociétés comme Barra, Wilshire Associates aux Etats-Unis, Associés en Finance en France, incorporent dans leurs modèles de prévision de bêtas des informations fondamentales en provenance de la comptabilité. Une évolution peut être attendue dans ce domaine. Elle concerne le risque total ou la variance du taux de rentabilité à venir. Cette mesure de risque, délaissée dans la gestion de portefeuille classique, joue un rôle primordial dans les modèles d'évaluation des options[12]. Vu le développement considérable de ces marchés, y compris en France, les opérateurs ont besoin de prévisions de plus en plus fiables concernant ce paramètre. On peut raisonnablement penser que, comme pour le bêta, des modèles qui incorporeraient l'information comptable se révéleraient supérieurs.

3.3. La prévision de la solvabilité

La prévision du risque de défaillance d'une entreprise a été l'un des sujets d'étude et de recherche les plus traités au cours de ces vingt dernières années. L'analyse du risque de crédit avait notablement évolué à la suite de la grande crise financière des années 1930. Le développement de l'analyse par ratios y est consécutif[13]. Cette méthode a perdu, du moins en France au cours des années 1970, beaucoup de ses adeptes. Les méthodes fondées sur la construction de tableaux de flux de fonds l'ont très largement éclipsée. On ne peut cependant pas passer sous silence l'effort de rénovation qu'elle a connu avec l'apparition des techniques de *credit scoring*[14].

Le principe général de cette méthode est simple. Il part de la constatation qu'un analyste financier ne se contente pas de prendre en compte les valeurs prises par chaque ratio comptable et financier individuellement. Il les considère simultanément et les pondère suivant son expérience. Avec le *credit scoring,* la mémoire de l'analyste est remplacée par un fichier de données qui retrace les caractéristiques financières de deux populations d'entreprises, les

---

12. Voir dans cette ***Encyclopédie*** les articles de F. Quittard-Pinon, « Options : le modèle binomial, le modèle de Black et Scholes et leurs extensions », p. 1355, tome 2, de J.C. Augros, « Options de taux d'intérêt », p. 1456, tome 2, de M. Chesney, B. Marois et R. Wojakowski, « Options de change : évaluation », p. 1398, tome 2 et de H. Loubergé, « Options sur indices boursiers et options sur contrats à terme d'indices boursiers », p. 1438, tome 2.

13. Voir dans l'***Encyclopédie de gestion*** l'article de E. Cohen, « Analyse financière ».

14. Voir dans l'***Encyclopédie de gestion*** l'article de N. Van Praag, « Credit management ».

unes saines, les autres ayant connu des difficultés. La recherche des ratios les plus discriminants et surtout l'élaboration de la moyenne pondérée la plus performante est laissée à l'analyse automatique des données. La méthode la plus courante est l'analyse discriminante. Plus récemment, d'autres techniques ont été utilisées comme l'analyse probit (Ohlson, 1980) ou la partition récursive (Frydman, Altman et Kao, 1985).

Les travaux pionniers sont dus à Beaver (1966) et Altman (1968). Le modèle de Altman comportait cinq variables et se présentait de la manière suivante :

$$Z = 1,2 \times A + 1,4 \times B + 3,3 \times C + 0,6 \times D + 1,0 \times E$$

avec
A : fonds de roulement/total de l'actif,
B : bénéfice mis en réserve/total de l'actif,
C : bénéfice avant charges financières et impôts/total de l'actif,
D : capitalisation boursière/total des dettes,
E : ventes/total de l'actif.

Altman notait qu'un score inférieur à 1,8 indiquait une très forte probabilité de dépôt de bilan. Les études de ce genre se sont généralisées dans de nombreux pays (Altman, 1983). Des travaux ont été publiés au Japon, en Allemagne, en Suisse, au Brésil, en Australie, en Grande-Bretagne, aux Pays-Bas et bien évidemment en France. L'une des premières études françaises concernait le secteur du textile (Altman, Margaine, Schlosser et Vernimmen, 1974). Diverses recherches académiques ont été réalisées, en particulier celle de Conan et Holder (1978). Tant aux Etats-Unis qu'en France, ces recherches ont abouti à la mise en œuvre d'outils professionnels. Ainsi, le modèle de Altman, Haldeman et Narayanan (1977) est à la base du Zeta Service Inc. La Banque de France dispose de son propre modèle de prédiction.

4. L'évaluation : le jugement des marchés financiers

Si l'information comptable est utile aux investisseurs, elle doit, lorsqu'elle est rendue publique, avoir un impact sur l'évolution des cours boursiers. Si on suppose qu'avant sa publication, l'information des différents acteurs du marché est hétérogène, son arrivée doit avoir des conséquences différentes pour chacun. Certains seront amenés à réviser fortement, d'autres non, leurs anticipations initiales. Ainsi, des transactions devraient se nouer entre les différents acteurs et les prix devraient changer. La vérification de cette hypothèse a donné lieu à de nombreux travaux empiriques, principalement aux Etats-Unis. Ces recherches peuvent être classées en trois catégories. Les premières cherchent à mettre en évidence des réactions du marché aux annonces de résultats comptables. Les deuxièmes s'efforcent de démontrer le lien qui peut exister entre la nature de la nouvelle et le sens de la variation du cours boursier. La troisième catégorie regroupe un ensemble de travaux récents qui paraissent indiquer que les marchés, même les plus grands, ne sont pas parfaitement efficients.

4.1. Les réactions du marché aux annonces comptables

L'étude pionnière dans ce domaine est due à Beaver (1968). Il étudia 143 entreprises sur la période de 1961-1965. Afin d'isoler l'effet d'information d'autres effets potentiellement concurrents (effet fiscal, effet dividende, par exemple), il ne retint que des entreprises dont l'exercice ne s'achevait pas le 31 décembre et dont aucun dividende n'avait été annoncé au cours de la semaine de la publication du résultat. Afin de mettre en évidence un effet quelconque de l'information comptable, il utilisa deux statistiques. La première a été calculée à partir de l'évolution des volumes de transactions. Afin de tenir compte des différences de taille, il calcula, pour chaque titre et chaque semaine étudiée, le ratio : nombre de titres échangés/nombre de titres émis. Le graphique 2 indique clairement que le volume d'activité croît notablement durant la semaine pendant laquelle le résultat annuel est annoncé. Ce résultat a été précisé par Patell et Wolfson (1984). Aux Etats-Unis, les entreprises cotées au New York Stock Exchange (NYSE) ou à l'American Stock Exchange (AMEX) ont l'obligation d'annoncer leur résultat d'abord par le canal de la *Broad Tape*. Il est donc possible de dater chaque publication à la minute près. Patell et Wolfson ont montré que le volume des transactions augmentait sensiblement dans les deux heures qui suivent l'annonce.

Graphique 2 – Réaction du marché à l'annonce du résultat

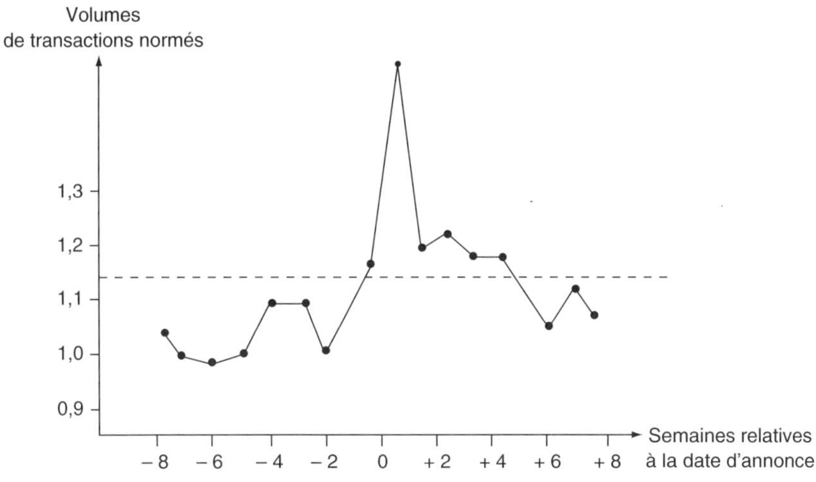

Source : Beaver (1968).

La seconde statistique utilisée par Beaver a été calculée à partir des rendements boursiers. On peut penser qu'un accroissement d'activité est souvent accompagné de fluctuations plus ou moins importantes des cours. Beaver utilise le modèle de marché et décompose le rendement hebdomadaire d'une action en deux composantes. La première correspond aux mouvements du marché dans son ensemble. La seconde est caractéristique des mouvements spécifiques au titre. On s'attend qu'autour de la date de publication, la composante spécifique soit particulièrement importante. Cependant, les effets attendus peuvent aussi bien être à la hausse qu'à la baisse. Leur moyenne simple risque fort d'être dans tous les cas proche de zéro. Les fluctuations négatives annulent les effets positifs. Pour éviter ce problème, Beaver calcule le carré des termes d'erreur de la droite de régression. Il norme ces mesures par la variance des termes d'erreur calculée sur une période qui ne contient pas la phase d'annonce étudiée. En effet, les titres ont des volatilités plus ou moins élevées et il faut mesurer les écarts inattendus relativement au comportement normal de l'action. Le graphique 3 indique clairement que la volatilité du cours des actions s'accroît notablement autour de la publication des résultats comptables[15].

Graphique 3 – Réaction du marché à l'annonce du résultat

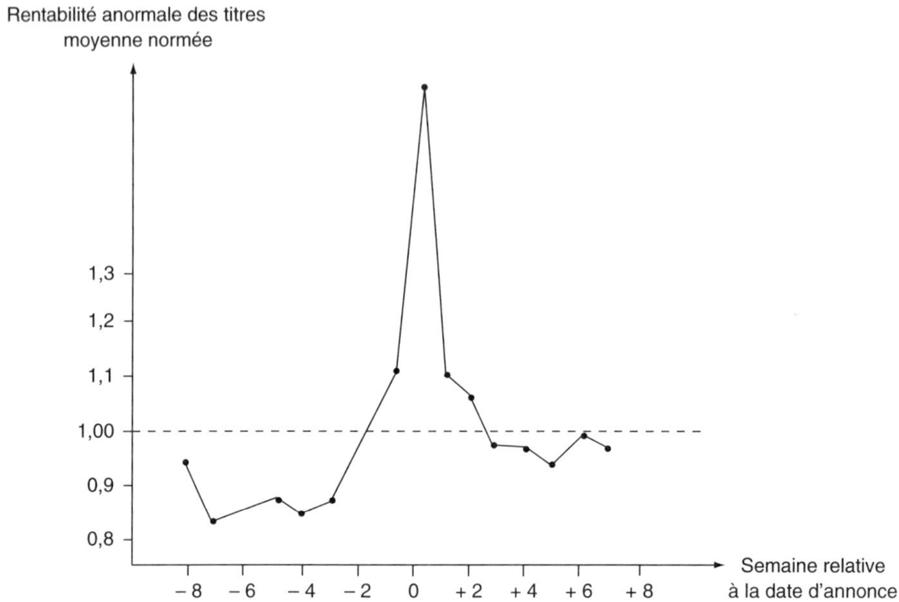

Source : Beaver (1968).

Richardson (1984) a montré, à partir d'un échantillon de 153 entreprises cotées au NYSE ou à l'AMEX entre 1976 et 1978, que la variabilité du rendement de l'action augmentait d'autant plus autour de l'annonce du résultat comptable que :

– l'entreprise était petite,
– elle avait fait l'objet de peu de mentions dans *The Wall Street Journal*,
– elle était peu suivie par les services d'analyse financière prévisionnelle.

Ces conclusions ne sont guère étonnantes : l'annonce du résultat apporte beaucoup plus de nouvelles dans le cas d'une petite entreprise peu suivie par les spécialistes et la presse que dans le cas d'une très grande société.

Nous ne pouvons guère citer ici toutes les recherches dans ce domaine, mais elles ont été principalement réalisées aux Etats-Unis. Elles ont concerné le marché hors-cote (voir l'étude de Grant, 1980) ou d'autres informations comptables. Foster (1981), par exemple, a étudié les mouvements quotidiens associés à l'annonce des résultats trimestriels. Il a observé une augmentation de la volatilité les deux jours entourant l'annonce. L'explication est simple.

---

15. Voir également dans cette ***Encyclopédie*** l'article de A. Grar, « Etude d'événement », p. 462, tome 1.

L'information peut être communiquée avant l'ouverture du marché ou pendant son fonctionnement. Les effets doivent alors être contemporains. Elle peut être aussi donnée après l'heure de fermeture du marché et elle aura une influence sur les premiers cours cotés le lendemain.

4.2. Bonne nouvelle, mauvaise nouvelle et cours en bourse

La première recherche dans ce domaine est due à Ball et Brown (1968). Ils ont étudié 261 sociétés cotées au NYSE durant la période 1957-1965. L'échantillon a été divisé en deux groupes : d'une part, les sociétés pour lesquelles le dernier résultat net était supérieur à celui de l'année précédente ; d'autre part, celles qui connaissaient une diminution. Suivant le modèle théorique du cheminement aléatoire, ils supposèrent que la meilleure prévision que pouvait réaliser le marché en matière de résultat comptable était égale à la dernière réalisation. Aussi, cette distinction entre les résultats en croissance et les autres permet-elle de séparer les cas où l'annonce correspondait à une bonne nouvelle de ceux où l'annonce correspondait à une mauvaise nouvelle.

Ball et Brown ont montré que ces entreprises connaissaient une performance boursière inexpliquée par les facteurs de marché durant les douze mois qui précèdent l'annonce publique. Comme l'illustre le graphique 4, la hausse ou la baisse anormale se produit, pour la plus grande partie, préalablement à la publication. Le marché anticipe donc très largement le contenu informatif de l'annonce du résultat. Ceci n'est pas particulièrement étonnant, puisque les analystes financiers disposent de bien d'autres informations. Cependant, il reste une petite partie non encore anticipée.

Graphique 4 – Association entre le signe de la variation du résultat annuel et les rendements anormaux

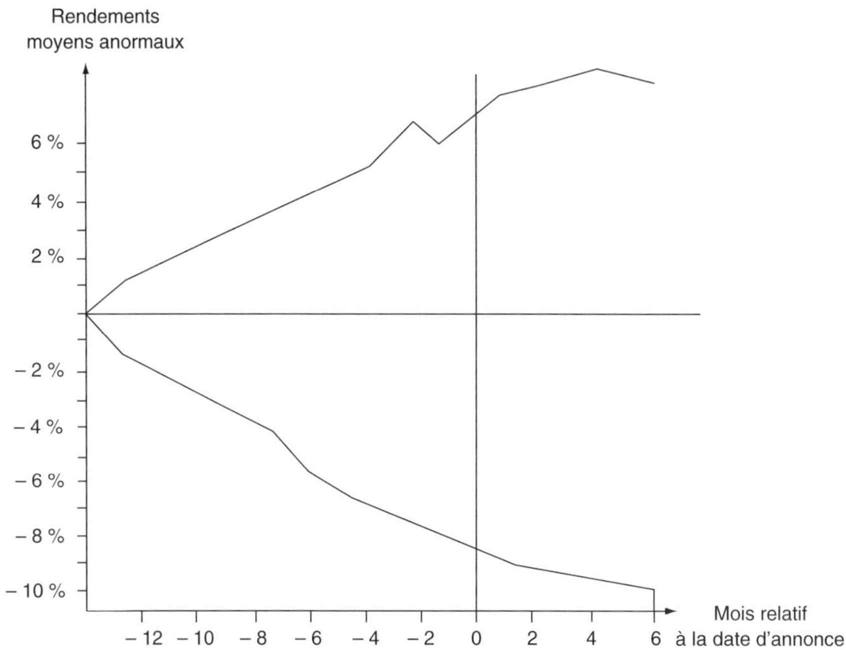

Source : Ball, Brown (1968).

De nombreux autres travaux ont confirmé ces résultats. Par exemple, Foster, Olsen et Shevlin (1984) ont étudié la relation qui pouvait exister entre l'annonce d'un résultat trimestriel et la performance boursière de l'action. Ils ont montré que non seulement les bonnes (mauvaises) nouvelles étaient associées à des taux de rendement anormaux positifs (négatifs), mais aussi que les effets étaient d'autant plus prononcés que la taille de l'entreprise était petite.

Des résultats similaires ont été obtenus sur d'autres marchés. Brown (1970) a étudié le cas de 118 sociétés australiennes sur la période 1959-1968. Emanuel (1984) a produit une étude sur le cas des entreprises de la Nouvelle-Zélande. Coenenberg et Brandi (1979) ont trouvé, dans le cas de la RFA, que les changements positifs de dividendes et de résultats sont reliés à des rendements anormaux positifs des cours boursiers.

4.3. Les limites à l'hypothèse d'efficience

Les résultats précédents suggèrent que les marchés boursiers sont efficients et que l'information comptable est très largement anticipée lors de sa publication[16]. Son rôle apparaît ainsi fort diminué. Un tel jugement doit cependant être nuancé. D'une part, cette observation n'est pas uniforme. Dans le cas des sociétés les plus petites, les effets constatés sur les cours en bourse sont les plus importants. Moins biens suivies par les analystes financiers, ces sociétés sont l'objet de l'attention de la communauté financière à ces dates particulières. D'autre part, les anticipations n'apparaissent pas totales. Des effets subsidiaires se manifestent encore quelques heures, voire quelques journées, après l'annonce.

Par exemple, Rendleman, Jones et Latane (1982) puis Foster, Olsen et Shevlin (1984) ont mis en évidence que les résultats trimestriels des entreprises affectent le comportement des cours boursiers au-delà du jour de leur publication. Dans les deux mois qui suivent, les performances anormales peuvent, pour les cas les plus négatifs, s'élever à – 3 ou – 4 % et, pour les cas les plus positifs, à + 3 ou + 4 %. Ces résultats ne sont pas cohérents avec l'hypothèse d'efficience semi-forte des marchés financiers.

Une autre anomalie a été mise en évidence par Basu (1983). Les sociétés à *price earning ratio* (PER) élevé ont tendance à générer des rendements anormalement bas. A l'inverse, les PER bas sont associés à des rendements élevés. Ce résultat a été mis en évidence sur le marché de Paris par Girerd-Potin (1987). Il est étonnant qu'une information publique et disponible pour tous soit de nature à améliorer la performance d'un portefeuille. Ce premier résultat mériterait d'être confirmé. Banz et Breen (1986) ont en particulier montré qu'une partie du problème trouvait sa solution dans les biais propres aux bases de données utilisées.

*

* *

---

16. Voir dans cette ***Encyclopédie*** l'article de J. Hamon, « Efficience faible. Efficience semi-forte », p. 408, tome 1.

La recherche en comptabilité est encore jeune. Le grand mérite de ces travaux est, à nos yeux, d'avoir posé les *bases d'une réflexion scientifique* dans ce domaine. Il est courant de lire des propositions normatives sur ce qui doit être fait en comptabilité. Il était plutôt rare de trouver des travaux où on se posait la question du pourquoi. Pourquoi telle technique est-elle préférée à telle autre ? Pourquoi telle entreprise retient une solution et telle autre une seconde ? Pourquoi certains choisissent de publier telle information et d'autres pas ?

Répondre à ces questions suppose que des modèles explicatifs soient développés. En considérant que la comptabilité est une activité économique comme une autre, la recherche moderne a fait un progrès. Le problème est alors d'isoler les déterminants de l'offre et de la demande d'informations. Les premières hypothèses théoriques ont pu être élaborées. Il revient surtout à la recherche universitaire d'avoir eu le mérite de les avoir soumises à la rigueur des tests empiriques. D'impressionnantes bases de données ont été utilisées. Des techniques statistiques de plus en plus puissantes ont été mises en œuvre. Certes, peu de résultats peuvent être considérés comme définitifs. La raison première de cet état de fait provient des difficultés considérables des conditions d'expérimentation. Dans le domaine de l'information financière, il est bien délicat d'isoler un phénomène parmi les autres, tant il est vrai que ce qui anime un marché est une multitude d'analyses et de rumeurs. Ceci ne doit pas nous désespérer mais, au contraire, souligne combien cette recherche est encore loin de nous avoir apporté tout de ce qu'on peut attendre d'elle.

Références

ALTMAN E., « Financial Ratios, Discriminant Analysis and the Prediction of Corporate Bankruptcy », *Journal of Finance* (September 1968).

ALTMAN E., *Corporate Financial Distress : A Complete Guide to Predicting, Avoiding, and Dealing with Bankruptcy,* New York, John Wiley and Sons, 1983.

ALTMAN E., HALDEMAN R., NARAYANAN P., « Zeta Analysis : A New Model to Identify Bankruptcy Risk of Corporations », *Journal of Banking and Finance* (June 1977).

ALTMAN E., JACQUILLAT B., LEVASSEUR M., « Comparative Market Analysis : France and the United States », *Journal of Finance* (December 1974).

ALTMAN E., MARGAINE M., SCHLOSSER M., VERNIMMEN P., « Statistical Credit Analysis in the Textile Industry : A French Experience », *Journal of Financial and Quantitative Analysis* (March 1974).

BALL R., « Changes in Accounting Techniques and Stock Prices », *Journal of Accounting Research* (Supplement 1972).

BALL R., BROWN P., « Some Preliminary Findings on the Association Between the Earnings of a Firm, Its Industry, and the Economy », *Journal of Accounting Research* (Supplement 1967).

BALL R., BROWN P., « An Empirical Evaluation of Accounting Income Numbers », *Journal of Accounting Research* (Fall 1968).

BALL R., WATTS R., « Some Time Series Properties of Accounting Income », *Journal of Finance* (June 1972).

BANA R., BREEN W., « Sample Dependent Results Using Accounting and Market Data : Some Evidence », *Journal of Finance* (September 1986).

BASU S., « The Relationship Between Earnings' Yield, Market Value and Return for NYSE Common Stocks : Further Evidence », *Journal of Financial Economics* (June 1983).

BEAVER W., « Financial Ratios as Predictors of Failure », *Journal of Accounting Research* (Supplement 1966).

BEAVER W., « The Information Content of Annual Earnings Announcements », *Journal of Accounting Research* (Supplement 1968).

BEAVER W., « Accounting for Inflation in an Efficient Market », *International Journal of Accounting* (1979).

BEAVER W., *Financial Reporting : An Accounting Revolution,* Englewood Cliffs, Prentice Hall, 1981.

BEAVER W., KETTLER P., SCHOLES M., « The Association Between Market-Determined and Accounting-Determined Risk Measures », *The Accounting Review* (October 1970).

BIDDLE G., « Accounting Methods and Management Decisions : The Case of Inventory Costing and Inventory Policy », *Journal of Accounting Research* (Supplement 1980).

BLUME M., « On the Assessment of Risk », *Journal of Finance* (March 1971).

BLUME M., « Betas and their Regressions Tendencies », *Journal of Finance* (June 1975).

BROWN P., « The Impact of the Annual Net Profit on the Stock Market », *The Australian Accountant* (July 1970).

BROWN P., Foster G., Noreen E., *Security Analyst, Multi-Year Earnings Forecasts and the Capital Market*, American Accounting Association, Sarasota, 1985.

BROWN P., HAGERMAN R., GRIFFIN P., ZMIJEWSKI M., « Security Analyst Superiority Relative to Univariate Time-Series Models to Univariate Time-Series Models in Forecasting Quarterly Earnings », *Journal of Accounting and Economics* (April 1987).

BROWN P., ROZEFF M., « Univariate Time-Series Models of Quarterly Accounting Earning per Share : A Proposed Model », *Journal of Accounting Research* (Spring 1979).

COENENBERG A., BRANDI E., « The Information Content of Annual Accounting Income Numbers of German Corporations : A Review of German Accounting Standards and Some Preliminary Empirical Results », The Annals of the School of Business Administration, Kobe University, 1979.

COENENBERG A., MÖLLER H., SCHMIDT F., « Empirical Research in Financial Accounting in Germany, Austria and Switzerland : A Review », Working paper, University of Augsburg, 1983.

COGGIN T., HUNTER J., « Analysts' EPS Forecasts Nearer Actual than Statistical Models », *The Journal of Business Forecasting* (Winter 1982-1983).

CONAN J., HOLDER M., *Variables explicatives de performances et contrôle de gestion dans les PMI,* Thèse de Doctorat d'Etat, Université de Paris IX-Dauphine, 1978.

DAWSON J., NEUPERT P., STICKNEY C., « Restating Financial Statements for Alternative GAAPs : Is it Worth the Effort ? », *Financial Analysts Journal* (November-December 1980).

EL MIDAOUI N., « Les modèles de prévision des chiffres d'affaires trimestriels », Document de recherche du CEREG, Université de Paris IX-Dauphine, septembre 1987.

ELTON E., GRUBER M., GULTEKIN M., « Professional Expectations : Accuracy and Diagnosis of Errors », *Journal of Financial and Quantitative Analysis* (December 1984).

EMANUEL D., « The Information Content of Sign and Size of Earnings Announcements : New Zealand Evidence », *Accounting and Finance* (November 1984).

FOSTER G., « Quarterly Accounting Data : Time-Series Properties and Predictive-Ability Results », *The Accounting Review* (January 1977).

FOSTER G., « Accounting Policy Decisions and Capital Market Research », *Journal of Accounting and Economics* (March 1980).

FOSTER G., « Intra-Industry Information Transfers Associated with Earnings Releases », *Journal of Accounting and Economics* (March 1980).

FOSTER G., *Financial Statement Analysis,* 2e éd., Englewood Cliffs, Prentice Hall, 1986.

FOSTER G., OLSEN C., SHEVLIN T., « Earnings Releases, Anomalies and the Behavior of Security Returns », *The Accounting Review* (October 1984).

FRYDMAN H., ALTMAN E., KAO D., « Introducing Recursive Partitioning for Financial Classification : The Case of Financial Distress », *Journal of Finance* (March 1985).

GIRERD-POTIN I., « L'effet PER et la bourse de Paris », Mémoire de DEA, Université de Paris IX-Dauphine, CEREG, 1987.

GONEDES N., « Properties of Accounting Numbers : Models and Tests », *Journal of Accounting Research* (Fall 1973).

GRANT E., « Market Implications of Differential Amounts of Interim Information », *Journal of Accounting Research* (Spring 1980).

GRIFFIN P., « The Time-Series Behavior of Quarterly Earnings : Preliminary Evidence », *Journal of Accounting Research* (Spring 1977).

GUETTAT-EHOUMAN N., *Manipulation de résultats par les modifications des méthodes d'évaluation comptables et comportement boursier des entreprises,* Thèse de Doctorat de troisième cycle, CEREG, Université de Paris IX-Dauphine, novembre 1987.

HASSEL J., JENNINGS R., « Relative Forecast Accuracy and the Timing of Earnings Forecast Announcements », *The Accounting Review* (January 1986).

HEALY P., « The Effect of Bonus Schemes on Accounting Decisions », *Journal of Accounting and Economics* (April 1985).

HOCHMAN S., « The Beta Coefficient : An Instrumental Variables Approach », *in Research in Finance*, JAI Press, Greenwich, 1983.

HOPWOOD W., « The Transfer Function Relationship Between Earnings and Market-Industry Indices : An Empirical Study », *Journal of Accounting Research* (Spring 1980).

JACQUILLAT B., LEVASSEUR M., PÈNE D., « Les mesures de risque boursier et les mesures de risque comptable : quelques résultats préliminaires », *Banque* (mars 1976).

LEV B., « On the Use of Index Models in Analytical Review by Auditors », *Journal of Accounting Research* (Fall 1980).

LEVASSEUR M., « Comptabilité et information des actionnaires », *Finance* (1982).

MOREIRA-BRUNDAO E., *L'information comptable et financière publiée par les entreprises et le marché financier : une analyse économique de la réglementation,* Thèse de Doctorat d'Etat, CEREG, Université de Paris IX-Dauphine, 1988.

OHLSON J., « Financial Ratios and the Probabilistic Prediction of Bankruptcy », *Journal of Accounting Research* (Spring 1980).

PAQUET P., *L'entreprise face aux transferts inflationnistes,* Paris, PUF, 1986.

PATELL J., WOLFSON M., « The Intraday Speed of Adjustment of Stock Prices to Earnings and Dividend Announcements », *Journal of Financial Economics* (June 1984).

RENDLEMAN R., JONES C., LATANE H., « Empirical Anomalies Based on Unexpected Earnings and the Importance of Risk Adjustments », *Journal of Financial Economics* (November 1982).

RICHARDSON G., « The Information Content of Annual Earnings for Large and Small Firms : Further Empirical Evidence », Working Paper, University of British Columbia, February 1984.

SCHWARTZ K., « Accounting Changes by Corporations Facing Possible Insolvency », *Journal of Accounting, Auditing and Finance* (2nd Semester 1982).

VASICEK O., « A Note on Using Cross-Sectional Information in Bayesian Estimation of Security Betas », *The Journal of Finance* (December 1973).

WATTS R., LEFWICH R., « The Time-Series of Annual Accounting Earnings », *Journal of Accounting Research* (Autumn 1977).

Mots clés

Amortissement, analyse financière, bénéfice par action, cours boursier, coûts (mesure des –), dividende, efficience des marchés financiers, information des actionnaires, méthode comptable, multiple boursier (PER ratio), prévision financière, provision, résultat comptable, risque financier, solvabilité, stocks (évaluation des –), transaction boursière.

Instruments de gestion du risque de taux

34

Vincent Lauwick, Inès de Dinechin, Caroline Lorin et Pierre Gourmet

Cet article est consacré aux instruments financiers classiques qui permettent à une entreprise ou à un investisseur de gérer leur risque de taux. Nous ne chercherons pas à dresser un tableau exhaustif des possibilités de couverture disponibles sur le marché, mais plutôt à présenter une palette de produits représentatifs de l'extraordinaire diversité de solutions qui peuvent être proposées aujourd'hui.

Dans un but de simplification, nous avons choisi de centrer notre analyse sur la gestion du risque de taux lié à un engagement à taux variable. La plupart des instruments présentés peuvent être appliqués, suivant des principes similaires, à des engagements à taux fixe. Nous considérerons donc dans nos exemples les cas d'un emprunteur et d'un prêteur à taux variable.

Dans un premier temps, nous définissons les produits fermes et optionnels à l'origine du marché des dérivés de taux (swaps, caps et floors). Nous exposons ensuite des structures plus complexes, dérivées des produits classiques, qui ont progressivement été développées pour répondre aux besoins des utilisateurs. Enfin, nous abordons les instruments de gestion du risque de taux impliquant deux devises.

1. Les instruments classiques de couverture du risque de taux

1.1. Les accords de taux futurs ou Forward Rate Agreements

Le Forward Rate Agreement est une opération de garantie de taux à terme conclue entre deux contreparties qui s'engagent à échanger à une date future connue la différence entre un taux variable de référence constaté sur le marché à cette date et un taux fixe garanti à l'origine. En France, ce différentiel de taux est appliqué au montant nominal préétabli et il est actualisé au taux du marché ; il est versé à la date de valeur du FRA (soit au début de la période couverte).

Le FRA est un instrument ferme, sans paiement de prime au départ.

Le schéma 1 représente l'échéancier du contrat.

Schéma 1

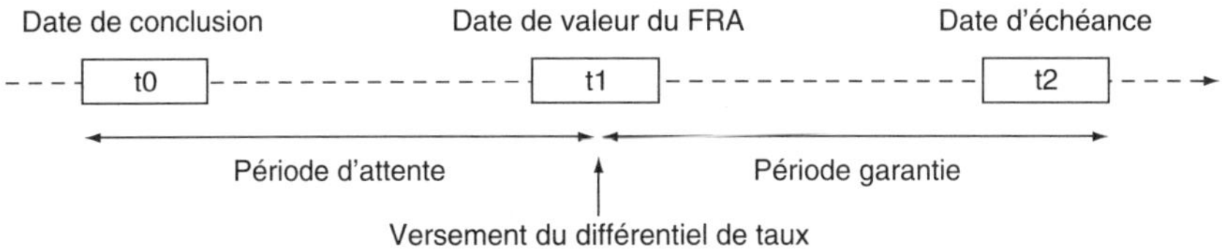

La contrepartie qui emprunte le taux fixe est appelée « l'acheteur » du FRA ou « le payeur du taux fixe ». La contrepartie qui prête le taux fixe est appelée « le vendeur » du FRA ou « le receveur du taux fixe ».

A la date de constatation du taux variable, deux cas peuvent se présenter :

– si le taux de référence est supérieur au taux garanti par le FRA, le vendeur verse le différentiel de taux à l'acheteur,

– si le taux de référence est inférieur au taux garanti par le FRA, c'est l'acheteur qui verse le différentiel de taux au vendeur.

Tableau 1

Le taux de référence est supérieur au taux garanti par le FRA	**Le taux de référence est inférieur au taux garanti par le FRA**
Acheteur ←—— Vendeur Différentiel	Acheteur ——→ Vendeur Différentiel

Tableau 2 – Les principales caractéristiques d'un contrat de FRA

Les contreparties	L'acheteur et le vendeur du contrat.
La référence de taux variable	Références Pibor ou Libor. Echéances les plus courantes : 3, 6, 9, 12 mois.
Le taux fixe	C'est le taux garanti par le contrat. Il est exprimé dans la même base et selon la même périodicité que celles du taux variable (ex. : trimestriel exact/360 pour un FRA contre Pibor 3 mois).
Le montant notionnel et la devise	5 millions FRF minimum ou la contre-valeur en devises.
L'échéancier (schéma 1)	La durée de la période d'attente (« forward ») est généralement inférieure à 2 ans. La durée de la période de garantie correspond à la périodicité de la référence de taux monétaire.

1.1.1. L'achat d'un Forward Rate Agreement

Considérons l'exemple d'une entreprise qui est actuellement endettée à court terme pour environ 20 millions de francs. Il s'agit en fait d'un découvert courant qu'elle finance par des tirages à Pibor 3 mois. Dans le contexte du moment – au vu d'un certain nombre d'incertitudes politiques qui pèsent à court terme sur le marché – elle redoute des tensions importantes qui pourraient se produire d'ici à la date du prochain fixing du Pibor 3 mois, dans 7 semaines. L'achat d'un FRA lui permet de garantir immédiatement le taux qui sera appliqué à son endettement à cette date. Ce taux est fixé au moment de la transaction à 5,85 %.

Globalement, à la date de constatation du prochain fixing du Pibor 3 mois, deux cas peuvent se produire :

– si le Pibor 3 mois est supérieur à 5,85 %, le vendeur verse le différentiel de taux à l'acheteur,

– si au contraire le Pibor 3 mois est inférieur à 5,85 %, l'acheteur verse le différentiel de taux au vendeur.

Le différentiel reçu ou versé par l'entreprise à la date de constatation du FRA ramène son taux global d'endettement à 5,85 %, quel que soit le niveau constaté. L'entreprise a ainsi figé le taux de son prochain tirage.

Tableau 3

Pibor 3 mois > 5,85 %	**Pibor 3 mois < 5,85 %**
Entreprise ←———— Vendeur Différentiel	Entreprise ————→ Vendeur Différentiel

1.1.2. La vente d'un Forward Rate Agreement

Le principe détaillé ci-dessus peut être appliqué de façon similaire au cas d'un placeur qui souhaite garantir dès à présent le taux d'un placement à une date future donnée. La vente d'un FRA lui permet de figer le niveau de son placement pour une échéance donnée. Là encore, si le taux variable constaté est inférieur au niveau garanti par le FRA, l'entreprise perçoit le différentiel d'intérêts et, inversement, si le taux variable est constaté au-dessus du taux du FRA, elle verse le différentiel à sa contrepartie. Il est intéressant de noter que, dans une configuration de courbe des taux croissante, la vente d'un FRA permet au placeur de bénéficier d'un taux forward supérieur à celui qui est en vigueur au moment de la transaction, et, si rien de particulier ne se produit d'ici à la date de valeur du FRA, il aura encaissé la différence.

1.2. Les swaps de taux

Le swap de taux d'intérêt est une opération de gré à gré dans laquelle deux parties s'engagent à échanger des flux d'intérêts suivant un échéancier pré-établi. Deux séries de flux sont ainsi versées périodiquement : la première est calculée par application d'un certain taux au montant nominal ; la seconde est calculée par application d'un autre taux à ce même montant. L'entreprise qui conclut un swap s'engage donc à payer une série de flux (première branche du swap) et à recevoir une seconde série (deuxième branche du swap)[1].

Le schéma 2 illustre la définition d'un swap de taux comme une série de flux reçue en retour d'une série de flux versée. Dans le cas d'un swap standard, l'une des branches du swap est indexée sur une référence de taux variable tandis que l'autre est à taux fixe. Ce taux fixe est le « taux du swap » ; son niveau est fixé lors de la conclusion de l'opération.

1. Voir également dans cette ***Encyclopédie*** l'article de P. Navatte, « Swaps de taux d'intérêt : évaluation », p. 1819, tome 2.

Schéma 2

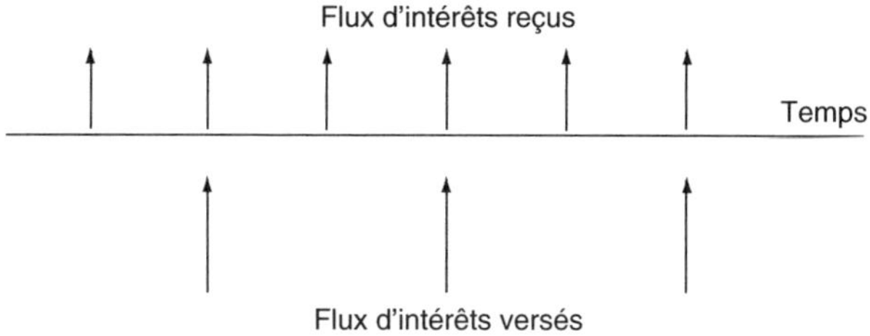

Nous abordons dans ce paragraphe le cas d'un swap possédant la structure la plus simple qui soit (structure dite « *plain-vanilla* »). Le tableau 4 présente et classe les éléments qui définissent le swap standard *plain-vanilla.*

Tableau 4

Eléments définis dans un swap	Structure de swap standard
Montant principal (« notionnel » du swap)	Le montant principal reste constant tout au long de la durée de vie de la transaction. Le montant principal est utilisé comme montant de référence pour le calcul des intérêts, pour la branche à taux variable comme pour la branche à taux fixe. Le montant principal est exprimé dans une seule devise.
Date de valeur	L'opération démarre immédiatement après sa conclusion (départ « spot »). En fonction de la devise de la transaction, le premier jour du swap sera soit le jour même (j), soit le lendemain de la conclusion ($j+1$), soit le surlendemain ($j+2$), en jours ouvrés.
Echéance	La durée et la date d'échéance de l'opération sont fixées à l'origine.
Taux fixe	Le taux fixe du swap, également appelé le « taux de swap », est déterminé à l'origine et reste constant tout au long de la durée de vie de l'opération.
Taux variable	La référence de taux variable utilisée dans un swap est un indice standard (le plus souvent de type Libor). Il n'est ajouté aucun spread à cet indice de taux variable (le taux est dit « *flat* »). La fréquence des constatations du taux variable reflète la périodicité de l'indice de référence (ex. : tous les 3 mois dans le cas d'un Libor 3 mois).
Paiements des intérêts	Les paiements des intérêts variables et des intérêts fixes ont lieu à intervalles réguliers aux dates de constatation du taux variable de référence.

Dans la pratique, la simplicité de la structure d'un swap de ce type pose de nombreux problèmes d'utilisation. En effet, les situations auxquelles sont confrontés les utilisateurs potentiels de swaps sont rarement des situations de couverture simples ou standards. Ce sont généralement des situations très spécifiques qui présentent au moins une variation par rapport aux caractéristiques définies ci-dessus. Un exemple suffit pour illustrer ce propos. Une entreprise est endettée à taux fixe avec un paiement annuel des intérêts et un amortissement linéaire du nominal. Elle souhaite transformer cet endettement en un endettement à Libor 3 mois. On distingue ici une « anomalie » que le swap standard ne peut prendre en compte : le montant du principal n'est pas constant.

Ce besoin d'une plus grande flexibilité des swaps s'est donc fait d'autant plus ressentir que les situations des utilisateurs finaux – entreprises, investisseurs, institutions financières – devenaient plus complexes et les marchés plus volatils. Ces facteurs ont largement contribué au développement de structures de swaps non standards. Ces différentes structures sont détaillées dans la deuxième section.

Pour faire apparaître l'utilité des swaps standards, considérons maintenant deux exemples : celui d'une entreprise qui réalise un swap emprunteur, puis celui d'une entreprise qui réalise d'un swap prêteur.

1.2.1. Le swap emprunteur

Considérons donc, tout d'abord, une entreprise qui vient de conclure une opération d'emprunt à Pibor 3 mois + 0,50 %. Cet emprunt s'étale sur 3 ans avec un remboursement du capital *in fine* et un paiement trimestriel des intérêts. Le trésorier souhaite figer le coût de cet endettement sur l'année à venir et connaître ainsi avec certitude les charges financières liées à cette dette sur le prochain exercice. De plus, il redoute une remontée des taux à court terme contre laquelle il lui paraît important d'être couvert.

Il conclut pour ce faire une opération de swap emprunteur parfaitement adossée à l'endettement et reprenant les conditions de financement en termes de montant, d'échéancier et d'amortissement (schéma 3). Le taux du swap est fixé au moment de la transaction à 6,00 %. La dette initiale reste inchangée, indexée sur le Pibor 3 mois. En effet, il est important de noter que le contrat de swap est juridiquement séparé du crédit qu'il protège.

Schéma 3 – Swap payeur de taux fixe

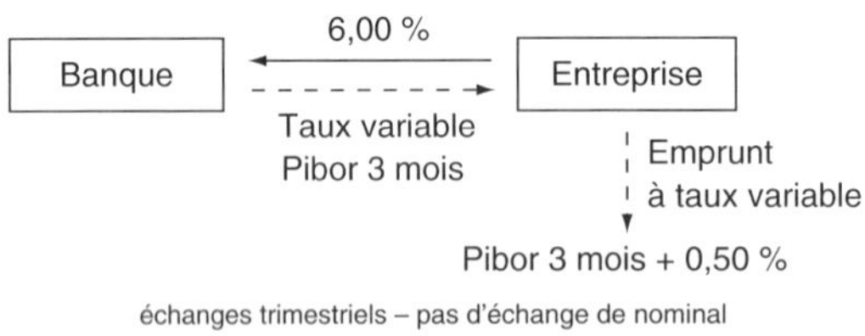

Le swap fonctionne de la manière suivante :

– chaque trimestre, le taux variable (Pibor 3 mois) est constaté sur le marché ;

– à la fin du trimestre, l'entreprise reçoit au titre du swap les intérêts variables calculés à partir du niveau constaté et de l'encours de la dette ; ces flux d'intérêts compensent alors les charges financières de la dette ;

– aux mêmes dates, et sur les mêmes montants, l'entreprise paye les intérêts déterminés à partir du taux fixe du swap (6,00 %).

Globalement, comme le souligne le graphique 1, le coût financier de l'emprunt est figé au niveau du taux fixe du swap (augmenté de la marge bancaire), et ce quelle que soit l'évolution du Pibor 3 mois au cours de la période couverte.

Graphique 1 – Profil du taux d'endettement après conclusion de l'opération

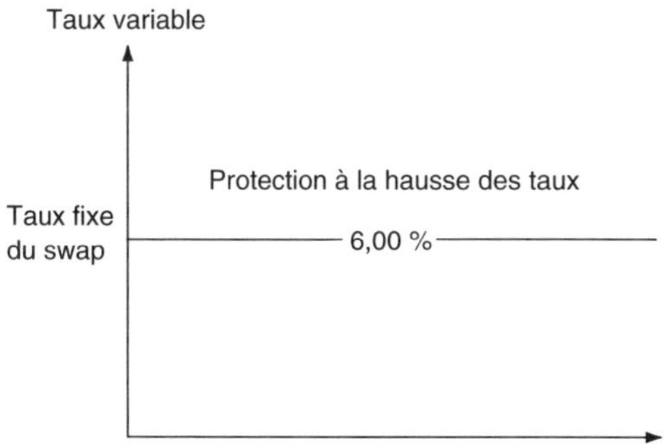

1.2.2. Le swap placeur

Considérons maintenant une entreprise qui dispose d'une trésorerie structurellement excédentaire qu'elle place régulièrement à T4M – x % (marge bancaire). Le montant placé varie chaque année entre 15 et 45 millions de francs. Elle considère que le marché est actuellement propice à figer le taux de ses encours. En effet, la tendance générale anticipée par les opérateurs est celle d'une baisse progressive des taux courts, alors que ces derniers viennent de se tendre sensiblement suite à un événement que l'entreprise estime être ponctuel et éphémère. Le trésorier souhaite profiter de ces tensions pour figer le taux de ses placements sur les 6 prochains mois pour 20 millions de francs. Le taux de swap 6 mois contre T4M qui lui est proposé est de 6,30 % (intérêts payés mensuellement).

Schéma 4 – Swap receveur de taux fixe

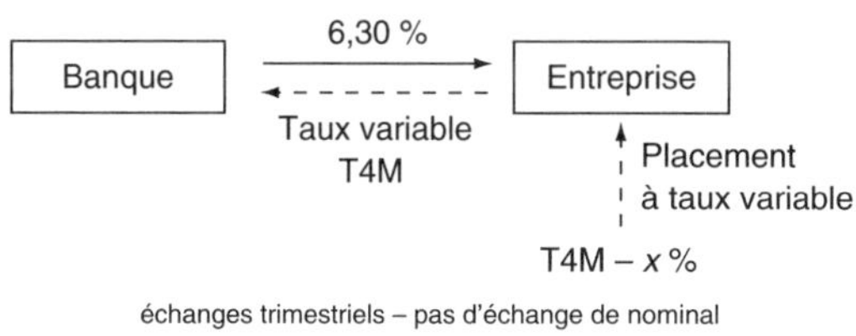

Graphique 2 – Profil du taux de placement après conclusion de l'opération

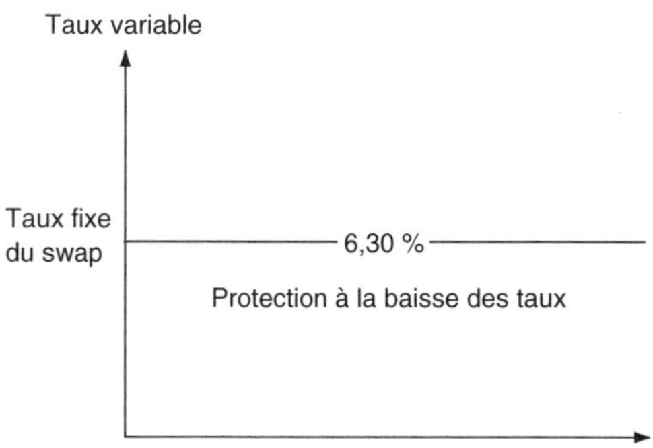

Les flux d'intérêts décomptés à T4M au titre du placement compensent ceux du swap de taux. Le rendement financier du placement est alors figé. Il correspond au taux fixe du swap – soit 6,30 % minorés de la marge bancaire – et cela quel que soit le niveau des T4M constatés chaque mois.

Une dernière remarque doit être formulée. Un contrat de swap étant juridiquement distinct de l'opération qu'il couvre, il n'est pas nécessaire qu'un emprunt ou un placement sous-jacent existe pour conclure un swap.

1.3. Les caps et les floors

Les caps et les floors sont des instruments optionnels qui permettent à leur acheteur d'être couvert contre une évolution défavorable d'un taux d'intérêt de référence donné. Contrairement aux produits fermes que sont les swaps et les FRAs, les options de taux permettent en outre de bénéficier des évolutions favorables de l'indice de référence, moyennant le paiement d'une prime. Nous allons étudier successivement dans ce paragraphe les caps (taux plafond) et les floors (taux plancher).

1.3.1. Les caps

Le cap est une option qui, moyennant le versement d'une prime, permet à son acheteur de se prémunir contre une hausse des taux monétaires au-delà d'un niveau plafond (le prix d'exercice du cap ou *strike*). A chaque fixation du taux variable de référence, le niveau de taux constaté est comparé au taux plafond garanti : si le taux constaté est supérieur au taux garanti, le vendeur verse un différentiel d'intérêts à l'acheteur du cap (l'exercice de l'option est automatique).

Cet instrument permet donc à son acheteur de bénéficier d'une baisse des taux monétaires tout en étant prémuni contre une hausse au-delà du prix d'exercice du cap.

Pour illustrer l'utilisation d'un cap, reprenons l'exemple, abordé dans le paragraphe 1.2.1., d'une entreprise qui vient de conclure une opération d'emprunt sur 3 ans à Pibor 3 mois + 0,50 % et qui souhaite être couverte en cas de hausse des taux. Le trésorier de l'entreprise peut cette fois-ci sou-

Graphique 3 – Profil du taux d'endettement après conclusion de l'opération

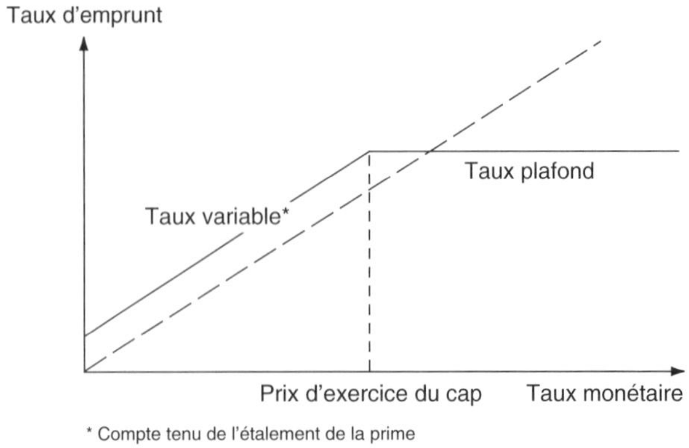

haiter bénéficier de ses anticipations de détente des taux courts, ce qui aurait pour conséquence une réduction de ses charges financières. Cependant, il sait que son entreprise serait fortement pénalisée si son taux d'endettement dépassait 7,00 % (seuil de rentabilité). Il recherche donc un moyen de s'assurer un plafonnement de son taux d'endettement global, tout en conservant la possibilité de profiter des évolutions favorables des taux courts.

Il conclut une opération d'achat de cap à 3 ans de prix d'exercice 6,50 %. Pour cela, il verse une prime au vendeur du cap (paiement deux jours ouvrés après la conclusion de la transaction). Cette prime est évaluée à 1,50 % du montant notionnel d'origine.

Le cap fonctionne de la manière suivante : chaque trimestre, le taux variable (Pibor 3 mois) est constaté sur le marché ; deux cas peuvent alors se produire :

– le Pibor 3 mois est supérieur à 6,50 %, le vendeur du cap verse alors à l'entreprise la différence entre le Pibor 3 mois constaté et 6,50 %,

– le Pibor 3 mois est inférieur à 6,50 %, le cap ne génère alors aucun flux entre l'acheteur et le vendeur.

Tableau 5

Pibor 3 mois > 6,50 %	**Pibor 3 mois ≤ 6,50 %**
Entreprise ←——— Vendeur Différentiel entre le Pibor 3 mois constaté et 6,50 %	Entreprise ———→ Vendeur Aucun flux au titre du cap

Moyennant le paiement d'une prime, l'entreprise a plafonné son taux de financement au niveau initialement choisi de 6,50 %.

Il est intéressant de déterminer un « équivalent période » de la prime, qui correspond à l'étalement de la prime sur chacune des échéances de la couverture. Cet équivalent période est exprimé dans la même base que le taux variable de référence. Dans notre exemple cet équivalent vaut 0,56 %. Le point mort du cap est donc à 7,06 % (6,50 % + 0,56 %).

1.3.2. Les floors

Le floor est une option qui, moyennant le versement d'une prime, permet à son acheteur de se prémunir contre une baisse des taux monétaires en deçà d'un niveau plancher (le prix d'exercice du floor ou *strike*). A chaque fixation du taux variable de référence, le niveau de taux constaté est comparé au taux plancher garanti : si le taux constaté est inférieur au taux garanti, le vendeur verse un différentiel d'intérêts à l'acheteur du floor (l'exercice de l'option est automatique).

Cet instrument permet donc à son acheteur de bénéficier d'une hausse des taux monétaires tout en étant prémuni contre une baisse en deçà du prix d'exercice du floor.

Un exemple permet de mieux comprendre l'intérêt d'un floor. Pour ce faire, reprenons l'exemple du paragraphe 1.2.2. dans lequel une entreprise dispose

Graphique 4 – Profil du taux de placement après conclusion de l'opération

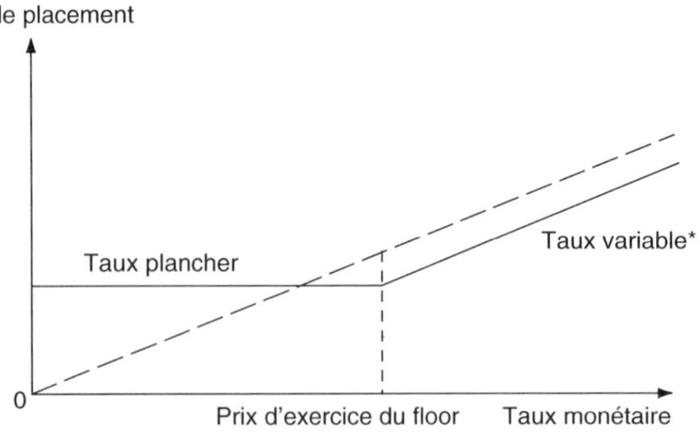

* Compte tenu de l'étalement de la prime

d'une trésorerie structurellement excédentaire de 20 millions de francs qu'elle place à T4M. Dans cet exemple, nous avions pris l'hypothèse d'un contexte général d'anticipations de baisse des taux courts, avec des taux ponctuellement tendus suite à un événement particulier. Ici, le trésorier anticipe que ces tensions ne devraient pas disparaître rapidement et que les taux T4M pourraient demeurer à des niveaux élevés pour quelques mois, voire même connaître quelques nouvelles pointes à des niveaux supérieurs à 7,50 %. Dans ce cas, plutôt que de figer le niveau de ses prochains T4M par le biais d'un swap – ce qui ne lui permettrait pas de bénéficier de ses anticipations de nouvelles tensions – il peut acheter un floor sur 6 mois ayant par exemple un prix d'exercice de 5,50 %. L'achat d'un floor lui garantit un taux de placement plancher égal à 5,50 % et lui permet ainsi d'être couvert dans le cas où les anticipations du marché (détente des taux courts) se réaliseraient à l'encontre de ses propres prévisions. De plus, les tensions ponctuelles observées sur les taux courts au moment où il conclut l'achat du floor lui permettent de bénéficier de conditions plus avantageuses sur la prime (prime moins chère). La prime à payer est ici de 80 000 francs (0,40 % du montant principal).

Le floor fonctionne de la manière suivante : chaque trimestre, le taux variable (T4M) est constaté sur le marché ; deux cas peuvent alors se produire :

– le T4M est inférieur à 5,50 %, le vendeur du floor verse alors à l'entreprise la différence entre 5,50 % et le T4M constaté,

– le T4M est supérieur ou égal à 5,50 %, le floor ne génère alors aucun flux entre l'acheteur et le vendeur de l'option.

Moyennant le paiement initial d'une prime, l'entreprise s'est garanti un niveau plancher de 5,50 % pour son placement. Le floor lui laisse l'entière possibilité de bénéficier d'une hausse des T4M au cours des six prochains mois, ce qu'illustre le graphique 5.

Tableau 6

T4M $<$ 5,50 %	**T4M $\geq$ 5,50 %**
Entreprise ⟵ Vendeur Différentiel entre le T4M constaté et 5,50 %	Entreprise ⟶ Vendeur Aucun flux au titre du floor

Graphique 5

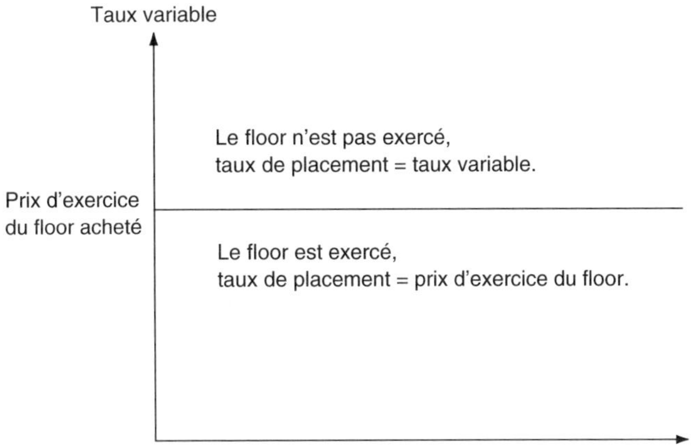

1.4. Les swaptions

Une swaption est une option qui confère à son détenteur le droit de mettre en place un swap à une date future et à un taux prédéterminés. Deux types de swaptions seront étudiés successivement : les swaptions prêteuses d'abord, les swaptions emprunteuses ensuite.

1.4.1. La swaption prêteuse

La swaption prêteuse est une option qui, moyennant le paiement immédiat d'une prime, permet à son acheteur de mettre en place, s'il le souhaite, à l'échéance de l'option, un swap de taux d'intérêt receveur du taux fixe (swap prêteur) dont les caractéristiques sont définies dès la conclusion de la swaption. Le taux fixe de ce swap futur est donc connu dès la conclusion de l'opération.

A l'échéance de l'option, le taux fixe du swap constaté auprès des banques de référence est comparé au niveau garanti par la swaption (le prix d'exercice de la swaption). Deux cas peuvent alors se présenter.

1) Le taux fixe du swap de marché est supérieur au taux fixe garanti par la swaption : il est alors préférable de conclure un swap aux conditions de marché plutôt que de mettre en place le swap sous-jacent. L'acheteur de la swaption n'exerce pas son option et peut ainsi bénéficier de la hausse des taux de swap qui s'est produite depuis la conclusion de la swaption.

2) Le taux fixe du swap de marché est inférieur au taux fixe garanti par la swaption : l'acheteur exerce son option et, en fonction de son choix, soit le swap sous-jacent à la swaption est mis en place (choix d'un *swap settlement*), soit le différentiel de taux, actualisé au taux du swap, lui est versé immédiatement (choix d'un *cash settlement*).

Le schéma 5 résume les différentes possibilités qui peuvent se présenter à l'échéance de la swaption.

Ce produit s'adresse principalement à des contreparties qui souhaitent garantir le taux d'une opération de placement à taux variable, qui sera effectuée à une date future connue. L'achat d'une swaption prêteuse leur permet de s'assurer que le taux de rendement de l'opération sera au moins égal au prix d'exercice de la swaption.

Schéma 5

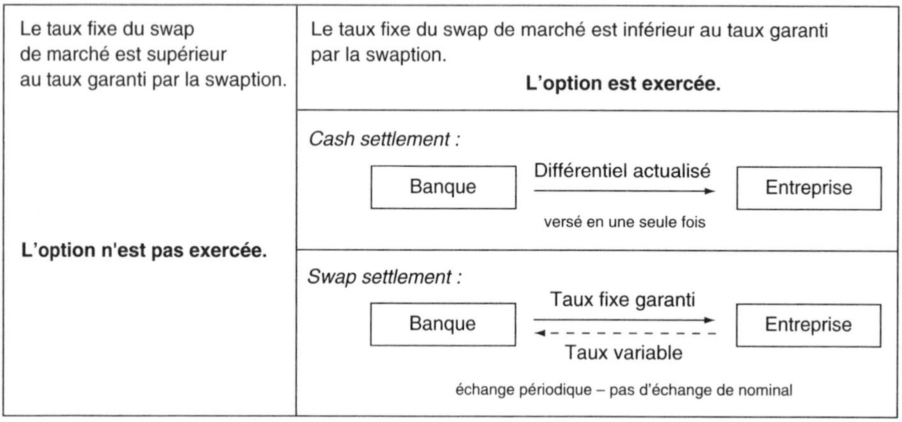

1.4.2. La swaption emprunteuse

La swaption emprunteuse est une option qui, moyennant le paiement immédiat d'une prime, permet à son acheteur de mettre en place, s'il le souhaite, à l'échéance de l'option, un swap de taux d'intérêt payeur du taux fixe (swap emprunteur) dont les caractéristiques sont définies dès la conclusion de la swaption. Le taux fixe de ce swap futur est donc connu dès la conclusion de l'opération.

A l'échéance de l'option, le taux fixe du swap est constaté auprès de banques de référence et comparé au niveau garanti par la swaption (le prix d'exercice de la swaption). Deux cas peuvent se présenter.

1) Le taux fixe du swap de marché est inférieur au taux fixe garanti par la swaption : il est alors préférable de conclure un swap aux conditions de marché plutôt que de mettre en place le swap sous-jacent. L'acheteur de la swaption n'exerce pas son option et peut ainsi bénéficier de la baisse des taux de swap qui s'est produite depuis la conclusion de la swaption.

2) Le taux fixe de marché du swap est supérieur au taux fixe garanti par la swaption : l'acheteur exerce son option et, en fonction de son choix initial, soit le swap sous-jacent à la swaption est mis en place (choix d'un *swap settlement*), soit le différentiel de taux, actualisé au taux du swap, lui est versé immédiatement (choix d'un *cash settlement*).

Le schéma 6 résume les différentes possibilités à l'échéance.

Ce produit s'adresse principalement à des contreparties qui souhaitent garantir le taux d'une opération d'emprunt à taux variable, qui sera effectuée à une date future connue. L'achat d'une swaption emprunteuse leur permet de s'assurer que le taux de financement de l'opération n'excédera pas le prix d'exercice de la swaption.

2. Les produits structurés

Après avoir présenté dans la section précédente les instruments qui constituent la base du marché des dérivés de taux, nous abordons ici les dévelop-

Schéma 6

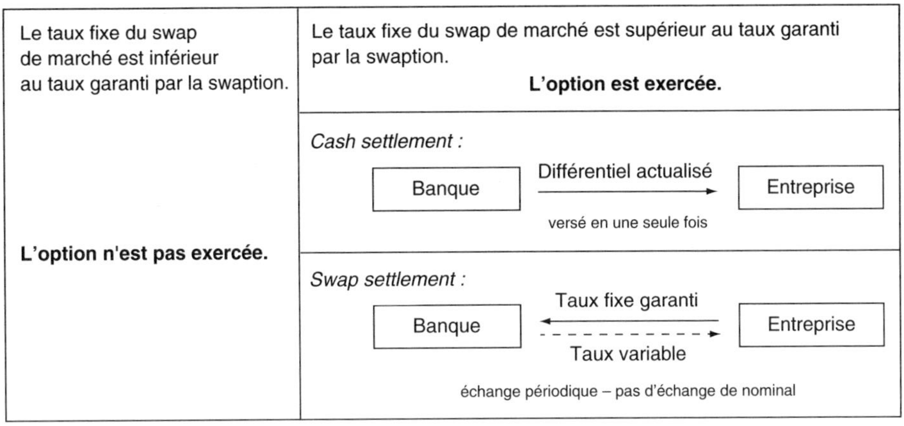

pements qui ont été apportés à ces structures simples. Des instruments de plus en plus sophistiqués sont ainsi apparus sur le marché. Il est important de noter que ce sont les utilisateurs finaux qui ont dicté cette évolution. En effet, parallèlement au développement des marchés dérivés et à l'émergence de technologies de pointe, les banques ont proposé des solutions sur mesure à des entreprises et des investisseurs de plus en plus exigeants. Deux sortes d'innovations peuvent être distinguées : la première résultant de modifications apportées à la structure d'un swap classique (amortissement du montant nominal, départ différé, indices de taux atypiques...) ; la seconde résultant de la combinaison de différents instruments classiques (tunnel, swap participatif...). Les nombreux exemples que nous présentons ci-dessous permettent d'illustrer la grande flexibilité des produits de couverture de taux d'intérêt et d'expliquer ainsi le formidable essor de ces marchés.

2.1. Les structures de swap non standard

Le terme «swap non standard» fait référence à toute structure de swap différant du swap standard (tel qu'il a été défini au paragraphe 1.2.) par au moins l'une de ses caractéristiques. Suivant la nature de la variation apportée à la structure standard, on distingue plusieurs catégories de structures atypiques, parmi lesquelles : les swaps amortissables, les swaps à départ décalé et les swaps zéro-coupon.

Dans la plupart des cas, un swap non standard ne possède pas une mais plusieurs caractéristiques atypiques. Dans un souci de simplification, nous présenterons principalement ici les cas où une seule variation par rapport à la structure standard a été apportée.

Le tableau 7 présente plusieurs cas de transformation de la structure d'un swap standard, qui seront illustrés plus loin par quelques exemples concrets.

Tableau 7

Eléments à définir dans un swap	Cas d'une structure de swap standard	Cas d'une structure de swap non standard	Exemples de swaps complexes étudiés dans cette section
Montant principal	Le montant principal reste constant sur toute la durée de l'opération.	Le montant principal diminue, augmente ou varie indifféremment dans les deux sens.	Swap amortissable
Date de départ de l'opération	L'opération démarre immédiatement.	Le départ de l'opération est différé.	Swap forward
Taux fixe	Le taux fixe du swap est le même tout au long de l'opération.	Le taux fixe du swap n'est pas constant mais varie, par étapes, au cours du temps.	*Step-up* swap
Taux variable	Le taux variable de référence est un indice de taux classique.	Le taux de référence est un indice de taux non standard ou peu utilisé.	Swap sur indice non standard Swap « courbe de taux »
Paiements des intérêts	Les intérêts fixes et variables sont payés régulièrement.	Les paiements des intérêts fixes sont tous reportés à l'échéance du swap.	Swap zéro-coupon

2.1.1. Les swaps amortissables

Dans un swap amortissable, le montant principal sur lequel portent les intérêts varie avec le temps, par étapes, au cours de la durée de vie du swap. Cette variation du nominal suit généralement l'une des règles suivantes :

– amortissement linéaire : le montant principal est diminué à chaque nouvelle période d'un montant constant,

– amortissement par annuités constantes : le montant principal est amorti à la fin de chaque période, de telle manière que la somme du capital amorti et des intérêts dus au titre de la période soit constante tout au long de la durée de vie de l'opération. Le taux d'intérêt utilisé pour calculer cet amortissement est généralement un taux donné quelconque, c'est-à-dire un taux qui n'est pas forcément un taux de marché ; il est également possible d'utiliser pour ce calcul le taux fixe du swap considéré.

Le swap amortissable est particulièrement adapté aux entreprises dont les engagements à l'actif ou au passif sont limités en nombre. Ces entreprises, qui couvrent souvent leurs engagements au cas par cas, recherchent en effet des solutions de couverture à la fois précises et sur mesure. La possibilité d'amortir le montant notionnel du swap répond parfaitement à leurs besoins.

Un exemple permet de comprendre l'intérêt du swap amortissable. Une entreprise envisage de s'endetter auprès de sa banque afin de financer un projet de croissance externe. Les conditions financières qui lui sont proposées sont les suivantes : Pibor 3 mois + 0,55 % (intérêts trimestriels) sur la base d'un emprunt à 10 ans, de 100 millions de francs. L'entreprise souhaiterait rembourser chaque année un montant constant et choisit donc un amortissement par annuités constantes.

Elle désire par ailleurs se couvrir contre tout risque d'une augmentation de ses frais au cours du temps en figeant dès à présent le coût global de son acquisition. Pour cela, elle décide de monter – simultanément à la conclusion de son emprunt – un swap de taux dans lequel elle paye le taux fixe et reçoit le Pibor 3 mois. La banque avec laquelle elle conclut le swap prend en compte la structure d'amortissement de l'endettement à couvrir. Le montant notionnel du swap évoluera donc en fonction de l'échéancier des amortissements, tel qu'il a été défini précédemment et comme le montre le schéma 7.

Les règles d'amortissement du swap et de l'emprunt supposent les mêmes conditions de marché mais, d'un point de vue juridique, les deux opérations restent tout à fait distinctes. Dans le cas présent, par exemple, les deux engagements peuvent avoir été conclus avec des banques différentes.

Schéma 7 – Evolution du montant principal

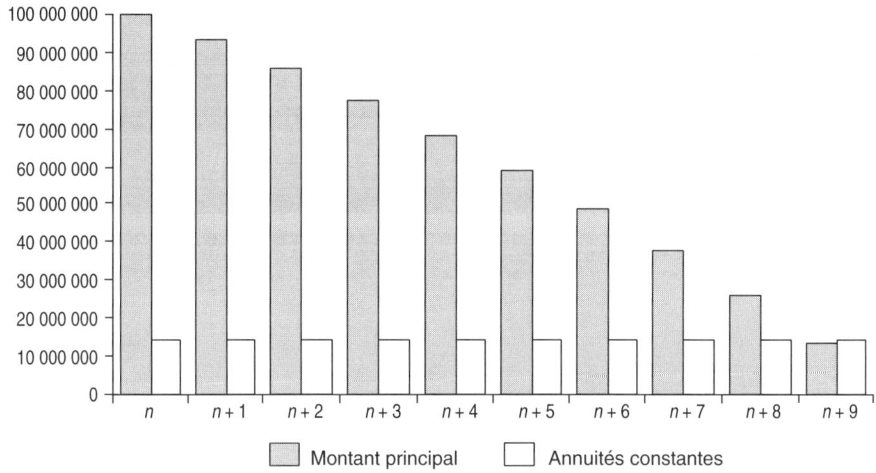

Tableau 8

	Caractéristiques de l'emprunt conclu avec la banque A	Caractéristiques du swap conclu avec la banque B
Durée	10 ans	10 ans
Montant	100 millions FRF amortis	100 millions FRF amortis
Taux variable	Pibor 3 mois + 0,55 %	Pibor 3 mois
Taux fixe		6,70 %*

* Base trimestrielle exact/360.

2.1.2. Les swaps à départ différé

Le swap de taux à départ différé (on parle également de swap forward) permet de figer dès la conclusion de l'opération toutes les caractéristiques du swap, y compris le taux fixe, tout en reportant à une date future connue la prise d'effet de l'accord. Cette structure permet d'appréhender l'ensemble des anticipations intégrées dans la courbe des taux de swap.

Schéma 8 – Visualisation des échanges de flux d'intérêts

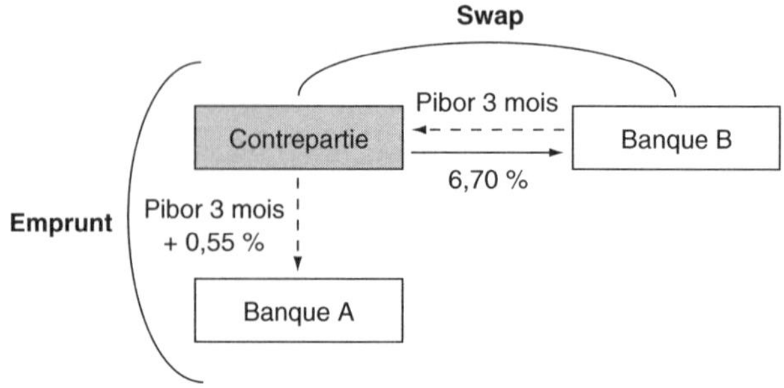

La possibilité de différer la date de départ de l'opération apporte une souplesse supplémentaire à la structure des swaps et permet, entre autres choses, de résoudre certains problèmes de décalage de flux de trésorerie ou de dates de constatation. De fait, cette structure de swap particulière offre à une entreprise la possibilité de figer aujourd'hui l'ensemble des conditions relatives à un emprunt ou à un investissement qui sera effectué à une date future connue.

L'introduction de cette caractéristique non standard – un départ décalé – se traduit par une modification du taux fixe du swap. Ainsi, dans le cas d'une configuration de courbe des taux croissante, le taux du swap forward est supérieur au taux de swap standard. Cette augmentation du taux de swap due à l'ajout d'un départ différé peut s'avérer attrayante pour des placeurs. Ces derniers profitent en effet ici de l'augmentation du taux fixe du swap et bénéficient, par conséquent, d'un taux qui peut devenir sensiblement supérieur aux taux du marché. Par ailleurs, il est utile de remarquer que plus la période d'attente est longue et plus le niveau du taux fixe du swap est élevé. A l'inverse, dans le contexte d'une courbe des taux décroissante ou inversée, le taux du swap forward est inférieur au taux du swap standard, offrant ainsi aux emprunteurs la possibilité d'obtenir un taux d'endettement inférieur au taux du marché.

Pour illustrer par un exemple la technique du swap à départ différé, supposons une structure de taux dite «normale», c'est-à-dire croissante (les taux d'intérêt à long terme sont supérieurs aux taux d'intérêt à court terme). Une institution financière s'apprête à lancer un nouveau produit d'investissement destiné à sa clientèle privée. La commercialisation de ce produit s'étalera sur un mois et demi environ et devrait permettre de récolter 100 millions de dollars, que l'institution prévoit de placer auprès de ses banques sur une durée de 8 ans. La rémunération qui lui est proposée est indexée sur le Libor dollar 6 mois. L'institution couvrira immédiatement son investissement par un swap de taux dans lequel elle paiera le taux variable et recevra le taux fixe. Cette opération de swap lui permettra de figer le taux de rendement de son opération et d'être ainsi couverte contre toute baisse éventuelle qui pourrait entraîner une baisse du taux de rendement.

Le placement des fonds n'interviendra que dans un mois et demi, mais l'institution préfère ne pas attendre jusque-là pour garantir dès à présent les conditions du swap de couverture. En effet, il lui semble que les conditions de marché actuelles lui sont très favorables et elle souhaiterait pouvoir en bénéficier, d'autant plus qu'elle anticipe une très probable dégradation de ces conditions au cours des prochaines semaines.

La conclusion d'un swap avec un départ différé de un mois et demi permet à l'entreprise de tirer le plus grand profit de cette situation, car le taux fixe du swap peut alors être établi à un niveau supérieur à la normale et garantir à l'institution un rendement plus intéressant que le swap à départ immédiat. Les caractéristiques de ces deux opérations – placement et swap forward – sont présentées au tableau 9.

Tableau 9

	Caractéristiques de l'investissement garanti par la banque A	Caractéristiques du swap conclu avec la banque B
Durée	8 ans	8 ans
Montant	100 millions USD	100 millions USD
Date de conclusion	15/11/1995	15/11/1995
Départ de la couverture		02/01/1996
Taux variable	USD Libor 6 mois	USD Libor 6 mois
Taux fixe		7,50 %*

* Base semestrielle exact/360.

Schéma 9 – Visualisation des échanges de flux d'intérêts

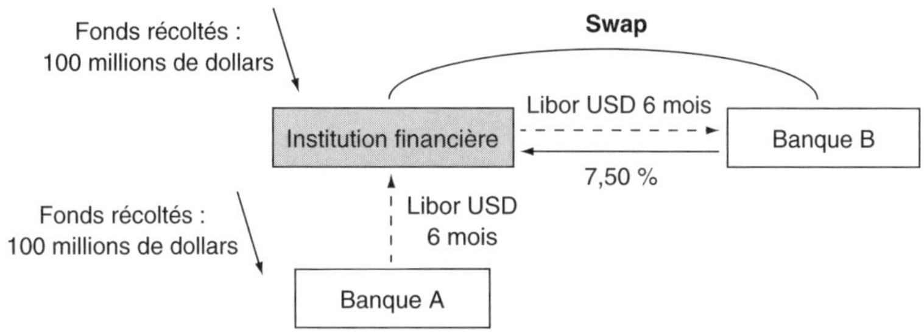

Le taux fixe que recevrait l'institution dans un swap standard équivalent, c'est-à-dire avec un départ immédiat, serait de 7,43 % aux conditions du marché. Ainsi, l'institution réalise un gain de 7 points de base par rapport à un swap standard, soit une somme de 450 000 dollars.

Le graphique 6 illustre la progression du taux de swap forward en fonction de la date de départ. Nous pouvons constater par exemple que le taux de swap avec un départ immédiat est de 7,43 % alors qu'avec un départ décalé de un mois et demi il est de 7,50 %. La même structure de swap avec un départ décalé de 6 mois offrirait un taux encore plus élevé de 7,67 %.

2.1.3. Les swaps *step-up* et *step-down*

Le swap classique constitue une protection intéressante pour des responsables financiers qui pensent que les taux à moyen ou long terme sont proches de leur niveau plancher. Cependant, en période de forte pentification de la courbe des taux, le choix d'un swap classique peut avoir un effet négatif sur les résultats financiers des premières ou des dernières années. Prenons par

Graphique 6 – Evolution de la courbe des taux forward

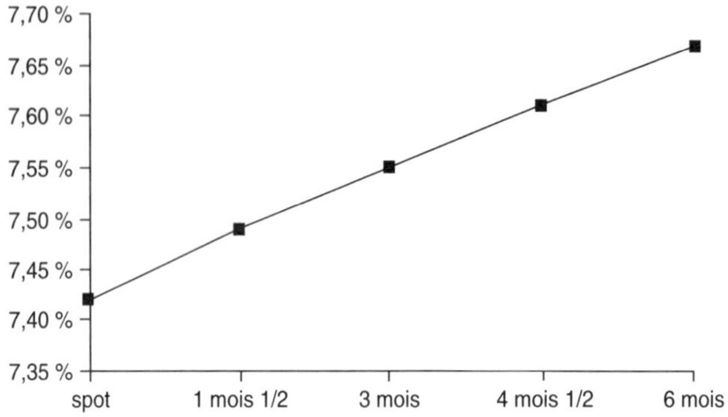

exemple le cas d'une courbe des taux fortement croissante pour laquelle le Pibor 3 mois est à 5,50 % et le taux du swap classique à 5 ans à 8,25 %. Supposons que, la première année, le Pibor augmente tous les trimestres de 0,25 % et que l'entreprise concernée soit prêteuse. Elle décide d'effectuer un swap car le niveau des taux à 5 ans lui semble satisfaisant.

Au cours de chaque trimestre de la première année, elle peut recevoir :

– pour le trimestre 1 : (8,25 % – 5,50 %) = 2,75 % de différentiel de taux en sa faveur,

– pour le trimestre 2 : (8,25 % – 5,75 %) = 2,50 % de différentiel de taux en sa faveur,

– pour le trimestre 3 : (8,25 % – 6,00 %) = 2,25 % de différentiel de taux en sa faveur,

– pour le trimestre 4 : (8,25 % – 6,25 %) = 2,00 % de différentiel de taux en sa faveur.

Sa trésorerie est ainsi très fortement améliorée par rapport au taux du marché à un an si elle a figé ses produits à un taux de 8,25 %. Cependant, elle peut préférer suivre la courbe des taux anticipés et diminuer ainsi le risque d'être prêteur à un niveau trop bas si le Pibor s'envole dans les années suivantes. C'est cette possibilité de suivre la courbe des taux anticipés que lui offrent les swaps *step-up* et *step-down*.

Dans un swap dit *step-up* ou *step-down*, le taux fixe du swap ne reste pas constant tout au long de la durée de l'opération mais suit une progression par étapes. Il peut, par exemple, croître (cas des *step-up swaps*) ou décroître (cas des *step-down swaps*). Généralement, on fait varier le taux fixe du swap à des fins d'optimisation de la gestion de trésorerie.

Pour illustrer l'utilisation qui peut être faite d'un swap *step-up* ou *step-down*, considérons une entreprise disposant d'une trésorerie structurellement excédentaire. Cette société souhaite se doter d'un nouveau siège social dont elle envisage de financer la construction par la conclusion d'un emprunt à long terme. Cet engagement possède les caractéristiques suivantes : le montant principal est de 100 millions de francs amortis linéairement sur 10 ans et le taux d'emprunt est indexé sur le Pibor 6 mois. Les conditions financières qu'elle a négociées avec sa banque sont les suivantes :

– coût d'emprunt : Pibor 6 mois + 0,45 %,

– taux de dépôt : Pibor 6 mois – 0,30 %.

L'entreprise souhaite couvrir cet emprunt par un swap. Plutôt que de payer un taux fixe constant sur toute la durée du swap, elle conclut un swap dont le taux fixe est, au départ, plus élevé que le taux du swap classique, mais qui diminue par la suite progressivement de telle sorte qu'il lui est, à la fin, sensiblement inférieur. Le swap *step-down* lui permet ainsi de tirer parti de son excédent de trésorerie (tableau 10 et graphique 7). En outre, une telle transaction pourra s'avérer très avantageuse si, dans quelques années, la trésorerie de l'entreprise devenait négative.

A l'inverse, un swap *step-up* peut convenir à toute société qui dispose actuellement d'une trésorerie déficitaire et qui apprécierait, dans ce contexte, de payer des intérêts faibles au début de la transaction et accepterait par la suite une remontée progressive du taux de swap.

L'alternative au swap *step-up* serait ici de négocier un swap avec un taux fixe constant tout au long de l'opération, dont le niveau serait très inférieur au taux du swap de marché, mais, en échange, la société s'engagerait à verser une soulte à l'échéance de l'opération.

Tableau 10

	Caractéristiques du prêt accordé par la banque A	Caractéristiques du swap conclu avec la banque B
Durée	10 ans	10 ans
Montant	100 millions USD amortis linéairement	100 millions USD amortis linéairement
Taux variable	USD Libor 6 mois + 0,45 %	USD Libor 6 mois
Taux fixe		Voir le graphique 7

Graphique 7 – Progression du taux fixe du swap*

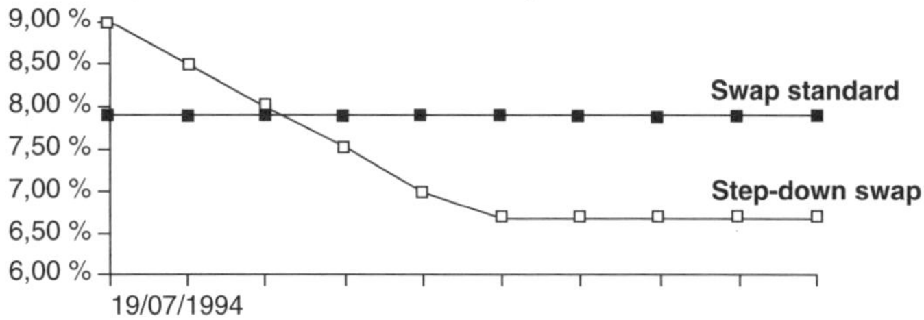

* Le taux du swap standard (taux fixe constant) de mêmes caractéristiques serait égal à 7,88 % sur toute la durée de vie de la transaction.

Schéma 10 – Visualisation des échanges de flux d'intérêts

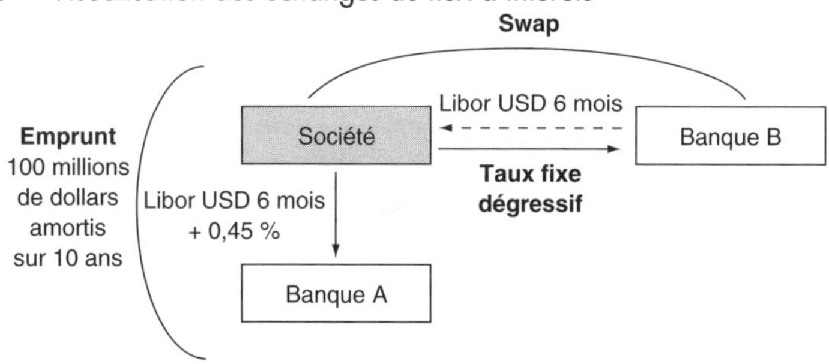

2.1.4. Les swaps indexés sur une référence non standard

Le taux variable d'un swap standard est généralement une référence de type Pibor ou Libor. Cependant, la gamme des taux de référence est plus large : il en existe en effet de très nombreuses, spécifiques à chaque pays, dont l'existence s'explique par des particularités historiques ou réglementaires. Le marché des swaps n'aurait d'ailleurs certainement pas connu un développement aussi spectaculaire, si les structures de swap n'avaient pu prendre en compte les particularités des taux de chaque marché et n'avaient pas été étendues afin de s'adapter à tous les profils possibles de taux d'intérêt.

Lorsque le taux variable utilisé dans le swap ne fait pas partie des références les plus courantes du marché, on parle de swap sur « indice atypique ». En fait, de tels produits sont beaucoup plus complexes qu'il n'y paraît, car il est souvent très difficile pour la banque de couvrir ces instruments de façon précise et pertinente, notamment parce que les références considérées sont peu liquides.

Ce type de swap a été créé à l'origine pour répondre aux problèmes rencontrés lorsque l'on souhaite couvrir de façon précise un engagement dont le taux est indexé sur une référence peu courante. Il est utile de rappeler que le premier objectif de ces swaps est de fournir des couvertures sur mesure à un sous-jacent qui existe déjà. Mais il est également possible de les utiliser pour saisir des opportunités de marché spécifiques offertes par des indices de taux moins courants. La flexibilité qu'apporte ce type de swap rend possible une gestion plus précise et sophistiquée de la courbe des taux d'intérêt.

Les indices atypiques peuvent avoir trois origines différentes. Il peut s'agir, d'abord, de taux obtenus à partir d'indices standards. Dans ce cas, la spécificité de la référence provient d'une variation qui a été appliquée aux caractéristiques du swap standard : par exemple, la base de calcul des intérêts, les dates de constatation du taux variable ou de paiement peuvent être modifiées afin de mieux correspondre aux besoins de l'entreprise. Ainsi, une société peut souhaiter avancer la date des paiements des intérêts à Libor 3 mois relatifs au swap au début de la période (le paiement serait normalement réalisé à la fin de la période en question).

L'indice atypique peut résulter, ensuite, de la combinaison de plusieurs indices. Par exemple, afin d'éviter tout risque de fixing, une entreprise peut désirer remplacer la branche du swap qui est à taux variable Pibor 6 mois par une moyenne de cette même référence sur une période de six mois.

Le caractère atypique de l'indice peut résulter, enfin, de son caractère strictement national. Sur certains marchés financiers domestiques, il existe des références de taux qui sont spécifiques à ce marché pour des raisons historiques ou juridiques. Par exemple, un pays peut avoir des indices de taux dont l'utilisation est limitée à ce pays. Dans certains cas, cette référence a pu devenir suffisamment liquide, comme c'est le cas du TAM français ou du *prime rate* américain. Dans d'autres cas, la référence est trop spécifique pour être considérée comme standard. Tel est le cas du taux ATIC en Italie ou de l'indice de taux du *commercial paper* aux Etats-Unis. Dans d'autres circonstances, enfin, le caractère atypique vient de la spécificité et de l'originalité de l'indice retenu. Tel est le cas pour le TME français (qui est un indice obligataire) ou du rendement implicite du marché américain des *bankers' acceptances*.

2.1.5. Les swaps courbe de taux

Le swap courbe de taux est une opération de marché dans laquelle deux parties échangent, suivant un échéancier préétabli, des conditions de taux d'intérêt portant sur un nominal déterminé à l'avance. Deux séries de flux d'intérêts sont ainsi échangées périodiquement : la première est calculée par application d'un taux variable monétaire ou d'un taux fixe au montant nominal, et la seconde par application d'un taux révisable à ce même montant. Le taux révisable d'un swap courbe de taux est le taux fixe d'un swap à moyen ou à long terme (de 2 à 10 ans), constaté périodiquement auprès de banques de référence. L'utilisation de ce type de référence s'est rapidement répandue, car elle permet de couvrir des maturités qui vont de 2 à 10 ans. L'appellation «swap courbe de taux» reflète d'ailleurs le fait que cet instrument permet à son utilisateur de prendre position sur la courbe de taux. Deux types de swaps peuvent être distingués, suivant que le taux échangé contre le taux révisable est un taux monétaire ou un taux fixe. Les schémas 11 et 12 illustrent ces possibilités.

Schéma 11

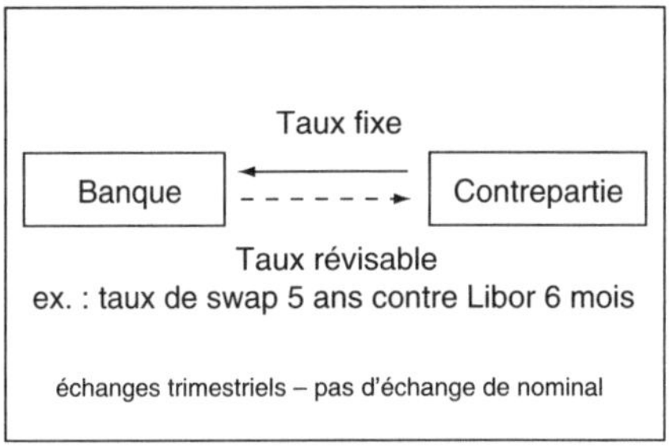

Schéma 12

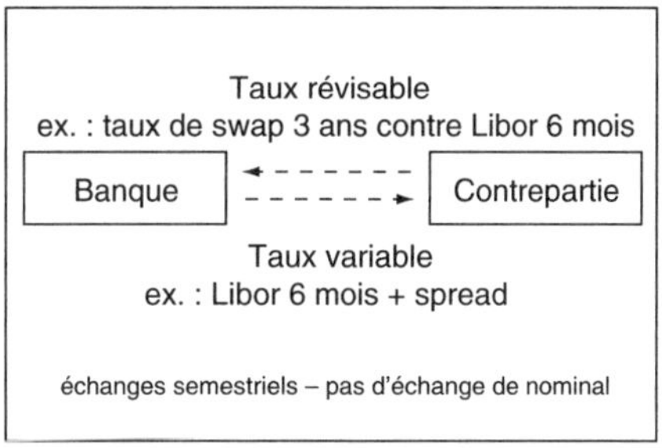

Le swap courbe de taux, comme le swap standard, permet de modifier la structure de taux d'intérêt d'un endettement ou d'un placement. De plus, en rendant possible le passage de références monétaires à des références à moyen ou long terme, il permet de tirer parti d'anticipations sur l'évolution de la courbe des taux et sa déformation. Le swap courbe de taux sera donc le plus souvent utilisé dans le cadre d'une stratégie de repositionnement sur la courbe des taux.

Par exemple, considérons une entreprise qui a conclu, il y a plusieurs années, un swap au taux fixe de 6,40 % (intérêts trimestriels). La transaction de swap a une durée de vie résiduelle de deux ans. Aujourd'hui, le trésorier de l'entreprise pense que la pente actuelle de la courbe est sensiblement exagérée, spécialement autour de l'échéance 2 ans, et envisage de ce fait un repositionnement qui correspondrait mieux à ses anticipations.

Un swap courbe de taux à 2 ans sera avantageux pour l'entreprise à condition que le taux forward deux ans ne soit pas supérieur aux niveaux qui sont aujourd'hui anticipés par le marché. Dans ce cas, la société paiera effectivement un taux moins élevé que le taux qui est implicitement contenu dans la courbe des taux forward. Elle parviendra par ce moyen à diminuer le coût du capital qu'elle a emprunté.

Les caractéristiques des deux transactions sont précisées au tableau 11.

Tableau 11

	Caractéristiques du prêt accordé par la banque A	Caractéristiques du swap conclu avec la banque B
Durée (résiduelle)	2 ans	2 ans
Montant	100 millions USD	100 millions USD
Taux variable		taux de swap 2 ans – 0,44 %
Taux fixe	6,40 % (trimestriel exact/360)	6,40 % (trimestriel exact/360)

Schéma 13 – Visualisation des flux d'intérêts

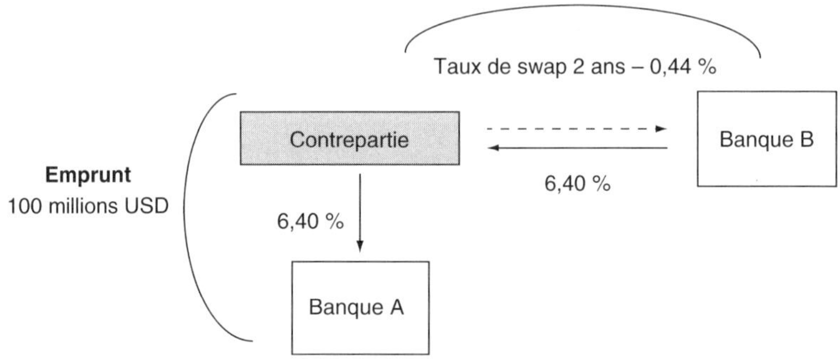

2.1.6. Les swaps zéro-coupon

Un swap zéro-coupon diffère d'un swap standard par le fait que l'une des deux séries d'intérêts est réduite à un flux unique[2]. Cependant, le mécanisme du swap zéro-coupon n'est pas différent de celui d'un swap standard. Le paiement unique intervient généralement à la fin de l'opération. Alors que dans un swap standard les paiements ont lieu à intervalles réguliers, dans le swap zéro-coupon, l'une des branches du swap est payée en une seule fois, comme l'illustre le schéma 14.

Pour illustrer la technique du swap zéro-coupon, prenons l'exemple d'une compagnie d'assurance qui vient de lancer un produit d'assurance-vie sur le marché français, offrant à des particuliers la possibilité de doubler le capital investi en l'espace de 9 ans et 9 mois. Le revenu espéré de la vente de ce produit après trois mois est de 100 millions de francs.

Schéma 14

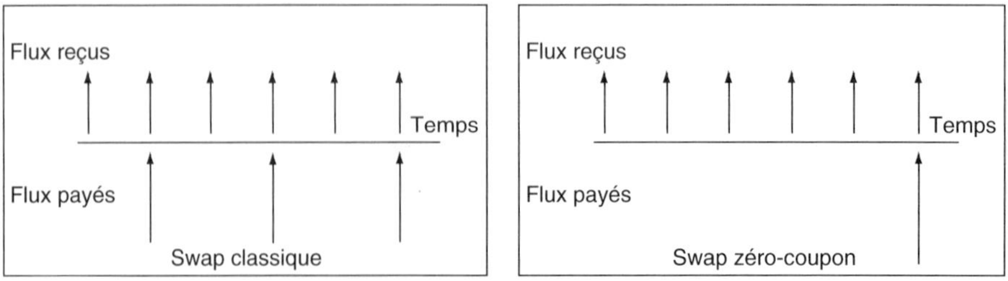

2. Voir également dans cette ***Encyclopédie*** l'article de A. de Clermont-Tonnerre et M.A. Lévy, « Obligations à coupon-zéro », p. 1323, tome 2.

La société entend investir ces fonds en *euro-commercial paper* versant des intérêts indexés sur une référence Libor. Elle souhaite couvrir cette transaction et considère que les conditions offertes en ce moment par le marché sont favorables à la conclusion d'un swap. La société sait dès à présent que, dans exactement 10 ans, elle devra, premièrement, rembourser les 100 millions et, deuxièmement, verser 100 autres millions comme le produit le garantit. Sachant cela, la société conclut un swap zéro-coupon qui lui permet de recevoir 100 millions en une seule fois à l'échéance du swap, en échange du paiement d'intérêts variables trimestriels indexés sur le Libor franc 3 mois. De plus, afin de prendre en compte le délai initial de trois mois – le temps nécessaire à la société pour lever les 100 millions de francs –, un départ différé de trois mois est incorporé à la structure de swap zéro-coupon.

Schéma 15 – Visualisation des échanges de flux d'intérêts

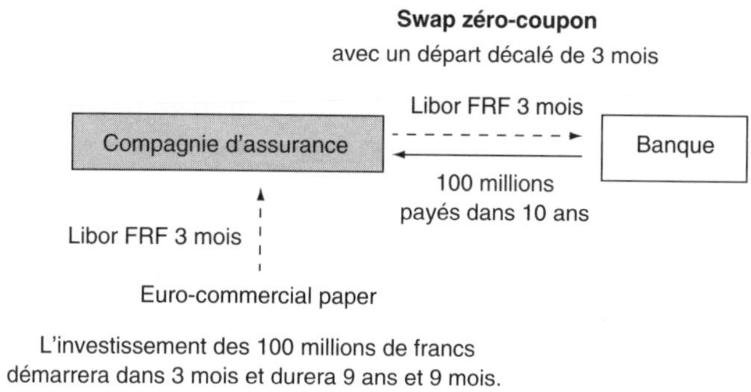

2.2. *Les stratégies combinant plusieurs produits simples*

Nous venons de présenter les nombreuses variantes qui sont progressivement apparues sur le marché du swap de taux d'intérêt. Un autre axe de développement du marché des produits dérivés de taux est lié à l'utilisation simultanée de plusieurs produits simples en vue de construire une stratégie optionnelle à prime réduite, voire nulle (tunnels, caps et floors spreads, swap participatif...). Nous abordons ci-dessous les combinaisons les plus courantes.

2.2.1. Les tunnels et tunnels inversés

Le principe d'un tunnel est d'acheter une option pour se couvrir contre un risque de taux et d'en vendre une autre pour réduire (voire annuler) la prime à payer. Dans un tunnel emprunteur (prêteur), la contrepartie 1 achète à la contrepartie 2 un cap (garantie de taux plafond) (resp. un floor) et lui vend un floor (garantie de taux plancher) (resp. un cap). Si le taux du marché est au-dessus du niveau du cap, la contrepartie 1 reçoit de la contrepartie 2 (resp. lui paye) le différentiel entre le taux du marché et le taux du cap. Son taux d'emprunt (resp. de prêt) est alors égal au taux du cap. Si le taux de marché est compris entre les prix d'exercice du cap et du floor, le taux d'emprunt (resp. de prêt) est égal au taux du marché. Enfin, si le taux de marché est inférieur à celui du floor, c'est la contrepartie 1 qui paye (resp. reçoit) le différentiel entre le taux de marché et celui du floor. Globalement, le taux d'emprunt (resp. de prêt) est encadré par les prix d'exercice du cap et du floor.

2.2.1.1. *Le tunnel emprunteur*

Les opérations simultanées d'achat d'un cap et de vente d'un floor de mêmes caractéristiques que le cap (montant, durée, taux variable de référence) constituent un tunnel emprunteur. Trois cas peuvent se présenter.

– Si le taux constaté est supérieur au prix d'exercice du cap, l'acheteur du tunnel est alors endetté à taux fixe (taux plafond). Il est couvert contre toute hausse des taux monétaires au-delà du prix d'exercice du cap.

– Si le taux constaté est inférieur au prix d'exercice du floor, l'acheteur du tunnel est alors endetté à taux fixe (taux plancher). Il ne bénéficie pas de la baisse des taux en deçà du prix d'exercice du floor.

– Si le taux constaté est compris entre les prix d'exercice du floor et du cap, l'acheteur du tunnel est alors endetté à taux variable. Il bénéficie de la baisse des taux monétaires sur cet intervalle.

Les graphiques 8 et 9 présentent le taux d'endettement d'un emprunteur à taux variable après la conclusion d'un tunnel emprunteur à prime nulle. Le taux d'endettement de l'acheteur du tunnel emprunteur est ainsi toujours compris entre les prix d'exercice des deux options.

Graphique 8

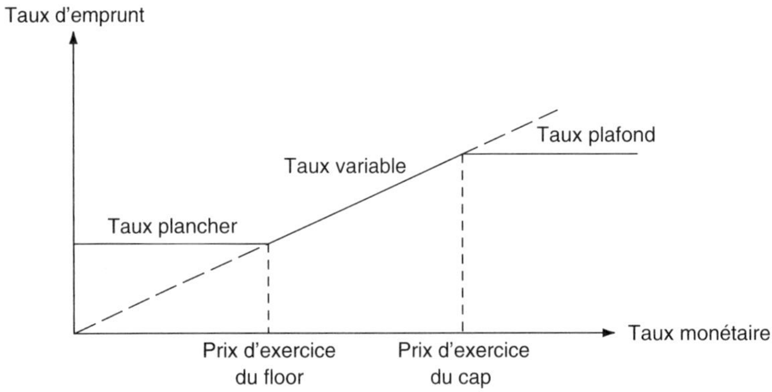

Graphique 9

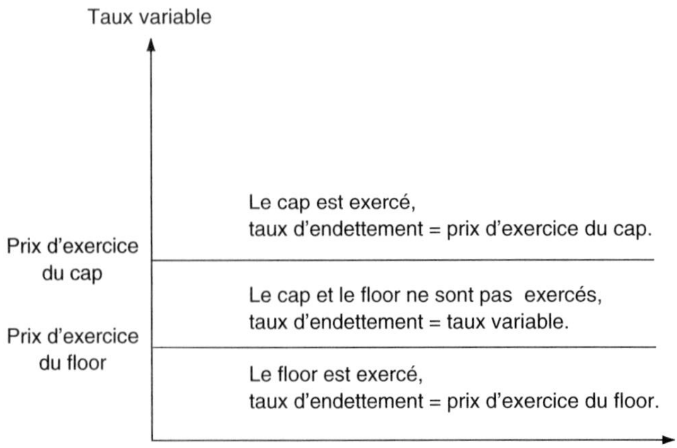

Graphique 10 – Profil du taux d'endettement après conclusion de l'opération

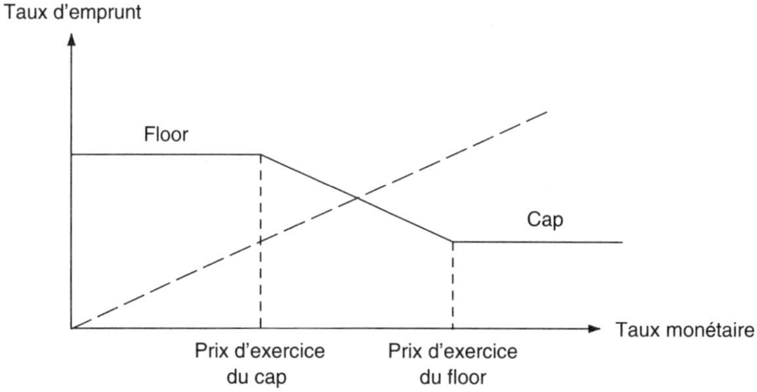

Graphique 11

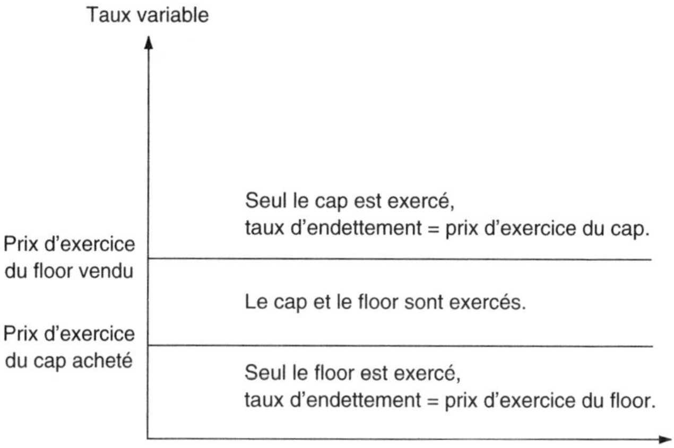

Un tunnel emprunteur permet donc de se garantir un taux de financement maximum, tout en conservant la possibilité de bénéficier de la baisse du taux variable de référence jusqu'à un taux plancher correspondant au prix d'exercice du floor vendu.

Il faut remarquer que, dans le cas d'anticipations haussières (lorsque l'on pense que les taux variables augmenteront plus rapidement que ne le prévoit le marché), il peut être intéressant de réaliser un tunnel inversé en achetant un cap avec un prix d'exercice inférieur à celui du floor vendu. Dans le cas d'une montée forte et rapide du taux variable au-dessus du niveau du floor, l'acheteur du tunnel inversé bénéficie d'un taux plafond bien inférieur à celui qui serait obtenu avec un tunnel classique. Si les taux se maintiennent à un niveau peu élevé, le taux plancher est supérieur au taux plancher d'un tunnel classique et nettement supérieur au taux variable du moment (voir graphiques 10 et 11).

2.2.1.2. Le tunnel prêteur

Les opérations simultanées d'achat d'un floor et de vente d'un cap de mêmes caractéristiques que le floor (montant, durée, taux variable de référence) constituent un tunnel prêteur. Cette double opération permet de réduire, voire d'annuler dans le cas d'un tunnel à prime nulle, le montant de la prime à payer pour l'acquisition du floor. En effet, la prime versée au titre du floor est compensée – en partie ou en totalité – par la prime perçue pour la vente du cap. A chaque fixation du taux variable de référence, le niveau de taux constaté est comparé au prix d'exercice du floor et à celui du cap. Trois situations peuvent se présenter.

– Si le taux constaté est inférieur au prix d'exercice du floor, l'acheteur du tunnel est alors prêteur à taux fixe (taux plancher). Il est couvert à la baisse des taux monétaires en deçà du prix d'exercice du floor.

– Si le taux constaté est supérieur au prix d'exercice du cap, l'acheteur du tunnel est alors prêteur à taux fixe (taux plafond). Il ne bénéficie pas de la hausse des taux monétaires au-delà du prix d'exercice du cap.

– Si le taux constaté est compris entre les prix d'exercice du floor et du cap, l'acheteur du tunnel est alors prêteur à taux variable. Il bénéficie de la hausse des taux monétaires sur cet intervalle.

Le graphique 12 présente l'évolution du taux de placement d'un prêteur à taux variable, en fonction du taux monétaire après la conclusion du tunnel prêteur à prime nulle.

Graphique 12

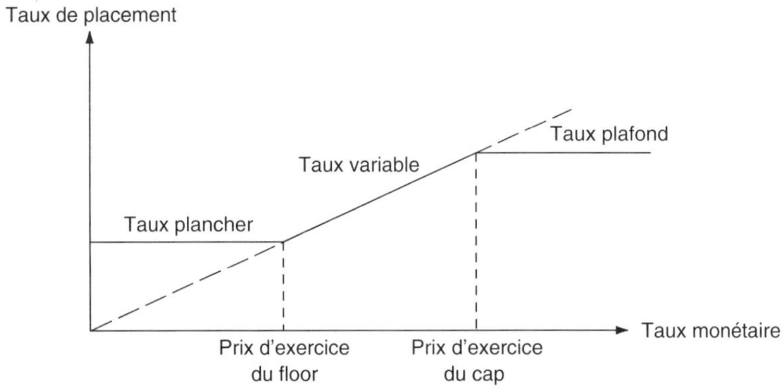

Le taux de placement de l'acheteur du tunnel est ainsi toujours compris entre les prix d'exercice des deux options.

Un tunnel prêteur permet donc de se garantir un taux de placement minimum tout en conservant la possibilité de bénéficier de la hausse du taux variable de référence jusqu'à un taux plafond correspondant au prix d'exercice du cap vendu.

Dans le cas d'anticipations baissières (lorsque l'on pense que le taux variable baissera plus fortement et plus rapidement que ne le prévoit le marché), il peut être intéressant de réaliser un tunnel inversé en achetant un floor à un niveau de taux garanti supérieur à celui du cap vendu. Si le taux variable baisse en dessous du niveau du cap, l'acheteur du tunnel bénéficie d'un taux plancher très supérieur à celui qui serait obtenu avec un tunnel classique. Si les taux se maintiennent à un niveau élevé, le taux plafond est en revanche inférieur au taux plafond d'un tunnel classique et nettement inférieur au taux variable du moment.

Graphique 13

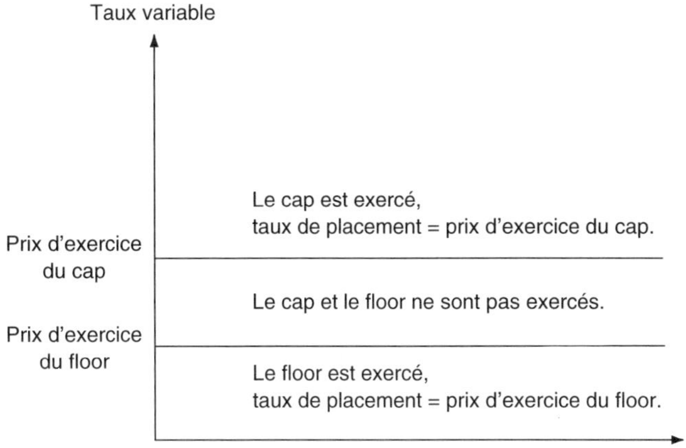

2.2.2. Le spread d'options

De manière générale, un spread d'options est une stratégie qui consiste à acheter une option d'achat ou de vente, et à vendre une option de même type mais de prix d'exercice différent. Dans le cas particulier des options sur taux d'intérêt négociées sur le marché de gré à gré, un spread d'options peut être un cap spread ou un floor spread[3].

2.2.2.1. L'achat d'un cap spread

La mise en place d'un cap spread consiste à conclure simultanément l'achat d'un premier cap et la vente d'un second cap de prix d'exercice supérieur. Cette double opération permet de réduire le montant de la prime à payer pour l'acquisition du premier cap. En effet, la prime versée pour l'achat de ce cap est compensée en partie par la prime perçue pour la vente du second cap. Cette stratégie permet de se protéger contre une hausse des taux jusqu'à une certaine limite qui est le prix d'exercice du cap vendu.

Graphique 14

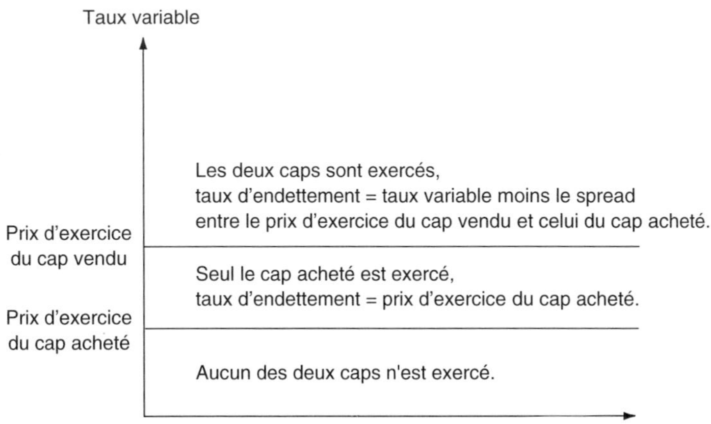

3. Voir également dans cette ***Encyclopédie*** l'article de J.C. Augros, « Options de taux d'intérêt », p. 1456, tome 2.

Le cap spread se comporte comme un cap classique tant que le taux variable de référence constaté reste en deçà du prix d'exercice du cap vendu : si le taux variable est inférieur au niveau du cap acheté, aucun des deux caps n'est exercé et l'acheteur bénéficie de la baisse des taux. Si le taux variable constaté est compris entre le prix d'exercice des deux caps, il reçoit au titre du cap acheté une indemnité correspondant à la différence entre le taux du marché et le taux garanti appliquée au capital restant dû de l'emprunt couvert. En revanche, si le taux variable est supérieur au niveau du cap vendu, les deux caps sont exercés. L'acheteur est alors endetté au taux variable de référence duquel est déduit le spread entre les prix d'exercice des deux caps.

Graphique 15 – Profil d'endettement après conclusion de l'opération

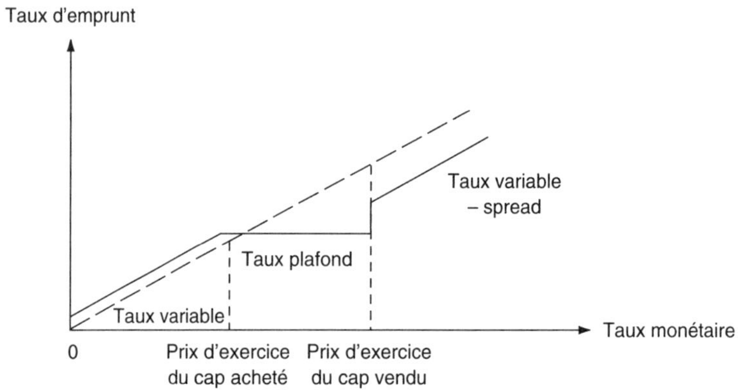

2.2.2.2. L'achat d'un floor spread

La mise en place d'un floor spread consiste à conclure simultanément l'achat d'un premier floor et la vente d'un second à un prix d'exercice inférieur. Cette double opération permet de diminuer le montant de la prime à payer. En effet, la prime versée pour l'achat du floor est compensée en partie par la prime perçue au titre du floor vendu. Cette stratégie offre donc une protection, moyennant un coût limité, contre une baisse des taux jusqu'à une certaine limite qui est le prix d'exercice du floor vendu.

Le floor spread se comporte comme un floor classique tant que le taux variable de référence constaté reste supérieur au prix d'exercice du floor vendu. Si le taux variable est supérieur au niveau du floor acheté, aucun des deux floors n'est exercé et l'acheteur bénéficie de la hausse des taux. Si le taux variable constaté est compris entre les prix d'exercice des deux floors, l'acheteur reçoit au titre du floor acheté une indemnité correspondant à la différence entre le taux du marché et le taux plancher garanti appliquée au montant du placement ainsi couvert. En revanche, si le taux variable est inférieur au niveau du floor vendu, les deux floors sont exercés. L'acheteur du floor spread est alors placeur au taux variable de référence augmenté du spread entre les prix d'exercice des deux floors.

Graphique 16

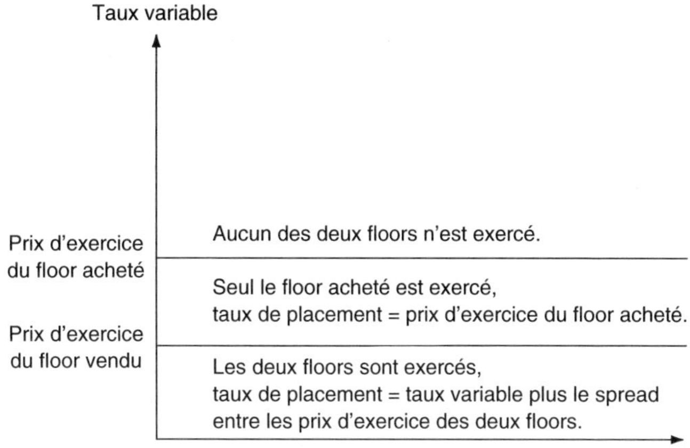

Graphique 17 – Profil du placement après conclusion de l'opération

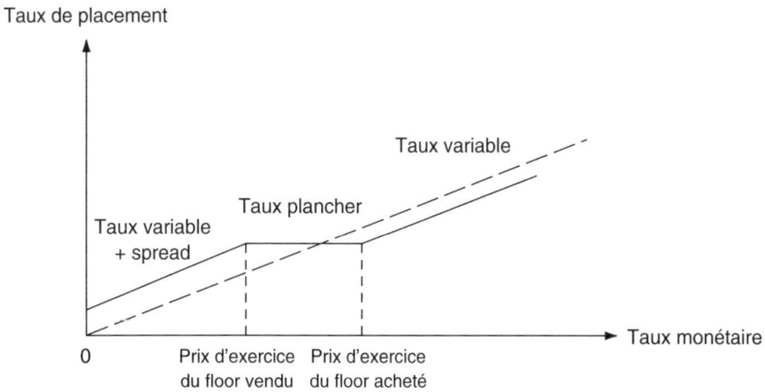

2.2.3. Le swap participatif

Un swap participatif est un contrat qui permet à un prêteur de bénéficier dans une certaine mesure, mais pas totalement, de la hausse d'un taux d'intérêt au-dessus d'un niveau plancher, ou qui permet à un emprunteur de bénéficier partiellement de la baisse d'un taux d'intérêt au-dessous d'un certain plafond.

Le swap participatif est la combinaison d'un swap classique et de l'achat d'une option de taux (cap ou floor). Prenons le cas d'un emprunteur à taux variable. Pour couvrir son risque à la hausse des taux, il peut décider de figer son taux d'endettement (conclusion d'un swap classique) ou borner son taux maximum d'endettement contre le paiement d'une prime (achat d'un cap). Plutôt que de choisir entre ces deux possibilités, il peut décider de couvrir une partie de son endettement avec un swap (de 0 % à 100 %) et de couvrir l'autre partie avec l'achat d'un cap (de 100 % à 0 %). Dans un swap participatif, le prix d'exercice du cap est égal au taux fixe du swap et la prime associée au cap est intégrée dans le taux fixe du swap.

Dans le cas d'un prêteur, le swap participatif est, selon le même principe, la combinaison d'un swap prêteur classique pour une partie du montant à couvrir et de l'achat d'un floor pour la partie restante.

Graphique 18

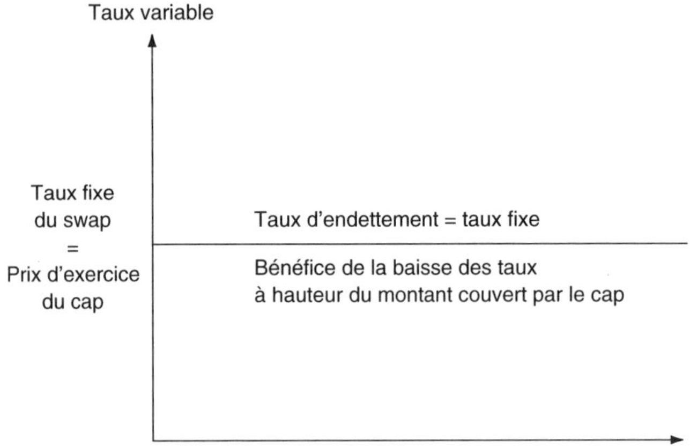

Graphique 19 – Profil du taux d'endettement après conclusion de l'opération

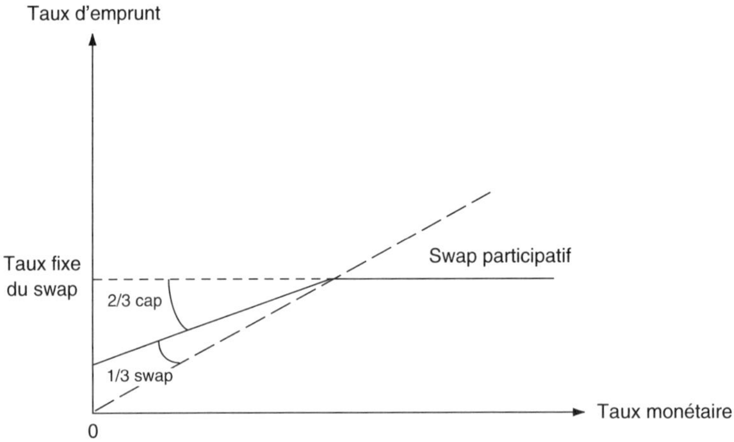

3. Les opérations multidevises

Nous venons de présenter les instruments financiers permettant de couvrir le risque de taux relatif à des engagements libellés dans une seule devise. Il arrive fréquemment que le risque de taux et le risque de change soient liés, notamment dans le cadre d'une transaction internationale. Aussi, après avoir abordé le change à long terme – un produit classique de gestion du risque de change – nous intéresserons-nous à deux produits multidevises permettant une gestion globale des deux risques : le swap de devises et le coupon swap.

3.1. Le change à long terme

Le change à long terme, dans le cas d'un terme sec[4], est un contrat de gré à gré entre deux contreparties qui permet de figer aujourd'hui le cours de change d'une opération future d'achat ou de vente de devises. Les contreparties

4. Un change à terme est dit « long » lorsque l'échéance de l'opération est supérieure à 18 mois et l'on parle de terme « sec » lorsque l'opération n'implique pas d'échange à l'origine de la transaction, mais seulement un échange à l'échéance.

s'engagent par ce contrat à échanger à une date future connue un montant dans une devise A contre un montant dans une devise B, sur la base d'un cours de change A/B déterminé à l'origine.

L'entreprise qui conclut un change à long terme se couvre contre l'évolution défavorable d'un cours de change donné, mais elle renonce en revanche à bénéficier d'une éventuelle évolution favorable[5].

Prenons l'exemple d'un importateur français de biens d'équipement allemands qui est facturé exclusivement en deutsche mark (DEM). Le coût de ses acquisitions est directement lié à l'évolution du cours de change DEM/FRF (appelé également «Mark/Paris»). Il est exposé au risque d'une appréciation du DEM. La conclusion d'achats de DEM à long terme lui permet de se couvrir contre ce risque, de connaître à l'avance le coût de ses acquisitions et de garantir le prix de revient de ses marchandises.

Supposons, par exemple, que cet importateur signe un contrat d'une valeur de 20 millions de DEM payables dans 3 ans. Pour se couvrir, il conclut un achat à terme à 3 ans qui lui garantit un cours DEM/FRF de 3,50 alors que le cours spot est égal à 3,45. Le schéma 16 illustre les flux à l'échéance pour l'entreprise.

Schéma 16

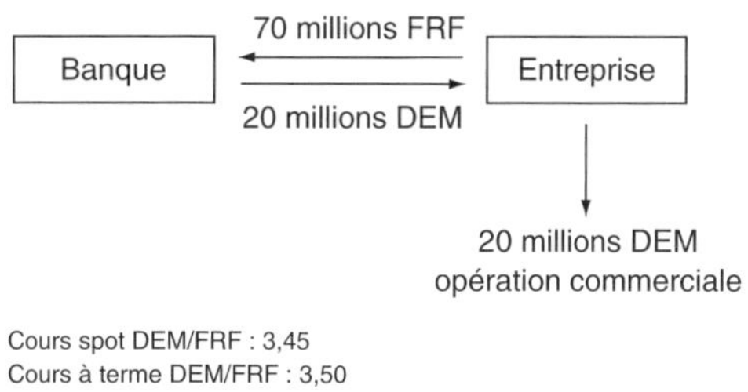

De la même façon, un exportateur français qui serait exclusivement payé en DEM est en risque en cas de dépréciation de la devise allemande par rapport au franc. La conclusion de ventes à long terme lui permet de se couvrir contre ce risque et de garantir le prix de ses exportations.

Cet exportateur réalise une vente de 30 millions de DEM payables dans 3 ans. Pour se couvrir, il conclut une vente à terme avec une échéance de 3 ans qui lui garantit un cours DEM/FRF de 3,50. Le schéma 17 illustre les flux à l'échéance pour l'entreprise.

Schéma 17

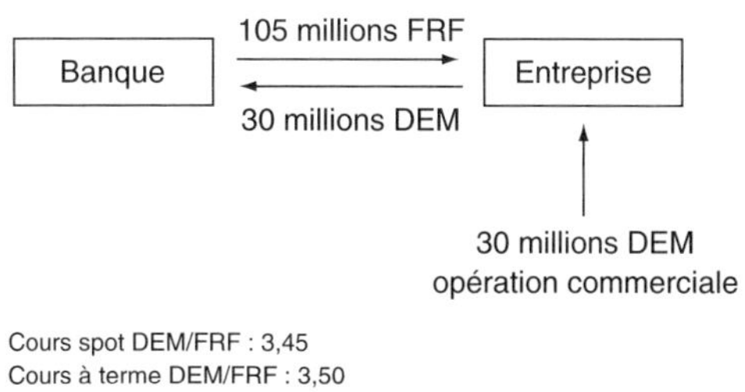

5. Voir également dans l'***Encyclopédie de gestion*** l'article de C.A. Vailhen, «Risque de change».

3.2. Le swap de devises

Un swap de devises est une opération par laquelle deux parties s'engagent à échanger, suivant un échéancier préétabli, des conditions de taux d'intérêt portant sur des montants nominaux équivalents, fixés au départ et exprimés dans deux devises différentes.

Deux séries de flux sont ainsi échangées périodiquement : la première est calculée par application d'un taux d'intérêt (fixe ou variable) à un montant nominal dans une devise A, et la seconde par application d'un taux d'intérêt (fixe ou variable) à un montant nominal dans une devise B. Le cours de change des devises A et B est déterminé à l'origine, pour toute la durée de l'opération. A la différence d'un swap de taux qui ne porte que sur des échanges de flux d'intérêts, un swap de devises implique un échange de montants nominaux soit au début et à la fin de l'opération, soit seulement au début ou à la fin, à un cours de change défini au départ[6]. Dans le cas d'un swap sur un nominal amorti, il est possible d'intégrer dans le swap les flux liés à l'amortissement du capital. On peut distinguer plusieurs types de swaps selon la nature des taux échangés : fixe contre fixe, fixe contre variable ou variable contre variable.

Cet instrument s'adresse à des contreparties qui souhaitent échanger des conditions de taux dans une devise contre des conditions de taux dans une autre devise. En concluant un swap, elles peuvent gérer le risque lié à une opération libellée dans une devise étrangère, bénéficier de conditions financières plus avantageuses que celles auxquelles elles ont accès dans une certaine devise, ou encore couvrir partiellement ou totalement les risques de taux d'intérêt et de change liés à une transaction internationale. Deux exemples d'utilisation de ces instruments multidevises sont détaillés ci-dessous.

3.2.1. Le swap de devises taux fixe contre taux variable avec échange de montants principaux au départ et à l'échéance de l'opération

Le schéma 18 illustre le cas d'un swap de devises USD/FRF dans lequel les contreparties échangent des flux d'intérêts fixes en franc contre des flux d'intérêts variables en dollar. Un échange des montants nominaux est effectué au départ et à l'échéance de l'opération, au cours de change prédéfini (USD/FRF = 5 par exemple), soit 20 millions de dollars contre 100 millions de francs. Cette opération revient à emprunter 20 millions de dollars à 5 ans et à prêter 100 millions de francs sur la même durée.

3.2.2. Le swap de base avec remboursement annuel du capital

Un swap de base est un swap de devises dans lequel les deux branches du swap sont indexées à taux variable : par exemple, un swap dans lequel des intérêts à Libor dollar 6 mois sont échangés contre des intérêts à Pibor franc 6 mois.

Considérons par exemple une société holding américaine (rating AAA) qui souhaite conclure un emprunt pour le compte de l'une de ses filiales françaises afin de lui offrir de bonnes conditions de financement. Les besoins de cette filiale s'élèvent à 50 millions de francs remboursés linéairement chaque année

---

6. Le cas d'un swap de devises sans aucun échange de montants nominaux peut être considéré à part. On parle dans ce cas de « coupon swap ». Cet instrument est abordé au paragraphe 3.3.

pendant 5 ans (voir tableau 12). Le cours de change spot USD/FRF est égal à cet instant à 5,00. La société holding emprunte alors 10 millions de dollars à Libor dollar 6 mois + 0,35 %, et conclut simultanément un swap de base dans lequel elle échange les intérêts en dollar contre des intérêts en franc (voir tableau 13).

Tableau 12 – Caractéristiques des deux contrats

Prêt accordé par la banque A	Swap conclu avec la banque B
Devise : USD Durée : 5 ans Montant : 10 millions USD amortis linéairement Date de conclusion : 15/10/1995 Taux variable : Libor USD 6 mois + 0,35 %	Devises : USD/FRF Durée : 5 ans Montant : 10 millions USD amortis linéairement Date de conclusion : 15/10/1995 Taux variable en franc : Pibor 3 mois + 0,47 % (0,12 % + 0,35 %) Taux variable en dollar : Libor USD 6 mois + 0,35 %

Schéma 18

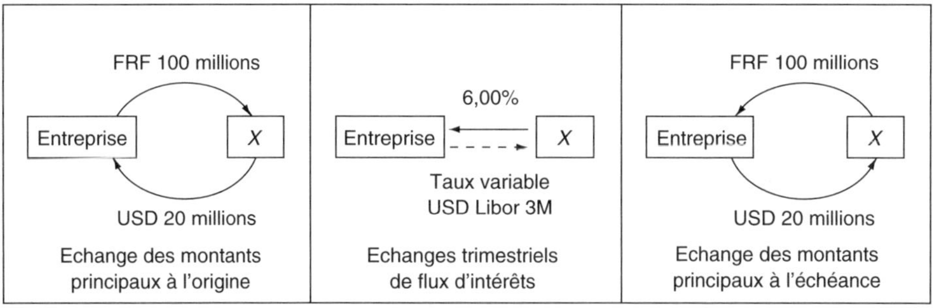

Schéma 19 – Visualisation des échanges de flux d'intérêts

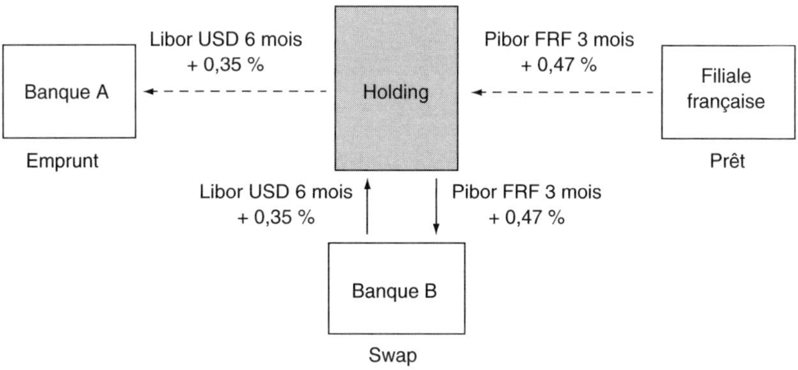

Tableau 13 – Tableau récapitulatif des échanges annuels de capitaux

Dates	Emprunt de la holding	Swap de base	Prêt à la filiale
15/10/1995	+ USD 10 M	– USD 10 M + FRF 50 M	– FRF 50 M
15/10/1996	– USD 2 M	USD 2 M – FRF 10 M	FRF 10 M
15/10/1997	– USD 2 M	USD 2 M – FRF 10 M	FRF 10 M
15/10/1998	– USD 2 M	USD 2 M – FRF 10 M	FRF 10 M
15/10/1999	– USD 2 M	USD 2 M – FRF 10 M	FRF 10 M
15/10/2000	– USD 2 M	USD 2 M – FRF 10 M	FRF 10 M

3.3. Le coupon swap

Comme dans le cadre d'un swap de devises, le coupon swap est une opération dans laquelle deux parties s'engagent à échanger, suivant un échéancier préétabli, des conditions de taux d'intérêt portant sur des montants nominaux équivalents fixés au départ et exprimés dans des devises différentes A et B. Il s'agit en fait d'un cas particulier de swap de devises, dans lequel il n'y a pas d'échange de montants principaux, ni au début ni à la fin de l'opération. Seuls des flux d'intérêts sont échangés périodiquement. La première série de flux est calculée par application d'un taux d'intérêt (fixe ou variable) à un montant nominal dans une devise A, et la seconde par application d'un taux d'intérêt (fixe ou variable) au montant nominal équivalent dans une devise B. Deux exemples d'utilisation d'un coupon swap sont abordés ci-dessous.

Prenons, par exemple, le cas d'une entreprise française qui possède une filiale en Allemagne, à laquelle elle a accordé un prêt de 30 millions de deutsche marks sur plusieurs années. Régulièrement, cette filiale lui verse des intérêts indexés sur une référence Libor DEM. La maison mère est confrontée à la situation suivante.

1) Elle reçoit des paiements en deutsche mark alors que ses emplois sont en franc. Elle subit donc un risque de change sur les intérêts qu'elle souhaiterait annuler,

2) Elle préférerait recevoir des paiements d'intérêts à Pibor 3 mois, plutôt qu'à Libor DEM, car elle est en partie endettée sur cette référence française. En effet, les flux reçus compenseraient alors en partie les flux payés au titre de l'endettement. Ceci permettrait à l'entreprise d'atténuer son exposition au risque de taux Pibor 3 mois.

La conclusion d'un coupon swap permet à l'entreprise française de résoudre ces deux problèmes. Elle peut en effet mettre en place un coupon swap DEM/FRF sur 3 ans, dans lequel, chaque trimestre, elle paye Libor 3 mois DEM sur 30 millions de deutsche marks et elle reçoit Pibor 3 mois moins un spread, sur un montant équivalent en franc. Elle peut, par exemple, obtenir un spread de – 0,95 % et un cours DEM/FRF figé à 3,50.

L'entreprise a figé le niveau du cours DEM/FRF sur les intérêts et reçoit au final des intérêts à Pibor 3 mois, en franc. Elle est couverte contre une dépréciation du deutsche mark par rapport au franc ; en revanche, elle ne bénéficiera pas d'une éventuelle appréciation de ce cours de change ni d'un éventuel élargissement du spread entre les taux courts allemands et français.

Il faut noter que cette stratégie peut être tout à fait intéressante si l'entreprise anticipe au contraire une réduction de ce spread.

Considérons maintenant le cas où cette entreprise française a investi aux Etats-Unis et prévoit de recevoir dans deux ans un paiement d'un montant de 20 millions de dollars. Elle est endettée en dollar à Libor 6 mois pour cette durée et ce montant (paiement semestriel des intérêts et remboursement *in fine*) et préférerait rembourser son emprunt par des paiements en franc. Elle considère de plus que le cours actuel du USD/FRF à un niveau de 4,85 est tout à fait avantageux et souhaiterait bénéficier de ce cours sur toute la durée de l'opération. Enfin, elle envisage de couvrir le risque de taux associé à son emprunt, en figeant également le niveau du taux français (par exemple, à 6,46 %). Pour cela, elle conclut un coupon swap USD/FRF sur 2 ans, dans lequel elle verse des intérêts fixes (6,46 %) sur 97 millions de francs et reçoit des intérêts variables (Libor 6 mois) sur 20 millions de dollars.

*

* *

Les différents instruments que nous venons de présenter montrent la variété de produits de gestion du risque de taux aujourd'hui à la disposition des utilisateurs. Il est important de retenir que le marché est désormais en mesure de proposer des solutions parfaitement adaptées à la situation de chacun. De plus, parallèlement à la flexibilité des instruments, la liquidité du marché s'est fortement accrue (tous les instruments abordés dans cet article peuvent en effet être retournés ou annulés à tout moment aux conditions de marché).

Le marché des dérivés de taux, ainsi entré dans sa phase de maturité, continue de s'enrichir régulièrement de produits de « seconde génération ». Ces derniers, développés dans l'optique de répondre de façon toujours plus performante aux besoins des entreprises et des investisseurs, sont présentés dans un autre article de cette Encyclopédie[7].

Références

Brochures commerciales SCF.

Chazot C., Claude P., *Les swaps,* 2e éd., Paris, Economica, 1995.

Revues :

Asian Corporate Finance.

Banque.

Corporate Finance.

Option Finance.

Risk Magazine.

Swaps Compendium, Euromoney.

Mots clés

Accord de taux futur, cap, cap spread, *cash settlement,* change à long terme, change à terme sec, coupon swap, équivalent période, floor, floor spread, Forward Rate Agreement (FRA), option de taux d'intérêt, produit structuré, risque de taux, spread d'options, *strike,* swap, swap à départ différé, swap amortissable, swap courbe de taux, swap de base, swap de devises, swap de taux

---

7. Voir V. Lauwick, P. Gourmet, C. Lorin et I. de Dinechin, « Produits dérivés de taux de seconde génération », p. 1574, tome 2.

d'intérêt, swap de taux d'intérêt emprunteur, swap de taux d'intérêt placeur, swap forward, swap indexé sur une référence non standard, swap non standard, swap participatif, *swap settlement,* swap standard *plain-vanilla,* swap *step-down,* swap *step-up,* swap sur indice non standard, swap zéro-coupon, swaption, swaption emprunteuse, swaption prêteuse, taux du swap, taux forward, terme sec, tunnel, tunnel emprunteur, tunnel inversé, tunnel prêteur, tunnel prêteur à prime nulle.

Intermédiation financière[1]

Jean Dermine

Les marchés financiers sont traditionnellement divisés en deux segments : le marché monétaire[2] sur lequel la maturité des instruments émis, comme les billets de trésorerie ou les certificats de dépôt, est inférieure à un an, et le marché des capitaux[3] sur lequel la maturité des titres émis, telles les obligations ou les actions, est supérieure à un an. La fonction principale des marchés financiers est de transférer de manière efficiente l'épargne générée par les unités économiques qui produisent un surplus de financement vers les unités exprimant un besoin de financement[4].

Le financement direct doit être distingué du financement indirect. Avec le premier, les titres émis par les unités en déficit, qu'il s'agisse d'actions ou d'obligations, sont détenus directement par les investisseurs. Dans le cas d'un financement indirect, les titres sont détenus par les intermédiaires financiers qui se financent en émettant d'autres titres. Ainsi, un fonds de pension détient des actifs financiers, actions ou obligations, en contrepartie d'un engagement à verser des pensions dans le futur[5]. Une banque détient des obligations ou finance des crédits en émettant des dépôts, des certificats de dépôt, des obligations ou des actions.

---

1. Rédigé lorsque l'auteur était *Bertil Danielsson Guest Professor of Bank Management* à Gothenburg et Stockholm Schools of Economics.

2. Voir dans cette ***Encyclopédie*** l'article de P. Claude, « Marché monétaire et titres de créance négociables », p. 847, tome 1.

3. Voir dans cette ***Encyclopédie*** les articles de M. Piermay, « Obligations », p. 1283, tome 2, de A. François-Heude, « Obligations à taux variable », p. 1343, tome 2, de A. de Clermont-Tonnerre et M.A. Lévy, « Obligations à coupon-zéro », p. 1323, tome 2, de G. de Nercy, « Obligations convertibles », p. 1298, tome 2, et de D. Folus, « Actions : modélisation, évaluation, gestion », p. 1, tome 1.

4. Voir dans cette ***Encyclopédie*** les articles de C. Saint-Etienne, « Marchés de capitaux, financement de l'économie et politique monétaire », p. 880, tome 1, de E. Ginglinger, « Marchés de capitaux et financement de l'entreprise », p. 897, tome 1 et de D. Perrut, « Système monétaire et financier français », p. 1845, tome 2.

5. Voir dans cette ***Encyclopédie*** l'article de O. Héreil, « Fonds de pension », p. 501, tome 1.

Les intermédiaires financiers sont qualifiés de monétaires ou de non monétaires. Les intermédiaires monétaires émettent des dépôts qui font partie de la masse monétaire telle que la définit la banque centrale, tandis que les intermédiaires financiers non monétaires, comme les compagnies d'assurance-vie[6] ou les fonds de pension, émettent des titres qui ne font pas partie de la masse monétaire.

Le schéma qui suit présente un circuit de financement classique.

La première section de cet article présente les services offerts par les intermédiaires financiers. La deuxième section étudie les fondements économiques de la réglementation bancaire.

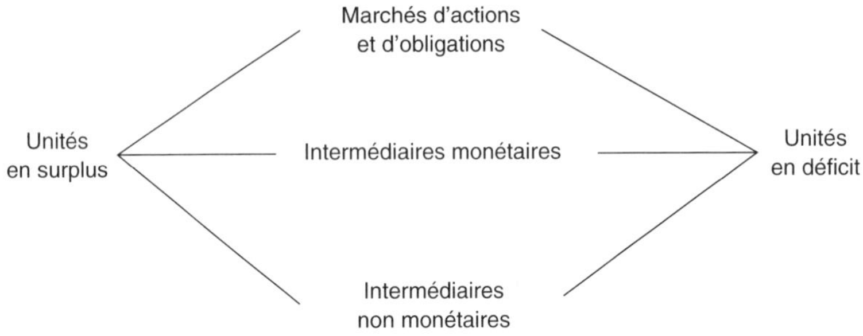

1. Les banques

La description des principaux services offerts par les banques est suivie d'une présentation des principaux systèmes réglementaires. L'étude de l'importance du secteur bancaire dans l'économie et le commerce international complète cette analyse du rôle des banques.

1.1. La nature des services bancaires

Bien que les services bancaires ne soient pas indépendants les uns des autres, il est utile pour les besoins de l'analyse de considérer séparément les cinq types de services offerts par les banques : l'émission et le placement des titres, la gestion de portefeuille, l'évaluation et le suivi des risques-crédits, le système de paiement, et la gestion des risques financiers.

1.1.1. L'émission et le placement des titres

Ce service rendu par les banques aide les emprunteurs (entreprises privées ou secteur public) à répondre aux besoins des épargnants en structurant les caractéristiques des titres en termes de rendement et de risque. A titre d'exemple, une obligation peut être émise à taux variable ou à taux fixe ; sa maturité peut être courte ou longue. Pour réaliser ce service, l'émetteur est impliqué non seulement dans la définition des caractéristiques du titre, mais également dans l'évaluation de l'actif sous-jacent et le choix des termes financiers qui assurent la compétitivité du placement. Dans le service «émission et placement», il est supposé que le couple rendement-risque peut être mesuré

---

6. Voir dans l'***Encyclopédie de gestion*** l'article de G. Valin, «Entreprise d'assurances».

relativement facilement, de sorte que ces instruments soient liquides, c'est-à-dire facilement négociables sur le marché des capitaux. Dans le cadre du service « émission-placement », l'investisseur final détient directement les titres émis par les agents émetteurs.

1.1.2. La gestion de portefeuille

Ce service permet aux épargnants d'acquérir à coût réduit un portefeuille diversifié de titres émis par des unités en déficit. Le cas le plus évident est celui des fonds d'investissement et des SICAV qui offrent aux investisseurs un portefeuille diversifié d'actifs financiers. Les revenus générés par les actifs en portefeuille sont payés aux investisseurs, amputés d'une commission versée au gestionnaire du fonds. Deux raisons économiques justifient l'existence de ces fonds d'investissement : la réduction des frais qui seraient encourus par l'émetteur contraint de proposer, en l'absence de ces fonds, des volumes réduits correspondant aux desiderata des investisseurs individuels, d'une part, le souhait de l'investisseur de déléguer au gestionnaire du fonds le choix des investissements, d'autre part.

1.1.3. L'évaluation et le suivi du risque-crédit

La détention privée d'informations par les agents émetteurs de titres (appelée dans la littérature économique l'« information asymétrique »[7]) peut entraîner des problèmes contractuels parce qu'il est difficile d'évaluer correctement la solvabilité d'un emprunteur au moment de l'émission, ainsi que ses choix économiques après l'émission. Il peut être démontré que le financement prenant la forme d'un emprunt bancaire permet de résoudre en partie les problèmes d'asymétrie de l'information (Diamond, 1984). Cette troisième fonction de l'intermédiation est liée au premier service évoqué, celui de l'émission-placement. Ce service est toutefois différent parce qu'il correspond au cas où des problèmes sévères d'information privée rendent difficile l'émission directe de titres sur les marchés financiers. Une implication de ces problèmes d'information est que les crédits bancaires ne seront pas facilement mobilisables sur les marchés financiers. Il convient de noter que la distinction entre les titres liquides et les crédits non liquides n'est pas aussi tranchée dans la réalité. En effet, la technologie financière permet de regrouper des crédits bancaires et de les transformer en titres négociables sur les marchés financiers grâce au processus de « titrisation »[8].

1.1.4. Le mécanisme de paiement

Une quatrième fonction des intermédiaires financiers est la gestion du système de paiements, c'est-à-dire l'organisation des transferts de valeur entre les agents économiques. C'est une fonction comptable réalisée en créditant et en débitant les comptes bancaires. La fonction de paiement est limitée par la réglementation à un actif bancaire spécifique, le compte à vue, mais elle pourrait

7. Voir également dans cette ***Encyclopédie*** l'article de P.A. Chiappori, « Information asymétrique et analyse du risque », p. 628, tome 1 et dans l'***Encyclopédie de gestion*** l'article de P. Raimbourg, « Asymétrie d'information, théorie de l'agence et gestion de l'entreprise ».

8. Voir dans cette ***Encyclopédie*** l'article de V. Pancrazi-Dauchy, « Titrisation », p. 2013, tome 2.

être réalisée en débitant ou en créditant tout autre actif financier. Les comptes qui permettent de transférer automatiquement l'argent d'un portefeuille de SICAV sur un compte à vue illustrent parfaitement la possibilité d'organiser le système de paiement sur n'importe quel actif (Fama, 1980).

1.1.5. La gestion des risques financiers

Une fonction de plus en plus importante des marchés financiers est de faciliter l'assurance ou la prise de risque. Quelques exemples vont l'illustrer. Premièrement, les institutions financières ne se contentent pas d'offrir des actifs diversifiés, elles organisent efficacement la distribution des revenus reçus. Le détenteur d'un dépôt reçoit un paiement fixe, l'intérêt promis, alors que l'actionnaire de la banque reçoit un paiement résiduel. Un autre service d'assurance est la liquidité des dépôts, c'est-à-dire la possibilité de retirer rapidement ses fonds à leur valeur faciale. Des contrats financiers comme les contrats à terme ou les options sont appelés instruments dérivés au sens où, comme une assurance, un paiement – que ce soit un gain ou une perte – est lié à l'arrivée d'un événement particulier tel qu'un mouvement de devise, de taux d'intérêt ou d'indice boursier (Allen et Gale, 1994).

Pour illustrer la croissance et l'importance relative du secteur financier, quelques données relatives à la main-d'œuvre employée dans le secteur financier de différents pays sont regroupées dans le tableau 1. L'emploi dans le secteur «banque, assurance et immobilier» a augmenté de manière considérable depuis le milieu des activités 1980. Le pourcentage de la population active travaillant dans ce secteur dépasse 10 % au Royaume-Uni, aux Etats-Unis et en Suisse. Durant les dix dernières années, la proportion de main-d'œuvre occupée dans le secteur financier a crû en moyenne de 40 %.

Tableau 1 – Pourcentage de l'emploi dans les secteurs de la banque, de l'assurance et de l'immobilier

Pays	1980	1989
Belgique	6,2	8,6
France	7,5	9,6
Allemagne	ND	7,9
Suisse	ND	10,5
Royaume-Uni	8,2	12,7
Etats-Unis	8,4	11,3
Japon	5,5	7,8

ND : Non disponible.
Unité : Pourcentage de l'emploi total.
Source : OCDE (1991).

1.2. Les systèmes réglementaires

Historiquement, l'industrie bancaire a toujours été fortement réglementée. La gestion macro-monétaire de l'économie, la protection des déposants, le nationalisme et la «capture réglementaire» par les agents en place expliquent cette situation qui conduit à un cloisonnement du secteur financier dans de nombreux pays. Le cas du Japon est exemplaire. Dans ce pays, les banques sont divisées en trois groupes principaux : les banques nationales avec un réseau d'agences spécialisées dans le financement de prêts à court terme et le refinancement par dépôts d'entreprises et de particuliers, les banques de crédits à long terme spécialisées dans le financement long, et les banques fiduciaires qui bénéficient d'avantages spéciaux pour la gestion des fonds de pension. Autre exemple, dans plusieurs pays européens, les caisses d'épargne créées au début du XIXe siècle sont spécialisées dans le financement du crédit hypothécaire. L'argument économique invoqué pour justifier ce cloisonnement réglementaire est le besoin ressenti de canaliser les fonds disponibles pour assurer le financement d'investissements jugés prioritaires. Une troisième forme de cloisonnement, observée aux Etats-Unis et au Japon, est la séparation entre les banques commerciales et les banques d'investissement. Les premières sont spécialisées dans la collecte de dépôts et l'octroi de crédits ; les secondes le sont dans l'activité d'émission et de courtage de titres. Cette forme de réglementation était justifiée par le souhait de protéger les déposants en assurant la solvabilité bancaire. Le Glass-Steagall Act a limité l'activité d'émission et de courtage aux Etats-Unis depuis 1933. Après la Deuxième Guerre mondiale, les Etats-Unis ont imposé au Japon une réglementation similaire (article 65 de la loi bancaire). La séparation des activités entre les banques commerciales et les banques d'investissement n'a pas existé en Europe où le modèle de «la banque universelle» permet aux intermédiaires financiers d'opérer dans ces deux segments d'activité. Comme il sera discuté ci-après, l'argument économique en faveur du cloisonnement est de plus en plus remis en question et le modèle réglementaire de la banque universelle tend à se généraliser dans le monde. Enfin, le nationalisme et la capture réglementaire par les parties en place ont conduit de nombreux pays à limiter la possibilité pour des intérêts étrangers de contrôler une institution financière nationale. Le tableau 2 indique les restrictions limitant le contrôle du capital des banques par des investisseurs étrangers.

Tableau 2 – Restrictions sur le contrôle des banques

Pays	Restrictions sur le contrôle individuel étranger
Australie	< 10 % des droits de vote
Brésil	< 50 %
Canada	< 25 %
Italie	< 3 %
Japon	Aucune
Corée du Sud	< 10 %
Malaisie	< 20 %
Mexique	< 30 %
Singapour	< 5 %

Source : Commission européenne (1992).

1.3. L'activité bancaire internationale

Pour compléter cette description du secteur bancaire, nous présentons quelques informations sur les exportations de services financiers. Le tableau 3 reprend les résultats d'une étude de l'OCDE (1993).

Tableau 3 – Commerce international des services financiers

Pays	1988	1991
Belgique		
Exportations	1,17	2,60
Importations	0,74	1,70
France		
Exportations	1,50	5,70
Importations	1,70	6,30
Allemagne		
Exportations	0,74	0,96
Importations	0,12	0,33
Suisse		
Exportations	3,00	3,80
Importations	ND	ND
Royaume-Uni		
Exportations	2,40	3,20
Importations	0,09	0,20
Etats-Unis		
Exportations	3,80	4,70
Importations	1,70	2,30
Japon		
Exportations	ND	ND
Importations	ND	ND

Les données comprennent les commissions reçues ou payées sur services financiers (OCDE, 1993).
ND : Non disponible.
Unité : Pourcentage des exportations et des importations de biens et de services.

Les données relatives à la part des services financiers dans les exportations de biens et de services montrent de grandes différences selon les pays. Ainsi, aux Etats-Unis et en France, les services financiers représentent-ils respectivement 5,7 % et 4,7 % du total des exportations.

Le commerce international des services bancaires peut être également appréhendé par le volume des prêts bancaires internationaux (tableau 4).

Entre 1983 et 1994, les échanges interbancaires internationaux ont crû en moyenne annuelle de 12 %[9]. L'évolution de ces activités avec le Japon a été encore plus forte. Entre 1983 et 1994, la croissance moyenne annuelle de ces échanges a été de 21 %. Reflétant ces développements, la distribution des

9. Voir également dans cette ***Encyclopédie*** l'article de J.L. Herrenschmidt, « Déréglementation et innovations financières internationales », p. 279, tome 1.

Tableau 4 – Le marché interbancaire dans la zone de la BRI

	1983	1994
Positions interbancaires internationales parmi lesquelles :	1 194,8	4 363,0
– entre le Japon et les autres pays internes à la BRI	162,3	1 320,0
– entre les Etats-Unis et les autres pays internes à la BRI, à l'exception du Japon	393,1	856,0
– entre les pays européens	341,7	1 645,0
– entre les autres pays internes à la zone BRI	297,7	542,0
Positions interbancaires nationales en devises étrangères	285,7	685,0
Positions interbancaires internationales	1 480,5	5 048,0

La zone interne à la BRI comprend les pays du Groupe des Dix, le Luxembourg, l'Autriche, le Danemark, la Finlande, l'Irlande, la Norvège, l'Espagne, les Bahamas, Bahreïn, les îles Caïmans, Hong Kong, les Pays-Bas, les Antilles, Singapour et les agences des banques américaines au Panama.
Unité : Milliard de dollars.

Source : BRI (1992, 1995).

positions internationales des banques a changé de manière considérable au cours des années 1980. Comme indiqué dans le tableau 5, les banques japonaises et européennes ont connu une très forte expansion de leurs prêts interbancaires internationaux. L'abandon des mécanismes de contrôle des changes (en particulier en France, en Italie et en Suède), les anticipations liées au marché unique européen, et le développement du commerce et de l'investissement à l'étranger du Japon sont trois facteurs, parmi d'autres, expliquant cette forte croissance. Cependant, les difficultés à respecter le ratio prudentiel de solvabilité ont contraint les banques japonaises à réduire leur croissance depuis 1991.

Tableau 5 – Actif bancaire étranger selon la nationalité des banques

Pays	1983	1991	1993
Belgique	38,2	135,1	142,7
France	191,4	565,4	642
Allemagne	144,5	640,4	749
Suisse	79,9	408,9	379,2
Royaume-Uni	178,8	282,1	324
Etats-Unis	605,5	650,7	678
Japon	456,9	1 935,1	1 628

Unité : Milliard de dollars.

Source : BRI (1992, 1995).

Quant à la position individuelle des grandes banques internationales, le tableau 6 montre que les banques japonaises occupent les premières places, du moins en ce qui concerne le volume total de leurs actifs. A la fin de 1994, huit des plus grandes banques mondiales étaient japonaises. Les conclusions ne doivent cependant pas être trop hâtives, car ce classement reflète en partie

Tableau 6 – Classement bancaire international

Banque	Actif	Pays d'origine	Capitalisation boursière
Fuji Bank	507,0	Japon	58,0
Dai-Ichi Kangyo	506,5	Japon	55,9
Sumitomo Bank	498,0	Japon	61,2
Sakura Bank	496,0	Japon	40,8
Sanwa Bank	494,0	Japon	55,8
Mitsubishi Bank	459,3	Japon	63,4
Norinchukin Bank	429,0	Japon	ND
IBJ	387,0	Japon	73,2
Crédit Lyonnais	339,0	France	2,5
Industrial and Commercial Bank of China (C)	337,0	Chine	ND
Deutsche Bank	317,2	Allemagne	23,0
Tokai Bank	311,8	Japon	26,3
HSBC	305,0	Royaume-Uni	29,4
LTCB	302,0	Japon	27,0
Crédit Agricole	283,0	France	ND
Bank of China	263,0	Chine	ND
Asahi Bank	262,0	Japon	25,7
Société Générale	260,0	France	8,1
ABN-AMRO	253,8	Pays-Bas	8,1
Banque Nationale de Paris	250,6	France	8,4

Mitsubishi Bank et Banque de Tokyo ont fusionné en 1996 pour donner une nouvelle entité ayant un actif total de 719 milliards de dollars.
ND : Non disponible.
Unité : Milliard de dollars, 1994.
Source : *Financial Times*, 1995 ; Salomon Bros., 1995.

l'appréciation du yen et l'utilisation massive des instruments de hors-bilan par les institutions américaines. Dans le même ordre d'idées, il est remarquable d'observer, au tableau 7, que plus de 50 % des positions ouvertes sur les marchés de contrats à terme et d'options du MATIF résultent de contrats avec l'étranger.

2. L'analyse économique de la réglementation bancaire

L'industrie bancaire est l'un des secteurs économiques les plus réglementés. La réglementation organise les conditions d'entrée dans la profession, la gamme d'activités autorisées, et définit les ratios prudentiels de gestion (niveau des fonds propres, divisibilité des risques...). Les réglementations sont appliquées sur les fournisseurs de services bancaires nationaux ou étrangers. Pour évaluer le bien-fondé de ces réglementations et les problèmes spécifiques soulevés par l'internationalisation de l'activité financière, il convient d'analyser les arguments économiques invoqués pour justifier l'existence de réglementations bancaires, à savoir la protection des déposants, le risque systémique lié aux retraits précipités de dépôts, et les subventions implicites qui créent des distorsions dans le commerce international.

Tableau 7 – Positions ouvertes sur les contrats à terme et les options négociées sur le MATIF

Contrat	Valeur notionnelle des positions ouvertes	Distributions des positions ouvertes (moyenne des positions longues et courtes)		
		Banques		Autres opérateurs
		Françaises	Non françaises	
Contrats à terme				
CAC 40	1,8	0,2	0,7	0,9
Obligation notionnelle	11,2	3,7	3,4	4,1
Pibor	47,0	14,2	16,1	16,8
Options				
Obligation notionnelle	24,7	10,8	3,1	10,8
Pibor (*call* et *put*)	96,3	46,8	16,1	33,4

Unité : Milliard de dollars, 1991.
Source : BRI (1992).

2.1. La protection de l'investisseur

L'analyse qui suit est fondée sur l'imperfection de l'information dans le secteur bancaire, et sur la nécessité de protéger le consommateur de services financiers.

La première et la plus importante source d'imperfection concerne l'information sur la solvabilité de la firme bancaire. Les déposants peuvent difficilement évaluer la capacité d'une banque à faire face à ses obligations. Des sources supplémentaires d'asymétrie de l'information concernent la fraude, la nature légale d'un contrat (les dispositions contractuelles d'un prêt) et les problèmes liés aux conflits d'intérêt entre les différents départements d'une banque. Par exemple, un conseiller en fusion-acquisition ne devrait pas transmettre une information privilégiée à un gestionnaire de fonds. Celui-ci achetant des actions de la société cible ferait monter le cours, rendant l'acquisition plus onéreuse.

La littérature économique (Kay et Vickers, 1986) reconnaît que l'incapacité des consommateurs à évaluer correctement la qualité d'un produit rend le marché privé inefficient. Elle distingue trois types de produits : ceux dont la qualité est apparente avant l'achat, ceux dont la qualité s'observe par la consommation et ceux dont la qualité n'est pas apparente même après la consommation. L'inefficience apparaît parce que la qualité d'un service n'est pas valorisée par le consommateur, et l'impossibilité d'augmenter le prix des services réduit l'incitation des firmes à produire de la qualité. La réglementation (tel le besoin d'un diplôme homologué dans la profession médicale) est une manière d'assurer une qualité minimale. Dans le contexte de la banque, la qualité se réfère à la solvabilité d'une institution. Lorsque les déposants ne sont pas informés, il y a peu d'incitations à limiter les risques de l'actif ou le degré de levier financier (ratio dépôts/fonds propres). La théorie financière (Merton, 1977) a montré en effet que lorsque les déposants ne sont pas informés, les actionnaires bénéficient d'une augmentation des risques[10]. En situation d'information parfaite, les déposants demanderaient une hausse des taux d'intérêt pour compenser le risque de faillite. En l'absence d'information, c'est très difficile, et cette situation crée un effet appelé « hasard moral »[11]. Cependant, le problème causé par l'imperfection de l'information ne justifie pas encore l'intervention publique[12]. Il convient de démontrer que des mécanismes privés ne peuvent pas fonctionner.

Le problème de l'asymétrie de l'information peut être résolu par la publication réglementée de l'information, l'effet de réputation à long terme ou l'offre de dépôts sans risque.

Une réglementation relative à la publication de l'information peut contribuer à réduire le problème de l'information asymétrique. Cependant, même lorsque l'information financière est disponible, l'évaluation des risques bancaires demeure coûteuse. Individuellement, chaque déposant qui peut observer le comportement d'un autre déposant préférera ne pas analyser l'information financière disponible en supposant que d'autres investisseurs le feront. Dans cette situation, l'analyse d'informations financières même disponibles serait insuffisante. Cet argument est toutefois contestable. Vu que l'analyse de solvabilité une fois réalisée est facilement transmissible, chaque déposant ne doit pas faire lui-même l'analyse ; cette dernière peut être déléguée à une agence publique ou à une agence de notation. Le coût de la collecte des notations par un investisseur individuel ne serait pas considérable.

Une deuxième solution au problème de l'information asymétrique est l'intérêt des banques à protéger leur réputation. Les firmes qui se soucient de la valeur créée par les profits futurs ont intérêt à mettre en place des systèmes de contrôle interne pour limiter les risques, la fraude, et assurer la réalisation de ces profits anticipés. Cependant, il y a toujours un choix à faire entre des profits potentiellement très élevés à court terme et les bénéfices attendus dans le long terme.

Une troisième solution au problème de l'information asymétrique est de créer des dépôts « sans risque ». Comme les détenteurs de petits comptes pourraient trouver coûteux ou difficile l'interprétation des notations, deux solutions pourraient être mises en œuvre pour leur offrir les dépôts sans risque qu'ils souhaitent. La première est l'assurance-dépôt. Cette solution pourrait être organisée de manière publique ou privée par l'industrie bancaire qui garantirait collectivement la qualité de ses services. L'évaluation par les pairs empêche les comportements déviants. L'alternative serait de créer des intermédiaires financiers « sans risque », c'est-à-dire des banques investissant tous leurs dépôts dans des actifs sans risque. Les déposants auraient le choix entre des institutions offrant un rendement plus élevé mais risqué, et celles offrant des dépôts sans risque. L'évaluation des risques dans le secteur bancaire n'est pas vraiment plus difficile que dans les autres secteurs économiques. Il est vraisemblable qu'une

---

10. L'intuition est qu'une augmentation du risque (la variance du rendement de l'actif) permet aux actionnaires de réaliser des gains importants tout en limitant le risque de perte à zéro du fait de la responsabilité limitée des actions.

11. Voir l'application du hasard moral au cas des caisses d'épargne américaines (White, 1992).

12. Des théories mettant en avant les conflits d'intérêt entre les déposants, les actionnaires et les dirigeants sont développées par Dewatripont et Tirole (1994) ainsi que par Gorton et Rosen (1995).

proportion significative des déposants souhaitent des dépôts sans risque qui peuvent être offerts par le marché privé. Il convient avant tout d'éviter les interventions publiques systématiques qui créent la raison d'être d'une intervention publique. Par exemple, la création de dépôts assurés réduit l'incitation à collecter des informations et à créer des fonds sans risque. Une politique de laissez-faire n'implique pas qu'il n'y ait pas de raison de protéger des déposants imprudents ou malchanceux, mais il faut rendre l'intervention publique ponctuelle et discrétionnaire pour éviter d'éliminer toute incitation privée à analyser le risque.

Cette analyse a montré que le problème de l'information imparfaite peut être résolu par le marché privé de plusieurs manières : la publicité d'information, la réputation et l'assurance. Cependant, lorsqu'il est évident que le marché ne peut pas évaluer la solvabilité[13], l'intervention publique pour contrôler la qualité des services est parfaitement justifiée, comme elle l'est dans la profession médicale. L'argument est simple : une réglementation est nécessaire pour assurer une qualité minimale des services. Dans ce contexte, la question se pose de savoir si la réglementation doit être publique ou si elle peut être organisée par la profession comme c'est le cas en Grande-Bretagne (*Self-Regulatory Organization*). Les avantages de l'expertise du secteur privé et de sa flexibilité doivent être comparés aux inconvénients provenant du fait que l'industrie a intérêt à limiter la concurrence et l'entrée de nouvelles entreprises. Comme il n'y a pas de preuve empirique déterminante en faveur d'un système ou de l'autre, il est préférable de laisser s'établir une concurrence entre les structures réglementaires de chaque pays[14].

La possibilité de concurrence dans la déréglementation soulève la question de la nécessité d'une harmonisation internationale des réglementations bancaires. La réponse à cette question est de nouveau liée au problème de l'information imparfaite. La concurrence entre les différents régimes réglementaires est appropriée lorsque les agents économiques peuvent comparer et évaluer la qualité de ces différents régimes. Par exemple, la concurrence entre les régimes réglementaires des marchés boursiers de Tokyo, de Paris, de Francfort, de Londres et de New York va déterminer le développement de ces marchés ; la concurrence sera souhaitable si les participants peuvent comparer ces différents régimes. Une harmonisation de la réglementation destinée à assurer une qualité minimale serait souhaitable si le marché ne peut pas comparer les différentes réglementations. Ceci suggère que le degré d'harmonisation internationale doit varier en fonction des différentes activités et selon la plus ou moins grande compétence des investisseurs. L'alternative à l'harmonisation prudentielle est de donner des pouvoirs réglementaires aux pays d'accueil dès qu'il est établi que les investisseurs ne sont pas suffisamment protégés par la réglementation étrangère[15].

---

13. Evidence est un mot fort. Dans la plupart des cas, cela reflète un souhait socio-politique de protéger les investisseurs.

14. Un argument supplémentaire pour laisser les systèmes réglementaires en concurrence est que les coûts d'équilibre général des réglementations bancaires n'ont pas été établis. A l'exception de Santomero-Watson (1977), la plupart des auteurs ont utilisé des modèles d'équilibre partiel pour analyser les effets de la réglementation bancaire.

15. Par exemple, les pays membres de l'Union européenne peuvent réglementer les banques étrangères pour des raisons d'intérêt public.

La littérature économique a identifié une première source d'intervention publique. Elle a pour origine un problème d'information. Nous en avons conclu que les pays doivent développer des réglementations prudentielles pour protéger les investisseurs les moins sophistiqués. L'implication de cette conclusion pour l'activité bancaire internationale et les services transfrontaliers est la suivante. Soit, il y a une harmonisation des règles servant à protéger les non-informés, soit chaque pays conserve le droit de réglementer les institutions étrangères offrant des services bancaires aux nationaux.

2.2. *Le risque systémique*

La deuxième raison justifiant l'intervention publique est la crainte d'un risque systémique causé par une perte de confiance dans le secteur bancaire, avec pour conséquence des retraits précipités de dépôts. Les crédits accordés par les banques sont par définition illiquides, difficilement mobilisables et financés par des dépôts à court terme. De ce fait, les banques sont vulnérables à une perte de confiance et à un retrait précipité de dépôts. La perte de confiance dans le secteur bancaire peut être due à des nouvelles défavorables relatives à la solvabilité d'une banque ou à une panique générale (Diamond et Dybvig, 1983)[16]. Dans les deux cas peuvent apparaître des moins-values supplémentaires liées à la vente à perte d'actifs illiquides. Enfin, l'insolvabilité d'une banque peut éventuellement envoyer un message sur l'insolvabilité d'autres banques, ce qui peut entraîner une crise bancaire systémique.

Une distinction doit être cependant introduite entre l'effet de « domino » et la crise systémique. Un effet de « domino » existe si la faillite d'une institution met directement en danger la solvabilité des autres institutions. Ce risque est assez faible aujourd'hui car les banques contrôlent de manière systématique leur risque de contrepartie et elles peuvent en partie le réduire grâce aux mécanismes de compensation. Un cas pur de risque systémique se produit lorsque, en l'absence d'information, des retraits précipités se font dans un nombre important de banques.

Ce type d'incident explique les réglementations prudentielles et la mise en place de filets de sécurité pour assurer la stabilité des marchés bancaires. Ceux-ci prennent la forme d'assurance-dépôts, de prêts par la banque centrale, et de financement public. Comme le montre le tableau 8, le système d'assurance-dépôts ne stabilise pas le système car il ne couvre que des montants peu élevés. Les retraits précipités viennent d'investisseurs importants, entreprises ou établissements financiers. Par conséquent, un filet de sécurité public plus large doit être assuré par la banque centrale ou par l'Etat.

Les filets de sécurité offerts par l'assurance-dépôt ou la garantie de la banque centrale créent trois problèmes à l'échelon international : un risque de déstabilisation lorsque les dépôts sont couverts par des garanties différentes, la responsabilité potentielle de l'assureur, et le problème déjà mentionné de hasard moral.

Premier problème : lorsque les mécanismes d'assurance nationaux diffèrent de pays à pays, ils peuvent être déstabilisants si les investisseurs choisissent la couverture la plus généreuse.

---

16. Calomiris et Gorton (1991) montrent que la plupart des crises bancaires sont dues à une chute de la valeur des actifs.

Tableau 8 – Mécanismes d'assurance-dépôts

Pays	Couverture
Autriche	200 000 AS
Belgique	500 000 BEF
Danemark	250 000 DKK
Finlande	100 %
France	400 000 FRF
Allemagne	30 % de fonds propres par dépôt
Irlande	10 000 IRP
Italie	1 000 000 000 ITL (100 % pour 200 mil. et 75 % pour 800 suivants)
Luxembourg	500 000 LUF
Pays-Bas	40 000 NLG
Espagne	1 500 000 PTA
Suède	100 %
Royaume-Uni	75 % du dépôt (plafond de 15 000 GBP)
Japon	10 000 000 JPY
Etats-Unis	100 000 USD

Source : Banques centrales nationales.

Deuxième problème : vu que la plupart des mécanismes d'assurance couvrent les dépôts des banques nationales et étrangères opérant dans le pays, et vu que la banque centrale est principalement concernée par le marché national et les banques nationales ou étrangères opérant dans le pays[17], il est légitime que le mécanisme d'assurance conserve une autorité prudentielle sur toutes les institutions (agences ou filiales) intervenant sur le marché domestique. Une correspondance entre le domaine d'application de l'assurance et le champ de la réglementation est nécessaire. La réglementation prudentielle du pays hôte veillera à limiter les risques et la couverture de la banque centrale dans les cas d'intervention[18]. Le problème est bien illustré par la faillite en janvier 1992 de la Bank of Credit and Commerce International, qui opérait sous une licence luxembourgeoise, mais dont la plupart des activités étaient localisées en Grande-Bretagne. La faillite créa des obligations de remboursement de dépôts assurés par le mécanisme d'assurance britannique (*Deposit Protection Board*). L'alternative à la réglementation prudentielle nationale est l'harmonisation des réglementations prudentielles. Mais l'expérience a montré qu'il est difficile d'aboutir à un accord international complet sur les réglementations prudentielles. De plus, on peut penser qu'une concurrence entre les réglementations prudentielles permettra d'éviter sa capture par les intermédiaires financiers comme cela a été le cas pendant les soixante dernières années. Il

17. Il est bien connu que la Banque d'Italie n'est pas intervenue dans le cas de la faillite de Banco Ambrosiano Holdings basé à Luxembourg parce que cette faillite ne créait pas de crise systémique en Italie.

18. Une assurance pourrait être mise en place si les difficultés d'une agence d'une banque étrangère mettaient en danger des banques nationales.

paraît donc raisonnable de laisser les autorités nationales exercer un contrôle sur toutes les institutions offrant un service sur le marché national. Dans le contexte du marché international des services bancaires, ce point de vue est compatible avec les derniers accords du GATS[19] : le droit pour les autorités nationales d'un pays d'exercer un contrôle prudentiel sur les banques nationales et étrangères. Cette règle est également compatible avec les accords internationaux de Bâle sur le contrôle international[20].

Le troisième problème est que l'assurance-dépôt contribue à réduire les incitations à contrôler la solvabilité bancaire. Comme il a été indiqué, la création de dépôts sans risque pourrait être organisée par le marché. De manière alternative, il pourrait être souhaitable d'accorder un statut de « premier rang » aux dépôts assurés. Les dépôts ne bénéficiant pas d'une assurance et ayant de ce fait plus à perdre en cas de faillite inciteraient les investisseurs à évaluer de près la solvabilité des institutions financières[21].

L'analyse de la deuxième source d'intervention publique, la crise systémique, conduit à la conclusion suivante. Etant donné que les banques centrales sont avant tout concernées par la stabilité de leur marché intérieur, elles doivent conserver le droit de contrôler la solvabilité des banques (agences ou filiales) opérant sur le territoire national. Vu que dans de nombreux cas la solvabilité dépend d'un groupe international, il paraît souhaitable de coordonner le contrôle prudentiel par les autorités du pays d'accueil et du pays d'origine.

2.3. Le commerce international

La troisième source de l'intervention publique, en plus de la protection des déposants et de la crise systémique, provient de la nécessité d'avoir des règles de concurrence internationale équilibrées. Deux problèmes doivent être considérés. Le premier se rapporte à la garantie implicite donnée par la banque centrale. Le second concerne la possibilité de subventionner les services d'exportation.

La garantie publique implicite et l'assurance-dépôt peuvent fausser la concurrence internationale. Par exemple, le financement d'un crédit par des dépôts bancaires est non seulement facilité par la déductibilité fiscale de la charge d'intérêt, mais aussi par la garantie implicite donnée par la banque centrale[22]. Pour assurer la stabilité financière et une concurrence équilibrée sur les marchés internationaux, le comité de Bâle a mis en place un règlement international relatif aux fonds propres des banques[23]. Du point de vue de la concurrence, l'harmonisation des réglementations internationales se justifie pleinement, mais cette harmonisation devrait être limitée à cet objectif. Par exemple, les efforts actuels visant à harmoniser les méthodes d'évaluation

---

19. General Agreement on Trade in Services (1994).

20. *Financial Times* (1992).

21. Baltensperger et Dermine (1987) étudient les avantages liés à une modification du statut légal des dépôts bancaires.

22. Techniquement, l'assurance-dépôt crée un subside dans le seul cas où la prime est inférieure à sa valeur réelle.

23. Voir dans cette ***Encyclopédie*** l'article de C. Dufloux et M. Karlin, « Ratio Cooke et réglementation financière internationale », p. 1597, tome 2. Scott et Iwahara (1994) considèrent que les différences dans les règlements comptables comme les provisions pour risque crédit réduisent de manière substantielle l'efficacité de ces accords internationaux.

du risque de taux d'intérêt et du risque de change ne paraissent pas nécessaires parce qu'ils ne procurent pas un avantage concurrentiel décisif (Dermine, 1993), en raison de l'existence de marchés liquides d'instruments dérivés permettant de réduire ces risques sans trop de coûts. L'identification d'une subvention de nature réglementaire n'est pas facile à établir. Ainsi, les relations financières entre les groupes industriels et bancaires autorisées dans certains pays procurent-elles un avantage comparatif. Il n'y a pas de raison d'harmoniser les règles prudentielles tant que l'on ne peut pas démontrer qu'un avantage comparatif est créé par la réglementation. Ceci est clairement démontré dans le cas des fonds propres et du financement des crédits. C'est beaucoup plus discutable dans le cas de liens entre les banques et les groupes industriels.

Le second problème est que le marché domestique pourrait générer des profits de nature oligopolistique utilisés pour subventionner l'activité internationale. Ce problème est mentionné parce que certains pays autorisent les fusions et une concentration importante sur leur marché intérieur. C'est assez évident dans l'Union européenne où les politiques concurrentielles pratiquées aux Pays-Bas diffèrent de manière substantielle de celles pratiquées en Grande-Bretagne. A titre d'exemple, l'autorité responsable en Grande-Bretagne de la concurrence, *Office of Fair Trading,* a empêché la fusion entre Lloyds Bank et Midland Bank en 1993, alors qu'aux Pays-Bas trois groupes bancaires, résultats de fusions récentes, contrôlent le marché : ABN-AMRO, ING-Bank et Rabobank.

Trois sources potentielles d'intervention publique ont été identifiées : la protection des déposants, le risque de crise systémique et la nécessité d'avoir des règles de concurrence internationale équilibrée. Comme l'ont mentionné Key et Scott (1992), chacune de ces trois sources de problèmes demande une réponse appropriée. En ce qui concerne la protection de l'épargne, il semble, dans de nombreux cas, qu'une solution privée puisse être trouvée, de sorte que l'assurance doit concerner seulement les investisseurs non informés. Au niveau international, chaque pays doit conserver le droit de protéger ses épargnants tant que les systèmes prudentiels ne sont pas harmonisés. Vu que les banques centrales sont essentiellement concernées par la stabilité de leur propre marché financier, elles doivent conserver un droit de regard sur toutes les institutions nationales et étrangères susceptibles d'être impliquées dans un risque systémique. En ce qui concerne le commerce international, il convient de s'assurer que des subventions de nature privée ou publique ne faussent pas les règles de la concurrence.

*

* *

L'intermédiaire financier assure un service fondamental à l'économie au travers de l'analyse des informations financières, le contrôle et la transformation des risques. Il n'est pas surprenant que les progrès technologiques qui révolutionnent la transmission et le traitement de l'information fassent surgir de nouveaux concurrents, entreprises de télécommunication ou de logiciels informatiques. Si la structure du secteur financier se modifie, la vocation première de l'intermédiation financière – à savoir l'analyse de l'information et la transformation des risques – persistera. Le développement d'un régime réglementaire approprié restera une condition nécessaire du bon fonctionnement de l'intermédiation financière.

Références

ALLEN F., GALE D., *Financial Innovation and Risk Sharing,* Cambridge, MIT Press, 1994.

BALTENSPERGER E., DERMINE J., « Banking Deregulation in Europe », *Economic Policy* (April 1987).

BANQUE DES RÈGLEMENTS INTERNATIONAUX, « The Revised Basle Concordat, Principles for the Supervision of Banks' Foreign Establishments », Bâle, 1983.

BANQUE DES RÈGLEMENTS INTERNATIONAUX, « Recent Developments in International Interbank Relations », Bâle, 1992.

BANQUE DES RÈGLEMENTS INTERNATIONAUX, « International Banking and Financial Market Developments », février 1995.

CALOMIRIS C., GORTON G., « The Origins of Banking Panics, Models, Facts and Bank Regulations », Wharton School, mimeo, 1990.

COMMISSION EUROPÉENNE, « Traitement réservé dans les pays tiers aux établissements de crédit et aux entreprises d'assurance de la Communauté », Bruxelles, 1992.

DERMINE J., « The BIS Proposals for the Measurement of Interest Rate Risk, Some Pitfalls », *Journal of International Securities Markets* (Spring 1991).

DERMINE J. (éd.), *European Banking in the 1990's,* Oxford, Basil Blackwell, 1993.

DEWATRIPONT M., TIROLE J., *The Prudential Regulation of Banks,* Cambridge, MIT Press, 1994.

DIAMOND D., « Financial Intermediaries and Delegated Monitoring », *Review of Financial Studies* (1984).

DIAMOND D., DYBVIG P., « Bank Runs, Deposit Insurance and Liquidity », *Journal of Political Economy* (1983).

FAMA E., « Banking in the Theory of Finance », *Journal of Monetary Economics* (1980).

FINANCIAL TIMES, « Basle Pact on Policing the Banks Sector » (July 7, 1992).

FINANCIAL TIMES, « FT 500 » (January 20, 1995).

GATS, « Revised Text on the Services Agreement », Geneva, 1994.

GORTON G., ROSEN R., « Corporate Control, Portfolio Choice, and the Decline of Banking », *Journal of Finance* (December 1995).

KAY J., VICKERS J., « Regulatory Reform in Britain », *Economic Policy* (1988).

KEY S. J., SCOTT H.S., « International Trade in Banking Services », *in* A. Steinherr (éd.), *The New European Financial Market Place,* Londres et New York, Longman, 1992.

MERTON R., « An Analytic Derivation of the Cost of Deposit Insurance and Loan Guarantees », *Journal of Banking and Finance* (1977).

MISBACK A.E., « The Foreign Bank Supervision Enhancement Act of 1991 », *Federal Reserve Bulletin* (January 1993).

OCDE, *International Trade in Services-Banking,* Paris, 1984.

OCDE, « Trade in Financial Services », *Financial Market Trends* (1993).

OCDE, *Labour Force Statistics,* Paris, 1991.

SALOMON BROS, « International Bank Weekly » (March 22, 1995).

SANTOMERO A., WATSON R., « Determining an Optimal Capital Standard for the Banking Industry », *Journal of Finance* (1977).

SCOTT H., IWAHARA S., *In Search of a Level Playing Field,* Occasional Paper 46, Group of Thirty, Washington DC, 1994.

WHITE L., *The S&L Debacle : Public Policy Lessons for Bank and Thrift Regulation,* Oxford, Oxford University Press, 1991.

Mots clés

Banque, concurrence, conflit d'intérêt, dépôt, émission, harmonisation, information asymétrique, intermédiaire financier, paiement, portefeuille, prudentiel, risque systémique.

Introduction en bourse

36

Josette Pilverdier-Latreyte

L'introduction en bourse permet aux entreprises de bénéficier de tous les avantages liés à la cotation sur un marché officiel et organisé, en termes de notoriété et de financement, mais aussi de subir un risque supplémentaire par rapport aux sociétés non cotées : celui de la perte de contrôle de l'entreprise à la suite d'une offre publique réussie.

Depuis la création du nouveau marché en février 1996, les entreprises ont la possibilité d'être cotées sur quatre marchés : le marché officiel ou cote officielle, le second marché, le nouveau marché et le hors cote.

La loi de modernisation des activités financières du 2 juillet 1996, qui transpose la directive européenne sur les services d'investissement, prévoit la disparition progressive du marché hors cote et la création d'un compartiment nouveau qui pourrait prendre la dénomination de marché libre OTC.

Après avoir exposé dans une première section les critères de sélection des marchés de cotation, nous analyserons dans une deuxième section les motivations de l'introduction en bourse. Les sections 3 à 6 présentent les conditions préalables et légales de l'introduction en bourse, la détermination du premier cours coté et les conditions de maintien à la cote ayant trait au marché officiel et au second marché. Les conditions relatives à l'introduction et à la cotation sur le nouveau marché sont présentées dans une section spécifique (section 7). En effet, plutôt que d'aménager les marchés existant à Paris, la Société du nouveau marché (SNM), filiale de la Société des bourses françaises (SBF), a mis en place les structures d'une bourse autonome, adaptées à la nature différente des sociétés introduites sur ce nouveau marché.

1. Les critères de sélection des marchés de cotation

Le choix du marché de cotation est soumis à des contraintes légales relatives notamment à la dimension des entreprises candidates à l'introduction en bourse en termes de capitalisation et de flottant. Mais ce choix dépend aussi de la volonté des introducteurs d'ouvrir plus ou moins leur capital au public.

1.1. Le choix du marché

La dimension des entreprises et les motivations des introducteurs, en particulier le souhait de céder un pourcentage plus ou moins important du capital, orientent le choix du marché. La cote officielle est réservée aux grandes entreprises qui peuvent néanmoins, si elles le souhaitent, être introduites au second marché où la part du capital à diffuser dans le public est fixée à 10 % contre 25 % sur le marché officiel.

Les marchés se distinguent également par les conditions d'accès et la liquidité du titre. Les garanties offertes aux investisseurs sont d'autant plus grandes que les conditions d'accès et de maintien à la cote (obligation d'informer régulièrement le public) sont contraignantes pour l'entreprise.

– Le marché officiel comprend le marché à règlement mensuel (RM), et le marché comptant[1]. Il offre aux investisseurs les meilleures garanties et la meilleure liquidité. Il est réservé aux grandes entreprises dont les titres connaissent un volume de transactions élevé. Une entreprise non cotée ne peut pas accéder directement au RM, exception faite des sociétés privatisées qui ont été directement introduites au RM. Ces entreprises, qui avaient quitté la cote lors des nationalisations en 1982, étaient déjà connues du public et répondaient aux critères de dimension et de liquidité du RM.

– Le second marché est accessible aux entreprises moyennes. Il offre une bonne liquidité qui peut être garantie par un contrat d'animation.

– Le nouveau marché, qui fonctionne depuis le début de l'année 1996, est destiné aux sociétés entrepreneuriales à fort potentiel de croissance. Pour y être cotées, les sociétés doivent présenter leur plan de développement sur trois ans.

– Le marché hors cote n'est pas un marché réglementé. Son accès est libre ; la première cotation n'est soumise à aucune contrainte, si ce n'est la publication du prix trois jours avant la première cotation. Il offre peu de garanties aux investisseurs. Les sociétés du hors cote ne sont pas obligées de publier régulièrement des informations. La liquidité du marché est faible, l'inscription des titres n'est pas permanente. Les prix pratiqués figurent sur le relevé quotidien du hors cote.

En application de la loi sur la modernisation des activités financières, le relevé quotidien du hors cote est désormais réservé aux sociétés dont les actions ont figuré sur ce relevé entre le 1er janvier 1995 et le 4 juillet 1996, date de publication de la loi. Aucune nouvelle société ne pourra compléter cette liste. Un décret à paraître précisera le délai pendant lequel sera maintenu le relevé quotidien du hors cote. Les sociétés mentionnées sur cette liste pourront être admises aux cotations sur un marché réglementé. Elles cesseront alors de figurer sur le relevé du hors cote.

1.2. Le choix de la place d'introduction

Les bourses régionales assurent toujours les introductions en bourse (et les augmentations de capital) des valeurs qui relèvent de leur circonscription régionale.

---

1. Voir dans cette ***Encyclopédie*** l'article de J. Pilverdier-Latreyte, « Marché boursier français : structure et organisation », p. 725, tome 1.

La place d'introduction, Paris ou l'une des six bourses régionales (Bordeaux, Lille, Lyon, Marseille, Nancy et Nantes), est désignée par le Conseil des marchés financiers (CMF) sur la demande de l'entreprise en fonction de critères relatifs à la localisation de ses activités et à sa dimension. Une société à caractère régional ne peut obtenir la cotation directe à la Bourse de Paris ou son transfert à Paris que si sa capitalisation boursière est de l'ordre de 150 millions de francs.

2. Les motivations de l'introduction en bourse

L'introduction est un événement très important dans la vie d'une entreprise. Elle est quasiment irréversible et marque le passage d'une société fermée à une société ouverte au public. Cette décision s'inscrit dans une stratégie globale de développement, mais elle fait aussi intervenir des motivations propres aux actionnaires d'origine.

2.1. La stratégie des actionnaires d'origine

L'introduction en bourse revêt une dimension médiatique. C'est la consécration d'une réussite industrielle, commerciale et financière, le résultat heureux de plusieurs années, voire d'une vie consacrée à une entreprise.

Lors de l'introduction en bourse, une partie des actions détenues par les actionnaires vendeurs est mise à la disposition des investisseurs. En échange des titres cédés, les actionnaires d'origine obtiennent des liquidités importantes qui leur permettent de diversifier leur patrimoine.

L'inscription des actions sur un marché officiel assure la mobilité du capital et la pérennité de l'entreprise en facilitant la sortie partielle ou totale des minoritaires familiaux ou financiers et l'entrée de nouveaux actionnaires. Une fois inscrites à la cote, les actions bénéficient de tous les avantages liés à la cotation sur une bourse de valeurs. Leur évaluation permanente et leur négociabilité facilitent les transactions lors de successions.

2.2. La stratégie de l'entreprise

La possibilité d'accéder à de nouvelles sources de capitaux permet de repousser les contraintes de financement. La notoriété attachée au fait d'être coté sur un marché officiel facilite les appels directs au marché financier et les relations avec les partenaires financiers.

La cotation constitue une valeur de référence « officielle » et donne la possibilité d'émettre des obligations convertibles en actions[2] ou des obligations à bons de souscription d'actions[3]. En outre, la notoriété attachée au fait d'être inscrit à la cote officielle facilite les émissions d'obligations[4]. Le fait d'être coté donne la possibilité, dans certains cas, d'utiliser des moyens de financement originaux, en particulier les émissions d'actions d'apport. Celles-ci permettent d'utiliser les titres de la société comme monnaie d'échange, notamment à l'occasion d'opérations de croissance externe.

---

2. Voir dans cette ***Encyclopédie*** l'article de G. de Nercy, « Obligations convertibles », p. 1298, tome 2.
3. Voir dans cette ***Encyclopédie*** l'article de P. Chollet, « Bons de souscription d'actions », p. 218, tome 1.
4. Voir dans cette ***Encyclopédie*** l'article de M. Piermay, « Obligations », p. 1283, tome 2.

L'entreprise introduite en bourse est perçue par l'environnement comme ayant atteint une dimension économique et financière qui permet de la situer dans une classe de risque inférieure à celles des sociétés non cotées.

La cotation sur une place nationale est une condition nécessaire à l'introduction sur des places boursières étrangères. La multicotation permet alors de réaliser des stratégies financières au niveau international.

Après avoir pris la décision de s'introduire en bourse, l'entreprise entre dans la phase de préparation de l'introduction et doit remplir les obligations légales.

3. Les conditions préalables à l'introduction en bourse

Une introduction ne s'improvise pas. Elle se prépare au moins deux années à l'avance. Elle nécessite une restructuration du groupe, une réorganisation interne et une politique de communication externe. Les sociétés candidates prennent conseil auprès de leurs banquiers et de leurs commissaires aux comptes. Elles s'adressent aussi à des conseillers juridiques et fiscaux. Le banquier introducteur joue le rôle de maître d'œuvre de l'opération. Il établit un calendrier prévisionnel des différents travaux préparatoires à effectuer. La société de bourse introductrice apporte son expérience du marché boursier.

3.1. Les restructurations juridiques et financières

Avant leur introduction, la plupart des entreprises sont amenées à modifier leur capital pour avoir un plus grand nombre d'actions. La division d'actions est une pratique courante. Elle permet d'obtenir un nombre de titres suffisant pour créer un véritable marché boursier et permet d'abaisser la valeur de l'action. Comparativement aux places anglo-saxonnes, la valeur unitaire des actions françaises est très élevée. Pour des raisons d'harmonisation internationale, les sociétés candidates à la cotation, de même que les sociétés cotées, pratiquent la division d'actions. L'incorporation de réserves au capital et l'augmentation en numéraire permettent également de créer des titres nouveaux. En France, le premier cours coté est généralement compris entre 200 et 800 F.

Certaines clauses statutaires peuvent devenir incompatibles avec l'introduction en bourse, en particulier les clauses d'agrément de nouveaux actionnaires, les pactes de majorité ou les droits de préemption. Il y a donc lieu de réunir une assemblée générale extraordinaire de façon à harmoniser les statuts et à les rendre compatibles avec les exigences boursières.

L'introduction pose parfois des problèmes à certains groupes familiaux qui ont été habitués à la discrétion et à ne pas partager le pouvoir. Un montage financier tel que la constitution d'une structure de groupe coiffée par un holding familial non coté permet de ne pas publier trop d'informations. A la tête du groupe, le holding détient la majorité des actions de la société qui est amenée à la cotation.

3.2. Les améliorations comptables

Le Conseil des marchés financiers et la Commission des opérations de bourse (COB) sont très exigeants en matière de révision comptable. Préparer l'introduction signifie pour la plupart des sociétés candidates à la cote officielle une amélioration de la qualité du contrôle interne et une présentation de comptes consolidés identiques à ceux qui seront exigés pour la publication de la note d'information.

3.3. La communication interne et externe

L'attitude du personnel et sa motivation sont des facteurs de réussite de l'introduction. Dès qu'elle est décidée, il faut mettre en place un plan de communication interne qui montre l'intérêt de l'opération.

La communication externe comporte plusieurs phases. Au cours des années qui précèdent l'introduction, il est nécessaire de faire connaître la société en diffusant des informations globales sur la vie de l'entreprise. Lors de la préparation du dossier d'admission, les renseignements deviennent plus détaillés et plus fréquents. Dans le mois qui précède l'introduction, la politique de communication doit être intensifiée.

La désignation d'un responsable de l'information est imposée par la COB. Ce spécialiste, choisi par la société introductrice, doit pouvoir libérer un temps suffisant pour remplir sa mission, surtout pendant les six mois précédant l'introduction.

Les messages diffusés passent par les médias qui jouent un rôle privilégié dans la communication financière : analystes et journalistes financiers, sociétés de bourse, banquiers.

Lors des privatisations, entre 1986 et 1988 et depuis 1993, des budgets considérables ont été consacrés à la communication financière[5]. L'utilisation de la télévision a profondément changé les habitudes et les messages. La communication directe est simplifiée, peu technique, et vise à créer un climat de confiance.

4. Les obligations légales

Les conditions d'accès à la cote officielle sont très contraignantes, alors que celles du second marché sont simplifiées.

La demande d'admission est adressée au CMF qui notifie sa décision dans les six mois. La SBF est chargée d'instruire la demande. Elle établit un rapport sur la société à l'intention du CMF (historique de l'entreprise, activités, parts de marché, analyses passées et prévisionnelles), dans lequel elle se prononce sur l'admission et sur le prix proposé pour la cession des titres sur le marché. La COB dispose d'un simple droit d'opposition à l'admission d'une valeur à la cote.

Les éléments d'appréciation sont constitués par le dossier remis par la société à l'appui de sa demande d'introduction et par toutes les informations que la SBF et la COB ont pu réunir grâce à leurs contacts avec les dirigeants, les commissaires aux comptes de la société et les conseillers financiers. Le rôle de ces conseillers est officialisé puisque la loi du 22 juillet 1988 qui a modifié les procédures d'introduction en bourse précise que la demande est adressée par « l'intermédiaire habilité » que la société candidate a « chargé de suivre la procédure d'admission ».

---

5. Voir dans l'***Encyclopédie de gestion*** l'article de A. Guimard, « Communication financière ».

4.1. Les conditions d'accès à la cote officielle

Un volumineux dossier doit être remis à la SBF. Il comprend des pièces et des documents classés sous trois rubriques : une documentation générale, une documentation économique et financière (évolution de la société depuis sa création, tous les comptes de synthèse sur cinq ans...), une documentation juridique. Le projet de la note d'information destinée au public, qui doit recevoir le visa de la COB avant d'être diffusée, fait partie de la liste des documents à fournir.

Les engagements et les diligences demandés aux sociétés candidates sont les suivants :

– mettre à la disposition de la bourse 25 % du capital en vue de créer un marché actif et régulier ; il peut être dérogé à cette obligation si le nombre de titres répartis dans le public au moment de l'introduction est au moins égal à 600 000 et si le capital de la société candidate est au moins égal à 30 millions ;

– informer les autorités boursières de tous les événements sociaux qui affecteront les titres de la société : augmentation de capital, détachement de droits, modifications statutaires, et adresser un compte rendu de toutes les assemblées ordinaires et extraordinaires ;

– faire assurer par une ou plusieurs banques de la place, sans frais pour l'actionnaire, le service financier de ses titres ;

– publier dans la presse financière, au moins une fois par trimestre, le chiffre d'affaires réalisé ;

– procéder, si nécessaire et à la demande de la COB, à une révision approfondie des comptes.

Lors de l'examen de la note d'information, la COB s'assure que les comptes des deux derniers exercices ont bien été certifiés. Si elle estime que les diligences accomplies par les commissaires aux comptes de la société sont insuffisantes, elle peut leur demander des investigations supplémentaires ou faire effectuer une révision par un cabinet extérieur.

La note d'information est mise au point en s'entourant de solides garanties. Elle doit contenir des renseignements fiables, complets et réguliers puisqu'elle permettra aux investisseurs de prendre la décision d'acquérir les actions de la société. Cette note indique le prix d'offre minimum pour la procédure de mise en vente et le prix de vente pour l'offre publique de vente. Pour l'investisseur potentiel, ces données financières sont fondamentales puisqu'elles déterminent le montant de son investissement boursier. Le jour où paraît l'avis de la SBF annonçant l'admission aux négociations, la note est mise à la disposition du public au siège de la société, aux guichets des principales banques et dans les sociétés de bourse.

4.2. Les conditions d'accès au second marché

Le formalisme est réduit au minimum compatible avec la protection des investisseurs.

Le dossier remis à la SBF comprend une documentation juridique, une documentation économique et financière relatives aux deux dernières années, ainsi que les perspectives d'activité et de résultats pour l'exercice en cours (chiffre d'affaires, bénéfices, dividendes).

Une note de présentation est publiée sous la responsabilité de la société. Elle ne comporte pas de visa de la COB, mais elle doit être déposée à la COB avant l'introduction. Etant donné le succès des introductions sur le second marché, la COB recommande qu'un certain nombre d'informations « essentielles » figurent dans la note de présentation.

Les engagements et les diligences demandés aux sociétés candidates concernent les comptes annuels, la diffusion du capital dans le public, les engagements pris auprès de la COB.

– La société candidate doit avoir publié les comptes annuels des deux exercices précédant la demande d'admission, certifiés par les commissaires aux comptes.

– Un nombre d'actions représentant au moins 10 % du capital doit être mis à la disposition du public ; les dirigeants et leur famille sont exclus du public pour le calcul de ce pourcentage. Si la diffusion du capital n'atteint pas 10 % au moment de l'inscription à la cote du second marché, les titres nécessaires pour atteindre le pourcentage requis doivent être mis à la disposition d'un intermédiaire financier chargé d'en assurer la diffusion et d'animer le marché.

– Les engagements auprès de la COB concernent l'information que devra diffuser la société une fois cotée au second marché et l'amélioration des procédures comptables.

5. La détermination du premier cours

Les procédures d'introduction les plus utilisées sont la procédure ordinaire, la mise en vente ou offre à prix minimal (OPM), et l'offre publique de vente (OPV). Le pré-placement ou prise ferme est possible depuis la création du second marché, mais cette technique est encore peu utilisée sur le marché financier français[6].

L'introduction en bourse d'une nouvelle société est souvent accompagnée d'opérations spéculatives, en particulier sur le second marché où la quantité de titres mis à la disposition du public est faible (10 % du capital).

Pour certaines sociétés, la demande est tellement élevée par rapport à l'offre que le déséquilibre peut atteindre des proportions allant jusqu'à 300 titres demandés pour un titre offert. Avec un tel déséquilibre, il n'est pas possible de faire une première cotation dans des conditions raisonnables. Cette cotation est alors reportée et les introducteurs mettent en place une OPV à un prix supérieur au niveau atteint lors de la dernière tentative effectuée par la procédure ordinaire, ou par la mise en vente.

5.1. La procédure ordinaire

Il est prévu de l'appliquer dans les cas où un cours de référence existe déjà en bourse, par exemple pour l'inscription à la cote officielle de titres provenant du second marché, ou pour l'inscription au second marché de titres déjà cotés sur le marché hors cote, sous réserve qu'ils y aient donné lieu à un volume de transactions régulier et significatif.

---

6. Voir également dans cette ***Encyclopédie*** l'article de J.M. Planche, « Syndication et placement sur le marché des actions », p. 1833, tome 2.

Cette procédure consiste à publier au *Bulletin de la cote*, quelques jours avant la date prévue pour l'introduction, un prix de cession ainsi que la quantité de titres qui sera mise sur le marché. Si, à ce prix ou avec un écart maximum indiqué dans l'avis, les intermédiaires ne peuvent pas servir les demandes (en principe au moins 5 %), il est procédé à une nouvelle tentative sur une nouvelle base d'offre.

La procédure ordinaire est parfois appelée «mise à disposition», puisque les actionnaires vendeurs mettent effectivement à la disposition des intermédiaires une quantité de titres pour cession sur le marché.

5.2. L'offre à prix minimal ou mise en vente

Cette méthode d'introduction s'apparente avec quelques aménagements à une vente aux enchères classique. Elle présente donc l'inconvénient d'offrir au marché un bien dont le prix n'est pas fixé à l'avance. Les acheteurs potentiels ne connaissent que le prix d'offre minimum proposé par les actionnaires de la société. C'est un prix plancher, en dessous duquel les actionnaires ne sont pas vendeurs.

L'avis de la SBF relatif à l'introduction est publié une semaine avant le jour fixé pour la première cotation. Les investisseurs ont le temps de donner leurs ordres d'achat qui doivent être libellés avec une limite de prix pour une quantité déterminée de titres. Après dépouillement du marché, le premier cours coté qui correspondra au prix à payer par les acheteurs est déterminé le jour de l'introduction par la SBF, ainsi que les modalités de répartition des titres. Pour la plupart des introductions en bourse, la demande est supérieure à l'offre. L'ajustement se réalise alors par une réduction des demandes. L'annonce du premier cours coté s'accompagne de la publication des coefficients de réduction appliqués aux diverses limites servies.

En période de mauvaise conjoncture boursière, les introductions se réalisent dans des conditions moroses et peu intéressantes pour les vendeurs, les titres demandés étant inférieurs aux titres offerts. Dans ce cas, le premier cours coté correspond au prix d'offre minimal. La totalité des titres est servie au prix d'offre, mais le groupe introducteur ne place pas tout le papier qu'il offrait.

5.3. L'offre publique de vente ou offre à prix ferme

Avec cette procédure, le prix de vente des titres est fixé préalablement à l'introduction. Elle présente l'avantage de ne pas laisser inconnu, jusqu'au jour de l'introduction, le prix auquel les actions seront vendues. L'offre de titres peut être segmentée entre différentes catégories de donneurs d'ordres (personnes physiques, investisseurs étrangers...), ayant à leur disposition un quota, un plafond ou une priorité par rapport aux autres.

La première OPV réalisée pour une admission directe à la cote officielle a été celle de Saint-Gobain, première entreprise dénationalisée en décembre 1986. L'OPV portait sur 28 millions d'actions offertes à 310 F.

5.4. Le pré-placement ou prise ferme

Cette procédure est couramment utilisée sur les marchés anglo-saxons. Les établissements financiers qui pratiquent la prise ferme interviennent pour leur propre compte, et non pour celui des actionnaires vendeurs. Ils achètent ferme préalablement à l'introduction une certaine quantité de titres, soit des titres existants, soit de nouvelles actions créées lors d'une augmentation de capital qui leur est réservée.

6. Les conditions de maintien sur les marchés

La cote est évolutive. Une société inscrite sur un marché peut être transférée sur un autre ou radiée de la cote.

L'admission sur le second marché est relativement aisée, mais elle comporte une période d'essai de trois ans pendant laquelle la COB et la SBF observent le comportement boursier des sociétés et veillent au respect des engagements pris en matière d'information auprès du public et d'améliorations comptables. A l'issue de cette période, la SBF propose :

– le maintien des titres sur le second marché,

– la radiation qui entraîne le transfert des titres sur le hors cote,

– l'admission à la cote officielle si le capital diffusé dans le public atteint 25 % ; si la société choisit cette possibilité, elle doit publier une note d'information visée par la COB.

Les titres peu actifs sont susceptibles d'être radiés de la cote officielle ou du second marché et transférés au hors cote. Le CMF fixe les seuils de maintien à la cote, seuils qui sont révisés périodiquement.

Les conditions très spécifiques relatives à l'introduction et à la cotation sur le nouveau marché sont présentées dans la section suivante.

7. Les conditions spécifiques au nouveau marché

La Société du nouveau marché (SNM), filiale pour l'instant à 100 % de la Société des bourses françaises (SBF), a mis en place les structures d'une bourse autonome adaptée à la nature différente des sociétés introduites sur ce marché.

7.1. Les autorités de tutelle du nouveau marché et leurs fonctions

Les autorités de tutelle de cette bourse autonome sont la SNM, le comité des admissions et le comité consultatif.

– La SBF a créé en mai 1995 la SNM qui a été chargée de l'organisation, de la gestion et de la promotion du nouveau marché. La SNM fixe les règles de fonctionnement du marché, assure la gestion du système de cotation, agrée les nouveaux membres du marché : introducteur-teneur de marché, négociateur-courtier ou compensateur.

– La SNM est assistée du comité consultatif actuellement présidé par Pierre Faurre, président de la Sagem. Ce comité se compose de 10 membres choisis en fonction de leur compétence et de leur expérience dans les domaines industriels et scientifiques. Son rôle est de favoriser les candidatures d'entreprises sur le nouveau marché grâce à la bonne connaissance que les membres du comité ont du tissu économique français et international. En outre, sur la demande de la SNM, il analyse les projets industriels présentés par les entreprises souhaitant faire admettre leurs titres à la cotation.

– Le comité des admissions décide des admissions et des radiations des valeurs à la cote du nouveau marché. Ses décisions sont communiquées à la COB.

7.2. Les membres du nouveau marché et leurs fonctions

Les membres du nouveau marché sont les intermédiaires du marché qui optent pour l'un ou plusieurs des trois statuts suivants : introducteur-teneur de marché, négociateur-courtier ou compensateur.

7.2.1. Les fonctions de l'introducteur-teneur de marché

La présence obligatoire d'un introducteur-teneur de marché (ITM) est une innovation pour la bourse française. Comme sa dénomination l'indique, l'ITM assure une double fonction : la prise en charge de l'introduction et la tenue de marché pendant au moins trois ans après l'introduction.

Dans le cadre des introductions, l'ITM s'engage à :

– assister l'émetteur dans la préparation des documents requis,

– publier des analyses financières sur l'émetteur,

– contrôler la cohérence et la vraisemblance des informations contenues dans le prospectus,

– assurer le placement du titre.

En tant que teneur de marché, il doit respecter les engagements suivants :

– afficher en permanence un prix d'achat et un prix de vente sur les valeurs dont il assure la tenue de marché, pour une quantité minimale définie par la SNM (de 50 000 à 200 000 F en équivalent-titres), et avec un écart maximal de prix d'environ 10 % ;

– être présent sur le carnet d'ordres central quinze minutes avant chaque fixage (10 h et 17 h), dans les mêmes conditions ;

– servir les membres du marché pour la quantité affichée.

7.2.2. Les fonctions du négociateur-courtier et du compensateur

Le négociateur-courtier exécute sur le marché des ordres pour le compte de ses clients ou pour son compte propre.

Le compensateur assure le dénouement des opérations effectuées par les adhérents dont il assure la compensation.

7.2.3. Les négociations

Sur le nouveau marché ouvert de 8 h à 20 h, les transactions sont effectuées selon deux modalités : le carnet d'ordres central et la tenue de marché.

Le carnet d'ordres central du nouveau marché est ouvert en continu de 8 h à 20 h. Seuls les membres du nouveau marché y ont accès. La confrontation des ordres par fixage a lieu deux fois par jour à 10 h et à 17 h. Entre le premier et le second fixage, le marché est assuré par les teneurs de marché. Les négociateurs-courtiers sont tenus de présenter tous leurs ordres aux teneurs de marché pour obtenir un prix.

Le règlement et la livraison sont assurés par les compensateurs.

7.3. Les conditions d'accès sur le nouveau marché

Les conditions d'accès sont moins contraignantes que sur les autres marchés. Les conditions minimales à remplir par l'entreprise pour l'admission sont les suivantes :

– total du bilan : 20 millions de francs,

– fonds propres : 8 millions de francs,
– nombre de titres à diffuser dans le public : 100 000,
– montant à diffuser dans le public : 10 millions de francs.

Pour les entreprises ayant moins de deux ans d'existence, l'introduction s'effectue obligatoirement par augmentation de capital.

L'émetteur prend des engagements concernant l'animation des titres et leur conservation. L'animation permanente est assurée par la désignation d'au moins un teneur de marché. En outre, les actionnaires de l'émetteur doivent mettre environ 10 % du capital placé sur le marché à la disposition du ou des teneurs de marché afin de permettre la tenue du marché.

Les actionnaires-dirigeants de l'entreprise doivent conserver durant les trois ans qui suivent l'introduction 80 % des parts qu'ils détiennent lors de l'introduction. Pour les entreprises ayant moins de deux ans d'existence, cette proportion est portée à 100 % durant les deux premières années d'existence, puis ramenée à 80 % jusqu'à la troisième année suivant l'introduction.

En ce qui concerne les informations sur l'entreprise, l'émetteur doit faire parvenir à la SNM toute modification statutaire ou patrimoniale relative aux titres, le compte rendu des assemblées générales, les documents financiers réglementaires, le compte rendu des cessions de titres des actionnaires-dirigeants.

7.4. Les procédures de placement et la première cotation

Il est possible d'utiliser le pré-placement, l'offre à prix minimal ou l'offre publique de vente.

7.4.1. Le pré-placement

Pour structurer son actionnariat comme elle le souhaite, l'entreprise candidate peut démarcher des investisseurs préalablement à la première cotation, et leur allouer discrétionnairement des titres. Si l'entreprise choisit le pré-placement, la procédure de diffusion des titres est différente selon que le pré-placement est total ou partiel.

– Si le pré-placement est total, la procédure est celle de la cotation directe. Tous les titres sont diffusés dans le public, et la cotation a lieu au premier jour directement sur le système.

– Si le pré-placement est partiel, un contingent de titres est mis sur le marché, le jour de la première cotation, et la procédure généralement retenue est celle de l'offre à prix ferme, avec un prix qui ne peut être supérieur à celui pratiqué lors du pré-placement.

7.4.2. L'offre à prix minimal et l'offre publique de vente

Si le pré-placement n'est pas retenu, la première cotation se réalise par la méthode de l'offre à prix minimal ou par celle de l'offre à prix ferme. Ces procédures ont été décrites aux paragraphes 5.2. et 5.3.

*
* *

Le marché financier français dispose désormais de structures d'accueil adaptées à toutes les catégories d'entreprises et affirme une vocation européenne. Dès sa création, l'ambition du nouveau marché était d'acquérir une dimension européenne, et de concurrencer, si possible, le Nasdaq américain (le premier marché mondial de ce type), dont le développement international inquiète les pouvoirs publics européens[7]. Plus de cinquante jeunes sociétés étrangères s'introduisent chaque année sur le Nasdaq.

Pour relever ce défi, un groupement européen d'intérêt économique, le GEIE euro-NM (euro-nouveau marché), a été fondé le 1er mars 1996 par la SNM et la bourse de Bruxelles. La bourse de Francfort a ensuite adhéré à ce groupement destiné à mettre en œuvre et à promouvoir le marché européen des valeurs de croissance. Il faut espérer que les Britanniques et d'autres places européennes rejoindront l'euro-NM. En effet, une profusion de marchés nationaux ou internationaux, tel l'Easdaq créé selon le modèle du Nasdaq par l'European Association of Securities Dealers, devrait profiter au plus grand marché que constitue le Nasdaq.

Références

CHOINEL A., ROUYER G., *Le marché financier, structures et acteurs,* 5e éd., Paris, La Revue Banque Editeur, 1993.

JACQUILLAT B., *L'introduction en bourse*, 2e éd., Paris, PUF, « Que sais-je ? », 1994.

PERQUEL J.J., « Pour un nouveau marché », *Chroniques économiques* (juillet 1995), p. 283-287.

PILVERDIER-LATREYTE J., *Le marché financier français*, 3e éd., Paris, Economica, 1991.

SNM, *Le nouveau marché, Principes d'organisation et de fonctionnement*, Synthèse 1996, SNM, 39 rue Cambon, 75001 Paris.

Mots clés

Hors cote, introducteur-teneur de marché, marché libre OTC, marché officiel, mise en vente, nouveau marché, offre à prix minimal, offre publique de vente, pré-placement, prix d'offre minimum, second marché.

7. Voir également dans cette ***Encyclopédie*** l'article de E. Perrin, « Marché financier des petites capitalisations », p. 779, tome 1.

Marché boursier français : lecture de la cote

37

Josette Pilverdier-Latreyte

La presse financière fournit chaque jour une quantité considérable d'informations chiffrées sur l'évolution des marchés nationaux et internationaux. La consultation des tableaux est un exercice assez complexe, et leur interprétation suppose une bonne connaissance des produits financiers, de l'organisation du marché boursier français[1] et des systèmes de cotation.

Nous présenterons dans une première section la lecture de la cote des actions et dans une deuxième section celle des obligations. Les tableaux commentés dans cet article sont extraits du quotidien financier *La Tribune*.

1. La lecture de la cote des actions

Pour retrouver les informations concernant une action, il faut savoir dans quel compartiment boursier elle est cotée : règlement mensuel (RM), comptant, second marché, nouveau marché, hors cote. A l'intérieur de chaque compartiment, les actions sont classées par ordre alphabétique.

Pour chaque titre, vingt-cinq renseignements écrits en petites minuscules sont fournis sur cinq colonnes et quatre lignes environ.

1.1. La cote des actions françaises du marché à règlement mensuel

La cote indique d'abord les informations concernant la seule obligation[2] désormais cotée sur le RM, l'EDF-GDF 3 %, et les six titres participatifs du RM. Elle donne ensuite les informations concernant les actions et les certificats d'investissement français, puis les valeurs étrangères.

---

1. Voir dans cette ***Encyclopédie*** l'article de J. Pilverdier-Latreyte, « Marché boursier français : structure et organisation », p. 725, tome 1.

2. Cet emprunt obligataire a été émis en 1945 par la Caisse nationale de l'énergie pour indemniser les actionnaires des 900 entreprises électriques et gazières nationalisées. Sa spécificité est la clause d'indexation prévue lors de l'émission. Les revenus et les primes de remboursement sont indexés sur le chiffre d'affaires EDF-GDF, ce qui en fait le placement le plus intéressant sur longue période. Cette obligation indemnitaire d'une valeur nominale de 100 F cote plus de 7 000 F.

Nous allons commenter le tableau 1 relatif aux actions françaises[3].

Tableau 1 – Le marché à règlement mensuel, cote des actions françaises

+ HAUT an + BAS an Compens. report	Nb titres Nominal C. moyen Volume	VALEURS CODE Global	 Date dét. Net	 Avoir F.	 Secteur AC/S	Dernier (ou DDC) Premier + Haut + Bas	Précéd. % veille % liquid. % année
354	21857000	**LAPEYRE** (CA)				**246,9**	248
215,3	10					248,5	**– 0,44**
250	247,25	**13051**	2-06-95		31	248,5	**– 1,24**
1,1	2966	7,35	4,9	2,45	T	242	– 8,22
295,7	2226000	**LEBON** (CB)				**186**	188
180	50					186	**– 1,06**
188	191,33	**12129**	5-07-95		21	186	**– 1,06**
0,823	132	10,5	7	3,5	T	185	– 36,95
844	• 21406310	**LEGRAND** (CA) ■ div. par 10				**793**	790
621	10	le 27-6-95 (av. 95-1634)				795	**+ 0,37**
810	803	**12061**	15-06-95		42	795	**– 2,1**
3,55	32592	56,25	37,5	18,75	S	782	+ 22,38
545	• 6379810	**LEGRAND ADP** (CA) div. par 10				**520**	525
424,4	10	le 27-6-95 (av. 95-1634)				521	**– 0,95**
505	525,75	**12528**	15-06-95		42	524	**+ 2,97**
2,21	409	90	60	30	S	520	+ 18,05
420	8618714	**LEGRIS INDUSTRIES** (CA)				**167,5**	168
138,1	20					167,9	**– 0,29**
165	170,95	**12590**	15-09-92		41	168	**+ 1,52**
0,705	16511	12	8	4	T	165,6	– 49,01
908	2036403	**LOCINDUS** (CA)				**845**	825
756	150					825	**+ 2,42**
825	840	**12135**	3-07-95		13	845	**+ 2,42**
PAIR	1280	70,5	70,5		T	825	– 3,1
1345	61440356	**L'ORÉAL** (CA) ■				**1238**	1236
1041	10					1236	**+ 0,16**
1250	1256	**12032**	28-06-95		63	1248	**– 0,96**
5,47	65778	18,3	12,2	6,1	T	1225	+ 13,68

Source : *La Tribune* du 1er décembre 1995.

Dans la première colonne figurent sur quatre lignes :

– les cours extrêmes de l'année : le cours le plus haut et, juste en dessous, le cours le plus bas,

– le cours de compensation : c'est-à-dire le cours fixé à la liquidation précédente pour le calcul des reports,

3. Voir dans cette ***Encyclopédie*** l'article de D. Folus, « Actions : modélisation, évaluation, gestion », p. 1 tome 1.

– le report : le montant est indiqué en franc. Il est calculé à partir du cours de compensation et du taux du report, qui était de 5 1/4 % à la liquidation d'octobre 1995. Le report est payé par les acheteurs qui prolongent leur position jusqu'à la période suivante. C'est le cas le plus fréquent. La cote de *La Tribune* du 1er décembre 1995 indique des reports pour toutes les valeurs françaises, exception faite pour Locindus et Eurotunnel. Si les positions acheteur et vendeur sont égales, le report est nul et noté PAIR. Si les positions vendeur à reporter sont supérieures aux positions acheteur, il y a déport ou bonus pour les acheteurs, noté B au tout début de la ligne devant le montant du déport.

La cote de *La Tribune* du 1er décembre 1995 indique une opération au PAIR pour Locindus, et un déport pour Eurotunnel.

Dans la deuxième colonne figurent :

– le nombre d'actions composant le capital de la société cotée en bourse. Si une partie des actions n'est pas admise à la négociation, un triangle blanc est indiqué après le nom de la valeur, ce qui est le cas d'Elf-Aquitaine. Le capital de cette société, la plus forte capitalisation boursière française, est constitué de 270 834 905 actions, mais une partie des titres n'est pas admise aux négociations ;

– le nominal de l'action. La valeur nominale était au minimum égale à 100 F à la création de la société. Désormais, elle est fixée par les statuts. La plupart des sociétés cotées ont effectué une division d'actions, ce qui abaisse le nominal par exemple à 50 F (Lebon), ou à 10 F (Legrand). Cette opération permet d'avoir une meilleure liquidité du titre et un cours boursier plus faible. En France, les valeurs boursières ont des cours très élevés par rapport à ceux des titres négociés sur les places anglo-saxonnes. Certaines actions cotent plus de 1 000 F : Galeries Lafayette a un cours moyen de 1 500 F et Fromageries Bel de 4 000 F, alors que les cours boursiers à Londres sont de quelques livres ;

– le cours moyen. Les valeurs du RM étant cotées en continu, les transactions s'effectuent à des cours boursiers différents. Le cours moyen est la moyenne des cours boursiers du jour ;

– le volume, c'est-à-dire le montant des transactions du jour.

Dans la troisième colonne figurent :

– le nom de la valeur en **majuscules grasses,** suivi de (CA) ou (CB), ce qui renseigne sur le mode de cotation : continu A ou continu B. Si un carré noir suit (CA) ou (CB), cela signifie que la valeur fait partie de l'indice CAC 40. Par exemple : **LEBON** (CB) signifie que l'action est cotée en continu B, ce qui est exceptionnel pour une valeur du RM, et ne fait pas partie de l'indice CAC 40. **L'OREAL** (CA) ■ signifie que l'action est cotée en continu A (ce qui est normal pour une valeur du RM), et qu'elle fait partie de l'échantillon de valeurs qui composent l'indice CAC 40 ;

– la nature de la valeur. Les valeurs cotées sont essentiellement des actions classiques. Mais quelques sociétés ont émis des certificats d'investissement (Crédit Lyonnais) ou des actions à dividende prioritaire sans droit de vote (ADPSDV). Ces différents produits financiers sont cotés sur des lignes séparées. Etant donné que les ADPSDV ne bénéficient pas du droit de vote, elles valent moins cher que les actions classiques. La décote est de 30 à 40 %. Par exemple, pour la société Legrand, il y a deux lignes : **LEGRAND** (CA) et **LEGRAND ADP** (CA). Le cours moyen de l'action classique est de 803, alors que celui de l'action à dividende prioritaire sans droit de vote (ADP) est de 525, soit une décote de 35 %. En outre, le volume de transactions des ADP est très faible ;

– les renseignements sur les opérations en capital : *ex att.* signifie ex-droit d'attribution, droit qui permet d'obtenir des actions gratuites ; *div. par* signifie que le nominal a été divisé. Par exemple pour Legrand *div. par 10 le 27 juin 1995* indique que le nominal des actions a été divisé par 10 le 27 juin 1995. Depuis cette date, le nombre d'actions constituant le capital a été multiplié par 10, et le cours boursier est environ 10 fois plus faible. Avant cette division, Legrand cotait entre 7 000 et 8 000 F contre 803 F le 1er décembre 1995. Bien évidemment, tous les cours précédents ont été ajustés pour tenir compte de cette opération en capital ;

– le code : un code est attribué à chaque valeur. C'est le code SICOVAM sous lequel la société est enregistrée auprès de cet organisme de compensation ;

– le secteur d'activité. Les actions françaises sont classées en 12 secteurs économiques. Legrand fait partie du secteur 4 Biens d'équipement et plus précisément du sous-secteur 42 : Electricité, Electronique, Télécommunications ;

– les informations concernant les dividendes : la date de détachement, le montant global, le montant net, l'avoir fiscal et le mode de paiement.

Différentes modalités sont possibles : le paiement intégral en une seule fois noté T ; le paiement en deux fois avec le versement d'un acompte noté A, puis le versement du solde noté S ; enfin, le paiement du dividende en actions ou en espèces, ce qui est noté AC ou E.

Dans la quatrième colonne figurent sur quatre lignes les cours du jour : le dernier cours (ou DDC qui signifie la dernière date de cotation), puis, le premier, le plus haut et le plus bas cours boursiers constatés au cours de la séance de bourse.

Dans la cinquième colonne figurent sur quatre lignes : le cours du jour précédent, le pourcentage de variation par rapport à la veille, le pourcentage de variation par rapport à la dernière liquidation, et le pourcentage de variation par rapport au début de l'année.

1.2. La cote des actions du marché au comptant

La cote reflète le fonctionnement du marché au comptant où il n'existe pas de reports, la livraison des titres et le règlement étant immédiats. La lecture de cette cote est de ce fait plus simple que celle du marché à règlement mensuel.

Nous allons commenter le tableau 2 relatif aux actions françaises. Les informations fournies dans ce tableau ont déjà été analysées pour les actions du RM. Le lecteur est donc invité à s'y reporter.

Mentionnons cependant deux informations spécifiques à ce compartiment. Elles concernent la place de rattachement de la valeur et les opérations sur titres (OPS).

– La France est divisée en sept régions boursières : Paris et six places régionales : Bordeaux, Lille, Lyon, Marseille, Nancy, Nantes. Depuis janvier 1991, la cote nationale rassemble à Paris toutes les valeurs cotées en France. Les bourses régionales ont en conséquence perdu le monopole des transactions sur les valeurs cotées en province. En contrepartie, elles ont acquis une compétence nationale. Moyennant un renforcement de leurs fonds propres, elles peuvent

Tableau 2 – Marché au comptant, cote des actions françaises

+ HAUT an + BAS an · OPS	Libellé CODE Date dét.	Nb titres Global	 Net	Secteur Nominal Avoir F.	Dernier (ou DDC) % veille Premier	Précéd. Volume % année
64,6	**ACANTHE DÉVELOPPEMENT**				**/161195**	22,4
22,4	(Ny)			121		
	6460	321760		10		**– 67,06**
	10-07-92	8,25	5,5	2,75		
444	**ACMER** (Cb)◆ ×			122	**417**	418
385,1					**– 0,23**	1
	3002	2016174		70	417	**– 0,71**
	6-06-95	16,5	11	5,5		
175	**AD CAPITAL**				**/211195**	174
99,3	**ex-Docks Indust.** △(B)			121		
	6540	2101004		10		**+ 24,29**
		10,5	7	3,5		
35	**ADOLPHE LAFONT** (Ly)			62	**/201195**	21,5
19						
	6048	1617570		10		**+ 2,38**
		4,2	2,8	1,4		
44,5	**ADT** (Ny)			122	**/210995**	34,65
33						
	6459	365000		10		**– 27,81**
		4,5	3	1,5		

Source : *La Tribune* du 1er décembre 1995.

intervenir sur la totalité des valeurs nationales. Les bourses régionales sont toujours chargées d'assurer certaines opérations financières comme les introductions en bourse, les augmentations de capital. Cette réforme avait pour objectif de dynamiser le marché des actions provinciales, souvent délaissées au profit des parisiennes. Si la place de rattachement de la valeur n'est pas Paris, il est indiqué B pour Bordeaux, Li pour Lille, Ly pour Lyon, M pour Marseille, Ny pour Nancy, Ns pour Nantes. Par exemple, la société Acanthe Développement est cotée à Nancy ;

– Les opérations sur titres modifient le nombre d'actions composant le capital de la société. Il peut s'agir d'une augmentation de capital, d'une réduction de capital (cas plus exceptionnel) ou d'une division d'actions.

1.3. La cote des actions françaises du second marché

La cote des actions françaises de ce compartiment boursier est présentée sous une rubrique spéciale, mais les informations publiées sont identiques à celles du marché au comptant.

2. La lecture de la cote des obligations

La Tribune donne non seulement les informations concernant les cours et les coupons des obligations mais aussi la notation des obligations (*rating* en anglais).

2.1. Le principe de la notation

La notation des titres de créances, notamment des obligations, est une pratique très développée dans les pays anglo-saxons. Le marché de la notation est dominé par les deux grandes agences américaines Moody's et Standard and Poor's ; cette dernière s'est alliée avec l'agence française ADEF.

La note attribuée par des agences d'analyse financière permet d'évaluer le risque de défaillance de l'emprunteur. Les agences proposent une classification des titres établie sur une échelle lettre d'une vingtaine de positions, allant de AAA pour l'obligation la moins risquée à D en cas d'incident de paiement. La notation peut être corrigée. De façon régulière, l'agence contacte la société émettrice et s'assure que de nouvelles données prévisionnelles ne remettent pas en cause la note précédemment obtenue. Le cas échéant, l'agence procède à une dévaluation ou à une réévaluation de la note[4].

La Tribune publie l'échelle de notation de Moody's à gauche de l'intitulé de l'émetteur ou des lignes obligataires et (ou) celle de Standard and Poor's-ADEF à droite de l'intitulé de l'émetteur. La lecture de la cote montre que les obligations françaises ne présentent pas de risque de non-remboursement, les agences n'ayant pas attribué les notations B, C ou D. La meilleure note est évidemment attribuée aux fonds d'Etat et aux emprunts garantis par l'Etat.

2.2. La cotation des obligations

Les obligations sont cotées au pied du coupon et en pourcentage du nominal[5].

Au pied du coupon ou ex-coupon signifie coupon couru déduit. Le cours coté n'inclut pas la fraction du coupon couru depuis le dernier détachement. Le montant du coupon couru est calculé tous les jours. Il est égal à :

$$\text{Valeur nominale} \times \text{Taux nominal}$$
$$\times \text{ Nombre de jours depuis le paiement du dernier coupon}$$

La cotation en pourcentage signifie que toutes les valeurs nominales sont ramenées à une même base 100. Cette méthode facilite les comparaisons entre les emprunts dont les valeurs nominales sont différentes.

2.3. L'analyse de la cote des obligations

Pour retrouver les informations concernant une obligation, il faut rechercher le nom de l'émetteur : Crédit National, Diac, Rhône-Poulenc..., puis, sous la rubrique de l'émetteur, il faut identifier l'obligation par son taux à l'émission et l'année d'émission.

Nous allons commenter le tableau 3 relatif aux obligations françaises.

---

4. Voir également dans cette ***Encyclopédie*** l'article de B. Thiry, « Notation », p. 1274, tome 2.
5. Voir dans cette ***Encyclopédie*** l'article de M. Piermay, « Obligations », p. 1283, tome 2.

Tableau 3 – Cote des obligations françaises

N° de code	VALEURS	Nominal	Cours	Cours précéd.	C/C en %	Tx act.	Coupon net	Date détach.	Date amort.
			Emetteurs						
19697	8 % avril 1995-2005 (C)	5000	/301195	105,93	1,065	+ 7,3197	100	18-10-95	18-04-05
19737	7,20 % oct. 95 janv. 2004 (C)	5000	101,73	101,75	0,73	+ 7,1017		18-10-96	18-01-04
			Caisse Centrale de Réescompte					**AA–/AA2**	
11422	89(P1C)	5000	/071195	100	4,696	+ 0,2874	317,19	18-04-95	17-04-97
			Caisses d'Epargne					**AA+**	
4281	◆ juin 85 (TMO) 6,50 % min. (CB)	5000	100,5	100,7	2,743	– 0,5459	338,52	3-07-95	1-07-97
10115	◆ 8 % juin 86 (CB)	5000	104,55	104,56	3,266	+ 6,1477	360	23-06-95	23-06-98
10116	◆ juin-nov. 86 (TRA) 6 % min. (CB)	5000	99,8	99,55	2,785	– 0,5091	287,15	23-06-95	23-06-98
10278	◆ 8,70 % nov. 88 (CB)	5000	107,46	107,49	5,8	+ 6,1378	435	6-04-95	6-04-99
10279	◆ 3-11/87-3/88 (TRA) 5,5 % min. (CB)	5000	99,6	99,9	4,866	– 0,5539	275	6-04-95	6-04-99
11016	◆ 10 % mars-avril 88 (CB)	5000	112,82	112,92	9,397	+ 6,3172	500	28-12-94	28-12-99
11101	◆ 1988-89 (TME) (CB)	5000	100,5	100,7	4,151	– 0,637	367,09	2-05-95	2-05-00

Source : *La Tribune* du 1er décembre 1995.

Les informations données sur dix colonnes sont les suivantes :

– le numéro de code SICOVAM (colonne 1) ;

– l'identification de l'obligation, c'est-à-dire le taux nominal à l'émission, la date de remboursement et éventuellement le mode de cotation, (CA) ou (CB), et le mode de paiement du coupon : (U) coupon mensuel, (C) coupon trimestriel, (S) coupon semestriel (colonne 2) ; par exemple, sous la rubrique Crédit Foncier, 8 % mars 1993, avril 2000 (C) signifie qu'il s'agit de l'emprunt obligataire émis à 8 % en 1993, remboursable en l'an 2000 avec un coupon payable tous les trimestres ;

– le nominal de l'obligation, correspondant à la valeur sur laquelle est calculé le montant du coupon à payer (colonne 3) ; les obligations ont un nominal de 5 000 ; 10 000 ou 20 000 F ;

– le cours exprimé en pourcentage et au pied du coupon (colonne 4) ;

– le cours précédent (colonne 5) ;

– le coupon couru en pourcentage (C/C en %, colonne 6) ;

– le taux actuariel calculé sur la dernière cotation (Tx act., colonne 7) ;

– le coupon net, c'est-à-dire le coupon brut diminué de la retenue à la source de 10 % pour les emprunts émis avant 1987 (colonne 8) ;

– la date de détachement du coupon (colonne 9) ;

– la date d'amortissement correspondant à la date du dernier remboursement (colonne 10).

*

* *

Les informations concernant la cote des actions et des obligations sont publiées dans les quotidiens financiers tels que *La Tribune* ou *Les Echos,* et dans les hebdomadaires financiers comme *Investir, le Journal des Finances* ou

La Vie Française. Chaque journal adopte sa propre présentation, est plus ou moins exhaustif, et choisit ses signes. C'est pourquoi le lecteur d'un journal doit d'abord lire les encadrés fournissant les explications des signes utilisés dans les tableaux de cotation avant d'examiner la cote elle-même des actions ou des obligations.

Références

Gaugain M., Sauvée-Crambert R., *Comprendre la presse financière*, Paris, Nathan, 1992.
Peyrard J., *La bourse*, 2e éd., Paris, Vuibert, 1993.
Pilverdier-Latreyte J., *Le marché financier français*, 3e éd., Paris, Economica, 1991.

Mots clés

Compensation, coupon couru, date de détachement, déport, notation, pair, place boursière, règlement mensuel, report, volume des transactions.

Marché boursier français : structure et organisation

38

Josette Pilverdier-Latreyte

Le fonctionnement du marché financier repose sur l'activité de deux compartiments dont les fonctions sont différentes et complémentaires : le marché des émissions de titres ou marché primaire et le marché boursier ou marché secondaire.

Le marché primaire met en relation les agents à déficit de financement, c'est-à-dire les entreprises, les collectivités locales et l'Etat qui émettent des actions et des obligations, et les agents à surplus de financement, essentiellement les ménages, qui souscrivent les valeurs mobilières. Ce compartiment remplit une fonction de financement, d'allocation du capital[1].

Le marché secondaire est celui où s'échangent les titres déjà émis. C'est en quelque sorte un marché de «l'occasion». Ce compartiment est indispensable au bon fonctionnement d'un marché financier. L'existence des marchés secondaires répond à la nécessité de créer un marché officiel et organisé où les détenteurs de titres qui le souhaitent peuvent récupérer leurs fonds sans devoir attendre l'échéance. Un besoin de liquidité de la part d'un actionnaire se conçoit aisément puisque la durée de vie d'une action correspond à celle de la société. Or, les statuts prévoient généralement une durée de vie sociale de 99 ans tacitement reconductible... De la même façon, un obligataire peut avoir besoin de liquider ses titres avant la date d'amortissement prévue dans le contrat d'émission. Le marché secondaire correspond au marché boursier. Il assure la liquidité et la mobilité de l'épargne investie en valeurs mobilières. Son rôle est de fournir une évaluation permanente des titres cotés et d'effectuer les transactions.

Les institutions boursières mises en place en 1988 ont été réformées par la loi sur la modernisation des activités financières du 2 juillet 1996. Cette loi est la transposition française de la directive européenne sur les services d'investis-

---

1. Voir dans cette ***Encyclopédie*** les articles de D. Perrut, «Système monétaire et financier français», p. 1845, tome 2, de E. Ginglinger, «Marchés de capitaux et financement de l'entreprise», p. 897, tome 1 et de C. Saint-Etienne, «Marchés de capitaux, financement de l'économie et politique monétaire», p. 880, tome 1.

sement. Les sociétés de bourse, personnes morales, détiennent le monopole des transactions sur valeurs mobilières. Pour cette activité, elles ont remplacé les agents de change, personnes physiques, qui étaient des officiers ministériels.

La Chambre syndicale des agents de change avait été remplacée en 1988 par trois instances qui assumaient des missions différentes :

– le Conseil des bourses de valeurs,
– la Société des bourses françaises,
– l'Association française des sociétés de bourse.

La loi sur la modernisation des activités financières a créé le Conseil des marchés financiers (CMF) qui regroupe le Conseil des bourses de valeurs et le Conseil des marchés à terme.

Le Conseil des marchés financiers est l'autorité supérieure du marché. Il prend les décisions les plus importantes relatives à la réglementation et au fonctionnement du marché boursier et des marchés à terme. Il contrôle l'activité des sociétés de bourse.

La Société des bourses françaises (SBF) est une institution financière spécialisée dont les actionnaires majoritaires sont les sociétés de bourse. Elle est responsable du fonctionnement du marché. C'est en quelque sorte «le bras séculier» du Conseil des bourses de valeurs.

L'Association française des sociétés de bourse (AFSB) remplit le rôle de représentation professionnelle des sociétés de bourse dans le cadre des relations avec le personnel et avec les autorités de marché. Elle est le porte-parole des sociétés de bourse auprès des pouvoirs publics.

Le rôle des pouvoirs publics en matière d'organisation du marché financier est important puisqu'il fixe le cadre législatif. Par l'intermédiaire du ministère de l'Economie et des Finances, l'Etat promulgue le règlement général du CMF et participe à la vie de ce Conseil par la voix des membres nommés par le ministère de l'Economie et des Finances. Il donne son accord à la nomination du directeur général de la SBF et s'exprime par la Commission des opérations de bourse (COB). Cette institution a été créée en 1967 dans le but de doter le marché financier d'une instance de surveillance conçue sur le modèle de la Securities and Exchange Commission (SEC) américaine. D'une manière générale, la direction du Trésor est en contact quasi permanent avec les autorités du marché.

Le marché boursier français est original et différent des marchés anglo-saxons. Nous présenterons dans une première section la structure de ce marché, puis dans une deuxième section, nous exposerons les méthodes de cotation.

1. La structure du marché boursier français

Un large éventail de valeurs inscrites à la cote conditionne la vie boursière et détermine l'importance de la capitalisation boursière. La bourse française se caractérise par ses produits financiers, le montant de sa capitalisation, le volume des transactions, ses indices et ses différents compartiments.

1.1. Les caractéristiques des produits financiers cotés

Les valeurs mobilières classiques, actions et obligations, et les produits financiers plus nouveaux que sont les titres participatifs, les certificats d'investissement ou les bons de souscription[2] sont négociables en bourse, sous condition d'avoir été préalablement admis aux négociations par les autorités compétentes. Nous exposons brièvement leurs principales caractéristiques.

1.1.1. Les actions

Une action est un titre d'associé, une valeur à revenu variable, qui représente une fraction du capital social[3]. A chaque action ordinaire sont attachés un droit de vote, un droit au dividende et un droit à l'information. Il existe des actions privilégiées qui présentent des avantages de vote (par exemple droit de vote double attribué aux actionnaires fidèles) ou des avantages dans la répartition des bénéfices. La loi Monory du 13 juillet 1978 a créé des actions à dividende prioritaire sans droit de vote (ADP). Ces titres sont cotés sur une ligne séparée. Leur valeur est inférieure à celle des actions jouissant du droit de vote.

1.1.2. Les obligations

Une obligation est un titre de créance faisant partie d'un emprunt collectif, une valeur à revenu fixe ou garanti. Quels que soient les résultats de l'entreprise émettrice, les obligataires touchent leur rémunération alors que les actionnaires perçoivent un dividende uniquement si l'entreprise réalise un bénéfice[4].

1.1.3. Les certificats d'investissement

La loi Delors du 3 janvier 1983 a créé de nouveaux produits financiers, les certificats d'investissement et les titres participatifs, de façon à permettre aux groupes nationalisés en 1982 de renforcer leurs fonds propres en intervenant directement sur le marché financier, sans remettre en cause la tutelle de l'Etat.

Les certificats d'investissement réalisent une dissociation entre le droit de vote et les autres prérogatives de l'actionnaire que sont le droit au bénéfice et aux réserves et le droit à l'information.

Les actions sont divisées en deux éléments :

– un certificat de droit de vote sous forme nominative qui était initialement inaliénable (sauf en cas de succession, de donation, de partage ou de liquidation de communauté de biens entre époux) ;

– un certificat d'investissement négociable qui représente les prérogatives de l'actionnaire (droit aux bénéfices, aux réserves et à l'information).

Les certificats d'investissement privilégiés offrent une rémunération prioritaire. Un dividende privilégié est exprimé en pourcentage du nominal du certificat ; par exemple 25 % du nominal de 100 francs pour le certificat Société Générale, auquel s'ajoute un dividende complémentaire variable qui évolue en fonction du bénéfice de l'émetteur.

La loi du 6 août 1986 relative aux modalités d'application des privatisations a prévu différentes procédures tendant à la reconstitution des actions des entreprises privatisées. Le titulaire d'une action reconstituée doit faire la déclaration de cette situation à l'émetteur dans les quinze jours. L'émetteur

---

2. Voir dans cette ***Encyclopédie*** l'article de P. Chollet, « Bons de souscription d'actions », p. 218, tome 1.

3. Voir dans cette ***Encyclopédie*** l'article de D. Folus, « Actions : modélisation, évaluation, gestion », p. 1, tome 1.

4. Voir dans cette ***Encyclopédie*** l'article de M. Piermay, « Obligations », p. 1283, tome 2.

doit aussitôt informer la SBF de la nouvelle répartition du capital de la société pour l'information du marché.

Les certificats d'investissement bénéficient du régime fiscal des actions.

1.1.4. Les titres participatifs

Ces titres peuvent être émis par les sociétés par actions appartenant au secteur public et les sociétés anonymes coopératives. Ils sont assimilables à des fonds propres. En effet, ils ne sont remboursés qu'en cas de liquidation de la société ou à l'expiration d'un délai qui ne peut être inférieur à sept ans et dans les conditions prévues au contrat d'émission. La pratique du marché assimile ces titres à des obligations. En outre, leur régime fiscal est celui des obligations à taux fixe.

La rémunération des titres participatifs comporte deux éléments : une partie fixe et une partie variable qui dépend du résultat net de la société émettrice. L'assiette de la partie variable ne peut dépasser 40 % du nominal du titre, ce qui limite le risque.

Les titres participatifs ont connu un grand succès l'année de leur création en 1983 et en 1984 avec la première émission réalisée par Saint-Gobain et suivie par celles de Rhône-Poulenc, Thomson SA et Renault. En 1984, la BNP et le Crédit Lyonnais en ont émis. Depuis cette date, aucune grande émission n'a été réalisée. Ces titres participatifs sont cotés sur le marché à règlement mensuel (RM).

1.2. Les principaux indicateurs du marché boursier français

Le tableau 1 présente l'évolution des principaux indicateurs relatifs au marché boursier.

Tableau 1 – Les indicateurs du marché boursier français

	1980	1990	1991	1992	1993	1994	1995
Sociétés françaises cotées	**794**	**873**	**839**	**784**	**726**	**724**	**710**
Cote officielle	794	578	551	513	472	459	444
Second marché		295	288	271	254	265	266
Sociétés étrangères cotées	**175**	**214**	**219**	**206**	**210**	**204**	**194**
Capitalisation boursière	**843**	**4 188**	**4 459**	**4 994**	**6 558**	**6 104**	**6 577**
Actions	258	1 599	1 859	1 809	2 689	2 412	2 445
Obligations	585	2 589	2 900	3 186	3 869	3 692	4 132
Transactions	**121**	**3 747**	**3 840**	**4 964**	**8 185**	**7 963**	**6 530**
Actions	57	661	637	642	957	1 122	1 003
Obligations	64	3 086	3 203	4 322	7 228	6 841	5 527
Indices							
CAC 40 base 1 000 au 31/12/87		1 518	1 766	1 858	2 268	1 881	1 872
SBF 120 base 1 000 au 31/12/90		1 000	1 161	1 211	1 594	1 287	1 284
SBF 250 base 1 000 au 31/12/90		1 000	1 126	1 140	1 506	1 251	1 233
MID CAC base 1 000 au 31/12/90		1 000					999

Sources : Rapports COB et statistiques FICOM-SBF.

1.2.1. Les valeurs inscrites à la cote

Le nombre de sociétés cotées régresse d'année en année, les radiations dépassant les introductions. L'essentiel des radiations provient de l'absorption de sociétés cotées. Ce phénomène de concentration appauvrit la cote mais ne diminue pas la capitalisation globale. Au 31 décembre 1995, 710 sociétés françaises et 194 sociétés étrangères, dont 35 % de valeurs européennes, étaient cotées à la bourse de Paris. Cette dernière est une place financière accueillante pour les sociétés étrangères. La présence d'actions étrangères est un palliatif à l'étroitesse du marché français.

1.2.2. La capitalisation boursière

La capitalisation boursière d'une société est égale au produit du cours d'une action par le nombre de titres émis. Par agrégation, il est possible de calculer la capitalisation de l'ensemble des actions et par extension celle de toutes les obligations négociées, des titres participatifs, etc. La capitalisation totale est la valeur boursière de tous les titres inscrits à la cote d'une place financière. Elle dépend de l'évolution des cours et du nombre de titres cotés. Elle enregistre les variations consécutives aux fluctuations des cours et aux opérations en capital. Les introductions en bourse, les privatisations, les augmentations de capital, l'inscription à la cote de nouveaux emprunts obligataires renforcent la capitalisation boursière. En revanche, les radiations réduisent la capitalisation boursière. Les radiations de la cote ont pour origine les nationalisations, les fusions-absorptions, les offres publiques d'achat ou d'échange, l'insuffisance des transactions (volume quotidien inférieur à 10 000 francs) ou de diffusion du capital (diffusion inférieure à 5 %).

Le flottant ou capitalisation flottante est une notion qui permet de caractériser le marché d'une action. Le flottant correspond à la proportion de titres détenus par des actionnaires dont l'objectif n'est pas de contrôler l'entreprise, mais de gérer un portefeuille d'actions de façon à obtenir la meilleure rentabilité tout en minimisant le risque. Un flottant élevé garantit une bonne liquidité sur le marché secondaire. Par opposition, la capitalisation bloquée correspond à la partie du capital détenue par des personnes physiques et morales dont l'objectif est de contrôler l'entreprise. Ces titres inscrits en immobilisations financières dans les bilans des entreprises ne sont pas offerts sur le marché secondaire, si ce n'est à l'occasion d'un changement dans les structures de pouvoir. La cession des actions se réalise alors par le lancement d'une offre publique ou par la négociation de blocs de titres.

Si l'on considère la capitalisation des valeurs à revenu variable, New York et Tokyo sont les deux plus grandes places financières internationales[5]. Depuis la Seconde Guerre mondiale, New York occupe la première place, exception faite de 1987 à 1990 où elle avait été supplantée par Tokyo (tableau 2). Le Royaume-Uni est en troisième position suivi par l'Allemagne. Paris se situe en cinquième position.

La place de Paris occupe un rang honorable, mais sa capitalisation reste modeste, puisqu'elle ne représente que 10 % de celle du New York Stock Exchange. La capitalisation française devrait continuer à progresser. En effet, la

5. Voir dans cette ***Encyclopédie*** l'article de P. Lamy, « Bourses de valeurs », p. 230, tome 1.

Tableau 2 – Classement mondial des places financières*

Classement 31/12/94		31/12/92	31/12/93	31/12/94	31/12/95
1	New York Stock Echange	21 335	25 507	23 505	27 709
2	Tokyo	12 778	17 104	19 353	17 372
3	Royaume-Uni	5 216	7 056	6 489	6 517
4	Allemagne	1 916	2 719	2 670	2 829
5	Paris	1 932	2 692	2 415	2 450
6	Toronto	1 341	1 918	1 683	1 795
7	Suisse	1 040	1 602	1 522	1 951
8	Amsterdam	943	1 365	1 200	1 405
9	Taiwan	551	1 138	1 382	917
10	Corée	593	822	1 019	892
11	Milan	633	799	939	1 006
12	Madrid	545	703	659	932
13	Johannesburg	855	114	593	1 359
14	Mexique	748	1 185	592	444
15	Bruxelles	353	460	450	497

* Unité : Milliard de francs. Capitalisation boursière en fin d'année des actions nationales. Le taux de conversion retenu est le cours de change contre franc français à la fin de l'année.

Source : FIBV et Rapports COB.

capitalisation boursière des actions nationales représente en moyenne 30 % du PIB, alors que ce ratio atteint 75 % aux Etats-Unis et 90 % en Grande-Bretagne.

1.2.3. Les transactions

Au cours des quinze dernières années, la bourse de Paris a connu un changement d'échelle. Le volume des transactions a été multiplié par 70, ce qui a contraint les professionnels à transformer leurs structures pour répondre à cette activité débordante. En 1993, les transactions ont augmenté de façon exceptionnelle et dépassé le cap des 8 000 milliards de francs. Le taux de progression fut de 65 % par rapport à l'année précédente.

Dans ce contexte de croissance accélérée, la structure interne des titres échangés s'est modifiée. De 1980 à 1992, les transactions sur actions ont relativement diminué au profit des transactions sur obligations qui furent les valeurs les plus actives de la cote. Les transactions sur ces titres ont représenté 88 % des échanges en 1993 par exemple. Cependant, la comparaison du volume des transactions sur actions entre 1992 et 1994 montre que celui-ci a quasiment doublé (+ 90 %). Est-ce un changement conjoncturel ou structurel ?

1.2.4. Les indices

L'évolution d'une place boursière se mesure par des indices synthétiques qui résument un grand nombre d'observations. Les indices permettent aussi de mesurer les performances boursières des investisseurs et des gestionnaires de portefeuilles. Ils servent enfin de support aux contrats à terme et aux options négociés sur les marchés dérivés.

La place de Paris dispose d'une gamme complète d'indices boursiers : le CAC 40, le SBF 120, le SBF 250 et le MIDCAC. Les trois premiers ont été conçus selon une logique d'emboîtement, le SBF 250 comprend les 120 valeurs du SBF 120 qui comprend lui-même les 40 valeurs du CAC 40. Cette structure hiérarchique assure une plus grande cohérence entre les indices.

1.2.4.1. *L'indice CAC 40*

Le CAC 40 lancé en juin 1988 (base 1 000 au 31 décembre 1987) est devenu une référence internationale. Cet indice sert de support aux contrats cotés sur le MATIF[6] et sur le MONEP[7].

Cet indice est calculé à partir d'un échantillon de 40 valeurs cotées sur le marché à règlement mensuel. Le choix des titres repose sur des critères boursiers et économiques. Les valeurs du CAC 40 doivent figurer parmi les cent premières capitalisations boursières du RM et avoir un flottant important (de l'ordre de 65 %). L'échantillon doit fournir une bonne représentation de l'activité économique, telle qu'elle ressort de l'ensemble des actions françaises inscrites à la cote officielle. Une valeur qui ne répond plus aux critères définis ci-dessus sort de l'échantillon et se trouve remplacée par une autre. Un conseil scientifique indépendant, composé d'experts financiers et de statisticiens, est chargé de la gestion de l'échantillon.

L'indice CAC 40 est calculé en permanence et à chaque nouveau cours coté de l'une des valeurs de l'échantillon. Il est diffusé toutes les 30 secondes, en temps réel, sur les vecteurs d'information boursière. En début de séance et tant que les valeurs de l'indice n'ont pas fait l'objet d'une première cotation, un éclaireur donne la tendance du marché.

1.2.4.2. *L'indice SBF 120*

Le SBF 120 (base 1 000 au 31/12/1990) comprend les 120 premières valeurs de la cote en termes de liquidité et de capitalisation. Plus diversifié que le CAC 40, il est destiné à devenir une référence servant à l'indexation de fonds et à la mesure de performance de la gestion de portefeuilles composés d'actions françaises[8].

1.2.4.3. *L'indice général SBF 250*

Le SBF 250 (base 1 000 au 31 décembre 1990) est composé d'un échantillon de 250 valeurs françaises du marché officiel et du second marché, représentatives des secteurs économiques de la cote. Cet indice se décompose en 12 secteurs dont la nomenclature a été modifiée et rénovée, compte tenu de l'émergence de nouvelles activités (en particulier les services), de la disparition de certaines autres et du mouvement de concentration des entreprises françaises. Les douze secteurs, eux-mêmes subdivisés en sous-secteurs, réunissent : les sociétés industrielles (secteurs 1 à 7 : énergie, produits de base, construction, biens d'équipement, automobile, autres biens de consommation, industrie agro-alimentaire), les services (secteurs 8 et 9 : distribution, autres services), les

---

6. Voir dans cette ***Encyclopédie*** l'article de G. Pfauwadel, « MATIF », p. 1094, tome 2.
7. Voir dans cette ***Encyclopédie*** l'article de A. Morice, « MONEP », p. 1258, tome 2.
8. Voir dans cette ***Encyclopédie*** l'article de J. Salvati, « Mesure de performance et gestion de portefeuille », p. 1122, tome 2.

sociétés financières (secteurs 10 à 12 : immobilier, services financiers, sociétés d'investissement).

1.2.4.4. *L'indice MIDCAC*

Depuis mai 1995, la bourse dispose d'un indice spécifique aux valeurs moyennes françaises : le MIDCAC (base 1 000 au 31 décembre 1990). Il ne relève pas de la logique d'emboîtement des trois indices précédemment analysés. Cet indice est transversal. Parmi les 100 valeurs françaises qui le composent, 14 appartiennent au SBF 120 (hors CAC 40), 16 font partie du SBF 250 (hors SBF 120) et 70 sont en dehors de l'échantillon du SBF 250.

1.3. La structure du marché boursier français

Le marché boursier français comprend plusieurs sous-compartiments. En fonction de leur dimension et de leur flottant, les entreprises sont cotées sur le marché officiel (qui se compose du marché à règlement mensuel et du marché au comptant), sur le second marché ou sur le marché hors-cote. Le nouveau marché, qui a ouvert en 1996, s'adresse à des sociétés entrepreneuriales à fort potentiel de croissance. Le mode de fonctionnement de ces différents compartiments est particulier. Ils se distinguent par leurs systèmes de cotation et leurs conditions d'accès.

1.3.1. Le marché au comptant

Sur ce marché sont cotées les actions des sociétés françaises et étrangères les moins actives de la cote, et la quasi-totalité des obligations, soit environ 4 000 lignes de cotation.

Sur le marché au comptant, les opérations sont dénouées le jour même de leur exécution. Le dépôt des capitaux correspondant à un achat s'effectue en même temps qu'est donné l'ordre d'achat par le client. De même, le dépôt du titre de propriété du vendeur s'effectue en même temps que l'ordre de vente. Les ventes et les achats « à découvert » ne sont pas possibles sur ce marché.

Les valeurs du second marché sont inscrites à la cote sous une rubrique spécifique, mais les règles de négociation sont identiques à celles du marché au comptant.

1.3.2. Le marché à règlement mensuel

Les valeurs françaises négociées sur le marché à règlement mensuel (RM) sont les actions des plus grandes sociétés cotées, le « fleuron » de la bourse de Paris. Les valeurs les plus actives de la cote figurent dans l'indice CAC 40, et servent de support aux contrats négociés sur le MONEP. 200 valeurs françaises (une obligation, la célèbre EDF-GDF 3 %, 6 titres participatifs, 190 actions et 2 certificats d'investissement) et 70 actions étrangères sont traitées sur le marché à règlement mensuel. Ce marché très particulier n'existe qu'à la bourse de Paris.

Une opération d'achat ou de vente à règlement mensuel est arrêtée dans toutes ses conditions le jour de la négociation, mais le règlement et la livraison des titres sont reportés à la fin du mois. En attendant le dénouement de l'opération, l'acheteur et le vendeur ont une position, c'est-à-dire un engagement : celui de payer pour l'acheteur, celui de livrer les titres pour le vendeur.

Schéma 1 – Le marché à règlement mensuel

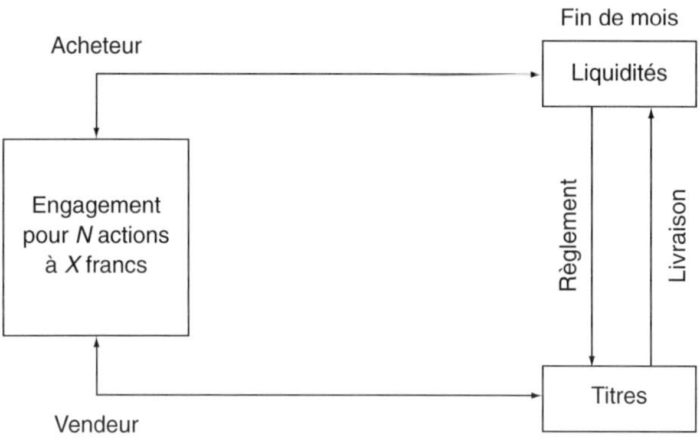

Les opérations à règlement mensuel sont dénouées le jour de la liquidation, mais elles peuvent être reportées jusqu'à la liquidation suivante.

1.3.2.1. La liquidation

Le jour de liquidation correspond à la sixième bourse précédant la fin du mois. Ce jour est la fin du mois boursier sur le règlement mensuel. Dès le lendemain, on entre dans la liquidation suivante.

La liquidation des opérations à règlement mensuel dure six jours boursiers, depuis le jour de la liquidation jusqu'à la dernière bourse du mois, jour où s'effectuent les règlements et la livraison des titres. Le lendemain de la liquidation est le jour des reports. Les investisseurs doivent informer leurs intermédiaires de leurs intentions, dénouer leurs positions ou se faire reporter.

Le jour de liquidation se situe entre le 19 et le 23 du mois en fonction des jours ouvrables. Par exemple, pour le mois de décembre où le jour de Noël tombe un mercredi, le jour de liquidation est le 23 décembre (tableau 3).

Tableau 3 – Calendrier des opérations de liquidation

Jours calendaires	***N*-ième bourse qui précède la fin du mois**	**Opérations**	***N*-ième jour de la liquidation**
Lundi 23	**6e**	**Liquidation**	1er jour
Mardi 24	5e	**Reports**	2e jour
Mercredi 25	–		–
Jeudi 26	4e		3e jour
Vendredi 27	3e		4e jour
Samedi 28	–		–
Dimanche 29	–		–
Lundi 30	2e		5e jour
Mardi 31	Dernière bourse	**Livraison/Règlement**	6e jour

1.3.2.2. *Les couvertures*

Pour réaliser des opérations sur le marché à règlement mensuel, il n'est pas nécessaire d'avoir les fonds correspondant à un achat, ni de posséder les titres correspondant à la vente puisque le paiement et la livraison des titres interviennent à une date ultérieure.

Pour éviter que le marché soit trop spéculatif et que les preneurs d'ordres prennent des engagements qu'ils ne pourront pas tenir au moment de dénouer leurs positions, la loi exige le dépôt d'une couverture en espèces, en bons du Trésor ou en valeurs mobilières. Les taux et la composition des couvertures sont reproduits au tableau 4.

Tableau 4 – Couvertures

Nature de la couverture	Taux
Espèces ou bons du Trésor	20 %
Valeurs françaises à revenu fixe ou or	25 %
Valeurs à revenu variable	40 %

Cette couverture est destinée à couvrir le paiement des soldes débiteurs. Cette situation se produit chaque fois que les anticipations des opérateurs sont démenties par le marché.

1.3.2.3. *Les ordres de sens inverse*

De façon générale, un acheteur à terme anticipe une hausse du cours et un vendeur une baisse. L'investisseur qui achète le 26 octobre 20 actions XYZ à 800 francs, pense que le cours va monter entre cette date et la liquidation, ce qui lui permettra de revendre les actions à un cours supérieur et d'encaisser la différence. Si ses anticipations se révèlent inexactes, le cours va baisser et il revendra les actions à un prix inférieur à 800 francs, ce qui l'obligera à payer la différence. Le fait que le règlement et la livraison soient différés permet à l'acheteur ou au vendeur de dénouer leurs positions avant la liquidation en donnant un ordre de sens inverse. Cette opération se soldera par un profit si l'évolution des cours a été conforme à leurs anticipations, et par une perte dans le cas inverse.

1.3.2.4. *L'analyse d'un achat à règlement mensuel*

Le 28 novembre, un investisseur donne l'ordre à son intermédiaire d'acheter 50 actions ABC au prix du marché. L'ordre est exécuté le jour même à 490. A cette date, il y a transmission de propriété – le vendeur a cédé ses titres à l'acheteur – mais le règlement et la livraison des titres interviendront à la fin du mois. Après l'achat de ces 50 actions, trois cas de figure sont possibles (schéma 2). Ils dépendent des motivations de l'investisseur. S'il cherche à spéculer à court terme, il revendra rapidement ses titres. S'il souhaite constituer un portefeuille, il conservera ses titres. Si ses anticipations ne sont pas réalisées, il peut se faire reporter.

Schéma 2 – Les étapes d'une opération à règlement mensuel

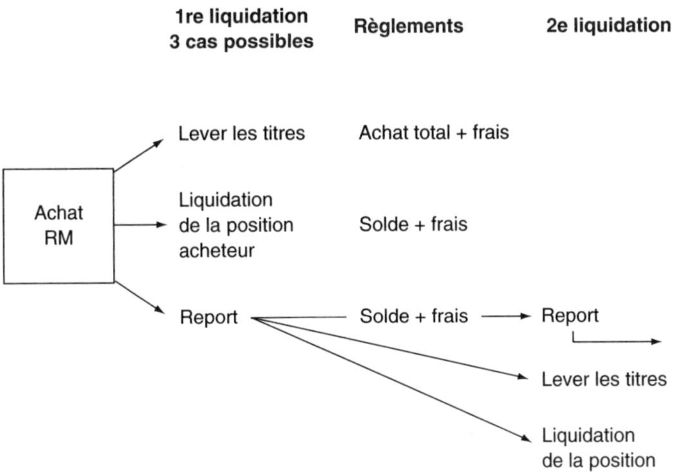

Premier cas : la levée des titres

L'investisseur avait passé un ordre d'achat pour se constituer un portefeuille diversifié. Dans ce cas, il prend livraison des titres et les règle à la fin du mois. Il verse à son intermédiaire : 24 500 francs + les frais de transaction.

Deuxième cas : la liquidation de la position acheteur

L'ordre d'achat avait été passé dans l'intention de bénéficier d'une hausse de cours. Les anticipations de l'acheteur étaient bonnes puisque, le 18 décembre, le cours passe à 526 francs. Il donne alors à son intermédiaire l'ordre de vendre les 50 actions. Par la vente des titres, l'investisseur liquide sa position acheteur. Sa position est donc soldée en titres et bénéficiaire en capitaux. En effet :

– 30/11, achat de 50 actions à 490 – 24 500 – frais,

– 18/12, vente de 50 actions à 526 + 26 300 – frais.

Le solde est de 1 800. En supposant que les frais de transaction sont de 1,50 %, soit 762 francs au total, le profit est de 1 038 francs.

L'investissement financier correspond au montant de la couverture, 20 % en espèces, soit 4 900 francs. L'investisseur a gagné 1 038 francs parce qu'il a pu vendre des actions qu'il ne possédait pas. Le taux de rendement est de 21 % pour 20 jours ; l'effet de levier peut être très important.

Troisième cas : le report

Le report permet à l'investisseur de conserver sa position en la reportant jusqu'à la liquidation suivante.

Si le spéculateur estime que les cours n'ont pas assez monté mais que la hausse escomptée se réalisera le mois suivant, il va faire reporter sa position. Sa situation est la suivante :

– d'une part, il doit payer son achat 50 actions à 490 francs,

– d'autre part, il possède les 50 actions qu'il a achetées le 28 novembre ; avec ces titres, il va trouver à emprunter de l'argent, ce qui lui permet de s'acquitter de sa dette correspondant au montant de l'achat.

Le mécanisme du report s'analyse en une double opération de bourse. Sur le marché des reports, la société de bourse vend pour une durée d'un mois, à une personne physique ou à une société désireuse d'employer des capitaux à court terme, les 50 actions du spéculateur. Cette vente est assortie d'une clause de rétrocession des actions à la liquidation suivante. Pour faciliter le report des positions, l'opération s'effectue à un cours conventionnel fixé par la SBF, appelé cours de compensation, calculé pour chaque valeur le jour de la liquidation générale ; il est égal à la moyenne des cours inscrits sur cette valeur pendant la première heure de bourse.

Le taux de report varie à chaque liquidation selon l'importance des positions nettes à reporter et le volume des capitaux prêts à s'investir. Ce taux est débattu sur un marché spécial, tenu à la bourse de Paris, entre les sociétés de bourse et les employeurs d'argent, dans la matinée, le jour des reports. Le détenteur de capitaux est le reporteur. Il se fait rémunérer par l'intérêt de report. L'opération de report est un placement à court terme garanti par la valeur des titres.

Avec un cours de compensation de 460 francs à la liquidation de décembre et un taux de report de 9,25 %, le compte du client hors frais de transaction est reproduit au tableau 5.

Tableau 5

Date	Opérations	Débit	Crédit
28/11	Couverture		4 900
31/11	Achat 50 actions ABC à 490	24 500	
23/12	Report en liquidation à 460		23 000
	Intérêt de report		
	23 000 × 9,25/12 =	177,25	
31/12	Solde fin décembre	3 222,75	
		27 900	27 900

Le 23 janvier, si le cours des actions atteint 560 francs, le spéculateur donne un ordre de vente. Son compte est reproduit au tableau 6.

Tableau 6

31/12	Solde au 31/12		3 222,75
23/01	Achat des 50 actions à 460	23 000	
23/01	Vente des 50 actions à 560		28 000
31/01	Solde	8 222,75	
		31 222,75	31 222,75

Si les actions baissent et cotent 480, le spéculateur peut soit liquider sa position acheteur pour limiter sa perte s'il estime que les cours vont encore baisser, soit reporter sa position jusqu'à la liquidation suivante s'il anticipe une remontée des cours pour le mois de février.

1.3.2.5. Les cas de report et de déport

A chaque liquidation et pour chaque valeur cotée, il faut déterminer les achats reportés (besoins en capitaux) et les ventes reportées (besoins en titres). Trois situations sont possibles :

– les achats reportés sont supérieurs aux ventes reportées,
– les ventes reportées sont supérieures aux achats reportés,
– les achats reportés sont égaux aux ventes reportées.

– *Les achats sont supérieurs aux ventes*

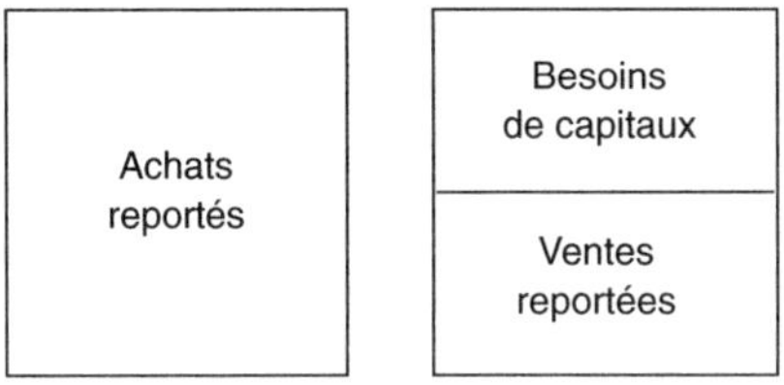

L'acheteur qui fait reporter sa position paie un report. Ce dernier est encaissé par les prêteurs de fonds et par les vendeurs qui reportent leurs positions.

– *Les ventes reportées sont supérieures aux achats reportés*

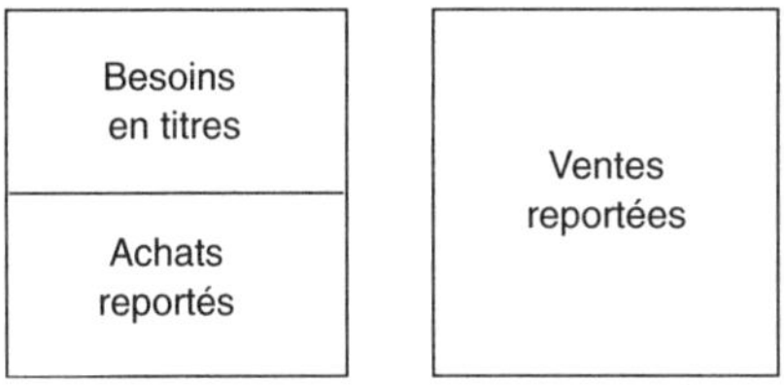

Lorsque le jour de la liquidation la position vendeur est supérieure à la position acheteur, il apparaît un *déport.*

Le vendeur qui fait reporter sa position paie un déport. Ce dernier est encaissé par les prêteurs de titres et par les acheteurs qui reportent leurs positions.

– *Equilibre entre les achats et les ventes reportés*

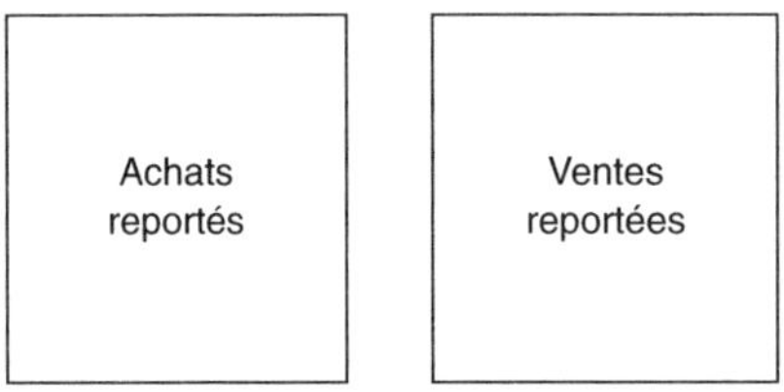

Dans ce cas, les acheteurs et les vendeurs n'ont rien à payer, l'opération se faisant au pair.

1.3.2.6. La position de place

Calculée tous les mois après les opérations de report, la position de place est la statistique d'ensemble des reports.

La SBF indique le montant global des capitaux qui sont en position acheteur (ceux qui attendent que les cours montent pour vendre), et le montant des capitaux en position vendeur (ceux qui attendent que les cours baissent pour acheter et livrer). La différence entre les deux est la position de place. Ce baromètre permet de mesurer l'optimisme ou le pessimisme des investisseurs pour le marché dans son ensemble et plus précisément pour chaque valeur du règlement mensuel. La position de place est un sondage de la confiance des investisseurs à chaque liquidation.

En principe, la position de place fait ressortir des achats nets pour le marché. Cette position est à rapprocher des transactions quotidiennes. Une position acheteur de l'ordre de trois séances de bourse est saine pour le marché. Une position de place beaucoup plus élevée est un signe de fragilité pour la bourse. En cas de baisse des cours, les positions acheteurs seront rapidement liquidées, ce qui amplifiera la chute des cours.

2. Les méthodes de cotation

En comparant les modes de cotation au niveau mondial, on constate qu'il existe deux grands types d'organisation : les marchés dirigés par les ordres et les marchés dirigés par les prix[9].

Dans un marché dirigé par les ordres, l'organisation des échanges résulte de la confrontation générale des ordres des clients en un lieu unique. Les intermédiaires ont un simple rôle de courtier. Ils collectent les ordres de leurs clients et les confrontent sur un marché centralisé. Cette centralisation aboutit à un traitement égalitaire des ordres, quel que soit leur volume. Les confrontations peuvent intervenir en continu, c'est-à-dire tout au long de la journée, ou bien une ou deux fois par jour. Dans ce dernier cas, il s'agit alors d'un *fixing* ou fixage. La bourse de Paris est organisée sur le principe d'un marché dirigé par les ordres, de même que la bourse de Tokyo ou celle de Toronto.

Dans un marché dirigé par les prix, l'exécution des ordres dépend des marchands de titres. Les collecteurs d'ordres les transmettent à des intermédiaires, les teneurs de marché, dont le rôle est de « faire » le marché en proposant un cours acheteur et un cours vendeur, et en négociant en contrepartie pour leur propre compte. Le marché est décentralisé puisque chaque marchand de titres propose ses conditions de prix d'achat et de vente. Le teneur de marché se rémunère sur l'écart de prix qu'il propose entre une vente et un achat[10]. La bourse de Londres est organisée sur ce modèle.

En France, pour effectuer des opérations en bourse, il faut être titulaire d'un compte ouvert dans un établissement habilité : sociétés de bourse, sociétés de gestion de portefeuilles, banques, caisses d'épargne, la Poste et les comptables du Trésor. Les instructions données à l'intermédiaire financier sont les ordres de bourse qui parviennent finalement aux sociétés de bourse, seuls intermédiaires habilités à les exécuter.

---

9. Voir également dans cette ***Encyclopédie*** l'article de J. Hamon, « Microstructure des marchés », p. 1140, tome 2.

10. Voir dans cette ***Encyclopédie*** l'article de S. Mannaï, « Market making », p. 1075, tome 2.

2.1. Les ordres de bourse

L'ordre peut être transmis par télégramme, téléphone, minitel, télex ou télécopie, mais il donne lieu à une transcription formelle destinée à être archivée (fiche de bourse). Etant donné que la plupart des cotations se réalisent en continu de 10 heures à 17 heures, les ordres de bourse sont souvent transmis par téléphone. Pour éviter des contestations et une mauvaise exécution, il est recommandé de confirmer par écrit l'ordre téléphoné en précisant la date et l'heure.

Pour veiller à la régularité des transactions, il faut que l'heure d'arrivée d'un ordre dans le carnet d'une société de bourse puisse être connue ainsi que le moment précis où la société de bourse devient responsable de la présentation de l'ordre sur le marché. C'est pourquoi, le système CAC utilise un double horodatage :

– l'horodatage commercial qui correspond à l'heure d'arrivée de l'ordre dans la société de bourse,

– l'horodatage marché qui indique le moment où l'ordre est introduit sur le marché informatique.

Tout ordre de bourse comporte des mentions générales et des mentions particulières concernant la durée de validité de l'ordre et le cours auquel il doit être exécuté.

Avec la mise en place du système CAC, la palette des ordres s'était réduite, et par exemple l'ordre « stop » avait été supprimé pour les valeurs faisant l'objet d'une cotation informatisée. Les deux ordres réglementés qui demeuraient en vigueur étaient alors les ordres « au prix du marché » et les ordres à un « cours limité ». Depuis le 3 avril 1995, date où le nouveau système de cotation (NSC ou New CAC) a commencé à fonctionner, deux ordres ont été réintroduits : l'ordre « à tout prix » et l'ordre « tout ou rien ».

2.1.1. Les ordres au prix du marché

L'ordre au prix du marché ne comporte aucune limite de prix, mais leur mode de gestion par le système CAC les transforme en ordre à cours limité. Si l'ordre est présent à l'ouverture des cotations, il est exécuté (pour tout ou partie) au cours d'ouverture ou non exécuté en fonction des conditions du marché. Si l'ordre est introduit après l'ouverture, il est transformé par le système CAC. Il devient un ordre limité au prix de la meilleure limite du côté opposé du marché au moment où il est passé. Il est transformé en ordre limité au prix de l'offre la plus basse s'il s'agit d'un ordre d'achat, ou en ordre limité au prix de la demande la plus élevée s'il s'agit d'un ordre de vente.

Les trois meilleures limites à l'achat et à la vente à 13 h 18 pour l'action XYZ sont reproduites au tableau 7.

A ce moment précis, un achat de 100 titres XYZ au prix du marché est enregistré dans le système CAC. Cet ordre se transforme en ordre limité à 1 270, prix de la meilleure offre disponible à ce moment-là. L'ordre est donc exécuté à 1 270 en totalité puisque 100 titres sont offerts. De la même façon, un ordre de vente au prix du marché introduit à 13 h 18 devient un ordre de vente limité à 1 260, prix de la meilleure demande.

Tableau 7

Meilleure demande (achat)		Meilleure offre (vente)	
Quantités	Cours	Cours	Quantité
100	1 260	1 270	100
60	1 230	1 285	100
200	1 210	1 300	80

Si, à 13 h 18, un ordre d'achat de 50 actions XYZ limité à 1 275 est introduit dans le système CAC, cet ordre aura priorité d'exécution sur l'ordre au prix du marché parce que sa limite est supérieure (1 275 au lieu de 1 270).

2.1.2. Les ordres à cours limité

Le donneur d'ordre fixe un cours maximum en cas d'achat ou un cours minimum en cas de vente. Au-dessus d'un certain prix, il n'est plus acheteur et en dessous d'un certain prix, il n'est plus vendeur. Un ordre de vente à cours limité de 50 actions XYZ à 720 signifie que la transaction doit être exécutée à un cours égal ou supérieur à 720 francs. Si la limite n'est pas atteinte pendant la durée de validité de l'ordre, celui-ci ne sera pas exécuté.

2.1.3. L'ordre à tout prix

Cet ordre ne comporte aucune limite de prix. L'investisseur s'engage à acheter ou à vendre, quel que soit le prix. Il est prioritaire sur tous les ordres à cours limité. Il est conseillé de ne pas utiliser cet ordre sur les marchés très fluctuants, tels que celui des bons de souscription.

2.1.4. L'ordre tout ou rien

Cet ordre signifie que le client souhaite l'exécution totale de son ordre. A défaut de pouvoir être exécuté dans les conditions prévues, il renonce à l'ordre qu'il a passé. L'intérêt de cette mention est d'éviter le morcellement des ordres qui est très coûteux (perception des frais pour chaque avis d'opéré).

2.1.5. Les ordres non réglementés

Des ordres non réglementés peuvent être utilisés, mais leur non-exécution ne peut donner lieu à aucune contestation de la part du client. Il s'agit de l'ordre « stop », de l'ordre « lié », de l'ordre « à appréciation » ou « suivant marché », de l'ordre « échelonné ».

2.1.5.1. L'ordre stop

Cette mention est une abréviation de *stop loss* : limitation de la perte. Avec l'introduction du système CAC, cet ordre a été supprimé. Actuellement, il ne peut être utilisé que sur les marchés à la criée. Il s'agit d'un ordre à cours limité suivi de la mention stop. Avec cet ordre, il est possible de limiter les risques de perte dus à un renversement de tendance. L'ordre stop indique une limite de cours qui est appelée à jouer dans le sens contraire de celui des ordres à un cours limité.

Un ordre de vente de 100 actions ABC à 1 200 stop signifie que l'ordre doit être exécuté dès que l'action se négocie à un cours égal ou inférieur à 1 200. Cet ordre est utile si un investisseur a acheté à découvert les actions ABC à 1 220 par exemple. Il permet de limiter la perte à 20 francs par titre si les cours baissent. Cet ordre est un excellent parachute à la baisse des cours.

Réciproquement, un ordre d'achat à 200 stop devient exécutable dès que le cours atteint ou dépasse 200. Cet ordre est intéressant pour un investisseur qui a vendu à découvert à 190 par exemple. Dans ce cas, il limite sa perte à 10 francs par titre en achetant à 200.

Un ordre d'achat stop est aussi un moyen pour un investisseur de s'associer à un mouvement de hausse.

2.1.5.2. L'ordre lié

Un ordre lié est un ordre composé d'un achat et d'une vente qui doivent être exécutés au cours de la même séance de bourse. L'investisseur peut fixer l'écart entre le cours d'achat et le cours de vente. L'ordre peut également préciser *d'abord et ensuite,* c'est-à-dire vendre d'abord à un cours, limité ou non, pour être certain d'avoir les liquidités nécessaires à l'achat qui sera exécuté ensuite.

2.1.5.3. L'ordre à appréciation ou « suivant marché »

L'investisseur qui fait suivre son ordre d'achat ou de vente d'une de ces mentions fait confiance au négociateur. Il s'en remet à son appréciation pour exécuter son ordre au mieux de ses intérêts et suivant l'état du marché.

2.1.5.4. L'ordre échelonné

L'investisseur fait suivre son ordre de la mention « X titres en Y bourses », par exemple « vendre 500 actions ABC en 10 bourses ». Cette mention est particulièrement utile lorsque le flottant ou le nombre de titres traités est faible. Elle permet d'éviter que l'ordre, trop important par rapport au marché de la valeur, pèse de façon significative sur les cours.

2.1.6. Les mentions concernant la durée de validité de l'ordre

Les usages boursiers veulent que l'on précise toujours la durée de validité qui peut être « à durée déterminée » ou « à révocation ». Un ordre « valable jour » est exécutable seulement au cours de la séance. S'il n'a pu être exécuté, l'ordre est retiré du marché. Le client est avisé et doit renouveler son ordre, s'il le souhaite. Un ordre « valable jusqu'au... courant » a une durée de validité correspondant à la date précisée sur l'ordre.

Sauf annulation expresse, c'est-à-dire sauf révocation, les ordres restent exécutables jusqu'à la fin du mois calendaire pour ceux qui portent sur des valeurs négociées sur le marché au comptant, et jusqu'au jour de liquidation pour ceux qui concernent des valeurs à règlement mensuel.

2.2. Les modes de cotation

Le marché boursier français dispose d'un marché continu informatisé depuis 1986. La mise en place progressive de ce marché est allée de pair avec son informatisation et sa délocalisation. Auparavant, les cotations s'effectuaient à la criée, à Paris au palais Brongniard et dans les bourses de province, sur une période de temps limitée, entre 12 h 30 et 14 h 30.

2.2.1. La cotation à la criée

La criée consiste à confronter verbalement les ordres d'achat et de vente, en criant « j'ai » (je vends) ou « je prends » (j'achète). Cette procédure exige un rassemblement des négociateurs sur un même lieu. Avant 1986, la confrontation des offres et des demandes avait lieu une fois par jour (deux fois pour les valeurs les plus actives). De cette confrontation résultait pour chaque valeur un prix d'équilibre, qui était le cours auquel il était possible de négocier le maximum de titres. La mondialisation de l'information en temps réel a rendu nécessaire de pouvoir effectuer des transactions boursières sur des plages horaires plus étendues, donc de coter en continu, ce qui se pratique désormais à Paris de 10 h à 17 h.

2.2.2. La cotation en continu informatisée

Le système CAC est destiné à assurer la transmission en temps réel des ordres de bourse, leur exécution en fonction d'une priorité déterminée par horodatage, et la diffusion de leur exécution ou de leur non-exécution. Les fonctions du système CAC sont représentées au schéma 3.

Avec ce mode de cotation, il n'y a plus un seul cours d'équilibre (*fixing*) par jour. En fonction des ordres introduits par les négociateurs qui ont accès à l'ordinateur central, chaque transaction a un prix. Il n'y a plus de lissage

Schéma 3 – Les fonctions du marché continu

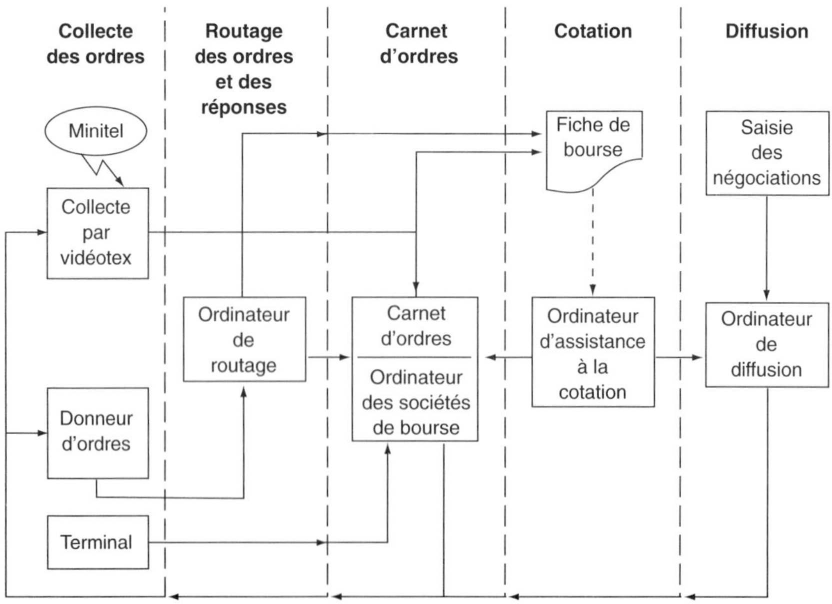

Source : SBF.

s'achevant par la détermination d'un cours valable pour toutes les transactions du jour jusqu'à la prochaine séance. La séance de cotations se déroule en trois phases.

– La préouverture du marché de 9 h à 10 h. Pendant cette période, les négociateurs introduisent les ordres dans le système CAC. L'ordinateur central relié aux terminaux installés dans les sociétés de bourse calcule automatiquement, pour chaque valeur, un cours « théorique » toutes les fois qu'un nouvel ordre est rentré.

– L'ouverture. A 10 heures, le système déclenche automatiquement l'ouverture sur toutes les valeurs. Le cours théorique de 10 heures devient alors le cours d'ouverture. Les ordres dont la limite le permet sont exécutés. En moyenne, 20 à 30 % des transactions sont réalisées au cours d'ouverture qui peut être assimilé au fixing de la séance de préouverture du marché. Les ordres non exécutés au cours d'ouverture restent inscrits dans le cahier de cotation informatisé.

– Les cotations proprement dites de 10 h à 17 h. Après l'ouverture, les ordres introduits par les négociateurs sont exécutés dès qu'un ordre de sens contraire existe sur la feuille de marché à une limite compatible. Si l'ordre ne peut pas être exécuté, il apparaît sur la feuille de marché à sa limite, derrière les ordres éventuellement déjà introduits à cette limite. Il ne sera exécuté qu'à partir du moment où tous les ordres le précédant à sa limite auront été totalement exécutés (règle du premier entré, premier servi).

Sur un marché continu, la diffusion de l'information est un élément essentiel à son bon fonctionnement. Le système CAC permet à cet effet de consulter des informations « précotation » (le marché résumé et les cinq meilleures limites à l'achat, à la vente), ainsi que des informations « postcotation » (c'est-à-dire les dernières transactions par titres).

2.3. Les règles de cotation

Le système CAC n'a pas donné satisfaction pour la cotation des valeurs à faible liquidité. Pour ces dernières, les transactions s'enchaînaient souvent avec des variations de cours erratiques. C'est pourquoi la SBF a réaménagé les modes de cotation en 1991 et en 1993. Elle s'est orientée vers le découpage de la cote en quatre catégories. De nouvelles règles spécifiques à chaque catégorie ont été définies. Cette classification d'ordre technique ne se substitue pas à l'inscription juridique des valeurs à la cote (cote officielle, second marché, hors cote), ni à la répartition des valeurs en fonction de leur mode de règlement-livraison (RM ou comptant).

2.3.1. Les quatre catégories de valeurs

En fonction du volume et du nombre de transactions quotidiennes, les valeurs cotées sont réparties au sein de quatre groupes de cotation dénommés continu A, continu B et fixing A. Un groupe fixing B a été créé pour les actions négociées au hors cote.

Continu A. Ce groupe comprend les valeurs les plus actives de la cote offrant la meilleure liquidité. Les actions classées dans cette catégorie comprennent les valeurs du RM (exception faite d'une dizaine de titres) et une dizaine d'actions négociées sur le marché au comptant. Pour ces valeurs, les transactions quotidiennes sont supérieures à 250 000 francs, ou elles font l'objet de plus de 20 négociations par jour. Les obligations de ce groupe sont les emprunts d'Etat et les obligations admises à la tenue de marché par le CMF.

Continu B. Ce groupe se compose de valeurs moyennes, environ 50 actions du comptant et 80 du second marché. Pour ces valeurs, les transactions quotidiennes sont supérieures à 50 000 francs, ou elles font l'objet de plus de 5 négociations par jour. Les obligations de ce groupe sont les obligations dont l'encours est supérieur à 1,8 milliard de francs.

Fixing A. Ce groupe comprend les autres valeurs du comptant et du second marché à faible liquidité et les obligations non cotées en continu. Ces valeurs font l'objet de deux fixages par jour, à 11 h 30 puis à 16 h. Les ordres peuvent être transmis à tout moment, mais leur confrontation n'intervient que deux fois par séance de bourse. Une confrontation à 11 h 30 permet d'obtenir un premier cours coté plus significatif que celui qui serait obtenu à 10 heures, le nombre d'ordres amassés sur la valeur étant plus important.

Fixing B. Cette catégorie a été créée pour les valeurs négociées au hors-cote. Ces valeurs font l'objet d'une seule confrontation par séance de bourse à 15 heures.

2.3.2. Les règles d'écart de cours et de réservation des actions

Les écarts de cours acceptés en séance sont différents selon les catégories. Plus la liquidité de la valeur est faible, plus les écarts de cours autorisés sont réduits.

Pour le groupe de cotation continu A, à l'ouverture de la séance, l'écart de cours accepté par rapport au cours de la veille est de 10 %, en hausse ou en baisse. Si la confrontation des ordres ne permet pas de respecter cette limite, le marché de la valeur est réservé pendant 15 minutes. Aucune transaction ne peut avoir lieu pendant ce laps de temps, afin que les négociateurs puissent alerter leurs donneurs d'ordres des risques ou des opportunités résultant de la situation du marché. Au terme de ce délai, le marché de la valeur est réouvert. Le seuil de 10 % peut être franchi dans la limite de 5 % de plus dans le même sens. Si le marché ne s'équilibre pas à l'intérieur de cette nouvelle limite, il est à nouveau réservé pendant 15 minutes. Au terme de ce délai, le marché est à nouveau réouvert avec une limite supplémentaire de 5 %.

Pour le groupe de cotation continu B, les écarts sont plus réduits : 5 % pour le premier seuil puis deux fois 2,5 %. Les durées de réservation sont de 30 minutes.

Pour le groupe fixing A, l'écart de cours accepté est de 5 % par rapport au cours de la veille. Si le marché ne permet pas d'établir un cours à l'intérieur de cette limite, un nouvel écart de 5 % est autorisé lors de la deuxième confrontation.

Le tableau 8 résume les règles de cotation des actions françaises.

Les actions étrangères ne sont pas soumises aux contraintes d'écarts applicables aux actions françaises.

Tableau 8 – Les règles de cotation des trois catégories

Catégories	Horaire	Maximum de variation autorisé/jour	Durée de réservation
Continu A	10 h à 17 h*	10 % par rapport à la veille puis 2 fois 5 % dans le même sens	15 minutes
Continu B	10 h à 17 h	5 % par rapport à la veille puis 2 fois 2,5 % dans le même sens	30 minutes
Fixing A	11 h 30 puis 16 h	5 % par rapport à la veille puis 5 % à nouveau à 16 h	

* Un projet d'allongement de la durée des cotations jusqu'à 17 h 30 est à l'étude.

2.3.3. L'amélioration de la liquidité des valeurs moyennes

Dans un marché dirigé par les ordres, les valeurs à faible marché ne suscitent pas en permanence un nombre d'ordres suffisant qui permette de trouver une contrepartie. Pour ces valeurs, il est donc nécessaire de tenir un marché et d'intervenir en contrepartie pour assurer une liquidité. Cette intervention peut être officieuse ou officielle et donner lieu à une publicité auprès des investisseurs.

La dernière initiative de la bourse de Paris en ce domaine a été la création de contrats d'animation en avril 1993[11]. Le contrat est conclu pour une période d'un an renouvelable entre une société de bourse et la SBF. Il se traduit par l'affichage permanent d'une fourchette achat-vente pour une quantité minimale de titres, soit en continu, soit pendant la période de préouvertutre des cotations pour les valeurs cotées au *fixing*. La fourchette proposée ne doit pas dépasser un écart de 5 %. La quantité minimale à servir porte sur un nombre de titres représentant au moins 50 000 francs de capitaux par séance pour les valeurs cotées en continu et 20 000 francs pour les valeurs cotées en *fixing*. En contrepartie de ces engagements, la société de bourse spécialiste de la valeur bénéficie de différents avantages :

– un avantage tarifaire ; la SBF accorde la gratuité de la négociation sur le système CAC pour les ordres introduits au titre de l'animation ;

– un avantage commercial ; le spécialiste bénéficie d'une reconnaissance par le marché, ce qui lui attire davantage d'ordres ; les blocs de titres s'échangeront principalement par la société de bourse spécialiste, réputée bien savoir où se trouve la liquidité du titre ;

– un avantage institutionnel ; l'animateur peut obtenir pour le titre une cotation en continu au lieu d'une cotation en *fixing*.

La rémunération de la société de bourse est double. Une somme fixe est allouée par la société cotée pour que ses actionnaires bénéficient d'une assurance de liquidité. En outre, la fourchette comporte une rémunération implicite qui se réalise lorsqu'un client final effectue une transaction avec le spécialiste.

Il existe actuellement une centaine de contrats d'animation pour les actions, près de 200 pour les obligations et 70 pour les warrants.

11. Voir également dans cette ***Encyclopédie*** l'article de E. Perrin, « Marché financier des petites capitalisations », p. 779, tome 1.

*

* *

Le marché boursier français a connu des transformations profondes au cours des dix dernières années. La mise en place de nouvelles structures, le développement de nouveaux modes de cotation, la création en 1996 d'un Nouveau marché ont permis à la bourse de Paris de devenir une place financière moderne et concurrentielle. En outre, la transposition de la directive européenne sur les services d'investissement a eu des répercussions sur l'organisation des marchés boursiers et des marchés à terme. Les structures ont été simplifiées et les pouvoirs de la COB renforcés.

Etant donné l'interpénétration des opérations réalisées sur les marchés au comptant et à terme, une autorité de tutelle unique a été créée : le Conseil des marchés financiers. Les promoteurs de la loi française ont pris pour modèle l'organisation des marchés financiers britanniques qui comporte une seule autorité de réglementation et de contrôle pour les marchés au comptant et à terme : la *Securities and Futures Authority.*

Références

Choinel A., Rouyer G., *Le marché financier, structures et acteurs,* 5e éd., Paris, La Revue Banque Editeur, 1993.

Ferrandier R., Koen V., *Marchés de capitaux et techniques financières*, 4e éd., Paris, Economica, 1994.

Loi n° 96-597 du 2 juillet 1996 de modernisation des activités financières. *Journal officiel* de la République française du 4 juillet 1996, p. 10063 à 10084.

Peyrard J., *La bourse*, 2e éd., Paris, Vuibert, 1993.

Pilverdier-Latreyte J., *Le marché financier français*, 3e éd., Paris, Economica, 1991.

Vitrac D., *Les clés de la bourse*, 2e éd., Paris, SEFI, 1989.

Mots clés

Capitalisation, comptant, cote officielle, cours de compensation, déport, indice, mode de cotation, ordre de bourse, position de place, règlement mensuel, report, second marché.

Marché des changes

Yves Simon

39

Le marché des changes assure la confrontation des offres et des demandes de devises et révèle leurs cours en termes de monnaie nationale.

Les monnaies internationales sont échangées contre la monnaie nationale sur toutes les places financières du monde. Le marché des changes n'est pas géographiquement limité : le marché du franc français couvre non seulement les transactions en devises à Paris, mais également celles effectuées en franc contre les monnaies locales à New York, à Zurich, à Londres, à Singapour, etc. Comme le dit Kindleberger, « les marchés des changes actuels suivent le trajet du soleil autour du globe par l'intermédiaire des satellites de télécommunications ».

Les premières transactions de la journée sont enregistrées à Sydney en Australie et à Wellington en Nouvelle-Zélande. S'ouvrent ensuite les marchés de l'Asie du Sud-Est avec les places de Tokyo, de Hong-Kong et de Singapour, puis ceux du Moyen-Orient. Les marchés de Londres, de Paris, de Francfort, de Zurich et de toutes les autres places européennes de moindre importance prennent le relais après la fermeture des marchés asiatiques. Les transactions débutent à New York et à Montréal avant la fermeture des marchés européens. Elles sont ensuite relayées par celles qui se déroulent à Chicago et à Toronto. Quand les marchés de Los Angeles et San Francisco s'arrêtent, s'ouvre alors à Wellington et à Sydney une nouvelle journée de transactions. On comprend dans ces conditions que le marché est continu et fonctionne 24 heures sur 24 successivement sur les différentes places financières, 5 jours sur 7. Pendant le week-end, les transactions sont ralenties car seules les tables de change du monde arabe sont actives.

Le marché des changes interbancaire est indiscutablement le plus important et le plus liquide de tous les marchés financiers. C'est le premier marché véritablement global. L'étude de la Banque des règlements internationaux effectuée en avril 1995, avec l'aide des 26 plus grandes banques centrales de la planète (étude sur laquelle nous reviendrons un peu plus loin au cours de cet article), établit que le volume des transactions était à cette époque pratiquement égal à 1 500 milliards de dollars par jour.

Les transactions au comptant et à terme entre banques occupent une position centrale sur le marché des changes. Il serait cependant faux de croire que ce marché se réduit à des transactions interbancaires. Depuis le début de la décennie 1970, de nouveaux compartiments se sont progressivement développés. Leur impact reste marginal. Ces nouveaux compartiments sont des marchés boursiers dotés d'une chambre de compensation où sont négociés des instruments dérivés : contrats à terme, d'une part, options, d'autre part.

Les sept premières sections de cet article présentent les différents aspects du marché interbancaire. Les deux dernières sections donnent un bref aperçu des marchés boursiers où sont négociés des contrats standardisés.

1. Les participants au marché des changes

Le marché des changes est réservé aux institutions financières. A l'origine, le marché était strictement interbancaire et les entreprises n'intervenaient pas directement. Elles opéraient toujours par l'intermédiaire des banques. Par la suite, les investisseurs institutionnels ont accru leurs interventions et les entreprises sont également devenues de très importants opérateurs n'hésitant pas à intervenir directement sur le marché. Tous ces acteurs agissent pour leur propre compte ou pour celui de leur clientèle. Ils peuvent négocier directement entre eux ou passer par l'intermédiaire de courtiers.

1.1. Les banques commerciales et les banques d'investissement

Les banques sont les plus importants opérateurs sur le marché des changes. Elles prennent en charge les opérations de change pour leur propre compte ou celui de leurs clients. Pour faciliter leurs opérations, les banques ont des dépôts auprès d'institutions financières étrangères qui jouent le rôle de correspondants. En France, tous les intermédiaires agréés sont habilités à traiter les opérations de change. En pratique, peu de banques interviennent en permanence sur le marché.

Le profit des banques sur le marché des changes a deux origines : la première est commerciale, la seconde est spéculative.

Le profit commercial s'explique par la différence entre les cours sur le marché interbancaire : celui auquel la banque achète des devises et celui auquel elle les vend. A cette différence, le cambiste ajoute une marge supplémentaire lorsqu'il négocie avec un client commercial. En fait, la concurrence est d'une telle intensité que les banques ne peuvent plus ajouter de marge et doivent bien souvent rogner leur propre *spread* pour conserver la clientèle des grandes entreprises. Ces dernières disposent en effet de cambistes et parfois d'une véritable table de change avec des informations strictement identiques et une compétence comparable à celle des établissements financiers les plus actifs du marché des changes.

La réduction du profit commercial explique que les banques sont conduites à prendre des positions spéculatives sur le marché ou, à tout le moins, des positions de couverture anticipée ou d'arbitrage lorsqu'elles prévoient certaines variations des taux de change qui leur sont favorables.

Très souvent, les banques soulignent qu'elles n'ont pas de position spéculative. Cette affirmation n'a jamais été tout à fait exacte et l'est de moins en moins. En réalité, il leur arrive fréquemment d'être en position de change, ce qui n'a rien d'étonnant ou de déshonorant. Les banques prennent en effet en charge le risque de change dont se débarrassent les exportateurs et les importateurs. Elles jouent également, ce faisant, le rôle de contrepartie (*market maker*), et apportent de la liquidité au marché, ce qui est fort utile lorsque la grande majorité de leurs clients commerciaux sont soit acheteurs, soit vendeurs de devises. Les opérations de spéculation prises par les cambistes sont encadrées par les limites imposées par la direction générale de la banque.

L'importance de la spéculation induite par les banques est cependant faible, comparée à celle qui est générée par de nombreux autres intervenants. Les banques ne refusent toutefois pas la spéculation de leurs clients, car ces opérations sont une source de revenus et de commissions. Il leur est par ailleurs difficile de s'opposer aux désirs d'une clientèle qui passerait immédiatement à la concurrence si elle ne trouvait pas les services qu'elle exige.

Sur le marché des changes, la valeur normale d'une transaction n'est pas inférieure au million de dollars. Aujourd'hui, le minimum serait plutôt de l'ordre de 3 à 5 millions de dollars, certaines transactions pouvant atteindre 10 à 20 millions de dollars. Elles peuvent être facilement exécutées s'il y a une forte activité et une bonne liquidité, ce qui est pratiquement toujours le cas.

Les ordres de la clientèle inférieurs à un million de dollars ne sont pas passés directement dans le marché. Ils sont regroupés avant d'être exécutés. Le cambiste doit donc être prudent quand il annonce un cours pour un petit ordre, car il sait que ce dernier ne sera exécuté que dans quinze minutes, une heure ou plus... et durant ce laps de temps les taux peuvent évoluer.

1.2. Les banques centrales

Les banques centrales interviennent massivement, mais de manière irrégulière sur le marché des changes. En opérant sur ce marché, la Banque de France, comme toutes les autres banques centrales, remplit trois fonctions.

– Elle exécute les ordres de sa clientèle : administrations, banques centrales étrangères, organismes internationaux.

– Elle assure, sinon le contrôle, du moins la supervision du marché. Cette emprise est plus ou moins forte selon l'importance du contrôle des changes.

– Elle cherche, enfin et surtout, à influencer l'évolution du taux de change, pour des raisons de politique économique interne, d'une part, pour faire respecter certains engagements internationaux formels (le traité de Bretton Woods) ou informels (les accords dits du G7), d'autre part.

Les accords passés en avril 1972 avec les autres pays de la Communauté économique européenne contraignaient la Banque de France à maintenir la parité entre les différentes devises dans une fourchette de ± 2,25 %. Cet accord avait été renforcé avec la création du Système monétaire européen. Les marges de fluctuation ont toutefois été portées à ± 15 % le 2 août 1993, suite à la crise qui a affecté le marché des changes entre le printemps 1992 et l'été 1993. Ces marges sont toujours en vigueur.

En intervenant sur le marché des changes, les banques centrales ont pour objectif de régulariser l'évolution du cours des devises. Ces interventions ont toujours fait l'objet de controverses. Certaines banques centrales refusent d'intervenir, estimant que ces achats et ces ventes déstabilisent le marché des changes. Telle a été la position des autorités monétaires américaines jusqu'en septembre 1985. Elle s'est sensiblement modifiée depuis. Les banques centrales européennes sont moins hostiles à ces interventions. Elles y recourent quand des turbulences et des incertitudes provoquent des fluctuations erratiques des taux de change qu'elles estiment dénuées de justification économique.

L'ampleur comparée des transactions sur le marché des changes (plus de 1 500 milliards de dollars en moyenne journalière) et des réserves en devises des banques centrales empêche ces dernières d'influencer durablement les taux de change ou d'imposer un cours qui ne correspondrait pas à la réalité économique du moment. De ce fait, pour être couronnées de succès, les interventions des banques centrales doivent être massives, coordonnées et se produire à des moments opportuns.

Il faut cependant noter que les échecs sont plus nombreux que les succès. Durant la crise du Système monétaire européen de 1992 et 1993, les dévaluations répétitives de plusieurs devises, la mise en flottement de la livre sterling et de la lire et l'accroissement à ± 15 % des marges de fluctuation autour des parités officielles ont été autant de preuves de l'impossibilité pour les banques centrales de maintenir par leurs interventions sur le marché des changes, même si elles sont colossales, des parités de change qui ne reflètent pas la réalité des forces économiques du moment.

1.3. Les institutions financières non bancaires

Depuis le début de la décennie 1990, les institutions financières non bancaires sont devenues des opérateurs extrêmement importants sur le marché des changes. Ces institutions comprennent les filiales financières ou bancaires des groupes industriels.

A côté des filiales financières des groupes industriels, les investisseurs institutionnels et les grandes fortunes privées sont devenus, eux aussi, des acteurs de première importance, car les gérants de ces fonds mettent désormais l'accent sur les placements à l'étranger pour diversifier leurs risques et améliorer leurs rendements. Leurs interventions sur le marché des changes ne sont pas simplement destinées à se procurer des devises ou à couvrir un risque de change. Comme l'ont révélé avec un indiscutable réalisme les crises du Système monétaire européen de 1992 et 1993, les gérants de ces fonds n'hésitent pas à procéder à d'importantes opérations d'arbitrage et de spéculation.

Les investisseurs institutionnels sont les plus importants participants non bancaires du marché des changes. Cet ensemble regroupe les fonds de pension, les caisses de retraite, les sociétés d'assurance, les fonds gérés pour le compte de tiers, les fonds d'investissement (*mutual funds* américains, Sicav et fonds communs de placement français, *unit trusts* britanniques, et *hedge funds*) et les départements des banques commerciales chargés de la gestion de fortune de leur clientèle privée (*bank trust departments*).

Les investisseurs institutionnels ne placent pour l'instant qu'une petite fraction de leurs ressources en actifs étrangers (10 % environ pour les gérants européens et 5 % pour les gérants américains), mais les montants totaux gérés sont tellement importants que leurs actifs libellés en devises dépassent largement les montants détenus par les entreprises. A la fin de l'année 1991, les 200 plus importants investisseurs institutionnels (100 américains et 100 européens contrôlant à l'époque plus de 8 000 milliards de dollars) géraient 600 milliards de dollars en actifs libellés en devises autres que leur monnaie nationale. Une estimation conservatrice permet d'affirmer qu'ils en géraient 1 000 milliards de dollars à la fin de l'année 1994. Ces chiffres impliquent une très forte activité des investisseurs institutionnels sur le marché des changes. Cette activité est appelée à se développer pour deux raisons :

– les gérants de fonds ont tendance à étendre leur diversification internationale,

– le poids des investisseurs institutionnels ne cesse de s'accroître. Aux Etats-Unis, pour prendre un exemple précis, ils détenaient en 1950 près de 8,5 % de l'ensemble des actifs libellés en dollar. Ce chiffre est passé à 20,5 % en 1990, ce qui représentait 6 500 milliards de dollars.

1.4. La clientèle privée

La clientèle privée n'intervient pas directement sur le marché des changes. Elle achète et vend des devises en s'adressant aux banques qui ont une activité de teneur de marché ou en utilisant les services de courtiers. La clientèle privée regroupe trois catégories d'opérateurs : les particuliers dont l'influence est tout à fait marginale, les entreprises industrielles et commerciales, souvent dénommées sociétés non financières (*corporates*), et les institutions financières qui n'ont pas une présence permanente sur le marché des changes ou qui ne disposent pas des fonds propres requis pour participer directement à ce marché.

Ces opérateurs interviennent sur le marché des changes pour satisfaire des besoins en devises induits par des opérations financières internationales (prêts et emprunts en devises). Ils interviennent également sur le marché des changes pour des motifs de spéculation.

Jusqu'au début de la décennie 1980, la majorité des transactions sur le marché était réalisée par les trésoriers d'entreprises qui cherchaient à se procurer ou à vendre des devises et à se couvrir contre le risque de change. La réalité est aujourd'hui fort différente. L'idée est en effet communément acceptée que les transactions commerciales effectuées par les trésoriers d'entreprises représentent moins de 5 % des échanges enregistrés sur le marché des changes.

1.5. Les courtiers

Bien qu'il ne soit pas indispensable de passer par leurs services, les courtiers jouent un rôle essentiel sur le marché des changes en tant qu'informateurs et en tant qu'intermédiaires. Sans qu'eux-mêmes ou la banque soient obligés d'acheter ou de vendre des devises (ce qui est généralement le cas lorsque les cambistes négocient directement entre eux), ils informent les opérateurs des cours auxquels se vendent et s'achètent les différentes monnaies. Leur rôle d'intermédiaire consiste à centraliser les ordres d'achat et de vente de plusieurs banques. Il est, en conséquence, plus facile pour un cambiste d'utiliser leurs services plutôt que de contacter directement d'autres opérateurs susceptibles de pouvoir lui vendre ou lui acheter la devise recherchée. Ceci est particulièrement utile pour la négociation des devises qui ne font pas l'objet d'échanges internationaux très fournis. Ce rôle d'intermédiaire est plus général encore, car les courtiers ne sont jamais obligés de dévoiler, au moment précis où ils font la transaction, le nom des banquiers qu'ils mettent en rapport. Bien évidemment, une fois la transaction effectuée, le courtier révèle à chaque cambiste le nom de sa contrepartie pour que chacun d'eux puisse enregistrer dans ses comptes l'opération réalisée.

La fonction d'un courtier est de rendre le marché plus efficace et plus fluide, en étant en contact permanent avec de nombreuses banques. La valeur d'un courtier s'apprécie à la qualité des liaisons qu'il entretient avec les institutions financières actives sur le marché des changes.

Les courtiers les plus importants sont localisés à Londres. Ils sont peu nombreux. Ce sont des maisons internationales ayant de nombreux bureaux ou filiales sur d'autres places financières. Les sociétés de courtage peuvent regrouper plusieurs centaines d'opérateurs. A côté de ces grandes institutions, il existe des maisons plus modestes ou très spécialisées ne regroupant que quelques courtiers. Les maisons de courtage ont beaucoup contribué à l'essor du marché des changes en établissant des liens directs avec les centres non européens à la fin des années 1970. Leur action a eu pour conséquence d'accroître et d'accélérer l'intégration des différents marchés. Ce phénomène conjugué à l'arrivée des banques étrangères explique en partie l'essor du marché de New York. A Paris, les courtiers sont au nombre d'une vingtaine, mais une dizaine d'entre eux assurent l'essentiel de l'activité.

2. L'organisation et le fonctionnement du marché des changes

Le marché des changes interbancaire est totalement délocalisé. Les transactions entre les participants se font par téléphone. Il s'agit par conséquent d'un marché de gré à gré (*over the counter market,* ou marché OTC). Les transactions ne sont pas centralisées au sein d'une ou de plusieurs bourses. De ce fait, le marché est animé par des teneurs de marché (*market makers*) qui en assurent la liquidité. Les banques et les autres acteurs interviennent sur ce marché par l'intermédiaire d'opérateurs appelés cambistes.

2.1. Le rôle des cambistes

Pendant longtemps, les cambistes étaient des autodidactes formés sur le tas. Ce n'est plus le cas. Ils sont aujourd'hui beaucoup plus compétents qu'ils ne l'étaient auparavant. Ils doivent être en mesure de comprendre, d'analyser et de critiquer la théorie économique et financière. A l'heure actuelle, un opérateur sur le marché des changes doit être doté des qualités qui permettaient la réussite des cambistes du passé et de la rigueur scientifique indispensable à l'analyse économique et financière. Les banques font donc de plus en plus appel à des jeunes diplômés issus des grandes écoles commerciales et scientifiques et des universités, et leur offrent des rémunérations très élevées. A Londres et sur les autres places financières, les rémunérations peuvent être deux à trois fois supérieures à celles de Paris. En quelques secondes et sans la moindre signature, un cambiste peut engager la banque pour plusieurs millions de dollars. Les cambistes sont de ce fait l'objet de contrôles étroits de la part des responsables de la banque.

2.2. Les deux niveaux du marché des changes interbancaire

Les transactions sur le marché des changes s'effectuent à deux niveaux complémentaires. Le premier est celui du marché de gros (*wholesale market*). Il s'agit d'un marché interbancaire où se retrouvent uniquement les très grandes banques internationales traitant entre elles et avec les banques centrales (lorsque ces dernières interviennent sur le marché), directement ou par l'intermédiaire de courtiers. Les banques actives sur ce marché sont peu nombreuses : de 50 à 80 au grand maximum. Ces institutions remplissent une fonction de *dealer* ou de *market maker.* Elles sont en permanence présentes sur le marché par l'intermédiaire de leurs cambistes et elles sont en mesure d'offrir à tout instant un cours acheteur et un cours vendeur sur un très grand nombre de devises. A côté de ces grandes institutions financières internationales, interviennent des banques de moindre importance qui sont très actives, mais n'assurent pas toujours et en permanence un rôle de teneur de marché.

Le deuxième niveau est celui du marché de détail (*retail market*). C'est là que se nouent les transactions entre les banques et leurs clients et plus particulièrement les relations entre les banques et les *corporates*. Au niveau des établissements financiers, ces relations sont assurées par des cambistes clientèle.

La distinction, autrefois très nette entre les deux niveaux, a tendance à s'atténuer, car certaines grosses sociétés non financières et de nombreux investisseurs institutionnels accèdent désormais directement aux cambistes des plus grandes banques sans passer par les cambistes clientèle. Cet accès direct aux cambistes opérant sur le marché de gros est facilité par le fait que les sociétés non financières sont de plus en plus nombreuses à posséder leur propre table de change.

3. Le marché des changes au comptant

Sur le marché au comptant s'effectuent des achats et des ventes de devises qui doivent être livrées au plus tard deux jours ouvrables après la date de conclusion de la transaction. Ne font exception à cette règle que les transactions entre le dollar canadien et le dollar américain, devises pour lesquelles la livraison se fait dans un délai de 24 heures.

3.1. Le taux de change au comptant

Les taux de change peuvent être cotés de deux manières différentes. Dans la première formulation, le taux de change est le prix d'une unité de devise étrangère en termes de monnaie nationale. A Paris, le 15 avril 1995, le dollar valait 5,1320 francs français. A New York, le 15 avril 1995, le deutsche mark valait 0,6609 dollar américain et le dollar canadien 0,7375 dollar américain. Cette modalité de cotation dite «à l'incertain» est utilisée sur toutes les places financières du monde, à l'exception de celles du Royaume-Uni, d'Irlande, d'Australie, de Nouvelle-Zélande et de quelques autres pays influencés par la culture et les traditions britanniques.

Dans la seconde formulation, dite cotation «au certain», le taux de change est le prix d'une unité de monnaie nationale en termes de monnaie étrangère. A Londres, le 15 avril 1995, la livre valait 1,5079 dollar.

Ces deux formulations traduisent une même réalité et sont parfaitement symétriques : le produit de ces deux cotations à un instant donné est bien évidemment égal à 1. Le 15 avril 1995, la cotation à l'incertain du deutsche mark donnait 1 DEM = USD 0,6609 et la cotation au certain donnait USD 1 = 1,5130 DEM. Le lecteur vérifiera lui-même que le produit de ces deux cotations est égal à 1. On passe donc de l'une à l'autre en faisant le rapport 1/cours.

Les cotations sur le marché au comptant sont faites sous la forme de deux prix : un cours acheteur et un cours vendeur. Le premier est le prix auquel la banque se propose d'acheter les devises ; le second est celui auquel elle se propose de vendre les devises.

Du fait de l'existence de deux modalités de cotation, l'interprétation des chiffres reproduisant la valeur du taux de change doit être conduite avec prudence.

Dans le cadre d'une cotation à l'incertain, nous avons, par exemple, sur le marché de Francfort, le cours du dollar par rapport au deutsche mark :

USD 1 = 1,5130 – 1,5140 DEM

1,5130 est le cours d'achat du dollar par rapport au deutsche mark ; 1,5140 est le cours de vente du dollar par rapport au deutsche mark. Lorsqu'une banque annonce cette fourchette, cela signifie qu'elle est prête à acheter le dollar sur la base de USD 1 = 1,5130 DEM et à le vendre sur la base de USD 1 = 1,5140 DEM.

Dans le cadre de la cotation au certain, nous avons, par exemple, sur le marché de Londres, le cours de la livre sterling par rapport au dollar :

1 GBP = USD 1,5075 – 1,5085

1,5075 est le cours d'achat de la livre par rapport au dollar ; 1,5085 est le cours de vente de la livre par rapport au dollar. Lorsqu'une banque annonce cette fourchette, cela signifie qu'elle est prête à acheter la livre sterling sur la base de 1 GBP = USD 1,5075 et à la vendre sur la base de 1 GBP = USD 1,5085.

Il est toujours possible de passer d'une cotation à l'incertain à une cotation au certain et réciproquement. En partant de la cotation précédemment évoquée du dollar par rapport au deutsche mark sur la place de Francfort, il est possible de calculer le cours du deutsche mark par rapport au dollar. Le cours acheteur du deutsche mark par rapport au dollar est obtenu en inversant la valeur du cours vendeur du dollar par rapport au deutsche mark : 1/1,5140, soit 0,6605. Le cours vendeur du deutsche mark par rapport au dollar est obtenu en inversant la valeur du cours acheteur du dollar par rapport au deutsche mark : 1/1,5130, soit 0,6609.

La différence entre le cours acheteur et le cours vendeur représente la marge de la banque. Cet écart varie légèrement d'un établissement à l'autre. La plus ou moins grande agressivité commerciale de la banque et sa position dans la devise considérée expliquent cette différence.

La fourchette entre le cours offert et le cours demandé est généralement très faible et inférieure à une « figure »[1]. Elle peut cependant s'accroître sensiblement lorsque les marchés deviennent nerveux et étroits. La fourchette peut

1. La figure est un terme utilisé par les cambistes pour définir le deuxième chiffre après la virgule. Lorsque le taux de change passe de USD 1 = 10,25 FRF à USD 1 = 10,30 FRF, on dit qu'il a varié de cinq figures.

alors atteindre une ou deux figures pour des devises comme le deutsche mark. Le 27 février 1985, lorsque le dollar a perdu en moins de deux heures 4 % de sa valeur contre les autres devises, certaines banques offraient à Paris une fourchette de dix figures pour la cotation du dollar en franc français[2].

3.2. Les caractéristiques du marché au comptant

Le marché des changes de Paris se tient tous les jours ouvrables par téléphone entre les établissements de la place, soit directement de banque à banque, soit indirectement par l'intermédiaire de courtiers. Les opérations se font également avec les correspondants étrangers. Le marché fonctionne en continu, ce qui veut dire qu'il est toujours possible pour un opérateur d'acheter ou de vendre des devises ou du franc pendant les heures d'ouverture du marché.

Le transfert de dépôt bancaire est le principal actif utilisé dans les transactions sur le marché des changes. Le transfert est un ordre de débiter un compte libellé dans une devise A et de créditer simultanément un autre compte libellé en devise B. Les comptes (débité et crédité) peuvent appartenir à une même personne ou à deux opérateurs différents.

Un exemple permet d'illustrer ce qu'est le transfert de dépôt bancaire. Un exportateur français disposant d'un compte au Crédit Lyonnais à New York peut demander à cette banque de débiter son compte de 500 000 dollars, de vendre ces devises contre du franc et de créditer simultanément son compte au Crédit Lyonnais de Paris. Il lui sera remis à Paris l'équivalent de 500 000 dollars en franc français, au taux du marché, à la date de valeur de l'opération. Cette transaction est réalisée par un transfert de dépôt bancaire. La rapidité d'exécution est le principal avantage de cet instrument.

Il existe une gradation dans l'importance des différentes devises utilisées sur le marché des changes.

Le dollar constitue la monnaie de référence. C'est en effet contre la devise américaine que s'effectue la plus grande partie des transactions sur toutes les places financières.

Le yen et le deutsche mark ont acquis, depuis 1985, une véritable dimension internationale. Ces devises font l'objet d'une cotation contre le dollar sur pratiquement toutes les places financières internationales.

La livre sterling, le franc suisse, le florin, le dollar canadien, le dollar australien, le franc français et les autres devises de statut comparable sont traités sur l'ensemble des places financières internationales, mais de façon plus ou moins continue.

Les autres devises convertibles ne sont cotées que lorsque la place financière émettrice est ouverte.

Les devises non convertibles ne font pas l'objet d'un véritable marché et les cours sont déterminés par la banque centrale.

Le dollar occupe une place centrale, car il sert de pivot à l'ensemble des transactions. Toutes les devises sont cotées contre le dollar, alors qu'elles ne sont pas nécessairement cotées entre elles, de sorte qu'un banquier vendant

---

2. Cela signifiait qu'à un instant donné une banque cotait la devise américaine USD 1 = 10,25 – 10,35 FRF. Cet écart était d'autant plus compréhensible... et justifié qu'en moins de deux heures le dollar avait baissé de 40 centimes par rapport au franc.

des lires pour acheter des francs belges doit nécessairement passer par le dollar. Il vend, dans l'exemple précis qui nous occupe, des lires contre du dollar et revend ces dollars pour obtenir des francs belges. Il est en effet pratiquement impossible de vendre directement des lires contre du franc, car il n'y a pas de marché direct entre ces deux devises. Cette procédure n'est pas spécifique aux monnaies retenues dans cet exemple. Elle est générale et concerne de très nombreuses monnaies échangées sur le marché des changes. Il faut toutefois noter l'apparition depuis 1987 de transactions directes entre deux devises, dont l'une n'est pas le dollar. Ces transactions qualifiées de *cross* dans la terminologie des opérateurs représentaient en 1996 près de 15 % des échanges réalisés sur le marché des changes.

L'exécution des opérations de la clientèle diffère selon que les ordres sont « au mieux » ou à « cours limité ». Les ordres au mieux sont exécutés immédiatement par le cambiste au meilleur cours pouvant être obtenu sur le marché. Dans le cas de transactions à cours limité, l'opérateur fixe un seuil au-delà ou en deçà duquel le cambiste ne doit pas aller. Il demande, par exemple, de vendre 5 millions de dollars à un cours supérieur ou égal à USD 1 = 8,5450 FRF. Les achats peuvent également se faire à un cours limité. L'opérateur demande, par exemple, au cambiste de lui acheter 10 millions de dollars à un cours inférieur ou égal à USD 1 = 8,6040 FRF.

De nombreuses devises ont un rôle marginal dans le financement du commerce international et ne sont pas cotées sur toutes les places financières. Elles font l'objet de transactions sur leur marché national et quelques places internationales entretenant des relations privilégiées avec le pays de la devise en question. Pour acheter ou pour vendre ces monnaies, les opérateurs s'adressent aux principales banques de la place financière nationale ou aux établissements internationaux spécialisés dans leur cotation.

4. Le marché des changes à terme

Sur le marché à terme, les opérateurs contractent des engagements d'achat et de vente de monnaie à un cours fixé au moment de la transaction, mais ils repoussent la livraison et le paiement à une date ultérieure fixée au moment de l'engagement.

4.1. Le taux de change à terme

Il existe autant de taux que de termes pour lesquels des transactions peuvent être conclues.

Le 11 janvier 1983, le taux de change du dollar pour un terme de 180 jours s'établissait à 7,0050 francs français[3]. Ce taux signifiait qu'au 11 janvier 1983 la banque acheteuse s'était engagée à prendre livraison et la banque vendeuse s'était engagée à livrer au 11 juillet 1983 un million de dollars, pour prendre un exemple, au taux de 7,0050 francs même si le 11 juillet le dollar valait 7,5025 ou 6,2540 francs ou n'importe quel autre prix sur le marché au comptant.

3. Malgré l'ancienneté de la situation décrite, les chiffres du 11 janvier 1983 ont été conservés car ils permettent de faire apparaître *simultanément* des situations de report et de déport de trois grandes devises internationales par rapport au dollar américain.

Le taux de change à terme n'est jamais égal, sauf par hasard, au taux de change au comptant. Il lui est supérieur ou inférieur.

Si on considère deux devises A et B, le cours à terme de A est en prime ou en report (*premium* en anglais) par rapport au cours au comptant quand il permet d'acheter davantage de monnaie B que le cours au comptant. La prime est égale à la différence entre les deux cours, exprimée en pourcentage annuel du cours au comptant.

De la même manière, le cours à terme de A est en perte ou en déport (*discount* en anglais) quand il permet d'acheter moins d'unités de la monnaie B. La perte s'exprime également en pourcentage annuel.

La devise est dite «au pair» quand le taux à terme est égal au taux au comptant.

Le taux à terme se définit de manière différente, selon que la cotation se fait à l'incertain ou au certain.

Dans le cadre d'une cotation à l'incertain, un écart positif entre le taux à terme et le taux au comptant indique une plus-value de la monnaie à terme : on parle alors d'un report. Un écart négatif indique, en revanche, une moins-value de la monnaie à terme : on parle alors d'un déport.

Le 11 janvier 1983, le dollar à Paris était coté au comptant 6,6550 francs. Il était coté à terme de un mois avec un report de 0,0550. Cela signifiait qu'il fallait ajouter 0,0550 au cours au comptant pour obtenir le taux à terme.

Le 11 janvier 1983, le dollar canadien à New York était coté au comptant 0,8179 dollar américain. Il était coté à terme de un mois avec un déport de 0,0010. Cela signifiait qu'au cours au comptant de 0,8179, il fallait enlever 0,0010 pour obtenir le taux à terme.

Le 11 janvier 1983, le deutsche mark cotait au comptant à New York 0,4257 dollar américain et à terme de 90 jours 0,4293 dollar américain. Le mark était donc en report par rapport au dollar américain.

Les grands journaux financiers publient les taux à terme à 1 mois, à 3 mois et à 6 mois.

Le 11 janvier 1983, les taux à terme du dollar à Paris étaient les suivants :

30 jours : USD 1 = 6,7100 FRF
90 jours : USD 1 = 6,8450 FRF
180 jours : USD 1 = 7,0050 FRF

Le 11 janvier 1983, les taux à terme du dollar canadien à New York étaient :

30 jours : 1 CAD = USD 0,8169
90 jours : 1 CAD = USD 0,8157
180 jours : 1 CAD = USD 0,8141

Le 11 janvier 1983, les taux à terme du deutsche mark à New York étaient :

30 jours : 1 DEM = USD 0,4270
90 jours : 1 DEM = USD 0,4293
180 jours : 1 DEM = USD 0,4329

Les taux diffèrent suivant les échéances, mais ils ne sont pas rigoureusement proportionnels à la durée du terme. Des considérations techniques ou financières et le fait que certaines échéances sont, à un moment donné, plus recherchées que d'autres expliquent ces anomalies. Les exemples précédents illustrent parfaitement ces anomalies.

Dans le cadre d'une cotation au certain, la plus-value d'une monnaie à terme est exprimée par un écart négatif et la moins-value par un écart positif. C'est ce que l'on peut constater en traduisant dans le cadre d'une cotation au certain les taux à terme précédemment exprimés dans le cadre d'une cotation à l'incertain. Sachant que le produit des deux cotations est égal à 1, on obtient la cotation au certain en effectuant le rapport 1/cotation à l'incertain. En appliquant cette règle aux exemples précédents, on obtient pour le dollar américain coté à Paris :

30 jours : 1 FRF = USD 0,1490
90 jours : 1 FRF = USD 0,1461
180 jours : 1 FRF = USD 0,1428

pour le dollar canadien à New York :

30 jours : USD 1 = 1,2242 CAD
90 jours : USD 1 = 1,2259 CAD
180 jours : USD 1 = 1,2283 CAD

pour le deutsche mark à New York :

30 jours : USD 1 = 2,3419 DEM
90 jours : USD 1 = 2,3295 DEM
180 jours : USD 1 = 2,3100 DEM

Le report et le déport sont fréquemment exprimés en pourcentage annuel du taux au comptant. Si X_0 est le taux au comptant et X_1 le taux à terme, le report ou le déport à t jours s'exprime ainsi :

$$\frac{X_1 - X_0}{X_0} \times \frac{360 \times 100}{t}$$

Un report sur le dollar à Paris de 0,1900 pour un terme de trois mois, le cours au comptant du dollar étant de 6,6550, s'exprime en pourcentage annuel de la manière suivante :

$$\frac{0,19}{6,6550} \times \frac{360 \times 100}{90} = 11,42~\%$$

Comme sur le marché au comptant, les cotations à terme se font sous la forme d'un cours acheteur et d'un cours vendeur.

C'est une habitude sur le marché interbancaire de ne pas évoquer le niveau absolu du taux de change à terme, mais de parler uniquement de la différence entre le taux au comptant et le taux à terme. Pour un taux au comptant de USD 1 = 112,50 JPY et un taux à terme de USD 1 = 103,75 JPY, l'écart de 8,75 (c'est-à-dire la différence entre le taux au comptant et le taux à terme que nous avons précédemment défini comme étant le report ou le déport) représente et constitue le taux de swap.

Les cambistes parlent plus volontiers du taux de swap que du taux à terme et, pour calculer le niveau absolu de ce dernier, ils ajoutent ou retranchent du taux de change au comptant la valeur du taux de swap.

4.2. Les caractéristiques du marché des changes à terme

Sur le marché interbancaire, les transactions se font pour des termes allant de 3 à 7 jours, 1, 2, 3, 9, 12, 18 mois, et 2, 3, 5 ans.

Il existe deux types de transactions : les swaps et les termes secs. Une opération à terme sec consiste à acheter ou à vendre une devise pour une échéance déterminée. Un swap est une opération dans laquelle la transaction à terme est complétée par une transaction simultanée sur le marché au comptant. Si l'opérateur effectue un achat de devise sur le marché au comptant, il procède à une vente de devise sur le marché à terme. Inversement, s'il réalise une vente de devise au comptant, il initie un achat simultané de devise à terme.

Lors de la négociation d'un swap ou d'une opération à terme sec, il est préférable de retenir l'une ou l'autre des échéances mentionnées au début de ce paragraphe. Les transactions peuvent néanmoins avoir des échéances rompues ne correspondant pas à un nombre exact de mois.

En principe, toutes les monnaies convertibles peuvent être négociées à terme.

– Pour des échéances comprises entre 3 jours et 6 mois, il est généralement possible d'obtenir des cours à terme pour toutes les monnaies utilisées dans les échanges internationaux.

– Entre 12 et 24 mois, il est difficile de traiter des devises de moindre importance.

– Au-delà de 2 ans, seuls le dollar, le deutsche mark, le franc suisse, le yen et la livre sterling peuvent être négociés à terme.

Pour effectuer des opérations de change à terme, les banques exigent en général (sauf lorsqu'elles travaillent avec d'autres institutions bancaires ou financières) un dépôt de garantie. Quand les fluctuations sont importantes, le banquier peut réclamer une garantie supplémentaire.

Les opérations à terme s'effectuent directement de banque à banque ou par l'intermédiaire de courtiers. En période de stabilité, les opérations à terme sont moins nombreuses que les opérations au comptant et le marché est souvent à sens unique : les monnaies faibles sont peu demandées et les monnaies fortes sont peu offertes. Il est alors difficile de trouver une contrepartie.

Traditionnellement, les banques centrales ont pour politique de ne pas intervenir sur le marché à terme, même pour lutter contre la spéculation, car, en diminuant les reports et les déports, elles facilitent le jeu des spéculateurs en leur permettant d'opérer à des cours favorables.

5. Le marché interbancaire des instruments dérivés de change

Les instruments dérivés négociés sur le marché interbancaire ont connu un extraordinaire développement depuis le milieu de la décennie 1980. Ces instruments sont très nombreux, car la créativité des ingénieurs financiers ne connaît pas de limite. S'il est de ce fait impossible de présenter l'ensemble des instruments, il est cependant souhaitable d'exposer leurs caractéristiques essentielles. Pour ce faire, ces instruments sont regroupés en quatre ensembles.

5.1. Les options

Les premières options sur devises ont été négociées dans le cadre du marché interbancaire[4]. Dans ce compartiment du marché des changes, les banques

4. Voir dans cette ***Encyclopédie*** les articles de M. Chesney, B. Marois et R. Wojakowski, « Options de change : évaluation », p. 1398, tome 2 et de D. Marteau, « Options de change : stratégies de couverture et gestion d'un livre d'options », p. 1423, tome 2.

s'achètent et se vendent entre elles des options d'achat et des options de vente. Ces options peuvent être également échangées entre des banques et des entreprises exportatrices et importatrices. Dans cette dernière hypothèse, les banques sont généralement vendeuses d'options et les entreprises acheteuses d'options : options d'achat pour les importateurs, options de vente pour les exportateurs. Les options négociées sur le marché interbancaire sont des options de gré à gré, également dénommées options hors-cote. Ces options ont une faible négociabilité. Elles ne sont pas standardisées et sont construites sur mesure pour répondre aux besoins spécifiques des opérateurs et plus spécialement à ceux de l'acheteur.

Les options achetées et vendues sur le marché de gré à gré présentent certaines caractéristiques spécifiques dont le dénominateur commun est l'absence de standardisation.

– Sur le marché de gré à gré, toutes les devises peuvent être, et sont effectivement, négociées. Sur ce marché sont également cotés des cours croisés de devises (*cross rates*), comme par exemple le deutsche mark contre le franc suisse, le franc français contre le deutsche mark, le florin contre le deutsche mark, etc.

– La valeur nominale de l'option n'est pas standardisée ; elle est librement déterminée par l'acheteur et le vendeur.

– L'échéance de l'option fait l'objet d'une libre négociation entre l'acheteur et le vendeur.

– Les options sont généralement de type européen, mais il peut y avoir des options de type américain.

– La prime est fixée en pourcentage du montant de l'option.

Les options de change ne sont pas des produits financiers récents puisqu'elles remontent à l'origine de tout système financier. Le volume des transactions s'est beaucoup développé depuis 1985, mais comme elles sont négociées sur le marché interbancaire qui est par définition dépourvu d'une chambre de compensation, il est difficile d'avoir des informations chiffrées précises. Il est toutefois admis que les transactions sur ce type d'option sont volumineuses.

Les options de change négociées sur le marché interbancaire présentent plusieurs inconvénients majeurs :

– les valeurs nominales sont généralement très élevées ; il est en effet impossible d'intervenir pour des montants inférieurs à un million de dollars (ou un montant équivalent quand on travaille sur une autre devise) ;

– les échéances sont courtes et très rarement supérieures à un an ou à six mois ;

– elles ne sont pas d'un accès facile pour une clientèle non bancaire ;

– elles ne sont pas négociables sur un marché secondaire.

5.2. Les warrants

Les warrants sur devises sont un prolongement des options de change négociées sur le marché interbancaire, car ils évitent les quatre inconvénients précédemment mentionnés. Les warrants sont des options à long terme sur devises, d'un faible montant, émis par des banques et négociés en bourse. Les warrants peuvent être des calls ou des puts.

Un call warrant donne à l'opérateur qui le détient le droit, mais pas l'obligation, d'acheter une certaine quantité de devise, à un prix fixé d'avance (*strike price*) pendant une période déterminée (échéance du warrant) en contrepartie du paiement d'une prime (prix du warrant).

Un put warrant donne à l'opérateur qui le détient le droit, mais pas l'obligation, de vendre une certaine quantité de devise, à un prix fixé d'avance (*strike price*) pendant une période déterminée (échéance du warrant) en contrepartie du paiement d'une prime (prix du warrant).

Lorsque la devise d'un call warrant s'apprécie au-delà du prix d'exercice, le détenteur de cette option peut acheter cette devise à un prix inférieur à son cours sur le marché au comptant. De la même façon, si la devise d'un put warrant se déprécie en deçà du prix d'exercice, le détenteur de cette option peut vendre cette devise à un prix supérieur à son cours sur le marché au comptant.

Les warrants sont émis en tranche par une banque. Leur échéance lors de l'émission peut atteindre 18 mois, 2 ans, voire 5 ans. La première émission de warrants sur devises sur la place financière de Paris a été réalisée le 4 janvier 1991 par la filiale française de Citibank. Les warrants sont cotés en bourse. Ils peuvent être de style américain (le détenteur peut l'exercer à tout instant) ou de style européen (le détenteur ne peut l'exercer qu'à l'échéance).

Quel que soit l'émetteur, la valeur nominale d'un warrant se situe généralement au niveau de 10 000 dollars, ce qui permet à toutes les entreprises impliquées dans le commerce international de pouvoir se couvrir contre le risque de change au moyen d'instruments optionnels. La faiblesse de la valeur nominale permet également à de nombreux investisseurs d'intervenir sur ce marché pour essayer de tirer profit de leurs anticipations quant à l'évolution des taux de change.

Le principal avantage des warrants, outre ceux déjà mentionnés, est d'éviter l'inconvénient majeur des options à court terme, à savoir la perte rapide de valeur de la prime due à la chute de la valeur temps, à mesure que l'on s'approche de l'échéance de l'option. Le second avantage est d'éviter de devoir reporter les options à court terme d'échéance en échéance et de « rouler » les positions dans le cas d'une opération de couverture à moyen terme ou à long terme. Les warrants réduisent très sensiblement le montant des coûts de transaction et simplifient la gestion des positions.

Les warrants ont donc toutes les caractéristiques des options, l'essentiel de leurs avantages, en particulier leur caractère asymétrique, et ils n'ont pratiquement aucun de leurs inconvénients.

5.3. Les options de deuxième génération

Lorsqu'elles furent introduites sur le marché du gré à gré ou sur les marchés dotés d'une chambre de compensation, les options étaient considérées comme des instruments de couverture offrant un service d'assurance. Cette conception a beaucoup évolué sous l'influence de trois facteurs :

– la réticence des acheteurs à payer une prime,

– la capacité innovatrice des banques et des grandes institutions financières,

– la spécificité et la complexité des besoins de couverture des entreprises et des investisseurs institutionnels.

Depuis le début de la décennie 1990 se sont développés à grande échelle sur le marché du gré à gré de nouveaux instruments optionnels qualifiés de deuxième génération[5]. Ce sont toujours des produits sur mesure, adaptés par des ingénieurs financiers aux besoins spécifiques des utilisateurs, besoins de couverture, certes, mais dans un sens extrêmement dynamique et prenant également en compte les anticipations des opérateurs.

Les principales options de deuxième génération sont les options à prime zéro, les options asiatiques, les options activantes et désactivantes, les options sur option et les options sur un panier de devises.

5.4. Les swaps de devises

Le swap de devises est un instrument grâce auquel deux opérateurs qui se font contrepartie procèdent à des échanges de capital et de taux d'intérêt dans deux devises différentes[6].

Les objectifs essentiels d'un swap sont la transformation d'une dette en devise, la réduction du coût d'endettement et la gestion du risque de change[7].

Un exemple simplifié permet de mieux comprendre la structure de base et la finalité d'une opération de swap.

Une société XYZ (faisons l'hypothèse qu'il s'agit d'une grande entreprise publique française) procède à une émission en dollar sur le marché euro-obligataire, mais souhaiterait obtenir du franc car elle n'a pas l'utilisation du dollar qu'elle vient d'emprunter. Dans le même temps, une société ABC (faisons l'hypothèse qu'il s'agit d'une entreprise néerlandaise) procède à une émission obligataire sur le marché de l'eurofranc, mais souhaiterait obtenir du dollar pour financer un investissement direct aux Etats-Unis.

Le lecteur pourrait imaginer que le plus simple aurait été pour l'entreprise XYZ de s'endetter en franc et pour l'entreprise ABC de le faire en dollar. La simplicité n'est pas nécessairement toujours bonne conseillère. Il n'est pas impossible, en effet, que l'entreprise XYZ soit conduite à s'endetter sur les marchés étrangers suite à une insistante sollicitation des pouvoirs publics qui veulent éviter que des emprunts émis sur le marché obligataire français viennent concurrencer les émissions du Trésor public, et que la société ABC ne puisse s'endetter en dollar du fait de la mauvaise qualité de son rating ou, plus simplement encore, de son insuffisant développement international. Toujours est-il, et peu importe la raison, que XYZ s'endette en dollar et que ABC le fait en franc.

Pour obtenir les devises dont elles ont besoin (du franc pour la société XYZ et du dollar pour la société ABC) les deux sociétés vont procéder à un swap (graphique 1). La société XYZ échange pour ce faire avec la société ABC les dollars qu'elle possède contre du franc : la société XYZ prête du dollar et emprunte du franc. De son côté la société ABC échange les francs qu'elle possède contre du dollar : elle prête le franc et emprunte le dollar.

---

5. Voir également dans cette ***Encyclopédie*** l'article de V. Lauwick, P. Gourmet, C. Lorin et I. de Dinechin, « Produits dérivés de taux de deuxième génération », p. 1574, tome 2.

6. Voir également dans cette ***Encyclopédie*** l'article de V. Lauwick, I. de Dinechin, C. Lorin et P. Gourmet, « Instruments de gestion du risque de taux », p. 654, tome 1.

7. Sur la gestion du risque de change, on peut se reporter dans l'***Encyclopédie de gestion*** à l'article de C.A. Vailhen, « Risque de change ».

Graphique 1

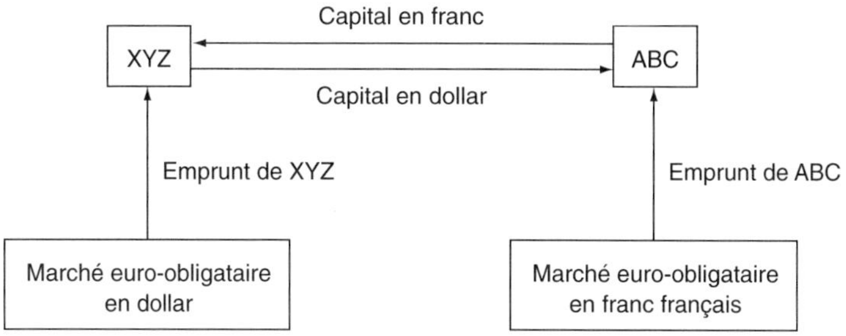

Chaque année les sociétés XYZ et ABC doivent verser des intérêts en dollar et en franc aux investisseurs du marché euro-obligataire. Les intérêts en dollar que doit verser XYZ lui sont fournis par la société ABC (graphique 2). Les intérêts en franc que doit verser ABC lui sont fournis par XYZ.

Graphique 2

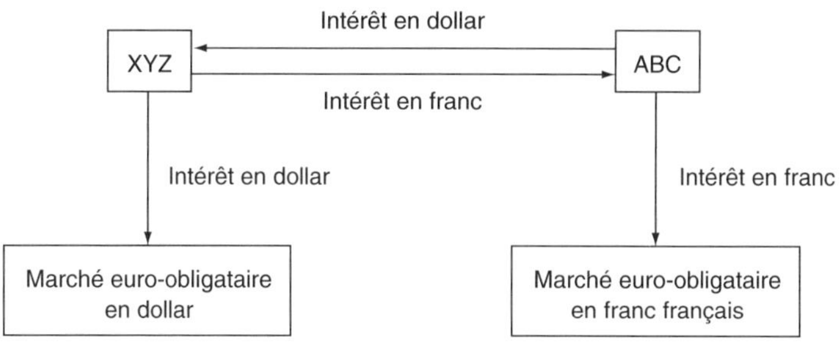

A l'échéance du swap, la société ABC verse à XYZ les dollars qu'elle avait obtenus à l'origine du swap, ce qui permet à la société française de rembourser son emprunt euro-obligataire (graphique 3). De la même façon, XYZ rétrocède à ABC les francs qu'elle avait obtenus, ce qui permet à la société néerlandaise de rembourser son emprunt euro-obligataire.

Graphique 3

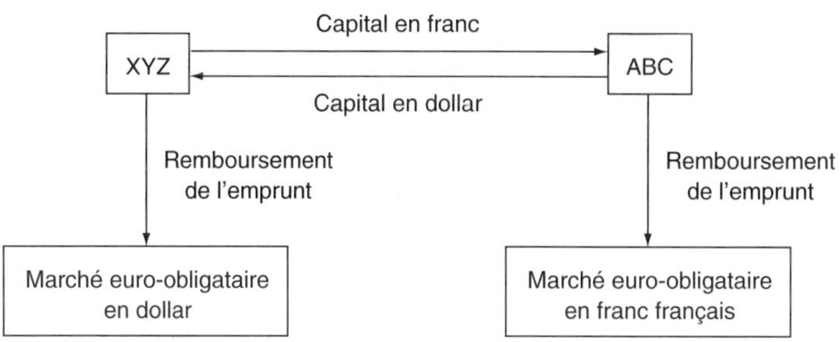

Il existe beaucoup d'autres structures de swap. Celle qui vient d'être présentée est la plus simple. Les autres sont généralement plus complexes, mais leur apparente complexité ne modifie pas le principe de base et la logique qui viennent d'être développés. Il existe trois grands types de swap de devises :

– les swaps taux fixe contre taux fixe dans lesquels chaque contrepartie emprunte à taux fixe dans une devise et prête à taux fixe dans une autre devise ;

– les swaps taux flottant contre taux flottant dans lesquels chaque contrepartie emprunte à taux flottant dans une devise et prête à taux flottant dans une autre devise ;

– les swaps taux fixe contre taux flottant dans lesquels une contrepartie emprunte à taux fixe dans une première devise et prête à taux variable dans une deuxième, tandis que la seconde contrepartie prête à taux fixe dans la première devise et emprunte à taux variable dans la deuxième.

6. Les opérations sur le marché des changes

Les opérations de change sont le fait des banques et des institutions financières qui interviennent directement pour leur propre compte et des opérateurs extérieurs au marché pour le compte desquels ces institutions achètent et vendent des devises.

6.1. La typologie des opérations de change

La clientèle des banques, pour l'essentiel les entreprises industrielles et commerciales qui ne possèdent pas de tables de marché et les institutions financières qui n'accèdent pas directement au marché, effectue des opérations de couverture et de spéculation.

Les banques qui interviennent directement sur le marché des changes exécutent les transactions initiées par leurs clients. Elles remplissent, ce faisant, un simple rôle d'intermédiaire. Leur action va cependant bien au-delà de cette fonction. Elles interviennent en effet pour leur propre compte et effectuent, de ce fait, des opérations de couverture, de spéculation et d'arbitrage.

L'objectif des opérations de couverture réalisées par les exportateurs et les importateurs de biens et services et de flux financiers est de protéger les créances et les dettes commerciales et financières contre le risque de baisse ou le risque de hausse du cours des devises dans lesquelles elles sont libellées. Les opérations de couverture réalisées par les banques sont très souvent la conséquence des opérations de protection initiées par les exportateurs, les importateurs, les prêteurs et les emprunteurs qui se couvrent contre le risque de change en le transmettant à une banque.

Les opérations de spéculation ont un objectif diamétralement opposé à celui des opérations de couverture. Leur finalité est de tirer profit d'une évolution anticipée du taux de change.

Les opérations d'arbitrage permettent aux opérateurs qui accèdent directement au marché de tirer profit d'une divergence économiquement et financièrement non justifiée dans l'évolution des taux de change (soit deux taux relatifs à une même devise, soit deux taux relatifs à deux devises). Ces opérations sont réservées aux institutions qui interviennent directement sur le marché, car elles exigent une très grande rapidité de réaction et ne peuvent, de ce fait, être entreprises que par des opérateurs disposant d'une table de change. L'arbitrage spatial et l'arbitrage entre le taux de change au comptant et le taux de change à terme sont deux exemples, parmi d'autres, d'opérations qui peuvent être initiées.

6.2. Les risques associés aux opérations de change

En effectuant des transactions, les opérateurs sont exposés à plusieurs risques. A côté du risque de change dont ils peuvent tirer profit ou qu'ils peuvent gérer sans réelle difficulté, les cambistes sont confrontés à un risque de liquidité et à un risque de contrepartie.

6.2.1. Le risque de liquidité

Ce risque est celui de ne pouvoir effectuer une transaction sur le marché des changes ou de le faire, mais en subissant une moins-value lors de l'achat ou de la vente des devises.

En temps normal, ce risque n'est guère important, mais il peut arriver que le marché d'une devise disparaisse, momentanément ou définitivement, suite à une crise politique ou à la mise en place de contrôles administratifs affectant le marché des changes ou le marché monétaire international de la devise (euromarché). Ce risque ne concerne toutefois que des devises de faible importance négociées sur un marché régional. Pour toutes les devises convertibles utilisées dans le commerce international ou faisant l'objet de transactions sur les marchés financiers internationaux, ce risque est très faible.

S'il peut difficilement se manifester par un assèchement du marché, le risque de liquidité se concrétise en revanche sur le marché à terme par une réduction des transactions, un raccourcissement de leurs échéances et une augmentation du report et du déport. Le risque de liquidité se manifeste, enfin, sur le marché au comptant comme sur le marché à terme, par un accroissement de l'écart entre le prix offert et le prix demandé (*bid-ask spread*).

6.2.2. Le risque de contrepartie

Le risque de contrepartie recouvre le risque de livraison et le risque de crédit[8]. Le premier correspond à la faillite de la contrepartie le jour de l'échéance de la transaction. Le second correspond à la faillite de la contrepartie préalablement à l'échéance de la transaction (Rolland, 1992).

Les cambistes sur le marché au comptant ne sont exposés qu'au risque de livraison. Ceux qui opèrent sur le marché à terme sont confrontés au risque de livraison et au risque de crédit. Le risque de livraison est évidemment plus important que le risque de crédit, car il entraîne la perte de la totalité de la transaction. Le risque de crédit, lorsqu'il se manifeste, conduit l'opérateur à reconstituer sa position. Le cambiste est donc exposé au risque d'une variation du taux de change, toujours inférieur, même si la fluctuation lui est défavorable, au risque de perte de l'ensemble de la transaction.

---

8. Voir dans cette ***Encyclopédie*** l'article de J. Bessis, « Risque de contrepartie des banques », p. 1701, tome 2.

6.3. Les limites imposées aux cambistes

Ces limites ont pour objectif général d'encadrer et de contrôler l'activité des cambistes pour éviter qu'ils ne prennent des positions mettant en danger la viabilité de la banque en cas d'évolution défavorable du taux de change, du risque de liquidité ou du risque de contrepartie.

Il existe, en premier lieu, une limite sur le montant de la position en fin de journée, appelée position de report ou position *overnight*. Cette dernière ne doit pas être par exemple supérieure à 10 millions de dollars.

Il existe, en deuxième lieu, une limite sur le montant de la position maximale qui peut être atteinte en cours de journée, ce que l'on appelle une position *intraday*. Il est, par exemple, impossible d'avoir une position nette acheteuse (on dit également une position longue) ou une position nette vendeuse (on parle alors de position courte ou découverte) supérieure à 50 millions de dollars.

Les limites sont imposées à chaque cambiste individuel et/ou à l'ensemble des postes de la salle de marché. Ces limites concernent la position de la banque, toutes devises confondues, mais des sous-limites peuvent être également imposées pour chaque monnaie prise individuellement. Une autre manière d'encadrer l'activité des cambistes consiste à leur fixer des limites sur le montant de la position qu'ils peuvent prendre sur le marché au comptant, sur le marché à terme, ou sur la position nette comptant-terme.

Il existe, en troisième lieu, des limites relatives aux contreparties de la banque sur le marché des changes. Il est par exemple impossible pour un cambiste (mais plus généralement pour l'ensemble de la banque) d'avoir pour contrepartie l'institution XYZ au-delà d'un montant supérieur à 100 millions de dollars.

Les limites sont spécifiques à chaque banque. Trois facteurs interviennent pour en déterminer le montant :

– le plus ou moins grand degré d'aversion des responsables de l'institution à l'égard du risque,

– la plus ou moins grande agressivité de la politique commerciale de la banque,

– le montant maximal des pertes qui peut être supporté par la banque.

7. Le développement du marché des changes interbancaire

Le marché des changes connaît un développement considérable depuis l'instauration des changes flottants. Les transactions atteignent des montants colossaux. Une enquête menée au mois d'avril 1995 par 26 banques centrales sous la direction de la Banque des règlements internationaux révèle que les transactions quotidiennes moyennes sur le marché des changes de l'ensemble des places financières atteignaient pratiquement 1 500 milliards de dollars, ce qui représentait une augmentation de 50 % par rapport au mois d'avril 1992.

Le chiffre de 1 500 milliards de dollars signifie que la valeur des transactions sur le marché des changes en une seule semaine est supérieure à la valeur du commerce international d'une année entière. Une autre manière de considérer le problème est de dire que les transactions sur le marché des changes ont, 51 semaines par an, un objectif purement financier (arbitrage ou spéculation).

Malgré la concurrence des autres places financières, Londres garde le premier rang avec une moyenne quotidienne de transactions s'élevant à 464 milliards de dollars, devant New York (244 milliards de dollars) et Tokyo (161 milliards de dollars). En Europe continentale, la première place revient à la Suisse avec 88 milliards de dollars par jour, suivie par l'Allemagne (80 milliards de dollars), Paris (58 milliards), Amsterdam et Bruxelles.

L'ampleur de ces chiffres permet de mieux comprendre les difficultés éprouvées par les banques centrales dans leurs interventions sur le marché des changes. La maîtrise des cours de change échappe de plus en plus aux autorités monétaires, car les réserves des banques centrales susceptibles d'être mobilisées sont insuffisantes pour influencer durablement l'évolution des taux de change. Les autorités monétaires sont au mieux capables de freiner les mouvements, mais pas de les arrêter et encore moins de les inverser.

Les principaux marchés sont localisés dans trois zones géographiques distinctes : l'Europe, l'Amérique du Nord et l'Extrême-Orient. Cependant, les marchés de ces trois zones interagissent entre eux et sont étroitement interdépendants.

7.1. Les places financières européennes

Si les places financières européennes n'ont plus le monopole dont elles bénéficiaient jusqu'au milieu des années 1970, elles demeurent de très grands centres pour le marché des changes. Les places les plus importantes sont celles de Londres, de Francfort et de Zurich. Elles évoluent en étroite interdépendance et sont reliées aux autres centres de moindre importance : Amsterdam, Bruxelles, Copenhague, Düsseldorf, Genève, Hambourg, Luxembourg, Madrid, Milan, Oslo, Paris, Rome et Stockholm.

Malgré la concurrence croissante de New York et de Tokyo, Londres abrite le plus important marché des changes dans le monde, pour le volume des transactions et le nombre de participants. Toutes les devises convertibles sont activement négociées par la plus forte concentration bancaire que l'on puisse imaginer. Ces transactions sont facilitées par la présence d'un très volumineux marché d'eurodevises.

Francfort est la principale place financière allemande, mais le marché des changes n'est pas concentré dans cette ville. Des transactions significatives ont lieu à Düsseldorf, à Munich et à Hambourg. Le marché du dollar-mark est le compartiment le plus actif. Les devises échangées sont moins nombreuses qu'à Londres et les transactions impliquent très souvent le dollar ou le deutsche mark.

A l'exemple de l'Allemagne, le marché helvétique n'est pas concentré sur une seule place, en l'occurrence Zurich. Des échanges nourris se font à Bâle, à Berne, à Genève, à Lausanne et à Lugano. Le marché, très largement dominé par les trois grandes banques helvétiques, est étroitement contrôlé par la Banque nationale suisse. Le dollar et toutes les devises européennes sont négociés à Zurich.

7.2. Les places financières de l'Amérique du Nord

L'Amérique du Nord n'est devenue un centre significatif pour le marché des changes qu'au milieu de la décennie 1970 avec l'arrivée des banques étrangères à New York, mais depuis cette époque, le développement est impressionnant. Les statistiques publiées par la Banque de réserve fédérale de New York établissent que le volume des transactions a été multiplié par trois entre avril 1977 et mars 1980. Depuis 1980, le développement ne s'est pas ralenti, puisque l'on enregistre pratiquement un doublement tous les trois ans. Il faut cependant noter que l'accroissement entre avril 1992 et avril 1995 a fléchi pour s'établir à 46 %.

Si New York est le plus important centre nord-américain, il n'est pas le seul. Des transactions significatives ont lieu à Chicago, à Boston, à Philadelphie, à San Francisco et à Los Angeles.

Au Canada, les transactions se sont progressivement concentrées à Toronto au détriment de Montréal. Ces deux places sont étroitement reliées au marché de New York.

7.3. Les places financières de l'Extrême-Orient

Les principaux centres en Extrême-Orient sont Tokyo, Singapour et Hong-Kong.

Le volume des transactions sur le marché de Tokyo a été multiplié par quatre entre 1983 et 1986. Au premier trimestre 1986, les transactions nettes quotidiennes atteignaient 48 milliards de dollars par jour ouvrable. Elles étaient de 128 milliards de dollars en avril 1992 et de 161 milliards de dollars en avril 1995. Plus de 50 % des échanges concernaient le marché du yen contre le dollar.

Les échanges sur le marché de Hong-Kong sont moins concentrés sur une devise en particulier que ceux du marché de Tokyo. Les principales transactions concernent le dollar-mark, le dollar américain-dollar de Hong-Kong, le dollar-yen, le sterling-dollar, et le dollar-franc suisse. Des marchés plus étroits sur les devises asiatiques et européennes se sont également développés.

A Singapour, les transactions les plus importantes portent sur le dollar-mark, le dollar-yen et le sterling-dollar. Il existe cependant des marchés sur les autres monnaies européennes et l'ensemble des devises asiatiques. Singapour est considéré par de nombreux opérateurs comme le plus complet et le plus satisfaisant des marchés de la région, et plusieurs banques occidentales y ont établi le quartier général de leurs activités sur les changes pour toute l'Asie du Sud-Est.

7.4. Les places financières des pays émergents

Le processus général de déréglementation qui touche l'ensemble des marchés financiers depuis le début de la décennie 1980 a permis à de nouveaux acteurs d'intervenir sur le marché des changes et a facilité l'émergence de nouvelles places financières en Amérique latine, en Asie du Sud-Est et en Europe de l'Est. Le taux de croissance des transactions sur ces nouveaux marchés est supérieur à celui de nombreuses places financières des pays développés. Ces marchés n'ont toutefois pas les qualités des grandes places internationales, pour quatre raisons.

– Du fait des contrôles gouvernementaux, les taux de change de nombreuses devises ne sont pas librement déterminés par les forces du marché. Ils sont très souvent fixés ou influencés par les responsables politiques et les autorités monétaires locales sur la base de priorités et de considérations politiques internes.

– Ces marchés sont, en deuxième lieu, peu accessibles et leur liquidité est souvent insuffisante. Il est alors difficile de réaliser des transactions importantes sans faire fluctuer les cours de manière significative. Par ailleurs, très peu de banques acceptent de jouer le rôle de teneur de marché (*market maker*) et d'assurer en permanence une cotation de la monnaie nationale contre les grandes devises internationales. La liquidité et l'accessibilité du marché sont d'autant plus réduites qu'il existe un contrôle des changes.

– La gamme des produits de change offerts aux opérateurs est souvent limitée. L'absence de marché monétaire réduit l'importance du marché à terme interbancaire (*forward market*). *A fortiori,* les options et les produits dérivés ne sont pas développés.

– L'information est insuffisante et mal diffusée, ce qui induit une absence d'efficience. Les marchés ne peuvent incorporer instantanément et en permanence toute l'information nécessaire à la formation des taux de change.

La gamme limitée des produits, la faible liquidité des marchés, la présence de contrôles publics et l'absence d'efficience réduisent le nombre d'opérateurs potentiels.

Ces caractéristiques des marchés émergents génèrent des risques spécifiques auxquels sont confrontés les opérateurs : risque administratif (pouvant limiter ou supprimer toute liberté dans les transferts de fonds), risque de couverture (provenant de l'impossibilité de couvrir le risque de change avec les produits adéquats), risque de volatilité (du fait des brusques fluctuations consécutives aux réajustements des taux de change provoqués par les autorités politiques) et risque de liquidité[9].

8. Les marchés organisés de contrats à terme de devises

Ces marchés ont été ouverts le 16 mai 1972 par le Chicago Mercantile Exchange (CME). Ils sont regroupés au sein de l'International Monetary Market (IMM), la division du CME réunissant les marchés à terme de devises et de titres financiers à revenu fixe. Cette création originale a essaimé sur plusieurs autres places financières, mais sans connaître le succès rencontré à Chicago.

8.1. Les caractéristiques des contrats à terme de devises du Chicago Mercantile Exchange

Sur les marchés de l'IMM comme sur tous les *futures markets*, ce sont des contrats *standardisés* qui sont négociés[10] ; ce ne sont pas des devises. Ces contrats sont des engagements qui obligent le vendeur à livrer et l'acheteur à recevoir une certaine quantité de devises à un prix déterminé le jour où le contrat a été négocié, mais ils peuvent toujours être liquidés avant l'échéance

---

9. Voir également dans cette ***Encyclopédie*** l'article de E. Tchemeni, « Marchés émergents », p. 913, tome 1.

10. Voir également dans cette ***Encyclopédie*** les articles de J.L. Alexandre, « Marchés à terme de taux d'intérêt », p. 1026, tome 1, de M. Bellalah et Y. Simon, « Marchés à terme sur indices boursiers », p. 971, tome 1, de Y. Simon, « Marchés à terme de matières premières », p. 1007, tome 1.

par une seconde transaction, inverse à la première. C'est d'ailleurs l'option généralement retenue par les opérateurs puisque moins de 1 % des contrats donnent lieu à une livraison effective de devises. Ces contrats fixent avec précision l'échéance de la transaction, la quantité de devises négociée et la date de leur livraison ou de leur réception.

Les transactions sont effectuées pour une échéance très précise qui est le deuxième jour ouvrable précédant le troisième mercredi du mois de livraison, sachant que les transactions cessent à 9 h 16 très précisément. Initialement, les mois de livraison et de cotation étaient mars, juin, septembre et décembre. Les responsables du Chicago Mercantile Exchange ont par la suite introduit de nouvelles échéances : janvier, avril, juillet et octobre, mais les échanges ne se sont pas développés. Les transactions peuvent théoriquement atteindre un horizon de deux ans, ce qui implique que huit échéances trimestrielles du cycle mars peuvent être cotées. En fait, il est rare que plus de quatre échéances soient effectivement négociées simultanément (pour certains contrats, seules deux échéances, voire une seule, sont cotées).

Les montants nominaux des contrats sont standardisés : 62 500 livres sterling, 100 000 dollars canadiens, 125 000 deutsche marks, 12 500 000 yen, 125 000 francs suisses, 500 000 francs français, mais ils sont susceptibles de varier dans le temps. C'est ainsi que le contrat sur la livre sterling, initialement fixé à 25 000 livres sterling, a été ultérieurement porté à 62 500.

Les transactions à la criée débutent à 7 h 20 (heure de Chicago) et se terminent à 14 h. Elles reprennent sur le système GLOBEX à 14 h 30 pour cesser le lendemain à 6 h, une heure vingt avant l'ouverture des transactions à la criée.

Les limites minimales de variation de la valeur des contrats sont elles aussi standardisées et comprises entre 10 et 12,5 dollars par contrat.

Les déposits ou dépôts de garantie imposés par la chambre de compensation aux membres compensateurs varient selon les contrats et la volatilité des cours des devises. Ces différences sont dues au caractère plus ou moins spéculatif des marchés et aux variations plus ou moins erratiques des cours de change. Normalement, le déposit représente moins de 5 % de la valeur des contrats. Ces normes étant fixées, rien n'interdit aux courtiers d'exiger des sommes plus élevées pour certains clients et pour certaines opérations. La marge de manœuvre des membres compensateurs et des courtiers est cependant réduite, vu la très vive concurrence qu'ils s'imposent réciproquement. Afin de réduire le coût d'opportunité que représente l'immobilisation de ces sommes, la réglementation américaine accepte que les opérateurs déposent des bons du Trésor, dont les intérêts leur restent acquis.

Le tableau 1 reproduit les caractéristiques essentielles des principaux contrats à terme de devises négociés à l'IMM de Chicago.

Les contrats à terme de devises sont négociés à la criée au sein d'une corbeille entre les courtiers membres de la bourse ou leurs accrédités. Les transactions publiques se concrétisent par d'incessantes variations des cours immédiatement retransmises au monde entier par les grands réseaux d'informations financières. Les contrats à terme de devises sont cotés contre dollar. Si le contrat de deutsche mark cote par exemple 0,4520, cela signifie que le taux de change s'établit à 1 DEM = USD 0,4520. A ce cours, le contrat de deutsche mark vaut 125 000 × 0,4520 = 56 500 dollars. Les quotidiens financiers publient chaque jour les cours les plus significatifs enregistrés durant la séance de cotation. L'observation de ces cotations fait apparaître que les prix des contrats sont supérieurs ou inférieurs au cours au comptant. Dans la première hypothèse, le prix est en report, dans la seconde, il est en déport.

Tableau 1 – Caractéristiques des principaux contrats à terme de devises négociés à l'International Monetary Market

	DEM	JPY	CHF	GBP	CAD
Montant du contrat	125 000 DEM	12 500 000 JPY	125 000 CHF	62 500 GBP	100 000 CAD
Cotation	USD/DEM	USD/JPY	USD/CHF	USD/GBP	USD/CAD
Tick	USD 0,0001	USD 0,000001	USD 0,0001	USD 0,0002	USD 0,0001
Valeur du tick	USD 12,5	USD 12,5	USD 12,5	USD 12,5	USD 10
Heure de transaction	Transactions à la criée de 7 h 20 à 14 h 00. Transactions sur le système GLOBEX de 14 h 30 à 6 h 00.				
Dernier jour de transaction	Deux jours ouvrables (un jour pour le contrat sur le dollar canadien) précédant le troisième mercredi du mois de livraison. Arrêt des transactions à 9 h 16.				
Mois de transaction	Janvier, mars, avril, juin, juillet, septembre, octobre, décembre.				
Livraison	Livraison effective des devises le troisième mercredi du mois de livraison dans une banque agréée par le Chicago Mercantile Exchange et localisée dans le pays d'émission de la devise.				

8.2. Le développement des marchés de contrats à terme de devises

Les contrats de devises sont négociés avec succès au Chicago Mercantile Exchange. Mais c'est le New York Produce Exchange, une bourse aujourd'hui disparue et absorbée par le New York Mercantile Exchange, qui avait ouvert les premiers marchés de contrats à terme de devises en 1969. Cette initiative avait malheureusement échoué. Les contrats de devises ne se sont bien développés qu'à Chicago. De nombreuses tentatives ont été initiées pour ouvrir des marchés de contrats sur d'autres places financières, mais la plupart d'entre elles se sont soldées par un échec.

Les contrats négociés sur les marchés de Chicago sont tous cotés en dollar américain. Ils portaient initialement sur la livre sterling, le dollar canadien, le deutsche mark, le yen, le peso mexicain, le franc suisse et la lire. Les transactions sur cette dernière devise ont cessé en 1973, faute d'avoir suscité l'intérêt des spéculateurs et des opérateurs professionnels. Le contrat sur le franc français a été introduit en 1973 et celui relatif au florin en 1974. Les transactions sur ce dernier contrat ont cessé en 1982. Le marché du peso a été fermé en 1985, suite aux mesures de contrôle des changes imposées par les autorités mexicaines. Le contrat sur le franc français a lui aussi cessé d'être négocié en 1990, mais un nouveau contrat de 500 000 francs (le contrat de 1973 portait sur 250 000 francs) fut introduit en septembre 1993. Le 17 janvier 1986, les responsables du CME ont ouvert un marché sur l'écu, mais celui-ci a été fermé en 1987. En revanche, un contrat à terme sur le dollar australien fut introduit avec succès le 15 janvier 1987. En 1995, deux nouvelles devises furent introduites à la négociation : le réal brésilien et le peso mexicain.

Le développement des transactions sur les marchés de contrats de devises a été lent à se manifester. Depuis 1978, en revanche, ces marchés se développent de manière satisfaisante. Les contrats les plus actifs portent sur le yen, le franc suisse, le deutsche mark et la livre sterling. Le tableau 2 reproduit le volume des transactions enregistré en 1995 et le montant de la position ouverte au 31 décembre de la même année pour chacun des contrats négociés à l'IMM. Pour s'adapter à l'évolution du marché interbancaire, les responsables du CME ont introduit en mai 1991 et février 1992, mais sans connaître de succès, quatre contrats portant sur des taux de change croisés (*cross rates*).

Tableau 2 – Les marchés de contrats à terme de devises de Chicago

Devises	Volume des transactions en 1995	Montant de la position ouverte le 31 décembre 1995
Livre sterling	2 610 510	30 318
Dollar canadien	1 756 569	27 475
Deutsche mark	7 186 476	52 439
Yen	5 630 053	68 517
Franc suisse	4 399 932	35 274
Dollar australien	346 823	5 434
Franc français	48 621	1 214
Peso mexicain	133 791	14 271
Réal brésilien	20 364	5 835

Unité : Nombre de contrats.

Source : Futures Industry Association.

Le volume des transactions sur le marché interbancaire est incomparablement supérieur à celui des contrats négociés à l'IMM. Les marchés boursiers ne peuvent pas concurrencer le marché interbancaire où interviennent les firmes multinationales et les grandes entreprises impliquées dans le commerce international. Ils retiennent, en revanche, l'attention des spéculateurs individuels, des arbitragistes et de certaines entreprises familiarisées avec le fonctionnement des marchés dérivés. Malgré le développement des transactions à Chicago, les marchés de contrats de devises n'ont pas connu un très grand succès. Trois raisons expliquent cet état de fait.

– Les grandes banques ne souhaitent pas réduire l'importance du marché interbancaire dans la mesure où elles en dégagent des profits substantiels.

– Les entreprises traditionnelles, peu familiarisées avec le fonctionnement des marchés de contrats, ne sont pas conduites à utiliser les marchés de devises de Chicago.

– Les services rendus par les institutions financières sur le marché interbancaire sont très satisfaisants.

8.3. La comparaison du marché interbancaire et du marché des contrats à terme de devises

Pour un observateur pressé et peu attentif, les transactions sur le marché interbancaire à terme ressemblent à celles des marchés boursiers de Chicago en ce sens que le prix est fixé lors de la négociation et que la livraison et le paiement sont repoussés à l'échéance. C'est une erreur. Les deux marchés ne peuvent être assimilés l'un à l'autre, car ils présentent sept différences majeures.

1. Le montant de devises et l'échéance des transactions sont rigoureusement standardisés sur le marché des contrats et ne peuvent être adaptés aux besoins des opérateurs comme tel est le cas sur le marché interbancaire.

2. Le marché interbancaire est un marché de gré à gré (*over the counter*) alors que le marché des contrats recourt aux services d'une chambre de compensation. Ceci implique que le risque de contrepartie inhérent à tout marché de gré à gré est en principe éliminé du marché des contrats. Par voie de conséquence, la relation est beaucoup plus personnalisée et étroite entre le client et la banque sur le marché interbancaire qu'elle ne l'est entre le courtier (ou le marché à terme) et l'acheteur ou le vendeur de contrats.

3. Les transactions interbancaires se font par téléphone entre les cambistes des différentes banques avec pour chaque transaction un prix offert et un prix demandé. Sur le marché des contrats, en revanche, les transactions se font à la criée avec un cours identique pour les achats et les ventes.

4. La structure des coûts diffère sur les deux marchés. Sur l'interbancaire, les banques sont rémunérées par l'écart entre le cours acheteur et le cours vendeur. Ce spread varie selon les monnaies, l'intensité de la concurrence et la valeur des différentes devises. Sur le marché de Chicago, des commissions sont versées aux courtiers. Elles varient de 10 à 50 dollars selon les opérations, l'importance de l'ordre exécuté, les opérateurs et les services annexes offerts par la maison de courtage.

5. La quasi-totalité des transactions sur le marché interbancaire sont exécutées par une livraison effective de devises. Sur le marché de Chicago, en revanche, moins de 1 % des contrats se dénouent par une livraison de devises.

6. La valeur d'une transaction est beaucoup plus importante sur le marché interbancaire qu'elle ne l'est sur le marché des contrats. Sur le premier cité, il n'y a pas de transaction inférieure à un million de dollars et celles ayant une valeur supérieure à cinq millions sont fréquentes. Sur le marché des contrats, en revanche, il n'est certes pas impossible d'acheter ou de vendre en une seule transaction 50 contrats ou plus, mais la norme est en réalité beaucoup plus faible.

7. Les services rendus par les deux marchés sont différents. La standardisation des contrats est plus adaptée aux besoins des spéculateurs individuels et des arbitragistes qu'à ceux des grandes entreprises. En offrant des contrats sur mesure, le marché interbancaire répond mieux aux besoins des exportateurs et des importateurs qu'à ceux des investisseurs privés.

9. Les marchés organisés d'options de change

Les options standardisées, négociées dans le cadre de marchés organisés dotés d'une chambre de compensation, se scindent en deux catégories. La première a pour actif sous-jacent des devises négociées sur le marché interbancaire : deutsche mark, franc suisse, yen, livre sterling, dollar canadien et dollar australien. Ce sont des options au comptant. La seconde a pour actif sous-jacent les contrats à terme de devises négociés au Chicago Mercantile Exchange.

9.1. Les options sur devises au comptant

Le marché d'options sur devises au comptant le plus actif est celui du Philadelphia Stock Exchange. Les options qui y sont négociées présentent huit caractéristiques spécifiques.

– La valeur nominale du sous-jacent est standardisée : 62 500 deutsche marks, 62 500 francs suisses, 50 000 dollars canadiens, 31 250 livres sterling, 6 250 000 yen, 250 000 francs français et 62 500 écu.

– Les échéances traitées sont standardisées.

– Les options sont de type américain.

– L'écart entre les prix d'exercice est déterminé par les autorités boursières ; il est par exemple de 0,5 cent pour le deutsche mark, le franc suisse et le dollar canadien, de 0,25 cent pour le franc français, de 0,5 cent pour 100 yen, de 2 cents pour l'écu et de 2,5 cents pour la livre sterling.

– La fluctuation minimale de la prime est standardisée ; elle est par exemple de 0,01 cent pour le deutsche mark, le franc suisse, le dollar canadien, la livre sterling et l'écu ; de 0,002 cent pour le franc français ; de 0,01 cent pour 100 yen ce qui, rapproché de la valeur nominale du sous-jacent, donne 6,25 dollars américains pour les options sur le deutsche mark, le yen, l'écu et le franc suisse, 5 dollars américains pour les options sur le dollar canadien et le franc français et 3,125 dollars américains pour l'option sur la livre sterling.

– La cotation des primes se fait en cents américains pour un deutsche mark, un franc suisse, un dollar canadien, une livre sterling, un franc français et un écu ; elle se fait en cents pour 100 yen.

– La date d'expiration des options est fixée au vendredi précédant le troisième mercredi du mois.

– L'exercice des options se traduit par une livraison de devises au comptant.

Les options dollar contre deutsche mark et dollar contre franc négociées au Marché à terme international de France (MATIF) présentent les mêmes caractéristiques générales.

– La valeur nominale du sous-jacent est de 100 000 dollars.

– Les mois traités sont les trois prochaines échéances mensuelles et trois échéances trimestrielles du cycle mars, juin, septembre et décembre.

– Les options ne peuvent être exercées qu'au dernier jour de vie de l'option. Elles sont donc de style européen.

– Les prix d'exercice sont fixés en deutsche mark et en franc avec deux décimales. L'écart entre les prix d'exercice est de deux pfennigs et de cinq centimes : 1,50 DEM ; 1,52 DEM ; 1,54 DEM ; 5,20 FRF ; 5,25 FRF ; 5,30 FRF. Lors de l'ouverture des transactions sur une échéance, onze prix d'exercice sont introduits : un qui est le plus près possible du taux de change au comptant, cinq qui lui sont supérieurs et cinq qui lui sont inférieurs. La chambre de compensation introduit de nouveaux prix d'exercice à mesure que le taux de change varie à la hausse ou à la baisse.

– La prime est cotée en pourcentage du nominal avec deux décimales.

– La fluctuation minimale de la prime est de 0,01 % de la valeur nominale du contrat, soit 10 dollars.

Les premières options négociées sur des marchés organisés ont été échangées le 18 novembre 1982 sur le parquet de l'European Options Exchange (EOE), une bourse localisée à Amsterdam. Il s'agissait d'options sur devises au comptant. Des marchés de même nature ont été ouverts au Vancouver Stock Exchange et à la Bourse de Montréal en novembre 1982, au Philadelphia Stock Exchange en décembre 1982, au London International Financial Futures Exchange et au London Stock Exchange en 1985[11], et au Sydney Stock Exchange en 1986. Le Chicago Board Options Exchange avait tenté d'ouvrir des options européennes sur devises en septembre 1985, mais la faiblesse des échanges avait conduit les responsables de la bourse à fermer ces marchés en août 1987 et à les transférer à Philadelphie... où ils ne se sont pas mieux développés.

Le 20 mai 1994, le Marché à terme international de France (MATIF) a introduit deux options de change, la première sur la parité de référence internationale, dollar-deutsche mark, la deuxième sur le couple de devises, dollar-franc français, le plus légitime pour la place financière de Paris. La gamme a été élargie le 22 mai 1995 avec l'introduction de deux *cross* européens : une option livre sterling-deutsche mark et une option deutsche mark-lire. Une cinquième option portant sur la parité deutsche mark-franc français a été proposée le 23 octobre 1995.

Les options américaines offertes à Philadelphie sont, pour l'instant, les seules à connaître un réel développement. Le volume des transactions enregistré en 1995 et le montant de la position ouverte en fin d'année sont reproduits au tableau 3.

Tableau 3 – Les marchés d'options sur devises de Philadelphie d'Amsterdam et de Paris

	Bourse	**Volume des transactions en 1995**	**Montant de la position ouverte le 31 décembre 1995**
AUD/USD	PHLX	67 446	6 416
GBP/USD	PHLX	371 895	36 627
CAD/USD	PHLX	172 849	21 020
DEM/USD	PHLX	1 942 744	61 762
XEU/USD	PHLX	3 571	67
FRF/USD	PHLX	223 367	15 536
JPY/USD	PHLX	659 000	44 401
CHF/USD	PHLX	356 224	25 533
Options sur devises non standardisées	PHLX	931 760	141 968
USD/NLG	EOE	552 452	51 484
USD/FRF	MATIF	67 286	3 801
USD/DEM	MATIF	116 127	390
GBP/DEM	MATIF	35 734	3 414
DEM/ITL	MATIF	11 249	93
DEM/FRF	MATIF	34 491	6 103

Unité : Nombre de contrats.

Source : Futures Industry Association.

11. Depuis 1987, le London Stock Exchange est dénommé International Stock Exchange. Le marché des options développé par cette bourse sous le nom de London Traded Option Market a été absorbé le 23 mars 1992 par le LIFFE.

Sans atteindre, loin s'en faut, les niveaux de Philadelphie, les transactions se sont dans un premier temps bien développées à Amsterdam, malgré plusieurs échecs enregistrés entre 1984 et 1986. Depuis 1987, en revanche, les volumes échangés ont tendance à se réduire. L'activité est limitée aux options sur le dollar coté en florin.

Bien qu'il soit trop tôt pour porter un jugement définitif, les options introduites sur le MATIF se développent, pour l'instant, de manière satisfaisante.

Les échanges sur les autres bourses demeurent symboliques ou ont définitivement cessé.

9.2. Les options sur contrats à terme de devises

Le marché d'options sur contrats à terme de devises le plus actif est celui du Chicago Mercantile Exchange. Les options qui y sont négociées présentent sept caractéristiques spécifiques.

– Le sous-jacent est constitué par un contrat à terme dont les principales caractéristiques ont été présentées à la section 8 de cet article.

– Les échéances traitées sont standardisées.

– Les options sont de type américain.

– L'écart entre les prix d'exercice est déterminé par les autorités boursières ; il est par exemple de 2,5 cents pour la livre sterling, 0,5 cent pour le dollar canadien, 1 cent pour le deutsche mark et le franc suisse et 1 cent pour 100 yen.

– La fluctuation minimale (*tick*) de la prime est standardisée ; elle est par exemple de 0,01 cent pour le deutsche mark, le dollar canadien, le franc suisse et 100 yen, ce qui, rapproché de la valeur nominale du sous-jacent, donne 10 dollars américains pour l'option sur le dollar canadien et 12,5 dollars américains pour les options sur la livre sterling, le deutsche mark, le yen et le franc suisse.

– La cotation des primes se fait en cents américains par deutsche mark, par dollar canadien, par livre sterling et par franc suisse ; elle se fait en cents pour 100 yen.

– L'exercice des options se traduit par une position acheteur ou vendeur sur le marché des contrats à terme.

Les premières options sur contrats à terme de devises ont été négociées quatorze mois après l'ouverture des marchés de l'EOE. Les transactions ont débuté le 24 janvier 1984 à l'Index and Option Market, la division du Chicago Mercantile Exchange où sont regroupés les options et les contrats sur indices boursiers. Les premières options avaient pour support le contrat à terme de deutsche mark. Le succès de ce marché a conduit les responsables de la bourse à introduire progressivement de nouvelles options ayant pour support les autres contrats à terme de devises : livre sterling et franc suisse en février 1985, yen en mars 1986, dollar canadien en juin 1986, dollar australien en janvier 1988, franc français en septembre 1993, réal brésilien en 1995. Les transactions enregistrées en 1995 et le montant de la position ouverte au 31 décembre de la même année sont reproduits au tableau 4.

D'autres bourses ont essayé d'introduire des options sur contrats à terme de devises (Sydney Futures Exchange en juin 1985 et mars 1988, Singapore International Monetary Exchange en novembre 1987), mais elles n'ont pas connu le moindre succès. Seul le New York Cotton Exchange a réussi (difficilement) à développer une option sur le contrat à terme sur l'indice dollar.

Tableau 4 – Les marchés d'options sur contrats à terme de devises de Chicago

Devises	Volume des transactions en 1995	Montant de la position ouverte le 31 décembre 1995
Livre sterling	1 668 624	89 216
Dollar canadien	259 857	10 998
Deutsche mark	2 642 904	75 830
Yen	2 141 043	67 933
Franc suisse	630 016	36 822
Dollar australien	9 892	139
Franc français	4 935	2 501
Réal brésilien	3 700	3 095

Unité : Nombre de contrats.

Source : Futures Industry Association.

*

* *

Le marché des changes est le plus important marché financier. Ouvert sans interruption 24 heures sur 24, il est pour l'instant le seul marché véritablement global.

L'essor qu'il connaît depuis le début de la décennie 1970 est tout à fait impressionnant. Le volume des transactions augmente régulièrement ; l'extension internationale des transactions, des opérateurs, des intermédiaires et des places financières est continue ; l'adaptation des produits aux besoins sans cesse nouveaux des opérateurs est permanente ; la qualité des services rendus aux entreprises et aux investisseurs institutionnels ne se dément pas.

Marché de professionnels réservé, de fait, aux entreprises, aux banques et aux investisseurs institutionnels, le marché des changes, par son organisations et ses modalités de fonctionnement, laisse entrevoir ce que seront à l'avenir les autres grands marchés financiers internationaux.

Références

Aroyo P., Arvisenet P. (d'), Schwob T., *Le marché des changes,* Paris, Dunod, 1994.

Banque de France, *Rapport annuel,* Paris.

Banque des Règlements Internationaux, *Rapport annuel,* Bâle.

Banque des Règlements Internationaux, *Survey of Foreign Exchange Market Activity,* Bâle, 1990.

Bhala R., « Risk Trade-Offs in the Foreign Exchange Spot, Forward and Derivative Markets », *The Financier* (vol. 10, n° 3, August 1994), p. 34-51.

Campfield T.M., O'Brien J.G., « Foreign Exchange Trading Practices : the Interbank Market », *in* A.M. George, L.H. Giddy (éd.), *International Finance Handbook,* t. 1, New York, John Wiley, 1983.

Chesney M., Loubergé H., *Les options de change,* Paris, PUF, 1992.

Chesney M., Marois B., Wojakowski R., *Les options de change,* Paris, Economica, 1995.

De Leersnyder J.M., « Le marché des changes », *Cahiers Français* (mars-avril 1987), notice 7.

Dufloux C., Karlin N., « Le marché international des changes », *Banque* (avril 1990), p. 379-383 ; *Banque* (mai 1990), p. 608-614.

Duquesne P., « L'option de devise et le change », *Banque* (février 1988), p. 153-159.

Estecahandy B., Touroude E., Haas P., « L'activité du marché des changes de Paris. Résultats de l'enquête d'avril 1995 », *Bulletin de la Banque de France* (n° 22, octobre 1995), p. 139-151.

Fonds Monétaire International, *Rapport annuel,* Washington.

LEVASSEUR M., SIMON Y., « Les marchés de contrats de devises », *Banque* (mai 1980), p. 348-355 ; *Banque* (juin 1980), p. 737-741.

LOMBARD O, MARTEAU D., BONTIN J. (de), *Les options de change,* Paris, Eska, 1986.

PARDEE S., « Understanding the Foreign Exchange Market », *in* H. Stoll (éd.), *International Finance and Financial Policy,* New York, Quorum Book, 1990.

ROLLAND A., *Le marché des changes,* Document ronéoté, 1992.

SKONY M.P., « The Foreign Exchange Futures Market », *in* A.M. Goerge, I.H. Giddy (éd.), *International Finance Handbook,* t. 1, New York, John Wiley, 1983.

THOMAS D., « The Foreign Exchange Market in London », *Bank of England Quarterly Bulletin* (November 1995), p. 361-369.

TYGIER C., *Basic Handbook of Foreign Exchange,* Londres, Euromoney Publications, 1983.

Mots clés

Arbitrage, banque, banque centrale, *bid-ask spread,* cambiste, Chicago Mercantile Exchange, contrat à terme de devise, cotation à l'incertain, cotation au certain, cours acheteur, cours croisé sur devises, cours vendeur, courtier, couverture, *cross rate,* déport, déposit, dépôt de garantie, devise, écart prix offert – prix demandé, *forward market,* fourchette, *futures contract,* Index and Option Market, investisseur institutionnel, instrument dérivé, International Monetary Market, Marché à terme international de France, marché de gré à gré, marché des changes à terme, marché des changes au comptant, marché des changes interbancaire, marché OTC, *market maker,* option de change, option sur contrat à terme de devise, option sur devise, option sur devise au comptant, *over the counter market,* pays émergent, Philadelphia Stock Exchange, place financière, position de change, position *intraday, position overnight,* report, risque de change, risque de contrepartie, risque de crédit, risque de liquidité, risque de livraison, spéculation, spread, swap cambiste, swap de devises, taux de change, taux de change à terme, taux de change au comptant, taux de swap, teneur de marché, terme sec, transfert de dépôt bancaire, warrant de devise.

Marché financier des petites capitalisations

40

Emmanuel Perrin

Les petites capitalisations sont plus communément appelées *small caps* par les Anglo-Saxons et « valeurs moyennes » par les Français. A l'origine, cette appellation était réservée aux sociétés qui n'étaient pas dignes d'appartenir au club très restreint des sociétés ayant le label de *blue chips* que nous pourrions traduire en français par grandes valeurs, ou valeurs phares d'une bourse donnée ; ces dernières faisant généralement partie de l'indice de référence sur leur place de cotation (tel que le Dow Jones, le Nikkei ou le CAC 40).

Cependant, très vite, l'ensemble des places financières internationales ont vu apparaître, à côté de ces grandes valeurs, une multitude d'entreprises plus modestes, ayant trouvé dans les marchés financiers une alternative possible à leur mode de financement habituel (emprunts bancaires ou entrée au capital d'investisseurs identifiés). Si la capitalisation de ces sociétés (c'est-à-dire le produit du nombre d'actions en circulation par le cours de bourse de celle-ci) est généralement faible, leur nombre est inversement proportionnel à leur taille. Ainsi, en 1994, 12 % des sociétés représentaient à elles seules 80 % de la capitalisation et 89 % des transactions de la place de Paris en capitaux, tandis que l'on pouvait dénombrer 836 sociétés cotées. Cependant le poids économique de ces valeurs moyennes dans l'économie d'un pays est loin d'être négligeable.

Aujourd'hui, il n'existe toujours pas de critère fiable pour définir une petite valeur. Qu'ils soient d'ordre juridique, économique ou financier, ces critères butent sur le terme « petite » dont l'interprétation diffère selon les pays et les opérateurs[1]. Ainsi, si nous voulions être extensif et mondial, nous pourrions dire qu'une capitalisation est petite si elle est inférieure à un milliard de dollars. Par opposition, certains fonds domestiques estiment qu'une petite valeur doit avoir une capitalisation inférieure à 250, voire même dans certains cas à 125 millions de dollars.

1. Voir également dans l'***Encyclopédie de gestion*** l'article de M. Marchesnay, « Petite entreprise et entrepreneur ».

S'il n'existe pas de consensus sur la définition d'une *small cap,* il est cependant apparu aux yeux des autorités de marché des grandes places financières internationales que les systèmes de négociation en vigueur pour les grandes valeurs ne sont pas toujours adaptés à la cotation des petites valeurs. En outre, des similitudes de comportement boursier, financier voire managérial sont apparues de plus en plus évidentes avec l'observation de cette population qui n'en reste pas moins très hétérogène.

La création de marchés spécialisés, ou à défaut de méthodes spécifiques de négociation, montre bien la reconnaissance par les autorités de marchés d'une véritable population nécessitant un traitement spécifique.

Après avoir décrit les pratiques en application sur les principales places financières internationales, nous nous efforcerons de mettre en avant quelques critères déterminants de cette population et de ces marchés. Enfin, nous présenterons quelques éléments de réflexion qui nous semblent être un préalable à toute intervention sur ce type de marché.

1. La géopolitique des marchés de petites capitalisations

Quel que soit le pays considéré, le marché (au sens de système réglementé et organisé du terme) n'est que le stade ultime de l'évolution du financement en fonds propres des entreprises. Le premier maillon est généralement constitué par les sociétés de capital-risque, spécialisées dans l'investissement à la création d'entreprise. Le second est celui du capital-développement qui agit en renforçant le capital des entreprises en croissance. C'est seulement à ce stade, lorsque sa valeur a atteint un niveau suffisant, que l'entreprise a le choix pour financer la poursuite de son développement entre le recours à des sociétés de capital-investissement (investisseurs choisis par l'entreprise) et l'appel au marché financier organisé[2]. Il s'agit d'un choix stratégique pour l'entreprise, car la liquidité apportée par le marché secondaire (c'est-à-dire postérieure à l'introduction en bourse) réduit d'autant la connaissance par l'entreprise de ses actionnaires et dans une certaine mesure de leur *affectio societatis.* Ce dernier peut se limiter au vote en assemblée générale des résolutions proposées par le conseil d'administration.

L'observation des différents marchés mondiaux de valeurs moyennes peut laisser penser que c'est en grande partie le poids de l'histoire qui détermine les structures et la maturité du marché. Cependant, la volonté politique et la détermination des acteurs ont parfois considérablement contribué à modifier le paysage financier dans un temps relativement court. Les bouleversements que traversent actuellement l'Europe et la France, avec l'entrée en vigueur en 1996 de la Directive sur les services en investissement et sa transposition dans les différents Etats membres, vont bien dans ce sens. Après avoir dressé un bref panorama des principaux marchés mondiaux de petites valeurs, nous analyserons plus particulièrement le cas français et la tentative de mise en œuvre d'un système supranational au niveau européen.

---

2. Voir dans l'***Encyclopédie de gestion*** l'article de J. Lachmann, « Capital-risque ».

1.1. Les marchés domestiques de petites capitalisations dans le monde

Les principaux marchés financiers sont aujourd'hui dotés d'un marché de petites capitalisations. Certains ne sont encore qu'embryonnaires, d'autres sont des modèles de développement.

1.1.1. Une tendance positive

Historiquement, les grandes entreprises utilisaient les marchés financiers pour financer leur développement, tandis que les PME faisaient principalement appel au système bancaire. Si les pays anglo-saxons ont une longue culture du financement désintermédié, d'autres pays (Allemagne, Suisse) n'en sont encore qu'au commencement. Ces différences s'expliquent, entre autres, par la structure des systèmes de retraite, gérés par l'entreprise dans les pays germaniques, ou par des institutions spécialisées extérieures et indépendantes chez les Anglo-Saxons. La France se positionne à mi-chemin entre ces deux extrêmes.

Malgré toutes ces différences héritées du passé, chaque grand marché, quel que soit son stade de développement, dispose aujourd'hui d'un marché de valeurs moyennes qu'il entend faire prospérer à l'instar du modèle offert par le NASDAQ (*National Association of Securities Dealers Automated Quotations System*). La tendance qui entendait substituer le financement direct des PME au financement bancaire semble donc être positive et aller dans le sens de l'histoire.

1.1.2. Le NASDAQ, une *success story* à la taille d'un continent

Créé en 1971, le NASDAQ est la référence mondiale en termes de marché de petites valeurs, bien qu'aujourd'hui cette expression soit un peu problématique, tant le succès des PME qui y sont inscrites a été important. Ce marché préfère donc désormais parler de valeurs de croissance, même si, à sa création, il s'agissait d'ouvrir le marché aux sociétés trop jeunes ou trop petites pour obtenir une cotation au Big Board de New York, le New York Stock Exchange (NYSE).

Avec près de 4 900 sociétés cotées fin 1994, pour une capitalisation boursière totale de 793,6 milliards de dollars, le NASDAQ est devenu le quatrième marché boursier derrière le NYSE, et les bourses de Tokyo et de Londres. Le volume quotidien y représente 5,7 milliards de dollars, ce qui le place selon ce critère en deuxième position mondiale derrière le NYSE.

Le NASDAQ ne peut plus être aujourd'hui considéré comme un simple marché de petites capitalisations, mais il n'en reste pas moins un remarquable exemple, une *success story* à l'échelle d'un continent. C'est parce qu'à l'origine ce marché a accueilli les petites sociétés à très forte croissance (et donc à forts besoins en capitaux propres) mais aussi à haut risque du secteur de l'industrie informatique naissante, que le NASDAQ héberge aujourd'hui certaines des plus belles sociétés américaines telles que Microsoft, Oracle Systems, Intel, Novell, Compaq, Apple Computers ou Sun Microsystems. Bien que ces noms soient aujourd'hui dignes de figurer à la cote officielle de la totalité des grands marchés du monde, la vocation première du NASDAQ n'a pas été remise en cause. Aujourd'hui, le NASDAQ dispose de deux compartiments distincts : le NASDAQ SMS qui accueille les plus grandes valeurs, et le NASDAQ Small

Cap qui accueille les valeurs moyennes. Après le secteur du matériel micro-informatique dans les années 1970, celui du logiciel dans les années 1980, le NASDAQ accueille les sociétés de biotechnologie, des nouvelles technologies de la communication et de l'information. Parmi ces sociétés, nombre d'entre elles ne seront plus présentes sur le marché dans dix ans, mais certaines seront sûrement les grandes valeurs de demain. A ce titre, il doit être conservé comme un modèle de fonctionnement.

Le NASDAQ est un marché de teneurs de marché en environnement concurrentiel, ce qui signifie qu'il peut exister plusieurs teneurs sur une même valeur[3]. Il est ouvert de 9 h 30 à 16 h 00. Les prix acheteurs et vendeurs des teneurs de marché sont affichés en permanence sur un écran informatique. Les transactions se font par téléphone ou au travers d'un système automatisé de traitement des petits ordres (SOES) sur la base de la meilleure fourchette des teneurs de marché.

Les critères d'admission sont moins stricts que sur le NYSE : les sociétés éligibles doivent disposer d'un total d'actif minimum de 4 millions de dollars et de fonds propres supérieurs à 2 millions de dollars. Lors de l'inscription, la capitalisation minimale est de 1 million de dollars, et le prix des titres doit être supérieur à 3 dollars. Cette procédure d'admission doit susciter des demandes en provenance d'au moins 300 actionnaires. En outre, la demande d'inscription doit être accompagnée par la désignation d'au moins deux teneurs de marché.

Les conditions de marché ont certes été l'un des constituants du succès du NASDAQ, mais il ne faut pas occulter ses deux principales composantes : une offre importante de sociétés en très forte croissance et une demande importante de titres des investisseurs domestiques. C'est vraisemblablement cette très importante base d'investisseurs institutionnels domestiques, gérant notamment les fonds de retraite par capitalisation (*pension funds*), qui permet d'expliquer encore aujourd'hui le développement du marché et les forts multiples de capitalisation que l'on peut y observer.

Néanmoins, on ne peut pas occulter les récentes accusations de collusion dont ont fait l'objet certains teneurs de marché. L'une des limites de ce marché était certainement son manque de transparence qui risquait de remettre en cause l'intégrité de l'ensemble du marché. Afin de parer à ces critiques, un certain nombre de réformes découlant de ces réflexions ont été mises en œuvre, avec la volonté d'assurer une meilleure transparence de l'exécution des ordres des particuliers. Ce fut notamment le cas avec la mise en place du système *Acqcess*.

1.1.3. Les principaux marchés européens

Il existe pour chaque marché financier domestique soit un compartiment de la cote, soit un marché dédié aux valeurs moyennes assez semblable au Second marché français (§ 1.2.1.). Tous les marchés européens, les principaux marchés asiatiques et le marché nord-américain disposent ainsi de marchés parallèles à leur cote officielle. Les règles de fonctionnement sont généralement issues de celles définies pour le marché central. Les grands principes d'organisation sont assez standards. Par contre, les conditions en matière de diffusion de l'informa-

---

3. Voir également dans cette ***Encyclopédie*** l'article de S. Mannaï, « Market making », p. 1075, tome 2.

tion et d'ouverture minimale du capital au public diffèrent sensiblement d'un pays à l'autre. Le tableau 1 reprend pour les principaux marchés européens quelques chiffres clés permettant de situer leur importance.

1.2. Le cas du marché français

Le marché français des petites capitalisations est apparu de façon formelle avec le lancement du Second marché en 1983. Pourtant, de petites entreprises familiales étaient déjà inscrites à la cote officielle depuis parfois près d'un siècle. Le centralisme du marché financier français, hérité de la culture napoléonienne, semble aujourd'hui dépassé. La compétition internationale et l'émergence de marchés supranationaux ont poussé les autorités de marché sur la route de l'innovation et de la remise en cause de certains fondements du fonctionnement de la bourse de Paris. Avec la révolution culturelle liée à l'introduction de la contrepartie sur le Second marché en 1993 et la création du Nouveau marché en mars 1996, une nouvelle étape est franchie dans la modernisation du marché français des petites capitalisations[4].

1.2.1. Le Second marché : une mutation nécessaire après l'échec de l'Unlisted Securities Market britannique

Le Second marché a été créé en 1983 pour accueillir des sociétés de taille moyenne à fort potentiel de croissance, afin d'enrayer l'appauvrissement de la cote. Bénéficiant d'une conjoncture favorable, le Second marché s'est développé rapidement pour atteindre en 1989 un record de 298 sociétés cotées (soit près du tiers des sociétés de la cote). Cependant, dès la crise d'octobre 1987, l'inflexion s'était fait sentir par la réduction du rythme des introductions (10 en 1989 contre 54 en moyenne de 1983 à 1987). Le désintérêt des investisseurs s'est traduit par une baisse importante des volumes (– 36 % en 1988) et par celle des cours (de juillet 1987 à décembre 1991, le Second marché sous-performe de 36 % l'indice SBF240).

A la veille de ses 10 ans, cette dégradation conduit les autorités de marché et les professionnels à réfléchir à l'avenir du Second marché. Si le constat dressé par les commissions de travail COB/SBF le 11 février 1993 était sans concession, les réformes qui en découlent ont le mérite de lui donner un second souffle au moment où le système britannique de l'Unlisted Securities Market annonce sa fermeture.

Les principales critiques formulées peuvent se résumer ainsi : le Second marché ne joue plus son rôle de pourvoyeur de la cote. La faiblesse des performances boursières et l'insuffisante transparence de l'information financière diffusée par les entreprises rendent ce marché relativement inefficient au point d'entraver de façon significative son rôle fondamental de financement des sociétés qui y sont cotées. Estimant ces difficultés surmontables et considérant l'existence d'une cohérence forte de ce groupe d'entreprises, la place de Paris accepta de mettre en œuvre les mutations nécessaires à la relance du Second marché. Les principales réformes furent :

– le renforcement de la cohérence et de l'identité du Second marché ;

---

4. Voir dans cette ***Encyclopédie*** l'article de J. Pilverdier-Latreyte, « Marché boursier français : structure et organisation », p. 725, tome 1.

Tableau 1 – Les principaux marchés parallèles dans le monde : réglementation et chiffres clés

	Segundo Mercado Para Pymes Espagne	Second Marché Belgique	Geregelter Market & Freiverkehr Allemagne	Mercato Ristretto Italie
Place de cotation	Barcelone	Bruxelles	Francfort	Milan
Horaires d'ouverture	Lundi-vendredi 11 h 00-17 h 00	Lundi-vendredi 12 h 30-14 h 30	Lundi-vendredi 10 h 30-13 h 30	Lundi-vendredi 10 h 00-16 h 30
Diffusion minimale des titres	–	–	–	Mise à disposition du public d'au moins 10 % du capital.
Autres conditions	Capital minimal de 25 MPta. Bilan audité. Agrément de la National Stock Market Commission + parution dans le bulletin de la Bourse + annonce dans la presse + prospectus enregistrés auprès de la NSMC.	Agrément de la Commission Bancaire et Financière (composée de la Commission de la Bourse et du Comité de la Cote), délai 15 jours. Prospectus enregistré. Certification des comptes par un membre de l'Institut des Réviseurs d'Entreprises. Pas de clause restrictive de la société pour le transfert des actions introduites.	Approbation du Bureau des admissions du Stock Exchange Council.	Approbation de la CONSOB (National Commission for Companies and the Stock Exchange). Total de bilan supérieur à 1 milliard de lires. Certification par des comptables agréés puis publication des comptes du dernier exercice. Prospectus enregistré auprès de la CONSOB.
Information des actionnaires	Obligation de parution du rapport annuel, des chiffres semestriels, du bilan, du compte de résultat et du compte de pertes et profits.	Publicité de tout élément de nature à influencer le cours de bourse (après le feu vert de la Commission bancaire et financière).		
Capitalisation boursière en M$				
– au 31.12.1994	51,8	297,3	22 301,1	5 008,5
– au 31.12.1993	49,1	232,1	19 087,0	8 467,9
– % 1994/1993	+ 5,4	+ 28,1	+ 16,8	– 40,9
Volume des transactions en M$				
– au 31.12.1994	6,6	82,0	–	890,5
– au 31.12.1993	8,8	59,6	–	1 619,6
– % 1994/1993	– 25,5	+ 37,7	–	– 45,0
Nombre de sociétés au 31.12.1993	23	7	642	37
Introduction en 1994	0	3	189	9
Retr. de la Cote en 1994	1	0	0	9
Passages à la « Cote officielle » 1994	0	0	0	0
Nombre de sociétés au 31.12.1994	22	8	817	37

Unlisted Securities Market Grande-Bretagne	**Small Co. Market OTC List-O List Suède**	**SMB List Norvège**	**Geregelter Freiverkehr Autriche**	**Official Parallel Market Suisse**	**Segundo Mercado Espagne**
Londres	Stockholm	Oslo	Vienne	Zurich	Bilbao
Lundi-vendredi 8 h 30-16 h 30	Lundi-vendredi 10 h 00-16 h 00	Lundi-vendredi 8 h 30-16 h 30	Lundi-vendredi 9 h 30-13 h 30	Lundi-vendredi 9 h 15-10 h 00	Lundi-vendredi 11 h 00-17 h 00
–	25 % du capital entre les mains d'au moins 1 000 investisseurs.	Au moins 500 actionnaires détenant plus de 10 000 Nkr.	–	Mise sur le marché de 10 MSFR.	–
Approbation du Stock Exchange (*yellow book*). Publicité d'informations sur la société et sur son activité. Publication de la notice d'information (« Inter alia ») dans au moins un titre d'audience nationale.	Au moins 3 bilans publiés. Réalisation d'un prospectus qui doit contenir les informations nécessaires pour qu'un investisseur puisse se faire une image fiable sur l'activité et la situation financière de l'entreprise. Approbation du Financial Supervisory Board.	Historique de plus de 3 ans. Total du bilan supérieur à 10 MNKr. Approbation par l'Oslo Stock Exchange.	Prospectus enregistré auprès du Wiener Börsekammer.	Prospectus d'introduction très complet, à faire paraître dans au moins un quotidien d'audience nationale.	Capital minimal de 25 Mpta. Bilan audité. Agrément de la National Stock Market Commission + parution dans le bulletin de la bourse + annonce dans la presse + prospectus enregistré auprès de la bourse de Bilbao.
Nécessité d'information continue.					
7 628,5 7 910,5 – 3,6	816,1 569,1 + 43,4	11 380,1 6 334,6 + 79,7	1 963,3 2 083,4 – 5,8	– – –	28,0 28,0 + 0,2
1 941,6 1 744,2 + 11,3	346,9 291,0 + 19,2	– 2 334,0 –	62,1 78,7 – 21,1	– – –	6,9 4,6 + 49,7
256	23	93	19	50	6
17	9	36	0	1	2
66	4	14	0	1	0
0	1	6	1	0	0
207	28	115	18	51	8

– la mise en place, avec les établissements financiers à réseaux, de conventions de prospection ;

– la limitation des frais liés à la cotation des valeurs ;

– l'accroissement de la transparence de l'information et le renforcement du contrôle de la COB sur sa diffusion ;

– l'achèvement de la réforme du système de cotation introduisant, selon la liquidité des sociétés, un système de cotation en continu (continu *A* et *B*) ou en double fixage (*fixing A*) et l'adaptation des règles liées aux transactions hors séances (publication immédiate avec les références des intervenants) ;

– le renforcement du rôle d'agent spécialiste avec la création de la fonction d'animateur de marché, visant la mise en place d'un système de contrepartie de détail.

Dès l'entrée en vigueur de ces nouvelles règles du jeu et dans une conjoncture certes plus favorable, le Second marché trouva un nouveau souffle : de décembre 1992 à mars 1994, il progressa de plus de 58 % tandis que les grandes valeurs ne s'adjugèrent sur la même période que près de 30 %.

1.2.1.1. Les conditions d'admission

Aujourd'hui, les règles fixées pour l'introduction d'une société au Second marché sont au nombre de six.

– S'il n'existe pas de capitalisation minimale théorique pour demander son introduction à la cote du Second marché, la capitalisation moyenne des sociétés introduites depuis 1983 ressort aux environs de 500 millions de francs. La tendance est à l'augmentation de cette valeur moyenne.

– La société doit mettre un minimum de 10 % de son capital sur le marché. Cependant, certaines tolérances ont pu être acceptées lorsque le volume des titres mis sur le marché était important (Hermès fut introduit avec 4 % du capital mais ce pourcentage représentait un flottant de 127 millions de francs).

– En termes d'antériorité, la société doit fournir au moins deux années de comptes approuvés par le ou les commissaires aux comptes de l'entreprise (comptes consolidés s'il s'agit d'un groupe de sociétés).

– La banque introductrice doit présenter pour contrôle à la COB une note d'introduction ne faisant pas l'objet d'un visa. Cependant, la COB dispose d'un droit d'opposition de présentation du dossier au CBV.

– L'émetteur signe une convention d'introduction avec les autorités de marché faisant état de ses engagements, notamment en termes d'information, et un contrat de liquidité (obligatoire depuis 1993) avec ses partenaires financiers pour régulariser son cours en bourse.

– En termes d'information, la société doit produire ses comptes annuels et semestriels (au-delà de la période probatoire) ainsi que ses chiffres d'affaires trimestriels. En outre, elle doit notifier à la SBF toute modification de la répartition de son capital au-delà des seuils légaux (5 %, 10 %, 20 %, 1/3, 50 % et 2/3 des droits de vote) et donner au public toute information susceptible d'avoir une incidence significative sur son cours de bourse.

A l'issue d'une période de trois ans (dite période probatoire), la société fait l'objet d'un réexamen par la COB et la SBF, portant sur le respect des conditions fixées dans la convention d'introduction. Si celui-ci s'avère favorable, la société est alors définitivement admise à la cote du Second marché.

1.2.1.2. Les procédures d'introduction

Il existe quatre techniques principales d'introduction, selon que les titres proviennent d'actionnaires existants ou sont créés concomitamment par augmentation de capital.

– *Avec la procédure ordinaire,* tous les ordres sont acceptés dès lors qu'ils sont limités à un cours supérieur au cours d'offre minimum. Les autorités de marché fixent le cours d'introduction (sans que celui-ci ne puisse excéder de plus de 10 % le prix de l'offre initiale) de telle sorte que tous les ordres limités à un prix supérieur au cours retenu soient exécutés avec une éventuelle réduction de la demande. Dans la pratique, la procédure est reportée si la demande excède 25 fois l'offre (soit un taux de réduction de la demande de 4 % maximum).

– *Dans une offre publique de vente,* le prix de vente est fixé préalablement à l'introduction, la demande détermine le taux de service. Dans la pratique, la procédure est reportée si la demande excède 125 fois l'offre (soit un taux de réduction de la demande de 0,8 % maximum).

– *La mise en vente* est un système d'enchères. La SBF recherche dans la courbe des demandes une fourchette d'une taille raisonnable, supérieure au prix d'offre minimum permettant la plus faible réduction possible. Dans la pratique, la procédure est reportée si la demande excède 16,7 fois l'offre (soit un taux de réduction de la demande comprise dans la fourchette retenue de 6 % maximum).

– *Le placement garanti ou préplacement* permet à l'établissement introducteur, en accord avec l'émetteur, de choisir les investisseurs que ce dernier souhaite faire rentrer dès l'origine dans le tour de table à un prix d'offre prédéfini.

– *Les procédures mixtes* associent généralement la technique de préplacement et l'une des trois précédemment décrites.

Ces procédures peuvent avoir lieu avec ou sans blocage de fonds et avec ou sans tranche réservée (pour les particuliers ou les investisseurs étrangers)[5].

1.2.1.3. Les conditions de négociation

Il n'existe pas de système de négociation propre au Second marché. Ce marché électronique utilise la plate-forme de négociation centrale de la bourse de Paris, qui permet de négocier à partir du même terminal des valeurs cotées à la cote officielle, au Second marché et au hors-cote. Ainsi, le type de cotation ne dépend pas du marché mais de la catégorie de cotation dans laquelle la valeur se trouve classée. Ce classement est évolutif ; il provient de l'observation, selon quatre critères de liquidité, des performances de la société. Le tableau 2 présente les différentes catégories et leurs caractéristiques.

Une société qui dispose d'un contrat d'animation de marché peut demander à la SBF le passage dans la catégorie supérieure, sous réserve de l'engagement de son spécialiste-animateur à respecter les règles minimales exigées par la catégorie. Un contrat d'animation de marché est un contrat entre la SBF et la société de bourse spécialiste d'une valeur, au terme duquel celle-ci s'engage à positionner, pendant toute l'ouverture du marché, une quantité minimale de

5. Voir également dans cette ***Encyclopédie*** l'article de J. Pilverdier-Latreyte, « Introduction en bourse », p. 705, tome 1.

Tableau 2 – Principales caractéristiques des catégories de cotation des marchés d'actions à la bourse de Paris

Catégorie de cotation	Continu *A*	Continu *B*	Fixing *A*	Fixing *B*
Marché	Règlement mensuel Comptant Second marché (grandes valeurs)	Règlement mensuel Comptant Second marché (valeurs moyennes)	Comptant Second marché (petites valeurs)	Hors cote
Type de liquidité	Forte	Moyenne	Faible	Faible
Horaires de cotation	de 10 h 00 à 17 h 00	de 10 h 00 à 17 h 00	11 h 30 et 16 h 00	15 h 00
Seuil maximal de variation par rapport à la veille	+/– 10 % puis 2×(+/– 5 %)	+/– 5 % puis 2×(+/– 2,5 %)	2×(+/– 5 %)	+/– 10 %
Durée de la suspension	15 mn	30 mn	Jusqu'au fixing suivant	

titres à la demande et à l'offre, en respectant un écart maximum entre ces deux positions. Le tableau 3 présente les engagements minimaux d'un animateur de marché en fonction de la catégorie de cotation considérée.

Le rôle de l'animateur de marché est d'offrir (moyennant une rémunération de l'émetteur) une liquidité structurelle et structurante au marché dans le but que celle-ci favorise l'apparition d'une liquidité naturelle. Pour cela, outre son offre permanente de liquidité sur le marché centralisé, l'animateur doit être un véritable vecteur de diffusion vers l'ensemble des composantes du marché de l'information pertinente sur la valeur.

Tableau 3 – Liste des engagements minimaux d'animation de marché

Catégorie de cotation	Continu *A*	Continu *B*	Fixing *A*	Fixing *B*
Fréquence de cotation	Quotidienne	Quotidienne	Quotidienne	–
Inscription en pré-ouverture	15 mn avant l'ouverture	15 mn avant l'ouverture	15 mn avant chaque fixing	–
Ecart maximum	+/– 10 %	+/– 5 %	+/– 5 %	–
Capitaux minimaux sur la première fourchette	150 000 F	50 000 F	20 000 F	–

La mise en place de ces contrats d'animation a permis une amélioration de la liquidité qui a pu être appréhendée au travers de la croissance du volume et du nombre de transactions quotidiennes, ainsi que par la réduction de la fourchette moyenne (meilleure offre/meilleure demande)[6].

Au 31 décembre 1995, 266 sociétés étaient cotées au Second marché pour une capitalisation globale de 151 milliards de francs, soit 37,5 % du nombre des sociétés inscrites et 6,2 % de la capitalisation totale de la bourse de Paris.

6. Voir notamment l'étude de D. Szpiro, « Mesure de l'effet des contrats d'animation sur la liquidité du Second marché », COB, mai 1994.

Fin 1995, 22 sociétés de bourses étaient animateurs de marché (contre 17 fin 1994) et 161 valeurs françaises étaient animées. Le volume négocié a représenté 3,4 milliards de francs, soit 3,6 % du volume des transactions de la place. En 1995, le Second marché a enregistré 19 introductions, 16 radiations, 3 transferts à la cote officielle, et a permis de lever 2 milliards de francs sous forme d'augmentation de capital. L'indice du Second marché a quant à lui baissé de 1,8 % en 1995.

Après avoir vécu une crise d'adolescence douloureuse, le Second marché s'est vu doté par la bourse de Paris des outils nécessaires à sa pérennité. L'amélioration de la qualité de l'information financière et la mise en place de systèmes de contrepartie de détail en sont certainement les deux piliers principaux. Cette évolution du marché ne remet pas en cause la fiabilité des systèmes de négociation centralisés, guidés par les ordres, mais concède l'utilité d'un spécialiste pouvant offrir sur ce marché une contrepartie systématique de détail. C'est vraisemblablement l'un des fondements majeurs du succès d'un marché de petites capitalisations. En se dotant de cet environnement, la place de Paris se donne les moyens d'aborder sans complexe la concurrence inéluctable et grandissante des autres marchés internationaux. Cependant, dans un univers en permanente redéfinition, le Second marché se doit de poursuivre les mutations entreprises afin d'accroître encore son efficience.

1.2.2. Le Nouveau marché : nécessité économique ou volonté politique ?

Après avoir vécu l'une des plus terribles crises économiques de leur histoire, les PME, fondement du tissu industriel et commercial, sont de plus en plus demandeuses de fonds propres. L'économie d'endettement a trouvé ses limites avec la crise. Cependant, si la demande en fonds propres des PME est croissante, l'offre reste limitée par trois facteurs :

– l'absence de fonds de pension domestiques disposant d'importantes ressources longues ;

– les difficultés rencontrées ces dernières années par les principaux établissements financiers (notamment dans l'immobilier) qui les poussent à réduire plus qu'à augmenter leurs investissements en fonds propres ;

– la faiblesse des moyens du capital-développement tant en capitaux qu'en hommes.

Ainsi, il existe aujourd'hui en France une demande importante et crédible de fonds propres en provenance des PME qui ne peut être satisfaite par des capitaux français. L'annonce du lancement d'un marché supranational pour les petites sociétés en forte croissance (l'EASDAQ, voir le paragraphe 1.3.) ouvrait un horizon nouveau à ces sociétés.

Le Nouveau marché est né de la volonté d'offrir aux PME une réponse domestique crédible «dans une démarche de dimension européenne» à l'alternative offerte par l'EASDAQ, et de les faire bénéficier du support technique et du savoir-faire de la bourse de Paris dans le domaine des petites valeurs. A cet effet, la SBF a créé la société du Nouveau marché (SNM) aux fins de devenir l'entreprise de marché.

L'ambition européenne du Nouveau marché se matérialise pour l'instant par les accords de coopération avec Bruxelles et Francfort, pour la mise en place d'un système de négociation s'appuyant sur la même plate-forme technique. Par la suite, ses promoteurs espèrent attirer sur le Nouveau marché des émetteurs de différents pays européens.

1.2.2.1. Les conditions d'admission

Les règles fixées pour l'introduction d'une société au Nouveau marché sont au nombre de six. Elles sont pratiquement équivalentes aux critères d'admission au NASDAQ Small Cap.

– Il n'y a pas de condition d'antériorité requise. Cependant, pour les entreprises de moins de deux ans d'existence, l'introduction s'effectue obligatoirement par une augmentation de capital.

– La société candidate doit disposer d'un bilan supérieur à 20 millions de francs et de fonds propres supérieurs à 8 millions de francs.

– Le nombre de titres minimum à diffuser dans le public est de 100 000 pour un montant en capital au moins égal à 10 millions de francs.

– La société est admise sous la responsabilité d'un ou de plusieurs établissements introducteurs-teneurs de marché, garants de l'expertise technique et financière fournie aux investisseurs lors de l'introduction. Par la suite, l' (les) établissement(s) introducteur(s)-teneur(s) de marché devra(ont) assurer la liquidité du marché secondaire pendant une période de trois ans selon les critères fixés par l'entreprise de marché (voir *infra*).

– Les actionnaires de l'émetteur doivent mettre à la disposition du (des) teneur(s) de marché 10 % du capital offert sur le marché, afin de lui (leur) permettre d'assurer dans de bonnes conditions la tenue de marché du titre. Ils s'engagent en outre à conserver, pendant les trois ans qui suivent l'introduction, au moins 80 % des titres qu'ils détiennent. Cette proportion est portée à 100 % durant les deux premières années d'existence de l'entreprise.

– En matière d'information, les sociétés doivent publier leurs comptes annuels et semestriels audités ; il n'y a pas d'obligation de publication des chiffres d'affaires trimestriels. Les informations sensibles et les déclarations de franchissement de seuil sont équivalentes à celles observées sur le Second marché.

1.2.2.2. Les procédures d'introduction

Il existe trois techniques :

– le préplacement discrétionnaire auprès d'investisseurs, suivi d'une cotation directe,

– l'offre à prix minimal ; cette technique est équivalente à la procédure ordinaire du Second marché,

– l'offre à prix ferme ; cette technique est équivalente à la procédure d'offre publique de vente décrite sur le Second marché.

1.2.2.3. Les conditions de négociation

Le Nouveau marché est un marché bicéphale qui coordonne un carnet d'ordres central électronique et un système de tenue de marché. Il allie l'affichage des fourchettes sur un écran informatique et le traitement téléphonique des ordres. Le marché est ouvert de 8 h 00 à 20 h 00, les teneurs de marché étant tenus d'afficher des prix de 10 h 00 à 17 h 00.

Le carnet d'ordres central permet à tout intermédiaire membre du Nouveau marché de négocier sans passer par un teneur de marché. La confrontation des ordres placés en carnet se fait deux fois par jour, à 10 h 30 et à 16 h 30. Le fixage est interrompu si le cours coté excède de +/– 10 % le cours de référence, issu du dernier fixage.

Les teneurs de marché sont tenus d'afficher pendant toute la séance une fourchette de prix (offre/demande) ne pouvant excéder 10 % pour des capitaux minimums de 50 000 F à 200 000 F selon la valeur. En contrepartie, les négociateurs-courtiers sont tenus de présenter tous leurs ordres aux teneurs de marché pour obtenir un prix.

La déclaration des transactions est immédiate ; la publicité de la transaction a lieu dans un délai de une heure à trois jours (pour les transactions représentant plus de 50 fois la quantité minimale de la valeur échangée).

Il est encore trop tôt pour dresser un bilan chiffré du Nouveau marché ; tout au plus pourrions-nous fournir le calendrier des introductions programmées. Cependant, il semble d'un point de vue technique que ce marché a pu pleinement bénéficier de l'expérience acquise par les autorités de marché de la place de Paris, en matière de négociation de valeurs moyennes. Le fait de repartir sur de nouvelles bases permet aux autorités de disposer d'un champ d'expérimentation vierge de toute lourdeur héritée du passé. L'intégration, dans un système de négociation, des principes historiques de la place de Paris (marché centralisé dirigé par les ordres) avec les avantages du système anglo-saxon (marché dirigé par les prix des teneurs de marché) nous semble être l'aboutissement de longues années de polémique sur les avantages et les inconvénients des différents systèmes. Il est extrêmement audacieux pour la bourse de Paris d'avoir tenté ce pari bouleversant les habitudes établies. Mais il faudra attendre quelque temps pour mesurer et analyser l'efficacité de ce nouveau type de marché, qui pourrait être le précurseur des systèmes de négociation de valeurs moyennes du troisième millénaire. Cependant, il ne faut pas oublier que le succès d'un marché ne tient pas seulement à ses qualités techniques, mais également à sa capacité d'attraction d'entreprises performantes et d'investisseurs nombreux et diversifiés. En effet, contrairement au marché américain qui dispose d'importants fonds d'investissement domestiques, la France devra s'attacher à attirer des investisseurs internationaux pour compléter la demande domestique. La réussite du Nouveau marché résultera donc en grande partie de ce *challenge*.

1.2.3. Vers une organisation opérationnelle du marché français

Il existe au sein du marché une cohérence fondée sur le critère de taille. Les entreprises sont soit des PME, soit de grandes entreprises, que l'analyse se base sur les critères de marge brute, d'effectifs ou de capitalisation boursière. Aujourd'hui se côtoient encore sur chaque marché des entreprises n'appartenant pas à la même classe, ce qui rend relativement délicate toute lecture par segment de marché. Par exemple, si l'on prend le critère de la capitalisation, le tableau montre l'interpénétration des différents marchés boursiers.

Il est probable qu'avec l'arrivée du Nouveau marché, l'interpénétration se pérennise, atténuant de fait la cohésion interne de chaque marché.

Néanmoins, l'approche empirique initiée en 1992 par la liquidité semble de loin la plus adaptée à une structuration et à une clarification du marché français. La mise en place des catégories de cotation va dans ce sens. Cependant, une gestion active de la cote par les autorités de marché sera nécessaire pour optimiser les effets de ces changements organisationnels sur la lecture de la bourse de Paris.

Tableau 4 – Capitalisations extrêmes des différents marchés

27/12/1995	Règlement mensuel	Comptant	Second marché
Plus forte	98 Mds F	15 Mds F	11 Mds F
Rang général	(1)	(39)	(50)
Libellé	Elf Aquitaine	Finaxa	Hermès Intl.
Plus faible	82 MF	2,5 MF	7,2 MF
Rang général	(591)	(719)	(710)
Libellé	SDR Nord-Pas-de-Calais	Forges de Clairveaux	Chausseria

1.3. L'EASDAQ : l'émergence de systèmes supranationaux ?

Selon ses promoteurs, l'objectif de l'EASDAQ (*European Association of Securities Dealers Association Automated Quotations System*) est d'adapter l'expérience du NASDAQ au contexte européen, afin de combler le vide qui existerait dans le financement des petites entreprises à forte croissance. Ce marché devrait s'ouvrir au cours du premier semestre 1996, parallèlement à l'entrée en vigueur de la directive communautaire sur les services en investissements.

1.3.1. L'influence anglo-saxonne

Les critères d'admission seront équivalents à ceux en vigueur sur le marché américain. L'admission à l'EASDAQ ouvrira le droit à l'admission au NASDAQ Small Cap et réciproquement.

Le système de négociation devrait être fondé sur le principe d'une tenue de marché compétitive, basée sur un système informatique de publication des prix des teneurs de marché et des transactions, et sur un réseau téléphonique pour la négociation. En outre, ce système pourrait être complété, comme aux Etats-Unis, par un système informatique d'exécution automatique des petits ordres. La seule innovation importante est que les sociétés et les intermédiaires seront agréés, admis et contrôlés selon les critères en vigueur dans leur pays d'origine. Dans la mesure où les exigences en matière de diffusion d'information par les émetteurs diffèrent selon les pays, l'EASDAQ verra se côtoyer des entreprises n'offrant pas les mêmes standards de qualité, et donc de sécurité, pour l'investisseur. Il en sera de même pour les intermédiaires qui, selon leur pays d'origine, se verront appliquer des réglementations et des sanctions différentes, par exemple en matière de déontologie professionnelle, même si l'on doit voir apparaître une charte sur ce sujet dans le cadre de l'EASD (*European Association of Securities Dealers*).

1.3.2. Risque systémique et système supranational

En créant l'EASDAQ, ses promoteurs souhaitaient donner une accélération à l'union financière européenne. Il se pourrait cependant qu'ils en ralentissent le processus d'intégration. La juxtaposition d'un système supranational (mais de droit belge !) aux systèmes domestiques ne va pas dans le sens d'une transition contrôlée, mais dans celui d'un renforcement de la compétition entre marchés. En outre, l'absence d'une réelle autorité de contrôle européenne, disposant des mêmes pouvoirs d'investigation et de sanction que les autorités domestiques, peut faire courir un risque systémique important au marché. Enfin, l'apparition de l'EASDAQ va dans le sens d'une complexification du marché financier européen, peu favorable à son développement tant du point de vue des émetteurs que de celui des investisseurs. Si la mise en place d'un marché financier européen unifié va dans le sens de l'histoire, elle nécessite de nombreuses précautions pour ne pas se heurter à des blocages d'ordre culturel ou politique.

1.3.3. Vers un système supranational ?

L'entrée en vigueur en 1996 de la Directive sur les services en investissement devrait permettre à toute société de service en investissement (société de bourse, banque, maison de titres...), agréée dans son pays d'origine, de pouvoir accéder de droit à l'ensemble des autres places financières européennes, dès lors qu'elle respecte les règles du pays d'accueil. Ainsi, les grands opérateurs financiers européens devraient rapidement prendre pied (lorsque ce n'est pas déjà fait) sur les principales places. De plus, les bourses domestiques traditionnelles vont perdre le (quasi-)monopole sur les transactions dont elles jouissent encore actuellement et devraient se livrer à une concurrence encore plus marquée. Sans devenir instantanément supranationales, les places financières européennes devraient en principe poursuivre leur internationalisation. Avec l'arrivée de la monnaie unique et le renforcement des coopérations européennes, une intégration progressive des places financières semble probable, l'interconnexion des différents systèmes de négociation boursiers s'imposant comme une étape intermédiaire de l'unification du système financier européen. Par la suite, la logique économique devrait pousser au regroupement des moyens de négociation et de règlement-livraison. La notion de localisation géographique n'aura plus de réelle signification. Le marché ne sera plus qu'un grand réseau d'intermédiaires, répartis sur l'ensemble du territoire européen, négociant des actifs en monnaie unique sous le contrôle d'une autorité de régulation centrale disposant d'une délégation au sein de chaque pays. Une nouvelle carte de l'Europe financière pourra alors voir le jour. Ses contours dépendront plus de la capacité des intermédiaires à mobiliser l'épargne mondiale que de leur nationalité d'origine.

2. Les caractéristiques des marchés de petites capitalisations

Les marchés de petites capitalisations amplifient certains phénomènes observables sur l'ensemble des marchés financiers. Cependant, c'est principalement dans leurs constituants (les entreprises et les opérateurs) que ces marchés trouvent leurs spécificités.

2.1. Les entreprises cotées

Ce qui frappe le plus lorsqu'on étudie les sociétés de petite capitalisation, c'est l'hétérogénéité des entreprises que l'on y rencontre. Les marchés de valeurs moyennes sont de précieux laboratoires d'analyse du tissu industriel et commercial d'un pays. Aux différences sectorielles, managériales, organisationnelles, de structure financière et de maturité s'ajoutent des différences comportementales importantes à l'égard de leur actionnariat minoritaire. La cotation d'une entreprise induit une véritable révolution culturelle interne et lui ouvre de nouveaux horizons externes.

2.1.1. Les motifs d'introduction en bourse

L'introduction en bourse est un moment essentiel dans la vie d'une entreprise. Elle lui donne accès au marché des capitaux, elle lui fournit une valorisation instantanée de la société, elle lui assure la liquidité du marché secondaire de ses titres et elle lui offre un surcroît de notoriété. Cependant, l'entreprise se trouve parallèlement confrontée à de nouvelles contraintes et à de nouveaux coûts. Le poids de ces différents facteurs dans la décision d'introduction déterminera largement la procédure retenue et l'attitude ultérieure des dirigeants à l'égard des différents acteurs du marché. Ainsi, les sociétés à caractère patrimonial, disposant d'une structure financière saine, sont moins enclines à communiquer que les entreprises de croissance ayant besoin de faire de fréquents appels au marché pour financer leur développement. Cependant, si une entreprise souhaite disposer d'un marché efficient, elle n'a pas d'autre solution que d'acquérir un nouveau savoir-faire : celui de faire-savoir. C'est l'apprentissage de la communication financière qui peut dans certains cas amener à une réorganisation importante des flux d'informations au sein de l'entreprise[7].

2.1.2. La tyrannie du marché

Pour le dirigeant-actionnaire d'une PME qui vient en bourse, son entreprise est unique et mérite par ses qualités intrinsèques l'intérêt du « public », c'est-à-dire, dans ce contexte, des investisseurs individuels ou institutionnels. Cependant, la réalité est tout autre. Un investisseur institutionnel domestique, spécialisé dans les actions françaises de taille moyenne, a le choix entre plus de 650 sociétés pour constituer son portefeuille qui comprend au maximum une cinquantaine de lignes (soit 8 % de la population totale). Si l'on prend maintenant un investisseur institutionnel ayant pour univers les valeurs moyennes européennes, l'univers est multiplié par plus de 12 tandis que son portefeuille comprendra un maximum de 100 lignes (soit moins de 1,3 % de la population totale). Enfin, si l'on raisonne pour un investisseur effectuant un choix au niveau mondial sur l'ensemble des supports (actions, obligations, matières premières...), on peut considérer que l'espérance pour une PME de se voir retenue dans un tel portefeuille tend vers zéro, si elle n'a pas mis en œuvre les moyens d'attirer particulièrement l'attention de cet investisseur sur ses atouts.

Le marché des petites capitalisations, comme le marché boursier dans son ensemble, est devenu une sorte de marché « de masse », de taille planétaire avec pour acteurs des investisseurs de plus en plus professionnels. Ils disposent de données comparatives en temps réel sur l'ensemble de l'offre à un coût qui ne cesse de se réduire. C'est donc un marché de demandeurs et non pas un marché

---

7. Voir également dans l'***Encyclopédie de gestion*** l'article de A. Guimard, « Communication financière ».

d'offreurs puisque les choix d'investissements sont presque illimités pour un investisseur donné, tandis que les capitaux disponibles pour s'investir sont, eux, limités.

Pour réussir sur un tel marché, l'entreprise doit considérer son titre comme un simple produit de grande consommation. Outre les qualités intrinsèques de l'entreprise, sa valorisation boursière dépendra de ses choix «marketing» et des moyens dont elle dispose pour leur mise en œuvre. Si, pour une grande entreprise, cette vision du marché ne pose que peu de problèmes, elle est critique pour une PME, car les coûts de la «différenciation boursière» peuvent être significatifs. En outre, il faut ajouter aux coûts strictement financiers (apparents) de la communication financière et de la tenue de marché, qui y est éventuellement associée, ceux plus difficilement quantifiables liés à la mobilisation de l'équipe dirigeante pour la conception du message et la diffusion de celui-ci dans le cadre des «relations investisseurs» que l'entreprise doit entretenir avec ses actionnaires actuels ou potentiels. Elle peut même, dans certains cas, aboutir à la création dans l'entreprise d'un poste de responsable de l'information financière. Ainsi, le coût réel de la cotation peut être bien plus important que le coût apparent. Une étude de la COB avait estimé en 1992 le coût minimum de la cotation à un peu moins d'un million de francs par an. D'autres études plus récentes ont montré des coûts sensiblement supérieurs et l'existence d'une relation entre la qualité de la diffusion de l'information financière et la sous/survalorisation des actifs. A défaut d'une communication adaptée, l'entreprise prend un risque de sous-évaluation chronique de son titre. Dans ce cas, on peut se demander quel est l'intérêt d'une telle cotation.

L'information est donc une variable essentielle et sensible pour l'entreprise cotée. Le management doit d'abord s'assurer qu'il existe une cohérence entre le discours interne et l'information externe. Il doit adapter le message qu'il entend «faire passer» en fonction des cibles qu'il souhaite toucher, sans remettre en cause la cohérence du discours dans son ensemble. Il doit enfin veiller à la bonne compréhension de son message et à son impact sur le marché de son titre, ainsi que sur le comportement de ses clients, de ses fournisseurs, voire même de son personnel.

2.1.3. Une sensibilité accrue aux cycles économiques et boursiers

L'une des principales caractéristiques des marchés de petites capitalisations est leur effet amplificateur des cycles, qu'ils soient boursiers ou économiques. L'explication de ces phénomènes mis en évidence dans de nombreuses études est principalement d'ordre micro-structurel.

– En termes d'activité, les PME sont généralement centrées sur un, voire deux métiers. Leur moindre diversification limite les effets amortisseurs que procure une réelle diversification en cas d'à-coups de conjoncture. Lorsque leurs secteurs clients ralentissent, ces entreprises le ressentent instantanément. Ce phénomène est, pour certaines d'entre elles, accentué par leur position de sous-traitants capacitaires pour de grandes entreprises. Au moindre coup de frein de l'économie, ces dernières réintègrent cette activité afin de conserver un taux de charge optimum de leur outil industriel. Enfin, la simplicité de leur activité traduite en termes comptables limite les possiblités de lissage des résultats dont disposent les grands groupes multinationaux. Si ces PME sont apparemment plus sensibles à la crise économique, elles sont également plus réactives. Elles seront donc aussi les premières à transformer en résultat le moindre accroissement d'activité.

– Aux facteurs économiques viennent se greffer les contraintes du marché boursier, avide de performance à court terme et amplificateur des tendances réelles. Ainsi, théoriquement, lorsque les investisseurs anticipent un ralentissement économique, ils ont intérêt à vendre leurs petites valeurs. Lorsqu'ils anticipent un redémarrage, ils doivent à l'opposé renforcer leur pondération en titres de sociétés de petites capitalisations. Cependant, la taille des marchés de valeurs de petites capitalisations ne permet pas d'absorber instantanément ces révisions brutales d'anticipation. Ne pouvant pas acheter ou vendre au cours présent, les investisseurs sont tentés de faire décaler sensiblement les cours pour se positionner ou se dégager. Ce mécanisme amplificateur, lié à une liquidité réduite, est souvent accentué à la baisse par le désengagement d'investisseurs institutionnels «généralistes». Ceux-ci achètent généralement des petites valeurs en plein cycle pour doper la performance de leurs portefeuilles, ou lorsqu'ils estiment que les grandes valeurs sont trop chères. Ces achats massifs ont pour effet de faire littéralement exploser le cours de certaines petites valeurs qui peuvent atteindre des sommets de surévaluation, y compris par rapport aux titres de référence de leur secteur. Mais au moindre coup de froid, ils revendent aussi brutalement ce qu'ils ont acheté. Ce phénomène est d'autant plus important que la ligne en question est marginale au sein du portefeuille du vendeur et que par conséquent son incidence sur sa performance globale sera faible.

Les marchés de petites valeurs sont donc un indicateur avancé extrêmement précieux de la conjoncture économique et peuvent faire apparaître pour l'investisseur averti de réelles opportunités d'investissement.

2.2. *Les opérateurs*

Il faut distinguer parmi les intervenants du marché les intermédiaires et les clients finaux que sont les investisseurs.

2.2.1. Les intermédiaires : être ou ne pas être ?

Si l'on regarde ce qui se passe sur le marché français, les valeurs moyennes posent un problème réel aux intermédiaires : faut-il être présent sur ces marchés structurellement sous-rentables (pour eux) ?

Le travail d'un intermédiaire consiste généralement à publier de la recherche (analyse, évaluation, recommandation) sur un certain nombre de valeurs, puis à la diffuser à ses clients afin de récolter des ordres qui, lors de leur exécution, généreront des commissions (courtage). Or, pour réaliser une étude de qualité, le temps nécessaire n'est en aucun cas corrélé à la taille du capital flottant, qui détermine l'offre potentielle maximale de titres sur la valeur (et donc les commissions). De plus, il n'est généralement pas intéressant pour un vendeur de vendre des petites valeurs. D'abord, parce que son salaire dépend du montant des commissions générées (nécessairement limité dans ce cas), ensuite parce que la méconnaissance par ses clients de ces valeurs nécessite de passer plus de temps pour les vendre (et éventuellement pour assurer le service après-vente), et parce que s'il se trompe, le client lui en tiendra plus rigueur que sur une grande valeur (voir *infra*) ; enfin, parce que la demande pour des valeurs considérées comme plus risquées est naturellement plus limitée. Ce cheminement explique pourquoi le nombre d'intermédiaires permanents sur les petites capitalisations est relativement faible. Ce nombre restreint conduit à l'impossibilité de mettre en œuvre un véritable consensus de marché sur ces valeurs, ce qui induit un facteur supplémentaire d'instabilité et d'illiquidité. Les maisons qui souhaitent néanmoins travailler sur les valeurs moyennes ont donc une responsabilité accrue vis-à-vis de leurs clients, car ceux-ci n'ont pas d'autres sources d'information.

Si le marché des petites capitalisations est sous-rentable financièrement, il est néanmoins une niche à fort potentiel d'image. C'est pourquoi l'on trouve, à côté de sociétés d'intermédiation spécialisées, quelques grandes maisons généralistes qui acceptent de travailler à perte afin de pouvoir offrir un service global à leurs clients et se démarquer ainsi d'autres concurrents par la promotion intensive de quelques petites valeurs soigneusement sélectionnées.

Outre l'ajustement des frais de structure à ce type d'activité, c'est dans la spécialisation que certains intermédiaires (aidés par les autorités de marché) ont trouvé un palliatif à la sous-rentabilité structurelle de ces activités. Le NASDAQ Small Cap, considéré aujourd'hui comme le marché de valeur moyenne le plus efficient, repose, comme nous l'avons vu, sur un système de teneurs de marché qui assure la recherche et offre une liquidité structurante au marché en échange d'avantages compétitifs. Ce modèle a largement inspiré la récente réorganisation de l'intermédiation de valeurs moyennes sur le marché français. En devenant « spécialiste » (animateur/teneur de marché), l'intermédiaire dispose d'atouts lui permettant de retrouver une rentabilité plus normative. Le financement par les sociétés cotées d'une partie du coût de la recherche et de la tenue de marché réduit le point mort de cette activité. De plus, la publicité donnée par la SBF au statut de spécialiste-animateur permet à l'intermédiaire un accroissement des volumes d'activité sur ces valeurs. Enfin, la réduction des frais de négociation accordée par la SBF vient compléter ce dispositif. Ce schéma global assure la pérennité d'intermédiaires spécialistes en petites capitalisations, mais limite de ce fait l'apparitition naturelle d'une recherche récurrente en provenance d'autres intermédiaires, ceux-ci n'ayant pas les moyens de les rentabiliser. L'apparition d'un consensus de place sur ces valeurs semble être dans ces conditions une douce utopie, légitimant de fait des positions anti-concurrentielles. Cependant, il semble que ce soit là une condition nécessaire à la survie d'une réelle force d'intermédiation sur les petites capitalisations.

2.2.2. Les investisseurs : à la recherche d'un Eldorado

On trouve sur les marchés de valeurs moyennes des investisseurs spécialisés (domestiques et internationaux) et des investisseurs occasionnels. Ces derniers sont généralement des investisseurs généralistes, trouvant à un instant donné dans les petites capitalisations un complément pouvant leur permettre de creuser l'écart avec leurs concurrents. Si tous les intervenants voient dans ce marché un Eldorado de surperformance potentielle, peu d'investisseurs généralistes peuvent néanmoins s'y risquer. La professionnalisation des activités de gestion a amené les sociétés de gestion à mettre en place une batterie d'outils de contrôle de la performance du gérant. Ainsi, au-delà de la performance brute, les gérants sont généralement notés en fonction de leur sur/sous-performance par rapport à un indice de référence (*benchmark*). La principale conséquence de cette méthode est de pousser les gérants à détenir dans leurs fonds une partie significative de leurs actifs en valeurs composant l'indice. Ils minorent de ce fait leur risque (mais également leur chance) de dégager une performance significativement différente du *benchmark*. En outre, les performances des fonds sont un véhicule d'image important des grandes maisons de gestion. La mesure bi-mensuelle de leur performance par des organismes externes et la publicité qui y est associée incitent les gérants à réduire leur horizon de placement et à se concentrer sur des valeurs liquides afin de pouvoir ajuster instantanément leur position en cas de problème. Or de nombreuses études américaines ont montré que, pour être performant sur les marchés de petites capitalisations, l'horizon de placement doit être d'autant plus long que les valeurs sont petites et illiquides.

Existe-t-il dans ces conditions une stratégie gagnante sur ce type de marché ? Certes non, mais les éléments exposés précédemment plaident pour une forte implication du gérant dans le choix des valeurs (technique de sélection individuelle des valeurs, dite de *stock picking*) et dans leur suivi. La notion de *timing* est également fondamentale dans la mesure où ces valeurs peuvent être soumises à de fortes variations déconnectées de la réalité économique. Un gérant de valeurs moyennes doit savoir attendre le moment précis pour rentrer ou sortir. Les performances intercalaires ne doivent pas influer sur ses choix si ceux-ci reposent sur un réel travail de fond en termes d'analyse valeur par valeur. Comme pour les intermédiaires, le travail du gérant de valeurs moyennes est bien plus important que celui d'un gérant de grandes valeurs. Par contre, il peut dégager, par une gestion efficace, une rentabilité sur longue période nettement supérieure à celle d'un fonds investi en grandes valeurs, tout en disposant d'un niveau de risque équivalent (grâce à la diversification de son portefeuille). Il ne s'agit pas d'un surprofit (*free lunch*), mais simplement de l'agrégation des rémunérations additionnelles exigées (prime de risque et prime de liquidité) par un investisseur pour acheter une petite valeur.

2.3. Le marché

Il existe deux champs d'investigation principaux pour analyser le marché : l'information et la liquidité.

2.3.1. L'efficience informationnelle

L'efficience informationnelle est l'une des conditions de l'efficience d'un marché[8]. L'observation des moyens directs et indirects, mis en œuvre respectivement par les petites et les grandes capitalisations pour diffuser leur information, conduit à conclure à l'inefficience relative des marchés de petites valeurs. En effet, les PME ne disposent pas des moyens des grandes entreprises, bien que la baisse des coûts de diffusion et l'arrivée attendue des réseaux d'information en ligne puissent modifier cette situation. Cependant, si l'on se

8. Voir dans cette ***Encyclopédie*** l'article de J. Hamon, «Efficience faible. Efficience semi-forte», p. 408, tome 1.

limite à l'étude de l'efficience semi-forte, on constate que les marchés de petites capitalisations ont dans leur ensemble des délais d'ajustement à l'information tout à fait satisfaisants. Ainsi, les marchés de petites capitalisations ne sont pas aussi inefficients que ce que bon nombre d'investisseurs généralistes laissent entendre. En effet, suite à une information nouvelle, les cours s'ajustent très rapidement dans de faibles volumes. Il ne faut pas confondre efficience, liquidité et capacité à vendre n'importe quelle quantité à n'importe quel prix !

Par ailleurs, plusieurs études empiriques ont montré qu'il existe un effet taille suivant lequel une forte rentabilité est généralement associée aux titres de faible capitalisation[9]. Afin d'accorder ces résultats empiriques aux propos précédents, nous pourrions avancer l'idée que l'excédent de rentabilité observé n'est que la matérialisation d'un supplément de prime de risque exigé par les investisseurs de taille importante au regard de la faible liquidité « instantanée » de ces marchés. En effet, dans le cas où ils seraient amenés à vouloir céder leur participation de façon instantanée, ils seraient dans l'obligation d'accepter des concessions de prix importantes que les études empiriques ne sont pas en mesure de déceler.

2.3.2. L'efficience de marché et la liquidité

Comme nous venons de l'évoquer, les volumes bruts ne sont pas une mesure efficace de la liquidité d'un marché, ils sont tout au plus une mesure apparente de la liquidité passée. Les informations passées contenues dans les volumes ne sont pas en mesure de garantir l'avenir. L'évolution des volumes est par définition instable puisqu'ils dépendent de multiples paramètres (tels que la tendance des cours, les publications de et sur l'entreprise, la période considérée, la taille et la structure du flottant, la conjoncture générale du marché).

Si l'on souhaite analyser la liquidité passée, le taux de rotation du flottant (volume annuel des transactions rapporté à la part du capital non détenue par les actionnaires de référence), la médiane des volumes quotidiens et la volatilité *intraday* historique (variance des écarts successifs de cours à l'intérieur d'un intervalle de temps limité tel que la journée) semblent des indicateurs adéquats. Ces mesures permettent de définir la taille normale (optimale) de l'investissement, c'est-à-dire la quantité maximale de titres que chaque investisseur peut détenir sans s'exposer à un risque important d'illiquidité. Cette quantité dépend principalement de l'horizon de placement de l'investisseur et du délai qu'il est prêt à consentir pour sortir sa position (afin de ne pas déstabiliser en sa défaveur le marché du titre). L'analyse de l'impact des transactions de bloc sur les cours peut aussi fournir de précieuses informations sur la taille et la nature des intervenants agissant sur la valeur à un instant donné. Toute intervention raisonnée sur un marché de petites capitalisations appelle une démarche préalable de ce type.

La mesure la plus simple de la liquidité d'un marché résulte de l'analyse de la profondeur et de la structure du carnet d'ordres. L'analyse du nombre d'opérateurs présents sur une valeur, de la taille et du nombre des ordres en

9. Voir notamment les travaux de Roll, « On Computing Mean Returns and the Small Firm Premium », *Journal of Financial Economics* (Winter, 1983) ; et ceux de Hamon et Jacquillat, sur leur traduction sur le marché français, « Effet janvier et taille à la bourse de Paris », *Cahier de recherche du CEREG*, n° 9012, Université de Paris IX-Dauphine, 1990.

attente d'exécution, et de l'écart entre la meilleure offre et la meilleure demande (le *spread*) n'est pas la garantie que, dans un an, le marché sera identique. Cependant l'analyse historique du carnet d'ordres semble un indicateur très utile. Le schéma 1 présente trois carnets d'ordres superposés. Si le marché représenté au centre est de toute évidence le plus liquide, les deux autres ont une liquidité qui est appréciée différemment par un investisseur, selon qu'il souhaite intervenir sur une quantité de 10 titres ou de 100 titres.

Si les indicateurs que nous avons passés en revue ne sont pas totalement fiables, c'est parce qu'ils découlent de l'état naturel du marché. Ainsi ils sont de fait plus ou moins instables. Par opposition, l'existence d'un teneur de marché et la connaissance de ses engagements minimaux, tant en termes de quantité que d'écart de fourchette, constituent une information essentielle sur la liquidité d'un marché, celle-ci étant structurelle et donc structurante de ce marché.

Schéma 1 – Le carnet d'ordres

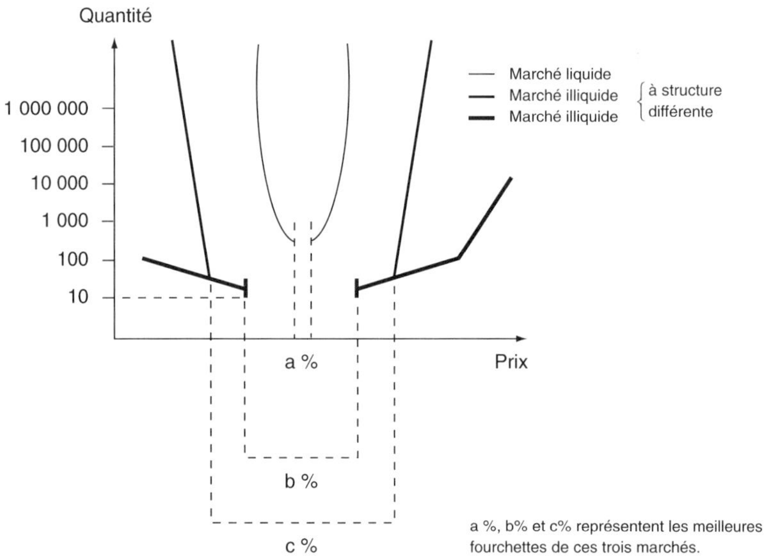

*

* *

L'existence d'asynchronismes importants entre les indices de référence et les indices représentatifs de valeurs moyennes semble être une constante sur l'ensemble des marchés d'actions[10]. L'analyse de ces phénomènes semble prouver l'existence d'une certaine déconnexion entre les mouvements boursiers observés sur les grandes valeurs, dont les principales causes sont d'ordre macro-économique (taux de croissance, taux d'intérêt, taux de change...), et les mouvements observés sur les petites capitalisations, qui sont plus liés à des paramètres micro-économiques. Ainsi, on pourrait avancer que les marchés

10. Voir notamment sur le marché français l'étude de la SBF-bourse de Paris, 1995, réalisée pour le lancement de l'indice MIDCAC.

de grandes valeurs sont plus efficients pour intégrer toute information d'ordre macro-économique, tandis que les petites valeurs sont plus réactives aux informations de nature micro-économique. En créant des marchés de petites capitalisations, les autorités ne font que confirmer et légitimer l'existence d'un véritable microcosme, en lui donnant les moyens de son développement par la prise en compte de ses contraintes internes. L'unification des systèmes boursiers européens, qui devrait découler de l'Union monétaire, pourrait grandement favoriser la compréhension et l'accès au marché des investisseurs et des émetteurs. L'accroissement de l'efficience qui en découlerait alors permettrait de poursuivre la désintermédiation du financement des PME dans les conditions les plus optimales possibles.

Références

BIAIS B., « Formation des prix sur les marchés de contrepartie, une synthèse de la littérature récente », *Revue Economique* (n° 5, septembre 1990).

BIAIS B., « An Empirical Analysis of the Limit Order Book and the Order Flow in the Paris Bourse », *Journal of Finance* (1995).

CHOINEL A., ROUYER G., *Le marché financier, structures et acteurs,* La revue banque éditeur, 1995.

COB, « Le Second marché », *Bulletin Mensuel,* supplément (1992).

DIMSON E., « Risk Measurement when Shares are Subject to Infrequent Trading », *Journal of Financial Economics* (n° 7, 1979).

GILLET R., « L'efficience informationnelle du marché boursier : aspects théoriques et empiriques », Cahier de recherche, n° 201, Université Catholique de Louvain, 1991.

GILLET R., MINGUET A., *Microstructure et rénovation des marchés financiers en Europe,* Paris, PUF, 1995.

GRENIER R., *Le Second marché, règles et fonctionnement,* Paris, Economica, 1988.

HAMON J., *Marchés d'actions, architecture et microstructure,* Paris, Economica, 1995.

HAMON J., JACQUILLAT B., *Le marché français des actions, études empiriques 1977-1991,* Paris, PUF, 1992.

JACQUILLAT B., SOLNIK B., *Marché financier : gestion de portefeuille et des risques,* Paris, Dunod, 1989.

PIRRITT G.W., *Small Stocks, Big Profits,* Dearborn financial publishing, 1993.

ROLL R., « A Simple Implicit Measure of the Effective Bid-Ask Spread in an Efficient Market », *Journal of Finance* (n° 39, 1984).

Mots clés

Animation de marché, carnet d'ordres, catégorie de cotation, EASDAQ, fourchette, liquidité, liquidité structurelle, *market maker,* MIDCAC, *mid caps,* NASDAQ, Nouveau marché, petite capitalisation, Second marché, *small caps,* teneur de marché, valeurs moyennes.

Marché international des capitaux : modèles d'équilibre partiel contre modèles d'équilibre général[1 2]

41

Bernard Dumas

Un modèle a clairement échoué comme représentation de l'équilibre du marché international des capitaux : celui qui suppose des chocs aléatoires indépendamment et identiquement distribués (iid) et une population homogène (ou quasi homogène) d'investisseurs-consommateurs, qui diffèrent les uns des autres tout au plus par leur aversion au risque et leurs dotations[3]. La section 1 est une revue des faits saillants qui laissent penser que les prédictions de ce modèle sont erronées, ou que les hypothèses sur lesquelles repose ce modèle sont violées de manière tellement flagrante que ses prédictions ne peuvent être correctes.

Dans ce modèle avec des chocs iid et des investisseurs homogènes, les marchés financiers sont en fait complets au sens de Arrow et Debreu, dans la mesure où un optimum de Pareto de premier rang est atteint. Les investisseurs sont supposés avoir la possibilité d'assurer tous les risques qu'ils pourraient souhaiter assurer. Ils se couvrent contre les surprises. Par conséquent, sur le sentier d'équilibre, c'est une évolution très tranquille qui est promise à l'économie. C'est là la principale prédiction stylisée du modèle qui est infirmée par l'observation.

Le problème majeur qui se pose maintenant est de savoir comment chercher puis identifier le modèle qui remplacera celui qui a échoué. Mis à part des

---

1. Ce texte a déjà été publié en anglais sous le titre « Partial Equilibrium *vs.* General Equilibrium Models of the International Capital Market » dans l'ouvrage collectif *The Handbook of International Macroeconomics,* F. Van der Ploeg (éd.), Cambridge UK, Blackwell Publishers, 1994. Nous remercions l'éditeur anglais de nous avoir autorisé à reprendre cette contribution. La traduction française a été effectuée par Jean Salvati avec l'aide de Bernard Dumas.

2. Cet article exprime une opinion personnelle et ne prétend pas être exhaustif. Il ne s'agit pas d'une revue de la littérature. Certains de mes collègues découvriront que leur travail n'est pas cité dans cet article bien qu'il se situe dans le cadre général du sujet traité ici. Je les prie de m'en excuser. Les commentaires de Bruno Solnik m'ont été d'une aide précieuse.

3. Il est également fréquemment supposé que la fonction d'utilité des investisseurs, portant sur leur programme de consommation sur leur durée de vie, est additive dans le temps.

tentatives portant sur la forme de la fonction d'utilité des investisseurs[4], les principales directions de recherche se donnent pour objectif de relâcher l'hypothèse selon laquelle les investisseurs constituent une population homogène, ou l'hypothèse selon laquelle ils peuvent se couvrir contre toutes les surprises. Les marchés peuvent être incomplets, segmentés ou imparfaits.

Le marché financier est incomplet lorsqu'une partie des investisseurs au moins souhaite négocier ou détenir des titres qui ne sont pas échangés. Cette incomplétude peut être exogène (postulée) ou endogène. Lorsqu'elle est endogène, elle peut être la conséquence de l'impossibilité de conclure des contrats dont le résultat (l'état du monde ou la variable d'état) n'est pas observable par les parties au contrat, ou par une tierce personne – telle qu'un représentant du système judiciaire – chargée de faire appliquer le contrat. Une incomplétude endogène peut également être la conséquence de l'absence de mécanisme, public ou privé, garantissant le respect des contrats conclus, comme c'est souvent le cas pour les contrats liant des parties qui ne résident pas dans le même pays.

Le marché financier est segmenté lorsqu'il est interdit à certains individus (aux citoyens de certains pays) d'échanger ou de détenir certains titres. La distinction entre incomplétude et segmentation du marché est subtile ; elle pourrait même se révéler sans objet. En fin de compte, les modèles dans lesquels l'incomplétude ou la segmentation est pleinement endogénéisée seront classés en fonction, non pas du phénomène considéré (incomplétude ou segmentation), mais de la cause supposée de ce phénomène.

Le marché financier est imparfait lorsque des frottements, tels que des coûts de transaction ou de détention de certains actifs, font dévier l'équilibre du résultat qui serait obtenu dans un marché parfait. Il semble plausible qu'un marché financier rassemblant plusieurs pays soit moins parfait qu'un marché financier conçu par un seul pays. Les imperfections semblent particulièrement pertinentes pour la modélisation d'une économie à plusieurs pays[5]. Les imperfections des marchés financiers sont elles-mêmes source d'incomplétude et/ou de segmentation, car les coûts de transaction dissuadent certains investisseurs de négocier ou de détenir des titres qu'ils négocieraient ou qu'ils détiendraient si ces coûts n'existaient pas.

Pour la plupart, les différentes formes d'incomplétude, de segmentation ou d'imperfection du marché financier génèrent une forme d'hétérogénéité au sein de la population des investisseurs. Par exemple, les coûts de transaction entraînent une différenciation des investisseurs en fonction des stocks de titres qu'ils détiennent avant les échanges. L'hétérogénéité au sein de la population des investisseurs peut également trouver sa source dans des imperfections *extérieures* au marché financier. Par exemple, lorsque la loi du prix unique ne s'applique pas à l'échelle mondiale sur le marché des biens, il existe des écarts entre les prix des marchandises auxquels sont confrontés les investisseurs des différents pays. Lorsque ces écarts sont stochastiques, ils font apparaître une forme d'hétérogénéité entre les investisseurs. Cette forme d'hétérogénéité est

4. C'est-à-dire des tentatives abandonnant l'hypothèse de séparabilité dans le temps, ou la propriété de von Neumann-Morgenstern de séparabilité sur l'ensemble des états de la nature.

5. En même temps, le compartiment international du marché financier peut être moins imparfait que chacun des compartiments purement nationaux.

l'objet d'une généralisation du *Capital Asset Pricing Model*[6] (CAPM) qui est présentée dans la section 2 ci-dessous[7].

De plus, la forme d'incomplétude, de segmentation, d'imperfection ou d'hétérogénéité postulée dans un modèle détermine l'ensemble des variables d'état pertinentes pour décrire l'évolution de l'économie. Par exemple, en présence de coûts de transaction, les richesses des investisseurs, qui sont des variables d'état classiques du problème de choix de consommation et d'investissement dans un environnement sans frottements, ne sont plus suffisantes pour décrire l'état de l'économie. Parce que les différentes formes de richesse ne sont plus des substituts parfaits, l'inventaire détaillé des actifs détenus par chaque investisseur intervient séparément comme variable d'état.

Une grande partie de l'activité de recherche a pour but d'établir une relation entre les taux de rentabilité exigés sur le marché financier, d'une part, et un certain nombre de variables d'état, d'autre part. Comme les rentabilités ne sont pas iid, c'est sur leur distribution de probabilité *conditionnelle* que se concentre la recherche. Cette entreprise a deux volets. Premièrement, il s'agit d'identifier les variables d'état pouvant servir à conditionner les rentabilités (c'est-à-dire les variables d'état ayant un pouvoir prédictif des rentabilités). Deuxièmement, il faut examiner si les distributions conditionnelles vérifient des contraintes d'évaluation des actifs. Par exemple, est-il possible de faire coïncider les moments d'ordre un des rentabilités avec des *primes de risque variables dans le temps* basées sur les moments d'ordre deux, comme ce devrait être le cas selon la forme conditionnelle du CAPM ? La recherche des variables d'état pertinentes – celles qui sont à la source des variations des rentabilités au fil du temps – est aussi la recherche de la spécification adéquate d'un modèle.

En économie, la méthode orthodoxe de recherche du type correct de modèle exige de développer puis de tester empiriquement chaque type de modèle d'équilibre général. En matière d'orientation des recherches, les modèles d'équilibre général sont de meilleurs guides que les modèles d'équilibre partiel, car ils permettent d'effectuer des comparaisons statiques et dynamiques. D'un point de vue empirique, ils ont un avantage décisif dans la mesure où à chaque modèle d'équilibre général est associée une liste des variables décrivant l'état de l'économie. Le seul problème pratique qui demeure lorsque l'on entreprend de tester un modèle d'équilibre général est que certaines variables d'état peuvent ne pas être observables ; il faut alors chercher des variables *proxy* pour ces variables d'état non observables. Mais il n'existe aucun doute sur les variables d'état qui doivent être utilisées comme instruments.

---

6. En français, modèle d'évaluation des actifs financiers ou MEDAF. Pour une présentation de ce modèle dans le cadre national, voir dans cette ***Encyclopédie*** l'article de R. Cobbaut, « Théorie du marché financier », p. 1954, tome 2.

7. Il est également possible de s'écarter du modèle de base en supposant que les chocs exogènes au système ne sont pas iid mais suivent, plutôt, un processus stochastique donné. Toutefois, si certains des chocs exogènes, au moins, ne sont pas observables par l'économètre, une théorie basée sur un processus supposé pour ces chocs devient rapidement tautologique, en ce sens qu'il est toujours possible de choisir le processus qui sera capable d'expliquer quasiment tous les comportements observés des prix financiers. Il semblerait qu'une stratégie de recherche préférable consiste à essayer tout d'abord d'expliquer les observations en prenant des chocs iid et un modèle de l'économie tel que les rentabilités ne soient pas iid à l'équilibre. Si cette voie de recherche débouche sur un échec, alors il sera temps de s'intéresser aux chocs exogènes non iid.

Toutefois, les modèles d'équilibre général du marché international des capitaux semblent très compliqués à résoudre. Au lieu de cela, il est possible de tester des modèles d'équilibre partiel formés de conditions du premier ordre quelque peu agrégées. Les différentes versions du CAPM sont des modèles de ce type. Les variables d'état de ces modèles sont trouvées de manière empirique. Je considérerai l'analyse empirique des modèles d'équilibre partiel comme hétérodoxe mais également, peut-être, comme plus pragmatique et utile que la méthode orthodoxe consistant à tester des modèles d'équilibre général après qu'ils ont été complètement résolus.

La question que je souhaite traiter dans cet article est la suivante : laquelle des deux approches – la méthode orthodoxe de l'équilibre général ou la méthode hétérodoxe du CAPM – est la plus susceptible de nous aider à identifier les variables d'état pertinentes, afin d'obtenir une indication sur le type correct de modèle qui devra être développé ? Je souhaite passer en revue l'ensemble des modèles développés jusqu'à présent, ainsi qu'évaluer le potentiel de succès de chacune des deux approches.

La suite de l'article est organisée de la manière suivante. La section 1 est consacrée aux observations sur les marchés financiers internationaux qui attendent une explication, ou dont les modèles de l'économie internationale doivent à tout le moins tenir compte. La section 2 présente des versions internationales du CAPM qui prennent en compte les déviations de la parité des pouvoirs d'achat (PPA) entre les consommateurs des différents pays. La section 3 offre une revue des tests empiriques de ces CAPM internationaux, ainsi qu'une analyse des résultats de ces tests. La section 4 décrit un certain nombre de modèles d'équilibre général. La section 5 comporte une conclusion sur les modèles d'équilibre général.

1. Les faits saillants

Plusieurs anomalies sont énumérées ci-dessous. Il est peu probable qu'elles soient jamais expliquées par le modèle néo-classique avec une population homogène d'investisseurs et des chocs iid. Les modèles à venir de l'économie internationale devront, à tout le moins, prendre en compte ces anomalies. L'objectif ultime de la recherche est d'apporter une explication à ces anomalies en introduisant dans les modèles un mélange approprié d'incomplétude, de segmentation et d'imperfection du marché financier.

1) Les violations de la relation de parité des taux d'intérêt non couverte (et la prévisibilité correspondante des cours de change au comptant) ont été abondamment mises en évidence. Une revue rapide des résultats empiriques sur ce sujet est effectuée dans le paragraphe 3.1. Ces violations sont telles qu'il est peu probable qu'elles puissent être interprétées comme des primes de risque.

2) Les devises restent sous-évaluées ou surévaluées par rapport à leur cours de parité des pouvoirs d'achat pendant des périodes de temps très longues. Les déficits et les excédents de balance commerciale sont également persistants. Le retour, à long terme, des cours de change vers leurs valeurs de parité des pouvoirs d'achat se fait si lentement qu'il est à peine détectable par les statisticiens. En fait, l'hypothèse a été émise, et n'a pas été rejetée, que les cours de change réels suivent une martingale (Adler et Lehmann, 1983). A tout le moins,

il est possible de dire que les variations des cours de change réels contiennent une composante permanente très importante (Campbell et Clarida, 1987 ; Huizinga, 1987). La volatilité des déviations de la PPA se traduit par des variations importantes du taux d'intérêt réel d'un pays à l'autre.

Des déviations de la PPA d'une telle ampleur peuvent-elles refléter des variations des prix relatifs ? Ou traduisent-elles au contraire des violations de la loi du prix unique ? Giovannini (1988), Marston (1990) et Engel (1991), entre autres, ont montré que la loi du prix unique est violée de manière flagrante pour la raison probable que la concurrence entre les firmes est imparfaite.

3) Des études de l'économie américaine ont révélé que les séries temporelles de consommation sont trop lisses pour que la consommation soit déterminée par la richesse, et pour que la richesse soit la valeur actuelle de la consommation future. Des études du marché des actions ont montré que la consommation est également trop lisse pour servir de base à l'évaluation des actifs, comme elle pourrait le faire selon la théorie néo-classique de l'utilité marginale. Ce problème sera réexaminé dans le paragraphe 4.1. Sur la scène internationale, une corrélation extrêmement faible des consommations des différents pays est observée, alors que, selon la théorie des marchés complets et intégrés, cette corrélation devrait être parfaite[8].

4) La composition des portefeuilles des investisseurs fait apparaître une forte préférence pour les actions de leur propre pays. Les investisseurs français allouent la quasi-totalité de leurs portefeuilles aux titres français, alors que la théorie traditionnelle des choix de portefeuille leur conseille de détenir le portefeuille de marché mondial. Des résultats empiriques sur ce problème sont présentés par Eldor *et al.* (1988), French et Poterba (1991), Cooper et Kaplanis (1991), Howell et Cozini (1990, 1991), Broadgate Consultants (1991), Tesar et Werner (1992). Parce que la théorie économique actuelle surestime le désir des investisseurs d'investir à l'étranger, il lui est difficile d'expliquer l'évolution de l'épargne en fonction des termes de l'échange. Cette théorie n'explique pas non plus de manière satisfaisante la corrélation élevée entre l'épargne et l'investissement qui est observée par Feldstein et Horioka (1980). Une question intéressante se pose : les déviations de la PPA et le comportement des cours de change réels mentionnés au paragraphe 2) ci-dessus ont-ils quelque chose à voir avec la préférence nationale observée en matière d'investissement ?

2. Les modèles d'évaluation des actifs dans un cadre international et la relation de parité des taux d'intérêt non couverte

2.1. L'hétérogénéité provenant des prix des biens de consommation : le CAPM international

Siegel (1972), le premier, a évoqué la question de l'évaluation des actifs lorsque la population des investisseurs est répartie entre plusieurs pays, et lorsque l'hétérogénéité entre ces investisseurs provient de déviations de la PPA. Sous l'hypothèse de neutralité vis-à-vis du risque, le cours de change à terme est égal à l'espérance du cours de change au comptant futur[9]. Mais si

8. Voir Grossman et Shiller (1982), Leme (1984), Scheinkman (1984) et Obstfeld (1986, 1989).

9. Comme la parité des taux d'intérêt couverte est toujours vérifiée, ceci revient à dire que l'écart entre les taux d'intérêt sur deux devises est égal à l'espérance de variation du cours de change. Ce résultat est la parité des taux d'intérêt non couverte.

un cours de change à terme, exprimé en dollar par franc, est égal à l'espérance du cours de change au comptant futur, également exprimé en dollar par franc, alors comment le cours de change à terme exprimé en franc par dollar peut-il être égal à la valeur espérée du cours de change spot futur également exprimé en franc par dollar ? La réponse à cette question est que, à partir du moment où le cours de change au comptant futur est aléatoire, les deux inégalités ne peuvent pas être toutes les deux vraies, du fait de l'inégalité de Jensen. Cette simple observation est connue sous le nom de « paradoxe de Siegel ».

Deux décennies durant, les économistes ont évité la question posée par Siegel et sont allés jusqu'à postuler, de manière totalement *ad hoc*, que le logarithme du cours de change à terme était égal à la valeur espérée du logarithme du taux de change au comptant futur. Il n'existe aucune fonction d'utilité dont pourraient être dotés les investisseurs-consommateurs qui puisse produire un tel résultat à l'équilibre[10]. Le but de cet expédient était de se débarrasser du paradoxe de Siegel. Les empiristes et les statisticiens (McCulloch, 1975) ont fait remarquer que, pour une volatilité des cours de change telle que celle qui prévaut dans le monde réel, l'impact de l'inégalité de Jensen est de toute manière de faible grandeur.

Solnik (1974) s'est attaqué directement au problème consistant à établir des restrictions devant être vérifiées par les taux de rentabilité des actifs, à l'équilibre d'un marché financier animé par des investisseurs risquophobes, qui diffèrent les uns des autres par les prix des biens de consommations auxquels ils sont confrontés. Un antécédent logique au modèle de Solnik est le CAPM en économie fermée, exprimé en termes nominaux, formulé par Friend *et al.* (1976). En notant ρ_i le taux de rentabilité de l'actif i, en termes réels (ajusté pour tenir compte de l'inflation), sur une courte période de temps, le CAPM classique de Sharpe (1964), Lintner (1965) et Mossin (1966) établit qu'il doit exister à l'équilibre deux nombres η et θ communs à tous les titres tels que, pour chaque titre (pour tout i) :

$$E(\rho_i) = \eta + \theta \text{ cov } (\rho_i,\ \rho_m) \qquad [1]$$

où ρ_m est le taux de rentabilité réel du portefeuille de marché. Les deux nombres η et θ peuvent être interprétés respectivement comme le taux sans risque réel (éventuellement implicite) et comme le degré moyen d'aversion au risque du marché. En remarquant que le taux de rentabilité réel ρ_i de l'actif i est donné par :

$$\rho_i = \frac{1 + R_i}{1 + \pi} - 1 \qquad [2]$$

où R_i est le taux de rentabilité nominal et π est le taux d'inflation, nous pouvons remplacer ρ_i dans l'équation [1] par sa valeur donnée par l'équation [2] et appliquer les règles du calcul stochastique (le lemme d'Itô) pour obtenir :

$$E(R_i) - E(\pi) + \text{var } (\pi) - \text{cov } (R_i,\ \pi) = \eta + \theta \text{ cov } (R_i - \pi,\ R_m - \pi) \qquad [3]$$

10. Il n'est pas erroné de comparer le logarithme du cours de change à terme au logarithme du taux de change au comptant futur, mais si l'on veut que la relation entre les deux logarithmes reste compatible avec l'équilibre, il faut y introduire un terme supplémentaire – une sorte de prime.

ou, en réarrangeant les termes de cette équation :

$$E(R_i) = \eta + E(\pi) - (1-\theta)\ \mathrm{var}\ (\pi) - \theta\ \mathrm{cov}\ (\pi,\ R_m)$$
$$+(1-\theta)\ \mathrm{cov}\ (R_i,\ \pi) + \theta\ \mathrm{cov}\ (R_i,\ R_m) \qquad [4]$$

La somme des quatre premiers termes du membre de droite de l'équation [4] est égale au taux sans risque r, si un tel taux de rentabilité existe[11]. L'équation [4] peut donc être réécrite de la manière suivante :

$$E(R_i) = r + (1-\theta)\ \mathrm{cov}\ (R_i,\ \pi) + \theta\ \mathrm{cov}\ (R_i,\ R_m) \qquad [5]$$

Cette forme simple du CAPM nominal nous enseigne une chose également simple. Les rentabilités nominales incorporent une prime de risque distincte qui rémunère le risque d'inflation. Cette prime de risque est affectée d'un coefficient égal à 1 moins l'aversion au risque du marché ; elle serait donc présente même si les investisseurs étaient indifférents vis-à-vis du risque (le cas où $\theta = 0$). Une autre version de cet enseignement est que la somme des coefficients de la covariance de R_i avec l'inflation et de la covariance de R_i avec le marché est égale à 1. Cette contrainte sur les coefficients du CAPM provient du fait que les investisseurs évaluent les rentabilités en termes réels (c'est-à-dire en termes d'unités de consommation). Ils ne souffrent pas d'illusion monétaire.

Comme la théorie du portefeuille en général, le travail de Solnik (1974) a fourni deux éléments d'information sur l'équilibre international. Le premier est le CAPM international, c'est-à-dire une contrainte sur les rentabilités des titres ; le second est une description des portefeuilles détenus par les investisseurs à l'équilibre.

Un cas particulier intéressant est celui où le taux d'inflation dans chacune des différentes devises nationales est non aléatoire[12], c'est-à-dire le cas où, par exemple, le taux d'inflation français mesuré comme le taux de croissance, en pourcentage, de l'indice des prix à la consommation en France est non aléatoire lorsqu'il est mesuré en franc, de même que le taux d'inflation américain mesuré en dollar, etc. Nous appellerons ce cas particulier « le cas particulier de Solnik », et nous étudierons ses implications à plusieurs niveaux.

Il faut observer que le taux d'inflation dans un pays quelconque sur une période de temps donnée peut être mesuré dans n'importe quelle devise. Par exemple, il est possible de mesurer le taux d'inflation français en dollar en utilisant la formule de conversion suivante :

$$\pi^{\$}_{\mathrm{Fra}} = (1 + \pi^{\mathrm{FF}}_{\mathrm{Fra}})\ (1 + \nu^{\$}_{\mathrm{FF}}) - 1 \qquad [6]$$

où $\nu^{\$}_{\mathrm{FF}}$ est le taux d'appréciation du taux de change au comptant du dollar par rapport au franc sur la période considérée. La formule donnée par l'équation [6] sert simplement à changer d'unité de mesure. Elle ne repose sur aucune

11. Si ce n'est pas le cas, r est le taux de rentabilité nominal sans risque « implicite ».

12. C'est cette hypothèse que fait Solnik dans son travail.

hypothèse économique[13]. Dans le cadre du cas particulier de Solnik, le taux d'inflation en France mesuré en franc est non aléatoire. Par contre, le taux d'inflation en France mesuré en dollar est aléatoire, puisqu'il est proportionnel au taux de variation du cours de change du dollar par rapport au franc, qui est lui-même aléatoire.

Considérons maintenant les taux de rentabilité R_i de tous les titres, ainsi que tous les taux d'inflation nationaux, tous exprimés dans la même unité, par exemple le dollar. Au besoin, les taux de rentabilité exprimés en devise étrangère peuvent être convertis en dollar en utilisant une formule analogue à celle utilisée par les taux d'inflation :

$$R_i = (1 + R_i^*)\ (1 + \nu) - 1 \qquad [7]$$

où R_i^* est le taux de rentablité du titre i en devise étrangère et ν est le taux de variation du cours de change de la devise étrangère exprimé en dollar.

Lorsque la PPA n'est pas vérifiée, les taux d'inflation dans les différents pays, tous exprimés en dollar, ne sont pas égaux, et les écarts entre ces taux d'inflation sont aléatoires. C'est là la forme d'hétérogénéité au sein de la population des investisseurs qu'il faut introduire pour représenter de manière réaliste un monde dans lequel les individus n'apprécient pas tous de la même manière les rentabilités réelles des mêmes titres. Chaque pays, ou chaque groupe national d'investisseurs-consommateurs – ceux du pays l par exemple –, a son propre taux d'inflation π^l. Dans le cadre du cas particulier de Solnik, ce taux d'inflation est le reflet uniquement des variations aléatoires du taux de change de la devise du pays l par rapport au dollar ; le taux d'inflation américain est alors le seul à ne pas être aléatoire lorsqu'il est mesuré en dollar.

Le CAPM international nominal, exprimé en dollar, peut maintenant être établi de la manière suivante. Pour chaque groupe national d'investisseurs, une condition du premier ordre similaire à l'équation [5] est vérifiée :

$$E(R_i) = r + (1 - \theta^l)\ \text{cov}\ (R_i,\ \pi^l) + \theta^l\ \text{cov}\ (R_i,\ R_p^l) \qquad [8]$$

où r est le taux d'intérêt nominal sans risque en dollar et R_p^l est le taux de rentabilité en dollar du portefeuille optimal détenu par les investisseurs du pays l : $R_p^l = \sum_i x_i^l R_i$, où x_i^l est le poids du titre i dans le portefeuille des investisseurs du pays l. Afin d'agréger, sur l'ensemble des groupes nationaux d'investisseurs, les conditions du premier ordre données par l'équation [8], les deux membres de cette équation sont tout d'abord divisés par θ^l et multipliés par W^l (la richesse du pays l), pour chaque pays l. Ensuite, les conditions du premier ordre de tous les groupes nationaux d'investisseurs sont additionnées membre à membre. L'équation ainsi obtenue est enfin divisée par $\sum_l W^l/\theta^l$ pour obtenir :

$$E(R_i) = r + \theta \sum_l \left(\frac{1}{\theta^l} - 1\right)\ W^l\ \frac{\text{cov}\ (R_i,\ \pi^l)}{W} + \theta\ \text{cov}\ (R_i,\ R_m) \qquad [9]$$

---

13. L'expression qui suit est par contre une formulation de la PPA relative :

$$\pi_{\text{USA}}^{\$} = (1 + \pi_{\text{Fra}}^{\text{FF}})(1 + \nu_{\text{FF}}^{\$}) - 1$$

Remarquez la différence avec l'équation [6] : $\pi_{\text{USA}}^{\$}$ est le taux d'inflation aux Etats-Unis.

où $W = \sum_l W^l$ et $1/\theta = \frac{\sum_l W^l/\theta^l}{W}$. Le CAPM international donné par l'équation [9] incorpore maintenant autant de « primes d'inflation » qu'il existe de groupes nationaux d'investisseurs.

Dans le cadre du cas particulier de Solnik, le CAPM exprimé en dollar ne contient pas de terme correspondant aux investisseurs américains car, pour ces investisseurs, π^l est constant. Les primes d'inflation qui apparaissent reflètent simplement les covariances des taux de rentabilité des titres avec ceux des cours de change ($\text{cov}\ (R_i,\ \pi^l) = \text{cov}\ (R_i,\ \nu^l)$). Ces primes rémunèrent le risque de change statistique inhérent à tout investissement.

L'abandon de l'hypothèse de Solnik a pour seule conséquence le fait que les différents taux d'inflation π^l ne sont plus seulement le reflet des fluctuations des cours de change mais également du caractère aléatoire du taux d'inflation de chaque pays exprimé dans la monnaie de ce pays, comme dans l'équation [6]. De plus, la prime d'inflation exigée par les investisseurs américains n'est alors plus nulle car la covariance $\text{cov}\ (R_i,\ \pi^l)$ correspondant à ces investisseurs est généralement différente de zéro lorsque l'hypothèse de Solnik est abandonnée[14]. Il faut observer que la somme des coefficients de toutes les primes (d'inflation et de covariance avec le marché) est égale à 1, comme dans l'équation [5], ce qui est une conséquence de l'absence d'illusion monétaire.

Le taux de rentabilité en dollar d'un dépôt en devise étrangère est donné par une formule qui est un cas particulier de l'équation [7] ; ce taux de rentabilité est égal à $(1 + r_j^*)\ (1 + \nu_j) - 1$, où r_j^* est le taux d'intérêt nominal sur la devise étrangère j. L'équation [9] appliquée à un dépôt dans une devise étrangère j donne :

$$r_j^* + E(\nu_j) = r + \theta \sum_l \left(\frac{1}{\theta^l} - 1 \right) W^l \, \frac{\text{cov}\ (\nu_j, \pi^l)}{W} + \theta\ \text{cov}\ (\nu_j,\ R_m) \qquad [10]$$

Cette équation est la forme que prend, sous l'hypothèse d'aversion au risque, la relation bien connue de parité des taux d'intérêt non couverte (PTINC), qui relie les taux d'intérêt sur deux devises distinctes.

Considérons maintenant un changement de devise de référence, c'est-à-dire un changement de la devise dans laquelle est exprimé le CAPM. La formule de conversion des taux de rentabilité est l'équation [7], où ν est le taux d'appréciation ou de dépréciation de la nouvelle devise de référence par rapport au dollar. En insérant l'équation [7] dans l'équation [9] et en utilisant les règles du calcul stochastique, nous obtenons :

$$E(R_i^*) + E(\nu) + \text{cov}\ (R_i^*,\ \nu) = r + \theta \sum_l \left(\frac{1}{\theta^l} - 1 \right)$$

$$\times W^l \, \frac{\text{cov}\ (R_i^* + \nu,\ \pi^{*l} + \nu)}{W} + \theta\ \text{cov}\ (R_i^* + \nu,\ R_m^* + \nu)$$

14. Voir Adler et Dumas (1983).

ou encore[15] :

$$E(R_i^*) = r - E(\nu) + \theta \sum_l \left(\frac{1}{\theta^l} - 1\right) W^l \frac{\text{cov}\ (\nu,\ \pi^{*l} + \nu)}{W} + \theta \text{ cov}\ (\nu,\ R_m^* + \nu)$$

$$+\theta \sum_l \left(\frac{1}{\theta^l} - 1\right) W^l \frac{\text{cov}\ (R_i^*,\ \pi^{*l})}{W} + \theta \text{ cov}\ (R_i^*,\ R_m^*) \qquad [11]$$

D'après l'équation [11], la somme des quatre premiers termes de cette équation est égale à r^*, le taux d'intérêt sur la nouvelle devise de référence. Nous avons donc :

$$E(R_i^*) = r^* + \theta \sum_l \left(\frac{1}{\theta^l} - 1\right) W^l \frac{\text{cov}\ (R_i^*,\ \pi^{*l})}{W} + \theta \text{ cov}\ (R_i^*,\ R_m^*) \qquad [12]$$

Cette équation est un CAPM international identique à l'équation [9] à un terme près : l'ordonnée à l'origine, qui devient r^* au lieu de r. Un changement de devise de référence laisse donc le CAPM inchangé, comme l'on pouvait s'y attendre en l'absence d'illusion monétaire.

Adler et Dumas (1983) ont observé que, pour les actions, le CAPM international donné par l'équation [9] peut être ramené au CAPM nominal classique donné par l'équation [5]. Ce CAPM international réduit s'applique aux taux de rentabilité des actions « couverts contre le risque de change ». Associons à chaque investissement en actions une position courte en devises telle que la rentabilité nette du portefeuille – la rentabilité sur les actions diminuée de la rentabilité sur les devises – soit indépendante des déviations de la PPA :

$$\begin{aligned} &R_i = \sum_j \gamma_{ij}(r_j^* + \nu_j) + \xi_i \quad \text{pour tout } i \\ &\sum_j \gamma_{ij} = 1 \ E(\xi_i) \neq 0 \\ &\text{cov}\ \left[\xi_i,\ (\pi^l - \pi^{\text{USA}})\right] = 0 \quad \text{pour tout } l \end{aligned} \qquad [13]$$

Les coefficients γ_{ij} sont choisis de telle manière que ξ_i soit indépendant des déviations de la PPA, $\pi^l - \pi^{USA}$[16]. Les coefficients γ_{ij} peuvent être interprétés comme des coefficients d'exposition des actions au risque de change[17]. Les rentabilités nettes ξ_i sont des rentabilités d'actions couvertes contre le risque de change. Adler et Dumas montrent que la relation suivante est vérifiée pour tout i et pour tout l :

$$E(\xi_i) = (1 - \theta) \text{ cov}\ (\xi_i,\ \pi^l) + \theta \text{ cov}\ (\xi_i,\ R_m) \qquad [14]$$

Le CAPM donné par l'équation [14] évalue les taux de rentabilité des actions par rapport aux taux de rentabilité de toutes les devises, au moyen de deux primes de risque seulement.

15. Les termes du type cov $(R_i^*,\ \nu)$ s'éliminent en utilisant le fait que la somme des coefficients de toutes les primes est égale à un.

16. Dans le cas particulier de Solnik, cette contrainte se réduit à la nécessité pour les ξ_i d'être indépendants de toutes les variations ν_i des taux de change.

17. L'ensemble des coefficients γ_{ij} est invariant aux changements de devise de référence.

2.2. *La structure des portefeuilles à l'équilibre*

Sercu (1980)[18] a donné une description claire des portefeuilles d'équilibre dans le modèle de Solnik[19]. Remarquons que le système [8] de conditions du premier ordre peut être inversé pour obtenir le portefeuille x^l détenu par l'ensemble des investisseurs du pays l. Observez que, pour $\theta^l = 1$, la composition de ce portefeuille est indépendante du pays de résidence des investisseurs, puisque π^l disparaît des conditions du premier ordre. Tout se passe comme si un investisseur avec une aversion au risque égale à 1 était «apatride»[20]. Son portefeuille est universellement efficient.

Le théorème de séparation de Black (1976) établit que, si les ventes à découvert sont autorisées, l'ensemble des portefeuilles efficients du point de vue moyenne-variance est inclus dans l'ensemble des combinaisons linéaires de deux portefeuilles efficients arbitrairement choisis. L'idée apparaît alors de distinguer deux composantes dans le portefeuille d'un investisseur d'un pays l quelconque (cet investisseur ayant une aversion au risque θ^l). Nous savons déjà que le portefeuille correspondant à une aversion au risque égale à 1 est universellement efficient. La seconde composante devra être spécifique aux investisseurs de chaque pays. Notons Ω la matrice de variance-covariance des taux de rentabilité nominaux en dollar ($\Omega_{i,j} = \text{cov}\ (R_i,\ R_j)$) et ω^l le vecteur des covariances des taux de rentabilité, mesurés en dollar, avec l'inflation nominale du pays l, également mesurée en dollar ($\Omega_j^l = \text{cov}\ (R_j,\ \pi^l)$). Enfin, notons μ le vecteur des taux de rentabilité en sus du taux sans risque, mesurés en dollar ($\mu_j = E(R_i) - r$). D'après l'équation [8], le portefeuille x^l peut alors s'écrire[21] :

$$x^l = \frac{1}{\theta^l}\ \Omega^{-1}\mu + \left(1 - \frac{1}{\theta^l}\right)\ \Omega^{-1}\omega^l \qquad [15]$$

Dans l'équation [15], la première composante du portefeuille, $\Omega^{-1}\mu$, est égale au portefeuille correspondant à une aversion au risque égale à 1 ; sa composition est bien indépendante de l, le pays de résidence de l'investisseur. La seconde composante du portefeuille, $\Omega^{-1}\omega^l$, est formellement identique au vecteur des coefficients d'une régression multiple de π^l sur les rentabilités R_i de tous les titres. Cette seconde composante est donc facile à interpréter. Puisque la corrélation entre sa rentabilité et l'inflation domestique est maximale, elle constitue une couverture contre l'inflation dans le pays de résidence de l'investisseur. Dans le cas particulier de Solnik, où l'inflation domestique est non stochastique lorsqu'elle est exprimée dans la devise de référence de l'investisseur, le portefeuille de couverture est composé intégralement d'un dépôt dans la devise de référence de l'investisseur.

Cette décomposition simple des portefeuilles des investisseurs nous donne une image des détentions de titres à l'équilibre du marché mondial des capi-

---

18. Ainsi que Ross et Walsh (1983).

19. Sercu a également éliminé l'hypothèse inutile de Solnik selon laquelle les taux de rentabilité des titres exprimés dans leur devise respective sont indépendants des cours de change (ce qui s'écrit $\gamma_{ii} = 1$, $\gamma_{ij} = 0$, $j \neq i$).

20. La fonction d'utilité von Neumann-Morgenstern de cet investisseur est la fonction d'utilité logarithmique, et son portefeuille peut être appelé « portefeuille logarithmique ».

21. Les dépôts en dollar représentent une fraction $1 - \sum_i x_i^l$ de la richesse de l'investisseur.

taux, image qui est présentée dans le tableau 1. Tous les investisseurs au monde détiennent le portefeuille AR1 correspondant à une aversion au risque égale à 1. Ce portefeuille contient généralement des actions et des dépôts en devises[22]. Chaque pays alloue à ce portefeuille une fraction $1/\theta^l$ de sa richesse.

Dans le cas particulier de Solnik, tous les investisseurs allouent l'intégralité de leur richesse restante – soit une fraction $1 - \theta^l$ de leur richesse – à un dépôt dans leur devise de référence. Par conséquent, les actions ne sont détenues que par le biais du portefeuille universel. A l'équilibre, la somme des détentions d'actions par les investisseurs doit être égale au portefeuille de marché mondial. La structure de la composante du portefeuille universel investie en actions, qui est également la structure de la composante investie en actions du portefeuille de tout investisseur, doit par conséquent être identique à la composition du portefeuille de marché d'actions mondial, quelle que puisse être la structure de la matrice de variance-covariance des rentabilités. A l'équilibre, tous les investisseurs détiennent des actions dans les mêmes proportions[23].

Tableau 1 – Montants détenus en portefeuille

	Portefeuille universel	Portefeuilles de couverture			Portefeuille de marché mondial
		France	UK ...	USA	
Actions	Wx_m	0	0	0	Wx_m
Devises					
FF	$-(1 - 1/\theta^{\text{Fra}})\ W^{\text{Fra}}$	$(1 - 1/\theta^{\text{Fra}})\ W^{\text{Fra}}$			
UK£	$-(1 - 1/\theta^{\text{UK}})\ W^{\text{UK}}$		$(1 - 1/\theta^{\text{UK}})\ W^{\text{UK}}$	0	0
⋮		0	⋱		
US$	$-(1 - 1/\theta^{\text{USA}})\ W^{\text{USA}}$			$(1 - 1/\theta^{\text{USA}})\ W^{\text{USA}}$	0
Total	W/θ		$W(1 - 1/\theta$		W

Les dépôts en devises, quant à eux, sont des formes de prêt, et d'emprunt (lorsqu'ils sont détenus en quantité négative). Pour chaque prêteur, il doit exister un emprunteur ; la somme nette des dépôts en devises doit donc être nulle. Si les Français investissent une fraction $1 - \theta^{\text{Fra}}$ de leur richesse en dépôts en franc, comme « portefeuille de couverture », il vient alors que le reste du monde doit emprunter le même montant en franc. Cet emprunt en franc doit se retrouver dans les portefeuilles universels. Cette observation fournit la composition, à l'équilibre, de la composante du portefeuille universel qui est investie en devises, ainsi que les poids relatifs des composantes « actions » et « devises » du portefeuille universel.

Dans le cas typique où l'aversion au risque de chaque groupe national d'investisseurs est supérieure à 1, les investisseurs de chaque pays investissent un montant positif dans leur monnaie nationale (car, alors, $1 - \theta^l > 0$).

22. Le terme « actions » désigne tous les titres dont l'offre nette est positive.

23. Les portefeuilles de couverture contre l'inflation des investisseurs contiennent également des actions lorsque le cas particulier de Solnik ne s'applique pas. Il n'existe pas de relation simple entre le portefeuille de chacun des investisseurs et le portefeuille de marché mondial.

Par conséquent, les poids des devises dans le portefeuille AR1 sont typiquement négatifs. Ce portefeuille, qui est universellement efficient, contient une composante «actions» qui a la même structure que le portefeuille de marché d'actions mondial, mais cette composante «actions» est financée en partie par des positions courtes en devises[24].

2.3. *Les leçons de la théorie internationale du portefeuille*

La théorie des choix de portefeuille dans un cadre international a produit deux résultats qui sont, en principe, testables : un CAPM international et une description détaillée de la structure des portefeuilles à l'équilibre. Les tests de différents CAPM dans un cadre international font l'objet de la section 3. Nous allons maintenant parler des implications de la théorie pour la PTINC, et de la vraisemblance des conclusions de la théorie concernant la structure des portefeuilles optimaux des investisseurs.

Si le marché financier est intégré, le CAPM donné par l'équation [9] s'applique, bien sûr, à tous les titres. Lorsqu'il est appliqué aux dépôts en devises, il prend la forme de l'équation [11], qui est une relation entre les taux d'intérêt nominaux à court terme sur deux devises différentes ou, de manière équivalente, entre le taux de report ou de déport à court terme et l'espérance du cours de change au comptant futur. Cette relation fournit la déviation qui se produit par rapport à la PTINC traditionnelle, qui apparaît lorsque les investisseurs sont sensibles au risque et lorsque la PPA n'est pas vérifiée. Dans la section 3 ci-dessous, nous examinons les résultats empiriques sur la PTINC, afin de voir s'ils sont cohérents avec la relation [11] écrite sous différentes formes.

Nous pouvons maintenant revenir au paradoxe de Siegel en prenant la limite de l'équation [11] lorsque $\theta^l \rightarrow 0$ afin de tendre vers la neutralité vis-à-vis du risque. D'après les équations [9] et [11], il est évident que, dans ce cas, l'équilibre s'effondre. Lorsque les investisseurs sont neutres vis-à-vis du risque et lorsque la PPA n'est pas vérifiée, il existe des écarts infinis entre les rentabilités exigées par les différents investisseurs. Il n'existe alors pas d'équilibre.

Toutefois, si la PPA est vérifiée, le CAPM correct est celui donné pas l'équation [5] qui, lorsqu'il est appliqué aux dépôts en devises, donne :

$$r_i^* + E(\nu_i) = r + (1 - \theta)\ \text{cov}\ (\nu_i,\ \pi) + \theta\ \text{cov}\ (\nu_i,\ R_m) \qquad [16]$$

où π est le taux d'inflation mondial mesuré dans la même unité que les cours de change et les taux de rentabilité. Si $\theta = 0$, nous avons toujours $r_i^* + E(\nu_i) = r + \text{cov}\ (\nu_i,\ \pi)$. Il existe alors un équilibre, mais la relation d'équilibre entre

24. Les devises incluses dans le portefeuille AR1 représentent un investissement, quoique négatif, au même titre que les actions. La meilleure preuve en est que le montant investi dans ces devises dépend de l'aversion au risque. Bien entendu, les investissements en devises sont également motivés par le souci de diversification, mais ce n'est pas une raison suffisante pour considérer les positions courtes en devises utilisées pour financer les investissements en actions comme une simple couverture du risque de change de ces investissements en actions. A des fins descriptives, il pourrait être utile de décomposer le portefeuille AR1 en un investissement en actions couvert contre le risque de change, et en un pur investissement en devises (ceci peut être fait en partitionnant la matrice Ω puis en l'inversant). Mais une telle décomposition serait sans intérêt, puisque tous les investisseurs détiendraient les deux composantes dans les mêmes proportions.

les taux d'intérêt fait intervenir une prime d'inflation qui est une déviation par rapport à la PTINC nominale. La présence de cette prime d'inflation vient du fait que c'est aux rentabilités réelles que s'intéressent les investisseurs. Cette prime d'inflation apporte la solution du paradoxe de Siegel[25]. Que θ soit égal à 0 ou pas, l'équation [16] est parfaitement symétrique ; le taux de rentabilité espéré d'un investissement en dollar, mesuré dans la devise i, est donné par l'équation suivante[26] :

$$r - E(\nu_i) + \text{var}\ (\nu_i) = r_i^* + (1 - \theta)\ \text{cov}\ (-\nu_i,\ \pi - \nu_i) + \theta\ \text{cov}\ (-\nu_i,\ R_m - \nu_i) \quad [17]$$

qui est équivalente à l'équation [16].

Concernant, maintenant, la structure des portefeuilles à l'équilibre, les leçons de la théorie internationale du portefeuille sont riches de précision. Mais sont-elles cohérentes avec la vie de tous les jours ? Dans la section 1, nous avons fait remarquer que les portefeuilles réels des investisseurs sont fortement biaisés en faveur des actions de leur pays. Selon la théorie, les investisseurs devraient faire preuve d'une préférence pour les titres de leur pays en ce sens qu'ils devraient détenir leur monnaie nationale comme couverture, ou comme actif sans risque. Mais la théorie dit également qu'ils devraient tous détenir un portefeuille d'actions ayant la même structure que le portefeuille de marché mondial. Cette proposition est uniquement vraie au sens strict dans le cadre du cas particulier de Solnik, qui n'est probablement pas très éloigné de la vérité. Elle n'est pas vraie si les taux d'inflation dans les différents pays de résidence des investisseurs sont aléatoires. Bien qu'il soit nécessaire de réaliser des études empiriques pour répondre de manière définitive à cette question, nous pouvons soupçonner qu'il y a peu de chances pour que le risque d'inflation domestique se révèle être une explication convaincante du biais des portefeuilles en faveur des actions domestiques.

Il s'avère que le risque de change et les déviations de la PPA ne sont pas non plus des explications pertinentes du biais des portefeuilles en faveur des actions domestiques[27]. Cela s'explique par le fait que, dans le modèle, les investisseurs peuvent couvrir le risque de change. Le fait que les investisseurs disposent de dépôts (ou de contrats à terme *forward*) dans toutes les devises rétablit l'homogénéité de la population[28].

---

25. Ce résultat a été mentionné pour la première fois dans une publication par Frenkel et Razin (1980).

26. La prime d'inflation permet de résoudre le paradoxe de Siegel même si l'inflation mondiale mesurée en dollar, π, n'est pas aléatoire (de telle sorte que la prime d'inflation est nulle lorsque la devise de référence est le dollar). Si la PPA est vérifiée, l'inflation mondiale mesurée dans une devise i autre que le dollar est aléatoire, et une prime d'inflation apparaît dans l'équation [17], qui considère la devise i, plutôt que le dollar, comme devise de référence. Cette prime permet de résoudre le paradoxe de Siegel.

27. En particulier, les différences entre les paniers de consommation des investisseurs des différents pays n'expliquent pas, en elles-mêmes, le biais en faveur des actions domestiques. La discussion de ce problème se poursuit dans le paragraphe 4.2. qui aborde, brièvement, le problème des biens non échangés.

28. Black (1990) a fait remarquer que les investisseurs japonais fournissaient aux investisseurs américains un moyen peu onéreux de couvrir le risque associé aux variations du yen, et vice-versa. Un investisseur dont l'aversion au risque est supérieure à 1 souhaite détenir un montant positif de sa devise nationale dans son portefeuille de couverture. Il ne coûte alors pas cher aux investisseurs étrangers de prendre des positions courtes dans cette devise.

Il est évident que le modèle ne tient pas compte de certains aspects de la réalité du marché international des capitaux qui pourraient expliquer la préférence pour les actions domestiques. La segmentation des marchés, sous différentes formes, vient immédiatement à l'esprit[29]. Des recherches devraient être entreprises pour identifier la nature et les sources de la segmentation. L'asymétrie d'information, telle qu'elle est envisagée par Admati (1985) ou Diamond et Verecchia (1981), devrait trouver une application en finance internationale. Il est possible que les investisseurs français possèdent davantage d'informations sur l'économie et les entreprises françaises que les investisseurs américains, et *vice versa*. L'information locale serait alors une sorte d'information d'initié qui conduirait les investisseurs à investir moins à l'étranger, et peut-être également à modifier la composition de leur portefeuille de titres étrangers.

Etant donné la pauvreté des données sur les détentions d'actifs par les investisseurs, il serait utile de tirer les conséquences de la théorie internationale du portefeuille pour les mouvements de capitaux tels qu'ils sont enregistrés dans la balance des paiements[30]. Si les taux de rentabilité des titres sont supposés être iid dans le temps, la théorie prédit des transactions très faibles sur les titres. Comme dans le cadre de la théorie classique avec un seul pays, les investisseurs modifient la composition de leurs portefeuilles après avoir observé les réalisations des taux de rentabilité. Comme les investisseurs souhaitent maintenir relativement fixes les fractions de leur richesse investies dans les différents actifs, la réalisation d'une rentabilité élevée sur un titre fait augmenter le montant investi dans ce titre, et conduit les investisseurs à vouloir en vendre. A ce stade, une analyse explicite de l'investissement physique par les entreprises et les ménages devient nécessaire. Si le capital physique est parfaitement flexible, le désir de vendre est satisfait par une réduction (ou par une croissance plus faible) du capital des entreprises (qui intervient par le biais d'une distribution de dividendes et/ou d'un rachat d'actions). Le besoin pour les investisseurs d'effectuer des transactions est alors très faible. Dans le modèle international, les portefeuilles des investisseurs diffèrent par leur composante « devises », ce qui donne un rôle à jouer aux cours de change. Lorsque se produit une forte appréciation du franc, les investisseurs français souhaitent en vendre afin d'acheter d'autres devises et des actions. Dans le même temps, la valeur de la dette en franc des investisseurs étrangers augmente, et ils souhaitent donc en rembourser une partie. Les souhaits des investisseurs français et des investisseurs étrangers sont compatibles.

Les mouvements de capitaux seraient plus importants si les taux de rentabilité n'étaient pas iid. A proprement parler, le modèle que nous avons analysé jusqu'à maintenant n'est pas compatible avec des rentabilités non iid car

---

29. La principale contribution universitaire à la théorie de la segmentation du marché des capitaux est celle de Errunza et Losq (1985). La majeure partie de la littérature sur la segmentation considère la segmentation comme une donnée, et en analyse les conséquences. Dans le meilleur des cas, les études établissent une nomenclature des différentes formes de segmentation, mais ne l'expliquent pas. L'inconvénient des analyses de ce type est qu'elles ne fournissent aucune indication sur la forme particulière de segmentation qui pourrait constituer une hypothèse raisonnable.

30. Malheureusement, contrairement aux statistiques de balance des paiements, la théorie internationale du portefeuille ne fait pas la distinction entre les mouvements de capitaux liés à des investissements en portefeuille, et ceux liés à des investissements directs.

nous n'avons pas introduit dans les conditions du premier ordre des investisseurs (données par l'équation [8]) des termes de couverture intertemporelle à la Merton (1971, 1973). Si nous souhaitions malgré tout considérer le modèle que nous avons étudié comme une approximation d'un modèle dynamique, et si nous décidions de l'utiliser comme modèle-laboratoire en nous contentant de remplacer les espérances, les variances et les covariances inconditionnelles des rentabilités par leurs équivalents conditionnels, il faudrait encore identifier le processus stochastique joint des rentabilités et des variables d'état avant de pouvoir résoudre le problème des mouvements de capitaux. Par exemple, une augmentation de l'espérance conditionnelle de rentabilité d'un titre conduirait les investisseurs à acheter le titre et, dans le même temps, l'entreprise émettrice à accroître son capital physique. Mais une augmentation transitoire ferait apparaître un mouvement de capitaux plus faible qu'une augmentation permanente[31].

Il apparaît ainsi rapidement qu'une étude sérieuse des mouvements internationaux de capitaux exige d'élaborer et de résoudre un modèle d'équilibre général qui prenne en compte de manière explicite les politiques fiscale et monétaire, la formation du capital des entreprises, la rigidité des salaires et des prix, etc., afin de connaître les variables qui gouvernent le processus stochastique des taux de rentabilité.

2.4. Les autres modèles d'évaluation des actifs financiers applicables aux rentabilités internationales

Il a été montré dans les sections précédentes que le CAPM traditionnel à un pays ne survit pas, tel quel, à une transposition à un monde d'investisseurs hétérogènes. Il n'en est pas de même de certains autres types de CAPM. Le CAPM basé sur la consommation de Breeden (1979) ou l'*Arbitrage Pricing Theory* (APT) de Ross (1976) peuvent être appliqués à des données internationales sans nécessiter de modification[32].

Considérons tout d'abord le CAPM basé sur la consommation. Breeden (1979)[33] a montré que les taux de rentabilité réels des titres vérifient une condition du premier ordre qui fait intervenir le taux de consommation d'un investisseur quelconque. Cette condition est vérifiée de manière générale, dans un cadre multi-périodique aussi bien qu'unipériodique, sur des marchés complets ou incomplets, à partir du moment où un investisseur au moins choisit son portefeuille et sa consommation de manière optimale. Cette condition requiert uniquement que les investisseurs aient accès aux titres auxquels elle est appliquée. D'après cette condition du premier ordre, il existe deux nombres η et θ tels que :

$$E(\rho_i) = \eta + \theta \text{ cov } (\rho_i,\ \chi) \qquad [18]$$

---

31. La section 3 discute des travaux empiriques qui prennent en compte le processus des taux de rentabilité.

32. Pour une présentation de l'APT, voir dans cette ***Encyclopédie*** les articles de P. Batteau et V. Lasgouttes, « Modèles multifacteurs des rentabilités boursières », p. 1221, tome 2 et de P. Fontaine, « Modèles d'arbitrage et multifactoriels internationaux », p. 1164, tome 2.

33. Voir également Lucas (1978, équation [6]).

où χ est le taux de consommation réel de l'investisseur. La transformation de ce CAPM réel en un CAPM nominal donne :

$$E(R_i) - E(\pi) + \text{var}\ (\pi) - \text{cov}\ (R_i,\ \pi) = \eta + \theta\ \text{cov}\ (R_i - \pi,\ c - \pi) \qquad [19]$$

où c est le taux de consommation nominal de l'investisseur. Enfin, en reconnaissant le taux d'intérêt nominal dans la somme de certains termes de l'équation [19], nous obtenons :

$$E(R_i) = r + (1 - \theta)\ \text{cov}\ (R_i,\ \pi) + \theta\ \text{cov}\ (R_i,\ c) \qquad [20]$$

Cette condition est vérifiée du point de vue de tout groupe national d'investisseurs[34]. Elle peut être utilisée pourvu que le taux de consommation du groupe considéré soit observable, ou sous certaines hypothèses auxiliaires donnant au modèle un contenu empirique. L'équation [20] serait un outil idéal pour déterminer quels titres peut échanger chaque catégorie d'investiseurs, et par conséquent pour repérer des éléments de segmentation des marchés. Toutefois, le CAPM basé sur la consommation a échoué au niveau empirique comme instrument d'évaluation[35], principalement parce que la fréquence des observations de consommation est faible, et parce que le comportement de la consommation est beaucoup plus lisse que celui de la richesse. Comme la variable c varie peu dans le temps, le terme $\text{cov}\ (R_i,\ c)$ est incapable d'expliquer les écarts de rentabilité entre les titres. En utilisant le CAPM basé sur la consommation, Wheatley (1988) n'a détecté aucune segmentation du marché mondial des actions. Hansen et Hodrick (1983) ont utilisé l'équation [20] comme point de départ de leur analyse mais ont trouvé un moyen d'éviter, sous certaines hypothèses auxiliaires, d'avoir à mesurer la consommation. Nous revenons sur leurs travaux dans le paragraphe 3.3.

L'APT de Ross (1976) peut être appliquée à des données internationales même si des déviations de la PPA rendent la population mondiale hétérogène. Ross postule que les rentabilités des titres se conforment à une structure factorielle telle que celle-ci :

$$R_i = E(R_i) + f\beta_i + \epsilon_i \qquad [21]$$

où β_i est un vecteur de coefficients, f est un vecteur de K facteurs aléatoires communs à tous les titres, et où $E(f) = 0$, $E(\epsilon_i) = 0$ et $E(f\epsilon_i) = 0$. La matrice de variance-covariance des résidus ϵ_i est supposée avoir une structure particulière (souvent diagonale), alors que l'on fait tendre le nombre de titres sur le marché vers l'infini et que le nombre de facteurs reste fixé à K. En vertu de la loi des grands nombres, tout portefeuille contenant un grand nombre de titres aura un risque ϵ négligeable. Seuls les risques associés aux facteurs sont «non diversifiables». Ross montre que, pour qu'il y ait absence d'opportunité d'arbitrage, il doit exister une relation entre les rentabilités attendues des titres et les risques non diversifiables représentés par le vecteur β :

$$E(R_i) = r + \lambda\beta_i \qquad [22]$$

où λ est le vecteur des prix des risques, qui s'appliquent à tous les titres.

---

34. Stulz (1981) a étudié le problème de l'agrégation de cette condition sur l'ensemble des groupes nationaux d'investisseurs, lorsque la PPA n'est pas vérifiée.

35. Voir Hansen et Singleton (1982) ou Breeden *et al.* (1989).

Solnik (1983a) et Levine (1989) ont montré qu'une relation telle que l'équation [22] reste vérifiée après un changement de devise de référence[36].

3. Etude comparative des méthodes empiriques

Parce que le CAPM est un modèle d'équilibre partiel qui n'est pas complètement spécifié, il est impossible de le tester sans faire appel à des hypothèses auxiliaires. Principalement, il est nécessaire de spécifier les variables d'état exogènes qui gouvernent l'évolution de la distribution de probabilité des rentabilités de période en période. Comme le modèle en lui-même, contrairement à un modèle d'équilibre général complètement spécifié, ne donne aucune indication sur le choix de ces variables instrumentales, il est utilisé uniquement comme crible dans notre recherche des variables adéquates. Le test des performances d'un ensemble particulier de variables d'état porte sur leur capacité à prévoir les rentabilités, et sur la conformité au CAPM des espérances, des variances et des covariances conditionnelles que ces variables d'état permettent de calculer[37].

3.1. Les primes de risque constantes

De nombreux tests de la parité des taux d'intérêt non couverte consistent en des régressions des variations des cours de change au comptant sur des différentiels de taux d'intérêt (ou sur des taux de report ou de déport) passés. Par exemple, Cumby et Obstfeld (1984) ont testé l'équation suivante :

$$\ln S_t - \ln S_{t-1} = a + b(\ln F_{t-1} - \ln S_{t-1}) + u_t \qquad [23]$$

où S_t et F_t sont respectivement les valeurs à la date t d'un cours de change au comptant et du cours de change à terme correspondant. Sous l'hypothèse stricte de PTINC, $a = 0$ et $b = 1$. En modifiant la PTINC stricte[38] pour introduire une prime de risque dans la relation, et en ajoutant l'hypothèse que cette prime de risque est constante dans le temps, nous devrions toujours avoir $b = 1$. Pour la plupart des devises, depuis l'avènement du régime de cours de change flottants que nous connaissons, Cumby et Obstfeld ont trouvé des estimations de b beaucoup, et significativement, plus faibles que 0. De plus, ils ont également trouvé des signes révélateurs d'hétéroscédasticité dans les résidus u. Pour cette raison, il est difficile de justifier l'hypothèse de constance de la prime de risque.

Fama (1984) a posé la question suivante : une prime qu'il serait possible de justifier au niveau théorique peut-elle être suffisamment variable pour expliquer le résultat $b \ll 1$? Pour apporter des éléments de réponse à cette question, il a réarrangé le membre de droite de l'équation [23] de la manière suivante :

$$\ln S_t - \ln S_{t-1} = a + (\ln F_{t-1} - \ln S_{t-1}) + (b - 1)\ (\ln F_{t-1} - \ln S_{t-1}) + u_t \quad [24]$$

Les termes du membre de droite de l'équation [24] peuvent être interprétés ainsi : la somme des trois premiers termes est égale à $E_{t-1}(\ln S_t - \ln S_{t-1})$,

36. Voir Ikeda (1991) pour une opinion contraire.

37. Nous avons déjà fait remarquer que, par souci de cohérence, c'est en vérité le CAPM à plusieurs périodes, à la manière du modèle de Merton (1971, 1973), qui devrait être utilisé.

38. Ou, plutôt, une version logarithmique de cette condition, utilisée afin d'éviter le paradoxe de Siegel.

l'espérance conditionnelle de variation du log du cours de change au comptant, alors que la somme $a + (b-1)\ (\ln F_{t-1} - \ln S_{t-1})$ des premier et troisième termes est la prime de risque conditionnelle. Selon cette interprétation, trouver $b < 0{,}5$ implique que la prime de risque conditionnelle varie plus fortement dans le temps que l'espérance conditionnelle de variation du cours de change, ou encore que la variance inconditionnelle de la prime de risque est plus élevée que celle de la variation du cours de change[39]. Par exemple, si $b = 0,4$, l'espérance conditionnelle du cours de change est aussi variable que 0,4 fois le taux de report ou de déport, alors que la prime de risque conditionnelle est aussi variable que – 0,6 fois le taux de report ou de déport. Il faut également faire attention aux signes : selon cette interprétation, la covariance entre la prime de risque conditionnelle et l'espérance conditionnelle de variation du cours de change doit être négative. Il est peu probable d'obtenir, dans un modèle d'équilibre général, une prime de risque ayant de telles caractéristiques.

Trouver $b \neq 1$ implique qu'il est possible de prévoir les taux de change à partir des taux de report ou de déport[40]. Hsieh a cependant fait remarquer qu'il est fréquent que cette prévisibilité des cours de change à l'intérieur d'un échantillon de test ne se traduise pas par une quelconque aptitude à prévoir les cours de change au-delà de cet échantillon. Il découle de cette observation que certaines hypothèses de la théorie statistique sur laquelle reposent les tests doivent être violées. Hsieh (1991) suspecte que l'hypothèse de linéarité, qui intervient dans l'équation [23], mérite d'être examinée. Il utilise des méthodes non linéaires afin d'obtenir une certaine prévisibilité des cours de change en-dehors de l'échantillon de test.

Frankel (1982) a proposé une alternative à l'hypothèse de constance de la prime de risque. Il a supposé que la matrice de variance-covariance des cours de change était constante dans le temps. Cette hypothèse n'implique pas la constance de la prime de risque car les offres de titres libellés en différentes devises varient au cours du temps. Engel et Rodrigues (1988) et Engel *et al.* (1991) testent l'équation suivante :

$$R_t - r_{t-1} = \theta_t \Omega x_{t-1} + u_t \qquad [25]$$

dont le membre de gauche est un vecteur de rentabilités en sus du taux d'intérêt sur la période allant de $t-1$ à t, et dans laquelle x_{t-1} est un vecteur d'offres de titres à la date $t-1$, et u est un vecteur de rentabilités non anticipées. L'équation [25] est testée en imposant comme restriction que la matrice Ω est constante et égale à la matrice de variance-covariance du vecteur u des rentabilités non anticipées. L'avantage de cette méthode est qu'elle ne fait intervenir aucune restriction sur le prix du risque θ_{t-1}. Le vecteur des offres de titres est identifié aux offres d'obligations d'Etat libellées dans les différentes devises[41]. La restriction est rejetée par le test.

---

39. Pour en apprendre plus sur la relation entre les tests basés sur des régressions telles que l'équation [23] et les tests de bornes sur la variance, voir Frankel et Stock (1987), Froot (1987), et Cochrane (1991).

40. Sur le problème de la prévision du taux de change, le lecteur peut également consulter dans cette ***Encyclopédie*** l'article de P. Rousseau, « Prévision des taux de change », p. 1502, tome 2.

41. Pourtant, pour que la méthode soit correcte, tous les actifs devraient être inclus dans le vecteur x_t.

3.2. Les variables instrumentales

Ce paragraphe tente d'établir un inventaire des variables qui ont été utilisées par les chercheurs pour prévoir les rentabilités, aussi bien dans le cadre d'un pays unique que dans un cadre international.

Stambaugh (1986) ainsi que Fama et French (1988a, b), entre autres, ont fait remarquer que les rentabilités des marchés d'actions sont prévisibles (c'est-à-dire, en fait, non iid) à partir des rentabilités passées et de quelques « variables d'information ». Le graphique 1, emprunté à Kandel et Stambaugh (1988), résume la dépendance des rentabilités boursières vis-à-vis de leurs valeurs passées : ce diagramme présente la corrélation sérielle des rentabilités en fonction de l'horizon sur lequel ces rentabilités sont calculées. La corrélation sérielle des rentabilités est particulièrement forte pour les taux de rentabilité calculés sur des périodes relativement longues[42]. La part de la variabilité des rentabilités sur 3 à 5 ans, qui est prévisible à partir des rentabilités passées,

Graphique 1 – Estimation de l'autocorrélation d'ordre un des rentabilités réelles sur *N* mois (composées en continu) du portefeuille de marché de la bourse de New York, pondéré uniformément. Les estimations sont obtenues en régressant la rentabilité sur *N* mois sur sa valeur décalée

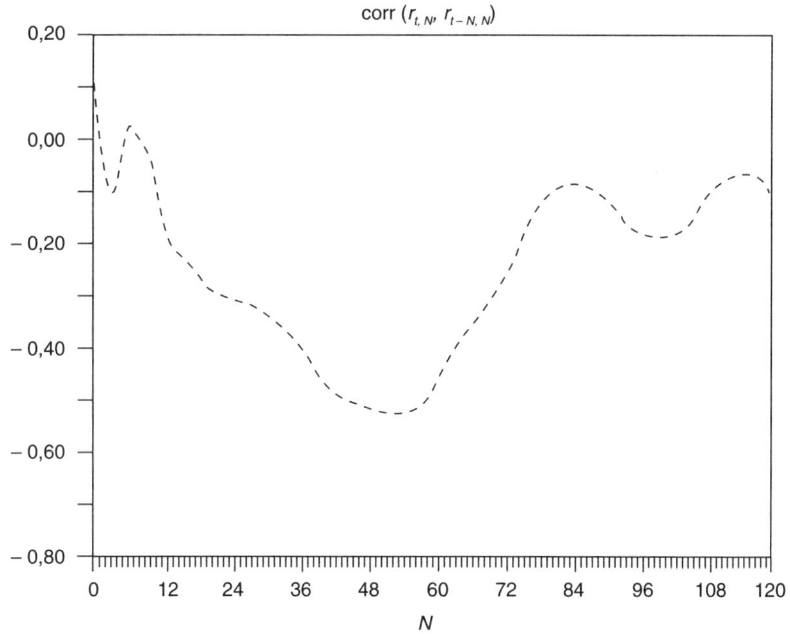

Source : Kandel et Stambaugh (1988).

---

42. Pour une critique méthodologique de l'approche de Fama et French, voir Richardson (1991). Le lecteur est averti du fait que les points successifs qui forment la courbe représentée sur le graphique 1 ne sont pas observés indépendamment l'un de l'autre. Ces points sont tous calculés à partir des mêmes données. La forme de la courbe peut donc être quelque peu trompeuse.

atteint des niveaux aussi élevés que 15 à 25 [43]. Il faut noter que la corrélation sérielle des rentabilités est principalement positive pour les horizons d'investissement les plus courts (jusqu'à un an environ) et négative pour les périodes plus longues, ce qui traduit un retournement des prix des actions[44].

Dans le cadre d'un pays unique, Fama et Schwert (1977), Rozeff (1984), Keim et Stambaugh (1986), Fama et French (1988b), ainsi que Campbell et Shiller (1988) ont également montré empiriquement que les rentabilités des actions sont prévisibles à partir de l'une, ou de plusieurs, des variables suivantes : le rendement en dividendes[45], le taux d'intérêt à court terme, le différentiel de rendement entre les obligations courtes et les obligations longues (qui est une prime de terme), le différentiel de rendement entre les obligations du secteur privé et les obligations d'Etat (qui est une prime de risque de signature), et un certain nombre de variables indicatrices, associées au mois de janvier et à certains jours de la semaine par exemple. Le graphique 2, également emprunté à Kandel et Stambaugh (1988), résume la dépendance empirique des taux de rentabilité vis-à-vis de ces variables sur des périodes relativement longues[46].

Cutler *et al.* (1991)[47] ont entrepris de chercher d'autres variables ayant un pouvoir prédictif des rentabilités des actions dans un contexte international. Etant donné que les historiques de données boursières pour les pays autres que les Etats-Unis sont relativement courts (de l'ordre de 20 à 30 ans), les études internationales ne peuvent porter sur des rentabilités calculées sur de très longues périodes. Cutler *et al.* ont examiné des rentabilités mensuelles qu'ils ont cumulées pour obtenir des rentabilités sur des périodes d'une longueur allant jusqu'à 48 mois. Leur échantillon était constitué des indices boursiers de treize pays observés de 1960 à 1968, de dix cours de change bilatéraux observés entre 1974 et 1988, ainsi que des cours d'actifs réels et de matières premières telles que l'or et l'argent. Dans la plupart des cas, ils ont trouvé une autocorrélation positive des taux de rentabilité à un an ou moins, et une autocorrélation négative des taux de rentabilité à plus long terme (de un à quatre ans). Les rentabilités des indices boursiers se sont révélées prévisibles, mais faiblement, à partir des rendements en dividendes correspondants[48].

---

43. La corrélation sérielle au sein d'une série unique peut être appréhendée non seulement en calculant des régressions sur des valeurs passées de la variable considérée, mais également à l'aide d'un test dû à Lo et MacKinlay (1988), qui est basé sur le ratio des variances de rentabilités calculées sur deux intervalles de temps différents. Cette approche peut être étendue à un cadre multivarié.

44. Notons que le phénomène de retournement ne résulte pas nécessairement d'un retournement de l'espérance (*mean reversion*). Il peut également résulter de variations de la variance : le retournement se produit si la variance augmente au fur et à mesure que l'on s'éloigne d'un point fixe vers lequel reviendront les prix.

45. L'étude de Fama et French s'intéresse au comportement d'indices boursiers. Par rendement en dividendes, il faut entendre ici le rendement en dividendes de l'indice considéré.

46. Pour une critique de cette approche, voir Forster et Smith (1992). Encore une fois, le lecteur est averti du fait que les différents points de la courbe ne sont pas statistiquement indépendants l'un de l'autre.

47. Avant eux, Gutelkin (1983) et Solnik (1983b) s'étaient intéressés à la possibilité de prévoir les rentabilités des actions dans chaque pays, pris séparément, à partir des taux d'intérêt à court terme.

48. Voir également Solnik (1992).

Graphique 2 – Valeur du R^2 de régressions de rentabilités d'une période de N mois (composées en continu) du portefeuille de marché de la bourse de New York (pondéré uniformément) sur trois variables de prévision (l'écart de rendement entre les obligations de bonne et de mauvaise catégorie, le rendement des obligations longues moins celui des Treasury bills et le rendement en dividendes). Pour chaque N, le R^2 est obtenu par une régression utilisant les rentabilités mensuelles, avec des recouvrements entre périodes de détention de titres

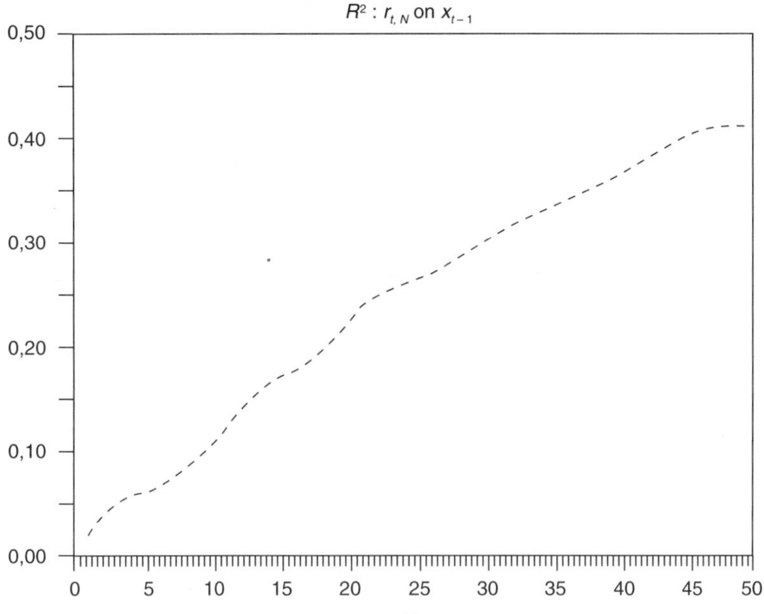

Source : Kandel et Stambaugh (1988).

En ce qui concerne les cours de change, les résultats résumés dans le paragraphe 3.1. impliquent qu'ils sont prévisibles à partir des taux de report ou de déport. Une certaine prévisibilité des taux de change au comptant à partir d'erreurs de prévision passées (le cours de change à terme étant utilisé comme prédicteur) a également été mise en évidence[49].

Bekaert et Hodrick (1992) ont utilisé la méthode des processus vectoriels auto-régressifs (VAR) pour étudier simultanément la relation entre les rentabilités des actions, les rentabilités sur le marché des changes, et un certain nombre de variables de prévision. Ils ont examiné des observations mensuelles d'indices boursiers de quatre pays (Etats-Unis, Japon, Royaume-Uni et Allemagne) et trois cours de change par rapport au dollar sur la période allant de janvier 1981 à décembre 1989. Ils ont également étudié les rentabilités des actions en deutsche mark, en yen et en livre sterling. Les variables de prévision étaient les rendements en dividendes des indices boursiers et les taux de report ou de déport. Bekaert et Hodrick ont estimé des processus VAR à deux pays, et ils ont introduit dans ces processus les rendements en dividendes des indices

49. Voir Hodrick (1987) pour une revue des résultats sur ce sujet.

boursiers des deux pays considérés. Ils sont arrivés à la conclusion, avec un niveau de confiance de l'ordre de 0,99, que leur modèle VAR était capable de prévoir les taux de rentabilité mensuels des actions. Afin d'étudier le lien entre la prévisibilité à court terme et la prévisibilité à plus long terme, ils ont également calculé les coefficients d'autocorrélation à plus long terme impliqués par les coefficients estimés du modèle VAR mensuel. De manière intéressante, pour certains pays au moins, ils ont été capables d'obtenir des autocorrélogrammes ayant la même allure que ceux décrits plus haut, caractérisés par une autocorrélation positive des rentabilités calculées sur des périodes de quelques mois, et une autocorrélation négative des rentabilités à plus d'un an[50].

En utilisant différentes combinaisons de variables comprenant les rendements en dividendes américain et japonais, les taux à court terme, et les écarts entre taux à court terme et taux à long terme, Campbell et Hamao (1992) trouvent un R^2 de 0,065 pour le Japon et de 0,10 pour les Etats-Unis sur la période 1971-1987.

Harvey (1991) compare différents ensembles de variables de prévision. Son étude s'intéresse à dix-sept pays sur la période allant de décembre 1969 à mai 1989. L'un des ensembles de variables qu'il considère est un « ensemble commun » de variables, constitué de la rentabilité du marché mondial des actions retardée d'une période[51], d'une variable indicatrice pour le mois de janvier, du rendement en dividendes du marché américain, d'une prime de terme américaine, et d'une prime de risque de signature américaine. Mais Harvey examine aussi plusieurs « ensembles d'instruments locaux » qui reflètent les effets propres aux différents pays. Harvey conclut que les variables d'information communes semblent expliquer la majeure partie de la prévisibilité des rentabilités des indices boursiers des différents pays. En effet, pour la quasi-totalité des pays étudiés, la régression basée sur les variables communes a un R^2 supérieur à celui de la régression basée sur l'information purement locale. Les deux variables d'information locales qui se révèlent les plus utiles (bien que leur effet reste marginal) sont la rentabilité retardée d'une période de l'indice boursier du pays considéré, et le rendement en dividendes de cet indice.

Les diverses études empiriques sur l'évaluation des actifs qui vont être passées en revue dans le paragraphe suivant utilisent des ensembles de variables instrumentales semblables à ceux considérés par Harvey.

3.3. Les modèles à variables latentes

Hansen et Hodrick (1983), avec des données de cours de change, et Gibbons et Ferson (1985), avec des données boursières, ont été les premiers à utiliser un modèle statistique appelé « modèle à variables latentes ». Pour présenter ce modèle statistique, partons du CAPM reposant sur la consommation, dans sa version conditionnelle :

$$E_{t-1}(R_i) = r_{t-1} + (1 - \theta_{t-1})\ \mathrm{cov}_{t-1}(R_i,\ \pi) + \theta_{t-1}\ \mathrm{cov}_{t-1}(R_i,\ c) \qquad [26]$$

50. Bekaert et Hodrick ont pu obtenir ce résultat sans même tenir compte de la variabilité de la variance conditionnelle des rentabilités mensuelles.

51. L'objectif de Harvey, en incluant cette variable dans son ensemble commun, était d'exploiter de manière synthétique la dépendance sérielle mise en évidence par Fama et French (1988a).

Dans cette équation, l'indice $t-1$ indique que les moments et les paramètres sont conditionnés sur les valeurs des variables d'information à la date $t-1$. Dans la plupart des tests, la prime d'inflation $\text{cov}_{t-1}(R_i,\ \pi)$ est négligée et la rentabilité d'un portefeuille p est utilisée pour remplacer θ, ce qui donne :

$$E_{t-1}(R_i) - r_{t-1} = [E_{t-1}(R_p) - r_{t-1}]\ \beta_i \qquad [27]$$

où $\beta_i = \text{cov}_{t-1}(R_i,\ c)/\text{cov}_{t-1}(R_p,\ c)$ est supposé être constant dans le temps. L'équation [27] nous dit alors que les variations dans le temps des rentabilités espérées de tous les titres sont gouvernées par un facteur commun : $E_{t-1}(R_p) - r_{t-1}$. Un critère doit être trouvé qui permette de décider, d'un point de vue empirique, si un facteur donné explique ou non les rentabilités espérées des titres. Dans ce but, supposons que la rentabilité du portefeuille p en sus du taux sans risque est une fonction linéaire d'un vecteur z de variables instrumentales :

$$R_{p,\,t} - r_{t-1} = \sum_j \delta_j z_{j,\,t-1} + u_t \qquad [28]$$

avec :

$$E(u|z) = 0 \qquad [29]$$

ce qui implique :

$$E(uz) = 0 \qquad [30]$$

En insérant l'équation [28] dans l'équation [27], il vient :

$$E(h|z) = 0 \qquad [31]$$

où h est défini par :

$$R_{i,\,t} - r_{t-1} = \beta_i \left(\sum_j \delta_j z_{j,\,t-1} \right) + (u_t\beta_i + h_{i,\,t}) \qquad [32]$$

L'équation [31] implique :

$$E(h_i z) = 0 \qquad [33]$$

La combinaison des équations [30] et [33] implique bien sûr :

$$E\left[(u\beta_i + h_i)\ z\right] = 0 \qquad [34]$$

ce qui signifie que le résidu de l'équation [32] est orthogonal aux instruments.

L'application de la méthode des variables latentes se poursuit de la manière suivante. Tout d'abord, l'équation [32] est estimée comme une régression sans contrainte :

$$R_{i,\,t} - r_{t-1} = \sum_j \gamma_{ij} z_{j,\,t-1} + \epsilon_{i,\,t} \qquad [35]$$

Ensuite, l'équation [32] est réestimée en contraignant les coefficients γ_{ij} à être de la forme $\gamma_{ij} = \beta_i \delta_j$. Enfin, les mesures d'adéquation aux données (les χ^2) des deux régressions sont comparées. Si leur différence est statistiquement significative, le modèle d'évaluation est rejeté.

En utilisant cette méthode, et en prenant des taux de report ou de déport passés comme instruments, Hansen et Hodrick (1983) ont rejeté le CAPM basé sur la consommation appliqué à des cours de change. Par contre, Hodrick et Srivastava (1984) ont accepté ce modèle testé sur les mêmes données, en utilisant comme instruments les erreurs de prévision passées commises par le cours de change *forward*.

Giovannini et Jorion (1987, 1989) ont également utilisé cette méthode pour tester le CAPM reposant sur la consommation appliqué simultanément au marché des changes et à des marchés d'actions. Ils ont rejeté le modèle sur la base d'observations hebdomadaires – effectuées sur la période allant du 3 août 1973 au 28 décembre 1984 – des cours de change au comptant de sept pays, de taux à une semaine sur les euro-devises, et de la rentabilité d'un indice boursier américain pondéré par les valeurs de marché. Ils ont également essayé de se dispenser de l'hypothèse de constance des β en leur permettant de varier comme des fonctions linéaires des taux d'intérêt. Sous cette hypothèse, le modèle n'était plus rejeté. La possibilité que les β soient variables mériterait d'être étudiée. Nous reviendrons sur ce problème dans la suite de cet article.

Campbell et Hamao (1992) et Bekaert et Hodrick (1992) rapportent des résultats de tests de modèles à deux pays avec une, deux ou trois variables latentes. Le modèle est rejeté lorsqu'il est testé sur des données américaines et japonaises, mais il ne l'est pas lorsqu'il est testé sur des données américaines et britanniques ou américaines et allemandes. Les versions avec une ou deux variables latentes du modèle sont également rejetées lorsqu'elles sont testées sur des données relatives à trois pays.

Afin de lui permettre de varier dans le temps, Cumby (1987) modélise explicitement la covariance avec la consommation comme une fonction linéaire d'un ensemble de variables instrumentales[52]. Ses tests du CAPM basé sur la consommation sur des données internationales rejettent également le modèle.

La méthode des variables latentes soulève un problème. Supposons que le modèle soit accepté, ce qui signifie qu'une certaine variabilité dans le temps de θ_{t-1} ou de $E_{t-1}(R_p) - r_{t-1}$ permet d'expliquer les primes de risque. La question qui reste posée est de savoir si la variance de cette variable impliquée par les données est excessive ou pas par rapport à la variance que l'on pourrait s'attendre à trouver dans un modèle parfaitement spécifié de choix optimaux de portefeuille basé sur l'aversion au risque.

3.4. L'Arbitrage Pricing Theory et les modèles d'évaluation multi-facteurs

La différence qui existe entre les modèles à variables latentes et les applications empiriques de l'APT est subtile. L'intention originelle de Ross (1976), en élaborant l'APT, était de proposer un modèle offrant un nombre de degrés de liberté plus important que le CAPM classique à une seule prime de risque.

52. Cette démarche procède du même esprit que le travail de Giovannini et Jorion, qui permettent aux β de varier en fonction du taux d'intérêt.

A cette fin, il proposa d'introduire dans la théorie de l'évaluation des actifs plusieurs facteurs qui généreraient autant de primes de risque.

Ces facteurs pourraient être des variables observables spécifiées à l'avance, auquel cas leur pondération serait déterminée par régression, ou des variables indéterminées ou latentes, auquel cas la structure factorielle et la pondération des facteurs seraient déterminées par une analyse factorielle.

De la même manière que le CAPM, l'APT peut être formulée en termes de moments inconditionnels ou conditionnels. Pour obtenir une version conditionnelle de l'APT, il suffit de réécrire l'équation [22] de la manière suivante :

$$E_{t-1}(R_i) = r_{t-1} + \lambda_{t-1}\beta_i \qquad [36]$$

où les espérances conditionnelles de rentabilité des actifs en sus du taux sans risque, les $E_{t-1}(R_i) - r_{t-1}$, et le vecteur λ des prix des risques varient dans le temps, éventuellement en fonction d'un vecteur z de variables instrumentales. Connor et Korajczyck (1991) ont montré que les primes de risque variables λ_{t-1} peuvent être interprétées comme les espérances conditionnelles de rentabilité en sus du taux sans risque de portefeuilles, dont les taux de rentabilité reproduisent chacun le comportement de l'un des facteurs f[53].

Comme dans le cadre de la méthode des variables latentes, les poids β_i des facteurs sont toujours supposés être constants. Par conséquent, lorsque les facteurs sont des variables indéterminées, il n'existe quasiment aucune différence conceptuelle entre l'APT, sous sa forme conditionnelle, et la méthode des variables latentes avec plusieurs variables[54].

Lorsque les facteurs sont des variables observables spécifiées à l'avance, il est important de faire la distinction entre deux ensembles de variables qui ont des rôles différents dans l'analyse statistique. Le premier[55] est le vecteur f des facteurs rémunérés par une prime de risque qui interviennent dans l'équation d'évaluation. Ces variables ne permettent pas nécessairement de prévoir l'évolution des rentabilités au cours du temps ; elles doivent simplement pouvoir servir de variables communes capables d'expliquer les écarts entre les rentabilités d'un grand nombre de titres à un moment donné. De manière alternative, une théorie basée sur l'optimisation peut fournir des indications sur les facteurs qui sont rémunérés. Par exemple, dans le CAPM classique, le seul facteur rémunéré est le marché. Le second ensemble de variables est celui des variables prédéterminées ou instrumentales rassemblées dans le vecteur z, auxquelles les variations des $E_{t-1}(R_i) - r_{t-1}$ et de λ_{t-1} seront reliées. Dans certaines versions du CAPM[56], il est précisé que les variables rassemblées dans le vecteur

53. Considérons un portefeuille j tel que $\beta_{ij} = 1$ et $\beta_{jk} = 0$ $(k \neq j)$. L'équation [22] appliquée au portefeuille j s'écrit :

$$E(R_j) = r + \lambda_j$$

54. Toutefois, certains chercheurs utilisent des techniques d'estimation différentes. Le modèle à variables latentes est fréquemment estimé par la méthode des moments généralisée, qui limite sévèrement le nombre d'actifs pouvant être pris en compte simultanément. L'APT, par contre, est généralement estimée par l'analyse factorielle, qui est une méthode à deux étapes : tout d'abord, une structure factorielle est estimée, puis les rentabilités espérées sont comparées en coupe instantanée avec les rentabilités impliquées par les poids des facteurs (les β).

55. En utilisant la notation de l'équation [21].

56. Telles que le CAPM à plusieurs périodes de Merton (1971, 1973), qui peut également s'écrire comme l'équation [36].

z sont des valeurs passées des variables rassemblées dans le vecteur f ; mais ce n'est pas toujours le cas. En fait, d'après l'étude sur l'APT de Chen *et al.* (1986), plusieurs des variables que nous avons identifiées au paragraphe 3.2. comme étant des instruments utiles se sont également révélées utiles en tant que facteurs.

Dans le cas de facteurs spécifiés à l'avance, la mise en œuvre empirique de l'APT s'appuie sur une méthode à deux étapes. Tout d'abord, pour estimer les β, les déviations des taux de rentabilité de leurs espérances conditionnelles sont régressées en série temporelle sur les facteurs. Ensuite, les espérances conditionnelles de rentabilité sont confrontées aux β ainsi calculés par une régression en coupe instantanée.

Gutelkin *et al.* (1989) présentent les résultats d'une étude basée sur une version inconditionnelle de l'APT avec des facteurs prédéterminés aussi bien que latents. L'étude porte sur un échantillon d'observations effectuées sur les marchés boursiers américains et japonais sur deux périodes, la première allant du 5 janvier 1977 au 31 décembre 1980 et la seconde du 7 janvier 1981 au 26 décembre 1984. C'est le 1er janvier 1981 que les opérations des investisseurs étrangers sur les titres japonais ont été libéralisées. Gutelkin *et al.* ont constitué vingt-deux portefeuilles composés d'actions américaines ou japonaises et ont estimé séparément les vecteurs de coefficients λ associés à chacune de ces deux catégories d'actions, en utilisant dans les deux cas le même ensemble de facteurs prédéterminés. Leur test principal a porté sur l'égalité des λ des deux catégories d'actions, le rejet de l'hypothèse nulle d'égalité indiquant une segmentation entre les marchés d'actions japonais et américain. Les différentes procédures de test utilisées conduisent pour la plupart à rejeter clairement l'hypothèse nulle sur la première période, et à ne pas la rejeter sur la seconde période. Cette technique s'est donc révélée capable de repérer une segmentation entre deux marchés sur une période au cours de laquelle nous savons qu'il y avait segmentation.

Korajczyck et Viallet (1992) ont étudié la relation entre les taux de rentabilité d'investissements en devises étrangères et des facteurs communs latents qui expliquent une grande partie de la variance des rentabilités sur le marché des changes *et* sur les marchés d'actions. Si les devises et les actions sont évaluées sur un marché intégré, l'APT et le CAPM (équation [11]) indiquent que les variations dans le temps d'un ensemble commun de primes de risque devraient être seules responsables, à l'exclusion de toute autre variable, des variations dans le temps des rentabilités espérées. Par conséquent, si les rentabilités des devises étrangères en sus du taux sans risque étaient régressées sur un ensemble de variables comprenant non seulement des taux de report ou de déport (ou, de manière équivalente, des différentiels de taux d'intérêt), comme dans l'étude de Cumby et Obstfeld (1984)[57], mais également les rentabilités en sus du taux sans risque de portefeuilles répliquant les facteurs, les coefficients des taux de report ou de déport ne devraient pas être significativement différents de zéro ; telle est l'hypothèse nulle de Korajczyck et Viallet. Ils ont utilisé des observations mensuelles de huit cours de change par rapport au dollar sur la période allant de janvier 1974 à décembre 1988. Ils ont élaboré leur structure factorielle

57. Voir paragraphe 3.1.

à partir de ces huit devises et de huit mille à onze mille actions négociées dans diverses bourses de par le monde[58]. Ils ont rejeté leur hypothèse nulle. L'APT avec des β constants n'explique pas de manière adéquate les rentabilités des devises en sus d'un taux d'intérêt.

Ferson et Harvey (1991) étudient un modèle du type CAPM/APT avec un ensemble de facteurs comprenant le portefeuille de marché mondial et un vecteur f rassemblant un certain nombre de variables communes pré-spécifiées telles que le prix du pétrole. Ils appellent ces variables les « facteurs économiques de risque mondiaux ». Par ailleurs, ils introduisent dans leur modèle un vecteur z de « variables agrégées d'information » telles que celles énumérées dans le paragraphe 3.2. Ils commencent par estimer les β par rapport au portefeuille de marché mondial et aux facteurs de risque mondiaux. L'originalité du travail de Ferson et Harvey[59] réside dans le fait qu'ils permettent à ces β de varier dans le temps : de manière simple, ils les recalculent à la fin de chaque période de six mois. Par conséquent, dans la tradition de l'étude de Fama et MacBeth (1973), Ferson et Harvey ne permettent pas aux β de varier à l'intérieur de ces sous-périodes de six mois. Ferson et Harvey démontrent également que les variables d'information ont un pouvoir de prévision des taux de rentabilité. L'étape suivante consisterait à tester une version conditionnelle d'un modèle du type CAPM/APT. Le problème qui se pose avec cette technique est qu'il n'existe aucun moyen de savoir si la fréquence de six mois qui a été choisie pour la mise à jour des β est adéquate ou pas. Le seul moyen de répondre à cette question est de tenir compte de manière explicite des variations dans le temps des moments conditionnels du second ordre.

3.5. Les modèles auto-régressifs conditionnellement hétéroscédastiques

Les modèles auto-régressifs conditionnellement hétéroscédastiques (ARCH) sont des modèles qui permettent l'estimation d'un processus pour les moments du second ordre[60]. Ces modèles supposent une certaine persistance dans l'évolution des moments du second ordre, une caractéristique qui semble présente dans de nombreuses séries temporelles de données économiques. Le modèle ARCH le plus simple pour une série univariée $\{y_t\}$ s'écrit de la manière suivante :

$$y_t = \phi y_{t-1} + \epsilon_t$$

$$\epsilon_t \sim N(0,\ h_t)$$

$$h_t = \omega + \alpha\epsilon_{t-1}^2$$

58. Toutes les rentabilités sont converties en dollar. Les effets de la conversion en dollar sont communs à toutes les actions. Les portefeuilles de réplication des facteurs sont fortement suspectés de refléter uniquement l'évolution des cours de change.

59. Voir le travail de Ferson et Harvey (1991a) sur les rentabilités des titres américains.

60. Voir dans cette ***Encyclopédie*** l'article de C. Gouriéroux, « Modèles hétéroscédastiques », p. 1210, tome 2.

où $|\phi| < 1$, $\omega > 0$ et $\alpha \geq 0$. Une version plus élaborée du modèle (appelée modèle ARCH généralisé avec variance incluse dans la moyenne ou *GARCH in mean*) s'écrit[61] :

$$y_t = \phi y_{t-1} + \gamma h_t + \epsilon_t$$
$$\epsilon_t \sim N(0, h_t)$$
$$h_t = \omega + \alpha\epsilon_{t-1}^2 + \beta h_{t-1}$$

Les modèles ARCH sont généralement estimés par la méthode du maximum de vraisemblance.

Chan *et al.* (1992)[62] ont utilisé un modèle GARCH multivarié pour tester si la covariance avec les marchés étrangers générait une prime de risque significative dans le CAPM appliqué aux actions domestiques. Ils ont mis en œuvre le système d'équations suivant :

$$r_{\mathrm{dt}} = \alpha_d + \beta_{\mathrm{d}v} w_{\mathrm{dt}} h_{\mathrm{dt}+1} + \beta_{\mathrm{dc}}(1 - w_{\mathrm{dt}})\ h_{ct} + \theta_{d1}\epsilon_{\mathrm{dt}-1} + \theta_{d2}\epsilon_{\mathrm{dt}-2} + \epsilon_{\mathrm{dt}} \quad [37]$$

$$r_{et} = \alpha_e + \beta_{ev} w_{et} h_{et} + \beta_{ec}(1 - w_{et})\ h_{ct} + \theta_{e1}\epsilon_{et-1} + \theta_{e2}\epsilon_{et-2} + \epsilon_{et} \quad [38]$$

$$\epsilon_t = \begin{bmatrix} \epsilon_{dt} \\ \epsilon_{et} \end{bmatrix} \sim N(0,\ H_t) \qquad H_t = \begin{bmatrix} h_{dt} & h_{ct} \\ h_{ct} & h_{et} \end{bmatrix} \quad [39]$$

$$H_t = P'P + F'H_{t-1}F + G'\epsilon_{t-1}\epsilon_{t-1}'G \quad [40]$$

Dans les équations [37] et [38], r_d et r_e représentent respectivement les rentabilités des actions domestiques et étrangères, w_d et w_e sont les poids respectifs des actions domestiques et étrangères dans le portefeuille de référence, et les h sont des variances et covariances conditionnelles qui varient dans le temps. Les poids w étant les capitalisations relatives des différents marchés, ils sont observables. Chan *et al.* utilisent des rentabilités quotidiennes d'un indice boursier américain et d'un indice japonais (indice Nikkei), européen, asiatique, ou d'Extrême-Orient (l'indice EAFE de Morgan Stanley). Ils trouvent que la covariance conditionnelle de l'indice Nikkei et de l'indice américain a un effet positif significatif sur l'espérance conditionnelle de rentabilité de l'indice américain, mais que la variance conditionnelle de la rentabilité de l'indice américain n'a aucun effet. Un autre test ne leur fournit aucune indication qui puisse laisser penser qu'il existe une différence entre les prix des risques (les β des équations [37] et [38]) sur le marché américain et les prix des risques sur le marché japonais, ou qu'il puisse exister une segmentation entre ces deux marchés.

---

61. L'adjectif « généralisé » fait référence à la présence du terme h_{t-1} dans l'équation qui définit h_t, alors que l'expression « avec variance incluse dans la moyenne » fait référence à la présence de h_t dans la première équation du système, « l'équation de la moyenne ».

62. Hamao *et al.* (1990) utilisent également un processus GARCH pour modéliser les rentabilités sur les marchés de plusieurs pays. Bien que ces auteurs utilisent également un modèle ARCH dans la moyenne, leur principal objectif n'est pas de tester la significativité des primes de risque, mais de décrire les effets de report d'un marché vers un autre. Engel et Rodrigues (1988) et Engel *et al.* (1991) utilisent un processus ARCH pour permettre à la matrice de variance-covariance de varier dans le CAPM de Frankel (1982) basé sur les offres des différents actifs, dont il a été question dans au paragraphe 3.1.

3.6. La version pleinement conditionnelle du CAPM

Harvey (1991) a découvert une méthode qui laisse les moments conditionnels du second ordre libres de varier de manière *a priori* indéterminée dans les tests du CAPM classique, et qui permet donc de conserver une attitude agnostique concernant la variabilité de ces moments. Il commence par spécifier un modèle pour les moments conditionnels d'ordre un. Il suppose que les investisseurs utilisent un filtre linéaire pour traiter l'information qu'ils reçoivent :

$$R_{jt} - r_{t-1} = z_{t-1}\delta_j + u_{jt} \qquad [41]$$

$$E(u_{jt}|z_{t-1}) = 0 \qquad [42]$$

Dans ces équations, u_{jt} est l'erreur de prévision de la rentabilité de l'actif j par l'investisseur ; z_{t-1} est un vecteur ligne de variables instrumentales prédéterminées connues de l'investisseur ; et δ_j est un vecteur colonne de coefficients de prévision constants dans le temps. Une hypothèse similaire est faite sur $R_{mt} - r_{t-1}$, la rentabilité du portefeuille de marché en sus du taux sans risque. Sous ces hypothèses, le CAPM classique (sans prime d'inflation) peut s'écrire :

$$z_{t-1}\delta_j = \theta_{t-1}E(u_{jt}u_{mt}|z_{t-1}) \qquad [43]$$

$$\theta_{t-1} = \frac{z_{t-1}\delta_m}{E(u_{mt}^2|z_{t-1})} \qquad [44]$$

L'équation [44] illustre le fait que θ_{t-1} est supposé être une fonction non spécifiée de z_{t-1}. Définissons maintenant :

$$h_{jt} = u_{mt}^2 z_{t-1}\delta_j - u_{jt}u_{mt}z_{t-1}\delta_m \qquad [45]$$

et notons que l'équation [43], le CAPM, peut s'écrire :

$$E(h_{jt}|z_{t-1}) = 0 \qquad [46]$$

Dans cette formulation du CAPM, le « prix de marché du risque de covariance », θ_{t-1}, a été éliminé à l'aide des équations d'évaluation des actifs individuels et de l'équation d'évaluation du marché. A aucun moment il n'a été nécessaire de spécifier le comportement des moments du second ordre. Les équations [42] et [46] constituent un système suridentifié de conditions sur les moments qui peut être optimisé par rapport à ses paramètres, et testé par la méthode des moments généralisée[63]. Avec les données déjà décrites au paragraphe 3.2., Harvey trouve que le CAPM classique est rejeté par les tests lorsqu'il est appliqué à des pays individuels.

---

63. Voir dans cette ***Encyclopédie*** l'article de E. Renault, « Econométrie de la finance : la méthode des moments généralisés », p. 330, tome 1.

Dumas et Solnik (1991) suivent la voie tracée par Harvey, mais testent le CAPM international nominal donné par l'équation [9][64] :

$$E_{t-1}(R_i) - r_{t-1} = \sum_l \lambda_{t-1}^l \, \mathrm{cov}_{t-1}(R_i, \, \nu^l) + \theta_{t-1} \, \mathrm{cov}_{t-1}(R_i, \, R_m) \qquad [47]$$

où, encore une fois, ν^l représente la variation du cours de change de la devise l entre $t-1$ et t. En accord avec la terminologie de Harvey, les λ^l sont baptisés «prix de marché du risque de change», alors que θ est le prix de marché du risque de covariance. Parce que le CAPM international est un CAPM à plusieurs facteurs, ou à plusieurs primes de risque, il est impossible d'éliminer θ_{t-1} par substitution, comme le fait Harvey. Dumas et Solnik retiennent, puis éliminent, l'hypothèse de Harvey, donnée par l'équation [41], sur les moments conditionnels d'ordre un des rentabilités, mais supposent par ailleurs que les prix de marché des risques sont fonction des variables instrumentales z[65] :

$$\lambda_{t-1}^l = z_{t-1}\phi^l \qquad \theta_{t-1} = z_{t-1}\phi_m \qquad [48]$$

où les ϕ sont des vecteurs de poids, qui sont constants.

Définissons maintenant :

$$h_{jt} = z_{t-1}\delta_j - z_{t-1}\sum_{l=1}^{L} \phi^l u_{jt}u_{n+1,\,t} - z_{t-1}\phi_m u_{jt}u_{mt} \qquad [49]$$

La variable h_{jt} est une perturbation qui, sous l'hypothèse nulle selon laquelle l'équation [47] est vérifiée, n'est pas liée à l'information z_{t-1}. Nous constituons le vecteur de résidus $\epsilon_t = (u_t, \, h_t)$ et nous imposons les conditions de suridentification sur les moments $E(z\epsilon) = 0$.

Dumas et Solnik considèrent des données mensuelles concernant à la fois quatre indices boursiers nationaux et trois cours de change sur la période 1970-1991. Leur principal résultat est que les conditions sur-identifiantes du CAPM classique sont rejetées, alors que celles du CAPM international (l'équation [47]) ne le sont pas. Un test de l'équation [43] contre l'équation [47] se traduit par un rejet, ce qui signifie que les primes de risque de change qui apparaissent dans l'équation [47] sont significatives.

3.7. Noyaux d'évaluation implicites

Toutes les versions existantes du CAPM, qu'elles soient statiques ou intertemporelles, peuvent s'écrire de la manière suivante :

$$E_t\left[m_{t+1}(R_{t+1} - r_t)\right] = 0 \qquad [50]$$

64. Dumas et Solnik font une approximation en supposant que le cas particulier de Solnik s'applique. Ceci explique le remplacement de π^l par ν^l dans l'équation qui suit.

65. Contrairement à la méthode des variables latentes, Dumas et Solnik sont obligés de supposer que ces relations sont vérifiées de manière exacte.

où $R_{t+1} - r_t$ est un vecteur de rentabilités en sus d'un taux d'intérêt et m_{t+1} est un taux marginal de substitution entre la consommation à la date t et la consommation à la date $t+1$. Hansen et Jagannathan (1991) ont fait remarquer qu'il existe toujours une combinaison linéaire m^*_{t+1} des rentabilités offertes sur le marché telle que :

$$E_t\left[m^*_{t+1}(R_{t+1} - r_t)\right] = 0 \qquad [51]$$

La variable m^*_{t+1} est un «noyau d'évaluation». Les différents modèles d'évaluation des actifs financiers sont des théories économiques capables de réduire la dimension de la base de rentabilités dans laquelle m^*_{t+1} est exprimé. Hansen et Jagannathan montrent également que la variance de m^*_{t+1} est une borne inférieure de la variance que doit avoir m_{t+1} pour expliquer la variance observée des rentabilités des actifs.

De Santis (1991), Bekaert et Hodrick (1992) ainsi que Bansal *et al.* (1992) appliquent cette idée, ou des généralisations de cette idée, à des rentabilités de marchés d'actions dans un cadre international. De Santis trouve qu'ajouter les titres négociés sur un marché donné à la base du noyau d'évaluation permet de mieux expliquer les rentabilités sur ce marché. Ce résultat pourrait indiquer une segmentation des marchés.

3.8. Ce que nous ont appris les modèles d'évaluation empiriques

Du point de vue de la science économique, les tests du CAPM sont quelque peu hétérodoxes. Parce que le CAPM est un modèle d'équilibre partiel, la plupart de ses tests requiert que soient faites des hypothèses auxiliaires *ad hoc*, c'est-à-dire ni dictées par la théorie économique qui est testée, ni testables indépendamment de cette théorie. Par exemple, le test du CAPM international de Dumas et Solnik (1991) décrit au paragraphe 3.6. repose sur l'hypothèse que les prix des risques sont des fonctions linéaires des variables instrumentales. Ou encore, la méthode des variables latentes décrite au paragraphe 3.3. est basée sur l'hypothèse que les β des titres individuels par rapport à la consommation c sont constants.

Dans sa critique des tests basés sur la méthode des variables latentes, Wheatley (1989) a illustré de manière fort convaincante les pièges que peuvent recéler les hypothèses *ad hoc* non testables. Tout d'abord, il a fait remarquer que l'hypothèse selon laquelle les β sont constants ne peut pas être testée de manière indépendante puisque la référence c n'est pas observable. Comme dans tout test d'hypothèses jointes, si l'hypothèse *ad hoc* selon laquelle les β sont constants est en fait erronée, il se peut que la relation théorique selon laquelle les titres sont évalués par rapport à une référence non observable unique soit rejetée par le test alors qu'elle est vérifiée. Plus frappante encore est la critique de Wheatley selon laquelle l'hypothèse pourrait être acceptée à tort par le test. Wheatley soutient ainsi que, pour quelque ensemble de données que ce soit, il existe une infinité de portefeuilles p qui vérifient une relation semblable au CAPM donné par l'équation [27], avec $\beta_i = \text{cov}\,(R_i,\ R_p)/\text{var}\,(R_p)$. S'il se trouve que l'un de ces portefeuilles engendre des β constants pour tous les titres, alors l'économètre conclut à tort que la validité de l'équation [27] implique l'existence d'un facteur de référence unique non observable.

Des critiques de ce type peuvent probablement être adressées aux tests de toute relation d'équilibre partiel qui, par construction, n'est pas complètement spécifiée. En toute rigueur, il est souvent impossible de tester une partie d'un système économique sans tester l'ensemble de ce système. En principe, il faudrait spécifier et tester un modèle d'équilibre général. Cependant, si les hypothèses des modèles d'équilibre général existants ne sont pas *ad hoc* mais, au contraire, basées sur la théorie de l'utilité, elles sont, aujourd'hui, beaucoup plus restrictives que les hypothèses *ad hoc* mentionnées jusqu'ici. Etant donné les faibles justifications de leurs hypothèses, la probabilité que les modèles d'équilibre général existants soient proches de la vérité est si réduite que, à ce stade peu avancé de leur développement, tester ces modèles est vain.

En attendant, si nous sommes prêts à accepter une certaine mesure de pragmatisme, les différentes versions du CAPM peuvent nous apporter quelques bribes de vérité. Les résultats rapportés ci-dessus nous ont donné des informations sur le degré d'intégration des différents marchés d'actions dans le monde. A l'exception de ceux de Gutelkin *et al.* (1989), peu de résultats suggèrent que les marchés d'actions sont segmentés[66]. Le faible degré de corrélation des consommations des différents pays (voir le troisième fait saillant) pourrait par conséquent être dû, non pas à une segmentation des marchés, mais à une incomplétude des marchés au niveau mondial. Le contrepoint d'une telle hypothèse est que la préférence pour les actions domestiques (voir le quatrième fait saillant) semble constituer en elle-même une forme de segmentation. Les théoriciens devraient peut-être prendre cette information en considération dans l'élaboration de nouveaux modèles.

Nous avons également appris que les déviations de la PPA jouent probablement un rôle significatif dans l'évaluation des actifs sur le marché international des capitaux. Toutefois, nous avons vu d'un point de vue théorique que, si les intervenants acceptent de couvrir le risque de change auquel ils sont exposés, les déviations de la PPA ne devraient pas, en principe, pouvoir expliquer la préférence d'un investissement pour les actions de son propre pays.

Enfin, nous avons appris que les CAPM existants peuvent être rendus compatibles avec les résultats obtenus sur la prime de risque sur le marché des changes. Plusieurs des tests rapportés ci-dessus[67] sont capables de faire coïncider le même CAPM avec à la fois des données de marchés d'actions et des données du marché des changes. Toutefois, il peut arriver que le degré de variabilité dans le temps des prix de marché des risques nécessaire pour arriver à ce résultat ne soit compatible avec aucun modèle d'équilibre général connu. La question de Fama (1984) attend encore une réponse.

Alors que les modèles d'équilibre général deviennent de plus en plus riches, il est possible d'argumenter en faveur de la poursuite des tests de différentes versions du CAPM. En effet, lorsqu'un CAPM est rejeté, il peut être inutile d'essayer de le replacer dans le cadre d'un modèle d'équilibre général. D'un autre côté, certains paradoxes empiriques n'apparaissent réellement qu'au travers de tests de modèles d'équilibre général, ou en faisant référence à ces

---

66. Roll (1992) trouve que les différences de comportement de vingt-quatre marchés boursiers nationaux s'expliquent en grande partie par leur spécialisation industrielle et par l'évolution des taux de change.

67. Ceux de Giovannini et Jorion (1987, 1989) ou Dumas et Solnik (1991), par exemple. Mais voyez également Korajczyck et Viallet (1992).

modèles. C'est le cas par exemple de l'énigme de la prime de risque sur les actions de Mehra et Prescott (1985)[68], ou de l'énigme de la prime de risque sur le marché des changes[69].

4. Les modèles d'équilibre général sans monnaie

En discutant des mouvements internationaux de capitaux à la section 2, nous sommes rapidement arrivés à la conclusion qu'un modèle d'équilibre partiel purement financier tel que celui de la théorie du portefeuille n'est probablement pas capable d'expliquer ces flux de capitaux. Pour cela, il nous est nécessaire de connaître le comportement de variables physiques (la consommation, l'investissement, l'emploi). Comme l'a fait remarquer Frankel (1992) dans ce contexte, « les obligations ne sont pas des substituts parfaits pour les actions ou les usines, et il est clair que ces dernières ne sont pas des substituts parfaits d'un pays à l'autre ». Une personne qui essaierait de comprendre le rôle des marchés de capitaux dans la transmission internationale des chocs et des cycles des affaires arriverait à la même conclusion.

4.1. Les problèmes posés par les modèles d'équilibre général

On pourrait soutenir qu'il est encore prématuré aujourd'hui de vouloir construire des modèles d'équilibre général internationaux. Dans un cadre à un seul pays, les modèles d'équilibre général stochastiques qui ont été construits sur la base des modèles financiers existants sont encore incapables d'expliquer la relation observée entre les variables financières, d'une part, et réelles, d'autre part.

Considérons, par exemple, la relation entre la consommation et la richesse, telle qu'elle est évaluée sur le marché boursier. Un investisseur-consommateur qui maximise l'utilité espérée de son flux de consommation tout au long de sa vie a tendance à lisser sa consommation. Il fait dépendre son taux de consommation de son flux anticipé de revenu tout au long de sa vie ou, de manière équivalente, de sa richesse. La volatilité de sa consommation devrait donc être du même ordre de grandeur que celle de sa richesse, et ces deux volatilités ne devraient pas excéder celle de son revenu. Pourtant, ce que nous disent les données est tout à fait différent. La volatilité de la richesse, mesurée sur le marché boursier, est égale à plusieurs fois celle de la consommation, qui est elle-même à peu près égale à celle du revenu[70].

Cette observation explique l'échec empirique du CAPM basé sur la consommation. Elle est également au cœur de « l'énigme de la prime de risque » mise en évidence par Mehra et Prescott (1985). Etant donné le comportement stochastique observé de la consommation, qui est très lisse, la rentabilité espérée

68. Voir le paragraphe 4.1.

69. Backus *et al.* (1990) et Sibert (1989) ont construit et calibré des modèles d'équilibre général de la prime de risque sur le marché des changes. Ces auteurs ont fait pour la prime de risque sur le marché des changes ce que Mehra et Prescott avaient fait pour la prime de risque sur les actions. Comme le suspectait Fama, ils trouvent que leur modèle engendre une prime de risque théorique sur le marché des changes qui est beaucoup trop faible pour pouvoir expliquer les résultats empiriques de Cumby et Obstfeld (1984).

70. Shiller (1984) a fait le même constat – largement équivalent, en fait – concernant la volatilité de la richesse comparée à celle des dividendes.

des actions en sus de celle des actifs sans risque paraît excessive. Le risque dans l'économie, mesuré par la volatilité de la consommation, n'est pas suffisamment important pour expliquer cet écart de rentabilité espérée, à moins de supposer que l'aversion relative au risque des investisseurs est de l'ordre de 40, ce qui paraît élevé[71].

Les modèles d'équilibre général qui ont été construits dans un cadre international ont eu deux objectifs : expliquer la volatilité des cours de change réels et la relation qui existe entre les cours de change réels et les flux commerciaux et financiers internationaux. Tous ces modèles souffrent du fait qu'ils engendrent des primes de risque théoriques qui sont trop faibles par rapport aux primes de risque empiriques. Les modèles d'équilibre général internationaux peuvent être classés en deux catégories : celle des modèles sans frottements, et celle des modèles avec frottements.

4.2. Les modèles d'équilibre général sans frottements

Dans ces modèles, les biens échangés vérifient la loi du prix unique d'un pays à l'autre. Les déviations de la PPA s'expliquent par l'existence de biens non échangés qui sont chacun produits et consommés dans un pays particulier. Les premiers travaux dans ce domaine ont été ceux de Dornbusch (1983), Stulz (1987), Devereux (1988), Stockman et Dellas (1989), ainsi que de Stockman et Tesar (1990).

Pour résumer, les conclusions qui émergent de la littérature sont les suivantes :

– les modèles stochastiques d'équilibre avec des biens non échangés sont capables d'expliquer un degré relativement faible de corrélation entre les consommations des différents pays, et un degré relativement élevé de corrélation entre l'épargne et l'investissement à l'intérieur de chaque pays ;

– ils sont capables d'expliquer des déviations de la PPA relativement persistantes, et des cours de change réels relativement volatils ;

– ils sont capables d'expliquer la préférence pour les actions domestiques.

Je vais m'attarder sur ce dernier point, tout d'abord pour l'expliquer, et ensuite pour le relier à un problème similaire qui apparaît dans la littérature financière. L'explication est la suivante. Les investisseurs vivant dans un pays donné savent qu'ils devront consommer le bien non échangé de ce pays, qu'ils sont les seuls à consommer. Ils détiennent par conséquent des actions des firmes qui produisent ce bien comme couverture contre le risque de consommation.

Ce raisonnement est un cas particulier d'une observation de Adler et Dumas (1983), répétée au paragraphe 2.2., selon laquelle les investisseurs détiennent

71. Weil (1989) a suggéré que ce paradoxe pouvait provenir de la forme additive dans le temps de la fonction d'utilité des investisseurs pour la consommation tout au long de leur vie. Au lieu d'une fonction d'utilité additive, il a utilisé la fonction d'utilité proposée par Epstein et Zin (1989). Cependant, avec cette spécification de la fonction d'utilité, la consommation à un moment donné reste proportionnelle à la richesse. Constantinides (1990) a proposé une fonction d'utilité avec habitudes de consommation. Selon cette spécification de la fonction d'utilité, la consommation passée constitue un niveau de référence en-dessous duquel les consommateurs ne veulent absolument pas voir baisser leur consommation courante. La consommation courante est alors fonction de la richesse *et* de la consommation passée. Cela revient à introduire un frottement qui ralentit l'ajustement de la consommation aux variations de la richesse.

généralement des actions comme composante de leur portefeuille de couverture, dont nous nous rappelons qu'il est spécifique à chaque groupe national d'investisseurs[72].

Si ce raisonnement est évidemment correct au niveau théorique, je ne vois pas comment les données relatives à la préférence pour les actions domestiques (présentées dans la section 1) peuvent être expliquées de cette manière. L'article de Adler et Dumas (1983) contient des calculs empiriques de portefeuilles de couverture pour des investisseurs de pays développés[73]. Ces calculs reposent sur le comportement réel des prix des actions et de l'inflation dans chaque pays au cours des années 1970. L'indice des prix utilisé pour calculer l'inflation est l'indice des prix à la consommation, qui est composé en grande partie de biens non échangés. Dans la quasi-totalité des cas, le portefeuille de couverture optimal est composé à 99 % de dépôts à court terme en devise domestique. En termes empiriques, les poids des actions dans les portefeuilles de couverture ne sont pas d'un ordre de grandeur suffisamment important pour expliquer la forte préférence pour les actions domestiques qui est observée dans le monde réel.

Le risque d'inflation pur (mesuré dans la devise nationale de l'investisseur), indépendamment du risque de change, était trop faible – et trop faiblement corrélé avec les cours de change et l'inflation – pour constituer un facteur dans les choix de portefeuille des investisseurs des pays considérés. Le cas particulier de Solnik était très proche de la vérité pour ces pays, sur la période considérée[74]. Le risque d'inflation s'étant réduit, il y a tout lieu de croire que la même observation empirique pourrait être faite aujourd'hui.

4.3. Les modèles d'équilibre général avec frottements

Les travaux empiriques de Giovannini (1988), Marston (1990) et Engel (1991), entre autres, qui ont été cités à la section 1, montrent clairement que les prix de biens échangés ne sont pas les mêmes dans tous les pays ; la loi du prix unique n'est pas vérifiée sur le marché des biens.

Dumas (1992) a entrepris de construire un modèle stochastique qui endogénéise les déviations de la loi du prix unique. L'instrument utilisé dans ce modèle pour rendre les déviations de la loi du prix unique endogènes est un « coût de transport »[75]. L'économie mondiale est constituée de deux pays avec des stocks de capital égaux respectivement à K et K^*. Transporter des ressources physiques d'un pays à l'autre a un coût, supposé proportionnel au montant physique de ressources transporté : une fraction $1 - s$ des ressources physiques transportées est dépensée en coûts de transport. Dans ce modèle, le bien unique est parfois échangé, parfois non échangé.

---

72. Ceci est un exemple de résultat qu'il est possible d'obtenir dans le cadre simple de la théorie du portefeuille, sans avoir recours à un modèle d'équilibre général complètement développé.

73. Cet article donne la composition moyenne dans le temps de portefeuilles de couverture calculés chaque mois, conditionnellement aux taux d'intérêt sur les différentes devises.

74. Souvenez-vous que, lorsque ce cas particulier s'applique, les portefeuilles de couverture des investisseurs ne contiennent absolument aucune action.

75. Cet instrument est l'analogue des « coûts d'installation » utilisés par Abel (1979) pour endogénéiser le q de Tobin, c'est-à-dire le ratio de la valeur boursière du capital installé à sa valeur de remplacement.

Dans chaque pays, les ressources physiques peuvent être, au choix, consommées, investies dans le processus de production local, ou transférées à l'étranger. Le processus de production local présente un risque qui ne varie pas, et c'est un processus à rendements d'échelle constants. La corrélation entre les chocs sur les productions des deux pays est nulle. Les ménages consomment uniquement les ressources physiques disponibles à un moment donné dans leur pays, une hypothèse héritée du CAPM international du paragraphe 2.1. Les fonctions d'utilité des ménages sont isoélastiques.

Le coût de transport est la seule source de frottement dans le modèle. Les marchés financiers sont parfaitement intégrés et fonctionnent sans aucun frottement. La concurrence parfaite est supposée régner sur tous les marchés. L'équilibre est calculé comme un problème de planification centralisée.

La variable prix intéressante dans le modèle est le prix relatif p des ressources physiques dans les deux pays. Ce prix, appelé cours de change réel, reflète les déviations de la loi du prix unique. C'est à la fois le prix relatif des biens et le prix relatif des actions des entreprises des deux pays. Ce taux de change fluctue autour de 1 (sa valeur de parité), à l'intérieur d'une bande dont la largeur est déterminée par $(1 - s)$, la proportion des ressources transférées qui est dépensée en coûts de transport. Le graphique 3 présente la relation entre le logarithme du cours de change, $\ln p$, et le logarithme du déséquilibre entre les stocks de capital physique des deux pays, $\omega = \ln K - \ln K^*$.

Graphique 3 – La fonction $\ln p(\omega)$: – en antarcie ; ■ en présence de coûts de transport

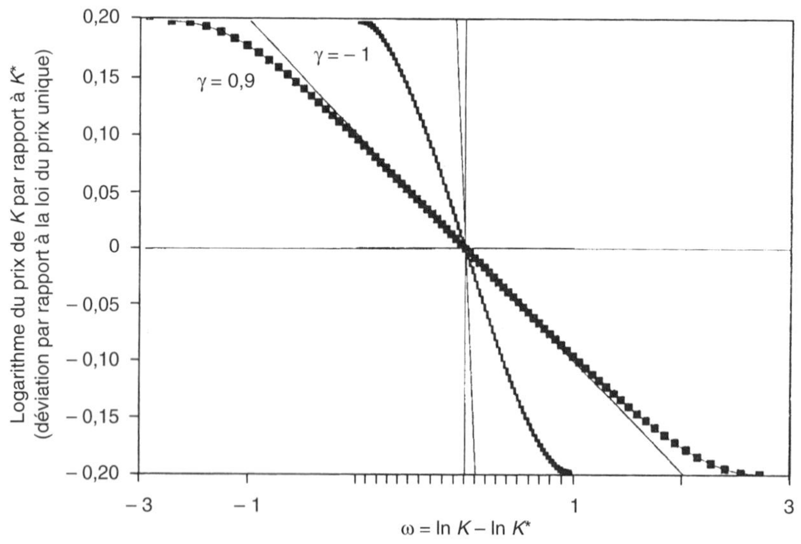

L'objectif principal de l'auteur, en construisant ce modèle, était de déterminer de manière endogène le processus stochastique, compatible avec l'équilibre du marché financier, des déviations de la loi du prix unique à l'intérieur de la bande de fluctuation. Le processus obtenu n'est pas une martingale. Il est caractérisé par un retournement de la moyenne, ainsi que par une forte hétéroscédasticité[76] : sa variance conditionnelle est maximale au centre de la bande et nulle à ses extrémités. Malgré la tendance au retournement de la moyenne, le comportement de la variance donne un caractère centrifuge – en termes probabilistes – au processus du cours de change : la probabilité que le cours de change s'écarte de la parité est plus élevée que la probabilité qu'il s'en rapproche. Le graphique 4 présente une trajectoire simulée du processus du cours de change.

Graphique 4 – Trajectoire simulée du cours de change réel

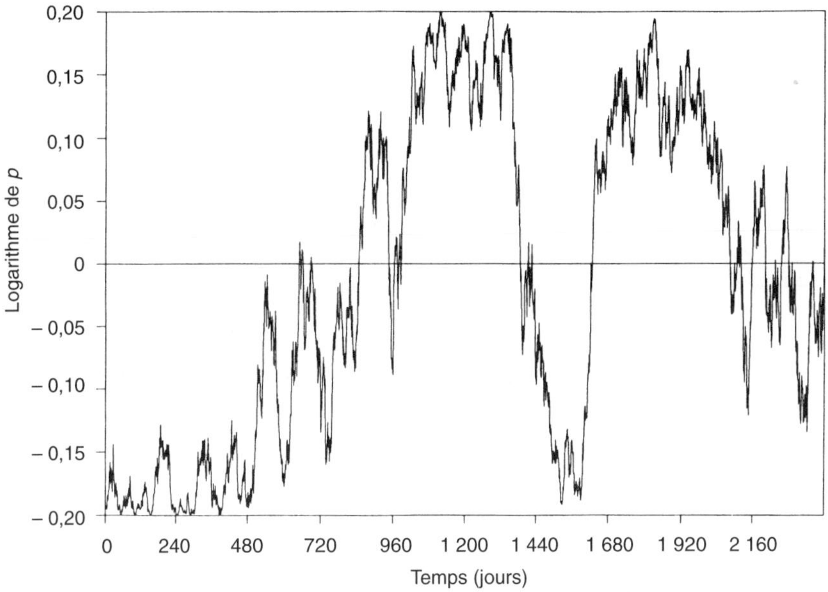

Ce caractère centrifuge du processus du cours de change s'explique de la manière suivante. Considérons un choc positif sur la production du pays 1, qui fait augmenter le montant K des ressources physiques disponibles dans ce pays. En l'absence de frottement, l'équilibre entre les stocks de capital des deux pays serait rétabli immédiatement et la consommation augmenterait, dans l'un et l'autre pays, proportionnellement à l'accroissement de la somme $K + K^*$. Par contre, lorsqu'il existe des frottements, l'équilibre entre les stocks de capital des deux pays n'est pas rétabli immédiatement : K augmente, mais pas K^*. La consommation dans le pays 1, c, augmente plus qu'en l'absence de frottement. La consommation dans le pays 2, c^*, augmente également parce que les ménages du pays 2 détiennent des droits sur la production du pays 1, mais elle augmente moins qu'en l'absence de frottement. Par conséquent, un déséquilibre temporaire entre les consommations des deux pays renforce encore la croissance du stock de ressources physiques du pays 1. Cet effet entraîne un rapprochement dans le temps du prochain transfert de bien du pays 1 vers le pays 2. C'est seulement après ce transfert que les ménages du pays 2 bénéficient de leurs droits sur la production du pays 1.

76. Notez que l'hétéroscédasticité dans l'évolution du cours de change est endogène. Les chocs sur les productions des deux pays sont supposés être homoscédastiques.

La conséquence importante du comportement centrifuge du taux de change est le caractère persistant des déviations de la loi du prix unique. Le cours de change réel reste éloigné de la parité, et les transferts de ressources entre les deux pays se poursuivent dans le même sens, sur des périodes de temps «très longues»[77]. Le comportement de la variance du cours de change est également persistant. Ces caractéristiques s'accordent bien avec les faits. En particulier, elles impliquent une autocorrélation sérielle positive à court terme des observations du cours de change réel. A plus long terme, les transferts de bien entre les deux pays «repoussent» le cours de change vers l'intérieur de la bande, et la corrélation sérielle devient négative.

L'article de Dumas (1992) fournit également une expression du différentiel de taux d'intérêt réels, ainsi que de la prime de risque qu'intègre ce différentiel. Cette expression est entièrement basée sur la pente de la fonction $\ln p$ présentée sur le graphique 3. Elle est capable d'expliquer l'observation de Cumby et Obstfeld (1984) selon laquelle les variations du cours de change sont reliées au différentiel de taux d'intérêt par un coefficient inférieur à un. Cependant, dans l'expression de Dumas, ce coefficient n'est pas suffisamment éloigné de un pour pouvoir expliquer complètement les observations[78].

5. Interrogations et conclusions sur les modèles d'équilibre général

Les deux modèles d'équilibre général qui ont été brièvement discutés sont extrêmement rudimentaires. Il ne fait aucun doute que leur extrême simplicité a quelque chose à voir avec leur incapacité à apporter une solution aux énigmes de la finance internationale. A ce stade de notre analyse, il est donc utile d'établir une liste de ce qui manque dans ces modèles. Cette liste peut être commodément limitée à trois éléments : la rigidité des prix, la concurrence imparfaite et la monnaie.

La rigidité des prix nominaux des biens est la marque des barrières qui existent entre les pays. Il est impossible de trop insister sur le rôle que joue la monnaie de chaque pays comme unité de mesure dans laquelle les prix manifestent une certaine rigidité. Mussa (1986) a comparé le comportement dans le temps des prix affichés dans les villes américaines et canadiennes. Le comportement des prix à Toronto s'est révélé plus proche du comportement des prix à Vancouver que du comportement des prix à Detroit. En fait, le comportement des prix canadiens exprimés en dollar canadien s'est révélé plus proche du comportement des prix américains exprimés en dollar des Etats-Unis que du comportement des prix américains convertis en dollar canadien.

La rigidité des prix pourrait expliquer une grande partie des fortes déviations de la PPA qui caractérisent les variations quotidiennes des cours de change. Même s'il est simplement postulé que les prix sont rigides, il faut encore trouver une raison qui rende les arbitrages sur les biens d'un pays à l'autre impossibles à réaliser, car sinon aucune déviation de la loi du prix unique ne se produit. Les coûts de transport de Dumas (1992) pourraient être

77. Les coûts de transaction proportionnels donnent un caractère saccadé au commerce international. Il s'agit là d'un aspect désagréable du modèle, mais un aspect qui disparaît avec un certain degré d'agrégation dans le temps.

78. Uppal (1993) a montré que le même modèle est capable de générer un certain degré de préférence pour les actions domestiques.

utilisés à cette fin. Il serait intéressant d'étudier la dynamique du cours de change réel en présence de coûts de transport et de rigidité des prix.

Les raisons pour lesquelles les prix sont rigides ont fait l'objet d'un long débat en macro-économie. Elles sont liées au processus de recherche de consommateurs, à la concurrence imparfaite, aux avantages de localisation et aux stratégies des entreprises. Ces facteurs prennent une signification spéciale dans le cadre international. On observe que les entreprises engagées dans le commerce international ne répercutent pas sur leurs clients les variations des cours de change dont elles souffrent ou, au contraire, bénéficient. Elles préfèrent lisser ces variations et facturer leurs biens « au prix du marché »[79]. Du point de vue d'une entreprise, le commerce international fait intervenir des choix intertemporels[80].

Comme nous l'avons vu, la segmentation du marché des biens coïncide avec les frontières des zones monétaires (Mussa, 1986). Des résultats récents (Bayoumi, 1990 ; Sinn, 1991 ; Bayoumi et Rose, 1992) semblent indiquer qu'il en va de même pour les marchés de capitaux. La préférence pour les actions étrangères mentionnée à la section 1 pourrait être, en fait, une préférence pour les actions émises dans la zone monétaire (et non pas le pays particulier) dans laquelle vit un investisseur[81]. Si ces résultats sont corrects, il devient essentiel de pouvoir disposer d'un modèle d'équilibre général monétaire de l'économie internationale, avec plusieurs devises.

Deux obstacles, au moins, se dressent sur le chemin conduisant à ce modèle. Tout d'abord, la micro-économie monétaire est au point mort. Il n'existe pas de consensus sur la forme d'incomplétude des marchés, ou sur les restrictions à l'accès aux marchés, qui incitent les agents à détenir de la monnaie. Pour justifier la détention de monnaie par les agents, certains modèles d'équilibre général (Lucas, 1982 ; Svensson, 1985) utilisent une contrainte du type *cash-in-advance*, qui rythme de manière quelque peu artificielle les accès aux marchés. D'autres (Labadie, 1986 ; Sibert, 1989) ont recours aux générations imbriquées. D'autres encore (Stulz, 1987) introduisent la monnaie dans la fonction d'utilité. Pour la plupart, les modèles existants laissent les prix s'ajuster librement[82] ; la loi du prix unique est vérifiée entre les pays. Il existe un besoin pour une théorie micro-économique de la monnaie qui lui donnerait un rôle comme unité de compte dans laquelle les prix des biens seraient rigides au niveau local.

Le second obstacle est d'ordre technique. Lorsque les portefeuilles contiennent des encaisses monétaires, l'équilibre n'est pas un optimum au sens de Pareto. Il doit être par conséquent calculé directement, sans passer par un problème équivalent de planification centralisée. La résolution des modèles

---

79. Voir Krugman (1987) et Marston (1990).

80. Le modèle de Dixit (1989a, b) d'entrée sur un marché étranger basé sur l'« hysteresis » – qui est inspiré des modèles de Baldwin (1986) et Baldwin et Krugman (1989) – a été étendu à un cadre d'équilibre général par Dumas (1988). Dixit (1989b) et Dumas trouvent tous les deux que les prix d'équilibre sont spécifiques au marché local considéré et sont différents du coût de production, bien que la concurrence parfaite soit supposée régner.

81. On peut présumer qu'il existe un lien entre la segmentation du marché des capitaux et la segmentation du marché des biens suivant les frontières monétaires. Mais nous avons vu à la section 2 qu'il est peu probable que le risque de change, nominal ou réel, soit la source de la préférence pour les actions domestiques, dès lors que les investisseurs peuvent couvrir ce risque en prêtant et en empruntant des devises.

82. Le modèle de Svensson et van Wijnbergen (1989) constitue une exception.

monétaires pose des problèmes formidables en termes de calculs. Lucas (1982), par exemple, a été obligé de faire l'hypothèse d'une forte ressemblance entre les ménages des différents pays. Essentiellement, Lucas suppose que la seule différence qui existe entre ces ménages porte sur la devise qu'ils souhaitent détenir[83]. Grâce à cette hypothèse simplificatrice, l'équilibre de Lucas est un équilibre de « mise en commun » dans lequel, mis à part leurs encaisses monétaires, les ménages de tous les pays détiennent le même portefeuille.

Références

ABEL A.B., *Investment and the Value of Capital*, New York et Londres, Garland Publishing Inc., 1979.

ADLER M., DUMAS B., « International Portfolio Choice and Corporation Finance : a Synthesis », *Journal of Finance* (38, 1983), p. 925-984.

ADLER M., LEHMANN B., « Deviations from Purchasing Power Parity in the Long Run », *Journal of Finance* (38, 1983), p. 1471-1487.

ADMATI A., « A Noisy Rational Expectations Equilibrium for Multi-Asste Security Markets », *Econometrica* (53, 1985), p. 629-657.

BACKUS D., GREGORY A.W., TELMER C.I., « Accounting and Forward Rates in Markets for Foreign Currency », Working Paper (n° 439, 1990), Federal Reserve Bank of Minneapolis.

BACKUS D., KEHOE P., KYDLAND F., « Relative Price Movements in Dynamic General Equilibrium Models of International Trade », Working Paper, New York University, 1992.

BALDWIN R., « Hysteresis in Trade », Working Paper, MIT (April 1986).

BALDWIN R., KRUGMAN P., « Persistent Trade Effects of Large Exchange Rate Shocks », *The Quarterly Journal of Economics* (1989), p. 635-654.

BANSAL R., HSIEH D.A., VISWANATHAN S., « A New Approach to International Arbitrage Pricing », Working Paper (1992), Duke University.

BAYOUMI T., « Savings-Investment Correlations : Immobile Capital, Government Policy, or Endogenous Behavior ? », *IMF Staff Papers* (37, 1990), p. 360-387.

BAYOUMI T., ROSE A., « Domestic Saving and Intranational Capital Flows », *European Economic Review* (1992).

BEKAERT G., HODRICK R.J., « Characterizing Predictable Components in Excess Returns on Equity and Foreign Exchange Markets », *Journal of Finance* (47, 1992), p. 467-508.

BLACK F., « Capital Market Equilibrium with Restricted Borrowing », *Journal of Business* (45, 1972), p. 444-454.

BLACK F., « Equilibrium Exchange Rate Hedging », *Journal of Finance* (45, 1990), p. 899-908.

BREEDEN D., « An Intertemporal Asset Pricing Model with Stochastic Consumption and Investment Opportunities », *Journal of Financial Economics* (7, 1978), p. 265-296.

BREEDEN D.T., GIBBONS M.R., LITZENBERGER R.H., « Empirical Tests of the Consumption-Oriented CAPM », *Journal of Finance* (44, 1989), p. 231-262.

BROADGATE CONSULTANTS, *International Investments Trends*, 1991.

CAMPBELL J.Y., CLARIDA R., « The Dollar and Real Interest Rates », *in* K. Brunner et A. Meltzer (éd.), *Empirical Studies of Velocity, Real Exchange Rates, Unemployment and Productivity*, Carnegie-Rochester Conference Series on Public Policy (27, 1987), p. 103-140.

CAMPBELL J.Y., HAMAO Y., « Predictable Stock Returns in the United States and Japan : a Study of Long-Term Capital Market Integration », *Journal of Finance* (47, 1992), p. 43-70.

CAMPBELL J.Y., SHILLER R., « The Dividend-Price Ratio and Expectations of Future Dividends and Discount Factors », *The Review of Financial Studies* (1, 1988), p. 195-228.

CHAN K.C., KAROLYI G.A., STULZ R.M., « Global Financial Markets and the Risk Premium on U.S. Equity », Working Paper (92-19, 1992), College of Business, The Ohio State University.

CHEN N.-F., ROLL R.L, ROSS S.A., « Economic Forces and the Stock Market », *Journal of Business* (59, 1986), p. 383-403.

COCHRANE J.H., « Volatility Tests and Market Efficiency : a Review Essay », *Journal of Monetary Economics* (27, 1991), p. 463-485.

---

83. De plus, les droits sur les transferts monétaires futurs sont supposés échangeables.

CONNOR G., KORAJCZYCK R.A., « Risk and Return in an Equilibrium APT : Application of a New Test Methodology », *Journal of Financial Economics* (21, 1991), p. 255-289.

CONSTANTINIDES G., « Habit Formation : a Resolution of the Equity Premium Puzzle », *Journal of Political Economy* (98, 1990), p. 519-543.

COOPER I., KAPLANIS E., « What Explains the Home Bias in Portfolio Investment ? », Discussion paper (1991), London Business School.

CUMBY R., « Consumption Risk and International Asset Returns : Some Empirical Evidence », NBER Working Paper (2383, 1987).

CUMBY R., OBSTFELD M., « International Interest Rate and Price Level Linkages under Flexible Exchange Rates : a Review of Recent Evidence », *in* J.F.O. Bilson et R.C. Marston (éd.), *Exchange Rate Theory and Practice*, University of Chicago Press, Chicago, Ill., 1984.

CUTLER D.M., POTERBA J.M., SUMMERS L.H., « Speculative Dynamics », *Review of Economic Studies* (58, 1991), p. 529-546.

DE SANTIS G., *Volatility Bounds for Stochastic Discount Factors : Tests and Implications for International Stock Returns,* Manuscript, University of Chicago, 1991.

DEVEREUX M.B., « Non-Traded Goods and the International Transmission of Fiscal Policy », *Canadian Journal of Economics* (21, 1988), p. 265-278.

DIAMOND D.W., VERRECHIA R.E., « Information Aggregation in a Noisy Rational Expectations Economy », *Journal of Financial Economics* (9, 1981), p. 221-235.

DIXIT A., « Entry and Exit Decisions under Uncertainty », *Journal of Political Economy* (97, 1989a), p. 620-638.

DIXIT A., « Hysteresis, Import Penetration, and Exchange Rate Pass-Through », *The Quarterly Journal of Economics* (1989b), p. 205-228.

DORNBUSCH R., « Real Interest Rates, Home Goods, and Optimal External Borrowing », *Journal of Political Economy* (91, 1983), p. 141-153.

DUMAS B., « Perishable Investment and Hysteresis in Capital Formation », Working Paper (1988), Wharton School of the University of Pennsylvania.

DUMAS B., « Dynamic Equilibrium and the Real Exchange Rate in a Spatially Separated World », *Review of Financial Studies* (5, 1992), p. 153-180.

DUMAS B., SOLNIK B., « The World Price of Exchange Rate Risk », Working Paper (1991), HEC School of Management.

ELDOR R., PINES D., SCHWARTZ A., « Home Asset Preference and Productivity Shocks », *Journal of International Economics* (25, 1988), p. 165-176.

ENGEL C., « Is Real Exchange Rate Variability Caused by Relative Price Changes ? An Empirical Investigation », Working Paper (1991), Federal Reserve Bank of Kansas City.

ENGEL C., FRANKEL J., FROOT K., « The Constrained Asset Share Estimation (CASE) Method : Testing Mean-Variance Efficiency of the US Stock Market », Working Paper (1991) MIT.

ENGEL C., RODRIGUES A.P., « Tests of International CAPM with Time-Varying Covariances », *Journal of Applied Econometrics* (4, 1988), p. 119-138.

EPSTEIN L.G., ZIN S.E., « Substitution, Risk Aversion, and the Temporal Behavior of Consumption and Asset Returns : a Theoretical Framework », *Econometrica* (57 1989), p. 937-969.

ERRUNZA V., LOSQ E., « International Asset Pricing under Mild Segmentation : Theory and Test », *Journal of Finance* (40, 1985), p. 105-124.

FAMA E.F., « Forward and Spot Exchange Rates », *Journal of Monetary Economics* (14, 1984), p. 319-338.

FAMA E.F., FRENCH K., « Permanent and Temporary Components of Stock Prices », *Journal of Political Economy* (96, 1988a), p. 246-273.

FAMA E.F., FRENCH K., « Dividend Yields and Expected Stock Returns », *Journal of Financial Economics* (22, 1988b), p. 3-26.

FAMA E.F., MACBETH J.D., « Risk, Return and Equilibrium : Empirical Tests », *Journal of Political Economy* (71, 1973), p. 607-636.

FAMA E.F., SCHWERT G.W., « Asset Returns and Inflation », *Journal of Financial Economics* (5, 1977), p. 115-146.

FELDSTEIN M., HORIOKA C., « Domestic Saving and International Capital Flow », *Economic Journal* (90, 1980), p. 314-329.

FERSON W.E., HARVEY C.R., « The Variation of Economic Risk Premiums », *Journal of Political Economy* (99, 1991), p. 385-415.

FERSON W.E., HARVEY C.R., « The Risk and Predictability of International Equity Returns », Working Paper (1991), University of Chicago.

FORSTER F.D., SMITH T., « Assessing Goodness of Fit of Asset Pricing Models : The Distribution of the Maximal R2 », Working Paper (1992), Duke University Fuqua School of Business.

FRANKEL J.A., « In Search of the Exchange Risk Premium : a Six-Currency Test of Mean-Variance Efficiency », *Journal of International Money and Finance* (1, 1982), p. 255-274.

FRANKEL J.A., « Measuring International Capital Mobility : a Review », *American Economic Review* (82, 1992), p. 197-202.

FRANKEL J.A., STOCK J., « Regression vs. Volatility Tests of Foreign Exchange Markets », *Journal of International Money and Finance* (6, 1987), p. 49-56.

FRENCH K., POTERBA J., « Investor Diversification and International Equity Markets », *American Economic Review* (81, 1991), p. 222-226.

FRENKEL J.A., RAZIN A., « Stochastic Prices and Tests of Efficiency of Foreign Exchange Markets », *Economic Letters* (6, 1980), p. 165-170.

FRIEND I., LANDSKRONER Y., LOSQ E., « The Demand for Risky Assets under Uncertain Inflation », *Journal of Finance* (31, 1976), p. 1287-1298.

FROOT K.A., « Tests of Excess Forecast Volatility in the Foreign Exchange and Stock Markets », NBER Working Paper (2362).

GIBBONS M.R., FERSON W.E., « Testing Asset Pricing Models with Changing Expectations and an Unobservable Market Portfolio », *Journal of Financial Economics* (14, 1985), p. 217-236.

GIOVANNINI A., « Exchange Rates and Traded Goods Prices », *Journal of International Economics* (24, 1988), p. 45-68.

GIOVANNINI A., JORION P., « Interest Rates and Risk Premia in the Stock Market and in the Foreign Exchange Market », *Journal of International Money and Finance* (6, 1987), p. 107-123.

GIOVANNINI A., JORION P., « Time Variation of Risk and Return in the Foreign Exchange and Stock Markets », *Journal of Finance* (44, 1989), p. 307-326.

GROSSMAN S.J., SHILLER R.J., « Consumption Correlatedness and Risk Measurement in Economies with Non-Traded Assets and Heterogeneous Information », *Journal of Financial Economics* (10, 1982), p. 195-210.

GULTEKIN N.B., « Stock Market Returns and Inflation : Evidence from Other Countries », *Journal of Finance* (38, 1983), p. 49-66.

GULTEKIN N.B., GULTEKIN M.N., PENATI A., « Capital Controls and International Capital Market Segmentation : The Evidence from the Japanese and the American Stock Markets », *Journal of Finance* (44, 1989), p. 849-869.

HAMAO Y., MASULIS R.W., NG V., « Correlations in Price Changes and Volatility across International Stock Markets », *Review of Financial Studies* (3, 1990), p. 281-308.

HANSEN L.P., JAGANNATHAN R., « Implications of Security Market Data for Models of Dynamic Economies », *Journal of Political Economy* (99, 1991), p. 225-262.

HANSEN L.P., HODRICK R.J., « Risk Averse Speculation in the Forward Foreign Exchange Market : an Econometric Analysis of Linear Models », *in* J.A. Frenkel (éd.), *Exchange Rates and International Macroeconomics*, University of Chicago Press, Chicago, Ill., 1983.

HANSEN L.P., SINGLETON K., « Generalized Instrumental Variables Estimation of Nonlinear Rational Expectations Models », *Econometrica* (50, 1982), p. 1269-1285.

HARVEY C., « The World Price of Covariance Risk », *Journal of Finance* (46, 1991), p. 111-158.

HODRICK R.J., *The Empirical Evidence on the Efficiency of Forward and Futures Foreign Exchange Markets*, Chur, Switzerland, Harwood Academic Pulishers, 1987.

HODRICK R.J., SRIVASTAVA S., « An Investigation of Risk and Return in Forward Foreign Exchange », *Journal of International Money and Finance* (3, 1984), p. 5-29.

HOWELL M., COZZINI A., *International Equity Flows, International Equity Research*, Salomon Brothers, 1990.

HOWELL M., COZZINI A., *International Equity Flows, International Equity Research*, Salomon Brothers, 1991.

HSIEH D.A., « Using Nonlinear Methods to Search for Risk Premia in Currency Futures », Mimeo, Fuqua School of Business, Duke University, 1991.

HUIZINGA J., « An Empirical Investigation of the Long-Run Behavior of Real Exchange Rates », *in* K. Brunner et A. Meltzer (éd.), *Empirical Studies of Velocity, Real Exchange Rates, Unemployment and Productivity*, Carnegie-Rochester Conference Series on Public Policy (27, 1987), p. 149-214.

IKEDA S., « Arbitrage Asset Pricing with Exchange Risk », *Journal of Finance* (46, 1991), p. 447-455.

KANDEL S., STAMBAUGH R.F., « Modeling Expected Stock Returns for Long and Short Horizons », Working Paper (1988), Wharton School of the University of Pennsylvania.

KEIM D., STAMBAUGH R.F., « Predicting Returns in the Stock and Bond Markets », *Journal of Financial Economics* (17, 1986), p. 357-390.

KORAJCZYCK R., VIALLET C., « Equity Risk Premia and the Pricing of Foreign Exchange Risk », *Journal of International Economics* (33, 1992), p. 199-220.

KRUGMAN P., « Pricing to Market when the Exchange Rate Changes », *in* S.W. Arndt et J.D. Richardson (éd.), *Real Financial Linkages among Open Economies*, Cambridge, MIT Press, 1987, p. 49-70.

LABADIE P., « Competitive Dynamics and Risk Premia in an Overlapping Generations Model », *Review of Economic Studies* (53, 1986), p. 139-152.

LEME P., « Integration of International Capital Markets », Mimeo, University of Chicago, 1984.

LEVINE R., « An International Arbitrage Pricing Model with PPP Deviations », *Economic Inquiry* (27, 1989), p. 587-599.

LINTNER J., « The Valuation of Risky Assets and the Selection of Risky Investment in Stock Portfolios and Capital Budgets », *Review of Economics and Statistics* (47, 1965), p. 103-124.

LO A.W., MACKINLAY A.C., « Stock Market Prices do not Follow Random Walks : Evidence from a Simple Specification Test », *The Review of Financial Studies* (1, 1988), p. 41-66.

LUCAS R.E., « Asset Prices in an Exchange Economy », *Econometrica* (46, 1978), p. 1429-1446.

LUCAS R.E., « Interest Rates and Currency Prices in a Two-Country World », *Journal of Monetary Economics* (10, 1982), p. 335-360.

MARSTON R.C., « Pricing to Market in Japanese Manufacturing », *Journal of International Economics* (29, 1990), p. 217-236.

MCCULLOCH J.H., « Operational Aspects of the Siegel Paradox », *Quarterly Journal of Economics* (89, 1975), p. 170-172.

MEHRA R., PRESCOTT E.C., « The Equity Premium : a Puzzle », *Journal of Monetary Economics* (15, 1985), p. 145-161.

MERTON R.C., « Optimum Consumption and Portfolio Rules in a Continuous-Time Model », *Journal of Economic Theory* (3, 1971), p. 373-413.

MERTON R.C., « An Intertemporal Capital Asset Pricing Model », *Econometrica* (41, 1973), p. 867-887.

MOSSIN J., « Equilibrium in a Capital Asset Market », *Econometrica* (34, 1966), p. 768-783.

MUSSA M., « Nominal Exchange Rate Regimes and the Behavior of Real Exchange Rates », *Carnegie-Rochester Series on Public Policy* (25, 1986), p. 117-214.

OBSTFELD M., « Capital Mobility in the World Economy : Theory and Measurement »,*Carnegie-Rochester Conference Series on Public Policy* (31, 1986), p. 1-24.

OBSTFELD M., « How Integrated are World Capital Markets ? Some New Tests », *in* G. Calvo, R. Findlay et J. de Macedo (éd.), *Debt, Stabilization and Development*, Oxford, Blackwell, 1989, p. 134-155.

RICHARDSON M., « Temporary Components of Stock Prices : A Skeptic's View », Working Paper (1990), Wharton School of the University of Pennsylvania.

ROLL R., « Industrial Structure and the Comparative Behavior of International Stock Market Indexes », *Journal of Finance* (42, 1992), p. 3-42.

ROSS S.A., « The Arbitrage Theory of Capital Asset Pricing », *Journal of Economic Theory* (13, 1976), p. 341-360.

ROSS S.A., WALSH M.W., « A Simple Approach to the Pricing of Risky Assets with Uncertain Exchange Rates », *Research in International Business and Finance* (3, 1983), p. 39-54.

ROZEFF M., « Dividend Yields are Equity Risk Premiums », *Journal of Portfolio Management* (11, 1984), p. 68-75.

SCHEINKMAN J., « General Equilibrium Models of Economic Fluctuations : a Survey of Theory », Mimeo, University of Chicago, 1984.

SERCU P., « A Generalization of the International Asset Pricing Model », *Revue de l'Association Française de Finance* (1, 1980), p. 91-135.

SHARPE W., « Capital Asset Prices : a Theory of Market Equilibrium under Conditions of Risk », *Journal of Finance* (19, 1964), p. 425-442.

SHILLER R., « Do Stock Prices Move Too Much to Be Justified by Future Dividends ? », *American Economic Review* (71, 1981), p. 421-436.

SIBERT A., « The Risk Premium in the Foreign Exchange Market », *Journal of Money, Credit and Banking* (21, 1989), p. 49-65.
SIEGEL J., « Risk, Interest and Forward Exchange », *Quarterly Journal of Economics* (86, 1972), p. 303-309.
SINN S.A., « Measuring International Capital Mobility : a Critical Note on the Use of Saving and Investment Correlations », Mimeo, Kiel, Institut für Weltwirtschaft, 1991.
SOLNIK B., « An Equilibrium Model of the International Capital Market, *Journal of Economic Theory* (8, 1974), p. 500-524.
SOLNIK B., « International Arbitrage Pricing Theory », *Journal of Finance* (38, 1983), p. 449-457.
SOLNIK B., « The Relation between Stock Prices and Inflationary Expectations : the International Evidence », *Journal of Finance* (38, 1983), p. 35-48.
SOLNIK B., « Using the Predictability of International Asset Returns », Working Paper (August 1992), HEC.
STAMBAUGH R., « Discussion », *Journal of Finance* (41, 1986), p. 601-602.
STOCKMAN A.C., DELLAS H., « International Portfolio Nondiversification and Exchange Rate Variability », *Journal of International Economics* (26, 1989), p. 271-289.
STOCKMAN A.C., TESAR L., « Tastes and Technology in a Two-Country Model of the Business Cycle : Explaining International Comovements », Working Paper (16-90, 1990), University of California, Santa Barbara.
STULZ R., « A Model of International Asset Pricing », *Journal of Financial Economics* (9, 1981), p. 383-406.
STULZ R., « An Equilibrium Model of Exchange Rate Determination and Asset Pricing with Nontraded Goods and Imperfect Information », *Journal of Political Economy* (95, 1987), p. 1024-1040.
SVENSSON L.E.O., « Currency Prices, Terms of Trade and Interest Rates : a General-Equilibrium Asset Pricing, Cash-in-Advance Approach », *Journal of International Economics* (18, 1985), p. 17-42.
SVENSSON L.E.O., WIJNBERGEN S. (VAN), « Excess Capacity, Monopolistic Competition, and International Transmission of Monetary Disturbances », *The Economic Journal* (99, 1989), p. 785-805.
TESAR L.L., WERNER I.M., « Home Bias and the Globalization of Securities Markets », Working Paper (July 1992), Graduate School of Business, Stanford University.
UPPAL M., « Deviations from Purchasing Power Parity and Capital Flows », *Journal of International Money and Finance* (11, 1992), p. 126-144.
WEIL P., « The Equity Premium Puzzle and the Risk-Free Rate Puzzle », *Journal of Monetary Economics* (24, 1989), p. 401-421.
WHEATLEY S.M., « Some Tests of International Equity Market Integration », *Journal of Financial Economics* (21, 1988), p. 177-212.
WHEATLEY S.M., « A Critique of Latent Variable Tests of Asset Pricing Models », *Journal of Financial Economics* (23, 1989), p. 325-338.

Mots clés

APT, ARCH, CAPM, CAPM conditionnel, cours de change, cours de change réel, équilibre général, équilibre partiel, GARCH, marchés incomplets/incomplétude du système de marchés, MEDAF, paradoxe de Siegel, parité des pouvoirs d'achat, parité des taux d'intérêt couverte/non couverte, segmentation, VAR, variables latentes.

Marché monétaire interbancaire et titres de créance négociables

42

Patrick Claude

La modernisation des marchés monétaires français fut initiée par la réforme de 1985. Deux décisions majeures la caractérisèrent : d'une part, l'organisation d'un marché interbancaire ouvert aux seuls établissements de crédit et, d'autre part, la création d'un marché de titres de créance négociables ouvert à tous les investisseurs et notamment aux établissements non bancaires auparavant admis au marché monétaire (compagnies d'assurance, caisses de retraite, OPCVM, sociétés de bourse...). Nous décrirons ces deux marchés séparément : si les taux qui s'y négocient ne sont pas très différents, les instruments sont eux de nature financière ou juridique très distincte.

Le marché monétaire interbancaire est le marché où s'échangent les capitaux à court et moyen terme entre les seuls établissements de crédit. S'y ajoutent des organismes tels que la Banque de France, la Caisse des dépôts et consignations, la Poste... Il est délimité par les règlements 85-17 du 17 décembre 1985 et 93-06 du 21 décembre 1993 du Comité de réglementation bancaire.

Contrairement au marché monétaire, le marché des titres de créance négociables (TCN) est régi par des lois (datant de 1985 et de 1987). Les TCN y sont définis comme « des titres émis au gré de l'émetteur, négociables sur un marché réglementé, qui représentent chacun un droit de créance pour une durée déterminée ». Cette définition très large regroupe plusieurs types de créances qui seront détaillés dans cet article. Contrairement aux valeurs mobilières, les TCN sont émis « au robinet », c'est-à-dire au gré des intérêts de l'émetteur.

1. Les acteurs des marchés monétaires

Tous les emprunteurs et les investisseurs se rencontrent sur les marchés monétaires. Les produits qui s'y traitent permettent des échanges de liquidité sur des durées très courtes ou très longues. Les intervenants vont du particulier au Trésor, en passant par la Banque de France et tous les types d'établissement de crédit.

1.1. Les autorités de tutelle

Le ministère de l'Economie et des Finances assure la tutelle générale du système bancaire et financier français. A ses côtés, la Banque de France joue aussi un rôle de surveillance. Celui-ci s'exerce surtout sur les marchés monétaires. Ses missions et ses interventions sont fondamentales dans l'organisation de notre système financier. Nous y reviendrons au cours de cet article.

1.1.1. La Banque de France : organisation et missions

Si la fonction la plus connue de la Banque de France est sans doute celle d'institut d'émission, elle assume de nombreuses autres fonctions :

– organisation pour le compte du Trésor des séances d'adjudication de bons du Trésor et d'obligations assimilables du Trésor, et gestion des offres non compétitives en faveur des spécialistes en valeurs du Trésor ;

– tenue des comptes du Trésor public ;

– tenue des comptes courants de bons du Trésor acquis par les établissements de crédit ;

– gestion du système de règlement-livraison SATURNE ;

– établissement de la balance des paiements ;

– gestion du fichier central des chèques et de la centrale des bilans...

Les lois du 4 août et du 31 décembre 1993 ont étendu les fonctions de la banque centrale afin de respecter deux exigences fondamentales du Traité de Maastricht sur l'Union européenne : autonomie de la banque centrale et objectif de stabilité des prix. La Banque de France a acquis depuis cette date le pouvoir de définir et de mettre en place la politique monétaire française, et ce, en totale indépendance.

Les grandes décisions monétaires sont prises par le Conseil de la politique monétaire. L'administration de la banque est assurée par le Conseil général. Le premier conseil cité est devenu un organe de décision fondamental pour le marché monétaire français. Il est composé du gouverneur de la Banque de France et de ses deux sous-gouverneurs (tous les trois nommés de manière irrévocable pour une durée de six ans, renouvelable une fois) et par six conseillers nommés en conseil des ministres (pour une durée de neuf ans non renouvelable). Le Conseil de la politique monétaire, qui se réunit tous les quinze jours, contrôle l'évolution des indices économiques et monétaires tels que l'indice des prix, les taux de change du franc, la masse monétaire... Ses analyses aboutissent à des actions à mener sur les marchés de taux et des changes.

1.1.2. Les autorités établies par la loi bancaire de 1984

Aux côtés de l'administration centrale ou de la Banque de France, plusieurs instances collégiales contrôlent les marchés de taux en France. Elles sont définies par la loi bancaire de 1984. On y distingue trois instances importantes : le Comité de la réglementation bancaire, la Commission bancaire et le Comité des établissements de crédit. Leurs missions concernent respectivement la réglementation, la surveillance et l'agrément des établissements de crédit.

D'une manière générale, le Comité de la réglementation bancaire (CRB) définit les conditions générales d'activité des établissements de crédit (définition des produits et des services autorisés pour les banques, les maisons de titres, les sociétés financières, définition des conditions de rémunération des comptes bancaires...). Le CRB édicte par ailleurs les règlements relatifs au marché interbancaire et au marché des titres de créance négociables. Il définit enfin les règles comptables et des ratios prudentiels relatifs aux instruments monétaires et financiers.

La Commission bancaire (CB) est chargée de la surveillance des établissements de crédit et des agents des marchés interbancaires. Elle vérifie le respect des principes réglementaires et légaux (normes comptables et prudentielles) par les différents intervenants du système financier français et surveille ainsi leur solidité financière. Elle dispose pour cela d'un secrétariat général qui mène des contrôles sur pièce (analyse de documents comptables) et des contrôles sur place (examen approfondi de la gestion financière d'un établissement). En cas d'infraction, la Commission bancaire peut sanctionner un établissement de crédit, de l'avertissement simple jusqu'au retrait d'agrément.

Le Comité des établissements de crédit (CEC) délivre et retire les agréments aux établissements de crédit, ainsi que toute autre autorisation individuelle réglementaire. Il est aussi chargé de la délivrance des agréments aux agents des marchés interbancaires.

1.2. Les émetteurs et les investisseurs

Le système bancaire français se compose d'une assez grande diversité d'intervenants qui se prêtent et s'empruntent des liquidités. Ce paragraphe en présente un panorama non exhaustif, en insistant sur les principaux acteurs (annexe 1).

1.2.1. Le Trésor public

Le Trésor public est en charge de la gestion de la dette de l'Etat. Il est le plus gros émetteur de titres sur les marchés de capitaux domestiques. Les instruments qu'il emploie sont les emprunts d'Etat, les obligations assimilables du Trésor (OAT) et les bons du Trésor. Les titres obligataires sont très connus des particuliers et des grands investisseurs français et internationaux. Nous nous intéresserons dans cet article aux bons du Trésor, dont les encours ont connu un accroissement considérable au cours de ces dernières années.

1.2.2. Les établissements de crédit

Le terme d'établissements de crédit recouvre un ensemble d'acteurs distincts :

– les banques,
– les banques mutualistes ou coopératives et les caisses d'épargne,
– les sociétés financières,
– les maisons de titres,
– les institutions financières spécialisées.

Les banques françaises représentent évidemment une part importante du système bancaire français. Au nombre de 400 en 1994, elles sont habilitées à traiter tout type d'opération, ce qui rend leurs activités très diverses :

– grandes banques à réseau ayant des activités internationales et diversifiées dans des domaines financiers ou non,
– grandes banques à vocation générale essentiellement domestique,
– banques détenues par des intérêts étrangers,
– banques à vocation régionale,

– banques de marché et de trésorerie dont l'activité est essentiellement concentrée sur les activités de marché et sur la gestion d'OPCVM,

– banques spécialisées concentrées sur la distribution de crédits particuliers,

– banques de groupe qui réalisent des opérations financières pour le compte d'un groupe industriel,

– banques étrangères établies sous forme de filiales ou de succursales.

La présence étrangère dans le système bancaire français s'est accrue progressivement de par l'harmonisation des réglementations entre les différents Etats membres de l'Union européenne et suite à la création du Marché unique début 1993. On distingue deux types d'implantations : les banques de droit français filiales de sociétés étrangères (bancaires ou non) et les succursales d'établissements bancaires étrangers.

A côté de ces différents types de banques, on trouve des grands réseaux bancaires mutualistes ou coopératifs, ainsi que le réseau des caisses d'épargne et de prévoyance. Leurs statuts sont tous particuliers, mais les établissements locaux appartenant à un même groupe sont en général regroupés autour d'une entité centrale fédérative, qui intervient sur les marchés financiers de manière très significative.

La Caisse des dépôts et consignations est un intervenant majeur des marchés monétaires. Elle dispose de nombreux flux et assure la gestion de certains fonds provenant du réseau des caisses d'épargne. Son activité sur le marché interbancaire à court terme est particulièrement importante.

Les services financiers de la Poste jouent aussi un rôle important dans le système bancaire français. Ils gèrent en effet les capitaux recueillis sur les comptes à vue dans les livres des centres de chèques postaux et sur les comptes à terme de la Caisse nationale d'épargne.

L'activité des sociétés financières est très restreinte par rapport à celle des banques. Elles sont spécialisées dans la distribution de crédits particuliers (crédit aux entreprises, financement immobilier, financement de ventes à crédit...). Si leur nombre est très important, leur taille en fait des acteurs relativement moins importants sur le marché français. Les maisons de titres ont connu en revanche une expansion notable au cours des dix dernières années. Leur activité se concentre autour de la gestion de portefeuilles et le placement de valeurs mobilières pour le compte de leur clientèle ou pour leur propre compte, à l'instar des *investment banks* anglo-saxonnes. Le montant des actifs qu'elles gèrent pour le compte de tiers (généralement sous forme d'OPCVM) atteint plusieurs centaines de milliards de francs.

Enfin, les institutions financières spécialisées (IFS) sont des établissements ayant une activité d'intérêt public, confiée par l'Etat ou par un groupe d'institutions. Elles octroient des crédits spécialisés (crédits aux entreprises, aux collectivités locales, aux pays en développement...) et se refinancent sur les marchés de capitaux. Deux IFS assurent l'organisation de marchés boursiers : MATIF SA et la Société des bourses françaises[1].

---

1. Voir dans cette ***Encyclopédie*** les articles de G. Pfauwadel, « MATIF », p. 1094, tome 2 et de A. Morice « MONEP », p. 1258, tome 2.

1.2.3. Les autres intervenants

Si les établissements de crédit sont les seuls à détenir un accès au marché monétaire interbancaire, les autres agents économiques peuvent néanmoins s'échanger des liquidités à court ou à long terme soit par l'intermédiation des banques, soit en direct sur le marché des titres de créance négociables (§ 3.2.).

On peut distinguer plusieurs types d'intervenants :

– les entreprises industrielles et commerciales,
– les compagnies d'assurances,
– les caisses de retraite,
– les particuliers,
– les organismes de placement collectif en valeurs mobilières (OPCVM).

Détenus par des personnes physiques ou morales, les OPCVM français se sont développés de manière très importante pour atteindre la première place de la gestion collective en Europe. Fin 1994, ils représentaient 2 680 milliards de francs pour 1 058 SICAV et 3 758 FCP. Les OPCVM constituent en cela des acteurs particulièrement importants sur les marchés financiers français. Les OPCVM investis sur les marchés monétaires et obligataires sont par ailleurs prépondérants par rapport aux fonds en actions. Ils représentaient les trois quarts des encours totaux en 1994.

1.3. Les agents des marchés interbancaires

Tous les intervenants précités opèrent sur les marchés interbancaires. Les plus gros interviennent directement, notamment les établissements de crédit et les OPCVM. Toutefois, ils emploient assez fréquemment les services d'un intermédiaire : l'agent des marchés interbancaires (AMI). Les activités de ces courtiers sont elles aussi définies par la loi bancaire de 1984. Ils mettent en rapport les prêteurs et les emprunteurs pour les opérations interbancaires et pour les titres de créances négociables. Un AMI ne peut pas être contrepartie d'une opération, ni se porter garant d'une contrepartie. Il est rémunéré par un courtage défini comme un faible pourcentage du montant nominal de la transaction.

Seuls opérateurs légalement qualifiés pour les activités d'intermédiation sur le marché interbancaire, les AMI jouent un rôle important dans l'animation et la liquidité du marché monétaire. Ils constituent souvent un écran pour les différents intervenants, notamment pour les investisseurs qui souhaitent sélectionner discrètement la qualité de leurs contreparties.

2. Les instruments du marché monétaire interbancaire

Hormis le billet à ordre négociable, les différentes opérations traitées sur le marché interbancaire sont des contrats de prêts et d'emprunts non négociables. Si les durées s'échelonnent tout au long de la courbe des taux, on constate néanmoins que les opérations à court terme sont largement prépondérantes. C'est pourquoi elles seront plus détaillées dans cette section.

2.1. Les opérations monétaires classiques

Les échanges de liquidités interbancaires prennent plusieurs formes. Le principe le plus simple est celui que l'on retrouve sur tous les marchés domestiques ou internationaux : il consiste à prêter ou à emprunter des liquidités sur une période déterminée moyennant une rémunération librement négociée, sur la base d'un taux fixe ou d'un taux variable. Par opposition aux opérations de pension, on parle d'opérations « en blanc ».

2.1.1. Les prêts et emprunts en blanc

Une opération en blanc est un échange de liquidité sans aucun papier en garantie. Le risque de non-remboursement est total. Ces opérations sont donc limitées aux contreparties bancaires.

Les maturités classiques de ces transactions sont de un jour, une semaine, un mois, deux mois, trois mois, six mois, neuf mois et douze mois. Il est néanmoins envisageable de négocier n'importe quelle durée brisée. Les opérations au-delà d'un an sont encore plus rares. Parmi les opérations à très court terme, on distingue :

– le jour le jour ou JJ : les fonds sont livrés le jour de la transaction et remboursés le jour ouvré suivant,

– le Tom/Next (*tomorrow to next tomorrow*) : les fonds sont livrés un jour ouvré après la transaction et remboursés le jour ouvré suivant.

Les flux échangés par de telles transactions permettent aux établissements de crédit d'équilibrer leurs excédents et leurs déficits de liquidité et d'ajuster leurs comptes à la Banque de France. La moyenne des taux négociés au jour le jour constitue un taux fondamental du marché monétaire : le TMP (caractéristiques en annexe 3).

Le nominal de ces transactions s'étale de quelques dizaines de millions de francs pour des durées longues à plusieurs milliards de francs pour les opérations de jour le jour conclues entre les grands intervenants. Elles sont négociées par un taux fixe de type monétaire TM (définition en annexe 2). Les intérêts perçus à l'échéance d'un placement de durée d jours et de nominal N sont égaux à :

$$\text{Intérêt} = \text{N}\cdot\text{TM}\cdot\frac{d}{360}$$

L'unité de négociation est soit de 1/16 ou 1/32 de point, soit le point de base (un point de base ou un « centime » représente 0,01 % de taux).

Exemple. L'emprunt de 100 millions de francs au jour le jour négocié le vendredi 27/10/1995 à 6,75 % va courir du 27/10/1995 au 30/10/1995 et sera remboursé par 100 056 250 francs.

2.1.2. La pension interbancaire classique

Afin de réduire le risque de contrepartie induit par les opérations en blanc, les établissements de crédit français s'échangent depuis de nombreuses années des liquidités sous forme de pension. Le principe de la pension est celui de la mobilisation de créances bancaires. La prise en pension (mise en pension) est un prêt (emprunt) contre des effets commerciaux ou des titres de créance négociables. La pension interbancaire classique consiste à ne pas identifier et livrer les papiers en garantie. L'emprunteur les conserve jusqu'à l'échéance de la pension. Ils sont « mis sous dossier » pour le compte du prêteur. On précise toutefois le type de créance mis en pension : effets privés à court ou moyen terme non mobilisables en Banque de France (communément appelés CTNM et MTNM), titres de créance négociables...

Le mode de rémunération, les habitudes de transaction et les maturités de ces pensions interbancaires sont identiques à celles précisées dans le paragraphe 2.1.1. Les taux offerts et demandés par les grands établissements de la place sont souvent diffusés par les agences d'informations financières internationales. Ils servent de support au calcul des taux PIBOR (annexe 3).

Les taux négociés sur les pensions classiques sont en général inférieurs à ceux des opérations en blanc. Ils sont d'autant plus bas que la qualité des titres mis sous dossier est élevée. D'autre part, de nombreuses transactions au jour le jour et en Tom/Next sont indexées sur le TMP. Cette pratique permet de rémunérer les soldes de trésorerie au niveau moyen du marché. Elle concerne essentiellement les OPCVM monétaires qui peuvent placer une partie de leur liquidité par des pensions non livrées contre certificats de dépôt ou bons du Trésor.

Si les pensions interbancaires classiques s'avèrent très souples, elles ne sont pas en revanche fiabilisées en termes de risque de contrepartie. Les papiers pris en garantie n'étant pas livrés, on peut assimiler juridiquement ce type de pension à des opérations en blanc. Afin de résoudre ce problème, les intervenants du marché interbancaire ont développé depuis quelques années les opérations de pension livrée.

2.1.3. La pension livrée

A l'image du *repurchase agreement (repo)* américain, la pension livrée a été définie légalement par la loi 93-1444 du 31 décembre 1993 et le décret d'application du 2 mai 1994, puis sécurisée techniquement par la convention-cadre de décembre 1994. Cette loi définit la mise en pension comme « l'opération par laquelle une contrepartie (*le cédant*) cède des titres en pleine propriété à une autre contrepartie (*le cessionnaire*), à un prix convenu, et par laquelle le cédant et le cessionnaire s'engagent irrévocablement, le premier à reprendre ses titres, le second à les rétrocéder, à un prix et à une date convenus ». Toutes les personnes morales ont accès à ce marché.

Contrairement à la pension interbancaire classique (non livrée) qui se conçoit avant tout comme des prêts et des emprunts de liquidité, la pension livrée s'analyse juridiquement comme deux opérations symétriques sur titres irrévocablement liées. Le schéma 1 montre que ces deux types d'opération sont identiques d'un point de vue financier. En revanche, en cas de faillite du cédant, la pension livrée sécurise complètement la transaction. En effet, seule la livraison rend la pension juridiquement opposable au tiers en cas de défaillance de sa contrepartie. D'autre part, les opérations de pension négociées sous la nouvelle convention-cadre approuvée par la Banque de France à la fin 1994 sont compensables juridiquement en cas de faillite de l'une des deux contreparties. Ce principe permet la réduction des risques de crédit.

Les titres livrés peuvent être des effets commerciaux, des valeurs mobilières et des titres de créance négociables. Cependant, les pensions sur effets commerciaux sont réservées aux seuls établissements de crédit. Tous les autres intervenants peuvent prendre ou mettre en pension des valeurs mobilières ou des titres de créance. Les valeurs mobilières et les bons du Trésor sont en général mis en pension à leur prix de marché, les autres titres de créance le sont souvent pour leur valeur nominale. La durée de ces transactions est comprise entre 24 heures et quelques mois. La pension livrée est négociée soit par un taux fixe monétaire, soit sur la base de la moyenne des TMP constatés pendant la durée de la pension diminuée d'une marge. Cette dernière est alors fonction de la durée de la pension et de la qualité des titres livrés.

Schéma 1 – Mise en pension de titres par l'établissement A chez l'établissement B

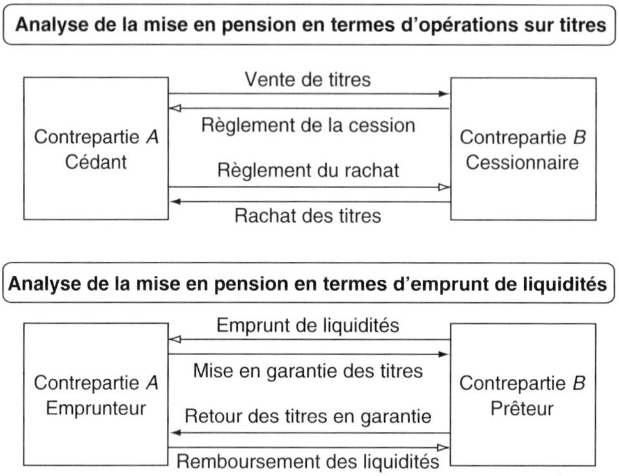

Certains intervenants utilisent la pension livrée comme une transaction de liquidité. C'est notamment le cas des OPCVM (qui abandonnent ainsi les pensions non livrées). D'autres l'emploient pour acquérir temporairement des titres spécifiques, en général des valeurs obligataires (gestion des encours de titres des *market-makers*). La pension peut enfin être un substitut aux prêts et aux emprunts de valeurs mobilières.

Exemple. Un OPCVM prend en pension livrée 100 millions de francs de nominal d'un bon du Trésor, pour une période d'un mois allant du 28/12/1994 au 28/01/1995. Il négocie une rémunération de 5,75 %. Les caractéristiques de ce bon du Trésor sont les suivantes :

- maturité : 12/10/1995,
- taux facial : 5,50 %,
- prix de marché hors coupon couru : 99,00 %,
- coupon couru au 28/12/1995 : 1,160 %.

Le cédant perçoit le 28/12/1994 un montant de $100\ \text{MF} \times (99,00\ \%+ 1,160\ \%)$, soit 100 160 000 francs. L'OPCVM est remboursé le 28/01/1995 : $100\ 160\ 000 \times\ (1 + 5,75\ \% \times 31/360) = 100\ 655\ 931$ francs.

2.1.4. Le billet à ordre négociable

Afin d'étendre les opérations interbancaires au-delà d'un an, les établissements de crédit négocient depuis plus de dix ans des billets à ordre négociables (BON), qui matérialisent des opérations d'emprunt entre un émetteur et un investisseur (l'acheteur du BON). L'avantage du BON par rapport aux instruments précédemment décrits est d'être cessible sur le marché interbancaire. L'acquisition d'un BON est assimilable en termes de risque de contrepartie à un prêt en blanc.

Les caractéristiques des BON et les habitudes de transactions sont très proches de celles des bons à moyen terme négociables (BMTN). Leurs durées vont de un an à dix ans et ils se négocient sur la base d'un taux actuariel annuel. Leur taux facial est fixe et annuel et leur remboursement *in fine*. Les BMTN étant plus souples que les BON, ils les ont largement remplacés. Les calculs classiques seront détaillés dans le paragraphe 3.2.3.

2.2. La réalité du marché interbancaire

Toutes les opérations précédemment évoquées se négocient de gré à gré, soit directement entre deux contreparties bancaires (ou non bancaires dans le cas de certaines pensions), soit par l'intermédiaire des agents des marchés interbancaires. Les opérateurs principaux du marché (voir définition ci-dessous) et quelques agents des marchés interbancaires affichent en permanence les taux demandés et offerts pour chaque maturité *via* les agences d'informations financières Reuter, Telerate...

Les transactions réalisées sur le très court terme, et notamment au jour le jour, sont largement prépondérantes sur les autres. En effet, c'est par leur intermédiaire que la liquidité bancaire s'équilibre au sein de notre système financier. Les opérations à plus long terme sont souvent remplacées par des instruments de hors-bilan (swaps, FRA...) ou par des titres de créance négociables. On constate par ailleurs que les non-résidents échangent moins de jour le jour que les résidents. Ceci s'explique par les difficultés de règlement qu'ils peuvent rencontrer sur des flux en valeur jour. Ils sont d'autre part plus habitués aux références du type PIBOR qu'au TMP. Enfin, les opérations de jour le jour restent très majoritairement des pensions non livrées et des opérations en blanc (difficultés de livraison journalière de titres pour les *back-offices*).

La pension livrée est en forte progression depuis 1994. Les textes précédemment cités ont assuré légalement et techniquement sa sécurité et l'évidente diminution du risque de contrepartie trouve un écho important dans le marché interbancaire. On constate encore une concentration des opérations sur le court terme (entre un jour et un mois). Les supports les plus utilisés sont les valeurs du Trésor (bons et obligations).

Parmi les intervenants des marchés interbancaires, deux statuts particuliers sont à noter : celui des opérateurs principaux du marché (OPM) et celui des spécialistes en pension sur valeurs du Trésor (SPVT).

Vingt-six OPM étaient agréés par la Banque de France à la fin 1993, en fonction de leur importance et des volumes de leurs transactions sur le marche interbancaire. Leur mission consiste à animer le marché monétaire en affichant des cotations sur les produits monétaires de bilan ou de hors-bilan. Les OPM possèdent le monopole de l'intermédiation pour les opérations d'appel d'offre et de pension de 5 à 10 jours proposées par la Banque de France (section 4). Par ailleurs, les OPM fournissent les taux nécessaires au calcul des PIBOR.

Les SPVT sont apparus sur le marché interbancaire au cours de l'année 1994. Leur mission consiste à promouvoir le récent marché des pensions livrées sur valeur du Trésor. Ces valeurs représentaient à la mi-1994 en termes de support la moitié des pensions livrées. En 1995, la direction du Trésor a porté à quinze le nombre des spécialistes de la pension sur les valeurs du Trésor. Ils proposent sur écran des taux demandés et offerts sur les pensions livrées à taux fixe uniquement, et pour des durées allant du jour le jour à trois mois. Plus précisément, ils assurent des cotations permanentes sur les durées et les montants suivants :

– pension à 24 heures : 500 millions de francs,
– pension à une semaine : 500 millions de francs,
– pension à un mois : 200 millions de francs,
– pension à trois mois : 100 millions de francs.

2.3. Les moyens de règlement des opérations monétaires

Les opérations en franc décrites dans cet article (transactions monétaires ou non) génèrent des flux réglés par des circuits d'échange de moyens de paiement. Ces différents circuits de règlement ne sont d'ailleurs pas nécessairement propres aux marchés des capitaux. Ils concernent tous les flux monétaires de notre système financier. C'est pourquoi la Banque de France est très attentive à la modernisation que l'on constate depuis quelques années. Nous n'aborderons ici que les circuits de règlement des flux interbancaires.

2.3.1. Les différents modes de règlement en 1995

Les systèmes de règlement sont classés selon deux types :

– les systèmes de règlement net qui assurent une compensation à heures fixes des flux de ses différents participants ; chacun reçoit ou paie alors sa position créditrice ou débitrice nette ;

– les systèmes de règlement brut qui exécutent les paiements au fil de l'eau.

Les systèmes interbancaires actuels sont de type net. D'une manière schématique, le marché interbancaire dispose de trois moyens de paiement classiques : les échanges sur support papier *via* la chambre de compensation de Paris (virement «démat» ou virement classique), le système SAGITTAIRE[2] et les virements directs sur les comptes Banque de France. A ces circuits de paiement s'ajoutent deux systèmes de règlement contre livraison de titres : SATURNE concerne les titres de créance négociables (nous y reviendrons dans cet article) et RELIT concerne les valeurs mobilières[3]. Lorsqu'un opérateur négocie une transaction sur le marché monétaire (prêt-emprunt en blanc ou en pension, billet à ordre négociable, titres de créance négociables...), il doit donc préciser le mode de règlement de sa transaction : virement en chambre de compensation, virement Banque de France...

Pour chaque établissement de crédit, les différents soldes nets issus de ces systèmes de paiement ou de règlement contre livraison sont crédités ou débités sur le compte que cet établissement possède dans les livres de la Banque de France. C'est ainsi que la banque centrale peut, en tant que banquier des banquiers, gérer le montant de la liquidité bancaire.

La plupart des opérations du marché interbancaire sont réglées par la chambre de compensation de Paris. Ces règlements se présentent sous la forme de virements remis par le payeur en compensation. On en distingue actuel-

---

2. Système automatique de gestion intégrée par télétransmission de transactions avec imputation de règlements étrangers.

3. Voir dans cette ***Encyclopédie*** l'article de N. Desbarrières, «Compensation et règlement/livraison des titres financiers», p. 250, tome 1.

lement deux types : le virement « démat » utilisé pour les règlements interbancaires domestiques et le virement de trésorerie ordinaire pour les opérations avec des établissements non résidents. Ces deux types de virement sont compensés (parmi d'autres flux bancaires de plus petits montants) lors des deux séances de compensation journalière (12 h 15 et 15 h 15).

Les établissements de crédit français peuvent aussi régler des flux en franc par une formule spécifique appelé virement Banque de France ou « virement rose ». En général, le bénéficiaire se déplace chez sa contrepartie pour prendre un virement à recevoir, puis le dépose à la Banque de France qui crédite alors son compte par le débit du compte de sa contrepartie. Les virements sont comptabilisés par la Banque de France dès leur réception.

Le système SAGITTAIRE assure quant à lui le règlement des transferts internationaux en franc français. Ce système automatisé est géré par la Banque de France. Les ordres de virement transitent par le réseau SWIFT et sont traités de 8 heures à 17 heures. Comme pour les opérations transitant par la chambre de compensation, la position nette de chaque adhérent est calculée globalement, puis créditée ou débitée sur son compte Banque de France.

2.3.2. L'évolution des circuits de règlement

Les volumes gérés en 1994 par ces circuits (hors systèmes de règlement-livraison) sont résumés dans le tableau 1.

Tableau 1 – Les circuits de règlement interbancaire

Circuit	Nombre d'opérations en millions	Capitaux en milliards de francs
Chambre de compensation de Paris	4,9	138 042
SAGITTAIRE	4,1	110 848
Virements Banque de France	2,3	39 321

Source : Banque de France.

Nombre de ces systèmes sont en cours de transformation, afin d'augmenter la rapidité et surtout la sécurité des règlements de gros montants entre banques (environ 1 000 milliards de francs par jour). La philosophie sous-jacente à ces transformations consiste à réduire le risque systémique, par lequel la défaillance d'un acteur bancaire important entraîne des conséquences financières pour les autres intervenants. Les évolutions envisagées consistent à séparer les systèmes de règlement interbancaire de gros montants des autres systèmes et d'automatiser les virements interbancaires transitant actuellement par la chambre de compensation de Paris.

Un accord a été conclu entre la Banque de France et l'Association française des établissements de crédit pour définir les bases du futur système de règlement interbancaire. Il prévoit la création de deux systèmes au sein d'un réseau unique reliant les établissements de crédit : le système brut TBF (transferts Banque de France) et le système net SNP (système net protégé). Le premier est développé par la Banque de France selon le principe de règlements bruts en temps réel, avec irrévocabilité des paiements dès leur comptabilisation sur les comptes Banque de France. Le second est promu par les établissements de crédit *via* la modernisation de la chambre de compensation et la prise en compte des opérations transitant par SAGITTAIRE. Ce système repose sur le principe de compensation multilatérale entre les adhérents avec un règlement final dans TBF.

La modernisation des moyens de règlement interbancaire découle des recommandations des banques centrales de la Communauté européenne :

– chaque Etat membre doit posséder un système de règlement brut en temps réel pour les transferts de gros montants,

– les Etats membres peuvent disposer de systèmes de règlement net basés sur le principe de la compensation s'ils satisfont à des normes minimales de sécurité[4].

Les différents systèmes de règlement brut des Etats membres doivent être mis en place pour le lancement de la phase 3 de l'Union économique et monétaire (UEM). Leur interconnexion sur un réseau unique pourrait permettre à la future banque centrale européenne de gérer la liquidité bancaire libellée en une monnaie unique, et de mener ainsi une politique monétaire commune.

2.4. Les réserves obligatoires et la gestion du compte Banque de France

Comme nous l'avons vu précédemment, tous les établissements possèdent un compte courant ouvert dans les livres de la Banque de France, sur lequel se déversent les soldes de compensation des systèmes de règlement, ainsi que tous les virements directs (virements Banque de France, dénouement des opérations de refinancement auprès de la banque centrale...). Chaque trésorier doit donc équilibrer quotidiennement ce compte, sachant que le solde créditeur constaté en fin de journée est pris en compte pour le calcul des réserves obligatoires.

2.4.1. Le principe des réserves obligatoires

Le principe des réserves obligatoires impose à tous les établissements de crédit de déposer sur leur compte Banque de France un pourcentage des dépôts à court terme en franc qu'ils reçoivent de leur clientèle non bancaire (entreprises, OPCVM, particuliers...). Sachant que les comptes ouverts à la Banque de France ne sont pas rémunérés, les réserves obligatoires constituent un moyen de régulation de la liquidité bancaire. Toutefois, les niveaux actuels des taux de réserve sont assez faibles. Depuis le 16 mai 1992, ils sont de :

– 1 % pour les dépôts à vue,

– 1 % pour les comptes sur livret,

– 0,50 % pour les dépôts à terme d'une durée initiale inférieure ou égale à un an.

Parmi les instruments financiers évoqués dans cet article, les certificats de dépôt, les mises en pension négociées avec des contreparties non bancaires sont soumis aux réserves obligatoires. C'est pourquoi les taux de ces instruments sont en moyenne légèrement inférieurs aux taux constatés sur le marché interbancaire, afin de prendre en compte le coût de ces réserves. Par exemple, l'émission d'un certificat de dépôt conduit à l'obligation de déposer 0,50 % du nominal sur le compte Banque de France, soit une perte de rémunération de

4. Normes « Lamfalussy » publiées en 1990 par la Banque des règlements internationaux.

0,50 % du TMP sur la période. Si les taux au jour le jour fluctuent autour de 6 %, le coût de ces réserves est alors de trois centimes. Toutefois, le montant des réserves dépend des dépôts en vie le dernier jour ouvré de chaque mois. Ainsi, un certificat de dépôt émis après le premier jour d'un mois et remboursé avant la fin de ce mois (dépôt « intraréserve ») ne donne pas lieu à une constitution de réserves. Inversement, un dépôt de quelques jours chevauchant une fin de mois sera soumis à une constitution de réserves de la même manière qu'un dépôt à un mois, ce qui augmente le coût de ces réserves lorsqu'on les rapporte à la durée du placement (schéma 2).

Schéma 2 – Impact des réserves obligatoires en fonction des durées

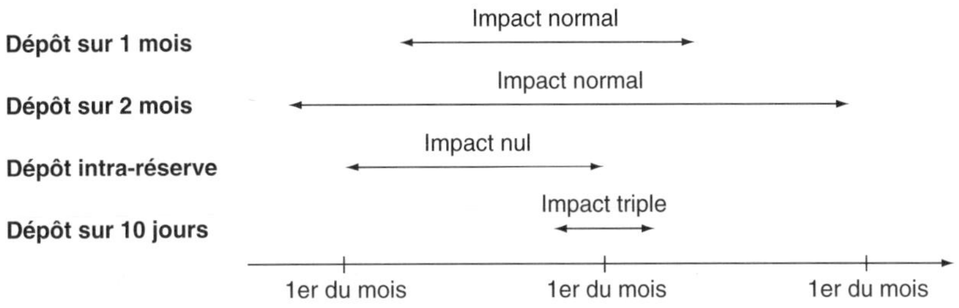

Chaque établissement de crédit peut constituer ses réserves sur une période courant du 16 de chaque mois au 15 du mois suivant, sur la base des dépôts constatés à la fin du mois. Plutôt que de laisser un montant fixe de réserve sur leur compte à la Banque de France, les intervenants constituent leurs réserves en maintenant des soldes plus ou moins positifs. Ils peuvent ainsi gérer leurs liquidités avec une plus grande souplesse et différer ou accélérer la constitution de leurs réserves en fonction de leurs anticipations sur les taux du jour le jour. Le principe des réserves obligatoires présente ainsi l'avantage d'être un facteur de réduction des fluctuations de la liquidité bancaire.

2.4.2. La gestion du compte Banque de France

Au-delà des réserves, la gestion du solde du compte Banque de France est très important car la banque centrale n'accepte pas de débit sur les comptes ouverts dans ses livres. Chaque établissement doit donc effectuer des ajustements au jour le jour pour placer ses excédents et surtout pour couvrir toute insuffisance de liquidité. En cas de position débitrice, un taux de découvert dissuasif est appliqué : il est égal au taux des prises en pension de 5 à 10 jours (voir la définition à la section 4) plus 2 % pour les comptes ayant des titres en garantie, ou plus 10 % pour les comptes sans garantie.

La gestion des soldes à la Banque de France est réalisée tout au long de la journée et se termine vers 17 h 30 lorsque la plupart des circuits de règlement se sont déversés dans les comptes courants. La place est prévenue par la Banque de France : on parle du *cut-off*. Après cet horaire, les établissements débiteurs effectuent leurs derniers ajustements pour couvrir leur insuffisance de fonds auprès des établissements créditeurs. Ces derniers peuvent aussi utiliser leur excédent pour faire des réserves. En revanche, on ne peut pas emprunter des liquidités après le lancement du *cut-off* dans le but de constituer des réserves, si le compte est déjà excédentaire. Enfin, les excédents de réserves constatés à la fin de la période de constitution peuvent être reportés sur la période suivante à concurrence de 90 %, dans la limite de 2 % des réserves exigées et à concurrence de 75 % au-delà. Chaque trésorier doit donc assurer en termes de liquidité toutes les opérations financières ou bancaires réalisées dans les différents services de son établissement, tout en respectant les contraintes imposées par la banque centrale.

2.5. Les principaux ratios prudentiels bancaires

Les différentes pratiques financières décrites dans cet article impliquent toutes des risques de taux, de liquidité, de change et de contrepartie. Afin de s'assurer que chacun de ces risques est correctement contrôlé et limité par tous les intervenants du système bancaire, chaque établissement doit respecter un certain nombre de ratios prudentiels ou d'obligations contractuelles. Ces différentes normes sont édictées par le Comité de réglementation bancaire. La Commission bancaire en vérifie le respect, soit par le contrôle d'états réglementaires, soit sur demande ponctuelle.

Les ratios prudentiels s'appliquent à tous les établissements de crédit autres que les succursales d'établissements de crédit communautaires, qui sont censées respecter des contraintes équivalentes au travers de leur maison mère. Cependant, afin de préserver tout risque de crise de liquidité sur le marché français, ces succursales doivent respecter le ratio de liquidité et sont assujetties au système des réserves obligatoires.

Avant de présenter succinctement les principales normes prudentielles (résumées dans l'annexe 4), remarquons tout d'abord que la plupart d'entre elles dépendent d'un même paramètre : les fonds propres. Toute augmentation de leur niveau entraîne mécaniquement une amélioration des ratios prudentiels. L'instauration et le resserrement progressif de ces différentes contraintes ont donc entraîné un renforcement important des fonds propres chez la plupart des établissements bancaires intervenant sur les marchés de capitaux, sécurisant en cela le système financier français et le système financier international.

Directement issu du ratio international de solvabilité (ou ratio Cooke[5]), le ratio de solvabilité est égal au rapport entre les fonds propres et l'ensemble des actifs et des engagements de hors-bilan ; il doit être en permanence supérieur à 8 %. Il limite ainsi les risques de contrepartie générés par toute activité bancaire. Afin de prendre en compte la qualité de la signature des contreparties composant le dénominateur, les engagements sont pondérés entre 0 % et 100 %. Ainsi, toute activité de marché engageant le bilan d'une banque implique un montant minimum de fonds propres.

Pour prendre en compte les recommandations européennes relatives à l'adéquation des fonds propres des établissements de crédit et des entreprises, le ratio de solvabilité a évolué en France au 1er janvier 1996 par l'intégration des risques de marché dans le dénominateur : risque de change, risque de taux, risque de variation du prix des actions et risque de règlement-livraison. Cette norme deviendra demain encore plus qu'aujourd'hui le critère fondamental de gestion des établissements bancaires.

---

5. Le ratio Cooke ne s'applique qu'aux banques à vocation internationale. Voir dans cette ***Encyclopédie*** l'article de C. Dufloux et M. Karlin, « Ratio Cooke et réglementation financière internationale », p. 1597, tome 2.

Pour éviter toute crise de liquidité, chaque établissement de crédit doit respecter un coefficient de liquidité qui lui impose de disposer en permanence de liquidités suffisantes pour faire face à ses engagements à court terme. Il est défini comme le rapport entre les actifs A ayant au plus un mois à courir et les exigibilités E venant à échéance au cours du mois. Ce rapport est complété par un solde de trésorerie S composé des fonds propres, de la position nette des prêts et des emprunts interbancaires entre un jour et un mois, de la position nette des comptes ordinaires débiteurs et créditeurs auprès d'établissements de crédit, du net des titres à livrer et à recevoir dans le mois à venir... Le coefficient de liquidité doit être supérieur à 100 %

$$\text{Coefficient} = \frac{A+S}{E} \quad \text{si } S \text{ est positif}$$

$$\text{Coefficient} = \frac{A}{E+\mid S\mid} \quad \text{si } S \text{ est négatif}$$

Les actifs A sont principalement composés des valeurs cessibles (valeurs mobilières, bons du trésor, OPCVM...) et de crédits venant au remboursement dans le mois à venir. Les exigibilités E regroupent quant à elles les différents dépôts à vue ou à terme (certificats de dépôt par exemple) venant à échéance dans le mois. Toutes ces données bilantielles sont pondérées par des coefficients allant de 5 % à 100 % suivant leurs caractéristiques.

La règle de division des risques assure un minimum de diversification des risques de contrepartie. Elle impose la limitation des risques interbancaires ou clientèles, pris sur une même entité ou un même groupe, à 40 % des fonds propres. D'autre part, tous les risques de crédit supérieurs à 15 % des fonds propres doivent être déclarés. Enfin, la somme des engagements supérieurs à 15 % ne doit pas dépasser huit fois les fonds propres. La division des risques est conforme à la directive européenne relative au contrôle des grands risques qui implique une période transitoire allant jusqu'au 31 décembre 1998, date à laquelle les deux ratios précédents seront abaissés à 25 % et 10 % des fonds propres. Comme pour les deux normes prudentielles précédentes, les opérations de crédit sont pondérées entre 0 % et 100 % en fonction de leur nature et de la signature des contreparties.

Enfin, le coefficient de fonds propres et de ressources permanentes limite la transformation à long terme. Il mesure en effet le rapport entre la somme des fonds propres et des ressources à plus de cinq ans, et les emplois à plus de cinq ans. Ce coefficient doit toujours être supérieur à 60 % et ne concerne que les opérations en franc.

3. Les titres de créance négociables

L'apparition du marché des titres de créance négociables a provoqué le décloisonnement des compartiments du court et du long terme. Depuis 1986, les caractéristiques de ces titres se sont petit à petit modifiées et leurs durées vont maintenant de dix jours à dix ans. Ils recouvrent les durées rencontrées sur les marchés interbancaire et obligataire (schéma 3). D'autre part, les titres de créance négociables ont permis l'ouverture des marchés de capitaux à tous les investisseurs et à tous les émetteurs (Etat, banques, entreprises industrielles et

Schéma 3 – Comparaison des instruments de taux français

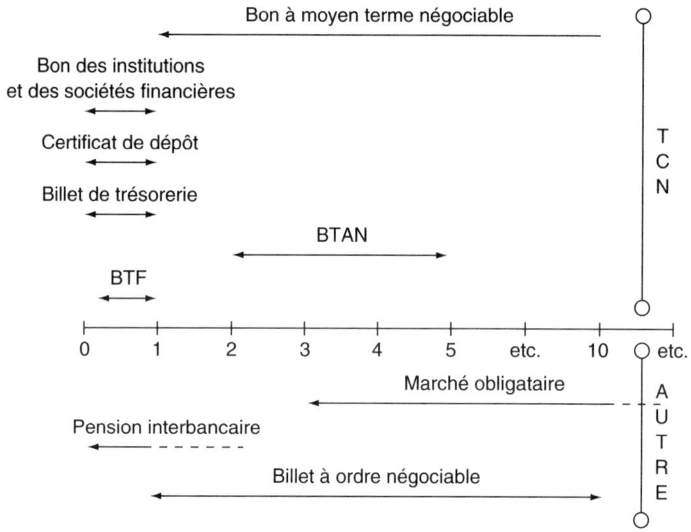

commerciales, institutions financières spécialisées, sociétés financières). Ces titres sont négociables entre eux grâce à l'intermédiation des établissements de crédit bancaires, des maisons de titres, des agents des marchés interbancaires et des sociétés de bourse.

3.1. Les bons du Trésor

D'un point de vue juridique, les bons du Trésor ne sont pas régis par les mêmes lois que les autres titres de créance négociables (ordonnance du 13 avril 1945 et arrêté de septembre 1973). Néanmoins, leurs caractéristiques sont très proches et les intervenants du marché les assimilent généralement.

3.1.1. Les caractéristiques des bons du Trésor

Depuis 1986, le Trésor public émet pour le compte de l'Etat deux types de bons du Trésor : les bons du Trésor à taux fixe et à intérêt précompté (BTF) et les bons du Trésor à taux fixe et à intérêt annuel (BTAN). Tout détenteur doit les déposer sur un compte courant à la Banque de France. Les caractéristiques de ces bons sont résumées dans le tableau 2. Depuis 1994, le Trésor procède aussi à des émissions de BTAN libellés en écu (le calendrier des émissions est actuellement confondu avec celui des obligations assimilables du Trésor en écu). Les encours restent toutefois très faibles en comparaison des émissions en franc.

Le montant net d'une créance est par essence égal à la valeur actuelle de ses flux futurs. Le BTF ne présente qu'un flux de remboursement égal à son nominal, car les intérêts sont précomptés. Le BTAN présente quant à lui plusieurs flux d'intérêt et un flux final de remboursement du capital.

Exemple 1. Un investisseur acquiert le 01/08/94 dix millions de BTF échéance 06/10/94 au taux monétaire de 6 %. Il doit régler en valeur 02/08/94 le montant suivant :

$$M = \frac{10 \text{ MF}}{1 + \frac{6\ \% \ .\ 65}{360}} = 9\ 892\ 828 \text{ francs}$$

Exemple 2. L'investisseur achète en même date de valeur le même nominal de BTAN ayant son échéance au 12/11/1998 et un taux facial de 5,75 %. Si le taux actuariel négocié est de 8 %, le montant net est de :

$$M = \frac{10 \text{ MF}}{(1+8\ \%)^{102/365}} \cdot \left[\sum_{i=0}^{4} \frac{5,75\ \%}{(1+8\ \%)^i} + \frac{1}{(1+8\ \%)^4}\right] = 9\ 620\ 621 \text{ francs}$$

Par analogie avec le marché obligataire, le montant net est souvent décomposé en un montant hors coupon et un coupon couru. Ce dernier est la fraction du coupon plein depuis le dernier détachement jusqu'à la date de règlement de la transaction. Le prix pied de coupon est le montant hors coupon divisé par le nominal. Arrondi à deux décimales, il sert de paramètre de négociation pour les adjudications et parfois sur le marché secondaire. Avec notre exemple, on trouve un coupon couru de 414 315 francs et un prix pied de coupon de 92,06 %.

Tableau 2 – Caractéristiques des bons du Trésor

Caractéristiques	BTF	BTAN
Montant unitaire	1 million de francs	1 million de francs
Durées à l'émission	3, 6 et 12 mois	2 et 5 ans
Amortissement	*In fine*	*In fine*
Intérêt	Précompté	Postcompté annuel
Règlement d'une transaction	Jour ouvré suivant la date de transaction	Jour ouvré suivant la date de transaction
Paramètre de négociation	Taux monétaire TM	Taux actuariel TA
Montant réglé lors d'une transaction ou « montant net » M (voir annexe 2)	$M = \frac{K}{1+\frac{\text{TM}\ .\ n}{360}}$ K = capital n = nombre de jours entre la date de règlement et la date d'échéance	$M = \frac{K}{(1+\text{TA})^{n/b}} \times \left[\sum_{i=0}^{A} \frac{\text{TF}}{(1+\text{TA})^i} + \frac{1}{(1+\text{TA})^A}\right]$ K = capital n = nombre de jours entre la date de règlement et le prochain coupon b = base annuelle exacte (365 ou 366) TF = taux facial A = nombre d'années entières restant à courir

3.1.2. L'organisation du marché primaire

Le Trésor publie le calendrier des émissions, annuellement pour les BTAN et trimestriellement pour les BTF. Les BTF 3 mois sont émis tous les lundis, les BTF 6 et 12 mois un lundi sur deux, et les BTAN le troisième jeudi ouvrable de chaque mois. Les émissions se font par la technique de l'adjudication (comme pour les obligations assimilables du Trésor). Deux jours ouvrés avant le lancement d'une émission, le Trésor communique les caractéristiques et la quantité de bons du Trésor à émettre. Chaque investisseur indique ensuite les montants et les prix des bons qu'il désire. Ces soumissions sont transmises de manière anonyme à la direction du Trésor. La Banque de France rapproche le volume d'émission décidé par le Trésor et les différentes demandes. Les plus chères sont alors servies sur le prix demandé. Pour ajuster le montant émis avec les différentes demandes, le Trésor réduit les demandes présentées au prix limite. A l'issue de chaque adjudication, les résultats sont publiés immédiatement par le biais des agences d'informations financières. Les caractéristiques techniques des adjudications sont répertoriées dans le tableau 3.

Tableau 3 – Caractéristiques des adjudications en 1995

Caractéristiques	BTF	BTAN
Montant unitaire	1 million de francs	1 million de francs
Prix présenté	Taux monétaire	Prix pied de coupon
Règlement	$J+3$ pour les BTF 3 mois $J+10$ pour les BTF 6 mois $J+10$ pour les BTF 12 mois	Le 5 du mois suivant pour les BTAN 2 ans Le 12 du mois suivant pour les BTAN 5 ans

Afin d'accroître la liquidité du marché par création de gisements plus importants, le Trésor procède à des adjudications successives de bons ayant les mêmes caractéristiques. Tous les ans, deux nouvelles échéances sont créées pour les BTAN 2 ans et deux pour les BTAN 5 ans. Dans le même objectif, la durée des BTF 6 mois est comprise entre 24 et 29 semaines et celle des BTF 12 mois entre 42 et 52 semaines. L'Etat procède aussi à des émissions de BTF de 4 à 6 semaines. Le Trésor peut enfin racheter des bons du Trésor par adjudication à l'envers.

3.1.3. Le marché secondaire

L'encours des bons du Trésor a beaucoup augmenté au cours de ces dernières années pour atteindre 1 100 milliards de francs à la mi-1995, soit 40 % de la dette négociable de l'Etat. Le marché secondaire est très actif, notamment pour les durées les plus longues et pour les bons nouvellement émis. Les BTF les plus courts sont généralement moins liquides parce que détenus par des investisseurs qui les portent jusqu'à leur maturité. Le volume journalier moyen des transactions était de 93 milliards de francs en 1994, dont 26 milliards pour les BTF, 26 milliards pour les BTAN 2 ans et 41 milliards pour les BTAN 5 ans.

La liquidité des marchés primaire et secondaire est assurée par la présence des spécialistes en valeurs du Trésor (SVT) qui les cotent en permanence sur écran et par téléphone pour des montants allant de quelques dizaines à plusieurs centaines de millions de francs. Ce statut de SVT existe depuis 1986. Il est attribué aux établissements de crédit spécialisés dans le *market-making* des papiers émis par l'Etat (obligations assimilables et bons du Trésor). Choisis parmi les grandes banques françaises et étrangères ayant un niveau minimal de fonds propres (300 millions de francs), ces établissements étaient au nombre de 19 en 1995. La liste est revue périodiquement par le Trésor en fonction de leur activité et du développement du marché. Ils doivent respecter des conditions minimales d'activité sur les titres d'Etat et de présence aux adjudications. Les SVT sont d'ailleurs les principaux acheteurs de titres d'Etat sur le marché primaire (90 % des différentes émissions).

3.2. Les autres titres de créance négociables

La plupart des sociétés résidentes ou non ont la possibilité de se refinancer en évitant l'intermédiation bancaire par l'émission de billets de trésorerie, de certificats de dépôt, de bons des sociétés et institutions financières ou de bons à moyen terme négociables. Ce dernier instrument permet des financements à long terme pour l'ensemble des émetteurs. Les trois premiers couvrent la partie courte de la courbe des taux. Assez différents dans leur conception initiale, ils présentent maintenant des caractéristiques assez proches. Les conditions de remboursement et de montant sont exactement identiques :

– leur durée est comprise entre dix jours et un an,

– toutes les devises d'émission sont autorisées sauf opposition temporaire de la Banque de France (la quasi-totalité des émissions sont cependant en franc),

– le montant minimum est de un million de francs (ou contre-valeur en franc français),

– les prix d'émission et de remboursement sont libres (primes d'émission et de remboursement autorisées),

– l'échéance doit être fixe (remboursement *in fine*),

– le taux négocié est un taux fixe monétaire.

3.2.1. Les certificats de dépôt et les bons des institutions et sociétés financières

Le certificat de dépôt négociable (CDN) et le bon des institutions et sociétés financières (BISF) sont deux titres quasi similaires. Le premier matérialise un dépôt à terme négociable dans les établissements de crédit résidents suivants : banques, caisses d'épargne et de prévoyance, caisses de crédit municipal, Caisse des Dépôts et Consignations. Le second est émis par les institutions financières spécialisées, les sociétés financières et les maisons de titres ayant un capital supérieur à 15 millions de francs, et les sociétés anonymes de crédit immobilier ayant un capital supérieur à 30 millions de francs. Les émetteurs de BISF sont soumis à certaines contraintes qui lient le volume de leur émission à certains postes de leurs actifs (voir règlement CRB 92-03). D'autre part, les CDN et les BISF peuvent être garantis par des établissements de crédit.

Les émetteurs doivent déposer à la Banque de France un dossier de présentation financière quinze jours avant la première émission. La notation des émetteurs de CDN et de BISF est facultative, mais elle permet un allégement des procédures d'information financière, tout comme pour les billets de trésorerie.

Les CDN et les BISF sont en revanche moins souples que ces derniers : leur remboursement anticipé est interdit et le rachat des certificats de dépôt est limité. Seuls ceux dont la durée de vie résiduelle est supérieure à un mois peuvent être rachetés dans la limite de 25 % de l'encours des titres émis. D'autre part, les CDN rachetés ne peuvent être revendus lorsqu'ils ont une durée résiduelle inférieure à 10 jours.

Les CDN et les BISF se négocient sur la base d'un taux fixe monétaire TM (les certificats de dépôts anciennement émis à plus d'un an[6] sont négociés en taux actuariel, selon des principes identiques à ceux des BMTN). Les intérêts peuvent être précomptés ou post-comptés. Le montant net d'une transaction est donc le suivant :

$$M = \frac{K}{1+\frac{\text{TM} \cdot n}{360}} \quad \text{dans le cas d'intérêts précomptés,}$$

$$M = K \cdot \frac{1+\frac{\text{TF} \cdot n_0}{360}}{1+\frac{\text{TM} \cdot n}{360}} \quad \text{dans le cas d'intérêts postcomptés}$$

où K est le nominal du titre, n sa durée résiduelle en jours (ou sa durée initiale dans le cas d'une émission), TF le taux facial et n_0 la durée initiale en jours.

Exemple. Un certificat de dépôt post-compté de 100 millions de francs de durée initiale égale à 92 jours et de taux facial 6 % est négocié sur le marché secondaire 30 jours après son émission au taux de 5,80 %. Sa valeur est alors de :

$$M = 100 \text{ MF} \cdot \frac{1+\frac{6\ \% \cdot 92}{360}}{1+\frac{5,80\ \% \cdot 62}{360}} = 100\ 529\ 159 \text{ francs}$$

3.2.2. Les billets de trésorerie

Le billet de trésorerie est émis par les sociétés résidentes ou non, ayant au moins deux années d'existence (sociétés par actions, entreprises du secteur public, sociétés coopératives...). Les établissements de crédit non résidents ont aussi accès à ce type d'émission. Les établissements de crédit résidents ne peuvent évidemment pas en émettre puisque le certificat de dépôt leur est réservé. Les billets de trésorerie doivent être domiciliés auprès d'un établissement de crédit français. Ils peuvent être garantis par une autre entreprise émettrice ayant un lien de capital d'au moins 20 %, mais pas par une banque sauf pour des billets d'un montant inférieur à trois millions de francs. Le rachat par l'émetteur et le remboursement anticipé sont libres.

Comme pour les CDN et les BISF, les émetteurs de billets de trésorerie doivent déposer à la Banque de France et à la Commission des opérations de bourse une présentation financière de leur entreprise afin d'obtenir un visa. Celui-ci devient caduc si l'émetteur n'est plus présent sur le marché pendant plus d'un an ou s'il manque à ses obligations d'information.

6. Les règlements antérieurs à l'apparition des BMTN autorisaient des émissions de CDN allant jusqu'à sept ans.

Les intérêts des billets de trésorerie sont en général précomptés et les calculs classiques à l'émission et sur le marché secondaire sont identiques à ceux des CDN précomptés et des BTF. Par exemple, le montant à payer pour l'acquisition d'un billet de trésorerie de durée 90 jours, de nominal 100 millions de francs et pour un taux négocié de 6 % est de :

$$M = \frac{100 \text{ MF}}{1+\dfrac{6 \% \,.\, 90}{360}} = 98\ 522\ 167 \text{ francs}$$

3.2.3. Les bons à moyen terme négociables

Le BMTN est un titre de créance négociable émis par les émetteurs de billets de trésorerie, de certificats de dépôt ou de BISF (voir restrictions ci-dessus) pour des durées de moyen à long terme. Ils se rapprochent dans leurs principes des *medium term notes* anglo-saxons.

Les caractéristiques financières des BMTN sont les suivantes :

– leur durée est de un an et un jour au minimum (les établissements de crédit ne sont donc pas soumis aux réserves obligatoires pour des dépôts reçus sous cette forme) ;

– toutes les devises d'émission sont autorisées sauf opposition temporaire de la Banque de France ;

– le montant minimum est de un million de francs (ou contre-valeur en franc français) ;

– le taux négocié est soit un taux fixe actuariel, soit un taux révisable calculé à partir d'un taux prédéterminé de durée minimum un mois (si l'indexation sur les taux PIBOR 1 à 12 mois est autorisée, il est en revanche interdit d'employer les indices de taux post-déterminés du type TMP, T4M, TAM...) ;

– les prix d'émission et de remboursement sont libres (l'émetteur doit alors préciser le taux actuariel correspondant) ;

– l'échéance doit être fixe (remboursement *in fine*) ;

– le remboursement anticipé et les rachats sont autorisés ;

– la domiciliation auprès d'une banque résidente est obligatoire pour les émetteurs non résidents ;

– un BMTN peut être garanti suivant les conditions applicables à chaque émetteur pour les autres types de créances négociables ;

– l'obtention d'une notation auprès d'une agence spécialisée agréée par le ministère de l'Economie et des Finances n'est plus obligatoire depuis le 27 septembre 1994 ; cependant, la majorité des émetteurs actuels disposent d'une notation ;

– les émetteurs sont soumis à des obligations d'informations très précises concernant leur santé financière et leurs programmes d'émission.

Les prix d'émission étant libres, certains émetteurs procèdent à des émissions successives de BMTN dont les caractéristiques sont identiques, créant ainsi des gisements par assimilation de leurs émissions. Les plus grands établissements de la place proposaient à la fin 1994 quelques lignes ayant un encours compris entre un et dix milliards de francs. La liquidité de ces titres est généralement assurée par l'émetteur qui cote de manière permanente des taux à l'émission et au rachat.

Parmi les différents types de créances négociables, le BMTN est celui qui présente les modalités d'émission les plus souples, notamment en termes de rémunération et de négociabilité. Par comparaison, un financement obtenu par le lancement d'une émission obligataire impose des contraintes légales bien plus lourdes. La souplesse du BMTN permet de l'utiliser pour des montages financiers complexes ayant des profils de risque très particuliers. Parmi les montages ayant eu récemment un certain succès, on citera le BMTN zéro-coupon, le BMTN *reverse floater* (une rémunération basée sur une fonction décroissante d'un taux prédéterminé) et le BMTN dont le prix de remboursement est indexé sur un indice boursier. L'intérêt financier pour un investisseur réside dans la possibilité d'acheter un instrument qui lui est propre (rendement établi sur mesure). Le marché secondaire est assuré par l'émetteur qui peut le racheter ou l'annuler à tout instant.

Ces émissions de BMTN complexes permettent de trouver des sources de financement d'autant plus intéressantes qu'il existe un engouement important pour les profils de risque proposés. Cependant, les émetteurs préfèrent en général des financements simples à taux fixe ou à taux variable (TAM ou PIBOR). C'est pourquoi ces émissions sont fréquemment accompagnées par un instrument de hors-bilan (swap ou option) qui transforme le profil de risque particulier du BMTN en un profil simple. Ces montages sont parfois assurés par un établissement intermédiaire, qui propose une couverture adéquate à l'émetteur, et assure la distribution du produit structuré vers les investisseurs. Ces émissions originales sont souvent liées à des situations de marché particulières : anticipation sur les taux d'intérêt ou sur des indices boursiers, forme de courbe de taux particulière... Leur durée de commercialisation est donc souvent assez courte. Ce créneau de marché est en général très dépendant des innovations qui apparaissent sur le marché des produits dérivés.

Sur le marché secondaire, le prix d'un BMTN à taux fixe classique est égal à la valeur actuelle de ses flux d'intérêts et de remboursement, soit :

$$V = \frac{K}{(1+\mathrm{TA})^{n/b}} \cdot \left[\sum_{i=0}^{A} \frac{\mathrm{TF}}{(1+\mathrm{TA})^{i}} + \frac{1}{(1+\mathrm{TA})^{A}} \right]$$

avec

TA : le taux actuariel négocié,

TF : le taux facial du BMTN,

n : le nombre de jours entre la date de valeur de la transaction et le prochain coupon,

A : le nombre d'années entières restant à courir,

b : la base annuelle exacte (365 ou 366 jours).

Exemple. Un investisseur achète en valeur 10/08/1995 un BMTN d'échéance 12/11/1998 et de taux facial 6,50 %. Si le taux actuariel négocié est de 6,80 %, le montant net du BMTN est alors :

$$V = \frac{100 \text{ MF}}{(1+6,80\ \%)^{94/365}} \cdot \left\{ \sum_{i=0}^{3} \frac{6,50\ \%}{(1+6,80\ \%)^{i}} + \frac{1}{(1+6,80\ \%)^{3}} \right\} = 103\ 933\ 907 \text{ F}$$

Un BMTN peut être émis sur une durée non entière. Il présente un premier coupon «rompu» C_1 de moins d'un an. Celui-ci est calculé par décapitalisation du taux actuariel négocié TF (taux facial) sur la durée n_1 du premier coupon. Pour un nominal K, on obtient :

$$C_1 = K \,.\, ((1 + \mathrm{TF})^{n_1/365} - 1)$$

3.2.4. Le marché secondaire

Le marché secondaire des titres de créance négociables (hors bons du Trésor) est assez différent selon les instruments concernés. Le plus important est celui des certificats de dépôt. En novembre 1995, il atteignait 809 milliards de francs pour 375 émetteurs. Plus de la moitié des émissions est assurée par moins de 20 établissements. La grande majorité des certificats de dépôt est libellée en franc (les autres font en général référence au dollar américain, à l'écu et au deutsche mark). Les durées à l'émission sont sensiblement plus longues que celles des billets de trésorerie et les investisseurs sont nettement plus diversifiés que pour les autres créances négociables : placement de la trésorerie des OPCVM, des entreprises, mais aussi des particuliers malgré le nominal minimum de un million de francs (ceux-ci achètent en général des certificats émis par leur propre banquier).

Les encours de BISF se réduisent assez sensiblement, depuis que les émetteurs se reportent sur les BMTN. En novembre 1995, ils tombaient à 51 milliards de francs pour environ 50 émetteurs. Huit d'entre eux représentaient 80 % de l'encours émis. Les durées à l'émission sont plus longues en moyenne que celles des certificats de dépôt, car les émetteurs ont en général une activité de crédit à moyen terme à refinancer. Les BISF sont principalement détenus par des établissements de crédit et des OPCVM.

Le marché des billets de trésorerie est plus stable que les précédents (141 milliards de francs en novembre 1995 pour 97 émetteurs). En pratique, les billets de trésorerie sont généralement émis sur des maturités assez courtes et le marché secondaire est relativement restreint. Quelques grosses entreprises industrielles émettent une grande partie du volume des billets de trésorerie (6 émetteurs représentaient environ un tiers du marché). Ils sont principalement détenus par les banques et les OPCVM monétaires. Celles-ci recherchent des rémunérations supérieures à celles des bons du Trésor et à celles des certificats de dépôt. Les établissements de crédit organisent souvent le placement de ces créances, grâce aux relations qu'ils entretiennent avec les entreprises industrielles et commerciales.

Le marché des BMTN s'est développé très rapidement depuis son apparition en 1992. Il atteignait en novembre 1995 un encours de 476 milliards de francs pour 234 émetteurs différents. Leurs durées initiales se répartissent tout au long de la courbe des taux. On constate toutefois une prépondérance des émissions à moins de cinq ans. 70 % des encours correspondaient aux 25 plus gros émetteurs (banques ou établissements de crédit ayant un rating élevé). Plus de 95 % des encours sont notés par une agence spécialisée et les trois quarts des 375 émetteurs le sont également. Ces ratios sont plus importants que ceux rencontrés sur les autres titres de créance négociables. Quelques BMTN sont libellés en devises étrangères (dollar américain, deutsche mark, écu...).

Enfin, depuis juillet 1995, la Banque de France assure le listage des BMTN dont l'encours est supérieur à 200 millions de francs et qui sont gérés par SATURNE.

3.3. Le système de règlement-livraison SATURNE

Le développement du marché des titres de créance négociables fut accompagné par celui du système de règlement-livraison SATURNE géré par la Banque de France (Système automatisé de traitement unifié des règlements de créances négociables). Ce système assure le dénouement de nombreuses transactions selon le principe du règlement des fonds contre livraison des titres. SATURNE gère depuis 1988 les bons du Trésor (qui sont dématérialisés et inscrits en compte courant à la Banque de France). Il s'est considérablement développé pour intégrer maintenant toutes les opérations concernant les créances négociables :

- les achats et les ventes de TCN sur le marché secondaire,
- les adjudications de bons du Trésor : les opérations des adjudicataires sont traitées directement par la Banque de France,
- les mobilisations auprès de la Banque de France (voir appel d'offre et pension de 5 à 10 jours au paragraphe 4.2.),
- les livraisons de titres sans mouvement d'espèces,
- les opérations de pensions livrées et les prêts de titres,
- les paiements des coupons et des remboursements.

SATURNE est ouvert à tous les intervenants du marché : établissements de crédit, maisons de titres, sociétés de bourse, institutions financières internationales, banques centrales étrangères... Les flux de règlement sont crédités ou débités sur le compte courant que possèdent les adhérents dans les livres de la banque centrale. Les deux contreparties d'une transaction envoient dans SATURNE les caractéristiques de l'opération conclue. Les échanges d'informations entre la Banque de France et les établissements adhérents se font soit par télétransmission (95 % des volumes), soit par télex ou sous forme de papier. Le système SATURNE n'est toutefois pas obligatoire : les émetteurs gèrent souvent eux-mêmes le suivi de leurs émissions.

En termes de flux, SATURNE a dénoué 225 000 opérations en 1994, pour un montant global dépassant 25 000 milliards de francs. On constate une forte progression des volumes depuis la dématérialisation des titres de créance négociables et l'apparition des bons à moyen terme négociables. Les deux tiers des émissions de BMTN sont en effet gérés par SATURNE. Les certificats de dépôt et les billets de trésorerie transitent beaucoup moins par SATURNE, en raison de leur courte maturité et du caractère étroit de leur marché secondaire.

4. La régulation de la liquidité bancaire par la banque centrale

De par ses nouveaux statuts, la Banque de France assure la mise en œuvre de la politique monétaire française. Elle dispose pour cela de plusieurs types d'interventions que nous détaillerons dans cette section. Ces interventions agissent essentiellement sur les taux à court terme du marché monétaire interbancaire. L'évolution des taux courts se propage de façon plus ou moins marquée sur les taux à long terme. La banque centrale régule donc le niveau de la création monétaire essentiellement par les prix. Elle peut aussi, dans une moindre mesure, influer sur la liquidité bancaire par le système des réserves obligatoires que nous avons précédemment décrit.

4.1. Les principaux déterminants de la liquidité bancaire

La liquidité bancaire étant la principale courroie de transmission de la politique monétaire, nous préciserons ses principaux composants. Comme nous l'avons vu dans le paragraphe 2.4., chaque établissement doit ajuster la quantité de liquidité nécessaire à son fonctionnement en gérant son compte courant à la Banque de France. Les avoirs détenus par ces établissements sur leurs comptes constituent la « liquidité bancaire ». Elle est affectée soit par les interventions de la banque centrale sur le marché monétaire, soit par des facteurs autonomes tels que le niveau des billets en circulation, les dépenses ou les recettes du Trésor public (son compte est géré par la banque centrale), les opérations d'achat et de vente de devises contre du franc français...

Les interventions sur les marchés de taux français et sur les marchés internationaux, ainsi que les facteurs autonomes, prennent leur forme dans le bilan de la Banque de France. C'est pourquoi ce bilan publié hebdomadairement est étudié par les intervenants des marchés de capitaux français. D'une manière schématique, le bilan de la banque centrale peut être analysé à partir des quatre rubriques principales suivantes.

1. La première regroupe les réserves en or et en devises et leur réserve de réévaluation. Les actifs en devises donnent des indications sur les interventions de la banque centrale sur les marchés des changes.

2. La deuxième valorise le montant des billets en circulation, c'est-à-dire l'un des facteurs autonomes de la liquidité bancaire.

3. La troisième intègre les réserves obligatoires et les interventions sur les marchés monétaires (titres monétaires ou obligataires achetés ferme, concours aux établissements de crédit par des prises ou mises en pension de titres ou d'effets privés). Nous reviendrons sur ces opérations dans le paragraphe 4.2.

4. La quatrième regroupe les opérations effectuées avec le Trésor : évaluation de son compte courant en franc et de son compte en écu et concours au Trésor public. Compte tenu de leur montant, les flux générés par les opérations du Trésor constituent un facteur très influent sur la liquidité bancaire. Le règlement, le remboursement ou le paiement d'un coupon d'une émission obligataire ou monétaire (BTF, BTAN, OAT...) impliquent une injection ou un retrait de liquidités. Les montants correspondants sont souvent d'une taille comparable aux interventions directes de la Banque de France.

4.2. Les différents modes d'intervention sur les taux

La Banque de France agit directement sur le niveau de la liquidité bancaire par divers moyens. Elle équilibre ainsi la demande de liquidités des établissements de crédit, selon les critères de sa politique monétaire. Les interventions de la Banque de France se font par des techniques classiques de marché : achats, ventes, prises ou mises en pension de créances libellées en franc.

4.2.1. La procédure d'appel d'offre

L'appel d'offre est une technique d'allocation de liquidités sous forme de prise en pension de bons du Trésor ou de créances privées. Il se matérialise par des billets globaux de mobilisation (schéma 1). La durée de ces refinancements auprès de la Banque de France est actuellement de sept jours et leur fréquence est bihebdomadaire (les lundis et jeudis). Le taux retenu est un des deux taux directeurs fondamentaux de la banque centrale. Il constitue une limite basse dans l'évolution journalière des taux du jour le jour. L'appel d'offre est la méthode la plus employée pour alimenter le marché en monnaie centrale. Les taux sont très attractifs par rapport à ceux du marché de l'argent à court terme et les volumes sont très conséquents.

Les établissements de crédit peuvent mobiliser à la banque centrale des bons du Trésor et des créances de première catégorie d'une durée initiale inférieure à deux ans. Les premiers sont livrés par SATURNE sur le compte du soumissionnaire et restent bloqués jusqu'à l'échéance de la pension. Leur valeur de marché doit être supérieure au montant des liquidités allouées en contrepartie. Les seconds font l'objet de décotes précisées par la Banque de France à chaque appel d'offre.

L'appel d'offre est ouvert à tous les établissements de crédit. Lorsque la Banque de France décide de lancer une telle mobilisation, elle annonce ses intentions par l'intermédiaire des agences d'information financière (Reuter, Telerate...) et des opérateurs principaux du marché interbancaire (OPM). Chaque établissement communique ensuite à un OPM la quantité de liquidité qu'il souhaite emprunter et le taux correspondant. Après réception de toutes les demandes, la Banque de France indique à 13 h 15 la proportion servie et le taux retenu. Toutes les demandes dont le taux est supérieur ou égal à ce taux sont servies, et ce pour le même pourcentage du montant demandé[7].

Exemple. Considérons un appel d'offre théorique par lequel la banque centrale décide de donner 1 300 millions de francs au taux de 6 %. Les demandes reçues et les montants servis sont reproduits au tableau 4.

Tableau 4 – Principe d'un appel d'offre

Demande	Montant demandé	Taux demandé	Montant servi	Taux servi
n° 1	200 millions	6,50 %	100 millions	6,00 %
n° 2	300 millions	6,25 %	150 millions	6,00 %
n° 3	250 millions	6,25 %	125 millions	6,00 %
n° 4	400 millions	6,00 %	200 millions	6,00 %
n° 5	350 millions	6,00 %	175 millions	6,00 %
n° 6	500 millions	6,00 %	250 millions	6,00 %
n° 7	600 millions	6,00 %	300 millions	6,00 %
n° 8	550 millions	5,75 %		
Total	3 150 millions		1 300 millions	

7. Voir également dans cette ***Encyclopédie*** l'article de P.M. Larnac, « Marchés d'enchère », p. 931, tome 1.

4.2.2. La pension de 5 à 10 jours

La pension de 5 à 10 jours est ouverte quotidiennement aux établissements de crédit. Ils peuvent se refinancer à leur gré (au contraire de l'appel d'offre) par mise en pension de bons du Trésor uniquement. Cette procédure est donc de nature identique à celle de l'appel d'offre. Elle limite les tensions du taux du jour le jour. En effet, les banques peuvent se refinancer auprès de la banque centrale en cas de manque de liquidité sur le marché. Les fonds sont mis à disposition le jour même (pension «valeur jour») et les montants ne sont pas limités. On constate cependant que cette procédure est employée par les établissements de crédit comme un recours ponctuel. Les volumes sont donc bien plus faibles que ceux transitant par les appels d'offre.

Le taux des pensions de 5 à 10 jours est déterminé par la Banque de France. C'est le second taux directeur de la banque centrale française. Il est toujours supérieur au taux des appels d'offre, l'écart étant souvent compris entre 0,50 % et 1,50 %. Il est cependant nettement plus volatil que celui-ci. C'est en effet par le biais d'une augmentation du taux des pensions de 5 à 10 jours et d'une réduction de la liquidité bancaire que la Banque de France fait monter les taux interbancaires lorsqu'elle veut défendre la parité de sa devise au sein du système monétaire international. Dans le même objectif, la Banque de France peut stopper ponctuellement ses refinancements de 5 à 10 jours.

4.2.3. Les autres procédures

Afin de gérer de manière plus précise et plus ponctuelle la liquidité du marché monétaire, la Banque de France intervient par le biais d'achats ou de ventes de bons du Trésor. On parle d'interventions en *open market*. Elle procède aussi à des prises ou à des mises en pension sur de très courtes durées (24 ou 48 heures). De telles opérations permettent à la banque centrale de retirer ou de rajouter des liquidités de manière très temporaire. Elles ne font pas toujours l'objet d'une information particulière et s'adressent à tous les établissements du marché interbancaire.

Les opérateurs principaux du marché n'assurent pas obligatoirement l'intermédiation de ces pensions à court terme. La Banque de France remet à la demande des établissements prêteurs une lettre de pension représentant les créances détenues en portefeuille et mises en pension. Ces opérations sont plus fréquentes depuis quelques années, d'autant plus que les taux de change du franc au sein du SME sont assez volatils depuis le début des années 1990.

5. Les marchés monétaires au sein de la construction européenne

L'évolution de l'environnement européen a été et reste toujours une cause majeure de la rénovation des marchés de capitaux, tant du point de vue des activités que des réglementations. Les instances européennes (Commission européenne, Institut monétaire européen...) ont mené de nombreuses réflexions et publié d'importantes recommandations relatives aux activités bancaires et financières. Parmi celles-ci, nous citerons trois étapes décisives.

La Commission européenne a publié fin décembre 1989 un texte fondamental pour l'activité bancaire, dénommé «deuxième directive de coordination bancaire». Les points les plus importants pour l'activité bancaire sont la reconnaissance mutuelle entre les Etats membres et le contrôle par le pays d'origine. Ainsi, un établissement de crédit d'un pays membre de la Communauté économique européenne peut exercer des activités dans un autre pays membre, soit au travers d'une succursale, soit directement au moyen de la libre prestation de services. Il reste néanmoins agréé et contrôlé par les autorités de tutelle de son pays d'origine.

Le 1er janvier 1993, la libération des mouvements de capitaux et la libre prestation des services bancaires sont devenues une réalité grâce à la mise en œuvre du marché unique européen. Depuis cette date, plus de 80 établissements communautaires ont développé une activité en France, essentiellement sous forme de libre prestation de services. Ces activités sont recensées par la directive européenne précitée et couvrent l'ensemble des opérations financières : négociation de valeurs mobilières, interventions sur les instruments du marché monétaire, activités d'intermédiation...

Enfin, la mise en œuvre du Traité de Maastricht impose des modifications importantes dans la gestion des politiques monétaires des Etats membres. La refonte des statuts de la banque centrale française en vue de son indépendance est issue de ce Traité. Il prévoit que les parités de change par rapport à l'écu devront être fixées de manière irrévocable au plus tard le 1er janvier 1999 pour tous les membres respectant les critères de convergence (phase 3 de l'Union économique et monétaire). Sera alors instauré le Système européen des banques centrales (SEBC), composé des banques centrales nationales et de la Banque centrale européenne qui reprendra les activités de l'Institut monétaire européen. Cette nouvelle instance indépendante aura la mission de définir la politique monétaire européenne. La préparation de cette phase 3 amènera l'Institut monétaire européen et les banques centrales nationales à prendre de nombreuses mesures : définition des procédures réglementaires nécessaires à la mise en œuvre d'une politique monétaire commune, préparation de l'émission d'une monnaie fiduciaire européenne, organisation des systèmes de paiements interbancaires...

*

*   *

Depuis la réforme de 1985, le paysage financier français s'est nettement modernisé, aussi bien du point de vue des techniques de financement et de placement que de l'organisation légale ou réglementaire des marchés. Les échéances prévues dans le Traité de Maastricht seront elles aussi porteuses de nombreuses modifications dans les activités de tous les intervenants : autorités de tutelle, institut d'émission, établissements de crédit... Parmi les différents scénarios évoqués, l'introduction d'une monnaie commune pourrait se faire par les relations entre la Banque centrale européenne et les banques centrales nationales, puis se diffuser sur les marchés monétaires *via* les banques centrales et les établissements bancaires, notamment grâce à l'intégration des systèmes de règlement interbancaire. Quelles que soient les solutions retenues, le marché monétaire français sera au cœur des transformations imposées par l'entrée en vigueur de l'Union économique et monétaire.

Références

BANQUE DE FRANCE, « Les interventions de la Banque de France sur le marché monétaire », *Note d'information* (n° 97, février 1994).

BANQUE DE FRANCE, Rapport annuel 1994.

CABALLERO C., *Le marché monétaire*, Paris, Dalloz, 1990.

CAUSSE H., *Les titres négociables,* Paris, Litec, 1993.

COMITÉ DES GOUVERNEURS DES BANQUES CENTRALES des Etats membres de la Communauté économique européenne, *Les systèmes de paiement des Etats membres de la Communauté économique européenne*, Publication Banque de France, 1992.

COMMISSION BANCAIRE, Rapport annuel 1994.

DUVEZIN-CAUBET N., « La réforme des titres de créance négociables », *Bulletin trimestriel de la Banque de France* (n° 82, juin 1982).

FERRANDIER R., KOEN V., *Marchés de capitaux et techniques financières*, 3e éd., Paris, Economica, 1994.

GUÉRANGER F., LUNEL-JURGENSEN A., « Le réméré, la pension et le prêt de titres », *Banque* (février et mars 1992).

HÉROUVILLE J.G. (d'), JACOMIN C., « Transposition de la directive sur l'adéquation des fonds propres », *Banque* (novembre 1995).

LAPASSE P. (de), « Le nouveau régime juridique des opérations de pension », *Bulletin mensuel de la Banque de France* (n° 7, juillet 1994).

MINISTÈRE DE L'ÉCONOMIE, *Les valeurs du Trésor*, Rapport annuel 1994.

PAUL L., WILHEM F., « L'analyse des flux d'opérations sur le marché monétaire français », *Bulletin mensuel de la Banque de France* (n° 20, août 1995).

TEULIÉ J., TOPSACALIAN P., *Finance*, Paris, Vuibert, 1994.

Mots clés

Adjudication, agent des marchés interbancaires, appel d'offre, Banque de France, billet à ordre négociable, billet de trésorerie, bon à moyen terme négociable, bon des sociétés et institutions financières, bon du Trésor, certificat de dépôt, coefficient de fonds propres et de ressources permanentes, coefficient de liquidité, Comité de réglementation bancaire, comité des établissements de crédit, commission bancaire, compte Banque de France, *cut-off,* division des risques, liquidité bancaire, opérateur principal du marché, pension interbancaire, pension livrée, prêt en blanc, prise en pension de 5 à 10 jours, ratio de solvabilité, réserves obligatoires, SATURNE, spécialiste en pension sur valeurs du Trésor, spécialiste en valeurs du Trésor, système brut TBF, système net SNP, virement Banque de France, virement interbancaire.

Annexe 1 – Les autorités de tutelle et les intervenants sur les marchés monétaires

- Le Trésor public
- La Banque de France
- Les autorités de réglementation et de surveillance :
  - le Comité de réglementation bancaire,
  - la Commission bancaire,
  - le Comité des établissements de crédit,
  - le Conseil national du crédit et le Comité consultatif
- La Caisse des dépôts et consignations
- Les établissements de crédit bancaires :
  - banques affiliées à l'Association française des banques (AFB)
    banques de droit français,
    succursales d'établissements communautaires,
    succursales d'établissements non communautaires,
  - banques à caractère coopératif ou mutualiste,
  - réseau des caisses d'épargne
- Les autres établissements de crédit :
  - sociétés financières autres que les maisons de titres,
  - maisons de titres,
  - institutions financières spécialisées et assimilées
- Les OPCVM :
  - les fonds communs de placement (FCP),
  - les sociétés d'investissement à capital variable (Sicav)
- Les compagnies d'assurances et les caisses de retraite
- Les sociétés industrielles et commerciales
- Les particuliers
- Les agents de marchés interbancaires

Annexe 2 – Résumé des principes de calcul monétaire et actuariel

Caractéristiques	Taux actuariel TA	Taux monétaire TM
Convention de calcul	*Calcul composé* Les intérêts I sont calculés par capitalisation ou décapitalisation du taux annuel T sur la durée f du placement. $I = N\ .\ ((1 + \text{TA})^{f} - 1)$	*Calcul proportionnel* Les intérêts I d'un placement sur une durée f au taux annuel T sont calculés proportionnellement à la durée du placement. $I = N\ .\ \text{TM}\ .\ f$
Convention de base :	*Exact/Exact*	*Exact/360*
– Durée du coupon en jour	Durée réelle n	Durée réelle n
– Durée d'une année	Durée réelle $b = 365$ ou 366	360 jours
– Durée du coupon en année	$f = n/365$	$f = n/360$
Paiement des intérêts	Annuellement	*In fine*
Facteur d'actualisation (pour actualiser les flux futurs d'un instrument monétaire)	$F_{\text{ACT}} = \dfrac{1}{(1 + \text{TA})^{n/b}}$	$F_{\text{ACT}} = \dfrac{1}{1 + \text{TM} \cdot \dfrac{n}{360}}$
Facteur de capitalisation (pour capitaliser les flux d'un instrument monétaire)	$F_{\text{CAP}} = (1 + \text{TA})^{n/b}$	$F_{\text{CAP}} = 1 + \text{TM} \cdot \dfrac{n}{360}$

Annexe 3 – Résumé des indices de taux monétaire

Indice	Nom	Définition	Taux	Base	Fréquence et nombre	Type	Publication
TMP	Taux moyen pondéré	Moyenne pondérée par les capitaux des taux des opérations interbancaires au jour le jour	Monétaire	Exact/360	Un TMP par jour	Post-déterminé	Banque de France
T4M	Taux moyen mensuel du marché monétaire	Moyenne mensuelle des TMP (le TMP d'un jour non ouvré est égal à celui du jour ouvré précédent)	Monétaire	Exact/360	Un T4M par mois	Post-déterminé	Banque de France
TAM	Taux annuel monétaire	Capitalisation des douze derniers T4M	Actuariel	Exact/Exact	Un TAM par mois	Post-déterminé	Association française des banques
TAG	Taux « annuel » glissant	Capitalisation des x derniers pseudo-T4M glissants connus (x allant de 1 à 12)	Actuariel	Exact/Exact	Douze TAG par jour	Post-déterminé	Association française des banques
PIBOR ou TIOP	Taux interbancaire offert à Paris	Moyenne des taux d'intérêt offerts par les principales banques parisiennes vers 11 h sur le marché interbancaire (pour chaque durée de 1 à 12 mois)	Monétaire	Exact/360	Douze PIBOR par jour	Prédéterminé	Association française des banques
TMB	Taux moyen des bons du Trésor	Moyenne mensuelle des taux actuariels des adjudications de bons du Trésor à 13 semaines	Actuariel	Exact/Exact	Un TMB par mois	Post-déterminé	Caisse des dépôts

Annexe 4 – Résumé des normes prudentielles bancaires

Norme prudentielle	Définition	Contrainte	Objectif	Publication
Ratio de solvabilité	Rapport entre les fonds propres et les actifs et engagements de hors-bilan*	Supérieur à 8 %	Disposer de fonds propres suffisants en regard de l'activité exercée	Semestrielle
Coefficient de liquidité	Rapport entre les actifs A* ayant au plus un mois à courir et les exigibilités E venant à échéance au cours du mois, complété par un solde de trésorerie S (fonds propres, net des opérations interbancaires à moins d'un mois, net des comptes ordinaires débiteurs et créditeurs...)	Supérieur à 100 % Si $S > 0$, $\frac{A+S}{E} > 100$ % Si $S < 0$, $\frac{A}{E+\mid S \mid} > 100$ %	Disposer de liquidités suffisantes pour faire face aux engagements à court terme	Trimestrielle
Règle de division des risques	– Rapport entre les risques interbancaires ou clientèles pris sur un même groupe* et les fonds propres – Rapport entre le total des risques de crédit supérieurs à 15 % des fonds propres et les fonds propres	Inférieur à 40 % Inférieur à 800 %	Limiter les risques pris sur une même entité ou sur un petit nombre d'entités	Trimestrielle
Coefficient de fonds propres et de ressources permanentes	Rapport entre le total des fonds propres et des ressources à plus de cinq ans et les emplois à plus de cinq ans	Supérieur à 60 %	Limiter la transformation à long terme	Annuelle
Autres contraintes réglementaires : les outils internes de surveillance	– Système de contrôle interne – Suivi des limites de risque de taux – Suivi des limites de position de change – Surveillance des risques interbancaires		Disposer de systèmes permettant le contrôle des risques de taux, de change et de contrepartie	

* Les opérations sont pondérées entre 0 % et 100 % en fonction de la contrepartie.

Marchés de capitaux, financement de l'économie et politique monétaire

43

Christian Saint-Etienne

Les interactions entre la macrofinance et les marchés ne concernent pas seulement les responsables de la politique économique et les théoriciens mais tout autant, si ce n'est plus, les opérateurs et les investisseurs sur les marchés.

Il y a beaucoup d'argent à gagner ou à perdre dans le fait de comprendre en quoi le passage d'une économie d'endettement à une économie de marchés de capitaux ou l'interaction entre cycles financiers et cycles réels peuvent affecter la tenue des marchés à court terme, dans le cadre de la globalisation de l'économie.

Les marchés ont connu un développement considérable depuis le milieu des années 1970. Il est utile de rappeler les éléments de relativité dans l'évolution des marchés. Ces derniers ne sont pas une vérité immanente, voire transcendante, que l'action d'hommes impurs viserait en permanence à oblitérer. L'innovation financière a une histoire contingente. Il est souhaitable d'expliciter quelques éléments de cette contingence pour garder la distance nécessaire face aux mécanismes analysés. Par exemple, l'efficacité économique et l'efficacité financière de l'intermédiation ne doivent pas être confondues sous prétexte que les « marchés ont toujours raison », car elles n'ont pas le même impact sur la croissance économique.

Le processus conjoint d'innovation et de déréglementation financières a modifié les canaux de transmission de la politique monétaire. Le cas français illustre les dilemmes qui existent dans la conduite d'une politique monétaire dans le cadre d'un accord de change qui reçoit la priorité sur la stabilité des prix intérieurs, en ignorant notamment les prix des actifs financiers ou immobiliers.

1. Les marchés et le financement de l'économie réelle

Un opérateur sur OAT ne vend pas seulement un « produit de taux à support obligataire », mais qu'il le veuille ou non et que cela le choque ou pas, il achète et vend, même si le cheminement semble très indirect, l'économie française et ses performances présentes et anticipées par rapport à celles des économies concurrentes.

Dans l'absolu et à condition d'être un *trader* surdoué, un opérateur pourrait ignorer la politique économique si sa capacité à analyser sans se tromper les micro-variations instantanées des marchés lui permettait d'ignorer les « fondamentaux », c'est-à-dire les évolutions économiques fondamentales et leur interprétation dans un cadre théorique cohérent. En effet, un marché efficient peut servir de substitut à l'analyse cohérente des évolutions fondamentales puisque, par définition, le prix sur un marché efficient incorpore toute l'information sur les fondamentaux qui déterminent le prix : la *forme semi-forte* de l'efficience suppose l'incorporation de toute l'information publique tandis que la *forme forte* suppose la prise en compte de toute l'information connaissable (la *forme faible* suppose que le prix prend en compte toute l'information révélée par les prix passés)[1].

Mais il faut simultanément être un *trader* exceptionnel et ne s'intéresser qu'aux variations de prix d'une minute à l'autre pour survivre longtemps sans s'intéresser à ce qui se passe en dehors de son *desk*. Car l'on risque à tout moment d'être surpris par une évolution de prix traduisant une rupture même microscopique de l'environnement. Or, depuis l'effondrement du système monétaire international (SMI) de *Bretton Woods* en 1973, et la fin des changes fixes, l'environnement est devenu une suite de ruptures micro ou macroscopiques.

1.1. La révolution financière internationale

Si le SMI de *Bretton Woods* s'était adapté aux transformations de l'économie mondiale dans les années 1960 et au début des années 1970, et si la libéralisation des marchés dans les années 1980 s'était accompagnée d'un renforcement significatif de la coopération monétaire et financière internationale, les marchés financiers n'auraient pas connu l'essor qui a été le leur depuis plus de deux décennies. Les changes fixes, avec des parités régulièrement adaptées pour tenir compte des évolutions économiques fondamentales, et une harmonisation des politiques monétaires renforcée par une réglementation prudentielle suffisamment stricte auraient fortement limité les besoins d'assurance contre les variations des taux de change et d'intérêt puisque ces dernières seraient restées limitées et largement prévisibles en termes de direction si ce n'est d'amplitude.

Il faut indéfiniment rappeler que c'est la variabilité fortement accrue des taux de change et d'intérêt depuis le début des années 1970 qui a provoqué la vague d'innovation et de déréglementation financières qui a pris une dimension explosive depuis le milieu des années 1980. Les principaux marchés financiers, notamment les marchés à terme et dérivés, se sont développés grâce à cette variabilité des prix des actifs financiers qui résulte des ruptures de l'environnement économique. Ignorer les ruptures et l'évolution des ruptures qui ont donné naissance aux marchés ou qui nourrissent leur développement est, par construction, la plus sûre façon de passer à côté des évolutions présentes et futures des marchés.

---

1. Voir également dans cette ***Encyclopédie*** les articles de J. Hamon, « Efficience faible. Efficience semi-forte », p. 408, tome 1 et de P.M. Larnac, « Révélation d'information par le prix d'équilibre », p. 1685, tome 2.

Les déséquilibres entre l'épargne et l'investissement des pays ou de leurs agents économiques ont également conduit à des innovations financières ou au développement de produits financiers permettant de placer les excédents et de financer les déficits d'épargne.

Le monde financier international est marqué, depuis le début des années 1970, par l'internationalisation des activités bancaires et l'intégration progressive des marchés financiers des grands pays industriels. Cette évolution, qui contraste fortement avec le cloisonnement des marchés financiers nationaux et internationaux observé au lendemain de la Seconde Guerre mondiale, nous ramène étrangement à la situation des années 1870 à 1914. A la fin du XIXe siècle, avec le renforcement du SMI fondé sur l'étalon-or, les flux d'épargne transfrontières ont été considérables. De 1880 à 1914, près du quart de l'épargne française disponible et presque 40 % de l'épargne britannique disponible étaient exportés. L'Argentine finançait près de la moitié de son investissement par des capitaux extérieurs ; les importations de capitaux étaient également considérables aux Etats-Unis. Cette période vit un fort développement des marchés de titres négociables et des banques d'affaires.

Dans les années 1970, ce sont au contraire les banques commerciales qui vont initier le mouvement d'internationalisation financière que le développement et l'intégration des marchés financiers transformeront en une globalisation financière ; cette dernière est presque complète depuis le milieu des années 1990.

1.1.1. Les causes de l'innovation financière

La notion d'innovation financière est apparue relativement récemment dans l'analyse économique, au contraire de la notion d'innovation industrielle.

Les cinq grandes causes de l'innovation financière au cours des années 1970 et surtout 1980 ont été :

– l'aggravation constante de la variabilité des taux d'intérêt et des taux de change depuis la fin du système de Bretton Woods ;

– le creusement des déficits publics dans les grands pays industriels ;

– le développement des nouveaux systèmes de télécommunications et de la technologie informatique, qui a rendu possible de nombreuses opérations nécessitant le traitement d'une grande quantité de données et a conduit à une baisse notable des coûts de transaction ;

– la déréglementation et le renforcement de la concurrence qui ont également accéléré l'innovation financière ;

– l'apport des théoriciens de la finance qui ont développé des modèles rigoureux permettant d'évaluer le prix de certains instruments parmi les plus échangés aujourd'hui, comme les options[2].

Les produits les plus importants de la nouvelle vague d'innovations financières sont ceux qui permettent de transférer les risques de variations des prix, et en particulier des taux d'intérêt et des taux de change. Les instruments à taux variable, les opérations à terme, les options et les *swaps* (échanges

---

2. Voir dans cette ***Encyclopédie*** les articles de J.C. Augros, « Options de taux d'intérêt », p. 1456, tome 2, de F. Quittard-Pinon, « Options : le modèle binomial, le modèle de Black et Scholes et leurs extensions », p. 1355, tome 2, de P. Navatte, « Swaps de taux d'intérêt : évaluation », p. 1819, tome 2, ainsi que de M. Chesney, B. Marois, R. Wojakowski, « Options de change : évaluation », p. 1398, tome 2.

de taux et de devises) sont utilisés pour couvrir ces risques de changement de prix des actifs financiers[3].

La crise de l'endettement des pays en voie de développement et les problèmes de certains secteurs économiques dans les pays industriels ont conduit à mettre en doute la qualité de nombreux prêts bancaires et à pousser les banques à améliorer la couverture de leurs actifs par des fonds propres, soit en augmentant leur capital, soit en revendant des portions d'actifs « sains » sous forme de titres financiers négociables selon une technique nommée *titrisation*[4]. Le développement général de ce processus, qui tend à substituer au financement par des crédits bancaires non ou peu mobilisables sur un marché un financement à l'aide de titres négociables, a conduit à ce que l'on a appelé la *mobiliérisation* du financement de l'économie. Cette mobiliérisation a été facilitée par la création de marchés secondaires pour améliorer la négociabilité et la transférabilité des titres.

De nombreuses innovations ont eu pour but de créer de nouvelles formes de crédit ou de liquidité, souvent pour se prémunir contre le risque d'éviction du marché financier par les besoins budgétaires des Etats. On peut citer les *junk bonds* (obligations de pacotille ou de deuxième ordre), les marchés nationaux et international de billets de trésorerie, et une liste impressionnante d'euro-obligations à caractéristiques variées, comme des *warrants* détachables ou des garanties de taux plafonnés (*rate caps*) également détachables[5].

Ainsi, la révolution financière internationale, postérieure à la mise en place des changes flottants, a conduit à accroître la *demande* d'instruments financiers innovateurs permettant de transférer les risques, d'augmenter la liquidité ou de faciliter l'émission d'obligations et d'actions. Elle a également favorisé l'*offre* de ces instruments par la création de marchés organisés ou de gré à gré de titres négociables et les efforts d'adaptation des intermédiaires financiers qui ont aidé à créer ces marchés et à assurer leur liquidité.

Bien que le retour éventuel à un environnement marqué par une croissance économique plus équilibrée et une variabilité moins forte des taux d'intérêt et des taux de change ainsi que par des déficits budgétaires et extérieurs réduits tendrait à diminuer l'incitation à l'innovation financière, la concurrence entre intermédiaires financiers les conduit à s'affronter sur la qualité du service et la réponse aux besoins précis des clients. Les banques emploient des équipes de recherche pour imaginer de nouveaux produits. Cette évolution de l'industrie

---

3. Voir dans cette ***Encyclopédie*** les articles de V. Lauwick, I. de Dinechin, C. Lorin et P. Gourmet, « Instruments de gestion du risque de taux », p. 654, tome 1, de F. Roure, « Options sur actions », p. 1377, tome 2, de D. Marteau, « Options de change : stratégies de couverture et gestion d'un livre d'options », p. 1423, tome 2, de H. Loubergé, « Options sur indices boursiers et options sur contrats à terme d'indices boursiers », p. 1438, tome 2, de J.L. Alexandre, « Marchés à terme de taux d'intérêt », p. 1026, tome 1, de M. Bellalah et Y. Simon, « Marchés à terme sur indices boursiers », p. 971, tome 1, de A. François-Heude, « Obligations à taux variable », p. 1343, tome 2, ainsi que de V. Lauwick, P. Gourmet, C. Lorin et I. de Dinechin, « Produits dérivés de taux de seconde génération », p. 1574, tome 2.

4. Voir dans cette ***Encyclopédie*** l'article de V. Pancrazi-Dauchy, « Tritisation », p. 2013, tome 2.

5. Voir également dans cette ***Encyclopédie*** les articles de J.L. Herrenschmidt, « Déréglementation et innovations financières internationales », p. 279, tome 1, de H. de La Bruslerie, « Marchés financiers internationaux », p. 945, tome 1 et de P. Claude, « Marché monétaire interbancaire et titres de créance négociables », p. 847, tome 1.

financière devrait conduire à perpétuer le processus d'innovation financière, même si une stabilisation de l'environnement devrait en ralentir le rythme.

1.1.2. L'innovation et la déréglementation

Il est souvent difficile de distinguer l'innovation financière et la déréglementation dans la mesure où elles apparaissent, dans certains cas, comme deux facettes du même phénomène.

La plupart des réglementations de l'activité financière ont été introduites dans les années 1930 à la suite des crises bancaires très graves de la fin des années 1920 et du début des années 1930. Le cloisonnement des marchés financiers et «l'administration des taux d'intérêt» étaient deux des principaux domaines de ces réglementations. Un troisième domaine, moins affecté par le mouvement financier actuel, touchait aux systèmes de réserves obligatoires et, dans certains pays, d'assurance des dépôts destinés à renforcer la stabilité des systèmes financiers.

Dans la plupart des pays industriels, des barrières institutionnelles et géographiques furent élevées entre les banques et les autres intermédiaires financiers tels que les caisses d'épargne, les institutions tournées vers l'investissement à long terme, les compagnies d'assurance et les autres investisseurs institutionnels ; dans certains cas, les barrières institutionnelles visaient à isoler les banques de dépôts des banques d'affaires ou d'investissement.

Lorsque le coût d'opportunité des réglementations devient prohibitif pour les agents économiques, la tentation de recourir à de nouveaux instruments ou techniques financiers pour contourner ces réglementations se révèle irrésistible. A mesure que ces techniques se développent, les autorités sont amenées à modifier ou à éliminer ces réglementations afin de limiter les distorsions de prix, et à reprendre le contrôle des marchés financiers. La volatilité des taux d'intérêt et des taux de change et les déficits publics croissants dans certains pays, à la fin des années 1970 et au cours des années 1980, ont accru les distorsions au sein des marchés financiers réglementés. Par exemple, l'interdiction de rémunérer les dépôts à vue n'a pas le même effet selon que l'inflation est à 2 ou 12 % et les taux monétaires à court terme à 4 ou 9 %. On peut à ce propos contraster la situation américaine caractérisée par la réglementation *Q*, la séparation bancaire du *Glass-Steagall Act*, les lois restrictives sur les implantations de succursales, la forte inflation et les profondes perturbations des années 1970 et 1980 et la situation allemande avec des taux d'intérêt créditeurs libérés depuis 1967, un système de banque universelle et une meilleure maîtrise de l'évolution macro-économique pendant la même période. Les pressions exercées pour l'innovation et la déréglementation financières ont été évidemment plus fortes aux Etats-Unis qu'en Allemagne, au cours des années 1980, sans que cela traduise une supériorité du système financier américain sur le système financier allemand. La globalisation effective de la finance dans les années 1990 force toutefois l'Allemagne à libéraliser son industrie financière pour maintenir sa compétitivité.

1.2. La finance et l'économie réelle

L'innovation financière répond à la variabilité des taux d'intérêt et des taux de change et introduit de nouvelles formes de financement. Elle participe au développement économique en créant des activités à forte valeur ajoutée. L'intermédiation financière est ainsi devenue une industrie moderne[6].

Mais l'intermédiation financière n'est pas seulement une industrie. Les banques gèrent le système de paiements, qui permet le fonctionnement d'une économie monétaire, et les institutions financières (banques et marchés) transfèrent les fonds des épargnants vers les investisseurs. L'augmentation de la concurrence, l'innovation et la déréglementation financières améliorent l'allocation des ressources dans l'économie. Donc la globalisation financière, selon le postulat classique anglo-saxon rarement discuté ailleurs, ne peut que favoriser la croissance économique. Le problème vient de ce que la croissance a faibli en Europe au cours des années 1990 (dans un contexte de libéralisation financière quasi totale), que la finance américaine ne doit sa survie qu'à une double intervention publique (caisses d'épargne dans les années 1980 et renflouement du système bancaire par la Réserve fédérale en 1990-1992), que la finance japonaise connaît des pertes catastrophiques entraînant des transferts publics apparents ou cachés dans les années 1990, et que la finance des pays asiatiques connaissant le plus fort développement économique dans les quinze dernières années est totalement ou très largement administrée.

La théorie de la croissance endogène (Guellec et Ralle, 1995), montre que le progrès technique doit être produit et donc financé. L'importance du système financier vient de ce que la croissance dépend du financement des innovations techniques[7]. Ce financement est-il mieux assuré par les banques ou par les marchés ?

1.2.1. Les banques et les marchés

L'innovation et la déréglementation financières ont permis une nouvelle allocation des patrimoines financiers au détriment des banques et des caisses d'épargne et au profit des marchés de titres de propriété et de l'immobilier. Il en est résulté (il s'agit d'une constatation et non de l'affirmation d'une causalité implicite), dans les années 1980 et au tout début des années 1990, une inflation des prix des actifs immobiliers et boursiers plutôt qu'un accroissement de l'investissement productif et de la création des richesses. On note ainsi que la finance n'assure sa mission fondamentale au service de la croissance réelle que dans la mesure où l'épargne est investie dans la production de richesses nouvelles plutôt que dans l'échange spéculatif de titres de propriété sur des actifs existants.

Il faut donc distinguer l'*efficacité financière* de l'intermédiation, c'est-à-dire la réduction du coût de production des services financiers par la concurrence et la prise en compte de toute l'information pertinente par les opérateurs sur les marchés, de l'*efficacité économique* de l'intermédiation qui concerne sa contribution au fonctionnement et à la croissance de l'économie réelle (Saint-Etienne, 1990 ; Aglietta, 1995).

L'étude des systèmes financiers des grands pays industriels a longtemps permis de distinguer les pays dont l'intermédiation était dominée par les banques et ceux avec une prééminence des marchés de titres. Les banques qui acceptent

6. Voir également dans cette ***Encyclopédie*** l'article de J. Dermine, « Intermédiation financière », p. 689, tome 1.

7. Voir dans l'***Encyclopédie de gestion*** l'article de J. Lachmann, « Capital-risque ».

des dépôts, surtout à court terme, sont tenues de reprêter ces fonds sous une forme aussi liquide que possible afin de pouvoir rembourser les dépôts à la demande.

Lorsqu'il achète un titre de propriété, l'épargnant sait que le risque est beaucoup plus grand et que le rendement prévu, et censé être supérieur à un simple dépôt, peut ne pas être versé pendant longtemps ou même jamais : les actions sont la forme la plus risquée d'épargne et servent à financer les investissements à long terme les plus incertains. On s'attend donc à ce qu'une *intermédiation financière bancaire* (dominée par les banques) favorise, toutes choses étant égales par ailleurs, des investissements plutôt peu risqués et à court terme mais diversifiés et mutualisés. Une intermédiation financière dominée par les émissions et les échanges de titres de dette et de propriété, ou *intermédiation de titres*, devrait favoriser des investissements plus risqués et à plus long terme à condition que prédominent les titres de propriété et d'endettement à long terme ; toutefois, une intermédiation de titres ne concerne qu'un nombre réduit d'intervenants.

On appelle *économie d'endettement* une économie marquée par une intermédiation financière bancaire dans laquelle les entreprises, en particulier, se financent essentiellement par endettement auprès des banques. Une économie dans laquelle prédomine une intermédiation de titres est appelée *économie de marchés de capitaux*[8].

La supériorité d'un système sur l'autre comme support de la croissance économique pour un niveau donné d'incertitude est difficile à démontrer, surtout lorsque les titres de dette à court terme se multiplient dans les économies de marchés de capitaux. Mais alors que l'incertitude augmentait nettement dans les années 1980, les pays à intermédiation bancaire prépondérante prirent de nombreuses mesures pour améliorer le fonctionnement de leurs marchés financiers tandis que les flux d'épargne se réorientaient vers ces marchés. Face à l'incertitude sur l'évolution des taux d'intérêt, des taux de change et plus généralement sur l'environnement économique, la négociabilité et la liquidité des titres attiraient les investisseurs et les épargnants. Pour autant, il est difficile de prétendre qu'une économie de marchés de capitaux favorise nécessairement la croissance si elle privilégie les titres d'endettement à court terme. En revanche, si la concurrence y est plus vive et l'intégration de l'information pertinente dans les prix plus rapide, l'efficacité financière de l'intermédiation sera meilleure.

On peut considérer qu'une économie de marchés de capitaux où s'échangeraient uniquement des titres d'endettement à court terme est suffisamment proche d'une économie d'endettement à intermédiation bancaire (non par ses caractéristiques financières mais économiques) pour les ranger toutes les deux dans le cadre des économies d'endettement. Une économie de marchés de capitaux qui privilégie les actions sera appelée *économie de fonds propres*. Sur le plan économique, la distinction opérationnelle est donc entre économie d'endettement et économie de fonds propres plutôt qu'entre intermédiation bancaire ou intermédiation de titres (distinction de nature financière), si l'on ne précise pas la nature des titres. On remarquera à ce propos que, dans les pays

---

8. Voir dans cette ***Encyclopédie*** l'article de E. Ginglinger, « Marchés de capitaux et financement de l'entreprise », p. 897, tome 1.

ayant des banques universelles qui interviennent également sur les marchés de capitaux, l'intermédiation bancaire ou de titres est dominée par ces banques qui portent ou commercialisent les titres selon leurs besoins propres.

Le financement des innovations techniques n'est donc pas nécessairement mieux assuré dans une économie de marchés de capitaux, qui privilégie les titres de dette à court terme ou le *trading* d'actions des grandes firmes sans émissions d'actions pour les petites et moyennes entreprises (PME) dynamiques, que dans une économie d'endettement bancaire. Il faut approfondir les caractéristiques des systèmes macro-financiers.

1.2.2. La macrofinance et l'activité réelle

La distinction entre l'économie d'endettement et l'économie de marchés de capitaux a été faite par John Hicks (1974). Afin d'apprécier l'impact de la politique monétaire, Hicks distingue les entreprises, puis par généralisation les économies, qui satisfont leurs besoins de liquidité grâce à la détention d'actifs liquides ou négociables et celles qui ont recours au découvert bancaire. Dans les économies du premier type, la politique monétaire est exécutée par l'achat ou la vente de titres ; la variation du prix des titres, par arbitrage, est générale : la régulation monétaire se fait par les taux d'intérêt (qui varient en sens inverse du prix des titres). Dans une économie du deuxième type (économie d'endettement), la politique monétaire vise essentiellement à faire varier la liquidité des banques afin de réduire ou d'accroître l'accès des entreprises au financement par découverts bancaires. Mais dans ce type d'économie, la liquidité bancaire ne peut pas varier au point de mettre en danger la stabilité des banques ou de provoquer indirectement la faillite des entreprises : il y a donc une tendance à accepter une surliquidité bancaire qui favorise l'inflation et qui ne peut être combattue que par l'introduction d'une régulation directe du crédit.

La surliquidité tendancielle des économies d'endettement se traduit par un taux d'intérêt inférieur à son niveau d'équilibre qui s'accompagne d'un surinvestissement, selon un processus wicksellien (Wicksell a construit une théorie de l'inflation et des cycles économiques sur l'évolution relative du taux d'intérêt naturel ou efficacité marginale du capital et du taux monétaire), ou d'un défaut de sélection des investissements.

On voit ainsi que le mode de financement externe est associé à un mode de régulation monétaire, l'un réagissant sur l'autre au cours du temps. Dans une économie d'endettement, la régulation monétaire passe par le contrôle du crédit ; mais si le crédit est trop strictement contrôlé, pour réduire la surliquidité, les entreprises font davantage appel au financement par titres négociables, ce qui à terme conduit à modifier le type de régulation monétaire.

Il faut aussi apprécier la différence de profitabilité structurelle entre une économie dite d'endettement et une économie dite de marchés de capitaux. La profitabilité structurelle de l'activité productive est définie ici comme le taux d'autofinancement tendanciel de l'investissement. Les économies qui étaient décrites dans les années 1960 et 1970 comme d'endettement (Japon, France) avaient des profitabilités structurelles faibles. Les économies de marchés de capitaux (Etats-Unis et dans une moindre mesure Royaume-Uni) avaient une profitabilité structurelle élevée. L'Allemagne se rapprochait, selon ce critère, de l'économie américaine dans les années 1970.

En pratique, on distingue les économies d'endettement à trois caractéristiques (profitabilité structurelle faible de l'activité productive, financement bancaire de l'économie, régulation monétaire par le contrôle du crédit) des économies de marchés de capitaux à trois caractéristiques (profitabilité structurelle élevée de l'activité productive, financement de l'économie par titres négociables, régulation monétaire par les taux d'intérêt).

Lorsqu'une modification de l'environnement international conduit à réduire la surliquidité d'une économie d'endettement en augmentant les taux d'intérêt réels et en limitant le recours au crédit, une évolution structurelle se produit : les entreprises font davantage appel au financement par titres négociables tout en réduisant leur besoin de financement (augmentation de l'autofinancement par gain de productivité et réduction de l'investissement). A terme, la régulation monétaire par l'encadrement du crédit devient inopérante : on passe alors à une régulation monétaire uniquement par les taux d'intérêt. La transition d'un régime à l'autre peut être coûteuse comme on l'a vu en France dans les années 1980.

Lorsque l'incertitude sur la nature de la demande adressée aux entreprises dans une économie ouverte est forte et que la variabilité des taux d'intérêt nominaux est élevée alors que les taux réels sont durablement supérieurs au taux de croissance de l'économie, il est souhaitable que les entreprises aient une structure financière solide, en autofinançant l'essentiel de l'investissement et en pouvant compter sur un financement par actions et quasi-actions pour le solde. De plus, dans une économie ouverte marquée à la fois par un grand développement des marchés de capitaux et un faible contrôle du capital des sociétés cotées en bourse, la base réduite en fonds propres des entreprises qui se financent par endettement les rend vulnérables aux attaques boursières, ce qui fragilise le secteur productif. En outre, pour faire face à des risques accrus, il est souhaitable que les intermédiaires aient eux-mêmes des fonds propres importants. J'ai suggéré dans mes livres précédents (Saint-Etienne, 1987, 1990) que tout soit fait dans cet environnement pour favoriser une économie dite de fonds propres.

Une *économie de fonds propres*, ayant une efficacité économique et financière généralement meilleure qu'une économie d'endettement dans un contexte marqué par des taux d'intérêt réels élevés et un environnement incertain, se définit comme une économie dans laquelle :

– la profitabilité de l'activité productive est forte,

– les agents non financiers et surtout les entreprises ont intérêt à se financer et se financent effectivement par augmentation de leurs fonds propres,

– les intermédiaires financiers (banques et autres établissements de crédit et sociétés de bourse) sont tenus d'augmenter leurs fonds propres pour se développer.

L'économie de fonds propres est donc une économie de marchés de capitaux à quatre caractéristiques : profitabilité structurelle forte (élevée à très élevée), financement des entreprises par actions et quasi-actions, régulation monétaire par les taux d'intérêt, intermédiaires financiers fortement capitalisés.

Une économie de fonds propres avec une forte propension à financer les PME par actions, notamment les entreprises en démarrage ayant pour projet de mettre en œuvre de nouvelles technologies, est donc le meilleur vecteur de la croissance de l'activité productive dans un monde incertain.

Lorsque des relations étroites se nouent entre des banques et l'industrie, le système bancaire peut être un substitut aux marchés d'actions et au capital-risque. Mais, excepté dans les pays ayant établi des relations de ce type de longue date (comme en Allemagne), on constate que les banques, lorsqu'elles sont en difficulté, ont tendance à couper en premier les financements risqués. Même en Allemagne, où le système de banque-industrie fonctionne bien, peu de financement a été donné aux entreprises de haute technologie en démarrage, sauf avec le soutien de fonds publics accordés par les *Länder*.

2. Les marchés et la monnaie

La globalisation financière a bouleversé la politique monétaire. On oublie toujours de préciser qu'une économie de marché est une économie monétaire de marché. Sauf en cas de troc, toute activité économique suppose un échange monétaire. Est-il concevable que la monnaie soit neutre et n'affecte pas l'évolution de l'activité réelle ? C'est tout le débat de politique monétaire depuis deux siècles, un débat renouvelé par le développement des marchés.

2.1. Monnaie, finance et activité réelle

La monnaie joue un rôle important dans les cycles économiques par le double phénomène de la liquidité et du signal d'information. Avec le développement de la finance, un véritable cycle financier est apparu.

2.1.1. Le rôle de la monnaie

L'opposition, que l'on a trop systématisée, entre monnaie externe à émission exogène et monnaie interne à création endogène est en partie dépassée. Elle conserve néanmoins un intérêt pédagogique.

Pour la *Currency School*, et sa version postérieure sous forme de la théorie quantitative de la monnaie sans variabilité de la vitesse de circulation de la monnaie, la monnaie n'a pas d'impact sur l'activité réelle et n'affecte que le niveau général des prix. L'offre de monnaie, contrôlée par la banque centrale, détermine directement l'évolution des prix. Le contrôle d'un agrégat monétaire suffit à définir la variation des prix.

Pour la *Banking School*, la monnaie est interne : elle est créée par l'escompte des traites pour les besoins de l'activité commerciale (*real bills*), puis par le crédit bancaire. En cas d'accélération de l'inflation, on peut garder le contrôle du système financier par une hausse du taux de refinancement des banques : la hausse des taux du marché monétaire qui en résulte provoque une désintermédiation financière et un assèchement de la liquidité bancaire qui conduit à des restrictions plus ou moins brutales du crédit bancaire.

Cette opposition, apparue dans le débat théorique il y a deux siècles, a été transformée dans les années 1970 et 1980 par le rapprochement entre les écoles néo-quantitative et néo-keynésienne. Les deux écoles s'accordent à reconnaître la double importance de la liquidité et du signal d'information.

La liquidité des créances financières est un élément décisif de la stabilité d'une économie monétaire, comme chaque crise financière le rappelle avec violence. Seule la banque centrale peut maintenir la liquidité du système financier par l'exercice d'une extrême vigilance sur les évolutions monétaires, les comportements bancaires et les activités des marchés financiers. La banque centrale doit créer les conditions d'une évolution du financement de l'économie qui reste en rapport avec la progression de l'économie réelle par le suivi de l'endettement total des agents non financiers ; la surveillance d'un ou de plusieurs agrégats monétaires et d'endettement permet d'anticiper les évolutions des conditions générales de financement de l'économie. En cas de dérapage conduisant à des tensions sur la liquidité, la banque centrale doit assurer avec efficacité son rôle de prêteur en dernier ressort.

Mais la monnaie joue un rôle décisif dans le système des prix relatifs qui est au cœur de la coordination des décisions des agents économiques dans une économie de marché décentralisée. La monnaie est en effet une unité de compte, un moyen de paiement et une réserve de valeur. Elle influe directement sur l'évolution du niveau général des prix. Or, si ce niveau se modifie de façon difficilement prévisible, il devient malaisé de suivre les variations des prix relatifs qui orientent l'activité économique. On tombe rapidement dans un brouillage destructeur des signaux d'information que sont les prix relatifs. Il apparaît ainsi que les évolutions non anticipées du niveau général des prix peuvent avoir un impact direct sur l'activité réelle en ce qu'elles brouillent les signaux des prix relatifs ou produisent des effets sur des contrats multipériodes qui n'ont pas pu incorporer ces évolutions.

En d'autres termes, le contrôle monétaire doit conduire à la maîtrise de la liquidité de l'économie en fonction des variations des conditions de financement de l'économie (aspect interne), et à la stabilité du niveau général des prix pour ne pas brouiller le système des prix relatifs (aspect externe des évolutions nominales anticipées qu'il faut maintenir pour éviter l'internalisation conduisant au brouillage des signaux par les évolutions non anticipées). La double responsabilité de la banque centrale est donc de maintenir l'ancrage des évolutions nominales sur un sentier prévisible et de s'assurer que les intermédiaires financiers (banques et marchés) ne déséquilibrent pas les structures de financement des agents non financiers.

Deux leçons ressortent du débat de théorie monétaire dans le dernier quart de siècle :

– par des mécanismes que l'on connaît encore de façon insuffisante dans leurs interactions et qui mettent en jeu des effets institutionnels (droit, contrats, règlements, fiscalité...), des phénomènes de redistribution des revenus ou des patrimoines, des divergences entre les évolutions anticipées et non anticipées, et des comportements non linéaires, la monnaie joue un rôle important au moins dans les cycles de l'activité réelle, même si elle n'affecte pas ou peu la croissance réelle tendancielle, à condition que le financement de l'économie soit en rapport avec le développement de l'activité réelle ;

– ces effets de la monnaie sur l'activité réelle sont d'autant plus déstabilisants que la croissance monétaire et celle du niveau général des prix sont élevées et variables.

Compte tenu du rôle vital de la monnaie et des interactions entre la monnaie et la finance, la nature du système financier est un élément du contrôle monétaire.

Il faut comprendre immédiatement que le facteur décisif de la distinction entre l'intermédiation bancaire et l'intermédiation de titres est moins la part relative des banques et des marchés dans le financement de l'économie que l'influence dominante dans la fixation des conditions du financement : si le taux de base bancaire domine, on est dans une intermédiation bancaire et les banques sont en mesure d'anticiper les dépôts par l'octroi de crédits, notamment pour les investissements productifs. Si le taux du marché financier domine, on assiste à la *marchéisation des financements*, c'est-à-dire à l'indexation de plus en plus poussée des taux d'intérêt des diverses formes de financement de l'économie sur les taux de marché. Les banques sont alors réticentes à l'octroi du crédit sur la base d'un projet : les garanties sur le patrimoine existant deviennent essentielles. Les banques dépendent même de plus en plus des marchés pour leur propre financement. La faiblesse des marges rend les banques vulnérables et la sélection des risques devient essentielle pour assurer la survie des banques elles-mêmes.

Dans une intermédiation bancaire, le problème majeur de la banque centrale est l'ancrage nominal dans la mesure où il s'avère difficile de contrôler l'octroi du crédit, surtout dans le cadre d'une économie d'endettement, car on risque rapidement d'étouffer le financement des entreprises. L'encadrement du crédit peut aider à stabiliser le financement de l'économie sans une trop grande variabilité des taux d'intérêt.

Dans une intermédiation de titres, le problème majeur de la banque centrale est le maintien d'une liquidité suffisante de l'économie et une progression des financements adaptée au développement de l'économie réelle. Car si, dans une intermédiation bancaire, on peut prêter sur la base d'un projet cohérent, le développement de l'activité se chargeant de valider les décisions à condition que la masse des projets financés se révèlent viables, dans une intermédiation de titres on ne prête qu'aux riches et aux sociétés fortement capitalisées sauf à disposer d'une véritable industrie du capital-risque.

L'interaction entre monnaie, finance et activité réelle est décidément à la fois subtile et décisive. Une banque centrale qui conduirait sa politique monétaire sans dominer pleinement la subtilité de cette interaction peut facilement aboutir à une régulation monétaire insatisfaisante avec des effets néfastes sur l'activité réelle.

2.1.2. Les cycles financiers

La particularité du financement par les marchés vient de ce que le financement d'activités nouvelles n'est pas indépendant de l'évolution des prix des titres émis antérieurement. De véritables cycles financiers se forment par l'interaction entre la variabilité des prix des titres existants et des titres à émettre ou des actifs à financer. Les cycles financiers ont un impact de plus en plus fort sur l'activité réelle à mesure de l'intégration financière internationale.

Dans un cycle financier haussier accompagnant une phase de développement de l'activité réelle, les prix des actifs augmentent de façon procyclique et plus que proportionnelle à l'activité réelle. Il en résulte une valorisation plus que proportionnelle des patrimoines qui peut rapidement déboucher sur ce que l'on peut nommer une *illusion patrimoniale :* les patrimoines effectifs sont supérieurs aux patrimoines souhaités rapportés à l'activité réelle, mais ces patrimoines effectifs ne sont pas simultanément réalisables. Seuls s'enrichissent ceux qui achètent en bas des cycles financiers et revendent en haut des cycles de valorisation, ces points hauts étant atteints lorsque le décalage entre la valorisation globale des patrimoines et l'activité réelle devient manifeste.

Les patrimoines nets des ménages dans les sept grands pays industriels représentent (moyennes des ménages pour chaque pays) de 4,5 fois à 7 fois leur revenu disponible brut ; ces ratios ont connu des variations atteignant jusqu'à 20 % de leur valeur en moins de trois ans au cours des dix dernières années.

Dans la phase ascendante d'un cycle financier, la valorisation croissante des patrimoines et l'augmentation de la valeur de marché des fonds propres des entreprises conduisent à la surconsommation des ménages par l'effet richesse, et à un surinvestissement par l'amélioration des ratios de bilan des entreprises et la progression de la demande. Le cycle financier accélère le cycle réel et crée une atmosphère de *boom* économique. La valorisation des actifs boursiers et immobiliers peut rapidement se déconnecter des valeurs fondamentales.

Dans la phase descendante d'un cycle financier, la baisse des valorisations patrimoniales conduit les ménages à augmenter leur épargne pour reconstituer le niveau désiré de patrimoine tandis que les ratios de bilan des entreprises se détériorent rapidement. La sous-consommation peut rapidement se conjuguer à un arrêt brutal de l'investissement qui accélère la chute de l'activité réelle et enclenche une nouvelle vague de baisses des valeurs patrimoniales. La phase descendante du cycle financier aggrave la plongée de l'activité réelle et la prolonge aussi longtemps que les prix effectifs des patrimoines ne sont pas tombés assez bas pour provoquer une nouvelle vague d'anticipations haussières.

Les cycles financiers sont donc des accélérateurs des cycles réels avec une tendance à prolonger les points hauts et les points bas des cycles réels. Le cycle financier conduit précisément à accélérer les phases montantes et descendantes du cycle réel et à prolonger les points hauts et bas jusqu'à ce qu'apparaissent des déséquilibres insoutenables dans les zones de maximum et de minimum. Le cycle financier dans les économies à intermédiation de titres transforme le cycle réel en montagnes russes (au sens du *roller-coaster* des parcs d'attraction). Il appartient aux autorités monétaires d'édicter des dispositions prudentielles pour limiter l'ampleur des cycles financiers afin de stabiliser l'activité réelle : il faut éviter les survalorisations et les suraccumulations d'actifs dans les phases financières haussières et les phénomènes d'hystérésis conduisant au vieillissement du capital physique et à l'exclusion du capital humain dans les longues périodes de déprime de l'activité. Malheureusement, en pratique, les autorités ont eu plus tendance, notamment en Europe et au Japon, à retarder les ajustements des prix des actifs à la baisse qui peuvent seuls relancer l'activité lorsque les points bas sont vite atteints, qu'à endiguer les excès d'inflation des prix des actifs par un strict contrôle prudentiel.

Moins que le passage institutionnel d'une intermédiation bancaire à une intermédiation de titres, c'est l'évolution du financement par des instruments non négociables à valeur fixe vers un financement bancaire ou non bancaire par des instruments négociables à cotation variable qui a marqué les années 1980 : c'est ce qu'on peut appeler la *mobiliérisation du financement de l'économie* (Saint-Etienne, 1990). Les évolutions de prix des actifs financiers sont ainsi directement enregistrées dans les bilans des émetteurs et des détenteurs de ces titres. Le matelas de crédits qui absorbait les chocs financiers a diminué d'épaisseur et les intermédiaires financiers comme leurs clients vivent de plus en plus, dans les années 1990, au rythme des variations des cours sur les marchés.

2.2. Innovation financière et politique monétaire

Le développement des marchés a apparemment aboli les frontières entre actifs monétaires et financiers ; ceci aussi longtemps que ne se posent pas de problèmes de liquidité. La politique monétaire n'est pas sortie indemne de l'apparition de ce *continuum* de titres.

2.2.1. La régulation par les taux d'intérêt

Les taux d'intérêt sont les prix qui équilibrent l'offre et la demande des divers actifs monétaires et financiers. Plus fondamentalement, les taux d'intérêt sont à la jonction des mondes réel et monétaire : ils sont l'instrument de l'arbitrage entre les actifs réels (immeubles, machines, etc.), monétaires (billets, dépôts bancaires, etc.) et financiers (actions, obligations, billets de trésorerie, bons du Trésor négociables, etc.) dans la composition des portefeuilles. Parmi tous ces actifs, les autorités monétaires peuvent souhaiter contrôler l'évolution des actifs monétaires pour influer sur l'évolution du PIB nominal, dans la mesure où elles considèrent qu'il y a une relation stable ou semi-stable entre un agrégat monétaire à déterminer et le PIB nominal.

Dans la mesure où l'essor des marchés financiers conduit à une substituabilité presque parfaite, ou largement facilitée, entre les actifs monétaires et financiers (surtout à court terme et aussi longtemps qu'il n'y a pas de problème de liquidité), il faut absolument prendre conscience qu'il ne suffit plus de contrôler quelques actifs monétaires pour réguler la création monétaire : *il faut orienter l'évolution de toute la gamme des actifs monétaires et financiers*. Les autorités monétaires doivent pouvoir agir rapidement sur la composition des portefeuilles d'actifs monétaires et financiers, par le moyen le plus adapté à chaque système financier, avec pour conséquence une plus grande variabilité des taux d'intérêt que dans un système réglementé avec une substituabilité limitée entre les actifs monétaires et financiers.

Puisque l'apparition d'un *continuum* de titres monétaires et financiers facilement substituables rend difficile la conduite d'une politique monétaire recourant aussi bien aux seules variations relatives de taux d'intérêt qu'au seul suivi d'un agrégat monétaire étroit, on ne peut plus réellement agir que sur le niveau général des taux d'intérêt, aux déformations près de la courbe des taux compte tenu des arbitrages des agents non financiers, et sur des agrégats larges de monnaie et d'endettement.

Dans le cas français, il ne suffit donc plus de suivre l'évolution de l'agrégat monétaire M3 qui a lui-même supplanté des agrégats plus étroits depuis 1991, mais il faut être attentif à l'évolution de l'endettement intérieur total qui recense l'ensemble des financements des agents économiques obtenus par voie d'endettement.

La politique monétaire, dans le contexte d'un *continuum* de titres, est devenue un art qui oblige à observer finement les évolutions du financement de l'économie pour éviter aussi bien la sous-liquidité du système financier dans les phases descendantes des cycles financiers que le sur-financement des agents non financiers dans les périodes ascendantes des cycles financiers. La banque centrale acquiert, lorsqu'elle maîtrise cet art, la *crédibilité* qui se mesure par la capacité à modifier les anticipations des agents financiers et non financiers par des variations limitées des taux d'intervention.

2.2.2. Politique monétaire, *policy mix* et croissance économique

Dans le contexte d'une finance globalisée dominée par la marchéisation des financements, le maintien de l'ancrage nominal des économies a reçu dans les années 1990 la priorité absolue. Le processus d'union monétaire en Europe prévoit explicitement que la stabilité des prix est le point cardinal de la politique économique et que l'indépendance de banques centrales recevant le contrôle de la stabilité des prix pour seule mission est une nécessité incontournable.

Le seul « petit problème » dans cette approche est qu'elle ne s'intéresse qu'à la stabilité des prix des flux de production et de consommation et non à celle des actifs financiers et immobiliers. L'approche contemporaine de la politique monétaire, notamment en Europe, ignore ainsi largement la réalité des cycles financiers. Or la quasi-stabilité des prix à la consommation ou à la production n'a pas du tout la même signification selon que les prix des actifs sont dans une phase ascendante ou descendante.

Dans une phase ascendante, la revalorisation des patrimoines conduit les ménages à arbitrer davantage leurs revenus en faveur de la consommation ou de l'achat d'immobilier. Les ménages les plus fortunés peuvent contribuer à l'accélération des hausses de prix des actifs en investissant davantage en bourse. La hausse des prix des actions améliore les bilans des entreprises qui peuvent augmenter l'investissement ou se lancer dans des opérations financières de fusions-acquisitions qui accélèrent la hausse boursière. Les banques, mises en confiance par ce climat favorable à l'activité, prêtent largement. Le mouvement général de hausse des prix des titres conduit les agents non financiers à détenir moins d'actifs monétaires et davantage de titres financiers ce qui peut donner l'illusion, sur la base de la sagesse apparente des agrégats monétaires, qu'il n'y a pas de tensions particulières en formation dans le système macro-financier. Mais à partir d'un certain niveau des prix des actifs, et donc de baisse des rendements, il peut y avoir une réintermédiation qui provoque une hausse des prix à la consommation ou à la production.

Dans une phase descendante des prix des actifs, la dévalorisation des patrimoines conduit les ménages à arbitrer davantage leurs revenus en faveur de l'épargne, et ce de plus en plus à mesure que s'accélère la baisse des prix des actifs. Les investisseurs financiers retirent des fonds des bourses, ce qui favorise la baisse des valorisations et détériore brutalement les ratios de bilan des entreprises qui freinent l'investissement. Les banques, plus méfiantes, prêtent moins au moment même où le reflux des patrimoines vers les dépôts bancaires à la recherche de sécurité et de liquidité peut conduire à une augmentation de la masse monétaire, ce qui pousse les autorités monétaires à freiner la baisse des taux d'intérêt. Les agents non financiers, progressivement étranglés par la contrainte patrimoniale, consomment et investissent de moins en moins jusqu'à ce que les prix des actifs soient suffisamment déprimés pour justifier la prise de risque dans l'achat d'actifs.

Il résulte des considérations précédentes que les autorités monétaires, dans une économie de marchés de capitaux avec *continuum* de titres et développement des cycles financiers, ne peuvent plus se contenter d'observer les agrégats monétaires ou d'endettement, aussi larges soient-ils, pour conduire la politique monétaire. Elles doivent, d'une part, observer en permanence toute la structure macro-financière pour s'assurer que les signaux monétaires ne sont pas en contradiction avec la réalité macro-financière et, d'autre part, veiller à ce que la politique monétaire s'inscrive dans un *policy mix* harmonieux qui assure la cohérence des politiques monétaire, budgétaire et de change.

Le maintien d'un *policy mix* harmonieux est d'autant plus décisif que les autorités monétaires ont en charge une monnaie liée à d'autres par un accord de change. Notamment dans le contexte européen, la tentation a été forte de renoncer à la conduite d'une politique monétaire interne pour s'amarrer à une banque centrale plus crédible en privilégiant un objectif de taux de change sur tout autre objectif intermédiaire de la politique monétaire. Cette tentation peut avoir un sens pour de petits pays dont l'économie réelle dépend largement de l'économie dont la monnaie est ciblée par la politique de change. *Pour une économie moyenne, il y a lieu de ne pas sacrifier l'observation et le contrôle d'indicateurs internes (agrégats de monnaie et d'endettement ; indicateurs des structures macro-financières), qui annoncent les déséquilibres qui se forment, à la seule défense du taux de change, indicateur externe qui sanctionne les déséquilibres qui se manifestent.*

Dans le cas de la France, une terrible erreur de politique monétaire et de change a été commise dans la première moitié des années 1990, dans le contexte de l'union monétaire allemande. Le refus d'une réévaluation unilatérale du mark en 1990-1992 a conduit à centrer la politique monétaire sur le seul maintien du taux de change avec importation des taux d'intérêt nominaux allemands qui correspondaient à la conjoncture allemande mais pas à la situation française. A partir de 1993, la non-prise en compte du cycle financier qui a étranglé les agents non financiers puis financiers sous l'effet d'une dévalorisation importante de l'immobilier notamment a prolongé inutilement la crise économique jusqu'en 1996. La crise économique a entraîné une détérioration des comptes publics et une explosion de la dette publique. Le *policy mix* français, totalement déséquilibré de 1990 à 1996, et qui ne pourra se rééquilibrer qu'avec peine d'ici la fin du siècle, aura constitué une grave contrainte sur la croissance de l'économie.

On peut parler du désastre du *policy mix* français de l'ensemble des années 1990, causé par l'aveuglement de la politique de change, le non-respect des équilibres macro-financiers internes et la non-prise en compte des cycles financiers.

*

* *

Les interactions entre les marchés, le financement de l'économie et la politique monétaire dominent aujourd'hui la détermination du *policy mix* et de la croissance de l'économie réelle. Les marchés, qui sont un instrument contingent d'optimisation, n'ont pas vocation à se substituer à la conduite d'une politique monétaire centrée sur l'ancrage nominal interne et le maintien d'une liquidité adéquate de l'économie. Il appartient aux gouvernements de mener une politique économique d'ensemble cohérente et favorable à la croissance à long terme de l'économie réelle, dans le respect des grands équilibres macro-financiers.

Mais lorsque les gouvernements se révèlent incapables d'une telle politique, les marchés sont conduits à se protéger des errements des politiques publiques, quitte à aggraver les effets de ces errements. Il ne convient pas alors de s'en prendre à l'aveuglement des marchés mais à l'incohérence des politiques économiques et sociales.

Références

AGLIETTA M., *Macroéconomie financière,* Paris, La Découverte, 1995.
HICKS J., *The Crisis in Keynesian Economics,* Basic Books, 1974.
GUELLEC D., RALLE P., *Les nouvelles théories de la croissance,* Paris, La Découverte, 1995.
SAINT-ETIENNE C., *Politique financière et entreprises françaises,* Paris, Economica, 1987.
SAINT-ETIENNE C., *Financement de l'économie et politique financière,* Paris, Hachette, 1990.

Mots clés

Continuum de titres, crédibilité des autorités monétaires, cycle financier, cycle réel, déréglementation financière, économie d'endettement, économie de marchés de capitaux, économie de fonds propres, efficacité financière de l'intermédiation, efficacité économique de l'intermédiation, efficience des marchés, illusion patrimoniale, innovation financière, intermédiation bancaire, intermédiation de titres, liquidité de l'économie, marchéisation des financements, mobiliérisation du financement de l'économie, monnaie, *policy mix,* politique monétaire, théorie monétaire, titrisation.

Marchés de capitaux et financement de l'entreprise

44

Edith Ginglinger

L'importance des marchés de capitaux dans le financement des entreprises est très variable selon les pays et le degré de développement de leurs marchés : fin 1994, la capitalisation boursière des marchés nationaux représentait 108 % du produit intérieur brut au Royaume-Uni, 22 % en Allemagne, 64 % aux Etats-Unis et 31 % en France. Le financement par les marchés peut être freiné par des contraintes légales et réglementaires ou par l'insuffisance des impératifs d'information permettant l'essor d'un marché liquide. On oppose traditionnellement les pays dont les entreprises se financent par autofinancement et par emprunt (Europe continentale) à ceux dont les firmes se tournent prioritairement vers les marchés (Etats-Unis et Royaume-Uni). En France, l'important mouvement de modernisation des marchés depuis 1985 a permis le développement de la finance directe au détriment de l'intermédiation bancaire ; de nouveaux modes de financement ont été introduits et la gestion des risques a été facilitée par l'ouverture des marchés dérivés[1].

Les marchés de capitaux apportent aux firmes un financement externe et, à l'intérieur de celui-ci, un financement désintermédié. La première section de cet article examine les alternatives de financement qui s'offrent aux entreprises et mesure l'apport des marchés, en volume et en nature de fonds. La seconde section s'intéresse plus particulièrement au financement par capitaux propres externes, qui représente l'apport essentiel des marchés aux entreprises françaises.

1. Hiérarchie du financement et intermédiation financière

L'apport des marchés financiers aux entreprises s'inscrit dans la problématique plus générale du choix d'un mode de financement : autofinancement, dettes ou capitaux propres. Une fois ce premier choix opéré, l'entreprise est confrontée à une seconde alternative : dette intermédiée ou recours aux émis-

1. Voir également dans cette ***Encyclopédie*** l'article de C. Saint-Etienne, « Marchés de capitaux, financement de l'économie et politique monétaire », p. 880, tome 1.

sions de billets de trésorerie ou d'obligations, appel à des capitaux propres privés ou émission d'actions dans le public. Les marchés de capitaux ont, pour les entreprises industrielles et commerciales, un poids très contrasté selon le mode de financement considéré : quelques statistiques, clôturant cette section, en donneront un éclairage significatif.

1.1. Les alternatives de financement

Quels sont les déterminants du choix de financement fait par la firme ? Pour certains auteurs, c'est l'alternative dettes/capitaux propres, et donc la question de la structure financière optimale, qui est première ; pour d'autres, c'est l'alternative financement interne/financement externe qui domine. Sans prétendre à l'exhaustivité, nous allons reprendre quelques arguments des tenants de la primauté de l'une ou l'autre des alternatives.

1.1.1. Choix de financement et structure financière optimale

L'entreprise choisit-elle un financement pour atteindre une structure financière cible ? Cette question a fait l'objet de larges débats[2]. Selon Modigliani et Miller (1958), dans un marché de capitaux parfaits, la valeur de la firme est indépendante de sa structure financière. Cependant dès lors qu'est pris en compte l'impôt sur les bénéfices, le recours à l'endettement accroît de façon linéaire la valeur de l'entreprise, en raison des économies d'impôt liées à l'endettement (Modigliani et Miller, 1963). La convergence de ces résultats, établis initialement pour des classes de risque homogènes, avec le modèle d'évaluation des actifs (MEDAF) a été proposée par Hamada (1969), permettant ainsi une endogénéisation du risque. Enfin, Miller (1977), prenant en compte l'impôt sur les bénéfices et l'impôt personnel des investisseurs, revient sous certaines conditions à la première proposition d'indifférence de la valeur de la firme à son niveau d'endettement. Par contre, l'introduction de coûts de faillite amène à constater un niveau optimal d'endettement, qui constitue un compromis entre les économies d'impôt liées à la dette et l'espérance de coûts de faillite (voir notamment Leland, 1994).

Une seconde vague de travaux sur la structure financière s'appuie sur les théories du signal et de l'agence[3]. Ross (1977) considère que l'émission de dettes est un signal de détention, par les dirigeants de la firme, d'informations positives. Leland et Pyle (1977) montrent que les dirigeants informés de la firme signalent de bonnes nouvelles en souscrivant les actions émises[4]. La théorie de l'agence, initiée par Jensen et Meckling (1976), s'appuyant sur les conflits prêteurs/actionnaires, conduit à retenir l'hypothèse de l'existence d'une structure financière optimale, qui minimise les coûts d'agence.

---

2. Une synthèse peut en être trouvée dans Cobbaut (1994). Voir également dans l'***Encyclopédie de gestion*** les articles de M. Albouy, « Structure financière et coût du capital » et de P. Vernimmen, « Politique financière de l'entreprise ».

3. Voir également dans l'***Encyclopédie de gestion*** l'article de P. Raimbourg, « Asymétrie d'information, théorie de l'agence et gestion de l'entreprise ».

4. Une synthèse des nombreux articles publiés dans ce domaine figure dans Harris et Raviv (1991). Voir également dans cette ***Encyclopédie*** l'article de M. Albouy, « Signaux et prix des actions », p. 1746, tome 2.

1.1.2. La théorie du financement hiérarchique

Cette théorie, avancée par Myers (1984)[5], s'appuie notamment sur les travaux de Myers et Majluf (1984), qui prennent en compte les liens entre les décisions d'investissement et de financement dans un modèle de signalisation. Selon ces auteurs, pour financer leurs investissements, les firmes vont commencer par utiliser le financement interne. S'il est insuffisant, elles recourent au financement externe le moins risqué, la dette, puis aux financements hybrides tels que les obligations convertibles, et enfin, en dernier ressort, aux émissions d'actions[6].

Ainsi le recours aux capitaux propres externes apparaît comme un financement résiduel. Mais cette hiérarchie est vérifiée globalement. Dès lors que l'on s'intéresse exclusivement au financement par les marchés, le recours aux capitaux propres est le premier des financements externes, en raison de l'importance de l'intermédiation financière pour la dette.

1.2. L'intermédiation financière

L'entreprise optant pour un financement externe a le choix entre recourir à un intermédiaire financier, procéder au placement privé de ses titres ou faire appel aux marchés de capitaux[7]. L'évolution du taux d'intermédiation financière, l'intérêt d'un placement privé et les explications des modalités de financement adoptées par les entreprises sont successivement examinés.

1.2.1. L'évolution des taux d'intermédiation

Le taux d'intermédiation, tel qu'il est calculé par le Conseil National du Crédit depuis 1991[8], qui compte les dettes et les capitaux propres, a diminué sensiblement pour les sociétés non financières : il est passé de 0,64 en 1985 à 0,53 en 1994. Les intermédiaires financiers accompagnent toutefois la croissance des marchés par le développement d'activités de conseil ou le rachat de sociétés de bourse, et parce qu'ils figurent parmi les principaux bénéficiaires des émissions sur les marchés. Ils sont ainsi à l'origine, selon les années, de 15 à 25 % des émissions de titres de capital ou d'obligations sur les marchés. Leur place sur le marché des titres de créances négociables est prépondérante, tandis que les encours des billets de trésorerie, principaux véhicules de financement désintermédié à court terme pour les entreprises, tendent à stagner (tableau 1).

1.2.2. Le placement privé de titres

Cette source de financement se situe entre le financement bancaire classique, qui met en présence l'entreprise et un interlocuteur unique, et le financement de marché, pour lequel l'entreprise se trouve face à un grand

---

5. Signalons que cet ordre de financement a été suggéré par d'autres auteurs et praticiens bien avant 1984, mais que Myers l'a rapproché de la littérature théorique existante.

6. Voir également Narayanan (1988).

7. Voir également dans cette ***Encyclopédie*** l'article de J. Dermine, « Intermédiation financière », p. 689, tome 1.

8. Voir Icard et Drumetz (1994) ; ce mode de calcul considère comme intermédiés tous les financements accordés aux agents non financiers par les institutions financières sous forme de crédits ou d'achats de titres d'emprunts ou d'actions, en termes d'encours.

nombre d'investisseurs. Dans l'émission de titres privés, l'entreprise fait appel à un nombre limité d'investisseurs connus. L'intérêt du placement privé par rapport au placement public réside dans la faiblesse des frais d'émission[9].

Le placement privé concerne une part très importante des émissions d'actions, et notamment les augmentations de capital des sociétés non cotées. En 1994, 72 % des émissions d'actions étaient privées. Selon Hertzel et Smith (1993), l'émission privée d'actions signalerait une sous-évaluation de la firme. Wruck (1989) constate une réaction positive des cours à l'annonce d'une émission d'actions privée, contrairement à ce qui est observé pour les émissions publiques (§ 2.1.1.2.).

Tableau 1 – Les encours de titres de créances négociables fin décembre

Titres	1987	1988	1989	1990	1991	1992	1993	1994
Certificats de dépôts	193,8	328,7	462,9	848,4	1 005,0	1 278,3	938,6	833,5
Bons des institutions et sociétés financières	45,0	58,1	70,4	104,2	151,1	169,9	78,4	86,1
BMTN* émis par les établissements de crédit	–	–	–	–	–	–	457,1	454,1
Bons du Trésor	434,4	450,0	520,0	549,9	557,1	714,7	769,8	898,9
Billets de trésorerie (A)	40,8	63,0	129,1	159,2	159,4	172,8	154,5	149,0
BMTN émis par les entreprises (B)	–	–	–	–	–	1,6	3,6	2,7
Titres émis par les entreprises ($A + B$)/total des titres de créances négociables, en %	5,7	7,0	10,9	9,5	8,5	7,5	6,6	6,3

* BMTN : bons à moyen terme négociables.
Unité : Milliard de francs.
Source : Banque de France.

1.2.3. Le financement intermédié ou le financement de marché : les critères de choix

Le financement par dettes, pour lequel la question de l'intermédiation est primordiale, est exclusivement considéré dans ce paragraphe. Les entreprises ne se sont pas tournées de façon systématique vers les marchés de capitaux pour assurer leur financement par dettes, alors même que les conditions financières offertes étaient souvent plus avantageuses que celles que leur proposaient les banques. Trois arguments peuvent être considérés : d'une part, le coût de l'accès aux marchés est non nul ; d'autre part, les banques offrent des services inexistants sur les marchés ; enfin, le recours aux marchés de capitaux a permis de diminuer le coût de l'intermédiation financière.

9. Sur le choix dette publique/dette privée, voir notamment Blackwell et Kidwell (1988), Easterbrook et Kadapakkam (1991) ou Nekhili (1994).

1.2.3.1. *Le coût de l'accès aux marchés*

L'accès aux marchés de capitaux a un coût et des rigidités qui le réservent aux plus grandes entreprises. Ainsi, les frais d'émission et de notation sont dissuasifs pour une émission obligataire de taille réduite. Les emprunts obligataires ne peuvent être renégociés et les clauses de remboursement anticipé sont très mal perçues par les investisseurs. Les billets de trésorerie ont un montant unitaire d'un million de francs et des durées fixées à l'origine. Ces coûts, dont une partie est fixe, ne sont compensés par les gains sur les taux d'intérêt que pour les émissions de montant important, et interdisent de fait l'accès au marché pour les entreprises de taille moyenne.

1.2.3.2. *L'intérêt de l'intermédiation bancaire*

Le recours aux banques peut se justifier par l'existence d'asymétries d'information entre les prêteurs et les entreprises emprunteuses. Ces dernières disposent en effet de projets à financer, dont le risque est inconnu des prêteurs[10]. L'information relative à ces projets est plus aisée à découvrir par la banque, qui a des relations financières privilégiées, souvent à long terme, avec l'entreprise, que par les obligataires, nombreux et totalement extérieurs à l'entreprise[11]. Le coût de surveillance de la firme est également plus réduit pour la banque que pour l'ensemble des investisseurs en cas d'appel au marché. James (1987) montre que la conclusion de nouveaux prêts bancaires, révélant une information favorable sur la firme et réduisant l'incertitude des investisseurs non informés, est accompagnée de réactions positives des cours. Selon Diamond (1991), la relation financière intermédiée permet à l'entreprise de se constituer une réputation de bon risque, sous le contrôle de la banque, favorisant la levée de fonds ultérieure sur le marché.

Par ailleurs, les banques se montrent plus compréhensives que les obligataires envers une entreprise rencontrant des difficultés financières : c'est ce que mettent en évidence par exemple Gilson *et al.* (1990). L'attitude des banques confrontées à des entreprises en difficulté est saluée par le marché : Lummer et McConnel (1989) signalent que les renégociations d'emprunts sont accompagnées de réactions positives des cours tandis que les annulations ou les réductions de dettes entraînent des réactions négatives des cours. Selon Chemmanur et Fulghieri (1994), les banques qui souhaitent se bâtir une réputation de bons décideurs en présence d'entreprises en difficulté (renégocier ou liquider) consacrent de plus larges sommes à l'évaluation de ces firmes et minimisent les risques de liquidation à tort. Par contre, les entreprises dont la probabilité de défaillance est moindre manifestent une préférence pour l'émission obligataire.

1.2.3.3. *La diminution du coût de l'intermédiation financière*

Plusieurs auteurs soulignent la complémentarité des rôles des banques et des porteurs d'obligations dans la production d'informations et le contrôle de

10. Par exemple, Leland et Pyle (1977).

11. Ces arguments sont développés notamment par Diamond (1984), Ramakrishnan et Thakor (1984) et Williamson (1986). Sharpe (1990) et Petersen et Rajan (1994) mettent l'accent sur l'importance de la relation à long terme entre l'entreprise et la banque, impliquant une disponibilité accrue des fonds.

la firme (notamment Booth, 1992). Les firmes ont toujours intérêt à limiter le pouvoir de négociation de leur banque, soit en recourant à d'autres banques (Rajan, 1992), soit en s'adressant au marché.

L'une des conséquences les plus notables de la possibilité pour les firmes de se financer directement sur les marchés financiers a été la diminution du coût de l'intermédiation financière : ainsi, les références d'une grande partie des crédits accordés sont désormais les taux de marché et non le taux de base bancaire, et les marges bancaires ont diminué.

Les firmes peuvent également recourir à des financements de marché intermédiés, notamment par le biais des groupements.

1.3. Les marchés, pourvoyeurs de capitaux propres pour les entreprises

Les entreprises industrielles et commerciales ont la possibilité de faire appel aux marchés de capitaux pour un financement par dettes ou par capitaux propres. Mais les proportions de chacun de ces modes de financement divergent très profondément de leur poids total dans le financement de l'entreprise. Par ailleurs, en France, l'autofinancement et le crédit interentreprises revêtent une importance particulière : ainsi, le taux d'autofinancement (autofinancement sur formation brute de capital fixe) dépasse 90 % depuis 1986. Le crédit interentreprises représente environ 25 % des ressources financières des sociétés, soit près de deux fois le montant des dettes bancaires[12]. La présence d'asymétries d'information entre les prêteurs et les emprunteurs expliquerait l'existence du crédit interentreprises : le fournisseur disposerait d'informations de meilleure qualité et à un moindre coût sur la firme cliente, et pourrait ainsi procurer des ressources moins onéreuses que les autres circuits de financement[13].

Les marchés procurent essentiellement un financement par capitaux propres aux entreprises : leur apport net en 1994 a été de 267,7 milliards de francs d'actions pour 25,3 milliards d'obligations. Ces données peuvent être complétées par la comparaison du poids des émissions des sociétés et quasi-sociétés non financières dans les montants totaux des émissions (graphique 1).

Les émissions des entreprises non financières en 1994 représentent ainsi 85 % des appels au public pour les titres de capital, mais 6 % des titres de créances. Ceci est d'autant plus remarquable que, parmi les émissions obligataires réalisées par les sociétés cotées, plus de 90 % sont des obligations convertibles ou remboursables en actions, c'est-à-dire des quasi-capitaux propres. En effet, comme le fait remarquer Stein (1992), l'émission d'obligations convertibles est un substitut à l'augmentation de capital lorsque celle-ci n'est pas possible.

---

12. Voir notamment Biais *et al.* (1994). Notons toutefois que l'apport net de ressources n'est positif qu'à la condition que le montant des crédits accordés par les fournisseurs dépasse celui des crédits consentis aux clients. Dans le cas inverse, le crédit interentreprises diminue les ressources de la firme. Voir également dans l'***Encyclopédie de gestion*** l'article de M. Dietsch, « Crédit interentreprises ».

13. Cette explication est développée notamment par Smith (1987).

Graphique 1 – Les émissions de valeurs mobilières en 1994 par catégorie d'émetteurs

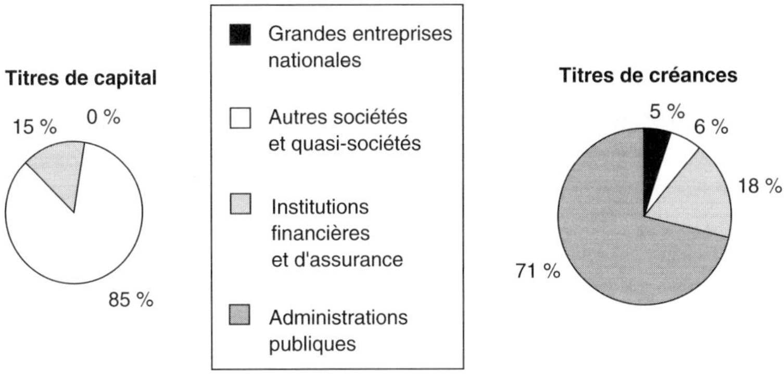

Source : Rapport annuel de la COB, 1994.

Les marchés de capitaux apparaissent ainsi essentiellement comme des pourvoyeurs de capitaux propres ou de quasi-capitaux propres, tandis que la dette reste très largement intermédiée. C'est la raison pour laquelle la seconde section de cet article est consacrée à l'étude des modalités de financement des entreprises par capitaux propres.

2. Les marchés financiers et le financement des entreprises par capitaux propres

Les capitaux propres représentent l'apport majeur des marchés au financement des entreprises ; toutefois les sources de fonds et leurs modalités ont tendance à se diversifier (§ 2.1.). Les marchés facilitent la levée de fonds, mais ils créent également des contraintes (§ 2.2.).

2.1. La diversification des sources de capitaux propres

L'augmentation de capital classique reste une source majeure de capitaux propres, mais elle est souvent remplacée par une émission d'actions à bons de souscription d'actions ou le paiement du dividende en actions. Les entreprises recourent également aux quasi-capitaux propres, tels que les obligations convertibles ou les obligations remboursables en actions.

2.1.1. L'augmentation de capital en numéraire

L'apport net des augmentations de capital et l'évolution des techniques d'émission sont successivement présentés.

2.1.1.1. L'apport net des augmentations de capital

L'augmentation de capital peut résulter de l'émission d'actions classiques[14], mais elle est de plus en plus le fruit de l'exercice des bons de souscription d'actions[15] ou du paiement du dividende en actions (graphique 2).

14. Voir dans cette ***Encyclopédie*** l'article de D. Folus, « Actions : modélisation, évaluation, gestion », p. 1, tome 1.

15. Voir dans cette ***Encyclopédie*** l'article de P. Chollet, « Bons de souscription d'actions », p. 218, tome 1.

Graphique 2 – Les augmentations de capital par type d'émission

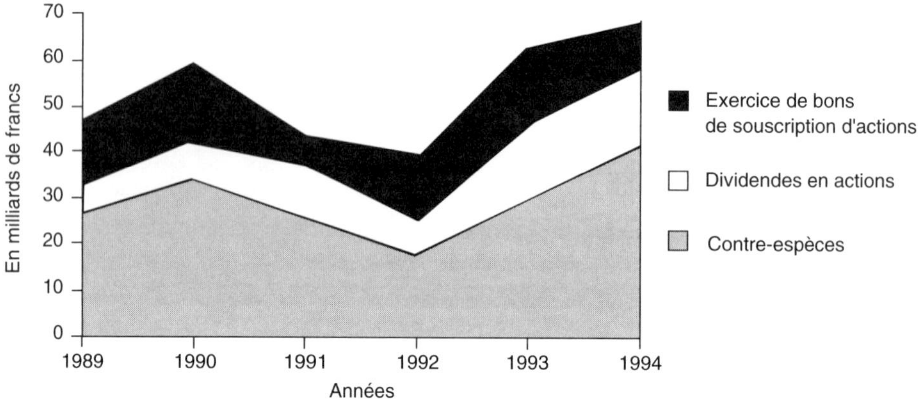

Source : Rapports annuels de la COB.

Tableau 2 – Le paiement du dividende en actions

	Marché officiel			Second marché		
Années	**A**	**B**	**C**	**A**	**B**	**C**
1983	503	10	2,0	40	–	0
1984	486	23	4,7	64	4	6,2
1985	471	35	7,4	74	7	9,5
1986	475	40	8,4	126	16	12,7
1987	490	37	7,6	161	16	9,9
1988	492	40	8,1	225	17	7,6
1989	514	62	12,1	236	27	11,4
1990	479	90	18,8	236	38	16,1
1991	444	109	24,5	220	52	23,6
1992	402	86	21,4	207	50	24,1
1993	336	60	17,8	176	34	19,3
1994	310	66	21,3	159	28	17,6

A : nombre de sociétés ayant versé un dividende.
B : nombre de sociétés ayant offert le paiement du dividende en actions.
C = B/A, en %.
Source : Statistiques de la Société des bourses françaises.

Depuis 1993, les émissions d'actions classiques représentent moins de la moitié des augmentations de capital des sociétés cotées, sous l'effet notamment de la montée en puissance du paiement du dividende en actions[16]. Cette technique est adoptée par une proportion importante des sociétés cotées (tableau 2) et représente 30 % environ du montant total des dividendes nets. Elle offre aux yeux des dirigeants des entreprises les avantages cumulés de la distribution de dividendes et de l'autofinancement. La théorie du financement

16. Sur le paiement du dividende en actions, on peut consulter Albouy et Dumontier (1992), et Hamon et Jacquillat (1992).

hiérarchique (§ 1.1.2.), soulignant la préférence des firmes pour le financement interne, permet de comprendre pourquoi le paiement du dividende en actions, lorsqu'il est possible, est préféré à l'augmentation de capital classique.

L'apport net des marchés aux firmes doit tenir compte des versements de dividendes des entreprises aux investisseurs (graphique 3). Sur la période observée, l'apport des marchés est positif pour toutes les années, à l'exception de 1991 et 1992.

Graphique 3 – Apport net de capitaux propres par les marchés aux sociétés cotées

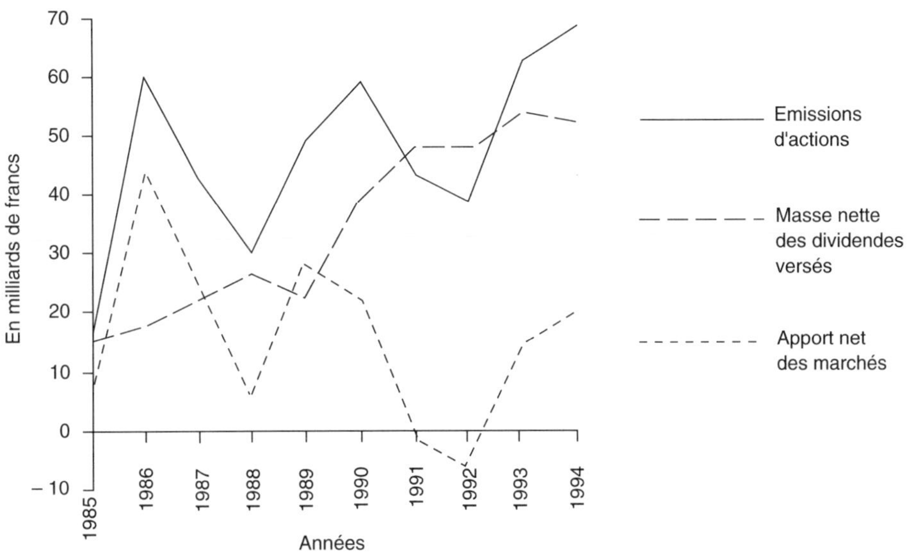

Remarque : les montants des émissions d'actions et des dividendes versés comportent tous deux les dividendes en actions.
Source : Rapports annuels de la Commission des opérations de bourse.

2.1.1.2. L'évolution des techniques d'émission

Alors que jusqu'en 1985 les augmentations de capital des sociétés cotées consistaient en l'émission d'actions sèches avec un droit préférentiel de souscription aux actionnaires anciens, les modalités de ces opérations tendent depuis lors à se diversifier. Les émissions d'actions à bons de souscription d'actions (ABSA) se multiplient (17,5 % des opérations sur la période 1986-1993) et parallèlement, souvent de façon liée, la suppression du droit préférentiel est de plus en plus fréquente : elle concerne 9 % des émissions d'actions sèches et 62 % des ABSA sur la période 1986-1993 (Gajewski et Ginglinger, 1995). Ce sont les plus grandes sociétés, celles qui émettent des tranches internationales ou les opérations pour lesquelles la proportion de l'opération offerte au public est la plus importante, qui privilégient l'émission directe[17].

Les sociétés françaises tendent ainsi à se rapprocher des modes d'émission américains : aux Etats-Unis, en effet, les augmentations de capital avec

17. Voir Ginglinger (1996) pour les caractéristiques détaillées de ces opérations.

droits préférentiels de souscription ont quasiment disparu depuis 1980, alors qu'elles représentaient 50 % des opérations avant 1960. Des explications ont été recherchées à cet engouement pour les émissions directes, qui sont les plus onéreuses en termes de frais d'émission[18]. Les plus prometteuses s'appuient sur l'asymétrie d'information existant entre les dirigeants de l'entreprise et les investisseurs[19].

Si l'annonce d'une augmentation de capital est en moyenne accueillie par une réaction négative des cours, en raison notamment de la dilution qu'elle génère, mais également des anticipations négatives de la part des dirigeants qu'elle transmet, celle-ci apparaît atténuée pour les émissions avec droits préférentiels de souscription[20].

Lorsque les firmes maintiennent le droit préférentiel de souscription, les actions sont émises à un prix moyen équivalent à 80 % du cours antérieur de l'action. Dans le cas des émissions directes, les actions sont émises au cours. Plusieurs auteurs ont mis en évidence une sous-évaluation des actions émises directement aux Etats-Unis[21]. Si ce constat ne prévaut pas en France pour les actions sèches, en raison d'une réglementation de la Commission des opérations de bourse[22], il est exact pour les émissions d'actions à bons de souscription d'actions, qui représentent une forte proportion des émissions directes, pour lesquelles le bon est systématiquement sous-évalué.

2.1.2. Les quasi-capitaux propres

Le financement des entreprises par les marchés s'appuie sur des instruments diversifiés[23]. Si l'évolution législative du début des années 1980 a entraîné l'émission des titres les plus divers, assortie souvent d'une prime à l'originalité, la décennie écoulée s'est chargée de faire le tri entre les engouements passagers et les valeurs sûres. Ont ainsi quasiment disparu les émissions d'actions à dividendes prioritaires, de certificats d'investissement, d'obligations à bons de souscription d'actions ou de bons autonomes. Les émissions d'obligations convertibles ont par contre effectué un retour en force[24].

2.1.2.1. Le recul des titres sans droit de vote

Alors qu'au moment de leur création en 1983 les actions à dividende prioritaire sans droit de vote et les certificats d'investissement[25] devaient per-

---

18. Pour une synthèse de la littérature antérieure, on peut se reporter à Smith (1986).

19. Notamment Heinkel et Schwartz (1986), Eckbo et Masulis (1992) et Gajewski et Ginglinger (1995).

20. De nombreuses études ont testé les réactions des cours à l'annonce d'une augmentation de capital : notamment Dierkens (1991) pour les émissions directes, et Eckbo et Masulis (1992) pour les émissions avec droits préférentiels de souscription. Des résultats pour le marché français sont disponibles dans Gajewski et Ginglinger (1995).

21. Voir par exemple Loderer *et al.* (1991).

22. Le prix d'émission des actions doit être égal à la moyenne des cours constatés pendant 10 séances consécutives parmi les 20 séances précédant l'augmentation de capital.

23. Voir également dans l'***Encyclopédie de gestion*** l'article de N. Mourgues, « Fonds propres et quasi-fonds propres ».

24. Voir dans cette ***Encyclopédie*** l'article de G. de Nercy, « Obligations convertibles », p. 1298, tome 2.

25. Le lecteur trouvera une présentation des caractéristiques de ces titres dans Couret *et al.* (1995) et de leur intérêt dans Ginglinger (1991).

mettre aux sociétés cotées de procéder à des augmentations de capital tout en conservant le contrôle du capital aux anciens actionnaires, ces instruments ont été délaissés très rapidement. La raison essentielle de cette défection est la valorisation excessive du droit de vote par le marché français : ainsi, la décote des cours des actions sans droit de vote et des certificats d'investissement atteint habituellement de 25 à 50 %[26]. Par la loi du 5 janvier 1988, le législateur a choisi de faciliter la disparition des certificats d'investissement : dès lors qu'un certificat d'investissement est réuni avec un certificat de droit de vote, il est automatiquement transformé en action. Par ailleurs, de nombreuses sociétés ont préféré échanger ces titres contre des actions ordinaires par des offres publiques d'échange : c'est le cas, par exemple, d'Eridania Beghin-Say en juin 1995 (une action contre un certificat d'investissement, et une action contre seize certificats de droit de vote). En juillet 1995, il ne reste plus que trois lignes de certificats d'investissement représentant plus de 5 % des actions ordinaires (Louvre 11,6 %, Taittinger 10,6 % et Robertet 8,4 %). Les actions à dividende prioritaire sans droit de vote ont un peu mieux résisté : elles comptent encore pour un quart du capital de Casino, Essilor, Legrand et Sagem. La quasi-disparition de ces titres sans droit de vote est conforme aux enseignements de la théorie financière qui met en avant l'optimalité de la règle : une action – un droit de vote[27].

2.1.2.2. *Le retour des obligations convertibles*

Un moment délaissées au profit des obligations à bons de souscription d'actions créées en 1983 et de leurs dérivés[28], les obligations convertibles représentaient 96 % des émissions de quasi-capitaux propres en 1994 (tableau 3).

Les OBSA, qui se composent de deux titres, une obligation et un bon de souscription, dont la cotation est autonome après l'émission, ont été abandonnées, notamment en raison du faible intérêt des investisseurs pour les obligations après le détachement du bon. En effet, les OBSA, émises à un taux d'intérêt inférieur au taux du marché en contrepartie de la présence du bon de souscription, souffrent d'une décote dès qu'elles sont cotées, sans plus disposer d'aucun attribut de l'action.

Les obligations convertibles ont également renouvelé leurs modalités. Depuis 1993, ont fleuri les émissions à faible taux d'intérêt nominal (2 à 4 %), compensé par une prime de remboursement plus importante. Ces opérations présentent un grand avantage pour les entreprises : celles-ci ne supportent tout au long de la vie du titre qu'une sortie de trésorerie limitée, sensiblement égale à celle qui résulte du versement d'un dividende. Par ailleurs, si le cours de l'action évolue favorablement, la conversion des obligations en actions a lieu, et la prime de remboursement n'a pas à être versée. Par contre, toutes choses égales par ailleurs, la probabilité d'une conversion à l'échéance est moindre : le cours de l'action doit être supérieur au prix de remboursement de l'obligation (si l'on suppose la parité de conversion égale à un). Les annonces d'émissions

---

26. Aux Etats-Unis, cette décote est limitée à 5 % (Lease *et al.*, 1983), en Angleterre à 13,3 % (Megginson, 1990). En Italie, elle atteint cependant 82 % (Zingales, 1994).

27. Voir notamment sur ce thème Harris et Raviv (1988) et Grossman et Hart (1988).

28. Une présentation des caractéristiques et de l'intérêt de ces modes de financement peut être trouvée dans Ginglinger (1991).

Tableau 3 – Les émissions de titres donnant accès à terme au capital des sociétés cotées

Années	Obligations convertibles	Obligations à bons de souscription d'actions	Obligations convertibles à bons de souscription	Obligations remboursables en actions
1983	2,4	1,4	–	–
1984	1,6	4,7	–	–
1985	5,3	5,2	–	–
1986	1,1	8,2	–	2,6
1987	1,4	8,4	–	–
1988	19,4	1,6	2,8	1,5
1989	9,3	5,3	1,8	2,9
1990	12,5	1,1	6,7	1,4
1991	10,9	2,4	0,04	1,5
1992	2,7	–	–	0,4
1993	17,1	–	–	1,1
1994	24,2	0,1	0,1	0,9

Unité : Milliard de francs.
Source : Rapports annuels de la COB.

d'obligations convertibles, à l'instar de ce qui est observé pour les émissions d'actions, sont accompagnées de réactions négatives des cours des actions[29].

Enfin, les sociétés incluent systématiquement dans leurs émissions d'obligations convertibles une clause de remboursement anticipé. Elles garantissent cependant un gain substantiel aux porteurs lors de la mise en jeu de cette clause : la conversion des titres n'est forcée que pour des cours de l'action très supérieurs au prix de remboursement de l'obligation. Ce constat, qui a été effectué dans les mêmes termes aux Etats-Unis, est contraire aux prédictions de la théorie financière, qui soutient que le remboursement anticipé doit avoir lieu dès qu'il est possible (Ingersoll, 1977). Mais l'annonce d'un remboursement anticipé est accueillie par une réaction négative des cours des actions[30]. A l'aide d'un modèle de signal, Harris et Raviv (1985) montrent que les dirigeants ne forcent la conversion qu'en présence d'informations privées défavorables. D'autres explications relèvent des montants comparés des dividendes et des coupons, de la fiscalité (Asquith et Mullins, 1991 ; Dunn et Eades, 1989 ; Cambell *et al.*, 1991) ou des coûts de transaction (Mauer, 1993).

2.2. La gestion du capital et les contraintes de marché

Si les marchés de capitaux permettent la levée de capitaux propres, parfois difficile pour des sociétés non cotées, ils créent également des contraintes. Celles qui relèvent de la politique de distribution de dividendes et de la diffusion de l'information, bien qu'essentielles, ne sont pas abordées dans cette contribution. Nous nous cantonnerons à l'examen de la saisonnalité des émis-

---

29. Le lecteur trouvera une synthèse de la littérature sur le sujet, ainsi que des résultats sur des données françaises dans Hachette (1994).

30. Voir par exemple Singh *et al.* (1991).

sions et de la gestion du cours de l'action par des attributions d'actions gratuites ou des divisions du nominal.

2.2.1. La saisonnalité des émissions

Dans un marché de capitaux parfait, les entreprises devraient être en mesure de procéder à des émissions de titres à tout moment, le cours des actions correspondant à leur juste valeur. En réalité, en raison de l'imperfection des marchés et de l'existence d'asymétries d'information, il est des périodes durant lesquelles il est difficile de procéder à des émissions de titres. C'est le cas lors des baisses générales du marché (les sociétés en cours d'augmentation de capital en octobre 1987 l'ont appris à leurs dépens), pendant ou après une forte baisse du cours pour une valeur donnée.

2.2.2. La gestion du cours de l'action

Les sociétés sont très attentives au niveau atteint par le cours de leurs actions. Ainsi, au 30 juin 1995, seuls huit titres cotés au règlement mensuel avaient un cours supérieur à 2 000 F. Le cours de la plupart des actions est compris entre 200 et 1 000 F, pour une valeur nominale située entre 10 et 100 F[31]. Il apparaît ainsi qu'existe une plage optimale de cours, qui minimise les frais de transaction et rend l'action accessible au plus grand nombre d'investisseurs, en réduisant les obstacles à la diversification d'un portefeuille[32] ; la technique des attributions d'actions gratuites et celle des divisions d'actions, fréquentes sur le marché français[33], permettent de maintenir le cours à l'intérieur de cet intervalle optimal. En effet, ces opérations sont blanches pour les actionnaires : elles n'accroissent pas leur richesse, pas plus d'ailleurs qu'elles ne constituent un mode de financement pour les entreprises.

L'annonce des deux types d'opérations, attribution d'actions et division du nominal, s'accompagne d'une réaction positive des cours, mais en France, celle-ci est légèrement plus importante pour les attributions d'actions gratuites[34]. Ces opérations semblent ainsi perçues par les investisseurs comme des véhicules d'informations positives sur les anticipations des dirigeants (Brennan et Copeland, 1988 et McNichols et Dravid, 1990). En effet, si l'explication fondée sur le prix cible pour l'action est recevable pour les divisions de titres, elle est loin d'être pleinement satisfaisante pour les attributions d'actions gratuites. Celles-ci, combinées à la politique de dividendes, semblent avant tout relever d'un mécanisme de signal. On constate en effet que la plupart des firmes maintiennent le dividende à sa valeur antérieure après une attribution d'actions, augmentant le rendement de l'action. Certaines sociétés vont jusqu'à réguler leur distribution de dividendes par les attributions d'actions, en maintenant leur dividende en francs par action (c'est le cas d'Air Liquide).

---

31. Depuis la loi du 5 janvier 1988, la valeur nominale de l'action peut être librement fixée par les statuts de la société. Grar (1994) constate à partir de son étude des divisions de nominal que la fourchette cible pour le cours de l'action en France est [200-600].

32. Voir notamment les arguments développés par Lakonishok et Lev (1987) et Brennan et Copeland (1988).

33. Il y a eu, en 1994, 41 attributions d'actions gratuites et 21 divisions d'actions sur les marchés réglementés (marché officiel et second marché).

34. On peut consulter Grinblatt *et al.* (1984), ainsi que Lamoureux et Poon (1987) ; pour des résultats sur le marché français, voir Grar (1994).

*

* *

Les marchés de capitaux français sont prioritairement des pourvoyeurs de capitaux propres ou de quasi-capitaux propres pour les entreprises industrielles et commerciales. En effet, pour la dette, l'intermédiation financière présente d'indéniables avantages de souplesse et d'accessibilité pour les firmes. Après une période d'intense créativité dans les véhicules de financement, les entreprises se tournent à nouveau majoritairement vers l'émission d'actions, parfois assorties de bons de souscription, ou d'obligations convertibles. Les marchés de capitaux sont encore loin d'occuper en France la place qui est la leur aux Etats-Unis ou au Royaume-Uni. Si leur rôle a été renforcé depuis 1985, il reste du chemin à parcourir, notamment en accroissant le nombre des sociétés cotées.

Références

ALBOUY M., DUMONTIER P., *La politique de dividendes des entreprises*, Paris, PUF, 1992.

ASQUITH P., MULLINS D., « Convertible Debt : Corporate Policy and Voluntary Conversion », *Journal of Finance* (vol. 46, 1991), p. 1273-1289.

BIAIS B., HILLION P., MALÉCOT J.F., « The Capital Structure of French Corporations : an Empirical Investigation », *Cahiers de recherche du CEREG*, Université de Paris IX-Dauphine, n° 9407 (1994).

BLACKWELL D.W., KIDWELL D.S., « An Investigation of Cost Differences between Public Sales and Private Placement of Debt », *Journal of Financial Economics* (December 1988), p. 253-278.

BOOTH J.R., « Contract Costs, Bank Loans, and the Cross-Monitoring Hypothesis », *Journal of Financial Economics* (vol. 31, 1992), p. 25-41.

BRENNAN M., COPELAND T., « Beta Changes around Stock Splits : a Note », *Journal of Finance* (September 1988), p. 1009-1014.

CAMPBELL C., EDERINGTON L., VANKUDRE P., « Tax Shields, Sample-Selection Bias, and the Information Content of Conversion-Forcing Bond Calls », *Journal of Finance* (September 1991), p. 1291-1324.

CHEMMANUR T.J., FULGHIERI P., « Reputation, Renegotiation, and the Choice between Bank Loans and Publicly Traded Debt », *Review of Financial Studies* (Fall 1994), p. 475-506.

COBBAUT R., *Théorie financière*, 3e éd., Paris, Economica, 1994.

COURET A., DEVÈZE J., HIRIGOYEN G., *Lamy droit du financement*, 1995.

DIAMOND D.W., « Financial Intermediation and Delegated Monitoring », *Review of Economic Studies* (vol. 51, 1984), p. 393-414.

DIAMOND D.W., « Monitoring and Reputation : the Choice between Bank Loans and Directly Placed Debt », *Journal of Political Economy* (vol. 99, 1991), p. 689-721.

DIERKENS N., « Informational Asymmetry and Equity Issues », *Journal of Financial and Quantitative Analysis* (vol. 26, 1991), p. 181-199.

DIETSCH M., « Crédit interentreprises », *in* Y. Simon et P. Joffre (éd.), *Encyclopédie de Gestion*, Paris, Economica, 1997.

DUNN K., EADES K., « Voluntary Conversion of Convertible Securities and the Optimal Call Strategy », *Journal of Financial Economics* (vol. 23, 1989), p. 273-301.

EASTERWOOD C.J., KADAPAKKAM P.R., « The Role of Private and Public Debt in Corporate Capital Structure », *Financial Management* (vol. 20, n° 3, 1991), p. 49-57.

ECKBO B., MASULIS R., « Adverse Selection and the Rights Offer Paradox », *Journal of Financial Economics* (vol. 32, 1992), p. 293-332.

GAJEWSKI J.F., GINGLINGER E., « Augmentation de capital en présence d'asymétrie d'information », Congrès international de l'AFFI (juin 1995).

GILSON S., JOHN K., LANG L., « Troubled Debt Restructurings : an Empirical Study of Private Reorganization of Firms in Default », *Journal of Financial Economics* (vol. 27, 1990), p. 315-353.

GINGLINGER E., *Le financement des entreprises par les marchés de capitaux*, Paris, PUF, 1991.

GINGLINGER E., « Augmentation de capital en numéraire : faut-il maintenir le droit préférentiel de souscription », *Revue Française de Gestion* (janvier-février 1996), p. 5-17.
GRAR A., *Incidence des divisions d'actions et des attributions d'actions gratuites sur la valeur : une étude empirique sur le marché français entre 1977 et 1990,* Thèse, Université de Paris IX-Dauphine, 1994.
GRINBLATT M., MASULIS R., TITMAN S., « The Valuation Effects of Stock Splits and Stock Dividends », *Journal of Financial Economics* (December 1984), p. 461-490.
GROSSMAN S., HART O., « One Share-one Vote and the Market for Corporate Control », *Journal of Financial Economics* (vol. 20, 1988), p. 175-202.
HACHETTE I., *Opérations financières et transfert de richesse*, Paris, PUF, 1994.
HAMADA R.S., « The Effect of the Firm's Capital Structure on the Systematic Risk of Common Stocks », *Journal of Finance* (March 1969).
HAMON J., JACQUILLAT B., *Le marché français des actions*, Paris, PUF, 1992.
HARRIS M., RAVIV A., « A Sequential Signalling Model of Convertible Debt Call Policy », *Journal of Finance* (December 1985), p. 1263-1281.
HARRIS M., RAVIV A., « Corporate Gouvernance : Voting Rights and Majority Rules », *Journal of Financial Economics* (vol. 20, 1988), p. 203-235.
HARRIS M., RAVIV A., « The Theory of Capital Structure », *Journal of Finance* (March 1991), p. 297-355.
HEINKEL R., SCHWARTZ E., « Rights versus Underwritten Offerings : an Asymmetric Information Approach », *Journal of Finance* (March 1986), p. 1-18.
HERTZEL M., SMITH R., « Market Discounts and Shareholder Gains from Placing Equity Privately », *Journal of Finance* (June 1993), p. 459-485.
ICARD A., DRUMETZ F., « Développement des marchés de titres et financement de l'économie française », *Bulletin de la Banque de France* (juin 1994), p. 83-107.
INGERSOLL J., « A Contingent Claims Valuation of Convertible Securities », *Journal of Financial Economics* (May 1977), p. 289-322.
JAMES C., « Some Evidence on the Uniqueness of Bank Loans », *Journal of Financial Economics* (vol. 19, 1987), p. 217-235.
JENSEN M., MECKLING W., « Theory of the Firm : Managerial Behavior, Agency Costs, and Capital Structure », *Journal of Financial Economics* (October 1976), p. 305-360.
LAKONISHOK J., LEV B., « Stock Splits and Stock Dividends : Why, Who, and When », *Journal of Finance* (September 1987), p. 913-932.
LAMOUREUX C., POON P., « The Market Reaction to Stock Splits », *Journal of Finance* (December 1987), p. 1347-1370.
LEASE R., MCCONNEL J., MIKKELSON W., « The Market Value of Control in Publicly-Traded Corporations », *Journal of Financial Economics* (vol. 11, 1983), p. 439-471.
LELAND H., « Corporate Debt Value, Bond Covenants, and Optimal Capital Structure », *Journal of Finance* (September 1994), p. 1213-1252.
LELAND H., PYLE D., « Informational Asymmetries, Financial Structure, and Financial Intermediation », *Journal of Finance* (May 1977), p. 371-388.
LODERER C., SHEEHAN D., KADLEC G., « The Pricing of Equity Offerings », *Journal of Financial Economics* (vol. 29, 1991), p. 35-57.
LUMMER S., MCCONNEL J.J., « Further Evidence on the Bank Lending Process and the Capital Markets Response to Bank Loan Agreements », *Journal of Financial Economics* (vol. 25, 1989), p. 99-122.
MAUER D., « Optimal Bond Call Policies under Transaction Costs », *Journal of Financial Research* (Spring 1993), p. 23-37.
MCNICHOLS M., DRAVID A., « Stock Dividends, Stock Splits and Signaling », *Journal of Finance* (July 1990), p. 857-879.
MEGGINSON W., « Restricted Voting Stock, Acquisition Premiums, and the Market Value of Corporate Control », *The Financial Review* (vol. 25, 1990), p. 175-198.
MILLER M.H., « Debt and Taxes », *Journal of Finance* (May 1977), p. 261-275.
MODIGLIANI F., MILLER M.H., « The Cost of Capital, Corporate Finance and the Theory of Investment », *American Economic Review* (June 1958), p. 125-159.
MODIGLIANI F., MILLER M.H., « Corporate Income Tax and the Cost of Capital : a Correction », *American Economic Review* (June 1963), p. 433-443.
MYERS S.C., « The Capital Structure Puzzle », *Journal of Finance* (July 1984), p. 575-592.

MYERS S.C., MAJLUF S., « Corporate Financing and Investment Decisions when Firms have Information that Investors do not Have », *Journal of Financial Economics* (June 1984), p. 187-221.

NARAYANAN M.P., « Debt versus Equity under Asymmetric Information », *Journal of Financial and Quantitative Analysis* (n° 23, 1988), p. 39-51.

NEKHILI M., *Structure financière de la firme et intermédiation financière*, Thèse, Dijon, 1994.

PETERSEN M.A., RAJAN R., « The Benefits of Lending Relationships : Evidence from Small Business Data », *Journal of Finance* (vol. 49, March 1994), p. 3-37.

RAJAN R., « Insiders and Outsiders : the Choice between Relationship and Arms Length Debt », *Journal of Finance* (vol. 47, 1992), p. 1367-1399.

RAMAKRISHNAN R., THAKOR A., « Information Reliability and the Theory of Financial Intermediation », *Review of Economic Studies* (vol. 51, 1984), p. 415-432.

ROSS S., « The Determination of Financial Structure : the Incentive Signalling Approach », *Bell Journal of Economics* (Spring 1977), p. 23-40.

SHARPE S., « Asymmetric Information, Bank Lending, and Implicit Contracts : a Stylized Model of Customer Relationships », *Journal of Finance* (September 1990), p. 1069-1087.

SINGH A., COWAN A., NAYAR N., « Underwritten Calls of Convertible Bonds », *Journal of Financial Economics* (vol. 29, 1991), p. 173-196.

SMITH C., « Investment Banking and the Capital Acquisition Process », *Journal of Financial Economics* (vol. 15, 1986), p. 3-29.

STEIN J.C., « Convertible Bonds as Backdoor Equity Financing », *Journal of Financial Economics* (vol. 32, 1992), p. 3-21.

WILLIAMSON S.D., « Costly Monitoring, Financial Intermediation, and Equilibrium Credit Rationing », *Journal of Monetary Economics* (vol. 18, 1986), p. 159-179.

WRUCK K., « Equity Ownership Concentration and Firm Value : Evidence from Private Equity Financing », *Journal of Financial Economics* (vol. 23, 1989), p. 3-28.

ZINGALES L., « The Value of the Voting Right : a Study of the Milan Stock Exchange Experience », *Review of Financial Studies* (vol. 7, n° 1, 1994), p. 125-148.

Mots clés

Action à bon de souscription d'actions, action à dividende prioritaire sans droit de vote, attribution d'actions gratuites, augmentation de capital en numéraire, bon de souscription d'actions, capitaux propres, certificat d'investissement, dettes, dividendes en actions, division d'actions, droit préférentiel de souscription, financement des entreprises, financement hiérarchique, intermédiation financière, obligation convertible, placement privé, structure financière.

Marchés émergents

Emmanuel Tchemeni

L'expression « marchés émergents » est utilisée pour désigner les marchés financiers des pays dont les économies sont en phase de transition vers l'économie de marché. Elle recouvre en fait des situations très disparates. La meilleure façon de définir un marché émergent, dans ces conditions, est de se référer à un certain nombre de caractéristiques qualitatives. Ainsi l'adjectif « émergent » évoque-t-il l'idée d'économie en phase de démarrage possédant un fort potentiel de croissance, ce qui implique que les opportunités de profit pour les entreprises et de rentabilité pour les investisseurs sont plus importantes que celles obtenues dans les économies développées.

Pour parler de marché, il faut que le pays concerné soit doté d'une structure boursière suffisamment développée pour permettre aux agents d'investir. Les petits marchés embryonnaires, sans véritable activité, sont donc exclus ; de même les marchés de Hong Kong et de Singapour qui sont devenus des places financières importantes tant par leur taille que par leur sophistication[1].

Les caractéristiques communes des marchés émergents sont donc une taille encore modeste, une création récente, un PNB par habitant relativement faible, une volatilité des cours élevée, une faible ouverture aux investisseurs étrangers. Par ailleurs, des lacunes dans leur fonctionnement ou leur réglementation se traduisent par une certaine inefficience quant à la rapidité et à la sécurité en matière de compensation des transactions, et de conservation et de livraison de titres. La capitalisation boursière de ces marchés est en général plus faible que celle des marchés développés, l'Inde, le Pakistan et le Brésil constituant quelques exceptions ; autre caractéristique, le poids des premières entreprises dans la capitalisation boursière est plus fort dans les pays émergents qu'il ne l'est dans les pays développés. Néanmoins, la frontière entre certains marchés émergents et les marchés développés reste parfois floue et rend toute classification arbitraire. La liste des marchés émergents diffère ainsi selon l'institution

1. Voir également dans cette ***Encyclopédie*** l'article de P. Lamy, « Place financière », p. 1492, tome 2.

(International Finance Corporation, grandes banques internationales) qui les publie[2].

Les trois groupes de marchés émergents observés dans le monde aujourd'hui sont présentés dans une première section, leurs caractéristiques sont analysées dans une deuxième section, l'intérêt de ces marchés pour les investisseurs est mis en évidence dans une troisième section.

1. La typologie des marchés émergents

Le terme marché émergent s'applique autant à des marchés nouvellement créés qu'à des bourses établies il y a longtemps comme celles de Bombay (créée en 1887), de Rio de Janeiro (1845) et de Sao Paulo (1890) situées dans des pays en développement où les marchés ont naguère joué un rôle important. Les pays d'Europe centrale et de l'Est dont les bourses ont été réouvertes dans les années 1990 après plusieurs années de suspension d'activité (Varsovie et Budapest par exemple) font partie des marchés émergents. Les marchés émergents peuvent être classés en trois catégories.

1.1. Les marchés les plus avancés

Cette catégorie regroupe des pays comme la Malaisie, le Mexique, la Corée du Sud, Taiwan ou la Thaïlande qui présentent quelques caractéristiques communes aux marchés développés : une inflation faible, une relative stabilité des taux de change, des systèmes financiers et bancaires développés, un accès aux marchés internationaux d'obligations et d'actions, des échanges importants sur le marché des actions, une relative sophistication des systèmes de transaction et de compensation des titres.

Selon les données de 1992 (Kalotay et Alvarez, 1992), en termes de montants de transactions, Taiwan est le cinquième marché du monde après les Etats-Unis, la Grande-Bretagne, le Japon et l'Allemagne. Les volumes de la France et de la Suisse sont comparables à ceux de la Corée et les échanges du Mexique, des Pays-Bas, de l'Australie et de l'Espagne sont équivalents.

En termes de capitalisation, le Mexique vient en tête des marchés émergents. La capitalisation de la bourse mexicaine est comparable à celle des Pays-Bas et de l'Autriche. Le Mexique est suivi de la Corée, de Taiwan et de la Malaisie qui ont des capitalisations comparables à celles de l'Espagne et supérieures à celles de la Belgique, du Danemark, de la Suède et des « petits » pays de l'OCDE.

Les marchés de ce premier groupe ne peuvent cependant pas encore être assimilés à ceux des pays développés ; ils ont encore des progrès à réaliser, ils restent vulnérables aux conditions économiques et sont l'objet de fluctuations importantes des cours. Les entreprises locales ne sont pas encore à même de satisfaire les exigences relatives aux cotations (publication d'informations comptables et financières, respect de normes comptables) et, parfois, seules les grandes compagnies internationales sont cotées sur les marchés.

---

2. Les listes des marchés émergents retenues par l'International Finance Corporation (IFC) et par Citibank figurent en annexe.

1.2. Les marchés émergents au sens étroit

Les marchés émergents au sens étroit sont ceux de l'Argentine, du Brésil, de l'Inde, du Nigeria et des Philippines qui, selon l'International Finance Corporation, sont engagés sur le chemin de changements qualitatifs.

Sur le plan technique, certaines opérations liées au bon fonctionnement des marchés sont peu développées. C'est le cas notamment de la compensation et du dénouement des opérations, de la livraison des titres, de la dissémination de l'information et du degré d'automatisation des cotations. De plus, ces pays n'ont pas encore résolu certains problèmes cycliques et structurels : une inflation élevée, une concentration importante des revenus et de la richesse, un déséquilibre des échanges extérieurs et un développement insuffisant des marchés monétaires. Pour ces pays, l'accès aux marchés internationaux de capitaux n'est donc en général pas très facile. Cependant la situation varie d'un pays à l'autre et elle évolue plutôt favorablement.

1.3. Les marchés naissants ou en sommeil

Dans le cadre d'une définition plus large, on peut dire que le terme « marché émergent » s'applique aux marchés de tous les pays qui ne sont pas des économies développées, comme les pays en développement, les pays de l'Europe centrale et de l'Est, les pays de l'ex-URSS, et certains pays socialistes d'Asie. Ce sont par exemple la Barbade, la Côte-d'Ivoire, l'Equateur, le Ghana, le Guatemala et la fédération de Russie. Parce qu'ils n'ont pas de solutions à leurs problèmes économiques, les performances de ces pays sont faibles et leur accès aux flux internationaux de capitaux est très limité. Ces marchés financiers sont généralement dans une phase naissante, même lorsqu'on les compare aux marchés émergents types, et la taille des économies nationales est relativement petite, ce qui se traduit par de faibles volumes de transactions.

Il apparaît donc difficile de trouver des caractéristiques partagées par l'ensemble des marchés émergents et de formuler des propositions applicables à tous. La recherche d'une mobilisation plus efficace des ressources constitue certes une de leurs caractéristiques communes, mais l'urgence et les difficultés rencontrées varient d'un pays à l'autre. Les quelques données chiffrées présentées dans le paragraphe 1.4. permettront d'appréhender avec plus de précision la place qu'occupent ces marchés dans le monde.

1.4. La place des marchés émergents dans le monde

Les transactions sur les marchés émergents sont passées de 60 milliards de dollars en 1982 à 613 milliards en 1992 et 1 630 milliards en 1994. En 1993, les 2 000 entreprises composant les indices IFC (International Finance Corporation) de 25 marchés émergents ont émis des actions pour plus de 37,9 milliards de dollars. La capitalisation de ces marchés est passée de 146 milliards de dollars en 1980 à plus de 1 600 milliards à la fin 1994, que l'on peut comparer à celle des marchés développés qui est supérieure à 10 000 milliards de dollars. La part des marchés émergents dans la capitalisation boursière mondiale est ainsi passée de 4 % à 12 % entre 1980 et 1994. Les grands investisseurs institutionnels, tels que les fonds communs de placement, les caisses de retraite ou les sociétés d'assurance-vie diversifient leurs portefeuilles en intégrant des valeurs émises sur les marchés émergents. La part des fonds institutionnels qui y est investie a ainsi augmenté de 3 % en 1989 à près de 8 % en 1994[3]. L'ensemble des investissements de portefeuille a dépassé 40 milliards de dollars en 1994, après avoir atteint en 1993 un sommet à 46 milliards.

En 1994, 18 des 20 marchés au monde qui ont présenté les rentabilités les plus élevées sont des marchés émergents mais, pour la même année, 8 sur 10 des marchés ayant présenté les rentabilités les plus faibles du monde sont aussi des marchés émergents. La plupart des marchés émergents ont connu leurs meilleures performances en 1993, année pendant laquelle la progression de l'indice IFCI (International Finance Corporation Investable) a été de 75 %. Cet indice permet de mesurer la rentabilité qu'un investisseur étranger peut obtenir de l'investissement dans un panier de titres qu'il a la possibilité, sur un plan pratique et légal, d'acquérir.

2. Les principales caractéristiques des marchés émergents

Huit éléments permettent de caractériser les marchés émergents.

2.1. Le risque et la rentabilité

Le risque associé à un actif financier est généralement exprimé par la volatilité (écart type des rentabilités) observée pendant une période. Un des enseignements de la théorie financière moderne est que la rentabilité attendue d'un actif est d'autant plus élevée que son risque est élevé.

2.1.1. Le risque

Les marchés émergents sont soumis à d'importantes fluctuations. Le tableau 1 met en évidence le niveau élevé de volatilité sur ces marchés par rapport à celui des marchés développés.

Du fait de la faible capitalisation et de la faible liquidité des marchés émergents, les informations nouvelles et les réajustements de portefeuilles des grands investisseurs internationaux peuvent susciter de fortes variations des cours, à la baisse comme à la hausse. Ces marchés sont également très sensibles à des facteurs externes, tels que les évolutions des cours des matières premières ou les chocs pétroliers qui affectent l'ensemble de l'économie. Au Venezuela, par exemple, les fluctuations du prix du baril de pétrole affectent significativement les cours en bourse qui ont été multipliés par sept en 1990 lors du déclenchement de la guerre du Golfe. L'instabilité politique et sociale et la transparence insuffisante des marchés constituent également des facteurs importants de volatilité.

La volatilité est un instrument de mesure quantitatif qui synthétise tous les risques liés à un investissement sur les marchés émergents : le risque lié aux perspectives de croissance de l'économie et de résultats des entreprises mais aussi le risque politique, le risque de liquidité et le risque de change.

Le risque de liquidité est lié à l'étroitesse des marchés émergents ; chaque sortie de fonds peut avoir des conséquences spectaculaires sur le comportement de l'indice de marché local. L'exemple de la Malaisie est édifiant : le

3. Ce chiffre varie de 7 % à 13 % selon les sources.

Tableau 1 – Volatilités comparées entre les marchés émergents et les marchés développés

Marchés	Nombre de mois	Volatilité (%)
Argentine	60	68,07
Brésil	60	81,68
Chine continentale	24	45,35
Indonésie	51	35,09
Pakistan	45	41,01
Pologne	24	99,56
Turquie	60	64,02
Venezuela	59	69,74
Zimbabwe	18	42,50
Indices régionaux		
IFCI	60	25,85
Amérique latine	60	29,31
Asie	60	24,21
Europe, Moyen Orient, Asie	60	36,78
Marchés développés		
Etats-Unis	60	12,41
Europe, Australie, Extrême-Orient	60	18,81

Les données sont des volatilités mensuelles moyennes annualisées, sur 5 ans au plus, jusqu'au 31 décembre 1994.

Source : International Finance Corporation.

volume des transactions quotidien est passé de 5 milliards de dollars en décembre 1993 à 500 millions de dollars en avril 1994, du fait des retraits et des réductions de positions de quelques fonds américains. Notons aussi à titre d'exemple que la capitalisation de la bourse mexicaine est passée de 130 milliards de dollars en décembre 1994 à moins de 79 milliards après la crise du peso de février 1995.

Outre la volatilité, il existe un risque opérationnel spécifique aux marchés émergents. Ce risque est dû à la moindre fiabilité des informations, à la faiblesse de la protection des investisseurs, à une insuffisante transparence du système financier ainsi qu'à une absence de sécurité et de rapidité dans les opérations de règlement-livraison et de conservation des titres.

2.1.2. La rentabilité

Le supplément de volatilité qui caractérise les marchés émergents est en général compensé par un supplément de rentabilité. Ce dernier s'explique par les taux de croissance élevés des économies et des perspectives favorables de bénéfices pour les entreprises. L'indice *IFCI Emerging market composite*[4]

4. Cet indice (International Finance Corporation Investable) est composé uniquement de titres accessibles aux investisseurs étrangers. Il ne doit pas être confondu avec l'indice IFCG (International Finance Corporation Global). Ce dernier représente environ 60 à 75 % de la capitalisation boursière des différents marchés. L'IFCG pour chacun des marchés représente 60 % à 75 % de la capitalisation boursière totale du marché. L'IFCI est un sous-ensemble de l'IFCG.

révèle un taux de rentabilité moyen annuel de 24,39 % sur la période allant de décembre 1990 à décembre 1994. Sur la même période, les taux de rentabilité moyens des indices S&P 500 et MSCI EAFE[5] étaient respectivement de 11,50 % et 10,02 %.

De plus, les rentabilités des marchés émergents sont faiblement, parfois négativement, corrélées avec celles des marchés développés, et procurent ainsi des gains de diversification significatifs aux investisseurs internationaux. Des études empiriques ont montré que l'inclusion de titres des marchés émergents dans un portefeuille internationalement diversifié réduit le risque de celui-ci et accroît sa rentabilité du fait, entre autres, de la faible corrélation des marchés émergents entre eux, d'une part, et avec les marchés développés, d'autre part (Grimbert, Mordacq, Tchemeni, 1995).

2.2. La liquidité et la profondeur du marché

La liquidité et la profondeur du marché peuvent être appréhendées par le volume des échanges, le montant des transactions, la capitalisation boursière et la part des 10 ou 20 sociétés les plus importantes dans la capitalisation boursière du marché (tableau 2).

Tableau 2 – Capitalisation et concentration des marchés, au 31 décembre 1994

Marchés	Capitalisation (en millions de dollars)	Part dans la capitalisation des 10 premières entreprises (en %)	Part du volume effectué par les 10 titres les plus actifs (en %)
Argentine	36,860	41,7	47,7
Brésil	189,280	34,5	36,4
Colombie	15,445	61,2	
Mexique	130,240	33,8	57,6
Venezuela	4,110	73,8	80,7
Pérou	8,170	55,8	55,2
Chine	43,520	17,3	12,1
Inde	127,515	19,4	6,2
Indonésie	47,240	29,8	35,4
Thaïlande	131,480	35,6	28,0
Malaisie	199,275	29,6	13,5
Portugal	16,248	51,1	52,6
Hongrie	1,600	43,9	26,1
Pologne	3,060	46,8	33,5
Zimbabwe	1,828	61,4	62,1
Jordanie	4,590	45,8	56,6

Source : International Finance Corporation.

5. Morgan Stanley Capital International : Europe, Australia, and the Far East.

La concentration est en général plus importante sur les marchés émergents qu'elle ne l'est sur les marchés développés. Si aux Etats-Unis les 10 plus grandes sociétés ne représentent que 13 % de la capitalisation globale du marché, ce chiffre passe à 30 % pour le marché indonésien, 74 % pour le marché vénézuélien et 61 % pour le marché colombien. En moyenne sur les bourses émergentes, 17 sociétés font l'objet de 64 % des transactions en valeur et représentent 60 % de la capitalisation boursière. Cette forte concentration se traduit par un risque de liquidité élevé. L'incapacité relative d'échanger des blocs importants d'un titre sans influer de manière notable sur les cours est certainement le facteur qui réduit le plus l'attrait des marchés émergents, mais les caractérise le mieux aussi auprès des investisseurs internationaux.

2.3. L'organisation du marché

La bonne organisation d'un marché repose sur l'informatisation et l'automatisation des opérations, sur une bonne diffusion de l'information concernant les sociétés, sur des délais de compensation des transactions et de livraison des titres réduits et, enfin, sur l'efficacité des procédures de contrôle.

2.3.1. L'automatisation

Les marchés émergents présentent une grande diversité en ce qui concerne leur niveau d'automatisation. Les bourses de Rio de Janeiro, de Corée, de Singapour, de Taiwan et de Thaïlande disposent de systèmes de conservation, de compensation et de règlement comparables à ceux des marchés les plus avancés dans le monde. A l'opposé, d'autres marchés dont l'Indonésie et les marchés d'Afrique ont encore des progrès importants à réaliser.

2.3.2. Le risque opérationnel : information et protection des investisseurs

Le risque opérationnel est un obstacle qui réduit l'intérêt des marchés émergents pour les investisseurs internationaux. En l'occurrence, peu nombreux sont les pays qui appliquent les recommandations du Groupe des Trente (Grimbert, Mordacq, Tchemeni, 1995) en matière de compensation et de conservation de titres telles que le développement des dépositaires centraux, la livraison contre paiement, un délai de règlement en $J+3$[6]. Le respect de ces dispositions simplifierait la tâche des conservateurs de titres et attirerait davantage d'investisseurs. Le rôle du conservateur est donc crucial sur les marchés émergents car le système de compensation et de conservation est souvent inefficace.

2.3.3. Un équilibre adéquat entre la réglementation et déréglementation

Le développement d'un marché financier nécessite un équilibre entre, d'une part, la liberté nécessaire pour stimuler la concurrence et la croissance et, d'autre part, le contrôle indispensable pour prévenir la fraude et l'instabilité. La réglementation concernant le fonctionnement du système financier, la conservation de titres, la garantie de marché, la fiabilité et la diffusion des informations ne sont pas au niveau des normes internationales. La transparence n'est pas non plus totale.

---

6. J est le jour où l'ordre d'effectuer l'opération est donné.

2.4. Les produits négociés

Les produits proposés aux investisseurs sur les marchés émergents sont émis et cotés sur le marché national ou sur des marchés étrangers.

2.4.1. Les produits cotés sur les marchés émergents

Trois instruments sont négociés sur les marchés émergents : les actions, les obligations et les produits dérivés.

2.4.1.1. *Les actions*

La part des sommes investies en actions au sein des flux de capitaux en direction des marchés émergents n'a cessé d'augmenter depuis la solution apportée à la «crise de la dette» de ces pays et la mise en œuvre d'importants programmes de privatisation et de libéralisation de l'économie. De nombreuses sociétés dont celles du secteur des télécommunications au Mexique ou en Malaisie, du secteur du pétrole en Argentine ou en Indonésie, du secteur de l'électronique en Asie attirent les investisseurs étrangers. En 1994, 52 milliards de dollars d'actions ont été émis sur les marchés émergents.

2.4.1.2. *Les obligations*

Cemex, la Compagnie mexicaine privée de ciment, a levé en 1991 près de 425 millions de dollars d'obligations à cinq ans. Dans certains pays dont l'Inde et la Thaïlande, ce sont les obligations convertibles en actions qui ont connu le plus de succès. Les entreprises thaïlandaises ont ainsi levé en 1993 l'équivalent de 1,4 milliard de dollars par le biais d'émissions de convertibles. Le succès de ce produit est dû au fait qu'en plus d'assurer une protection, il laisse intacte l'opportunité d'une plus-value dans l'avenir. Les obligations convertibles permettent de profiter de l'avantage des marchés émergents que sont les perspectives d'une croissance forte en éliminant leur inconvénient principal, un risque parfois considéré comme trop important.

2.4.1.3. *Les produits dérivés*

Les revenus des pays émergents étant souvent dépendants de l'exportation de matières premières, certains marchés émergents ont développé depuis de nombreuses années des produits dérivés afin de gérer le risque de variation des prix qui affecte les marchandises. En revanche, les produits dérivés sur indices, sur actions et sur taux d'intérêt ou taux de change sont relativement récents, à l'exception de certains pays comme la Malaisie et le Brésil. De plus, ces marchés sont souvent moins bien organisés qu'ils ne le sont dans les pays développés.

Les compagnies nationales ont de plus en plus recours aux produits dérivés au sein de bourses dynamiques, comme celles du Brésil et d'Asie. En 1993, la Bolsa Mercadorias e Futuros de Sao Paulo au Brésil a été la cinquième bourse la plus active au monde, ses contrats à terme sur taux d'intérêt, sur indice d'actions et sur l'or figurant parmi les 30 premiers contrats mondiaux. Selon une étude menée en 1994 par l'IFC auprès de 32 pays émergents, 12 sont pourvus actuellement de marchés de produits dérivés et 13 autres se sont déclarés «intéressés» par de tels marchés.

2.4.2. Les produits cotés sur les marchés étrangers

Dans le but d'attirer un nombre plus important d'investisseurs, plusieurs sociétés cotées sur les marchés émergents, émettent des actions sur certains marchés développés étrangers, ou y font coter des actions déjà émises sur le marché local[7]. C'est également le cas pour les produits dérivés. En ce qui concerne les obligations, il s'agit soit de placements sur les marchés étrangers d'obligations émises sur le marché local, soit d'émissions obligataires réalisées sur les marchés étrangers. Ces émissions et ces placements sur les marchés développés répondent aux attentes des investisseurs qui bénéficient ainsi d'informations comptables et financières sur les sociétés plus élaborées et conformes aux normes internationales. Les sociétés présentes sur les places étrangères font l'objet d'une plus grande attention de la part des investisseurs et des gestionnaires de portefeuille.

2.4.2.1. Les produits de type action

Il s'agit essentiellement des *European Depositary Receipt* (EDR), des *Global Depositary Receipt* (GDR) et des *American Depositary Receipt* (ADR), qui sont des actions représentatives de sociétés des pays émergents, mais cotées sur les places étrangères. Les sociétés Telefonos de Mexico et YPF (société pétrolière argentine) font ainsi partie des valeurs les plus liquides de la bourse de New York.

2.4.2.2. Les fonds **off shore**

Certaines réglementations spécifiques aux pays émergents, et restrictives pour les investisseurs étrangers, peuvent être contournées en investissant sur un autre marché qui présente des liens étroits avec le pays ou l'économie choisi. Ainsi, du fait du nombre encore réduit de sociétés chinoises cotées, plusieurs investisseurs préfèrent avoir accès à la Chine par le biais de sociétés cotées à Hong Kong, qui ont des liens étroits avec la République populaire. Un autre moyen de contourner ces règles est d'investir par l'intermédiaire d'un fonds localisé dans un pays ayant des liens fiscaux privilégiés avec le pays visé. Cela fonctionne par exemple pour l'île Maurice dont les conventions fiscales avec l'Inde sont favorables, surtout dans le domaine de la taxation des plus-values.

2.4.2.3. Les produits obligataires

En 1994, les émissions d'euro-obligations faites par les emprunteurs des marchés émergents ont avoisiné 37 milliards de dollars[8]. Des obligations émises en yen et placées sur des marchés financiers non japonais, ou émises en monnaie autre que le dollar américain et placées aux Etats-Unis, ont également rencontré un grand intérêt auprès des investisseurs.

2.4.2.4. Les produits dérivés

L'existence de produits dérivés fournit des opportunités d'intervention sur les matières premières, les indices, les devises et les taux.

---

7. Voir également dans cette ***Encyclopédie*** l'article de F. Leroux, « Actions internationales », p. 26, tome 1.

8. Sur le marché euro-obligataire, le lecteur peut consulter dans cette ***Encyclopédie*** l'article de H. de La Bruslerie, « Marchés financiers internationaux », p. 945, tome 1.

Mentionnons le développement d'instruments de couverture portant sur les marchés émergents mais élaborés et cotés sur d'autres places financières.

Au début de l'année 1994, le Chicago Board Options Exchange a créé une option sur l'indice de la bourse de Mexico, avec comme sous-jacents dix ADRs correspondant à plusieurs actions mexicaines cotées aux Etats-Unis. L'option sur l'action Telefonos de Mexico a été en 1994 l'une des options sur action les plus commercialisées aux Etats-Unis. Des produits dérivés sur les pays de l'Est sont également apparus. En janvier 1994, la bourse d'Autriche a émis des warrants basés sur un panier d'actions de grandes sociétés tchèques et hongroises. Au mois d'octobre 1994, Citibank a annoncé le lancement d'un warrant sur un panier de 10 actions de sociétés turques, offert à la fois aux investisseurs turcs et étrangers.

2.5. La direction des entreprises

Les réglementations en matière de direction des entreprises ne sont pas totalement transparentes et bien établies pour une grande partie des marchés émergents ; les actionnaires n'ont pas tous la possibilité de participer aux décisions des conseils d'administration. En outre, les investisseurs institutionnels étrangers ne participent pas toujours aux décisions de gestion, ce qui explique, au moins en partie, la volatilité des capitaux.

L'imposition par certains marchés émergents de contraintes relatives aux investissements étrangers est de nature à limiter l'implication des investisseurs non résidents dans la gestion des entreprises locales. Ces contraintes sont relatives au pourcentage maximal de détention de capital par les investisseurs étrangers et, parfois, il leur est interdit d'investir dans certains secteurs. Signalons, enfin, que certains pays émettent à l'attention des non-résidents des actions sans droit de vote.

2.6. Le degré d'ouverture du marché

Le degré d'ouverture peut être apprécié au travers du nombre de sociétés étrangères cotées sur les marchés émergents et de la libéralisation des mouvements de capitaux.

Les marchés émergents sont beaucoup moins internationalisés que leurs homologues développés et très peu de sociétés étrangères y sont cotées.

En 1995, les investisseurs étrangers ont été à l'origine de 25 % des transactions en Indonésie et de 20 % des transactions au Mexique.

Au contraire des pays membres de l'OCDE, les marchés émergents sont plus enclins à restreindre aux étrangers la détention des titres. Des plafonds existent en Inde (51 %) et en Indonésie (49 %). Il existe aussi des niveaux variables de plafond comme c'est le cas en Thaïlande (25 à 50 %), à Chypre (5 à 49 %), en Malaisie (jusqu'à 80 %) et au Mexique bien que les dérogations soient largement accordées dans ce dernier cas. La Corée et Taiwan ont des règles très restrictives.

Une libéralisation progressive des réglementations vis-à-vis des investisseurs étrangers est observée, ainsi qu'un processus d'internationalisation des marchés de titres. Sur la plupart des marchés émergents, la libéralisation demeure toutefois incomplète.

Trois types de barrières réglementaires et institutionnelles, de nature à limiter les possibilités d'investissement, peuvent être inventoriés :

– les limites sur le degré de participation étrangère autorisé sur le marché,

– les limites sur la propriété étrangère des sociétés,

– les règles régissant le rapatriement en devises des bénéfices et des capitaux par les étrangers.

L'accès aux marchés émergents n'a de sens pour l'investisseur qu'en l'absence de toute restriction sur la propriété et les transferts de devises, et donc dans une situation de libéralisation externe et interne.

Le but de la libéralisation externe est de faciliter, par la globalisation financière, l'entrée d'importants capitaux étrangers. Pour atteindre cet objectif, il faut que des efforts soient réalisés dans plusieurs directions. Il faut assouplir le contrôle sur les transferts des gains. Il s'agit aussi de permettre aux étrangers d'investir librement dans le marché financier tout en assurant une pleine liberté de conversion. Il faut enfin offrir aux étrangers la possibilité de proposer des services financiers concurrençant ceux des établissements locaux (banques, assurances, courtiers). Sur ce dernier point, toutefois, les autorités s'inquiètent de l'incapacité des jeunes établissements domestiques à lutter contre les grandes banques internationales, et cette inquiétude est en partie fondée dans la mesure où tout développement durable du système financier nécessite la présence d'un « tissu financier local ».

Quant aux réformes internes au système financier, elles devraient permettre aux taux d'intérêt de fluctuer plus librement et aux banques d'avoir plus d'autonomie ; le niveau des taux refléterait ainsi l'équilibre entre l'offre et la demande de monnaie nationale. Les reformes internes au système financier ne signifient cependant pas une complète déréglementation. Au contraire, une réglementation sélective doit assurer la transparence du marché et la protection des investisseurs, et favoriser ainsi un afflux de capitaux plus important. Une dérégulation excessive du système financier serait, elle, préjudiciable au développement durable de ces marchés.

2.7. Le niveau de l'épargne nationale

La plupart des pays émergents ont un niveau d'épargne nationale insuffisant par rapport aux besoins de financement de leur économie ; les exceptions concernent les marchés d'Asie dont les taux d'épargne sont parmi les plus élevés du monde. Certains marchés d'Amérique latine, notamment le Chili, ont augmenté le taux de l'épargne nationale affecté au financement de leur économie grâce à la création de fonds de pension[9]. Une épargne nationale importante investie en bourse est un élément très positif dans le fonctionnement d'une économie, car elle est le signe d'une implication des nationaux dans leur économie et d'une confiance dans la politique économique de leur pays. Cette confiance rejaillit à son tour sur celle des investisseurs étrangers.

Les marchés émergents pour lesquels la stabilité financière est la plus grande, et dont les volatilités des rentabilités sont les moins élevées, sont

9. Voir également dans cette ***Encyclopédie*** l'article de O. Héreil, « Fonds de pension », p. 501, tome 1.

ceux dont le taux d'épargne nationale et le montant des investissements directs sont relativement élevés.

Plus les sommes investies en actions, en obligations sur un marché émergent par des investisseurs nationaux sont importantes, moins la volatilité de ce marché est expliquée par les apports et les retraits de fonds des investisseurs étrangers et plus le marché a une croissance économique continue. Cette croissance a pour conséquence la création d'opportunités de plus-values pour les investisseurs.

2.8. La législation fiscale

Une fiscalité adaptée constitue un élément clé pour le développement des bourses nationales et la stimulation des investissements étrangers en titres nationaux. Afin d'attirer les investisseurs étrangers, les marchés émergents ont en général des législations fiscales plus souples que celles des pays développés en matière d'imposition des plus-values en capital et des dividendes.

3. La gestion internationale : perspectives et intérêt des marchés émergents

Les marchés émergents permettent à l'investisseur d'obtenir des rentabilités élevées et de réduire grâce à la diversification le risque auquel il est exposé. Les rentabilités élevées s'expliquent par les taux de croissance importants des économies des pays émergents ; la réduction de risque s'explique par la faiblesse des corrélations entre les rentabilités sur les différents marchés émergents, et entre les rentabilités sur les marchés émergents et celles observées sur les marchés développés.

3.1. Les perspectives en matière de croissance économique

Tableau 3 – Synthèse de la croissance mondiale

Régions	1991-1993	1994	Prévisions 1995-2004
Ensemble du monde	1,2	2,8	3,3
Pays à haut revenu	1,3	3	2,8
Pays du G7	1,3	2,9	2,7
Autres pays industrialisés	0,7	2,8	2,8
Pays en développement	0,8	2	4,9
Asie de l'Est et Pacifique	8,7	9,3	7,7
Chine	12,3	11,7	8,5
Asie du Sud	3,3	4,7	5,4
Afrique sub-saharienne	0,6	2,2	3,8
Amérique latine et Caraïbe	3,2	3,9	3,5
Europe et Asie centrale	– 9,4	– 7,5	3,4
Moyen Orient et Afrique du Nord	3,4	0,3	3,2

Taux de croissance en pourcentage du PIB en termes réels, mesuré aux prix du marché et exprimé sur la base des prix et taux de change de 1987.

Source : Banque mondiale.

Les prévisions d'une forte croissance dans le futur ont de grandes chances de se réaliser du fait de l'écart de développement entre les pays émergents et les pays développés ; cet écart peut être appréhendé au travers d'un certain nombre d'indicateurs parmi lesquels les dépenses de santé par habitant, le nombre de lignes téléphoniques pour 100 habitants, et le PIB par habitant. Les valeurs de ces indicateurs sont beaucoup plus faibles pour les marchés émergents que pour les marchés développés.

Les réformes économiques en cours, l'élaboration de législations favorables aux investissements de portefeuille et aux investissements directs vont continuer à créer un environnement favorable pour les investisseurs étrangers. Il y a de bonnes raisons de penser que la croissance et le développement des marchés émergents vont être soutenus. En effet, la croissance de l'activité économique devrait entraîner une croissance des bénéfices des entreprises, une diminution des primes de risque et des taux d'actualisation plus faibles.

La classe d'actifs « marchés émergents » possède donc un formidable potentiel de croissance et présente un grand intérêt pour les investisseurs.

3.2. L'intérêt des marchés émergents pour la diversification de portefeuille

L'investissement sur des places étrangères répond en général à deux motivations. La première recherche dans les valeurs étrangères une rentabilité supérieure à celle qu'il est possible d'obtenir en limitant son portefeuille à des titres nationaux. La réduction du risque total du portefeuille par une diversification internationale constitue la deuxième motivation. En effet, même en diversifiant considérablement un portefeuille national, il n'est pas possible d'éliminer le risque de marché[10] de la place financière considérée. L'adjonction de valeurs étrangères, même à plus haut risque, à un portefeuille uniquement national réduit le risque total du portefeuille dès lors que la corrélation entre ces valeurs et le marché national est faible.

L'argument invoqué par les détracteurs de la diversification internationale est que le risque de change qu'elle fait courir aux investisseurs surcompense la diminution de risque obtenue grâce à la diversification internationale des titres. Cet argument est contredit par plusieurs études empiriques et par les résultats de la politique de diversification pratiquée par certains gestionnaires de portefeuille[11].

On observe généralement une nette diminution du risque d'un portefeuille diversifié par rapport au risque des portefeuilles investis sur chacun des marchés émergents. Cela s'explique par la faible corrélation entre les évolutions de ces marchés. Les coefficients de corrélation établis par l'IFC montrent, en effet, des corrélations très faibles entre les marchés émergents d'une part, entre les marchés émergents et les marchés développés, d'autre part. Ces faibles corrélations traduisent donc bien l'existence de gains potentiels dus à la diversification de portefeuille sur les marchés émergents. Plusieurs raisons laissent penser que cette « faible corrélation » ne sera pas remise en cause à long terme.

– Les études empiriques réalisées telles que celle de Drumment et Zimmermann (1992) montrent que, malgré une intégration économique et financière

10. Le risque de marché d'un titre illustre sa sensibilité aux fluctuations du marché.

11. Voir également dans cette ***Encyclopédie*** l'article de P. Fontaine, « Gestion des portefeuilles internationaux », p. 548, tome 1.

substantielle entre les pays européens sur les deux dernières décennies, leurs marchés offrent encore aux investisseurs un potentiel important de diversification. Ce constat peut sembler surprenant étant donné l'intégration économique et l'internationalisation des transactions en Europe.

– Une intégration économique de plus en plus poussée ne se traduit pas nécessairement par une intégration des marchés financiers. De nombreux tests effectués sur les marchés développés ont montré que ceux-ci ne sont pas complètement intégrés et, que, de plus, une intégration de marchés financiers n'implique pas nécessairement des corrélations élevées entre ces marchés.

– Enfin, les réformes économiques, la libéralisation financière et les politiques de privatisation mises en œuvre par de nombreux marchés émergents auront un impact sur leur organisation économique et industrielle, sur la concurrence interne et sur les structures des entreprises. Cela va affecter la composition et la performance des portefeuilles constitués sur ces marchés. Les effets sur la corrélation future des rentabilités sont donc difficiles à prédire, d'autant plus que des politiques similaires mises en œuvre dans plusieurs pays développés n'apportent pas davantage de lumière. Les études empiriques effectuées sur les marchés développés, et l'étude de l'évolution des corrélations sur plusieurs années antérieures montrent en effet que l'on ne doit pas craindre, au moins à moyen terme, un accroissement des corrélations entre les marchés émergents, d'une part, et entre les marchés émergents et les marchés développés, d'autre part. En outre, à mesure à que certains pays passent du stade de marchés émergents à celui de marchés développés, de nouveaux marchés émergents apparaissent. L'investisseur dispose donc de nouvelles sources de diversification liées à l'apparition de marchés faiblement corrélés avec les grandes places financières.

Les portefeuilles équipondérés de placement sur les marchés émergents présentent un niveau de risque et une corrélation plus faible qu'un portefeuille équipondéré de titres de marchés développés. Le coefficient de corrélation entre l'indice MSCI[12] monde et l'indice MSCI marchés émergents n'est en effet que de 0,36[13]. Il est donc logique qu'un investisseur averse au risque intègre les marchés émergents dans son portefeuille quand bien même la rentabilité de celui-ci n'augmente pas, dès lors que le risque du portefeuille va diminuer. A titre d'exemple, durant la période allant de la fin de l'année 1988 à décembre 1993, un portefeuille contenant 30 % d'actions de l'indice emerging market et 70 % de titres de marchés développés (panier pondéré) aurait enregistré une rentabilité égale à plus du double de celle obtenue par un portefeuille comportant uniquement des actions de marchés développés pour, en outre, un risque considérablement réduit. De plus, cet avantage de diversification est largement indépendant de la performance des marchés émergents, c'est-à-dire qu'il existe même lorsque ces marchés ne réalisent pas systématiquement une performance supérieure à celle des pays plus industrialisés. Il apparaît donc que les placements sur les marchés émergents ne doivent pas être uniquement motivés par des considérations de rentabilité mais également par des objectifs de réduction de risque.

---

12. Morgan Stanley Capital International.

13. Le calcul est effectué en dollar américain à partir de données mensuelles sur une période de trois ans jusqu'en mars 1995.

3.3. La gestion de portefeuille sur les marchés émergents

La gestion de portefeuille recourt de plus en plus aux méthodes quantitatives[14]. Ces dernières sont, pour certains marchés, difficiles à mettre en œuvre du fait de l'inexistence de données fiables sur les cours boursiers et de l'insuffisance des informations financières et comptables sur les sociétés.

Pour la gestion passive de type indicielle, les gestionnaires prennent pour référence des indices de marchés émergents comme ceux du *Financial Times,* de Morgan Stanley (MSCI) et surtout de l'International Finance Corporation (IFCG et IFCI).

Les investisseurs intéressés par la diversification du risque offerte par les marchés émergents peuvent poursuivre une stratégie semi-active en déterminant une allocation par pays grâce à l'emploi de fonds nationaux ou régionaux. Les investisseurs qui souhaitent profiter au mieux de la croissance anticipée de ces marchés doivent adopter une stratégie active basée sur une politique de sélection de petites valeurs. Cette gestion est appliquée entre autres par Templeton GS qui pratique le *stock picking.*

Encadré 1 – Un fonds performant investi sur les marchés émergents : Templeton GS Emerging Markets

Templeton GS Emerging Markets est une Sicav luxembourgeoise lancée en mars 1991. Elle est gérée par Mark Mobius, l'un des pionniers de la gestion de fonds investis sur les marchés émergents. Mark Mobius est renommé pour la qualité de la gestion de son fonds fermé, coté à New York. Il applique une méthode de sélection des valeurs strictement *bottom-up.* Il recherche les actions sous-évaluées sans que leur pays d'origine soit un critère de choix déterminant et privilégie plus particulièrement les actions dont le PER est inférieur à 10. Mark Mobius avait anticipé la forte correction intervenue en 1994, car si les taux de croissance économique étaient élevés, la montée des cours était en revanche excessive : en 1993, peu de valeurs satisfaisaient à ses critères d'évaluation. Cependant, après la crise mexicaine de février 1995, la plupart des marchés émergents sont revenus à des cours raisonnables. Ces marchés présentent donc des opportunités intéressantes à moyen ou long terme pour l'investisseur patient.

Les rentabilités élevées obtenues sur les marchés émergents sont essentiellement dues à une croissance économique rapide soutenue par une libéralisation économique et financière. Un gérant de fonds sur les pays émergents devrait donc théoriquement investir sur des valeurs qui bénéficieront pleinement de cette croissance, c'est-à-dire les petites valeurs ; le différentiel de rentabilité obtenu lié à la détention de ces *smalls caps* rémunérant la préférence des investisseurs pour la liquidité[15]. La plupart des grandes entreprises des pays émergents sont des industries internationalement intégrées. Leurs cash-flows peuvent ainsi être dupliqués en investissant dans des firmes actives sur les marchés développés. Leur potentiel de réduction de risque est dans ce cas

14. Voir dans cette ***Encyclopédie*** l'article de J.F. Boulier, « Gestion quantitative », p. 572, tome 1.

15. Voir dans cette ***Encyclopédie*** l'article de E. Perrin, « Marché financier des petites capitalisations », p. 779, tome 1.

faible. Ainsi, tant en ce qui concerne l'espérance de rentabilité que le potentiel de réduction du risque, les petites valeurs demeurent des actifs privilégiés.

*

* *

Les marchés émergents n'ont pas atteint les niveaux des marchés développés en termes de sécurité et de rapidité des transactions, de qualité de l'information, de protection des investisseurs, et de diversité des produits. L'émergence est cependant un processus évolutif et les marchés les plus dynamiques se rapprochent progressivement du niveau des marchés développés.

Le changement significatif de politique économique dans les pays en voie de développement a favorisé la croissance des marchés boursiers. La libéralisation du commerce, le réalignement des taux de change, l'adoption de politiques tournées vers l'économie de marché, la consolidation des finances publiques ont favorisé la libéralisation du secteur financier et ont facilité son accès aux investisseurs étrangers.

Par l'offre de titres qu'elles suscitent, les privatisations des entreprises publiques accroissent la capitalisation et la liquidité du marché. Elles favorisent aussi l'émergence d'un tissu financier local en facilitant la création de fonds de pension locaux. Elles créent, enfin, un contexte favorable au développement des banques d'investissement. Cette tendance ininterrompue depuis le début de la décennie 1990 contribuera, sans aucun doute, à l'essor de nouvelles bourses en Afrique, en Indochine et en Asie centrale, à l'exemple des années récentes où il a été observé une augmentation rapide des investissements directs sur les marchés émergents (ils sont passés de 10 milliards de dollars en 1985 à plus de 77 milliards en 1994).

Les investissements de portefeuille ont également fortement augmenté (de 40 milliards de dollars en 1994 et 46 milliards en 1993). Les grands investisseurs institutionnels, tels que les fonds communs de placement, les caisses de retraite ou les sociétés d'assurance-vie se diversifient désormais en intégrant dans leurs portefeuilles des valeurs émises sur les marchés émergents.

La reconnaissance de l'importance des marchés émergents parmi les marchés de capitaux ne saurait se résumer à un effet de mode : le développement de ces marchés répond avant tout à un besoin économique réel. En outre, le contexte d'interdépendance et de globalisation financière rend nécessaire la recherche d'une diversification des risques et d'un accroissement des rentabilités sur des places décorrélées des grands marchés internationaux. Les investisseurs disposent désormais avec les marchés émergents d'une nouvelle classe d'actifs, cet avantage trouvant cependant sa contrepartie dans une gestion qui comporte des contraintes particulières.

Références

BANQUE MONDIALE, *Les perspectives économiques mondiales et les pays en développement,* Paris, Economica, 1995.

CITIBANK, *Emerging Markets : The Fundamental Case,* 1994.

DRUMMENT M., ZIMMERMANN H., « The Structure of European Stock Returns », *Financial Analysts Journal* (July-August 1992).

GRIMBERT D., MORDACQ P., TCHEMENI E., *Les marchés émergents,* Paris, Economica, 1995.

INTERNATIONAL FINANCIAL CORPORATION, *Emerging Stocks Factbook*, Washington, IFC, 1992, 1993, 1994.
KALOTAY K., ALVAREZ A., *Emerging Stock Markets and the Scope for Regional Cooperation*, United Nations Division for Economic Cooperation among Developping Countries, 1992.
MAAHIKO A., HYUNG-KI K., *Corporate Governance in Transitional Economies*, Economic Development Institute of The World Bank, 1995.
MORGAN STANLEY CAPITAL INTERNATIONAL, *Europe, Australia, and the Far East*, document 1994.
SCHOLEFIED T., « Emerging Markets – A New Asset Class ? », *Professional Investor* (May 1994).
TCHEMENI E., *L'évaluation des entreprises*, Paris, Economica, 1993.

Mots clés

Action, ADR, conservation des titres, diversification, EDR, épargne, fonds d'investissement, fonds *off shore*, GDR, gestion internationale de portefeuille, indice IFCG, indice IFCI, investissements, libéralisation, liquidité, marché émergent, marché dérivé, obligation, organisation, PER, privatisation, portefeuille, profondeur du marché, réglementation, rentabilité, risque, *stock picking*, volatilité.

Annexe

Sur la base des caractéristiques présentées dans l'article et en prenant parfois d'autres critères propres à ces institutions, l'IFC, Morgan Stanley, Barings, *Financial Times*, Citibank... ont établi des listes de marchés émergents. Les listes de pays retenus par Citibank et les indices IFCG et IFCI (*Source* : IFC Factbook, 1994) sont présentés ci-dessous.

Indices IFC (IFC Factbook, 1994)

– *Indice IFC global en 1994*

Amérique latine : Argentine, Brésil, Chili, Colombie, Mexique, Pérou, Venezuela.
Asie de l'Est : Chine populaire, Corée du Sud, Philippines, Taiwan.
Asie du Sud : Inde, Indonésie, Malaisie, Pakistan, Sri-Lanka, Thaïlande.
Europe : Grèce, Hongrie, Pologne, Portugal, Turquie.
Afrique : Nigeria, Zimbabwe.
Moyen Orient : Jordanie.

– *Indice IFCI en 1994*

La liste est identique à celle retenue pour élaborer l'indice IFC global à l'exception du Nigeria.

Liste des pays émergents élaborés par Citibank[16]

Marché émergents généralement bien établis

Argentine	Grèce	Jordanie	Philippines	Sri Lanka
Autriche	Hong Kong	Corée	Pologne	Taiwan
Brésil	Hongrie	Malaisie	Portugal	Thaïlande
Colombie	Inde	Mexique	Singapour	Turquie
Chine	Indonésie	Pakistan	Uruguay	Venezuela
Chili	Israël	Pérou		

Marchés émergents à accès limité

République tchèque	Maroc
	Botswana
Jamaïque	Zimbabwe

16. Citibank, *Emerging Markets : The Fundamental Case*, May 1994.

Marchés émergents en développement

Slovénie	Tunisie	Egypte	Népal	Costa Rica
Liban	Ghana	Côte-d'Ivoire	Equateur	Bolivie
Slovaquie	Ile Maurice	Kenya	Paraguay	Guatemala
		Nigeria	Russie	Trinité et Tobago

Marchés d'enchère

46

Pierre-Marie Larnac

Les mécanismes d'enchère explicitent *complètement* des échanges auxquels se livrent effectivement des agents individuels, au point que l'on peut les considérer comme de véritables algorithmes. La description détaillée des échanges d'informations et des conditions dans lesquelles sont acceptés les ordres et sont effectués les livraisons de biens et les paiements exige la particularisation de chacun des marchés dont le fonctionnement est ainsi analysé. Le domaine des marchés d'enchère peut donc apparaître comme une collection de cas particuliers ne représentant qu'une portion limitée de la réalité. Cependant une démarche de généralisation progressive, surtout en matière de double enchère, n'a cessé d'accroître la pertinence du concept d'enchère, en particulier pour la compréhension du jeu des marchés spéculatifs (actions, titres publics, change, produits dérivés) au point d'y apparaître, moyennant quelques perfectionnements (marché continu, informatisation), comme la référence obligatoire.

L'hégémonie de la représentation en termes d'enchère n'est que le corollaire du fait qu'elle est pratiquement la seule fournissant la description simple et précise d'échanges effectifs, en contraste avec l'analyse en termes d'équilibre général micro-économique, qui explique ce qu'est un prix d'équilibre en laissant dans l'ombre le cheminement qui y conduit. Cette situation a entraîné très tôt l'emprunt par l'analyse walrasienne de la notion de « crieur », sorte de commissaire-priseur conduisant le processus de « tâtonnement ». Depuis lors, une référence désinvolte à l'existence de marchés de double enchère est la seule réponse à la question : comment les prix d'équilibre se déterminent-ils en pratique ?

Il importe de remarquer ce qu'il peut y avoir de paradoxal *a priori* dans ce rapprochement traditionnel entre la vision walrasienne et la réalité des marchés d'enchère. En effet, d'emblée ces derniers violent l'hypothèse fondamentale d'atomicité. La « forme de marché » dont se rapprochent les marchés de simple enchère est le monopole (ou le monopsone) et, même dans le cas de double enchère, le nombre fini de participants et, éventuellement, la conclusion de transactions hors d'équilibre exigent le recours à la théorie des jeux non coopératifs plutôt qu'à la micro-économie canonique. Les enchères sont d'ailleurs souvent considérées comme l'un des principaux domaines d'application de la théorie des jeux (Demange, Ponssard, 1994 ; Wilson, 1992). La précieuse propriété d'optimalité au sens de Pareto n'est donc plus forcément la règle. A la recherche de l'optimalité peut alors être substituée par exemple celle du maximum de revenu (espéré) du vendeur ou celle de la plus faible volatilité du prix au cours de la procédure. Cependant nous verrons souvent se dégager une forte «convergence» vers l'équilibre walrasien.

La classification des mécanismes d'enchère observables ou proposés peut donner lieu à de foisonnantes arborescences. Il est cependant naturel d'opérer d'emblée une dichotomie entre, d'une part, les enchères habituelles ou traditionnelles, que nous qualifierons de *simples*, situations de monopole (ou de monopsone) passif, où seuls sont acceptés des *ordres* qui sont des *achats* (ou des *ventes*) et, d'autre part, les doubles enchères, situations où des acheteurs et des vendeurs jouent des rôles symétriques. Suivra immédiatement la distinction entre les ordres *oraux* et les ordres *écrits* («sous plis fermés»), détail d'organisation qui, comme un certain nombre d'autres, peut parfois influer grandement sur le déroulement et les performances de la procédure.

1. Simple enchère

La première caractéristique de la procédure est son *objet* : s'agit-il d'acheter ou de vendre et sur quoi l'échange porte-t-il ? Le marché étant asymétrique – un seul agent face à plusieurs autres – la distinction entre une *vente* et un *achat* se fait du point de vue de l'agent unique : dans une vente c'est le vendeur qui est en position de monopole (passif). Nous n'étudierons que ce cas, celui de l'achat étant parfaitement symétrique et par ailleurs plus rare.

Une grande variété apparaît dès la spécification de ce qui est vendu. Le cas le plus banal est celui d'un *objet unique*, c'est-à-dire d'un bien indivisible, par exemple une œuvre d'art ou une entreprise. Une extension immédiate est le cas de plusieurs unités identiques individuellement indivisibles, qui lui-même peut être particularisé ou étendu dans deux directions :

– chaque acheteur ne désire acquérir qu'une unité au maximum, par exemple un cheval ;

– chaque unité, ou chacun des *lots* comportant un nombre donné d'unités, peut faire l'objet d'une enchère séparée au cours d'une même séance qui en comporte une suite.

On passe ensuite naturellement au cas d'unités multiples mais nombreuses au point que le bien puisse être considéré comme divisible ; c'est ce qui se passe par exemple pour les bons du Trésor. On peut cependant encore procéder par lots ou du moins imposer que les quantités demandées soient des multiples d'une quantité de base.

L'extrême complexité est atteinte avec les enchères *combinatoires*, forcément écrites, dans lesquelles des biens indivisibles non identiques sont proposés à des acheteurs dont chacun demande une ou plusieurs combinaisons de ces biens. Un exemple en a été fourni par la vente aux compagnies aériennes des droits d'accès aux aéroports américains. Plus récemment, toujours aux Etats-Unis, l'adjudication de bandes de fréquences hertziennes à des opérateurs privés de télécommunications a relevé de la logique voisine des enchères *simultanées à tours multiples* (Sévy, 1996).

Il faut souligner aussi la profonde similitude entre une logique de simple enchère et celle de la « guerre d'usure » que se livrent deux *raiders* qui doivent chacun accumuler un « trésor de guerre » pour le financement de l'achat de leur proie. Nous avons là une procédure qui a pour particularités de ne pas comporter de commissaire-priseur et d'imposer au perdant une dépense à fonds perdus. Cette dernière particularité peut d'ailleurs se rencontrer dans des enchères plus classiques où, par exemple, est exigé le paiement d'un droit de participation.

Enfin, parmi les nombreux détails dont le choix peut être lourd de conséquences pour le fonctionnement de la procédure, nous nous bornerons à en signaler trois : la publicité ou l'incertitude du prix de réserve du vendeur, du nombre de participants ou, dans le cas d'unités multiples, de la quantité totale vendue.

1.1. La théorie de base

L'approfondissement de la théorie et l'explicitation de quelques problèmes importants ne peuvent se faire qu'à partir du modèle de base le plus simple et de ses principales variantes. Nous nous plaçons donc dans le cas de la vente d'un objet unique indivisible. Une fois précisé si la transmission des « offres » de prix des acheteurs se fait oralement ou par écrit, la procédure doit poser une *règle d'attribution* et une *règle de paiement*. Il s'agit de déterminer de façon mécanique, à partir des seules offres exprimées par les acheteurs potentiels, celui d'entre eux auquel sera attribué le bien et ce qu'il devra payer au vendeur.

La description de la procédure est complétée par la donnée d'un *prix de réserve* rendu public au départ. Il s'agit d'un prix-plancher fixé par le vendeur, au-dessous duquel aucune transaction ne peut être conclue.

Dans la réalité, le nombre de combinaisons possibles de caractéristiques se trouve spectaculairement réduit, au point qu'il nous suffira d'analyser le fonctionnement de deux sytèmes seulement.

Le système de loin le plus connu, mis en œuvre dans l'immense majorité des cas observés, est celui des *enchères anglaises* ou *ascendantes*. Tout le monde connaît cette procédure *orale* aboutissant à *l'attribution* de l'objet au « plus offrant », moyennant le *paiement* par lui du prix qui constituait son offre. Les enchères y « montent ».

L'autre grand système, dont la mise en œuvre est cependant beaucoup moins souvent observée, est celui des *enchères hollandaises* ou *descendantes*. Dans cette procédure *orale*, les prix successivement annoncés par le commissaire-priseur sont décroissants. L'objet est *attribué* au premier acheteur potentiel qui interrompt cette descente par son ordre et il doit *payer* le prix auquel elle a été interrompue. Ce système se trouve effectivement mis en œuvre en particulier dans les marchés « au cadran », où le mouvement d'une aiguille devant un cadran gradué permet la décroissance pratiquement continue du prix annoncé, les interruptions pouvant même s'effectuer électroniquement.

Si l'on caractérise entièrement le comportement de l'acheteur potentiel i par la valeur h_i de son *prix de réservation*, qui est le maximum de ce qu'il est prêt à payer pour obtenir l'objet (on l'appelle aussi « disposition à payer » ou « valeur privée ») et qui naturellement n'est connue que de lui seul, on voit que :

– dans une enchère anglaise, le vainqueur obtient l'objet pour un prix inférieur à sa disposition à payer mais pratiquement égal à la disposition à payer du dernier de ses concurrents qui a renoncé à enchérir ;

– dans une enchère hollandaise, un acheteur potentiel, qui voudrait éviter tout risque de voir l'objet lui échapper, devrait interrompre la descente du prix dès qu'est atteint son propre prix de réservation, ce qui ne présente pour lui aucun intérêt. Il ne peut donc tenter de « faire une bonne affaire » qu'en accroissant, avec une offre sous-évaluée, le risque de ne rien obtenir.

Considérons maintenant les procédures écrites, qu'il est commode de distinguer des précédentes (orales) en les appelant *appels d'offres*[1], usage adopté par Naegelen (1988).

De nouveau, la plus naturelle et la plus répandue consiste à *attribuer* l'objet à l'auteur de l'offre de prix la plus élevée et à lui faire *payer* le prix qu'il a proposé. On parle alors d'appel d'offres « au premier prix ».

Il existe aussi une procédure d'appel d'offres « au deuxième prix » ou « à la Vickrey », du nom de l'auteur de l'article pionnier sur ces questions, qui consiste à *attribuer* l'objet à l'auteur de l'offre de prix la plus élevée et à lui faire *payer* un prix non pas égal à sa propre offre mais à celle qui lui est immédiatement inférieure.

L'existence des quatre procédures dont les principes viennent d'être décrits amène à comparer les stratégies qu'elles incitent les acheteurs rationnels à adopter et leurs performances du point de vue d'un vendeur qui se pose la question du choix de celle qu'il doit adopter.

Il est tout d'abord important de noter les différences de structures d'information des acheteurs. Pour chacun des deux types d'appel d'offres, l'information d'un acheteur se réduit à la valeur de son propre h_i et ne s'améliore pas au cours de la procédure. La seule différence est que, dans le cas de l'appel d'offres au premier prix, l'acheteur connaît le prix qu'il paiera s'il l'emporte. Dans une enchère anglaise, le déroulement de la procédure apprend à chacun à quel prix chacun de ses adversaires s'est retiré, ce qui n'est pas le cas d'une enchère hollandaise.

Pour progresser dans l'analyse, il est indispensable de poser quelques hypothèses simplificatrices. La principale concerne les valeurs des prix de réservation que nous notons h_i. Commençons par les supposer *privées et indépendantes*, c'est-à-dire que :

– chaque acheteur attribue à l'objet un prix de réservation qui n'est influencé ni par ceux des autres acheteurs, ni par les acquisitions d'information en cours de procédure. Le cas le plus évident est celui où il reflète exclusivement les goûts personnels de l'acheteur ;

– les h_i sont des réalisations indépendantes de variables aléatoires de lois de probabilité connues. « Tout se passe comme si la nature attribuait à chaque agent une évaluation correspondant au résultat d'un tirage réalisé selon une loi connue de tous, chaque agent étant informé uniquement du résultat du tirage le concernant. Ainsi, chaque agent est censé connaître sa propre évaluation

1. Voir également dans l'***Encyclopédie de gestion,*** dans un domaine différent de celui des marchés financiers, l'article de B. Cova et R. Salle, « Appel d'offres et marketing dans la grande industrie ».

ainsi que les lois de probabilité présidant à la détermination des évaluations adverses » (Naegelen, 1988, p. 43-44).

Un cadre probabiliste ayant été posé, il est naturel de doter les acheteurs d'un comportement de maximisation d'une utilité de Von Neumann, dont l'utilité élémentaire a pour argument la différence (positive) entre la disposition à payer et le prix effectivement payé.

Les définitions et les hypothèses précédentes permettent de modéliser les déroulements des procédures d'enchères et d'appels d'offres comme des *jeux à information incomplète*, où les valeurs privées sont des caractéristiques des *types* individuels. Il est alors possible de démontrer *l'équivalence stratégique*, c'est-à-dire l'identité des formes normales des jeux, et donc de leurs équilibres de Nash bayésiens, entre l'enchère hollandaise et l'appel d'offres au premier prix. L'enchère anglaise et l'appel d'offres au deuxième prix sont équivalents au sens où, comme il est d'ailleurs facile de le voir directement, exprimer une offre égale à sa dispositon à payer est pour chaque acheteur une stratégie dominante dans les deux cas. Il s'agit là d'un résultat très profond qui renvoie aux fondements de *la théorie des mécanismes*.

Si l'on suppose de plus :

– que chaque agent est *neutre* à l'égard du risque,

– qu'il y a *symétrie* des croyances de chaque acheteur relatives aux prix de réservation de ses adversaires, ce qui se traduit simplement par le fait que les h_i suivent des lois de probabilité identiques,

alors on peut démontrer le *théorème de l'équivalence-revenu*, selon lequel les quatre procédures d'enchères et d'appels d'offres que nous avons définies conduisent à la même espérance mathématique du revenu que retirera le vendeur de la vente de l'objet.

Si enfin on explicite les distributions de probabilité identiques des h_i par la fonction de répartition $F(h_i)$, on peut calculer la stratégie individuelle optimale de sous-évaluation dans un appel d'offres au premier prix (ou dans une enchère hollandaise), c'est-à-dire l'offre b_i à exprimer. Elle est inférieure à la disposition à payer de la quantité :

$$h_i - b_i = \frac{\int_{h^*}^{h_i} [F(x)]^{N-1} \, dx}{[F(h_i)]^{N-1}}$$

où h^* est le prix de réserve du vendeur et N le nombre total d'acheteurs.

L'équivalence stratégique entre l'enchère hollandaise et l'appel d'offres au premier prix subsiste sous des hypothèses moins restrictives ; mais il n'en est pas de même de l'équivalence-revenu, en particulier, si les acheteurs ont de l'aversion à l'égard du risque, l'enchère hollandaise ou l'appel d'offres au premier prix sont préférables, du point de vue du vendeur, à l'enchère anglaise ou à l'appel d'offres au deuxième prix.

A l'hypothèse extrême de valeurs privées indépendantes s'oppose l'hypothèse de *la valeur commune*. Elle est illustrée par l'existence d'un marché sur lequel l'objet acquis pourra certainement être ensuite revendu par son acquéreur, mais à un prix qui n'est pas encore connu avec certitude au moment de la vente aux enchères. C'est ce prix qui est « commun », mais au moment d'enchérir chaque participant ne possède à son sujet qu'une information privée. La version de base de ce modèle est *à valeur commune avec estimations indépendantes conditionnées par la vraie valeur.*

La complication introduite par les informations privées réside en ce que chaque acheteur peut éventuellement réviser son estimation personnelle de la vraie valeur (commune), en interprétant les offres exprimées par ses concurrents lors du déroulement de la procédure. De toute façon, il a en général la possibilité de se livrer par ailleurs à une amélioration coûteuse de la qualité de son information personnelle. Des hypothèses variées d'interdépendance des évaluations (on parle d'*affiliation*) permettent naturellement d'obtenir tous les intermédiaires possibles entre les cas extrêmes que sont d'une part les valeurs privées indépendantes, d'autre part la valeur commune.

Le phénomène majeur lié à l'existence d'une valeur commune est la *malédiction du vainqueur*, d'abord mise en évidence à propos des adjudications, par appel d'offres au premier prix, de concessions d'exploitation pétrolière, dont les vainqueurs n'obtenaient finalement que des profits très faibles. Ne devant leur succès qu'à une offre fondée sur une estimation personnelle exagérément optimiste, ils ne pouvaient qu'être en moyenne déçus *a posteriori.*

L'ensemble des mécanismes et des hypothèses que nous venons d'énumérer suggère enfin deux remarques de portée générale, susceptibles d'intervenir dans la comparaison des avantages et des inconvénients des différentes procédures d'enchères. La première concerne la possibilité de *collusion* entre les acheteurs ; elle est manifeste dans le cas d'une enchère anglaise, où la bonne application de l'accord délictueux est très facile à surveiller par ceux qui l'ont passé. La deuxième concerne la possibilité de *manipulation*, qui existe en particulier, comme nous allons le voir, dans le cas où la valeur commune se fixe sur un marché doublé d'un marché à terme.

Il est assez facile d'étendre les concepts et les résultats théoriques précédents au cas d'unités multiples *à condition que chaque demande porte au plus sur une seule unité* et même si l'on inclut la possibilité d'enchères séquentielles (Branco, 1996). Cette condition n'est hélas pas satisfaite par les marchés qui intéressent le plus les financiers.

1.2. Les adjudications de titres de la dette publique

Ce sont les émissions de titres financiers, en particulier de titres publics à revenus fixes qui constituent la plus importante mise en œuvre des mécanismes de simple enchère. Le gonflement récent des déficits publics à financer a encore accru cette importance. Au premier rang de ces marchés primaires figure naturellement celui des bons du Trésor américain, qui a suscité la plupart des études théoriques et empiriques les plus récentes. Les enseignements que l'on peut en tirer sont cependant valables pour l'émission des obligations assimilables du Trésor (OAT) françaises et, plus généralement, pour les pratiques de la plupart des grands pays. Pour le moment, seules existent pratiquement des procédures *écrites.*

Les particularités les plus évidentes de ces marchés sont :

– la multiplicité des unités du bien vendu, dont les quantités demandées ne sont pas limitées à une seule unité ;

– l'existence d'un marché à terme (*when-issued market* aux Etats-Unis), dont l'ouverture peut précéder l'adjudication ;

– l'existence d'un marché *secondaire* sur lequel peuvent être immédiatement revendus les titres obtenus par l'adjudication.

Signalons aussi :

– la coexistence d'offres *concurrentielles*, c'est-à-dire de couples quantité-prix et d'offres *non concurrentielles* comportant seulement une quantité demandée ;

– la possibilité pour un acheteur de soumettre simultanément plusieurs offres différentes concurrentielles ou non ;

– la présence prépondérante d'acheteurs qui sont des intermédiaires spécialisés (spécalistes en valeurs du Trésor en France, *primary dealers* aux Etats-Unis) dont les offres sont concurrentielles et auxquels il faut éventuellement ajouter la banque centrale du pays.

L'analyse doit donc se placer dans le cadre des modèles à valeur commune, comportant un risque de malédiction du vainqueur. De plus, les informations auxquelles les intermédiaires spécialisés ont un accès privilégié et celles qu'ils révèlent « stratégiquement » jouent un rôle important. Enfin le marché à terme offre des possibilités de manipulations (illégales) dont le *corner* de mai 1991 est un magnifique exemple : les possesseurs de positions courtes sur le *when-issued market* se trouvèrent contraints, à l'échéance, de racheter à un prix élevé les titres émis lors de la précédente adjudication dont Salomon Brothers s'était approprié, directement ou indirectement, plus de 90 % du montant.

Dans la comparaison entre les différentes procédures d'adjudication qu'il est possible de mettre en place, la minimisation du coût du financement du déficit budgétaire est la première préoccupation de l'émetteur mais naturellement des considérations de volatilité, de collusions et de manipulations entrent aussi en ligne de compte.

On retrouve naturellement l'opposition entre l'appel d'offres au premier prix et l'appel d'offre au deuxième prix. La première procédure est dite *discriminatoire* : chaque gagnant paie le prix qu'il a proposé ; alors que la seconde est dite *à prix uniforme* : tous les gagnants paient le même prix, égal à celui de l'offre gagnante la plus faible.

Il faut d'emblée souligner qu'il n'existe actuellement aucune théorie complète satisfaisante prenant en compte les particularités des marchés de titres publics et permettant de dégager rigoureusement les avantages et les inconvénients des deux types de procédure. Différentes modélisations partielles conduisent à des conclusions qui peuvent être diamétralement opposées. Dans ces conditions, on a parfois été tenté de raisonner sans précaution, par analogie avec le cas du bien unique ou du moins de la demande unitaire avec valeur commune. En faveur de l'enchère à prix uniforme on peut invoquer une atténuation de la malédiction du vainqueur, une diminution des dépenses consacrées à l'acquisition d'informations et une incitation à la participation directe d'un plus grand nombre de petits investisseurs, ce qui accroît la concurrence (Naegelen, 1995). En revanche, l'analyse théorique de Back et Zender (1993) tend à montrer que l'incitaton à la collusion est plus faible et l'espérance de revenu du vendeur plus élevée dans le cas discriminatoire ; celle de Menezes (1996) établit que la procédure discriminatoire peut être optimale si les acheteurs ne connaissent pas le volume total mis en vente. Une étude expérimentale récente (Goswami *et al.* 1996) va dans le même sens.

Ce débat doit être mis en perspective, compte tenu de l'actuelle prédominance des procédures discriminatoires de placement des emprunts d'Etat (Naegelen, 1995) et de « l'expérience » d'adjudication à prix uniforme tentée en décembre 1992, pour un an, par le Trésor américain, pour les bons à deux ans et à cinq ans.

2. Double enchère

Un marché de double enchère met en rapport des offreurs et des demandeurs d'un bien homogène divisible. Ou bien nous considérerons que les transactions se font unité par unité, ou bien au contraire nous négligerons les éventuelles contraintes sur la taille des lots échangés, ainsi que l'obligation d'exprimer les prix par *échelons de cotation* (*ticks*). Naturellement les rôles d'offreur et de demandeur ne sont pas immuables, le même individu peut, selon les circonstances, adopter tantôt l'un, tantôt l'autre ; il serait donc plus exact de dire que ce qui caractérise le marché est la possibilité qu'y soient émis aussi bien des ordres de vente que des ordres d'achat.

Avant de poursuivre l'étude de ces marchés de biens homogènes et pour illustrer l'universalité des mécanismes d'enchères, il faut rappeler la possibilité de leur utilisation pour la résolution des problèmes *d'affectation* (ou *d'appariement*) : chaque offreur propose un objet indivisible particulier, différemment apprécié par chacun des acheteurs potentiels, qui ne doit finalement acquérir qu'un seul objet au maximum (Demange *et al.*, 1986 ; Miyake, 1996).

2.1. Les marchés de compensation

D'emblée est explicité le passage du temps : tout participant est libre d'émettre un ordre à l'instant de son choix, dans le cadre d'une séance. Supposons tout d'abord que cet ordre soit transmis par *écrit* à l'organisateur du marché. Une première procédure consiste à laisser s'accumuler les ordres jusqu'à un certain instant fixé à l'avance, sans qu'aucune information les concernant ne soit fournie. Aussitôt après cette date terminale, est rendu public un prix tel que le total des demandes exprimées pour un prix qui lui est supérieur est égal au total des offres exprimées pour un prix qui lui est inférieur. Il y a *compensation* à ce prix, auquel les transactions sont alors effectuées.

Si les offres et les demandes individuelles étaient exprimées sous forme de fonctions du prix et sous une hypothèse d'atomicité, le résultat d'une telle procédure ne pourrait qu'être l'équilibre walrasien. Cependant, dans la pratique deux complications doivent être prises en compte :

– chaque ordre prend la forme d'un seul couple quantité-limite de prix (limite supérieure pour un achat, limite inférieure pour une vente) ;

– les ordres sont *oraux* et étant ainsi successivement rendus publics modifient sans cesse un prix provisoire affiché, auquel aucune transaction n'est conclue mais qui permet aux participants de modifier leurs ordres jusqu'à l'instant terminal. Il s'agit là de la réalisation la plus proche de l'idée de tâtonnement walrasien, avec tous les problèmes de convergence qu'elle pose. Le *fixing* du marché de l'or à Londres, qui fonctionne avec un nombre très réduit de participants, est l'un des exemples les plus connus d'une telle organisation.

Signalons enfin, dans le cas d'une procédure écrite, la possibilité, à côté des ordres à limite de prix, d'ordres « au prix du marché », c'est-à-dire portant sur des quantités offertes ou demandées indépendamment du prix. Au moment où un tel ordre est exprimé, on ne sait pas à quel prix il sera exécuté.

Une journée de fonctionnement d'un marché de compensation pouvant comporter plusieurs séances successives se terminant chacune par une fixation de prix, on le qualifie de *périodique* (on dit parfois aussi *statique*), par opposition au marché *continu* (parfois qualifié de *dynamique*).

2.2. Les doubles enchères continues

Plus encore que les simples enchères ou les marchés de compensation, les mécanismes de double enchère continue donnent lieu à une grande variété de réalisations. Cependant, les progrès de l'informatique et des télécommunications ont récemment permis un développement rapide de systèmes automatisés, qui tendent à remplacer partout les «criées», «parquets» et «corbeilles» au point que ces institutions n'apparaissent plus que comme les formes archaïques d'un nombre réduit de mécanismes qui sont devenus de véritables algorithmes.

Idéalement, une procédure de double enchère continue est une succession d'échanges dont chacun apparaît à la fois comme une enchère simple du point de vue du vendeur et comme une enchère simple du point de vue de l'acheteur.

Le principe de base est que des ordres d'achat ou de vente *à limite de prix* sont successivement exprimés par des participants qui sont les acheteurs et les vendeurs potentiels eux-mêmes ; ainsi le marché peut être qualifié de *gouverné par les ordres*. A cette organisation s'oppose celle des marchés sur lesquels n'interviennent que des intermédiaires, «teneurs de marché» qui annoncent chacun un couple (une «fourchette») de prix «offert» et «demandé» auxquels ils sont prêts à traiter avec les vendeurs et les acheteurs potentiels. Ce mode de fonctionnement *gouverné par les prix* est l'objet principal de la théorie de la *microstructure des marchés*[2].

Des ordres étant donc exprimés successivement, chacun d'eux est comparé à ceux des ordres précédemment exprimés qui n'ont encore été ni retirés ni exécutés et qui constituent le *carnet d'ordres*. Le nouvel ordre est alors soit exécuté, soit ajouté aux ordres en attente. Les règles de gestion du carnet d'ordres, en particulier l'information le concernant qui est communiquée aux participants, caractérisent chaque mise en œuvre effective du mécanisme. La règle fondamentale est cependant celle qui détermine le prix auquel est exécuté un ordre. Dans le cas simple où chaque ordre ne porte que sur une unité du bien échangé, la convention la plus répandue consiste, lorsqu'un prix offert est supérieur à un prix demandé, à effectuer la transaction au prix de l'ordre en attente. L'exécution d'ordres portant sur plusieurs unités est plus compliquée car elle peut être incomplète ou au contraire impliquer plusieurs ordres en attente ; elle obéit cependant aux mêmes principes.

2.3. Les performances des doubles enchères continues

La complexité des mécanismes de double enchère rend difficile la formalisation de leur fonctionnement et pratiquement impossible leur analyse théorique

2. Voir dans cette ***Encyclopédie*** l'article de J. Hamon, «Microstructure des marchés», p. 1140, tome 2.

générale. Cependant leur automatisation a permis l'élaboration de modèles théoriques simplifiés et surtout la construction de *maquettes* se prêtant à des expériences de simulation qui constituent actuellement l'un des grands domaines de l'économie expérimentale. L'objet de ces recherches est l'efficacité des marchés de double enchère par référence à celle de l'équilibre walrasien. Un des exemples les plus simples d'une telle maquette a été fourni par Friedman (1984).

Il raisonne sur l'ensemble d'une *économie d'échange* regroupant les participants. Elle comporte :

– $T+1$ dates successives, repérées par l'indice t ($t = 0,\ 1,\ ...,\ T$) ;

– deux biens stockables, jouant des rôles symétriques, mais dont le premier, choisi comme numéraire, est appelé «monnaie», l'appellation «bien» étant réservée au second ;

– un nombre N d'individus, repérés par l'indice i ($i = 1,\ ...,\ ,N$).

Les quantités de monnaie et de bien détenues par les individus aux différentes dates sont respectivement notées $m_i(t)$ et $x_i(t)$. Initialement, un individu i détient des dotations $m_i(0)$ et $x_i(0)$ positives ou nulles mais non toutes les deux nulles. Chaque individu a pour comportement la recherche du maximum d'une fonction d'utilité de Von Neumann, espérance mathématique d'une utilité élémentaire dont les arguments sont les détentions finales $m_i(T)$ et $x_i(T)$.

Le marché est *centralisé* et *informatisé* : chaque participant dispose d'un terminal (écran et clavier) et tous les terminaux sont reliés à un ordinateur central de compensation. Chaque transaction ne porte que sur une seule unité du bien. A chaque date t, chaque individu entre simultanément à son clavier :

– la limite $p_i^a(t)$ du prix auquel il est disposé à vendre une unité de bien,

– la limite $p_i^b(t)$ du prix auquel il est disposé à acheter une unité de bien.

Ces couples d'ordres sont exprimés indépendamment par les différents participants et sont immédiatement traités par l'ordinateur central qui :

– calcule le prix $p_M^a(t)$ égal au minimum des $p_i^a(t)$, c'est le prix «demandé par le marché»,

– calcule le prix $p_M^b(t)$ égal au maximum des $p_i^b(t)$, c'est le prix «offert par le marché».

Ces prix sont instantanément communiqués à chaque individu qui les lit sur son écran et a la possibilité d'exprimer immédiatement son acceptation de l'un d'eux, sous réserve que ses détentions de monnaie et de bien permettent le règlement de la transaction correspondante, portant sur une unité du bien.

La gestion comptable des détentions de monnaie et de bien est effectuée par l'ordinateur central qui tient les comptes individuels, enregistrant les transactions réalisées et interdisant celles qui entraîneraient des détentions négatives de monnaie ou de bien. Ce n'est qu'à la date T que les individus prennent livraison de ce qui leur appartient. Si à la date t l'individu j accepte le prix $p_M^a(t)$, ses détentions deviennent $x_j(t)+1$ et $m_j(t)-p_M^a(t)$, quantités positives ou nulles, alors que les détentions de l'individu k, qui se trouve être celui qui s'était déclaré prêt à vendre à $p_M^a(t)$, deviennent $x_k(t) - 1$ et $m_k(t)+ p_M^a(t)$. Cette transaction est *anonyme*. L'acceptation du prix $p_M^b(t)$ par un vendeur relève d'un raisonnement parfaitement symétrique. A chaque étape, l'information fournie aux agents est minimale : elle se réduit à l'indication de celui des deux derniers prix demandé ou offert par le marché auquel a été conclue une transaction.

La difficulté principale d'une formalisation complète du fonctionnement de l'économie qui vient d'être décrite réside dans l'explicitation de la façon dont les probabilités, intervenant dans le calcul de l'utilité de chaque individu, sont révisées à chaque date compte tenu de l'information disponible. Plus précisément, dans une optique de théorie des *jeux à information incomplète*, il faudrait formaliser les *croyances* que possède à chaque date un individu sur les préférences et les dotations des autres. Une telle démarche étant impraticable, il est tentant de doter les individus de comportements simples, voire simplistes, permettant des simulations ou attribuables aux participants à des expériences. Une simplification naturelle consiste, dans le cadre du modèle précédent, à doter chaque individu d'un comportement «myope» : à chaque date il cherche à accroître l'utilité de ses détentions *courantes*. C'est la comparaison entre les prix alors publiés et les utilités marginales des quantités détenues qui indique l'action à choisir, chaque fois que cela est possible, dans la liste suivante :

– accepter d'acheter une unité au prix $p_M^a(t)$ (s'il est inférieur à l'évaluation marginale),

– accepter de vendre une unité au prix $p_M^b(t)$ (s'il est supérieur à l'évaluation marginale),

– faire passer p_i^a au-dessous de $p_M^a(t)$ s'il lui était supérieur et si $p_M^a(t)$ est supérieur à l'évaluation marginale,

– faire passer p_i^b au-dessus de $p_M^b(t)$ s'il lui était inférieur et si $p_M^b(t)$ est inférieur à l'évaluation marginale.

Un processus d'apprentissage lors de répétitions «stationnaires» d'expériences mettant en œuvre ce genre de maquette conduit à un résultat en moyenne très proche de l'équilibre walrasien qui serait obtenu directement par compensation. Ainsi se trouve illustré ce que Smith (1982) qualifie de «mystère scientifique».

Friedman (1991) a tenté une analyse plus fine, mais qui évite la formalisation inextricable en termes d'équilibres de Nash bayésiens de jeux à information incomplète. Il suppose que les participants, négligeant l'influence de leurs propres décisions sur l'évolution des prix, la considèrent comme régie par des processus donnés et ont un comportement bayésien de «jeu contre la Nature».

A l'opposé, une étape extrême dans l'exploration de l'efficacité des procédures de double enchère consiste à supposer que n'y interviennent que des acheteurs et des vendeurs dépourvus d'intelligence (*zero-intelligence traders*), qui ne sont en fait que des programmes d'ordinateur (Gode, Sunder, 1993). Ils n'observent, ni ne se rappellent, ni n'apprennent rien ; n'optimisant pas, ils se bornent à émettre des ordres aléatoires d'achat ou de vente auxquels n'est imposée que la condition de ne pas être à perte : ils ne sont autorisés ni à vendre au-dessous de leur coût, ni à acheter au-dessus de leur prix de réservation. Le respect de cette seule «contrainte budgétaire» suffit à assurer un fonctionnement régulier du marché comparable à celui, expérimentalement observé, d'intervenants humains du même type que ceux de la maquette précédemment décrite. On observe seulement une plus grande volatilité du prix et une convergence plus lente vers le prix walrasien.

*

* *

Aussi anciens que l'activité économique et commerciale, les marchés d'enchère ont d'emblée été des institutions d'une grande efficacité, bien avant qu'on songe à en élaborer une théorie, qui reste inachevée. Sous de multiples formes adaptées à une infinité de situations concrètes et qui se prêtent à toutes les combinaisons et à toutes les hybridations, ce sont des archétypes dont la richesse contraste avec l'idéalisation étroite et rigide des marchés walrasiens. Leur caractéristique la plus intéressante est sans doute de fournir « en temps réel » des prix variant pratiquement en continu, adaptés aux conditions changeantes de l'offre et de la demande. Comme tous les marchés, ils ont longtemps été astreints à une localisation, mais les progrès des télécommunications, qui permettent justement de s'affranchir de cette contrainte, ne peuvent que leur permettre un plus grand développement encore.

Références

AMIHUD Y. (éd.), *Bidding and Auctioning for Procurement and Allocation*, New York, New York University Press, 1976.

ASHENFELTER O., « How Auctions Work for Wine and Art », *Journal of Economic Perspectives* (vol. 3, n° 3, Summer 1993), p. 23-36.

BANQUE DE FRANCE, « Les adjudications d'obligations assimilables du trésor », *Bulletin trimestriel* (n° 63, juin-juillet 1987), p. 33-36.

BACK K., ZENDER J.F., « Auctions of Divisible Goods : On the Rationale for the Treasury Experiment », *Review of Financial Studies* (vol. 6, n° 4, Winter 1993), p. 733-764.

BLACK J., DE MEZA D., « Systematic Price Differences Between Successive Auctions are no Anomaly », *Journal of Economics and Management Strategy* (vol. 1, n° 4, Winter 1992), p. 607-628.

BRANCO F., « Multiple Unit Auctions of an Indivisible Good », *Economic Theory* (vol. 8, n° 1, 1996), p. 77-101.

CASSADY R., *Auctions and Auctioneering*, Berkeley, University of California Press, 1967.

CHOWDHRY B., SHERMAN A., « The Winner's Curse and International Methods of Allocating Initial Public Offerings », *Pacific-Basin Finance Journal* (vol. 4, n° 1, May 1996), p. 15-30.

COX J.C., SMITH V.L., WALKER J.M., « Theory and Behavior of Multiple Unit Discriminative Auctions », *Journal of Finance* (vol. 39, n° 4, September 1984), p. 983-1010.

DAVIS D.D., HOLT C.A., *Experimental Economics*, Princeton, Princeton University Press, 1993.

DEMANGE G., GALE D., SOTOMAYOR M., « Multi-Item Auctions », *Journal of Political Economy* (vol. 94, n° 4, August 1986), p. 863-872.

DEMANGE G., PONSSARD J.P., *Théorie des jeux et analyse économique*, Paris, PUF, 1994.

DOMOWITZ I., « A Taxonomy of Automated Trade Execution Systems », *Journal of International Money and Finance* (vol. 12, n° 6, December 1993), p. 607-631.

DOMOWITZ I., WANG J., « Auctions as Algorithms. Computerized Trade Execution and Price Discovery », *Journal of Economic Dynamics and Control* (vol. 18, n° 1, January 1994), p. 29-60.

ENGELBRECHT-WIGGANS R., SCHUBIK M., STARK R.M. (éd.), *Auctions, Bidding, and Contracting : Uses and Theory*, New York, New York University Press, 1983.

FELDMAN R.A., MEHRA R., « Auctions. Theory and Applications », *IMF Staff Papers* (vol. 40, n° 3, September 1990), p. 485-511.

FELDMAN R.A., REINHART V., « Auction Format Matters : Evidence on Bidding Behavior and Seller Revenue », *IMF Staff Papers* (vol. 43, n° 2, June 1996), p. 395-418.

FRIEDMAN D., « On the Efficiency of Experimental Double Auction Markets », *American Economic Review* (vol. 74, n° 1, March 1984), p. 60-72.

FRIEDMAN D., « A Simple Testable Model of Double Auction Markets », *Journal of Economic Behavior and Organization* (vol. 15, n° 1, January 1991), p. 47-70.

FRIEDMAN D., « The Double Auction Market Institution : A Survey », *in* D. Friedman, J. Rust (éd.), 1993.

FRIEDMAN D., RUST J. (éd.), *The Double Auction Market. Institutions, Theories, and Evidence*, Reading, Addison-Wesley, 1993.

GODE D.K., SUNDER S., « Allocative Efficiency of Markets with Zero-Intelligence Traders : Market as a Partial Substitute for Individual Rationality », *Journal of Political Economy* (vol. 101, n° 1, February 1993), p. 119-137.

GOLDBERG L., TENORIO R., « Strategic Trading in a Two-Sided Foreign Exchange Auction », *NBER Working Paper* (n° 5187, July 1995).

GOSWAMI G., NOE T.H., REBELLO M.J., « Collusion in Uniform-Price Auctions : Experimental Evidence and Implications for Treasury Auctions », *Review of Financial Studies* (vol. 9, n° 3, 1996), p. 757-785.

GRAHAM D.A., MARSHALL R.C., « Collusive Bidder Behavior at Single-Object Second Price and English Auctions », *Journal of Political Economy* (vol. 95, 1987), p. 1217-1239.

GUASCH J.L., « Using Auctions to Allocate and Price Long-Term Credit », *The World Bank Research Observer* (vol. 8, July 1993), p. 169-194.

HARRIS L.E., *Liquidity, Trading Rules, and Electronic Trading Systems*, New York University Salomon Center, Monograph Series in Finance and Economics, 1990-4.

HAUSCH D., « Multi-Object Auctions : Sequential vs. Simultaneous Sales », *Management Science* (vol. 32, 1986), p. 1599-1610.

HENDRICKS K., PORTER R.H., « Collusion in Auctions », *Annales d'économie et de statistique* (n° 15/16, juillet/décembre 1989), p. 217-230.

JACQUILLAT B., *L'introduction en bourse*, Paris, PUF, 1994.

JARECKI H.G., « Bullion Dealing, Commodity Exchange Trading and the London Gold Fixing : Three Forms of Commodity Auctions », *in* Y. Amihud (éd.), 1976.

JORDAN B.D., JORDAN S.D., « Salomon Brothers and the May 1991 Treasury Auction : Analysis of a Market Corner », *Journal of Banking and Finance* (vol. 20, n° 1, January 1996), p. 25-40.

KAMMA S., KANATAS G, RAYMAR S., « Dutch Auction versus Fixed-Price Self-Tender Offers for Common Stocks », *Journal of Financial Intermediation* (vol. 2, 1992), p. 277-307.

LABYS W.C., « Bidding and Auctioning on International Commodity Markets », *in* Y. Amihud (éd.), 1976.

LEVIN D., SMITH J.L., « Optimal Reservation Prices in Auctions », *Economic Journal* (vol. 106, n° 438, September 1996), p. 1271-1283.

LUCAS H.C., SCHWARTZ R.A. (éd.), *The Challenge of Information Technology for the Securities Markets*, Homewood, Dow Jones-Irwin, 1989.

MADHAVAN A., « Trading Mechanisms in Securities Markets », *Journal of Finance* (vol. 47, n° 2, June 1992), p. 607-641.

MASKIN E., RILEY J., « Optimal Multi-Unit Auctions », *in* F. Hahn (éd.), *The Economics of Missing Markets, Information, and Games*, Oxford, Clarendon Press, 1989.

MCAFEE R.P., MCMILLAN J., « Auction and Bidding », *Journal of Economic Literature* (vol. 25, June 1987), p. 699-738.

MENDELSON H., « Market Behavior in a Clearing House », *Econometrica* (vol. 50, n° 6, November 1982), p. 1505-1524.

MENEZES F.M., « On the Optimality of Treasury Bill Auctions », *Economics Letters* (vol. 49, n° 3, September 1995), p. 273-279.

MILGROM P.R., « Auction Theory », *in* T.F. Bewley (éd.), *Advances in Economic Theory-Fifth World Congress*, Cambridge, Cambridge University Press, 1987.

MILGROM P.R., WEBER R.J., « A Theory of Auctions and Competitive Bidding », *Econometrica* (vol. 50, n° 5, September 1982), p. 1089-1122.

MIYAKE M., « On Vickrey-Type Auction Procedures », *Economics Letters* (vol. 51, n° 1, April 1996), p. 71-75.

NAEGELEN F., *Les mécanismes d'enchères*, Paris, Economica, 1988.

NAEGELEN F., « Le placement des obligations du Trésor : l'Etat doit-il discriminer ? », *Revue Française d'Economie* (vol. 10, n° 3, été 1995), p. 44-79.

NYBORG K.G., SUNDARESAN S., « Discriminatory versus Uniform Treasury Auctions : Evidence from When-issued Transactions », *Journal of Financial Economics* (vol. 42, n° 1, September 1996), p. 63-104.

SAAL M.I., ZAMALLOA L.M., « Use of Central Bank Credit Auctions in Economies in Transition », *IMF Staff Papers* (vol. 42, n° 1, March 1995), p. 202-224.

SEVY D., « Les enchères PCS large bande aux USA : chronique d'un succès raisonné », *Communications et Stratégies* (n° 22, 2e trimestre 1996), p. 81-114.

SIEGEL D.R. (éd.), *Innovation and Technology in the Markets*, Chicago, Probus, 1990.

SMITH V.L., « Microeconomic Systems as an Experimental Science », *American Economic Review* (vol. 82, n° 5, December 1982), p. 923-955.
VICKREY W., « Counter Speculation, Auctions, and Competitive Sealed Tenders », *Journal of Finance* (vol. 16, March 1961), p. 8-37.
WILSON R., « Strategic Analysis of Auctions », *in* R.J. Aumann, S. Hart (éd.), *Handbook of Game Theory with Economic Applications*, vol. 1, Amsterdam, North-Holland, 1992.

Mots clés

Appel d'offres « à la Vickrey », appel d'offres au deuxième prix, appel d'offres au premier prix, bons du Trésor, carnet d'ordres, compensation, double enchère, économie expérimentale, enchère anglaise, enchère hollandaise, équivalence-revenu, *fixing*, malédiction du vainqueur, manipulation, OAT, valeur privée, valeur commune.

Marchés financiers internationaux

47

Hubert de La Bruslerie

Les marchés financiers internationaux ont connu au cours des dix dernières années un développement aussi prodigieux que spectaculaire. La croissance de ce que l'on appelle parfois l'industrie financière internationale s'est maintenue à un rythme de 20 % par an sur la période récente, malgré la récession du début des années 1990. Quel autre secteur économique peut en dire autant ?

Une telle expansion n'est pas le fait du hasard. Les marchés financiers internationaux ont apporté une réponse de qualité aux besoins manifestés par des emprunteurs et des investisseurs de plus en plus nombreux. Les banques internationales ont joué un rôle central dans cette évolution. Elles sont à l'origine du dynamisme et de la capacité d'innovation dont le marché financier international a fait preuve depuis plus de 20 ans[1]. Elles sont aussi les premières touchées en cas de difficultés, ainsi que l'a mis en évidence la quasi-insolvabilité de nombreux pays en voie de développement, notamment d'Amérique latine.

Les marchés financiers internationaux sont au cœur des problèmes monétaires et financiers contemporains. Cependant, derrière une apparence d'unité, la réalité des marchés internationaux est fort complexe. Il existe dans les faits une mosaïque de compartiments très divers qui se distinguent les uns des autres par des procédures d'émission particulières ou par la référence à des actifs financiers de nature très différente. Pour s'y retrouver, le plus simple est de définir un à un les marchés dont l'ensemble constitue le *marché international des capitaux.*

• Le premier pilier à distinguer est le *marché euro-obligataire*. Une euro-obligation est un titre de créance bénéficiant d'un statut fiscal privilégié, émis en euro-devise par un syndicat international de banques et placé dans d'autres pays que celui dont la monnaie sert à libeller l'emprunt. La présence d'un syndicat d'émission réellement international est le point de départ qui permet d'assurer une diffusion des titres à travers le monde entier à une clientèle d'investisseurs institutionnels étrangers. C'est là une différence essentielle

1. Voir également dans cette ***Encyclopédie*** l'article de J.L. Herrenschmidt, « Déréglementation et innovations financières internationales », p. 279, tome 1.

avec une émission obligataire domestique où les titres émis sont placés dans le pays d'origine. Le deuxième point important qui distingue les euro-obligations des obligations domestiques traditionnelles est leur statut fiscal dérogatoire. L'avantage dont bénéficient les euro-obligations est l'exemption de retenue à la source de la part du pays de l'émetteur. Ce régime est dérogatoire dans la mesure où, dans tous les pays du monde, de nombreuses obligations domestiques ne versent pas aux investisseurs non résidents la totalité des intérêts contractuels ; une partie de ceux-ci est retenue à la source par le fisc national. Etant donné la structure de placement des titres euro-obligataires dans le monde entier, et particulièrement dans certains pays à pression fiscale faible ou nulle, cela constitue un avantage déterminant pour ces titres. Ce statut fiscal particulier est une condition nécessaire à l'existence d'euro-obligations : les contrats d'émission contiennent une clause résolutoire selon laquelle une éventuelle modification du statut fiscal des titres peut entraîner le remboursement immédiat de l'emprunt par l'émetteur. Ainsi, en juillet 1987, la remise en cause momentanée par le fisc américain d'un traité fiscal avec les Antilles néerlandaises a conduit au remboursement par anticipation de près de 1,4 milliard de dollars d'euro-obligations, en l'espace d'un mois.

A l'inverse de ce que le bon sens laissait envisager, deux éléments que l'on s'attendait voir jouer un rôle dans la définition d'une euro-obligation n'ont guère d'importance : il s'agit de la devise de libellé et du caractère public de l'émission.

– La devise de libellé est indifférente. Ce peut être la devise du pays de l'emprunteur ou une devise tierce. Il doit cependant s'agir d'une euro-devise, c'est-à-dire d'une monnaie disponible et négociée en dehors de son pays d'origine.

– Le caractère public de l'émission, même si c'est généralement le cas dans la pratique, n'est pas obligatoire pour caractériser une euro-obligation. La cotation publique des titres auprès d'une bourse de valeurs est usuelle ; elle ne joue cependant aucun rôle. Un titre émis dans le cadre d'un placement privé et présentant les éléments cités dans la définition aura dans la suite de son existence, et jusqu'au remboursement final, le caractère d'une euro-obligation.

La définition de l'euro-obligation donnée plus haut accorde en effet une importance essentielle – et justifiée – à l'émission des titres. Il ne faut cependant pas oublier qu'après la phase transitoire du marché primaire, un titre vit et meurt, indépendamment de l'existence d'un marché secondaire.

• Les marchés d'*émissions étrangères* ne doivent pas être confondus avec les euro-obligations. Il s'agit d'émissions domestiques effectuées par un non-résident, souscrites par un syndicat de banques d'un pays donné, placées principalement dans ce pays et généralement libellées dans la devise de ce pays. Ce type d'émissions doit respecter les procédures en usage dans le pays et il est soumis à la réglementation locale. Les obligations étrangères partagent avec les euro-obligations l'exemption de retenue à la source de la part du fisc du pays de l'émetteur. Si cela n'était pas le cas, il faudrait offrir aux souscripteurs un taux de rendement plus élevé que sur les autres obligations domestiques ; ce qui retirerait beaucoup d'intérêt à la formule de l'émission étrangère.

Les émissions d'obligations étrangères sont en parfaite continuité avec les euro-obligations. La définition donnée exprime d'ailleurs le flou qui sépare ces deux notions. Ainsi, les souscripteurs d'une émission étrangère peuvent-ils être parfois des non-résidents. La proportion des titres placés en dehors du pays d'émission peut atteindre 30 %, voire davantage. La devise de libellé n'est plus un critère absolu. On a vu des émissions étrangères s'effectuer aux Etats-Unis et au Japon tout en étant libellées en écu ! Une fois émis, ces titres ont d'ailleurs des caractéristiques financières très proches de celles des euro-obligations avec lesquelles ils se comparent.

Les différences les plus visibles se manifestent essentiellement dans la procédure formelle d'émission, c'est-à-dire uniquement au début de la durée de vie des titres. Le terme d'*obligations internationales* regroupe l'ensemble cohérent formé par les euro-obligations et les émissions étrangères.

• Le marché des *émissions internationales d'actions* est proche des procédures en vigueur sur le marché euro-obligataire. La différence provient essentiellement de la nature des actifs financiers émis ; créances dans un cas, titres de propriété dans l'autre. Un syndicat bancaire international assure le placement et la diffusion internationale d'actions nouvelles émises par des entreprises privées. Ce type d'opérations, souvent liées à des opérations massives de privatisation, se déroule en parallèle à des émissions d'actions classiques effectuées sur le marché domestique de l'entreprise[2].

• Le marché des *prêts bancaires internationaux,* encore appelés *euro-crédits,* correspond à des crédits financiers à moyen ou long terme généralement non garantis, accordés directement par un ensemble de banques internationales réunies dans le cadre d'un syndicat. Ces crédits sont le plus souvent libellés en dollar. Ils peuvent cependant avoir un caractère multidevise. Il s'agit là d'une pure activité d'intermédiation où les banques prêteuses assument elles-mêmes le risque d'un éventuel défaut de l'emprunteur. Les euro-crédits sont à distinguer des prêts de nature commerciale qu'une banque peut accorder à un emprunteur étranger dans le cadre d'opérations d'exportation. Les *prêts bancaires étrangers* sont libellés dans la devise du pays auquel appartiennent les banques du syndicat[3].

• L'ensemble des marchés précédents partagent le fait qu'ils donnent lieu à des financements à long ou à moyen terme mis en place à l'aide d'un syndicat bancaire. Cette notion de financement à long ou moyen terme est en continuelle évolution ainsi que l'ont mis en évidence l'émergence et le développement des *marchés des euro-notes et de l'euro-papier commercial.* Ces deux compartiments sont en parfaite continuité avec celui des euro-crédits.

Les facilités d'émission d'euro-notes consistent en l'émission renouvelée d'instruments monétaires à court terme dans le cadre d'un syndicat de garantie bancaire à moyen terme. L'émetteur dispose de possibilités variées de tirage : il peut choisir le montant, la durée ou la devise des billets (notes) qui seront proposés à des investisseurs internationaux intéressés par des placements de liquidités à quelques jours ou sur plusieurs années (*euro medium term notes,* EMTN). Ces facilités impliquent un engagement des banques à assurer à chaque tirage le placement des instruments sur le marché. Il s'agit bien, pour l'emprunteur, d'une source de financement stable fondée sur un recours assuré au marché euro-monétaire à court terme.

---

2. Voir dans cette ***Encyclopédie*** l'article de F. Leroux, « Actions internationales », p. 26, tome 1.

3. C'est le cas, par exemple, des crédits-acheteurs en franc accordés par les banques françaises à des importateurs étrangers.

Ce dernier exemple illustre le caractère mouvant du marché international des capitaux qui recouvre des familles d'actifs financiers jamais identiques, mais toujours substituables. Les deux grands facteurs qui donnent à cet ensemble apparemment disparate une unité effective sont, d'une part, le rôle irremplaçable d'un groupe de banques internationales lors de l'émission et, d'autre part, la permanence du désir de l'investisseur de comparer à tout instant des actifs comparables puisque substituables.

Ces axes serviront de guide à l'analyse des marchés financiers internationaux. La première section, centrée sur le marché primaire, présentera la procédure d'émission des actifs financiers internationaux. La deuxième section mettra en évidence le rôle actif des banques dans le développement du marché financier international. Enfin, la troisième section s'attachera à montrer la globalisation croissante des marchés secondaires.

1. L'émission des actifs financiers internationaux

L'analyse de la procédure d'émission, ou plutôt des procédures d'émission, met en avant le rôle essentiel joué par les banques internationales. Les caractéristiques des marchés secondaires, et notamment leur liquidité, s'expliquent en partie par la procédure d'émission des titres. Aussi est-il utile de rappeler les principales étapes d'une émission internationale. On illustrera la procédure suivie par une émission internationale en prenant l'exemple d'une émission euro-obligataire en dollar. Il s'agit du type le plus pur car il est exempt de toutes contraintes étatiques. Par ailleurs, la démarche suivie a été largement reprise après modifications dans les autres compartiments du marché. Enfin, en terme de volume, le marché euro-obligataire est de loin le plus important. La procédure d'émission aujourd'hui utilisée par l'ensemble des intervenants bancaires a été proposée à l'origine par les *investment banks* américaines qui se sont inspirées de certaines pratiques du marché financier de New York. L'originalité et l'innovation de la procédure internationale se manifestent au cours de l'étape de constitution d'un syndicat bancaire propre à chaque émission. Elles reposent sur l'existence d'une phase de pré-placement des titres, réservée aux banques internationales, qui précède le placement public à destination des investisseurs finaux. La gestion d'un syndicat bancaire créé à la demande, et qui peut compter jusqu'à 100 banques, est rendue possible par une claire définition des tâches.

On distingue quatre grandes phases lors d'une émission publique internationale :

– la phase de négociations préliminaires,
– le pré-placement,
– la fixation des conditions et l'allocation des titres,
– le placement public et la clôture de l'émission.

1.1. Les négociations préliminaires

Cette première phase met clairement en évidence le rôle moteur des grandes banques internationales articulé sur un dynamisme commercial assez remarquable. Illustration sans ambiguïté d'une démarche marketing, c'est le futur chef de file qui recherche les emprunteurs potentiels dans le but d'obtenir le mandat de mener une euro-émission. Bien évidemment, la préparation d'une émission ne se fait pas sans la participation active de l'emprunteur, surtout si ce dernier a déjà l'habitude de ce type d'opération ou s'il dispose d'un large éventail de possibilités de financement. La démarche de recherche de clientèle décrite ci-dessous illustre l'agressivité de la concurrence commerciale qui règne entre les banques candidates au chef de filat sur les marchés financiers internationaux.

1.1.1. Etape n° 1 : détermination de la qualité du débiteur

La première étape du démarchage commercial ne vise à s'adresser qu'aux emprunteurs publics ou privés présentant une signature de bonne qualité. Pour ceux qui possèdent déjà un *rating* reconnu (c'est-à-dire établi par une agence telle Standard and Poor's ou Moody's[4]), il s'agit d'une opération assez simple. Pour pouvoir accéder aux marchés financiers internationaux, il faut avoir une note de qualité supérieure à BBB (selon la terminologie Standard and Poor's). Les émetteurs qui n'ont pas de *rating* doivent avoir une réputation et une situation financière qui les assimilent aux meilleures signatures mondiales. Même si cela n'est pas obligatoire, les banques conseillent au débiteur, au cours de discussions préliminaires, de demander l'attribution d'une note de *rating*. L'importance très grande, parfois excessive, accordée à cette note, s'explique par son caractère de résumé synthétique. Néanmoins, cela ne doit pas dispenser la banque d'entreprendre une analyse financière approfondie de la situation du débiteur. Dans le cas où l'emprunteur potentiel est un pays ou un organisme para-étatique, il s'agit d'une tâche complexe. Il existe une véritable barrière à l'entrée sur les marchés obligataires internationaux : seules peuvent prétendre y accéder les meilleures signatures mondiales. Les autres en sont exclues, ce qui explique l'absence de la grande majorité des pays en voie de développement.

1.1.2. Etape n° 2 : définition du type de financement

Cette étape consiste à définir quel type d'emprunt répond le mieux aux besoins de l'émetteur. Faut-il retenir un euro-crédit à moyen terme ? un programme d'euro-notes à court terme ? Est-il préférable de se financer en émettant sur le marché international des actions ou des euro-obligations ? A l'intérieur de ce dernier compartiment, faut-il privilégier les obligations traditionnelles, les obligations convertibles, les warrants ou les titres à taux flottant ? Lorsque le type d'actif est fixé, il faut ensuite définir la devise de libellé.

Le choix du type de financement ne se laisse pas entièrement guider par les caractéristiques techniques du besoin à couvrir. La banque, à une date donnée, connaît les secteurs de marché où une émission peut être réalisée dans les meilleures conditions. Même si le besoin à financer est en deutsche mark, il peut être intéressant d'emprunter en dollar néo-zélandais car les conditions qui prévalent sur ce marché peuvent être ponctuellement très intéressantes. Dans le même ordre d'idées, il peut être judicieux de profiter d'un emprunt à taux variable même si l'entreprise avait initialement préféré des obligations à taux fixe.

---

4. Voir dans cette ***Encyclopédie*** l'article de B. Thiry, « Notation », p. 1274, tome 2.

1.1.3. Etape n° 3 : proposition de divers montages financiers

Le montage financier de diverses solutions de financement s'effectue en faisant appel aux techniciens des marchés pour résoudre les problèmes posés à l'étape précédente. C'est à ce niveau que les ingénieurs financiers conçoivent les swaps, c'est-à-dire les trocs de dettes, qui permettent de saisir des opportunités sur des compartiments de marché autres que ceux qui découlent directement des besoins financiers de l'emprunteur. Les swaps de devises rendent possible la conversion d'un emprunt en dollar néo-zélandais en euro-obligation traditionnelle en deutsche mark. Les swaps de taux d'intérêt permettent de réaliser l'échange d'une dette à taux variable contre une dette à taux fixe (et réciproquement)[5].

Le montage financier consiste à élaborer des propositions concrètes concernant le montant, la durée, le coupon et le prix de quelques formules d'émission. Le chef de file présente alors par écrit des propositions sur lesquelles il est prêt à s'engager en se fondant sur les conditions actuelles du marché.

La réponse favorable de l'emprunteur se concrétise par le mandat donné à la banque d'organiser l'émission de la formule d'emprunt euro-obligataire choisie. Le mandat consacre la banque comme chef de file (*lead manager*) de l'opération.

L'émission elle-même d'un emprunt euro-obligataire dure entre deux à quatre semaines. Ce laps de temps est marqué par trois moments importants : la date de lancement (*announcement day*), la date de fixation des conditions (*pricing day*) et la date de clôture (*closing day*). Entre ces trois dates, se situent d'abord le pré-placement bancaire, puis le placement public (schéma 1).

Schéma 1 – Déroulement d'une euro-émission

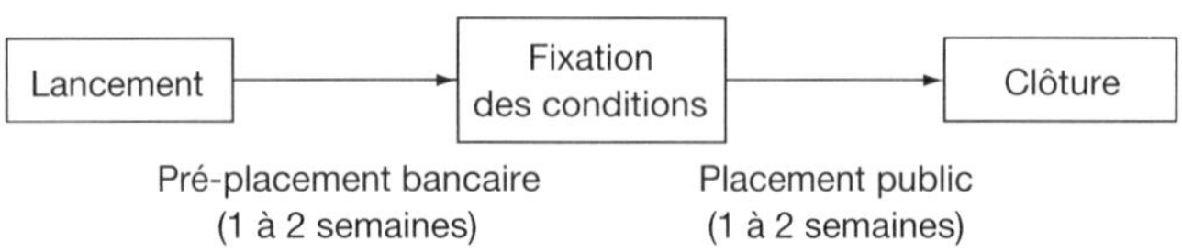

1.2. Le pré-placement bancaire

Au cours de la phase de pré-placement bancaire, l'emprunt ne concerne que les membres de la communauté bancaire internationale et le syndicat qu'ils créent pour l'occasion. La constitution de ce syndicat est centrale car c'est ce dernier qui prend l'engagement de souscrire l'émission et la place auprès des investisseurs finaux. Les rôles dans le syndicat sont définis avec précision. On en distingue trois :

– Le chef de file (*lead-manager*) et éventuellement les co-chefs de file (*co-lead managers*) forment le groupe de direction (*management group*). Le *lead manager* est le maître d'œuvre des différentes étapes de la procédure d'émission. Il a la charge de constituer, de diriger et d'administrer le syndicat bancaire. Il conduit les discussions avec l'emprunteur lors de la fixation des conditions définitives de l'emprunt. Il surveille la phase de lancement public

5. Voir également dans cette ***Encyclopédie*** l'article de V. Lauwick, I. de Dinechin, C. Lorin et P. Gourmet, « Instruments de gestion du risque de taux », p. 654, tome 1.

et organise la stabilisation du marché des titres pendant et après l'émission. La fonction essentielle de chef de file fait l'objet d'une rémunération spécifique. Le chef de file est souvent unique. Il arrive toutefois que, pour des émissions importantes, il y ait deux à quatre chefs de file. Ceux-ci se répartissent alors les tâches : l'un est chargé du *book* (il assure la centralisation des demandes et le secrétariat de l'émission), tel autre est l'agent financier de l'emprunt. Les autres chefs de file principaux portent le nom de *senior co-lead manager* ou de *joint lead manager.* Les *co-lead managers* sont un ensemble de quatre à vingt banques, choisies en général d'un commun accord avec l'emprunteur pour faire partie du syndicat de direction. Ces banques sont usuellement des institutions renommées sur l'euro-marché et souscrivent une part importante de l'emprunt. On considère que les chefs de file garantissent de manière ferme la souscription d'au moins 40 % de l'émission. Les autres banques (*co-managers*) ont un rôle plus formel au sein du groupe de direction. L'évolution des pratiques du marché fait que le plus souvent le groupe de direction prend à sa charge la garantie de placement de la totalité de l'émission.

– Les garants composés des chefs de file, des *co-managers,* épaulés éventuellement par d'autres banques en cas d'émission importante forment le syndicat de garantie (*underwriting syndicate*). Les membres de ce syndicat garantissent ferme à l'émetteur la souscription publique de la totalité de l'emprunt projeté. Il s'agit d'une garantie de bonne fin de l'émission. En cas de mauvais placement dans le public, les placeurs de titres se retourneront vers le syndicat qui prendra alors les invendus. Le syndicat de garantie peut comprendre plusieurs dizaines de banques internationales dans le cas d'une émission importante.

– Les membres du groupe de placement (*selling group members*) sont les banques invitées par le chef de file à participer au placement des titres. Leur rôle est de faire souscrire les investisseurs finaux à l'emprunt. Toutes les banques membres du syndicat de garantie ont un rôle de placement et font aussi partie du syndicat de placement.

Il est important de noter que les trois fonctions de direction, de garantie et de placement tendent à être remplies conjointement par chaque banque. Chacun de ces rôles donne lieu à une rémunération spécifique, qui peut ainsi être cumulée. Pour une émission standard (montant émis : 250 millions de dollars, durée : 5-7 ans), les frais totaux d'émission pourront être de 1 7/8 % du montant nominal de l'emprunt. Ils se répartiront de la manière suivante :

– commission de direction : 1/8 %,
– commission de garantie : 1/4 % (souvent combinée avec la précédente),
– commission de placement : 1 1/2 %.

Ainsi, les chefs de file qui agissent dans l'émission à la fois comme garants et comme placeurs percevront une rémunération au titre des trois commissions distinguées ci-dessus. Par ailleurs, la qualification de banque utilisée pour désigner les membres du syndicat est à prendre au sens large. Il peut s'agir de toute institution financière d'une certaine taille, qu'elle ait ou non le statut de banque. Le jour du lancement, le chef de file envoie des fax d'invitation à diverses banques sélectionnées pour que celles-ci se joignent au syndicat de garantie ou au syndicat de placement. Les fax d'invitation aux *managers* contiennent en particulier le montant qu'il est offert à chacun de garantir. La période de pré-placement bancaire permet aux banques contactées de tester l'émission auprès des investisseurs finaux. Elles informent en retour le chef de file de la quantité de titres dont elles désirent disposer afin de les placer. Il arrive, par suite de l'afflux de demandes provenant du syndicat de placement et devant la réaction favorable du marché, qu'une émission soit sur-souscrite le jour même du lancement. Pendant la période de pré-placement bancaire, le chef de file enregistre les réponses des banques pour se joindre soit au syndicat de garantie, soit au syndicat de placement. Ces réponses, avec le nombre de titres demandés, permettent d'avoir une idée précise de l'intérêt du marché pour l'émission.

1.3. La fixation des conditions et l'allocation de titres

Le *pricing day* est la date prévue pour fixer définitivement les conditions de l'emprunt. Jusqu'alors le prix d'émission et le montant émis n'étaient en effet donnés qu'à titre indicatif. Le chef de file détermine la demande totale pour l'emprunt à partir des réponses individuelles. L'analyse de ces dernières réclame une connaissance parfaite du marché et de ses participants, car il est usuel que les demandes de titres soient plus ou moins exagérées. Certaines banques n'hésitent pas à gonfler leur demande de titres pour en revendre immédiatement une partie sur le marché parallèle, qui s'instaure entre les institutions bancaires dès le début de l'émission et pendant toute sa durée (*grey market*).

L'analyse des demandes et la comparaison des conditions initiales de l'emprunt avec celles régnant sur le marché vont permettre au(x) chef(s) de file d'élaborer les conditions définitives qu'il va (qu'ils vont) soumettre à l'accord de l'emprunteur. Celles-ci peuvent être les mêmes que les conditions initialement prévues au jour du lancement. Elles peuvent aussi être modifiées par suite de l'évolution de la demande ou d'un changement des taux d'intérêt sur le marché. L'ajustement des termes d'une émission aux conditions du marché s'effectue le plus souvent par le prix d'émission ou par le montant émis (souvent révisé à la hausse) ou encore, mais de manière beaucoup plus rare, par une révision du coupon. Le prix d'émission est la variable d'ajustement la plus naturelle. Le chef de file doit cependant respecter un certain niveau-seuil de telle sorte que la différence entre le prix d'émission et le cours des titres sur le marché secondaire ne devienne pas inférieure aux commissions perçues par les banques placeuses. Si le prix chute en dessous de ce seuil, cela signifie que ces banques supportent une perte dans l'opération.

Une fois que l'emprunteur donne son accord aux conditions définitives, le chef de file procède à la répartition des titres entre ceux qui ont déclaré vouloir les placer auprès du public. Cette opération s'appelle l'*allotment*. Les montants servis aux banques sont généralement inférieurs aux demandes. A partir de cette date, les banques placeuses qui acceptent l'offre sont tenues d'acheter les titres au prix d'émission fixé par le syndicat de direction, diminué des commissions qu'elles perçoivent (tableau 1).

1.4. La phase publique et la clôture de l'émission

Le placement public consiste à vendre effectivement les titres dont l'existence vient d'être constatée par la mise en place d'un syndicat de garantie. Le chef de file, pendant cette période, surveille l'activité des banques placeuses. Il contrôle le marché qui s'instaure, car déjà les transactions débutent pour

Tableau 1 – Caractéristiques de l'émission General Electric Corp. d'avril 1995

Montant : 250 millions de dollars
Maturité : 6 ans (échéance 9 mai 2001)
Coupon : 7 3/8 %
Prix d'émission : 101,526 % du nominal
Prix de cession fixe avant la clôture (*fixed re-offerprice*) : 99,926 %
Date de paiement (*closing day*) : 9 mai
Cotation : Luxembourg
Commission : 1 7/8 % (*management* et *underwriting* : 0,275 % ; *selling* : 1,60 %)
Domiciliation juridique : loi de l'Etat de New York
Clauses de garantie : *Cross default, Negative pledge*
Restriction de vente à l'émission : Etats-Unis, Grande-Bretagne
Rating : Aaa (Moody's), AAA (Standard and Poor's)
Lead-manager : Merrill Lynch
Senior co-lead manager : Swiss Bank Corp.
Co-lead managers (nombre) : 16 banques

acheter ou revendre des positions entre les membres du syndicat. Au cours de cette période, le chef de file demande l'admission du titre à la cote d'une bourse de valeurs (généralement Luxembourg ou Londres).

La clôture de l'émission a lieu à la date fixée. Au jour du *closing day,* les membres du syndicat transfèrent en bloc les sommes correspondant aux titres qu'ils ont dû placer de telle sorte que le montant net de l'emprunt soit disponible pour l'émetteur. Les banques placeuses reçoivent en contrepartie les titres souscrits qui seront ensuite transmis aux investisseurs finaux. Le chef de file procède après coup à la publication, dans les journaux financiers spécialisés, d'un placard publicitaire appelé *tombstone* qui annonce la réussite de l'opération et mentionne avec un protocole savamment dosé les banques qui y ont participé.

La procédure d'émission euro-obligataire décrite ci-dessus est d'une efficacité redoutable. Elle permet de collecter en l'espace de quelques semaines des sommes qui s'expriment en centaines de millions, voire en milliards de dollars. Il existe certes des différences d'un compartiment du marché international à l'autre ; le rôle central et actif joué par un noyau de banques internationales possédant un savoir-faire technique et connaissant bien les marchés se retrouve, néanmoins, dans tous les cas de figure.

2. Le développement du marché financier international et le rôle des banques

Le développement des marchés financiers internationaux peut s'appréhender quantitativement par le volume des émissions réalisées, et qualitativement par la sophistication croissante des actifs utilisés. Une analyse plus fine met en évidence, au-delà de la stagnation relative des obligations étrangères et de la contraction des euro-crédits, l'adaptation rapide des comportements des banques internationales qui ont, dans le passé récent, privilégié une plus grande sélectivité parmi les débiteurs et le recours aux *euro-notes.*

2.1. Le volume des émissions d'obligations internationales

La croissance du volume des émissions est la meilleure illustration du développement du marché des obligations internationales (tableau 2).

L'expansion du marché euro-obligataire a été prodigieuse au cours des vingt dernières années : en 1977, le total émis ne s'élevait encore qu'à 16 milliards de dollars. Le dynamisme et le sens de l'adaptation des banques internationales expliquent un tel succès. Malgré un environnement économique, financier et monétaire marqué par les crises et les incertitudes (chocs pétroliers, hausse record des taux d'intérêt en 1980-1982, mouvements de change brutaux du dollar...), les intermédiaires financiers ont globalement su promouvoir les devises et les types d'actifs qui convenaient aux besoins des investisseurs internationaux. Ainsi, lors de la hausse du dollar au cours des années 1980-1985, l'écrasante majorité des émissions s'est-elle effectuée dans cette devise. Depuis mars 1985, une part croissante des euro-obligations est libellée en yen, en deutsche mark ou en livre sterling. En 1994, la mauvaise conjoncture des taux d'intérêt a conduit à une contraction des émissions par rapport au record de l'année 1993. Malgré cela le volume des émissions représentait 4 fois celui de 1984.

Tableau 2 – Emissions d'obligations internationales

	1984	1993	1994
Euro-obligations	81,7	394,6	368,4
Emissions étrangères	27,8	86,4	60,2
Total	109,5	481,0	428,6

Unité : Milliard de dollars.
Source : OCDE.

2.2. Les catégories d'actifs financiers

La catégorie d'actif financier dominante reste toujours celle des obligations classiques à taux fixe[6]. Toutefois l'innovation a consisté à amender le même squelette de base – une créance à taux fixe – par des innovations qui ont continué à attirer les investisseurs, même lors des périodes de remontée des taux : warrants obligataires, coupons zéro, options de change...

Les obligations à taux variables[7] (*floating rate notes* ou FRN) sont des actifs financiers qui connaissent la faveur des investisseurs en cas de hausse des taux d'intérêt. La rémunération versée aux prêteurs est calculée à intervalles périodiques sur la base du taux des euro-dépôts en dollar à Londres (Libor à 3 ou 6 mois selon les cas). Les FRN s'assimilent à des instruments monétaires ; ils prolongent le marché euro-obligataire vers les actifs à court terme. Principalement libellées en dollar, les obligations à taux variable ont représenté 96 milliards de dollars d'émission en 1994.

6. Voir dans cette ***Encyclopédie*** l'article de M. Piermay, « Obligations », p. 1283, tome 2.
7. Voir dans cette ***Encyclopédie*** l'article de A. François-Heude, « Obligations à taux variable », p. 1343, tome 2.

Les obligations convertibles en actions sont des actifs financiers traditionnels que l'on retrouve sur de nombreux marchés domestiques[8]. Les grandes entreprises américaines, européennes ou japonaises ont eu recours à ce type de financement pour plus de 20 milliards de dollars en 1994. Les émissions d'obligations assorties de warrants d'actions, ou celles de warrants d'actions isolés, ont connu un développement rapide depuis 1985. Il s'agit d'actifs d'esprit proche des obligations convertibles : le droit d'achat d'une certaine quantité d'actions d'une entreprise donnée à un prix donné est individualisé sous la forme d'un actif financier indépendant appelé warrant. Près de 10 milliards de dollars ont été collectés en 1994 à l'aide de warrants d'actions. Les émissions internationales d'actions sont une nouveauté apparue en 1985. Leur croissance a été spectaculaire au point de représenter l'équivalent de près de 12 milliards de dollars en 1986. D'une manière générale, les émissions d'actions ou d'actifs liés à des actions sont favorisées par la bonne tenue des marchés boursiers domestiques aux Etats-Unis, en Europe et au Japon. Malgré le souvenir de la crise boursière d'octobre 1987, le placement international d'actions s'est développé au début des années 1990 dans le cadre de programmes de privatisation. Le tableau 3 met en évidence la décomposition par type d'instrument des émissions internationales d'actifs financiers.

Tableau 3 – Répartition des émissions par type d'instrument

Type d'instrument	1984	1994
Obligation à taux fixe	55,9 %	65,7 %
FRN	34,3 %	25,8 %
Obligations convertibles		5,5 %
Warrants-actions	9,8 %	3,0 %
Total	100 %	100 %

Les chiffres sont calculés par rapport aux montants émis en euro-obligations.

Sources : OCDE et IFR.

2.3. Les émissions d'obligations étrangères

Les émissions d'obligations étrangères respectent les procédures formelles des marchés financiers domestiques. Chaque marché obligataire national est susceptible d'accueillir des émissions étrangères. L'exemple historique des emprunts russes rappelle que Paris était la première place financière du monde pour les émissions internationales à la fin du XIXe siècle. Les marchés d'émissions étrangères se concentrent de nos jours sur essentiellement quatre devises :

– les obligations étrangères en franc suisse (appelées *chocolate bonds*),

– les obligations étrangères en dollar émises à New York (appelées *yankee bonds*),

– les obligations étrangères en yen (appelées *samurai bonds*),

– les obligations étrangères en franc luxembourgeois (qui ont remplacé celles émises autrefois en deutsche mark).

8. Voir dans cette ***Encyclopédie*** l'article de G. de Nercy, « Obligations convertibles », p. 1298, tome 2.

Le tableau 4 présente les volumes d'obligations étrangères émises selon leur devise de libellé.

Tableau 4 – Principaux marchés d'obligations étrangères

Obligations	1984	1993	1994
Obligations étrangères en CHF	13,1	27,0	20,0
Yankee Bonds en USD	4,3	33,4	15,0
Samurai Bonds en JPY	4,8	15,2	11,2
Obligations étrangères en LUF	–	3,5	11,0
Obligations étrangères en SPE	–	3,0	1,6
Obligations étrangères en DEM	2,4	–	–
Obligations étrangères en autres devises	3,2	4,3	1,4
Total	27,8	86,4	60,2

Unité : Milliard de dollars.
Source : OCDE.

Les émissions étrangères en franc suisse méritent une analyse particulière. On remarque que cette devise représente à elle seule plus de la moitié de la totalité des émissions étrangères alors que, de manière simultanée, il n'y a pas d'euro-obligations en franc suisse. L'explication vient de l'interdiction des autorités monétaires suisses d'utiliser cette devise comme monnaie de libellé d'euro-émissions. Il ne reste alors plus aux emprunteurs étrangers que la solution d'émettre des obligations domestiques. Celles-ci doivent suivre la procédure usuelle des obligations domestiques : accord de la banque centrale, insertion dans un calendrier, choix d'une banque suisse chef de file. Le caractère domestique des émissions étrangères en franc suisse (ou en franc luxembourgeois) n'est cependant qu'une apparence. Ce marché financier ne fait que prêter sa structure à des émissions en réalité placées auprès d'investisseurs étrangers. La grande majorité des souscriptions ne provient pas des résidents suisses, mais plutôt de capitaux apatrides gérés par les banques suisses[9]. La place particulière des émissions étrangères en franc suisse explique pourquoi la comparaison des devises de libellé doit s'effectuer par référence à l'ensemble des émissions d'obligations internationales, et non pas seulement par rapport aux seules euro-obligations (tableau 5).

On remarque une concentration des émissions sur six grandes devises : le dollar américain, le yen, le franc suisse, le deutsche mark, la livre sterling et le franc français. Les autres devises semblent ne jouer qu'un rôle secondaire d'appoint. La place du dollar reste prépondérante, même si on note une tendance à un certain rééquilibrage, notamment au profit du yen. Il faut cependant distinguer les mouvements de fond et les évolutions conjoncturelles. La répartition des émissions par devise est le reflet des tensions sur les marchés des changes. Le tableau 5 illustre les préférences des investisseurs en termes de devise de libellé. Ceux-ci ont bien évidemment tendance à préférer les créances

9. L'importance des émetteurs japonais sur le marché des émissions étrangères en Suisse mérite d'être signalée. Les entreprises japonaises collectent de 30 à 40 % du total de ces émissions, en proposant notamment des obligations convertibles.

Tableau 5 – Répartition des émissions d'obligations internationales par devises

Devises	1984	1993	1994
Dollar américain	63,6 %	38,1 %	38,4 %
Yen	5,5 %	12,4 %	18,3 %
Deutsche mark	6,2 %	11,4 %	7,4 %
Livre sterling	5,1 %	8,9 %	7,1 %
Franc français	–	8,3 %	6,5 %
Franc suisse	12,0 %	5,6 %	4,7 %
Lire	–	2,4 %	4,0 %
Dollar canadien	2,1 %	6,1 %	3,1 %
Franc luxembourgeois	–	0,7 %	2,6 %
Dollar australien	0,3 %	0,7 %	1,8 %
Autres devises	5,2 %	5,4 %	6,1 %
Total	100 %	100 %	100 %

Source : OCDE.

en monnaies fortes. A partir de 1985, la ventilation par devise correspond de moins en moins aux choix d'endettement des emprunteurs. Le mécanisme des swaps permet en effet d'émettre dans une devise forte, recherchée par les prêteurs, des obligations qui sont ensuite échangées dans le cadre d'un swap contre une dette en dollar.

Le développement rapide des swaps de devises accentue la dissociation de la structure des devises d'émissions internationales selon que l'on se place du point de vue de l'investisseur ou du débiteur. C'est là une autre illustration du rôle des banques internationales. Celles-ci ne sont pas seulement des intermédiaires actifs dans le succès d'une émission et la recherche de souscripteurs. Par leur savoir-faire technique, elles jouent aussi un rôle d'intermédiation entre les préférences de devises des souscripteurs et celles des emprunteurs.

2.4. La sélectivité des émissions internationales et la contraction des euro-crédits

Les banques internationales limitent l'accès des marchés d'émissions internationales aux meilleurs débiteurs. A l'inverse de ce qui s'est longtemps passé sur les marchés des prêts financiers internationaux, il n'y a pratiquement pas de débiteurs insolvables sur les marchés obligataires internationaux. Cela s'explique par l'existence d'une barrière à l'entrée qui écarte les débiteurs de qualité moyenne ou médiocre, tels ceux provenant de nombreux pays en voie de développement. Le tableau 6 met en évidence la concentration des émetteurs parmi les pays les plus développés.

Les émetteurs originaires des pays en voie de développement ont un accès très mesuré à ces marchés : les sommes collectées profitent à un petit nombre de pays asiatiques nouvellement industrialisés (les « quatre dragons », la Chine, la Thaïlande), auxquels il faut ajouter l'Argentine et le Brésil. L'environnement financier international et la crise de l'endettement de la plupart des pays du Tiers-Monde limitent dans la pratique les marchés d'obligations internationales aux gouvernements, aux entités publiques et aux entreprises des pays de l'OCDE.

Tableau 6 – Répartition des émissions internationales par origine des emprunteurs

Origines	1984	1993	1994
Pays de l'OCDE (y compris les organisations européennes)	88,3 %	87,5 %	87,9 %
PVD	3,2 %	7,1 %	8,1 %
Pays d'Europe centrale et orientale (PECO)	0,1 %	0,1 %	ns
Organisations internationales	7,2 %	4,4 %	3,0 %
Autres emprunteurs	1,1 %	0,9 %	1,0 %
Total	100 %	100 %	100 %

ns : non significatif.

Source : OCDE.

La même sélectivité se retrouve au niveau des euro-crédits. Le marché des prêts bancaires internationaux a mis du temps à se remettre de la crise d'insolvabilité de 1981-1982, date à partir de laquelle la majorité des pays débiteurs d'Amérique latine, d'Afrique et d'Europe de l'Est ont demandé une renégociation des termes de leur dette.

Les euro-crédits sont émis en recourant à une procédure de syndication internationale semblable à celle utilisée pour les euro-obligations. La différence principale réside dans le syndicat de placement : celui-ci est remplacé par un pool de banques dont chacune s'engage à financer un certain montant du prêt. Les banques remplissent donc directement le rôle de prêteur. Elles prennent à leur compte un risque de crédit, alors que pour l'émission d'obligations elles jouent un rôle d'intermédiaire actif entre le débiteur et les souscripteurs. Le tableau 7 donne les volumes des prêts bancaires internationaux consentis au cours des dernières années ainsi que ceux des prêts bancaires étrangers.

Tableau 7 – Prêts bancaires internationaux

	1984	1993	1994
Montant en milliards de dollars	53,2	136,1	235,3
Répartition selon l'origine des émetteurs :			
– Pays de l'OCDE		85,1 %	89,6 %
– PVD		13,3 %	9,7 %
– PECO		0,4 %	0,5 %

Source : OCDE.

Le marché des euro-crédits est apparu sinistré jusqu'au début des années 1990. En 1981, un record historique avait été atteint avec plus de 90 milliards de dollars d'euro-crédits à moyen terme mis en place. A cette date, les montants d'euro-crédits représentaient près de trois fois le volume des émissions euro-obligataires. La lente digestion de l'insolvabilité des pays d'Amérique latine a pris une dizaine d'années, durée au terme de laquelle les provisions successives passées dans les comptes de résultat des banques ont permis d'atteindre la valeur réelle des crédits immobilisés. Ceux-ci s'échangent dorénavant sur un marché secondaire à des prix qui varient de 10 à 70 % du nominal de la créance selon les pays. Les accords de rééchelonnement ou le plan Brady de conversion d'une partie de la dette bancaire, avec la constatation d'une moins-value immédiate de 35 %, ont rythmé un apurement douloureux pour les banques prêteuses.

La réaction des banques a été, là encore, la sélectivité accrue des débiteurs (du moins tant qu'elles le pouvaient). Le faible montant d'euro-crédits consentis traduit la faiblesse de la demande émanant d'emprunteurs de qualité. Les euro-crédits, après avoir été dirigés en majorité vers les pays en voie de développement, se concentrent maintenant sur les débiteurs des pays développés (tableau 7). Les prêts bancaires internationaux ont connu en 1993-1994 un développement très ciblé pour quelques PVD asiatiques à fort potentiel (Chine, Thaïlande, Indonésie). Ces pays, à la différence de certains de leurs voisins, n'ont pas un standing suffisant pour s'adresser tout de suite au marché des émissions internationales. Les euro-crédits jouent ici une fonction d'antichambre. Les euro-crédits ne sont donc pas un mode de financement moribond. Grandeurs et décadences se succèdent de manière cyclique sur le marché financier international. Les prêts bancaires syndiqués présentent l'inconvénient majeur de ne pas être négociables. La préoccupation de liquidité est ressentie de manière très profonde de la part de banques internationales dont une partie de l'actif est gelée dans des crédits à moyen terme.

2.5. Le marché des euro-notes et l'innovation bancaire

L'innovation a consisté à rendre liquide et négociable ce qui auparavant ne l'était pas. Le mouvement de fond vers la mobiliérisation (*securitization*) traduit cette exigence. Les actifs financiers recherchés sont les titres obligataires ou les instruments monétaires, car ceux-ci sont facilement négociables sur des marchés financiers ouverts à de nombreux acheteurs ou vendeurs.

Les émissions d'obligations à taux variable ont pu quelquefois apparaître comme des euro-crédits déguisés. Les banques qui procédaient à l'émission, agissaient en même temps comme prêteurs en conservant dans leurs portefeuilles-titres la plus grande partie de celle-ci. Techniquement, euro-crédits et FRN sont des actifs financiers très proches dont la rémunération est calculée sur la valeur du Libor augmentée d'une marge négociée (*spread*). La différence réside dans le fait que les titres à taux variable bénéficient d'un marché secondaire liquide.

Le marché des euro-notes est le résultat d'une innovation bancaire qui va dans le même sens. Il s'agit d'une technique combinant la sécurité d'un financement à moyen terme pour l'emprunteur avec le recours à la création de billets à ordre à court terme. Le montage d'une *facilité d'émissions internationales* s'effectue sous l'autorité d'une banque, l'« arrangeur », qui met en place un syndicat de garantie de placement à moyen terme des notes à court terme. Cette garantie peut prendre la forme d'une ligne de crédit bancaire (*back-up facility*). A intervalles réguliers, la banque « arrangeur » procède au placement, souvent par enchères, des notes à court terme émises par l'emprunteur. Ces notes sont des billets à ordre de un à six mois de durée, elles sont négociables sur le marché euro-monétaire. En cas de placement difficile ou de demande insuffisante, le syndicat de garantie assure la souscription totale des euro-notes.

Les banques commerciales ont rapidement été intéressées par ce mode de financement qui prend appui sur le marché monétaire à court terme. Inexistant au début des années 1980, le marché des facilités d'émissions internationales a rapidement atteint un volume supérieur à 50 milliards de dollars. Il faut toutefois signaler que le montant d'une facilité d'émissions de notes est un plafond maximum. L'emprunteur est libre de fixer le montant de notes qu'il souhaite émettre. Les montants effectivement émis sont très inférieurs au total théorique des facilités.

Après un engouement important à la fin des années 1980, le volume des facilités mises en place a considérablement chuté. Les grands émetteurs qui ont utilisé ce type de financement ont estimé qu'ils pouvaient se passer de la garantie de placement bancaire, dans la mesure où leur nom était déjà connu et apprécié sur le marché financier international (tableau 8).

Tableau 8 – Montant des facilités d'émissions internationales mises en place

	1984	1993	1994
Facilités d'émissions internationales	55,3	6,7	3,3

Plafond maximum en milliards de dollars.
Source : OCDE.

Le *marché du papier euro-commercial* est très proche du précédent. Les banques d'investissement anglo-saxonnes ont proposé aux grands emprunteurs internationaux (Etats, entreprises publiques, firmes multinationales...) des programmes d'émission de papier euro-commercial. Ce marché est techniquement identique au précédent puisqu'il consiste aussi à émettre à la demande des billets. La flexibilité offerte à l'emprunteur est très grande puisque ces programmes prévoient au choix l'utilisation de notes à court terme, de notes à moyen terme (3 à 5 ans) à taux fixe ou à taux variable, ou de titres à coupon-zéro[10], cela en plusieurs devises. La banque gérant le programme de papier commercial se charge de placer les billets auprès d'investisseurs institutionnels ou auprès d'autres banques. A la différence des facilités d'émissions internationales au sens strict, il n'y a pas de syndicat de garantie de placement préconstitué. Le papier euro-commercial se place sur le marché euro-monétaire à court terme aux conditions prévalant sur le marché.

La formule plus récente et plus souple du papier euro-commercial a connu un succès très rapide qui dépasse celui des facilités d'émissions internationales. Elle est aussi moins coûteuse car il n'y a pas à rémunérer de syndicat bancaire de garantie.

Le marché des euro-notes illustre la capacité des banques internationales à répondre au besoin de financement à moyen terme des emprunteurs en dépassant la formule traditionnelle du prêt. Déjà ces nouveaux compartiments, après seulement quelques années d'existence, semblent « faire le plein » de leurs utilisateurs potentiels. Une évolution vers d'autres actifs financiers est vraisemblable. Le savoir-faire des banques internationales consiste à disposer d'une

10. Voir dans cette ***Encyclopédie*** l'article de A. de Clermont-Tonnerre et M.A. Lévy, « Obligations à coupon-zéro », p. 1323, tome 2.

créativité suffisante pour proposer au moment voulu le type d'actifs ou le type de montage financier qui convient aux emprunteurs (parmi lesquels elles figurent) et aux investisseurs (dont elles-mêmes).

Derrière l'appellation de banques internationales, on trouve donc des institutions de grande taille qui doivent posséder à la fois :

– un savoir-faire professionnel et une renommée internationale de haut niveau,

– une capacité créatrice et des équipes de techniciens compétents dans tous les secteurs du marché,

– une grande capacité de placement auprès des investisseurs finaux et une implantation réellement internationale.

Une centaine d'institutions bancaires internationales remplissent ces conditions. Il faut souligner la concentration des acteurs bancaires sur le marché international des capitaux. Les emprunteurs comme les investisseurs se trouvent en face de banques que d'aucuns ont comparé avec justesse à des « supermarchés » financiers. Le tableau 9 donne quelques noms issus d'un classement des institutions les plus actives sur le marché euro-obligataire.

Tableau 9 – Classement des chefs de file

	Noms	Nombre d'émissions	Montant cumulé
1	Merrill Lynch	141	29,2
2	Crédit suisse First Boston	118	23,2
3	Goldman Sachs	72	18,2
4	Nomura	127	15,0
5	Swiss Bank Corp.	107	14,8
6	Union de Banques Suisses	54	13,3
7	Lehman Bros	64	12,9
8	Morgan Stanley	72	11,1
9	J.P. Morgan	53	10,3
10	Deutsche Bank	54	10,3

Le classement est établi sur les émissions de la période janvier-septembre 1994.

Source : *IFR* (octobre 1994).

Le marché international des capitaux doit l'essentiel de son développement et de son succès aux banques internationales. Celles-ci ne sont pas de simples intermédiaires passifs. Elles interviennent de manière directe à chaque instant dans le fonctionnement des marchés, en ne se limitant pas au marché primaire. Ce dynamisme mérite d'être signalé, car il se retrouve aussi au niveau du fonctionnement des marchés secondaires.

3. La globalisation des marchés secondaires

Le facteur unifiant le plus fondamental du marché international des capitaux est l'existence d'un marché secondaire bien organisé et intégré aux autres marchés domestiques. L'unité des marchés d'obligations internationales n'est pas une évidence qui s'impose d'elle-même. Au-delà des particularités institutionnelles de telle ou telle catégorie de titres, il faut adopter la vision globale qui est celle de l'investisseur international. Les titres internationaux ont certes des spécificités au moment de leur émission ; s'y arrêter reviendrait cependant à privilégier exagérément l'étape transitoire du marché primaire.

3.1. L'impératif de liquidité et d'évaluation

Une obligation est un actif financier qui a une durée de vie longue. Son comportement sur le marché s'inscrit dans le cadre d'offres et de demandes qui n'ont plus rien à voir avec les circonstances qui ont prévalu au moment de l'émission. Une obligation s'échange et s'apprécie par comparaison à d'autres titres de devises, de maturités, de coupons ou de signatures différentes. Le marché secondaire euro-obligataire se nourrit de la diversité des actifs financiers disponibles.

L'encours des seules euro-obligations a dépassé 2 100 milliards de dollars fin 1994. Le schéma 2 montre la taille du marché euro-obligataire. Le stock de titres disponibles dans le cadre d'une gestion de portefeuille internationale dépasse de très loin le flux annuel des émissions. Ces dernières ne jouent qu'à la marge. La logique dominante sur les marchés financiers internationaux est celle de la gestion de portefeuille ; elle l'emporte sur la préoccupation de financement liée à l'émission de titres nouveaux par les emprunteurs.

Schéma 2 – Encours euro-obligataire

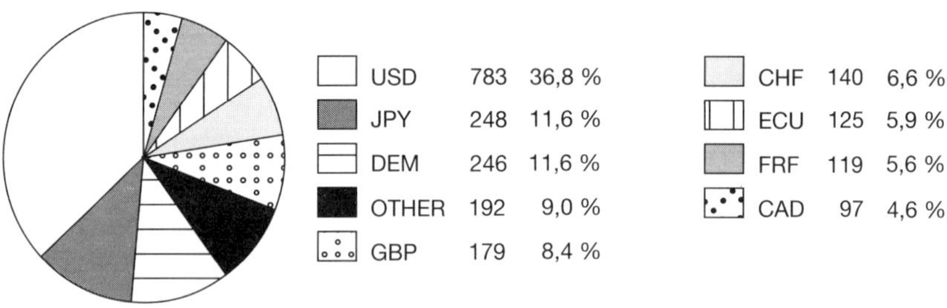

Unité : Milliard de dollars.
Source : ISMA.

Les 4 000 à 5 000 titres euro-obligataires offerts aux investisseurs sont en parfaite continuité avec les obligations domestiques libellées dans la même devise. Les euro-obligations en dollar se comparent aisément aux *US Treasury bonds* émis par le Trésor américain, celles en franc français sont dans le prolongement des Fonds d'Etat domestiques. Les obligations négociées sur les marchés nationaux sont de plus en plus couramment exonérées de retenues à la source[11]. Il se constitue ainsi un ensemble formé d'actifs financiers substituables dans le cadre d'une gestion obligataire internationale[12]. Les titres qui en font partie sont non seulement les euro-obligations, mais aussi les compartiments des marchés domestiques accessibles sans inconvénient aux investisseurs étrangers. Ces derniers sont composés des actifs financiers qui ont un « statut » international :

11. Tel est le cas aux Etats-Unis depuis 1984, en France, en Allemagne...

12. Voir également dans cette ***Encyclopédie*** l'article de P. Fontaine, « Gestion des portefeuilles internationaux », p. 548, tome 1.

exemption de retenue à la source, marché liquide, encours unitaire des émissions important, débiteurs de grande qualité. Dans la pratique, il s'agit le plus souvent des emprunts d'Etat (tableau 10).

Tableau 10 – Taille des principaux marchés obligataires mondiaux

Etats-Unis	2 392
Japon	1 891
Allemagne	793
France	468
Italie	668
Grande-Bretagne	333
(Euro-obligations)	(2 128)

Les chiffres représentent la dette gouvernementale publique à moyen et long terme en milliards de dollars, fin 1994.

Source : Barclays De Zoet Wedd.

Le marché euro-obligataire apparaît comme le liant qui met naturellement en relation les marchés obligataires nationaux. La logique de la gestion de portefeuille consiste à s'interroger sur chaque titre et à évaluer l'opportunité de placement qu'il représente. Plus qu'une estimation absolue de sa valeur, ce qui compte est une appréciation relative. Le rôle économique du marché secondaire au travers des prix dont il permet l'affichage est d'être un lieu d'évaluation permanente et continue des actifs financiers. Le marché secondaire euro-obligataire ajoute une dimension supplémentaire à cette nécessité d'évaluation relative : il réalise dans la pratique l'intégration internationale des marchés financiers mondiaux. Un gérant de portefeuille français possédant une euro-obligation en dollar sur la firme XYZ est naturellement amené à comparer le prix de cette dernière avec une euro-obligation du même débiteur, mais libellée en yen. Dans une étape ultérieure, le même gérant s'interrogera sur l'éventualité de vendre des obligations domestiques en yen pour acheter des *US Treasury bonds* en dollar. Le marché international des capitaux constitue l'univers de référence d'une gestion de portefeuille obligataire ouverte sur l'extérieur. Encore faut-il que ce marché soit suffisamment liquide pour que les titres qui s'y trouvent puissent faire l'objet de transactions dans le cadre d'une gestion dynamique. Il s'agit là d'un impératif technique sans lequel l'évaluation n'aurait pas de sens. Le marché secondaire est le lieu du retour à la liquidité pour l'investisseur qui veut sortir d'une position. Un marché secondaire performant est celui où les intervenants peuvent entrer et sortir à tout instant au cours affiché sur un titre, cela même pour des montants importants. Tel est globalement le cas des actifs financiers internationaux. L'organisation et les procédures du marché secondaire euro-obligataire en font un des plus liquides au monde. Celui-ci devient un modèle qui, par contact, tend à se reproduire au sein des marchés domestiques.

3.2. L'organisation du marché secondaire

L'organisation du marché secondaire euro-obligataire est fondée sur trois éléments.

– Les transactions se réalisent entièrement hors bourse par téléphone. Le marché est délocalisé, on qualifie cette situation d'*over the counter market*.

– L'existence reconnue d'une fonction de contrepartie permet de répondre immédiatement aux ordres des investisseurs. Cette contrepartie s'exerce de manière compétitive entre plusieurs *market makers*.

– La compensation des transactions est effectuée grâce à des centrales de *clearing* internationales particulièrement efficaces.

La conjonction de ces trois éléments aboutit à un fonctionnement performant du marché secondaire des actifs internationaux. Chacun d'entre eux mérite une analyse.

3.2.1. La délocalisation

Le marché est assuré par un réseau d'intervenants spécialisés, physiquement situés dans les grands centres financiers du monde. L'information et les transactions circulent entre eux par des moyens de communication divers : systèmes de messagerie en temps réel de type Reuter, téléphone, fax, télex, réseaux de bases de données. Des intervenants spécialisés réalisent la quasi-totalité des transactions sur le marché international. Celles qui sont effectuées par l'intermédiaire des bourses de Londres ou de Luxembourg n'en représentent qu'une part infime.

En matière de titres internationaux, les détenteurs et les acquéreurs éventuels sont dispersés dans le monde entier. Les bourses de valeurs nationales ne sont pas, dans ces conditions, compétitives par rapport à des intermédiaires internationaux spécialisés dans un nombre restreint de titres. Les avantages d'un marché hors bourse par rapport à des cotations boursières localisées sont la disponibilité, la flexibilité et la discrétion. La disponibilité est un aspect important : elle signifie pouvoir effectuer des transactions à tout moment. C'est le cas des marchés hors bourse où la cotation est continue tout au long de la journée. Par ailleurs, si les intervenants contrepartistes sont judicieusement localisés autour du globe (Europe, Etats-Unis, Asie), il est possible que les transactions suivent les fuseaux horaires et se développent tout au long d'une journée ouvrable.

La flexibilité du marché secondaire international provient du faible poids contraignant des réglementations. Cela permet une adaptation rapide des procédures aux demandes des investisseurs.

La discrétion, enfin, est un élément auquel un donneur d'ordres, par exemple un investisseur institutionnel, est sensible lorsqu'il souhaite se défaire d'une position de titres. La possibilité de négocier directement avec un intermédiaire indépendant de l'émetteur permet de garantir l'anonymat de la transaction. Une discrétion totale est permise grâce à la forme au porteur des titres.

3.2.2. La contrepartie

Les intervenants spécialisés sur le marché secondaire sont ceux dont l'activité est consacrée à la réalisation des transactions. On distingue les contrepartistes (*market makers* encore appelés *reporting dealers*) et les *dealers* non contrepartistes.

Les *market makers* sont des institutions financières qui s'engagent à assurer la fonction de contrepartie quelles que soient les conditions du marché. Chacun d'entre eux se déclare prêt à annoncer, pour une liste de titres déterminée par lui, un cours auquel il est acheteur et un cours auquel il est vendeur[13]. Les cours affichés par le *market maker* s'entendent net de tous frais annexes, de commissions, ou de droits... La marge entre le prix d'achat et le prix de vente, appelée *trading spread*, est un élément essentiel de la rémunération du contrepartiste qui doit lui permettre de couvrir les frais liés à son activité. La permanence de l'activité de contrepartie est la donnée capitale qui garantit la liquidité du marché. Le caractère concurrentiel de la contrepartie assure que les prix affichés ont un caractère réaliste. Aucun *market maker* n'a en effet de monopole de transaction sur un titre donné. Plusieurs contrepartistes peuvent proposer des fourchettes de prix légèrement différentes. La concurrence assure que, par exemple, si l'un des *market makers* affichait des cours anormaux, les autres contrepartistes s'en apercevraient rapidement. Un *market maker* s'engage à traiter sur la base des prix qu'il annonce à son correspondant, quel que soit le sens de la transaction. Il se peut que cela se fasse parfois à perte. Il ne faut pas oublier que le contrepartiste, même s'il sert l'intérêt général du marché, agit pour son propre compte, en poursuivant des objectifs particuliers, notamment de rentabilité. Il est ainsi amené à prendre des positions risquées sur les titres qu'il traite.

Environ 120 institutions bancaires internationales ont le statut de *reporting dealers*, c'est-à-dire de contrepartistes déclarés auprès de l'ISMA (*International Securities Market Association*). Il s'agit essentiellement des grandes banques présentes sur le marché des émissions internationales. Pour les banques commerciales, le marché secondaire est le prolongement du marché primaire. Pour les banques d'investissement, le marché secondaire répond à la logique de gestion de portefeuille. La plus grande partie des *market makers* est physiquement installée à Londres.

Les intervenants non contrepartistes sont de simples *dealers* sur le marché secondaire. Ceux-ci proposent des prix ou sollicitent des affaires. Leur rôle consiste le plus souvent à être un intermédiaire pur entre le donneur d'ordres final (investisseurs ou débiteurs) et le contrepartiste le plus adapté. Le *dealer* est alors rémunéré par une commission de courtage. Il se peut néanmoins que certains *dealers* prennent des positions ponctuelles de titres pour leur propre compte et annoncent des prix à des clients.

L'ensemble des intervenants spécialisés sur les marchés internationaux se retrouvent au sein de l'ISMA. Cette association de droit suisse compte environ 800 membres répartis dans le monde entier. L'objet de l'ISMA est de développer la compétence de ses membres et d'apporter des solutions aux problèmes techniques rencontrés sur les marchés internationaux. Pour ce faire, l'ISMA a édicté un certain nombre de règles concernant le fonctionnement du marché et le déroulement des transactions. L'adhésion à l'ISMA implique le respect des règles et des procédures choisies par la communauté des intervenants. La nécessité d'une certaine auto-discipline est admise par l'ensemble des intervenants spécialisés sur les marchés internationaux. Deux associations particulières, regroupant des membres de l'ISMA, ont pour objet de définir un véritable code des usages et pratiques concernant respectivement le marché primaire (*International Primary Market Association*) et le marché secondaire

13. Voir également dans cette ***Encyclopédie*** l'article de S. Mannaï, « Market making », p. 1075, tome 2.

(*Secondary Market Association*). Le caractère auto-régulateur du marché financier international est une de ses grandes caractéristiques. C'est aussi une de ses grandes forces. Les autorités chargées du contrôle des marchés financiers britanniques en ont pris acte en conférant un statut officiel au comité d'auto-réglementation concernant la négociation des titres internationaux à Londres, l'*International Security Regulation Organization*.

3.2.3. Les centrales de compensation

Le marché international a développé des institutions spécifiques qui sont des coopératives offrant des services aux intervenants spécialisés et aux investisseurs institutionnels. Deux centrales de *clearing* dont l'efficacité doit être soulignée assurent en effet la compensation de la quasi-totalité des transactions internationales de valeurs mobilières de toutes catégories. Euroclear à Bruxelles et Cedel à Luxembourg ne limitent cependant pas leur rôle au dépouillement des transactions euro-obligataires. Ces deux centrales exercent les mêmes activités et proposent les mêmes services. La concurrence à laquelle se livrent ces deux organismes a eu l'effet bénéfique de rendre comparable la qualité de leurs services et de servir de stimulant à la recherche d'innovations techniques. Leur activité consiste non seulement à exécuter les transactions par virements scripturaux internes, mais aussi à permettre la conservation et la gestion des titres internationaux, le financement de positions de titres et les prêts/emprunts de titres[14]. Le rôle des deux systèmes de *clearing* est d'assurer au mieux la logistique du marché financier international et d'être neutre dans les transactions qui s'y réalisent. Ni Cedel, ni Euroclear ne cherchent à concurrencer les diverses banques ou institutions financières dans leurs interventions sur le marché secondaire[15].

Chacun des deux systèmes compte environ 2 000 participants, l'adhésion y est gratuite. On retrouve comme membres :

– les banques actives sur le marché primaire international qui reçoivent les titres placés par l'intermédiaire des centrales de *clearing* et retournent le produit des émissions vers le chef de file par le même canal ;

– les *market makers* et les *dealers* spécialisés dans les transactions sur le marché secondaire et qui sont les utilisateurs naturels du système de virement de titres par comptes-courants ;

– les investisseurs institutionnels et les gérants de portefeuille internationaux professionnels : c'est le cas, par exemple, des compagnies d'assurances et des fonds d'investissement.

Ils peuvent chacun traiter pratiquement tous les titres susceptibles d'être négociés sur les marchés internationaux, mais aussi sur les marchés domestiques. Le nombre de titres admis dans chacun des systèmes est impressionnant : plus de 30 000. Au départ les centrales de *clearing* se limitaient aux euro-obligations. Cependant leur efficacité et la pression des utilisateurs les ont conduites à accepter les obligations étrangères, notamment en franc suisse, les actions internationales, les euro-notes à court terme ainsi que la quasi-totalité

14. Voir également dans cette ***Encyclopédie*** l'article de M. Karlin, « Circulation internationale des titres », p. 239, tome 1.

15. Voir également dans cette ***Encyclopédie*** l'article de N. Desbarrières, « Compensation et règlement/livraison des titres financiers », p. 250, tome 1.

des obligations d'Etat domestiques. Cette efficacité est telle qu'un nombre croissant de transactions internationales impliquant des obligations domestiques (notamment des titres d'Etat) sont réalisées *via* Cedel ou Euroclear. Ce type de transaction devient même majoritaire dans l'activité des centrales.

Les valeurs mobilières internationales sont presque toujours matérialisées sous une forme au porteur. Elles sont physiquement déposées dans des chambres fortes gérées par chacun des deux systèmes de *clearing*. En contrepartie, Cedel et Euroclear créditent le compte-titres des institutions financières détentrices du nombre exact de titres déposés. La gestion courante des titres est assurée par les centrales de *clearing*. Les versements des coupons ou les remboursements sont crédités automatiquement et sans délai sur les comptes-espèces des participants. La conservation et la gestion courante des titres déposés donnent lieu à la perception de droits de garde au profit de la centrale de *clearing* [16].

La réalisation des transactions est effectuée par un simple jeu d'écriture dans les comptes des deux parties. Lorsque l'acheteur et le vendeur sont tous deux membres du système, l'échange s'effectue simplement par virement de compte à compte des titres du vendeur vers l'acheteur, et de manière symétrique par virement de la somme convenue du compte-espèces du second vers le compte-espèces du premier. Le mécanisme de *clearing* permet de réaliser automatiquement et simultanément la remise des titres et leur règlement en espèces au jour retenu pour exécuter la transaction. Le mécanisme du paiement contre livraison assure une sécurité absolue aux transactions. Les ordres d'exécution d'achat et de vente émanant des deux parties doivent parvenir sous une forme symétrique à la centrale de *clearing*. Un premier contrôle teste leur complémentarité. La compensation n'est ensuite effectuée au jour convenu que si les comptes-espèces et titres de l'un et de l'autre sont approvisionnés.

L'existence de deux systèmes concurrents n'a pas empêché le développement des transactions : un accord lie les deux centrales de manière à rendre cette dualité transparente pour les utilisateurs. Le *bridge* permet à deux parties, membres chacune d'un système, de dépouiller une transaction avec la même sécurité que si elles étaient toutes deux participantes au même système.

La grande efficacité des deux systèmes de *clearing* leur permet d'exécuter un nombre croissant de transactions. La très grande majorité de celles-ci parvient aux centrales de *clearing* par le biais de réseaux de communication informatisés permettant une compensation totalement automatique sans intervention humaine. La qualité et la sécurité du service offert à la communauté financière internationale sont de très haut niveau et de coût nul. La compensation de transactions par virement interne (ou par le *bridge*) est gratuite, quel que soit le montant de celles-ci.

Les centrales de *clearing* proposent enfin l'organisation de prêts de titres qui permettent aux utilisateurs de vendre à découvert des titres qu'ils n'ont pas en les empruntant auprès de ces centrales. Cette facilité est essentielle pour les *market makers* et pour le fonctionnement général du marché financier international.

---

16. Ceux-ci sont faibles. Euroclear prélève une somme égale à 0,14 pour mille par an de la valeur des titres déposés.

L'organisation particulièrement performante mise en place sur le marché financier international doit beaucoup aux centrales de *clearing*. La logistique d'un marché financier, les conditions pratiques d'exécution des transactions (que les praticiens appellent le *back-office*) ont une importance essentielle, souvent trop peu mise en valeur. Il s'agit pourtant d'une condition nécessaire au bon fonctionnement d'un marché financier.

3.3. Le fonctionnement du marché secondaire

Le total des transactions réalisées via Euroclear et Cedel s'est élevé à l'équivalent de 29 000 milliards de dollars en 1994. Le chiffre correspondant était de 23 000 milliards l'année précédente et 3 500 milliards en 1986. La croissance des marchés secondaires est continue dans le temps ; sa logique de développement est indépendante de l'évolution des marchés primaires. L'ampleur de ce phénomène illustre l'intégration de plus en plus affirmée du marché financier international.

La plus grande partie de ces transactions (62 %) concerne des instruments de dette domestiques. Le volume du marché secondaire euro-obligataire et d'euro-notes a atteint 10 800 milliards de dollars en 1994, soit environ 40 milliards par jour. Cette activité impressionnante concerne toutes les catégories de titres, qu'ils soient libellés en dollar ou en autres devises (tableau 11).

Tableau 11 – Evolution des transactions euro-obligataires

	1984	1993	1994
Instruments en dollar :	*2 297*	*4 196*	*5 557*
– Obligations à taux fixe	946	1 808	2 051
– FRN	330	864	1 770
– Obligations convertibles	45	90	116
– Euro-notes CT/MT	976	1 434	1 620
Instruments en autres devises :	*2 071*	*5 218*	*5 210*
– Obligations à taux fixe	1 212	2 871	2 558
– FRN	301	292	359
– Obligations convertibles	58	115	111
– Euro-notes CT/MT	500	1 940	2 182
Total général	4 368	9 414	10 767

Unité : Milliard de dollars.
Source : ISMA.

Le bon fonctionnement du marché secondaire des valeurs mobilières internationales se mesure par le taux de rotation des actifs financiers. Celui-ci est en moyenne de l'ordre de cinq fois par an. Ce chiffre très élevé, qui peut paraître démesuré, est la conséquence du système de la contrepartie. Les intermédiaires spécialisés s'échangent de nombreuses fois les titres entre eux avant de pouvoir satisfaire un ordre émanant d'un investisseur final. La liquidité du marché trouve en partie son explication dans la forte rotation des actifs financiers : le volume d'activité étant élevé, l'offre ou la demande marginale trouve facilement à s'insérer dans le marché. La rotation élevée est aussi la marque d'une professionnalisation croissante des investisseurs. Les particuliers comptent peu sur les marchés secondaires internationaux. Les titres détenus par la clientèle privée, même s'ils représentent des sommes importantes, sont souvent conservés pour des périodes longues, parfois jusqu'à leur échéance finale. Ils participent peu au marché secondaire. A l'inverse, les investisseurs institutionnels (compagnies d'assurances, caisses de retraite, fonds d'investissement, banques commerciales, banques centrales...) ont une gestion par définition plus professionnelle. Or, les gérants de portefeuille comparent systématiquement les titres les uns aux autres, arbitrent tel compartiment contre tel autre. Se mettent ainsi en place des gestions actives portant sur des portefeuilles importants. Le *trading*, c'est-à-dire un mode de gestion actif qui consiste à faire «tourner» son portefeuille pour profiter des opportunités de marché, se développe et avec lui le volume d'activité des marchés secondaires. Le marché financier international est le lieu où s'expriment des gestions de portefeuille obligataires actives, ouvertes et diversifiées. L'arbitrage et la comparaison systématique des prix aux évaluations des investisseurs réalisent chaque jour l'intégration des marchés d'actifs financiers de devises ou de types différents.

*

* *

Par l'ampleur des sommes en cause et par la rapidité de son développement, le marché financier international peut apparaître comme une des innovations économiques importantes de la deuxième moitié du XXe siècle. Ce succès n'est pas le fruit des circonstances, il porte la marque de deux tendances de fond des économies contemporaines.

La première est l'émergence d'une catégorie nouvelle d'acteurs financiers que sont les grandes banques internationales. Ces institutions mettent clairement en évidence que les conditions de la réussite sur un marché, qu'il s'agisse de services financiers ou d'autres services, sont le dynamisme et le professionnalisme, la créativité et la technicité. L'alchimie de la gestion bancaire moderne consiste à concilier ces éléments.

La deuxième conclusion est la montée de la logique financière d'évaluation par rapport à la logique classique de financement. La couverture monétaire de besoins financiers, qui est la raison d'être initiale des actifs financiers, n'est plus la préoccupation dominante sur le marché international. L'entreprise qui cherche à se financer n'est qu'un partenaire sporadique. La gestion de portefeuille est à l'inverse une activité professionnelle permanente qui impose sa double logique d'évaluation et de liquidité des actifs financiers.

Références

DUFLOUX C., MARGULICI L., *Les euro-crédits,* Paris, La revue Banque éditeur, 1984.

DUFLOUX C., KARLIN M., «Le marché des obligations internationales : le temps des compromis», *Banque* (avril 1987), p. 379-383.

GILLET R., MINGUET A., *Micro-structure et rénovation des marchés financiers en Europe,* Paris, PUF, 1995.

KERTUDO J.M., «Les marchés internationaux de capitaux : globalisation, sophistication, déréglementation», *Banque* (avril 1986), p. 385-388.

La Bruslerie H. (de), *Gestion obligataire internationale,* 2 tomes, Paris, Economica, 1990.
La Bruslerie H. (de), «Tendance des marchés obligataires internationaux», *Banque* (mai 1985), p. 451-460 ; (juin 1985), p. 561-568.
Leroux F., *Marchés internationaux des capitaux,* Paris, Eska, 1988.
Salomon Brothers, «New Issue Activity in International Bond Markets», *Review and Outlook Publication Bond Market Research* (February 1987).
Simon Y., *Techniques financières internationales,* 5e éd., Paris, Economica, 1993.
Union de Banques Suisses, «L'euro-marché : un marché sans frontières», *Etudes économiques* (n° 62, 1982).

Mots clés

Banque internationale, centrale de compensation de valeurs mobilières, émission étrangère, euro-crédit, euro-note, euro-obligation, euro-papier commercial, *market maker,* procédure d'émission internationale.

Marchés à terme sur indices boursiers

48

Mondher Bellalah et Yves Simon

Le printemps 1982 a vu émerger sur plusieurs bourses américaines un nouveau produit financier attendu depuis plusieurs années par les spécialistes des marchés dérivés. Cette création fut spectaculaire puisqu'en quelques semaines trois bourses ont introduit des contrats portant sur des indices boursiers.

Ces contrats constituent un important maillon d'une série d'innovations qui avait débuté au début des années 1960. Ils sont l'aboutissement d'une réflexion qui avait conduit à appliquer au change, puis aux taux d'intérêt, les modalités de gestion du risque de prix afférent aux matières premières. Le risque boursier était en effet, en 1982, le seul risque à ne pouvoir bénéficier d'instruments de couverture.

La première section de cet article présente les caractéristiques fondamentales des contrats sur indices boursiers. La deuxième section expose les principes qui sont à la base de leur évaluation. Les contrats à terme offrent aux investisseurs la possibilité d'initier des opérations d'arbitrage et de spéculation qui sont analysées à la troisième section. L'apport de ces instruments à la gestion de portefeuille et à la politique financière des entreprises est présenté dans une quatrième section. Le développement de ces marchés est esquissé dans une dernière section.

1. La spécificité des contrats à terme sur indices boursiers

Les marchés à terme d'indices boursiers ne présentent aucune originalité par rapport aux autres marchés de contrats quant à la logique économique et financière qui les sous-tend et quant aux modalités de fonctionnement des marchés où ils sont négociés. Comme sur tous les marchés à terme, les contrats négociés font l'objet d'une extrême standardisation. La spécificité de ces marchés tient, en fait, au support des contrats, puisqu'il s'agit d'un actif intangible, en l'occurrence un indice représentatif de l'ensemble des titres négociés sur un marché d'actions. Cette spécificité en induit une seconde au niveau des modalités de livraison.

1.1. Le support des contrats à terme sur indices boursiers

Les contrats ont pour actif sous-jacent des indices construits à partir d'un ensemble de valeurs mobilières sélectionnées sur des critères tels que la capitalisation, le volume des transactions, la liquidité, la représentation sectorielle. Ces indices représentatifs des différents marchés financiers sont destinés à en mesurer l'évolution. Les contrats à terme sur indices sont donc un produit directement issu du marché boursier. Ils ne doivent pas être assimilés pour autant à des valeurs mobilières. Ce sont des instruments présentant des caractéristiques fondamentalement identiques à celles des contrats portant sur des matières premières[1], des devises ou des titres financiers à revenu fixe[2].

Tous les grands indices boursiers, à l'exception du Dow Jones Industrial Average, ont été utilisés pour servir de support à des contrats à terme. Nous n'allons pas tous les passer en revue, nous n'évoquerons que les plus représentatifs d'entre eux.

Retenu par le Chicago Mercantile Exchange, l'indice Standard and Poor's 500 est une moyenne arithmétique, pondérée par les capitalisations boursières, des cours de 500 titres de sociétés appartenant aux différents secteurs de l'économie américaine : 400 d'entre elles environ sont des sociétés industrielles, 40 environ des banques ou des sociétés financières, 40 des services publics et 20 des entreprises de transport. La plupart de ces titres sont cotés au New York Stock Exchange. L'indice Standard and Poor's reflète très fidèlement le marché de Wall Street puisqu'il représente environ 80 % de la capitalisation boursière des sociétés cotées sur le New York Stock Exchange. Publié par une filiale du groupe McGraw-Hill, cet indice est calculé toutes les trente secondes.

Le Value Line Average choisi par le Kansas City Board of Trade est un indice utilisant une moyenne géométrique, non pondérée par les capitalisations boursières, des cours d'environ 1 700 titres dont 90 % sont cotés au New York Stock Exchange, le solde l'étant à l'American Stock Exchange et sur quelques bourses régionales. Une moyenne géométrique est théoriquement moins volatile qu'une moyenne arithmétique, mais comme cet indice comprend beaucoup de petites sociétés, il est en fait le plus nerveux (et de ce fait le plus risqué) des indices américains. Malgré le grand nombre de titres retenus, l'absence de pondération fait du Value Line Average un indice peu représentatif du marché boursier. Publié par Arnold Bernhard & Co., cet indice est calculé toutes les trois minutes.

Le New York Stock Exchange Composite Index a été retenu par le New York Futures Exchange, une bourse qui a depuis fusionné avec le New York Cotton Exchange. Cet indice est une moyenne arithmétique pondérée par les capitalisations boursières des cours de toutes les actions cotées au New York Stock Exchange. Cet indice prend en compte plus de 1 500 sociétés appartenant à tous les secteurs de l'économie américaine. Il est réévalué toutes les minutes.

Le Dow Jones Industrial Average est calculé en faisant la moyenne arithmétique non pondérée des cours de 30 valeurs de très grandes sociétés industrielles. Cet indice n'est pas ajusté pour tenir compte des paiements de

---

1. Voir dans cette ***Encyclopédie*** l'article de Y. Simon, « Marchés à terme de matières premières », p. 1007, tome 1.
2. Voir dans cette ***Encyclopédie*** l'article de J.L. Alexandre, « Marchés à terme de taux d'intérêt », p. 1026, tome 1.

dividendes ou des distributions d'actions gratuites. Le plus populaire, à défaut d'être (de loin) le plus juste, de tous les indices boursiers dans le monde n'est pas utilisé comme support d'un contrat à terme, malgré les tentatives développées aux Etats-Unis par le Kansas City Board of Trade et le Chicago Board of Trade, car la société éditrice de cet indice s'est opposée (procès à l'appui) à son utilisation comme base d'un contrat à terme.

L'indice français CAC 40 est calculé à partir des cours, pondérés par leur capitalisation boursière, de 40 valeurs cotées sur le marché à règlement mensuel. Les caractéristiques de son élaboration font du CAC 40 un indice d'une qualité comparable à celle des grands indices boursiers comme le Standard and Poor's 500 et le Financial Times Stock Exchange 100. Le nombre d'actions retenues pourrait sembler faible, mais il ne s'agit pas là d'un véritable problème, dans la mesure où les titres sont représentatifs de l'évolution de l'ensemble des actions négociées à Paris.

Les indices qui viennent d'être présentés ne sont que des exemples. En fait, comme le révèlent les tableaux 1 et 2, tous les indices représentatifs des différents marchés boursiers nationaux sont utilisés (ou vont l'être prochainement) comme support de contrats à terme[3].

Tableau 1 – Les principaux indices boursiers américains utilisés comme support à des contrats à terme

Indices	Bourses
Standard and Poor's 500	Chicago Mercantile Exchange
Standard and Poor's 400 Midcap	Chicago Mercantile Exchange
Major Market Index	Chicago Mercantile Exchange
Russell 2000	Chicago Mercantile Exchange
New York Stock Exchange Composite Index	New York Cotton Exchange
Value Line Average	Kansas City Board of Trade

1.2. Le principe du cash settlement

L'opérateur dispose de deux moyens techniques pour clore une position sur un marché de contrats : soit il attend l'arrivée du terme et livre ou prend livraison du produit sous-jacent, soit il compense sa position avant l'échéance par l'achat ou la vente d'un ou de plusieurs contrats pour la même échéance. La quasi-totalité des opérations sur les marchés à terme est dénouée par compensation. Il est néanmoins nécessaire de disposer d'une procédure permettant de solder les positions qui restent ouvertes à l'échéance.

Sur les marchés à terme de marchandises, de devises et de taux d'intérêt à long terme, l'acheteur prend livraison d'une certaine quantité de produits physiques (sucre, cuivre, maïs, devises, titres financiers à revenu fixe, etc.) qui sont livrés par le vendeur d'un contrat. S'agissant des marchés à terme d'indices boursiers, on aurait pu imaginer que l'acheteur reçoive du vendeur un portefeuille d'actions représentant l'indice retenu comme support du contrat. C'est la solution qui fut d'ailleurs retenue par les responsables de la bourse

3. Ces indices sont également utilisés comme support des contrats d'options sur indices boursiers. Voir dans cette ***Encyclopédie*** l'article de H. Loubergé, « Options sur indices boursiers et options sur contrats à terme d'indices boursiers », p. 1438, tome 2.

Tableau 2 – Les principaux indices boursiers non américains utilisés comme support à des contrats à terme

Indices	Bourses
CAC 40	Marché à terme international de France
DAX	Deutsche Terminbörse
FTSE 100	London International Financial Futures and Options Exchange
FTSE Mid 250 Index	London International Financial Futures and Options Exchange
EOE Stock Index	Amsterdam Financial Futures Market
Dutch Top 5 Index	Amsterdam Financial Futures Market
Swiss Market Index	Swiss Options and Financial Futures Exchange
OMX Stock Index	Stockholm Options Exchange
IBEX 35	Mercato de Opciones Y Futuros Renta Variable
ATX Index	Österreichische Terminbörse
KFX Stock Index	Copenhagen Stock Exchange and the FUTOP Clearing Center
FOX Index	Finnish Options Market Exchange
BEL 20	Belgian Futures and Options Exchange
MIB 30	Italian Derivatives Market of the Italian Stock Exchange
BUX	Budapest Stock Exchange
TSE 35	Toronto Futures Exchange
TSE 100	Toronto Futures Exchange
All Ordinaries Share Price Index	Sydney Futures Exchange
Forty Index	New Zealand Futures Exchange
Nikkei 225	Osaka Securities Exchange Singapore International Monetary Exchange Chicago Mercantile Exchange
Nikkei 300	Osaka Securities Exchange Singapore International Monetary Exchange
Topix	Tokyo Stock Exchange
Hang Seng	Hong Kong Futures Exchange
Bovespa Stock Index	Bolsa de Mercadorias & Futuras
All Share Index	South African Futures Exchange
Industrial Index	South African Futures Exchange
Financial Index	South African Futures Exchange

des valeurs d'Osaka lorsqu'ils ont ouvert leur premier marché à terme portant sur l'indice OSF 50. Cette solution n'a pas donné de bons résultats. Les responsables des bourses (et ceux d'Osaka pour leur deuxième contrat) ont rejeté cette solution complexe, onéreuse et mal adaptée pour adopter une livraison sous forme d'un paiement en liquidité, procédure plus connue sous sa dénomination anglaise de *cash settlement*[4].

4. Lors de l'introduction du premier contrat à terme sur indice boursier, les responsables de la bourse d'Osaka n'avaient pu recourir au *cash settlement,* car cette procédure était explicitement interdite par la législation japonaise. Il fallut le vote d'une nouvelle loi pour que les bourses japonaises puissent avoir recours au paiement en liquidité.

Concrètement, le règlement en liquidité correspond à un simple mouvement de fonds dont le montant est calculé sur la base de la différence entre la valeur de l'indice à l'échéance du contrat et la valeur du cours de compensation de la veille. Présenté de cette manière, le *cash settlement* correspond au dernier appel de marge de la vie d'un contrat à terme. L'astuce de la procédure réside dans le fait que la valeur de l'indice à l'échéance correspond en fait (est déterminée à partir du) au cours au comptant, ce qui offre l'avantage de supprimer la base et d'avoir ainsi une convergence (*cash convergence*) absolument parfaite. L'opérateur qui souhaiterait prendre livraison ou livrer la valeur nominale du contrat pourrait toujours le faire (sans subir de plus-value ou de moins-value) en intervenant sur le marché au comptant, dans la mesure où la liquidité y est excellente.

En théorie, la procédure de *cash settlement* est plus efficace et moins onéreuse que la livraison effective de l'actif sous-jacent, car il n'y a pas de coût de livraison. Une solution de ce type n'est toutefois pas généralisable et ne peut pas, malheureusement, être retenue pour tous les produits cotés à terme. Il faut en effet respecter deux exigences :

– l'actif servant de support au contrat doit être négocié sur un marché parfaitement défini et très liquide,

– la valeur du contrat à l'échéance devant être déterminée à partir du prix au comptant, ce dernier doit reposer sur un volume important de transactions pour éviter toute déformation ; il doit être représentatif et refléter les conditions dans lesquelles la majorité des transactions est réalisée ; il doit être facilement et immédiatement connu de tous.

Les indices boursiers se prêtent parfaitement à une procédure de *cash settlement,* car le prix des actions composant l'indice :

– est déterminé par un nombre important d'opérateurs sur un marché bien spécifié,

– ne prête pas à discussion et peut être facilement connu de tous les opérateurs potentiels,

– n'est pas influencé par des considérations géographiques et présente donc un caractère uniforme,

– reflète toutes les informations disponibles et représente la valeur actuelle des anticipations de tous les opérateurs quant à l'évolution des résultats futurs des sociétés.

1.3. Trois exemples de contrats à terme sur indices boursiers

Comme tous les instruments négociés sur les marchés dérivés organisés, les contrats sur indices boursiers font l'objet d'une rigoureuse standardisation.

1.3.1. Les caractéristiques du contrat à terme sur l'indice CAC 40

Les caractéristiques essentielles de ce contrat sont au nombre de dix.

1. L'actif sous-jacent est l'indice CAC 40. Cet indice créé en juin 1988 est construit à partir des cours de 40 actions sélectionnées sur des critères de taille, de liquidité et de représentativité sectorielle. Diffusé en permanence par les autorités boursières, cet indice est recalculé toutes les 30 secondes.

2. Le prix du contrat est égal à 200 fois la valeur de l'indice exprimée en franc français. Si l'indice à terme cote 2 120, la valeur du contrat est égale à 2 120 × 200 = 424 000 francs.

3. La cotation du contrat est exprimée en point d'indice.

4. L'échelon de cotation, c'est-à-dire la fluctuation minimale entre deux cotations, est fixé à 0,5 point, ce qui représente 100 francs.

5. Les transactions s'effectuent sur huit échéances : les trois mois rapprochés, les trois prochaines échéances trimestrielles du cycle mars et les deux échéances semestrielles du cycle mars postérieures aux trois échéances trimestrielles[5].

6. Les transactions se font à la criée de 10 h à 17 h puis sur le système électronique Globex de 17 h à 10 h le lendemain matin.

7. La clôture d'une échéance intervient à 16 h le dernier jour de bourse du mois concerné. L'ouverture d'une nouvelle échéance se fait le premier jour de bourse suivant la clôture d'une échéance.

8. Le cours de compensation est calculé chaque jour par Matif SA à l'issue de la séance de cotation sur la base des derniers cours cotés. Le jour de la clôture, le cours de liquidation est égal à la moyenne arithmétique des valeurs de l'indice CAC 40 sur le marché au comptant calculées et diffusées entre 15 h 40 et 16 h.

9. La variation quotidienne maximale du contrat à terme CAC 40 est actuellement fixée à 50 points de part et d'autre du cours de compensation de la veille. Quand cette limite est atteinte en cours de séance, la chambre de compensation procède à un appel de marge complémentaire. D'autres limites de fluctuation ont été mises en place dans le cadre d'un dispositif coordonné entre les différents marchés portant sur l'indice : marché au comptant, marché à terme et marché des options. Une fluctuation de ± 120 points de l'indice entraîne la suspension simultanée des cotations sur le marché des contrats à terme du MATIF et celui des options au comptant du MONEP, et ce pour une durée de 30 ou 60 minutes. Lorsque les autorités de marché décident de suspendre les cotations, les organismes de compensation des deux marchés procèdent à un appel de marge auprès de leurs adhérents.

10. La procédure de livraison retenue est celle du *cash settlement*. Les fonds doivent être versés le deuxième jour de bourse suivant le dernier jour de cotation.

---

5. Cette situation est le résultat d'une longue évolution. A l'origine, le contrat CAC 40 était négocié sur trois échéances mensuelles et une échéance trimestrielle du cycle mars. Le 22 octobre 1992, Matif SA a ouvert à la négociation deux nouvelles échéances trimestrielles, portant à six le nombre d'échéances sur ce contrat (trois mensuelles et trois trimestrielles). La cotation de deux échéances supplémentaires a permis de couvrir un horizon de 10 à 12 mois et d'harmoniser le contrat CAC 40 avec les standards internationaux. Le 1er février 1995, deux échéances semestrielles, mars et septembre, sont venues s'ajouter aux six échéances déjà ouvertes, portant à huit le nombre d'échéances sur ce contrat. Ces deux échéances s'harmonisent avec celles des options longues sur indice (PXL) du MONEP. L'allongement de l'horizon de cotation à une durée variant de 19 à 24 mois contre 10 à 12 précédemment a ouvert de nouvelles opportunités aux opérateurs : les spéculateurs qui développent des stratégies d'anticipation et les professionnels qui développent des stratégies de couverture : teneurs de marché sur l'option CAC 40 du MONEP, émetteurs de produits OTC liés au CAC 40 (warrants, obligations indexées, options OTC à long terme, contrats forward, swap, produits éligibles au PEA, produits d'assurance-vie), émetteurs de produits structurés sur actions, gestionnaires de portefeuilles. L'allongement de l'horizon de cotation du contrat CAC 40 permet aux opérateurs de réduire le risque sur le roulement des positions et facilite la gestion de leurs portefeuilles en rapprochant la maturité des portefeuilles de l'horizon de cotation.

1.3.2. Les caractéristiques du contrat à terme négocié au London International Financial Futures and Options Exchange

Les principales caractéristiques du contrat à terme négocié au LIFFE peuvent être résumées en neuf points.

1. L'actif sous-jacent au contrat est l'indice Financial Times-Stock Exchange 100 (FTSE 100) calculé à partir des cours, pondérés par la capitalisation boursière, de 100 actions britanniques parmi les plus importantes traitées à la bourse des valeurs de Londres ; l'indice est calculé et diffusé toutes les minutes.

2. La valeur nominale du contrat est égale à 25 fois le cours de l'indice exprimé en livre sterling ; si l'indice cote 3 860, le prix du contrat est égal à 96 500 livres sterling (3 860 × 25).

3. La cotation se fait en point d'indice.

4. L'échelon de cotation est de 0,5 point d'indice, ce qui représente 12,50 livres sterling par contrat.

5. Les échéances cotées sont les trois prochains mois du cycle mars, juin, septembre, décembre.

6. Le dernier jour de transaction est le troisième vendredi du mois d'échéance, les cotations s'arrêtant à 10 h 30.

7. La livraison se fait en numéraire (*cash settlement*). Le cours de liquidation est égal à la moyenne des valeurs de l'indice FTSE 100 sur le marché au comptant diffusées entre 10 h 10 et 10 h 30 le dernier jour de transaction.

8. La date de livraison est le premier jour de bourse suivant le dernier jour de cotation.

9. Les transactions se font à la criée de 8 h 35 à 16 h 10 et sur le système électronique APT de 16 h 32 à 17 h 30.

1.3.3. Les caractéristiques du contrat à terme négocié au Chicago Mercantile Exchange

Neuf caractéristiques permettent de définir ce contrat.

1. L'actif sous-jacent est le Standard and Poor's 500.

2. La valeur du contrat est égale à 500 fois le cours de l'indice exprimé en dollar. Pour un indice de 650, le prix du contrat ressort à 325 000 dollars (650 × 500).

3. Les transactions se déroulent à la criée de 8 h 30 à 15 h 15, heure de Chicago. Elles se poursuivent sur le système Globex de 15 h 45 à 8 h le lendemain matin, à l'exception des dimanches et jours fériés où l'horaire est 17 h 30-8 h.

4. Les transactions s'effectuent sur les échéances habituelles du cycle mars, juin, septembre, décembre.

5. L'échelon de cotation est de 0,05 point d'indice, ce qui représente 25 dollars.

6. Le dernier jour de transaction est le troisième vendredi du mois de transaction.

7. La procédure de livraison retenue est celle du *cash settlement*.

8. Le cours de liquidation est la valeur de l'indice Standard and Poor's 500 calculée sur la base des cours d'ouverture des actions composant l'indice au dernier jour de cotation (en cas de non-cotation d'une action, le prix retenu est le dernier cours coté).

9. Aucun opérateur ne peut détenir une position nette cumulée supérieure à 5 000 contrats.

2. L'évaluation des contrats à terme sur indices boursiers

Le paradigme de l'arbitrage constitue le fondement général de la théorie de l'évaluation des actifs financiers et celui, plus particulier, des contrats sur indices boursiers. La valeur d'un contrat à terme d'indice est étroitement associée à celle du portefeuille d'actions lui servant de support.

L'argument et le processus d'arbitrage permettent de trouver le prix du contrat à terme à partir du prix de l'actif support, et inversement. Pour s'en rendre compte, il suffit de comparer les résultats des deux stratégies que sont l'achat du portefeuille d'actions représentatif de l'indice, d'une part, l'achat du contrat à terme, d'autre part. Dans le cadre d'une approche simplifiée, les résultats de ces deux stratégies permettent de proposer la relation générale donnant le prix d'équilibre du contrat à terme en fonction du prix au comptant de l'indice et du taux de distribution des dividendes. Ce prix d'équilibre est celui qui élimine les possibilités d'arbitrage profitables sans risque ; autrement dit, le prix auquel les deux stratégies donnent exactement les mêmes résultats dans tous les états de la nature.

2.1. L'achat d'un portefeuille d'actions

Lorsque l'investisseur achète à l'époque t_0 le portefeuille d'actions dupliquant l'indice, il effectue une dépense égale au prix de l'indice à cet instant, soit I_0.

A la date t_1, la valeur R_t de l'investissement effectué en t_0 est égale au prix I_1 du portefeuille dupliquant l'indice augmenté des dividendes régulièrement reçus au cours de la période de temps considérée et du produit du placement de ces dividendes au taux sans risque sur le marché monétaire :

$$R_t = I_t + \text{dividendes perçus} + \text{produit du placement des dividendes}$$

Cette stratégie est mise en œuvre avec n'importe quel indice boursier.

Exemple. A l'époque t_0, l'indice CAC 40 sur le marché au comptant cote 1 012,88 ; le taux de dividende est de 4 % et le taux d'intérêt à trois mois sur le marché des bons du Trésor est de 7 %.

Trois mois plus tard, le portefeuille dupliquant l'indice vaut :

1 063,52 + 10,32 = 1 073,84 si l'indice augmente de 5 %,
1 012,88 + 10,32 = 1 023,20 si l'indice ne varie pas,
962,24 + 10,32 = 972,56 si l'indice baisse de 5 %.

Le chiffre 10,32 correspond au montant du dividende perçu régulièrement durant la période de trois mois, soit 0,04 × 3/12 × 1 012,88. Comme le taux de rendement sur les bons du Trésor est de 7 % par an, soit 1,75 % par trimestre, le taux de rendement journalier auquel les dividendes sont réinvestis est de 0,019 % (soit 1,75 %/90). En utilisant ce taux, la valeur des dividendes en fin de période est de 10,32 (soit 10,1288 × 1,019).

Après avoir illustré les résultats de la première stratégie correspondant à un investissement direct sur le marché au comptant, étudions ce qui se passe lorsque l'investisseur décide d'acheter un contrat à terme sur indice.

2.2. L'achat d'un contrat à terme sur indice boursier

Lorsque l'investisseur décide à l'époque t_0 d'acheter un contrat portant sur l'indice boursier, il n'investit pas la somme correspondant à la valeur du contrat à terme I_0 dans la mesure où l'achat d'un contrat à terme n'implique aucun paiement ni aucun flux monétaire. La somme I_0 peut, en conséquence, être placée sur des bons du Trésor. En réalité, l'investisseur doit verser à la chambre de compensation un dépôt de garantie représentant généralement entre 2 à 5 % de la valeur du contrat. Cette garantie pouvant être faite sous forme de bons du Trésor, elle rapportera à l'investisseur le taux d'intérêt sans risque. Le solde (I_0-dépôt de garantie) pouvant être, lui aussi, placé sur des bons du Trésor, c'est donc I_0 qui est placée au taux d'intérêt sans risque.

Trois mois plus tard, à la date t, la valeur R_t de cet investissement effectué en t_0 est fonction du prix de l'indice à l'époque t, I_t, et de la valeur des bons du Trésor, V_t :

$$R_t = I_t - I_0 + V_t$$

Ce raisonnement simplifié ignore les mécanismes d'appel de marge et suppose que le prix à terme est égal au prix au comptant à l'instant initial.

Exemple. A l'époque t_0, l'indice CAC 40 coté sur le marché des contrats à terme est supposé égal à 1 012,88 (une valeur identique à celle du marché au comptant) ; le taux d'intérêt à trois mois sur le marché des bons du Trésor est de 7 %.

Trois mois plus tard, le résultat financier de cette deuxième stratégie est égal à :

1 063,52 – 1 012,88 + 1 030,61 = 1 081,25 si l'indice augmente de + 5 %,
1 012,88 – 1 012,88 + 1 030,61 = 1 030,61 si l'indice ne varie pas,
962,24 – 1 012,88 + 1 030,61 = 979,97 si l'indice baisse de 5 %.

La valeur en t_1 des bons du Trésor (1 030,61) correspond au montant du placement de la valeur initiale de l'indice (supposée égale à celle du prix à terme initial (1 012,88) sur la période de trois mois, soit : 1 012,88 × [1 + (0,07 × 3/12)]. Lorsque l'indice augmente de 5 %, le résultat financier de la stratégie consistant à acheter un contrat à terme requiert d'utiliser le prix de l'indice à l'échéance (1 063,52), le prix à terme initial (1 012,88) et la valeur des bons du Trésor à la date d'échéance (1 030,61), ce qui donne un résultat de 1 081,25. Des calculs identiques montrent que le résultat ressort à 979,97 si l'indice baisse de 5 %.

2.3. La comparaison des deux stratégies

La comparaison des résultats financiers de l'achat d'un portefeuille d'actions dupliquant l'indice et de l'achat d'un contrat à terme montre que *les deux stratégies ne sont pas équivalentes* en termes de profil de rendement et de risque.

L'explication est simple. La différence entre les résultats des deux stratégies résulte de l'effet des taux d'intérêt. Lorsque le taux d'intérêt sur le marché des bons du Trésor est supérieur au taux de dividende, l'achat d'un contrat à terme est préférable à l'achat d'un portefeuille d'actions dupliquant l'indice. Inversement, si le taux d'intérêt sur le marché des bons du Trésor est inférieur au taux de dividende, l'achat d'un contrat à terme est moins intéressant que l'achat d'un portefeuille dupliquant l'indice[6].

Cet avantage d'une stratégie par rapport à l'autre doit disparaître dans le cadre des marchés efficients en raison du mécanisme d'arbitrage.

La recherche d'un prix d'équilibre pour les contrats sur indices boursiers négociés à terme implique l'égalité des résultats financiers des deux stratégies que sont l'achat d'un portefeuille dupliquant l'indice et l'achat d'un contrat à terme. Le mécanisme de l'arbitrage assure cette égalité à la date d'échéance du fait que ces deux stratégies nécessitent la même dépense initiale.

En utilisant les égalités donnant les résultats des deux stratégies, c'est-à-dire

$$R_t = I_t + \text{dividendes perçus} + \text{produit sur le placement des dividendes}$$

pour l'achat du portefeuille d'actions, et

$$R_t = I_t - I_0 + V_t$$

pour l'achat du contrat à terme, il est possible de calculer le prix à terme d'équilibre qui rend les deux stratégies équivalentes.

En posant l'égalité des résultats des deux stratégies :

$$I_t + \text{dividendes perçus} + \text{produit sur le placement des dividendes}$$
$$= I_t - \text{prix à terme} + \text{valeur des bons du Trésor}$$

et en simplifiant par I_t, le prix à terme d'équilibre qui élimine les possibilités d'arbitrage profitables sans risque est :

$$\text{Prix à terme d'équilibre} = I_0\ (1 + \text{taux d'intérêt}) - \text{dividendes}$$
$$- \text{produit sur le placement des dividendes}$$

Le terme I_0 (1 + taux d'intérêt) correspond à la valeur du placement initial I_0 dans les bons du Trésor.

Exemple. En appliquant cette formule aux données chiffrées de l'exemple développé dans les deux paragraphes précédents, le prix à terme d'équilibre dans le contexte d'un marché efficient en l'absence d'opportunité d'arbitrage profitable et sans risque est égal à :

$$1\,012{,}88\ (1 + 1{,}75\ \%) - 10{,}32 = 1\,020{,}28$$

En utilisant cette nouvelle valeur, les résultats financiers de l'achat d'un contrat à terme ressortent, en fonction des évolutions de l'indice, à :

1 063,52 – 1 020,28 + 1 030,61 = 1 073,85 si l'indice augmente de 5 %,
1 012,88 – 1 020,28 + 1 030,61 = 1 023,21 si l'indice ne varie pas,
962,24 – 1 020,28 + 1 030,61 = 972,57 si l'indice baisse de 5 %.

6. Comme le lecteur peut le constater lui-même, en supposant que la valeur de l'indice CAC 40 sur le marché au comptant et celle des contrats sont toujours égales à 1 012,88 mais que le taux de dividende est égal à 7 % et le taux d'intérêt à trois mois des bons du Trésor est égal à 4 %.

La comparaison de ces résultats avec ceux obtenus lors de l'achat du portefeuille d'actions permet de se rendre compte que les deux stratégies sont alors équivalentes.

Cette équivalence entre les deux stratégies (l'une sur le marché au comptant, l'autre sur le marché des contrats) permet d'obtenir le prix à terme d'équilibre. Ce dernier est fonction du prix au comptant, du montant des dividendes, du niveau des taux d'intérêt et de l'échéance du contrat. Ces différents paramètres vont permettre d'étudier les deux situations particulières qui sont celles du report et du déport.

2.4. Les notions de report et de déport

Le prix d'équilibre théorique d'un contrat à terme sur un indice boursier peut être supérieur ou inférieur au prix au comptant de l'indice servant de support au contrat.

Dans l'exemple développé au paragraphe qui précède, l'indice CAC 40 se négociait sur le marché au comptant au prix de 1 012,88 ; le taux de dividende était de 4 % et le taux d'intérêt sans risque à trois mois sur le marché des bons du Trésor était égal à 7 %. Des calculs appropriés établissaient que le prix d'équilibre théorique du contrat à terme ressortait à 1 020,28.

Si, toutes choses égales par ailleurs, le taux de dividendes et le taux d'intérêt sans risque avaient été respectivement égaux à 7 % et 4 %, le prix d'équilibre théorique du contrat à terme calculé de manière appropriée aurait été 1 005,28[7].

Des exemples qui précèdent, il ressort que si le taux d'intérêt sans risque est supérieur au taux de dividendes, le prix à terme est supérieur au prix au comptant, ce qui reflète la présence d'un report dont la valeur absolue est égale à la différence entre le prix à terme et le prix au comptant. En revanche, quand le taux d'intérêt sans risque est inférieur au taux de dividendes, le prix à terme est inférieur au prix au comptant, ce qui reflète la présence d'un déport dont la valeur absolue est, là aussi, déterminée par la différence entre le prix à terme et le prix au comptant.

2.5. Le prix théorique d'un contrat à terme sur un indice boursier d'actions

Il est toujours possible de construire un portefeuille d'actions qui reproduit l'évolution d'un indice boursier servant de support à un contrat à terme. Dans la mesure où l'indice est un actif portable, le prix d'équilibre théorique (*fair price*) d'un contrat à terme est déterminé par le recours au modèle classique du coût de portage. Ce prix doit refléter l'absence d'opportunités d'arbitrage profitables et sans risques.

Le coût net de portage est fonction du taux d'intérêt à court terme, de la date d'échéance du contrat à terme et de la valeur des dividendes détachés durant la même période.

Deux cas doivent être distingués selon que les dividendes sont ou non versés régulièrement. Cette distinction s'impose car le profil des dividendes peut influencer la valeur du contrat à terme. Lorsque les dividendes sont régulièrement détachés au cours du temps, il est possible d'assimiler ce flux à un taux de

7. $1\ 012{,}88\,[1 + (0{,}04 \times 3/12) - [(0{,}07 \times 3/12)\ (1\ 012{,}88)\ (1 + 0{,}01/90)$.

distribution en continu. En revanche, lorsque le flux de dividendes est irrégulier, il est indispensable de prendre en compte le flux réel de détachement des dividendes. Il s'agit, dans ce cas, de déterminer un taux effectif pour les détachements des dividendes puisque l'irrégularité du montant des dividendes implique le placement de différents montants, à des instants et à des taux d'intérêt variables. Ceci explique que deux formules sont utilisées pour déterminer la valeur d'un contrat à terme sur indice boursier en fonction du profil et de la régularité des dividendes.

2.5.1. Le flux de dividendes est régulier

Lorsque l'indice est constitué à partir d'un grand nombre d'actions et lorsque le détachement des dividendes sur ces actions s'effectue de façon continue et régulière au cours du temps, le prix théorique d'équilibre d'un contrat à terme sur indice boursier est calculé en utilisant la formule du modèle classique du coût de portage :

$$F = I\ e^{(r-q)\,(T-t)}$$

avec
F : le prix d'équilibre théorique du contrat à terme,
I : la valeur au comptant de l'indice servant de support au contrat à terme,
$T-t$: l'échéance du contrat à terme,
r : le taux d'intérêt sans risque,
q : le taux de distribution des dividendes.

Exemple. Le niveau de l'indice sur le marché au comptant est égal à 2 000. Le taux d'intérêt à trois mois est de 7 %. Le taux annuel de distribution des dividendes est de 4 %.

Le prix d'équilibre théorique d'un contrat à terme ayant une échéance de trois mois est égal à :

$$F = 2\ 000\ e^{(0{,}07-0{,}04)\,(90/365)}$$
$$F = 2\ 014,85$$

2.5.2. Le flux de dividendes est irrégulier

Lorsque l'indice est élaboré à partir d'un petit nombre d'actions et/ou lorsque le flux de dividendes est irrégulier dans le temps, la valeur théorique du contrat à terme dépend d'un taux de dividende anticipé sur la durée de vie du contrat que l'on note d, et d'un taux d'intérêt approprié r :

$$F = I\left[(1+r)^{(T-t)} - d\right]$$

avec
F : le prix d'équilibre théorique du contrat à terme,
I : la valeur au comptant de l'indice servant de support au contrat à terme,
$T-t$: l'échéance du contrat à terme,
r : le taux d'intérêt sans risque,
d : le taux de dividende anticipé sur la durée de vie du contrat.

Dans cette formule, le dividende est dissocié du temps et du taux d'intérêt. Cette dissociation résulte de l'irrégularité du montant des dividendes et de l'irrégularité de la date de leur placement au taux d'intérêt sans risque du moment. Pour cette raison, il convient de déterminer un taux de distribution effectif qu'il faut calculer et injecter ultérieurement dans la formule d'évaluation.

Exemple. Le niveau de l'indice sur le marché au comptant est égal à 1 900. Le taux d'intérêt à 70 jours est de 10 %. Le taux de dividende anticipé sur la durée de vie du contrat est de 1,5 %.

Le prix d'équilibre théorique d'un contrat à terme ayant une échéance de 70 jours est égal à :

$$F = 1\ 900\left[(1 + 10\ \%)^{70/365} - 1,5\ \%\right]$$
$$F = 1\ 906,548$$

Le taux de 1,5 % est donné. Il correspond à un taux effectif de distribution et non pas à un taux apparent puisqu'il prend en considération l'irrégularité de la distribution des dividendes au cours du temps.

2.6. La validité de la relation d'équilibre : la base et l'arbitrage

La base est la différence entre le prix du contrat à terme et le prix de l'actif support. Même si le contrat à terme se négocie à son prix d'équilibre théorique, ce dernier diffère du prix du support en raison du coût net de portage, encore appelé «base de portage». La différence entre le prix théorique du contrat à terme et son prix de marché reflète très généralement des opportunités d'arbitrage dues à une évaluation erronée du contrat à terme.

A l'échéance du contrat, la base converge vers zéro. Cette convergence s'effectue d'une façon plus ou moins erratique en raison des difficultés d'arbitrage et des coûts de transaction. Avant l'échéance, la base évolue dans un tunnel au sein duquel l'arbitrage est difficile et non rentable en raison des coûts de transaction, des commissions, de la différence entre le prix offert et le prix demandé et de la différence entre les taux sur les opérations de prêt et d'emprunt.

2.7. Les déterminants du prix d'un contrat à terme

En se référant à l'ensemble des développements présentés dans cette section, nous pouvons tirer six conclusions quant aux déterminants du prix d'un contrat à terme (*futures contract*).

1. Le prix d'un contrat à terme augmente et diminue avec le prix de l'actif support sur lequel il a été émis. La variation du prix de l'indice sur le marché au comptant se répercute sur le prix du contrat à terme à travers le facteur (1 + taux d'intérêt).

2. Le prix du contrat à terme est en report lorsque le taux d'intérêt est supérieur au taux de distribution des dividendes et en déport lorsque le taux d'intérêt est inférieur au taux de distribution des dividendes.

3. Toutes choses égales par ailleurs, le montant du report et du déport est proportionnel au temps restant à courir jusqu'à l'échéance du contrat.

4. Le prix d'un contrat à terme est fonction de l'échéance de ce contrat. Plus précisément, le prix du contrat augmente avec l'échéance quand le taux d'intérêt sans risque est supérieur au taux de distribution des dividendes, et diminue avec l'échéance quand le taux d'intérêt est inférieur au taux de distribution des dividendes.

5. Toutes choses égales par ailleurs, une hausse du taux d'intérêt sans risque entraîne une hausse du prix du contrat à terme.

6. Toutes choses égales par ailleurs, une hausse du taux de distribution des dividendes induit une baisse du prix d'un contrat à terme.

3. L'arbitrage et la spéculation avec des contrats à terme sur indices boursiers

L'arbitrage est théoriquement une opération sans risque procurant un profit certain déterminé préalablement à la mise en œuvre de la stratégie. En fait, très peu de transactions sont réellement sans risque. En pratique, une transaction présente le caractère d'un arbitrage dès lors que l'opérateur prend deux positions inverses sur deux marchés différents ayant des évolutions de prix parallèles. Dans la mesure où les variations de prix sur les deux marchés ne sont jamais strictement identiques, l'arbitrage comporte toujours un certain risque, limité certes, mais jamais totalement éliminé et rarement négligeable (si les transactions portent sur des montants importants, le risque peut même devenir supérieur à ce que l'opérateur peut supporter).

Les opérations de spéculation, en revanche, sont par nature risquées, du fait que l'opérateur prend par définition position sur un seul marché.

Il n'est pas question dans cette section de présenter toutes les opérations d'arbitrage et de spéculation qu'un investisseur peut initier. Seuls les principes généraux seront brièvement évoqués.

3.1. La vente d'un contrat à terme et l'achat d'un portefeuille d'actions

Dans la mesure où les changements du prix de l'actif support sont reflétés dans le prix à terme, la stratégie consistant à vendre le contrat à terme et à détenir le portefeuille d'actions servant de support au contrat doit rapporter le taux d'intérêt sans risque.

La transaction est décrite dans le cadre spécifique d'une situation de report, mais des résultats sinon identiques, du moins de même nature, sont obtenus avec une situation de déport.

Exemple. Un investisseur décide de vendre un contrat à terme et d'acheter simultanément un portefeuille d'actions. Au moment de réaliser la transaction :

– l'indice CAC 40 sur le marché au comptant se négocie à 1 000,
– le contrat à terme à trois mois sur l'indice CAC 40 cote 1 007,31,
– le taux d'intérêt sans risque est de 7 %,
– le taux de rendement de l'indice correspondant au taux de distribution de dividendes est de 4 %.

Remarquons tout d'abord que le contrat se négocie au prix d'équilibre. En effet :

Prix à terme d'équilibre = prix au comptant [1 + (7 % × 3/12)]
– montant des dividendes – produit du placement des dividendes

$$1\,000(1 + 1{,}75\ \%) - 1\,000(4\ \% \times 3/12) - 0{,}019(4\ \% \times 3/12 \times 1\,000)$$
$$= 1\,017{,}5 - 10 - 0{,}19$$
$$= 1\,007{,}31$$

Sachant que le facteur de valorisation du contrat est égal à 200, il est possible de déterminer les résultats financiers de la stratégie de vente de contrats et d'achat simultané d'un portefeuille d'actions. Le tableau 3 donne les résultats chiffrés de cette stratégie selon que l'indice conserve son niveau initial, augmente de 5 % ou diminue du même pourcentage.

Tableau 3 – Résultats financiers de la stratégie de vente de contrats et d'achat simultané d'un portefeuille d'actions

	Indice stable	Indice + 5 %	Indice – 5 %
Coût d'achat du portefeuille	– 200 000	– 200 000	– 200 000
Produit de la vente du portefeuille	200 000	210 000	190 000
Profit (perte) sur le marché au comptant	–	10 000	– 10 000
Valeur initiale des contrats à terme	201 462	201 462	201 462
Valeur finale des contrats à terme	– 200 000	– 210 000	– 190 000
Profit (perte) sur le marché des contrats	1 462	– 8 538	11 462
Montant des dividendes*	2 038	2 038	2 038
Résultat financier net	3 500	3 500	3 500
Profit en pourcentage	7 %	7 %	7 %

* Le montant des dividendes régulièrement perçus pendant la période de trois mois est replacé au taux d'intérêt sans risque, soit 2 000 × 1,019.

Le profit de 3 500 correspond à un taux de rendement de 7 %, ce qui est équivalent au taux de rendement sur les bons du Trésor. Ce résultat établit que cette stratégie rapporte le taux d'intérêt sans risque. Il convient de remarquer que cette stratégie n'est pas dénuée de tout risque, dans la mesure où le résultat final de 3 500 dépend (légèrement, mais dépend cependant) du niveau des taux d'intérêt auquel sont replacés les dividendes perçus pendant la période considérée.

Des résultats de même nature sont obtenus dans le cadre d'une situation de déport, comme l'établit l'exemple ci-joint.

Exemple. Un investisseur décide de vendre un contrat à terme et d'acheter simultanément un portefeuille d'actions. Au moment de réaliser la transaction :

– l'indice CAC 40 sur le marché au comptant se négocie à 1 000,

– le contrat à terme à trois mois sur l'indice CAC 40 cote 997,12,

– le taux d'intérêt sans risque est de 7 %,

– le taux de rendement de l'indice correspondant au taux de distribution de dividendes est de 8 %.

Le lecteur effectuant des calculs identiques à ceux de l'exemple précédent constate, en premier lieu, que le cours de 997,12 correspond au prix d'équilibre théorique et, en deuxième lieu, que le profit de 3 500 correspond à un taux de rendement de 7 % ; ce qui établit que cette stratégie procure le taux sans risque.

Vendre un contrat à terme et acheter simultanément un portefeuille d'actions est une transaction bien complexe si elle ne débouche que sur la perception du taux d'intérêt sans risque. Si l'on doit se contenter de ce taux, il est certainement plus simple d'acheter des bons du Trésor. C'est la raison pour laquelle cet arbitrage n'est mis en œuvre que pour tirer profit de certaines distorsions temporaires dans l'évaluation des contrats à terme, du fait que ces derniers ne sont pas cotés à leur prix d'équilibre.

Exemple. Reprenons les données du deuxième exemple :
– l'indice CAC 40 sur le marché au comptant se négocie à 1 000,
– le taux d'intérêt sans risque est de 7 %,
– le taux de distribution de dividendes est de 8 %,
mais le contrat à terme à trois mois sur l'indice CAC 40 cote 1 025 au lieu de 997,12.

Des calculs identiques à ceux du premier exemple de ce paragraphe montrent que la vente d'un contrat à terme, suivie de l'achat simultané d'un portefeuille d'actions dupliquant l'indice négocié à terme, induit un profit égal à 9 076, ce qui correspond à un taux de rendement de 18,5 %, plus de deux fois supérieur à celui d'un placement sur les bons du Trésor, quelle que soit l'évolution de l'indice (tableau 4). Tout investisseur pouvant emprunter des fonds à un taux inférieur à 18,15 % peut donc réaliser un profit lors de la mise en œuvre de cette stratégie. Un taux d'emprunt de 8 % pour un montant de 200 000 induit une charge d'intérêt de 4 000 et procure un profit net égal à 5 076.

Tableau 4 – Résultats financiers de la stratégie de vente de contrats et d'achat simultané d'un portefeuille d'actions

	Indice stable	Indice + 5 %	Indice – 5 %
Coût d'achat du portefeuille	– 200 000	– 200 000	– 200 000
Produit de la vente du portefeuille	200 000	210 000	190 000
Profit (perte) sur le marché au comptant	–	10 000	– 10 000
Valeur initiale des contrats à terme	205 000	205 000	205 000
Valeur finale des contrats à terme	– 200 000	– 210 000	– 190 000
Profit (perte) sur le marché des contrats	5 000	– 5 000	15 000
Montant des dividendes*	4 076	4 076	4 076
Résultat financier net	9 076	9 076	9 076
Profit en pourcentage	18,15 %	18,15 %	18,5 %

* Le montant des dividendes régulièrement perçus pendant la période de trois mois est replacé au taux d'intérêt sans risque, soit 4 000 × 1,019.

L'opération d'arbitrage qui vient d'être présentée est un *cash and carry*. Les ventes de contrats ont pour conséquence d'abaisser le prix à terme ; les achats d'actions ont pour conséquence d'accroître le prix de l'indice sur le marché au comptant jusqu'au moment où les variations des cours suppriment toute incitation à entreprendre des transactions qui ne rapportent que le taux d'intérêt sans risque.

3.2. L'achat d'un contrat à terme et la vente à découvert d'un portefeuille d'actions

Cette stratégie est, en quelque sorte, l'inverse de la précédente. Quand l'opérateur se trouve dans le contexte d'une évaluation erronée du contrat à terme – à condition que le prix coté sur le marché à terme soit inférieur au prix d'équilibre théorique –, la stratégie qui consiste à acheter le contrat à terme, à vendre à découvert le portefeuille d'actions lui servant de support et à placer le produit de la vente au taux sans risque, permet de réaliser des profits directement fonction de l'erreur d'évaluation.

Exemple. Au moment où il intervient sur les marchés, un opérateur constate que :

– l'indice CAC 40 sur le marché au comptant se négocie à 1 000,

– le taux d'intérêt sans risque est de 7 %,

– le taux de rendement de l'indice correspondant au taux de distribution de dividendes est de 4 %,

mais que le contrat à terme à trois mois sur l'indice CAC 40 cote 1 005,5 au lieu d'un cours d'équilibre théorique de 1 007,31.

En effectuant des calculs identiques (mais inverses) à ceux reproduits au tableau 4, le lecteur peut constater que l'arbitragiste dégage un profit de 362, que l'indice conserve son niveau initial, augmente de 5 % ou diminue du même pourcentage.

L'opération d'arbitrage réalisée est un *reverse cash and carry* dont les conséquences sont d'accroître le prix à terme et d'abaisser le prix au comptant jusqu'à des niveaux qui suppriment tout intérêt à entreprendre de tels arbitrages. Pour que cette opération soit un véritable arbitrage, il est toutefois indispensable que l'investisseur place au taux sans risque la totalité du produit de la vente à découvert. S'il n'en plaçait que 50 %, le lecteur constaterait que « l'opération d'arbitrage » ferait apparaître une perte de 1 388 car elle n'aurait d'arbitrage que le nom, étant pour 50 % une opération de spéculation.

3.3. Les contrats à terme, la spéculation et l'effet de levier

En l'absence de contrats à terme sur indices boursiers, un investisseur qui anticipe une hausse d'un marché boursier ne peut qu'acheter des actions sur le marché au comptant. S'il souhaite obtenir une performance comparable à celle de l'indice boursier, il doit se procurer un portefeuille d'actions dupliquant cet indice. S'il anticipe une baisse des cours, l'investisseur doit vendre à découvert un portefeuille dupliquant l'indice, ce qui n'est pas toujours facile à mettre en œuvre.

La présence d'un marché de contrats à terme sur indice boursier facilite beaucoup les opérations de spéculation, en particulier à la baisse, et réduit considérablement le montant des coûts de transaction.

Un investisseur qui anticipe une hausse d'un indice boursier achète à terme des contrats qu'il revendra ultérieurement avec profit. De la même manière, si l'investisseur anticipe une baisse de l'indice boursier, il vend à terme des contrats et compensera ultérieurement sa position par un achat de contrats pour la même échéance. Le spéculateur obtient un profit (une perte) qui est fonction du nombre de contrats achetés ou vendus et de l'ampleur de la variation des cours boursiers.

Exemple. Un investisseur dispose d'une somme de 200 000 francs qu'il consacre à l'achat pour une durée de trois mois d'un portefeuille d'actions dupliquant l'indice CAC 40. Au moment de réaliser cette opération, les données du marché sont les suivantes :

– le prix de l'indice CAC 40 sur le marché au comptant est égal à 1 000,
– le taux de rendement de l'indice est de 4 %,
– le taux d'intérêt sans risque est de 7 %.

Les résultats de cet investissement sont reproduits au tableau 5 selon que l'indice à l'échéance conserve son niveau initial, augmente de 10 % ou diminue du même pourcentage.

Tableau 5 – Résultats financiers de l'investissement dans le portefeuille de marché

	Indice stable	**Indice + 10 %**	**Indice – 10 %**
Coût d'achat du portefeuille d'actions	– 200 000	– 200 000	– 200 000
Produit de la vente du portefeuille d'actions	200 000	220 000	180 000
Profit (perte)	–	20 000	– 20 000
Montant des dividendes*	2 038	2 038	2 038
Résultat financier net	2 038	22 038	– 17 962

* Le montant des dividendes régulièrement perçus pendant la période de trois mois est replacé au taux d'intérêt sans risque, soit 2 000 × 1,019.

Si l'investisseur opère sur le marché des contrats à terme, il doit effectuer auprès de la chambre de compensation un dépôt de garantie que nous supposons égal à 20 000 francs par contrat. Dans la mesure où l'investisseur dispose d'une somme de 200 000 francs, il peut donc acheter 10 contrats à terme au prix de 1 007,31 (voir les paragraphes 2.1. à 2.3. pour la détermination du prix à terme). La somme de 200 000 francs est en fait placée sous forme de bons du Trésor qui procurent le taux d'intérêt sans risque dont bénéficie l'investisseur. Les résultats de cet investissement sont reproduits au tableau 6 selon que l'indice à l'échéance conserve son niveau initial, augmente de 10 % ou diminue du même pourcentage.

Tableau 6 – Résultats financiers de l'investissement dans les contrats à terme sur indice boursier

	Indice stable	**Indice + 10 %**	**Indice – 10 %**
Valeur initiale des contrats à terme	– 2 014 620	– 2 014 620	– 2 014 620
Valeur finale des contrats à terme	2 000 000	2 200 000	1 800 000
Profit (perte)	– 14 620	185 380	– 214 620
Intérêt sur le dépôt de garantie	3 500	3 500	3 500
Résultat financier net	– 11 120	188 880	– 211 120

La comparaison des résultats chiffrés des tableaux 5 et 6 est éloquente. Elle montre que l'effet de levier impliqué par le versement d'un dépôt de garantie représentant environ 10 % de la valeur des contrats entraîne des gains et pertes beaucoup plus importants que ceux qui résultent d'un investissement dans le portefeuille d'actions négociées sur le marché au comptant.

4. La couverture des portefeuilles

La théorie des marchés de capitaux repose sur l'hypothèse que tout actif financier, en l'occurrence toute action, est soumis à un risque ayant une double origine. Le risque peut, en premier lieu, être propre à l'actif. Il s'agit alors du risque spécifique. Le risque peut, en deuxième lieu, résulter de facteurs qui affectent systématiquement les prix de tous les actifs. Il correspond alors au risque systématique ou risque de marché.

La théorie financière enseigne qu'un portefeuille bien diversifié permet de supprimer le risque spécifique à chaque titre pour ne laisser subsister que le risque de marché qui, lui, n'est pas diversifiable. La théorie du portefeuille est matérialisée par le modèle d'équilibre des actifs financiers[8] et par sa version empirique connue sous le nom de modèle de marché, qui décrit la rentabilité et le risque d'un investissement dans les actions.

En désignant respectivement par :

$R_{i,t}$: le rendement de l'actif i au cours de la période t,

$R_{m,t}$: le rendement du marché pendant la même période t,

$\beta_i = \dfrac{\text{cov}(R_i, R_m)}{\text{var}(R_m)}$: le bêta de l'actif i,

α_i : le rendement additionnel de l'actif i lorsque le rendement du marché est nul,

$\varepsilon_{i,t}$: un bruit blanc,

le modèle de marché s'écrit :

$$R_{i,t} = \alpha_i + \beta_i R_{m,t} + \varepsilon_{i,t}$$

Ce modèle permet de prévoir le rendement d'un portefeuille d'actions.

– Quand il s'agit d'un portefeuille non couvert, ce rendement est égal au produit du bêta par le rendement du marché, accru du coefficient alpha :

$$R = \alpha + \beta \text{ (rendement du marché)}$$

– Quand il s'agit d'un portefeuille partiellement ou totalement couvert contre le risque de marché, ce rendement est égal au produit du bêta par le rendement de marché accru du coefficient α et du coefficient Γ. Ce dernier désigne l'amélioration du rendement du portefeuille due à la stratégie de couverture (partielle ou totale) :

$$R = \alpha + \beta \text{ (rendement du marché)} + \Gamma$$

Considérons un portefeuille d'actions, dupliquant l'indice, d'une valeur de 2 024 000 francs. On cherche à déterminer le rendement de ce portefeuille sur une période de trois mois, sachant que :

– le taux de distribution des dividendes est de 4 %,

– le bêta est égal à 1,

– le coefficient α est de 6 % (sur une base annuelle),

– le taux de rendement du marché est équivalent au taux de distribution des dividendes.

---

8. Voir dans cette ***Encyclopédie*** l'article de R. Cobbaut, « Théorie du marché financier », p. 1954, tome 2.

En utilisant ces données, le rendement espéré, pendant une période de trois mois, de ce portefeuille est égal à :

$$R = \alpha + \beta \text{ (rendement du marché)}$$
$$R = 1,5\ \% + 1\ (4\ \%)$$
$$R = 5,5\ \%$$

Si l'investisseur anticipe une baisse du marché de 10 %, le rendement anticipé sur la détention du portefeuille est de – 7,5 %[9]. Si la baisse de 10 % se réalise effectivement dans les trois mois, son effet est atténué par la perception d'un dividende de 1 % (dans la mesure où le dividende annuel de 4 % est régulièrement distribué au cours de l'année) et la perception du coefficient alpha dont la valeur est égale à 1,5 % (6 %/4). Si l'investisseur anticipe une hausse du marché de 10 %, le rendement anticipé sur la détention du portefeuille est égal à 12,5 %, la hausse étant accrue de la perception du dividende et du coefficient alpha[10].

Pour couvrir son portefeuille contre le risque de marché, l'investisseur peut choisir d'opérer sur le marché au comptant (c'était la seule possibilité jusqu'en 1982) ou sur le marché des contrats. La première solution est brièvement présentée afin d'en montrer les inconvénients.

4.1. La couverture contre le risque de marché et les transactions sur le marché au comptant

La stratégie élémentaire à laquelle doit recourir l'investisseur pour se protéger contre le risque de marché consiste à liquider tout ou partie du portefeuille d'actions et à placer les sommes obtenues de cette vente sur le marché des bons du Trésor.

Supposons que l'investisseur liquide 50 % de son portefeuille qu'il place pour une durée de trois mois sur le marché des bons du Trésor. Le fait de liquider la moitié du portefeuille pour le placer en titres rapportant le taux d'intérêt sans risque revient à diviser par deux la valeur de alpha et bêta. De ce fait, la valeur trimestrielle du coefficient alpha est égale à 0,75 et le bêta est égal à 0,5. Dans le même temps, 50 % du portefeuille étant placés au taux d'intérêt sans risque de 1,75 % par trimestre (7 %/4), le rendement du portefeuille global est amélioré de 0,875 %. Au total, la perte consécutive à une baisse du marché boursier de 10 % est égale à – 2,875 %, ce qui représente une très nette amélioration par rapport à la situation précédente où la perte ressortait à – 7,5 %[11].

9.

Rendement sur le portefeuille d'actions	=	Rendement sur le portefeuille de marché	×	$\beta + \alpha$
$-7{,}5\ \%$	=	$(-10\ \% + 1\ \%)$	×	$1 + 1{,}5\ \%$

10. $12{,}5\ \% = (10\ \% + 1\ \%) \times 1 + 1{,}5\ \%$.

11.

Rendement sur le portefeuille d'actions	=	Rendement sur le portefeuille de marché	×	$\beta + \alpha + \Gamma$
$-2{,}875\ \%$	=	$(-10\ \% + 1\ \%)$	×	$0{,}5 + 0{,}75\ \% + 0{,}875\ \%$

avec

$$\Gamma = \beta \times \text{taux des bons du Trésor}$$

$$0{,}875 = 0{,}5 \times 1{,}75\ \%$$

Quand il essaie de gérer un risque de baisse du marché boursier, le gestionnaire d'un portefeuille d'actions peut être tenté de liquider tout ou partie des titres qu'il possède. A défaut de vendre toutes les actions ou un pourcentage déterminé d'entre elles, il peut réduire les lignes de son portefeuille qui possèdent un bêta élevé et sont de ce fait plus exposées que les autres à la baisse du marché boursier.

Ces pratiques ne sont pas sans inconvénients. Elles perturbent, en effet, la composition d'un portefeuille soigneusement établi pour répondre à des objectifs à long terme. La liquidation totale ou partielle d'un portefeuille n'est donc pas toujours une réponse adéquate. Elle est, par ailleurs, fort coûteuse, car elle induit des frais de transaction (loin d'être négligeables dans le cas des marchés d'actions) sur les titres vendus, frais qu'il faudra supporter une deuxième fois quand l'investisseur rachètera les titres en vue de reconstituer le portefeuille. Signalons également que si le portefeuille est important, le montant des ordres est susceptible de peser sur les cours, ce qui diminue le produit des ventes et augmente d'autant les coûts de transaction. Notons pour terminer que les gestionnaires ne peuvent que rarement recourir à la liquidation d'un portefeuille ou de certaines de ses lignes, car les statuts des fonds leur imposent de détenir un minimum d'actions (le pourcentage étant souvent élevé). Toutes ces considérations expliquent que les transactions adéquates sur le marché des contrats sont des substituts heureux et pertinents à toute liquidation totale ou partielle d'un portefeuille, car elles sont peu coûteuses et elles ne modifient pas la composition d'un portefeuille.

4.2. La couverture contre le risque boursier et les transactions sur le marché des contrats

Les contrats à terme sur indices boursiers permettent d'effectuer des opérations de spéculation sur l'évolution générale du marché boursier. Cet aspect a joué un rôle déterminant dans le développement de ces marchés durant la première moitié des années 1980, même s'il n'est pas le plus important. Ces marchés permettent, en effet, de gérer les risques que recèlent les portefeuilles d'actions et d'éliminer en particulier la composante « risque de marché ». Cette possibilité de gérer les risques associés à la détention de valeurs mobilières est apparue en 1982 comme étant une idée particulièrement novatrice. Elle est toujours considérée comme très importante. L'utilité de ces marchés ne se limite pas cependant à la gestion de portefeuilles. Elle va bien au-delà. Les marchés à terme d'indices boursiers facilitent, en effet, la gestion financière des entreprises.

4.2.1. La théorie de la couverture

Pour la théorie traditionnelle de la couverture, l'objectif de cette activité est de supprimer le risque de prix attaché à un actif, que ce dernier soit détenu sur le marché au comptant ou négocié (à l'achat et à la vente) sur le marché *forward*. Pour se protéger, l'opérateur prend sur le marché des contrats une position d'un montant équivalent mais de sens opposé à celle qu'il détient sur le marché au comptant ou le marché *forward*. Le ratio de couverture est donc en général égal à un. Pour se protéger contre le risque de baisse, l'investisseur opérant sur les valeurs mobilières vend des contrats à terme sur indice. Pour se protéger contre la hausse, il achète des contrats à terme. La couverture est parfaite lorsque l'évolution des prix à terme est strictement parallèle à celle des prix sur le marché au comptant, ce qui implique qu'il n'y a pas de changement dans la base.

Comme Working l'a bien établi (juin 1953, novembre 1953, 1960, 1962), il existe toujours, en fait, un risque de base, ce qui a pour conséquence que la couverture n'est jamais parfaite. Il n'existe pas de combinaison de positions sur le marché des contrats et sur le marché au comptant telle que le risque de prix est totalement éliminé. Bien au contraire, souligne Working, la couverture présente toujours une composante spéculative et l'opérateur qui se protège contre le risque de prix essaie, simultanément, de tirer profit du risque de base et de capter le rendement potentiel qui apparaît du fait que les variations des prix au comptant et à terme ne sont pas strictement parallèles.

Le problème de la couverture est, en fait, le plus souvent traité dans le cadre d'une méthodologie propre à la théorie du portefeuille (Johnson, 1960 ; Stein, 1961, 1979). Le critère retenu est celui de la minimisation du risque associé à la détention d'un portefeuille regroupant des positions sur le marché au comptant et sur le marché des contrats[12]. Dans la stratégie de couverture telle que définie par Johnson et Stein, la variable à minimiser est la variance du rendement d'un portefeuille couvert. Le ratio de couverture h qui minimise cette variance est égal au rapport entre le montant investi dans les contrats à terme et le montant investi dans l'actif support. Ce ratio de couverture est égal au rapport de la covariance entre le taux de rentabilité de l'actif à couvrir et le taux de rentabilité des contrats à terme, et la variance du taux de rentabilité des contrats à terme :

$$h = -\frac{\sigma_{s,f}}{\sigma_f^2} \qquad [1]$$

avec

$\sigma_{s,f}$: la covariance entre le taux de rentabilité de l'actif à couvrir et le taux de rentabilité sur les contrats à terme,

σ_f^2 : la variance du taux de rentabilité des contrats à terme.

Pour déterminer le ratio de couverture optimal dans le cadre des marchés boursiers, il faut introduire les notations suivantes :

$\tilde{R}_p$: le taux de rendement aléatoire sur le portefeuille d'actions à couvrir,
$\tilde{R}_i$: le taux de rendement sur l'indice au comptant,
$\tilde{R}_f$: le taux de rendement sur les contrats à terme d'indice,
V_0 : la valeur initiale du portefeuille d'actions,
$\tilde{V}_t$: la valeur finale du portefeuille d'actions,
I_0 : la valeur initiale de l'indice,
$\tilde{I}_t$: la valeur de l'indice à l'instant t,
$\tilde{I}_T$: la valeur de l'indice à la date terminale T,
$\tilde{D}_p$: le montant des dividendes sur le portefeuille à couvrir,
$\tilde{D}_i$: les dividendes aléatoires sur l'indice,
$\tilde{D}_T$: les dividendes à la date terminale T,
F_0 : le prix à terme à la date initiale,
$\tilde{F}_t$: le prix à terme à l'instant t,
$\tilde{F}_T$: le prix à terme à la date terminale T.

---

12. Voir également dans cette ***Encyclopédie*** l'article de J.P. Danthine et N.S. Tuchschmid, «Couverture optimale et équilibre sur les marchés à terme», p. 261, tome 1.

Le taux de rentabilité aléatoire sur le portefeuille à couvrir est égal, à chaque instant, à :

$$\tilde{R}_p = (\tilde{V}_t - V_0 + \tilde{D}_p)V_0 \qquad [2]$$

Cette expression donne la variation des rendements entre deux dates, rapportée à la valeur initiale du portefeuille.

Le taux de rentabilité sur l'indice est donné, à chaque instant, par l'expression :

$$\tilde{R}_i = (\tilde{I}_t - I_0 + \tilde{D}_i) \div I_0 \qquad [3]$$

Cette relation reflète la variation du rendement, rapportée à la valeur initiale de l'indice.

Le taux de rentabilité sur les contrats à terme est un concept difficile à mesurer, car la définition de ce taux :

$$\tilde{R}_f = (\tilde{F}_t - F_0) \div F_0 \qquad [4]$$

implique une division par une valeur nulle, du fait qu'il n'existe pas de décaissement initial correspondant à F_0. Pour cette raison, il est possible de diviser par I_0 au lieu de F_0 puisque la stratégie qui consiste à investir directement dans l'indice support doit être équivalente à celle d'un achat de contrat à terme (voir la procédure d'évaluation du contrat à terme aux paragraphes 2.1. à 2.3.).

En se situant à la date d'échéance du contrat à terme, le rendement s'écrit :

$$\tilde{R}_f = (\tilde{F}_t - F_0)/I_0 \qquad [5]$$

Cette expression s'écrit aussi :

$$\tilde{R}_f = \left[(\tilde{I}_T - I_0) + \tilde{D}_i/I_0\right] + \left[(\tilde{F}_T - \tilde{I}_T) - F_0 - I_0) - \tilde{D}_i\right]/I_0 \qquad [6]$$

Le lecteur remarque que les expressions [5] et [6] du rendement sur les contrats à terme sont strictement équivalentes puisqu'on a ajouté et retranché les valeurs de l'indice et des dividendes. L'utilité de la relation [6] est de permettre de définir les rendements sur les contrats à terme à partir des rendements au comptant et du changement aléatoire de la base.

La base étant égale à la différence entre le prix à terme et le prix au comptant, il est possible de la faire apparaître dans l'expression [6]. Cette dernière s'écrit alors :

$$\tilde{R}_f = \tilde{R}_i + (\tilde{B}_T - B_0)/I_0 - \tilde{D}_i/I_0 \qquad [7]$$

avec

$\tilde{R}_i$: le taux de rendement sur l'indice au comptant ($\tilde{R}_i$ correspond aux termes à l'intérieur des premiers crochets dans [6]),

$(\tilde{B}_T - B_0)/I_0$: le rendement aléatoire de la base,

D_i/I_0 : le taux de distribution aléatoire des dividendes.

L'expression [7] s'écrit aussi :

$$\tilde{R}_f = \tilde{R}_i + \tilde{B} - \tilde{D}_i \qquad [8]$$

Il ressort de cette relation que le taux de rentabilité aléatoire sur un contrat à terme d'indice boursier est égal au taux de rentabilité du portefeuille support du contrat, diminué des dividendes qui apparaissent au cours de la période de détention et augmenté du changement aléatoire de la base.

Le taux de rentabilité de la position couverte par la vente de N contrats à terme est beaucoup plus facile à saisir. Il est défini par l'égalité :

$$\tilde{R}_h = \left[(\tilde{V}_t - V_0 + \tilde{D}_p) - N(\tilde{F}_T - F_0)\right] \div V_0 \qquad [9]$$

En introduisant I_0 et en regroupant les termes, le taux de rentabilité s'écrit aussi :

$$\tilde{R}_h = \tilde{R}_p - \frac{NI_0}{V_0}\,\frac{(\tilde{F}_T - F_0)}{I_0}$$

soit enfin :

$$\tilde{R}_h = R_p - hR_f \qquad [10]$$

où h est le ratio de couverture.

Le rendement et la variance de la position couverte sont donnés par :

$$\overline{R}_h = \overline{R}_p - h\bar{R}_f \qquad [11]$$

$$\sigma_h^2 = \sigma_p^2 + h^2\sigma_f^2 - 2h\sigma_{pf} \qquad [12]$$

où :
σ_h, σ_p, σ_f représentent les variances de $\tilde{R}_h$, $\tilde{R}_p$ et $\tilde{R}_f$,
σ_{pf} est la covariance de $\tilde{R}_p$ et $\tilde{R}_f$,
$(^{-})$ désigne les taux espérés.

Le ratio de couverture minimisant le risque de la position couverte est obtenu en annulant la dérivée par rapport à h, ce qui permet d'écrire :

$$h^* = \sigma_{pf} \div \sigma_f^2 \qquad [13]$$

En remplaçant l'expression du ratio de couverture optimal par sa valeur dans l'égalité [12], il en résulte que la variance minimisant le risque s'exprime par :

$$\sigma_{\min}^2 = \sigma_p^2(1 - R_{pf}^2) \qquad [14]$$

où

$$R_{pf}^2 = \sigma_{pf} \div \sigma_f^2\sigma_p^2$$

R^2 représente le coefficient de corrélation entre les rendements sur le portefeuille d'actions et les rendements du contrat à terme.

En utilisant les équations [13] et [14] et la définition de $\tilde{R}_f$ dans l'équation [5], il est possible d'obtenir :

$$h^* = \frac{\sigma_{pi} + \sigma_{pb} - \sigma_{pd}}{\sigma_i^2 + \sigma_b^2 + \sigma_d^2 + 2\sigma_{ib} - 2\sigma_{id} - 2\sigma_{bd}} \qquad [15]$$

L'équation [15] montre que le ratio de couverture augmente avec :
– la covariance entre les rendements du portefeuille et l'indice, σ_{pi},
– la covariance entre les rendements du portefeuille et la base, σ_{pb},
– la covariance entre la base et le taux de distribution des dividendes, σ_{bd},
– la covariance entre l'indice et le taux de distribution des dividendes, σ_{id},

et diminue avec :
– la covariance entre les rendements du portefeuille et le taux de distribution des dividendes, σ_{pd},
– la covariance entre l'indice et la base, σ_{ib},
– la variance de l'indice, σ_i^2,
– la variance de la base, σ_b^2,
– la variance du taux de distribution des dividendes, σ_d^2.

Dans le cas général, lorsque les changements de base et les dividendes sont aléatoires, et contrairement à ce que l'on pense naïvement, le ratio de couverture minimisant le risque ne se confond pas avec le bêta du portefeuille à couvrir. Si, en revanche, les changements de base et les dividendes ne sont pas aléatoires, le bêta du portefeuille à couvrir correspond au ratio de couverture optimal et l'égalité [16] est satisfaite :

$$h^* = \frac{\sigma_{pi}}{\sigma_i^2} = \beta_p \qquad [16]$$

4.2.2. La pratique de la couverture

Plusieurs cas de figure vont être successivement analysés. Ils prennent en compte différentes valeurs du bêta et le fait que la couverture du portefeuille peut être totale ou partielle[13]. On se situe dans un contexte où le modèle de marché est utilisé et au sein duquel une chute des cours de 10 % est anticipée. A l'échéance, il est supposé que la baisse anticipée est effectivement réalisée.

4.2.2.1. La couverture totale d'un portefeuille bien diversifié contre le risque de baisse du marché boursier

Un investisseur gère un portefeuille bien diversifié de 2 024 000 francs. Il craint une baisse des cours et souhaite se couvrir pour une échéance de trois mois en ayant recours au marché des contrats à terme sur indices boursiers. La vente du nombre adéquat de contrats va lui permettre, en effet, d'immuniser son portefeuille d'actions. Lorsqu'il prend sa décision, il dispose des informations suivantes :
– le prix de l'indice sur le marché au comptant est égal à 1 012,88,
– le taux de distribution des dividendes est égal à 4 %,

13. Nous supposerons dans ce paragraphe que les dividendes et les variations de base ne sont pas aléatoires, ce qui simplifie beaucoup, comme démontré au paragraphe 4.2.1., la détermination du ratio de couverture optimal.

– le taux d'intérêt sans risque est égal à 7 %,

– le risque du portefeuille mesuré par la moyenne pondérée des coefficients bêta de chacune des lignes du portefeuille est égal à 1,

– le coefficient alpha est égal à 6 %.

A partir de ces données, et en utilisant la formule d'évaluation des contrats à terme, le prix à terme ressort à 1 020,28.

Sachant que le bêta est égal à 1, que la valeur de l'indice au comptant est de 1 012,88, et que le portefeuille à couvrir vaut 2 024 000, le nombre de contrats à vendre est égal à :

$$\text{Nombre de contrats à vendre} = \left(\frac{\text{\% du portefeuille à couvrir}}{\text{valeur de l'indice au comptant}} \right) \times \text{bêta}$$

Soit, dans le cas présent :

$$= \frac{100\ \% \times 2\ 024\ 000}{1\ 012{,}88 \times 200} \times 1 = 10$$

Trois mois plus tard, si le marché chute effectivement de 10 %, la stratégie de couverture mise en œuvre produit un résultat de 65 965, ce qui représente un pourcentage de profit égal à 3,26 % (tableau 7). Ce résultat s'explique par le fait que la perte sur le portefeuille d'actions est surcompensée par la perception des dividendes et le profit dégagé sur le marché des contrats.

Tableau 7 – Résultat financier de la couverture d'un portefeuille ayant un bêta de 1

	Baisse du marché de 10 %	
Valeur initiale du portefeuille		2 024 000
Valeur finale du portefeuille (dividendes exclus)	2 024 000 (1 – 8,5 %)*	1 851 960
Perte sur le marché au comptant		– 172 040
Vente des contrats à terme	1 020,28 × 200 × 10	2 040 560
Achats des contrats à terme	911,59** × 200 × 10	– 1 823 180
Profit sur le marché des contrats à terme		217 380
Montant des dividendes		20 625***
Résultat financier net		65 965****
Résultat financier net en pourcentage		3,26 %

* La baisse du marché de 10 % implique une perte sur le portefeuille de 8,5 %. En utilisant le modèle de marché, le rendement anticipé du portefeuille avec dividendes est :

$$R_p = (\text{baisse de l'indice} + \text{dividendes}) \times \text{bêta} + \text{alpha}$$
$$R_p = (-10\ \% + 1\ \%)\ 1 + 1{,}5\ \%$$
$$R_p = -7{,}5\ \%$$

En excluant les dividendes, le rendement du portefeuille à l'échéance est :

$$-7{,}5\ \% - 1\ \% = -8{,}5\ \%$$

** A l'échéance, du fait de la convergence de la base, le prix du contrat à terme est égal au prix au comptant, soit 1 012,88 (1 – 10 %).

*** Le montant des dividendes régulièrement perçus pendant la période de trois mois est replacé au taux d'intérêt sans risque, soit 20 240 × 1,019.

**** Si la valeur finale du portefeuille était de 1 850 000, le résultat financier net serait 64 005.

Bien évidemment, si le marché avait augmenté au lieu de baisser comme il l'anticipait, le gestionnaire aurait réalisé une perte sur le marché des contrats qui aurait annulé l'accroissement de valeur du portefeuille..., sauf à liquider la position sur le marché des contrats avant l'échéance initialement prévue, de manière à tirer profit de la hausse du marché boursier.

4.2.2.2. *La couverture partielle d'un portefeuille bien diversifié contre le risque de baisse du marché boursier*

Si l'investisseur qui gère le portefeuille d'actions d'un montant de 2 024 000 francs décide de couvrir uniquement la moitié de ce portefeuille, il est évident que le résultat financier de la couverture est moins favorable dans le cas d'une baisse de marché que nous supposons toujours égale à 10 %.

Le nombre de contrats à vendre est égal à :

$$\frac{50\ \% \times 2\ 024\ 000}{1\ 012,88 \times 200} \times 1 = 5$$

Le tableau 8 fait apparaître une perte de 42 725, ce qui représente 2,11 % de la valeur initiale du portefeuille.

Tableau 8 – Résultat financier d'une opération de couverture

	Baisse du marché de 10 %	
Valeur initiale du portefeuille		2 024 000
Valeur finale du portefeuille (dividendes exclus)	2 024 000 (1 – 8,5 %)*	1 851 960
Perte sur le marché au comptant		– 172 040
Vente des contrats à terme	1 020,28 × 200 × 5	1 020 280
Achats des contrats à terme	911,59** × 200 × 5	– 911 590
Profit sur le marché des contrats à terme		108 690
Montant des dividendes		20 625***
Résultat financier net		– 42 725****
Résultat financier net en pourcentage		– 2,11 %

* La baisse du marché de 10 % implique une perte sur le portefeuille de 8,5 %. En utilisant le modèle de marché, le rendement anticipé du portefeuille avec dividendes est :

$$R_p = (\text{baisse de l'indice} + \text{dividendes}) \times \text{bêta} + \text{alpha}$$
$$R_p = (-10\ \% + 1\ \%)\ 1 + 1{,}5\ \%$$
$$R_p = -7{,}5\ \%$$

En excluant les dividendes, le rendement du portefeuille à l'échéance est :

$$-7{,}5\ \% - 1\ \% = -8{,}5\ \%$$

** A l'échéance, du fait de la convergence de la base, le prix du contrat à terme est égal au prix au comptant, soit 1 012,88 (1 – 10 %).

*** Le montant des dividendes régulièrement perçus pendant la période de trois mois est replacé au taux d'intérêt sans risque, soit 20 240 × 1,019.

**** Si la valeur finale du portefeuille était de 1 850 000, le résultat financier net serait 44 685.

4.2.2.3. *La couverture d'un portefeuille mal diversifié contre le risque de baisse du marché boursier*

Toutes les données de l'exemple développé au paragraphe 4.2.2.1. vont être reprises à l'exception d'une seule. Considérons en effet que le bêta du portefeuille est égal à 1,3 et non pas à 1. Avec cette nouvelle hypothèse, le nombre de contrats à vendre est égal à :

$$\frac{2\ 024\ 000}{1\ 012,88 \times 200} \times 1,3 = 13$$

Il ressort du tableau 9 que la vente de 13 contrats procure un profit de 76 531, ce qui représente 3,78 % de la valeur du portefeuille initial.

Tableau 9 – Résultat financier de la couverture d'un portefeuille ayant un bêta de 1,3

	Baisse du marché de 10 %	
Valeur initiale du portefeuille		2 024 000
Valeur finale du portefeuille (dividendes exclus)	2 024 000 (1 – 11,2 %)*	1 797 312
Perte sur le marché au comptant		– 226 688
Vente des contrats à terme	1 020,28 × 200 × 13	2 652 728
Achats des contrats à terme	911,59** × 200 × 13	2 370 134
Profit sur le marché des contrats à terme		282 594
Montant des dividendes		20 625***
Résultat financier net		76 531
Résultat financier net en pourcentage		3,78 %

* La baisse du marché de 10 % implique une perte sur le portefeuille de 11,2 %. En utilisant le modèle de marché, le rendement anticipé du portefeuille avec dividendes est :

$$R_p = (\text{chute de l'indice} + \text{dividendes}) \times \text{bêta} + \text{alpha}$$
$$R_p = (-10\ \% + 1\ \%)\ 1,3 + 1,5\ \%$$
$$R_p = -10,2\ \%$$

En excluant les dividendes, le rendement du portefeuille à l'échéance est :

$$-10,2\ \% - 1\ \% = -11,2\ \%$$

** A l'échéance, du fait de la convergence de la base, le prix du contrat à terme est égal au prix au comptant, soit 1 012,88 (1 – 10 %).

*** Le montant des dividendes régulièrement perçus pendant la période de trois mois est replacé au taux d'intérêt sans risque, soit 20 240 × 1,019.

Si le bêta du portefeuille avait été de 0,6, le nombre de contrats à vendre aurait été égal à 6 et le résultat financier de la couverture, tel que reproduit au tableau 10, aurait été de 51 877, soit + 2,56 % de la valeur initiale du portefeuille.

4.2.2.4. L'immunisation d'une action contre le risque de marché

La mise en place de cette couverture permet à l'opérateur de tirer profit d'une évolution spécifique qu'il anticipe pour un titre donné sans avoir à supporter le risque de marché.

Exemple. Un gestionnaire anticipe que le titre XYZ va connaître à court terme une évolution particulièrement forte et qu'il devrait mieux se comporter que le marché. Cela signifie que si le marché monte, la performance de l'action sera supérieure à celle du marché. Si, par contre, le marché baisse, le cours de l'action diminuera moins que ce que laisserait prévoir l'effet mécanique du marché. Le gestionnaire ne veut pas supporter le risque de marché. Il est uniquement intéressé par le risque spécifique de l'action.

Tableau 10 – Résultat financier de la couverture d'un portefeuille ayant un bêta de 0,6

	Baisse du marché de 10 %	
Valeur initiale du portefeuille		2 024 000
Valeur finale du portefeuille (dividendes exclus)	2 024 000 (1 – 4,9 %)*	1 924 824
Perte sur le marché au comptant		– 99 176
Vente des contrats à terme	1 020,28 × 200 × 6	1 224 336
Achats des contrats à terme	911,59** × 200 × 6	1 093 908
Profit sur le marché des contrats à terme		130 428
Montant des dividendes		20 625***
Résultat financier net		– 51 877
Résultat financier net en pourcentage		+ 2,56 %

* La baisse du marché de 10 % implique une perte sur le portefeuille de 4,9 %. En utilisant le modèle de marché, le rendement anticipé du portefeuille avec dividendes est :

$$R_p = (\text{chute de l'indice} + \text{dividendes}) \times \text{bêta} + \text{alpha}$$
$$R_p = (-10\ \% + 1\ \%)\ 0{,}6 + 1{,}5\ \%$$
$$R_p = -3{,}9\ \%$$

En excluant les dividendes, le rendement du portefeuille à l'échéance est :

$$-3{,}9\ \% - 1\ \% = -4{,}9\ \%$$

** A l'échéance, du fait de la convergence de la base, le prix du contrat à terme est égal au prix au comptant, soit 1 012,88 (1 – 10 %).

*** Le montant des dividendes régulièrement perçus pendant la période de trois mois est replacé au taux d'intérêt sans risque, soit 20 240 × 1,019.

Pour tirer profit de cette évolution spécifique de l'action, sans prendre le risque de marché, l'opérateur doit vendre des contrats à terme. Le nombre de contrats vendus est fonction du cours de l'action, du nombre de titres achetés et du coefficient bêta.

4.2.2.5. La couverture d'un portefeuille contre le risque de hausse du marché boursier

Un investisseur craint beaucoup plus une baisse qu'une hausse des marchés boursiers. Il existe cependant certaines situations où la hausse est redoutée, comme le souligne l'exemple ci-joint.

Un gestionnaire de portefeuille ne dispose pas de liquidités, mais il souhaiterait acheter des actions car il anticipe une forte hausse des cours. Il attend, en revanche, de recevoir des encaissements importants dans trois mois, mais à cette époque, la hausse sera effective et il sera passé à côté d'une belle opportunité. Pour fixer dès maintenant le prix de revient des titres qu'il souhaite acheter et se protéger contre la hausse des cours, ce gestionnaire achète des contrats à terme sur indice boursier. Si ses anticipations se vérifient, la plus-value qu'il réalisera sur le marché des contrats compensera la moins-value qu'il subira sur le marché des actions.

L'achat de contrats à terme sur indice boursier est également une solution idéale pour l'investisseur qui souhaite, pour des raisons de diversification, acheter des titres d'une Sicav indicielle étrangère, mais qui redoute une baisse des taux de change et ne souhaite pas, de ce fait, transférer dans l'immédiat des fonds à l'étranger. Dans ce cas, comme dans le précédent, une transaction sur le marché des contrats à terme fournit à l'investisseur une réponse adéquate au problème auquel il est confronté.

4.3. Les marchés à terme d'indices boursiers et la gestion financière de l'entreprise

La gestion de portefeuille est le domaine d'application privilégié des marchés à terme sur indices boursiers, mais elle n'est pas la seule. Ces marchés sont en effet en mesure de rendre des services au niveau de la gestion financière de l'entreprise. Deux exemples sont fournis à titre d'illustration. Ce sont bien évidemment les situations décrites, plus que les mécanismes et les calculs de la couverture, qui sont intéressantes.

4.3.1. Les marchés à terme sur indices boursiers et l'introduction en bourse

L'introduction en bourse est une procédure longue et délicate[14]. Elle est délicate, car il faut fixer un prix d'introduction qui satisfasse simultanément des objectifs divergents : ceux des propriétaires de l'entreprise qui souhaitent un cours d'introduction élevé, ceux des investisseurs qui préfèrent un prix bas et ceux des responsables du marché boursier qui recherchent un prix juste, mais pas trop élevé pour que les souscriptions soient suffisantes, pour que le marché se développe sans à-coup, et pour que l'évolution du titre après l'introduction soit orientée à la hausse. Non seulement la procédure est délicate, mais en plus elle est longue. Entre le moment où le propriétaire décide d'introduire en bourse tout ou partie du capital et le moment où l'introduction est effective, plusieurs mois peuvent s'écouler durant lesquels la conjoncture boursière (excellente lorsque la décision est prise de s'introduire en bourse) peut s'inverser (et devenir exécrable lorsque l'introduction est réalisée). Pour se protéger contre une évolution défavorable du marché boursier pouvant conduire à un ajournement ou à un abandon de l'introduction en bourse, le propriétaire de l'entreprise peut avoir recours au marché à terme sur indice boursier, comme l'indique l'exemple suivant.

L'actionnaire unique d'une société non cotée décide à la fin du mois de janvier de procéder à une introduction partielle du capital de son entreprise sur le marché boursier de Paris pour le mois d'octobre. Un rapide calcul lui indique que 500 000 titres pourraient être émis et que le cours d'introduction pourrait se situer aux environs de 200 francs par action. L'entrepreneur est cependant parfaitement conscient des risques du marché boursier et, craignant que la bonne conjoncture boursière actuelle ne se prolonge pas jusqu'au mois d'octobre, il décide de se couvrir en vendant des contrats à terme sur l'indice CAC 40 pour l'échéance décembre dont le cours est actuellement égal à 1 818. Pour ajuster au mieux sa couverture, l'entrepreneur décide de prendre en compte le bêta du secteur industriel auquel appartient l'entreprise. Ce coefficient est relativement stable aux environs de 1,2.

Ces différentes considérations conduisent le propriétaire de l'entreprise à vendre :

$$\frac{500\ 000 \times 200}{1\ 818 \times 200} \times 1,2 = 275 \text{ contrats}$$

14. Voir dans cette ***Encyclopédie*** l'article de J. Pilverdier-Latreyte, « Introduction en bourse », p. 705, tome 1.

En octobre, la conjoncture boursière s'étant effectivement dégradée, l'introduction se fait au cours de 150 francs. La moins-value enregistrée sur le marché boursier est compensée par un gain sur le marché des contrats, car l'entrepreneur achète au mois d'octobre 275 contrats pour l'échéance décembre à un cours que nous supposons égal à 1 460. La couverture n'est certes pas parfaite, mais elle protège malgré tout correctement le propriétaire de l'entreprise.

4.3.2. Les marchés à terme sur indices boursiers et l'augmentation de capital

L'augmentation de capital est, comme l'introduction en bourse, une procédure complexe dont la préparation s'étale sur plusieurs mois. Pendant ce temps, la conjoncture boursière peut évoluer en défaveur de l'entreprise, ce qui peut contraindre ses dirigeants à renoncer *in extremis* à une opération planifiée depuis plusieurs mois. Même sans aboutir à cette extrémité, il faut bien comprendre qu'une augmentation de capital lorsque le marché boursier est déprimé induit une hausse du coût du capital préjudiciable à l'entreprise.

Pour éviter les conséquences d'une évolution défavorable du marché boursier, la direction d'une entreprise désirant effectuer une augmentation de capital doit se couvrir par des interventions adéquates, en l'occurrence des ventes de contrats, sur le marché à terme des indices boursiers.

5. Les marchés de contrats à terme sur indices boursiers

Le concept de contrat à terme sur indice boursier, élaboré dès 1977, n'est devenu une réalité que cinq ans plus tard, en raison des réticences soulevées par un instrument aussi révolutionnaire et des obstacles réglementaires et juridiques invoqués par les organismes de contrôle. Les premiers marchés sont nés aux Etats-Unis, mais des initiatives de même nature furent développées sur toutes les autres places financières. Les résultats n'ont cependant pas toujours été à la hauteur des anticipations.

5.1. Les marchés de contrats à terme sur indices boursiers aux Etats-Unis

C'est le 24 février 1982 que fut ouvert le premier marché à terme sur indice. Il le fut, de manière tout à fait paradoxale, dans une petite bourse de commerce spécialisée dans les céréales : le Kansas City Board of Trade. Les contrats avaient pour actif sous-jacent l'indice Value Line Average. Le premier schéma de ce nouvel instrument avait été déposé le 28 octobre 1977 auprès de la Commodity Futures Trading Commission. Il avait fallu attendre plus de cinq ans pour que le marché puisse être ouvert.

Le 21 avril 1982, l'Index and Option Market, la division spécialement créée à cet effet par le Chicago Mercantile Exchange (CME), introduisait à son tour un contrat qui devait rapidement dominer ce segment de l'industrie des marchés dérivés. Depuis lors, de nombreux autres marchés portant sur des indices boursiers se sont ouverts aux Etats-Unis (tableau 11).

Les différents contrats sur indices boursiers introduits par les bourses américaines ne rencontrent pas le succès qui pouvait être légitimement anticipé. Le seul marché réellement actif est celui du Standard and Poor's 500 (SP 500),

Tableau 11 – Les principaux marchés américains de contrats à terme sur indices boursiers

Indice boursier	Volume du contrat	Bourses	Volume des transactions en 1955	Montant de la position ouverte le 31/12/1995
Standard and Poor's 500	USD 500 × valeur de l'indice	CME	18 852 149	200 351
Standard and Poor's 400 Midcap	USD 500 × valeur de l'indice	CME	253 741	10 697
Nikkei 225	USD 5 × valeur de l'indice	CME	609 720	28 229
Major Market Index	USD 500 × valeur de l'indice	CME	58 048	289
Russell 2000	USD 500 × valeur de l'indice	CME	43 857	3 257
Value Line Average	USD 500 × valeur de l'indice	KCBT	35 185	1 432
Mini Value Line Average	USD 100 × valeur de l'indice	KCBT	74 346	955
NYSE Composite Index	USD 500 × valeur de l'indice	NYCE	685 922	3 467

CME : Chicago Mercantile Exchange ; KCBT : Kansas City Board of Trade ; NYCE : New York Cotton Exchange.

Unité : Nombre de contrats.

Source : Futures Industry Association.

et le volume annuel des transactions n'atteint pas 19 millions de contrats. La crise d'octobre 1987 est la raison principale de ce demi-succès. En 1986, plus de 19,5 millions de contrats ayant pour support l'indice SP 500 avaient été négociés au Chicago Mercantile Exchange, ce qui était remarquable pour un contrat introduit en 1982. La crise boursière d'octobre 1987 allait réduire de 40 % l'activité de ce marché (et de plus encore celle des autres marchés américains). Depuis lors, les transactions n'ont jamais retrouvé le niveau qui était le leur en 1986. Deux correctifs doivent toutefois être notés. Le montant de la position ouverte s'est accru entre 1986 et 1996, ce qui signifie que ce marché est de plus en plus utilisé par des opérateurs professionnels. Par ailleurs, la valeur nominale d'un contrat à terme est aujourd'hui trois fois supérieure à celle du quatrième trimestre 1987 du fait de la hausse (dans les mêmes proportions) de l'indice Standard and Poor's 500.

5.2. *Les marchés de contrats à terme sur indices boursiers en dehors des Etats-Unis*

Des marchés à terme sur indices boursiers ont été mis en place sur de très nombreuses places financières : Londres, Paris, Francfort, Amsterdam, Zurich, Madrid, Vienne, Copenhague, Bruxelles, Rome, Stockholm, Helsinki, Budapest en Europe ; Sydney, Auckland en Océanie ; Osaka et Tokyo au Japon ; Hong-Kong, Singapour en Asie du Sud-Est ; Toronto au Canada ; Rio de Janeiro, Sao Paulo en Amérique latine ; Johannesbourg en Afrique. Ces marchés sont recensés au tableau 12.

Tableau 12 – Les principaux marchés non américains de contrats à terme sur indices boursiers

Indice boursier	Volume du contrat	Bourses	Volume des transactions en 1955	Montant de la position ouverte le 31/12/1995
CAC 40	200 FRF × valeur de l'indice	MATIF	6 549 953	56 833
FTSE 100	25 GBP × valeur de l'indice	LIFFE	3 373 259	63 091
FTSE Mid 250 Index	10 GBP × valeur de l'indice	LIFFE	35 068	3 315
DAX	100 DEM × valeur de l'indice	DTB	4 788 661	80 442
Dutch Top 5 Index	200 NLG × valeur de l'indice	FFMA	63 751	818
EOE Stock Index	200 NLG × valeur de l'indice	FFMA	1 004 005	27 032
Swiss Market Index	50 CHF × valeur de l'indice	SOFFEX	1 457 108	14 168
IBEX 35	100 pesetas × valeur de l'indice	MEFF	28 096 699	381 591
OMX Stock Index	100 couronnes × valeur de l'indice	OM	1 593 408	ND
ATX Index	100 schillings × valeur de l'indice	OTOB	498 234	29 488
KFX Stock Index	100 000 DKK × valeur de l'indice	FUTOP	263 537	ND
FOX Index	100 FIM × valeur de l'indice	FOME	181 428	11 579
BEL 20 Index	1 000 BEF × valeur de l'indice	BELFOX	187 686	4 542
MIB 30 Index	10 000 ITL × valeur de l'indice	IDMISE	1 140 636	ND
BUX		BSE	3 207	920
All Ordinaries Share Price Index	25 AUD × valeur de l'indice	SFE	2 476 331	139 026
NZSE 10 Capital Share Price Index	25 NZD × valeur de l'indice	NZFE	2 971	15
Nikkei 225	1 000 JPY × valeur de l'indice	OSE	7 220 900	161 895
Nikkei 300	10 000 JPY × valeur de l'indice	OSE	2 318 600	121 756
Nikkei 225	500 JPY × valeur de l'indice	SIMEX	6 456 984	111 341
Nikkei 300	10 000 JPY × valeur de l'indice	SIMEX	174 234	30 478
TOPIX Stock Index	10 000 JPY × valeur de l'indice	TSE	2 745 610	100 998

Indice boursier	Volume du contrat	Bourses	Volume des transactions en 1955	Montant de la position ouverte le 31/12/1995
Hang Seng	50 HKD × valeur de l'indice	HKFE	4 546 613	33 585
TSE 35 Index	500 CAD × valeur de l'indice	TFE	110 011	5 627
TSE 100 Index	250 CAD × valeur de l'indice	TFE	2 963	99
Bovespa Stock Index	0,30 BRL × valeur de l'indice	BMF	15 304 666	33 898
All Share Index	10 ZAR × valeur de l'indice	SAFEX	1 816 846	42 533
Industrial Index	10 ZAR × valeur de l'indice	SAFEX	1 030 714	17 075
Financial Index	10 ZAR × valeur de l'indice	SAFEX	4 290	1 430

LIFFE : London International Financial Futures and Options Exchange ; MATIF : Marché à Terme International de France ; SFE : Sydney Futures Exchange ; TSE : Tokyo Stock Exchange ; HKFE : Hong Kong Futures Exchange ; SIMEX : Singapore International Monetary Exchange ; OSE : Osaka Securities Exchange ; BMF : Bolsa de Mercadorias & Futuros ; OTOB : Osterreichische Terminbörse ; DTB : Deutsche Terminbörse ; SOFFEX : Swiss Options and Financial Futures Exchange ; OM : Stockholm Options Exchange ; FFMA : Financial Futures Market Amsterdam ; MEFF : Mercado de Opciones Y Futuros Renta Variable ; FOME : Finish Options Market Exchange ; IDMISE : Italian Derivatives Market of the Italian Stock Exchange ; SAFEX : South African Futures Exchange ; BSE : Budapest Stock Exchange ; BELFOX : Belgian Futures and Options Exchange ; FUTOP : Copenhagen Stock Exchange and the FUTOP Clearing Centre.
Unité : Nombre de contrats.

Source : Futures Industry Association.

En règle générale, ces marchés connaissent une activité proportionnellement supérieure à celle des marchés américains. Ceci est très probablement dû au fait qu'ils n'ont pas eu à subir le contrecoup de la crise boursière d'octobre 1987. La plupart d'entre eux furent en effet ouverts après 1988. Les marchés les plus importants sont ceux d'Osaka, de Paris, de Francfort et de Londres.

5.3. Les autres marchés de contrats à terme sur indices

Le concept de contrat à terme sur indice fut appliqué par différentes bourses à d'autres sous-jacents que les valeurs mobilières, mais ces applications n'ont pas connu jusqu'à maintenant un réel succès. Tel fut en particulier le cas pour certains indices économiques comme celui du coût de la vie proposé par le Coffee Sugar and Cocoa Exchange, celui de la construction immobilière introduit par le London Commodity Exchange et plus récemment encore certains indices relatifs au marché de l'assurance proposés par le Chicago Board of Trade[15].

Notons toutefois qu'un indice de fret représentatif du coût du transport maritime est négocié depuis plusieurs années au London Commodity Exchange

15. Voir dans cette ***Encyclopédie*** l'article de H. Geman, «Gestion du risque d'assurance et instruments dérivés en assurance», p. 583, tome 1.

et que deux indices portant sur des matières premières – le Commodity Research Bureau Index et le Goldman Sachs Commodity Index – sont opérationnels à New York et à Chicago. Les transactions enregistrées sur ces différents marchés demeurent cependant faibles.

*

* *

Le concept de contrat à terme sur indice est une idée novatrice qui pourrait, lorsqu'elle sera bien acclimatée, conduire l'industrie des marchés dérivés vers de nouveaux développements. Les résultats satisfaisants obtenus par le Chicago Board of Trade avec le contrat à terme sur un indice représentatif du marché des titres obligataires émis par les municipalités et les collectivités locales, et par l'International Petroleum Exchange avec le contrat portant sur un indice de prix du pétrole brut extrait de la Mer du Nord sont deux exemples prouvant la faisabilité de ces instruments.

Références

BELLALAH M., *Gestion quantitative du portefeuille et nouveaux marchés financiers*, Paris, Nathan, 1990.

CORNELL B., FRENCH K., « The Pricing of Stock Index Futures », *Journal of Futures Markets* (3, Spring 1983).

CORNELL B., FRENCH K., « Taxes and the Pricing of Stock Index Futures », *Journal of Finance* (38, 1983), p. 675-694.

FABOZZI F., KIPNIS G. (éd.), *Stock Index Futures*, Dow Jones-Irwin, Homewood, Ill., 1984.

FABOZZI F.J., « Hedging with Financial Futures », *in* F.J. Fabozzi et F.G. Zarb (éd.), *Handbook of Financial Markets*, 2e éd., Homewood, Ill., Dow Jones-Irwin, 1986, p. 665-701.

FIGLEWSKI S., « Hedging Performance and Basis Risk in Stock Index Futures », *Journal of Finance* (39, July 1984), p. 657-669.

FIGLEWSKI S., « Hedging with Stock Index Futures : Theory and Applications in a New Market », *Journal of Futures Markets* (5, Summer 1985).

GOBRY P., *La bourse aux indices*, Paris, Economica, 1988.

HULL J., *Options, Futures and other Derivatives Securities*, 2e éd., Englewood Cliffs, NJ, Prentice Hall, 1993.

JOHNSON L.L., « The Theory of Hedging and Speculation in Commodity Futures », *Review of Economic Studies* (27, October 1960), p. 139-151.

LEVASSEUR M., SIMON Y., « Gestion de portefeuille ; l'innovation de la décennie aux Etats-Unis : les contrats à terme sur indice boursier », *Revue Française de Gestion* (janvier-février 1985), p. 27-34.

LUSKIN L., *Index Options and Futures*, John Wiley and Sons, 1987.

MACKINLAY C.T., RAMASWAMY K., « Index Futures, Arbitrage and the Behavior of Stock Index Futures Price », *Review of Financial Studies* (1, 188), p. 137-158.

MODEST D.M., SUNDARESAN M., « The Relationship between Spot and Futures Prices in Stock Index Futures Markets : some Preliminary Evidence », *Journal of Futures Markets* (3, Spring 1983), p. 15-41.

PETERS E., « The Growing Efficiency of Index Futures Markets », *Journal of Portfolio Management* (Summer 1985), p. 52-56.

STEIN J.L., « The Simultaneous Determination of Spot and Futures Prices », *American Economic Review* (51, December 1961), p. 1012-1025.

STEIN J.L., « Spot, Forward and Futures », *in* H. Levy (éd.), *Research in Finance*, Greenwich, Conn., JAI Press, 1979, p. 225-310.

TOPSACALIAN P., *Les indices boursiers sur actions*, Paris, Economica, 1996.

WEINER N., *Stock Index Futures. A Guide for Traders, Investors and Analysts*, John Wiley and Sons, 1984.

WORKING H., « Futures Trading and Hedging », *American Economic Review* (June 1953), p. 314-343.

WORKING H., « Hedging Reconsidered », *Journal of Farm Economics* (November 1953), p. 544-561.
WORKING H., « Speculation on Hedging Markets », *Food Research Institute Studies* (May 1960), p. 185-220.
WORKING H., « New Concepts Concerning Futures Markets and Prices », *American Economic Review* (June 1962), p. 431-458.

Mots clés

Appel de marge, arbitrage, arbitrage avec des contrats à terme sur indices boursiers, augmentation de capital, base, bêta, CAC 40, *cash and carry, cash settlement,* chambre de compensation, Chicago Mercantile Exchange, compensation, contrat à terme sur indice boursier, contrat à terme sur l'indice CAC 40, contrat à terme sur indice économique, contrat à terme sur le fret, contrat à terme sur l'indice FTSE 100, contrat à terme sur indice immobilier, contrat à terme sur indice de prix de matières premières, contrat à terme sur l'indice SP 500, coût de portage, couverture, couverture d'un portefeuille d'actions, déport, Dow Jones Industrial Average, effet de levier, évaluation des actifs financiers, évaluation du contrat à terme sur indice boursier, Financial Times Stock Exchange 100 (FTSE 100), *hedge ratio,* immunisation d'une action, immunisation d'un portefeuille, indice boursier, instrument dérivé en assurance, introduction en bourse, Kansas City Board of Trade, limite de fluctuation, London International Financial Futures and Options Exchange, Marché à terme international de France, marché à terme sur indice boursier, marché dérivé, modèle de marché, New York Stock Exchange Composite Index, portefeuille d'actions, prix au comptant, prix d'équilibre théorique d'un contrat à terme, prix à terme, ratio de couverture, rentabilité, report, *reverse cash and carry,* risque, risque de base, risque de marché, risque spécifique, risque systématique, spéculation avec des contrats à terme sur indices boursiers, Standard and Poor's 500 (SP 500), taux d'intérêt sans risque, théorie du portefeuille, Value Line Average.

Marchés à terme de matières premières

Yves Simon

49

Le risque de prix, inhérent à la vie économique, n'est pas facile à gérer. Ses conséquences peuvent être dommageables sur les résultats financiers des entreprises. Ce risque touche plus particulièrement, mais pas de manière identique, les producteurs, les négociants, les utilisateurs et les transformateurs de matières premières, continuellement exposés à de très fortes fluctuations des cours. Les marchés de contrats à terme leur offrent une protection efficace contre le risque de prix afférent aux matières premières.

1. Définition et spécificité des contrats et des marchés à terme de matières premières

Un marché de contrats à terme de matières premières est un marché financier. Ceci implique que les transactions ne portent pas sur des produits physiques, mais sur des contrats. La bonne compréhension de cette réalité est essentielle pour éviter toute erreur d'interprétation.

1.1. Les caractéristiques distinctives du marché au comptant et du marché des contrats à terme

Sur le marché au comptant, celui des produits physiques, les transactions entre les acheteurs et les vendeurs prévoient une livraison immédiate ou différée de la marchandise. Les premières, les plus nombreuses mais pas nécessairement les plus importantes sur le plan économique, sont des opérations courantes d'achat et de vente effectuées par les différents agents économiques. Les secondes prévoient que la livraison de la marchandise est repoussée à une date postérieure à celle de la signature de l'acte commercial. Cette livraison peut être unique ou échelonnée dans le temps. Quand un importateur achète 25 000 barils de pétrole, la livraison se fait normalement en une fois. Quand l'agence d'importation de céréales russe achète 3 millions de tonnes de blé et de maïs, il est évident que la livraison doit être échelonnée sur plusieurs périodes.

Dans une transaction portant sur des produits physiques, le prix, la qualité, la quantité et toutes les autres conditions du contrat commercial sont librement déterminés par les contractants. Tel n'est pas le cas des transactions réglementées sur les marchés de contrats à terme. Ces transactions ne portent pas, en effet, sur des produits physiques, mais sur des contrats qui sont des engagements fermes et définitifs prévoyant de livrer ou de recevoir, à une échéance spécifique, une certaine quantité de matière première, à un prix fixé lors de la négociation. Ces engagements déterminent également, avec beaucoup de précision, la dénomination, la qualité, la quantité, la date et le lieu de livraison ou de réception des marchandises. Seul, le prix est librement négocié.

Sur un marché au comptant, sur lequel s'effectuent des transactions commerciales, que la livraison soit immédiate ou différée, l'opérateur achète ou vend des marchandises disponibles, ou susceptibles de l'être, dans la mesure où le contrat commercial se dénoue par une livraison effective de matière première. Sur un marché de contrats à terme, en revanche, l'opérateur achète ou vend des contrats sans nécessairement posséder la matière première servant de support aux contrats. Un opérateur peut donc s'engager, en mars, à livrer, pour le mois de septembre, des matières premières qu'il ne possède pas. De la même manière, un opérateur peut s'engager, en février, à prendre livraison, en décembre, de matières premières sans être assuré que son cocontractant possède les produits physiques ou sans avoir lui-même la volonté d'en prendre réellement livraison. Si le marché des contrats à terme était un marché de produits physiques, cette situation serait très inconfortable. Elle pourrait même être angoissante pour l'opérateur qui s'est, par exemple, engagé à livrer du physique qu'il ne détient pas. Heureusement, le marché à terme n'est pas un marché de produits physiques, mais d'abord et avant tout un marché financier.

1.2. Le dénouement d'un contrat à terme

Tout contrat acheté ou vendu se dénoue au plus tard à l'échéance. L'originalité des marchés de contrats à terme est de prévoir deux dénouements possibles : la livraison effective ou la compensation.

1.2.1. Le dénouement d'un contrat à terme par livraison effective

La manière *a priori* la plus simple est de remplir les obligations du contrat en livrant ou en prenant livraison de la marchandise sous-jacente au contrat. Cette méthode est en fait peu pratiquée. C'est une opération lourde, assez coûteuse et peu justifiée dans la plupart des cas, mais elle est indispensable, car elle établit une passerelle entre le marché au comptant qui est celui des produits physiques, et le marché des contrats à terme qui est celui du papier. Moins de 1 % des contrats se dénouent, en moyenne, par une livraison effective de la marchandise, mais cette passerelle est essentielle. Elle permet que les cours évoluent dans le même sens sur les deux marchés, facilitant ainsi les opérations de couverture. Si les prix à terme et au comptant divergeaient, des arbitrages entre le prix du physique et celui des contrats seraient immédiatement entrepris et auraient pour conséquence de rétablir l'égalité entre les deux prix.

1.2.2. Les opérations de *cash and carry*

Supposons par exemple que, trois jours avant l'échéance des contrats, le cours à terme est égal à 145 et que le cours au comptant s'établit à 140. Confronté à cette structure de prix, un opérateur professionnel disposant de capacités de stockage vend des contrats au prix de 145, achète immédiatement des produits physiques au cours de 140 et annonce à la chambre de compensation qu'il honorera les engagements de ses contrats par une livraison effective de produits physiques.

Si les coûts de stockage et de financement des matières premières sont négligeables et si les frais administratifs induits par la livraison effective des marchandises sont nuls, le gain de l'arbitragiste ressort à 5. Si, de manière plus réaliste, les coûts de stockage et de financement sont positifs et s'élèvent à 2, le profit est égal à 3. Tant que les profits sont positifs, des arbitragistes vont intervenir. Leurs transactions ont pour corollaire d'abaisser le prix à terme et d'augmenter le prix au comptant. A l'échéance du contrat, si l'on fait abstraction des coûts administratifs associés à la livraison effective de la matière première, le prix à terme est donc égal au prix au comptant.

Cette conclusion est tout à fait généralisable et l'on peut dire qu'à un instant t donné, le prix d'un contrat à terme pour l'échéance n est théoriquement égal au prix au comptant de la matière première correspondant aux spécifications du contrat, accru des coûts de stockage et de financement sur la période t, $t+n$. Dans la mesure où le coût de stockage et de financement est très largement proportionnel au temps de détention, on peut dire que, toutes choses égales par ailleurs, le prix d'un contrat à terme ayant une échéance de six mois doit être supérieur au prix d'un contrat ayant une échéance de trois mois, lequel doit être supérieur au prix d'un contrat ayant une échéance de un mois. Ceci implique que le prix d'un contrat à terme a tendance à se rapprocher du prix au comptant à mesure que l'on approche de l'échéance du contrat. Ce phénomène est connu sous le nom de « convergence de base » (*cash convergence*, en anglais).

L'opération d'arbitrage entre le marché à terme et le marché au comptant est dénommée *cash and carry*. Celle qui vient d'être développée est très simple, mais elle est parfaitement représentative de ce qui se fait dans la réalité.

La possibilité de remplir les obligations du contrat par une livraison effective de produits physiques et les opérations de *cash and carry* qui s'en déduisent ont pour conséquence de faire évoluer parallèlement les prix des matières premières et ceux des contrats à terme. Le parallélisme ne peut toutefois être parfait, du fait de la présence des coûts de stockage et de financement et du phénomène de convergence de la base. L'évolution quasiment parallèle des prix sur le marché au comptant et le marché des contrats facilite la mise en œuvre et l'efficacité des opérations de couverture.

1.2.3. Le dénouement d'un contrat à terme par compensation

Dans la quasi-totalité des cas, le dénouement d'un contrat à terme se réalise par une compensation de l'opération initiale. Pour ce faire, l'opérateur qui détient une position vendeuse pour une certaine échéance achète un nombre identique de contrats pour la même échéance. De la même façon, l'opérateur qui détient une position acheteuse vend pour la même échéance un nombre de contrats correspondant à sa position initiale. Cette manière d'exécuter les obligations initialement contractées est la grande originalité des marchés à terme. Elle permet à l'opérateur de débourser ou d'encaisser, grâce à la présence d'une chambre de compensation, la différence entre les prix des deux transactions sans devoir intervenir sur le marché au comptant.

La création des chambres de compensation (*clearing*) fut une innovation majeure qui marqua la naissance effective des marchés de contrats à terme (*futures markets*) et favorisa ultérieurement leur essor. Cet organisme apporte en effet une garantie de premier ordre et une remarquable flexibilité, ce qui facilite le fonctionnement des marchés et le développement des transactions.

En présence d'une chambre de compensation, dès que deux opérateurs A et B ont négocié l'achat et la vente d'un ou de plusieurs contrats, cette transaction doit être enregistrée par cet organisme qui se substitue à l'acheteur et au vendeur et devient de ce fait leur unique contrepartie. Ceci permet à l'acheteur A (le raisonnement est identique pour le vendeur B) de pouvoir annuler (on dit souvent liquider ou compenser) sa position à terme par la vente d'un contrat effectuée par exemple avec un opérateur C (A et C sont évidemment substitués par la chambre de compensation). La position initiale de A est ainsi annulée et l'opérateur reçoit de l'organisme de compensation (ou lui verse) une somme représentant la différence entre le prix d'achat et le prix de vente. A la suite de cette seconde transaction, B est vendeur vis-à-vis de la chambre de compensation et C est acheteur à l'égard du même organisme. La chambre de compensation permet donc aux opérateurs de déboucler leurs contrats quand ils le désirent, sans être contraints de rechercher ceux avec lesquels ils avaient initialement opéré.

L'habitude est ainsi prise de qualifier d'«organisé» tout marché doté d'une chambre de compensation. La présence ou non de cette institution permet de distinguer sans la moindre ambiguïté les marchés au comptant (souvent dénommés marchés de gré à gré) des marchés organisés.

Pour quelles raisons des opérateurs interviennent-ils sur les marchés de contrats à terme ? Quelles motivations les poussent à acheter (vendre) des contrats qui sont compensés par une transaction inverse avant l'arrivée du terme ? La réponse naïve à ces questions suggère que les opérateurs sont des spéculateurs. Ils achètent et vendent des contrats sans posséder ou vouloir acquérir à l'échéance les produits physiques correspondant aux contrats négociés. Ils compensent en conséquence leurs contrats avant l'arrivée du terme et reçoivent ou versent une somme égale à la différence entre le prix d'achat et le prix de vente.

Qu'il y ait sur un marché à terme de très nombreuses opérations de spéculation est une réalité et une nécessité, mais toutes les études établissent que les transactions à terme n'ont pas eu la spéculation pour premier objectif. Ce sont les opérations de couverture dont l'objectif est d'offrir une protection contre le risque de prix qui sont à l'origine des marchés à terme.

1.3. Des exemples de contrats à terme standardisés

Les contrats à terme négociés dans les bourses de commerce sont des contrats standardisés. Chacun d'eux possède ses propres caractéristiques qui diffèrent bien évidemment de celles des autres contrats. Le tableau 1 reproduit, à titre d'illustration, les caractéristiques essentielles de trois contrats pétroliers négociés au New York Mercantile Exchange.

Tableau 1 – Les principales caractéristiques des contrats pétroliers négociés au New York Mercantile Exchange

	Fioul domestique	**Essence**	**Pétrole brut**
Volume	1 000 barils	1 000 barils	1 000 barils
Echelon minimal de cotation	0,0001 dollar par gallon, soit 4,2 dollars par contrat	0,0001 dollar par gallon, soit 4,2 dollars par contrat	un cent par baril, soit 10 dollars par contrat
Fluctuation maximale	0,40 dollar par gallon pour les 2 mois rapprochés ; 0,04 dollar pour les autres échéances	0,40 dollar par gallon pour les 2 mois rapprochés ; 0,04 dollar pour les autres échéances	15 dollars par baril pour les 2 mois rapprochés ; 1,50 dollar pour les autres échéances
Dernier jour de transaction	Dernier jour ouvrable du mois précédant le mois de livraison	Dernier jour ouvrable du mois précédant le mois de livraison	5 jours ouvrables avant le 25 du mois précédant le mois de livraison
Point de livraison	New York	New York	Cushing dans l'Oklahoma
Echéances	18 échéances mensuelles consécutives	18 échéances mensuelles consécutives	30 échéances mensuelles plus une échéance éloignée à 36 mois du cycle juin décembre
Horaires de négociation	Transactions à la criée ; 9 h 50-15 h 10 ; transactions sur le système électronique. Access : 17 h 00-8 h 00	Transactions à la criée ; 9 h 50-15 h 10 ; transactions sur le système électronique. Access : 17 h 00-8 h 00	Transactions à la criée ; 9 h 45-15 h 10 ; transactions sur le système électronique. Access : 17 h 00-8 h 00

Les spécifications de ces contrats évoluent dans le temps pour s'adapter aux modifications du marché au comptant. Ces évolutions sont décidées par les responsables des bourses de commerce après consultation des professionnels qui utilisent, négocient, produisent ou consomment les matières premières servant de support aux contrats.

Différentes qualités d'une même matière première peuvent être traitées sur plusieurs bourses de commerce. C'est le cas, par exemple, du café, du cacao et du blé. Quand différentes qualités d'une même matière première sont échangées sur plusieurs bourses, les autres caractéristiques du contrat peuvent être pratiquement identiques (tel est le cas pour le blé négocié sur les bourses américaines, tableau 2) ou spécifiques à chacune des bourses (tel est le cas pour le café et le cacao échangés à Londres et à New York, tableau 3).

2. Les marchés à terme et la gestion du risque de prix

L'industriel, le producteur, le négociant sont en permanence soumis à des risques de prix qui affectent leurs résultats d'exploitation. Les conséquences varient selon la place qu'ils occupent dans le processus économique. Celui qui possède des marchandises pour les revendre transformées ou en l'état ne craint pas une hausse des prix, mais il redoute une baisse. Celui qui s'est engagé à livrer des produits qu'il ne possède pas redoute, en revanche, une hausse des cours, mais il n'est pas importuné par une baisse. Le recours aux opérations de couverture est impératif pour toute entreprise ou tout professionnel souhaitant sauvegarder la valeur de ses actifs :

– le producteur dont les revenus varient avec l'évolution du prix des matières premières agricoles ou industrielles ;

Tableau 2 – Les principales caractéristiques des contrats de blé négociés aux Etats-Unis

	Chicago Board of Trade	**Kansas City Board of Trade**	**Minneapolis Grain Exchange**	**MidAmerica Commodity Exchange**
Qualité du blé	n° 1 Northern Spring Wheat n° 2 Soft Red Wheat n° 2 Hard Red Winter n° 2 Dark Northern Spring Wheat	n° 2 Hard Red Winter Wheat	n° 2 Northern Spring Wheat avec un minimum de 13,5 % de protéine	n° 1 Northern Spring n° 2 Soft Red Wheat n° 2 Hard Red Winter Wheat n° 2 Dark Northern Spring Wheat
Volume	5 000 bushels	5 000 bushels	5 000 bushels	1 000 bushels
Echelon minimal de cotation (*tick*)	1/4 cent par bushel, soit 12,50 dollars par contrat	1/4 cent par bushel, soit 12,50 dollars par contrat	1/4 cent par bushel, soit 12,50 dollars par contrat	1/8 cent par bushel, soit 1,25 dollar par contrat
Limite maximale de fluctuation	20 cents par bushel	25 cents par bushel	20 cents par bushel	20 cents par bushel
Echéances	mars, mai, juillet, septembre, décembre	mars, mai, juillet, septembre, décembre	mars, mai, juillet, septembre, décembre	mars, mai, juillet septembre, décembre
Dernier jour de transaction	7 jours ouvrables précédant le dernier jour ouvrable du mois de livraison	7 jours ouvrables précédant le dernier jour ouvrable du mois de livraison	7 jours ouvrables précédant le dernier jour ouvrable du mois de livraison	7 jours ouvrables précédant le dernier jour ouvrable du mois de livraison
Horaires de transaction	9 h 30-13 h 15	9 h 30-13 h 15	9 h 30-13 h 15	9 h 30-13 h 45

Tableau 3 – Les principales caractéristiques des contrats de cacao et de café de New York et de Londres

	Cacao **Coffee Sugar and Cocoa Exchange**	***Cacao*** **London Commodity Exchange**	***Café*** **Coffee Sugar and Cocoa Exchange**	***Café*** **London Commodity Exchange**
Qualité	Cacao produit dans n'importe quel pays remplissant les normes à l'importation fixées par le ministère de l'Agriculture américain	Cacao produit dans n'importe quel pays	Café arabica produit dans différents pays d'Amérique centrale, d'Amérique du Sud, d'Asie ou d'Afrique	Café robusta provenant de 21 pays différents
Volume	10 tonnes	10 tonnes	37 000 livres	5 tonnes
Echelon minimal de cotation (*tick*)	1 dollar par tonne	1 livre sterling par tonne	0,05 cent par livre	1 dollar par tonne
Limite maximale de fluctuation	pas de limite pour les 2 mois rapprochés ; limite variable selon les conditions économiques pour les autres échéances	40 livres sterling par tonne	pas de limite pour les 2 mois rapprochés ; limite variable selon les conditions économiques pour les autres échéances	aucune limite
Echéances	mars, mai, juillet, septembre, décembre	10 échéances du cycle mars, mai, juillet, septembre, décembre	mars, mai, juillet, septembre, décembre	7 échéances du cycle janvier, mars, mai, juillet, septembre, décembre
Horaires de transaction	9 h 00-14 h 00	9 h 30-12 h 58 14 h 30-16 h 45	9 h 15-14 h 05	9 h 45-12 h 32 14 h 30-17 h 00

– le commerçant et le négociant dont les marges commerciales sont faibles comparées aux fluctuations des prix des marchandises qu'ils vendent et achètent ;

– l'industriel qui redoute de vendre des produits finis à un prix inférieur à son coût de production, ou supérieur à celui de ses concurrents ayant eu la bonne fortune d'acheter des marchandises au moment où leur prix était faible.

2.1. Le principe des opérations de couverture

Les objectifs de celui qui se protège contre le risque de prix varient selon qu'il détient des produits physiques ou vend des marchandises qu'il ne possède pas encore (dans ce deuxième cas, l'opérateur fait une vente à découvert). Dans la première hypothèse, il protège la valeur d'un stock contre une baisse des prix : il initie une opération de *short hedging*. Dans la seconde, il se protège contre une hausse des cours : il réalise une opération de *long hedging*.

L'opérateur se couvre en prenant sur le marché à terme une position inverse à celle qu'il détient sur le marché au comptant. Il neutralise les conséquences d'une baisse des prix par une vente de contrats et se protège contre la hausse des cours par un achat de contrats[1].

Toutes les matières premières ne faisant pas l'objet de transactions à terme, il se peut que le producteur, l'industriel ou le négociant d'un produit déterminé, appelons-le A, soit dans l'impossibilité de se couvrir contre le risque de prix. Il peut cependant remédier à cet inconvénient en effectuant des opérations de couverture sur le marché à terme d'une autre matière première, appelons-la B, à condition que les variations de prix de A et B soient étroitement corrélées. Ces transactions sont des couvertures croisées dénommées *cross hedging* ou *dirty hedge* en anglais. Un exemple permet d'illustrer le propos.

Une société de raffinage produit du fioul, de l'essence, du kérosène, différents fiouls lourds et de nombreux distillats. Elle peut sans problème couvrir les risques de prix qu'elle assume en stockant du fioul et de l'essence. Il lui est malheureusement impossible de couvrir les risques sur le kérosène, car il n'y a pas de marché à terme sur ce produit raffiné. Pour couvrir ce risque, la société de raffinage doit initier des opérations de *cross hedging* sur le marché à terme de la matière première dont les prix présentent le plus fort coefficient de corrélation avec le cours du kérosène. Cette matière première sera le fioul léger, le gazole ou le pétrole brut.

Cette opération n'est pas sans présenter certains risques, car les variations de prix des deux marchandises ne sont jamais strictement parallèles. L'opérateur est donc exposé à un risque de *spread* qu'il ne doit jamais négliger et qui peut, dans certaines circonstances, se révéler fort important. (Le *spread* est l'écart entre deux prix : celui du kérosène et celui du fioul, pour prendre un exemple ; le risque de *spread* est le risque de voir l'écart entre les deux prix évoluer au fil du temps). Par ailleurs, la constatation d'une variation sensiblement parallèle des cours de deux matières premières dans le passé ne signifie pas que ce parallélisme se poursuivra automatiquement dans l'avenir.

---

1. Les mécanismes des opérations de couverture ne sont pas exposés dans cet article. Le lecteur trouvera des explications détaillées dans le livre de Y. Simon (1995, p. 51-92). Voir également dans cette ***Encyclopédie*** l'article de J.P. Danthine et N.S. Tuchschmid, « Couverture optimale et équilibre sur les marchés à terme », p. 261, tome 1.

2.2. Les déterminants des opérations de couverture

Plusieurs facteurs concourent à la plus ou moins grande utilisation des marchés à terme. Ils concernent à la fois l'opérateur qui cherche à se couvrir et l'organisation institutionnelle des marchés de contrats.

Pour l'opérateur professionnel, la volonté de neutraliser le risque de prix est d'autant plus forte que :

– l'aversion vis-à-vis de ce risque est grande,

– le volume des stocks ou des engagements de livraison est élevé,

– les anticipations sur les prix sont mal définies et incertaines,

– la volatilité du prix de la matière première est grande, comparée à celle de toutes les autres marchandises intéressant l'opérateur,

– le risque de prix est une composante importante du risque total de l'opérateur,

– le risque de prix représente une part importante de la valeur du produit commercialisé ou transformé.

Pour que les professionnels entreprennent des opérations de couverture, il ne faut pas que les marchés de contrats présentent des imperfections susceptibles d'accroître les risques qu'ils supportent sur le marché au comptant. Il faut donc éliminer du marché à terme tout ce qui entrave la gestion du risque de prix. Si les opérations de couverture conduisent les professionnels à assumer des risques supplémentaires qui n'existent pas sur le marché des produits physiques, la protection offerte par le marché à terme diminue d'autant. Cette protection est également réduite si tous les risques de prix assumés par les opérateurs sur le marché au comptant ne peuvent être contrebalancés par des transactions sur le marché à terme.

Le risque de liquidité est probablement celui qui est le plus redouté des intervenants sur un marché à terme. La difficulté d'entrer sur un marché pour se couvrir et, surtout, l'impossibilité de le quitter une fois que l'on est couvert sont la hantise de tout opérateur. C'est pour atténuer ce risque, voire le supprimer, que de nombreuses bourses ont institué des *locals*, selon l'expression anglo-saxonne, ou des négociateurs individuels du parquet, pour reprendre la terminologie française. Leur fonction essentielle est d'apporter de la liquidité au marché en se portant contrepartie à l'achat ou à la vente des contrats. De ce fait, des professionnels ne trouvant pas, à un instant donné, et au dernier cours coté, un acheteur s'ils sont vendeurs ou un vendeur s'ils sont acheteurs, pourront trouver des *locals* ou des négociateurs individuels, quitte à faire légèrement varier les cours à la hausse s'ils sont acheteurs ou à la baisse s'ils sont vendeurs. La liquidité est d'autant mieux assurée que les *locals* sont nombreux et en situation concurrentielle.

Les coûts de transactions sont le deuxième élément déterminant la liquidité du marché. Plus ils sont faibles, moins les achats et les ventes de contrats sont coûteux et meilleure est la liquidité du marché.

2.3. Les opérateurs sur les marchés de contrats à terme de matières premières

Tous les agents économiques exposés aux risques de prix peuvent bénéficier des services offerts par les marchés à terme. Est-ce à dire que tous les utilisateurs potentiels de ces marchés y recourent effectivement ? Non, bien évidemment.

2.3.1. Les négociants et les marchés à terme de matières premières

Les premiers bénéficiaires des marchés dérivés sont les négociants internationaux. Leur marge bénéficiaire par rapport au chiffre d'affaires est dérisoire (0,2 ou 0,1 %) et il leur serait impossible d'opérer sur les marchés physiques avec un profit aussi faible s'il n'y avait pas de marchés dérivés. Les fluctuations des prix des produits de base sont en effet de très grande ampleur et sans commune mesure avec leur marge bénéficiaire. En l'absence de marchés à terme, les négociants ne pourraient jamais prendre le moindre risque et détenir, même temporairement, des stocks de physique ou des engagements de livraison. S'ils le faisaient, ce serait au prix d'une augmentation de leur marge bénéficiaire et d'une réduction de la fluidité du marché physique. Les services offerts par les marchés à terme aux négociants sont d'une telle importance qu'ils y recourent en permanence. Est-ce à dire qu'ils se couvrent systématiquement, à tout instant et intégralement ? La réponse est non, pour cinq raisons.

1) Avant de se couvrir à terme, le négociant essaie toujours de trouver une contrepartie physique à un achat ou à une vente de matières premières. Le motif est simple : dès que la couverture en physique est assurée, la marge bénéficiaire est définitivement établie, ce qui n'est jamais le cas avec une couverture sur le marché des contrats à terme.

2) Les opérateurs ne peuvent pas toujours couvrir instantanément les quantités négociées sur les marchés physiques. Certains négociants peuvent acheter ou vendre 100 000 tonnes de sucre ou 200 000 tonnes de céréales en une seule opération. Ils ne peuvent pas se couvrir immédiatement pour des quantités aussi importantes, à moins de faire varier les prix des contrats à terme de manière substantielle. Ils doivent par conséquent rester en position ouverte plusieurs heures, voire plusieurs jours.

3) La concurrence sur certains marchés est d'une telle ampleur qu'il est difficile aux négociants de réaliser un profit sur le marché du physique. Ils sont de ce fait conduits à prendre certaines positions spéculatives pour accroître leur rentabilité en couvrant à certaines époques 95 ou 98 %, à d'autres 102 ou 105 % de leurs stocks ou de leurs engagements.

4) Le métier de négociant consiste à prendre et à assumer certains risques. Comme le faisait remarquer avec humour un *trader* d'une grande maison de négoce : « S'il faut couvrir à 100 % tous nos risques, autant devenir fonctionnaire ». En autorisant les *traders* à prendre des positions spéculatives, les dirigeants des sociétés de négoce sont toutefois très attentifs à ce qu'une évolution défavorable des cours ne mette pas en danger la vie de l'entreprise.

5) Les négociants sont d'autant plus enclins à prendre des petites positions spéculatives qu'ils bénéficient d'informations privilégiées. Quand un négociant est contacté par un client potentiel pour de grosses quantités, que ce soit à l'achat ou à la vente, il lui est facile d'en déduire assez précisément l'évolution à court terme des prix et de prendre éventuellement des positions spéculatives... ou à tout le moins des positions de *hedging* anticipé. Ceci n'implique pas que les négociants obtiendront toujours des gains. L'histoire a connu beaucoup de situations contraires, mais la flexibilité des marchés à terme permet, sinon toujours, du moins très souvent, à un *trader* de compenser et d'inverser rapidement une position trop risquée ou perdante.

2.3.2. Les industriels et les marchés à terme de matières premières

Les industriels recourent, en moyenne, moins fréquemment aux marchés à terme que les négociants, car ils sont moins sensibles aux variations des prix, pour deux raisons. D'une part, les matières premières ne représentent en général qu'une fraction de leurs *inputs*. D'autre part, leur marge bénéficiaire est, en moyenne, supérieure à celle des négociants. De ce fait, l'impact des fluctuations des cours des matières premières sur leurs résultats financiers est plus faible qu'il ne l'est sur ceux des négociants. Il faut cependant noter que les interventions des industriels deviennent beaucoup plus significatives et systématiques dès que les variations de prix induisent des risques importants.

2.3.3. Les producteurs et les marchés à terme de matières premières

Les fermiers américains, l'exploitant minier ou la société pétrolière sont les producteurs types susceptibles d'opérer sur les marchés à terme de matières premières.

Peu de fermiers interviennent de façon régulière sur les marchés à terme, mais ceux qui le font sont à l'origine d'une partie substantielle de la production agricole américaine. Si les agriculteurs interviennent peu sur les marchés à terme, ils les utilisent de manière indirecte par l'intermédiaire des coopératives. Ces dernières gèrent les récoltes qui leur sont confiées et leurs interventions à terme sont très significatives. Les raisons de cette plus grande participation tiennent à l'expertise requise pour intervenir sur les marchés, que les producteurs indépendants n'ont pas toujours la possibilité d'acquérir. Elles tiennent également aux économies d'échelle et de coûts de transaction dont bénéficient les coopératives. Les agriculteurs utilisent les marchés à terme selon des modalités encore plus indirectes. Ils n'interviennent pas sur les marchés, mais ils se réfèrent aux prix à terme pour décider de stocker ou non leur production et, une fois qu'elle est stockée, pour déterminer le moment le plus opportun pour la vendre.

Les producteurs de métaux non ferreux et les sociétés pétrolières sont nombreux à opérer sur les marchés à terme, mais le volume de leurs interventions demeure assez faible en comparaison des quantités qu'ils produisent et vendent sur le marché au comptant. Plusieurs raisons justifient ce comportement.

– Les producteurs ont tendance à effectuer très souvent des opérations de couverture sélectives et à ne pas se couvrir quand ils anticipent une évolution favorable des cours.

– Les sociétés minières ou pétrolières sont souvent des groupes relativement intégrés pour lesquels la nécessité de se couvrir contre le risque de prix est moins impérieuse parce que l'intégration leur permet de reporter le risque de prix sur les différents stades de la filière.

– Le développement des marchés à terme est encore assez récent et l'utilisation des contrats se heurte à la «culture technicienne» des responsables des sociétés industrielles, peu sensibles aux problèmes de gestion des risques de prix. Les sociétés de négoce de ces groupes industriels étant cependant très souvent d'importants opérateurs sur les marchés à terme, c'est par leur intermédiaire que se diffusent au sein de ces groupes les techniques de couverture et de gestion des risques de prix.

Les marchés à terme offrent aux producteurs une protection contre le risque de prix. Il faut cependant bien comprendre que ces marchés ne peuvent pas tout faire, et en particulier régler le problème des revenus. Si la production de blé, d'aluminium ou de pétrole est supérieure à la demande, les prix vont chuter et les marchés à terme ne peuvent qu'enregistrer la baisse. Les marchés à terme garantissent aux producteurs le prix au moment de la couverture, mais ils ne peuvent, en aucun cas, leur assurer un prix supérieur à celui qui prévaut sur le marché à terme.

3. Les autres services rendus par les marchés à terme de matières premières

La protection contre les risques de fluctuations des prix n'est pas la seule utilité des marchés à terme. Ceux-ci offrent de nombreux autres services : ils facilitent la gestion des stocks, ils jouent un rôle important dans le processus de formation des prix et ils améliorent, de manière plus générale, la gestion des entreprises.

3.1. Les marchés à terme et la gestion des stocks

L'assimilation des opérations de couverture à une assurance contre les risques de variations de prix a été à l'origine de la suppression de certains marchés à terme (celui des oignons, en 1958, par exemple), jugés d'après leurs performances à réduire les fluctuations de prix alors que tel n'était peut-être pas leur objectif essentiel (Working, 1963).

L'objet des opérations de couverture n'est pas uniquement de contrebalancer les pertes ou les gains sur le marché au comptant par des gains ou des pertes identiques sur le marché à terme. Il est de promouvoir une gestion optimale des stocks en utilisant les informations fournies par la relation entre le prix au comptant et le prix à terme et par les modifications de cette relation dans le temps. « Toute réduction du risque ne peut être qu'un avantage incident et ne constitue pas une motivation fondamentale et importante à entreprendre des opérations de couverture » (Working, 1953b). Cette opération est considérée par Working comme un arbitrage temporel très proche d'une opération spéculative. « La couverture implique l'achat ou la vente d'un contrat à terme en conjonction avec un autre engagement, achat ou vente, généralement entrepris dans l'anticipation d'un changement favorable de la relation entre le prix comptant et le prix à terme » (Working, 1953a).

Les stocks de marchandises détenus par un opérateur varient en fonction de l'évolution anticipée des cours. Quand l'entrepreneur anticipe une hausse des prix, il accumule des stocks ; quand il anticipe une baisse, il s'en débarrasse. La difficulté est de trouver une information fiable sur l'évolution de la relation entre le prix au comptant et le prix à terme, car toute mauvaise prévision conduit à une perte élevée ou à un manque à gagner important. Pour Working, les marchés à terme fournissent cette information. Si on la combine avec des opérations de couverture, il est possible d'améliorer la gestion des stocks détenus par les entreprises et les organismes de stockage.

Ceci explique, par conséquent, que de nombreuses opérations sur les marchés de contrats sont réalisées dans l'anticipation d'un changement dans la relation entre le prix au comptant et le prix à terme. En gérant des stocks à l'aide des informations fournies par un marché à terme, l'entrepreneur ne raisonne plus par rapport à des prix absolus, mais il se réfère à des écarts entre le prix au comptant et le prix à terme. Les opérations de couverture ne doivent plus être alors considérées comme une assurance contre les pertes et les profits de spéculation, mais comme un instrument de gestion des stocks[2].

Selon qu'il existe un déport ou un report, l'opérateur diminue ses stocks ou au contraire les augmente. En présence d'un report, le marchand achète du physique parce que le prix au comptant est relativement bas par rapport au prix à terme et qu'il a de bonnes raisons de penser que les prix au comptant et à terme seront identiques à l'échéance. Dans le cas d'un déport, le marchand réduit ses stocks parce que le prix au comptant est relativement haut par rapport au prix à terme et qu'il a de bonnes raisons de croire que le déport va se réduire dans les mois à venir. Plus le déport est fort, plus l'incitation est grande à se débarrasser de marchandises pour alimenter un marché où se fait sentir la relative rareté des produits physiques. La vente de stocks superflus à un moment de rareté (la hausse relative du prix au comptant par rapport au prix à terme traduit un excès de demande ou une insuffisance de l'offre au comptant) abaisse le prix au comptant, et l'achat de contrats élève les cours à terme. L'organisme de stockage régularise par ses interventions sur les marchés à terme l'évolution des prix et des flux de produits physiques. Plus le report est important, plus l'incitation à acheter des marchandises et à les conserver est grande pour l'opérateur. En réalisant un profit de stockage, il allège par la même occasion un marché surchargé. Si le déport et le report sont faibles et si aucune raison particulière ne conduit l'opérateur à envisager une variation de la base, il ne modifie pas le volume de ses stocks et les opérations de couverture sont peu nombreuses. Ceci contribue à expliquer les variations dans le temps du volume des opérations de couverture.

Les marchés à terme permettent à celui qui détient des stocks excédentaires de se rendre compte de la perte qu'il subit en conservant des marchandises qui ne lui sont pas indispensables, à une époque où l'offre est réduite. Le marché à terme permet également de déterminer le profit induit par un accroissement des stocks quand l'offre de produits physiques est trop importante sur le marché au comptant.

En opérant simultanément sur le marché à terme et sur celui du physique, l'organisme de stockage se protège contre une hausse (baisse) des cours qui pourrait se produire et le pénaliserait lors de la reconstitution (revente) de ses stocks. En intervenant simultanément sur le marché du physique et sur celui des contrats, l'opérateur professionnel est indifférent à l'évolution du niveau absolu des cours. Il n'est concerné que par l'évolution du report et du déport, c'est-à-dire l'évolution du niveau relatif des cours.

3.2. Les marchés à terme et la formation des prix

Les marchés à terme jouent un rôle important dans le processus de formation des prix sur trois plans complémentaires. Ils permettent une transmission et une dissémination de toute l'information disponible. Ils facilitent la stabilisation des prix. Ils contribuent à la suppression des pouvoirs de monopole et à la lutte contre les positions dominantes.

---

2. Le lecteur trouvera des explications plus détaillées sur les développements de ce paragraphe dans le livre de Y. Simon (1995, p. 105-121).

3.2.1. Les marchés à terme, l'information et le mécanisme de formation des prix

Les marchés à terme révèlent les prix que les opérateurs, en l'état actuel de leurs connaissances, estiment être les plus pertinents. Ce que le marché révèle, aujourd'hui, comme devant apparaître dans l'avenir ne sera sans doute pas vérifié, car d'autres événements interviendront avant l'échéance et modifieront les anticipations des opérateurs.

A un moment donné, les prix à terme reflètent les anticipations sur les prix à venir de ceux qui interviennent sur le marché. Si certains opérateurs ne sont pas d'accord avec ces prix, ils achètent ou vendent des contrats, ce qui a pour conséquence d'élever ou d'abaisser les cours : le prix à terme est donc, à tout instant, la meilleure estimation possible du prix au comptant futur.

Ce rôle informatif est renforcé par le fait que les spéculateurs et les professionnels, même lorsqu'ils se couvrent sur les marchés à terme, ne cessent d'anticiper l'évolution des prix. Tous les opérateurs utilisent en conséquence les prix à terme, qui sont les meilleures informations dont ils disposent, pour acheter lorsque les cours permettent d'anticiper une hausse et pour vendre lorsqu'ils permettent d'anticiper une baisse.

Par l'intermédiaire des achats et des ventes de contrats, toutes les informations décentralisées auprès de chaque opérateur sont incorporées dans le prix des contrats. Ces mécanismes renforcent en conséquence la fiabilité du prix à terme en tant que prédicteur du prix au comptant futur de la marchandise négociée à terme. Sur le plan théorique, il a cependant été démontré que les conditions requises pour que les prix à terme révèlent pleinement le prix au comptant anticipé sont, en vérité, très restrictives (Stiglitz, 1980). Faute d'être réunies, le marché à terme ne peut révéler correctement le prix au comptant anticipé.

Les marchés à terme fournissent un cadre et un mécanisme grâce auxquels les informations peuvent être incorporées dans le processus de formation des prix au comptant. Ils accroissent également la vitesse à laquelle l'information sur les conditions à venir de l'offre et de la demande est incorporée dans les décisions prises sur le marché au comptant (Forsythe, Palfrey, Plott, 1984). Les marchés à terme permettent une dissémination de l'information qui, en leur absence, n'aurait pas été disponible pour les participants au marché. Ils procurent par ailleurs un mécanisme très efficace pour intégrer dans les prix toute l'information publique disponible (Kyle, 1984). En offrant également aux opérateurs l'opportunité de réaliser des profits spéculatifs sur la base d'une information privilégiée, les marchés à terme créent un mécanisme par lequel l'information privée dont bénéficient certains opérateurs est incorporée dans les prix visibles de tous les participants au marché et de tous les observateurs. Ceci permet de transmettre à tout le monde l'information privilégiée détenue par les seuls opérateurs informés.

En facilitant l'incorporation et la diffusion des informations, les marchés à terme permettent d'obtenir un prix d'équilibre représentatif de la réalité. Ils renforcent par ailleurs le processus de stabilisation des cours au comptant dont il sera question au prochain paragraphe, car toute l'information privée disponible étant immédiatement incorporée dans le prix, ce dernier fluctue moins brutalement à l'apparition de toute nouvelle information publique. Cette stabilisation se traduit par une réduction de l'écart entre les prix les plus élevés et les prix les plus faibles qui s'établissent sur le marché au comptant. Dernière conséquence : en stabilisant les cours au comptant, les marchés à terme améliorent le processus d'allocation intertemporelle des ressources.

3.2.2. Les marchés à terme et la stabilisation des prix

Quels sont les effets des transactions à terme sur les fluctuations des prix au comptant ? L'intérêt de la question vient de l'idée largement répandue qu'une réduction des fluctuations de prix sur le marché au comptant accroît le bien-être économique et qu'un accroissement de la volatilité des prix ne peut *a contrario* que le réduire.

L'une des préoccupations associées au développement des marchés à terme concerne la possibilité qu'une spéculation déstabilisatrice dans les bourses de commerce puisse être transmise sur le marché au comptant et induise des distorsions dans l'évolution des prix des produits sous-jacents aux contrats à terme.

Une spéculation déstabilisatrice sur le marché à terme est facilement transmise au marché au comptant par l'intermédiaire d'opérations d'arbitrage entre les deux marchés. Le problème est donc de savoir si la spéculation influence les prix à terme.

L'analyse développée par Friedman soutient que la spéculation tend à stabiliser les prix à terme, à condition, bien évidemment, que les spéculateurs réalisent des profits. Dans cette hypothèse, ils achètent des contrats lorsque les cours sont faibles, ce qui élève les prix, et vendent des contrats quand les prix sont élevés, ce qui tend à les faire baisser. Des spéculateurs qui ne vendraient pas quand les prix sont élevés et n'achèteraient pas quand les prix sont bas feraient des pertes et seraient rapidement éliminés du marché.

La thèse opposée soutient que la spéculation tend à déstabiliser les prix à terme. Kaldor (1939) a développé l'idée que les opérations de spéculation ne sont pas globalement bénéficiaires. Quelques grands opérateurs particulièrement bien informés peuvent gagner de l'argent, mais ils le font au détriment de nombreux petits spéculateurs dépourvus d'informations, peu compétents et constamment renouvelés à cause des pertes qu'ils subissent. Les opérations de spéculation peuvent, en conséquence, déstabiliser les prix, car les grands spéculateurs sont prêts à acheter des contrats à des prix supérieurs au prix d'équilibre s'ils sont en mesure de les revendre à des petits spéculateurs à des cours encore plus élevés (ou à vendre à des prix inférieurs au cours d'équilibre s'ils sont capables de les racheter à des prix encore plus faibles).

Les arguments avancés pour ou contre la stabilisation prennent en considération le niveau des cours, mais ils passent sous silence les décalages entre les mouvements de prix et les décisions des spéculateurs. Baumol (1957) a suggéré que les spéculateurs achètent ou vendent des contrats lorsque les mouvements de prix se sont déjà produits et lorsque l'évolution des cours est parfaitement perceptible, ce qui accélère les tendances et peut accroître la volatilité des prix. Si les spéculateurs peuvent, en moyenne, vendre leurs contrats au-dessus de leur prix d'achat (ou racheter leurs contrats à un prix inférieur à leur prix de vente), ils peuvent réaliser des profits et la spéculation peut être de ce fait déstabilisatrice et bénéficiaire. Cette argumentation fut critiquée par Telser

(1959) et Baumol a reconnu que « l'effet d'une spéculation dégageant des profits sur la stabilité des prix est en grande partie une question empirique » (1959).

De très nombreuses études ont été réalisées pour analyser l'impact de la spéculation sur les marchés à terme. Elles ont eu pour cadre les produits agricoles, les métaux et les produits financiers. Ces recherches empiriques infirment l'hypothèse que les marchés à terme accroissent la volatilité des prix sur le marché au comptant. Elles établissent, au contraire, que les transactions à terme auraient plutôt tendance à la réduire. En rapprochant les cours des produits négociés à terme et les cours des matières premières qui ne le sont pas, il est montré que l'amplitude des fluctuations de prix des premiers n'est pas supérieure à celle des secondes et qu'elle aurait même tendance à être inférieure. Il apparaît, en revanche, que les prix au comptant se modifient plus fréquemment quand il existe des marchés et des transactions à terme. Deux raisons justifient ce phénomène.

– Grâce aux marchés à terme, l'information est plus facilement et rapidement transmise dans les prix au comptant, ce qui explique leur fréquente modification.

– La présence de marchés à terme implique celle des *locals* qui peuvent, sur de courtes périodes, déstabiliser momentanément les prix à terme et, par extension, les prix au comptant.

La réduction de l'amplitude des fluctuations des cours n'est certainement pas une fonction importante assurée par les marchés à terme, car elle serait, à la limite, contradictoire avec leur objet essentiel qui est de protéger les opérateurs contre le risque de prix et de faciliter la gestion des stocks en fonction des variations de cours. Il a cependant été établi que leur présence atténue l'amplitude des fluctuations des cours, diminue l'écart entre les prix les plus élevés et les prix les plus faibles qui s'établissent sur le marché au comptant, atténue les ajustements de prix en fin de saison (pour les produits agricoles périssables) et réduit l'amplitude des variations des cours d'une saison sur l'autre (toujours pour les produits agricoles périssables).

3.2.3. Les marchés à terme, la suppression des pouvoirs de monopole et la lutte contre les positions dominantes

L'une des plus grandes vertus des marchés à terme est d'offrir un mécanisme de formation des prix très efficace et visible de tous. Sur ces marchés sont en effet réunies la plupart des conditions requises pour assurer une formation concurrentielle des prix.

Les marchés à terme permettent en outre de faire apparaître des prix publics accessibles à tous. Leur présence évite que les transactions privées effectuées entre les opérateurs ne conduisent à une domination de l'un des cocontractants. Les prix déterminés sur un marché à terme servent de référence aux transactions commerciales. Le caractère public des cours n'implique pas que les prix découlant des transactions privées doivent être identiques aux prix à terme. Beaucoup d'autres facteurs, d'origine commerciale ou industrielle, interdisent, en fait, une parfaite identité entre les prix révélés par un marché public et les cours résultant de transactions privées.

En l'absence de marchés à terme, il n'y a pas de prix cotés, visibles de tous les opérateurs. Un même produit peut donc être offert à deux personnes, par un même vendeur, à deux prix sensiblement différents.

Grâce à la remarquable diffusion des prix à terme, les marchés de contrats réduisent les possibilités d'exploitation des positions dominantes dont bénéficient naturellement certains opérateurs. Cette diffusion de l'information autorise de nouvelles transactions : arbitrage entre le marché au comptant et le marché à terme, opérations de *spreading*, arbitrage dans le temps et dans l'espace, etc. Ces nouvelles opportunités permettent d'obtenir des profits que les opérateurs ne peuvent négliger et qui ont pour conséquence de régulariser l'évolution des cours.

3.3. Les marchés à terme et la gestion de l'entreprise

Les marchés de contrats interviennent à différents niveaux de la gestion de l'entreprise ; retenons la politique d'approvisionnement ou de vente et le financement des stocks.

3.3.1. Les marchés à terme et la politique d'approvisionnement et de vente de l'entreprise

Les marchés à terme peuvent aider à la gestion des entreprises en améliorant leur politique d'achat et d'approvisionnement, ainsi que leur politique de vente. Ils facilitent les décisions commerciales de l'entreprise en lui permettant d'acheter aujourd'hui, lorsque le prix est bas, les produits dont elle aura besoin dans l'avenir, sans avoir à les stocker, en immobilisant seulement le montant du déposit exigé pour opérer sur des marchés à terme, et en finançant les éventuels appels de marge. Ces marchés à terme permettent également de vendre des produits fabriqués par l'entreprise lorsque leur prix est élevé, avant que la production soit effectivement réalisée. Ils procurent en conséquence une plus grande liberté d'action, ce qui facilite la gestion de l'entreprise.

3.3.2. Les marchés à terme et le financement des stocks de matières premières

L'opérateur qui détient des stocks de produits physiques doit les financer. Le crédit accordé par la banque est très souvent garanti par la marchandise elle-même. Pour que cette garantie porte ses fruits, la valeur du stock doit être correctement appréciée et ne doit pas varier. Le risque du banquier est double. Il est d'abord celui d'une surestimation de la valeur du stock. Il est ensuite, lors de la commercialisation des matières premières servant de gage au prêt, de ne pas retrouver, en cas de baisse des prix, le montant des sommes avancées. Pour éviter cette éventualité et se garder une marge de sécurité, le banquier limite ses engagements et accorde un financement représentant 40 à 60 % de la valeur de la garantie.

Quand les stocks financés font l'objet d'une opération de couverture, certains risques auxquels le banquier est confronté disparaissent. La surestimation de la valeur des matières premières est impossible, car le cours à terme est une information publique accessible à tous. L'éventuelle baisse des prix n'a pas de conséquence grave pour le banquier, car toute moins-value sur le marché au comptant est compensée par un gain sur le marché des contrats. Par ailleurs, à la condition que le marché à terme soit liquide, il est toujours possible de négocier des contrats sans subir des coûts de transaction élevés. Dans ces conditions, le banquier accorde un prêt pouvant atteindre 90 % de la valeur de la marchandise, à un coût inférieur à celui qui aurait été fixé en l'absence d'opération de couverture.

4. Les principaux marchés à terme de matières premières

Les matières premières furent les premiers actifs à servir de support à des transactions à terme. Le volume des transactions sur les contrats à terme (et les autres produits dérivés) ayant des instruments financiers pour sous-jacents est largement supérieur à celui des contrats à terme de matières premières, mais les marchés de *commodities* n'en continuent pas moins à se développer. Ceci est dû à l'augmentation du volume des échanges sur les contrats traditionnels et à l'augmentation du nombre de matières premières servant de support aux contrats à terme.

Les céréales, les produits tropicaux, les métaux non ferreux et les oléagineux ont été, jusqu'en 1975, les piliers des bourses de commerce. Ces marchés sont toujours importants. L'or et les métaux précieux se sont développés depuis le milieu de la décennie 1970, mais leur poids relatif se réduit depuis 1985. Les métaux non ferreux, d'une part, les produits énergétiques, introduits au début des années 1980, d'autre part, connaissent, en revanche, une forte croissance.

Le blé, le maïs, le riz, l'avoine, le seigle et l'orge sont différentes céréales négociées à terme. Les marchés du Chicago Board of Trade sont la référence incontestée pour les prix du blé et du maïs sur le marché international.

L'économie mondiale du soja est dominée par les marchés du Chicago Board of Trade. Les transactions portent sur les graines, l'huile et les tourteaux, trois produits qui forment le «complexe soja».

Le sucre roux, le sucre blanc, le café et le cacao font l'objet de transactions significatives sur plusieurs places financières. Le sucre roux est négocié à New York, Osaka, Tokyo et Hong Kong. C'est le marché new-yorkais qui est le plus actif. Le sucre blanc est négocié à Paris, à Londres et dans plusieurs bourses japonaises. Les marchés du café localisés à New York et à Londres portent respectivement sur de l'arabica et du robusta. Les deux principaux marchés à terme de cacao sont localisés à Londres et à New York.

L'or, l'argent, le platine et le palladium sont les métaux précieux servant de support à des contrats à terme. L'or est le métal précieux le plus traité dans le monde. Le centre des transactions est localisé au Commodity Exchange de New York. L'argent est négocié dans cette même bourse ainsi qu'au Tokyo Commodity Exchange. Habituellement classés parmi les métaux précieux, malgré leur utilisation industrielle, le platine et le palladium sont traités au New York Mercantile Exchange. Le platine est également très activement échangé au Tokyo Commodity Exchange.

Le cuivre, le plomb, le zinc, l'aluminium, le nickel et l'étain font l'objet d'importantes transactions à terme. Au London Metal Exchange, les marchés les plus actifs sont ceux de l'aluminium, du cuivre et du zinc. Au Commodity Exchange de New York, seul le cuivre est négocié à terme.

Les marchés à terme pétroliers furent une réponse à l'instabilité des prix qui caractérisait les marchés *spot*. Ils ont été ouverts à New York entre novembre 1978 et mars 1983. Par la suite, d'autres contrats ont été introduits à Londres et à Singapour, mais ce sont ceux négociés à New York qui sont les plus actifs. Les transactions sur le contrat de fioul léger ont débuté au New York Mercantile Exchange (NYMEX) en novembre 1978. A l'International Petroleum Exchange de Londres (IPE), les transactions sur le gazole ont commencé en avril 1981. Les échanges sur le contrat d'essence ont démarré en octobre 1981.

Les transactions sur le pétrole brut ont débuté à New York en mars 1983. Les contrats ont pour sous-jacent du West Texas Intermediate. Le marché s'est très rapidement développé et connaît un énorme succès. Après plusieurs tentatives infructueuses, les transactions sur du Brent ont réussi à se développer sur le marché de Londres grâce au contrat introduit en juin 1988 dont l'originalité est d'avoir pour actif sous-jacent un indice représentatif des cours de différentes qualités de Brent. La volonté du NYMEX de se spécialiser dans les marchés à terme de produits énergétiques s'est concrétisée par l'ouverture avec succès, en avril 1990, d'un marché à terme sur le gaz naturel.

*
* *

La suspicion qui persiste à l'égard des marchés à terme provient de l'incompréhension entourant leur contribution à la gestion du risque de prix.

C'est la recherche d'une protection contre les risques de prix qui explique la naissance des marchés de contrats. Les transactions à terme se sont développées parce que les opérateurs qui achètent et vendent des matières premières n'ont pas pu se protéger contre les variations de prix auprès des sociétés d'assurances. Ces dernières assurent les risques à la double condition qu'ils soient indépendants les uns des autres et que les assurés soient nombreux afin de faire jouer la loi des grands nombres. Le risque d'incendie peut être assuré, car il est transformable en une perte moyenne probable calculée *a priori*. En s'assurant, un entrepreneur transforme ses risques en un coût et la compagnie d'assurance diminue les siens par une augmentation de ses engagements. De telles facilités ne peuvent exister quand il faut se protéger contre les événements (la hausse ou la baisse des prix) qui affectent de la même manière l'offre totale d'un actif, car la compagnie d'assurance ne peut faire jouer la loi des grands nombres et l'indépendance des risques. En assurant de telles éventualités, elle accroîtrait son propre risque. Ceci explique que le risque de prix n'est pas transformé en un coût au moyen d'une assurance ordinaire. Les risques qui s'accroissent au lieu de se réduire quand on augmente le volume des engagements sont de nature spéculative. Ce n'est ni l'objet ni la fonction des compagnies d'assurances de les assumer. Ces dernières ne prennent en charge que des risques commerciaux non spéculatifs.

Aussi les marchés de contrats à terme assurent-ils la protection que les organismes d'assurances n'apportent pas. Cette fonction permet aux producteurs, aux industriels et aux négociants de se protéger contre les changements non prévisibles de la valeur de leurs actifs et justifie les marchés à terme. Les opérations de couverture évitent à de nombreux opérateurs d'avoir à supporter les conséquences des fluctuations de prix en leur permettant de les transférer aux spéculateurs et aux marchés à terme de manière plus générale.

Les services rendus par les marchés à terme de matières premières ne se limitent pas à la seule gestion du risque de prix. Ces marchés contribuent également, de manière significative, au processus d'allocation des ressources, à la régulation et au financement des stocks de matières premières, à la gestion de l'entreprise et surtout à la formation, à la révélation et à la transmission des prix.

Références

ANDERSON R.W., DANTHINE J.P., « Hedging and Joint Production : Theory and Illustration », *Journal of Finance* (35, 1980), p. 487-498.

ANDERSON R.W., DANTHINE J.P., « Cross Hedging », *The Journal of Political Economy* (December 1981), p. 1182-1196.

ARROW K., « Futures Markets : Some Theoretical Perspectives », *The Journal of Futures Markets* (Summer 1981), p. 107-115.

BAUMOL W.J., « Speculation, Profitability and Stability », *Review of Economics and Statistics* (August 1957), p. 263-271.

BAUMOL W.J., « A Theory of Speculation Relating Profitability and Stability : a Reply », *Review of Economics and Statistics* (August 1959), p. 301-302.

FORSYTHE R., PALFREY Th., PLOTT Ch., « Futures Markets and Informational Efficiency : a Laboratory Explanation », *Journal of Finance* (September 1984), p. 955-982.

GOSS B.A., *The Theory of Futures Trading,* Londres, Routledge and Kegan Paul, 1972.

HICKS J.R., *Value and Capital,* 2e éd., Oxford University Press, 1946.

HULL J.C., *Options, Futures and other Derivatives Securities,* 2e éd., Englewood Cliffs, NJ, Prentice Hall, 1993.

JOHNSON L.L., « The Theory of Hedging and Speculation in Commodity Futures », *Review of Economic Studies* (27, October 1960), p. 139-151.

KALDOR N., « Speculation and Economic Stability », *Review of Economic Studies* (October 1939), p. 1-27.

KEYNES J.M., *A Treatise on Money,* Londres, Macmillan, 1930.

KYLE A.S., « Informational Efficiency and Liquidity in a Continuous Auction Futures Market », Columbia University, Center for the Study of Futures Markets, Working Paper (April 1984).

LEUTHOLD R.M., JUNKUS J.C., DORDIER J.E., *The Theory and Practice of Futures Markets,* Lexington, Mass. Lexington Books, 1989.

PECK A.E., *Readings in Futures Markets : Views from the Trade,* Chicago, Chicago Board of Trade, 1978.

PECK A.E., *Readings in Futures Markets : Selected Writings of Holbrook Working,* Chicago, Chicago Board of Trade, 1977.

PECK A.E., *Readings in Futures Markets : Selected Writings on Futures Markets,* Chicago, Chicago Board of Trade, 1977.

SIMON Y., *Marchés dérivés,* Paris, Economica, 1994.

SIMON Y., *Marchés dérivés de matières premières et gestion du risque de prix,* Paris, Economica, 1995.

STEIN J.L., « The Simultaneous Determination of Spot and Futures Prices », *American Economic Review* (51, 1961), p. 1012-1025.

STIGLITZ J., « Risk, Futures Markets and the Stabilization of Commodity Prices », Columbia University, Center for the Study of Futures Markets, Working Paper (n° 25, September 1980).

TELSER L.G., « A Theory of Speculation Relating Profitability and Stability », *Review of Economics and Statistics* (August 1959), p. 295-301.

WORKING H., « Futures Trading and Hedging », *American Economic Review* (June 1953a), p. 314-343.

WORKING H., « Hedging Reconsidered », *Journal of Farm Economics* (November 1953b), p. 544-561.

WORKING H., « Futures Markets Under Renewed Attack », *Food Research Institute Studies,* 1963, p. 13-24.

Mots clés

Anticipation, arbitrage, bourse de commerce, *cash and Carry,* chambre de compensation, compensation, contrat à terme de matière première, coût de stockage, couverture, *cross hedging,* déport, information, liquidité, *long hedging,* marché à terme de matière première, marché à terme et financement des stocks, marché à terme et formation des prix, marché à terme et gestion de l'entreprise, marché à terme et gestion des stocks, marché à terme et pouvoir de monopole, marché à terme et stabilisation des prix, prix à terme, prix au comptant, protection contre le risque de prix, report, risque de liquidité, risque de prix, *short hedging,* spéculation, spéculation déstabilisatrice, spéculation stabilisatrice.

Marchés à terme de taux d'intérêt

50

Jean-Luc Alexandre

Les années 1970 marquent, aux Etats-Unis et dans la plupart des pays industrialisés, le début d'une période d'instabilité économique caractérisée par une hausse de l'inflation et un accroissement des déficits budgétaires. La dette, qu'elle soit d'origine publique ou privée, devient alors une véritable industrie de croissance, entraînant par là même un considérable développement des marchés monétaires et obligataires.

Ce phénomène s'accompagne d'importantes fluctuations des taux d'intérêt qui font office, avec l'application des théories monétaristes, d'instruments directeurs des politiques économiques[1]. Cette volatilité nouvelle ne va pas sans poser certains problèmes aux institutions financières qui doivent faire face à de fortes variations de la valeur de leurs actifs ou de leurs engagements dont le prix est fonction du niveau des taux d'intérêt.

Créés en 1975 sur les bourses de commerce de Chicago, et aujourd'hui développés sur la plupart des grandes places financières[2], les marchés à terme de taux d'intérêt apparaissent comme une réponse au besoin de gestion du risque de variation de taux d'intérêt que ressentent les différents acteurs de l'économie financière[3]. Basés sur le même principe de fonctionnement que les contrats à terme sur matière première[4], les contrats à terme sur instrument financier porteur de taux d'intérêt, plus communément appelés contrats à terme de taux d'intérêt, permettent de se protéger contre les variations du prix de la marchandise aujourd'hui la plus activement négociée : l'argent.

En prenant sur le marché à terme une position opposée à celle détenue sur le marché au comptant, autrement dit en vendant (dans le cas de protection d'un

---

1. Voir également dans l'***Encyclopédie de gestion*** l'article de R. Ferrandier, « Taux d'intérêt et gestion financière ».

2. Voir également dans cette ***Encyclopédie*** l'article de P. Lamy, « Place financière », p. 1492, tome 2.

3. Voir également dans l'***Encyclopédie de gestion*** l'article de C. de La Baume, « Risque de taux d'intérêt ».

4. Voir dans cette ***Encyclopédie*** l'article de Y. Simon, « Marchés à terme de matières premières », p. 1007, tome 1.

actif financier) ou en achetant (dans le cas de protection d'un passif financier) un contrat à terme, l'opérateur cherche à réaliser, en cas d'évolution défavorable du prix de l'argent, c'est-à-dire des taux d'intérêt, un gain sur les contrats à terme qui compense la perte constatée sur l'instrument financier couvert.

Instruments de couverture mais aussi outils de spéculation, les contrats à terme de taux d'intérêt sont utilisés aussi bien par les institutions financières (banques, sociétés d'assurances, négociants en titres financiers) que par les entreprises commerciales et industrielles et même les particuliers.

Les principes généraux des contrats à terme de taux d'intérêt, leur mode de fonctionnement et leurs différentes formes d'utilisation seront successivement étudiés.

1. Les principes généraux d'un contrat à terme de taux d'intérêt

Des contrats à terme de taux d'intérêt sont aujourd'hui négociés sur la plupart des grandes places financières. Leurs caractéristiques et leur mode de fonctionnement marquent la spécificité de ces contrats par rapport aux instruments financiers du marché au comptant sur lesquels ils reposent.

1.1. La définition d'un contrat à terme de taux d'intérêt

Un contrat à terme ou *futures* est un engagement de livrer ou de prendre livraison d'une quantité déterminée d'un produit connu, à une date stipulée par le contrat et à un prix fixé lors de la transaction. Un contrat à terme de taux d'intérêt représente ainsi l'obligation de livrer ou de prendre livraison, c'est-à-dire de vendre ou d'acheter, à une date fixée dans le futur, un actif financier porteur de taux d'intérêt. Un tel contrat peut, par exemple, reposer sur 500 000 francs de nominal d'emprunt d'Etat français de taux facial 10 %, que le vendeur s'engage à livrer à l'acheteur à l'échéance du contrat, le 20 septembre 1996, à un prix égal à 116,42 % du nominal, soit 582 100 francs.

Ces contrats sont négociables, ce qui signifie que l'opérateur a la possibilité de dénouer sa position à tout moment avant la date prévue de livraison, en rachetant le contrat vendu initialement ou en revendant le contrat acheté.

1.2. Les caractéristiques d'un contrat à terme de taux d'intérêt

Instrument du marché financier, un contrat à terme revêt certaines caractéristiques qui marquent sa spécificité par rapport à un instrument du marché au comptant ou du marché de livraison différée (*forward* en anglais) :

– les contrats se négocient à la criée sur une bourse organisée ou par l'intermédiaire d'un terminal informatique dans le cas d'un marché électronique ;

– les contrats sont standardisés, tant au niveau du type d'actif financier livrable qu'au niveau de la quantité négociée et de la date de livraison ;

– les contrats ne sont négociables que durant une plage horaire limitée correspondant généralement aux heures d'ouverture de la bourse ;

– à chaque contrat est associée une unité de variation de prix minimale, le *tick*, et dans certains cas une bande d'amplitude maximale journalière au-delà de laquelle les transactions sont suspendues ;

– la liquidité d'un marché à terme s'avère généralement supérieure à celle du marché au comptant de l'actif sous-jacent et les frais de transaction sont plus faibles ;
– plusieurs échéances d'un même contrat sont cotées simultanément, mais les transactions tendent à se concentrer sur l'échéance la plus rapprochée ;
– seul un faible pourcentage des contrats négociés donne lieu à une livraison des titres financiers ; la majorité des positions initiées sont dénouées par une transaction inverse à la transaction initiale.

1.3. La chambre de compensation et le système d'appel de marge

Organisme spécifique et indispensable à la sécurité des transactions et au bon fonctionnement d'un marché à terme, la chambre de compensation joue un triple rôle.

– Elle enregistre quotidiennement les contrats échangés sur le marché à terme, s'assurant qu'en face de chaque vendeur se trouve un acheteur, et confirme aux opérateurs membres de la bourse les transactions effectuées, ainsi que l'état général de leurs positions ouvertes.

– Une fois qu'un contrat est négocié, la chambre de compensation se substitue au cocontractant faisant office d'acheteur en face du vendeur et inversement. Elle garantit ainsi la bonne fin des opérations.

Cette substitution assumée par la chambre de compensation permet d'éliminer toute notion de risque de crédit lié à la nature de l'opérateur avec lequel est négocié un contrat. Elle permet également de dénouer une position sur le marché avec un opérateur autre que celui avec lequel avait été initié l'achat ou la vente du contrat.

En outre, c'est par l'intermédiaire de la chambre de compensation que sont réalisées, à l'échéance des contrats, les opérations de livraison. Le vendeur livre les titres financiers sur lesquels porte le contrat à la chambre de compensation. Cette dernière les fait parvenir à l'acheteur contre le paiement du prix fixé lors de la transaction initiale.

Il faut souligner que depuis la création des premiers marchés à terme d'instruments financiers au milieu des années 1970, jamais la chambre de compensation d'un marché à terme n'a fait défaut à ses engagements.

– En dernier lieu, la chambre de compensation fixe le montant du dépôt de garantie ou « déposit » nécessaire à l'achat ou à la vente d'un contrat à terme, et procède, à l'issue de chaque séance, aux appels ou restitutions de marges en fonction de l'évolution du prix du contrat. A titre d'exemple, dans le cadre du contrat à terme portant sur les emprunts d'Etat français, la chambre de compensation du MATIF a fixé le dépôt de garantie à 15 000 francs par contrat, chiffre à rapprocher du montant nominal de 500 000 francs.

Lorsqu'il initie une position sur le marché à terme, l'opérateur n'est tenu de verser à la chambre de compensation que le seul montant de ce dépôt de garantie. L'acheteur (comme le vendeur) doit régler à la chambre de compensation, à l'issue de chaque séance, le montant de sa perte potentielle calculée par rapport au cours de clôture du contrat de la veille. On dit qu'il y a appel de marge. A l'inverse, en cas de gain potentiel, il y a restitution de marge de la part de la chambre de compensation.

Le déposit n'est quant à lui reversé à l'opérateur qu'après la livraison ou lors du dénouement de la position sur le marché.

En cas de non-paiement des appels de marge, la chambre de compensation procède, dès l'ouverture de la séance, à la liquidation de la position de l'opérateur défaillant.

Un exemple permet d'expliquer facilement le mécanisme des appels de marge. Au jour J, un opérateur achète 5 contrats de 500 000 francs de nominal, portant sur les emprunts d'Etat français au cours de 101,50 % (soit une valeur du contrat de $\frac{500\,000 \times 101{,}50}{100} = 507\,500$ francs.

Le dépôt de garantie s'élève à 15 000 francs par contrat, soit un total de 75 000 francs. Les contrats sont revendus en $J + 4$ après avoir connu entre les dates J et $J + 4$ les variations de cours reproduites à la deuxième colonne du tableau 1. Le montant quotidien des appels et des restitutions de marge est indiqué dans la dernière colonne du même tableau.

Tableau 1

Jour	Cours du contrat	Variation du prix du contrat par rapport à la veille	Variation en francs pour cinq contrats	Dépôt (–) ou restitution (+) du dépôsit	Appel (–) ou restitution (+) des marges
J (achat des contrats)	101,50	–	–	– 75 000	–
$J + 1$	101,30	– 0,20	– 5 000		– 5 000
$J + 2$	101,20	– 0,10	– 2 500		– 2 500
$J + 3$	102,40	+ 1,20	+ 30 000		+ 30 000
$J + 4$ (revente des contrats)	102,60	+ 0,20	+ 5 000	+ 75 000	+ 5 000
Total	–	+ 1,10	+ 27 500	0	+ 27 500

1.4. Le développement des marchés à terme de taux d'intérêt

C'est en octobre 1975 que fut créé le premier contrat à terme de taux d'intérêt. Négocié sur le Chicago Board of Trade (CBOT), la plus grande bourse de commerce de Chicago, il portait sur les titres hypothécaires américains, les « GNMA ».

En janvier 1976, s'ouvrait un contrat sur les bons du Trésor américain à 90 jours à l'International Monetary Market (IMM), une division du Chicago Mercantile Exchange (CME), l'autre grande bourse de commerce de Chicago.

Le 22 août 1977 était mis en place au CBOT un contrat à terme portant sur les obligations à long terme du Trésor américain, le *US Treasury Bond Futures*. Ce contrat reste aujourd'hui, avec un volume journalier moyen de plus de 300 000 lots échangés (chiffre du mois de mai 1995), l'un des plus importants contrats de l'industrie des *financial futures*.

Créé au début des années 1980 et négocié sur le CME, le contrat sur dépôt interbancaire en eurodollar à trois mois, l'*Eurodollar Futures* représente avec près de 500 000 contrats échangés quotidiennement, soit 500 milliards de dollars, le plus important volume de transactions des marchés de *futures*.

Si la ville de New York fait indiscutablement figure de centre de l'industrie financière américaine pour les marchés du comptant, c'est Chicago qui a su très nettement affirmer son leadership en matière de marchés à terme d'instruments financiers, malgré les efforts importants des bourses de commerce et de valeurs de New York. Deux raisons majeures expliquent le succès des bourses de Chicago :

– tout d'abord, une tradition longuement établie en matière de marchés à terme ; les bourses sur lesquelles se traitent les principaux contrats de taux d'intérêt américains sont celles où se négociaient dès la fin du XIXe siècle, et où se négocient encore aujourd'hui les principaux contrats à terme sur produits agricoles ;

– ensuite, la présence à Chicago d'une communauté importante et fortement capitalisée de spéculateurs professionnels, les *locals*, qui assurent la liquidité du marché.

Le succès des marchés à terme de taux d'intérêt aux Etats-Unis et le développement des marchés obligataires, parallèlement à un accroissement des déficits budgétaires dans les grands pays industrialisés, devaient conduire, à partir des années 1980, à un développement des marchés à terme de taux d'intérêt au-delà des frontières américaines (tableau 2). De tels marchés voient ainsi le jour à Sydney, à Londres, à Singapour, à Tokyo, à Paris, à Francfort, à Madrid et à Milan.

La création à Paris, le 20 février 1986, du MATIF (à l'époque Marché à terme d'instruments financiers et aujourd'hui Marché à terme international de France) s'inscrit dans le cadre d'un considérable essor du marché obligataire français, d'une forte hausse de la volatilité des taux d'intérêt et d'un véritable besoin de couverture des opérateurs qui avaient dû faire face avant l'ouverture du MATIF à d'importantes secousses sur le marché obligataire français[5].

1.5. Les principaux contrats à terme de taux d'intérêt négociés dans le monde

La plupart des places financières disposent aujourd'hui de marchés de contrats à terme de taux d'intérêt tant à court terme qu'à long terme (tableau 2).

On voit se dessiner une nouvelle tendance dans l'industrie des contrats à terme d'instruments financiers avec la mise en place de la cotation continue des principaux contrats.

Ainsi, les contrats à terme portant sur l'eurodollar à trois mois et sur les obligations du Trésor japonais se négocient sur plusieurs bourses correspondant chacune à un créneau horaire différent.

Les contrats du LIFFE se négocient, après la clôture officielle du marché à la criée, pendant environ deux heures sur le marché électronique APT. Les contrats du MATIF peuvent quant à eux être traités de façon continue du lundi matin au vendredi soir, le système électronique Globex prenant chaque jour, en fin d'après-midi et jusqu'au lendemain matin, le relais du marché à la criée.

5. Voir dans cette ***Encyclopédie*** l'article de G. Pfauwadel, « MATIF », p. 1094, tome 2.

Tableau 2 – Les principaux contrats à terme de taux d'intérêt (juillet 1995)

Bourse[a]	Contrat	Principales caractéristiques du contrat	Volume de transactions (mai 1995) en nombre de contrats	Montant de la position ouverte (mai 1995)	Variation minimale du prix du contrat
CBOT	*US Treasury Bond*	USD 100 000 d'obligations du Trésor américain – taux facial 8 % – maturité 15 à 30 ans	8 721 537	404 434	1/32 % =USD 31,25
CBOT	*US Treasury Note*	USD 100 000 d'obligations du Trésor américain – taux facial 8 % – maturité 6 à 10 ans	2 236 456	263 600	1/32 % =USD 31,25
CBOT	*US Municipal Bond Index*	USD 100 000 d'un indice d'obligations municipales américain – taux facial 8 % – maturité 15 à 30 ans	125 374	21 512	1/32 % =USD 31,25
CBOT	*Five Year Treasury Note*	USD 100 000 d'obligations du Trésor américain – taux facial 8 % – maturité 4,25 à 5,25 ans	1 291 134	211 462	1/64 % =USD 15,625
CBOT	*Two Year Treasury Note*	USD 200 000 d'obligations du Trésor américain – taux facial 8 % – maturité 1,75 à 2 ans	73 610	19 402	1/128 % =USD 15,63
CBOT	*30 Day Treasury Rate*	USD 5 000 000 d'un indice égal à la moyenne mensuelle du taux journalier des *fed funds*	17 610	6 708	0,01 % =USD 41,67
CME	*Eurodollar*	USD 1 000 000 d'eurodollars à 90 jours	10 856 797	2 497 762	0,01 % =USD 25
CME	*US Treasury Bill*	USD 1 000 000 de bons du Trésor américain à 90 jours	59 153	32 315	0,01 % =USD 25
CME	*Libor One month*	USD 3 000 000 d'eurodollars à 30 jours	137 333	28 452	0,01 % =USD 25
TSE	*Japanese Government Bond*	JPY 100 000 000 d'obligations du Trésor japonais – taux facial 6 % – maturité 7 à 10 ans	1 298 187	197 882	1/100 % =JPY 10 000
TIFFE	*Euroyen*	JPY 100 000 000 d'euroyen à 90 jours	3 130 080	1 351 564	0,01 % =JPY 2 500
SFE	*Australian Government Bond*	AUD 100 000 d'un indice de rendement d'obligations du Trésor australien – taux facial 12 % – maturité 10 ans	586 234	110 434	0,005 % =AUD 37

Tableau 2 – Les principaux contrats à terme de taux d'intérêt (juillet 1995) (suite)

Bourse[a]	Contrat	Principales caractéristiques du contrat	Volume de transactions (mai 1995) en nombre de contrats	Montant de la position ouverte (mai 1995)	Variation minimale du prix du contrat
SFE	*Bank Bills*	AUD 1 000 000 de certificats de dépôt australiens à 90 jours	460 952	157 658	0,01 % =AUD 23
SFE	*Three Year Government Bond*	AUD 100 000 d'un indice de rendement d'obligations du Trésor australien – taux facial 12 % – maturité 3 ans	756 515	193 104	0,01 % =AUD 28
NZFE	*90 Day Bank Bill*	NZD 500 000 de certificats de dépôt néo-zélandais à 90 jours	25 835	31 778	0,01 % =NZD 12,50
LIFFE	*Long Gilt*	GBP 50 000 d'obligations du Trésor britannique – taux facial 9 % – maturité 15 à 25 ans	1 432 070	141 813	1/32 % =GBP 15,625
LIFFE	*Short sterling*	GBP 500 000 d'eurosterlings à 90 jours	1 481 677	422 883	0,01 % =GBP 12,50
LIFFE	*Japanese Government Bond*	Contrat identique à celui du TSE	ND[b]	ND	1/100 % =JPY 10 000
LIFFE	*Euromark*	DEM 1 000 000 d'euromarks à 90 jours	2 431 433	689 015	0,01 % =DEM 25
LIFFE	*Bund*	DEM 250 000 d'obligations du Trésor allemand – taux facial 6 % – maturité 8,5 à 10 ans	2 652 651	182 136	0,01 % =DEM 25
LIFFE	*BTP*	ITL 200 000 000 d'obligations du Trésor italien – taux facial 12 % – maturité 8 à 10,5 ans	924 555	41 962	0,01 % =ITL 20 000
LIFFE	*Eurolira*	ITL 1 000 d'eurolires à 90 jours	369 397	93 427	0,01 % =ITL 25 000
LIFFE	*Euroswiss*	CHF 1 000 000 d'euro-francs suisses à 90 jours	139 771	42 292	0,01 % =SFR 25
LIFFE	*Ecu*	ECU 1 000 000 d'écu à 90 jours	ND	ND	0,01 % =XEU 25
MIF	*BTP*	ITL 250 000 000 d'obligations du Trésor italien – taux facial 12 % – maturité 8 à 10,5 ans	270 938	11 436	0,01 % =ITL 25 000
DTB	*Bund*	Contrat identique à celui du LIFFE	957 913	149 441	0,01 % =DEM 25

Tableau 2 – Les principaux contrats à terme de taux d'intérêt (juillet 1995) (suite)

Bourse[a]	Contrat	Principales caractéristiques du contrat	Volume de transactions (mai 1995) en nombre de contrats	Montant de la position ouverte (mai 1995)	Variation minimale du prix du contrat
DTB	*Bobl*	DEM 250 000 d'obligations du Trésor allemand – taux facial 6 % – maturité 3,5 à 5 ans	588 181	161 413	0,01 % =DEM 25
SOFFEX	*Swiss Bond*	SFR 100 000 d'obligations du Trésor suisse – taux facial 6 % – maturité 7 à 15 ans	79 561	16 497	0,01 % =CHF 10
MEFF RF	*Bonos*	PTE 10 000 000 d'obligations du Trésor espagnol – taux facial 9 % – maturité 6,5 à 10 ans	1 161 877	45 973	0,01 % =ESP 1 000
MEFF RF	*Mibor*	PTE 10 000 000 de pesetas à 90 jours	500 228	156 479	0,01 % =ESP 250
MATIF	*Emprunt d'Etat*	FRF 500 000 d'emprunt d'Etat français – taux facial 10 % – maturité 7 à 10 ans	2 554 734	155 068	0,02 % =FRF 100
MATIF	*Ecu Bond du Trésor*	Ecu 100 000 d'emprunt d'Etat en écu – taux facial 5,50 % – maturité 6 à 10 ans	43 726	8 721	0,02 % =XEU 20
MATIF	*Pibor*	FRF 5 000 000 de francs à 90 jours	1 237 839	178 976	0,01 % =FRF 125
BELFOX	*Belgian Bond*	BEF 2 500 000 d'obligations du Trésor belge – taux facial 9 % – maturité 7 à 10 ans	49 192	7 864	0,01 % =BEF 250
BELFOX	*Bibor*	BEF 25 000 000 de francs belges à 90 jours	17 610	6 708	0,01 % =BEF 625
SIMEX	*Eurodollar*	Même contrat que CME	799 731	89 012	0,01 % =USD 25
SIMEX	*Euroyen*	Contrat identique à celui du TIFFE	596 462	335 535	0,01 % =JPY 2 500
Montreal	*Canadian Government Bond*	CAD 100 000 d'obligations du Trésor canadien – taux facial 9 % – maturité 6,5 à 10 ans	115 550	26 967	0,01 % =CAD 10
Montreal	*Bankers' acceptances*	CAD 1 000 000 de *bankers' acceptances* à 90 jours	117 645	98 818	0,01 % =CAD 25

a. CBOT : Chicago Board of Trade
CME : Chicago Mercantile Exchange
LIFFE : London International Financial Futures Exchange

TIFFE : Tokyo International Financial Futures Exchange
TSE : Tokyo Stock Exchange
SFE : Sydney Futures Exchange
NZFE : New Zealand Futures Exchange
SIMEX : Singapore International Monetary Exchange
MATIF : Marché à Terme International de France
BELFOX : Belgian Futures and Options Exchange
DTB : Deutsche Terminbörse
MEFF RF : Meff Renta Fija
MIF : Mercato Italiano Futures
SOFFEX : Swiss Options and Financial Futures Exchange

b. ND : non disponible.

2. Le fonctionnement et les concepts fondamentaux des contrats à terme de taux d'intérêt

L'importante gamme de contrats à terme de taux d'intérêt que reflète le tableau 2 peut se diviser globalement en deux grandes familles : celle des contrats de taux d'intérêt à court terme et celle des contrats de taux d'intérêt à long terme. Ces deux types de contrat se distinguent non seulement par les caractéristiques du type d'actif financier sur lequel ils portent, mais également par leurs modes de construction et la nature de leurs relations avec le marché comptant de l'instrument financier sous-jacent au contrat.

2.1. Les contrats de taux d'intérêt à long terme

Les contrats de taux d'intérêt à long terme représentent le segment le plus actif des marchés de *financial futures*. Leur mode de construction, basé sur le principe de l'emprunt notionnel, et les mécanismes de livraison, à l'échéance du contrat, de titres issus du marché au comptant constituent leur principale originalité.

2.1.1. Le mode de construction du contrat

Les différents contrats sur actif financier porteur de taux d'intérêt à long terme reposent sur des emprunts à taux fixe issus du marché obligataire. Or, un tel marché ne présente pas un caractère d'homogénéité dans la mesure où à chaque obligation sont attachées des caractéristiques propres qui sont sa maturité et son taux facial.

Le nombre important de titres échangés sur les différents marchés obligataires domestiques et la nécessité de préserver le caractère d'homogénéité d'un contrat à terme rendaient impossible la création de contrats répondant chacun aux caractéristiques des différentes obligations négociées sur le marché au comptant.

La plupart des contrats à terme de taux d'intérêt à long terme, et c'est le cas des marchés sur *US Treasury Bond* aux Etats-Unis, sur *Long Gilt* au Royaume-Uni, sur *Japanese Government Bond* au Japon, sur *Bund* en Allemagne, et sur emprunt d'Etat en France, portent sur un titre que l'on peut qualifier d'abstrait puisqu'il n'est pas disponible sur le marché du comptant : «l'emprunt notionnel». Ce dernier se définit par son montant nominal, son taux facial et une maturité représentative de l'ensemble des titres livrables. Le contrat est coté, comme une obligation, en pourcentage du pair.

Exemple. Les prix de négociation les plus représentatifs de la journée du 4 septembre 1995 relatifs au contrat MATIF de 500 000 francs de nominal sur emprunt d'Etat, notionnel 10 %, maturité 7 à 10 ans, sont reproduits au tableau 3.

Tableau 3

Echéance	Ouverture	Plus haut de la journée	Plus bas de la journée	Clôture	Variation par rapport à la veille
Septembre 1995	116,86	116,92	116,70	116,90	+ 0,30
Décembre 1995	116,46	116,50	116,30	116,48	+ 0,32
Mars 1996	115,54	115,56	115,52	115,56	+ 0,30

2.1.2. Le système du facteur de concordance

Bien que les contrats à terme portent sur un titre notionnel, non disponible sur le marché au comptant, le lien entre le marché au comptant et le marché à terme est assuré par la possibilité de livrer, à l'échéance du contrat, des obligations issues du marché au comptant, dont la maturité correspond aux caractéristiques de l'emprunt notionnel. L'ensemble des obligations livrables compose le gisement.

La chambre de compensation associe à chaque obligation livrable sur le marché à terme un nombre appelé facteur de concordance qui représente la valeur de livraison de ce titre. Celui-ci se calcule par actualisation, à la date de livraison de chaque contrat et à un taux égal au taux facial de l'emprunt notionnel, des flux de paiement des coupons et de remboursement de l'obligation livrable. Le facteur de concordance d'un titre, fonction croissante de son taux de coupon, vise à rétablir en termes de valeur de livraison de chaque obligation la hiérarchie de prix que reflète le marché du comptant.

La valeur de livraison d'une obligation à l'échéance d'un contrat à terme est égale à :

$$L = (FC \times T \times N) + CC$$

où

L : la valeur de livraison,
FC : le facteur de concordance de l'obligation,
T : le cours du contrat en pourcentage du pair,
N : le montant nominal de l'obligation,
CC : le coupon couru sur l'obligation livrée à la date d'échéance du contrat.

Exemple.

– Le contrat MATIF sur emprunt d'Etat notionnel 10 % échéance mars cote 116,90.

– L'obligation 8,50 % de 2003 cote 108,16 (pied de coupon).

– Le facteur de concordance de l'obligation 8,50 % est de 0,921736.

– Le coupon couru à la date d'échéance du contrat s'élève à 7,25 %.

La valeur de livraison de 500 000 francs de nominal de l'obligation 8,50 % sur le contrat d'échéance mars est de :

$$500\ 000 \times \frac{116,90}{100} \times 0,921\ 736 + 500\ 000 \times \frac{7,25}{100}, \quad \text{soit } 574\ 004 \text{ francs}$$

2.1.3. Les concepts de base et d'obligation la moins chère à livrer

2.1.3.1. La base

Le système du facteur de concordance permet de calculer à tout moment le différentiel entre le cours au comptant d'une obligation et sa valeur de livraison sur le marché à terme. Ce différentiel représentatif de l'écart de prix entre le marché au comptant et le marché à terme est appelé base[6] :

$$B = P - FC \times T$$

avec
B : la base,
P : le prix de l'obligation au comptant,
FC : le facteur de concordance de l'obligation livrable,
T : le cours du contrat à terme.

Exemple.

– Le contrat à terme notionnel 8 % échéance juin sur *US Treasury Bond* cote 89,11/32.

– Le prix de l'obligation 7,50 % échéance 2016 est de 90,22/32.

– Le facteur de concordance de l'obligation 7,50 % échéance 2016 est de 0,9360.

La base entre l'obligation 7,50 échéance 2016 et le contrat à terme sur *US Treasury Bond* est égale à :

$$\begin{aligned} & 90,22/32 - (89,11/32 \times 0,9360) \\ = \ & 90,22/32 - 83,20/32 \\ = \ & 7,02/32 \end{aligned}$$

2.1.3.2. Le titre le moins cher à livrer

Le titre qui à l'échéance d'un contrat à terme s'avère être le plus économique à livrer est celui qui maximise la différence entre sa valeur de livraison et sa valeur au comptant, c'est-à-dire qui minimise la base.

Si on se place à une date quelconque, et en tenant compte du coupon couru et du coût de financement de l'obligation entre la date de son achat et celle de sa livraison à l'échéance du contrat, l'emprunt le moins cher à livrer, également appelé *cheapest,* est celui qui maximise :

$$FC \times T - P + (CC_1 - CC_0) - Fin$$

avec :
$CC_1 - CC_0$: le coupon couru entre la date d'achat de l'obligation et l'échéance du contrat à terme ;
Fin : le coût de financement de l'obligation achetée, calculé sur la même période.

6. Voir également dans cette ***Encyclopédie*** l'article de J.P. Daloz, « Marchés à terme de taux d'intérêt et gestion de la base », p. 1061, tome 2.

La construction des contrats à terme sur emprunt notionnel prévoit qu'appartient au vendeur le droit de choisir l'emprunt qu'il livrera s'il conserve sa position jusqu'à l'échéance du contrat. Ayant pour objectif de maximiser son gain (ou de minimiser sa perte) lors de l'opération de livraison, le vendeur aura donc tendance à livrer l'emprunt *cheapest*. C'est ce même emprunt que l'acheteur de contrat doit s'attendre à recevoir en livraison à l'échéance du contrat à terme.

2.1.3.3. Le taux implicite de partage

Il est également possible d'identifier l'obligation la moins chère à livrer en comparant, pour les différentes obligations livrables, les rendements obtenus dans le cadre d'une opération consistant en un achat d'obligations au comptant, une vente de contrats à terme, et la livraison de l'obligation à l'échéance du contrat vendu. Ce taux appelé taux implicite de portage ou *implied repo* est égal à :

$$\frac{FC \times T - P + CC_1 - CC_0}{P + CC_0} \times \frac{360}{J}$$

avec
P : le prix comptant de l'obligation,
T : le prix du contrat à terme,
FC : le facteur de concordance de l'obligation livrable,
CC_0 : le coupon couru à la date d'achat de l'obligation,
CC_1 : le coupon couru à la date de livraison de l'obligation,
J : le nombre de jours sur lequel porte l'opération.

En cas de détachement de coupon avant la date de livraison, il faut prendre en compte les flux d'intérêts sur le placement du coupon jusqu'à l'échéance du contrat.

L'obligation qui maximise le taux implicite de portage est également la moins chère à livrer.

Exemple.

– A soixante-treize jours de son échéance, le contrat à terme sur emprunt d'Etat japonais notionnel 6 %, échéance juin, cote 112,04.

– L'obligation de coupon 6,20 % cote 114,08 (pied de coupon).

– Le coupon couru est de 1,75 %.

– Le facteur de concordance est de 1,0154.

– Le taux implicite de portage est égal à :

$$\frac{112,04 \times 1,0154 - 114,08 + 1,20}{(114,08 + 1,75)} \times \frac{360}{73} = 3,77\ \%$$

2.1.4. La formation du prix d'un contrat à terme sur emprunt notionnel

A l'expiration du contrat, l'acheteur doit s'attendre à se voir livrer l'obligation la moins chère à livrer (*cheapest*). A cette date, le cours du contrat, pondéré par le facteur de conversion, est égal à celui de l'obligation la moins chère à livrer : en d'autres termes, la base est nulle. Il est donc équivalent d'acheter l'obligation *cheapest* ou le contrat à terme.

Si la base s'avérait négative, l'opérateur pourrait aisément acheter au comptant l'obligation et vendre le contrat à terme, ou réaliser l'opération inverse en cas de base positive. Plus généralement, et à tout moment où se négocie un contrat, il doit être équivalent à un opérateur agissant en tant qu'arbitragiste :

– d'acheter l'obligation la moins chère à livrer sur le marché au comptant, de financer cet achat et de bénéficier du coupon couru jusqu'à la date de livraison du contrat à terme,

– ou d'acheter le contrat à terme.

Le prix théorique du contrat à terme est ainsi fonction du prix de l'obligation la moins chère à livrer et du montant net de portage sur l'obligation jusqu'à la date de livraison, c'est-à-dire :

$$FC \times T = P - (CC_1 - CC_0) + Fin$$

soit :

$$T = \frac{P - (C \times J/365) + (P + CC_0) \times I \times J/360}{FC}$$

avec

T : le prix du contrat à terme,
P : le prix, pied de coupon, de l'obligation la moins chère à livrer,
C : le taux facial de l'obligation la moins chère à livrer,
CC_0 : le coupon couru sur l'obligation la moins chère à livrer,
J : le nombre de jours jusqu'à l'échéance du contrat,
I : le taux de financement de l'obligation la moins chère à livrer jusqu'à l'échéance du contrat.

Exemple.

– L'obligation la moins chère à livrer sur le contrat à terme notionnel 10 % sur emprunt d'Etat est la 8,50 % échéance 2003.

– Son cours est de 110,60 (pied de coupon).

– Le montant de coupon couru s'élève à 2,67 %.

– Le facteur de concordance est égal à 0,921740.

– Le taux de financement à 110 jours est de 6,50 %.

Le prix théorique du contrat à terme venant à échéance dans 110 jours est égal à :

$$\frac{110,60 - \left(8,50 \times \frac{110}{365}\right) + (110,60 + 2,67) \times 0,065 \times \frac{110}{360}}{0,921740} = 119,66$$

Lorsque le taux de financement de l'obligation achetée est inférieur à son taux de rendement, c'est-à-dire en structure croissante de la courbe de taux d'intérêt, le cours de l'obligation la moins chère à livrer est supérieur à celui du contrat multiplié par le facteur de concordance. Dans le cadre d'une courbe de taux inversée (taux à court terme supérieur au taux à long terme), on a une relation contraire. Dans le premier cas, la base est positive et dans le second elle est négative.

La relation d'arbitrage dont découle le prix théorique du contrat à terme sur emprunt notionnel implique en outre une relation d'égalité entre le taux implicite de portage de l'obligation la moins chère à livrer et son taux de financement jusqu'à l'échéance du contrat.

En pratique, on constate sur certains marchés, et tout particulièrement sur le contrat à terme sur *US Treasury Bond,* que le taux implicite de portage de l'obligation la moins chère à livrer est sensiblement inférieur à son taux de financement ou, en d'autres termes, que le prix du contrat à terme est inférieur à son prix théorique. Ce phénomène inhérent à la non- réalisation effective des opérations d'arbitrage décrites précédemment repose sur plusieurs explications :

– l'incertitude de l'acheteur quant à la nature du titre qui lui sera livré à l'échéance du contrat (l'obligation la moins chère peut changer d'un jour sur l'autre) ;

– les difficultés d'ordre technique ou réglementaire de réalisation de l'opération d'arbitrage entre le marché au comptant et le marché à terme, notamment lorsque celle-ci entraîne la vente à découvert de l'obligation *cheapest* ;

– le coût élevé d'emprunt sur le marché du *repo* de l'obligation la moins chère à livrer.

2.2. Les contrats de taux d'intérêt à court terme

Les contrats de taux d'intérêt à court terme portent chacun sur un instrument unique du marché monétaire. A l'opposé des contrats de taux d'intérêt à long terme, ils se négocient sur la base du taux de rendement, et non du prix, de l'instrument sous-jacent au contrat.

2.2.1. Le mode de construction du contrat

Les contrats à terme portant sur des instruments financiers à court terme ou sur des taux de dépôt interbancaires sont construits sur la base d'un indice égal à la différence entre 100 et le taux de rendement de l'instrument traité.

L'achat d'un contrat à terme sur bons du Trésor américain à 90 jours au prix de 91,10 implique l'engagement de prendre livraison à l'échéance du contrat de 1 000 000 de dollars de bons du Trésor à 90 jours, à un prix correspondant à un rendement de 100 – 91,10, soit 8,90 % (taux précompté).

Une unité de variation du prix du contrat soit 0,01 représente :

$$\frac{0,01}{100} \times 1\ 000\ 000 \times \frac{90}{360}, \quad \text{soit 25 dollars}$$

La vente d'un contrat à terme sur le taux du Pibor à 90 jours au prix de 92,25 implique quant à elle l'engagement d'emprunter à l'échéance du contrat 5 000 000 de francs à 3 mois au taux de 100 – 92,25, soit 7,75 %.

L'unité de variation du prix du contrat soit 0,01 représente une somme de :

$$\frac{0,01}{100} \times 5\ 000\ 000 \times \frac{90}{360}, \quad \text{soit 125 francs}$$

Il existe deux types de livraison sur les contrats de taux d'intérêt à court terme.

La première s'applique aux contrats à terme dont l'actif sous-jacent est un instrument négociable comme le bon du Trésor à 90 jours. Dans ce cas, il y a, à l'échéance du contrat, livraison du titre physique sous-jacent au contrat, un bon du Trésor à 90 jours dans l'exemple précédent. La valeur de livraison du bon du Trésor sur le marché à terme à l'échéance du contrat est égale à :

$$N - \frac{N \times D \times (100 - T)}{36\ 000}$$

avec
N : le montant nominal des bons du Trésor livrés,
D : la maturité des bons du Trésor (en nombre de jours),
T : le prix du contrat à terme.

Exemple. Si 1 000 000 de dollars de nominal de bons du Trésor américain à 90 jours sont livrés sur le marché à terme et si le contrat vaut 93,36, la valeur de livraison des bons du Trésor à 90 jours est de :

$$1\ 000\ 000 - \frac{1\ 000\ 000 \times 90 \times (100 - 93,36)}{36\ 000} = 983\ 400 \text{ dollars}$$

La seconde modalité de livraison concerne les contrats à terme portant sur un actif non négociable comme les dépôts bancaires en francs français, en eurodollars ou en eurosterlings à 90 jours.

Il semblait difficile de prévoir à l'échéance de ces contrats une opération d'emprunt et de prêt entre l'acheteur et le vendeur de contrat, dans la mesure où il n'est pas équivalent de prêter de l'argent à une grande banque internationale ou à un particulier, et que toutes les catégories d'intervenants peuvent opérer sur le marché à terme. C'est l'une des raisons pour lesquelles les contrats à terme portant sur un taux de dépôt interbancaire prévoient à l'échéance un règlement en espèces (*cash settlement*). La valeur du contrat est déterminée à son échéance, sur la base du taux comptant de dépôt à 90 jours obtenu par sondage auprès d'un certain nombre de grandes banques. L'opérateur règle alors la différence entre le prix d'achat (ou de vente) du contrat et sa valeur finale égale à 100 – le taux au comptant obtenu par sondage.

Exemple. Un opérateur achète un contrat eurodollar le 30 août à 91,25. Le 14 septembre, à l'échéance du contrat à terme, le taux de dépôt en eurodollar à 90 jours sur le marché comptant est de 9,63 %, soit une valeur du contrat de 90,37.

Dans ce cas, l'acheteur verse à la chambre de compensation le différentiel de valeur entre le cours d'achat et le cours de compensation du contrat, soit :

$$\frac{(91,25 - 90,37)}{100} \times 1\ 000\ 000 \times \frac{90}{360} = 2\ 200 \text{ dollars}$$

Ce versement est en fait étalé dans le temps du fait du système quotidien d'appel de marge.

Une autre façon de déterminer le montant de la perte réalisée sur l'opération consiste à calculer le produit de la variation du prix du contrat par la valeur de l'unité de variation du contrat, c'est-à-dire le *tick*. Le montant de la perte s'élève ainsi à :

$$(9\ 125 - 9\ 037) \times 25 = 88 \times 25 = 2\ 200 \text{ dollars}$$

2.2.2. Les concepts de base et de convergence

La construction du contrat à terme sur dépôt interbancaire et les opérations d'arbitrage dans le cadre d'un contrat prévoyant la livraison de titres physiques impliquent à l'échéance de celui-ci une égalité entre le taux d'intérêt implicite du contrat à terme et celui de l'instrument financier sous-jacent. La base est nulle ; on dit alors qu'il y a convergence entre le marché au comptant et le marché à terme.

En dehors de cette date, la base n'est généralement pas nulle. En structure croissante des taux sur le marché au comptant, lorsque le taux d'intérêt d'un actif financier est fonction croissante de sa maturité, le taux implicite du contrat à terme est supérieur à celui de l'actif sous-jacent. A l'opposé, en structure décroissante des taux d'intérêt, le taux implicite du contrat est inférieur à celui de l'actif sous-jacent.

Il existe autant de bases que d'échéances du contrat. Celles-ci se calculent par la différence entre le taux implicite du contrat à terme et le taux du marché au comptant.

Exemple. Le taux au comptant de l'eurodollar à 90 jours est de 7,05 %. Les prix à terme pour les échéances de décembre, mars et juin sont reproduits à la deuxième colonne du tableau 4. La base pour chacune de ces échéances calculée par différence entre le taux implicite du contrat à terme et le taux du marché au comptant est indiquée à la quatrième colonne du même tableau.

Tableau 4

Echéance du contrat	Prix du contrat	Taux implicite du contrat	Base (taux implicite du contrat – taux du marché au comptant)
Décembre	92,75	7,25 %	0,20
Mars	92,55	7,45 %	0,40
Juin	92,02	7,98 %	0,93

2.2.3. La formation du prix d'un contrat de taux d'intérêt à court terme

La formation du prix d'un contrat à terme portant sur un actif financier à court terme négociable ou un taux de dépôt interbancaire répond à une relation d'arbitrage de nature identique à celle relative au contrat de taux d'intérêt à long terme. Dans le cadre d'un contrat à terme portant sur un actif financier à court terme négociable, cette relation d'arbitrage suppose que le prix du contrat à terme est tel qu'il rend équivalentes les deux opérations suivantes :

– acheter en J_0 un bon du Trésor de maturité n jours ($n > 90$ jours),

– ou acheter en J_0 un bon du Trésor de maturité $n-90$ jours, et acheter simultanément un contrat à terme sur bon du Trésor à 90 jours venant à expiration dans $n-90$ jours en se faisant livrer le bon du Trésor à l'échéance du contrat.

Dans le cadre d'un contrat à terme portant sur un taux de dépôt interbancaire à 90 jours, le prix du contrat doit être tel qu'il rend identiques les deux opérations suivantes :

– prêter en J_0 (respectivement emprunter) à n jours ($n > 90$ jours),

– ou prêter (respectivement emprunter) en J_0 à $n-90$ jours, et acheter (respectivement vendre) en J_0 un contrat à terme sur eurodollar à 90 jours venant à échéance dans $n-90$ jours afin de garantir le taux de prêt (respectivement d'emprunt) à 90 jours dans $n-90$ jours.

Exemple. Le taux de l'eurodollar à 30 jours est de 7 %. Le taux de l'eurodollar à 120 jours est de 7,80. Le taux implicite, t, du contrat à terme sur eurodollar à 90 jours venant à échéance dans 30 jours, doit être tel qu'il rend équivalentes les deux opérations suivantes :

– prêt à 120 jours à 7,80 %,

– prêt à 30 jours à 7 % et achat du contrat d'eurodollar à 90 jours venant à échéance dans 30 jours.

Si t est le taux d'intérêt implicite du contrat à terme, on a la relation suivante :

$$\left(1+\frac{7}{100}\times\frac{30}{360}\right)\left(1+\frac{t}{100}\times\frac{90}{360}\right)=\left(1+\frac{7,80}{100}\times\frac{120}{360}\right)$$

c'est-à-dire :

$$t=\left[\frac{\left(1+\frac{7,80}{100}\times\frac{120}{360}\right)}{\left(1+\frac{7}{100}\times\frac{30}{360}\right)}-1\right]\times\frac{36\ 000}{90}$$

soit $t = 8,02$ %.

Le prix théorique du contrat à terme sur eurodollar à 90 jours venant à échéance dans 30 jours est égal à 100 – 8,02, soit 91,98.

Plus généralement, la valeur théorique d'un contrat à terme sur taux de dépôt interbancaire à 90 jours venant à expiration dans d jours est égale à $100-t$, avec t :

$$t=\left[\frac{\left(1+\frac{t_2}{100}\times\frac{d+90}{360}\right)}{\left(1+\frac{t_1}{100}\times\frac{d}{360}\right)}-1\right]\times\frac{36\ 000}{90}$$

où

d : le nombre de jours jusqu'à l'échéance du contrat à terme,

t_1 : le taux d'intérêt à d jours,

t_2 : le taux d'intérêt à $d+90$ jours.

La formation du prix théorique d'un contrat à terme sur bons du Trésor répond au même principe que celui du contrat sur taux de dépôt interbancaire. Il est cependant nécessaire d'utiliser dans les calculs, non pas le taux précompté qui sert de base au calcul des rendements sur les marchés au comptant et à terme des bons du Trésor, mais un taux monétaire *in fine* déterminé par la relation

$$\text{Taux monétaire} = \text{Taux précompté}/1 - \text{Taux précompté} \times \frac{D}{36\ 000}$$

où D représente la maturité du bon du Trésor exprimée en nombre de jours.

3. Les techniques d'utilisation des contrats à terme de taux d'intérêt

Si la fonction économique d'un contrat à terme de taux d'intérêt est de permettre, en tant qu'instrument de couverture ou *de hedging,* la gestion du risque de taux, les contrats de *futures* n'en demeurent pas moins des outils privilégiés de prise de position, c'est-à-dire de *trading* sur l'évolution absolue ou relative des taux d'intérêt. Parallèlement aux activités de *hedging* et de *trading* qui impliquent respectivement une réduction ou un accroissement du risque de taux, se développent sur les marchés à terme de taux d'intérêt des opérations d'arbitrage. Ce type d'opération permet de tirer profit d'anomalies de prix entre le marché au comptant et le marché à terme, ou entre différents contrats à terme de taux d'intérêt.

3.1. Les opérations de couverture

Instrument de couverture, un contrat à terme de taux d'intérêt permet d'annuler, ou du moins de minimiser, les risques financiers induits par la fluctuation des taux d'intérêt, en prenant sur le marché à terme une position opposée à celle détenue sur le marché au comptant.

L'opération de couverture, qui se traduit par un achat ou une vente de contrat, vise à réaliser en cas de variation des taux d'intérêt un gain (respectivement une perte) sur le marché à terme qui compense la perte (respectivement le gain) constatée sur l'instrument financier couvert.

3.1.1. Les types d'opérations de couverture

On distingue deux formes de couverture, présentées dans les deux paragraphes suivants.

3.1.1.1. La couverture contre la hausse des taux d'intérêt par la vente de contrats à terme

Cette couverture concerne par exemple :

– un gérant de portefeuille d'obligations à taux fixe dont les cours baissent en cas de remontée des taux d'intérêt,

– un négociant en titres financiers qui craint une dépréciation de son en-cours de titres,

– une banque qui accorde un prêt à long terme et qui doit se refinancer sur le marché monétaire à trois ou à six mois,

– un trésorier d'entreprise qui sait qu'il devra faire face à des besoins de financement d'ici à la fin de l'année,

– un émetteur obligataire qui souhaite lancer un nouvel emprunt dans un an.

3.1.1.2. La couverture contre la baisse des taux d'intérêt par l'achat de contrats à terme

Ce type de couverture s'adresse par exemple à :

– un assureur qui va recevoir d'ici à quelques mois des liquidités qu'il désire placer sur le marché obligataire ou sur le marché des bons du Trésor à 90 jours,

– une banque qui a emprunté à long terme pour reprêter à trois mois ou à six mois,

– un gestionnaire d'obligations à taux variable qui craint une diminution du coupon en cas de baisse des taux,

– un trésorier d'entreprise qui connaît ses excédents de trésorerie disponibles d'ici à six mois.

Exemple. En janvier, une banque qui gère un portefeuille de 10 000 000 de francs de nominal d'emprunt d'Etat français, de taux facial 10 % et de maturité 10 ans, désire se protéger contre la hausse des taux d'intérêt qui provoquerait une dépréciation de la valeur de son portefeuille (voir tableau 5).

Exemple. En février, un trésorier d'entreprise envisage de placer dans deux mois 50 000 000 de dollars, au taux des dépôts en eurodollar à 90 jours, et anticipe d'ici là une baisse des taux d'intérêt (voir tableau 6).

3.1.2. Le risque de base

Les deux exemples précédents représentent des couvertures parfaites, dans la mesure où le gain réalisé sur les contrats à terme compense exactement la perte subie sur le marché au comptant.

Il est cependant peu fréquent, en pratique, de constater une évolution strictement identique des prix du contrat à terme et de l'instrument couvert. En effet, la différence entre le prix du comptant et celui du contrat à terme, c'est-à-dire la base, varie constamment. Ce sont les fluctuations de cette base qui expliquent le résultat financier d'une opération de couverture. Celui-ci, au lieu d'être nul comme dans les exemples précédents, laisse dans la grande majorité des cas apparaître, selon le sens de l'évolution de la base, un gain ou une perte.

Exemple. L'opération de couverture suivante illustre l'influence de l'évolution de la base sur le résultat de l'opération de couverture.

Tableau 5

Marché au comptant des emprunts d'Etat	Marché des contrats à terme sur emprunt d'Etat
15 janvier – La banque craint une hausse des taux d'intérêt. – Le cours des emprunts d'Etat 10 % 10 ans est de 98,50 %, soit une valeur du portefeuille de 9 850 000 francs.	15 janvier – La banque vend 20 contrats à terme notionnel 10 % sur emprunt d'Etat de 500 000 francs de nominal, échéance mars, au cours de 98,25 %, soit une valeur totale des contrats de 9 825 000 ($98,25\ \% \times 500\ 000 \times 20$).
25 février – Les taux d'intérêt ont effectivement monté. – Le cours des obligations détenues n'est plus que de 97,45 %, soit une valeur du portefeuille de 9 745 000 francs.	25 février – La banque achète 20 contrats à terme sur emprunt d'Etat échéance mars, au cours de 97,20 %, soit une valeur totale des contrats de 9 720 000 francs.
– La perte sur le portefeuille s'élève à 105 000 francs.	– Le gain sur les contrats à terme s'élève à 105 000 francs $\frac{(98,25 - 97,20)}{100} \times 500\ 000 \times 20$
La vente de contrats à terme a permis de réaliser un gain de 105 000 francs qui compense la perte de même montant constatée sur le portefeuille obligataire.	

Tableau 6

Marché du dépôt en eurodollar à 90 jours	Marché des contrats à terme sur dépôt en eurodollar à 90 jours
17 février – Le trésorier désire placer 50 000 000 de dollars à 90 jours dans 2 mois. – Le taux de placement en eurodollar à 90 jours est de 7,25 %. – Le trésorier anticipe une baisse des taux d'intérêt.	17 février – Le trésorier achète 50 contrats à terme sur eurodollar à 90 jours de nominal 1 000 000 de dollars, échéance juin, au prix de 92,50 (soit un taux implicite de 7,50 %).
17 avril – Le trésorier place ses fonds à 90 jours au taux de 6,50 %.	17 avril – Le trésorier revend les contrats sur eurodollar, échéance juin, au prix de 93,25 (soit un taux implicite de 6,75 %).
– La perte due à la baisse du taux de dépôt à 90 jours s'élève à : $\frac{(7,25 - 6,50)}{100} \times 50\ 000\ 000 \times \frac{90}{360}$ soit 93 750 dollars.	– Le gain réalisé sur les contrats à terme d'eurodollar s'élève à : $(9\ 325 - 9\ 250) \times 50 \times 25$ ou $\frac{(7,50 - 6,75)}{100} \times 50\ 000\ 000 \times \frac{90}{360}$ soit 93 750 dollars.
Le gain de 93 750 sur le marché à terme a compensé la perte de 93 750 dollars sur le marché du dépôt à 90 jours.	

Tableau 7

Marché du dépôt en eurodollar à 90 jours	Marché des contrats à terme sur dépôt en eurodollar à 90 jours
10 septembre – Une banque désire emprunter 10 000 000 de dollars à 3 mois d'ici 1 mois. – Le taux d'emprunt à 3 mois est de 8,45 %. – La banque craint une hausse des taux d'intérêt.	10 septembre – La banque vend 10 contrats sur dépôt en eurodollar à 90 jours de nominal 1 000 000 de dollars, échéance décembre, au prix de 91,32 (soit un taux implicite de 8,68 %).
10 octobre – La banque emprunte 10 000 000 de dollars à 90 jours au taux de 8,25 %.	10 octobre – La banque achète 10 contrats sur eurodollar, échéance décembre, au prix de 91,48 (taux implicite de 8,52 %).
– Le gain réalisé sur l'opération d'emprunt s'élève à : $\frac{(8,45 - 8,25)}{100} \times 10\ 000\ 000 \times \frac{90}{360}$ soit 5 000 dollars.	– La perte réalisée sur les contrats à terme s'élève à : $(9\ 148 - 9\ 132) \times 10 \times 25$ soit 4 000 dollars.
L'opération de couverture se solde globalement par un gain de 1 000 dollars.	

Le résultat de l'opération de couverture peut s'analyser en termes de variation de la base, comme l'indique le tableau 8.

Tableau 8

– Le 10 septembre : taux comptant 8,45	Taux à terme 8,68	Base + 0,23
– Le 10 octobre : taux comptant 8,25	Taux à terme 8,52	Base + 0,27

Le gain de 1 000 dollars sur l'opération de couverture s'explique par l'évolution favorable de la base qui passe de 0,23 à 0,27 entre le 10 septembre et le 20 septembre, soit une variation de 4 *ticks* sur 10 contrats, ce qui représente un gain de 4 × 25 × 10, soit 1 000 dollars.

L'opération précédente peut donc s'analyser comme un achat de la base le 10 septembre à 0,23 et une revente de celle-ci le 10 octobre à 0,27.

Si, le 10 octobre, le prix du contrat à terme avait été, toutes choses égales par ailleurs, de 91,55, soit un taux implicite de 8,45 %, le résultat de l'opération de couverture se serait soldé par une perte de 750 dollars. Ce résultat, là encore, s'analyserait en termes de variation de base, puisque cette dernière passe de 0,23 le 10 septembre à 0,20 (8,45 – 8,25) le 10 octobre.

La plupart des opérations de couverture laissent donc subsister un risque lié aux fluctuations de la base. Cette incertitude n'enlève cependant rien à l'intérêt des contrats à terme en tant qu'instruments de couverture, dans la mesure où ce risque de base s'avère généralement faible par rapport au risque absolu de variation des taux d'intérêt. Par ailleurs, une bonne gestion du risque de base peut, de plus, permettre de générer systématiquement un produit sur les opérations de couverture.

3.1.3. La détermination du ratio de couverture

La multiplicité des instruments financiers porteurs de taux d'intérêt ne permet pas toujours de trouver un contrat à terme dont les caractéristiques concordent parfaitement avec celles de l'instrument à couvrir. La mise en place d'une opération de couverture implique dès lors une analyse des comportements relatifs, face à une variation des taux d'intérêt, du prix de l'instrument couvert et de celui du contrat à terme. Il s'agit plus précisément de déterminer, pour un montant nominal donné de l'instrument à couvrir, le montant nominal de contrats à acheter ou à vendre tel que la variation du prix de l'instrument couvert soit égale à celle du contrat à terme.

Le ratio de couverture se définit comme étant le nombre de contrats à vendre (respectivement à acheter) pour protéger la valeur d'un actif (respectivement d'un passif) à montants nominaux égaux. Ce ratio, h, doit en cas de variations identiques des taux d'intérêt du contrat à terme et de l'instrument couvert vérifier la relation :

$$\Delta P - h\,\Delta T = 0$$

soit

$$h = \frac{\Delta P}{\Delta T}$$

avec
ΔP : la variation du prix de l'instrument couvert pour une variation Δi de son taux d'intérêt,
ΔT : la variation du prix du contrat pour une variation Δi de son taux d'intérêt.

Le ratio de couverture représente donc le rapport des variations de prix de l'instrument couvert et du contrat à terme en cas de variations égales des taux d'intérêt des deux instruments. Le nombre de contrats nécessaires à la couverture est égal au produit du ratio de couverture par le montant nominal de l'instrument couvert, divisé par le montant nominal unitaire du contrat à terme[7]. Diverses méthodes de calcul du ratio de couverture sont utilisées.

3.1.3.1. La méthode du point de base

Le ratio de couverture est calculé à partir du rapport entre la valeur du point de base de l'instrument couvert et celle du contrat à terme. Le point de base représente la variation de prix d'un instrument financier induite par une variation de 0,01 % de son rendement. Le nombre de contrats nécessaires à l'opération de couverture est égal à :

$$\frac{\text{Valeur du point de base de l'instrument couvert}}{\text{Valeur du point de base du contrat à terme}} \times \frac{\text{Montant nominal de l'instrument couvert}}{\text{Montant nominal du contrat à terme}}$$

Exemple. Soit à couvrir 5 000 000 de dollars de prêt à 1 an par des contrats à terme sur eurodollar à 90 jours de nominal égal à 1 000 000 de dollars.

La variation de 0,01 % des taux d'intérêt sur un prêt à un an implique pour un montant de 1 000 000 de dollars une variation en prix de :

$$\frac{0,01}{100} \times 1\ 000\ 000, \quad \text{soit une valeur du point de base de 100 dollars.}$$

La variation de 0,01 % des taux d'intérêt sur contrat de 1 000 000 de dollars à 90 jours implique, quant à elle, une variation de prix de :

$$\frac{0,01}{100} \times 1\ 000\ 000 \times \frac{90}{360}, \quad \text{soit une valeur du point de base égale à 25 dollars.}$$

Le ratio de couverture d'un prêt à 1 an par un contrat sur eurodollar à 90 jours est dès lors égal à $100/25 = 4$.

Le nombre de contrats à terme sur eurodollar à 90 jours à acheter s'élève, pour un prêt de 5 000 000 de dollars, à :

$$4 \times \frac{5\ 000\ 000}{1\ 000\ 000}, \quad \text{soit 20 contrats.}$$

7. Voir également dans cette ***Encyclopédie*** l'article de J.P. Danthine, « Couverture optimale et équilibre sur les marchés à terme », p. 261, tome 1.

Dans le cadre d'un contrat à terme sur emprunt notionnel, la valeur du point de base du contrat est égale à celle de l'emprunt le moins cher à livrer divisé par son facteur de concordance.

Exemple. Soit à couvrir un montant nominal de 20 000 000 de dollars de *US Treasury Bond* 12 %, échéance 2018, par un contrat à terme sur *US Treasury Bond* notionnel 8 %.

La valeur d'un point de base sur l'emprunt 12 % échéance 2018 est de 11,64 dollars. La valeur d'un point de base sur l'emprunt le moins cher à livrer, le 7,50 % échéance 2018, est de 7,64 dollars. Le facteur de concordance de l'emprunt 7,50 % est de 0,9654.

Le nombre de contrats à vendre est égal à $\frac{11,64}{7,64} \times 0,9654 \times \frac{20\ 000\ 000}{100\ 000}$, soit 294 contrats.

3.1.3.2. *La méthode de la duration*

Cette méthode est utilisée principalement dans le cadre de la couverture d'obligations ou de titres porteurs de taux d'intérêt à long terme. La duration d'une obligation correspond à la moyenne pondérée des valeurs actualisées des flux de paiement de coupon et de remboursement qui lui sont attachés[8] :

$$D = \frac{1}{P} \sum_{i=1}^{n} i \times \frac{\text{Flux } (i)}{(1+r)^i}$$

avec

D : la duration,
P : le prix de l'obligation coupon couru,
r : le taux de rendement de l'obligation,
Flux (i) : le flux d'intérêt ou de remboursement de l'année i.

Le ratio de couverture est égal à :

$$\frac{P \times D_p}{T \times D_t} \times \frac{1 + r_t}{1 + r_p}$$

avec

P : le prix de l'instrument couvert (coupon couru),
D_p : la duration de l'instrument couvert,
T : le prix du contrat à terme,
D_t : la duration du contrat à terme,
r_p : le taux de rendement de l'instrument couvert,
r_t : le taux de rendement du contrat à terme.

On considère généralement que la duration d'un contrat à terme portant sur un emprunt notionnel est égale au rapport de la duration du titre le moins cher à livrer par son facteur de concordance. De la même façon, on utilise comme taux de rendement d'un contrat à terme celui de l'obligation la moins chère à livrer.

---

8. Voir également dans cette ***Encyclopédie*** les articles de A. Minguet, « Immunisation de portefeuille et duration », p. 597, tome 1 et de E. Briys et F. de Varenne, « Assurance-vie et risques financiers : une lecture optionnelle », p. 166, tome 1.

Le ratio de couverture d'une obligation quelconque par un contrat à terme portant sur un emprunt notionnel est dès lors le suivant :

$$\frac{P \times D_p}{P_c \times D_c} \times FC \times \frac{1 + r_c}{1 + r_p}$$

avec
P_c : le prix de l'obligation la moins chère à livrer,
D_c : la duration de l'obligation la moins chère à livrer,
FC : le facteur de concordance de l'obligation la moins chère à livrer,
r_c : le taux de rendement de l'obligation la moins chère à livrer.

Exemple. Couverture de 40 000 000 francs de nominal de l'emprunt d'Etat français 9,50 %, échéance 2001, par le contrat MATIF sur emprunt d'Etat notionnel 10 %, échéance juin, de nominal 500 000 francs.

Cours de l'emprunt 9,50 % (coupon couru)	=	112,18
Titre le moins cher à livrer	=	8,50 %
Cours de l'emprunt 8,50 % (coupon couru)	=	108,20
Duration de l'emprunt 9,50 %	=	4,44
Duration de l'emprunt 8,50 %	=	5,61
Facteur de concordance de l'emprunt 8,50 %	=	0,925026
Prix du contrat MATIF échéance juin	=	116,90
Taux de rendement de l'emprunt 9,50 %	=	6,71 %
Taux de rendement de l'emprunt 8,50 %	=	7,00 %

Le nombre de contrats MATIF à vendre afin de couvrir le risque de taux sur 40 000 000 de francs de nominal de l'emprunt d'Etat 9,50 %, échéance 2001, est égal à :

$$\frac{112,18 \times 4,44}{108,20 \times 5,62} \times 0,925026 \times \frac{1,0700}{1,0671} \times \frac{40\ 000\ 000}{500\ 000}$$

soit 60,77 contrats, chiffre arrondi à 61 contrats.

Il est important de noter que si le ratio de couverture de l'obligation la moins chère à livrer est par définition égal à son facteur de concordance, l'utilisation de ce facteur comme ratio de couverture pour les autres emprunts livrables n'est envisageable que s'il y a, lors de l'initiation de l'opération de couverture, décision de livraison des obligations à l'échéance du contrat. Dans le cas contraire, le facteur de concordance ne permet pas de couvrir efficacement le risque de taux.

3.1.3.3. La méthode de régression

Cette méthode de détermination du ratio de couverture repose sur une analyse statistique du comportement de l'instrument couvert par rapport à celui du contrat à terme. On cherche à exprimer, par la méthode de régression, le prix de l'instrument couvert comme étant une fonction linéaire du prix du contrat à terme, c'est-à-dire : $P = aT + b$.

Le ratio de couverture est dès lors égal à la valeur de la pente a de la droite représentative de la fonction linéaire. Cette pente se calcule par la méthode des moindres carrés c'est-à-dire :

$$\frac{\sum_{i=1}^{n}(P_i - \overline{P})(T_i - \overline{T})}{\sum_{i=1}^{n}(T_i - \overline{T})^2}$$

avec
P_i : la série historique des prix de l'instrument couvert,
$\overline{P}$: la moyenne de cette série,
T_i : la série historique des prix du contrat à terme,
$\overline{T}$: la moyenne de cette série.

On peut également utiliser les séries de variations des prix du contrat à terme et de l'instrument couvert pour déterminer le ratio de couverture.

La méthode de détermination du ratio de couverture d'après la technique de régression est d'autant plus performante que le coefficient de corrélation entre les deux séries est élevé.

3.1.4. Le risque de corrélation

Les résultats obtenus quant à la détermination du ratio de couverture varient d'autant plus fortement selon les diverses méthodes utilisées que les caractéristiques de l'instrument couvert sont différentes de celles de l'instrument sous-jacent au contrat à terme.

Le risque de corrélation représente le risque d'une évolution non parallèle de l'instrument couvert et du contrat à terme en cas de non-homogénéité des deux instruments. Ce risque existe dès que les caractéristiques en termes de taux de coupon, de maturité ou de qualité de la signature de l'instrument ouvert ne sont pas identiques à celles de l'instrument sous-jacent au contrat à terme. Tel est le cas par exemple d'une couverture de certificat de dépôt à 6 mois par un contrat à terme sur bons du Trésor à 90 jours ou d'une couverture d'un emprunt du secteur privé par un contrat à terme sur emprunt d'Etat.

Le risque de corrélation, poussé à son extrême, peut conduire à un résultat sur une opération de couverture qui laisse apparaître à la fois un gain (ou à la fois une perte) sur l'instrument couvert et sur le contrat à terme.

Exemple. La mauvaise corrélation entre le taux des certificats de dépôt à 135 jours et celui des contrats sur bon du Trésor à 90 jours aboutit à une perte simultanée sur les deux marchés (tableau 9).

3.2. Les opérations de prise de position

Tout comme les instruments porteurs de taux d'intérêt négociés sur le marché au comptant, les contrats à terme permettent de prendre des positions spéculatives sur l'évolution absolue ou relative des taux d'intérêt.

Tableau 9

Marché au comptant des certificats de dépôt à 135 jours	Marché des contrats à terme sur bon du Trésor à 90 jours
7 juillet – Une banque désire placer en septembre 80 000 000 de dollars de certificats de dépôt à 135 jours. – Le rendement des certificats de dépôt à 135 jours est de 7,70 %.	7 juillet – La banque achète 120 contrats* de 1 000 000 de dollars de nominal sur bon du Trésor à 90 jours, échéance septembre, au cours de 93,00 (taux implicite de 7 %).
17 septembre – La banque place 80 000 000 de dollars de certificats de dépôt à taux de 6,47 %.	17 septembre – La banque vend 120 contrats sur bon du Trésor, échéance septembre, au cours de 92,96 (taux implicite de 7,04 %).
– La perte sur le marché des certificats de dépôt s'élève à : $\frac{(7,70-6,47)}{100} \times 80\ 000\ 000 \times \frac{135}{360}$ soit 369 000 dollars.	– La perte sur le marché des contrats à terme sur bon du Trésor s'élève à : $(9\ 300-9\ 296)\times 120\times 25$ soit 12 000 dollars.
L'opération de couverture se solde par une perte globale de 381 000 dollars.	

* Ratio de couverture :

$$\frac{\text{Valeur du point de base d'un certificat de dépôt à 135 j}}{\text{Valeur du point de base d'un bon du Trésor à 90 j}} \times \frac{\text{Montant nominal des certificats de dépôt}}{\text{Montant nominal du contrat à terme sur bon du Trésor}}$$

soit

$$\frac{37,50}{25}\times\frac{80\ 000\ 000}{1\ 000\ 000}=120 \text{ contrats.}$$

3.2.1. La prise de position sur l'évolution absolue des taux d'intérêt

A l'opposé d'une opération de couverture, une opération de *trading* implique un achat de contrats en cas d'anticipation de baisse des taux d'intérêt et une vente de contrats dans le cas contraire.

Exemple. Anticipation de baisse des taux sur les emprunts d'Etat français.

– Le 7 janvier, le taux de rendement sur les emprunts d'Etat s'élève à 9,45 %. Achat de 100 contrats du MATIF, échéance décembre, sur emprunt d'Etat de 500 000 francs de nominal à 101,20 (rendement = 9,45 %).

– Le 1er février, le taux de rendement sur les emprunts d'Etat est passé à 9,20 %. Le contrat MATIF sur emprunt d'Etat vaut 102,50.

$$\text{Gain sur l'opération : } \frac{(102,50-101,20)}{100}\times 500\ 000\times 100 = 650\ 000 \text{ francs}$$

Exemple. Anticipation de hausse des taux sur les emprunts à long terme du Trésor américain.

– Le 1er janvier : vente de 50 contrats échéance mars de 100 000 dollars de nominal sur obligation du Trésor américain au prix de 89,23/32.

– Le 7 janvier : achat de 50 contrats au prix de 89,12/32.
Le gain sur l'opération s'élève à :

$$\frac{(89,23/32 - 89,12/32)}{100} \times 100\ 000 \times 50 = 17\ 187 \text{ dollars}$$

Par rapport aux instruments du marché au comptant, les contrats à terme, en tant qu'outil de *trading*, présentent plusieurs avantages :
– une meilleure liquidité du marché à terme,
– des frais de transactions inférieurs à ceux du marché au comptant,
– la sécurité des transactions garantie par la chambre de compensation,
– la confidentialité des opérations,
– la flexibilité accrue des opérations, notamment pour la vente de contrats à découvert, souvent difficilement réalisable sur le marché au comptant,
– un effet de levier introduit par le faible montant du dépôt de garantie,
– l'inscription des opérations sur les contrats en compte de hors-bilan.

3.2.2. La prise de position sur l'évolution relative des taux d'intérêt (notion de *spreading*)

Moins risquée qu'une opération de spéculation sur l'évolution absolue du niveau des taux d'intérêt, une opération de spreading consiste à prendre une position sur l'évolution de l'écart de prix entre deux contrats à terme, c'est-à-dire sur la variation relative du taux d'intérêt d'un contrat à terme par rapport à un autre. Une opération de spreading se traduit par un achat et une vente simultanés de deux contrats différents. On distingue deux formes de prise de position sur l'évolution de l'écart de prix entre deux contrats, présentées dans les deux paragraphes suivants.

3.2.2.1. Le spread interéchéances

Cette opération consiste en un achat et une vente simultanés de deux contrats portant sur un même support mais d'échéances différentes, suivis d'une vente et d'un achat simultanés des deux contrats quelques heures, quelques jours, voire quelques mois plus tard.

Exemple.
– Le 25 mars, un investisseur achète un contrat MATIF sur emprunt d'Etat échéance juin à 100,50 et vend un contrat MATIF sur emprunt d'Etat échéance septembre à 100,40. La valeur du spread est de : $100,50 - 100,40 = 0,10$.
– Le 28 mars, l'investisseur vend un contrat MATIF sur emprunt d'Etat échéance juin à 98,70 et achète un contrat MATIF sur emprunt d'Etat échéance septembre à 98,50. La valeur du spread est de $98,70 - 98,50 = 0,20$.
Le résultat de l'opération ressort à 500 francs par *spread*.
– Le 25 mars l'investisseur a acheté un spread (achat du contrat d'échéance rapprochée et vente du contrat d'échéance éloignée) à 0,10.
– Le 28 mars, il a vendu un spread (vente du contrat d'échéance rapprochée et achat du contrat d'échéance éloignée) à 0,20.
Le profit s'élève à :

$$\frac{0,10}{100} \times 500\ 000 \times 1 = 500 \text{ francs par } \textit{spread}$$

3.2.2.2. Le spread intercontrats

Cette opération consiste à acheter et à vendre simultanément deux contrats à terme portant sur des supports différents. Un tel *spread* concerne par exemple l'achat d'un contrat sur eurodollar à 90 jours et la vente simultanée d'un contrat à terme sur bon du Trésor américain à 90 jours.

Exemple.

– Le 12 novembre, le contrat à terme sur bon du Trésor américain à 90 jours, échéance décembre, cote 92,65, soit un taux implicite du contrat de 7,35 %. Le même jour, le contrat à terme sur eurodollar à 90 jours, échéance décembre, cote 91,55, soit un taux implicite de 8,45.

– L'opérateur, qui anticipe un accroissement de l'écart de taux entre le contrat sur eurodollar et celui sur bon du Trésor, achète le contrat sur bon du Trésor et vend le contrat sur eurodollar. Il achète le spread entre le prix du contrat sur bon du Trésor et celui sur eurodollar. La valeur du *spread* est égale à $92,65 - 91,55$, soit 1,10.

– Le 17 novembre, le contrat sur bon du Trésor américain cote 92,75, soit un taux implicite de 7,25. Le même jour, le contrat sur eurodollar vaut pour sa part 91,58, soit un taux implicite de 8,42. La valeur du spread est égale à $92,75 - 91,58$, soit 1,17.

– L'opérateur réalise un profit en revendant le *spread* : il vend le contrat sur bon du Trésor et achète le contrat sur eurodollar. Le résultat de l'opération est indiqué au tableau 10.

Tableau 10 – Résultat de l'opération de spread

	Contrat à terme sur bon du Trésor à 90 jours	**Contrat à terme sur eurodollar à 90 jours**	***Spread***
12 novembre	92,65 (achat)	91,55 (vente)	+ 1,10 (achat)
17 novembre	92,75 (vente)	91,58 (achat)	+ 1,17 (vente)
Variation	+ 0,10	– 0,03	+ 0,07

Le gain réalisé sur l'opération de *spreading* s'élève à 7 points de base, soit $7 \times 25 = 175$ dollars par spread.

3.3. Les opérations d'arbitrage

Contrairement aux opérations de *trading* qui impliquent une prise de position à risque, les opérations d'arbitrage visent à tirer profit d'écarts anormaux de prix ou de taux sur les contrats à terme de taux d'intérêt, et à bénéficier ainsi d'un profit sans risque. Une opération d'arbitrage implique l'achat et la vente simultanés d'un même actif financier, à des prix différents, et à des dates de règlement variant l'une par rapport à l'autre. On distingue deux formes d'arbitrage :

– l'arbitrage comptant-terme où l'opérateur achète (ou vend) au comptant un instrument financier et procède simultanément à sa vente (ou à son achat) à terme ;

– l'arbitrage terme-terme où l'opérateur achète (ou vend) un contrat à terme sur une certaine échéance et vend (ou achète) ce même contrat sur une échéance plus éloignée.

3.3.1. L'arbitrage comptant-terme

La relation théorique entre le prix d'un contrat à terme de taux d'intérêt et celui de son actif sous-jacent n'est, en pratique, pas toujours vérifiée sur les marchés à terme. Autrement dit, il n'y a pas toujours d'égalité entre la structure théorique et la structure réelle des cours des contrats à terme. Il est donc possible, à certains moments, d'acheter (ou de vendre) un contrat à terme à un prix inférieur (ou supérieur) à son cours théorique. Une prise de position sur le marché au comptant inverse à celle prise sur le contrat à terme permet à l'opérateur de bloquer son profit d'arbitrage.

Dans la mesure où ces opérations donnent lieu à la perception d'un profit sans risque, ce type d'opportunité ne dure cependant que peu de temps. Il ne permet de dégager que des marges très réduites qui tendent à disparaître totalement lorsqu'un marché à terme atteint sa phase de maturité.

3.3.1.1. L'arbitrage comptant-terme dans le cadre d'un contrat à terme sur emprunt notionnel

Ce type d'arbitrage repose sur une comparaison entre le cours de l'obligation *cheapest* et sa valeur de livraison sur le marché à terme. Celle-ci s'effectue au travers du taux implicite de portage, c'est-à-dire du taux de rendement de l'opération d'achat de l'obligation la moins chère à livrer et de vente simultanée du contrat à terme.

Le taux implicite peut à tout instant être comparé au taux du marché monétaire sur la période restant à courir jusqu'à l'échéance du contrat.

• Si, à un instant donné, le taux implicite de portage de l'obligation *cheapest* est supérieur au taux du marché monétaire, l'opération d'arbitrage consiste à :

– acheter l'obligation la moins chère à livrer au comptant,

– vendre le contrat à terme (en proportion FC du montant nominal de l'obligation achetée, FC étant le facteur de concordance de l'obligation),

– livrer l'obligation achetée à l'échéance du contrat.

Cette opération qui porte le nom de *cash and carry* constitue un placement synthétique à un taux qu'il faut comparer à celui du marché monétaire sur la période de l'opération.

En effectuant une opération d'emprunt sur la durée de l'opération, l'opérateur va bloquer son profit d'arbitrage égal à la différence entre le taux implicite de portage et le taux de financement de l'opération.

• Si le taux implicite est inférieur à celui du marché monétaire, il faut :

– vendre les titres à découvert sur le marché au comptant et placer les fonds de la vente sur le marché monétaire,

– acheter le contrat à terme (en proportion FC du montant nominal de l'obligation vendue),

– prendre livraison de l'obligation à l'échéance du contrat.

Ce type d'opération porte le nom de *reverse cash and carry*.

Deux facteurs viennent cependant limiter le profit espéré sur une telle opération :

– la difficulté de vendre à découvert l'obligation la moins chère à livrer,

– l'incertitude quant au titre qui sera livré à l'échéance du contrat ; ce titre peut être différent de l'obligation vendue à découvert, dans la mesure où il peut y avoir changement de l'obligation *cheapest* et que c'est au vendeur du contrat qu'appartient le choix du titre livré.

Exemple.

– Le contrat MATIF sur emprunt d'Etat notionnel 10 % échéance septembre cote 107,30 %.

– Le contrat expire dans 172 jours.

– L'obligation la moins chère à livrer est l'emprunt 13,20 % de 2005.

– Le cours de cet emprunt est de 126,65 (pied de coupon).

– Le montant du coupon couru est de 3,67 %.

– Le facteur de concordance de l'emprunt 13,20 est de 1,169856.

– Le taux du marché monétaire à 172 jours est de 8 %.

Le taux implicite de portage de l'emprunt 13,20 % est égal à :

$$\frac{\text{Prix de livraison sur le marché à terme} - \text{Prix d'achat pied de coupon au comptant} + \text{Coupon couru sur la période}}{\text{Prix d'achat coupon inclus au comptant}} \times \frac{360}{\text{Durée de l'opération}}$$

c'est-à-dire :

$$\frac{(107,30 \times 1,169856) - 126,65 + 13,20 \times 172/365}{(126,65 + 3,67)} \times \frac{360}{172} = 8,18\ \%$$

En achetant l'obligation au comptant et en vendant des contrats à terme, l'opérateur bénéficie d'un taux de rendement sur l'opération de 8,18 %, soit une marge de 0,18 % par rapport au taux de financement.

Pour 100 millions de francs de nominal d'emprunt d'Etat 13,20 %, il faudra vendre :

$$\frac{100\ 000\ 000}{500\ 000} \times 1,169856$$

soit 234 contrats MATIF échéance septembre.

Le montant du profit réalisé sur une telle opération devrait s'élever à :

$$100\ 000\ 000 \times \frac{(126,65 + 3,67)}{100} \times \frac{0,18}{100} \times \frac{172}{360} = 112\ 075 \text{ francs}$$

Ce montant n'est cependant qu'approximatif dans la mesure où il n'inclut ni les frais de courtage sur la vente de contrats, ni le coût de financement d'éventuels appels de marge en cas d'évolution à la hausse du cours du contrat.

3.3.1.2. L'arbitrage comptant-terme dans le cadre d'un contrat à terme sur taux de dépôt interbancaire

Le cours théorique d'un contrat sur taux d'intérêt à court terme est déterminé à partir de la structure des taux d'intérêt au comptant.

Le taux d'intérêt implicite théorique d'un contrat à terme portant sur l'eurodollar à 90 jours venant à échéance dans d jours est ainsi fonction du taux d'intérêt à d jours et du taux d'intérêt à $d + 90$ jours. Le taux qui correspond au taux à 90 jours dans d jours est appelé taux *forward-forward*.

Il y a opportunité d'arbitrage lorsque le taux implicite du contrat à terme sur eurodollar diffère du *forward-forward* à la date d'échéance du contrat.

Si le taux implicite du contrat à terme est supérieur à son niveau théorique, l'arbitrage consiste à emprunter à $d + 90$ jours, à prêter à d jours et à acheter un contrat à terme sur taux d'intérêt à 90 jours venant à échéance dans d jours afin de garantir le taux de placement à 90 jours dans d jours.

A l'opposé, si le taux implicite du contrat à terme est inférieur à son niveau théorique, l'arbitrage consiste à prêter à $d + 90$ jours, à emprunter à d jours et à vendre un contrat à terme venant à échéance dans d jours, afin de garantir le taux d'emprunt à 90 jours dans d jours.

Exemple.

– Le prix du contrat à terme sur eurodollar à 90 jours venant à échéance dans 60 jours est de 89,20, soit un taux implicite de 10,80 %.

– Le taux d'intérêt sur dépôt en eurodollar à 150 jours s'élève à 10 %.

– Le taux d'intérêt à 60 jours s'élève à 9 %.

Le taux théorique t du contrat à terme égal au taux *forward-forward* est défini par la relation :

$$\left(1+\frac{10\times 150}{100\times 360}\right)=\left(1+\frac{9\times 60}{100\times 360}\right)\times\left(1+\frac{t\times 90}{100\times 360}\right)$$

d'où

$$t=\left[\frac{\left(1+\frac{10\times 150}{100\times 360}\right)}{\left(1+\frac{9\times 60}{100\times 360}\right)}-1\right]\times\frac{36\,000}{90}$$

soit $t = 10,51\ \%$.

Le taux d'intérêt implicite du contrat, 10,80 %, étant supérieur à son niveau théorique, l'opération d'arbitrage consiste à :

– emprunter à 10 % sur 150 jours,

– prêter à 9 % sur 60 jours,

– acheter un contrat à terme sur eurodollar à 90 jours venant à échéance dans 60 jours, afin de garantir à l'échéance du contrat un taux de placement à 90 jours, égal à 10,80 %.

Le taux de placement de 10,80 % doit non seulement s'appliquer au montant de l'emprunt initialement réalisé, mais aussi au montant des intérêts perçus sur le prêt à 60 jours. Le nombre de contrats sur eurodollar à vendre pour une opération portant sur 200 000 000 de dollars est dès lors égal à :

$$\frac{200\,000\,000+\frac{200\,000\,000\times 0,09\times 60}{360}}{1\,000\,000}=203\text{ contrats}$$

L'opération d'arbitrage se solde par un gain net de 147 667 dollars, comme l'indiquent les calculs ci-joints.

– Les intérêts sur l'emprunt de 200 millions de dollars à 150 jours à 10 % s'élèvent à :

$$200\ 000\ 000 \times 0,10 \times \frac{150}{360}, \quad \text{soit } 8\ 333\ 333 \text{ dollars}$$

– Les intérêts sur le prêt de 200 millions de dollars à 60 jours à 9 % se montent à :

$$200\ 000\ 000 \times 0,09 \times \frac{60}{360}, \quad \text{soit } 3\ 000\ 000 \text{ dollars}$$

– Les intérêts sur le prêt de 203 millions de dollars à 90 jours à 10,80 % s'élèvent à :

$$203\ 000\ 000 \times 0,108 \times \frac{60}{360}, \quad \text{soit } 5\ 481\ 000 \text{ dollars}$$

$$3\ 000\ 000 + 5\ 481\ 000 - 8\ 333\ 333 = 147\ 667 \text{ dollars}$$

3.3.2. L'arbitrage terme-terme

Cet arbitrage consiste en l'achat et la vente simultanés de deux échéances d'un même contrat à terme sur emprunt notionnel.

On peut sur une telle opération calculer un taux implicite de portage entre les deux échéances du contrat, en supposant que l'opérateur prend livraison de l'obligation *cheapest* à l'échéance du contrat rapproché et livre celle-ci à l'échéance du contrat éloigné. Le taux de portage entre deux échéances d'un même contrat à terme est égal à :

$$\frac{(T_2 \times FC_2) - (T_1 \times FC_1) + (CC_2 - CC_1)}{(F_1 \times FC_1) + CC_1} \times \frac{360}{J}$$

avec

T_1 : le prix du contrat à terme sur l'échéance la plus proche,

FC_1 : le facteur de concordance de l'obligation la moins chère à livrer sur l'échéance la plus proche,

T_2 : le prix du contrat à terme sur l'échéance éloignée,

FC_2 : le facteur de concordance de l'obligation la moins chère à livrer sur l'échéance éloignée,

CC_1 : le coupon couru sur l'obligation la moins chère à livrer à l'échéance du premier contrat,

CC_2 : le coupon couru sur l'obligation la moins chère à livrer à l'échéance du second contrat.

Le taux implicite de portage entre deux échéances du contrat à terme sur emprunt notionnel doit être comparé au taux *forward-forward* du marché monétaire sur une durée allant de la date d'échéance du premier contrat à celle du deuxième contrat.

• Si le taux implicite de portage terme-terme est supérieur au taux du marché monétaire sur la période considérée, l'arbitrage consiste à :

– acheter le contrat sur emprunt notionnel d'échéance rapprochée et prendre livraison de l'obligation *cheapest* à l'échéance du contrat,

– vendre le contrat sur emprunt notionnel d'échéance éloignée et livrer l'obligation *cheapest* à son échéance,

– fixer le taux de financement sur le marché monétaire sur la période de l'opération en vendant, par exemple, un contrat de taux d'intérêt à court terme.

• Si, à l'inverse, le taux implicite de portage terme-terme est inférieur au taux du marché monétaire sur la période, il faut :

– vendre le contrat sur l'emprunt notionnel d'échéance rapprochée et livrer l'obligation la moins chère à l'échéance du contrat,

– acheter le contrat sur emprunt notionnel d'échéance éloignée et prendre livraison de l'obligation la moins chère à l'échéance du contrat,

– fixer le taux de placement des fonds issus de la vente des obligations sur la période de l'opération en achetant, par exemple, un contrat de taux d'intérêt à court terme.

L'arbitrage s'avère cependant plus aléatoire dans ce cas, dans la mesure où l'opérateur vendeur d'obligations à découvert n'est pas assuré de se faire livrer le même titre à l'échéance du contrat vendu.

Exemple. Le 12 juillet :

– le contrat à terme sur *US Treasury Bond,* échéance septembre, cote 92,00,

– le même contrat d'échéance décembre cote 91,25/32,

– la durée séparant l'échéance des deux contrats est de 92 jours,

– l'obligation la moins chère à livrer est le titre de coupon 7,50 %.et de maturité 2 016,

– le facteur de concordance de ce titre est de 0,9454 sur l'échéance septembre et 0,9463 sur l'échéance décembre,

– le coupon couru, sur l'emprunt 7,50 % à la date d'échéance du contrat septembre, s'élève à 2,25 %,

– le prix du contrat sur eurodollar à 90 jours, échéance septembre, est de 92,95, soit un taux implicite de 7,05 %,

– le taux de portage implicite entre les échéances des deux contrats s'élève à :

$$\frac{(91,25/32 \times 0,9463) - (92,00 \times 0,9454) + \left(7,5 \times \frac{92}{365}\right)}{(92,00 \times 0,9454) + 2,25} \times \frac{360}{92} = 7,74\ \%$$

Le taux implicite de portage entre les deux contrats sur *US Treasury Bond,* soit 7,74 %, étant supérieur au taux de financement de l'opération de 7,05 %, il faut acheter le contrat à terme sur *Treasury Bond* échéance septembre, vendre le contrat à terme sur *Treasury Bond* échéance décembre, et vendre le contrat sur eurodollar échéance septembre (on suppose que l'échéance du contrat à terme sur eurodollar correspond à celle du contrat à terme sur *Treasury Bond*).

Le nominal du contrat à terme sur *Treasury Bond* étant de 100 000 dollars et celui sur eurodollar à 90 jours de 1 000 000 de dollars, il faut vendre 1 contrat d'eurodollar pour 10 *spreads* sur les contrats sur *Treasury Bond.*

Une telle opération peut être dénouée avant l'échéance du contrat à terme si le taux implicite de portage terme-terme devient inférieur au taux de financement.

Exemple. Le 19 juillet :
- le contrat à terme sur *Treasury Bond*, échéance septembre, cote 94,12/32,
- le contrat à terme sur *Treasury Bond*, échéance décembre, cote 93,14/32,
- le contrat sur eurodollar à 90 jours, échéance septembre, cote 93,77,
- le taux implicite de portage terme-terme s'élève à :

$$\frac{(93,14/32 \times 0,9463) - (94,12/32 \times 0,9454) + \left(7,5 \times \frac{92}{365}\right)}{(94,12/32 \times 0,9454) + 2,25} \times \frac{360}{92} = 4,65\ \%$$

Le taux de portage est devenu inférieur au taux *forward-forward* du marché monétaire. L'opérateur peut dès lors améliorer la rentabilité de son opération d'arbitrage en :
- revendant le contrat à terme sur *Treasury Bond* échéance septembre,
- rachetant le contrat à terme sur *Treasury Bond* échéance décembre,
- rachetant le contrat à terme sur eurodollar à 90 jours échéance septembre.

Le résultat global de l'opération pour 100 contrats à terme sur *Treasury Bond* est décomposé au tableau 11.

Tableau 11

	Contrat sur *Treasury Bond* échéance septembre	**Contrat sur *Treasury Bond* échéance décembre**	**Contrat sur eurodollar à 90 jours échéance septembre**
Le 12 juillet	Achat de 100 contrats à 92,00	Vente de 100 contrats à 91,25/32	Vente de 10 contrats à 92,95
Le 19 juillet	Vente de 100 contrats à 94,12/32	Achat de 100 contrats à 93,14/32	Achat de 10 contrats à 93,77
	Gain de : $\frac{(94,12/32 - 92,00)}{100} \times 100\ 000 \times 100$ = 237 500 dollars	Perte de : $\frac{(91,25/32 - 93,14/32)}{100} \times 100\ 000 \times 100$ = 165 625 dollars	Perte de : $(9\ 295 - 9\ 377) \times 10 \times 25$ = 20 500 dollars
L'opération d'arbitrage se solde finalement par un gain net de 51 375 dollars.			

*
* *

Les marchés à terme de taux d'intérêt ont connu depuis leur création il y a une vingtaine d'années un développement fulgurant. Ils sont devenus les meilleurs indicateurs de l'évolution des différents marchés monétaires et obligataires nationaux.

Les marchés de *futures* sur emprunt à long terme du Trésor américain et sur dépôt en eurodollar sont aujourd'hui, en termes de volume de transactions, les plus importants marchés financiers du monde. Les transactions sur le contrat à terme sur emprunt d'Etat français sont, quant à elles, cinq fois supérieures à celles réalisées sur le marché au comptant.

La coexistence d'opérations de couverture, de spéculation et d'arbitrage représente la condition *sine qua non* au bon fonctionnement d'un marché à terme. Ce sont en effet les spéculateurs qui créent la liquidité du marché et les arbitragistes qui garantissent l'efficacité des opérations de couverture en assurant le lien entre le marché au comptant et le marché à terme.

Les années 1980 ont été marquées par le développement des marchés d'options sur les contrats à terme de taux d'intérêt[9] et par l'essor des marchés dérivés OTC où sont négociés des produits non standardisés tels que les swaps, les caps, les floors et les options dites de « seconde génération ». Outils complémentaires aux contrats à terme, ces produits offrent de nouveaux horizons aux gestionnaires du risque de taux[10].

Références

AFTALION F., PONCET P., *Le MATIF*, 2e éd., Paris, PUF, 1986.

ASSOCIATION FINANCE FUTURES, *Les marchés à terme d'instruments financiers*, Paris, Economica, 1987.

HULL J.C., *Options, Futures and Other Derivative Securities*, 2e éd., Englewood Cliffs, Prentice Hall, 1993.

KOPRACH R., « An Introduction to Financial Futures on Treasury Securities », Salomon Brothers Financial Futures Research (December 1982).

LABUSZEWSKI J., *Interest Rate Futures for Institutional Investors*, Chicago, Chicago Board of Trade, 1984.

LEVASSEUR M., SIMON Y., *Marchés de capitaux : options et nouveaux contrats à terme*, Paris, Dalloz, 1980.

PLATT R., *Controlling Interest Rate Risk*, New York, John Wiley & Sons, 1986.

ROSS S., INGERSOLL J., COX J., « The Relation Between Forward Prices and Futures Prices », CSFM Columbia Business School (May 1981).

SCHWAGER J., *A Complete Guide to the Futures Markets*, New York, John Wiley & Sons, 1984.

SCHWARZ E., HILL J., SCHNEEWEIS T., *Financial Futures*, Homewood, Irwin, 1986.

SIMON Y., *Les marchés à terme de taux d'intérêt*, Paris, Economica, 1994.

Mots clés

Appel de marge, arbitrage, base, bourse de commerce, *cash and carry*, chambre de compensation, *cheapest*, Chicago Board of Trade, Chicago Mercantile Exchange, contrat à terme, convergence, couverture, dépôsit, duration, échéance (d'un contrat), emprunt d'Etat, emprunt notionnel, eurodollar, facteur de concordance, *financial futures, futures, Implied Repo, local*, MATIF, position de place, ratio de couverture, *spread*, taux implicite de portage, titre le moins cher à livrer, *Treasury Bond*.

---

9. Voir dans cette ***Encyclopédie*** l'article de J.C. Augros, « Options de taux d'intérêt », p. 1456, tome 2.

10. Voir dans cette ***Encyclopédie*** les articles de V. Lauwick, Inès de Dinechin, C. Lorin et P. Gourmet, « Instruments de gestion du risque de taux », p. 654, tome 1 et des mêmes auteurs, « Produits dérivés de taux de seconde génération », p. 1574, tome 2, et celui de P. Navatte, « Swaps de taux d'intérêt : évaluation », p. 1819, tome 2.

Réalisé en P.A.O. par STDI - Z. A. Route de Couterne - 53110 Lassay-les-Chateaux
Imprimé en France. - JOUVE, 18, rue Saint-Denis, 75001 PARIS
N° 245664H. - Dépôt légal : Mai 1997